LEÇONS

DE PROCÉDURE CIVILE

Chaque volume doit porter la signature de M. de Linage ou celle de M. Colmet-Daage.

9684-83. Corbeil. — Typ. et stér. Crété

LEÇONS
DE PROCÉDURE CIVILE

PAR

BOITARD
Professeur suppléant à la Faculté de droit de Paris

PUBLIÉES PAR **GUSTAVE DE LINAGE**, DOCTEUR EN DROIT

CONTINUÉES ET COMPLÉTÉES

PAR

G.-F. COLMET-DAAGE
Doyen honoraire de la Faculté de droit, Avocat à la Cour d'appel.

QUATORZIÈME ÉDITION

MISE AU COURANT ET REFONDUE

PAR

E. GLASSON
Membre de l'Institut,
Professeur à la Faculté de Droit, professeur honoraire à l'École libre des sciences politiques.

TOME SECOND

PARIS
LIBRAIRIE COTILLON
PICHON, SUCCESSEUR, ÉDITEUR
LIBRAIRE DU CONSEIL D'ÉTAT
24, Rue Soufflot, 24

1885

LEÇONS

DE

PROCÉDURE CIVILE

VINGT-NEUVIÈME LEÇON

LIVRE III

DES TRIBUNAUX D'APPEL.

TITRE UNIQUE

DE L'APPEL ET DE L'INSTRUCTION SUR L'APPEL.

665. Les livres III et IV ont un but commun, savoir : l'exposition des règles suivant lesquelles les jugements peuvent être attaqués.

* Les voies de recours contre les jugements se divisent : 1° en voie de rétractation ou de réformation ; on demande la *rétractation* du jugement au tribunal qui l'a rendu, comme dans l'opposition et la requête civile ; on en poursuit la *réformation* devant un autre tribunal, comme en matière d'appel ; * 2° en voies ordinaires, qui sont l'opposition et l'appel, et en voies extraordinaires, comme la tierce opposition, la requête civile, la prise à partie ; nous y ajouterons la cassation, dont le Code de procédure ne s'est pas spécialement occupé. En ce qui concerne l'opposition, nous n'avons rien à ajouter à ce qui a été expliqué précédemment (Voy. n°s 326 et suiv.) à propos des jugements par défaut. La seconde voie ordinaire pour attaquer les jugements, c'est l'appel, qui compose le livre III, formé d'un titre unique, intitulé *de l'appel et de l'instruction sur l'appel.*

666. On entend, en général, par appel, le recours contre la décision d'un juge inférieur, en s'adressant à un juge d'un ordre supérieur, dans le but de faire infirmer, de faire réformer, par ce dernier, le jugement du premier.

L'histoire du système des appels, soit en droit romain, soit dans l'ancien droit français, présente des obscurités qui ne permettent guère de l'approfondir.

En droit romain, il paraît que le système des appels, la manière de les juger, la distinction des cas où l'appel était admis, ont varié assez fréquemment ;

on pourrait même penser que l'utilité de cette voie de recours et de réformation n'était pas bien clairement démontrée aux yeux des jurisconsultes romains. Ainsi, dans la loi 1re, au Digeste, au titre *De Appellationibus*, livre XLIX, titre Ier, Ulpien, parlant de la généralité, de la fréquence de l'usage des appels, semble néanmoins élever quelques doutes sur leur utilité, sur leur mérite. Il dit : *Appellandi usus quàm sit frequens quàmque necessarius nemo est qui nesciat; quippe cùm iniquitatem judicantium vel imperitiam recorrigat*. Il n'est personne qui ne sache combien est fréquent, combien est nécessaire l'usage de l'appel; car il redresse l'injustice ou l'ignorance des juges. Puis il ajoute : *Licet nonnunquàm benè latas sententias in pejus reformet*. Il peut cependant arriver que, sur l'appel, on réforme, dans un mauvais sens, un jugement qui en lui-même était parfaitement rendu. *Neque enim*, ajoute-t-il encore, *utique melius pronuntiat, qui novissimus sententiam laturus est*. Il peut fort bien arriver que le juge du dernier ressort ne juge pas mieux, juge moins bien que le premier.

Dans notre ancien droit français, le système des appels fut encore plus variable; dans les origines du droit français, le système des appels dut être incompatible avec le mode des épreuves ou des combats judiciaires. Il est clair que, tant que le système du combat ou de l'épreuve judiciaire fut admis, tant que le jugement de Dieu fut en usage dans les procès, tout appel fut impossible; le combat ou l'épreuve, considérée comme jugement de Dieu, terminait nécessairement et souverainement la contestation.

Plus tard, lorsqu'on abandonna ce mode barbare de terminer les procès, on introduisit, sous le nom d'appel, un système assez barbare aussi, et qui se rapprochait bien plus de ce que nous nommerions aujourd'hui une prise à partie. Il arrivait, au moins dans un assez grand nombre de causes, que la partie condamnée était autorisée, non pas à un appel proprement dit, dans le sens où nous le prenons aujourd'hui, mais à défier à un combat véritable, non point l'adversaire qui obtenait gain de cause, mais les juges par le moyen desquels l'adversaire obtenait gain de cause. La partie condamnée, en déclarant que le juge avait jugé faussement, méchamment, calomnieusement, était autorisée à lui porter un défi, à lui présenter un gage de combat, dont le résultat pouvait être l'infirmation du jugement, quand le juge avait succombé.

Plus tard, notamment à partir de saint Louis, la raison modifia ce système barbare. Un véritable système d'appel vint à s'introduire, et on ne recourut plus contre le juge qui avait rendu la sentence, bonne ou mauvaise; mais l'usage s'introduisit de porter la sentence devant un tribunal supérieur. L'appel, au lieu d'un défi à un véritable combat, ne fut plus, comme le dit Montesquieu, qu'un combat de plume (Voy. livre XXVIII, chapitre XXVII et suivants de l'*Esprit des lois*).

Une fois les appels introduits, transportés dans le droit français, soit par l'influence des institutions de saint Louis, soit par celle des institutions du droit romain, ce système se mêla à la multiplicité des degrés de juridiction qu'avaient introduits chez nous et les institutions féodales et les désordres des habitudes de ce temps. Déjà nous avons signalé les énormes inconvénients de cette multiplicité de juridictions; nous avons vu que des causes d'un intérêt modique étaient appelées souvent à subir des degrés de juridiction fort nombreux, à passer par cinq ou six jugements, avant d'être souverainement et définitivement décidées (Voy. n° 10). Le monument le plus frappant de ce mal se trouve dans les édits de 1788, rendus la veille même de la réforme judiciaire, et par lesquels Louis XVI essayait, mais vainement, de porter remède à cette multiplicité de degrés (1).

Ces changements de systèmes peuvent faire comprendre quelles hésitations se manifestèrent dans l'Assemblée constituante, lorsque, organisant par la loi de 1790 le nouveau système judiciaire, elle fut appelée à se prononcer sur la question de savoir si l'appel serait admis, ou si, au contraire, le premier jugement serait en même temps le dernier. Y aura-t-il, n'y aura-t-il pas plusieurs degrés de juridiction? Et, en cas d'affirmative, comment organiser ces degrés? Devant qui porter le jugement de l'appel?

Les adversaires de l'appel, ceux qui voulaient tout réduire à un unique degré de juridiction, s'appuyaient, les uns sur l'idée d'Ulpien : qu'il n'est pas prouvé qu'un jugement, pour être le dernier, soit pour cela le meilleur. Les autres ne voyaient dans l'appel qu'un débris des anciennes institutions de la vieille hiérarchie féodale, qu'on voulait faire tomber. D'autres enfin, quoique partisans, en principe, de la faculté d'appeler, et c'étaient là sans doute les plus nombreux, étaient cependant arrêtés par une assez grande difficulté d'exécution, effrayés qu'ils étaient de l'influence politique acquise et exercée, surtout dans les derniers temps, par les corps judiciaires auxquels appartenaient les jugements souverains, par les parlements ; ils ne voyaient pas de moyens de constituer, d'organiser un système d'appel, sans constituer ou conserver ces grands corps judiciaires dont les récentes usurpations politiques faisaient ombrage à l'Assemblée. De là, les hésitations sur la question de savoir si l'appel serait autorisé, et, en cas d'affirmative, comment il serait organisé.

Enfin, les partisans de l'appel prévalurent; on décida, en principe, qu'il y aurait deux degrés de juridiction, jamais plus, quelquefois moins ; nous verrons bientôt les règles posées à cet égard. Et, pour éviter de rétablir cette hiérarchie judiciaire dont on redoutait les inconvénients, pour éviter de reconstituer ces grands corps dont les empiètements passés faisaient craindre l'existence à venir, on imagina un appel assez bizarre : on établit que les tribunaux de district (ce sont nos tribunaux d'arrondissement), qu'instituait la loi de 1790, seraient juges réciproques des appels l'un de l'autre. ** On dressait pour chaque tribunal un tableau des sept autres tribunaux les plus voisins; chaque partie avait le droit de récuser trois de ces tribunaux et celui qui n'avait pas été récusé, ni par l'une ni par l'autre, devenait alors le juge d'appel **.

Ce système assez étrange, qui constituait l'appel sans établir de supériorité judiciaire, fut cependant assez longtemps en vigueur. Ainsi, lorsque, dans la Constitution de l'an III, on substitua aux tribunaux de district un tribunal unique institué dans chaque département, la même règle fut admise, et l'appel de chaque tribunal de département fut porté à l'un des tribunaux des trois départements les plus voisins (2). C'était encore l'appel organisé entre des tribu-

(1) ** Pour plus de détails sur l'histoire de l'appel et sur la procédure en cause d'appel, Voy. Glasson, *Les Sources de la procédure civile française.* **

(2) ** Chaque partie avait le droit de récuser un tribunal, et celui des trois tribunaux qui ne l'avait pas été, devenait juge d'appel. **

naux de degrés égaux, l'appel organisé sans hiérarchie judiciaire. On retrouve ce système dans les art. 218 et 219 de la Constitution du 5 fructidor an III.

Ce fut seulement après la Constitution du 22 frimaire an VIII, lors de la création du Consulat, que fut organisé un système d'appel analogue à celui qui existe aujourd'hui. La loi du 27 ventôse an VIII, constituant l'ordre judiciaire, rétablissant, sous le nom de tribunaux d'arrondissement, les tribunaux de districts, établis en 1790, institua en même temps des tribunaux d'appel, au nombre de 29. ** Sous la Restauration, le nombre des cours d'appel est descendu à 27; puis il a été porté sous le second empire à 28 après la réunion de la Savoie qui a amené la création de la cour de Chambéry; enfin depuis la guerre de 1870, les cours de Colmar et de Metz ayant perdu la plus grande partie de leurs ressorts, ont été supprimées, de telle sorte que le nombre des cours d'appel ne s'élève plus actuellement qu'à 26. On a souvent proposé de réduire encore les cours d'appel ; quelques-unes d'entre elles sont en effet à peu près inoccupées. Ce projet n'a toutefois pas abouti, et la loi du 30 août 1883 s'est bornée à supprimer un certain nombre de sièges dans les cours d'appel **. C'est le sénatus-consulte du 28 floréal an XII qui a donné à ces tribunaux le nom de *cours d'appel*. La loi du 20 avril 1810, réunissant la justice civile et la justice criminelle, organisa, sous le nom de *cours impériales*, les corps connus, de 1816 à 1848, sous le nom de *cours royales*. * Après la révolution de 1848, ils reprirent le nom de *cours d'appel*, jusqu'au décret des 2-9 décembre 1852 qui leur rendit le nom de cours impériales. Ils ont repris aujourd'hui celui de cours d'appel.

Les dispositions de ce titre s'appliquent particulièrement à la procédure d'appel devant les cours d'appel, auxquelles la loi attribue l'appel des jugements des tribunaux civils d'arrondissement et des tribunaux de commerce. Mais nous avons vu sur l'art. 404, que les appels des jugements des juges de paix étaient portés aux tribunaux civils d'arrondissement; sous ce point de vue, la plupart des dispositions de ce titre seront également applicables aux tribunaux d'arrondissement statuant comme juges d'appel *.

➾ 667. Voilà l'histoire de ces pouvoirs judiciaires compétents pour connaître de l'appel. Mais ces variations ne concernent que l'organisation, que l'établissement des pouvoirs; elles sont étrangères aux délimitations de la compétence, à la fixation du premier et du dernier ressort.

La question de savoir quelles sentences, quels jugements jouiront du privilège des deux degrés, ou seront, au contraire, soumis à la juridiction d'un degré unique, cette question, autrefois réglée par l'art. 5 du titre IV de la loi de 1790*, trouve aujourd'hui sa solution dans les art. 1 et 2 de la loi du 11 avril 1838. *

Le principe en cette matière, c'est que toute demande doit passer par deux degrés de juridiction : voilà la règle générale. Cette règle est invariable en ce sens qu'aucune cause n'est soumise à trois degrés, qu'aucune cause n'est soumise à deux appels. Au contraire, cette règle reçoit exception en ce sens que certaines causes ne sont soumises qu'à un degré de juridiction (1).

(1) ** De ce que l'appel est la règle, il suit que, s'il y a contestation entre les parties

Ainsi, d'abord, des lois ou des dispositions spéciales ont fait des exceptions au principe des deux degrés de juridiction. Par exemple, la loi du 7 septembre 1790, art. 2, veut que les actions civiles entre le Trésor et les contribuables, relatives à la perception des impôts indirects, soient jugées sans appel par les tribunaux civils d'arrondissement. De même une loi postérieure, relative à la poursuite des droits d'enregistrement, la loi du 22 frimaire an VII, art. 64 et 65, décide que les contestations relatives à la perception de ces droits seront jugées en premier et en dernier ressort par les tribunaux civils d'arrondissement.

Dans ces deux cas, quelle que soit la quotité de l'intérêt en litige, aucun appel n'est admis, et le jugement, rendu par le tribunal d'arrondissement en faveur du Trésor ou du contribuable, ne peut être attaqué que par la voie de cassation, en cas de violation de la loi ou d'infraction à ses prescriptions. * Il faut ajouter à ces exceptions à la règle des deux degrés de juridiction celles qui résultent des art. 652, 703, 730 du Code de procédure rectifiés par les lois des 2 juin 1841, et 24 mai 1842. ** Il y a encore d'autres exceptions contenues dans les lois spéciales. Ainsi l'art. 32 de la loi du 30 juin 1838 déclare non susceptible d'appel le jugement de nomination de l'administrateur provisoire aux biens de l'aliéné (1) **.

A part ces règles spéciales, relatives à la nature même de l'intérêt en litige, c'est toujours sur la quotité et non pas sur la nature de cet intérêt, c'est toujours sur l'importance pécuniaire de l'affaire que se détermine la question de savoir si le jugement est en premier ou en dernier ressort. A ce point de vue, la loi du 11 avril 1838, qui abroge l'art. 5 du titre IV de la loi des 16-24 août 1790 (2), apporte une dérogation bien plus large à la règle de l'appel : voici le texte de son art. 1er :

« Les tribunaux civils de première instance connaîtront, en dernier ressort, des actions personnelles et mobilières, jusqu'à la valeur de 1,500 fr. de principal, et des actions immobilières, jusqu'à 60 fr. de revenu déterminé, soit en rentes, soit par prix de bail. — Ces actions seront instruites et jugées comme matières sommaires. »

Cette loi dispense donc de l'appel toutes les affaires dont la valeur ne dépasse pas un certain chiffre.

On a critiqué cette base adoptée par la loi de 1838, comme par celle de 1790, et qui consiste à décider uniquement par le montant précis de l'intérêt pécuniaire le point de savoir s'il y aura ou s'il n'y aura pas lieu à l'appel. On comprendrait, a-t-on dit, que la loi, autorisant les juges à statuer, tantôt en

sur l'admission de l'appel, c'est à celle qui prétend l'appel non recevable à faire la preuve. **

(1) ** Mais cette exception étant, comme toutes les exceptions, de droit étroit, on ne doit pas l'étendre au jugement rendu sur la tierce opposition formée à ce jugement. Cass., 5 mars 1878, S. 78, 1, 177. — Rouen, 25 février 1880, S. 80, 2, 253. **

(2) L. de 1790, art. 5, tit. IV : « Les juges de district connaîtront, en premier et dernier ressort, de toutes les affaires personnelles et mobilières, jusqu'à la valeur de 1,000 livres de principal, et des affaires réelles, dont l'objet principal sera de 50 livres de revenu déterminé soit en rentes, soit par prix de bail. »

premier ressort, tantôt à la charge d'appel, appuyât la distinction sur le plus ou moins de simplicité, ou au contraire, sur le plus ou moins de difficulté de l'affaire. On comprendrait que, quand l'affaire, par sa nature même, est simple, claire, d'une décision facile, la loi se relâchât alors de sa garantie générale des deux degrés de juridiction; que, au contraire, toutes les fois que l'affaire présente des caractères de complication, de difficulté, la loi exigeât cette garantie des deux degrés. Mais pourquoi, dit-on, faire dépendre cette question du plus ou moins de valeur de l'intérêt en litige? De deux choses l'une : ou les deux degrés de juridiction paraissent au législateur la garantie nécessaire d'une bonne justice, et alors il faut toujours les exiger; ou bien cette garantie paraît sans importance, et alors pourquoi l'exiger jamais? Est-ce parce que la somme inférieure à 1,500 fr., par exemple, a moins d'importance? Mais une somme, un intérêt, un litige quelconque n'a jamais par lui-même une valeur absolue; un intérêt de 1,500 fr. peut avoir, pour celui qui le débat, plus d'importance, plus de gravité qu'un intérêt de 20,000 ou 30,000 fr. n'en aurait pour un autre.

Ces critiques ne sont pas très fondées; c'est, je crois, mal saisir la pensée du législateur, dans l'art. 1er de la loi de 1838, que de s'appuyer sur cette idée, qu'une somme de 1,500 fr. peut être, et est, en effet, pour un tel une somme bien plus importante que 20,000 fr. pour un autre : ce n'est pas dans l'idée que la somme est plus ou moins forte qu'il faut rechercher le motif du premier ou du dernier ressort; c'est dans cette idée que, soit que la somme présente, soit qu'elle ne présente pas une grande importance relative pour celui qui la réclame, l'important est, avant tout, d'empêcher que l'objet du litige ne soit consommé par les frais qu'entraînerait une instruction prolongée plus longtemps; dès lors, c'est évidemment à une somme fixe qu'il devient nécessaire de s'attacher. C'est avec raison, je crois, qu'on a dispensé de l'appel la contestation d'une valeur assez modique pour qu'on pût craindre, en autorisant l'appel, que la plus grande partie de l'objet en litige ne disparût dans les frais du procès.

Remarquez d'abord qu'en plaçant sous l'art. 1er de la loi de 1838 le siège des questions que nous devons parcourir, nous devons cependant donner à ces questions et aux solutions qu'elles recevront, une application bien plus générale. Les questions que soulève cet art. 1er, pour savoir si un tribunal d'arrondissement statue en premier ou en dernier ressort, reparaissent sous l'article 404, par exemple, pour déterminer si telle matière doit ou non être jugée comme sommaire; en effet notre art. 1er, *in fine*, classe les demandes qu'il mentionne parmi les matières sommaires. De même, quand il s'agit de déterminer si un juge de paix a pu statuer en premier ou en dernier ressort, c'est-à-dire si l'intérêt du litige était inférieur à 100 francs, les mêmes questions et les mêmes solutions se présentent. De même, enfin, quand il faut savoir si une cause purement personnelle est de la compétence des juges de paix ou des tribunaux d'arrondissement, c'est-à-dire si elle n'excède pas ou si elle excède 200 francs, ce sont encore les mêmes questions. Dans tous ces cas, la quotité du chiffre varie; mais ces variations sont tout à fait indifférentes aux questions de principes que soulève cette détermination, cette fixation par voie de quotité. J'ai donc réuni ces questions sous l'art. 1er de la loi de 1838, parce que c'est à propos de cet article que la pratique les soulève le plus souvent, et avec le plus d'intérêt.

Renfermons-nous donc dans le texte de cet art. 1er, et attachons-nous à saisir le sens de la délimitation posée par la loi entre le premier et le dernier ressort.

Le texte de cet art. 1er distingue deux cas, les actions personnelles et mobilières pour lesquelles les tribunaux d'arrondissement sont compétents, en dernier ressort, jusqu'à concurrence de 1,500 fr., et les actions immobilières pour lesquelles ils sont compétents aussi en dernier ressort jusqu'à concurrence de 60 fr. de revenu déterminé par rente ou par prix de bail.

Ainsi l'action est-elle mobilière, alors le tribunal statuera en premier et dernier ressort, lorsque l'objet de l'action n'excédera pas 1,500 francs de principal; je reviendrai tout à l'heure sur ce dernier mot. L'action est-elle immobilière, alors on ne s'attache plus à la valeur de l'immeuble, qui fait l'objet de l'action, parce que cette valeur ne pourrait être déterminée que par des estimations, des expertises qui consommeraient souvent une très grande partie de la valeur de l'immeuble, mais la valeur de cet immeuble ne peut être évaluée que par le revenu n'excédant pas 60 francs, et ce revenu doit être déterminé ou par rente, ou par prix de bail. Si cette condition ne se rencontre pas, si l'on ne constate pas que l'immeuble n'excède pas, par rente ou par prix de bail, 60 fr. de revenu, la valeur de l'objet est indéterminée, et, dès lors, on rentre dans la règle, le jugement rendu est susceptible d'appel.

668. Parlons d'abord du premier point, et attachons-nous aux actions mobilières pour voir comment la valeur en sera déterminée. Une action mobilière est intentée contre vous, devant un tribunal d'arrondissement; comment saurez-vous si le tribunal appelé à statuer sur cette action statuera à charge d'appel, ou, au contraire, en dernier ressort?

D'abord, si l'objet réclamé est de l'argent, rien de plus facile; sa nature même ici désigne clairement sa valeur. Demande-t-on plus ou moins de 1,500 francs?

Lors même que la demande n'a pas pour objet de l'argent, il est possible que sa valeur soit clairement déterminée, si, par exemple, on demande une certaine quantité de denrées dont le prix soit fixé par des mercuriales; rien de si simple alors que de traduire en argent la valeur des denrées demandées et de savoir si l'affaire excède ou n'excède pas 1,500 francs de principal.

Mais si les meubles demandés sont des corps certains, ou même des quantités dont aucune mercuriale ne cote et ne détermine le prix, comment saura-t-on si le tribunal, saisi d'une action pareille, statue en premier ou en dernier ressort? Point de difficulté, je crois, si les parties sont d'accord sur la valeur, si l'exploit introductif, par exemple, contient une estimation à laquelle souscrive le défendeur, si les parties s'accordent à reconnaître que le meuble demandé ne dépasse pas une valeur de 1,500 francs; alors, je crois, cette reconnaissance rend le tribunal compétent pour statuer même sans charge d'appel.

Que si cette valeur est contestée, si le demandeur, par exemple, évalue à moins de 1,500 francs l'objet de sa demande, et que le défendeur soutienne que cet objet vaut plus de 1,500 francs, pourrait-on recourir à une estimation, à une expertise, à l'effet d'en fixer la valeur, et de savoir par conséquent si l'on peut juger en premier ou en dernier ressort? Ici il est permis d'hésiter; on peut dire que la loi a voulu, en général, éviter des frais de cette nature; que quand il s'agit d'actions réelles, cette intention est manifeste, puisqu'elle exige que la valeur du revenu soit déterminée par rente ou par prix de bail. Cependant cette détermination légale n'est exigée que pour les immeubles; en matière d'action mobilière, la loi refuse l'appel par cela seul que l'affaire ne dépasse pas 1,500 francs de principal; elle n'indique aucun moyen, aucune règle impérative pour déterminer si le meuble excède ou n'excède pas 1,500 francs. Je crois donc qu'on pourrait admettre ici ce mode de détermination de valeur par expertise; sauf, bien entendu, à porter la cause à la cour d'appel, non pas pour en discuter le fond, mais pour examiner si l'estimation est exacte, si l'expertise n'a pas porté trop bas la valeur du meuble, et cela en vertu de l'art. 454 que nous expliquerons en son lieu.

En résumé, pour les meubles jamais de difficulté, s'il s'agit d'une somme d'argent ou de denrées dont les mercuriales aient déterminé le prix. Que s'il s'agit, au contraire, d'objets qui par eux-mêmes sont de valeur indéterminée, cette valeur pourra-t-elle être fixée, soit par le consentement ou la déclaration commune des deux parties, soit, en cas de désaccord, par une estimation ou par une expertise? Je crois qu'on peut, sur ces deux derniers points, soutenir l'affirmative, que du reste la loi ne décide pas clairement.

Lorsque, au contraire, l'objet de l'action est un immeuble, la liberté des parties est beaucoup moins grande; la loi indique limitativement deux manières de déterminer non pas la valeur du fonds, mais la valeur du revenu duquel seul dépendra la limite, la distinction des deux degrés. Cet immeuble est-il affermé, a-t-il été cédé moyennant une rente? Alors, si le taux de la rente ou le prix de bail ne dépasse pas 60 francs, le jugement sera rendu en premier et dernier ressort; si le taux de la rente ou le prix du bail excède 60 francs de revenu, ou si le revenu de l'immeuble ne peut être déterminé de l'une de ces deux manières, * ou s'il n'y a pas de revenu, par exemple, s'il s'agit d'un bâtiment occupé par le propriétaire, d'un terrain ajouté à son jardin, * alors la valeur est indéterminée, et, de ce moment, aucune expertise, aucune estimation n'est possible; on retombe dans la règle générale, d'après laquelle toute affaire doit subir successivement les deux degrés de juridiction (1).

* Que faut-il décider si la valeur du litige est précisément de 1,500 fr. de principal en matière mobilière, ou de 60 francs de revenu en matière immobilière? Sous l'empire de la loi de 1790, qui employait les mêmes expressions: *Les tribunaux... connaîtront... jusqu'à* 1,000 *livres*..., 50 *livres*..., une jurisprudence constante décidait que les jugements sur des sommes même de 1,000 *livres*, 50 *livres*, n'étaient pas sujets à l'appel.

La loi de 1838, qui a reproduit la même formule, a donc voulu consacrer cette jurisprudence; il faut entendre ainsi dans son art. 1er *jusqu'à* 1,500 *francs de principal... jusqu'à* 60 fr. *de revenu* INCLUSIVEMENT. *

(1) Cass. Rej., 2 février 1857, D. 57, 1, 253, et les autorités citées à la note 1.

669. Mais dans quel acte du procès devra-t-on trouver quelle est précisément la valeur de l'objet en litige? est-ce à la condamnation, au jugement? est-ce, au contraire, à la demande, à l'exploit originaire, que nous devons nous attacher? Exemple : J'ai conclu devant un tribunal d'arrondissement, au payement d'une somme d'argent supérieure à 1,500 fr., le jugement m'a accordé une condamnation de moins de 1,500 francs; si nous déterminons par le jugement le taux du dernier ressort, nous dirons que dans ce cas il n'y a pas ouverture à l'appel : si, au contraire, le taux du dernier ressort se détermine par le montant de la demande, indépendamment du montant de la condamnation, nous reconnaîtrons que dans ce cas il y a ouverture à l'appel.

Cette question ne présente pas de difficulté : on est bien d'accord que, dans les matières civiles, ce n'est pas au moment de la condamnation prononcée, c'est au montant de la somme ou à la valeur de l'objet réclamé que nous devons nous attacher, pour savoir s'il y a ou s'il n'y a pas matière à l'appel. De quelle contestation les juges étaient-ils saisis? Sur quelle valeur étaient-ils appelés à prononcer? Voilà l'unique question à poser. Et, en effet, si j'ai demandé 2 ou 3,000 francs contre vous, et que le tribunal me les refuse absolument, en déclarant ma demande mal fondée, personne n'hésitera à reconnaître que j'ai droit d'appeler. Eh bien, si le tribunal, au lieu de me repousser absolument, m'adjuge une somme inférieure à 1,500 francs, il est clair que la raison est la même : dans les deux cas, l'intérêt du procès dont il était saisi était au-dessus de 1,500 fr. ; dans les deux cas, la contestation ne peut être jugée par lui qu'en premier ressort.

Quand je dis qu'il faut s'attacher à l'exploit originaire, c'est par opposition au jugement, à la condamnation qui statue sur le litige; il ne faudrait point en effet prendre ces expressions trop à la lettre et croire que l'exploit originaire détermine à l'avance, d'une manière invariable, inflexible, le taux de la compétence en premier ou en dernier ressort. Ainsi, le demandeur a pu, après avoir primitivement conclu à moins de 1,500 francs, ajouter à sa demande primitive des demandes incidentes, des conclusions additionnelles, qui ont élevé au-dessus de 1,500 francs l'intérêt de la contestation et la valeur du litige dont le tribunal était saisi. Dans ce cas il est manifeste que la cause, qui, au premier abord, se présentait comme cause de premier ressort, a pris dans le cours de l'instance une valeur qui la fait sortir des limites du dernier ressort. Ceci soit dit, sauf les explications que nous donnerons bientôt, sur le sens de ce mot *principal*, dans le même art. 1er de la loi de 1838.

De même que le demandeur, en élevant après coup la valeur des conclusions qu'il avait posées primitivement, fait sortir des limites du dernier ressort une cause qui s'y renfermait d'abord, de même, à l'inverse, il fait rentrer dans les limites du dernier ressort une cause qui d'abord les dépassait, lorsqu'il réduit sa demande à une valeur inférieure à 1,500 francs (1).

(1) C'est donc par le dernier état de la demande que se règle le taux du dernier ressort, et non par le chiffre contenu dans les conclusions de l'exploit d'ajournement. Bourges, 23 février 1844, D. 45, 4, 134. — Rouen, 2 février 1849, D. 51, 2, 202. — Rennes, 26 mars 1849, D. 51, 2, 154. — Besançon, 20 mars 1850, D. 52, 5, 187. — Orléans, 11 mai 1860, D. 62, 2, 76. — Toulouse, 20 février 1864, D. 64, 2, 103. — Orléans, 29 dé-

* Toutefois, si le défendeur défaillant n'avait pas connu cette restriction des conclusions, on ne pourrait le priver de la voie de l'appel, sur laquelle il a compté, et dans l'espérance de laquelle il a pu négliger la voie de l'opposition. ** Pour savoir si le tribunal juge à charge d'appel ou sans appel, il faut donc s'attacher, non pas au jugement, mais à l'objet du litige. Or cet objet du litige se connaît par l'examen des conclusions du demandeur, et s'il a modifié ses conclusions au cours du procès, on devra s'attacher aux dernières. Mais ce n'est pas encore tout : il est également nécessaire de consulter les conclusions du défendeur à l'effet de savoir s'il conteste pour le tout ou pour partie seulement les prétentions du demandeur. Dans la mesure où il ne les conteste pas, il n'y a pas procès, et on ne doit dès lors tenir compte que de la partie contestée pour savoir si le jugement sera susceptible d'appel. Ainsi, par exemple, le créancier ayant réclamé la somme de trois mille francs a un titre quelconque, le défendeur se reconnaît débiteur jusqu'à concurrence de deux mille francs ; le procès ne porte donc que sur mille francs et il n'y aura pas lieu à appel. **

670. Quel est donc, dans cet art. 1er, le sens de ces mots : *Quinze cents francs de principal?* Le tribunal ne peut statuer en dernier ressort sur une demande, sur un intérêt dépassant 1,500 francs de principal ; mais de quelle nature devra ou pourra être cet excédent que la loi oppose ici au principal?

On est bien d'accord que, pour calculer le taux du dernier ressort, il ne faut point compter dans le montant de la demande les frais de l'instance, ni les intérêts ou les fruits échus ou perçus postérieurement à la demande intentée. Ainsi, quand je vous demande, par exemple, une somme de 1,500 fr. dont je me prétends votre créancier, il est clair que ma prétention, si elle est admise, entraînera, contre vous, une condamnation à plus de 1,500 fr. ; vous serez condamné aux intérêts du jour de la demande, en supposant que j'y aie conclu ; vous serez de plus condamné, en vertu de l'art. 130, aux frais de l'instance ; cette condamnation dépassant 1500 francs sera néanmoins rendue en dernier ressort, car l'affaire n'excédait pas 1,500 francs de principal.

Mais le mot *principal*, dans notre article, ne se prend-il que par opposition aux frais de justice et aux intérêts échus depuis la demande intentée? Que déciderons-nous, par exemple, à l'égard des intérêts, soit conventionnels, réclamés par le demandeur accessoirement à ses 1,500 fr., soit même des intérêts moratoires qui peuvent se trouver dus, en certains cas, antérieurement à la demande intentée? Que déciderons-nous même, non point à l'égard des intérêts ou des fruits antérieurs, mais aussi à l'égard des dommages-intérêts réclamés par le demandeur accessoirement à ses conclusions princi-

cembre 1868, D. 69, 2, 175. Civ. Cass., 15 décembre 1869, D. 70, 1, 32. — Nancy, 20 janvier 1870, D. 72, 2, 89. — Cass., 26 avril 1876, D. 76, 1, 377. Mais ce principe applicable aux taux du ressort ne doit pas être étendu à la juridiction elle-même. Aussi le tribunal civil saisi d'une demande supérieure au taux de la compétence du juge de paix demeure compétent pour connaître de cette demande, quoique, par des conclusions postérieures, elle ait été réduite à une somme inférieure à ce taux. Toulouse, 27 juin 1868, D. 68, 2, 210.

pales? Compterons-nous ces accessoires, ou, au contraire, les exclurons-nous de la valeur déterminée pour régler le taux du dernier ressort? Par exemple, une lettre de change n'a pas été payée, le porteur l'a fait protester; il réclame contre le tireur ou l'un des endosseurs le principal de la lettre de change, qui est de 1,500 fr., plus les frais de protêt, de timbre et autres frais accessoires; dans ce cas, la cause sera-t-elle ou ne sera-t-elle point jugée en dernier ressort?

A cet égard, nous chercherions vainement des raisons de décider dans la jurisprudence; ces questions y ont reçu les solutions les plus opposées. Je ferai remarquer seulement que, dans le texte de l'art. 1er de la loi de 1838, on ne se sert pas précisément du mot de *capital*, ce qui pourrait jeter plus de doute dans la question; si la loi nous parlait de 1,500 livres de *capital*, on pourrait soutenir, sans doute, qu'elle n'entend exclure de l'imputation qui fixe la compétence que les intérêts ou les fruits de la somme ou de la chose réclamée; mais elle se sert du mot *principal*, et ce mot paraît exclure, non-seulement les intérêts ou les fruits, mais tout ce qui ne tient point au fond, à l'intérêt primitif, originaire, de la demande. En un mot, l'expression de *principal* paraît exclure tous les accessoires. J'inclinerais donc à décider qu'on ne doit imputer sur le montant de la demande ni les intérêts ou les fruits, soit postérieurs, soit même antérieurs à la demande intentée, ni les dommages-intérêts qu'on réclame à raison de faits postérieurs, ou à raison de faits antérieurs à la demande (1).

* La demande principale peut d'ailleurs être accompagnée de demandes accessoires ou incidentes relatives à des intérêts, des fruits échus pendant le procès, etc. En général, ces demandes accessoires n'entrent pas en ligne de compte pour la supputation du taux de la compétence. *

671. Enfin, sous un autre aspect, l'art. 1er de loi de 1838 donne lieu à quelques questions assez délicates. Quelles sont ces demandes, qui, présentées soit dans l'exploit originaire, soit dant les actes postérieurs, vont concourir pour déterminer le taux de la compétence? Point de difficulté lorsque l'exploit originaire ne contient qu'un seul chef de demande; lorsque je conclus contre vous au payement de 1,500 fr. que mon père vous a prêtés ou que je vous ai prêtés.

Mais que déciderons-nous lorsque, dans un exploit originaire ou dans des actes postérieurs, le demandeur a réuni plusieurs chefs de demande, qui, isolés, sont inférieurs, à 1,500 fr., mais, qui, cumulés, dépassent cette somme; le tribunal statuera-t-il alors en premier ressort seulement, ou en premier et

(1) ** L'opinion de Boitard est aujourd'hui généralement repoussée par la doctrine et par la jurisprudence; elle a en effet le tort de confondre le principal avec le capital. Ces deux mots ont des sens différents. Le principal comprend non seulement le capital, mais encore les intérêts, arrérages et autres accessoires échus au jour de la demande et relatifs à cette demande. La loi du 25 mai 1838, en fixant le taux de la compétence des juges de paix, parle aussi du principal et non du capital : les juges de paix statuent, sans appel, jusqu'à 100 fr., à charge d'appel depuis 100 fr., jusqu'à 200 fr. de principal. Mais la loi du 1er juin 1853 dit, au contraire, que les conseils de prud'hommes statuent en dernier ressort jusqu'à 200 fr., *en capital***.

dernier ressort ? Ainsi Paul, mon débiteur de 4,000 francs, a laissé quatre héritiers, chacun pour un quart. La loi divise entre eux la dette ; j'ai maintenant quatre débiteurs de chacun 1,000 francs. Il est certain, que si je les actionne séparément, chaque procès sera d'une valeur inférieure à 1,500 fr. et par conséquent sera jugé sans appel. La solution ne doit pas varier si je comprends les quatre demandes dans la même instance. L'intérêt de chaque débiteur n'est que de 1,000 francs, et il ne peut dépendre de moi de rendre le jugement sujet ou non à appel, en comprenant les quatre procès dans une même instance, ou en intentant quatre procès différents (1). Il en serait autrement s'il avait été convenu entre le créancier et le débiteur que le payement serait indivisible ; et, en fait, cette clause est très souvent insérée dans les contrats de prêt. *

A l'inverse, si mon père vous a prêté 2,000 fr., et qu'ensuite cette créance, divisée à sa mort entre ses deux fils, se soit réunie sur ma tête, il est difficile de se refuser à ne voir là en réalité qu'une seule et même demande ; je vous demande 2,000 fr. que mon père vous a prêtés, encore bien que cette créance ait été un instant divisée par sa mort, réunie qu'elle est maintenant sur ma tête, c'est une demande unique que je forme contre vous appuyée sur un seul et même titre, appuyée des mêmes moyens (2).

Mais la question peut être plus douteuse lorsque je vous demande, par un exploit unique, 1,000 francs que vous a prêtés mon père, et 1,000 francs que je vous ai prêtés, et dont vous étiez débiteur envers une autre personne dont je suis héritier, légataire, cessionnaire, etc. — Dans ce cas, on pourrait dire que chacune des demandes étant séparée, détachée, pouvait et devait former, par sa nature, la matière d'un litige et d'un procès distinct, et que la réunion accidentelle, fortuite, dans un exploit commun, de deux demandes parfaitement isolées n'empêche pas que le tribunal ne statue sur chacune d'elles sans appel, comme il eût certainement statué sans appel, si on les lui avait soumises successivement et séparément. Cependant il est vrai de dire que nous sommes encore ici dans les termes de l'art. 1er de la loi de 1838 ; que le tribunal est saisi d'une contestation d'un intérêt supérieur à 1,500 fr., d'un intérêt qui peut, par conséquent, supporter les frais d'un appel (3).

Enfin, il est possible que cette réunion de créances, qui dépassent par leur addition le taux du dernier ressort, résulte du concours, dans le même exploit, des prétentions de deux demandeurs. Par exemple, deux individus, créanciers d'un troisième pour une somme de 1,000 fr. chacun, l'assignent ensemble par un même exploit, par une même demande. Dirons-nous ici que, comme dans chacun des exploits, chacune des demandes, il s'agit de 2,000 fr. la question

(1) Poitiers, 7 janvier 1862, D. 62, 2, 76. — Besançon, 22 janvier 1862, D. 62, 2, 22 et notes 1 et 2. — Cass., 7 mars 1866, D. 66, 1, 119. — Nancy, 3 janvier 1867, D. 67, 2, 23. — Cass., 15 juin 1874, D. 74, 1, 428. — Cass. Rej., 18 janvier 1876, D. 76, 1, 165. Cass. civ., 25 février 1879, S. 79, 1, 273. — Cass. civ., 5 janvier 1881, S. 81, 1, 345. — Cass. Req., 21 mars 1881, S. 82, 1, 25.

(2) Angers, 26 mai 1859, D., 60, 2, 32.

(3) Voy. art. 9, l. du 25 mai 1838. — Cass. Rej., 26 novembre 1873, D., 75, 1, 15.

ne peut être jugée qu'en premier ressort par le tribunal? Ici, je ne le pense pas, il y a réellement diversité de demandes, et surtout il n'y a pour chacune des parties qu'un intérêt inférieur à celui pour lequel la loi a autorisé, a permis l'appel. Que ces deux parties, dans un but d'économie, et aussi parce qu'il y avait analogie, connexité entre leurs prétentions, aient réuni leurs demandes dans un exploit unique, il n'en est pas moins vrai que l'intérêt dont le tribunal est saisi est, à l'égard de chaque partie, un intérêt inférieur au taux du premier ressort, que chacune d'elles n'a dans la cause qu'un intérêt de 1,000 fr., intérêt pour lequel la loi n'autorise pas l'appel (1).

La même décision doit être donnée si, par le même exploit, vous avez attaqué deux ou plusieurs défendeurs, et que vous demandiez à chacun moins de 1,500 fr., comme nous l'avons vu dans l'hypothèse où je demande 4,000 francs aux héritiers de Paul (2).

Il en serait autrement si les défendeurs étaient des débiteurs solidaires, ou si l'objet était indivisible (3). * Ainsi j'assigne par le même exploit *Primus*, *Secundus* et *Tertius* qui m'ont emprunté solidairement 3,000 francs ; * alors, quoique réellement il y ait trois débiteurs, cependant chacun d'eux ayant personnellement, directement, dans la cause un intérêt de plus de 1,500 fr., pouvant être condamné à payer les 3,000 francs, c'est-à-dire une somme supérieure à celle que détermine l'art. 1er de la loi de 1838, nous rentrons dans la règle du premier ressort, l'appel sera recevable (4).

(1) Voy. les autorités pour et contre dans Dalloz, 1858, 1, 193, note. — Voy. aussi Cass., 18 janvier 1860, D. 60, 1, 76. — Angers, 7 mars 1866, D. 66, 2, 93. Si les demandeurs se disent créanciers solidaires ou indivisibles, alors ils doivent être considérés chacun comme créancier de la totalité. Le juge d'appel aurait-il le droit d'examiner si cette prétention de solidarité ou d'invisibilité est fondée au point de vue du taux de la compétence? Voy. pour la négat., Riom, 2 mars 1868, D. 68, 2, 65. — Chambéry, 27 avril 1875, D. 78, 2, 11.

(2) Cass. Rej., 12 avril 1864, D. 64, 1, 218.

(3) Cass. Rej., 9 juillet 1862, D. 62, 1, 325.

(4) ** Nous avons déjà dit incidemment, mais il n'est pas inutile de le rappeler, que si l'objet du litige n'a pas de valeur pécuniaire, ne peut pas être évalué en argent, l'appel est toujours recevable ; c'est en effet la règle qu'il faut appliquer dans le doute et en l'absence de tout texte consacrant une exception. Cpr., Lyon, 17 août 1880, S. 82, 2, 78. La demande dont le chef principal est d'une valeur indéterminée est susceptible d'appel même à l'égard d'un chef accessoire dont la valeur serait inférieure au taux du dernier ressort. Il est en effet de principe que c'est par la valeur de l'objet de la demande et non par l'importance des questions qui sont soulevées *accessoirement* à cette demande, que se détermine le dernier ressort. Voy. cass., 29 avril 1878 et le renvoi, S. 78, 1, 400. Lorsqu'on réclame un objet d'une valeur de 1.500 fr., et qu'on demande en outre une certaine somme par jour de retard, cette dernière prétention ne pouvant pas être considérée comme un accessoire de la première doit être prise en considération pour la détermination du ressort, et comme elle est d'une somme indéterminée, elle rend l'affaire susceptible d'appel. Cass. civ., 24 février 1879, S. 79, 1, 349. — La demande d'exécution en France d'un jugement étranger n'est pas, de sa nature, une demande indéterminée. En conséquence, l'appel du jugement rendu sur une pareille demande n'est pas recevable, si la condamnation prononcée par le juge étranger est inférieure à 1,500 fr., et si aucune question d'incompétence n'est soulevée. Cass. req., 21 août 1882, S. 83, 1, 255 **.

672. * Le défendeur à l'action principale peut former de son côté une demande reconventionnelle (Voy. n° 527). Quelle sera l'influence de cette demande sur le taux de la compétence en premier ou en dernier ressort? L'art. 2 de la loi du 11 avril 1838 a résolu cette question qui avait soulevé beaucoup de controverses.

« Art. 2. Lorsqu'une demande reconventionnelle ou en compensation aura été formée dans les limites de la compétence des tribunaux civils de première instance en dernier ressort, il sera statué sur le tout sans qu'il y ait lieu à appel. — Si l'une des demandes s'élève au-dessus des limites ci-dessus indiquées, le tribunal ne prononcera, sur toutes les demandes, qu'en premier ressort. — Néanmoins, il sera statué en dernier ressort sur les demandes en dommages-intérêts lorsqu'elles seront fondées exclusivement sur la demande principale elle-même. »

Il résulte de ce texte que la demande principale et la demande reconventionnelle seront envisagées séparément ; on ne doit pas cumuler les chiffres des deux demandes pour déterminer la recevabilité de l'appel. Ainsi la demande principale s'élevant à 1,400 fr. et la demande reconventionnelle à 1,200, le jugement ne sera pas susceptible d'appel, parce que chaque demande prise isolément est inférieure à 1,500.

Mais si la demande reconventionnelle est supérieure à 1,500 francs, non seulement elle est sujette à appel, mais elle entraîne le droit d'appeler relativement à la demande principale inférieure à 1,500 fr. et qui, si elle eût été seule, eût été jugée en dernier ressort. Ainsi, je forme contre Paul une demande de 1,400 fr. ; le jugement, s'il ne porte que sur cette demande, ne sera pas susceptible d'appel. Mais Paul a formé une demande reconventionnelle s'élevant à 1,800 francs. Alors le jugement tout entier peut être frappé d'appel, non seulement du chef de la demande reconventionnelle de 1,800 francs, mais encore à l'égard de la demande principale de 1,400 francs (art. 2, 2e alin. de la loi de 1838). Cette disposition est facile à justifier ; il est possible que les deux parties du jugement soient intimement liées l'une à l'autre ; que les décisions sur la demande principale et la demande reconventionnelle soient fondées sur les mêmes motifs. Or, il serait très rigoureux de maintenir la demande principale, quand il aurait été jugé sur l'appel de la demande reconventionnelle, que les motifs qui appuyaient l'une et l'autre demande étaient erronés. L'appel de l'une entraînera donc l'appel de l'autre (1).

(1) La question de savoir si, en cas de jonction d'une demande en garantie à la demande principale, les deux actions sont indépendantes et peuvent être jugées l'une à charge d'appel, l'autre sans appel, est controversée. Voy. la note de Dalloz sur un arrêt de Besançon, 18 novembre 1863, D. 63, 2, 197. — Req. Rej., 6 novembre 1866, D. 67, 1, 155. — 20 janvier 1869, D. 69, 1, 423. — 24 août 1870, S. 71, 1, 13. ** La jurisprudence semble admettre l'indivisibilité entre la demande principale et la demande en garantie. Voyez notamment Cass. civ., 1er juin 1881, S. 83, 1, 165. Cette solution est trop absolue, comme celle qui nie, d'une manière générale, cette indivisibilité. Il faut faire des distinctions. Lorsque le tribunal se prononce contre le garanti, il n'y a pas indivisibilité entre la garantie et l'éviction, car on peut être évincé sans avoir droit à garantie, par exemple, si l'éviction a eu lieu par la faute de l'acheteur ou s'il s'agit d'un donataire. Mais lorsque la justice donne gain de cause au défendeur principal, il

Le 3e alinéa de l'art. 2 de la loi de 1838 contient une exception à la décision contenue dans le second. On suppose que la demande reconventionnelle du défendeur est une demande en dommages-intérêts, basée sur le préjudice causé par la demande principale ; dans cette hypothèse, le chiffre de cette demande n'influera pas sur l'appréciation de la compétence en premier ou en dernier ressort. Ainsi Paul a formé contre *Primus* une demande en payement de 1,400 fr. ; *Primus* demande, de son côté, 2,000 francs de dommages-intérêts pour le tort que lui cause cette demande principale. Le jugement ne sera pas sujet à appel, malgré le chiffre de 2,000 fr. de la demande en dommages-intérêts. La loi a consacré par là une jurisprudence déjà antérieurement établie dans le silence des textes. Quel est le motif de cette solution ? Pourquoi le législateur s'écarte-t-il, à l'égard des demandes de dommages et intérêts, de la règle posée dans le § 2 de l'art. 2 de la loi de 1838 ? C'est qu'autrement il eût été trop facile à un défendeur qui aurait voulu gagner du temps, d'éluder les dispositions de l'art. 1er de la loi de 1838, et de rendre sujette à appel toute demande au-dessous de 1,500 fr., en formant lui-même une demande reconventionnelle en dommages-intérêts fondée sur le tort causé par la demande principale (1).

Mais la disposition spéciale du 3e alinéa de l'art. 2 de la loi de 1838 ne s'appliquerait pas aux demandes en dommages-intérêts fondées sur d'autres causes que la demande principale. Ces demandes rentreraient dans l'application du deuxième alinéa, même si elles n'étaient pas sérieuses (2).

y a indivisibilité entre la demande principale et la demande en garantie, en ce sens que le garanti ne saurait obtenir des dommages-intérêts s'il n'est pas évincé. De là résultent les applications suivantes. Si le jugement a été rendu en dernier ressort sur le principal et à charge d'appel sur la garantie, les deux solutions étant indépendantes l'une de l'autre, l'appel sur la garantie ne touche en rien au jugement sur le principal et les choses doivent se passer comme si l'éviction ayant été réalisée à la suite d'une première instance, on en commençait une seconde sur la garantie. Au contraire, si le jugement a été rendu à charge d'appel sur le principal, cet appel remet en question la partie du jugement relative à la garantie, même si cette demande sur la garantie ne dépasse pas 1500 fr. Il y a dans ce cas indivisibilité entre les deux demandes : du moment qu'il n'est pas sûr qu'il y aura éviction, il ne peut pas non plus être statué définitivement sur la garantie. Peu importe, bien entendu, par qui l'appel est interjeté : cet appel remet toujours en question les deux demandes.**

(1) Limoges, 7 juillet 1860, D. 61, 2, 85. Rouen, 8 février 1866, D. 67, 2, 63. — Cass. Rej., 20 janvier 1875, D. 75, 1, 367. — Jugé même que les demandes de dommages-intérêts sont présumées fondées sur le tort causé par la demande principale. Caen, 1er juin 1871, D. 72, 2, 60. ** Toutefois la solution donnée par Boitard semble trop absolue, comme le prouve le motif même qu'il donne pour l'expliquer. On n'a pas voulu, dit-il avec raison, qu'une demande en dommages-intérêts fondée sur le procès lui-même et plus ou moins sérieuse pût donner au défendeur le moyen de faire juger la demande principale à charge d'appel, alors que, sans cette demande en dommages-intérêts, il aurait été statué sans appel sur la demande principale. Cette troisième disposition de l'art. 2 de la loi de 1838 est donc dirigée contre le défendeur ; d'où l'on doit conclure que le demandeur aura le droit d'interjeter appel, tout au moins sur la demande en dommages-intérêts, s'il succombe, en tout ou en partie, sur cette demande**.

(2) Cass. civ., 24 août 1881, S. 82, 1, 160.

A plus forte raison cette disposition de la loi de 1838 est étrangère aux dommages-intérêts réclamés par le demandeur (1).

Les lois du 15 mai 1838 et du 3 mars 1840 reproduisent à peu près les mêmes dispositions pour les jugements des juges de paix et des tribunaux de commerce (Voy. cependant pour les jugements des juges de paix, t. I, n° 609).

** Je vous ai parlé jusqu'à présent du jugement rendu sur le fond du procès. Mais vous savez que fort souvent le tribunal rend, au cours du procès, des jugements d'avant dire droit préparatoires ou interlocutoires ou même définitifs. Comment saurons-nous si un jugement sur un incident, par exemple, un jugement qui ordonne une enquête ou une expertise, est susceptible d'appel? La loi n'a consacré aucun article à cette question, mais on y répond facilement à l'aide des principes généraux, et c'est peut-être pour ce motif que le législateur a gardé le silence sur ce point. Ces jugements sur des incidents sont des accessoires et, comme tels, ils suivent la nature du principal, c'est-à-dire du jugement sur le fond. Ils seront donc susceptibles d'appel ou non suivant que le jugement sur le fond sera lui-même rendu en premier ou en dernier ressort. Ce qui prouve bien que cettte solution est dans l'esprit de la loi, c'est que, dans tous les cas où le législateur a voulu que le jugement sur un incident fût susceptible d'appel, quoique le fond de l'affaire fût de la compétence en dernier ressort du tribunal, il a eu le soin de s'expliquer à cet égard et de consacrer cette exception par un texte formel. C'est ainsi, comme nous l'avons vu, que les jugements sur la compétence, sur la récusation, sur le renvoi à un autre tribunal pour parenté et alliance, sont toujours susceptibles d'appel. **

673. * A qui appartient le droit d'interjeter appel d'un jugement? Le droit d'appeler appartient, en principe, aux parties de la cause, sans distinguer entre les parties principales et intervenantes. Il faut d'ailleurs que celui qui appelle soit lésé par le jugement; autrement son appel serait irrecevable faute d'intérêt. ** Il résulte de là qu'une partie qui, en première instance a obtenu l'adjudication de ses conclusions, ne peut pas, devant la cour, même par voie d'appel incident, prendre des conclusions différentes (2). **

Si la partie est incapable, l'appel sera interjeté par son représentant légal; ainsi le tuteur interjettera appel pour le mineur ou l'interdit (Voy. n° 682).

Les héritiers, successeurs irréguliers, légataires universels, pourront interjeter appel du chef de celui auquel ils ont succédé. Quant aux ayants cause à titre particulier, comme un acheteur, un légataire à titre particulier, un cessionnaire (3), ils pourraient aussi interjeter appel d'un jugement rendu

(1) Voy. Dalloz, *Juris. gén.*, v° *Degrés de juridiction*, n°s 170 et suivants et *Rec. périodique*, année 1879, 2, 25 à la note. — Caen, 10 mars 1877, S. 80, 1, 132. — Cass., 22 juillet 1867, S. 68, 1, 369. — Cass., 19 janvier 1876, S. 76, 1, 101. — Cass. civ., 7 juin 1880, S. 81, 1, 100.

(2) Cass. civ., 13 novembre 1882, S. 83, 1, 289.

(3) Cass., 15 mars 1847, D. 47, 1, 155.

contre le vendeur, contre le testateur, contre le cédant, et qui serait relatif à l'objet vendu ou légué, ou à la créance cédée.

On a contesté aux créanciers d'une partie le droit d'appeler au nom de leur débiteur. Mais l'art. 1166, C. civ., me semble, au contraire, favorable à l'opinion généralement admise qui autorise les créanciers à exercer le droit d'appel appartenant à leur débiteur. Ce n'est pas là un droit exclusivement attaché à la personne (1). ** Lorsqu'un jugement prononce une interdiction judiciaire ou contient la nomination d'un conseil, l'appel contre ce jugement peut être intenté par le nouvel interdit ou par celui qui a reçu le conseil, sans aucune autorisation. En vain dirait-on que cette personne est frappée d'incapacité, car tel est précisément l'objet du litige.

La femme mariée a besoin d'une autorisation spéciale pour interjeter appel, mais d'ailleurs, rien ne s'oppose à ce que cette autorisation lui soit donnée en même temps que celle de plaider en première instance (2). Une autorisation en termes généraux d'ester en justice devrait s'entendre seulement du droit de plaider en première instance et ne dispenserait pas de la nécessité d'une nouvelle autorisation pour interjeter appel (3). D'ailleurs l'autorisation donnée par le mari à sa femme d'ester en justice en cause d'appel peut être tacite; elle résulte notamment de ce qu'il interjette appel contre elle ou de ce que, s'il est intimé, il conclut contre elle à la confirmation de la décision des premiers juges (4). En cas d'empêchement du mari ou sur son refus, la femme doit demander l'autorisation d'appeler à la justice, c'est-à-dire au tribunal d'arrondissement et non pas, comme on l'a dit quelquefois à tort, à la cour d'appel.

Avant la loi du 5 avril 1884, le maire d'une commune ne pouvait interjeter appel qu'avec l'autorisation du conseil de préfecture. En pratique, on admettait que le maire d'une commune pouvait, à titre conservatoire, appeler d'un jugement sans être autorisé par le conseil de préfecture, mais l'autorisation était nécessaire pour suivre sur l'appel interjeté. La nouvelle loi municipale de 1884 vient de consacrer législativement cette pratique.

Lorsqu'un jugement a été rendu contre plusieurs débiteurs d'une dette solidaire ou indivisible, non seulement tous ont le droit d'appeler, mais de plus l'appel interjeté par un seul d'entre eux profite aux autres; c'est une des conséquences de la nature de la dette solidaire ou indivisible et qui vous sera expliquée au cours de Code civil (5).

Quant au ministère public, il n'est pas douteux qu'il ait le droit d'appeler toutes les fois qu'il a été partie principale en première instance. Mais le minis-

(1) Toulouse, 1er avril 1840. — Limoges, 28 avril 1841 (Dall., *Rép.*, v° *Appel*, nos 556 et 557). ** Il a été décidé avec raison que le droit d'appeler appartient à un créancier comme exerçant le droit de son débiteur, même lorsque le montant de sa créance est inférieur à 1500 fr.; on ne s'occupe, en effet, pour savoir si un jugement est susceptible d'appel, que de l'objet du litige. Poitiers 10 novembre 1875, S. 77, 2, 88. **

(2) Bordeaux, 27 février 1878, S. 78, 2, 182.

(3) Cass. civ., 2 juillet 1878, S. 78, 1, 341. — Cass. Req., 22 janvier 1879, S. 79, 1, 152.

(4) Cass. civ., 18 mars 1878, S. 78, 1, 193.

(5) Angers, 11 mai 1876, S. 77, 2, 245. — Pau, 24 juillet 1878, S. 78, 2, 282. — Cass. Req., 26 mars 1878, S. 79, 1, 17. — Cass. civ., 16 décembre 1879, S. 80, 1, 254.

tère public, partie jointe, peut-il appeler? La réponse à cette question dépend de la solution que l'on adopte sur le point de savoir dans quels cas le ministère public peut agir en matière civile. Nous avons résolu cette difficulté soulevée par le texte obscur de l'article 46 de la loi de 1810, en nous occupant de la communication au ministère public. Si on admet que le ministère public ne peut agir en matière civile qu'autant qu'il y est autorisé par un texte formel, il faut décider que le droit d'appeler ne lui appartient aussi que dans les mêmes cas. Mais si on préfère décider, avec la jurisprudence, que le ministère public a, d'une manière générale, le droit d'agir toutes les fois que l'ordre public est intéresssé, il faut aussi lui permettre, d'une manière générale, d'interjeter appel au nom de l'ordre public, même s'il n'a été que partie jointe en première instance (1). **

La partie qui a le droit d'appeler peut-elle renoncer à ce droit? Cette question n'en est pas une lorsque le jugement a été rendu; il est constant que la partie condamnée en première instance peut, sans attendre l'expiration des délais d'appel, se priver, par un consentement exprès, du droit d'interjeter appel; nous verrons même que ce consentement n'a pas besoin d'être toujours formel; que, dans bien des cas, l'acquiescement à un jugement est tacite, est indirect. Mais les parties pourraient-elles, dès le début ou dans le cours de l'instruction de première instance, et avant le jugement obtenu, renoncer valablement au droit d'appeler? Au contraire, ce droit est-il d'ordre public? Est-il un principe général de juridiction dont on ne puisse s'écarter à l'avance?

Cette renonciation admise indistinctement et d'une manière absolue dans les lois romaines paraît, au contraire, avoir été repoussée dans notre ancienne jurisprudence; on n'admettait point que les parties pussent d'avance renoncer à l'appel, et, nonobstant leur renonciation, on les admettait toujours à attaquer par l'appel la sentence qui leur faisait grief. En est-il de même aujourd'hui?

Quelques auteurs l'ont encore prétendu. Quels peuvent être leurs motifs? D'abord, pour déclarer, comme on le faisait autrefois, que la renonciation à l'appel est sans effet, il faudrait reconnaître que la faculté d'appeler est d'ordre public; si elle n'est établie que dans un intérêt privé, il serait impossible de comprendre pourquoi les parties ne pourraient la perdre par leur volonté. Mais si, comme on le pensait autrefois, la faculté d'appeler est d'ordre public, il faudrait, pour être conséquent, aller jusqu'à décider qu'on ne peut s'en dépouiller même après coup; or, c'est ce que personne n'a jamais fait: on a toujours reconnu qu'immédiatement après la condamnation, la renonciation à l'appel est parfaitement valable. Le droit d'appeler n'est donc au fond que d'intérêt purement privé, et dès lors on ne voit pas pourquoi la renonciation ne serait pas aussi valable avant qu'elle l'est après.

(1) ** Toutefois une difficulté s'élève alors sur le point de savoir pendant combien de temps il peut appeler. D'après la jurisprudence, le jugement ne lui étant pas signifié, précisément parce qu'il n'a été que partie jointe en première instance, le délai de deux mois pour interjeter appel court contre le ministère public du jour même du jugement. Cass. Req., 28 novembre 1877, S. 78, 1, 738. **

Cependant, en abordant les textes, on a dit : l'art. 7 permet aux parties de renoncer d'avance à l'appel, lorsqu'elles sont devant un juge de paix ; l'art. 639 du Code de commerce leur donne la même faculté dans la procédure commerciale, soit devant les tribunaux de commerce, soit devant les tribunaux civils, jugeant en ces mêmes matières. Et l'on a conclu, *à contrario*, que ces deux Codes accordant expressément cette faculté en justice de paix et devant les tribunaux de commerce, et ne s'expliquant point, au contraire, en ce qui touche les tribunaux d'arrondissement, cette faculté n'appartenait point aux parties dans les matières civiles, dans les matières ordinaires.

En général, les arguments *à contrario* ont assez peu de force ; c'est une manière d'argumenter toujours incertaine et périlleuse ; ici, surtout, il est bien facile d'en faire sentir la faiblesse. Ainsi, d'abord, dans l'art. 7, vous voyez, il est vrai, que les parties en justice de paix peuvent renoncer au droit d'appel. Faut-il dire, avec les auteurs que je combats, que si on l'a dit expressément pour les justices de paix, c'est que cela n'est pas vrai pour les tribunaux d'arrondissement ; que c'est là une exception fondée sur la simplicité des affaires dévolues aux juges de paix, et pour les faire juger avec le plus de rapidité et le moins de frais possibles ? Non, parce que la faculté accordée aux parties de renoncer à l'appel n'est pas l'objet direct et principal de l'art. 7 ; cette faculté n'est mentionnée que transitoirement, occasionnellement, en passant, dans l'art. 7 (Voy. n° 616).

De même, si, dans l'art. 639 du Code de commerce, nous trouvons cette faculté mentionnée formellement, nous n'en devons pas davantage conclure, *à contrario*, qu'on ait entendu, par le seul silence de la loi, la refuser dans les tribunaux civils. En effet, si l'art. 639 a décidé la question, c'est encore parce que dans le Code de commerce il existe un titre exprès, un titre spécial sur la compétence des tribunaux de commerce, titre dans lequel se place naturellement le droit de renoncer à l'appel, droit qui tient tout à fait à la matière de la compétence. Or, dans le Code de procédure, par inadvertance, ou autrement, on n'a pas inséré de titre général sur la compétence ; c'est ainsi que cette disposition ne s'y trouve point comprise. Mais d'abord, dans le Code de procédure, vous verrez dans l'art. 1010, à propos de l'arbitrage, que les parties qui soumettent leur différend à des arbitres peuvent renoncer d'avance au droit d'appeler. Et il faut convenir que, si ce droit ne leur appartenait pas devant la justice ordinaire, devant les tribunaux d'arrondissement, il y aurait dans la loi une singulière contradiction de vues. Comment ! on pourrait investir des particuliers, des arbitres du choix des parties, du droit de les juger en premier et en dernier ressort, quelle que soit la valeur de l'intérêt de la contestation, et on ne pourrait pas conférer le même droit aux tribunaux ordinaires ! La loi aurait plus de confiance dans les arbitres du choix des parties qu'elle n'en aurait dans les tribunaux institués par elle, qu'elle n'en aurait dans les juges ordinaires et publics ! Cela est impossible (1).

** Mais faut-il admettre, à l'inverse, que les parties pourraient renoncer au premier degré de juridiction, et saisir directement le tribunal d'appel, par

(1) Rennes, 24 juillet 1812 (Dall., *Rép.*, v° *Appel*, n° 223). — Cass. Rej., 26 juin 1855, D. 56, 1, 9. — *Contrà :* Cass. Rej., 13 juillet 1875, D. 76, 1, 118.

exemple la Cour d'appel ? Je ne le pense pas. Aucun texte n'admet ou ne suppose cette faculté de renoncer au premier degré de juridiction. Au contraire, l'art. 464, C. pr., défend de former en appel aucune demande nouvelle. L'art 473 du même Code permet bien aux Cours et autres tribunaux d'appel de statuer sur le fond qui n'a pas été jugé en première instance, mais seulement dans certains cas et avec certaines conditions. Donc, en règle générale, ce droit ne doit pas leur être accordé.

Si une affaire était directement portée devant le tribunal du second degré, il y aurait incompétence absolue, atteinte à la règle qui détermine les degrés de juridiction.

On a cependant fait à notre solution une objection en disant : s'il est permis de renoncer au second degré de juridiction, et c'est en effet ce qui a lieu toutes les fois qu'on n'interjette pas appel, il doit, à plus forte raison, être permis de se contenter du second degré de juridiction. Cette objection repose sur une confusion. Lorsqu'on renonce au droit d'appeler, l'affaire suit bien l'ordre des juridictions déterminé par la loi, seulement au lieu de parcourir les deux degrés de juridiction, on s'arrête au premier; s'il était permis de s'adresser directement au tribunal d'appel, on intervertirait l'ordre des juridictions, ce qui est bien différent **.

TRENTIÈME LEÇON

DE L'APPEL, ETC. (SUITE).

674. Nous diviserons ainsi l'examen de ce titre : § 1er, du délai d'appel (art. 443 à 452, et art. 455) ; § 2, quels jugements sont susceptibles d'appel (art. 453 et 454); § 3, de l'acte d'appel et de ses effets (art. 456 à 460); § 4, de l'instruction sur l'appel (art. 461 à 466); § 5, du jugement sur l'appel et de ses effets (art. 467 à 472) ; enfin, § 6, du droit d'évocation (art. 473).

§ 1. *Délai d'appel.*

« Art. 443. Le délai pour interjeter appel sera de deux mois : il courra, pour les jugements contradictoires, du jour de la signification à personne ou domicile ; — Pour les jugements par défaut, du jour où l'opposition ne sera plus recevable. — L'intimé pourra néanmoins interjeter incidemment appel en tout état de cause, quand même il aurait signifié le jugement sans protestation. »

Le délai pour interjeter appel a varié de la manière la plus sensible dans les différents systèmes de législation admis relativement à l'appel. Ainsi, dans l'origine, et en remontant seulement à l'appel dans le droit français, dans l'origine, lorsque l'appel n'était autre chose que le défi adressé par la partie à l'un de ses juges, qu'une provocation à un combat judiciaire, l'appel devait être interjeté immédiatement, à la face même du juge qui venait de prononcer la sentence; il ne fallait même point attendre que tous les juges eussent prononcé; la partie défiait au combat le premier juge qui opinait contre elle (Voy. n° 667).

Il paraît que cette coutume d'interjeter l'appel immédiatement, à l'audience, à la face du juge, survécut assez longtemps à l'abolition de la pratique barbare des combats judiciaires. Lorsque saint Louis eût organisé un véritable appel, l'appel dut encore, pendant un certain temps, être interjeté sans délai, avant même de sortir de l'audience.

Plus tard, on se jeta dans un excès tout contraire; on appliqua à la faculté d'appeler les principes de la prescription ; on déclara l'appel recevable pendant trente années.

L'ordonnance de 1667 renferma le droit d'appel dans un délai plus court; elle déclara que l'appel serait, en général, recevable pendant dix années; que cependant, si la partie qui avait obtenu gain de cause en première instance signifiait le jugement, et que trois ans après elle sommât son adversaire d'appeler, l'appel devrait être interjeté dans les six mois de la sommation. Ainsi, sous l'ordonnance de 1667, la faculté d'appeler durait, en général, dix ans; elle pouvait, par une signification suivie d'une sommation d'appeler, être réduite à trois ans et six mois.

J'ajouterai que cet énorme délai de dix ans ou de trois ans, accordé en principe, par l'ordonnance, était encore doublé au profit de certains établissements publics, de telle sorte que les hospices, les communautés, les collèges avaient vingt années ou six ans, et non pas dix années ou trois années seulement pour appeler, indépendamment des six mois à partir de la sommation.

L'Assemblée constituante, dans la loi du 24 août 1790, s'écarta complètement de ces principes ; elle fixa à trois mois, à compter de la signification, le délai d'appel pour les jugements contradictoires. Ce terme de trois mois permettait à la partie condamnée d'examiner à loisir le jugement, de peser les motifs qui pouvaient la porter à appeler, sans laisser planer sur le sort du jugement et des intérêts qui s'y rattachaient cette longue et funeste incertitude que permettaient les règles antérieures. Ce délai de trois mois avait été adopté par notre Code; il a été réduit à deux mois par la loi du 2 mai 1862 qui a modifié sous ce rapport l'art. 443 du Code de procédure.

675. Reprenons d'abord le § 1er. *Le délai pour interjeter appel sera de deux mois: il courra, pour les jugements contradictoires, du jour de la signification à personne ou à domicile.*

* La partie, qui a succombé en première instance, peut d'abord interjeter appel avant la signification du jugement, sauf l'application de l'art. 450 C. pr. (1); mais jusqu'à quand pourra-t-elle interjeter appel? * Ce n'est par du jour de la sentence prononcée, mais seulement du jour de la sentence signifiée que les délais d'appel commenceront à courir (2). La raison, vous le savez déjà, c'est qu'en général, le jugement qui n'est que prononcé n'est pas

(1) Cass., 8 août 1876, D. 76, 1, 432.

(2) Ajoutons qu'il ne faut comprendre dans le délai de deux mois, ni le jour de la signification, ni celui de l'échéance, et même, si le lendemain de l'échéance est un jour férié, l'appel peut encore être valablement fait le jour suivant. C'est l'application de l'art. 1033. — Douai, 27 avril 1869, D. 69, 2, 156. ** Cass. civ., 1877, S. 79, 1,

réputé connu, ou du moins bien connu de la partie condamnée ; c'est le sens du vieil adage : *Paria sunt non esse et non significari :* tant que vous ne connaissez le jugement qui vous frappe que par les paroles fugitives prononcées à l'audience, il vous est permis d'en alléguer cause d'ignorance. Il faudra donc, par une signification, vous mettre en demeure d'appeler et faire courir les deux mois (Voy. pour le calcul des deux mois, le n° 1217).

Du reste, sur cette signification, plusieurs remarques sont nécessaires.

Remarquez d'abord que la loi ne se contente pas, en général, d'une signification à l'avoué ; elle doit être faite soit à la personne, soit au moins au domicile de la partie condamnée. Sous ce rapport, la signification du jugement, considérée comme un moyen de faire courir le délai d'appel, diffère essentiellement de la signification considérée comme un préalable, un préliminaire de l'exécution. C'est sous ce second rapport que nous avons déjà vu, dans les art. 147 et 148 que, pour exécuter un jugement, il fallait au préalable le signifier : 1° à l'avoué de la partie condamnée ; 2° à cette partie elle-même, à personne ou à domicile, en mentionnant, dans la signification faite à la partie, la signification préalablement faite à l'avoué. Nous avons vu même dans l'art. 147, que la sanction de ces règles, la peine de leur inobservation, c'était la nullité, non pas du jugement, non pas de la signification, mais la nullité des actes d'exécution, faits postérieurement à une signification incomplète (Voy. n° 309).

Ainsi, la signification considérée comme préliminaire de l'exécution, et, au contraire, la signification considérée comme faisant courir le délai d'appel, sont deux idées parfaitement distinctes, parfaitement séparées.

Il suffit, pour arriver à l'exécution de certains jugements, de les faire signifier à l'avoué, sans signification à la personne ; ce sont, en général, les jugements de simple instruction. Au contraire, pour ce qui touche le délai d'appel, la loi ne s'attache, en général, qu'à la signification à personne ou à domicile, sans avoir aucun égard à la signification à l'avoué.

Dans l'art. 443, la signification à personne ou à domicile est une condition nécessaire comme une condition suffisante pour faire courir le délai de l'appel (1).

Ainsi, deux mois pour interjeter appel, à compter de la signification à per-

312. — En d'autres termes le délai pour interjeter appel est franc. Cependant, quoiqu'il ait cette nature, il ne s'augmente pas d'un jour à raison de cinq myriamètres de distance. Ce qui le prouve bien, c'est la longueur même du délai : deux mois suffisent dans toutes les parties de la France pour interjeter appel. D'un autre côté, toutes les fois que le législateur a voulu que le délai d'appel s'augmentât, il a eu le soin de le dire dans des dispositions spéciales. — On a aussi deux mois pour interjeter appel contre les jugements des tribunaux de commerce, mais le délai d'appel des jugements des juges de paix est de trente jours seulement (Loi du 25 mai 1838, art. 13). Contre les jugements des conseils de prud'hommes, le délai d'appel est encore de trois mois (décret du 20 février 1810, art. 38). **

(1) Voy., sur cette question controversée, les autorités en sens divers dans Dall., *Rép.*, v° *Appel*, n°ˢ 996 et s., — et Caen, 30 avril 1853, D. 54, 2, 257. La Cour de cassation décide que la signification d'un jugement à personne ou à domicile, pour faire courir les délais d'appel, n'a pas besoin d'être précédée d'une signification à avoué, Cass.,

sonne ou à domicile, sans signification à l'avoué : telle est la règle générale; mais cette règle admet des exceptions. Vous trouverez dans le Code de procédure un assez grand nombre d'articles dans lesquels le délai d'appel est réduit à un terme beaucoup plus bref que celui de deux mois : tels sont les art. 932 et 377 combinés, 731, 763, 809 et quelques autres. Vous verrez dans ces articles des délais d'appel, qui sont tantôt de cinq, tantôt de dix, tantôt de quinze jours, pour quelques cas particuliers de jugements.

De même, le second principe, qui fait courir ces deux mois du jour de la signification à personne ou à domicile, reçoit aussi quelques exceptions. Dans les articles que je viens de citer, vous verrez des cas où le délai d'appel court sans signification à personne ou à domicile, et par le seul fait de la signifition à l'avoué, le tout pour plus de célérité.

Il y a même des cas dans lesquels le délai d'appel commence à courir à partir de la prononciation du jugement, sans aucune signification préalable, ni à la personne même ni à son avoué : tel est, par exemple, le cas de l'art. 992.

* Quand il s'agit d'obligations solidaires ou indivisibles, l'appel interjeté par une des parties dans le délai légal conserve le droit d'appel à l'égard des autres parties (1). ** Il arrive parfois qu'une personne obtient un jugement contre deux ou plusieurs autres ayant des intérêts distincts ; en pareil cas, la signification du jugement adressée par le gagnant aux différents perdants fait bien courir le délai de deux mois au profit du gagnant, mais le délai d'appel ne court pas entre les différents coperdants les uns vis-à-vis des autres (2).

Il va sans dire qu'il ne peut pas être question de faire courir le délai d'appel contre celui qui a renoncé au droit d'appeler ; peu importe que sa renonciation soit antérieure ou postérieure au jugement, qu'elle soit expresse ou tacite; et on considère comme renonciation tacite l'exécution volontaire du jugement. Mais l'exécution volontaire de l'un des chefs d'un jugement n'entraîne, même en l'absence de toutes réserves, ni acquiescement, ni renonciation au droit d'appel, relativement aux autres chefs de ce jugement, s'ils sont distincts et indépendants du chef volontairement exécuté ; il en serait autrement si les différents chefs étaient indivisibles. **

676. J'ai dit que le délai d'appel était de deux mois à compter de la signification. Ceci mérite encore quelques détails sous d'autres points de vue.

La partie, qui d'abord fait signifier le jugement à son adversaire, peut-elle, dans les deux mois de cette signification, en interjeter appel ? Ainsi j'ai obtenu contre vous un jugement qui cependant, en me donnant gain de cause sur bon nombre de mes chefs de demande, ne m'a pas accordé toute la plénitude,

4 novembre 1868, D. 68, 1, 469. — Voy. aussi Montpellier, 8 janvier 1870, D. 70, 2, 186. ** Cette solution nous paraît seule exacte. Pour exiger, outre la signification à partie, une signification à avoué, il faut invoquer l'art. 147. Or cet article est étranger à notre question; il ne s'occupe que de la signification destinée à préparer l'exécution. **

(1) Cass., 14 août 1866, D. 66, 1, 483.

(2) Cass. Req., 28 décembre 1875, S. 76, 1, 472.

toute l'étendue de mes conclusions ; je vous signifie ce jugement, sans protestation, sans réserves. Cette signification est-elle de ma part un acquiescement à ce jugement, une reconnaissance complète du bien jugé, de manière à me rendre non recevable à l'attaquer moi-même? D'abord il est bien certain que l'acquiescement qui peut résulter de cette signification n'est pas plein, entier, complet; la preuve en est dans le § 3 de notre art. 443 : la partie qui fait signifier le jugement, et contre laquelle un appel est interjeté, est toujours recevable à former elle-même un appel incident (Voy. n° 679). Pourquoi cela? C'est que l'acquiescement tacite qu'on peut avoir dans la signification est purement un acquiescement conditionnel.

Quand je vous signifie le jugement qui vous a condamné sur quelques chefs, en vous donnant gain de cause sur quelques autres, on peut dire, jusqu'à un certain point, que je m'en remets à vous sur le sort de ce jugement : que je vous offre de le tenir pour bon, de le prendre comme terminant, épuisant nos contestations. D'où il suit que, si vous-même y acquiescez, si, par exemple, vous laissez écouler les deux mois sans appeler, on pourra dire, à l'expiration des deux mois, que je ne puis appeler moi-même. Mais, au contraire, si, sur la signification que je vous ai faite, si, sur cette offre d'acquiescement, vous interjetez appel, alors, mon offre étant rejetée, je me trouve complètement libre, et ne suis pas tenu de plier sous un jugement que vous ne voulez pas reconnaître pour bon.

Une fois cette idée admise, que l'acquiescement tacite qu'on peut voir dans la signification n'est qu'une offre, n'est qu'une proposition, qu'un acquiescement conditionnel, pourrait-on aller jusqu'à dire que par là même que ce n'est qu'une offre, qu'une proposition, je suis maître de la retirer tant qu'elle n'est pas agréée par vous; que, lors même que vous n'avez pas encore interjeté appel, je puis cependant, moi signifiant, l'interjeter, puisque je n'avais fait qu'une offre que votre consentement n'est pas venu rendre valide et obligatoire? Je ne crois pas qu'on puisse aller jusque-là; et, en effet, cette opinion, qui pourrait se défendre à la rigueur, n'était pas admise autrefois et n'est pas encore suivie dans la pratique. Rodier, au titre *de l'Appel*, considérait la signification du jugement faite sans réserve par une partie, comme un acquiescement qui l'obligeait par cela seul que l'autre partie n'appelait pas. C'est encore l'idée qui est suivie universellement aujourd'hui; on considère la signification faite sans réserves comme élevant contre celui qui l'a faite une fin de non-recevoir, tant du moins que l'autre n'appellera pas (1).

La signification fait-elle courir le délai d'appel même contre celui à la requête de qui elle est faite? Cette seconde question ne peut se poser que sur la signification faite avec réserves. Ainsi j'ai obtenu contre vous un jugement qui cependant ne m'a pas tout accordé; je vous signifie ce jugement pour pour vous mettre en demeure d'appeler, mais en déclarant formellement, dans cette signification, que je n'entends point, en la faisant, me désister du droit d'interjeter un appel même principal. Alors, il n'y aura pas de doute;

(1) Grenoble, 15 janvier 1813. — Cass., 27 juin 1820 (Dall., *Rép.*, v° *Acquiescement*, n°s 407 et 411). — Paris, 8 juin 1855, D. 55, 2, 177.

mes réserves, ma protestation que j'entends me conserver la faculté d'appeler, attestent clairement que ma pensée n'est pas d'acquiescer au jugement : cette déclaration détruit toutes les présomptions qu'on pourrait tirer de la signification. Je pourrais donc, ayant signifié avec réserves, interjeter moi-même appel principal de ce jugement, quant même vous ne l'attaqueriez pas.

Mais pendant combien de temps le pourrai-je ? Les deux mois à partir de ma signification élèveront-ils contre moi, même contre vous, une fin de non-recevoir ? Je le crois, parce que l'art. 443 ne distingue pas, parce qu'il veut qu'après deux mois depuis la signification, l'appel ne soit plus recevable, sans distinguer de quelle partie viendrait cet appel, pourvu, bien entendu, qu'il s'agisse d'un appel principal; la loi parle plus tard de l'appel incident.

Ainsi, 1° la signification d'un jugement, faite sans protestation, sans réserves met celui qui le signifie dans l'impossibilité d'en interjeter appel principal, elle lui laisse seulement le droit d'en appeler incidemment, c'est-à-dire d'en attaquer certains chefs dans le cas où l'autre partie aurait elle-même fait appel. C'est là le cas du troisième paragraphe de notre art. 443.

2° Cette fin de non-recevoir, résultant de la signification, ne s'appliquera pas à celui qui a signifié en se réservant formellement, expressément, la faculté d'appeler.

3° Même dans ce second cas de signification faite avec protestation et réserves, celui qui a signifié est déchu du droit d'interjeter appel principal, lorsque deux mois se sont écoulés depuis sa signification (1).

2→ 677. § 2. *Pour les jugements par défaut, du jour où l'opposition ne sera plus recevable.* Il n'est question dans le § 1er que des jugements contradictoires; on s'occupe dans le second des jugements par défaut. A l'égard de ces derniers jugements, le délai de l'appel est également de deux mois ; mais le point de départ n'est pas le même que celui du premier paragraphe ; les deux mois ne commenceront à courir, pour appeler d'un jugement par défaut, que du jour où l'opposition à ce jugement ne sera plus recevable.

Cette disposition mérite quelques observations générales ; elle établit indirectement, mais très clairement, un droit, une faculté qui longtemps a été contestée, et dont le mérite même est encore fort contestable. On admettait anciennement, dans le droit français, que le défaillant qui n'avait pas formé opposition n'était pas recevable à attaquer par appel le jugement par défaut qui le condamnait : *Contumax non appellat.* Cette règle était consacrée par l'ordon-

(1) Sur cette troisième solution, l'opinion contraire, soutenue par plusieurs auteurs, a pour elle l'autorité de la jurisprudence. Elle s'appuie sur cette règle de procédure que *nul ne se forclôt soi-même;* c'est-à-dire que les actes signifiés par une partie ne peuvent lui nuire à elle-même, lui faire encourir une déchéance.

* Cette opinion de la jurisprudence a l'inconvénient d'occasionner plus de frais. En effet, elle nécessite une signification du jugement de la part de chaque partie qui veut faire courir les délais d'appel contre l'autre; tandis que, dans l'opinion suivie par Boitard, une seule signification fait courir le délai d'appel contre chacune des deux parties. — Voy., Metz, 8 mai 1841 (Dall., *Rép.*, v° *Appel*, n° 922). ** Mais l'opinion de Boitard est contraire à la rigueur des principes. **

nance de Villers-Cotterets de 1539, art. 28. Le motif en était assez raisonnable. Celui qui en première instance n'a pas répondu à la citation, au défi de son adversaire, celui qui s'est refusé à venir présenter sa défense, qui a même négligé de former opposition dans les délais et d'éclairer sur la bonté de sa cause des juges de première instance, celui-là doit-il être admis à interjeter appel d'une sentence qui lui fait grief, mais à laquelle il ne s'est point opposé? Sans doute il éprouve un préjudice, mais ce préjudice vient de sa faute; que ne se présentait-il, que ne tâchait-il d'éclairer les juges? Peut-il dépendre d'une partie d'éluder ainsi le premier degré de juridiction, en faisant défaut sur l'ajournement, et en laissant passer les délais de l'opposition ? Peut-il dépendre d'une partie d'enlever à son adversaire la garantie d'une double discussion contradictoire? Ces raisons avaient déterminé la règle établie dans l'ordonnance de Villers-Cotterets.

Cette règle fut abrogée en 1667 ; l'ordonnance de Louis XIV autorisa l'appel contre les sentences rendues par défaut, même après les délais d'opposition. Bien plus, elle exigea, dans certains cas, qu'aû lieu d'attaquer par opposition les jugements de défaut, on les attaquât directement par appel. J'ai déjà parlé de cette disposition monstrueuse qui substituait les voies tortueuses de l'appel à la voie simple de l'opposition ; la pratique en fit justice ; l'ordonnance à cet égard ne fut pas observée, et l'on continua d'attaquer par opposition, au moins dans la huitaine, les sentences rendues par défaut.

Sur ce second point, le Code de procédure s'est écarté de l'ordonnance, et l'art. 455 doit d'abord servir de base à l'explication de l'art. 443. La voie de l'opposition est plus rapide, moins coûteuse, et, il faut le dire aussi, plus convenable, plus respectueuse que celle de l'appel. Il est plus simple de demander la rétractation d'une sentence par défaut aux juges mêmes qui l'ont rendue, et qui l'ont rendue parce que vous ne présentiez pas vos moyens ; cela est plus simple, plus convenable, que d'aller attaquer cette sentence, rendue sans connaissance de cause, devant des juges supérieurs, par exemple, devant une cour d'appel. Delà le principe que, tant que l'opposition est recevable, l'appel n'est pas possible. Première règle.

Deuxième règle, qui n'est que la conséquence de la première, c'est que le délai d'appel, qui est de deux mois, ne peut pas courir tant que l'opposition est recevable, puisque, tant que l'opposition est ouverte, on n'est pas recevable à appeler, il serait inique d'imputer sur le délai d'appel le délai d'opposition.

Aussi, l'art. 455 dit : « Les appels des jugements susceptibles d'opposition ne seront pas recevables pendant la durée du délai pour l'opposition. » Et le § 2 de l'art. 443 n'est que la conséquence de cette idée. Mais vous voyez que de ces deux articles réunis découle l'abrogation de la règle *Contumax non appellat;* de ces deux articles réunis résulte formellement, pour le défaillant qui ne s'est pas opposé, la faculté d'appeler après que les délais de l'opposition sont écoulés.

Cette faculté a été admise dans le Code de procédure contrairement aux observations du tribunal de cassation. On demandait que la règle *Contumax non appellat*, déjà écrite dans la loi des 18 et 26 octobre 1790, titre III, art. 4, pour les jugements des juges de paix, fût généralisée et appliquée à tous les jugements par défaut. On n'en a rien fait, et vous voyez maintenant, constatons bien ce point, que tous les jugements par défaut émanés, soit des juges de paix, soit des tribunaux d'arrondissement, peuvent, après les délais de l'opposition écoulés, être attaqués par la voie de l'appel. Les deux mois donnés pour l'appel par notre art. 443 courent alors du jour où l'opposition n'est plus recevable.

La loi ne distingue pas entre les jugements par défaut faute de comparaître, et les jugements par défaut faute de plaider. Cependant quelques observations sont nécessaires pour bien comprendre le sens du § 2, relativement à ces deux sortes de jugements.

S'agit-il d'un jugement par défaut contre avoué, ou faute de plaider, le délai de l'opposition est déterminé par l'art. 157 ; il est, vous le savez, de huitaine à partir de la signification du jugement à avoué ; à l'expiration de cette huitaine, le délai d'appel commencera à courir utilement. Dans ce cas, il y a, dans le § 2, une exception tacite, mais une exception réelle à la règle du § 1er. En effet, d'après le § 1er, les deux mois d'appel ne courent qu'à partir de la signification à personne ou à domicile; mais comme, d'après le § 2, les deux mois d'appel courront, pour les jugements par défaut, du jour où l'opposition n'est plus admise, et comme, dans les jugements par défaut contre avoué, la signification à l'avoué fait courir le délai d'opposition, il s'ensuit que dans ce cas la signification à personne est inutile. Je dis que c'est là une exception, ce n'est pas bien exact, ce sont deux règles différentes pour deux cas bien distincts : le § 1er statue sur les jugements contradictoires, le § 2, au contraire, sur les jugements par défaut; ne nous étonnons pas de la différence. Ainsi, dans le cas de jugement par défaut contre avoué, je fais signifier le jugement à l'avoué du défaillant ; pendant huitaine l'opposition est recevable; pendant cette huitaine l'appel n'est pas recevable ; pendant cette huitaine aussi les délais d'appel ne peuvent pas courir. Mais à l'expiration de cette huitaine, sans qu'il soit besoin de réitérer la signification, votre appel sera recevable, et par suite, les délais d'appel commenceront à courir contre vous. Voilà pour le cas de défaut contre avoué (1).

Quant au cas de défaut contre partie, c'est autre chose. D'après les art. 158 et 159, l'opposition est recevable jusqu'à l'exécution du jugement; le sens du mot *exécution* dans cet article est déterminé par les exemples de l'art. 159. Or, les actes d'exécution détaillés par l'art. 159 supposent, comme préliminaire, une signification faite à la personne; donc, dans le cas de jugement par défaut contre partie, une signification à la personne sera indispensable pour faire courir les délais de l'appel; seulement les délais de

(1) * Cette opinion est très controversée. Aujourd'hui la plupart des auteurs ont abandonné l'application littérale du § 2 de l'art. 443, et exigent, contrairement à l'opinion de Boitard, une signification à domicile, outre la signification à avoué, pour faire courir le délai d'appel. — Voy., un grand nombre d'arrêts dans les deux sens, dans le *Répertoire* de Dalloz, v° *Appel*, n°s 1098 et suiv. — Voy. aussi, pour l'opinion de Boitard, Caen, 30 avril 1853, D. 54, 2, 227, et *Contrà :* Agen, 9 avril 1851, D. 51, 2, 150. Paris, 21 août 1851 (Dall., 1852, *Tables*, v° *Appel*, n° 9). — Cass., 15 juillet 1856, D. 56, 1, 280. *

l'appel ne courront pas à partir du moment même où cette signification sera faite, ils ne commenceront à courir qu'à partir du moment où l'opposition ne sera plus recevable, où l'exécution sera ou consommée ou au moins fort avancée.

* Dans notre opinion, l'appel n'est pas recevable contre un jugement de *défaut-congé* rendu contre le demandeur (Voy. n° 317). Ce jugement qui, suivant nous, ne statue pas sur le fond de l'affaire, mais anéantit seulement la procédure, ne peut être devant la Cour l'objet d'une discussion qui n'a pas été soulevée en première instance (1). *

** S'il avait été interjeté appel pendant les délais de l'opposition, il y aurait nullité absolue. Tant que l'opposition est recevable, le premier degré de juridiction n'est pas épuisé et dès lors le tribunal du second degré est incompétent *ratione materiæ* pour connaître de l'affaire. Vous avez déjà vu les conséquences de l'incompétence absolue ; il n'est pas nécessaire de les rappeler.

La règle que les appels des jugements susceptibles d'opposition ne sont pas recevables pendant la durée du délai de l'opposition s'applique, non seulement à l'appel de la partie défaillante, mais encore à l'appel de la partie qui a obtenu le jugement, car l'art. 455 est général, ne fait aucune distinction, et il serait bien étrange que le 1er degré de juridiction fût épuisé pour l'une des parties et non pour l'autre (2). **

678. § 3. *L'intimé pourra néanmoins interjeter incidemment appel en tout état de cause, quand même il aurait signifié le jugement sans protestation.*

L'intimé : on nomme ainsi celui contre lequel est interjeté l'appel; on nomme appelant celui qui interjette appel. De même, l'appel est de deux sortes : appel principal, appel incident. On entend par appel principal celui qui est interjeté le premier ; par appel incident celui qui l'est le second. Peu importe d'ailleurs l'importance respective des divers chefs du jugement attaqués par l'un ou par l'autre appel ; le premier appel interjeté par l'une des parties peut n'attaquer qu'un chef du jugement de fort peu d'importance ; le second appel, au contraire, peut attaquer des chefs fort importants du jugement : cela n'empêche pas que le premier appel ne soit le principal, et que le second appel ne soit l'appel incident.

Maintenant quel est le sens, quel est le motif de la disposition de notre § 3? Elle constitue une exception à la règle du § 1er, auquel elle se rattache directement. Ainsi, dans le § 1er on fixe pour l'appel un délai de deux mois, on en donne le point de départ, et nous avons noté que ce délai de deux mois courait également contre l'une et l'autre partie (V. la note de la p. 25). Puis, dans le § 3 vient une exception : encore bien qu'après deux mois écoulés la partie qui a signifié avec réserves soit elle-même non recevable à interjeter

(1) Turin, 23 août 1809. — Bruxelles, 23 août 1810 (Dal., *Rép.*, v° *Appel*, n° 242). — Besançon, 31 janvier 1844 (Dal., 1845, *Tables*, v° *Appel*, n° 5). — *Contrà :* Nîmes, 14 novembre 1825. — Poitiers, 14 février 1837 (Dall., *Rép.*, v° *Appel*, n° 243).

(2) Cass. civ., 4 janvier 1881, S. 81, 1, 263. — Poitiers, 16 novembre 1880, S. 82, 2, 220.

appel principal, cependant elle pourra interjeter appel incident, c'est-à-dire elle pourra appeler si son adversaire lui-même en appelle.

La raison en est fort simple : je vous ai signifié un jugement avec ou sans réserves ; vous avez deux mois pour en appeler ; au dernier jour des deux mois, vous me signifiez votre appel. Ma signification à moi n'était qu'une offre, qu'un acquiescement conditionnel, je consentais bien à tenir pour bon le jugement, mais à condition que vous-même consentiriez à vous y soumettre ; vous m'avertissez, au dernier jour des deux mois, que vous ne voulez pas du jugement, en me signifiant votre appel. Serait-il juste que je fusse déchu du droit d'en interjeter appel ; que je fusse forcé d'obéir, en ce qui m'est préjudiciable, à une sentence que vous attaquez vous-même en ce qu'elle a d'avantageux pour moi ? Non, je puis encore interjeter appel, quoique les deux mois soient expirés, parce qu'il ne doit pas dépendre de vous, en retardant votre appel jusqu'au dernier jour des deux mois, de rendre le mien non recevable. De là, la règle que l'intimé peut, à son tour, former son appel incident, même postérieurement à l'expiration des deux mois déterminés par le § 1er. Il le pourra, dit la loi, *en tout état de cause, quand même il aurait signifié le jugement sans protestation*, parce qu'alors il n'y avait qu'une offre qui est repoussée et qui cesse d'être obligatoire pour celui qui l'avait faite (1).

En tout état de cause. Sans doute, je puis, après les deux mois, malgré l'expiration du délai du § 1er, former appel incident du jugement qu'on attaque par un appel principal ; mais le pourrai-je jusqu'au terme de l'instruction sur l'appel ? Pourrai-je former mon appel incident tant que la Cour d'appel n'aura pas statué sur votre appel principal ? Il faut distinguer et examiner la position que j'ai prise à l'égard de l'appel principal. Ainsi, sur votre appel principal, vous concluez à la réformation du jugement de première instance ; moi, je conclus purement et simplement à la confirmation du jugement. Pourrai-je, après avoir posé de telles conclusions, après avoir demandé, sur votre appel, que le jugement de première instance soit maintenu, pourrai-je moi-même, m'appuyant sur les termes du § 3, en interjeter appel incident ? Certainement ces mots, *en tout état de cause*, paraîtraient favoriser une telle prétention. Mais n'est-il pas vrai qu'en venant, même après votre appel principal, conclure au maintien du jugement dans son ensemble, j'ai renoncé, non pas conditionnellement, mais d'une manière positive, pure et simple, j'ai renoncé absolument au droit d'en interjeter un appel même incident ?

Ainsi, j'entendrais ces mots : *L'intimé pourra néanmoins interjeter incidemment appel en tout état de cause*, relativement au délai ; il n'y a aucun délai après lequel l'appel incident ne puisse être formé. Mais si non seulement le délai est écoulé, mais si, dans le cours de l'instance, l'intimé a conclu à la confirmation du jugement, c'est lui-même qui s'est rendu non recevable à l'attaquer désormais par la voie de l'appel incident (2).

(1) Cass. Rej., 28 juillet 1857, D. 57, 1, 444.

(2) * La jurisprudence est très divisée sur cette question. — Voy. les autorités dans le *Rép.*, de Dalloz, v° *Appel incident*, n° 76. Dans le sens de notre opinion, Dijon, 10 avril 1866, D. 66, 2, 119. Req. rej., 14 décembre 1874, S. 76, 1, 210.

** D'un autre côté, quand la loi dit que l'appel incident est recevable en tout état de cause, elle suppose, bien entendu, que les débats sont encore ouverts ; il ne pourrait plus être question d'appel incident après la clôture des débats, par exemple, après l'audition du ministère public (1). **

679. Pourquoi l'intimé est-il recevable à appeler, même après deux mois écoulés, du jugement attaqué par un appel principal ? C'est, avons-nous dit, parce que sa signification n'était qu'une offre, qu'une proposition d'arrangement, qui cesse d'être obligatoire dès qu'elle est rejetée par l'autre partie ; rien de plus simple que cette idée. Mais qu'arriverait-il si le jugement dont il a été interjeté appel principal avait statué sur plusieurs chefs de demande, sans rapport, sans liaison l'un avec l'autre ? Assez souvent, on cumule dans un même exploit, on réunit dans un même débat plusieurs chefs de demande entre les mêmes parties, mais sans connexité, sans liaison l'un avec l'autre. Supposez que dans ce cas j'aie triomphé sur quelques-uns des chefs, et succombé sur quelques autres ; j'ai signifié sans protestation, sans réserves le jugement dans son entier ; appel principal est interjeté par vous sur quelques-uns des chefs jugés à votre désavantage. Pourrai-je alors, après les deux mois, interjeter appel incident des chefs jugés contre moi, encore bien que ces chefs n'aient point de liaison, point de connexité avec ceux en raison desquels votre appel principal a été interjeté ?

On a quelque temps soutenu, on soutient même encore la négative ; on s'appuie sur cette idée, que, lorsque plusieurs chefs de demande ont été cumulés dans un même exploit, il y a, en réalité, autant de demandes qu'il y a de chefs différents, et lorsque, dans une même sentence, on a statué sur tous ces chefs, il y a en réalité autant de sentences, autant de jugements séparés qu'il y a eu de chefs sur lesquels on a statué séparément. En un mot, *quot capita*, dit-on, *tot sententiæ*, autant de chefs, autant de jugements différents. Donc, si l'appel principal n'est interjeté que sur un chef, on peut, même après les deux mois, appeler incidemment de tout ce qui a rapport à ce chef ; mais, quant à ce qui concerne les autres chefs, aucun appel incident n'en peut être formé après deux mois. Ce serait comme si, à propos de l'appel que vous avez formé d'un jugement que j'ai obtenu contre vous, je prétendais appeler, après deux mois, d'un autre jugement que vous auriez obtenu contre moi.

Cette décision qui trouve encore des défenseurs, est évidemment contraire et au texte et à la raison.

Elle est contraire au texte : car, quoi qu'on dise, lorsque plusieurs chefs de demande ont été cumulés dans un même exploit, lorsque le même tribunal a, dans une même sentence, statué conjointement sur tous ces chefs de demande, il n'y a en réalité qu'un jugement ; donc, d'après le § 3 de l'art. 443, l'appel incident est recevable en tout état de cause, à raison de tout ce qui est compris dans le jugement dont est appel principal.

Mais, surtout, cette opinion est contraire à la raison et à la justice. En effet, les chefs de la demande, quoique sans connexité, sans liaison, sans rapport

(1) Angers, 13 mai 1877, S. 78, 2, 48.

entre eux dans l'origine, n'en ont pas moins été réunis dans un même exploit, dans un même débat. Quand je vous signifie, sans protestation, le jugement qui a statué sur tous ces chefs, c'est une proposition d'arrangement que je vous fais; je suis censé vous dire : Vous avez succombé sur trois chefs de la demande, vous avez obtenu gain de cause sur les trois autres, voulez-vous adopter le jugement tout entier comme une transaction qui va mettre fin à tous nos débats? Si vous répondez oui, si vous n'appelez pas, tout est dit. Mais si, au contraire, vous appelez, ne fût-ce que l'un des trois chefs qui ont été décidés contre vous, je recouvre par là même ma pleine et entière liberté. Dans cette offre tacite d'arrangement, de transaction, qui résultait de la signification que je vous ai faite, il est impossible d'admettre que vous puissiez, à votre gré, diviser l'ensemble de ces chefs, vous approprier ceux qui vous sont avantageux, et repousser les autres sans réciprocité à mon égard. Par exemple, c'est tout à fait comme si, à part tout jugement, je faisais à une partie avec laquelle je suis en difficulté sur plusieurs chefs une offre de transaction, d'arrangement sur toutes les matières qui nous divisent. Dirait-on qu'alors cette partie peut scinder mes offres, les accepter pour elle en ce qu'elles lui présentent d'avantageux, et au contraire, les repousser en ce qu'elles présentent de désavantageux? Évidemment elle ne le pourrait pas ; il faut ou tout laisser ou tout prendre ; et la signification du jugement contenant plusieurs chefs sans connexité primitive l'un avec l'autre n'empêche pas que, dans l'intention de la partie qui signifie, il ne faille se décider de manière à tout rejeter ou à tout admettre.

Ainsi, nous ne distinguerons pas où le texte ne distingue pas; et soit que le jugement que je vous ai signifié n'ait statué que sur des matières connexes, ou, au contraire, sur des matières qui sont sans liaison, sans rapport l'une avec l'autre, dans tous les cas, l'appel que vous interjetez sur l'un des chefs de ce jugement me rend, à moi, toute ma liberté et me permet d'appeler incidemment de tous les chefs que ce jugement avait décidés contre moi (1).

Mais le juge d'appel ne peut réformer d'office un chef du jugement de première instance qui n'a été l'objet ni de l'appel principal ni d'un appel incident (2).

680. « Art. 444. Ces délais emporteront déchéance : ils courront contre toutes parties, sauf le recours contre qui de droit; mais ils ne courront contre le mineur non émancipé que du jour où le jugement aura été signifié tant au tuteur qu'au subrogé-tuteur, encore que ce dernier n'ait pas été en cause. »

L'effet de l'inobservation des délais est indiqué dans les premiers mots de l'art. 444 : *Ces délais emportent déchéance*. L'appel interjeté après les deux mois sera, par conséquent, déclaré non recevable.

Sur ces mots, fort clairs, à ce qu'il semble, s'élève pourtant une question assez grave, celle de savoir de quelle nature est la déchéance de l'appel inter-

(1) Amiens, 29 mars 1812. — Rennes, 11 mars 1817. — Cass. Rej., 13 janvier, 16 juin et 8 juillet 1824 (Dall., *Rép.*, v° *Appel incident*, n° 33). — Paris, 11 mars 1836, *loc. cit.*, n° 62.

(2) Cass., 16 janvier 1877, D. 77, 1, 424.

jeté après les deux mois. Cette déchéance est-elle de nature à se couvrir par le silence de l'intimé? Peut-elle être, au contraire, opposée par lui en tout état de cause? Enfin lorsqu'un appel a été interjeté après l'expiration des deux mois déterminés par l'art 444, la déchéance qui en résulte est-elle d'ordre public, et doit-elle, lors même que l'intimé ne s'en prévaudrait pas, être appliquée par le tribunal ou par la cour d'appel?

Pour la négative, on pourrait invoquer deux arguments d'analogie, tirés l'un de l'art 2223 du Code civil, l'autre de l'art. 399 du Code de procédure.

L'art. 2223 défend aux juges d'appliquer d'office le moyen de défense tiré de la prescription; lorsque la partie qui est en droit d'invoquer la prescription ne le fait pas, le tribunal ou la cour n'a pas le droit de suppléer d'office à ce moyen. Or, dirait-on, ce laps de deux mois, à l'expiration desquels on est déchu du droit d'appeler, est une prescription qui a couru contre l'appelant; si l'intimé ne se prévaut pas de ce moyen de défense, s'il n'invoque pas, après les deux mois, la prescription du droit d'appeler, les juges ne peuvent pas et ne doivent pas suppléer et appliquer d'office ce moyen.

De même, dans l'art. 399, nous avons vu que la péremption n'a jamais lieu de droit, et, par conséquent, que les juges ne l'appliquent point d'office; la péremption d'instance a besoin d'être demandée par la partie intéressée à s'en prévaloir. Or, dirait-on, ces deux mois constituent encore une sorte de péremption du droit d'appel.

Ces deux arguments ont été invoqués, mais je ne les crois pas de nature à faire une impression sérieuse. D'abord en ce qui touche la prescription, il n'y a aucune parité entre la prescription proprement dite dont parle l'art. 2223 C. civ., et la déchéance du droit d'appel prononcée par les art. 443 et 444. Pourquoi les juges ne peuvent-ils pas appliquer d'office, dans le silence de l'intéressé, le moyen tiré de la prescription? C'est parce que souvent on répugne à invoquer ce moyen, c'est parce que souvent, dans l'opinion, une sorte de défaveur s'attache à celui qui, poursuivi par son créancier, oppose pour toute défense qu'il a prescrit la dette, et que par conséquent, il ne paiera pas. Dès lors que, dans un tel moyen de défense, il peut y avoir une question de conscience et de délicatesse, il est clair que cette question doit être réservée à l'intéressé, et que les juges ne peuvent et ne doivent pas la trancher d'office.

* Ce n'est pas tout : celui qui pourrait opposer la prescription afin d'acquérir, peut n'avoir pas possédé avec toutes les conditions de l'art. 2229; par exemple, il n'a pas possédé *animo domini*, ou bien encore la prescription a été interrompue. Ce sont là des circonstances que les juges peuvent ignorer. *

Quant à l'argument tiré de la péremption de l'art. 399, il est également aisé de le repousser. D'abord la déchéance du droit d'appel, encourue après les deux mois, n'est nulle part qualifiée de péremption par la loi. De plus, les principes des deux matières sont fort différents. En effet, non seulement la péremption n'est pas encore encourue de droit, elle ne peut pas être prononcée d'office, elle a besoin d'être demandée, mais elle peut, même après le laps de trois ans, depuis le premier acte de procédure, être couverte, réputée non avenue, par cela seul qu'un acte de procédure valable a été signifié à la requête de l'une des parties. Or, il est clair que ceci est absolument inapplicable à l'appel ; lors même que les trois ans se sont écoulés sans procédure, moi, contre qui la péremption pourrait être demandée, je puis encore, par un acte de procédure postérieur aux trois ans, faire réputer cette péremption non avenue, ôter à mon adversaire le droit de la demander; tandis qu'à l'inverse un appel interjeté après les deux mois n'est pas par là même valablement interjeté.

Ajoutons que, quand il s'agit de déchéance d'appel, la loi a dû se montrer bien plus rigoureuse pour cette déchéance que pour la péremption. En effet la péremption prononcée n'éteint que la procédure, elle permet de recommencer plus tard le même procès. Elle est donc moins définitive, moins péremptoire que la déchéance de l'appel encourue par le délai de deux mois expiré sans appel interjeté, car cette déchéance termine le procès d'une manière souveraine, définitive. Et sous ce rapport, il est plus important de s'y attacher à la rigueur, qu'il n'est important de s'attacher à une péremption qui permet de recommencer plus tard les mêmes débats.

Au reste, une fois ces deux arguments de pure analogie écartés, en remontant à la source même de la disposition qui nous occupe, nous nous convaincrons facilement de son esprit, et par là même de son véritable sens. Ces mots de l'art. 444 ont été puisés dans la loi du 24 août 1790; l'art. 14 du titre V de cette loi prononçait la déchéance du droit d'appeler: 1° pour défaut d'appel dans les trois mois, c'est notre hypothèse; 2° pour l'appel interjeté dans la huitaine du jugement, c'est l'hypothèse de l'art. 449. L'art. 14 du titre V frappait de la même déchéance, enveloppait dans la même sévérité, et l'appel prématuré, celui qui est formé dans la huitaine, et l'appel tardif, celui qui n'était formé qu'après les trois mois. Et pourquoi cela?

L'une et l'autre dispositions tendaient à un but commun, celui d'arrêter, de réduire, de simplifier les procès; et, sous ce rapport, l'une et l'autre dispositions étaient également d'ordre et d'intérêt public, l'une et l'autre dispositions devaient également être appliquées d'office. De même que, sous la loi de 1790, les juges devaient d'office, et malgré le silence de l'intimé, déclarer non recevable l'appel interjeté dans la première huitaine, de même ils devaient d'office, par des motifs tout à fait pareils, déclarer non recevable l'appel interjeté trop tard, l'appel interjeté après les trois mois. Voici quels étaient sur ce point les termes de l'art. 14 : « Nul appel d'un jugement contradictoire ne pourra être signifié ni avant le délai de huitaine, à dater du jour du jugement, ni après l'expiration de trois mois, à dater du jour de la signification du jugement faite à personne ou à domicile : ces deux termes sont de rigueur, et leur inobservation emportera la déchéance de l'appel. »

Vous voyez que le Code, traitant de la matière de l'appel avec plus d'ordre et plus d'étendue, a divisé dans deux articles spéciaux les deux déchéances, confondues dans un même article par la loi de 1790. Mais cette division, qui est de pure méthode, n'a rien changé ni aux motifs, ni à l'esprit, ni par conséquent à l'application de la loi, et nous devons aujourd'hui, comme sous la loi de 1790, reconnaître que le terme de deux mois est absolument de rigueur; que la déchéance est une déchéanee d'ordre public, et qu'elle doit, à ce titre, être appliquée d'office par la cour d'appel (1).

Au reste, les exemples ne nous manqueraient pas pour bien établir que les déchéances fondées sur ce motif, dictées par cet esprit, sont toutes de rigueur, et doivent également s'appliquer d'office. C'est ainsi, certainement, que, si un pourvoi était formé devant la cour de cassation après l'expiration des deux mois déterminés par la loi des 2-3 juin 1862, la section des requêtes n'hésiterait pas à déclarer non recevable ce pourvoi tardivement formé. C'est ainsi de même, que, si l'on interjetait appel d'un jugement rendu par un tribunal d'arrondissement sur une demande inférieure à 1,500 fr., on n'hésiterait pas à déclarer encore, même d'office, cet appel non recevable, parce que, dans un cas comme dans l'autre, comme dans notre art. 444, il s'agit toujours d'un intérêt, d'un motif d'ordre public, celui de prévenir et d'étouffer les procès.

➡ **681.** *Ils courront contre toutes parties.* Ceci renferme une dérogation assez remarquable et d'ailleurs fort sage, à l'ordonnance de 1667. Nous avons vu que, sous l'empire de cette ordonnance, le délai ordinaire de l'appel était de dix ans, terme infiniment trop long, mais qu'il pouvait, dans certains cas, se réduire à trois ans et six mois par l'accomplissement des formalités que je vous ai fait connaître. Outre que ce délai de dix ans, ou ce délai exceptionnel de trois ans et six mois, étaient déjà beaucoup trop longs par eux-mêmes, et laissaient planer sur le sort de la chose jugée une incertitude fâcheuse, ces délais étaient encore doublés en faveur de certaines corporations, les hospices, les communautés, les églises; le délai, dans ce cas, était de vingt ans, dans la première hypothèse, ou de sept ans dans la seconde. C'est précisément pour proscrire ces principes que l'art. 444 vous avertit que le délai, fixé par l'article précédent courra contre toutes personnes, sans aucune distinction de capables ou d'incapables, de particuliers ou de corporations.

Sauf le recours contre qui de droit, notamment contre les administrateurs qui seraient en faute de n'avoir pas interjeté appel en temps utile.

Ils courront contre toutes parties : ces expressions générales embrassent évidemment les mineurs, les interdits, tout aussi bien que les personnes morales, que l'ordonnance dispensait du délai. La fin de l'article, d'ailleurs, s'explique formellement quant au mineur, en ajoutant, cependant, en sa faveur, non pas une prolongation de délai proprement dite, mais une précaution, une formalité de plus, à l'accomplissement de laquelle est subordonné le point de départ du délai : *Mais ils ne courront,* dit la loi, *contre le mineur non émancipé que du jour où le jugement aura été signifié, tant au tuteur qu'au subrogé tuteur, encore que ce dernier n'ait pas été en cause.* Sans ces derniers mots, on eût appliqué rigoureusement la conséquence de l'article 450 du Code civil : le tuteur est le représentant légal du mineur; donc, eût-on pu dire, la signification du juge-

(1) Nîmes, 12 décembre 1820.— Rennes, 25 mai 1838. (Dall., *Rép.*, v° *Appel civ.*, n° 1150). — Voy. surtout Cass., 2 avril 1850, D. 50, 1, 81, et note 1. — Cass. Rej., 11 mai 1852, D. 52, 1, 174. — Montpellier, 27 décembre 1852, D. 53, 2, 65. — Req. Rej., 11 mars 1867, D. 67, 1, 352. — *Contrà :* Cass., 30 novembre 1830, D. 30, 1, 407.

ment faite au tuteur qui avait figuré pour le mineur dans les débats de première instance est réputée faite au mineur lui-même, et peut, par conséquent, faire courir contre celui-ci les délais d'appel. La loi exige, pour surcroît de précautions, que la signification soit faite au tuteur et au subrogé tuteur; c'est seulement à partir de cette double formalité remplie que les délais de l'appel commenceront à courir.

Mais, en exigeant une signification au subrogé tuteur, pour faire courir les délais d'appel, la loi n'entend pas donner à ce dernier le droit d'interjeter appel, dans l'intérêt du mineur, concurremment avec le tuteur. Non, le subrogé tuteur n'est pas plus dans ce cas que dans tout autre, le représentant du mineur; il est seulement chargé d'une mission de surveillance, et n'a pas qualité pour interjeter appel. Seulement la signification qui lui sera faite l'avertira du résultat de la cause dans laquelle le mineur a succombé; elle le mettra en mesure de faire ses diligences pour exciter le tuteur à convoquer, s'il y a lieu, le conseil de famille, en un mot de prendre indirectement toutes les mesures qui peuvent garantir les intérêts du mineur (1).

Du reste, si, d'après la première partie de l'article, ce délai court contre toutes personnes, c'est-à-dire même contre les mineurs, sauf leur recours contre qui de droit, ce n'est pas à dire que le défaut d'appel interjeté dans les délais par un tuteur, par exemple, engage nécessairement la responsabilité de ce dernier; la loi n'a pas pu entendre qu'un administrateur, qu'un tuteur dût nécessairement interjeter appel d'une sentence rendue contre son mineur, mais dont la justice, dont la sagesse lui serait démontrée; c'est là tout à fait une question de fait, de circonstances. Si donc le recours dont parle l'article est exercé, ce sera au tribunal, saisi de ce recours, d'examiner, non pas seulement si le tuteur n'a pas interjeté appel en temps utile, mais s'il était raisonnable d'interjeter appel; si l'on avait, pour le faire, des probabilités de succès qui compensassent suffisamment les frais que l'appel devait entraîner, surtout en cas de perte.

682. Les art. 445 et 446 (modifiés par la loi du 3 mai 1862) contiennent des cas de prolongation de délai en faveur de certaines personnes, non pas, sans doute, à raison de la qualité, à raison de l'incapacité de ces personnes, ce serait chose contradictoire avec l'art. 444, mais à raison de la position particulière qui les met, quant à présent, dans l'impossibilité d'appeler, d'appeler surtout dans le délai fixé par l'art. 443.

Voici le texte nouveau des art. 445 et 446.

« Art. 445. Ceux qui demeurent hors de la France continentale auront pour interjeter appel, outre le délai de deux mois depuis la signification du jugement, le délai des ajournements réglé par l'art. 73 ci-dessus. »

« Art. 446. Ceux qui sont absents du territoire européen de la République ou du territoire de l'Algérie pour cause de service public auront, pour interjeter appel, outre le délai de deux mois depuis la signification du jugement, le délai de huit mois. Il en sera de même en faveur des gens de mer absents pour cause de navigation. »

(1) Limoges, 30 avril 1810. — Riom, 19 janvier 1837 (Dall. *Rép.*, v° *Appel civ.*, n° 787). — *Contrà :* Montpellier, 19 janvier 1832 (*Eod.*, v° *Paternité et Filiation*, n° 715). — Nancy, 25 avril 1837 (*Eod.*, v° *Acquiescement*, n° 146).

** Ces deux articles supposent que le perdant qui doit appeler est hors de la France continentale (1), et il n'y a pas lieu de rechercher où se trouve le gagnant. En sens inverse, dès que le perdant est dans la France continentale, il ne peut jamais invoquer le bénéfice de nos articles, même si l'intimé est à l'étranger. Toutefois vous remarquerez que dans le cas où l'intimé est établi à l'étranger, la signification de l'acte d'appel doit être faite, à peine de nullité, au parquet du procureur général près la cour où l'appel est fait et non au parquet du procureur de la république du tribunal qui a rendu le jugement (2). **

683. Art. 447. Les délais de l'appel seront suspendus par la mort de la partie condamnée. — Ils ne reprendront leur cours qu'après la signification du jugement faite au domicile du défunt, avec les formalités prescrites en l'art. 61, et à compter de l'expiration des délais pour faire inventaire et délibérer, si le jugement a été signifié avant que ces derniers délais fussent expirés. — Cette signification pourra être faite aux héritiers, collectivement, et sans désignation des noms et qualités.

Cet article est fondé sur des motifs analogues à ceux qui ont dicté, dans le Code civil, l'art. 877 ; d'après cet article, les titres exécutoires contre le défunt sont en principe exécutoires contre son héritier ; ce n'est là que le résultat de la règle qui fait de l'héritier le continuateur, le représentant de la personne du défunt. Cependant, prévoyant que l'héritier, représentant légal du défunt, peut très bien n'avoir pas connaissance des créances qui existaient contre celui-ci, et n'être pas en mesure de satisfaire à l'instant aux exigences du créancier, qui se présente muni d'un titre exécutoire, l'art. 877 ne permet au créancier de poursuivre l'exécution de ce titre que huit jours après la signification qu'il en aura faite à l'héritier.

L'art. 447 se fonde, en matière d'appel, sur une idée analogue ; seulement cette idée reçoit dans cet article une application plus étendue. Ainsi, l'héritier est sans doute le représentant, le continuateur de la personne du défunt ; cependant, le délai d'appel, qui avait commencé à courir contre le défunt par la signification à la personne ou au domicile de celui-ci, ne continuera pas à courir contre son héritier, en cas de mort dans les deux mois. Ces délais seront suspendus, dit la loi, par le seul fait de la mort de la partie condamnée ; en effet, l'héritier, quoique continuateur légal de la personne du défunt, peut très bien ignorer, en fait, l'existence du jugement signifié à son auteur. Le délai ne reprendra son cours que depuis la signification directement faite à l'héritier.

Seulement, remarquez que la partie qui a obtenu le jugement, pouvant ignorer les noms et qualités de cet héritier, ou des héritiers s'ils sont plusieurs, n'est pas tenue de remplir, dans cette signification itérative du jugement, tout le détail des formalités des significations ordinaires. La signification sera faite au domicile du défunt, aux héritiers collectivement, c'est-à-dire en leur nom et qualité d'héritiers, et non pas individuellement et nominativement à chacun d'eux. La partie qui signifie pourra sans doute signifier nominativement

(1) Cass. req., 22 juin 1881, S. 81, 1, 302.
(2) Lyon, 3 mai 1882, S. 83, 1, 51.

à chaque héritier à son domicile, mais elle n'y est pas astreinte; les derniers mots de l'article l'en dispensent formellement. * La loi n'a pas voulu, en effet, obliger celui qui veut signifier le jugement à rechercher les noms, les qualités d'héritiers qui lui sont inconnus, et à qui, d'ailleurs, on conteste peut-être leurs prétentions au titre d'héritier. *

La loi vous dit que les délais de l'appel, suspendus dans ce cas par la mort de la partie condamnée, ne reprendront leur cours qu'après signification faite au domicile du défunt, avec les formalités prescrites dans l'art. 61. Ce renvoi de l'art. 447 à l'art. 61 est assez difficile à expliquer; l'art. 61 détaille les formalités des ajournements; or, l'acte qui nous occupe n'étant pas un ajournement, n'appelant pas devant le tribunal les héritiers auxquels il est fait, il est clair que toutes les formalités de l'art. 61 ne peuvent être complètement appliquées ici. Ainsi, en signifiant le jugement pour faire courir le délai de l'appel, il est clair que je n'ai pas besoin d'énoncer l'objet de ma demande, puisque je ne demande rien; d'énoncer le délai pour comparaître, puisque je ne somme pas les héritiers de comparaître; de constituer un avoué, puisque, quant à présent, il n'est pas question de constituer avoué ni de plaider. C'est par erreur que l'art. 61 se trouve indiqué ici; le renvoi qu'on a voulu faire n'est pas relatif aux formalités que doit contenir la signification. Ce renvoi n'était pas dans le texte primitif de l'article, et le tribunal d'appel de Rennes fit observer qu'il était possible que le domicile du défunt eût été abandonné, qu'en voulant signifier conformément à l'article, on n'y trouvât personne; qu'en conséquence il serait bon de s'expliquer à cet égard. Sur cette observation fut ajouté le renvoi que contient maintenant l'article; mais ce renvoi, dicté par le motif que nous connaissons, doit plutôt se référer à l'art. 68 qu'à l'art. 61. On a voulu dire, sans doute, que la signification serait faite aux héritiers collectivement au domicile du défunt, avec les formalités générales des exploits de signification, et que, si le domicile du défunt se trouvait abandonné, si l'huissier porteur du jugement n'y rencontrait personne, il remettrait la copie à un voisin, sinon au maire, conformément aux formalités tracées par l'art. 68.

A toute rigueur, vous pouvez encore entendre l'art. 447, même en conservant l'art. 61, en se sens que l'art. 71 se réfère à l'art. 68, exigeant que l'exploit d'ajournement, comme toute signification, mentionne expressément la personne à laquelle copie de l'exploit sera laissée. On devra indiquer la qualité de cette personne, si elle était au domicile du défunt; si, au contraire, c'est à un voisin qu'on remet cette copie, on exigera sa signature; ou bien, on portera au maire, qui donnera son visa. C'est donc à l'art. 68 que doit se référer la pensée du législateur et l'application du renvoi un peu obscur contenu dans notre article.

Et à compter de l'expiration des délais pour faire inventaire et délibérer.. (Voy. l'art. 174 et son explication).

684. Une nouvelle prorogation de délai se rencontre dans l'art. 448.

« Art. 448. Dans le cas où le jugement aurait été rendu sur une pièce fausse, ou si la partie avait été condamnée faute de représenter une pièce décisive qui était retenue par son adversaire, les délais de l'appel ne courront que du jour où le faux aura été reconnu ou juridiquement constaté, ou que la pièce aura été recouvrée, pourvu que, dans ce dernier cas, il y ait preuve par écrit du jour où la pièce a été recouvrée, et non autrement. »

Le jugement dont je veux appeler peut avoir été rendu sur pièces fausses dont j'ignorais moi-même la fausseté, ou bien par le défaut de pièces décisives que je n'ai pu représenter, par la raison fort simple que mon adversaire les retenait dans ses mains. Dans ces cas, il serait inique d'appliquer la règle générale de l'art. 443, de faire courir contre moi les délais d'appel tant que les moyens décisifs qui doivent faire triompher mon appel ne seront pas à ma connaissance ou dans mes mains. De là l'article qui veut que, si le jugement a été rendu sur pièces fausses, les délais d'appel ne courent, même après la signification, que depuis le moment où le faux aura été reconnu, c'est-à-dire avoué par l'adversaire, ou juridiquement constaté, c'est-à-dire déclaré par jugement. Et de même, dans l'autre cas, il s'agit d'un jugement rendu sur pièces décisives que mon adversaire retenait, les délais ne courront contre moi que du jour du recouvrement des pièces. Seulement, pour éviter à cet égard des contestations, qui nous jetteraient nécessairement dans de grandes incertitudes sur le point de départ du délai d'appel, la loi veut que la partie qui invoque en sa faveur cette dernière circonstance, celle du recouvrement des pièces décisives retenues par l'adversaire, offre la preuve par écrit du jour où les pièces ont été recouvrées.

La fausseté des pièces et l'impossibilité de représenter celles que détenait l'adversaire, sont donc deux circonstances qui, dans l'art. 448, constituent des moyens d'appel; nous les retrouverons dans l'art. 480 §§ 9 et 10, constituant des moyens de requête civile; et vous verrez dans l'art. 488, relatif au point de départ des délais, une exception tout à fait analogue à celle de l'art. 448. Seulement, dans l'art. 448, il s'agit d'un jugement en premier ressort, et par conséquent susceptible d'appel; si, au contraire, la sentence, rendue sur pièce fausse ou par le défaut de pièces décisives que retenait l'adversaire, est une sentence en dernier ressort, alors c'est par la requête civile, voie extraordinaire de réformation, que la sentence doit être attaquée. ** Notre article dit que le jugement doit avoir été rendu sur pièce fausse; en d'autres termes, il faut que la pièce fausse lui ait servi de base. Si cette pièce était restée sans influence, le délai d'appel commencerait à courir suivant la règle ordinaire. C'est d'ailleurs une question de fait que celle de savoir si la pièce fausse a servi ou non de base au jugement**.

685. « Art. 449. Aucun appel d'un jugement non exécutoire par provision ne pourra être interjeté dans la huitaine, à dater du jour du jugement; les appels interjetés dans ce délai seront déclarés non recevables, sauf à l'appelant à les réitérer s'il est encore dans les délais. »

L'origine de cet article vous est déjà connue; il est tiré du texte de la loi de 1790 que j'ai cité sur l'art. 444, et qui confondait dans une déchéance commune, et l'appel tardif et l'appel prématuré. L'appel est prématuré, et, par conséquent, non recevable, s'il a été interjeté dans la huitaine, non pas depuis la signification, mais depuis le jour de la prononciation du jugement.

Quel est le motif de la loi? C'est d'empêcher que la partie qui vient de succomber, dans la première vivacité de son mécontentement, interjette, à tout hasard, sans avoir suffisamment pesé le jugement qui la condamne, un appel mal fondé, téméraire, un appel *ab irato*, et dans lequel elle persistera plus tard par ce sentiment d'amour-propre qui nous porte toujours à ne faire qu'à regret l'aveu d'une erreur et d'une fausse démarche. La loi déclare non recevable l'appel interjeté dans cette première huitaine, et, à mes yeux, cet appel doit être déclaré non recevable d'office, c'est-à-dire quand même l'intimé n'invoquerait pas l'art. 449 (1).

Du reste si, sous ce rapport, l'art. 449 reproduit la pensée de l'art. 14 du titre V de la loi de 1790, il s'en écarte en un point assez remarquable. La sévérité de la loi de 1790 contre cet appel prématuré, téméraire, allait jusqu'à prononcer la déchéance de l'appel contre la partie qui avait appelé dans la première huitaine; non seulement cet appel prématuré était non recevable, mais la partie perdait par là le droit d'interjeter plus tard appel après l'expiration de la huitaine, et dans le cours des trois mois depuis la signification. « Ces deux termes sont de rigueur, disait la loi, et leur inobservation emportera la déchéance de l'appel. » Déjà cette rigueur peu raisonnable avait été abandonnée par une loi spéciale du 21 frimaire an VI; cette loi, ne contenant qu'un article, avait déclaré, par dérogation à cet art. 14, que l'appel interjeté dans la huitaine, et à ce titre non recevable, pourrait cependant être réitéré par l'appelant, tant qu'il serait dans le délai des deux mois depuis la signification. Cette disposition a passé littéralement dans le Code de procédure.

Mais cette règle reçoit une exception fort raisonnable. L'art. 449, en cela moins général que la loi de 1790, n'étend pas à toute espèce de condamnation de premier ressort la prohibition d'appeler dans la huitaine; cette prohibition ne s'applique qu'aux jugements en premier ressort qui ne sont pas exécutoires par provision. D'où il suit que, toutes les fois que la sentence se trouve exécutoire par provision, nonobstant appel, comme dans le cas de l'art. 135, la règle de l'art. 449 cesse d'être applicable, et l'appel peut être immédiatement interjeté.

Quel est le motif qui porte la loi à déroger à cette règle si sage de l'art. 449, dans le cas d'un jugement exécutoire par provision? Quel est, ici, dans ce cas, pour la partie condamnée, l'intérêt d'interjeter, dans le cours même de la huitaine, un appel, sur les motifs ou sur les moyens duquel elle peut n'avoir pas encore suffisamment réfléchi? J'aurai beau interjeter appel; cet appel, il faut bien le reconnaître, n'empêchera pas l'autre partie de poursuivre l'exécution du jugement obtenu par elle, puisque ce jugement est exécutoire malgré l'appel.

On peut cependant expliquer par deux raisons l'exception admise pour ce cas par l'art. 449. Certainement, mon appel interjeté ne suspendra pas les poursuites exercées par l'adversaire en vertu d'un jugement déclaré provi-

(1) Grenoble, 11 février 1813. — *Contrà :* Bordeaux, 21 décembre 1832, D. *Rép.*, v° *Appel civ.*, n°ˢ 855 et 906. — Civ. Rej., 12 mars 1860, D. 60, 1, 132. — Dijon, 14 août 1868, D. 69, 2, 167. **Le jour de la prononciation du jugement n'est pas compris dans le délai de huitaine, pendant lequel la partie condamnée ne peut appeler. Lyon, 8 mars 1882, S. 82, 2, 184.**

soirement exécutoire; mais plus tôt j'interjetterai mon appel, plus tôt j'arriverai à la réformation du jugement qu'on exécute contre moi; plus tôt j'arriverai, par conséquent, à arrêter la rigueur de ces poursuites, qui peuvent être tout à fait désastreuses.

En outre, mon adversaire, quoique muni d'une sentence exécutoire par provision, quoique libre par conséquent d'user de son droit dans toute sa rigueur, et de poursuivre contre moi, nonobstant mon appel, pourra être cependant plus circonspect à le faire quand il verra que j'appelle ; muni d'un jugement exécutoire par provision, il exécutera cependant avec moins d'ardeur contre une partie qui appelle, que contre une partie qui n'appelle pas. Pourquoi ? Parce que mon appel l'avertit que je vais tenter de faire réformer ce jugement, et que si, en définitive, la Cour d'appel me donne gain de cause, tous les frais de poursuite qu'il aura faits dans l'intervalle retomberont sur lui, sans préjudice des restitutions qu'il pourra être obligé de faire.

J'ai donc un intérêt fort légitime, moi condamné par un jugement exécutoire par provision, à en interjeter appel immédiatement, quoique cet appel ne puisse pas avoir pour effet direct et légal d'arrêter l'exécution du jugement.

686. « Art. 450. L'exécution des jugements non exécutoires par provision sera suspendue pendant ladite huitaine. »

Cet article n'est qu'une conséquence du principe, de la règle générale de l'article 449.

Nous avons dit que l'appel interjeté est suspensif de l'exécution, mais que le délai d'appel en lui-même n'est pas suspensif; on ne peut en général exécuter un jugement attaqué par l'appel, mais on peut très bien exécuter un jugement attaquable par appel. Cette dernière règle souffre une exception dans l'art. 450, exception qu'explique et motive la disposition de l'art. 449. Ainsi, dans la première huitaine depuis le jugement prononcé, l'exécution n'en peut pas être poursuivie. Pourquoi? précisément parce que, dans cette première huitaine, l'appel n'en peut pas être interjeté. Il serait trop dur de dire à la partie qui a perdu : il vous est défendu d'interjeter appel dans la huitaine, et cependant l'exécution peut être poursuivie contre vous pendant cette huitaine; il serait trop dur d'obliger la partie qui vient de succomber à rester spectatrice immobile et impuissante de poursuites, d'actes d'exécution pratiqués contre elle, en vertu d'un jugement en premier ressort dont on lui défendrait d'appeler.

Ainsi, ces deux idées se lient parfaitement. En principe, tout jugement, même de première instance, peut être exécuté quoiqu'il soit attaquable par appel; il peut être exécuté tant qu'aucun appel n'est interjeté. Mais, comme, dans la première huitaine de la date du jugement, il est défendu d'en interjeter appel, il s'ensuit que, pendant cette première huitaine, l'exécution en sera de droit suspendue. Nous parlons ici, bien entendu, des jugements ordinaires, de ceux qui ne sont pas des jugements exécutoires par provision, car ces derniers sortent à la fois et de l'une et de l'autre règle.

D'après les derniers mots de l'art. 645 du Code de commerce, les jugements des tribunaux de commerce peuvent être attaqués par l'appel le jour même de leur prononciation. Ce n'est pas là, d'ailleurs, une véritable exception à l'article 449, car nous avons vu, dans l'art. 439, que pour les jugements des tribunaux de commerce l'exécution provisoire était de droit. Ainsi, tout jugement d'un tribunal de commerce est par lui même exécutoire malgré l'appel; donc tout jugement d'un tribunal de commerce peut être le même jour attaqué par la voie de l'appel.

** Il n'est pas douteux que si, malgré la prohibition de notre article, des actes d'exécution avaient lieu dans la huitaine, ces actes seraient entachés de nullité. Mais la loi ne défend que les actes d'exécution; on peut donc, dans la huitaine, faire des actes conservatoires et, par exemple, signifier le jugement, inscrire l'hypothèque judiciaire. **

⇒ **687.** Les art. 451 et 452 se rattachent à une distinction importante et difficile, à celle des jugements en *préparatoires* et en *interlocutoires*. Déjà, en commençant le titre *Des Jugements* j'ai fait figurer ces mots, au moins pour ordre, dans les divisions généralement admises et légalement consacrées entre les jugements. Nous avons renvoyé aux deux articles qui nous occupent maintenant l'explication de ces mots et l'examen des questions qui s'y rattachent.

Sous quels rapports importe-t-il donc de bien distinguer, en procédure, les jugements préparatoires d'avec les jugements interlocutoires? C'est sous le rapport de l'appel; c'est parce que les jugements que la loi qualifie de préparatoires ne peuvent être attaqués par la voie de l'appel qu'après le jugement définitif, et conjointement avec ce jugement, tandis que les jugements qualifiés d'interlocutoires peuvent être immédiatement attaqués par la voie d'appel, et qu'à leur égard, comme de droit commun, l'appel sera suspensif.

« Art. 451. L'appel d'un jugement préparatoire ne pourra être interjeté qu'après le jugement définitif et conjointement avec l'appel de ce jugement, et le délai de l'appel ne courra que du jour de la signification du jugement définitif; cet appel sera recevable, encore que le jugement préparatoire ait été exécuté sans réserves. — L'appel d'un jugement interlocutoire pourra être interjeté avant le jugement définitif; il en sera de même des jugements qui auraient accordé une provision. »

La question de savoir dans quel cas doit être autorisé l'appel actuel, immédiat, d'un jugement qui n'est pas définitif, cette question n'est pas nouvelle; vous la trouverez posée dans les lois romaines, agitée dans l'ancienne jurisprudence, tranchée dans des sens divers par la législation intermédiaire.

Ainsi, vous verrez, dans la loi 2, au Digeste, *de Appellatiônibus recipiendis* qu'en général, on admettait difficilement l'appel immédiat d'un jugement non définitif, d'un jugement même interlocutoire, dans le sens actuel que donne à ce mot notre droit français. Pourquoi cette sévérité? C'est que cet appel immédiat d'un jugement qui ne termine pas la cause, qui ne dessaisit pas le tribunal, peut devenir, dans les mains d'un plaideur obstiné et de mauvaise foi, un moyen d'entraver le cours de la justice et d'ajourner indéfiniment la décision dont il redoute l'issue. Si, en effet, à chaque jugement d'instruction qui interviendra dans le cours de l'instance, un plaideur peut appeler, déférer cette sentence au tribunal d'appel et arrêter à chaque instant la marche du procès, le jugement sera indéfiniment ajourné. De là ce principe, qu'en général, il ne faut admettre que rarement l'appel des jugements qui ne terminent pas la contestation.

Passons maintenant à notre ancienne jurisprudence. Vous pourrez voir, en feuilletant les anciens recueils, que le sens des mots *préparatoires*, *interlocutoires*, n'était pas du tout déterminé ; il ne m'a pas paru qu'on eût jamais attaché à ces mots le sens de contradiction, d'opposition, qu'y affecte maintenant l'art. 452. *Jugements préparatoires*, *Jugements interlocutoires* paraissent avoir été, pour les anciens jurisconsultes, des expressions souvent synonymes, confondues dans l'expression collective de *jugements d'avant faire droit*; seulement, quand il s'agissait de savoir si l'appel d'un jugement d'avant faire droit serait autorisé immédiatement, si l'on pourrait par cet appel entraver le cours de l'examen du fond, on distinguait en fait si le jugement d'avant faire droit, portait ou ne portait pas un préjudice, un grief sérieux à l'appelant; dans le premier cas, on autorisait l'appel; dans l'autre, on le rejetait.

Cette distinction, toute de fait, devait être assez embarrassante dans la pratique, et une loi déjà citée, celle du 3 brumaire an II, qui introduisit ou tenta d'introduire dans la procédure civile des formes de simplicité dont l'expérience n'attesta pas le mérite, cette loi, dans son art. 6, défendit formellement d'interjeter appel des jugements préparatoires avant le jugement définitif, et par ce mot de *préparatoires*, cette loi paraît avoir entendu tous les jugements d'avant faire droit, tous les jugements, soit provisoires, soit préparatoires, soit même interlocutoires. L'esprit de cet article paraît avoir été d'enlever tout à fait aux plaideurs le droit d'interjeter appel avant la sentence définitive, avant le jugement de condamnation intervenu sur le fond.

Telle était aussi la rédaction primitive du projet du Code de procédure, et les rédacteurs s'étaient bornés à reproduire dans l'art. 451 le texte de l'art. 6 de la loi du 3 brumaire an II; ils défendaient d'interjeter appel d'un jugement préparatoire, sinon après le jugement définitif et avec l'appel de ce jugement. Et sous le nom de *préparatoires*, leur pensée était probablement de confondre tous les jugements d'avant faire droit. Des réclamations s'élevèrent ; plusieurs tribunaux d'appel demandèrent une distinction; en conséquence la rédaction primitive fut modifiée, et les art. 31 et 451 distinguent entre les préparatoires proprements dits et les interlocutoires.

L'art. 452 fut ajouté pour établir la base de cette distinction, et on chercha à y définir le jugement préparatoire et le jugement interlocutoire. Lisons tout de suite ce dernier article; nous reviendrons plus tard à l'art. 451.

688. « Art. 452. Sont réputés préparatoires, les jugements rendus pour l'instruction de la cause, et qui tendent à mettre le procès en état de recevoir jugement définitif. — Sont réputés interlocutoires, les jugements rendus lorsque le tribunal ordonne, avant dire droit, une preuve, une vérification ou une instruction qui préjuge le fond. »

Ainsi entre les jugements préparatoires et les jugements interlocutoires, il y a tout au moins un point commun, un caractère de ressemblance ; c'est que ni les uns ni les autres ne terminent la contestation, ne dessaisissent le tribunal. Les uns comme les autres sont des jugements d'avant faire droit.

Mais tous les jugements d'avant faire droit rentrent-ils nécessairement dans les préparatoires ou dans les interlocutoires ? Devons-nous, au contraire, au moyen d'un second caractère, essayer de distinguer, soit les préparatoires, soit les interlocutoires, d'avec d'autres jugements qui ne terminent point non plus la contestation ?

Certainement nous connaissons déjà les exemples de jugements qui ne terminent pas le débat, qui ne dessaisissent pas le tribunal, et que cependant on ne peut pas, on ne doit pas faire rentrer dans les deux membres de la division de l'art. 452, ni, par conséquent, dans les règles de l'art. 451. Ainsi, supposez, avec l'art. 134, un jugement qui accorde une *provision ;* évidemment ce jugement n'épuise pas la contestation, il accorde au provisoire une pension alimentaire à l'une des parties, ou bien la possession d'une chose litigieuse, ou bien il ordonne un séquestre. Ce jugement, quoiqu'il soit un véritable jugement d'avant faire droit, n'est cependant ni un interlocutoire ni un préparatoire, et, quoiqu'il ne rentre pas dans la définition de l'interlocutoire, quoiqu'il ne préjuge en rien le fond de la contestation, il est cependant certain qu'on peut appeler du jugement provisoire sans attendre la décision du jugement définitif.

Il faut donc reconnaître que la division des jugements en *préparatoires* et en *interlocutoires* n'embrasse pas tous les avant faire droit, qu'il y a des jugements qui, sans être définitifs, ne rentrent pas dans les cas des art. 451 et 452 ; pour ceux-là, ils resteront dans le droit commun, l'appel en pourra être interjeté immédiatement ; sauf, bien entendu, l'exécution provisoire, si l'on se trouve dans le cas où cette exécution peut avoir lieu.

Il faut donc rechercher le deuxième caractère commun aux préparatoires et aux interlocutoires et tendant à les séparer, non seulement des jugements définitifs, mais aussi, et surtout, des autres jugements d'avant faire droit. Ce caractère, c'est que les jugements préparatoires, comme les jugements interlocutoires, sont des jugements d'instruction, des jugements qui préparent la décision de la cause, et tendent à la mettre en état de recevoir une solution définitive.

Voilà donc les points de ressemblance que nous devons reconnaître entre ces deux jugements : 1° ils ne sont pas définitifs, ils ne terminent pas le procès, ils n'épuisent pas la juridiction du tribunal ; 2° ils ordonnent des actes, des mesures d'instruction, qui, sans renfermer la solution définitive, tendent néanmoins à la faciliter, à la préparer.

Ce qu'il nous faut rechercher maintenant avec l'article, et ce qu'il est plus difficile de fixer bien nettement, ce sont des points de différence ; car vous voyez qu'un grave intérêt se rattache à cette distinction, l'intérêt de savoir quand on peut interjeter appel des uns et des autres.

Le caractère de la distinction n'est certainement pas bien précisé, mais il est au moins indiqué par les derniers mots de l'art. 452. Le jugement interlocutoire, comme le jugement préparatoire, renferme une mesure d'instruction ; mais cette mesure a cela de particulier dans l'interlocutoire qu'elle préjuge le fond de la cause ; entendons-nous bien sur ce mot. Quand on dit que l'interlocutoire préjuge la décision définitive, ce n'est pas à dire qu'en lisant le jugement interlocutoire, on puisse connaître à l'avance, d'une manière sûre, positive, quelle sera la sentence des juges, quelle sera leur opinion dans le jugement définitif, si le préjugé qui s'attache à l'interlocutoire faisait connaître à l'avance le jugement définitif, l'interlocutoire serait au fond définitif, le reste ne serait plus que de pure forme. Non, le préjugé qui résulte de l'interlocutoire est purement hypothétique, conditionnel, mais n'a rien de positif, de précis, de définitif. Quelques exemples vont vous faire bien sentir le sens et la portée de ce préjugé.

Nous sommes, par exemple, en instance sur la demande d'un somme d'argent que je réclame contre vous, et qui est supérieure à 150 fr.; n'ayant pas de titre écrit á produire à l'appui de ma prétention, je demande au tribunal d'en ordonner la preuve testimoniale. Vous invoquez l'art. 1341, qui défend d'admettre cette preuve pour les obligations supérieures à 150 fr. Mais l'art. 1341 et la prohibition derrière laquelle vous vous réfugiez admettent des exceptions assez nombreuses; le Code civil, dans la section de la preuve testimoniale, autorise, dans bien des cas, l'admission de la preuve testimoniale, même au-dessus de 150 fr.; de là le débat entre nous. Vous soutenez que nous sommes dans la règle, que ma preuve testimoniale ne doit pas être autorisée; je prétends me placer, au contraire, dans l'un des cas d'exception, par exemple, dans l'un des cas indiqués en l'art. 1347. Un premier débat s'engage donc entre nous, pour savoir non pas si vous me devez ou si vous ne me devez pas 500 fr., mais pour savoir si nous sommes dans l'un des cas où la preuve testimoniale est admissible, même au-dessus de 150 fr. Sur ce débat, le tribunal, attendu que je suis dans l'un des cas de l'art. 1347, attendu que je produis, si vous voulez, un commencement de preuve par écrit, ou qu'il m'a été impossible de me procurer une preuve écrite, le tribunal ordonne que je serai admis à prouver l'obligation par témoins. Voilà un jugement d'avant faire droit, il n'est pas définitif, c'est évident, il ne l'est pas même indirectement; car de ce que je suis admis à prouver par témoins que vous me devez 500 fr., il ne s'ensuit pas que vous me les deviez, il ne s'ensuit même pas que je parviendrai à établir cette preuve.

Mais ce jugement, qui n'est pas définitif, est-il préparatoire ? est-il interlocutoire ? Ici, il n'y a pas à hésiter, le jugement est interlocutoire, en ce sens qu'il préjuge la décision du tribunal. Et en quel sens la préjuge-t-il ? Ce n'est pas définitivement, précisément, c'est, comme je vous le disais, dans un sens conditionnel, hypothétique. Le tribunal, en m'admettant à prouver par témoins l'existence de l'obligation contestée, et en m'y admettant malgré votre opposition, reconnaît et annonce par là même, implicitement si vous voulez, mais du moins très clairement, que, si les témoins déposent des faits allégués par moi, vous serez condamné à me rembourser la somme.

En un mot, le procès décomposé présente deux questions : 1° La preuve testimoniale est-elle admissible dans l'espèce ? 2° Les témoins appelés établiront-ils, par leur déposition, le fait de l'obligation ? La première question est décidée; le tribunal a jugé que la preuve testimoniale était admissible; peut-être, en fin de compte, ma demande sera-t-elle rejetée; peut-être mes témoins ne déposeront-ils pas de l'obligation alléguée par moi; mais toujours est-il que leurs dépositions sont reconnues admissibles, et que, si elles paraissent vraies, j'arriverai au gain de mon procès. Voilà dans quel sens il y a un préjugé conditionnel de la décision à intervenir sur le fond de la question.

Cet exemple n'est pas le seul. Supposez une demande en séparation de corps formée pour excès, sévices, injures graves; la femme demanderesse en séparation allègue, énumère, développe les griefs de séparation sur lesquels elle entend se fonder. De quoi s'occupe le tribunal? Est-ce de savoir si ces faits sont vrais? Non, pas encore ; c'est de savoir s'ils sont graves, s'ils sont pertinents ; si en les supposant vrais, ce qu'on ignore encore, ils présentent le caractère de gravité nécessaire pour motiver une séparation. Supposez qu'après ce premier débat, sur la gravité ou la pertinence des faits, le tribunal en autorise la preuve sur la demande de la femme ; ce jugement est encore interlocutoire, car, en autorisant la femme demanderesse à prouver les faits allégués par elle, on reconnaît par là même que ces faits ont le caractère de gravité, de pertinence, nécessaire pour vous faire prononcer la séparation, si, en définitive, la vérité de ces faits est établie. Si ces faits, même en les supposant vrais, n'étaient pas de nature à motiver la séparation, il serait dérisoire d'en ordonner la preuve, puisque cette preuve ne conduirait à rien.

Ces jugements sont qualifiés d'interlocutoires en ce sens qu'ils peuvent, dès à présent, laisser pressentir, laisser préjuger quelle sera, dans une hypothèse donnée, la décision du tribunal sur le fond de la contestation.

Au contraire, le tribunal ordonne la jonction des deux instances, une remise de cause, de communication de pièces: voilà des cas où, après le jugement intervenu, il est impossible de connaître, même conditionnellement, même hypothétiquement, quelle sera la solution définitive du point débattu entre les deux parties. Ces jugements seront donc simplement préparatoires.

Conclurons-nous de là que, toutes les fois qu'un jugement ordonne une enquête, une expertise, une vérification d'écritures, un des moyens d'instruction dans lesquels peuvent se trouver des exemples de jugement interlocutoire, conclurons-nous de là que, dans tous les cas où une preuve de cette nature est ordonnée, le jugement est interlocutoire ?

Non ; si on pouvait le conclure avec certitude, la distinction serait assez facile, mais c'est ce qu'il est impossible de faire. Ainsi le tribunal, d'après l'art. 254, a ordonné d'office une enquête ; ou bien, sur la demande de l'une des parties, il a ordonné une vérification d'écriture, une expertise, sans qu'il y ait eu sur l'à-propos de l'enquête, de la vérification ou de l'expertise, aucun débat entre les parties. Dans ce cas, l'une des parties peut-elle dire que l'enquête, que la vérification, que l'expertise est ordonnée contre elle ; peut-elle voir dans cette décision, à laquelle elle ne s'est pas opposée, un préjugé, un moyen de pressentir même hypothétiquement la décision définitive ? Non, elle ne le peut pas, du moins dans tous les cas, et d'une manière absolue ; et même, quand elle le pourrait, cette espèce de consentement donné à l'admission de la preuve demandée par l'adversaire la rendrait non recevable à en interjeter appel (1).

(1) Cass. Rej., 7 décembre 1864, D. 65, 1, 184.

655. Mais quelle est la nature, la force de ce préjugé conditionnel que nous avons signalé comme étant le caractère distinctif du jugement interlocutoire? Le jugement interlocutoire tranche-t-il la question sur laquelle il statue, de manière à ôter au tribunal qui a rendu ce jugement la possibilité d'y revenir, la possibilité de le rétracter? Au contraire, le tribunal qui a rendu l'interlocutoire peut-il, dans le jugement définitif, revenir sur cette première décision, statuer sur la cause dans un sens et par des motifs précisément inverses à ceux qui avaient déterminé, dicté l'interlocutoire? En d'autres termes, devons-nous admettre une opinion généralement consacrée, et qui se résume dans cette ancienne maxime que *l'interlocutoire ne lie point le juge?* Quelques exemples vous feront mieux sentir le sens et la portée de cette maxime.

Un interlocutoire a été rendu, ordonnant par exemple, une enquête après contestation entre les parties sur l'admissibilité de la preuve testimoniale; si l'interlocutoire ne lie pas le tribunal, il s'ensuivra que, quand bien même les dépositions des témoins entendus auraient été graves, unanimes, convaincantes, le tribunal, sans méconnaître en définitive la gravité de ces témoignages, pourra donner gain de cause à la partie qui s'opposait à l'enquête, en déclarant dans le jugement définitif, contrairement à l'interlocutoire, que l'enquête n'était pas admissible.

Deuxième exemple : Une écriture privée a été produite pour obtenir condamnation au payement d'une obligation ; le défendeur a allégué : 1° les vices de forme de cette écriture en s'appuyant, par exemple, sur les articles 1325 et 1326 ; 2° il a de plus dénié la vérité de l'écriture produite. Le tribunal, attendu que l'écriture est régulière dans la forme, a ordonné la vérification de l'écriture. Voilà un nouvel exemple d'interlocutoire. Pourra-t-il, cependant, en définitive, après la procédure de vérification terminée, rejeter la prétention du demandeur, non pas attendu que la vérité de l'écriture n'est pas prouvée, mais attendu que l'écriture n'est pas valable en la forme ? Oui, il le pourra, s'il est vrai de dire que l'interlocutoire ne lie point le juge.

Enfin, le tribunal a déféré le serment à l'une des parties, soit le serment supplétoire, dans les cas où la la loi l'y autorise, soit même le serment décisoire après contestation survenue entre les parties sur la question de savoir si le serment pouvait être déféré. Le serment ainsi déféré et prêté en vertu de l'interlocutoire, le tribunal pourra-t-il, attendu qu'il n'y avait pas lieu de déférer le serment, ne pas donner gain de cause à la partie à laquelle le serment était déféré, et par laquelle il a été prêté ? Oui encore, à ce qu'il semble, si l'interlocutoire ne lie point le juge. Cependant cette dernière conséquence est si étrange, que les défenseurs mêmes de la maxime que je viens de citer se refusent à l'admettre.

Mais, sans nous arrêter à la nature, à la spécialité de tel ou tel jugement interlocutoire, examinons la maxime en elle-même, et voyons s'il peut être vrai de dire que le juge qui a statué, par un interlocutoire, sur l'un des points soumis à sa décision reste maître de rétracter ce point jusqu'au jugement définitif.

J'avoue que l'autorité de cette maxime ne me paraît fondée sur aucune raison solide. D'abord elle n'est écrite nulle part; aucun texte, ni du Code de procédure, ni d'aucune loi maintenant en vigueur, ne consacre cette maxime, qu'on trouve cependant répétée partout. En second lieu, il faut noter que dans l'ancien droit, dans lequel on a puisé cette maxime, le sens du mot *interlocutoire* n'était pas fixé, déterminé comme il l'est aujourd'hui par opposition au mot *préparatoire;* d'où il suit qu'en supposant même que cette règle fût admise autrefois comme constante, il serait difficile, impossible peut-être, d'établir qu'elle y ait eu le sens qu'on voudrait lui donner aujourd'hui. Le sens du mot *interlocutoire* et du mot *préparatoire* parait s'être trouvé confondu dans la plupart des anciens auteurs.

Nous attachant maintenant au fond de la question, il faut bien reconnaître que le jugement interlocutoire est un jugement; qu'il est de l'essence de tout jugement de faire droit entre les parties, quant au point contesté sur lequel il est intervenu, et aussi de terminer, d'épuiser la juridiction du tribunal, quant à la question sur laquelle le jugement a statué. Ainsi, sous ce premier rapport, et par cela seul que dans l'interlocutoire il y a un jugement, je ne sais pas comment on peut admettre que le tribunal qui l'a rendu puisse ensuite, dans la même affaire, se mettre en contradiction avec lui-même et décider formellement en sens contraire.

Ajoutez que, si l'interlocutoire ne renfermait point un jugement obligatoire pour le tribunal qui l'a rendu, comme pour les parties entre lesquelles il intervient, on ne comprendrait guère pourquoi l'appel en est immédiatement autorisé. Si, dans le jugement interlocutoire, nous ne devons voir qu'une opinion du tribunal, opinion qu'il reste maître de conserver ou d'abdiquer, opinion qui n'a rien d'obligatoire, rien de définitif, pour les juges eux-mêmes, de quel droit et à quel titre la partie pourra-t-elle en interjeter appel ? L'appel interjeté suppose un préjudice, un grief dont l'appelant vient se plaindre et dont il vient demander réparation ; mais si l'interlocutoire n'a rien de définitif, si le juge jusqu'au dernier moment reste maître de changer d'avis, quel est donc le grief, quel est donc le préjudice éprouvé par l'appelant? Il a sans doute des motifs pour soupçonner que le tribunal, persistant dans son avis, continuera à décider ce point contre lui ; mais ce n'est là qu'une crainte, qu'une éventualité, et on ne comprend guère comment un préjudice éventuel peut motiver la matière d'un appel.

Enfin, si l'appel d'un interlocutoire est autorisé, et si l'interlocutoire ne lie pas le juge, qu'arrivera-t-il donc, lorsque, sur l'appel interjeté, la sentence aura été confirmée? Ainsi une enquête a été ordonnée après contestation entre les parties, le tribunal a reconnu, après débats, qu'on était dans l'un des cas où la preuve testimoniale était admissible ; appel, de la part de la partie qui a contesté cette admissibilité; sur l'appel, confirmation du jugement interlocutoire par la cour d'appel qui consacre ainsi l'autorité du jugement de première instance. Dira-t-on, ici, quoique l'interlocutoire ait été confirmé sur l'appel, que le tribunal reste encore le maître de le rétracter, et de décider en définitive qu'il n'y avait pas lieu à l'enquête ? Il est impossible d'admettre que, quand une cour d'appel, sur l'appel de l'interlocutoire, aura confirmé le jugement de première instance, le tribunal reste encore le maître de statuer contrairement à cet arrêt, et, détruisant ce qu'il a fait et ce qu'a fait aussi la cour d'appel, de décider que l'enquête n'était pas admissible dans l'espèce.

En m'attachant à toutes ces raisons, à la nature même du jugement, à ce fait que la loi autorise l'appel immédiat, et suppose, par conséquent, un grief, un préjudice immédiat, à ce fait, enfin, que le jugement confirmé sur l'appel ne peut plus rester rétractable à la volonté du tribunal, je crois que nous devons tenir pour certain que le jugement interlocutoire, sans terminer la contestation, sans décider le fond du procès, statue cependant d'une manière définitive, irrévocable, quant au tribunal qui l'a rendu, sur le point sur lequel il est intervenu. Cette conséquence, je le répète est reconnue relativement au serment : mais je ne sais pas sur quelle base on peut s'appuyer pour distinguer entre l'interlocutoire qui ordonne un serment, et celui qui ordonne une vérification d'écritures, une enquête ou tout autre moyen qui préjuge le fond (1).

(1) Voy. un grand nombre d'arrêts en sens divers dans le *Rép.* de Dalloz, v° *Chose jugée*, n°s 44 et suiv., et 48 et suiv. — ** L'opinion de Boitard sur cette grave question est définitivement repoussée par la jurisprudence et nous croyons en effet qu'on a raison de dire que l'interlocutoire ne lie pas le juge; seulement il faut bien s'entendre sur le sens de cette règle. Tout jugement interlocutoire statue sur un point de droit, qu'il ait été ou non discuté entre les parties et sur un point de fait. Le point de droit est celui de savoir si telle preuve, par exemple la preuve testimonale, est autorisée par la loi; le point de fait consiste à rechercher si, cette preuve étant admise par la loi, il y a lieu de l'appliquer au procès. Ainsi le demandeur prétend établir sa créance par témoins. Deux questions se présentent : la loi admet-elle la preuve testimoniale? Les faits invoqués par le demandeur sont-ils assez graves pour pouvoir amener la détermination des juges? Sur la première question, sur le point de droit, l'interlocutoire lie le juge et, par exemple, après avoir décidé que la loi autorise la preuve testimoniale, le tribunal ne pourrait plus, par un jugement postérieur, décider que cette preuve est défendue par la loi. Mais, après avoir entendu les témoins, le tribunal peut décider que les faits, d'abord trouvés assez graves pour déterminer sa conviction, sont décidément tout à fait insuffisants. C'est là le point de fait et, sur ce point de fait, l'interlocutoire ne lie pas le juge. Ainsi supposez qu'une femme demanderesse en séparation de corps pour excès, sévices, injures graves, ait été autorisée à établir par témoins l'existence des faits dont elle se plaint. Au moment où le tribunal a rendu le jugement interlocutoire ordonnant l'enquête, il pensait, bien évidemment, que les excès, sévices, injures étaient assez graves pour autoriser une séparation de corps; mais comme c'est là le point de fait, le tribunal peut ensuite, après l'audition des témoins, décider que ces faits lui paraissent insuffisants, sans violer le respect dû à la chose jugée, car si l'interlocutoire a autorité de chose jugée sur le point de droit, il ne l'a pas sur le point de fait, et c'est précisément en ce sens, qu'on dit : l'interlocutoire ne lie pas le juge. Cette solution est vraiment la seule qui soit rationnelle, conforme à l'esprit de notre loi. De nos jours, le juge doit se déterminer par son intime conviction. C'est cependant ce qui n'aurait pas lieu s'il était lié par l'interlocutoire; il devrait alors condamner quoique les faits ne lui paraissent plus, au moment du jugement sur le fond, suffisants pour motiver une condamnation. Une semblable solution est tellement exorbitante, qu'elle suffit à elle seule pour condamner le système de Boitard. En vain objecterait-on que si l'interlocutoire ne lie pas le juge, il ne préjuge pas le fond, il ne nuit pas à l'une des parties. D'abord il y a, comme nous l'avons vu, chose jugée sur le point de droit et, sous ce rapport, l'interlocutoire nuit à l'une des parties. Sans doute l'interlocutoire ne fait pas nécessairement connaître quelle sera la décision sur le point de fait, car autrement il le jugerait déjà; mais il ne le laisse pas entier, il le préjuge, en un mot, car il est peu probable que les juges reviennent sur leur première

690. Une autre question sur les interlocutoires, et qui se rattache tout à fait à la précédente, est celle de savoir dans quel délai l'appel en peut être interjeté. Cette question naît directement de la comparaison des deux paragraphes qui forment l'art. 451. D'après le § 1er, l'appel d'un jugement préparatoire ne peut être interjeté qu'après le jugement définitif et avec l'appel de ce dernier ; et, comme jusqu'au jugement définitif l'appel du jugement préparatoire n'est pas recevable, on a dû suspendre le délai de deux mois pour appeler du jugement préparatoire jusqu'à la signification du jugement définitif. Ces deux idées se lient fort bien l'une à l'autre. Puisque, avant le jugement définitif, la loi vous défend d'appeler d'un simple jugement préparatoire, il est clair qu'elle ne peut pas faire courir contre vous, à compter de ce jugement préparatoire ou de sa signification, le délai de deux mois accordé pour l'appel.

On peut, au contraire, appeler du jugement interlocutoire aussitôt qu'il a été rendu ; on n'est pas forcé d'attendre le jugement définitif. De là, question de savoir si le délai pour l'appel, en matière d'interlocutoire, doit commencer à courir après la signification de ce jugement interlocutoire, ou si, au contraire, ce délai est suspendu jusqu'après le jugement définitif. Cette dernière opinion est assez généralement admise ; de nombreux arrêts l'ont consacrée (1) ; on décide que, pour les jugements interlocutoires, comme pour les jugements préparatoires, le délai de deux mois ne commence à courir qu'après la signification du jugement définitif.

Voici les principaux arguments invoqués en faveur de cette opinion. Le § 1er de l'art. 451 suspend, dit-on, le point de départ du délai d'appel, pour les jugements préparatoires, jusqu'après la signification du jugement définitif; or, le mot *préparatoire*, dans son sens général, doit embrasser à la fois, et les préparatoires proprement dits et les interlocutoires, en d'autres termes, tous les jugements d'avant faire droit. Le § 2 vient introduire, pour tous les interlocutoires, une exception à la règle générale établie dans le § 1er pour tous les jugements d'avant faire droit.

C'est comme si la loi avait dit : Dans les jugements, soit préparatoires, soit interlocutoires, le point de départ de l'appel, c'est le jugement définitif ; pour tous les jugements, soit préparatoires, soit interlocutoires, l'exécution, même sans réserves, ne porte pas préjudice au droit d'appeler plus tard. Seulement, pour les interlocutoires, à la différence des préparatoires proprement dits, on

impression. Cela suffit pour que, même sur le point de fait, l'interlocutoire préjuge le fond et nuise à l'une des parties.

Il y a un cas où l'interlocutoire lie le juge sur le point de fait comme sur le point de droit, mais c'est précisément parce que la loi a imposé aux juges sa volonté et les a contraints à se décider même contre leur conviction. Ce cas est celui de la délation de serment : si le serment est prêté, les juges doivent donner gain de cause à la partie, lors même que, dans leur opinion, sa prétention ne serait pas fondée. Mais sauf cette exception, il faut, avec la jurisprudence, poser en règle générale, que l'interlocutoire ne lie pas le juge. Cass., 7 décembre 1864, S. 64, 1, 17; Cass. 4 juin 1872, D. 73, 1, 486. — Amiens, 30 janvier 1874, S. 74, 2, 53. — Cass. Req., 26 novembre 1877, S. 78, 1, 119 — Cass. Req. 30 décembre 1878, S. 79, 1, 68. **

(1) Voy. les autorités dans les deux sens, dans le *Rép.* de Dall., vo *Appel civ.*, no 1136 à 1140. — Voy. aussi, Angers, 7 mars 1862, D. 62, 2, 172.

peut appeler de suite. Ce qui le prouve, dit-on, c'est le § 2, qui, en se servant de cette expression : *L'appel pourra être interjeté*, indique assez clairement, par cette locution facultative, que la partie qui croit avoir à se plaindre d'un jugement interlocutoire n'est pas obligée, sous peine de déchéance de l'appel, d'en appeler immédiatement.

On ajoute, enfin, que faire courir le délai d'appel contre le jugement interlocutoire avant la sentence définitive, c'est forcer la partie à en appeler à tout hasard, c'est multiplier les frais, les procédures inutiles. Ne vaut-il pas mieux, dit-on, laisser à la partie le droit d'appeler de l'interlocutoire dans les deux mois depuis le jugement définitif, puisque si, en fin de compte, elle triomphe dans le procès, on aura évité par là les frais et les lenteurs de l'appel?

Il paraît bien difficile de concilier cette doctrine, quoique admise généralement, avec le texte de notre article. D'abord, à sa seule lecture, et surtout en la rapprochant du texte de l'art. 452, il paraît impossible de soutenir que cette expression de *préparatoire* soit une locution générale, embrassant à la fois l'une et l'autre catégorie de jugements. Il paraît impossible de soutenir que le § 1er de l'art. 451 contienne une règle applicable à tous les avant faire droit, et que le § 2 ne contienne à cette règle qu'une exception tout à fait spéciale. En effet, l'art. 452 définit d'une part les jugements préparatoires, de l'autre les jugements interlocutoires, par opposition l'un avec l'autre : sont préparatoires les jugements d'instruction qui ne préjugent pas le fond ; sont interlocutoires les jugements d'instruction qui préjugent le fond. Ce sont là deux idées opposées, et par suite deux expressions bien distinctes et bien séparées. En conséquence de cette définition, le § 1er de l'art. 451 défend l'appel immédiat des jugements préparatoires. Pourquoi ? Parce que ces jugements ne préjugeant point le fond, ne causant pas de griefs actuels, il n'y a pas eu lieu d'en poursuivre la réparation. Au contraire, dans le § 2 de l'art. 451, on permet l'appel immédiat des interlocutoires, parce que, ces jugements causant un grief, un préjudice au moins éventuel, il y a intérêt d'en interjeter appel immédiatement.

Secondement, le § 1er de l'art. 451, précisément parce qu'il défend l'appel immédiat des simples préparatoires, ne fait point courir le délai avant le jugement définitif. Mais, cette raison n'existant pas pour les interlocutoires, dont l'appel immédiat est permis, ils doivent, à ce qu'il semble, dans le silence de la loi, et pour ce qui les touche, retomber dans la règle générale de l'art. 443. Or, la règle générale est que, quand l'appel d'un jugement est permis, le délai d'appel est de deux mois à partir de la signification de ce jugement, et puisqu'on peut appeler d'un jugement interlocutoire dès qu'il a été rendu, on ne voit aucune raison pour suspendre le délai de l'appel.

On dit qu'il est à désirer, en général, que la partie contre laquelle un interlocutoire est rendu n'interjette pas appel immédiatement ; que, pour interjeter appel, elle attende le jugement définitif, parce que, dit-on, si ce jugement définitif lui donne gain de cause, elle aura, en n'appelant point de l'interlocutoire, évité des lenteurs et des frais. Mais cette raison se rétorque bien aisément, et je dis que, sous un rapport inverse, il est à désirer que l'appel de l'interlocutoire n'attende pas le jugement définitif : un exemple va vous le prouver.

Une enquête, une vérification d'écriture a été ordonnée contre une partie, et cette partie prétend, par cela même qu'elle conteste ce jugement, que l'enquête, que la vérification a été ordonnée mal à propos. Lequel des deux partis est le plus simple, le plus rapide et le plus économique? Se prêter à la procédure qu'elle prétend ordonnée mal à propos? laisser faire contre elle toute l'enquête, laisser faire contre elle la vérification de l'écriture, pour venir soutenir ensuite, après le jugement définitif, que c'est mal à propos qu'on a employé cette voie d'instruction, et qu'en conséquence il faut tout réformer? Il est clair qu'en prenant cette marche, qu'en différant à attaquer l'interlocutoire jusqu'après le jugement définitif, on aura fait en pure perte tous les frais de la procédure d'enquête ou de vérification. Que si, au lieu d'attendre le jugement sur le fond, on eût immédiatement appelé le jugement interlocutoire, ce jugement aurait été réformé, on aurait évité tous les frais et toutes les lenteurs que le silence de la partie a au contraire entraînés. Ainsi il est vrai de dire que si, dans le premier système, on s'épargne les frais et les lenteurs d'un appel, on s'expose, au contraire, à avancer en pure perte tous les frais de l'instruction à laquelle on jugera plus tard qu'il n'y avait pas lieu de procéder.

Laissant donc de côté toutes ces considérations qui se détruisent, nous retombons tout à fait dans le texte de l'art. 443; ce texte décide que le délai de l'appel est de deux mois depuis la signification du jugement contradictoire. A ce texte il y a une exception dans le § 1er de l'art. 451, exception fondée sur ce qu'on ne peut pas faire courir le délai d'appel contre la partie à laquelle on défend d'appeler présentement. Mais quant au § 2, quant au cas de l'interlocutoire, dans lequel l'appel est immédiatement autorisé, on ne voit aucune bonne raison de suspendre le délai d'appel, et d'autoriser la partie contre laquelle une voie d'instruction a été ordonnée mal à propos, à se jouer ainsi de la justice et de son adversaire en laissant faire tous les frais, en laissant entamer tous les embarras d'une procédure qu'elle fera réformer plus tard, au lieu de l'éviter à l'avance.

Je crois donc que le jugement interlocutoire, comme le jugement définitif, pouvant être attaqué par appel dès qu'il a été rendu, les deux mois accordés pour interjeter cet appel, doivent courir aussitôt après la signification de ce jugement, et qu'il ne faut pas attendre le jugement définitif.

Je crois, par la même raison, que la dernière disposition du § 1er de l'art. 451, portant que l'exécution du jugement préparatoire, faite sans réserves, sans protestations de la partie intéressée, n'emporte pas de sa part renonciation au droit d'appeler, je crois que cette disposition, écrite dans la loi pour les préparatoires, est inapplicable aux interlocutoires. Que si la partie contre laquelle une enquête, par exemple, a été ordonnée, vient, au lieu d'appeler, prendre part, sans protestations ni réserves, à la procédure ordonnée contre elle, et procéder à la contre-enquête, je crois que cette partie, par l'exécution volontaire qu'elle donne à l'interlocutoire, sans réserver ses droits à l'appel, se rend immédiatement non recevable à interjeter plus tard appel de cet interlocutoire (1).

(1) Voir les autorités en sens divers dans le *Répertoire* de Dalloz, v° *Acquiescement*,

En résumé, vous voyez par les difficultés qui se rattachent à cette distinction des jugements préparatoires et des jugements interlocutoires, difficultés que je me suis borné à aborder en masse, et en ne touchant que les sommités, vous voyez que peut-être, dans cette distinction nouvelle, la loi est loin d'avoir atteint le but qu'elle se proposait. Son but, en défendant l'appel des jugements préparatoires, avant le jugement définitif, est d'éviter des frais, des lenteurs, des procédures inutiles. Son but, en autorisant, au contraire, l'appel immédiat des jugements interlocutoires, est encore d'éviter qu'on ne procède à une instruction, à une vérification, à une procédure qui sera plus tard jugée inadmissible; son but est encore un but d'économie et de simplification. Mais, comme la ligne de démarcation entre les jugements préparatoires et les jugements interlocutoires est difficile à poser en théorie, plus difficile encore à reconnaître en pratique, comme, de plus, les conséquences légales de cette distinction sont loin d'être précisées avec toute la netteté, avec toute la certitude désirables, peut-être est-il vrai de dire que le résultat de la distinction va directement contre son but; que, posée dans le désir de simplifier, d'abréger les procédures, de prévenir des débats inutiles, elle est, au contraire, dans bien des cas, une source de complications, de procès, que prévenait, par exemple, la disposition rigoureuse de la loi du 3 brumaire an II. Peut-être, malgré les inconvénients de la disposition absolue de cette loi, eût-il encore mieux valu reconnaître, au moins en principe, et sauf de rares exceptions, que l'appel d'un jugement d'instruction, non définitif, ne serait pas recevable avant le jugement définitif.

C'est à ce dernier parti que se sont arrêtés, dans la révision du Code de procédure, les législateurs de Genève, en déclarant que l'appel d'un jugement non définitif, sans distinguer les préparatoires ou les interlocutoires, ne serait recevable que quand la voie d'instruction ordonnée l'aurait été en contravention expresse avec la loi. Peut-être, à tout prendre, ce parti est-il le plus simple, et remplit-il mieux le but de la loi que ne le font la disposition équivoque et le terme moyen adoptés par les art. 451 et 452. * Et c'est ce qui peut justifier l'interprétation que la jurisprudence donne de l'art. 451. *

☞ **691.** « Art. 455. Les appels des jugements susceptibles d'opposition ne seront point recevables pendant la durée du délai pour l'opposition. »

Cet article complète le § 2 de l'art. 443. Je vous ai fait remarquer sur l'article 443, que ces deux textes réunis dérogeaient, d'une manière indirecte, mais bien claire, à une règle longtemps admise dans l'ancienne jurisprudence française, qui l'avait puisée dans le droit romain; cette règle, *Contumax non appellat*, consistait à refuser la voie d'appel à la partie défaillante qui n'avait pas formé opposition au jugement par défaut. Cette règle, bien que

nos 663 et suiv., vo *Appel civ.*, no 1134. — Rouen, 8 juillet 1874, D. 75, 2, 187. — Contre notre opinion, Rouen, 1er février 1865, D. 65, 1, 170. — Il y a même des arrêts qui déclarent qu'en exécutant volontairement un jugement interlocutoire, une partie se rend non recevable à interjeter appel de ce jugement, même si l'exécution a été accompagnée de réserves expresses. Caen, 28 décembre 1867, D. 68, 2, 212 et la note placée sous cet arrêt.

rigoureuse, n'était pourtant pas sans justice. Il faut reconnaître que la partie défaillante, qui a négligé de former opposition, n'a pas très bonne grâce à se plaindre, devant les juges supérieurs, d'un grief dont elle est la cause, et à demander le redressement d'une erreur imputée aux juges inférieurs, quand elle a refusé d'éclairer ces juges et de leur soumettre ses moyens. Aussi la loi du 18 octobre 1790, sur la procédure des juges de paix, dans l'article 4 du titre III, avait-elle consacré cette règle et défendu aux tribunaux de district de recevoir, dans aucun cas, l'appel des jugements par défaut rendus par des juges de paix.

Lors de la rédaction du Code de procédure, plusieurs tribunaux d'appel et même le tribunal de cassation demandèrent l'extension et la conservation de l'ancienne règle : on demandait que l'appel ne fût admis dans aucun cas au profit du défaillant qui aurait laissé passer, sans s'opposer, les délais fixés pour l'opposition. Une idée contraire fut admise ; le défaillant qui a négligé la voie ordinaire, qui n'a pas, dans les délais prescrits, demandé au tribunal la rétractation du jugement par défaut, peut, par la voie d'appel, demander à la cour d'appel la réparation de l'erreur des premiers juges ; mais, toujours d'après cette idée que l'opposition est la voie la plus simple et l'appel une voie plus compliquée, on ne permet pas d'interjeter appel tant que l'opposition est encore recevable. Telle est la décision de l'art. 455, qui diffère profondément de l'idée ancienne. Dans les anciens principes, antérieurs à 1667, on décidait que, même après les délais d'opposition, le jugement par défaut ne pourrait être attaqué par appel. On décide maintenant, qu'après les délais d'opposition, l'appel pourra être interjeté, mais seulement qu'il ne pourra pas l'être tant qu'on sera encore dans les délais de l'opposition.

Notre article reçoit, d'ailleurs, une exception assez remarquable dans l'art. 645 du Code de commerce. Cet article, après avoir parlé des jugements, soit contradictoires, soit même par défaut, rendus en matière commerciale, ajoute que l'appel pourra être interjeté le jour même où le jugement aura été rendu ; et, par cette dernière disposition, il s'écarte à la fois, et de l'art. 449, qui défend d'appeler dans la huitaine d'un jugement contradictoire, et de l'art. 455, qui défend d'appeler d'un jugement par défaut tant que dure le délai de l'opposition. Par un motif de célérité dont nous connaissons déjà la nature, la loi permet, en matière commerciale, d'interjeter appel immédiatement, le jour même de la prononciation du jugement, sans distinguer entre les jugements contradictoires et les jugements par défaut (1).

*L'art. 455 s'applique-t-il aux jugements de défaut-congé? La solution de cette question dépend de l'effet qu'on attache au jugement de défaut-congé. Ceux qui admettent, comme nous (Voy. n° 317), que le défaut-congé n'est qu'un abandon de procédure, qu'un tel jugement laisse la question entière et permet de recommencer l'action, ceux-là n'admettent pas l'appel contre un tel jugement, qui ne contient aucune décision sur l'affaire elle-même (2). Dans cette opinion, il n'y a pas à se préoccuper de l'art. 455 qui ne peut recevoir aucune application aux jugements de défaut-congé.

(1) Paris, 7 janvier 1812, et 23 juin 1840 (Dall., *Rép.*, v° *Appel civ.*, n° 852).
(2) Turin, 23 août 1809. — Bruxelles, 26 avril 1810 (Dall., *Rép.*, v° *Appel civ.*, n° 242).

Les auteurs qui pensent, au contraire, que le jugement par défaut-congé statue sur le fond de l'affaire, admettent qu'il peut être attaqué par la voie de l'appel, et, appliquant à cet appel la disposition de l'art. 445, ne permettent de le former qu'après les délais de l'opposition (1).

TRENTE ET UNIÈME LEÇON

DE L'APPEL, ETC. (SUITE).

§ 2. *Quels jugements sont sujets à l'appel* (art. 453, 454, L. du 11 avril 1838)?

692. *Nous avons déjà examiné quel était le taux de la compétence en dernier ressort, d'après la loi du 11 avril 1838. Il nous suffira d'y renvoyer (Voy. nos 667 à 671).*

Art. 453. « Seront sujets à l'appel les jugements qualifiés en dernier ressort, lorsqu'ils auront été rendus par des juges qui ne pouvaient prononcer qu'en première instance. — Ne seront pas recevables les appels des jugements rendus sur les matières dont la connaissance en dernier ressort appartient aux premiers juges, mais qu'ils auraient omis de qualifier, ou qu'ils auraient qualifiés en premier ressort. »

Deux cas inverses l'un à l'autre sont posés dans notre texte.

1° Une matière de premier ressort seulement était soumise à un tribunal; ce tribunal l'a décidée en déclarant dans son jugement qu'il statuait en dernier ressort. Cette qualification vicieuse, par laquelle le tribunal imprime à sa décision un caractère que la loi lui refuse, enlèvera-t-elle aux parties le bénéfice de l'appel, que la loi leur permettait et auquel elles n'ont pas renoncé? La négative est tellement évidente, qu'à peine avait-elle besoin d'être énoncée; il est clair que, quand une demande, supérieure au taux du dernier ressort, est portée devant un tribunal, ce tribunal ne peut pas, en déclarant dans sa sentence qu'il statue en dernier ressort, enlever aux parties le bénéfice de l'appel.

2° Réciproquement, si la demande portée à ce tribunal est inférieure au taux du premier ressort, ce tribunal, en omettant de qualifier sa décision, ou même en la qualifiant expressément de jugement en premier ressort, ne peut pas exposer les parties aux frais d'un appel et leur imposer la charge des deux degrés de juridiction.

Sous ce rapport, l'art. 453 est fort simple; cependant il faut remarquer qu'il tend à terminer, surtout dans le premier paragraphe, des controverses élevées avant la publication du Code. Dans le cas, par exemple, où un tribunal déclare, contrairement à la loi, statuer en dernier ressort, quelques personnes avaient soutenu que c'était là un acte d'incompétence, ou plutôt un excès de pouvoir, dont la réformation devait être toujours poursuivie, non par la voie

(1) Poitiers, 14 février 1837 (Dall. *Rép.*, v° *Appel civ.*, n° 243). — Cass. Rej., 23 janvier 1877, D. 78, 1, 71.

de l'appel, mais par la voie du recours en cassation (1). C'est cette opinion que repousse l'art. 453. Encore bien qu'il y ait là qualification vicieuse et, si l'on veut, usurpation de pouvoir, cependant, comme de sa nature la matière est sujette à l'appel, cette voie plus simple, plus rapide, moins coûteuse, doit être préférée à la voie du recours en cassation; la voie de l'appel, qui est la voie ordinaire, doit passer avant le recours en cassation, qui est la voie extraordinaire (2).

693. Mais, en comparant l'un avec l'autre les deux paragraphes de cet article, en vous pénétrant de cette idée fort simple dont il n'est que la traduction, savoir : que c'est toujours d'après le taux de la demande, et non pas d'après la qualification, bonne ou mauvaise, employée par les juges, qu'il faut déterminer s'il y a, ou s'il n'y a pas matière à appel; en vous pénétrant, dis-je, de cette vérité, vous êtes conduits à vous demander : A quoi donc peut servir, dans un jugement, de déclarer s'il est rendu en premier ressort seulement, ou en premier et dernier ressort, puisque, quand le tribunal déclare juger en dernier ressort une affaire qui par sa nature ne pouvait l'être qu'à charge d'appel, dans ce cas la qualification vicieuse n'empêche pas l'appel? Puisque, réciproquement, l'appel n'est pas recevable quand le tribunal déclare juger à charge d'appel une demande qu'il devait juger en dernier ressort, à quoi bon le tribunal déclarera-t-il, dans son jugement, qu'il statue, soit en premier ressort seulement, soit en premier et dernier ressort? Cette qualification étant, à ce qu'il semble, parfaitement inutile, n'est-il pas dans tous les cas plus opportun, plus prudent de s'en abstenir?

Cette objection ne serait pas fondée. D'abord, comme en général le tribunal est présumé connaître et bien appliquer la loi, cette mention a pour les parties l'avantage de leur indiquer de suite le parti qu'elles ont à prendre, la voie qu'elles ont à suivre. En général, quand le tribunal déclare ne statuer qu'en premier ressort, la présomption est qu'il y a lieu à l'appel; quand, au contraire, il déclare statuer en dernier ressort, la présomption est aussi qu'il a bien statué, et que par conséquent l'appel n'est pas recevable.

Mais, sous un second rapport, la qualification présente plus d'utilité. Supposez qu'un jugement ait été qualifié par le tribunal de jugement en dernier ressort; la présomption, jusqu'à preuve contraire, est que cette qualification est exacte, et qu'en effet, dans l'espèce, il n'y a pas matière à l'appel. De là cette conséquence que, ce jugement étant attaqué par la voie d'appel, cet appel est présumé mal à propos et indûment interjeté, et, nonobstant l'appel interjeté, la sentence doit continuer à recevoir son exécution. En d'autres termes, lorsque le jugement a été qualifié en dernier ressort, l'appel interjeté par la partie condamnée ne produira pas par lui-même l'effet ordinaire de l'appel, l'effet de suspendre l'exécution du jugement attaqué. Vous en trouvez la preuve écrite dans le § 2 de l'article 457, d'après lequel, lorsqu'un jugement attaqué par appel a été qualifié par le tribunal de jugement en dernier ressort, l'appelant qui prétend s'opposer à cet effet à l'exécution de ce juge-

(1) Voy. Dall., *Rép.*, v° *Appel civ.*, n° 195.
(2) Cass. Rej., 21 octobre 1813 (Dall. *Rép.*, v° *Appel civ.*, n° 212).

ment a besoin d'obtenir des défenses spéciales de la cour saisie de l'appel (V. n° 701). Ainsi le véritable intérêt, l'intérêt sérieux de cette qualification, c'est que le jugement qualifié de jugement en dernier ressort s'exécutera provisoirement.

Réciproquement, si le jugement n'a pas été qualifié ou s'il l'a été en premier ressort, encore bien que par sa nature il ne fût pas susceptible d'appel, l'appel interjeté sera suspensif, parce que la qualification de premier ressort ou le défaut de qualification fait présumer, et jusqu'à preuve contraire, que le jugement est sujet à appel. En conséquence, si l'intimé, prétendant exécuter malgré l'appel, attendu que, suivant lui, il n'y a pas matière à appel, veut faire suppléer cette absence de qualification, ou faire réparer cette qualification vicieuse, il devra se pourvoir dans les formes établies par le § 3 du même art. 457.

C'est donc relativement à l'exécution nonobstant l'appel interjeté, qu'il est important pour les tribunaux de qualifier leurs jugements de jugements en dernier ressort ou de jugements en premier ressort seulement. Cette qualification, présumée vraie jusqu'à preuve contraire, aura pour effet, dans le premier cas, d'assurer, et dans le second cas, au contraire, d'empêcher l'exécution après l'appel interjeté.

694. « Art. 454. Lorsqu'il s'agira d'incompétence, l'appel sera recevable, encore que le jugement ait été qualifié en dernier ressort. »

Il y a dans cet article une équivoque de rédaction qui pourrait vous embarrasser sur la question, d'ailleurs très simple, que l'article a pour but de trancher. On suppose un jugement qualifié en dernier ressort, et rendu par un tribunal que la partie condamnée prétend n'avoir pas été compétent ; on déclare que dans ce cas l'appel est recevable. Pour quel motif ? Est-ce à raison de l'incompétence du tribunal que l'appel est déclaré recevable ? Est-ce, au contraire, à raison de ce que le jugement qualifié en dernier ressort a été ainsi qualifié mal à propos ?

Si cette dernière circonstance était exacte, si nous supposions que le tribunal a déclaré statuer en dernier ressort sur une matière dont il ne pouvait connaître qu'à charge d'appel, l'art. 454 serait vide de sens ; à part la question de compétence, nous savons, d'après l'article précédent, que le jugement qualifié en dernier ressort ne cesse pas pour cela d'être sujet à l'appel, si le taux de la demande dépassait les limites fixées par la loi pour le dernier ressort. Aussi, sans hésitation, devez-vous traduire les mots : *Encore que le jugement ait été qualifié en dernier ressort*, par ceux-ci : *Encore que la demande n'excédât pas les limites du dernier ressort*. En d'autres termes, par ce mot de *qualifié*, mot équivoque, vous ne devez pas entendre que la qualification soit mauvaise, vous devez, au contraire, supposer qu'elle est exacte ; la partie qui interjette appel se plaint d'avoir été jugée, non pas par un tribunal qui ne pouvait statuer qu'en premier ressort, mais par un tribunal qui n'était pas compétent pour statuer en premier ressort.

Cet art. 454 tranche une question qui pouvait s'élever dans la combinaison des principes de l'appel avec ceux du pourvoi en cassation. On aurait pu soutenir que le tribunal ayant statué sur une matière en dernier ressort, sur une demande inférieure à 1,500 francs, le vice d'incompétence ne pouvait pas pour cela constituer un moyen d'appel; que, pour faire tomber la sentence rendue par un tribunal incompétent, sur une demande de moins de 1,500 francs, il fallait employer, non pas la voie de l'appel, mais le pourvoi en cassation. Mais, toujours par ce principe que la voie extraordinaire ne doit être employée qu'après avoir épuisé la voie ordinaire, la loi déclare que l'incompétence du juge de première instance constitue un cas d'appel, et non pas un cas de cassation, encore bien que dans l'espèce la demande fût de nature à être jugée en dernier ressort.

Et, dans ce cas, vous voyez quel sera le résultat de l'appel : si la cour d'appel, saisie du moyen d'incompétence, rejette ce moyen et reconnaît que le tribunal était compétent, elle n'aura nullement à s'occuper du fond de la demande. Dès que, d'une part, le tribunal était compétent; que, de l'autre, la demande était inférieure à 1,500 francs, il est clair que l'appel a été interjeté mal à propos. Que si, au contraire, il est reconnu que le tribunal n'était pas compétent, il y aura lieu d'infirmer sa décision, sans examiner si au fond elle était bien ou mal fondée; et alors la cour d'appel pourra, ou renvoyer l'affaire devant les juges compétents pour statuer en premier et dernier ressort, ou même se la réserver, l'évoquer, pour statuer sur le tout par une seule et même décision, en vertu de principes que nous poserons plus tard (Voy. nº 717).

695. § 3. *De l'acte d'appel et de ses effets* (art. 456 à 560).

Art. 456. « L'acte d'appel contiendra assignation dans les délais de la loi, et sera signifié à personne ou domicile, à peine de nullité. »

Cet article simplifie d'une manière fort remarquable les formalités coûteuses et insignifiantes indiquées par l'ordonnance de 1667 pour interjeter appel. L'appel s'interjetait autrefois dans un délai dont vous savez la longueur démesurée : l'appel s'interjetait par une déclaration au greffe, suivie d'une signification que pouvait faire plus tard l'appelant. Mais cette déclaration au greffe, qualifiée souvent du nom d'*appel volant*, appel interjeté en l'air, n'avait pas pour but de saisir immédiatement la juridiction d'appel. Elle tendait seulement à arrêter les poursuites d'exécution pratiquées en vertu du jugement dont on déclarait se porter appelant. L'appel ainsi déclaré, les poursuites ainsi suspendues, la procédure d'appel ne s'entamait pourtant pas; c'était à l'intimé qui voulait reprendre les poursuites, quand on ne donnait pas suite à l'appel, de sommer l'appelant de poursuivre sur l'appel. Faute par l'appelant d'avoir suivi dans les trois mois de cette sommation, on faisait prononcer contre lui la désertion de l'appel. Mais cette désertion autorisait simplement la continuation des poursuites interrompues et n'entraînait pas contre l'appelant déchéance du droit de renouveler plus tard son appel dans les délais légaux. Toutes ces formalités longues, coûteuses, compliquées, qui laissaient planer sur le premier jugement une incertitude fâcheuse, disparaissent devant le texte fort simple de l'art. 456. L'appel sera interjeté non plus par déclaration au greffe, mais par acte d'assignation donné par l'appelant à l'intimé.

Comme l'acte d'appel n'est pas un simple acte de procédure, mais bien le début d'une instance nouvelle, la provocation à un combat nouveau, cet acte d'appel doit être signifié, non pas comme les actes de procédure, d'avoué à avoué, mais comme les ajournements à personne ou à domicile ; le texte de l'art. 456 est à cet égard très formel. ** Cet acte d'appel doit être fait, comme nous l'avons vu, dans les deux mois de la signification du jugement ; mais il ne faut pas perdre de vue que l'appelant n'est pas obligé d'attendre cette signification du jugement. Il peut prendre les devants et attaquer le jugement par la voie de l'appel, quoique ce jugement ne lui ait pas été signifié, pourvu que la huitaine qui suit le prononcé du jugement soit expirée (1). **

Cet acte d'appel devant le tribunal ou la cour compétente pour connaître de l'appel doit être conforme, en principe, à toutes les règles de l'art. 61. Ainsi, il doit contenir, outre la désignation des parties, de la manière et avec les indications contenues dans cet article, la constitution d'avoué, même en matière commerciale, ** l'élection de domicile, l'indication du tribunal ou de la cour devant laquelle on agit, enfin l'indication des délais pour comparaître, en un mot, les règles de l'art. 61. L'acte d'appel doit encore contenir l'indication du jugement qui est attaqué. Mais d'ailleurs il n'est pas nécessaire de reproduire le texte même du jugement. Une erreur sur l'indication de ce jugement, par exemple, sur la date, n'empêcherait pas l'acte d'appel d'être valable, si d'ailleurs l'intimé ne pouvait pas se méprendre sur l'identité du jugement. **

Cependant, au nombre des mentions détaillées dans l'art. 61, pour les ajournements ordinaires, il en est une qui paraît pouvoir être impunément omise dans l'acte d'appel. En effet, au nombre des indications que doit contenir l'exploit d'ajournement, figure l'exposé des moyens de la demande ; d'où l'on serait tenté de conclure que l'appelant, étant demandeur en appel, doit faire connaître, dans l'assignation introductive de l'instance d'appel, les moyens de sa demande, c'est-à-dire les griefs qu'il impute au jugement, les motifs sur lesquels il s'appuie pour en provoquer la réformation. Cependant le texte primitif de notre article imposait à l'appelant l'obligation d'indiquer dans l'acte ses moyens d'appel. Cette obligation a été retranchée, et il est facile d'en saisir les motifs.

En effet, quand il s'agit d'une demande de première instance, quand il s'agit de mettre en cause deux parties jusque-là peut-être parfaitement étrangères l'une à l'autre, d'appeler devant le tribunal une personne qui ignore complètement l'objet, les moyens de vos prétentions, il est essentiel non-seulement de spécifier cet objet, mais d'indiquer aussi les motifs qui vous servent de base. De là, la disposition de l'art. 61. Au contraire, en cause d'appel à quoi bon indiquer dès le principe et immédiatement vos griefs d'appel ? La cause a déjà été agitée, défendue entre vous en première instance ; votre adversaire, l'intimé, sait parfaitement, et de quelle affaire et de quels motifs

(1) ** Jugé qu'en conséquence l'appel ne peut être déclaré non recevable par le motif que la signification faite à l'appelant était incomplète et qu'il en connaissait l'irrégularité. — Cass. civ., 8 août 1876, S. 77, 1, 118. **

il est question. Aussi cette indication sommaire, la seule que pourrait contenir l'assignation, serait tout à fait insignifiante, et par là même n'est pas exigée ; vous serez toujours à même de développer vos moyens, soit par écrit, d'après l'art. 462, dans les matières ordinaires, soit à l'audience par plaidoirie d'après l'art. 463, s'il s'agit de l'appel d'une matière sommaire ou d'une matière commerciale (1).

Nous verrons, sur l'art. 462, les conséquences de cette différence.

** La signification de l'acte d'appel doit se faire de la même manière que l'exploit d'ajournement et, notamment, en principe, à personne ou domicile. Si le domicile et la résidence de l'intimé sont inconnus, c'est au parquet du procureur général près la cour qui doit connaître de l'appel et non au parquet du procureur de la république près le tribunal qui a rendu le jugement, que doit être remise la copie de l'acte d'appel (2). Au cas d'appel interjeté contre plusieurs parties, il faut autant de significations et de copies qu'il y a d'intimés (3).

Par exception à la règle ordinaire, l'appel est interjeté, non plus par exploit d'huissier, mais sous forme de requête, toutes les fois qu'il est dirigé contre un jugement qui a été rendu sur requête. Le motif qui impose une requête en première instance, l'impose aussi en cause d'appel (4) **.

⇒ **696.** « Art. 457. L'appel des jugements définitifs ou interlocutoires sera suspensif si le jugement ne prononce pas l'exécution provisoire dans les cas où elle est autorisée. — L'exécution des jugements mal à propos qualifiés en dernier ressort ne pourra être suspendue qu'en vertu de défenses obtenues par l'appelant, à l'audience de la cour d'appel, sur assignation à bref délai. — A l'égard des jugements non qualifiés ou qualifiés en premier ressort, et dans lesquels les juges étaient autorisés à prononcer en dernier ressort, l'exécution provisoire pourra en être ordonnée par la cour d'appel, à l'audience et sur un simple acte. »

L'appel produit deux effets principaux : le premier est l'effet qu'on appelle l'effet dévolutif ; le second est l'effet suspensif.

Quand on dit que l'appel est dévolutif, cela signifie qu'il remet en question devant les juges supérieurs toute la cause, toutes les questions qui ont été débattues devant les juges inférieurs, et qui ont été tranchées par eux, toutes les questions, du moins, sur lesquelles l'appel est interjeté. En un mot, l'appel, quand il porte sur tous les points qu'embrassait la demande originaire, investit le tribunal ou la cour à laquelle il est porté, de la même étendue, de la même plénitude de juridiction de fait et de droit que l'avait fait, pour les juges inférieurs, l'acte primitif d'ajournement. Sous ce rapport, l'appel,

(1) * Cette opinion a complètement prévalu. Voy. les nombreux arrêts en ce sens, dans le *Rép.* de Dalloz, v° *Exploit*, n° 521. — Cass. Req. ; 3 mars 1880, S. 81, 1, 123.

(2) Toulouse, 4 août 1881, S. 82, 2, 242.

(3) Cpr. Cass. Req. ; 9 avril 1872, S. 77, 1, 244.

(4) ** Cependant lorsque le jugement doit nécessairement s'exécuter contre certaines personnes, par exemple contre des syndics de faillite, et que ces syndics ont fait signifier le jugement à telles fins que de droit, les syndics ne sont pas recevables à se plaindre de ce que l'appel leur a été signifié par exploit avec assignation pour y venir contester devant la cour. — Pau, 26 janvier 1881, S. 81, 2, 140. **

voie ordinaire contre les jugements, diffère essentiellement du pourvoi en cassation ; le pourvoi en cassation n'est pas dévolutif, en ce sens qu'il n'investit pas la cour, devant laquelle il est formé, de la plénitude de juridiction qui appartenait aux juges, dont on vient attaquer le jugement ou l'arrêt.

** Toutefois lorsque le jugement de première instance contient plusieurs chefs, l'appel n'est pas nécessairement dévolutif sur tous ces chefs. Comme on disait déjà dans notre ancien droit : *appellations sont divisibles*. En autres termes, si parmi les chefs du jugement il en est que l'appelant accepte, la cour n'a pas le droit de connaître de ces parties du jugement, et si elle le faisait, elle violerait la loi qui consacre le principe de l'autorité de la chose jugée (1) ; la cour doit se borner à connaître des chefs qui lui sont déférés par l'acte d'appel. **

697. Secondement, et comme conséquence de cette première règle, l'appel est suspensif. En effet, puisque la cause entière est remise en question, puisqu'on vient de débattre *ab integro*, devant le tribunal ou devant la cour d'appel, la demande sur laquelle ont statué les premiers juges, il serait peu logique, et en général peu prudent, de poursuivre l'exécution d'une sentence dont la la validité est mise en doute. Sans dire précisément que l'appel met le jugement au néant, *appellatio extinguit judicatum*, sans m'approprier cette maxime peut-être un peu dangereuse, cependant on comprend qu'il faut, en général, éviter d'exécuter, pendant les débats de l'appel, une affaire sur laquelle une décision toute contraire peut maintenant intervenir. C'est cette règle que pose le § 1er de l'art. 457 : *L'appel des jugements définitifs ou interlocutoires sera suspensif.* Puis, à côté de cette règle, dont le motif et l'application sont faciles, viennent des exceptions assez nombreuses qu'indique l'article : *Si le jugement ne prononce pas l'exécution provisoire dans les cas où elle est autorisée.*

Voyons d'abord en quel sens et avec quelle portée il faut entendre ces mots : *L'appel des jugements définitifs ou interlocutoires sera suspensif.* Cela veut dire, incontestablement, qu'une fois l'appel notifié par l'appelant à l'intimé, ce dernier doit surseoir immédiatement aux poursuites d'exécution qu'il avait déjà pu commencer ; que désormais, et jusqu'à la sentence des juges d'appel, il doit s'abstenir de toutes nouvelles poursuites, de tous nouveaux actes d'exécution. Que si, au mépris de l'appel signifié, il s'avisait de continuer les poursuites d'exécution commencées, les actes ainsi pratiqués par lui seraient des actes nuls, quoique la loi n'en prononce pas formellement la nullité.

Il ne s'agit pas ici d'invoquer l'art. 1030, qui nous défend de suppléer les nullités ; dans l'art. 1030, il s'agit des nullités de forme, il s'agit de l'omission, dans un acte de procédure, d'une ou de plusieurs des mentions que la loi prescrivait sans les déclarer formellement irritantes. Or, dans le cas qui nous occupe, dans le cas d'actes d'exécution pratiqués postérieurement à l'appel interjeté, les actes sont nuls en dehors de l'art. 1030, parce qu'ils ont été faits

(1) Cass. civ., 18 juillet 1877, S. 79, 1, 14.

sans titre, parce qu'ils ont été faits en vertu d'un jugement auquel l'art. 457 refusait expressément tout effet, toute force exécutoire.

Ainsi les actes d'exécution, faits par l'intimé après l'appel interjeté, sont nuls, radicalement nuls, non seulement, ce qui ne peut faire de doute, quand le jugement attaqué aura été infirmé sur l'appel, mais quand même, en définitive, le jugement attaqué serait confirmé. Aucun texte ne nous permet de donner à cette confirmation un effet rétroactif, et de valider, après coup, les actes d'exécution auxquels l'intimé a procédé au mépris de la règle de l'effet suspensif posée dans l'art. 457.

Toutefois, cet effet suspensif ne doit résulter que d'un véritable appel, interjeté dans les formes prescrites par la loi. Mais si l'acte d'appel n'est pas valable en la forme, ou s'il n'est pas interjeté dans les délais légaux, si, en un mot, l'appel est repoussé parce qu'il est non recevable, alors on n'est plus dans les termes de l'art. 457 : et si, au mépris de cet appel tardif ou irrégulier l'intimé, avant même que l'appel eût été jugé non recevable, a continué les poursuites commencées par lui, ces poursuites resteront valables, en supposant, bien entendu, que la non-recevabilité, l'irrégularité de l'appel ait été plus tard reconnue et consacrée par arrêt (1).

C'est en ce sens et sous cette distinction que nous devons entendre le principe suspensif de l'appel.

698. Voyons maintenant quelles exceptions la loi pose au principe général d'après lequel l'appel est suspensif.

L'appel sera suspensif, vous dit l'art. 457, *si le jugement ne prononce pas l'exécution provisoire dans les cas où elle est autorisée.* Ainsi, dans le cas d'exécution provisoire prononcée, et légalement prononcée par le jugement de première instance, l'exécution se poursuivra nonobstant l'appel interjeté.

Dans les cas où elle est AUTORISÉE. Cette dernière expression ne doit pas être prise à la lettre. En effet, en la combinant avec l'art. 135, vous verrez que la loi ne se borne pas toujours à autoriser les juges à prononcer l'exécution provoire. Ainsi, dans les trois cas indiqués dans le premier alinéa de l'art. 135, la loi ne se contente pas d'autoriser les juges, elle les oblige à prononcer l'exécution provisoire du jugement malgré l'appel. Tel est le cas où le jugement a été rendu en vertu d'un titre authentique, d'une promesse reconnue, ou d'une condamnation précédente dont il n'y a pas eu d'appel (V. n° 290).

Secondement, les juges sont maîtres de prononcer ou de ne point prononcer l'exécution provisoire, dans les cas prévus par les sept derniers paragraphes de l'art. 135, où la loi détermine certains cas dans lesquels elle abandonne à la prudence des juges, d'après l'examen des faits, la question de savoir s'ils doivent ou ne doivent point prononcer cette exécution.

L'art. 457, trop limitatif dans la rédaction littérale de son premier paragraphe, doit donc être corrigé en le combinant avec l'art. 135. Ainsi toutes les fois que les juges auront prononcé l'exécution provisoire, soit nécessairement parce que le premier alinéa de l'art. 135 les y obligeait, soit après ap-

(1) Agen, 27 novembre 1866, D. 67, 2, 15.

préciation des circonstances dans les hypothèses des paragraphes suivants du même art. 135, il y aura toujours exception à la règle de l'effet suspensif.

699. Ces préliminaires une fois posés, deux hypothèses peuvent se présenter sur lesquelles ont statué les deux derniers paragraphes de l'art. 457 et les deux articles suivants. La loi s'occupe de la même idée jusqu'à l'art. 460.

Il est possible que les juges, en rendant le jugement dont est appel, n'aient pas accordé l'exécution provisoire dans les cas où la loi les autorisait, ou même les obligeait à le faire. A l'inverse, il est possible qu'ils aient ordonné cette exécution provisoire hors des cas où la loi les autorisait à le faire. Ce sont là deux hypothèses inverses que nous examinerons successivement.

1re *hypothèse*. Un jugement a été rendu ; il est attaqué par la voie d'appel et l'appel est en général suspensif ; les poursuites d'exécution commencées par l'intimé se trouvent donc arrêtées, suspendues par l'appel interjeté. Mais l'intimé prétend que la cause est une de celles dans lesquelles c'est une nécessité pour le tribunal de première instance, d'accorder à la partie gagnante le bénéfice de l'exécution provisoire ; l'intimé prétend, par exemple, qu'il était dans l'un des cas prévus par le premier alinéa de l'art. 135. Vous sentez que, si, pour lui permettre d'exécuter le jugement attaqué, on attend que la cour d'appel soit entrée dans l'examen du fond, et qu'elle ait confirmé le jugement attaqué par l'appel, il y aura des lenteurs, des retards, et peut-être un préjudice irréparable en définitive.

De même, il s'agissait d'une demande inférieure à 1,500 francs, et sur laquelle, par conséquent, le jugement devait être rendu en premier et dernier ressort à la fois. Cependant, le tribunal a qualifié sa sentence de jugement en premier ressort, ou a négligé de la qualifier; donc l'appel, en principe, doit être suspensif, puisque rien, dans la teneur de ce jugement, n'atteste qu'il soit en dehors de la règle de l'appel.

Dans ces deux cas les poursuites de l'intimé se trouvent arrêtées ; l'huissier, en présence d'un acte d'appel qui frappe un jugement qualifié en premier ressort et non déclaré exécutoire par provision, doit nécessairement surseoir aux poursuites. Mais, si cette interruption se prolonge, les biens de l'appelant peuvent être facilement soustraits à l'intimé, qui peut trouver dans les délais de l'appel un préjudice irréparable en définitive. Telle est la première hypothèse double, complexe, sur laquelle statuent les art. 457, § 3 et 458.

Art. 457, § 3. « *A l'égard des jugements non qualifiés, ou qualifiés en premier ressort et dans lesquels les juges étaient autorisés à prononcer en dernier ressort, l'exécution provisoire pourra en être ordonnée par la cour d'appel à l'audience et sur simple acte.* »

C'est-à-dire que l'intimé prétendant que, dans l'espèce, l'appel n'est pas recevable, que les premiers juges ont eu tort de n'avoir pas déclaré expressément qu'ils jugeaient en dernier ressort, se pourvoira devant la cour d'appel, non pour faire statuer au fond que l'appel n'est pas recevable (ce serait une source de lenteurs qu'il peut éviter) mais pour faire provisoirement ordonner par un arrêt d'incident, au début de l'instance d'appel que, nonobstant l'appel, les poursuites d'exécution pourront marcher.

L'art. 458 prévoit l'autre cas, qui est tout à fait analogue.

« Art. 458. Si l'exécution provisoire n'a pas été prononcée dans les cas où elle est autorisée, l'intimé pourra, sur un simple acte, la faire ordonner à l'audience avant le jugement de l'appel. »

Telles sont les décisions de la loi sur la première hypothèse, sur celle où les premiers juges ont, soit par une qualification vicieuse, soit par l'omission des règles de l'art. 135, négligé d'assurer à la partie qui obtenait gain de cause le bénéfice de l'exécution provisoire nonobstant l'appel interjeté.

700. 2e *hypothèse.* Cette hypothèse inverse est, au contraire, réglée par les art. 457, § 2 et 459. Supposez que la cause fût de nature à n'être jugée qu'en premier ressort par le tribunal d'arrondissement : nonobstant la qualité, la valeur de la demande, le tribunal interprétant mal les dispositions de la loi du 11 avril 1838, sur le taux du dernier ressort, a déclaré juger en dernier ressort une cause qui ne pouvait être jugée par lui qu'en premier.

Ou bien, ce qui revient au même en ce qui nous occupe, le tribunal, sans déclarer qu'il juge en dernier ressort, a cependant, par une clause formelle de son jugement, accordé à la partie gagnante le bénéfice de l'exécution provisoire.

Comme, en principe, toute déclaration du tribunal est présumée vraie tant que la preuve contraire n'est pas donnée, comme la déclaration qu'il juge en dernier ressort est présumée bien fondée ; comme l'exécution provisoire qu'il accorde est présumée bien accordée, la conséquence en serait que, nonobstant l'appel interjeté, l'exécution peut être poursuivie, que l'intimé peut continuer à faire saisir les biens de l'appelant, tant que le jugement attaqué n'aura pas été réformé sur l'appel. Or, il y aurait là pour l'appelant la source d'un préjudice sérieux, et qui, en définitive, pourrait être irréparable. De là les mesures prescrites par les art. 457, § 2, et 459. C'est-à-dire que, de même que dans les cas précédents l'intimé pouvait se pourvoir, sur un simple acte, avant le jugement du fond, pour faire ordonner l'exécution provisoire, de même ici, l'appelant pourra, à son tour pour empêcher cette exécution, obtenir de la cour une décision préalable et provisoire. C'est ce que décide, pour un cas, le § 2 de l'art. 457 : *L'exécution des jugements mal à propos qualifiés en dernier ressort ne pourra être suspendue qu'en vertu des défenses obtenues par l'appelant à l'audience de la cour d'appel sur assignation à bref délai.* Elle ne pourra être suspendue que par ce moyen ; c'est-à-dire qu'en principe l'effet suspensif de l'appel ne s'applique pas aux jugements qualifiés en dernier ressort ; seulement, si cette qualification paraît vicieuse, on pourra, en suivant la marche indiquée par la loi, obtenir des défenses et appliquer l'effet suspensif.

De même, dans l'art. 459 :

« Art. 459. Si l'exécution provisoire a été ordonnée hors des cas prévus par la loi (*par exemple hors des cas prévus par l'art.* 135), l'appelant pourra obtenir des défenses à l'audience, sur assignation à bref délai, sans qu'il puisse en être accordé sur requête non communiquée. »

Ainsi, dans les deux cas, la marche à suivre par l'appelant pour empêcher l'exécution provisoire pendant l'instruction de l'appel est absolument la même ;

l'appelant assignera, à bref délai, l'intimé dont il entend arrêter les poursuites, il l'assignera en vertu d'une ordonnance donnée par le président conformément à l'art. 72. Mais le président de la cour d'appel n'a pas qualité pour suspendre, même provisoirement, l'exécution du jugement de première instance, ordonnée hors des cas prévus par la loi, ou résultant de la mauvaise qualification du jugement. Le président pourra seulement permettre à l'appelant d'assigner l'intimé à un délai plus court, et ce n'est qu'à la cour elle-même, en audience publique, qu'il sera permis d'accorder la suspension d'exécution dont parle la loi. A cet égard, la volonté de la loi est bien claire : pour empêcher l'appelant d'obtenir, par surprise, la suspension de l'exécution, au mépris de la lettre du jugement qu'il attaque, on vous dit, d'une part, qu'il faudra des défenses obtenues par l'appelant à l'audience de la cour d'appel : telle est la disposition de l'art. 457, § 3. D'autre part, les termes de l'art. 459 sont encore plus positifs : il vous dit que l'appelant pourra obtenir des défenses à l'audience, sur assignation à bref délai SANS QU'IL PUISSE EN ÊTRE ACCORDÉ SUR REQUÊTE NON COMMUNIQUÉE, c'est-à-dire que la requête qui sera présentée au président de la cour, pour obtenir permission d'assigner à bref délai, ne pourra jamais être répondue par le président d'une ordonnance portant suspension d'exécution du jugement attaqué.

Les exceptions à la règle de l'art. 457 sont absolues, limitatives; c'est ce que la loi vous indique en ajoutant dans l'art. 460 :

Art. 460. « En aucun autre cas, il ne pourra être accordé des défenses, ni être rendu aucun jugement tendant à arrêter directement ou indirectement l'exécution du jugement, à peine de nullité. »

La cour d'appel n'a donc pas le droit d'arrêter l'exécution d'un jugement régulier en la forme, sauf dans les deux cas de notre deuxième hypothèse : 1° Si le jugement a été mal à propos qualifié en dernier ressort ; 2° s'il a accordé à tort l'exécution provisoire. *

701. Dans ces deux hypothèses, la marche à suivre est bien claire ; elle est nettement tracée, pour la première, dans les art. 457, § 3 et 458, et pour la seconde, par les deux autres textes cités.

L'art. 647 du Code de commerce n'est pas vraiment une exception, mais plutôt un complément des règles que je viens d'exposer. D'après cet article, les cours d'appel ne pourront, en aucun cas, à peine de nullité, et même de dommages et intérêts des parties, accorder des défenses, ni surseoir à l'exécution des jugements des tribunaux de commerce, même quand ils seraient attaqués pour cause d'incompétence.

Ainsi, la marche indiquée par le § 2 de l'art. 457 et par l'art. 459 est absolument inapplicable aux jugements rendus en matière commerciale, soit par les tribunaux de commerce, soit par les tribunaux civils jugeant comme tribunaux de commerce. On en comprend, au reste, le motif : c'est que ces jugements, d'après l'art. 439, sont toujours exécutoires par provision. Seulement, comme l'exécution provisoire opérée surtout sans caution et hors des cas où la loi permettait de dispenser l'intimé d'une caution, pourrait causer un préjudice sérieux à l'appelant, on permet, dans ces deux cas, aux cours d'appel d'accorder la faculté de citer extraordinairement, à jour et heure fixes, pour plaider sur l'appel.

En d'autres termes, l'exécution provisoire d'un jugement rendu en matière commerciale, soit que l'appelant ait été ou n'ait pas été dispensé de donner caution, aura toujours lieu, malgré l'appel; et non seulement l'appel ne sera pas suspensif par lui-même, comme dans les matières civiles, mais la cour d'appel, avant l'arrêt définitif, ne pourra jamais, par des défenses accordées au préalable, suspendre l'exécution provisoire pendant l'instruction de l'appel; sauf à elle, si elle juge qu'il y a péril en la demeure et que l'urgence est extrême, à accorder la citation à un délai beaucoup plus bref, pour statuer immédiatement sur le fond, et arrêter par là le préjudice en infirmant le jugement s'il y a lieu.

☞ **702.** § 4. *De l'instruction sur l'appel* (art. 461 à 466, 469). — Les art. 461, 462 et suivants sont relatifs, non plus à l'effet suspensif du jugement, mais à quelques règles spéciales de procédure pour l'instruction à suivre en cause d'appel. Ces règles d'ailleurs, comme la plupart de celles qui précèdent, sont applicables non seulement aux cours d'appel, juges ordinaires des appels, mais même aux tribunaux d'arrondissement dans les cas où ils sont juges d'appel (Voy. art. 404, C. pr.).

« Art. 461. Tout appel, même de jugement rendu sur instruction par écrit, sera porté à l'audience, sauf à la cour à ordonner l'instruction par écrit, s'il y a lieu. »

Cet article n'a guère de sens que par relation à un usage, ou, si vous voulez, à un abus introduit dans la jurisprudence antérieure. Nous avons déjà vu que, devant les tribunaux d'arrondissement, à côté de l'instruction ordinaire sur plaidoiries, la loi permettait, dans certains cas, aux tribunaux de première instance, à raison de l'extrême complication de l'affaire portée devant eux, d'autoriser l'instruction écrite (Voy. n°s 197 et 228 et suiv.).

Eh bien, supposez que dans la cause de première instance, le tribunal, attendu la complication, l'obscurité de l'affaire, ait cru devoir ordonner une instruction par écrit; supposez que le défendeur, condamné par suite de cette instruction écrite, interjette appel du jugement prononcé contre lui. De ce que l'affaire a paru aux juges de première instance exiger les lenteurs et les frais d'une instruction par écrit, s'ensuit-il qu'en cause d'appel, la même marche devra être suivie? S'ensuit-il que la cour d'appel, par cette seule considération, devra ordonner que les parties informeront par écrit devant elle sur la même affaire?

Non, dit notre article; en effet, les points du débat, fort compliqués devant les premiers juges, ont pu se simplifier par la première discussion écrite qu'ils viennent de subir, les parties peuvent déjà s'entendre mieux; leurs conclusions, leurs moyens d'attaque et de défense sont plus nettement formulés. Le jugement intervenu, rassemblant, sous un point de vue assez bref, les différents moyens des parties, dans les considérants qu'il renferme, peut déjà guider la marche des juges d'appel et leur rendre plus faciles l'intelligence et la décision de l'affaire.

Il est donc interdit à la cour d'appel d'ordonner, de prime abord et sans examen, que l'appel sera instruit par écrit ; en un mot, elle ne doit ordonner l'instruction par écrit, que si ce mode d'instruction lui paraît nécessaire.

➾ **703.** « Art. 462. Dans la huitaine de la constitution d'avoué par l'intimé, l'appelant signifiera ses griefs contre le jugement. L'intimé répondra dans la huitaine suivante. L'audience sera poursuivie sans autre procédure. »

On voit, d'après cet article, que l'ordre des significations d'écritures en appel n'est pas le même qu'en première instance.

En effet, en première instance, la procédure commence par l'ajournement qui émane du demandeur, et qui doit contenir, à peine de nullité, les moyens de la demande. Le demandeur a dû réfléchir sur la rédaction de cet acte, consulter, prendre son temps. Dès que le demandeur a fait connaître ainsi ses moyens, et que le défendeur a constitué son avoué, c'est au défendeur à répondre, par un acte d'avoué, aux moyens d'attaque développés dans l'assignation remise par le demandeur. En un mot, dans la procédure de première instance, le demandeur expose ses moyens dans l'ajournement ; le défendeur répond ensuite par une écriture de défense indiquée dans l'art. 77.

Mais, en appel, il en est autrement. L'appelant, qui veut arrêter les poursuites, a intérêt à signifier son appel dans le plus bref délai. Il pourra donc signifier son acte d'appel sans y relater les moyens sur lesquels son appel est fondé (art. 456). Mais alors, comme l'appelant doit justifier son appel, c'est son avoué qui, le premier, après la constitution de l'avoué de l'intimé, signifiera ses griefs contre le jugement qu'il attaque (art. 462).

Remarquez, au reste, que, à part cette interversion dans l'ordre des significations, les règles relatives à ces requêtes de défense et de réponse sont absolument les mêmes en appel qu'en première instance. Ainsi, de même qu'en première instance ces significations sont facultatives, de même que le défendeur, sans avoir fourni de requête, pourrait suivre l'audience sur un simple acte ; de même en cause d'appel, rien n'empêchera l'appelant, qui voudra obtenir une très prompte solution, de suivre l'audience après la constitution d'avoué de l'intimé, sans avoir développé ses griefs dans la requête dont parle l'article ; ce sont là des développements purement facultatifs dont il peut s'abstenir. En vain dirait-on qu'il importe à l'intimé de connaître, avant l'audience, les griefs de l'appelant, afin de les discuter ; cette considération n'est d'aucun prix aux yeux de la loi. En effet, on pourrait dire de même en première instance, qu'il importe au demandeur de connaître les moyens de défense de l'adversaire pour les discuter et les combattre ; cependant, dans l'art. 79, la loi décide que, si le défendeur n'a pas fourni de défenses, le demandeur pourra suivre l'audience immédiatement. Ajoutez, en second lieu, que les griefs à produire en cause d'appel sont presque connus à l'avance par les discussions de première instance, qui se reproduiront nécessairement, avec plus ou moins de détails, en cause d'appel.

Ainsi, nous dirons qu'ici, comme dans les débats de première instance, l'appelant pourrait négliger la signification et suivre l'audience ; et réciproquement, que, quand l'appelant a signifié la requête où il expose ses griefs, l'intimé pourrait, sans y répondre, suivre immédiatement l'audience, sauf à présenter sa défense à l'audience de la cour d'appel et sur plaidoirie.

⊳→ **704.** L'art. 463 contient une exception au principe de l'article précédent.

« Art. 463. Les appels de jugements rendus en matière sommaire seront portés à l'audience sur simple acte et sans autre procédure. Il en sera de même de l'appel des autres jugements, lorsque l'intimé n'aura pas comparu. »

Les appels de jugements rendus en matière sommaire seront portés à l'audience sur simple acte et sans autre procédure. Ainsi, dans l'appel des jugements rendus en matière sommaire, la loi prohibe les écritures, d'ailleurs assez simples, dont il est question dans l'art. 462. Ceci n'est que la conséquence de principes déjà connus. Vous avez vu que, dans les matières déclarées sommaires par l'art. 404, l'instruction n'a lieu qu'à l'audience, sur plaidoiries, sans écritures préalables ; c'est ce que décide formellement le texte de l'art. 405; or l'art. 463 donne la même décision en cause d'appel. En cause d'appel, l'assignation, qui introduit l'appel, une fois donnée, l'audience pourra être suivie sans écritures préalables ; la loi prohibe les écritures, en ce sens au moins que, si elles étaient faites, elles n'entreraient point en taxe.

Ce que la loi dit ici pour les appels en matière sommaire, il n'est pas besoin de le dire pour les matières commerciales, qui, de leur nature, nous dirions presque de leur essence, sont nécessairement des matières sommaires : aussi, le Code de procédure ne s'en explique pas ; surabondamment l'art. 468 du Code de commerce est venu résoudre une question qui ne paraissait pas douteuse; il porte : *Les appels des jugements des tribunaux de commerce seront instruits et jugés dans les cours, comme appels de jugements rendus en matière sommaire.* C'est-à-dire que, quelle que soit la nature ou la gravité de l'affaire, elle ne donnera pas même lieu aux écritures préalables qu'autorise l'art. 462, pour les matières civiles ordinaires.

⊳→ **705.** *Il en sera de même de l'appel des autres jugements, lorsque l'intimé n'aura pas comparu.*

Des autres jugements. C'est-à-dire que, même dans les matières civiles ordinaires, il n'y aura pas lieu, de la part de l'appelant, à signifier une requête exposant ses griefs, quand l'intimé ne comparaît pas.

Lorsque l'intimé n'aura pas comparu. Au premier aspect ces mots présentent quelqu'équivoque : on pourrait supposer qu'il s'agit du cas d'une condamnation de première instance prononcée par défaut. Ce serait une interprétation inexacte : *lorsque l'intimé n'aura pas comparu* veut dire, ici, lorsqu'il n'aura pas comparu en cause d'appel, c'est-à-dire, d'après le sens technique du mot de comparaître, lorsqu'il n'aura pas constitué d'avoué d'appel, dans les délais de l'ajournement donné aux termes de l'art. 456.

Ainsi, après un jugement contradictoire de première instance dans lequel j'ai succombé, j'ai interjeté appel, aux termes de l'art. 456; dans cet acte d'appel, j'ai assigné mon adversaire, l'intimé, à comparaître, c'est-à-dire à constituer avoué dans le délai de huitaine. Si, dans ce délai, la constitution n'a pas eu lieu, je poursuivrai l'audience sans écritures. D'ailleurs, toute signification d'écritures est impossible, puisque cette signification s'opère d'avoué à avoué, et que le défaut de comparution n'est autre chose qu'un défaut faute de constitution d'avoué. En pareil cas, l'appelant, sur le seul fait de son acte d'appel, et sans avoir besoin d'articuler par écrit ses moyens, viendra demander à l'audience, contre l'intimé qui fait défaut, la réformation du jugement de première instance.

Il est clair aussi que, dans ce cas, l'art. 150 s'appliquera ; que la cour d'appel devra adjuger à l'appelant ses conclusions, si elles se trouvent justes et bien vérifiées. La loi tranche toute espèce de doute par la disposition générale de l'art. 470, d'après lequel toutes les règles établies pour les tribunaux de première instance s'appliquent à l'instruction d'appel, sauf le cas de dérogation spéciale. Et remarquez bien qu'il résulte de là que la cour, saisie de l'appel et constatant le défaut de l'intimé, pourra accorder les conclusions de l'appelant, c'est-à-dire réformer le jugement, si ce jugement lui paraît mal fondé.

Seulement, en expliquant l'art. 150, je vous ai fait remarquer que, quelque sage que parût en principe l'obligation que cet article impose aux tribunaux, elle n'était pas et ne pouvait guère être observée rigoureusement dans la pratique; qu'en général, le profit du défaut, même contre le défendeur, s'accordait assez ordinairement et presque nécessairement à la légère; qu'il était difficile de vérifier les conclusions du demandeur et d'en examiner avec soin la justesse, quand le défendeur ne se présentait pas pour les critiquer. D'ailleurs, on est généralement porté à considérer la non-comparution du défendeur comme indiquant une méfiance et presque un abandon de la bonté de sa cause.

En appel, il n'en est pas de même; l'art. 150 y reçoit son application. En effet, la position est différente ; l'intimé, qui fait défaut sur appel, est celui qui en première instance a obtenu gain de cause. Or il est difficile d'interpréter sa non-comparution comme un aveu tacite de la faiblesse de sa cause; une présomption contraire vient à l'inverse expliquer la non-comparution de l'intimé. S'il ne comparaît pas, c'est peut-être, c'est même fort probablement parce qu'il trouve que sa défense est clairement exposée dans les considérants du jugement qui lui a donné gain de cause. S'il ne comparaît pas, il est probable que ce n'est pas par méfiance, mais, au contraire, par une extrême confiance dans la bonté de sa cause ; les considérants sont assez bons pour le dispenser de venir se défendre. Aussi n'est-ce point légèrement, mais, au contraire, après un examen sérieux que l'on accordera à l'appelant la réformation du jugement par lui seul sollicité. En deux mots, l'art. 150 est applicable ici comme en première instance ; mais, en fait, l'obligation imposée aux juges est plus grande, et d'une observation bien plus facile en cause d'appel qu'en première instance. Aussi y est-elle observée avec infiniment plus de soin.

☞ **706.** « Art. 464. Il ne sera formé, en cause d'appel, aucune nouvelle demande, à moins qu'il ne s'agisse de compensation, ou que la demande nouvelle ne soit la défense à l'action principale. — Pourront aussi les parties demander les intérêts, arrérages, loyers et autres accessoires échus depuis le jugement de première instance, et les dommages et intérêts pour le préjudice souffert depuis ledit jugement. »

Dans cet article, il y a d'abord une règle, puis deux exceptions qui méritent chacune quelques instants d'attention. La règle, c'est que, en cause d'appel, il est interdit à chaque partie de former aucune demande nouvelle. Le motif de cette règle est fort clair : autoriser l'une des parties à présenter en appel une demande qui n'a pas été soumise aux premiers juges, ce serait l'autoriser à enlever à son adversaire le bénéfice des deux degrés de juridiction.

Cependant, à part les deux exceptions qui vont suivre, il faut même entendre la règle avec quelque précaution. Aussi est-il certain qu'en appel les deux parties ont droit de présenter et de débattre, à l'appui de leur première demande, des moyens tout nouveaux qu'elles n'auraient pas présentés devant les premiers juges. Autre chose est une demande nouvelle, une demande à fin de condamnation, non soumise au premier tribunal, autre chose est un moyen nouveau à l'appui de la même demande. Cela s'applique sans difficulté à tous les moyens de droit que les parties n'ont pas plaidés devant les premiers juges, mais que les premiers juges ont pu et dû connaître, et que par là même ils auraient pu appliquer d'office. Il est certain, en effet, que, quand les parties développent leurs moyens de fait, mais ne présentent pas ou présentent mal un moyen de droit, les juges peuvent très bien connaître ce moyen, et, en principe, peuvent l'appliquer au bénéfice de la partie qui aurait eu le droit de l'invoquer. Au contraire, les moyens de fait que les parties n'allèguent pas ne peuvent pas être devinés par les juges. De même, il est des moyens de droit que les juges peuvent connaître, mais que la loi leur défend d'appliquer d'office : tel est le moyen de la prescription, art. 2223 du Code civil. Cependant il n'y a, à cet égard, aucune distinction à faire : les parties resteront libres de proposer, en appel, non seulement les moyens de droit omis en première instance, les moyens de droit que les juges ont pu connaître, et qu'ils ont dû appliquer, mais même ceux que les juges n'avaient pas droit d'appliquer d'office, et les moyens de fait que les juges ne pouvaient connaître, et, par conséquent, appliquer.

Vainement dirait-on, à l'égard de ces derniers moyens, que les juges de première instance n'étant pas en faute de n'avoir pas jugé d'après les faits qu'ils ne connaissaient pas, on ne peut, en proposant ces faits, faire rectifier leur jugement. En effet, l'appel n'est pas seulement institué pour rectifier, pour corriger le tort ou l'erreur des premiers juges ; il a aussi pour but de corriger, de rectifier les omissions ou les erreurs volontaires ou involontaires des parties.

Ainsi, il n'est pas douteux que les parties ne puissent, en cause d'appel, présenter toute espèce de moyens nouveaux, sans qu'il soit possible de leur objecter qu'elles auraient dû les présenter plus tôt, et les soumettre aux premiers juges. Ce n'est pas là violer la règle des deux degrés de juridiction. Au besoin, cette proposition vous serait démontrée par la combinaison des art. 2223 et 2224 C. civ. ; le premier défend aux juges d'appliquer d'office le moyen tiré de la prescription, de déclarer, par exemple, un débiteur libéré par le fait d'une prescription constante, mais dont il n'invoque pas le bénéfice ; le second permet formellement d'opposer, même en cause d'appel, un moyen de prescription que l'on n'a pas invoqué en première instance. Ainsi, quoiqu'il soit défendu aux premiers juges d'appliquer d'office le moyen tiré de la prescription et que, par conséquent, ils ne soient pas en faute d'avoir laissé de côté ce moyen, cependant la partie peut l'invoquer en appel. Ce ne sont pas là de véritables exceptions à la règle de l'art. 464 (1).

➾ **707.** Immédiatement après cette règle qui prohibe, en appel, toute demande nouvelle, l'art. 464 pose deux exceptions, l'une à la fin du § 1er, l'autre dans le § 2. * Mais, pour bien comprendre l'application de la règle et des exceptions, il faut distinguer si la demande nouvelle émane du demandeur ou du défendeur originaires.

Parlons d'abord du défendeur originaire. La règle générale du § 1er lui est applicable, en ce sens qu'il ne saurait former en appel une demande nouvelle qui ne pourrait servir de défense à l'action principale. * Mais la loi établit en faveur du défendeur une très large exception à la règle en ajoutant : *A moins qu'il ne s'agisse de compensation, ou que la demande nouvelle ne soit la défense à l'action principale.*

Ainsi, d'abord, la loi permet au défendeur originaire d'invoquer en appel une compensation qui n'a pas été proposée devant les premiers juges. Exemple : Paul a formé contre moi une demande en payement de 20,000 fr., j'ai contredit l'existence de la dette, et, dans cette contestation, j'ai succombé devant les premiers juges. Plus tard, j'interjette appel ; pourrai-je, en cause d'appel, alléguer, pour me dispenser de payer, pour faire réformer le jugement, non pas que je n'ai pas emprunté à Paul les 20,000 fr. demandés, mais que Paul lui-même, soit antérieurement, soit depuis, m'avait emprunté 20,000 fr., pourrai-je, en un mot, comme moyen de repousser la prétention de Paul qui me demande 20,000 fr., pourrai-je soutenir qu'il est lui-même mon débiteur de pareille somme ? * Je le pourrai sans doute ; mais est-ce bien là une demande nouvelle? La compensation, d'après l'art. 1234, C. civ., est un mode d'extinction d'obligation. Opposer la compensation, c'est soutenir que la dette est éteinte ; la compensation, comme le payement, comme la novation, etc., semble donc être moins une demande nouvelle qu'un moyen de défense, un moyen de libération pour repousser la créance prétendue. Il faut, pour être exact à cet égard, faire distinction entre la compensation légale et la compensation judiciaire. Si les deux créances, comme dans le cas proposé ci-dessus, réunissent les conditions de l'article 1291, C. civ., il y a compensation légale opérant extinction des deux créances par la seule force de la loi, même à l'insu des débiteurs. Alors celui qui oppose la compensation se borne à soutenir que la créance réclamée n'existait plus ; ce n'est pas une demande nouvelle qu'il forme, mais plutôt un moyen de défense qu'il invoque.

Mais, si, actionné par Paul en payement d'une somme de 20,000 fr. qu'il m'a prêtée, je lui demande à mon tour 20,000 fr. de dommages-intérêts pour

(1) Cass., 29 juillet 1857, D., 57, 1, 404. — Paris, 10 mars 1866, D., 68, 5, 132. — Poitiers, 30 janvier 1867, D., 68, 2, 142. — Nancy, 13 février 1867, D., 68, 2, 37. — Req. Rej., 18 février 1868, D., 68, 1, 277. — Orléans, 26 août 1869, D., 69, 2, 185. — Metz, 2 mars 1870, D., 70, 2, 106. — Lyon, 29 mai 1872, S., 72, 2, 96. — Civ., rej., 2 juin 1875, S. 76, 1, 349. — Riom, 3 août 1878, S. 80, 2, 139.

un préjudice qu'il m'a causé par sa faute, il n'y a pas là compensation légale; car si les 20,000 fr. prêtés sont exigibles, il n'en est pas de même des 20,000 fr. de dommages-intérêts tant qu'il n'y a pas condamnation (art. 1291, C. civ.). Je demande donc à la cour de condamner Paul à me payer 20,000 fr. de dommages-intérêts ; et, si elle reconnaît cette créance, de la compenser avec celle des 20,000 fr. prêtés. Puis-je, en appel, former ainsi, pour la première fois, une demande en dommages et intérêts ? * Oui, je le pourrai, aux termes de l'art. 464; oui, il y a là une exception à la règle générale du 1er alinéa de notre article; car opposer cette compensation, c'est alléguer contre Paul l'existence d'une créance, c'est former vraiment une nouvelle demande, mais une demande qui, dans l'espèce, joue surtout le rôle de défense à l'action principale.

Pourquoi donc la loi me permet-elle de proposer, en appel, cette demande de compensation ? C'est évidemment me permettre d'éluder la règle des deux degrés de juridiction ; car, en prétendant, pour la première fois en appel, que Paul me doit 20,000 fr., j'enlève à Paul le bénéfice d'une première discussion sur la réalité de cette créance, dont je n'avais pas dit un mot devant les premiers juges. La loi permet cependant d'opposer la compensation en appel: parce que cette compensation, quoiqu'elle puisse former la matière d'une demande séparée, figure particulièrement dans l'espèce comme une défense à la demande principale. Si j'invoque contre Paul, qui me demande 20,000 fr., une cause de compensation tirée de ce que lui-même me doit la même somme, ce n'est pas tant pour l'y faire condamner que pour me faire déclarer libre de l'obligation que lui-même a invoquée contre moi.

Il n'y aura pas de difficulté toutes les fois que la créance, invoquée en appel pour la première fois comme cause de compensation, sera égale ou inférieure à la créance à laquelle elle est opposée. Ainsi, Paul en première instance me demandait 20,000 fr. que j'ai été condamné à lui payer ; en appel j'invoque, pour la première fois, cette circonstance que Paul lui-même ou son père me devait 15,000 ou 20,000 fr. ; j'oppose, en conséquence, la compensation ou pour la totalité ou pour partie.

Mais qu'arriverait-il si j'opposais pour la première fois en appel à la demande de 20,000 fr. que Paul a formée contre moi une prétendue créance, non pas de 15,000 fr. ou de 20,000, mais de 30,000 fr. ; j'ai vainement contesté le fait du prêt allégué par lui ; j'ai été condamné ; j'interjette appel, et, en appel, ne contestant plus en fait que Paul a prêté à moi ou aux miens, j'allègue que Paul est lui-même débiteur envers moi de 30,000 fr. Y serai-je recevable, non seulement en ce sens que la cour d'appel, reconnaissant la réalité, l'existence de ma créance de 30,000 fr., me déclarera libéré, mais aussi qu'elle condamnera Paul à me payer les 10,000 fr. de plus, formant l'excédent de ma créance sur la sienne ? Il est sûr que si, au lieu d'attendre le jugement de l'appel pour invoquer ma qualité de créancier, je l'avais fait en première instance, par forme de compensation, il est sûr que le tribunal, constatant la réalité de l'une et de l'autre créance, aurait dû, premièrement, renvoyer Paul demandeur de sa demande, secondement condamner Paul, en sa qualité de défendeur reconventionnel, à me payer les 10,000 fr. formant l'excédent de ma créance sur la sienne. En sera-t-il de même en appel ?

La raison de douter, c'est qu'en appel il est défendu de former des demandes nouvelles, et que la loi paraît n'avoir permis que par une faveur spéciale d'invoquer en appel le moyen tiré de la compensation ; d'où il semblerait résulter que la permission de présenter ce moyen finit là où s'arrête la nécessité, la légitimité de la demande. Cependant je ne crois pas que la chose doive être prise tellement à la rigueur ; je crois que les termes mêmes de la loi investissent ici la cour d'appel du droit de connaître pour la totalité de la créance de 30,000 fr., que j'allègue pour la première fois devant elle, et, en conséquence, 1° de réformer le jugement des premiers juges, en déclarant que je ne dois rien à Paul ; 2° de condamner Paul à me payer les 10,000 fr. d'excédent. Remarquez en effet quelle est à cet égard la rédaction précise de notre premier paragraphe : « *Il ne sera formé, en cause d'appel, aucune nouvelle demande* (voilà la règle), *à moins qu'il ne s'agisse de compensation,* » première exception. Donc la loi autorise par exception le défendeur à invoquer la compensation en appel, non pas comme simple défense, mais comme demande. On ne formera point de nouvelle demande, si ce n'est en cas de compensation ; or, en cas de compensation, on peut invoquer une créance non alléguée jusque-là, et on peut l'alléguer non seulement comme défense, mais même comme demande.

Cela résulte encore plus de la suite de l'article ; car si, dans l'espèce, la compétence de la cour s'arrêtait aux 20,000 fr. que Paul me demande, le texte qui nous occupe serait absolument vide de sens. La loi dit, en effet, *à moins qu'il ne s'agisse de compensation, ou que la demande nouvelle ne soit la défense à l'action principale.* Mais, si la cour ne pouvait connaître du moyen de compensation qu'en tant que ce moyen est allégué comme défense, il est clair qu'il serait inutile d'en faire une mention spéciale, il est clair qu'on eût dû se borner à dire : Il ne sera formé, en appel, aucune demande nouvelle, à moins que la demande nouvelle ne soit une défense à l'action principale. Ce n'est donc pas seulement comme défense, c'est comme demande nouvelle que la loi a envisagé dans l'espèce la faculté d'opposer la compensation.

Supposez, d'ailleurs, que, nous attachant au premier point de vue, nous décidions que, le défendeur alléguant, comme défense aux 20,000 fr. que Paul lui demande, une créance de 30,000 fr., la cour ne puisse s'occuper que jusqu'à 20,000 fr. de cette demande reconventionnelle ; il faudrait donc, pour les 10,000 fr. restants, sur lesquels la cour n'aurait pas prononcé, intenter devant les juges de première instance un nouveau procès qui subirait, pour ces 10,000 fr., les deux degrés de juridiction ? Mais, d'abord, la cour, en prononçant la compensation, n'a-t-elle pas déjà reconnu l'existence de la créance, et la décision des juges de première instance devant lesquels on portera la dernière partie de la demande, cette décision est-elle libre ? N'est-elle pas, au contraire, influencée déjà par l'arrêt que vient de rendre la cour ? En un mot la cour en reconnaissant pour partie la réalité de ma créance, la reconnaîtra presque toujours, au moins implicitement, pour la totalité ; en reconnaissant, par exemple, la validité du titre sur lequel je fonde ma demande, elle la préjugera par là même en totalité. Dès lors ne serait-ce pas se jeter dans des longueurs et des frais inutiles que de limiter la compétence de la cour aux 20,000 fr. ?

Ainsi, la cour pourra connaître de la créance alléguée comme compensation pour la totalité, et non pas seulement dans la limite résultant de ce que ce n'est qu'une défense.

Ou que la demande nouvelle ne soit la défense à l'action principale. En première instance j'ai été condamné à payer 20,000 fr. après avoir soutenu et vainement soutenu que mon père, dont je suis héritier, ne les avait jamais empruntés. En cause d'appel, puis-je soutenir que de ces 20,000 fr. il a été fait remise, ou qu'il y a eu confusion, novation ou payement? Évidemment je puis le soutenir; mais ce n'est point encore là une exception à l'art. 464. Alléguer le payement, la remise, la confusion, la novation, c'est alléguer des moyens de libération; ce n'est pas former une instance nouvelle, ce n'est pas former une demande. Mais, au contraire, pour me dispenser de payer les 20,000 fr. que vous me demandez, pour faire réformer le jugement qui m'y a condamné, j'invoque pour la première fois la nullité ou la rescision du titre en vertu duquel vous m'y avez fait condamner. Voilà une véritable demande, et non plus un simple moyen; la nullité d'un titre, les vices qui peuvent en entraîner la rescision, sont de nature à constituer tantôt une défense, tantôt une demande; dans l'espèce il y a donc véritable exception à la règle générale. Ainsi le défendeur qui, en première instance, se sera borné à demander, par exemple, la nullité du titre pour un vice de forme, et qui aura succombé sur ce chef, pourra, en cause d'appel, invoquer pour la première fois la rescision de ce titre, non plus pour vice de forme, mais pour incapacité, aux termes de l'art. 1304 du Code civil (1).

⇒ **708.** * Quant au demandeur originaire, il ne peut absolument, en appel, former aucune demande nouvelle, ce qui comprend la prohibition d'augmenter ou de changer sa demande primitive. Ainsi, celui qui a demandé en première instance l'exécution d'un contrat ne pourrait, en appel, en demander la révocation ou la rescision. C'est là une demande nouvelle qui doit d'abord

(1) ** Jugé qu'en matière de partage, les demandes nouvelles formées en appel par les parties copartageantes sont recevables comme constituant des défenses à l'action principale. Toulouse, 27 mai 1878, S., 80, 2, 5. — Les conclusions subsidiaires, ayant pour objet de modifier les conséquences de la demande principale, constituent une défense à cette demande et peuvent être prises pour la première fois devant la cour; spécialement, celui qui se défend contre l'exercice d'une servitude de passage peut conclure subsidiairement devant la cour à ce que cette servitude soit exercée de préférence sur une portion déterminée de son terrain. Cass. civ., 17 février 1880, S., 80, 1, 364. — Mais une demande reconventionnelle en séparation de corps peut-elle être considérée comme une défense à l'action principale en séparation de corps? Pour l'affirmative, Nancy, 21 janvier 1858, S., 58, 2, 75, et 16 décembre 1859, S., 60, 2, 272; Angers, 27 avril 1880, S., 80, 2, 133. Pour la négative: Angers, 8 avril 1840, S., 40, 2, 411; Paris, 21 août 1868, S., 68, 2, 352. Cette seconde solution nous paraît préférable: si la demande reconventionnelle est fondée, l'époux défendeur à la demande principale obtiendra un jugement prononçant la séparation de corps à son profit, mais ce jugement n'empêchera pas la séparation de corps d'être en même temps prononcée contre lui si l'action principale est justifiée, et, dès lors, on ne peut pas dire que sa demande reconventionnelle lui serve de défense. **

être portée devant le tribunal civil d'arrondissement. Cette interdiction de former en appel des demandes nouvelles frappe le demandeur originaire plus rigoureusement que le défendeur qui peut au moins former de telles demandes si elles servent de défense à l'action principale.*

Ainsi, j'intente contre vous une action en nullité d'une donation, par exemple, pour vice de forme ; je succombe dans cette attaque, la donation est déclarée valable en la forme par les premiers juges ; puis-je interjeter appel et soutenir sur cet appel que la donation est nulle pour cause d'incapacité ? Non, la nullité pour vice de forme et pour vice d'incapacité sont deux causes de demande absolument séparées ; je ne puis pas invoquer, comme demandeur, pour la première fois en appel, le vice tiré de l'incapacité ; je le puis, au contraire, comme défendeur, attendu que la loi, tout en m'interdisant de former en cause d'appel aucune nouvelle demande, me le permet cependant quand je ne le fais qu'à titre de défense contre l'action principale.

* Toutefois le demandeur, par exception, et c'est là le but du § 2, peut former en appel les demandes accessoires dont le germe était contenu dans sa demande originaire (1).*

Pourront aussi les parties demander les intérêts, arrérages, loyers et autres accessoires échus depuis le jugement de première instance, et les dommages et intérêts pour le préjudice souffert depuis ledit jugement.

On comprend en effet que la nature dévolutive de l'appel ayant dessaisi les premiers juges de la contestation qui se trouve maintenant tout entière portée devant la cour d'appel, il soit naturel de saisir cette dernière cour, en premier et en dernier ressort à la fois, de la décision des questions accessoires que le § 2 de l'art 464 autorise les parties à soulever. Ainsi un propriétaire revendiquant sa chose et ayant triomphé en première instance pourra, en appel, obtenir non seulement les fruits échus dans l'intervalle écoulé depuis sa demande jusqu'au jugement de première instance (ces fruits ont dû lui être accordés par les premiers juges), mais il pourra obtenir, en cause d'appel, les fruits échus dans l'intervalle, depuis le jugement jusqu'à la condamnation qu'il obtient en cause d'appel. De même le créancier pourra demander les intérêts échus depuis le jugement ; le propriétaire, les nouveaux termes de loyers échus. ** Vous comprendrez facilement que la question est souvent délicate de savoir si telle prétention d'une partie forme une demande nouvelle et doit, comme telle, être repoussée ou si, au contraire, elle constitue soit une défense, soit un moyen à l'appui de la demande originaire et doit, comme telle, être admise. Aussi cette question se présente-t-elle souvent en pratique ; mais il ne nous est pas possible d'entrer dans le détail des cas si variés qui sont soumis à l'appréciation des tribunaux (2).

(1) * On n'admettait pas que la contrainte par corps pût être demandée en appel pour la première fois. — Paris, 19 novembre 1856, D., 57, 2, 191, et note 2. — Cass., Rej., 5 novembre 1862, D., 63, 1, 79, et les autorités citées à la note 1. — Cass., 5 janvier 1864, D., 64, 1, 44. *

(2) ** Voy. notamment : Cass., Req., 10 janvier 1877, S. 77, 1, 72. — Cass., Req., 9 novembre 1875, S. 77, 1, 316. — Cass., 29 juillet 1878, S. 80, 1, 30. — Cass. civ.,

Toutefois la prohibition des demandes nouvelles en cause d'appel est-elle une règle d'intérêt privé, de telle sorte que si les deux parties consentaient à ce qu'elles fussent formées, la cour ne pourrait pas les repousser, ou bien cette prohibition est-elle d'ordre public et la cour doit-elle, malgré l'accord des parties, repousser les demandes nouvelles, même d'office ? Tout dépend du parti auquel on s'arrête sur une autre difficulté déjà étudiée, celle de savoir si les plaideurs peuvent, d'un commun accord, supprimer le premier degré de juridiction pour saisir directement le second ou si, au contraire, ce second degré de juridiction est incompétent d'une manière absolue, tant que le premier n'a pas statué. Nous nous sommes prononcés pour cette seconde solution, et logiquement il faut décider que le tribunal du second degré est, en conséquence, tenu de repousser, même d'office, les demandes nouvelles, car en les lui soumettant, les parties suppriment le premier degré ; mais la jurisprudence repousse cette solution, précisément parce qu'elle décide aussi que l'incompétence du tribunal du second degré est purement relative pour les affaires qui n'ont pas subi le premier degré de juridiction (1). **

« Art. 465. Dans les cas prévus par l'article précédent, les nouvelles demandes et les exceptions du défendeur ne pourront être formées que par de simples actes de conclusions motivées. — Il en sera de même dans les cas où les parties voudraient changer ou modifier leurs conclusions. — Toute pièce d'écriture qui ne sera que la répétition des moyens ou exceptions déjà employés par écrit, soit en première instance, soit sur l'appel, ne passera point en taxe. Si la même pièce contient à la fois de nouveaux moyens ou exceptions, et la répétition des anciens, on n'allouera en taxe que la partie relative aux nouveaux moyens ou exceptions. »

L'art. 465 indique la forme dans laquelle devront être formées les demandes ou les conclusions nouvelles autorisées par l'art. 464.

Et les exceptions. Ici le mot *exceptions* s'applique même aux moyens de défense du défendeur.

Changer et modifier leurs conclusions. Il faut rattacher ces mots à l'explication de l'article précédent. Les parties ne peuvent augmenter leurs demandes ; mais elles peuvent toujours les restreindre.

Les deux derniers alinéas contiennent des mesures de tarif.

709. « Art. 466. Aucune intervention ne sera reçue, si ce n'est de la part de ceux qui auraient le droit de former tierce opposition. »

D'après l'art. 464, aucune nouvelle demande ne peut, en principe, être présentée en appel, parce que ce serait violer la règle des deux degrés de juridiction ; de là suit directement qu'en cause d'appel on ne doit point admettre l'intervention d'une tierce personne, qui est restée étrangère aux débats de première instance ; en général, une tierce personne qui intervient forme une demande distincte dans l'instance déjà pendante. Or autoriser une partie à former, en cause d'appel pendante entre deux parties, une demande toute

19 novembre 1879, S. 80, 1, 30. — Nancy, 16 avril 1877, S. 79, 2, 325. — Cass., Req., 18 novembre 1878, S. 81, 1, 70. **

(1) Cass., Req., 19 février 1879, S. 81, 1, 23.

nouvelle, serait évidemment enlever aux deux premiers plaideurs, défendeurs à l'intervention, le bénéfice de la double discussion que les lois de juridiction leur assurent. De là la règle que l'intervention qui, en général, est librement admise en première instance, d'après les art. 339 et suivants, ne sera pas admise en appel, parce que ce serait vraiment autoriser une demande nouvelle.

Cependant l'art. 466 annonce une exception à cette règle ; il permet l'intervention, même en appel, à toutes les parties qui auraient droit d'attaquer, par la tierce opposition, l'arrêt à intervenir sur l'appel où elles interviennent (1). Pour comprendre et la portée et le motif de cette exception, il faut se reporter à des règles que nous n'avons pas encore expliquées, à celles de la tierce opposition.

Nous verrons (n°s 719 et suiv.) que la tierce opposition est une voie extraordinaire de recours contre un jugement; que cette voie est ouverte à un tiers pour faire rétracter ou réformer un jugement dont l'exécution lui porte préjudice.

Ici, à quel jugement faut-il supposer que le tiers pourrait former tierce opposition pour lui accorder le droit d'intervenir en appel ? Ce n'est pas au jugement de première instance, au jugement frappé d'appel : par l'effet dévolutif de l'appel, ce jugement est remis en question, le tiers n'a pas d'intérêt à l'attaquer actuellement. La loi accorde le droit d'intervenir à celui qui, après l'arrêt de la cour, pourrait attaquer cet arrêt par la tierce opposition. Il vaut mieux permettre à ce tiers d'éclairer la cour sur les conséquences de son arrêt futur, que l'obliger à attendre qu'il soit rendu pour en demander la rétractation (2).

➾ **710.** « Art. 469. La péremption en cause d'appel aura l'effet de donner au jugement dont est appel la force de chose jugée. »

La péremption est l'anéantissement, l'extinction d'une instance judiciaire par la discontinuation triennale des poursuites ou procédures (n°s 578 et suiv.).

(1) Peut-on assigner en déclaration d'arrêt commun un tiers qui a droit de former tierce opposition et qui n'intervient pas (Voy. les autorités en sens divers dans D., 59, 1, 355, note 1). ** A notre avis, on ne peut pas appeler, pour la première fois, en cause d'appel, un tiers qui aurait le droit de former tierce opposition à l'arrêt. Ce serait le priver, malgré lui, du premier degré de juridiction. Sans doute il a le droit de renoncer à ce premier degré de juridiction puisque la loi lui permet d'intervenir en cause d'appel ; mais ce droit existe à son profit et non pas contre lui. Il serait étrange de conclure de ce qu'il a le droit d'intervenir, qu'il peut être mis en cause malgré lui. **

(2) ** Jugé que les avoués sont non recevables à intervenir en cause d'appel sur le recours formé par l'un de leurs confrères contre un jugement qui lui a refusé le droit de plaider un incident de saisie immobilière. — Cass., civ., 30 décembre 1878, S. 80, 1, 305. C'est une application du principe que pour pouvoir intervenir en cause d'appel, il faut avoir le droit de faire tierce opposition. Or il est déjà douteux que les autres avoués puissent intervenir en première instance en vue du seul intérêt général de la corporation. La cour de cassation n'est toutefois pas toujours aussi ferme dans sa doctrine. Voy. notamment Cass., civ., 5 janvier 1880, S. 80, 1, 174 et les arrêts cités à la note. **

Les règles de la péremption sont les mêmes en cause d'appel que devant les tribunaux de première instance ; vous appliquerez donc ici sans hésiter les art. 397 et suivants, vous appuyant au besoin sur l'art. 470, d'après lequel les règles établies précédemment pour les tribunaux d'arrondissement s'appliquent de droit aux cours d'appel. Ainsi, la péremption en cause d'appel s'opérera également par trois ans ; ainsi, à ce délai de trois ans, vous devrez ajouter six mois en sus, dans les cas spéciaux de l'art. 397 ; vous reconnaîtrez que la péremption n'a pas lieu de plein droit, pas plus en cause d'appel qu'en première instance ; qu'elle doit être expressément demandée ; qu'elle se couvre enfin par tout acte valable, signifié avant qu'elle ait été formellement demandée.

Quant aux effets de la péremption, ils consistent, d'après notre article, à donner au jugement dont est appel la force de chose jugée ; le sens de cette disposition mérite quelque attention.

Un jugement de première instance a été prononcé contre moi ; j'en ai interjeté l'appel dans les délais de l'art. 443 ; puis, dans le cours de l'instance, j'ai discontinué mes poursuites de manière que, après trois ans, mon adversaire, l'intimé, a demandé et obtenu contre moi la péremption de l'instance. La péremption de l'instance d'appel frappant et mettant à néant tout ce qui s'est fait à compter de l'acte d'appel et y compris cet acte, je suis censé n'avoir jamais appelé. Et comme la péremption suppose au moins trois ans de délai, il paraît évident qu'aucun nouvel appel n'est recevable de ma part, puisque le délai d'appel, étant de deux mois, est nécessairement écoulé. Sous ce rapport, et dans ce sens, on ne comprend guère l'utilité de l'art. 469. Puisque la péremption d'instance suppose au moins trois ans sans poursuites, à quoi bon nous avertir qu'après trois ans on ne pourra interjeter un appel qui, d'après l'article 443, n'est recevable que dans les deux mois ? Si l'article veut dire seulement que, les délais d'appel étant nécessairement expirés quand il y a péremption de l'instance d'appel, l'appel n'est plus recevable, ce n'est qu'une répétition très insignifiante du principe général de l'art. 443.

Aussi, pour donner quelque portée à cet article, ou plutôt pour l'appliquer à la lettre, inclinerais-je fort à l'entendre dans un sens un peu différent, à l'appliquer non seulement à l'espèce précédente, pour laquelle il est inutile, mais à une autre espèce. Ainsi un jugement a été rendu contre moi en première instance dans l'année 1860. Ce jugement ne m'a pas été signifié par mon adversaire : je pourrais ne point appeler, et mon silence ne diminuerait pas le droit d'appel à l'avenir puisque la signification ne m'est pas faite, et que, par conséquent, le délai d'appel ne court pas. Mais j'ai le droit d'appeler, sans attendre que le jugement me soit signifié, et, croyant avoir intérêt à appeler immédiatement pour empêcher de dépérir les preuves que j'entends produire en appel, je devance par mon appel la signification que mon adversaire ne m'a pas faite. En un mot, j'appelle en 1860 du jugement rendu contre moi, et qui ne m'est pas encore signifié ; cet appel une fois engagé, je discontinue l'instance, et, trois ans s'écoulant en cet état, mon adversaire demande et obtient contre moi la péremption.

Voilà donc mon instance d'appel périmée, voilà mon appel mis à néant ; la question sera de savoir si je pourrai le renouveler. Oui, dirai-je ; bien que trois ans et plus se soient écoulés depuis 1860, cependant ces trois ans n'ont pas entraîné déchéance du droit d'appeler, parce qu'on ne m'a pas signifié le jugement de première instance ; or, d'après l'art. 443, les deux mois du délai d'appel ne courent que quand la signification a été faite. Mon adversaire me répondra par l'art. 469 : il est vrai, me dira-t-il, que la signification n'a pas été faite, et que les deux mois n'ont pas dû courir ; il est vrai que, si l'art. 443 était seul, si vous n'aviez pas appelé, vous seriez encore à temps et en mesure d'appeler ; mais l'art. 469 décide que la péremption de l'instance d'appel, une fois prononcée, donne au jugement attaqué par appel la force de la chose jugée ; et cet article n'a précisément de sens, n'a précisément d'utilité que pour les cas où la signification du jugement n'a pas été faite par l'adversaire.

L'art. 469 me paraît donc avoir pour effet de rendre l'appelant, qui a laissé périmer l'instance, non recevable à renouveler son appel, non seulement, ce qui va sans dire, quand le jugement a été signifié, et que, par conséquent, les deux mois ont couru, mais même, ce qui ne pouvait résulter que d'un texte formel, quand la signification ne lui a pas été faite. * La loi considère alors l'abandon des poursuites en appel, pendant trois ans, comme un acquiescement tacite de l'appelant au jugement de première instance. *

Telle est, à mon avis, la seule possibilité de donner un sens réel à l'art. 469, qui sans cela se trouve absolument inutile (1).

* La péremption demandée par l'un des défendeurs profite aux autres (2).

⇛ **711.** § 5. *Du jugement sur l'appel et de ses effets* (art. 467, 468, 470, 471, 472).

Les art. 467 et 468 décident, pour la formation du jugement en cause d'appel, la même question qui est prévue et tranchée par les art. 117 et 118 pour les tribunaux d'arrondissement ; on suppose dans les deux cas que la première collecte des votes n'a pas assuré à une des opinions émises la majorité absolue, c'est-à-dire la moitié plus un de tous les suffrages émis par la cour. Telle est l'hypothèse de l'art. 467, qui ne fait guère que répéter, et répéter même d'une manière peu complète, la décision déjà exprimée dans l'art. 117.

« Art. 467. S'il se forme plus de deux opinions, les juges plus faibles en nombre seront tenus de se réunir à l'une des deux opinions qui auront été émises par le plus grand nombre. »

Cet article n'ajoute pas, comme l'avait déjà fait l'art. 117, qu'avant d'imposer à la minorité l'abandon de l'opinion émise par elle, et l'option entre deux des autres opinions, on ira une seconde fois aux voix ; cependant ce silence ne paraît pas avoir pour but d'écarter, en cause d'appel, la règle de l'art. 117, pour les causes de première instance ; il paraît donc raisonnable

(1) Toulouse, 19 février 1816. — Lyon, 23 novembre 1829 (Dall., *Rép.*, v° *Péremption*, n°s 73 et 322). — Agen, 5 novembre 1862, D., 62, 2, 215.

(2) Cass., Rej., 26 juin 1875, D., 76, 1, 30.

de sous-entendre, à la fin de l'art. 467, la même obligation que l'on trouve écrite dans l'art. 117.

Quant au fond même de la disposition, reportez-vous à l'explication de l'art. 117 (Voy. nº 247). Cependant l'application de l'art. 467 sera plus fréquente, plus facile, que celle de l'art. 117. Le partage des opinions en un nombre supérieur à deux se présentera plus souvent en cour d'appel que devant les tribunaux d'arrondissement ; la raison en est simple : elle tient à ce que les conseillers des cours d'appel jugent en nombre plus considérable que les juges des tribunaux civils d'arrondissement. Vous savez en effet que la loi du 27 ventôse an VIII (art. 27) voulait que les cours d'appel ne pussent rendre arrêt, en matière civile, qu'au nombre de sept conseillers au moins. ** Cette loi vient toutefois d'être modifiée par celle du 30 août 1883. D'après cette loi, il suffit de cinq conseillers pour constituer l'audience civile en cours d'appel. Cette même loi de 1883 veut aussi que les conseillers des cours d'appel, comme les juges des tribunaux d'arrondissement, siègent toujours en nombre impair ; si les membres d'une cour siégeant dans une affaire sont en nombre pair, le dernier des conseillers dans l'ordre du tableau doit s'abstenir. Ces dispositions sont fort sages et rendront à l'avenir les partages beaucoup plus rares qu'autrefois ; le plus souvent les partages résultaient de ce que les magistrats avaient siégé en nombre pair. **

712. « Art. 468. En cas de partage dans une cour d'appel, on appellera, pour le vider, un, au moins, ou plusieurs des juges qui n'auront pas connu de l'affaire, et toujours en nombre impair, en suivant l'ordre du tableau : l'affaire sera de nouveau plaidée, ou de nouveau rapportée, s'il s'agit d'une instruction par écrit. Dans le cas où tous les juges auraient connu de l'affaire, il sera appelé, pour le jugement, trois anciens jurisconsultes.

** Les dispositions de notre article, relatives au nombre des départiteurs, ont été implicitement abrogées par la loi du 30 août 1883. Cette loi veut, en effet, que les conseillers siègent toujours en nombre impair. Si à ce nombre impair on ajoutait un, trois, cinq départiteurs, on obtiendrait en tout un nombre pair de magistrats. Or c'est précisément ce qu'interdit la loi de 1883. Il faut donc aujourd'hui, à l'inverse de ce que dit notre article, appeler les départiteurs en nombre pair, deux par exemple, pour que l'affaire soit instruite, la seconde comme la première fois, par un nombre impair de magistrats. De même, au lieu d'appeler trois anciens jurisconsultes, on en fera venir deux ou quatre. ** Dans les tribunaux d'arrondissement, la plupart peu nombreux, il y a souvent nécessité, en cas de partage, d'appeler un suppléant, ou même un avocat ou un avoué, suivant l'ordre établi dans l'art. 118. Dans les cours d'appel, au contraire, cette nécessité sera très rare : on pourra presque toujours trouver, dans les autres sections de la cour, des conseillers en état de venir prendre part à un nouveau jugement de l'appel ; c'est aussi le cas le plus fréquent. On devra les prendre, dit la loi, *en suivant l'ordre du tableau* (1), pour éviter toute partialité, et même tout soupçon de partialité ;

(1) Cass., 24 janvier 1872 et 13 août 1872, D., 72, 1, 142 et 445.

* Jugé que cette disposition est inapplicable au premier président de la cour et aux

pour qu'une partie ne puisse pas supposer qu'on appelle, pour vider le partage, un juge dont l'opinion est fixée d'avance, par exemple, sur le point de droit qui fait actuellement la matière du partage.

* Toutefois l'observation de l'ordre du tableau ne concerne que les conseillers départiteurs et non le magistrat appelé à remplacer, pour cause d'empêchement, l'un des conseillers qui ont pris part à l'arrêt : ce magistrat peut être pris dans la même chambre que le conseiller empêché et quel que soit son rang d'inscription (1). *

* *Qui n'auront pas connu de l'affaire.* Les magistrats, qui auraient concouru à un jugement interlocutoire rendu dans la cause, ne peuvent être pris comme départiteurs sur le fond (2).

L'affaire sera de nouveau plaidée ou de nouveau rapportée, s'il s'agit d'une instruction par écrit (Voy. n° 249).

713. « Art. 470. Les autres règles établies pour les tribunaux inférieurs seront observées dans les cours d'appel. »

* Cet article s'applique non seulement aux règles relatives aux jugements, mais aussi à celles qui concernent l'instruction sur l'appel.

Je ferai seulement une observation sur le défaut de motifs, qui entraîne la nullité du jugement (Voy. art. 140 et son explication).

Devant la cour d'appel, si l'appelant pose des conclusions nouvelles et que la cour, dans son arrêt, se borne à dire qu'elle adopte les motifs des premiers juges, l'arrêt est nul pour défaut de motifs, car les motifs donnés par les premiers juges n'ont pu s'appliquer à des conclusions qu'ils n'ont pas connues. La cour devait donner des motifs spéciaux à ces conclusions nouvelles (3). *

714. « Art. 471. L'appelant qui succombera sera condamné à une amende de 5 fr., s'il s'agit du jugement d'un juge de paix, et de 10 fr. sur l'appel d'un jugement du tribunal de première instance ou de commerce. »

L'art. 471 est relatif à l'amende appelée dans l'usage amende de fol appel, à l'amende prononcée contre l'appelant qui succombe dans son appel, pour le punir d'avoir mal à propos appelé. Cette amende, au reste, est d'assez peu d'importance; sa quotité est de 5 fr., en cas d'appel d'une sentence du juge de paix, et de 10 fr., en cas d'appel d'un jugement de tribunal de première instance ou de commerce.

présidents de chambres. — Cass., Rej., 12 mars 1862, D., 62, 1, 296. — Civ. Cass., 24 janvier 1872, S., 72, 1, 25. Req., Rej., 8 décembre 1868, D., 69, 1, 22. — Civ., Rej., 1er juin 1870, D., 70. 1, 252. — Req., Rej., 23 juin 1873, D., 74, 1, 152.

(1) Req., Rej., 23 novembre 1869, D., 70, 1, 198. — Cass., 8 juillet 1872, D., 72, 1, 394. ** Le tableau dont parle l'article 468 est celui des conseillers dans l'ordre de leur nomination et sur lequel ne figurent pas les présidents. Il ne faut pas confondre ce tableau avec celui que prescrit l'art. 36 du décret du 6 juillet 1810 et qui comprend les conseillers et les présidents. — Cass. Req., 24 janvier 1883, S. 83, 1, 437. **

(2) Cass., Rej., 16 janvier 1877, D., 77, 1, 482.

(3) Cass., 5 et 19 juillet 1865, D., 65, 1, 14. — Civ., cass., 7 mars 1876, S. 76, 1, 164.

L'appelant qui SUCCOMBERA *sera condamné* : peu importe que l'appel soit déclaré *non recevable* ou *mal fondé* (1); dans l'un et l'autre cas, l'appelant succombe. Mais, s'il se désiste de son appel, et qu'il évite par là la condamnation du tribunal d'appel, l'amende ne doit point être prononcée contre lui, son désistement entraîne obligation de payer les frais, aux termes de l'art. 403, mais non pas de payer l'amende imposée seulement à l'appelant qui succombe.

De même, si l'appelant, ayant attaqué sur plusieurs chefs, ou sur tous les chefs à la fois, le jugement de première instance, en a fait réformer quelques-uns, ou même un seul, lorsque les autres auront été confirmés, cet appelant n'a pas, à proprement parler, succombé sur son appel; par cela seul qu'un chef de la sentence est infirmé, il est jugé que, au moins quant à ce chef, il a eu raison d'appeler, et il n'est pas soumis à l'amende. Donc l'amende ne peut être appliquée qu'à l'appelant qui a complètement succombé sur tous les chefs de son appel (2).

Vous verrez, dans l'art. 494, que la requête civile ne peut, en général, être reçue qu'autant que le demandeur justifie, avant toute chose, de la consignation préalable de l'amende. En est-il de même pour l'amende de fol appel? L'art. 471 n'exige pas la consignation préalable, et ne fait point, par conséquent, de cette consignation une condition essentielle de la recevabilité de l'appel. Cependant l'art. 90 du tarif suppose clairement, malgré le silence de l'art. 471, que l'amende fixée par cet article doit être consignée avant le jugement de l'appel par l'avoué de l'appelant; on accorde à l'avoué un droit de vacation pour consigner et retirer la consignation lorsque l'appel a réussi.

Il y a là deux idées bien distinctes : il résulte sans doute de l'art. 90 du Tarif qu'il y a lieu de consigner préalablement l'amende; mais, de cette nécessité de consignation préalable, il ne faut pas conclure que le tribunal d'appel doive déclarer non recevable un appel dans le cas où l'on ne justifierait pas d'une consignation préalable. Autre chose est de décider, plus ou moins explicitement, que l'amende sera préalablement consignée; autre chose est de décider, comme on le fait pour la requête civile, que, faute de cette consignation, le tribunal n'entrera pas dans l'examen de la cause. Au texte de l'art. 90 vous devez, en effet, ajouter deux arrêtés, l'un du 27 nivôse an X, l'autre du 10 floréal an XI, l'un et l'autre relatifs à la nécessité d'une consignation préalable. Ces deux arrêtés ne font d'ailleurs que confirmer, que maintenir en vigueur une déclaration fort ancienne du 21 mars 1671. Il résulte de ces trois textes et de l'art. 90 du Tarif que la consignation préalable de l'amende est nécessaire; mais il ne résulte d'aucun de ces textes que, faute de cette consignation préalable, l'appel doive être rejeté. Seulement une sanction assez forte à la nécessité de consigner préalablement est écrite soit dans la déclaration de 1671, soit dans les deux arrêtés subséquents. Cette sanction, c'est une amende de 500 fr. contre le greffier de la cour d'appel qui aura délivré expédition d'un arrêt d'appel, sans avoir préalablement exigé la consignation de l'amende d'appel. * Mais cette amende de 500 fr. a été réduite à 50 fr. par

(1) Cass., 6 janvier 1845, D. 45, 1, 16.
(2) *Contrà*, Cass. Rej., 6 juillet 1859, D. 59, 1, 395 et note 1.

l'art. 10 de la loi du 16 juin 1824 (1). * Du reste, le greffier a son recours contre l'avoué de l'appelant, qui est le premier en faute.

Mais tous ces textes, en établissant et la nécessité de la consignation, et la sanction que les décrets ou arrêtés y attachent, ne font que confirmer plus encore ce principe : qu'à défaut de consignation il n'y a pas lieu de déclarer l'appel non recevable. Un principe tout contraire est suivi dans la requête civile, et aussi dans les matières du pourvoi en cassation, comme nous le dirons plus tard. ** La condamnation à l'amende de fol appel étant prononcée en faveur du trésor et non en faveur de l'intimé, ne peut donner lieu à un pourvoi en cassation contre l'intimé (2). **

➻ 715. « Art. 472. Si le jugement est confirmé, l'exécution appartiendra au tribunal dont est appel : si le jugement est infirmé, l'exécution, entre les mêmes parties, appartiendra à la cour d'appel qui aura prononcé, ou à un autre tribunal qu'elle aura indiqué par le même arrêt, sauf les cas de demande en nullité d'emprisonnement, en expropriation forcée, et autres dans lesquels la loi attribue juridiction. »

* *L'exécution appartiendra*... L'exécution, c'est-à-dire la connaissance des contestations que soulèvera l'exécution comme les demandes en nullité de la saisie-exécution, en réception de gardien d'une saisie, etc. *

Dans une première hypothèse, on suppose que, sur l'appel, le jugement de première instance a été pleinement confirmé par la cour d'appel; question de savoir alors à quelle autorité judiciaire appartiendra la connaissance des difficultés d'exécution que ce jugement pourra soulever. La réponse de la loi est fort simple. Ces difficultés d'exécution appartiendront au tribunal dont le jugement a été confirmé. En d'autres termes, l'effet dévolutif qui avait investi la cour d'appel de la plénitude de juridiction quant au différend porté devant elle, l'effet dévolutif a cessé, lorsque le jugement attaqué devant elle a été complètement confirmé; dans ce cas, le jugement de première instance ne fait que sortir son plein et entier effet; dans ce cas, l'exécution de ce jugement appartient, non pas à la cour qui l'a confirmé, mais au tribunal qui l'a rendu; voilà le principe.

Cependant ce principe ne doit pas se prendre dans toute la latitude de la lettre de notre article; tout ce qu'il faut en conclure, c'est que, le jugement une fois confirmé, c'est, quant à l'exécution, absolument comme s'il n'y avait pas eu d'appel; l'exécution appartient au tribunal qui a jugé, comme elle lui eût appartenu si son jugement n'eût pas été attaqué. Mais si ce tribunal était d'un tel ordre qu'il n'eût pas droit de connaître de l'exécution de son propre jugement, l'appel et la confirmation sur cet appel ne pourront pas l'investir d'une compétence qui lui manquait. Si, par exemple, l'appel interjeté était relatif à un jugement de tribunal de commerce, les premiers mots de notre article ne seront pas applicables, ou ne le seront toutefois qu'avec d'importantes distinctions. Vous avez déjà vu, dans l'art. 442, que les tribunaux de commerce, juges d'exception, ne connaissent pas de l'exécution de leurs jugements ; donc, lorsque, sur l'appel, un jugement du tribunal de commerce est

(1) Cass., 10 janvier 1838 (Dall., *Rép.*, v° *Appel*, n° 1339).
(2) Req. Rej., 10 novembre 1875, S. 76, 1, 17.

confirmé, ce ne peut pas être à ce tribunal qu'appartiendra l'exécution. Au moins en sera-t-il ainsi en matière de jugements définitifs, selon la distinction que déjà nous avons indiquée (Voy. n° 664). Ainsi le jugement rendu par le tribunal de commerce était-il un simple interlocutoire, attaqué par appel et confirmé sur l'appel; alors l'exécution appartient au tribunal de commerce. Le tribunal de commerce connaît très bien, malgré l'art. 442, de l'exécution de ses jugements interlocutoires, par exemple de l'exécution du jugement par lequel il ordonne une enquête.

Quant aux jugements définitifs dont l'exécution consistera dans des saisies ou voies de rigueur d'une nature analogue, le tribunal de commerce est incompétent pour en connaître; l'art. 472 ne s'appliquera pas. Dans ce cas-là, à qui appartiendra l'exécution du jugement? Ce ne sera pas, certes, au tribunal de commerce, et ce sera apparemment au tribunal qui eût pu, qui eût dû connaître de l'exécution, s'il n'y avait pas eu d'appel, au tribunal désigné par l'art. 553. Cet article décide que l'exécution des jugements d'un tribunal de commerce appartiendra au tribunal civil du lieu de l'exécution, et non pas au tribunal civil de l'arrondissement où siégeait le tribunal de commerce qui a jugé (Voy. n° 807).

Ce sera apparemment à ce tribunal civil qu'appartiendra l'exécution ; quelques auteurs la réservent cependant à la cour d'appel qui a confirmé le jugement. Cette opinion me paraît peu soutenable.

716. Passons maintenant à l'hypothèse contraire, à celle où le jugement attaqué par appel est infirmé sur l'appel. Supposons que le jugement d'un tribunal civil ou de commerce, peu importe, attaqué par appel, ait été infirmé sur l'appel. La cour d'appel, vous le savez, bien différente à cet égard de la cour de cassation, est juge du fait et du droit, juge du mérite du premier jugement, comme juge du fond de la cause. La cour d'appel, infirmant donc, comme mal rendu, le jugement attaqué devant elle, y aura substitué sur le fond de l'affaire une décision nouvelle et souveraine. A qui appartiendra la connaissance des difficultés d'exécution de ce jugement? Ce ne sera jamais, au moins en règle générale, au tribunal duquel émane le jugement attaqué et maintenant réformé. Pourquoi? Parce qu'il serait à craindre que quelque partialité ne vînt influencer ce tribunal dans la connaissance des questions d'exécution soulevées par un arrêt rendu contre son avis. Parce qu'en admettant même que cette partialité n'existât pas, que le tribunal, connaissant de l'exécution, pût faire abstraction de son premier vote et de ses souvenirs, la conviction de cette impartialité pourrait ne point exister dans les parties entre lesquelles ce tribunal serait appelé à statuer. En un mot, les parties auraient, à l'égard de ces juges, dont la sentence est réformée, des motifs de défiance que la loi veut éviter. Aussi décide-t-elle que l'exécution, en cas d'infirmation, appartiendra, en règle générale, à la cour d'appel (1).

(1) * S'il y a infirmation partielle, je crois que la Cour peut, suivant les circonstances, retenir la connaissance de l'exécution, ou la laisser au tribunal dont est appel. — Cass. Rej., 2 juin 1858, D. 58, 1, 451; 29 avril 1861, D. 61, 1, 461 et 12 novembre 1862, D. 73, 1, 244. — Toulouse, 27 août 1864, D. 64, 2, 162. *

Cette cour pourra cependant, à raison de l'éloignement, ou par tel autre motif, renvoyer l'exécution de son arrêt infirmatif, non pas au tribunal dont elle infirme la sentence, mais à un autre tribunal du même degré (1).

Telle est la disposition principale de notre article ; mais elle comporte deux exceptions qui toutes deux résultent du texte.

La première se rattache à ces mots : *L'exécution entre* LES MÊMES PARTIES *appartiendra à la cour d'appel qui aura prononcé, ou à un autre tribunal qu'elle aura indiqué par le même arrêt*. Ainsi, cette attribution exceptionnelle des questions d'exécution que la loi fait à la cour n'embrasse que les questions d'exécution qui s'élèvent entre les deux parties de la cause. Que si des tiers se trouvaient impliqués dans ces débats d'exécution, cette compétence ou attribution exceptionnelle ne pourrait s'étendre à eux. Les forcer, par exemple, de venir plaider devant la cour sur ces questions d'exécution, ce serait leur enlever le premier degré de juridiction ; les forcer d'aller plaider, non pas devant la cour, mais devant le tribunal expressément désigné par elle, ce serait leur enlever le bénéfice de la compétence du tribunal ordinaire et régulier. Si donc des tiers se trouvent intéressés, ce sera au tribunal naturellement compétent pour ces questions d'exécution que le procès sera porté.

Une seconde classe d'exceptions, qui en embrasse un assez grand nombre, est indiquée par les derniers mots de notre article : *Sauf les cas de demande en nullité d'emprisonnement, en expropriation forcée et autres dans lesquels la loi attribue juridiction*. Et il faut même noter que les exceptions indiquées, soit expressément dans les deux premiers cas, soit vaguement dans les expressions générales qui terminent l'article, embrassent tous les cas désignés par cet article, c'est-à-dire que l'attribution spéciale de juridiction, dans les cas d'emprisonnement et autres pareils, déroge non seulement à la compétence de la cour lorsqu'elle infirme, mais aussi à la compétence du tribunal lorsqu'elle confirme, déroge à la totalité des règles posées dans la première partie de notre article.

Ainsi, s'agit-il d'une nullité d'emprisonnement, la compétence spéciale pour les questions de cette nature est écrite dans l'art. 794, la compétence appartient tantôt au tribunal de l'exécution du jugement, tantôt, et c'est ici l'exception, au tribunal du lieu où le débiteur est détenu ; il y a à cet égard des distinctions que l'article fera connaître (Voy. n° 1060).

De même pour l'expropriation forcée ou la saisie immobilière, la compé-

(1) S'il y a infirmation partielle, je crois que la cour peut, suivant les circonstances, retenir la connaissance de l'exécution, ou la laisser au tribunal dont est appel. — Cass. Rej., 2 juin 1858, D., 58, 1, 451, 29 avril 1861, D., 61, 1, 461, et 12 novembre 1862, D., 63, 1, 244. — Toulouse, 27 août 1864, D., 64, 2, 162. ** Certains auteurs prétendent que dans le cas où le tribunal dont le jugement a été infirmé se compose de plusieurs chambres, la cour peut renvoyer les difficultés d'exécution à ce même tribunal, mais à une chambre différente de celle qui a rendu le jugement infirmé. Cette solution ne nous semble pas exacte. D'abord, elle est absolument contraire au texte formel de notre article ; ensuite, ne pourrait-il pas arriver que, par suite du roulement, quelques-uns des magistrats qui ont pris part à la sentence infirmée fussent maintenant attachés à cette autre chambre chargée de connaître des difficultés d'exécution? **

tence, déterminée par l'art. 221 du Code civ., appartient au tribunal du lieu de la situation de l'immeuble.

Et autres dans lesquels la loi attribue juridiction. Voyez l'art. 528 du Code de procédure, relatif aux redditions de compte, article qui confirme, en certains cas, et modifie, dans certains autres cas, l'art. 472. Ainsi le § 2 n'est que la répétition de l'art. 472, et le § 1er est une modification de cet article, puisqu'il permet à la cour de renvoyer, pour la reddition et le jugement du compte, au tribunal qui avait rejeté la demande en reddition du compte (Voy. n. 788).

Ajoutez-y encore l'art. 822 du Code civ., dans lequel la loi attribue juridiction spéciale, pour les matières de partage et les questions qui peuvent s'y rattacher, au tribunal du lieu de l'ouverture de la succession (1).

☞ **717.** § 6. *Du droit d'évocation.* * L'évocation est la translation d'une affaire du tribunal compétent à un autre tribunal. Autrefois on distinguait les évocations de grâce et les évocations de justice. Les premières, accordées par faveur, avaient donné lieu à de grands abus et ont été abolies. Parmi les secondes, l'art. 473 cite le droit donné à une cour, saisie de l'appel d'un jugement interlocutoire, d'évoquer le fond même de l'affaire. *

« Art. 473. Lorsqu'il y aura appel d'un jugement interlocutoire, si le jugement est infirmé et que la matière soit disposée à recevoir une décision définitive, les cours et autres tribunaux d'appel pourront statuer en même temps sur le fond définitivement, par un seul et même jugement. Il en sera de même dans les cas où les cours ou autres tribunaux d'appel infirmeraient, soit pour vice de forme, soit pour toute autre cause, des jugements définitifs. »

J'ai déjà dit que, quand la cour d'appel, saisie de l'appel d'un jugement qui avait décidé le fond de la cause d'un jugement définitif, infirmait ce jugement, elle y substituait en même temps et nécessairement un jugement nouveau et différent. C'est là la conséquence de la compétence des cours d'appel, qui forment vraiment un deuxième degré de juridiction. Mais en sera-t-il de même, et la cour d'appel aura-t-elle qualité, aura-t-elle mission, pour juger le fond d'une affaire, lorsque le jugement attaqué devant elle n'avait pas statué sur le fond de cette affaire, par exemple, si un interlocutoire a été rendu, si une enquête a été ordonnée par le tribunal de première instance, ce qui évidemment suppose que le fond n'est pas jugé, et que, cet interlocutoire étant porté devant la cour, cette cour infirme le jugement ?

La loi accorde quelquefois au tribunal d'appel, saisi de l'appel d'un jugement interlocutoire, le droit d'*évoquer*, d'attirer à lui le fond de l'affaire, sur lequel les premiers juges n'ont pas encore statué.

* Mais le premier alinéa de notre article soumet ce droit d'évocation à trois conditions ; il faut : 1° que le fond soit disposé à recevoir une décision définitive ; 2° que la cour d'appel statue sur l'interlocutoire et sur le fond par

(1) Voy., sur cette question controversée, les autorités en sens divers dans Dall., 58, 1, 63, note 3.

un seul arrêt ; 3° que la cour infirme le jugement de première instance sur l'interlocutoire.

Première condition : * La loi exige, pour que la cour puisse statuer sur le fond, que l'affaire soit *disposée à recevoir une décision définitive*, c'est-à-dire que l'instruction de l'affaire soit assez avancée pour permettre de juger le fond. Ainsi, par exemple, une enquête a été ordonnée, conformément aux conclusions du demandeur, par le tribunal de première instance ; appel de la part du défendeur prétendant qu'à tort et mal à propos les premiers juges ont permis et ordonné l'enquête. La cour, saisie de cet interlocutoire, juge qu'en effet il n'y avait pas matière à l'enquête. Va-t-elle alors renvoyer le fond devant un second tribunal pour savoir si réellement la prétention du demandeur est fondée ? Elle le pourra sans doute, elle le devra peut-être si cette prétention lui paraît mériter un grave et sérieux examen. Mais si, de l'ensemble de l'instruction, il résulte que l'unique moyen, l'unique preuve possible du demandeur, c'était l'enquête, admise par le tribunal et rejetée par la cour, il est clair que la cause est toute prête à recevoir une solution définitive ; nous déclarons que la preuve n'est pas admissible : voilà pour l'interlocutoire ; et, en conséquence, jugeant au fond, puisque vous ne produisez plus aucune preuve, nous vous déboutons : voilà pour le fond.

** En sens inverse, la cour ne pourrait pas évoquer si elle croyait une mesure d'instruction nécessaire, par exemple, une expertise (1). **

Deuxième condition : La cour doit, si elle évoque, statuer sur l'interlocutoire et sur le fond par un seul et même arrêt. * Elle ne pourrait pas, en infirmant l'interlocutoire, déclarer qu'elle évoque le fond et se réserver d'y statuer ultérieurement (2). *Si l'affaire n'était pas suffisamment instruite au fond, la cour ne prononcerait que sur l'appel du jugement interlocutoire, et elle devrait renvoyer le fond aux premiers juges.

Troisième condition : Le tribunal d'appel, par exemple, la cour d'appel, ne peut évoquer le fond que si elle infirme, et non si elle confirme le jugement interlocutoire.

Ce droit d'évocation, cette suppression du premier degré de juridiction est fondée sur la célérité de l'expédition des affaires, sur l'économie et la réduction des frais. Comme dans ce cas la cour en infirmant l'interlocutoire, devrait, si elle renvoyait l'affaire, la renvoyer devant un second tribunal pour se conformer à l'art. 472 (3); comme ce serait une chose très onéreuse pour les parties d'aller procéder par action nouvelle devant les juges pleinement étrangers à l'affaire qui les divise, le Code n'ordonne pas, mais permet à la cour, quand le fond est en état, de statuer sur le tout par un seul et même jugement.

Le deuxième alinéa de l'art. 473 admet le droit d'évocation dans d'autres hypothèses que celle d'un jugement interlocutoire; mais toujours sous les trois conditions précitées.

(1) Cass. civ., 22 janvier 1877, S. 77, 1, 341.

(2) Cass., 2 décembre 1846, D. 47, 1, 29.

(3) * En effet, l'art. 473 doit se combiner avec l'art. 472 ; si la cour, en infirmant, n'évoque pas l'affaire, elle renverra à un autre tribunal. * Cass. Rej., 6 juillet 1863, D., 64, 1, 27.

Ainsi la cour peut également évoquer le fond, dans le cas du § 2, quand elle infirme, pour des vices de forme ou pour tout autre motif pris en dehors du fond, un jugement définitif rendu par un tribunal de première instance. Ainsi, par exemple, ce tribunal aura mal à propos admis une péremption invoquée devant lui ; le tribunal aura omis dans son jugement l'une des formalités essentielles à l'art. 141 ; le tribunal se sera mal à propos déclaré incompétent (1), la cour pourra, réformant le jugement sur ces différents points et trouvant d'ailleurs l'instruction suffisante et l'affaire suffisamment éclaircie, infirmer à la fois ce jugement et statuer sur le fond de l'affaire par un arrêt définitif.

** Aux trois conditions énumérées par la loi, il faut en ajouter deux autres qui résultent, l'une de la force même des choses, l'autre des règles de la compétence et de la notion même de l'évocation.

En quatrième lieu, pour que le tribunal du second degré puisse évoquer, il faut qu'après infirmation de la sentence rendue, il reste quelque chose à juger. Ainsi, par exemple, des juges du premier degré ont décidé qu'il n'y a pas péremption d'instance ; leur jugement est déféré à la cour qui l'infirme. Celle-ci ne peut évoquer ; il n'y a plus rien à juger.

En cinquième lieu, l'évocation suppose que le tribunal qui l'exerce est compétent pour l'affaire comme tribunal du second degré. Le législateur n'a pas en effet entendu déroger aux règles générales de la compétence ; il a seulement voulu permettre, sous les conditions que nous connaissons, au tribunal du second degré, de s'emparer de l'affaire pendante devant le tribunal du premier degré. Le droit d'évocation suppose donc une affaire sujette à appel ; dans les autres cas, il ne peut pas être question d'évocation.

Vous allez facilement comprendre l'importance de cette dernière condition par plusieurs applications. Supposons d'abord que le tribunal du premier degré compétent pour connaître de l'affaire se trouve hors du ressort de la cour devant laquelle il y a appel ; celle-ci ne peut pas évoquer, car elle est incompétente (2). De même il ne peut pas être question d'évocation lorsqu'il s'agit d'une affaire pour laquelle il n'existe qu'un degré de juridiction ; par exemple, si on a porté devant le juge de paix une affaire de la compétence en premier et en dernier ressort du tribunal d'arrondissement et si un jugement

(1) ** C'est une question controversée que celle de savoir si la cour d'appel peut évoquer le fond, en infirmant un arrêt sur la compétence. Certains auteurs enseignent que l'évocation n'est pas permise en ce cas : le second alinéa, disent-ils, ne permet d'évoquer pour vice de forme ou pour toute autre cause, que des jugements définitifs. Or le jugement sur la compétence n'est pas définitif. Cette opinion repose sur une fausse notion du jugement qui statue sur la compétence. Ce jugement est bien certainement définitif et non pas interlocutoire, comme on l'a soutenu à tort, car il n'ordonne pas une mesure d'instruction et ne préjuge pas le fond. Du moment que ce jugement est définitif, il rentre dans les termes mêmes du second alinéa de notre article, et l'évocation doit être permise. C'est ce que décide aussi la jurisprudence, mais parfois par des raisons plus ou moins obscures. Cpr., *Rép. du Journal du palais*, v° *Évocation*, n° 82. — Req. Rej., 28 février 1849, D., 49, 1, 158. — Cass. Req., 27 février 1878, S. 79, 1, 444. **

(2) Nancy, 25 janvier 1876, S. 77, 2, 262.

quelconque relatif à cette affaire est ensuite porté au tribunal d'arrondissement, celui-ci ne peut pas évoquer, car il n'est pas juge d'appel de la contestation; à plus forte raison, ce tribunal n'aurait-il pas le droit d'évoquer, si l'on avait porté devant le juge de paix une affaire qui est de la compétence en premier ressort seulement de ce tribunal d'arrondissement (1). De même encore, lorsqu'un tribunal de commerce infirme en appel pour incompétence une sentence du conseil des prud'hommes rendue dans une contestation, qui aurait dû être portée devant lui, il n'a pas le droit d'évoquer le fond si, à raison de la nature et de l'objet de cette contestation, il ne peut juger qu'en premier ressort (2).

Le droit d'évocation soulève une dernière controverse, mais qui se rattache à une question déjà connue. Lorsqu'une des trois conditions exigées par notre article fait défaut, le tribunal du second degré peut-il néanmoins évoquer avec le consentement des deux plaideurs? La réponse à cette question dépend de la solution que l'on donne sur le point de savoir si les parties peuvent, d'un commun accord, renoncer au premier degré de juridiction et porter directement leur différend devant les juges du second. Admet-on l'affirmative avec la jurisprudence, il faut alors, par voie de conséquence, décider aussi que le tribunal du second degré peut évoquer malgré l'absence d'une des conditions exigées par notre article si les parties y consentent. Mais pense-t-on, au contraire, que le tribunal du second degré est incompétent d'une manière absolue pour connaître des affaires qui n'ont pas été soumises au premier degré de juridiction, alors on doit aussi admettre que les conditions du droit d'évocation sont établies dans un intérêt d'ordre public et qu'il n'est pas permis de les supprimer en tout ou en partie, même avec le consentement des plaideurs. En pareil cas, en effet, on porterait au second degré de juridiction une affaire qui n'a pas subi le premier et il y aurait incompétence absolue (3) **.

TRENTE-DEUXIÈME LEÇON

LIVRE IV

DES VOIES EXTRAORDINAIRES POUR ATTAQUER LES JUGEMENTS.

718. Ce livre indique trois voies extraordinaires d'attaque contre les jugements : la tierce opposition (tit. I), la requête civile (tit. II), la prise à partie

(1) ** Cass. civ., 14 mai 1878, S. 79, 1, 248.

(2) ** Dijon, 27 janvier 1882, S. 82, 2, 85. Il a été cependant jugé, mais à tort, que l'évocation est possible, même dans les affaires pour lesquelles la loi n'a établi qu'un seul degré de juridiction. Voy. Rouen, 20 avril 1880, S. 81, 2, 245. **

(3) ** Voy., dans le sens du premier système, Cass. Req., 7 avril 1880, S. 80, 1, 414. — Pour plus de détails sur la théorie de l'évocation, Voy., Glasson, *De la compétence absolue*, dans la *Revue critique*, 2e série, t. X, p. 419. **

(tit. III). Il faut y ajouter le pourvoi en cassation organisé par des lois spéciales. La loi du 20 avril 1810, art. 7, dispose en ces termes : « La justice est rendue souverainement par les cours impériales ; leurs arrêts, quand ils sont revêtus des formes prescrites à peine de nullité, ne peuvent être cassés que pour contravention expresse à la loi. Les arrêts qui ne sont pas rendus par le nombre de juges prescrits, ou qui ont été rendus par des juges qui n'ont pas assisté à toutes les audiences de la cause, ou qui n'ont pas été rendus publiquement, ou qui ne contiennent pas les motifs, sont déclarés nuls. — La connaissance du fond est toujours renvoyée à une autre cour d'appel. » Il y a là deux principes : 1° celui de la souveraineté judiciaire, de la suprématie des cours d'appel ; voilà la règle ; 2° l'exception, celle qui permet de faire tomber, de faire annuler leurs arrêts, soit en cas de contravention expresse à la loi, soit en cas d'absence des formes prévues à peine de nullité.

Cette souveraineté des arrêts des cours d'appel n'exclut donc pas toute espèce, toute possibilité de moyen d'attaque, et l'art. 7, qui a spécialement en vue la voie du recours en cassation, renferme d'ailleurs dans la généralité de ses termes une autre voie, savoir la requête civile. Ainsi, au nombre des voies extraordinaires pour attaquer, soit les jugements en dernier ressort des tribunaux d'arrondissement, soit les arrêts souverains, nous avons d'abord la requête civile, qui fait l'objet du titre II du livre IV ; ensuite, le recours en cassation organisé par des lois spéciales auxquelles le Code de procédure se réfère tacitement, et dont nous parlerons plus tard (Voy. n°s 761 et suiv.). Voilà les deux voies extraordinaires que la loi ouvre incontestablement aux parties pour attaquer les arrêts des cours d'appel,** et d'une manière plus générale les décisions en dernier ressort. **

* Nous rangerons encore avec la loi, parmi les voies extraordinaires pour attaquer les jugements, la prise à partie, dont il est question dans le titre III de ce livre. Mais cette classification est loin d'être admise par tous les auteurs (Voy. l'art. 516 et son application n° 760).

Quant à la tierce opposition, la première des voies extraordinaires que nous indique le livre IX, elle mérite sans doute ce nom à quelques égards, mais non pas à tous égards. En effet, dans la requête civile, dans le pourvoi en cassation, l'emploi de l'une de ces deux voies, lorsqu'il réussit, fait tomber, par la rétractation ou par la cassation, le jugement ou l'arrêt ainsi attaqué, il les fait tomber pleinement, de manière qu'il faudra procéder par instance nouvelle, entamer un débat nouveau. Au contraire, la tierce opposition n'a pas pleinement, n'a pas complètement ce résultat ; la tierce opposition, lors même qu'elle réussit, ne met point à néant le jugement ou arrêt contre lequel elle a été formée. Ainsi, entre les deux parties qui ont figuré dans l'instance, le jugement ou arrêt attaqué par la tierce opposition n'en garde pas moins la plénitude de son autorité ; seulement, une atteinte y est portée, une modification s'y opère, en faveur de tiers étrangers à l'instance, auxquels seuls appartient le droit de former tierce opposition. ** Alors que les voies de recours ordinaires, l'opposition et l'appel, sont de droit commun, celles qui vont nous occuper ont un caractère exceptionnel, comme l'indique le nom même de voies de recours extraordinaires qu'on emploie pour les désigner. Cette différence n'est pas de pure théorie ; elle présente aussi des intérêts pratiques. Ainsi, celui qui veut intenter une voie de recours ordinaire n'a rien à prouver; si son adversaire soutient que cette voie de recours n'est pas admise par la loi contre le jugement attaqué, c'est à cet adversaire qu'incombe la charge de la preuve, c'est à lui à prouver que, par exception, la loi a refusé la voie de l'opposition ou celle de l'appel. Pour les voies de recours extraordinaires, il faut donner la solution contraire. D'un autre côté, les voies de recours ordinaires sont admises d'une manière générale, en ce sens qu'on peut attaquer le jugement comme ayant mal jugé en droit ou en fait, mais d'ailleurs dans des circonstances quelconques, tandis que les voies de recours extraordinaires ne sont autorisées que dans certains cas rigoureusement déterminés par la loi. Enfin nous savons déjà que les voies de recours ordinaires arrêtent l'exécution du jugement attaqué; les voies de recours extraordinaires ne produisent pas cet effet. D'ailleurs cette dernière règle comporte un certain nombre d'exceptions. **

TITRE I

DE LA TIERCE OPPOSITION.

719. Qu'est-ce que la tierce opposition? quelle est la nature, quel est le but de cette voie de recours?

On pourrait la définir ainsi : C'est un moyen ouvert par la loi à une personne qui n'a pas figuré dans une instance pour attaquer le jugement rendu à la suite de cette instance en tant que ce jugement porte préjudice à ses droits. Voilà à peu près l'idée que l'art. 474 donne directement de la tierce opposition.

Lorsque vous rapprochez de cet article ou de cette définition le texte de l'art. 1351 du Code civil, vous trouvez entre ces deux articles une analogie qui, lorsqu'on y réfléchit, devient la source d'une difficulté sérieuse.

Vous connaissez le principe que l'art. 1351 a pour but de consacrer; c'est cette vieille règle : *Res inter alios judicata, aliis neque nocere neque prodesse potest*, la chose jugée entre certaines parties ne peut ni nuire ni profiter à d'autres parties. En d'autres termes, la chose jugée n'est pas nécessairement l'expression de la vérité : *Pro veritate habetur, sed non ideo veritas est*. La chose jugée, définitivement jugée, est tenue, est réputée vraie entre les parties qui ont plaidé; elle est réputée vraie, parce qu'il faut en finir, parce qu'un jugement, fût-il mauvais, vaut mieux, à tout prendre, que des procès qui n'auraient pas de fin. Mais, comme ce n'est là qu'une présomption, fondée sur ce que les mêmes parties, en débattant éternellement la même cause, ne produiraient pas de nouveaux moyens, cette présomption se borne, dans ses effets, aux parties qui ont plaidé. Aussi l'art. 1351 vous dit que l'autorité de la chose jugée n'a lieu qu'entre les mêmes parties qui ont figuré dans l'instance; voilà du moins la portion de l'art. 1351 à laquelle il faut nous attacher.

De même, dans l'art. 474, la tierce opposition n'est ouverte, pour attaquer le jugement, qu'à celui qui n'a pas été partie. Ainsi, les mêmes conditions, exigées par l'art. 474 pour que la tierce opposition soit reçue, se trouvent exigées également, dans l'art. 1351, pour qu'on puisse décliner l'autorité du jugement. Les mêmes personnes qui, d'après l'art. 1351, pourront chacune dire : Je n'obéirai point à ce jugement, je ne l'exécuterai point parce qu'il est à mon égard *res inter alios acta*, parce que je n'ai pas pris part aux débats qui l'ont précédé, les mêmes parties, d'après l'art. 474, pourront, si bon leur semble, attaquer ce jugement par la voie de la tierce opposition. L'analogie est donc sensible, mais ici l'analogie, loin de nous aider à comprendre, à expliquer l'une des matières par l'autre, nous conduit au contraire à une difficulté assez grave.

Voici en quoi elle consiste : si, d'après l'art. 1351, un jugement rendu entre Pierre et Paul est un fait étranger et par conséquent indifférent à Jacques, on ne comprend guère comment Jacques, d'après l'art. 474, pourra être tenté de former tierce opposition à ce jugement. En effet; former tierce opposition à un jugement, c'est l'attaquer aux termes mêmes de la rubrique du livre IV ; or, à quoi bon, et par quels motifs pourrai-je attaquer un jugement dans lequel je n'ai pas été partie, puisque, d'après l'art. 1351, ce jugement ne m'est pas opposable ? L'intérêt est la mesure des actions ; personne n'est donc recevable à venir, à ce qu'il semble, attaquer un jugement qui ne peut avoir contre lui aucun effet. Or la même condition exigée par l'art. 1351 pour que le jugement n'ait pas d'effet contre moi est exigée par l'art. 474 pour que je ne puisse y former tierce opposition.

Première difficulté résultant de cette idée, qu'on ne voit point quel intérêt, quels motifs, et par conséquent quelle qualité je puis avoir pour attaquer un jugement dans lequel je n'ai pas été partie, puisque, d'après l'art. 1351, ce jugement ne peut avoir pour moi ni bons ni mauvais effets. Cette contradiction, qui se rencontre au fond des idées, quand on rapproche les art. 1351 et 474, se retrouve également dans la lettre de ces articles. Ainsi, d'après l'art. 1351, le jugement rendu entre Pierre et Paul n'est pas opposable à Jacques qui est étranger à la cause, et, d'après l'art. 474, une partie peut former tierce opposition à un jugement dans lequel elle n'a pas figuré, et qui préjudicie à ses droits ; mais il semble que, d'après l'art. 1351, le jugement dans lequel je n'ai pas figuré comme partie, ne puisse pas préjudicier à mes droits. Comment donc peuvent concourir les deux conditions, contradictoires à ce qu'il semble, des art. 474 et 1351 ?

Cette difficulté n'est pas nouvelle, plusieurs jurisconsultes l'ont aperçue, mais la contrariété même des solutions qu'ils ont données atteste assez la gravité de la difficulté. Merlin, dans son *Répertoire*, au mot *Opposition tierce*, se pose la question, et, combinant l'art. 1351 avec l'art. 474, il arrive au résultat que voici : Comme d'après l'art. 1351 un jugement rendu entre Pierre et Paul ne peut produire aucun effet à l'égard de Jacques, Jacques, dit-il, n'aura jamais besoin de former tierce opposition à ce jugement ; l'obliger à attaquer par tierce opposition un jugement dans lequel il n'a pas été partie, ce serait reconnaître, contrairement à l'art. 1351, que ce jugement peut avoir quelqu'effet à son égard. Or, dit-il, la tierce opposition est une voie purement facultative ; Jacques pourra, si bon lui semble, employer cette voie contre le jugement rendu entre Pierre et Paul ; mais il pourra aussi, s'il le préfère, s'en abstenir, se bornant à dire, quand on invoquera contre lui ce jugement : Je n'y ai pas figuré, ce jugement m'est étranger ; se bornant à répéter : *res inter alios judicata aliis neque nocere neque prodesse potest*. En deux mots, la tierce opposition, dans ce système, ne ferait que double emploi avec le principe général de l'art. 1351 ; et, au lieu de me porter tiers opposant, conformément au Code de procédure, je pourrais me borner à dire à quiconque invoquerait contre moi l'autorité d'un jugement : Je n'y ai pas plaidé, vous ne pouvez invoquer ce jugement contre moi. Cette opinion trouverait d'ailleurs à s'appuyer, au besoin, sur les expressions de l'art. 474, qui sont en effet facultatives. J'examinerai si ce système est exact ; s'il peut se concilier avec l'esprit, et même avec le texte de la loi, dans ce premier titre.

Mais, avant d'entrer dans cet examen, je dois vous avertir que la même question, soulevée par un autre jurisconsulte contemporain, a reçu une solution différente. Ainsi, suivant Merlin, la tierce opposition est purement facultative. D'autre part, Proudhon, *Traité de l'Usufruit*, prétend que la tierce opposition est la mise à exécution nécessaire, inévitable, de l'art. 1351. En d'autres termes, toutes les fois qu'une partie, Jacques, dans notre espèce, contre qui est invoquée la disposition d'un jugement dans lequel elle n'a pas figuré, prétend se retrancher derrière sa qualité de tiers, derrière l'art. 1351, Proudhon soutient que cette partie, pour établir que le jugement lui est étranger, et qu'en conséquence on ne peut pas le lui appliquer, doit employer la procédure de la tierce opposition telle qu'elle est réglée par le Code de procédure.

Ainsi, suivant Merlin, on sera toujours libre de ne pas former tierce opposition ; suivant Proudhon, au contraire, il faudra, dans tous les cas où l'on voudra se prévaloir de l'art. 1351, se soumettre à la voie de la tierce opposition : dans le premier système, elle est purement libre, purement facultative ; dans l'autre, elle est forcée, nécessaire, inévitable.

Sans entrer, pour le moment, dans le fond de la question, c'est-à-dire sans examiner ce que l'on peut faire, selon moi, de la tierce opposition, je crois qu'il est facile de répondre en peu de mots à cette dernière opinion, et de montrer que la tierce opposition n'est pas, comme on le dit, la procédure nécessairement imposée à quiconque veut se prévaloir de l'art. 1351. A cet égard, la démonstration est assez facile. En effet, dire que toute personne qui, d'après l'art. 1351, décline l'autorité d'un jugement invoqué contre elle doit par là même invoquer la tierce opposition, c'est dire que la tierce opposition est une voie établie, pour interpréter un jugement : Exemple. Vous invoquez contre moi, vous, Pierre, un jugement que vous avez obtenu contre Paul ; mais, comme vous prétendez que je suis le représentant de Paul, vous voulez par là même m'appliquer la disposition de ce jugement. Je dis, moi, que je ne suis pas le représentant de Paul, que je n'ai été partie dans l'affaire, ni par moi, ni par les miens ; en conséquence, je décline l'autorité du jugement.

Quelle est donc la question ? Il s'agit de savoir si le jugement s'applique ou ne s'applique pas à moi, si j'ai figuré ou si je n'ai pas figuré dans l'instance qui l'a précédé ; en d'autres termes, la question est une question d'application, d'interprétation de ce jugement. Mais la question ainsi posée n'est pas une question d'attaque, un moyen de réformation ou de rétractation de ce jugement. Quand je discute avec Pierre pour savoir si j'ai pris ou si je n'ai pas pris part aux débats qui ont précédé la sentence, pour savoir si le jugement s'applique ou ne s'applique pas à moi, je n'attaque pas le jugement, je me borne à en discuter le sens. Or la tierce opposition n'est pas un moyen d'explication, d'interprétation du jugement, c'est (la rubrique du livre en fait foi) un moyen pour attaquer le jugement. Ainsi, première objection contre ce système, c'est qu'il dénature le sens du mot *tierce opposition*, en supposant que ce que la loi me donne comme moyen d'attaque n'est qu'un moyen d'interprétation.

Surabondamment, et toujours dans la même idée, les art. 475 et 476 achèvent de démontrer le vice de cette idée : vous y verrez que la loi ne permet pas de porter la tierce opposition incidente à un tribunal inférieur à celui qui a rendu le jugement attaqué. Elle permet donc de la porter à un tribunal différent, pourvu que ce tribunal soit le supérieur, ou au moins l'égal de l'autre; mais elle ne permet pas que, dans aucun cas, la tierce opposition se débatte devant un tribunal inférieur. Pourquoi? Évidemment parce qu'il s'agit, non pas d'expliquer, d'interpréter le jugement, mais de le réformer, au moins en ce qui me touche. S'il ne s'agissait, dans la tierce opposition, que d'interpréter le jugement, peu importerait le degré du tribunal devant lequel elle est portée; il faudrait la porter, autant que possible, devant le tribunal qui a rendu le jugement. Eh bien, la loi n'exige pas que la tierce opposition, au moins quand elle est incidente, se porte devant le tribunal qui a rendu le jugement; mais elle ne permet jamais qu'elle se débatte devant un tribunal inférieur. Pourquoi? C'est que la tierce opposition est un moyen de faire tomber, au moins en partie, le jugement contre lequel elle est dirigée, c'est qu'elle est un moyen d'attaque, et non pas un moyen d'interprétation; par conséquent, le système précédent qui n'en fait absolument que la mise à exécution de l'art. 1351 est tout à fait contraire à l'idée même du Code de procédure.

Un dernier argument sur ce système. Dire que toute personne contre laquelle on invoque l'autorité d'un jugement, et qui prétend qu'elle n'a pas figuré dans les débats qui ont amené la sentence, dire que cette personne doit former tierce opposition, c'est-à-dire doit démontrer, comme le prétend ce système, qu'elle n'a pas été représentée, par elle ou par les siens, dans ce jugement, c'est violer manifestement le principe de l'art. 1315 du Code civil sur les preuves. En effet, d'après cet article, quiconque invoque une obligation, quiconque allègue un fait doit prouver la réalité de ce fait. Ainsi, quiconque vient invoquer contre moi l'autorité d'une sentence rendue à son profit doit prouver, en cas de contestation, que cette sentence s'étend et s'applique à celui contre qui il l'invoque. Quiconque se prévaut, en un mot, de l'autorité de la chose jugée, qui est une véritable présomption renfermée dans l'article 1350 du Code civil, doit prouver que la chose jugée qu'il invoque renferme les conditions énumérées dans l'art. 1351, c'est-à-dire que la chose a été jugée contre la partie à laquelle il l'oppose. Au contraire, dans le système que je combats, ce serait à celui contre lequel on invoque l'autorité d'un jugement à prouver que ce jugement ne s'applique point à lui; ce serait à lui à prendre contre ce jugement, pour en discuter le sens, la procédure de la tierce opposition; c'est-à-dire : 1° qu'il prendrait à sa charge le fardeau de la preuve, qui, aux termes de l'art. 1351, doit rester à la charge de son adversaire; 2° qu'il serait enlevé aux tribunaux naturellement compétents pour être livré à la compétence exceptionnelle des art. 475 et 476 ; 3° qu'il subirait enfin, s'il succombait, l'amende portée par l'art. 479.

A cette question ainsi posée : puisque la partie, restée étrangère à un jugement dont on veut invoquer l'autorité contre elle, peut se contenter de répondre : *Res inter alios judicata aliis neque nocere neque prodesse potest*, à quoi bon prendre à sa charge le fardeau de la tierce opposition? Deux réponses toutes différentes ont été faites.

L'une consiste à dire que la tierce opposition n'est en effet, dans tous les cas, qu'une voie purement facultative, que la partie qui décline l'autorité d'un jugement peut se borner à répondre, avec l'art. 1351, qu'elle n'y a pas figuré, sauf à l'autre partie à lui prouver le contraire.

Dans l'autre système, au contraire, on prétend que, toutes les fois qu'une partie à laquelle on oppose le texte d'un jugement soutient n'avoir pas figuré dans cette instance, cette partie, pour établir, pour prouver cette allégation, pour montrer qu'elle est étrangère au jugement invoqué contre elle, doit employer la voie de la tierce opposition.

Je viens de démontrer que ce dernier système est contraire, soit à la rubrique générale de ce livre, soit aux principes mêmes de la matière qui va nous occuper. Faut-il en conclure que le système contraire doit être suivi? faut-il dire, avec Merlin, que la tierce opposition est toujours facultative, qu'on est toujours libre de l'employer ou de la négliger; qu'on peut, la laissant de côté, arriver au même résultat en se bornant à dire avec l'art. 1351 : Je n'étais pas partie dans telle instance, donc je n'ai rien à craindre du jugement qui l'a terminée?

Si cette idée était vraie, il est clair que la tierce opposition serait une procédure sans application possible. Si l'on pouvait, en déclinant l'autorité de la sentence dans les débats de laquelle on n'a pas figuré, arriver au même résultat où peut conduire une tierce opposition, on ne s'aviserait certes pas d'employer cette dernière voie; car recourir à la tierce opposition, quand il suffirait d'invoquer l'art. 1351, ce serait s'exposer à plusieurs inconvénients sérieux : 1° ce serait se priver du bénéfice de la compétence ordinaire du tribunal de son domicile; par exemple, ce serait se soumettre, en prenant la voie de la tierce opposition, à la compétence spéciale, extraordinaire, déterminée pour cette procédure par les art. 475 et 476; 2° ce serait échanger le rôle de défendeur, le rôle d'une partie qui n'a rien à prouver, contre le rôle de demandeur, contre le rôle d'une partie qui vient prendre à sa charge la démonstration des erreurs qu'elle impute au jugement ; 3° enfin, ce serait s'exposer, dans le cas où l'on succomberait, à l'amende prononcée par l'art. 479 contre le tiers opposant dont la demande est rejetée : trois inconvénients qu'on éviterait en restant dans le texte de l'art. 1351 ; trois inconvénients qui rendraient impraticable, qui rendraient sans utilité possible la procédure de tierce opposition si elle ne présentait en réalité des avantages et des résultats auxquels la seule application de l'art. 1351 ne pourrait conduire.

En résumé, et procédant jusqu'ici négativement, nous dirons que les deux systèmes présentés nous paraissent trop exclusifs; que, d'une part, la partie qui décline l'autorité d'un jugement auquel elle se prétend étrangère n'est pas forcée d'employer, dans tous les cas et pour ce seul fait, la voie de la tierce opposition; mais que, d'autre part, il ne faut pas croire qu'en se bornant à décliner, d'après l'art. 1351, l'autorité d'un tel jugement, on parvienne toujours au même résultat auquel on arrive à l'aide d'une tierce opposition.

720. Quelques exemples vont nous mettre à cet égard sur la voie, et nous conduiront peut-être à une théorie plus générale de la matière.

D'abord l'art. 873 du Code de procédure nous indique un cas de tierce opposition. Il s'agit de la séparation de biens demandée par une femme contre son mari. La séparation de biens obtenue par la femme cause souvent un préjudice très grave aux créanciers du mari; vous verrez plus tard, dans le Code civil, de quelle nature est ce préjudice, et par quelles précautions la loi a tâché de l'éviter; on assujettit entre autres la demande en séparation de biens, l'instance et le jugement qui la suivent, à des mesures de publicité destinées à avertir les créanciers du mari et à les mettre à même d'intervenir dans une instance où leurs droits sont compromis. Si ces formalités ont été remplies, si tous les moyens de publicité que vous verrez décrits dans les deux Codes ont été accomplis, alors la loi n'accorde plus aux créanciers du mari qu'un délai d'une année pour former tierce opposition au jugement de séparation de biens, art. 873 : « Si les formalités prescrites au présent titre ont été observées, les créanciers du mari ne seront plus reçus, après l'expiration du délai dont il s'agit dans l'article précédent, à se pourvoir par la tierce opposition contre le jugement de séparation. » Donc, même dans le cas de l'accomplissement des formalités, les créanciers du mari peuvent attaquer par la tierce opposition le jugement de séparation de biens rendu contre leur débiteur. Et si les formalités n'ont pas été remplies, ils ont à plus forte raison droit à la tierce opposition; mais ce droit, au lieu d'être renfermé dans le délai d'une année, se prolongera pendant trente ans, délai ordinaire des actions.

Tâchons de bien comprendre, dans cet article, le principe dont il est la conséquence, nous essayerons de généraliser ensuite ce principe. Quelles parties ont été en cause dans la séparation de biens? C'est la femme et le mari. Quant aux créanciers, et notamment quant aux créanciers du mari, ont-ils été *représentés* dans l'instance par leur débiteur?

Sans doute si des créanciers, invoquant l'article 1166 du Code civil, veulent exercer les droits de leur débiteur, alors ils sont ses ayants cause; ils sont liés par les jugements rendus contre le débiteur. Mais s'ils soutiennent que leur débiteur s'est laissé condamner en fraude des droits de ses créanciers; dans l'espèce (ce qui arrive bien souvent), que le mari et la femme s'entendent pour soustraire, par exemple, les biens de la communauté aux poursuites des créanciers du mari, alors ce n'est plus l'art. 1166 qu'invoquent les créanciers. Ils s'appuient sur l'art. 1167 C. civ., qui leur donne le droit d'attaquer en leur propre nom les actes de leur débiteur faits en fraude de leurs droits. L'article ne distingue pas entre les jugements et les contrats; ils peuvent les attaquer. Et par quelle voie? Par la voie de la tierce opposition; parce que le débiteur, quoique représentant, en principe, ses créanciers, qui sont ses ayants cause, ne peut certainement pas être considéré comme les ayant représentés dans une instance où il n'a figuré que de mauvaise foi, pour les dépouiller, pour les frauder, en diminuant son actif au profit d'un adversaire avec lequel il collude.

L'art. 873 n'est donc qu'un cas d'application du principe général de l'art. 1167. Toutes les fois qu'un créancier, invoquant l'art. 1167, C. civ., attaquera un jugement comme rendu contre un débiteur en fraude de ses droits, il devra le faire par la voie de la tierce opposition.

* Or remarquons bien, dans cette espèce de la séparation de biens, que l'exécution du jugement a lieu entre les parties de la cause, entre la femme et le mari. Les parties, la femme notamment, qui a obtenu la séparation de biens, ne demande rien aux créanciers du mari; l'exception de la chose jugée est donc pour eux un moyen complètement inutile. C'est par la tierce opposition seulement qu'ils pourront attaquer et faire rétracter ce jugement qui ne leur est pas opposé, mais dont l'exécution entre les parties porte un préjudice à eux, créanciers, qui n'y ont été ni parties ni représentés.

De là, ne pourrait-on pas formuler cette théorie : Le tiers, contre lequel celui qui a obtenu le jugement voudrait en poursuivre l'exécution, opposera victorieusement l'exception de l'autorité de la chose jugée, répondra que ce jugement est pour lui *res inter alios judicata.* Mais si le tiers se plaint du préjudice que lui cause l'exécution du jugement entre les parties, sans qu'aucune des parties en demande l'exécution directement contre lui, il devra prendre la voie de la tierce opposition pour arrêter quelquefois (Voy. art. 478) et, dans tous les cas, faire rétracter le jugement en ce qui concerne cette exécution qui lui préjudicie. *

Appliquons cette théorie à d'autres exemples.

Primus détient actuellement un meuble dont je suis propriétaire, un meuble qu'il a reçu de moi à titre de dépôt, de gage ou de commodat. *Secundus*, se prétendant propriétaire de ce meuble, le revendique contre *Primus*, et, sans m'appeler en cause, fait reconnaître par le tribunal l'existence du droit de propriété allégué par lui. De là, condamnation contre *Primus*, au profit de *Secundus*, obligeant le premier à remettre au second le meuble qui a fait la matière du procès. Cependant, ce meuble est à moi, ou du moins je le prétends : quelle que soit la réalité de cette prétention, l'exactitude de ce droit de propriété que j'entends alléguer, il est clair qu'en droit le jugement rendu contre *Primus* au profit de *Secundus* m'est indifférent ; il ne peut pas me porter préjudice, en ce sens que, n'ayant pas figuré dans le procès dont il a été la suite, on ne peut en bonne justice invoquer contre moi l'autorité de ce jugement. Mais, en fait, l'exécution de ce jugement peut me porter le préjudice le plus grave, vous allez en être convaincus.

Supposez, par exemple, qu'en vertu de ce jugement, *Secundus* se soit fait délivrer par *Primus* le meuble possédé par celui-ci ; certainement, cette délivrance pourra, au moins dans certains cas, ne pas mettre un obstacle absolu à la revendication que j'entends moi-même diriger contre *Secundus ;* si *Secundus* m'opposait qu'un jugement l'a déclaré propriétaire, je pourrais lui répondre que ce jugement, rendu contre *Primus*, ne décide rien contre moi ;

il m'est permis de débattre tout entière la nouvelle question que je soulève. Mais, si je laisse le jugement s'exécuter entre les parties, si je laisse *Primus* condamné remettre le meuble à *Secundus* que le jugement déclare propriétaire, * si je laisse *Secundus* en possession de ce meuble pendant mon procès en revendication, * il pourra m'être ensuite fort difficile, je ne dirai pas seulement d'obtenir jugement contre *Secundus*, mais surtout, ce jugement obtenu, ma propriété reconnue, de me faire délivrer, par *Secundus*, le meuble qu'il aura pu perdre, détruire, aliéner, détériorer. Il y aura donc là, dans l'exécution du jugement obtenu par *Secundus* contre *Primus*, un préjudice, sinon de droit, au moins de fait, à l'action que je veux intenter, au droit que j'entends faire valoir, à raison du même meuble, contre le même *Secundus*.

Devrai-je donc, dans cette hypothèse, confiant dans le principe général de l'art. 1351, laisser de côté le jugement obtenu par *Secundus*, lui permettre de l'exécuter, sauf ensuite à procéder contre lui par action nouvelle et distincte? Non certes; dans ce cas, aussitôt que je serai averti du jugement obtenu par *Secundus* contre *Primus*, je devrai * former contre ce jugement une tierce opposition, qui, si le tribunal m'y autorise (art. 478), me permettra d'arrêter l'exécution du jugement attaqué, c'est-à-dire la remise du meuble entre les mains de *Secundus*, et, quand même l'exécution aurait déjà été effectuée, la fera tomber quant à moi, si je triomphe dans ma tierce opposition. Alors le meuble sera remis à *Primus*, mon dépositaire, mon emprunteur, c'est moi qui le posséderai par lui, et j'attendrai une nouvelle revendication de *Secundus*, dans laquelle je jouerai le rôle de défendeur, et par conséquent je n'aurai pas à ma charge la preuve de la propriété. *

Au reste, cet intérêt ne se borne pas aux questions de meubles; une hypothèse analogue, et d'une application plus fréquente, peut très bien se présenter en matière d'immeubles :

Ainsi *Secundus* a revendiqué contre *Primus*, mon fermier, un immeuble dont lui, *Secundus*, se prétendait propriétaire. * Mon fermier devait me dénoncer la demande en revendication afin que je pusse y défendre. Il n'en a rien fait ; il a lui-même soutenu le procès contre *Secundus*, * qui a fait reconnaître par le tribunal son prétendu droit de propriété ; en conséquence, *Primus* est condamné à délaisser l'héritage. Certainement, moi qui me prétends à mon tour propriétaire du même immeuble, je pourrai me borner à le revendiquer directement contre *Secundus*, dans les mains duquel le premier jugement va le faire passer ; et si, dans le cours de cette revendication que je vais intenter contre *Secundus*, celui-ci m'opposait le jugement qui vient de le déclarer propriétaire, je me contenterai de lui répondre que ce jugement est, à mon égard, *res inter alios acta*, et qu'on ne peut pas l'invoquer contre moi. Ainsi, sous ce rapport et en droit, je pourrais me dispenser de former tierce opposition. Mais si je prends cette marche, l'immeuble passera des mains de *Primus*, défendeur et perdant dans le premier procès, dans les mains de *Secundus*, qui a gagné ce procès ; * l'art. 478 dit même que ma tierce opposition ne pourra pas arrêter l'exécution ; l'immeuble devra être délaissé par *Primus* et remis à *Secundus*. Il résulte de cette exécution que moi, qui possédais par *Primus*, mon fermier, je perds ma position de possesseur, de défendeur dispensé de la preuve, et que je me vois dans la nécessité de jouer le rôle de demandeur à la revendication, c'est-à-dire de prendre à ma charge la preuve que je suis propriétaire. Au contraire, par la tierce opposition, je ferai rétracter ou réformer le jugement qui a déclaré *Secundus* propriétaire à l'égard de *Primus* ; je ferai restituer à *Primus*, mon fermier, c'est-à-dire à moi-même, la possession de l'immeuble, et j'attendrai, dans la position de défendeur, la revendication de *Secundus*, à qui incombera la preuve de son prétendu droit de propriété. *

Voilà comment nous devons, je crois, considérer la tierce opposition, non pas comme une simple application du principe de l'art. 1351, mais, d'après le texte même de la loi, comme un moyen accordé à un tiers d'attaquer, de faire rétracter ou réformer, au moins en partie et à certains égards, le jugement rendu entre les parties au procès. C'est au reste ce que semble indiquer le nom même de cette procédure : *tierce opposition*, c'est-à-dire opposition formée par un tiers, obstacle apporté par un tiers à l'exécution d'une sentence dont il redoute quelque préjudice. C'est également ce qui résulte de la définition que donnait de cette procédure l'orateur du gouvernement au Corps législatif, en disant que la tierce opposition était un moyen accordé aux tiers pour prévenir ou pour arrêter l'exécution d'une sentence qui leur préjudiciait. Quoique, dans la discussion du conseil d'État, on n'ait pas nettement présenté les exemples de cette procédure, cette définition indique bien, du moins, que dans la pensée des rédacteurs, il y avait dans la tierce opposition autre chose que l'application pure et simple de l'art. 1351 (1).

(1) ** Comme on le voit, la question de savoir quels sont les caractères et la nature de la tierce opposition a donné lieu à trois systèmes bien différents ; mais, à notre avis, ces trois systèmes sont ou trop absolus ou même inexacts.

La doctrine de Merlin, suivant laquelle la tierce opposition serait toujours facultative, n'est plus guère enseignée de nos jours. Si l'on peut avoir, dans certains cas, le choix entre l'exception : *res inter alios judicata tertiis nec nocere nec prodesse potest*, et la voie de la tierce opposition, il en est d'autres où ce choix n'existe pas, comme l'a montré Boitard ; c'est ce qui se produira toutes les fois que l'exécution, même poursuivie entre les parties au procès, sera de nature à nuire aux tiers ; ceux-ci attendraient en vain pour opposer l'exception, puisqu'on ne les attaquera pas. Mais Boitard va trop loin quand il dit que si un tiers a le choix entre l'exception *res inter alios judicata*, etc, et la tierce opposition, il aura toujours le soin de préférer la première de ces voies. La vérité est que chacun de ces deux moyens offre des avantages et présente des inconvénients, de telle sorte que le tiers devra rechercher quelle est, dans les circonstances de sa cause, celui qui convient le mieux à ses intérêts. Le tiers qui préfère prendre l'exception peut, dans certains cas (mais non pas dans tous), plaider devant les juges de son domicile et il n'a pas la charge de la preuve ; ce sera à son adversaire à établir qu'il a été partie ou représenté au procès. Mais l'exception ne lui donne pas le moyen d'obtenir la suspension de l'exécution du jugement attaqué, tandis que la tierce opposition peut, comme nous le verrons bientôt, lui procurer cet avantage. Toutefois, cette voie de recours lui impose la charge de la preuve, l'oblige souvent à plaider au loin et le menace d'une amende.

Le système de Proudhon a été repris, dans ces derniers temps, par M. Naquet dans dans un fort intéressant article qu'a publié la *Revue critique* (2e série, II, p. 351 et suiv. ; 420 et suiv.). On sait que, d'après cette doctrine, la tierce opposition n'est que la mise en

☞ **721.** Passons au détail des textes.

« Art. 474. Une partie peut former tierce opposition à un jugement qui préjudicie à ses droits, et lors duquel ni elle ni ceux qu'elle représente n'ont été appelés. »

Une partie PEUT *former*. Cette expression est un des arguments de Merlin pour conclure que la tierce opposition est purement facultative, qu'on est

pratique de la maxime : *res inter alios judicata tertiis nec nocet nec prodest*. En d'autres termes, lorsqu'un tiers est menacé d'un préjudice par l'exécution d'une jugement, il ne peut écarter ce danger que par la tierce opposition. Dans ce système, comme on le voit, les tiers n'ont pas la voie de l'exception, ils sont toujours obligés d'agir, de prendre la tierce opposition pour prouver qu'ils n'ont pas été parties ni même représentés au procès. Ce système est ainsi amené à établir une présomption d'après laquelle toute personne contre laquelle on veut exécuter le jugement ou qui est menacée d'un préjudice par ce jugement, est censée avoir été partie ou représentée au procès. Mais nous demandons aux partisans de ce système où se trouve écrite une semblable présomption? Ne voit-on pas que cette présomption conduit à dire que la chose jugée au civil est une vérité absolue et non pas une vérité relative? En réalité, tout jugement a autorité de chose jugée *erga omnes*, seulement les parties ne peuvent pas faire tomber la présomption de sincérité attachée au jugement, tandis que les tiers ont ce moyen et ce moyen consiste précisément dans la tierce opposition. Toute cette doctrine est si manifestement contraire à l'article 1351 du Code civil, qu'il suffit de l'énoncer pour en montrer la fausseté. De même, si la tierce opposition était le seul moyen offert aux tiers pour se protéger contre les effets du jugement, la loi se montrerait alors à leur égard plus sévère que vis-à-vis de la partie qui a fait défaut; celle-ci, en effet, peut faire opposition, sans encourir aucune sanction pénale, tandis que le tiers qui emploie la voie de la tierce opposition est menacé d'une amende.

Le système de Boitard n'échappe pas non plus à toute critique quand il pose en termes absolus que la tierce opposition est toujours le seul et unique moyen de protection accordé aux tiers s'ils sont menacés d'un préjudice par l'exécution qui se poursuit entre les parties. Sans doute, dans certains cas, il en est ainsi et, par exemple, lorsque les créanciers se plaignent de ce que le jugement a été rendu en fraude de leurs droits, ils ne peuvent attaquer ce jugement que par la tierce opposition; on ne saurait pas procéder par voie d'action en nullité contre un jugement et dès lors, il ne peut pas être question de l'action paulienne ou révocatoire de l'article 1167. Mais dans une foule de circonstances, le tiers menacé par l'exécution du jugement entre les parties, aura le choix entre la tierce opposition et un ou plusieurs autres moyens. Prenons le second et le troisième exemple de Boitard pour en avoir la preuve. Boitard suppose qu'un dépositaire s'est laissé condamner sur l'action en revendication intentée par un tiers et il décide que le seul moyen de protéger le déposant contre les dangers d'une restitution qui serait faite par le dépositaire au gagnant, est de lui accorder la tierce opposition contre le jugement. C'est là une erreur : le déposant peut, s'il le préfère, faire saisie revendication entre les mains du dépositaire; par cette saisie conservatoire, le déposant empêche la chose de passer entre les mains du revendiquant qui a obtenu le jugement et se la fait remettre; si le revendiquant veut poursuivre sa prétention, il doit alors agir en revendication contre le déposant lui-même, et s'il invoque le jugement précédemment rendu, le déposant peut se borner à lui répondre sous forme d'exception : *res inter alios judicata tertiis nec nocet nec prodest*.

Dans son troisième exemple, Boitard suppose qu'un fermier s'est laissé condamner sur toujours maître de l'employer ou de ne pas l'employer. Cette conclusion n'est pas tout à fait exacte. Elle est facultative en ce sens qu'on peut très bien se dispenser de l'employer et se borner à l'application de l'art. 1351 ; mais ce n'est pas à dire qu'en préférant cette dernière voie, on pourvoiera à sa sûreté aussi pleinement que par tierce opposition.

Une partie peut former tierce opposition à un jugement qui préjudicie à ses droits.

Vous pouvez de même maintenant résoudre l'apparente antinomie qui existe entre ces mots et l'art. 1351. D'après l'art. 1351, le jugement rendu entre des tiers ne peut pas me préjudicier ; d'après l'art. 474, on suppose, au contraire, qu'un pareil jugement peut me causer un préjudice. La distinction est très simple : en droit, le jugement rendu entre des tiers ne décide rien contre moi ; mais, en fait, l'exécution d'un pareil jugement peut me causer un préjudice très réel, très sérieux.

Et lors duquel ni elle ni ceux qu'elle représente n'ont été appelés. Ces derniers mots sont assez importants ; en effet, on peut être partie dans une instance, on peut être lié en conséquence par le jugement qui l'a terminée, soit qu'on y ait figuré personnellement, soit qu'on n'y ait figuré que par ceux dont on est le représentant ou par qui on est représenté.

En d'autres termes, on peut figurer dans une instance, soit personnellement par soi-même, soit par des mandataires généraux ou spéciaux ; soit par les parties qu'on représente à titre universel, telle est la position de l'héritier, du légataire universel à l'égard de leur auteur ; soit encore par les parties qu'on représente à titre particulier, telle est en principe, et sauf les distinctions que nous avons vues, la position des créanciers chirographaires à l'égard de leur débiteur, telle est la position de l'acquéreur, du coéchangiste, du donataire, à l'égard d'un vendeur, d'un coéchangiste, d'un donateur ; toutes ces personnes sont liées par l'autorité du jugement rendu avec les parties dont elles sont les ayants cause (1).

une action en revendication dans laquelle il a eu le tort de prendre le rôle de défendeur et Boitard ne voit pas d'autre moyen de protéger le bailleur que la tierce opposition. Il y en a cependant un : le bailleur pourra se faire remettre en possession par l'action possessoire et ensuite, défendeur à l'action en revendication dirigée contre lui, il répondra, si le jugement précédemment rendu est invoqué contre lui, qu'il n'y a pas chose jugée à son égard.

Que conclure de ce qui précède ? C'est que, sauf dans certains cas particuliers, la tierce opposition est ordinairement pour les tiers une voie de recours facultative, en ce sens qu'il ont le choix entre ce moyen et un ou plusieurs autres. D'ailleurs Boitard semble bien comprendre que sa solution est trop absolue, car dans le numéro suivant, il paraît revenir sur ce qu'il a dit précédemment (Voy. n° 721). **

(1)** La jurisprudence décide, d'une manière générale, que tous les créanciers d'un débiteur, même ses créanciers hypothécaires, sont des ayants cause et qu'en conséquence, ils ne peuvent pas former tierce opposition aux jugements rendus contre lui, sauf exception en cas de fraude ; dans ce dernier cas, en effet, il n'est pas possible d'admettre que les créanciers aient été représentés à l'acte par leur débiteur, puisque cet acte était précisément dirigé contre eux. Mais, le cas de fraude écarté, nous pensons qu'il est encore nécessaire de distinguer entre les créanciers chirographaires et les créanciers hypothécaires. Les premiers sont des ayants cause, les seconds sont des tiers et

Il est d'ailleurs entendu que je me borne aux principes les plus généraux. La question de savoir exactement en détail dans quels cas on est lié par l'autorité d'un jugement, par quelles personnes et pour quelles matières on est pleinement représenté en justice, est tout à fait une question de droit civil, qui vous sera présentée en détail sur l'art. 1351 du Code civil.

** Les termes de notre article semblent accorder la tierce opposition aux tiers sans aucune restriction. Mais cependant il paraît bien difficile de l'accorder à un tiers qui est menacé d'un préjudice, moins par l'effet du jugement que par sa faute ou par sa négligence (1).

Par ce qui précède, vous pouvez maintenant facilement comprendre en quel sens certains auteurs ont dit que la tierce opposition est exclusive des autres voies de recours. Celui qui a la tierce opposition est, par cela même, privé des autres voies de recours et réciproquement, car on ne peut pas, en effet, être à la fois tiers et partie au procès. Mais celui qui a été débouté d'une voie de recours donnée aux parties, par ce motif qu'il a la qualité de tiers, peut ensuite former tierce opposition, comme celui qui a été débouté d'une tierce opposition parce qu'il a été partie ou représenté au procès, peut prendre une autre voie de recours pourvu que les délais ne soient pas encore expirés. **

⇒ **722.** Les art. 475 et 476 déterminent quel est le tribunal compétent en matière de tierce opposition.

« Art. 475. La tierce opposition formée par action principale sera portée au tribunal qui aura rendu le jugement attaqué.

« La tierce opposition incidente à une contestation dont un tribunal est saisi sera formée par requête à ce tribunal, s'il est égal ou supérieur à celui qui a rendu le jugement.

« Art. 476. S'il n'est égal ou supérieur, la tierce opposition incidente sera portée, par action principale, au tribunal qui aura rendu le jugement. »

La loi fait donc une distinction : la tierce opposition peut être ou principale, ou incidente.

Elle est principale, lorsqu'elle s'introduit directement, en dehors de toute instance actuellement pendante devant un tribunal.

Au contraire, elle est incidente lorsque, dans le cours d'une instance, une

ils peuvent, comme tels, former tierce opposition, car ils n'ont pas été représentés au procès si l'on suppose, bien entendu, que leurs hypothèques sont nées avant l'instance. Ce qui donne aux créanciers hypothécaires antérieurs à l'instance le caractère de tiers, c'est précisément l'hypothèque qui est un droit réel comme un usufruit, un service foncier. Voyez cependant, en sens contraire, Cass. civ., 8 janvier 1883, S. 83, 1, 116. **

(1) ** Jugé que les tiers ne peuvent former tierce opposition aux jugements qui préjudicient à leurs droits, quand le préjudice éprouvé est imputable à leur faute ou à leur négligence. Ainsi le tiers acquéreur d'un immeuble hypothéqué qui n'a pas purgé son titre d'acquisition et qui est sommé par le créancier de purger ou de délaisser, ne peut former tierce opposition au jugement qui condamne le débiteur sur la demande du créancier. Alger, 28 juin 1875, S. 77, 2, 319. **

des parties opposant à l'autre l'autorité d'un jugement auquel celle-ci se prétend étrangère, cette dernière, non contente de décliner l'autorité du jugement, déclare l'attaquer par la voie de la tierce opposition. Le sens de la tierce opposition incidente fixe nettement celui de la tierce opposition principale.

Pour la tierce opposition principale, celle qui se forme en dehors de toute instance, la règle de compétence est fort simple : cette tierce opposition est portée, dans tous les cas, devant le tribunal qui a rendu le jugement attaqué par cette voie : telle est la disposition du § 1er de l'art. 475. En effet, puisqu'il s'agit ici d'examiner le sens précis du jugement, de reconnaître au juste si la partie qui l'attaque y a figuré ou n'y a pas figuré, et, dans ce dernier cas, de prévenir ou de réparer le préjudice que pourrait lui apporter l'exécution de ce jugement, il est tout simple de soumettre cette question au tribunal dont émane le jugement, et qui mieux que tout autre pourra, 1° vérifier le véritable sens, la véritable portée de sa sentence ; 2° prévenir ou réparer le préjudice qui pourra en résulter pour le tiers.

* Si une affaire a été jugée en première instance par un tribunal d'arrondissement, et qu'en appel le jugement ait été confirmé, où sera portée la tierce opposition formée contre l'arrêt confirmatif? Elle doit être portée à la cour d'appel. Vainement dirait-on que le jugement des premiers juges est maintenu. La cour, en le confirmant, se l'est approprié, et la chose jugée résulte maintenant d'un arrêt (1). *

Lors, au contraire, que la tierce opposition est incidente, lorsqu'une partie, dans le cours d'une instance, forme tierce opposition à un jugement que son adversaire a invoqué contre elle, la règle de compétence est subordonnée à une distinction.

En principe, et pour éviter les déplacements et la division du débat, la loi veut que la tierce opposition incidente soit formée devant le tribunal déjà saisi de l'instance principale ; alors, au lieu de l'être par une assignation, comme dans le cas précédent, elle l'est par une simple requête, devant le tribunal déjà saisi de la cause.

Que si cependant le tribunal saisi de l'instance dans le cours de laquelle la tierce opposition incidente est formée est un tribunal inférieur (2) à celui qui a rendu le jugement attaqué, alors la tierce opposition est portée devant ce

(1) Limoges, 13 février 1819. — Bourges, 7 juillet 1824. — Paris, 22 novembre 1825, et le jugement du tribunal de la Seine que cet arrêt confirme, *Journal du Palais*. — Orléans, 19 novembre 1844, *Journal du Palais*, t. II, de 1840. — Amiens, 5 juillet 1842 et 30 août 1844. — Paris, 22 juin 1849, D. 52, 5, 535 et 536. — Rennes, 20 avril 1850, D. 52, 2, 203. — *Contrà* : Bruxelles, 9 avril 1808. — Douai, 29 juillet 1816 et 14 janvier 1825, *Journal du Palais*. ** Dans ce second système, on soutient que la tierce opposition doit être portée au tribunal dont le jugement a été confirmé. L'arrêt confirmatif, dit-on, n'est autre que le jugement de première instance ; celui-ci continue à subsister et ce qui le prouve bien, c'est que les difficultés d'exécution seraient portées au tribunal et non pas à la cour. **

(2) * Ainsi, pour l'application de nos art. 475 et 476, un tribunal d'arrondissement est inférieur à une cour d'appel, et est égal à un autre tribunal d'arrondissement. *

dernier tribunal ; alors la cause principale et la tierce opposition incidente se trouvent séparées.

Il est facile de sentir le motif de cette dernière disposition ; on voit aisément pourquoi, dans le cas où le tribunal saisi de l'instance principale est inférieur à celui qui a rendu le jugement, il faut séparer les deux causes, et porter devant ce dernier la tierce opposition incidente. C'est que l'autre tribunal, celui devant lequel est produit le premier jugement, étant inférieur à celui qui l'a rendu, manque tout à fait de qualité pour réformer ou modifier le jugement de l'autre tribunal, pour arrêter ou pour suspendre son exécution.

Ceci même confirme sensiblement l'idée que nous nous sommes faite de la procédure de la tierce opposition. Si la question qui s'agite était uniquement, comme on le prétend, de savoir si la partie qui décline l'autorité de la sentence y a ou n'y a pas figuré, s'il ne s'agissait que d'interpréter, que de comprendre le sens du jugement invoqué, alors peu importerait la question d'égalité, de supériorité ou d'infériorité des tribunaux. Comme, au contraire, il s'agit, non pas seulement d'interpréter, d'expliquer, mais bien de modifier la sentence contre laquelle la tierce opposition est formée, la loi refuse, et a dû refuser ce dernier droit au tribunal inférieur à celui de qui le jugement émane.

Ces points établis, vous comprendrez facilement le deuxième paragraphe de l'art. 475 et l'art. 476.

* Nous avons vu (n° 665) que les voies de recours contre les jugements se divisaient en voies de rétractation et voies de réformation, suivant que le jugement était attaqué devant le tribunal qui l'avait rendu ou devant un tribunal supérieur.

La tierce opposition est donc tantôt une voie de rétractation, tantôt une voie de réformation. Si elle est principale, ou si elle est proposée incidemment devant un tribunal inférieur à celui qui a rendu le jugement attaqué, la tierce opposition, voie de rétraction, sera portée devant les juges qui ont rendu ce jugement. Si, au contraire, elle est proposée incidemment devant un tribunal égal ou supérieur à celui qui a rendu le jugement attaqué, la tierce opposition sera une voie de réformation. *

** Tout en admettant qu'en cas de tierce opposition incidente, celle-ci peut être portée devant un tribunal autre que celui duquel émane le jugement si le tribunal saisi est égal ou supérieur à celui qui a statué, cependant le législateur n'a pas entendu déroger aux règles sur la compétence absolue relatives aux tribunaux d'exception. Il faut donc ajouter aux conditions indiquées par la loi, une autre condition qui est sous-entendue : la tierce opposition incidente ne reste au tribunal saisi de la demande principale qu'autant qu'il s'agit d'une affaire pour laquelle ce tribunal n'est pas incompétent *ratione materiæ* à cause de la nature exceptionnelle de ce tribunal. Ainsi, on pourra, devant un tribunal civil, faire tierce opposition au jugement d'un autre tribunal civil ou même au jugement d'un tribunal de commerce, car nous avons décidé que l'incompétence des tribunaux civils pour les affaires commerciales est purement relative ; mais, au contraire, on ne ferait pas valablement, devant un tribunal de commerce, tierce opposition à un jugement d'un tribunal civil ou à celui d'un juge de paix.

Il faut toutefois ici se mettre en garde contre un danger. Les tribunaux d'arrondissement et les cours d'appel étant juges de droit commun et même exclusifs pour les difficultés d'exécution, on pourrait être porté à décider que la tierce opposition, par cela même qu'elle soulève une question d'exécution, peut toujours être portée incidemment devant ces tribunaux, du moment qu'il s'agit d'un jugement d'un tribunal quelconque de l'ordre civil. Cette considération n'est cependant pas exacte. S'il était vrai de dire qu'il faut ici appliquer les principes sur l'exécution, on serait amené à décider que les tribunaux d'exception ne pourraient jamais connaître de la tierce opposition, même de celle qui serait dirigée contre leurs propres jugements. Une pareille conséquence étant absolument contraire au texte et à l'esprit de la loi, suffit pour établir que le législateur n'a pas entendu se préoccuper ici des règles de compétence sur l'exécution des jugements. **

⇛ **723.** La tierce opposition doit-elle être assujettie au préliminaire de conciliation ?

D'abord, dans le cas du § 2 de l'art. 475, la question ne peut pas s'élever : la tierce opposition est incidente ; or le préliminaire de conciliation n'est exigé que pour les demandes principales introductives d'instance : donc elle en est dispensée dans ce cas. La lecture de l'art. 48 tranche la question.

Il en est de même dans le cas de l'art. 476; quoique ici la tierce opposition soit formée par action principale, c'est-à-dire par action distincte, devant le tribunal qui a rendu le jugement, il n'en est pas moins vrai que, indépendamment de cette forme, la tierce opposition est incidente, elle s'est élevée dans le cours d'une instance; seulement, au lieu de se débattre devant le tribunal déjà saisi de cette instance, elle a dû, à raison de l'infériorité de ce tribunal, être portée devant les juges auteurs du jugement attaqué. Mais il n'y a là de principal que la forme ; au fond, la tierce opposition n'en est pas moins incidente, l'article même est formel à cet égard : *la tierce opposition incidente sera portée, par action principale, au tribunal qui aura rendu le jugement.* Nous déciderons donc sans hésiter que, dans le cas de l'art. 476, comme dans le § 2 de l'art. 475, la tierce opposition est évidemment dispensée du préliminaire de conciliation.

La question peut être plus douteuse dans le § 1er de l'art. 475, dans le cas de la tierce opposition principale. Quelques auteurs, assimilant, je ne sais pourquoi, la tierce opposition à l'intervention, déclarent, par analogie de motifs, que, même dans le cas du premier paragraphe de l'art. 475, même dans le cas d'une tierce opposition véritablement principale, il n'y a pas lieu à l'essai de conciliation. Cette raison ne paraît pas bien forte ; certainement, entre l'intervention et la tierce opposition, il y a un point commun, c'est que, dans les deux cas, un tiers étranger, soit aux débats entamés (dans le cas d'intervention), soit aux débats terminés (dans le cas de tierce opposition), vient prendre part à l'affaire dans laquelle il n'avait pas figuré dans le principe. Mais ce qui fait dispenser l'intervention du préliminaire de conciliation (art. 49), c'est que l'intervention est nécessairement incidente, qu'elle survient dans le cours d'un débat commencé et non encore terminé, qu'elle est une nouvelle complication, un incident de plus dans un procès pour lequel a été déjà inutilement tenté le préliminaire de conciliation. Aussi, quand même l'art. 49 n'aurait pas dispensé les demandes en intervention du préliminaire de conciliation, nous avons vu que le principe général de l'art. 48 suffisait pour les en affranchir. Mais la tierce opposition principale, qui survient après l'instance achevée, après la juridiction épuisée, cette tierce opposition n'a plus absolument rien d'incident; elle diffère profondément d'une demande en intervention. Sous ce rapport, la lettre de la loi manque pour la dispenser du préliminaire de conciliation.

Tout au plus pourrait-on dire, à raison du but ordinaire, de l'utilité commune de la tierce opposition (Voy. n° 725) qui tend à arrêter l'exécution d'un jugement obtenu, tout au plus pourrait-on dire que c'est là une demande qui, en général, requiert célérité, et la faire rentrer, à ce titre, dans le § 2 de l'art. 49. Mais, quant à invoquer une analogie avec l'intervention, pour la dispenser du préliminaire de conciliation, c'est là un argument qui me paraît tout à fait inadmissible. Au fond, j'inclinerais à penser que la tierce opposition principale, dans le premier cas de l'art. 475, n'est pas dispensée du préliminaire de conciliation (1); et si, pour l'en dispenser, il fallait chercher un argument dans le texte de l'art. 49, ce serait plutôt au § 2 que je m'attacherais, mais avec une extrême hésitation.

☞ **724.** « Art. 477. Le tribunal devant lequel le jugement attaqué aura été produit pourra, suivant les circonstances, passer outre ou surseoir. »

L'art. 477 n'est pas la conséquence de celui qui le précède; il se réfère également au cas de tierce opposition incidente, mais spécialement à celle dont il est question dans l'art. 476. On suppose que la tierce opposition est formée dans le cours d'un débat, c'est-à-dire qu'elle est incidente, mais que, le tribunal devant lequel elle s'élève étant inférieur au tribunal qui avait jugé, la tierce opposition est portée à ce dernier tribunal. On se demande alors naturellement ce que deviendra l'instance principale, pendant l'instruction sur la tierce opposition. Le tribunal saisi de l'instance principale, et qui n'a pas qualité pour connaître de l'instance incidente, devra-t-il surseoir ou passer outre au jugement de l'instance principale? Il est clair que c'est là une question de fait, de circonstances, à laquelle le législateur ne pouvait pas donner de solution générale. Si le tribunal saisi de l'instance principale, et à qui la qualité manque pour connaître de la tierce opposition, reconnaît que ce jugement invoqué par l'un et combattu par l'autre, ne peut pas exercer d'influence sérieuse sur le fond de l'instance, il pourra et devra passer outre à cette instance. Si, au contraire, ce jugement, attaqué par la voie de la tierce opposition, lui paraît de nature à influer fortement sur l'instance dont lui-même est saisi, il pourra et devra surseoir à l'examen de cette instance.

Que si, usant du pouvoir que lui confère l'art. 477, mais se trompant dans

(1) Paris, 5 pluviôse an XI (Dall., v° *Rép.*, *Conciliation*, n° 175). — Paris, 24 janvier 1873, D. 74, 2, 140. — *Contra :* Rennes, 24 juin 1823, *Journal du Palais*. — Bordeaux, 17 août 1852, D. 56, 2, 19.

l'usage qu'il en fait, il passait outre, nonobstant la tierce opposition, à l'examen de l'instance principale, si, par suite, il en résultait une contrariété, une opposition entre le jugement qu'il va rendre sur cette instance principale et le jugement nouveau qui pourra terminer, devant l'autre tribunal, la procédure de tierce opposition, le remède à cette contrariété de jugements qui surviendront entre les mêmes parties, devant deux tribunaux différents, se trouverait dans l'art. 504, qui autorise en ce cas le pourvoi en cassation. L'hypothèse, vous le voyez, pourrait se réaliser lorsque la tierce opposition serait jugée mal fondée, c'est-à-dire lorsque la partie qui l'aurait formée incidemment serait reconnue en définitive avoir figuré, par elle ou par d'autres, dans l'instance que le jugement a terminée.

⇒ **725.** L'art. 478 présente plus d'importance.

« Art. 478. Les jugements passés en force de chose jugée, portant condamnation à délaisser la possession d'un héritage, seront exécutés contre les parties condamnées, nonobstant la tierce opposition et sans y préjudicier. — Dans les autres cas les juges pourront, suivant les circonstances, suspendre l'exécution du jugement. »

Le premier paragraphe de cet article a été extrait, à peu près littéralement, de l'ordonnance de 1667, titre XXVII, art. 11.

Il résulte d'abord de notre art. 478, que, dans tous les cas autres que l'hypothèse indiquée dans le § 1er, la question de savoir si l'exécution du jugement attaqué par la tierce opposition doit ou ne doit pas suivre son cours, est abandonnée à la prudence des juges saisis de la tierce opposition; c'est à eux de décider si cette voie sera ou ne sera pas suspensive de l'exécution du jugement contre lequel elle est invoquée; c'est ce que décide le § 2.

Ainsi, la tierce opposition ne produit jamais directement et par elle-même l'effet suspensif que l'art. 357 accorde généralement à la voie ordinaire, à l'appel; mais elle peut, sauf le cas expressément excepté par le § 1er, recevoir du tribunal saisi de sa connaissance cet effet suspensif de l'exécution du jugement.

Au contraire, quand il s'agit de l'hypothèse du § 1er, d'un jugement portant condamnation au délaissement d'un héritage, jugement passé en force de chose jugée, cet effet suspensif ne peut appartenir à la tierce opposition; tout pouvoir est, en ce cas, dénié aux tribunaux par le § 1er.

Quel est d'abord le motif de cette première décision? Pourquoi quand ces deux circonstances relatives à la force du jugement et à la nature de la condamnation viennent à concourir l'une avec l'autre, la loi veut-elle que la tierce opposition ne puisse jamais suspendre l'exécution du jugement? C'est évidemment parce qu'elle craint que le possesseur d'un héritage, condamné souverainement au délaissement de cet héritage n'ayant plus, pour attaquer la sentence, aucune voie ordinaire, ni opposition ni appel, ni par conséquent aucune voie suspensive, n'aposte un tiers de complaisance qui, au moyen d'une tierce opposition simulée, viendrait mettre obstacle à l'exécution de ce jugement et en suspendre le bénéfice, au grand détriment de celui qui l'a obtenu. On ne veut pas que la partie condamnée, qui par elle-même n'a plus de voies ordinaires de réformation, puisse, indirectement et par un détour, faire traîner en longueur l'exécution de la condamnation, et causer par là un grave détriment à son adversaire, en dégradant l'immeuble qui resterait dans ses mains.

Mais, pour cela, remarquez-le bien, deux circonstances doivent concourir : 1° Il faut que le jugement soit passé en force de chose jugée, parce que, si la partie condamnée a encore la faculté de l'opposition ou de l'appel, si elle a encore en main une voie de recours suspensive de l'exécution, alors il n'y a aucune raison de craindre une tierce opposition simulée; il n'y a aucune raison de craindre que cette partie n'aposte un tiers pour venir arrêter une exécution qu'elle-même peut suspendre directement par son appel.

2° Il faut que le jugement condamne au délaissement d'un héritage. Pourquoi? Parce que, dans ce ce cas, le refus de suspendre l'exécution cause au tiers opposant un préjudice infiniment moins grave que s'il s'agissait de toute autre matière. Si, par exemple, le jugement passé en force de chose jugée condamnait le défendeur à restituer, non point un héritage, un immeuble, toujours facile à trouver, mais bien un objet mobilier, comme alors l'application de l'art. 478, § 1er, pourrait mettre un obstacle insurmontable aux prétentions du tiers opposant, comme alors l'exécution provisoire pourrait lui causer un préjudice irréparable, on retombe dans le cas du § 2; il appartiendra aux juges de décider si, malgré la tierce opposition, le jugement doit ou non s'exécuter.

Ainsi, l'esprit entier de l'article est bien facile à saisir: il est rédigé, notamment quant à son § 1er, dans la crainte de tierces oppositions de complaisance.

726. « Art. 479. La partie dont la tierce opposition sera rejetée, sera condamnée à une amende qui ne pourra être moindre de 50 fr., sans préjudice des dommages-intérêts de la partie, s'il y a lieu. »

La loi détermine le minimum de l'amende à laquelle le tiers opposant peut être condamné, mais elle n'en fixe pas le maximum, et paraît par là même le laisser tout à fait facultatif. Cependant nos habitudes judiciaires répugnent en matière civile, comme en matière pénale, à l'idée d'amendes arbitraires ; il y a donc tout lieu de penser que le minimum de l'art. 479 sera en pratique un minimum et un maximum, que l'amende ne sera ni au-dessus ni au-dessous de 50 francs. On en trouve d'ailleurs un exemple sensible, et c'est pour cela que je fais cette remarque, dans une matière d'une application bien plus fréquente que la tierce opposition, dans la matière des pourvois en cassation. En examinant plus tard cette procédure, nous verrons que le pourvoi en cassation n'est en général recevable qu'autant que le demandeur a consigné une amende qui varie selon certaines distinctions; elle est, par exemple, dans les cas les plus fréquents, de 150 francs. Vous verrez de plus, dans le règlement de 1738, qui est encore la loi en vigueur pour la procédure de la Cour de cassation, que la Cour de cassation, en rejetant le pourvoi, peut condamner le demandeur non seulement à l'amende consignée, mais, si bon lui semble, à une amende supérieure, dont elle déterminera le montant. Eh bien, quoiqu'il n'y ait qu'un minimum de fixé, il est sans exemple que la Cour de cassation, quelque mal fondés que fussent les pourvois, ait jamais dépassé le minimum. A plus forte raison en serait-il ainsi en matière de tierce opposition.

**L'amende établie par notre article doit être prononcée d'office par le tribunal et dans tous les cas où la tierce opposition est écartée, même si elle est repoussée pour vice de forme; mais la loi n'oblige pas le tiers opposant à consigner cette amende préalablement à toute procédure.

Lorsque la tierce opposition est admise, le jugement est rétracté ou réformé au profit de celui qui l'a introduite. Entre les parties, le jugement conserve son plein et entier effet, ne subit aucune modification. Cependant, par la force même des choses, le jugement tombe même entre les parties, toutes les fois qu'il y a indivisibilité entre la prétention du tiers opposant et l'affaire autrefois jugée. Ainsi, pour reprendre un exemple que vous connaissez déjà, supposons que le fermier d'un immeuble actionné en revendication de cet immeuble, au lieu d'appeler en cause son bailleur, accepte le rôle de défendeur à cette action en revendication, succombe et soit condamné à payer à l'avenir ses fermages au demandeur; si ensuite le bailleur fait tierce opposition et triomphe sur cette tierce opposition, celle-ci fait tomber le jugement même entre les parties au premier procès. En effet, si le tiers opposant est propriétaire, le revendiquant ne peut pas l'être en même temps et il serait tout à fait absurde d'obliger le fermier à payer ses fermages à deux personnes à la fois.

Mais il est parfois assez délicat de savoir si vraiment les deux affaires sont indivisibles. Qu'on suppose le cas où un jugement constate, au profit d'un propriétaire supérieur, le droit d'établir un barrage. Si un propriétaire inférieur est injustement lésé par ce barrage, il peut faire tierce opposition à ce jugement, mais nous ne dirons pas, comme on le fait généralement, que dans ce cas le jugement devra nécessairement être rétracté ou réformé même entre les parties. Ce qui est vrai, c'est qu'il ne pourra pas être exécuté entre elles tant que le propriétaire supérieur n'aura pas trouvé le moyen d'établir un barrage sans nuire au propriétaire inférieur. Toutefois du jour où ce moyen serait trouvé, rien ne s'opposerait plus à l'exécution du jugement entre les parties :

Je vous ferai remarquer, en terminant cette matière, que pas un seul de de nos articles ne s'occupe de la procédure de la tierce opposition. Nous en concluerons que cette procédure ne présente aucune particularité. Ainsi, par exemple, l'étranger qui forme tierce opposition principale doit, en matière civile, fournir la caution imposée à tout étranger demandeur.**

TRENTE-TROISIÈME LEÇON

TITRE II

DE LA REQUÊTE CIVILE.

➙ **727.** La seconde des voies extraordinaires indiquées par le Code pour attaquer les jugements est la requête civile.

La requête civile, bien différente de la tierce opposition, est une voie ouverte contre les jugements ou arrêts non point aux tiers, mais, au contraire, aux parties. La première condition exigée pour être recevable à employer la requête civile, c'est d'avoir été partie dans l'instance terminée par le jugement qu'on prétend attaquer par cette voie. Et, quand je dis, avec l'art. 480, que la requête civile est une voie ouverte aux parties, j'entends ce mot dans le même sens où il a dû être pris en matière de tierce opposition, c'est-à-dire qu'ici, comme précédemment, on aura pu être partie dans une instance, ou par soi-même, ou par ses mandataires conventionnels ou légaux, ou enfin par ceux qu'on représente, dont on est l'ayant cause, soit à titre universel, soit à titre particulier. Or de même que, dans ces diverses hypothèses, on n'est pas recevable à former tierce opposition, de même, à l'inverse, pour être admis à la requête civile, il faut avoir été partie de l'une de ces manières, dans le jugement ou arrêt qu'on prétend attaquer par cette voie.

Secondement, la requête civile est une voie ouverte aux parties, non pas contre toute espèce de jugements ou d'arrêts, mais seulement contre les jugements ou arrêts en dernier ressort, comme nous le verrons sur le 1er alinéa de l'art. 480.

Le but de la requête civile est de faire rétracter le jugement ou l'arrêt attaqué par le tribunal même qui l'a rendu.

728. Ce mot de requête civile, qui ne présente qu'une acception assez vague, a été puisé dans l'ancienne jurisprudence et dans des usages maintenant à peu près abrogés. Précisément parce que cette voie n'était ouverte, par la procédure ancienne, comme elle ne l'est par la procédure moderne, que contre des décisions souveraines, on tenait qu'une permission, une autorisation spéciale, émanée du pouvoir souverain, était un préalable essentiel pour pouvoir entamer cette procédure ; on tenait que, de même que les contrats ne pouvaient être attaqués pour cause de dol, d'erreur, de lésion, de minorité, qu'en vertu d'une permission préalable du roi, de même cette permission était nécessaire pour pouvoir lutter avec succès, dans les cas spéciaux de requête civile, contre les jugements ou arrêts qui avaient force de chose jugée. De là, la nécessité autrefois imposée, et notamment par l'ordonnance de 1667, dont vous pourrez consulter avec fruit le titre XXXV, la nécessité imposée autrefois à toute partie qui voulait attaquer une sentence par la requête civile, d'obtenir, au préalable, des lettres appelées dans l'usage *Lettres* *royaux*, des lettres délivrées par les chancelleries, condition nécessaire pour se servir de cette procédure. Ces lettres étaient délivrées sur une requête, et renfermaient d'ailleurs la copie ou la transcription de la requête ; à cause de cette circonstance, on les appelait *Lettres en forme de requête civile*, faisant allusion par le premier de ces deux dernier mots à la requête présentée par l'exposant à la chancellerie. Quant à l'épithète ou adjonction de *civile*, ajoutée au mot *requête*, elle vient, selon les commentateurs et notamment selon Rodier, de ce qu'il était défendu de se servir dans cette requête d'aucune expression injurieuse contre la sentence attaquée. Telle est l'étymologie du mot *Requête civile* que le Code a consacré.

Les lettres qui s'accordaient avaient fini par n'être plus qu'une formalité fiscale, qu'on devait nécessairement supprimer. La suppression de ces lettres a été prononcée par la loi du 7 septembre 1790, art. 20 et 21. Ainsi maintenant, aucune démarche préalable auprès du gouvernement n'est nécessaire, ou même n'est possible pour introduire une demande en requête civile. Nous verrons sur l'art. 483 que l'ancien usage des lettres a laissé quelques vestiges dans le Code.

→ **729.** Voici donc l'idée générale de la requête civile : c'est un moyen d'attaque dirigé par une partie contre un jugement ou un arrêt inattaquable par les voies ordinaires, un moyen d'attaque qui, d'après la définition précédente, n'est évidemment autorisé que par exception, dans certains cas spécialement déterminés.

« Art. 480. Les jugements contradictoires rendus en dernier ressort par les tribunaux de première instance et les cours d'appel, et les jugements par défaut rendus aussi en dernier ressort, et qui ne sont plus susceptibles d'opposition, pourront être rétractés sur la requête de ceux qui auront été parties ou dûment appelés, pour les causes ci-après : 1° S'il y a eu dol personnel. — 2° Si les formes prescrites à peine de nullité ont été violées, soit avant, soit lors des jugements, pourvu que la nullité n'ait pas été couverte par les parties. — 3° S'il a été prononcé sur choses non demandées. — 4° S'il a été adjugé plus qu'il n'a été demandé. — 5° S'il a été omis de prononcer sur un des chefs de demande. — 6° S'il y a contrariété de jugements en dernier ressort, entre les mêmes parties et sur les mêmes moyens, dans les mêmes cours ou tribunaux. — 7° Si, dans un même jugement, il y a des dispositions contraires. — 8° Si, dans les cas où la loi exige la communication au ministère public, cette communication n'a pas eu lieu, et que le jugement ait été rendu contre celui pour qui elle était ordonnée. — 9° Si l'on a jugé sur pièces reconnues ou déclarées fausses depuis le jugement. — 10° Si, depuis le jugement, il a été recouvré des pièces décisives, et qui avaient été retenues par le fait de la partie. »

Le premier alinéa de l'article indique d'abord contre quels jugements la requête civile est admise.

La loi parle de jugements contradictoires rendus en dernier ressort, soit par les tribunaux de première instance, soit par les cours d'appel ; d'où vous devez conclure avec assurance que la requête civile n'est jamais autorisée, au moins dans les divers cas qu'énumère l'art. 480, contre les jugements rendus en première instance, et contre lesquels on a négligé d'employer l'appel dans le délai de deux mois. Ainsi, lorsque dans un jugement rendu en premier ressort se rencontre l'un des vices qui, d'après l'art. 480, constituent des ouvertures de requête civile, cependant ce jugement ne peut être attaqué par cette voie, ni pendant les délais de l'appel, parce que la voie ordinaire doit être préférée, ni même après les délais d'appel, parce que la partie qui a négligé d'employer la voie ordinaire n'est plus recevable à employer ensuite la voie extraordinaire (1). Notez bien, au moins en matière de jugements contradictoires, qu'il est absolument nécessaire que la voie ordinaire ne soit pas ouverte ou n'ait pas été ouverte contre le jugement pour que la voie extraordinaire de la requête civile puisse être accordée.

Le même raisonnement semblerait nous conduire à penser que, dans le cas d'un jugement rendu par défaut et renfermant l'un des vices que nous allons plus tard examiner, la requête civile n'est recevable ni pendant le délai de l'opposition, parce que la voie ordinaire est alors ouverte, ni même après l'expiration de ce délai, parce qu'on devrait, ce semble, imputer à la partie défaillante d'avoir négligé l'emploi de la voie d'opposition. Mais ce raisonnement d'analogie serait démenti par le texte ; dans la seconde partie de son premier alinéa, l'art. 480 autorise expressément la voie de la requête civile contre les jugements par défaut rendus en dernier ressort et qui ne sont plus susceptibles d'opposition. Il est donc vrai de dire que, si la partie défaillante ne peut invoquer la requête civile tant que l'opposition lui reste ouverte, elle peut à l'inverse attaquer par la requête civile le jugement qu'elle a négligé d'attaquer par la voie de l'opposition. En d'autres termes, la loi ne fait pas pour l'opposition le même raisonnement qu'elle a fait pour l'appel, apparemment parce que les délais d'opposition étant beaucoup plus courts, et le défaillant ayant pu quelquefois ignorer le jugement (V. n° 322), on n'a pas entendu attacher la même peine à la négligence de la partie dans le dernier cas que dans le premier.

Ainsi, 1° jugements contradictoires rendus en dernier ressort, c'est-à-dire sans possibilité d'appel ; 2° jugements par défaut rendus en dernier ressort et contre lesquels on a négligé d'employer, dans les délais voulus, la voie de l'opposition : telles sont les deux classes de décisions judiciaires que la loi permet d'attaquer par la voie de la requête civile.

730. Le texte parle d'ailleurs, soit des arrêts de cours d'appel qualifiés ici par l'expression générique de *jugements*, soit aussi des jugements proprement dits émanés des tribunaux de première instance, dans le cas, bien entendu, où ces tribunaux avaient qualité pour juger en dernier ressort. Sous ce rapport, l'expression usuelle de *première instance*, employée par l'art. 480, est évidemment inexacte ; il s'agit ici de jugements rendus par les tribunaux civils d'arrondissement en premier et en dernier ressort à la fois ; c'est ce qui résulte bien clairement du texte.

Mais que déciderons-nous, 1° pour les jugements des tribunaux de commerce ; 2° pour les jugement des juges de paix ; 3° enfin, pour les décisions arbitrales, dans tous les cas où ces différentes décisions auront été rendues

(1) Cass., Rej., 21 juin 1827. — Grenoble, 22 février 1827, *Journal du Palais*. — Cass. 13 novembre 1848, *Journal du Palais*, t. II, de 1849, p. 211.

en dernier ressort, conformément à l'art 480? Sera-t-il permis, dans le silence de cet article, d'invoquer contre ces diverses décisions la voie de la requête civile?

A l'égard des décisions arbitrales, l'art. 1026 autorise formellement contre elles l'emploi de la requête civile; seulement il indique, dans la compétence du tribunal de la requête civile, une modification qu'exigeait la nature même du jugement arbitral. Ainsi, il n'est pas douteux qu'à l'art. 480 ne doive s'ajouter l'art. 1027, relativement à l'emploi de cette voie contre les décisions arbitrales.

A l'égard des tribunaux de commerce et des juges de paix, la question est plus douteuse; car le silence de l'art. 480 n'est suppléé par aucun texte. Cependant il faut, je crois reconnaître, au moins pour les tribunaux de commerce, que la requête civile peut être employée contre leurs décisions en dernier ressort; on peut, à cet égard, s'appuyer du texte même de l'art. 480, dont les expressions bien entendues sont générales. L'article nous parle des cours d'appel et des tribunaux de première instance, et, quoique dans l'usage commun on entende ordinairement par tribunaux de première instance les tribunaux civils d'arrondissement, il est cependant vrai de dire que, dans son sens général, cette locution peut embrasser aussi les tribunaux de commerce, et que, d'ailleurs, ces tribunaux étant placés, quant à l'importance de leur compétence, absolument sur la même ligne que les tribunaux civils, on ne voit guère de raison pour refuser dans un cas la requête civile qu'on accorde dans l'autre. J'inclinerais donc, tout en reconnaissant que l'article n'est pas formel, qu'il peut y avoir quelque doute, à considérer les tribunaux de commerce comme compris dans les expressions générales de notre article: *Tribunaux de première instance* (1). ** Il y a d'ailleurs des cas dans lesquels le doute ne semble pas possible : ce sont ceux où les jugements commerciaux ont été rendus par des tribunaux civils à défaut de tribunaux de commerce. Il faut bien alors, sans hésitation, admettre la requête civile, car on est dans les termes mêmes de notre article. Mais ne serait-il pas étrange d'admettre ou de repousser cette voie de recours suivant que le jugement commercial serait rendu par un tribunal civil ou par un tribunal de commerce? Cette considération doit encore nous confirmer dans la solution qui autorise, d'une manière absolue, la requête civile contre les jugements rendus en dernier ressort ou en premier et dernier ressort dans les affaires commerciales. **

J'ajouterai cependant que, dans la procédure à suivre pour la requête civile dirigée contre une décision en dernier ressort d'un tribunal de commerce, se présenteront nécessairement quelques modifications, quelques dérogations à la procédure ordinaire, puisqu'une partie des formalités que nous verrons exposées dans ce titre sont d'une application impossible devant les tribunaux de commerce. Mais cette difficulté n'arrêtant pas la loi quand il s'agit de jugements arbitraux, ne doit pas nous arrêter quand il s'agit des jugements des tribunaux de commerce.

(1) Cass., 24 août 1819. — Toulouse, 21 avril 1820. — Paris, 28 juillet 1626. *Journal du Palais*. — Cass., Rej., 20 mars 1850. D. 50, 1, 31. — *Contra* : Toulouse, 19 janvier 1818, *Journal du Palais*.

A l'égard des justices de paix, les textes nous manquent complètement; il est impossible de renfermer dans les expressions de l'art. 480, *Tribunaux de première instance*, les décisions des justices de paix, auxquelles ce nom n'est jamais appliqué. Ajoutez que, comme la requête civile n'est jamais autorisée que contre des décisions rendues en dernier ressort, comme d'ailleurs les juges de paix ne peuvent statuer en dernier ressort que jusqu'à une valeur de 100 francs, on s'explique aisément que la loi n'ait pas ouvert cette voie exceptionnelle et coûteuse contre les jugements et dans les affaires d'une si minime importance. Il est clair, en effet, que, si le juge de paix a statué au-dessus de 100 francs, sur une matière importante, et par conséquent à charge d'appel, la requête civile sera ouverte contre le jugement rendu, sur l'appel, par le tribunal civil d'arrondissement, s'il y a lieu. On ne voit donc aucun texte qui autorise à se pourvoir par requête civile contre les sentences rendues en dernier ressort par les juges de paix, et l'importance minime de la valeur de ces sentences ne laisse à cet égard aucun regret. ** D'ailleurs du moment que le jugement a été rendu en dernier ressort par une des juridictions que nous venons d'indiquer, la requête civile doit être admise, si l'on est placé dans un des cas déterminés par la loi, sans qu'il y ait lieu de distinguer s'il s'agit d'un jugement définitif ou d'un jugement d'avant dire droit. Toutefois il semble conforme à l'esprit de la loi de décider, par analogie de ce qu'elle a admis au titre de l'appel, que les jugements préparatoires, à la différence des jugements interlocutoires, ne sont pas susceptibles de requête civile immédiate et séparée : il faut que le jugement sur le fond ait été rendu et que l'on ne se pourvoie en même temps en requête civile contre ce jugement. **

⇒ **731.** La requête civile étant une voie extraordinaire, n'est admise que dans les cas expressément déterminés par la loi; l'énumération de ces cas fait l'objet des dix paragraphes de l'art. 480, et aussi de l'art. 481.

Les jugements pourront être rétractés sur la requête civile de ceux qui auront été parties ou dûment appelés par les causes ci-après : ces derniers mots prouvent que c'est là essentiellement une voie exceptionnelle que nous ne devons pas étendre.

* *Rétractés.* La requête civile est toujours une voie de rétractation ; elle se porte devant le tribunal qui a rendu le jugement attaqué (art. 490, 502). *

1° *S'il y a eu dol personnel.* Cette qualification ajoutée ici au dol peut d'abord surprendre; on ne voit pas pourquoi le texte ne se borne pas à dire : pourront être rétractés, 1° pour cause de dol. Par ce mot de *dol personnel,* on a dû vouloir exclure ce que les auteurs ont appelé et appellent encore parfois le *dolus in re,* c'est-à-dire le préjudice, la lésion éprouvée par une partie dans un contrat ou dans un jugement, mais sans aucune manœuvre, sans aucune fraude de la part de son adversaire; c'est là la simple lésion, qui, dans les contrats comme dans les jugements, diffère essentiellement du dol.

Peut-être aussi a-t-on voulu exprimer que, dans les jugements, pour autoriser la requête civile, le dol devait émaner de la partie même au profit de laquelle le jugement a été rendu; en d'autres termes, que si, dans une instance, je viens à succomber par suite des manœuvres frauduleuses employées contre moi, non pas par mon adversaire, mais par un tiers étranger à l'instance, le dol n'étant pas personnel à l'autre partie, ne peut être à mon profit un moyen de faire rétracter le jugement rendu en faveur de celle-ci. Le dol, dans ce cas, pourra sans doute donner lieu, de ma part, contre son auteur, à une action en dommages-intérêts, mais non point à une action pour faire tomber un jugement rendu en faveur d'une partie qui n'a été ni l'auteur ni le complice du dol pratiqué. C'est au reste l'idée consacrée en droit civil, en matière de contrats ; l'art. 1116 s'exprime formellement à cet égard :

« Le dol est une cause de nullité de la convention lorsque les manœuvres pratiquées *par l'une des parties* sont telles qu'il est évident que, sans ces manœuvres, l'autre partie n'aurait pas contracté. » C'est là une condition essentielle à l'action en rescision à laquelle le dol donne lieu contre un contrat. La même idée s'applique en matière de jugements : il faut que la partie adverse ait été l'auteur ou le complice du dol.

Ajoutez encore, et toujours d'après l'art. 1116, qu'une grande analogie rapproche entre elles la requête civile contre les jugements et la rescision contre les contrats.

Et de même que, pour rescinder un contrat pour cause de dol, il faut établir que l'influence du dol a été telle que, sans l'emploi de ces manœuvres, le contrat n'aurait pas eu lieu, de même, en fait de jugement en matière de requête civile, il faudra établir non pas seulement qu'il y a eu dol, intrigues, manœuvres frauduleuses de la part de l'adversaire, mais établir que ces manœuvres ont exercé sur la sentence rendue contre moi une influence déterminante.

Quant aux exemples de dol personnel, vous en trouverez d'assez nombreux dans les auteurs ; vous pouvez supposer, par exemple, que la partie, au profit de laquelle le jugement a été rendu, a séduit, corrompu les représentants de son adversaire, l'huissier, l'avoué de celui-ci ; que la partie a intercepté une lettre par laquelle on donnait ordre de former telle opposition, ou bien que par un désistement simulé de la poursuite dirigée contre moi, mon adversaire m'a empêché de prendre à temps les mesures nécessaires pour arrêter l'effet de ces poursuites. Cent autres exemples peuvent être donnés.

On a demandé quelquefois si la fausseté du serment prêté par une des parties, serment en vertu duquel elle a obtenu gain de cause, constitue un dol personnel, et, par conséquent, une ouverture de requête civile. La réponse est facile : il faut distinguer entre le serment décisoire, déféré volontairement par l'une des parties à l'autre, et le serment supplétoire, déféré d'office par le juge.

Si l'une des parties a déféré le serment à l'autre, et que celle-ci l'ait prêté mensongèrement, ce mensonge, si grave qu'il soit, ce dol, bien qu'ayant déterminé le jugement rendu en faveur de la partie parjure, ne pourront pas constituer une ouverture de requête civile. L'art. 1363 du Code civil s'y oppose absolument : il déclare que la partie qui a déféré volontairement le serment à l'autre ne sera jamais recevable à prouver la fausseté de ce serment. Pourquoi ? C'est que la délation de serment, offerte par l'une et acceptée par l'autre, constitue une véritable transaction, qui, intervenue volontairement entre les parties, est inattaquable, puisqu'elle résulte de leur libre consentement.

Que si, au contraire, le serment a été déféré, non pas par une partie à l'autre, mais bien d'office par le juge à l'une des parties de la cause dans le cas où les art. 1366 et suivants du Code civil le lui permettent, alors, il est clair que la prestation mensongère du serment constitue un dol personnel et que rien n'empêche la partie, sans le consentement de laquelle le serment supplétoire a été déféré, d'attaquer par la requête civile, aux termes du § 1er de l'art. 480, le jugement qui en a été la suite (1).

732. 2° *Si les formes prescrites à peine de nullité ont été violées soit avant, soit lors des jugements.* Deuxième ouverture de requête civile, violation, soit dans les diverses procédures dont l'instance s'est composée, soit aussi dans le texte du jugement, de l'une des formalités prescrites par la loi à peine de nullité. Sur ce point, quelques observations sont nécessaires.

Il arrivera d'abord assez fréquemment que l'omission, la violation de l'une des formalités irritantes, tracées pour le cours de la procédure, ne donnera pas lieu à requête civile contre le jugement : c'est lorsque, après cette nullité, la partie recevable à l'invoquer aura continué à procéder, à suivre l'instance sans invoquer cette nullité, * par exemple lorsqu'elle aura posé des conclusions sur le fond, lorsque en un mot, elle aura négligé d'opposer l'exception de nullité aux époques indiquées dans l'art. 173, au titre des *Exceptions;* c'est ce que prévoient formellement les derniers mots du § 2 de notre article, « pourvu que la nullité n'ait pas été couverte par les parties. » * La nullité pourrait n'avoir pas été couverte, même après le jugement rendu, par exemple si ce jugement est par défaut. *

Mais la violation ou l'omission de formalités prescrites à peine de nullité constitue non seulement, d'après le texte de notre article, une ouverture de requête civile, mais aussi, d'après le texte des lois spéciales dont nous aurons bientôt à nous occuper, une ouverture de cassation. Sous ce rapport la combinaison de notre texte avec ceux relatifs à la compétence de la Cour de cassation n'est pas sans quelque difficulté; on éprouve souvent de l'embarras pour déterminer si la violation de telle ou telle formalité, prescrite à peine de nullité par les lois de procédure, doit être invoquée par le moyen de la requête civile, ou par le moyen du pourvoi en cassation. A cet égard, la jurisprudence, plutôt que la loi, a introduit certaines distinctions pour concilier ces textes l'un avec l'autre ; nous en parlerons en traitant de la Cour de cassation (Voy. n° 769).

733. 3° *S'il a été prononcé sur choses non demandées.* 4° *S'il a été adjugé plus qu'il n'a été demandé.* Il est clair que ces deux chefs de requête civile, ces deux

(1) ** Cette solution ne me paraît pas exacte. Il n'y a pas dol dans le seul fait de la prestation d'un faux serment. Le dol suppose un ensemble de faits, de manœuvres frauduleuses destinées à tromper quelqu'un. Si la partie qui a prêté le faux serment a préparé la délation d'office qui lui a été faite par le tribunal au moyen de manœuvres frauduleuses, il y aura lieu à requête civile, non à cause du faux serment, mais à cause des maneuvres frauduleuses qui l'ont précédé. De nombreux arrêts de la jurisprudence ont décidé que le dol suppose un ensemble de faits destinés à induire en erreur. Voyez notamment Alger, 29 avril 1874, S. 76, 2, 327. Dijon, 15 mars 1878, S. 78, 2, 239. **

ouvertures ont l'une avec l'autre la plus grande analogie; on accorde à une partie ce qu'elle ne demande pas, on lui accorde plus qu'elle ne demande, c'est tomber dans deux défauts à peu près identiques. Il est clair que, dans l'un et l'autre cas, les juges ont péché contre le principe d'après lequel les conclusions des parties, telles qu'elles sont présentées, soit dans l'exploit introductif d'instance, soit dans des conclusions postérieures, additionnelles, déterminent seules la compétence du tribunal saisi. Accorder ce qu'on ne demande pas, accorder plus qu'on ne demande, c'est comme si l'on s'avisait de décider d'office sur des causes qu'aucune partie ne vous a soumises. Dans les deux cas il y a ouverture à requête civile.

Quant aux exemples, ils sont faciles :

Ainsi, dans le § 3, si je revendique ou si je réclame un objet qui m'appartient ou qui m'est dû, et si le tribunal, au lieu de m'accorder l'objet lui-même, m'en adjuge le prix ou l'estimation, il est clair qu'il statue sur une chose qui n'est pas demandée, et qu'aussi il tombe, à un autre égard, dans le vice indiqué au § 5.

De même, quand je poursuis une personne en sa qualité de tuteur, me prétendant créancier du mineur, ou quand je poursuis un successible comme héritier bénéficiaire, si le tribunal condamne le défendeur, dans le premier cas, comme personnellement débiteur, dans le second cas, comme héritier pur et simple, le tribunal m'adjuge contre lui ce que je ne demande pas, et il statue sur une chose à laquelle je n'ai pas conclu, savoir, à une condamnation personnelle contre un individu qui n'était dans la cause que comme représentant ou comme administrateur.

De même, dans le § 4, si j'ai conclu simplement au payement du capital, et qu'on m'accorde les intérêts; si j'ai fait appel d'un jugement sur un chef, et qu'on le réforme sur deux ou trois chefs, il est clair, que, dans tous ces cas, on statue sur plus que je n'ai demandé; il est clair que, dans tous ces cas, il y a lieu, de ce chef, à la requête civile, aux termes du § 4 (1).

5° *S'il a été omis de prononcer sur l'un des chefs de la demande.* De même, si le tribunal a omis de prononcer sur un des chefs de la demande, et si, sous ce rapport, il n'a pas vidé la contestation, c'est encore une ouverture de requête civile (2).

734. Le § 6 présente un peu plus de complication.

6° *S'il y a contrariété de jugement, en dernier ressort, entre les mêmes parties et sur les mêmes moyens, dans les mêmes cours ou tribunaux.* Au premier aspect, on ne comprend guère qu'une pareille hypothèse puisse jamais se réaliser, et

(1) Cass., 29 novembre 1871, D. 73, 1, 82. ** Les juges ne devant allouer de dommages-intérêts que pour un préjudice certain, statuent *ultra petita* lorsqu'ils en accordent pour un préjudice purement éventuel; mais quand le préjudice est actuel, ils peuvent en allouer pour une époque ultérieure. Cass. req., 10 janvier 1877, S. 77, 1, 121. **

(2) Req. Rej., 11 mars 1874, D. 74, 1, 313. — ** Cass. req., 1er mai 1876, S. 76, 1, 445. — Cass. req., 17 mai 1876, S. 76, 1, 415. — Cass. req. 28 août 1877, S. 78, 1, 316. — Cass. civ., 25 février 1878, S. 78, 1, 153. **

il faut penser sans doute que, dans l'application, elle sera en effet extrêmement rare. Comment concevoir que, sur une même demande, sur les mêmes moyens, entre les mêmes parties, devant le même tribunal, interviennent successivement deux décisions contraires l'une à l'autre? Le cas sera fort rare sans doute, non pas que le même tribunal ne puisse, à la rigueur, envisager la même affaire de deux manières différentes, ne puisse avoir aujourd'hui une opinion différente de celle qu'il avait l'année dernière; mais la chose sera rare, parce qu'il est clair que, quand la même question, entre les mêmes parties, dans la même affaire, se présentera, celui qui avait triomphé dans les débats précédents opposera presque nécessairement l'exception de la chose jugée et empêchera le tribunal de rentrer une seconde fois dans la décision de la même affaire. Cependant il serait possible que la cause s'agitant, non pas entre les parties elles-mêmes, qui ont nécessairement souvenir du jugement rendu entre elles deux, mais entre leurs héritiers, ou entre la partie qui a succombé dans le premier débat et l'héritier de la partie qui a triomphé dans ce débat, il serait possible, à toute rigueur, que l'héritier, ignorant le jugement obtenu par son auteur, plaidât de rechef sur la même cause, et découvrît, après avoir succombé, que le premier jugement lui avait donné gain de cause.

On pourrait bien aussi supposer que, les mêmes parties figurant la même instance, celle qui a triomphé dans le premier jugement invoquât, comme moyen de défense, l'autorité de la chose jugée par le premier jugement, mais que le tribunal devant lequel est invoquée cette défense, ne reconnaissant pas l'existence des conditions détaillées par l'art. 1351 du Code civil, écartant mal à propos de la cause l'application de ce premier jugement, et procédant par jugement nouveau, décidât dans un sens différent. La chose serait possible; car c'est souvent une question assez douteuse de savoir dans quel cas, et jusqu'à quel point l'autorité de la chose jugée peut être invoquée. Vous en verrez de nombreux exemples en étudiant l'art. 1351.

Mais, dans ce cas, ce serait par la voie de cassation, et non pas par requête civile, que le second jugement devrait être attaqué. Pourquoi? C'est qu'il y aurait dans ce cas violation d'une loi formelle, violation du principe de l'art. 1351, qui attribue à la chose jugée une autorité souveraine. C'est que, de plus, la requête civile ne se donne en général que par la supposition d'une surprise pratiquée contre les juges, et que par là même c'est une voie inapplicable, quand c'est sciemment et en connaissance de cause que les juges ont décidé dans le sens qui donne matière à la réformation. Aussi tient-on que si c'est non par erreur, par surprise, mais sciemment et après discussion, que le tribunal a repoussé l'autorité de la chose jugée, on tient, dis-je, dans ce cas, que ce n'est pas par la requête civile, mais par le pourvoi en cassation que la partie, qui a succombé dans le deuxième procès, doit se pourvoir (1).

Dans les mêmes cours ou tribunaux. En effet, si la contrariété se présente entre deux jugements offrant toutes les conditions de notre § 6, sauf la dernière, c'est-à-dire entre deux jugements successivement rendus entre les mêmes parties et dans la même affaire, mais par deux tribunaux différents, il y aurait

(1) Cass., 5 juin 1866, D. 66, 1, 304.

lieu alors, aux termes de l'art. 504, non point à la requête civile, mais au pourvoi en cassation; le texte de l'art. 504 est formel à cet égard.

Notre § 6 exige d'ailleurs que les deux jugements contraires aient été rendus *en dernier ressort*. * Ordinairement, quand le premier jugement aura été rendu en dernier ressort, le second sera rendu dans les mêmes conditions. *

Mais supposons qu'ayant actionné *Primus* en payement d'une somme de 1,600 francs, * j'aie obtenu contre lui une condamnation, en premier ressort seulement. *Primus* n'a pas interjeté appel, et en conséquence, cette condamnation, à l'expiration des délais, a acquis contre lui force de chose jugée; ce n'est pas sans doute un jugement en dernier ressort, mais c'est un jugement maintenant inattaquable. Plus tard, mon héritier, ignorant le jugement que j'ai obtenu, renouvelle l'instance contre *Primus* ; * mais il ne lui demande que 1,500 francs; et *Primus*, qui avait perdu dans le premier procès, gagne, au contraire, dans le deuxième. Il y aura alors opposition, contrariété entre deux jugements dont le premier n'a pas été rendu en dernier ressort : le dernier seulement, comme je l'ai supposé, ne statuant que sur une demande qui ne dépasse pas 1,500 francs, a prononcé souverainement en faveur de *Primus*.

Faudra-t-il alors décider, attendu que nous ne sommes pas dans les termes du § 6, que la requête civile n'est pas admissible? Faudra-t-il priver mon héritier du droit de faire rétracter le jugement qui l'a condamné, et qui l'a condamné au mépris d'un jugement rendu d'abord à mon profit, mais qui n'avait pas été rendu en dernier ressort? Il est évident que ce serait s'attacher judaïquement, et contre toute raison, à la lettre un peu inexacte de la loi. Dans l'espèce, il n'y a rien à imputer ni à moi ni à mon héritier. J'avais obtenu condamnation contre *Primus;* cette condamnation n'était qu'en premier ressort, mais puisqu'elle était à mon profit; ce n'était certes pas à moi d'en interjeter appel; de plus *Primus* condamné n'en a pas appelé, et plus tard il a obtenu par surprise un jugement tout à fait contraire à celui-là; il est clair que ce second jugement ne peut enlever, ni à moi ni aux miens, le bénéfice d'une chose jugée en ma faveur, non point, il est vrai, souverainement, mais d'une décision qui était devenue inattaquable par l'expiration des délais pendant lesquels l'appel pouvait en être formé.

Ainsi, nous entendrons l'article en ce sens, que la requête civile sera admise sous les conditions du § 6, lorsqu'il y aura contrariété d'un second jugement rendu en dernier ressort, avec jugement précédent soit rendu en dernier ressort, soit au moins devenu inattaquable par l'expiration des délais ordinaires. Il est clair que le bénéfice de la chose jugée à mon égard ne peut m'être enlevé plus tard sans violation absolue de l'art. 1351.

Quel sera le résultat de la requête civile dans l'hypothèse de notre § 6? Ordinairement celui qui forme la requête civile a pour but d'obtenir la rétractation du jugement, mais ici il y en a deux. Nous verrons sur le deuxième alinéa de l'art. 501 que la requête civile, dans notre espèce, aura pour résultat la rétractation du second jugement, et qu'elle assurera l'autorité du premier (V. n° 752).

735. 7° *Si, dans un même jugement, il y a des dispositions contraires.* Ici, ce n'est plus le même motif que dans le § 6 ; dans le § 6, il faut faire tomber non pas, sans doute, les deux jugements contraires l'un à l'autre, mais uniquement le deuxième jugement qui tendrait à m'enlever le bénéfice acquis par le premier. Au contraire, dans le § 7, la contrariété se rencontre, non pas entre deux décisions également souveraines, et dont l'une est postérieure à l'autre, mais entre deux dispositions simultanées, entre deux parties, entre deux clauses du dispositif d'un même jugement. Alors, aucune de ces deux n'est préférable à l'autre ; il n'y a aucune raison pour faire prévaloir l'un de ces deux chefs ; la requête civile aura donc pour effet de faire rétracter ces deux dispositions opposées, sauf ensuite à procéder par examen et par jugement nouveau sur le fond même de la question qui n'a pas été réellement tranchée.

Il faut, dit le texte, que, dans le même jugement, il y ait des dispositions contraires ; et notez bien que la contrariété dont on vous parle ici, c'est une contrariété dans les diverses branches du dispositif, et non pas dans les divers motifs du même jugement ; la contrariété des motifs, l'absurdité des considérants qui se choquent ainsi l'un l'autre, n'est pas une cause de requête civile ; il faut que la contrariété se trouve dans le dispositif, et rende ainsi l'exécution du jugement complètement impossible. J'accorde bien que, si la contrariété des motifs faisait qu'ils se détruisissent l'un et l'autre, le jugement serait vicieux, parce qu'alors il ne serait pas motivé ; mais ce n'est pas là une ouverture de requête civile, c'est une ouverture de cassation, aux termes de l'art. 7 de la loi du 20 avril 1810.

736. 8° *Si, dans les cas où la loi exige la communication au ministère public, cette communication n'a pas eu lieu, et que le jugement ait été rendu contre celui pour qui elle était ordonnée.* C'est ici, comme vous le voyez et comme déjà je l'ai annoncé, la sanction des règles établies dans l'art. 83. Il est des cas où le ministère public doit, comme partie jointe, prendre communication de l'affaire et donner ses conclusions ; si cette précaution a été omise, la sanction est dans la requête civile contre le jugement ainsi intervenu.

Cependant, le § 8 n'autorise pas, comme vous le voyez, d'une manière absolue, l'emploi de la requête civile dans tous les cas où la communication au ministère public était exigée et n'a pas eu lieu. Si, par exemple, la communication a été requise, aux termes du § 7 de l'art. 83, parce que dans la cause figurait un mineur, un interdit, un présumé absent, et que, nonobstant ce défaut de communication, le mineur, l'interdit, ait obtenu gain de cause, il est clair que l'autre partie ne pourra pas se faire du défaut de communication un moyen d'invoquer la rétractation du jugement. Dans ce cas, comme dans quelques autres, la communication était exigée dans l'intérêt de l'une des parties seulement, dans l'intérêt spécial de l'incapable ; c'est donc seulement cet incapable qui est recevable, s'il a succombé, à invoquer, aux termes de notre article, le défaut de communication.

Mais la question est un peu plus douteuse dans les cas indiqués dans divers paragraphes de l'art. 83, c'est-à-dire dans les cas où la communication est exigée, non pas dans l'intérêt exprès de telle partie déterminée, mais dans un intérêt d'ordre public, par exemple, dans les §§ 3, 4 et 5 de l'art. 83. Supposez, par exemple, l'hypothèse du § 3, celle d'un déclinatoire proposé pour incompétence absolue entre deux parties majeures et capables ; le ministère public doit y donner ses conclusions, et il les donne ici à raison de la nature même du moyen débattu, et non point à raison de l'intérêt spécial, de l'incapacité personnelle des parties. Dans ce cas, si la communication n'a pas été prise, si les conclusions du ministère public n'ont pas été données, admettrons-nous, refuserons-nous l'emploi de la requête civile contre le jugement ainsi rendu? La raison de douter se tire du § 8 de l'art. 480, qui ne paraît admettre l'emploi de la requête civile qu'en faveur de l'incapable, dans l'intérêt exprès duquel la communication a été exigée. Je crois cependant que, dans le cas où la loi commande la communication, non pas dans l'intérêt spécial d'une partie, mais dans un intérêt général, dans une vue d'ordre et d'intérêt public, le défaut de communication donne ouverture à la requête civile, au profit de chaque partie, sans distinction. En effet, la limite apportée, par les derniers mots de notre § 8, à la règle générale qui les précède, tend à empêcher l'application trop absolue du texte de l'ordonnance de 1667. Cette ordonnance, dans l'art. 34 de son titre XXXV, énumérant les ouvertures de requête civile, autorisait indistinctement cette voie dans les cas où le ministère public devait conclure et n'avait pas conclu. Il est clair, cependant, qu'il n'était pas raisonnable d'autoriser la requête civile, au profit de la partie capable, pour défaut de conclusions quand ces conclusions sont requises à raison de l'incapacité de l'adversaire. Voilà, je crois, tout ce qu'a voulu dire la dernière disposition du § 8. Que si les conclusions sont requises dans un intérêt d'ordre public, comme en matière de déclinatoire, de règlement des juges, de prise à partie, de récusation, et autres cas pareils, la nature même de la cause qui a commandé l'intervention du ministère public est d'un intérêt assez grave pour autoriser, en cas de violation de la règle, l'emploi de la requête civile au profit de chacune des parties.

737. Les §§ 9 et 10, constituant les deux dernières ouvertures de l'art. 480, sont fondés sur des causes analogues, et qui d'ailleurs vous sont déjà connues. Il faut supposer que le jugement a été rendu, soit sur des pièces reconnues ou déclarées fausses depuis ce jugement, soit, d'après le § 10, à défaut de pièces décisives que l'adversaire retenait, et que, par conséquent, je n'ai pas pu présenter; par exemple, une quittance que l'adversaire m'avait donnée s'est trouvée accidentellement dans ses mains, et l'impossibilité où j'ai été de la reproduire a engagé les juges à me condamner.

Cette double ouverture de requête civile vous est déjà connue ; vous avez vu, dans l'art. 448, que ces mêmes circonstances prorogeaient le délai de l'appel ; que, quand le jugement avait été rendu sur des pièces depuis reconnues fausses, ou par défaut de représentation des pièces décisives retenues par l'adversaire, le délai de deux mois, au lieu de courir depuis la signification du jugement, ne courait que du moment où les pièces avaient été recouvrées, du moment où le faux avait été reconnu ou déclaré. Et bien, de même que l'art. 448 s'occupe de ces deux cas quand il s'agit d'un jugement susceptible d'appel, de même, au contraire, s'il s'agit d'une sentence rendue en dernier ressort, on trouvera dans ces circonstances des ouvertures de requête civile, et dans ce cas comme dans celui de l'appel, le délai pour présenter la requête civile sera prorogé : ainsi le décide l'art. 488, qui ne fait que répéter la disposition établie pour l'appel par l'art. 448.

J'ajouterai, d'ailleurs, qu'il ne suffit pas, pour faire rétracter un jugement, dans les deux derniers cas de l'art. 480, d'établir que l'adversaire a présenté des pièces fausses, d'établir que l'adversaire a retenu par son fait des pièces qui pouvaient être importantes dans la cause ; il faut de plus prouver que ces pièces fausses ont déterminé le jugement ; il faut de plus établir que ces pièces retenues par l'adversaire étaient décisives, c'est-à-dire que, dans le premier cas, la fausseté, dans le second, l'absence des pièces, ont exercé une influence déterminante sur le jugement qui m'a condamné. Si cette puissance d'influence n'était pas prouvée, vainement alléguerais-je le faux, dans le premier cas, et l'absence des pièces, dans le second (1).

738. L'art. 481 est relatif à une dernière cause d'ouverture de requête civile.

« Art. 481. L'État, les communes, les établissements publics et les mineurs seront encore reçus à se pourvoir, s'ils n'ont été défendus ou s'ils ne l'ont été valablement. »

Ici, la requête civile est fondée, non pas précisément, comme vous le voyez, sur des causes générales, sur l'omission de certaines règles, qui pourrait être invoquée par toutes les parties qui ont souffert ; elle est, au contraire, fondée sur la position spéciale, ou, si vous voulez, sur certaines incapacités de la partie. Cette ouverture de requête civile a été établie au profit de l'État, des communes, des établissements publics, des mineurs, auxquels il faut joindre les interdits (art. 509, C. civ.) ; et elle l'est dans les deux cas :

Premièrement, s'ils n'ont pas été défendus ; par exemple, si l'État, les communes, les mineurs, les interdits ont été condamnés par défaut, et que l'opposition n'ait pas été formée dans les délais voulus ; cette seule omission de défense suffira pour constituer, au profit des mineurs ou des personnes morales indiquées dans l'article, une ouverture de requête civile. De même, si le mineur n'a pas été représenté dans l'instance par son représentant légal, par son tuteur ; si, par exemple, il y avait personnellement et uniquement figuré ; dans ce cas, il est vrai de dire qu'il n'a pas été défendu, sa présence personnelle dans la cause est un fait sans valeur en présence de l'art. 450 du Code civil. Le tuteur était son représentant légal, le tuteur seul avait mission et qualité pour défendre. Voilà la première ouverture de requête civile en faveur de ces personnes.

Le second cas est plus remarquable : elles peuvent encore se pouvoir, si elles n'ont été valablement défendues. Par exemple, pour l'État, pour les communes, pour les établissements publics, s'ils ont intenté une action, ou défendu à une action dirigée contre eux, sans se munir des autorisations administratives exigées par l'art. 1032 du Code de procédure. De même, pour le mineur, s'il a été représenté dans une instance par son tuteur, mais par son tuteur non

(1) ** La question de savoir si la pièce retenue par l'adversaire est ou non décisive, est de pur fait. Cass. Req. 6 juillet 1875, S. 77, 1, 462. **

muni de l'autorisation du conseil de famille, dans les cas ou dans les actions où l'art. 464 du Code civil exige cette autorisation. Vous savez que, quand il s'agit d'intenter une action immobilière, le tuteur doit se munir de l'autorisation du conseil de famille, art. 464. « Aucun tuteur ne pourra introduire en justice une action relative aux droits immobiliers du mineur, ni acquiescer à une demande relative aux mêmes droits, sans l'autorisation du conseil de famille. » Voilà un cas où, à la rigueur, on peut dire que le mineur a été défendu, a été représenté, mais ne l'a pas été valablement.

Les anciens commentateurs attribuaient à cette disposition, qui se trouve dans l'art. 35 du titre XXXV de l'ordonnance de 1667, un sens beaucoup plus remarquable, et que probablement elle doit encore conserver aujourd'hui. On regardait le mineur, par exemple, comme non valablement défendu, et, par conséquent, comme recevable à faire rétracter l'arrêt par la voie de la requête civile, alors même que dans la cause avait figuré son représentant légal, muni de toutes les autorisations nécessaires pour le bien représenter, si ce représentant n'avait pas fait valoir, n'avait pas plaidé et bien plaidé tous les moyens, soit de droit, soit de fait, qui pouvaient être invoqués dans la cause ; si l'on pouvait penser que l'état incomplet de la défense, que l'omission de tel ou tel moyen eût entraîné contre le mineur la condamnation qui l'avait frappé, on l'admettait encore à se pourvoir, en ce cas, par la voie de la requête civile. Ici, vous le voyez, c'était tout à fait sur l'incapacité de la personne, abstraction faite de toute inobservation des formalités, de toute irrégularité dans la procédure, que l'on admettait certains incapables, et notamment les mineurs, à faire rétracter, par la requête civile, le jugement qui les avait frappés. Il est fort probable, en présence de cette opinion généralement enseignée autrefois, qu'en transcrivant dans le Code de procédure le texte de l'ordonnance, on n'a pas entendu en dénaturer le sens, que le mineur serait encore recevable à faire rétracter un jugement de condamnation, en soutenant que son tuteur, que son représentant légal l'a mal défendu, soit en fait, soit en droit.

➾ 739. L'art. 482 ne présente aucune difficulté.

« Art. 482. S'il n'y a ouverture que contre un chef de jugement, il sera seul rétracté, à moins que les autres n'en soient dépendants. »

➾ 740. * Les art. 483 à 489, relatifs au délai de la requête civile, ont été modifiés par la loi du 3 mai 1862, de la même manière que les art. 443 et suiv. qui ont trait au délai d'appel. Ainsi le délai ordinaire a été réduit de trois mois à deux mois *.

« Art. 483. La requête civile sera signifiée avec assignation, dans le délai de deux mois, à l'égard des majeurs, du jour de la signification du jugement attaqué, à personne ou domicile. »

Le délai de la requête civile est donc, en principe, le même que celui de l'appel, deux mois depuis la signification du jugement attaqué.

Dans le délai de deux mois. ** Résulte-t-il de ces termes, comme le prétendent certains auteurs et comme l'a jugé la cour de cassation (1), que le délai de la requête civile, à la différence de celui de l'appel, n'est pas franc, de telle sorte que le *dies ad quem* serait le dernier et que le lendemain de ce jour il serait trop tard pour se pourvoir en requête civile? Nous pensons, au contraire, que le délai de la requête civile est franc, comme celui de l'appel. D'une part, il est hors de doute que le législateur a entendu appliquer, pour les délais, le même système en matière de requête civile qu'en matière d'appel; d'un autre côté, le délai de deux mois à l'effet de se pourvoir en requête civile a pour point de départ une signification à personne ou domicile, et il est de droit commun que quand un délai commence à courir à partir d'un acte de ce genre, il doit être franc. Les termes de notre article ne sont pas assez précis pour qu'on puisse y voir une dérogation au droit commun. **

La requête civile sera signifiée avec assignation. Ceci présente quelque singularité; on ne dit pas que la requête civile sera introduite par une assignation du demandeur au défendeur, mais qu'elle sera signifiée *avec une assignation*, ce qui suppose deux actes distincts : 1° la requête civile; 2° l'assignation. Ceci paraît être un vestige de cet ancien usage des lettres de requête civile, qui devaient être obtenues, dans les chancelleries, avant l'assignation tendant à faire rétracter un jugement. Sans doute, ces lettres ne sont plus nécessaires, ne peuvent même plus être obtenues; les chancelleries qui les délivraient n'existent plus. Il n'y a plus à se pourvoir auprès du gouvernement pour obtenir la permission d'attaquer un jugement, mais un usage, fondé sur des textes du Code de procédure et du Tarif, introduit, comme préalable, l'assignation donnée par un demandeur en requête civile, la présentation d'une requête au président du tribunal ou de la cour, à l'effet d'obtenir la permission d'assigner en requête civile. C'est ce que paraît indiquer l'art. 483 : *La requête civile sera signifiée avec assignation;* c'est-à-dire qu'en assignant le défendeur à la requête civile, on lui notifiera la permission d'assigner obtenue du président sur une requête présentée à ce dernier. L'art. 78 du Tarif vient à l'appui de cette idée, en accordant un droit à l'avoué pour présentation au président de la requête qui tend à obtenir permission d'assigner dans cette procédure. Cette idée est enfin confirmée par l'art. 494, qui, dans ses premiers mots, parle encore de la présentation d'une requête civile. Il paraît donc régulier, et dans le vœu de la loi, de remplir cette formalité qui me semble d'ailleurs assez insignifiante.

J'ajouterai que cette formalité est contraire, non seulement au texte de la loi de 1790, d'après lequel, dans tous les cas où les lettres de chancellerie avaient été nécessaires, la loi permettait et commandait de se pourvoir directement devant les tribunaux compétents, mais de plus à une autre loi du 18 février 1791, spéciale à la matière des requêtes civiles, qui décidait que les requêtes civiles seraient formées de la même manière et dans les mêmes formes que les appels, c'est-à-dire par exploit d'ajournement, sans aucune requête préalable. On reconnaît, au reste, que, bien que l'usage de présenter

(1) Cass., 4 décembre 1865, D. 65, 1, 106.

requête soit plus régulier, comme conforme au texte de nos deux articles et du Tarif, on ne pourrait, cependant, dans le silence de la loi, prononcer la nullité d'une assignation en requête civile qui n'aurait pas été précédée de la présentation de cette requête (1).

741. « Art. 484. Le délai de deux mois ne courra contre les mineurs que du jour de la signification du jugement, faite, depuis leur majorité, à personne ou domicile. »

Cet article suspend en faveur des mineurs le délai de deux mois pour former la requête civile. Vous avez déjà vu, au titre *De l'Appel*, dans l'art. 444, que le délai de deux mois ne courait contre les mineurs que du jour où le jugement dont il s'agit d'interjeter appel aurait été signifié, non seulement au tuteur, mais au subrogé tuteur, précaution cumulative pour bien garantir les intérêts de l'incapacité. Ici, la loi va plus loin : les deux mois ne courront pas, pour former la requête civile, du jour même où le jugement a été signifié tant au tuteur qu'au subrogé tuteur. Le subrogé tuteur n'est guère à portée de connaître les ouvertures de requête civile, qui supposent en général une étude approfondie du jugement et de la procédure ; aussi les deux mois ne courront contre le mineur qu'après la signification qui lui aura été faite à personne ou à domicile depuis sa majorité. En d'autres termes, les deux mois ne courront jamais pendant la minorité, et ne courront, même après la majorité, qu'après une signification spéciale.

Ce que la loi dit ici des mineurs, devrons-nous l'appliquer aux interdits que l'art. 509 du Code civil assimile à peu près complètement aux mineurs ?

Pour l'affirmative, c'est-à-dire pour décider que la requête civile pourra être formée, au nom de l'interdit, dans les deux mois qui suivent la signification à personne depuis que l'interdiction a cessé, on invoque, d'après l'art. 509 (C. civ), l'assimilation du mineur et de l'interdit.

Dans le sens contraire, on peut dire que cette opinion prolonge indéfiniment, et dans le silence de la loi, l'incertitude des parties sur le sort du jugement. Il s'ensuivra, en effet, que le jugement rendu contre un interdit pourra être attaqué dans les deux mois à partir de la signification faite à la personne ou au domicile de l'interdit, depuis que l'interdiction aura cessé, c'est-à-dire depuis que la mainlevée aura été prononcée, et, s'il est mort en état d'interdition, dans les deux mois de la signification faite à ses héritiers.

Peut-être, et c'est certainement le plus probable, en rédigeant l'art. 484, pour les mineurs, n'a-t-on pas songé à l'assimilation que l'art. 509 (C. civ.) paraissait produire. * Néanmoins j'inclinerais vers la première opinion. Et, en conséquence, je déciderais que le délai de deux mois ne courra que du jour de la signification du jugement fait à l'interdit relevé de son interdiction ou à ses héritiers. *

742. Les art. 485 à 488 n'ont besoin d'aucune espèce d'explication ; ils ne sont que la répétition littérale des art. 445 et suivants. De même que, dans des cas d'absence ou autres pareils, on a prolongé, au titre *De l'Appel*, les dé-

(1) Paris, 3 mars 1810. — Cass., 5 juillet 1816, *Journal du Palais*. — *Contra* : Cass. Rej., 9 juin 1814, *Journal du Palais*.

lais pour interjeter l'appel, de même, et dans les mêmes cas, on prolonge, dans nos quatre articles, le délai de la requête civile.

Dans l'art. 489 on prolonge également ce délai, mais par un motif spécial : si la requête civile est fondée sur la contrariété de jugements, c'est-à-dire sur le § 6 de l'art. 480, les deux mois de délai accordés pour former la requête civile ne courent que du moment où la contrariété est légalement connue, c'est-à-dire du moment où le deuxième jugement a été signifié.

☞ 743. « Art. 490. La requête civile sera portée au même tribunal où le jugement attaqué aura été rendu : il pourra y être statué par les mêmes juges. »

« Art. 491. Si une partie veut attaquer par la requête civile un jugement produit dans une cause pendante en un tribunal autre que celui qui l'a rendu, elle se pourvoira devant le tribunal qui a rendu le jugement attaqué ; et le tribunal saisi de la cause dans laquelle il est produit pourra, suivant les circonstances, passer outre ou surseoir. »

Ici la loi ne s'occupe plus du délai, mais de la compétence du tribunal devant lequel la requête civile devra être portée. A cet égard, la règle est fort simple : dans tous les cas la requête civile doit être portée devant les juges qui ont rendu le jugement attaqué par cette voie. * Elle est donc toujours, comme je l'ai déjà dit, une voie de rétractation. *

La requête civile est accordée ordinairement dans les cas où l'on peut penser que le tribunal a été surpris, trompé, ou que la discussion qui a eu lieu devant lui ne l'a pas suffisamment éclairé ; c'est à lui-même qu'on vient demander la rétractation de son propre jugement, jugement fondé sur une erreur plutôt imputable aux parties qu'au tribunal lui-même. C'est pour cela précisément que, quand l'erreur a été patente et volontaire, qu'on a invoqué devant le tribunal le moyen qu'il a expressément rejeté, comme dans le cas cité sur le § 5 de l'art. 480, il n'y a pas lieu à employer la requête civile, mais bien le pourvoi en cassation ; ce serait perdre son temps que de venir demander au tribunal qui a jugé, la rétractation d'un jugement rendu par lui en pleine et parfaite connaissance de la cause (Voy. n° 734).

Ainsi, dans tous les cas de requête civile, qu'elle soit principale ou incidente, comme le supposent les art. 490 et 491, c'est toujours devant le tribunal qui a jugé que doit être portée la requête civile. Nous ne ferons donc point à cet égard, en matière de requête civile, la distinction qui est faite, en matière de tierce opposition, par les art. 475 et 476. Si, par exemple, dans le cours d'une instance où je suis partie, mon adversaire m'oppose un jugement rendu contre moi, jugement dans lequel je crois voir une ouverture de requête civile, cette requête civile incidente ne sera pas portée devant le tribunal saisi de la demande actuelle, mais bien devant le tribunal qui a rendu ce jugement, sauf alors au tribunal devant lequel s'est élevé l'incident, à voir s'il doit passer outre au jugement du principal, ou s'il doit, au contraire, y surseoir ; ainsi disposent les derniers mots de l'art. 491, qui ne fait que répéter à cet égard la disposition de l'art. 477 (1).

(1) ** Jugé que si la requête civile doit être portée devant le tribunal où le jugement attaqué a été rendu, cependant la loi n'exige pas qu'il soit statué par les mêmes juges ni par la même chambre du tribunal. Cass. civ., 12 avril 1875, S. 77, 1, 376. **

744. « Art. 492. La requête civile sera formée par assignation au domicile de l'avoué de la partie qui a obtenu le jugement attaqué, si elle est formée dans les six mois de la date du jugement; après ce délai, l'assignation sera donnée au domicile de la partie. »

« Art. 493. Si la requête civile est formée incidemment devant un tribunal compétent pour en connaître, elle le sera par requête d'avoué à avoué; mais, si elle est incidente à une contestation portée dans un autre tribunal que celui qui a rendu le jugement, elle sera formée par assignation devant les juges qui ont rendu le jugement. »

Ainsi les cas de requête civile principale et incidente diffèrent, ou du moins peuvent différer relativement à la manière d'engager la procédure. La requête civile principale se forme nécessairement par une assignation; la requête civile incidente se formera, tantôt par une assignation, tantôt par une requête d'avoué à avoué. Elle se formera par une assignation, comme la requête civile principale, lorsque le tribunal saisi de l'instance, dans le cours de laquelle est soulevé l'incident, n'est pas compétent pour connaître de la requête civile, parce que ce n'est pas lui qui a rendu le jugement attaqué. Ainsi nous sommes en instance devant la cour de Rouen; vous m'opposez, en votre faveur, un jugement rendu à votre profit, dans la même affaire, ou dans une affaire connexe par le tribunal de la Seine. J'attaque ce jugement par la voie de la requête civile; la requête civile est incidente, elle sera portée, non pas devant la cour de Rouen, saisie de la question principale, mais devant le tribunal de la Seine, qui a rendu ce jugement, et comme alors elle se porte devant un tribunal où nous ne sommes pas en cause, elle devra, quoique incidente, se former par assignation comme si elle était principale. Que si, au contraire, le jugement que vous m'opposez devant le tribunal ou devant la cour de Rouen, est un jugement ou un arrêt émané de ce tribunal ou de cette cour, la requête civile est non seulement incidente, mais c'est le tribunal saisi du principal qui est compétent pour l'incident; les parties étant déjà en cause, une assignation serait absolument inutile; donc une requête d'avoué à avoué suffira pour l'introduire.

Tels sont les motifs des art. 592 et 493.

Il faut seulement remarquer que l'assignation exigée pour introduire, soit la requête civile principale, dans tous les cas, soit la requête civile incidente, dans le premier de nos deux cas, n'est pas toujours, comme les assignations ordinaires, une assignation à personne ou à domicile. En général, quand on assigne un défendeur, c'est, d'après l'art. 61, en sa personne où on le trouve, ou au moins à son domicile. Au contraire, en matière de requête civile, si la requête est formée dans les six mois de la date du jugement (1), l'assignation se remet, non point à la partie assignée, mais, pour plus de célérité, au domicile de son avoué. C'est un exemple assez remarquable d'une assignation proprement dite, remise, notifiée au domicile de l'avoué. On présume que dans les six mois l'avoué est encore muni des pièces, que ses relations avec la partie durent encore, et par conséquent, pour plus de célérité, on assigne la partie au domicile de son avoué dont le mandat est considéré comme subsistant encore relativement à la requête civile (art. 496). Ces assignations

(1) Cass. Rej., 12 avril 1858, D. 58, 1, 179.

exceptionnelles ne vous sont pas inconnues; je vous ai fait remarquer, dans l'art. 261, au titre *Des Enquêtes*, une décision du même genre; vous y avez vu que la partie contre laquelle une enquête est faite, est assignée, pour être présente à l'enquête, au domicile de son avoué.

Mais notez bien que, quoique remise au domicile de l'avoué, ce n'en est pas moins une assignation soumise à toutes les formalités de l'art. 61 ; ce n'est pas pour cela un simple acte d'avoué à avoué.

745. « Art. 494. La requête civile d'aucune partie autre que celle qui stipule les intérêts de l'État ne sera reçue, si, avant que cette requête ait été présentée, il n'a été consigné une somme de trois cents francs pour amende, et cent cinquante francs pour les dommages-intérêts de la partie ; sans préjudice de plus amples dommages-intérêts, s'il y a lieu ; la consignation sera de moitié, si le jugement est par défaut ou par forclusion, et du quart, s'il s'agit de jugements rendus par les tribunaux de première instance. »

Le but des art. 494 et 495 est d'empêcher l'abus, l'emploi trop fréquent, trop léger, de cette voie extraordinaire que la loi a ouverte aux parties; pour mettre un frein à la témérité des plaideurs, pour empêcher l'abus de ce moyen, l'art. 494 frappe d'une amende assez forte le demandeur en requête civile qui succombe dans sa demande, le demandeur qui ne prouve pas le fondement des ouvertures de requête civile alléguées par lui.

Ce même article exige de plus, et c'est là sa disposition principale, que cette amende, qui est de 300 francs, soit consignée avant que la requête civile soit présentée. Ainsi, avant de présenter au président la requête afin d'obtenir permission d'assigner en requête civile, il faudra justifier, en présentant requête, de la consignation préalable de 300 francs à titre d'amende au profit de l'État, et de 150 francs à titre de dommages-intérêts pour l'autre partie, s'il y a lieu. Aucune requête ne sera reçue, dit la loi, si la quittance du receveur ne justifie de la consignation d'une somme de 300 francs pour amende, et de 150 francs pour dommages-intérêts.

On voit que la somme à consigner varie suivant la nature et l'importance du jugement attaqué. Quant aux jugements par forclusion dont parle cet article, il n'y a pas synonymie parfaite entre l'expression de jugement par défaut et celle de jugement par forclusion : vous trouverez le sens de ce mot dans l'art. 756 ; ce mot de forclusion vient de *forum claudere*, l'accès devant le tribunal sera fermé à celui qui n'aura pas produit.

« Art. 495. La quittance du receveur sera signifiée en tête de la demande, ainsi qu'une consultation de trois avocats exerçant depuis dix ans au moins près un tribunal du ressort de la cour d'appel, dans lequel le jugement a été rendu. — La consultation contiendra déclaration qu'ils sont d'avis de la requête civile, et elle en énoncera aussi les ouvertures; sinon la requête ne sera pas reçue. »

La loi veut que le demandeur en requête civile signifie également, en tête de sa demande, une consultation de trois anciens avocats, énonçant qu'ils sont d'avis de la requête civile, et présentant les ouvertures sur lesquelles se fonde la requête. Ces ouvertures, énoncées et motivées dans la consultation, sont les seuls moyens de requête civile qui puissent être invoqués dans les débats (art. 499). A défaut de cette consultation, à défaut d'énonciation, dans cette consultation, des ouvertures de requête civile et d'approbation de ces moyens par tous les signataires, la requête civile ne sera pas reçue, elle devra être rejetée, sans que le tribunal ou la cour à laquelle elle est portée puisse entrer dans l'examen du fond, et dans le mérite des ouvertures de requête civile alléguées par le demandeur.

Ainsi, ces deux conditions, la consignation préalable et la consultation, ont pour but de diminuer l'emploi des requêtes civiles formées témérairement, l'une par la crainte d'une pénalité pécuniaire, l'autre par la nécessité de trouver à l'appui de cette demande, l'autorité de jurisconsultes qui, par leur ancien exercice, présentent des garanties de lumières et d'expérience. ** Cette dernière garantie n'est cependant pas bien sérieuse, car les trois avocats sont choisis par le demandeur en requête civile.**

⇝ **746.** « Art. 496. Si la requête civile est signifiée dans les six mois de la date du jugement, l'avoué de la partie qui a obtenu le jugement sera constitué de droit sans nouveau pouvoir. »

Cet article, déjà cité sous l'art. 492, se rapporte à la constitution d'avoué. En principe, lorsque la requête civile s'introduit par assignation, ce qui a toujours lieu lorsqu'elle est principale, cette assignation se rédige dans les formes ordinaires, c'est-à-dire que, outre les spécialités résultant des deux articles précédents, elle doit contenir l'accomplissement des formalités générales de l'art. 61, et, avant tout, l'assignation à comparaître devant le tribunal ou la cour compétente. La conséquence en serait que le défendeur devrait ici, comme dans les cas ordinaires, constituer un avoué dans les délais de l'ajournement; c'est, en effet, ce qu'il doit faire ordinairement. Mais, dans certains cas, la constitution est de droit; ainsi la loi veut que, quand la requête civile est formée dans les six mois de la date du jugement ou de l'arrêt attaqué, le défendeur ait de droit pour avoué, dans la question de requête civile, l'avoué qui avait occupé pour lui. Alors la procédure, au lieu de s'entamer, de commencer, de la part du défendeur, par une constitution d'avoué, aux termes de l'art. 75, commencera, soit par la signification des écritures dont parle l'art. 77, soit par un avenir pour plaider à l'audience.

⇝ **747.** « Art. 497. La requête civile n'empêchera pas l'exécution du jugement attaqué; nulles défenses ne pourront être accordées; celui qui aura été condamné à délaisser un héritage ne sera reçu à plaider sur la requête civile qu'en rapportant la preuve de l'exécution du jugement au principal. »

L'art. 497 est plus remarquable. Vous avez vu que les voies ordinaires d'attaque contre un jugement, l'opposition et l'appel, étaient en général suspensives de l'exécution; que, ces voies une fois employées, on ne pouvait, sauf le cas d'exécution provisoire ordonnée, passer outre à l'exécution. Il n'en est pas de même de la requête civile, et, en général, il n'en est pas de même des voies extraordinaires. En effet, déjà nous avons vu, en traitant de la tierce opposition, que cette voie, en principe, n'était pas suspensive, que cependant le tribunal pouvait, suivant les circonstances, suspendre l'exécution, excepté dans le cas spécial de l'art. 478, 1er alinéa. Dans le pourvoi en cassation, nous verrons également que, sauf des exceptions très rares, le pourvoi en cassation n'est jamais suspensif en matière civile. La même disposition se trouve dans l'art. 497 sans exception, ou au moins sans exception écrite, car nous verrons s'il faut en admettre.

On ajoute que *nulles défenses ne pourront être obtenues*, c'est-à-dire que, quels que soient, au premier aspect, le mérite, la gravité des ouvertures de requête civile, le tribunal ou la cour saisie de cette action ne pourrait pas ordonner de surseoir à l'exécution de la sentence.

Il y a plus, c'est que, dans le dernier cas de l'art. 497, la loi, non contente de permettre la continuation de l'exécution, ordonne même que la requête civile ne sera pas plaidée tant qu'il n'aura pas été justifié par le demandeur que le jugement est exécuté. Cette dernière disposition tendant encore à empêcher que, par esprit de chicane, dans l'espoir de gagner du temps, on n'emploie la requête civile, est extrêmement remarquable. « *Celui qui aura été condamné à délaisser un héritage ne sera reçu à plaider sur la requête civile qu'en rapportant la preuve de l'exécution du jugement au principal.* » Ici donc, non seulement, comme dans les cas ordinaires, l'exécution marchera pendant la requête civile, mais même on ne sera admis à venir plaider sur le mérite des ouvertures qu'en prouvant qu'on a, au préalable, exécuté le jugement de condamnation.

Les motifs qui ont déterminé cette disposition spéciale pour le cas de jugement ordonnant le délaissement d'un héritage, sont en partie ceux présentés sur l'art. 478; c'est qu'un jugement de cette nature, ordonnant au défendeur le délaissement d'un héritage par lui possédé, est d'abord d'une exécution très facile : il est toujours facile au possesseur d'un héritage de le remettre dans les mains du demandeur qui a obtenu gain de cause. Sous ce rapport, il diffère essentiellement de la partie condamnée au payement d'une somme d'argent, et qui peut se trouver dans l'impossibilité de la payer. D'autre part, c'est que cette exécution immédiate du jugement, portant sur un immeuble qu'on retrouvera toujours, présente, pour celui qui exécute, infiniment moins de danger que la remise ou le payement d'une somme d'argent ou d'un objet mobilier.

La loi refusant expressément l'effet suspensif à la requête civile, exigeant même, en certains cas, l'exécution préalable du jugement attaqué, n'indique aucune exception à la rigueur de sa règle. Cependant, il faut reconnaître, dans certaines ouvertures de requête civile, la nécessité d'une exception, en ce sens au moins qu'on ne pourra pas exiger, au préalable, la preuve de l'exécution du jugement attaqué. Ainsi, en vous reportant à l'art. 480, §§ 6 et 7, vous voyez mentionnées parmi les ouvertures de requête civile, 1° la contrariété de deux jugements rendus sur les mêmes moyens, entre les mêmes parties, dans la même cause et par les mêmes tribunaux; 2° la contrariété de plusieurs dispositions contenues dans un même jugement. Eh bien, dans le cas du § 6, savoir le cas de requête civile pour contrariété de jugements en dernier ressort, on pourrait déjà douter que les derniers mots de l'art. 497 fussent applicables; on pourrait déjà douter que la partie qui attaque, par la voie de la requête civile, un jugement de condamnation qui se trouve en contrariété formelle avec un jugement déjà obtenu par elle, pût être obligée de rapporter, au préalable, la preuve de l'exécution de la seconde sentence; on pourrait soutenir, à la rigueur, que l'exécution de la seconde sentence est arrêtée, est paralysée par la représentation d'un jugement antérieur, directement contraire à celle-ci.

Mais, en consentant même, comme je le ferais volontiers, à appliquer dans cette matière tout à fait de rigueur la disposition finale de notre article, en décidant que, même dans le cas du § 6 de l'art. 480 celui qui attaque en requête civile pour contrariété de jugements, doit préalablement exécuter le second jugement qu'il attaque, toujours faudrait-il reconnaître que, dans le cas du § 7, la fin de notre article est inapplicable. Dans le cas du § 7, il s'agit d'un jugement attaqué par requête civile, attendu que dans le texte de ce jugement se trouvent des décisions, des dispositions contraires l'une à l'autre : cette contrariété élève contre l'exécution un obstacle absolu, insurmontable; car exécuter le jugement dans un sens, ce serait le contrarier, ce serait le violer dans un autre. La requête civile ici se fonde précisément sur l'impossibilité d'exécuter dans son entier un jugement dont les diverses parties sont en contrariété, en contradiction l'une avec l'autre. Dans ce cas donc, l'exécution sera suspendue, non pas sans doute par l'effet de la requête civile, mais par l'impossibilité d'appliquer, dans son entier, le dispositif du jugement attaqué; et dans ce cas, par conséquent, si l'on se trouvait dans l'hypothèse des derniers mots de l'art. 497, on ne pourrait pas subordonner l'ouverture des plaidoiries sur la requête civile à la preuve d'une exécution qui réellement est impossible.

748. « Art. 498. Toute requête civile sera communiquée au ministère public. »

Cette disposition est fort simple. Seulement le défaut de communication au ministère public n'entraînera pas ici, conformément à l'art. 480, § 8, une ouverture de requête civile contre le nouvel arrêt. La raison en est dans l'art. 503, qui n'admet pas de requêtes civiles successives (Voy. art. 503).

749. Quant à l'ensemble même de la procédure qui a pour but de faire admettre la requête civile, il ne présente pas de difficultés ; la procédure une fois introduite, une fois entamée, soit par assignation, soit par requête, selon les distinctions précédentes, la constitution d'avoué une fois faite par le défendeur, conformément à l'art. 75, ou faite directement par la loi dans le cas de l'art. 496, on procédera aux significations respectives des écritures prescrites par les art. 77 et suivants pour la procédure ordinaire. La loi ici ne traçant rien de spécial pour l'instruction de la requête civile, elle retombe par là même dans les règles générales prescrites pour les procédures ordinaires.

Remarquez seulement que, quand je dis que les écritures, les requêtes de défense et de réponse des art. 77 et suivants pourront et devront être signifiées, j'entends qu'il en sera ainsi alors même que le procès, à raison duquel la requête civile est formée, ne serait pas par sa nature susceptible de ce genre d'instruction. Supposez, par exemple, que la requête civile ait été formée contre un jugement rendu en matière sommaire ; les matières sommaires s'introduisent, vous le savez, sans écritures préalables, conformément aux art. 405 et 406 ; cependant, la requête civile formée contre ce jugement devra être instruite au moyen des écritures, parce que tout autre est la question du fond, qui seul est une matière sommaire, tout autre est la question d'ouverture de requête civile, qui est en dehors des définitions de l'art. 404. Il ne s'agit plus de savoir quelle partie a tort ou raison, mais si l'on est dans l'un des cas de l'art. 480. La question du procès est donc tout autre ; il n'y a plus rien de sommaire, et l'on retombe forcément dans les formes ordinaires.

De même, on a décidé, et avec raison, que, lorsque la requête civile serait formée contre un jugement rendu dans l'une de ces affaires qui s'instruisent sans plaidoiries, par exemple dans une affaire de l'enregistrement, qui se juge sur simples mémoires, alors il n'en faudrait pas moins procéder à des plaidoiries sur la requête civile, parce que autre chose est la question du fond qui tend à déterminer, par exemple, la quotité d'un droit de mutation, autre chose est la question de la requête civile, tendant uniquement à savoir si l'on est dans l'un des cas d'ouverture de requête civile de l'art. 480.

Ainsi, dans tous les cas, c'est à la procédure ordinaire, à la procédure écrite, suivie de plaidoiries, conformément aux art. 77 et suivants, que nous assujettirons l'instruction de la requête civile.

« Art. 499. Aucun moyen autre que les ouvertures de requête civile énoncées en la consultation ne sera discuté à l'audience ni par écrit. »

La loi ici veut encore couper court à des discussions interminables que pourrait soulever l'emploi abusif de la voie qui nous occupe.

Non seulement on ne peut discuter à l'audience aucun moyen, aucune ouverture de requête civile autre que celles qui, dès le principe, ont été exposées et approuvées dans la consultation de l'art. 195, mais on ne pourrait même point en signifiant, après coup, une deuxième consultation dans laquelle trois anciens avocats énonceraient une nouvelle voie d'ouverture, on ne pourrait même point être admis à proposer ce nouveau moyen, à le faire valoir devant les juges. L'article est général ; il renferme, dans tous les cas, la discussion des ouvertures de requête civile dans celles que la consultation a énoncées.

750. « Art. 500. Le jugement qui rejettera la requête civile condamnera le demandeur à l'amende et aux dommages-intérêts ci-dessus fixés, sans préjudice de plus amples dommages-intérêts, s'il y a lieu.

Dommages-intérêts ci-dessus fixés (Voy. art. 194), *sans préjudice*, etc.

⇒ **751.** Les art. 501, 502 et 503 présentent plus d'importance, non pas qu'ils soient difficiles en eux-mêmes, mais parce qu'ils font connaître la procédure assez remarquable qui est suivie dans la requête civile.

En effet, cette voie extraordinaire présente un caractère qu'il est important de noter ; c'est que la partie qui se porte demanderesse en requête civile ne conclut pas à ce qu'on rétracte la sentence qui lui a fait grief, en substituant à cette sentence vicieuse une sentence juste et raisonnable (1). La requête civile ne tend point immédiatement, directement, à remplacer un mauvais jugement par un meilleur jugement; sous ce rapport, elle diffère de l'opposition ou de l'appel. Le but direct, immédiat, le but véritable de la requête civile est de faire rétracter le jugement contre lequel elle est dirigée, afin que, cette rétractation étant prononcée par le tribunal saisi de la requête civile, les parties se trouvent absolument au même état où elles se trouvaient avant que cette sentence, maintenant rétractée, eût été rendue.

Sous ce rapport, il y a une grande différence entre la requête civile, voie extraordinaire, et l'opposition, voie ordinaire, quoiqu'elles soient toutes les deux des voies de rétractation. Dans l'opposition, après le jugement sur l'opposition, l'affaire est décidée, jugée définitivement, peut-être souverainement, si le jugement est en dernier ressort; et, si l'opposant a triomphé dans son opposition, non seulement le jugement qui lui faisait grief est au néant, mais il a obtenu un jugement différent qui décide la cause en sa faveur. Au contraire, lorsque le demandeur en requête civile a triomphé, ce n'est pas à dire pour cela qu'il ait gagné, ou qu'au fond il doive dans l'avenir gagner sa cause; le jugement ou l'arrêt qu'il attaque par la requête civile est rétracté ; mais, le fond de la cause restant entier, l'affaire est encore à juger : ce point est fort important.

La requête civile ne tend donc par elle-même qu'à la rétractation de la sentence attaquée, sauf ensuite à se pourvoir par une instance séparée, distincte, à l'effet de faire statuer de nouveau sur le fond qui se trouve n'être pas jugé.

Ces deux phases de l'instance ont chacune dans la pratique une dénomination spéciale : on appelle instance ou débat sur le *rescindant*, l'instance en requête civile; et lorsque la requête civile a été admise ou entérinée, ce qui est tout un d'après l'art. 501, une nouvelle phase de l'instance s'engage, qu'on appelle instance sur le *rescisoire*. Ainsi, le rescindant, c'est la partie de l'instance qui tend à faire rétracter le jugement attaqué par la requête civile; le rescisoire, c'est la partie de l'instance qui a pour but, après la rétraction obtenue par la requête civile, de faire statuer, par les juges que la loi détermine, sur le fond même de l'affaire qui maintenant se trouve indécise.

Cette distinction est assez clairement expliquée dans les articles qui vont suivre; et, quoique le Code n'ait pas reproduit littéralement les deux anciennes expressions, consacrées encore par la pratique moderne, il indique cependant, en employant la deuxième dans l'art. 503, qu'il n'entend pas les repousser. Ainsi, dans l'art. 503, on parle du rescisoire dans le sens que je viens d'indiquer, on parle du rescisoire par opposition à l'action en requête civile, c'est-à-dire à l'action qu'on appelait autrefois, et qu'on appelle encore, en pratique, le rescindant.

752. « Art. 501. Si la requête civile est admise, le jugement est rétracté (*voilà la conséquence directe de l'instance en requête civile*), et les parties seront remises au même état où elles étaient avant ce jugement ; les sommes consignées (*consignées aux termes de l'art.* 494) seront rendues, et les objets des condamnations, qui auront été

(1) Cass., 26 novembre 1861, D. 61, 1, 493

perçus en vertu du jugement rétracté, seront restitués. Lorsque la requête civile aura été entérinée pour raison de contrariété de jugements, le jugement qui entérinera la requête civile ordonnera que le premier jugement sera exécuté selon sa forme et teneur. »

Voilà le principe général : le rescindant, lors même que le demandeur triomphe, laisse entière la question du fond. Il suit de là que, pour faire admettre la requête civile, comme dit le § 1er de l'art. 501, pour la faire entériner, comme le dit le § 2, enfin, pour faire rétracter le jugement qu'elle attaque, on ne doit point en principe plaider le fond de l'affaire. La question actuelle, la question du rescindant n'est pas de savoir qui a raison, dans la cause, de Pierre, demandeur, ou de Paul, défendeur à la requête civile; la question est uniquement de savoir s'il y a eu dol personnel, inobservation des formalités, contrariété de jugements ; en un mot, si l'on est dans l'un des cas indiqués par les art. 480 et 481.

Mais, si tel est le principe, il ne peut pas toujours s'appliquer à la lettre ; dans la réalité, il se présentera bien des cas où la question du fond, sans être décidée par la demande en requête civile, sera nécessairement discutée et débattue; où il serait impossible au tribunal de statuer sur le rescindant, sans prendre, au moins en partie, connaissance des moyens du fond. Supposez, par exemple, que la requête civile soit fondée sur l'une des causes indiquées dans les §§ 9 et 10 de l'art. 480, c'est-à-dire que le demandeur en requête civile provoque la rétractation du jugement, comme rendu, soit sur pièces fausses, soit sur des pièces décisives retenues par l'adversaire. Dans ce cas, avons-nous dit, il ne suffit pas, pour faire rétracter le jugement, d'établir que l'adversaire a produit des pièces fausses, ou qu'il a retenu des pièces qui devaient être produites ; il faut prouver que le jugement attaqué a été rendu sur pièces fausses, c'est-à-dire que la fausseté des pièces ou que l'existence prétendue des pièces invoquées par l'adversaire, que la croyance où étaient les juges de la vérité de ces pièces, ont été le motif déterminant de la sentence rendue contre moi; que, de même, l'absence des pièces que retenait l'adversaire a été la raison décisive qui m'a fait condamner. Ici la demande en requête civile est liée à la question du fond ; les juges du rescindant auront à vérifier, non seulement si on a produit des pièces fausses, ou si l'on a retenu quelques titres, mais encore si, indépendamment de ces pièces fausses produites ou de ces pièces retenues, le jugement du fond aurait été ou n'aurait pas été ce qu'il a été. Ainsi il faudra examiner quel a été le degré d'influence exercé dans la cause par le moyen des pièces fausses ou des pièces retenues, et c'est là nécessairement discuter et débattre le fond.

Mais remarquez que, dans tous les cas, lors même que dans le rescindant il aura fallu plaider le fond, le jugement sur le rescindant ne décidera pas la question du fond ; que le jugement rétracté, par quelque motif qu'il l'ait été, laissera, au moins en droit, la question du fond pleine et entière. Je dis au moins en droit, car il est clair que si, en fait, il a fallu débattre le fond, la sentence qui a été rendue pourra exercer sur le jugement du rescisoire un préjugé plus ou moins grand. Mais toujours est-il que, même dans ce cas, ce sont deux parties de l'instance bien séparées que celles qui tendent : 1° à faire rétracter le jugement vicié ; 2° à obtenir une nouvelle sentence sur le fond.

Il est pourtant un cas (celui du § 2 de l'art. 501) dans lequel cette distinction disparaît; dans lequel le jugement rendu sur le rescindant, et admettant la requête civile, ne permet pas le renouvellement du débat; c'est ce qui a lieu lorsque la requête civile est formée pour contrariété de deux jugements rendus dans la même cause, et avec toutes les circonstances énumérées dans le § 6 de l'art. 480. Il est clair que, dans ce cas, lorsque sur la requête civile formée contre le second jugement, ce jugement est rétracté, le premier jugement garde toute sa force; le second jugement est reconnu avoir été rendu mal à propos, il est mis au néant, et alors la sentence qui le rétracte ordonne l'exécution pure et simple du premier jugement obtenu. Ainsi le décide le § 2 de l'art. 501 : « *Le jugement qui entérinera la requête civile ordonnera que le premier jugement sera exécuté selon sa forme et teneur.* » Alors il n'y a pas lieu de passer à une nouvelle instance.

Mais ce cas est unique, et si, au lieu de vous placer dans le § 6 de l'art. 480, dans l'hypothèse de deux jugements rendus successivement et opposés l'un à l'autre, vous vous placiez dans le § 7, dans l'hypothèse analogue, en apparence, de deux dispositions contraires, non pas dans deux jugements successifs, mais dans un même jugement, il est clair qu'on rentrerait dans la règle, il est clair qu'on ne serait plus dans le § 2 de l'art. 501. Ainsi une requête civile est formée et admise pour contrariété de dispositions, de décisions contenues dans un même jugement; le jugement qui admet la requête civile rétractera à la fois les deux dispositions contraires l'une à l'autre, puisque dans ces deux dispositions simultanées, appartenant à un même jugement, il n'en est aucune qui mérite d'avoir la préférence sur l'autre.

Quand il s'agit de deux jugements contraires et rendus successivement, le second jugement est une violation d'un droit acquis, est une atteinte à la chose qui déjà était jugée; alors, au contraire, que c'est dans une même sentence simultanée que les juges ont rendu deux dispositions contraires, aucune des deux n'en est un droit acquis, aucune des deux ne mérite la préférence, toutes deux sont rétractées, sauf à procéder au fond par un jugement nouveau.

753. « Art. 502. Le fond de la contestation sur laquelle le jugement rétracté aura été rendu sera porté au même tribunal qui aura statué sur la requête civile. »

L'art. 501 était relatif au rescindant, l'art. 502 s'applique uniquement au rescisoire. On y suppose la requête civile admise, la rétractation prononcée, les sommes consignées restituées, les choses payées en vertu du premier jugement, rendues à celui qui les avait payées; on y suppose, en un mot, les parties remises, en fait comme en droit, dans l'état où elles étaient avant qu'on eût rendu le jugement maintenant rétracté (1). C'est apparemment à cette idée, indiquée déjà dans le § 1er de l'art. 501, c'est apparemment à cette idée qui, après la rétractation du jugement attaqué, remet les parties dans l'état où elles étaient précédemment, qu'il faut attribuer la règle de compétence assez remarquable établie par l'art. 502. On veut que la question du fond, après la rétractation

(1) Les frais du jugement rétracté sont à la charge de celui qui l'avait obtenu. Cass., 5 janvier 1878, D. 78, 2, 37.

prononcée, soit portée devant le tribunal qui avait déjà jugé. Pourquoi? Parce que la rétractation fait réputer que le jugement rétracté n'a jamais existé ; les juges sont censés n'avoir jamais connu de cette affaire.

Cette idée est un peu subtile; elle n'est pas peut-être à l'abri de tout reproche; peut-être y a-t-il, en certains cas, quelque danger à soumettre la question du fond aux juges qui déjà y ont statué, et qui y ont statué dans un sens contraire aux intérêts de celui qui vient de triompher sur la requête civile.

A cet égard, le droit a varié. L'ordonnance de 1667, s'appuyant précisément sur la rétractation prononcée, sur la fiction de la non-existence du jugement rétracté, voulait que la question du fond, que le rescisoire fût porté, non pas seulement devant la même cour, mais personnellement devant les mêmes juges qui avaient rendu la sentence rétractée par la requête civile.

La loi des 17 et 18 février 1791, déjà citée, sur les formes de la requête civile, craignant, au contraire, que ce système ne mît pas les parties à l'abri de toute crainte sur l'impartialité du juge, voulait que la question du fond, après la rescision de la sentence, fût portée non seulement devant d'autres juges, mais devant un autre tribunal que celui qui avait rendu le jugement rétracté.

Le Code en revient à peu près, bien qu'avec moins de rigueur, au système de 1667 ; la question du fond sera reportée devant le même tribunal, et pourra, par conséquent, se trouver distribuée à la même chambre et aux mêmes juges ; mais il n'y a là rien d'absolument nécessaire : la loi détermine la compétence du tribunal ou de la cour, sans distribuer la même cause à la même chambre et aux mêmes juges qui avaient rendu la première sentence.

754. « Art. 503. Aucune partie ne pourra se pourvoir en requête civile, soit contre le jugement déjà attaqué par cette voie, soit contre le jugement qui l'aura rejetée, soit contre celui rendu sur le rescisoire, à peine de nullité et de dommages-intérêts, même contre l'avoué qui, ayant occupé sur la première demande, occupera sur la seconde. »

La pénalité indiquée à la fin de l'article ne soulève aucune difficulté ; votre attention doit surtout se porter sur les premiers mots.

Il s'agit de mettre un terme au procès, après avoir essayé de tous les moyens raisonnables de découvrir, d'effacer, de faire tomber les vices que pouvait renfermer le jugement. Déjà les voies ordinaires, l'opposition ou l'appel, ont été tentées ; de plus, une voix extraordinaire a été tentée par elles, et tentée inutilement : telle est l'hypothèse des premiers mots de l'art. 503. Admettra-t-on donc le demandeur dont la requête civile a été rejetée, à en employer une seconde, soit en revenant sur les mêmes moyens ou sur d'autres moyens contre le jugement déjà attaqué par lui, soit au moins en prétendant trouver, non pas dans le même jugement, mais dans le nouveau jugement qui rejette sa requête, des ouvertures indiquées dans l'art. 480 ?

Sans doute, en fait, il est possible que le jugement que j'ai attaqué par la requête civile, et que j'ai vainement attaqué, renferme des ouvertures que d'abord je n'avais pas aperçues, cependant je ne suis pas recevable à les proposer plus tard : tel est le premier cas de l'art. 503.

Il est possible aussi que, ma première requête civile étant mal fondée, le jugement qui la rejette soit cependant entaché lui-même de l'un des vices de l'art. 480 ; cependant je ne puis pas non plus attaquer, par la requête civile, le jugement rendu sur ma première requête civile, le jugement rendu contre moi dans l'instance sur le rescindant.

Le troisième cas est plus remarquable : on suppose que la requête civile a été admise, que le premier jugement a été rétracté ; que, par conséquent, le fond de l'instance a été porté de nouveau devant les juges, conformément à l'art. 502, et là encore, dans le besoin de mettre un terme au procès, la loi refuse la requête civile contre ce deuxième jugement rendu sur le fond.

755. Ces trois exemples sont assez clairs, mais ils laissent deux questions non résolues.

D'abord, de ce que, dans les cas posés, la requête civile n'est plus admise, s'ensuit-il que toute voie, que tout recours soit fermé ? Non ; nous verrons plus tard que le recours en cassation pourrait être encore ouvert, lorsque le jugement qui rejette la requête civile ou le jugement rendu sur le rescisoire seraient entachés de l'un des vices qui sont des ouvertures en cassation. On le décidait ainsi autrefois, bien que des textes analogues à celui de l'art. 503 se trouvassent dans l'ordonnance de 1667 ; encore bien qu'on n'admît pas la même partie à former deux fois la requête civile, on l'admettait cependant à demander au conseil du roi la cassation d'un arrêt rendu sur requête civile, et qui, bien entendu, présentait, renfermait des ouvertures de cassation. Il faut incontestablement décider de même aujourd'hui : en excluant la requête civile, l'art. 503 laisse entière liberté au pourvoi en cassation.

Une question plus douteuse est celle de savoir si la partie qui a succombé en défendant à une requête civile est admise à proposer elle-même la voie de la requête civile contre le jugement sur le rescindant. Par exemple, vous avez formé contre moi et contre un jugement déjà rendu à mon profit une demande en requête civile ; si cette requête civile était rejetée, vous ne pourriez plus, vous demandeur, en présenter une nouvelle. Mais, au contraire, elle est admise, le jugement que j'avais obtenu et que vous aviez attaqué est rétracté ; pourrai-je, moi défendeur, à la requête civile primitive, former à mon tour requête civile contre le jugement rendu à votre profit, contre le jugement qui rétracte la sentence attaquée par vous ? pourrai-je y former requête civile, en supposant, bien entendu, que ce jugement soit entaché de l'un des vices indiqués dans l'art. 480 ?

Il est à remarquer que l'art. 503, au moins pris à la lettre, ne proscrit pas cette demande, il vous dit : *Aucune partie ne pourra se pourvoir en requête civile, soit contre le jugement déjà attaqué par cette voie* (ce n'est pas notre cas), *soit contre le jugement qui l'aura* REJETÉE. Ainsi, on n'est pas reçu à attaquer par requête civile le jugement qui a rejeté une première requête civile ; d'où il semble suivre, *à contrario*, qu'on serait reçu à attaquer par requête civile le jugement qui aurait, non pas rejeté, mais à l'inverse admis une première requête civile. En d'autres termes, il semble que la requête civile ne puisse pas être employée deux fois dans la même affaire par une même partie ; mais qu'employée avec succès par une partie, elle peut très bien, dans la même affaire, et contre le jugement qui rétracte, être employée avec succès par l'autre : tel paraît être le texte de l'art. 503. Je vous ferai remarquer, au reste, sans décider nettement cette question sur laquelle des doutes peuvent rester, que les commentateurs de l'ordonnance de 1667, en présence de textes analogues à ceux de notre article, admettaient également l'emploi de la requête civile de la part de la partie contre laquelle ce moyen avait été proposé avec succès (1).

L'art. 504 ne se rapporte plus à la procédure de requête civile, mais, au contraire, à la procédure de cassation ; il trouvera donc sa place dans les détails qui se rapportent à cette dernière voie, et dont nous nous occuperons plus tard (Voy. n°s 770 et 777).

TITRE III

DE LA PRISE A PARTIE (C. D.).

⇒ **756.** * La prise à partie est une voie ouverte à une partie contre un juge pour obtenir réparation du préjudice que lui cause la faute de ce juge.

Les rédacteurs du Code de procédure ont rangé la prise à partie parmi les voies extraordinaires pour attaquer les jugements, quoique les juges puissent être pris à partie sans qu'aucun jugement n'ait été rendu, notamment dans le cas de déni de justice (art. 505-4°, et 506). Mais quelquefois la prise à partie est formée après l'instance terminée, et l'attaque dirigée contre le juge a pour but de faire tomber le jugement lui-même.

Lors même que la prise à partie a pour but d'attaquer un jugement, la contestation s'élève, non pas entre un tiers et l'une des parties qui ont figuré dans le jugement, comme dans la tierce opposition, non pas entre les deux parties elles-mêmes, comme dans la requête civile ou dans le pourvoi en cassation, mais bien entre une des parties et un ou plusieurs des juges qui ont rendu le jugement.

Au surplus, dans la pratique, on a bien rarement recours à cette voie extraordinaire.

L'art. 1er du décret des 19-21 septembre 1870 porte : « L'art. 75 de la constitution de l'an VIII est abrogé. »

Mais le rapport sur ce décret porte expressément que «...pour les magis- « trats soumis aux règles du Code de procédure civile, sur la prise à partie.. « la situation reste la même (2). »

Nous examinerons successivement quand il y a lieu à prise à partie, quelle

(1) ** Ce qui prouve bien que notre article a seulement en vue la partie qui s'est déjà pourvue en requête civile, c'est qu'il ne parle pas du jugement qui a admis le rescindant ; il est évident, en effet, qu'elle n'attaquera jamais ce jugement, car il a été rendu à son profit. **

(2) ** La jurisprudence est définitivement fixée en ce sens que le décret du 19 septembre 1870 concerne seulement les fonctionnaires de l'ordre administratif et est tout à fait étranger aux magistrats de l'ordre judiciaire. Besançon, 22 juin 1873, S. 73, 2, 147. — Cass., 14 juin-1876, S. 77, 1, 193. — Cass. civ., 4 mai 1880, S. 81, 1, 79. —

est la procédure à suivre, et quels sont les effets du jugement qui statue sur la prise à partie.

§ 1er. — *Quand y a-t-il lieu à prise à partie* (art. 505 à 508)?

« Art. 505. Les juges peuvent être pris à partie dans les cas suivants :

« 1° S'il y a dol, fraude ou concussion, qu'on prétendrait avoir été commis, soit « dans le cours de l'instruction, soit lors des jugements;

« 2° Si la prise à partie est expressément prononcée par la loi;

« 3° Si la loi déclare les juges responsables, à peine de dommages-intérêts;

« 4° S'il y a déni de justice. »

Les juges. Le mot *juges* comprend toutes les personnes qui rendent la justice dans toutes les juridictions, juges de paix, juges des tribunaux de commerce, juges des tribunaux d'arrondissement, conseillers des cours d'appel et conseillers à la Cour de cassation (Voy. l'art. 509 et son explication). On soumettait même à la prise à partie, sous l'ordonnance de 1667, les personnes qui ne concouraient que dans des circonstances exceptionnelles à l'administration de la justice, comme les avocats et praticiens, dit Jousse en son Commentaire sur l'article 2 du titre XXV de l'ordonnance de 1667, qui font les fonctions de juges en l'absence des juges ordinaires. Il faudrait de même aujourd'hui appliquer la prise à partie aux avocats et avoués appelés à siéger temporairement pour compléter le tribunal, dans les cas prévus par les art. 118 et 468 du Code de procédure.

Les magistrats du ministère public peuvent aussi être pris à partie (Voy. art. 112 et surtout 271, Code d'inst. crim.)

** En un mot, les règles de la prise à partie ne s'appliquent pas seulement aux juges proprements dits ; elles s'étendent à tous ceux qui, par les fonctions dont ils sont investis, appartiennent à l'ordre judiciaire, soit qu'ils concourent à l'action de la justice comme chargés du ministère public ou de l'instruction, soit qu'ils agissent comme officiers de police judiciaire ou auxiliaires du ministère public (1). Mais un membre d'un tribunal ne peut être pris à partie seul pour un jugement auquel il a participé. Ce jugement n'est pas, en effet, son œuvre individuelle, mais l'œuvre collective du tribunal (2). Lorsqu'un simple particulier se trouve compris avec des magistrats ou avec des officiers de police judiciaire dans une seule et même poursuite, la matière étant indivisible, on doit appliquer à tous la procédure de la prise à partie (3). **

Les arbitres volontaires, qui ne tiennent leurs pouvoirs que du consentement des particuliers et dans les limites qu'ils ont fixées, ne sont pas soumis à la prise à partie. Ce sont des mandataires qui répondent de leur dol et de leurs fautes, (art. 1991 et 1992, C. civ.); on les actionne, s'il y a lieu, en dommages-intérêts dans la forme ordinaire (4).

Voyez les observations de M. Glasson sur le décret du 19 septembre 1870, dans la *Revue critique de législation*, 2e série, t. III, p. 380. **

(1) Besançon, 22 juin 1873, S. 73, 2, 147. — Cass. civ., 14 juin 1876, S. 77, 1, 193. — Cass. civ; 4 mai 1880, S. 81, 1, 79.

(2) Aix, 11 août 1875, S. 77, 2, 117.

(3) Cass. civ; 14 juin 1876, S. 77, 1, 193.

(4) Agen, 27 août 1845, D. 45, 2, 200.

757. Entrons maintenant dans l'examen des différents cas où la loi admet la prise à partie.

1° *S'il y a dol, fraude ou concussion... soit dans le cours de l'instruction, soit lors des jugements.* Le juge aurait commis un dol ou une fraude s'il avait jugé contre la justice, par haine ou par affection pour l'une des parties. Mais, s'il jugeait mal par ignorance ou par erreur (1), il n'y aurait pas lieu à prise à partie, sauf l'application des n°s 2 et 3 de notre article.

Autrefois, on considérait comme coupable de dol ou de fraude, le juge qui excédait son pouvoir en connaissant des affaires qu'il savait n'être point de sa compétence. Il faut se rappeler que, sous l'empire de l'ordonnance de 1667, les juges recevaient des parties un salaire, des épices, qui leur donnaient un intérêt à juger ; il y avait donc dol ou fraude à attirer indûment une affaire à leur tribunal (2), mais aujourd'hui les juges n'ont aucun intérêt à juger les affaires dont la loi ne leur attribue pas la compétence.

Concussion. « Sous le mot de concussion, disait Jousse, on comprend toute « taxe injuste et tous droits illégitimes que le juge peut percevoir dans les fonc- « tions de son office..., s'ils se taxent des vacations par excès. » Aujourd'hui, la concussion serait beaucoup plus difficile, puisque les juges ne reçoivent plus de salaires des parties. On pourrait cependant citer l'hypothèse où le juge, commis à une descente sur lieux, mentionnerait sur son procès-verbal plus de jours de transport, séjour ou retour qu'il n'en a été employé (art. 298, C. pr.) ; on considérerait encore comme concussionnaire le juge qui accorderait sciemment au greffier, à l'avoué, dont il taxerait les frais, une somme supérieure à celle qui est due à l'officier ministériel, et qui recevrait le prix de cette complaisance coupable. Mais je ne crois pas que de pareils faits se soient jamais présentés et, sans doute, ils ne se présenteront jamais dans la pratique.

2° *Si la prise à partie est expressément prononcée par la loi.* L'ordonnance de 1667 prononçait expressément, dans certains cas, la prise à partie en matière civile. Ainsi, je citais tout à l'heure les art. 1, 2, 3 du titre VI et l'art. 8 du titre VIII de l'ordonnance. Le Code de procédure ne contient aucun cas spécial de prise à partie ; mais on en trouve plusieurs expressément spécifiés au Code d'inst. crim. (Voy. les art. 77, 112, 164, 271, 370).

Les art. 164 et 370 de ce Code nous parlent d'une prise à partie même contre le greffier, quoique notre art. 505 ne semble soumettre que les juges à la prise à partie. En général, on n'étend pas aux greffiers des tribunaux civils cette poursuite de prise à partie prononcée contre le greffiers des tribunaux de simple police ou de cours d'assises par les art. 164 et 370 du Code d'inst. crim.

3° *Si la loi déclare les juges responsables, à peine de dommages-intérêts.* La responsabilité du juge n'est pas de droit commun ; elle n'existe que dans les cas où la loi l'a expressément prononcée. On trouvait des exemples de cette

(1) La faute lourde ne serait même pas assimilée au dol. — Cass. Rej., 9 juillet 1858, D. 58, 1, 270 et la note 4 de ladite page.

(2) Voir notamment l'ordonnance de 1667, tit. VI, art. 1, 2, 3, et titre VII, art. 8. Ces articles indiquent formellement la voie de la prise à partie contre les juges qui retiennent indûment les affaires à leur tribunal.

responsabilité dans l'ordonnance de 1667, titre XI, art. 15; titre XVII, art. 10; titre XXI, art. 1er; titre XXXV, art. 42. Les dispositions de ces différents articles n'ont pas trouvé placé dans notre Code; l'art. 1er du titre XXI de l'ordonnance de 1667 a été reproduit par l'art. 295 du Code de procédure, moins la partie qui est relative aux dommages-intérêts contre le juge. Aujourd'hui nous trouvons la peine des dommages-intérêts prononcée par l'art. 2063 du Code civil, contre le juge qui ordonne la contrainte par corps hors des cas prévus par la loi; par l'art. 15 du Code de procédure, contre le juge de paix qui laisse périmer, par sa faute, l'instance pendante à son tribunal; par l'art. 928 du même Code, contre le juge de paix qui lève le scellé avant le délai fixé par la loi.

4° *S'il y a déni de justice.* L'art. 506 détermine ce qu'il faut entendre par ces mots : *Déni de justice.*

« Art. 506. Il y a déni de justice lorsque les juges refusent de répondre les requêtes, ou négligent de juger les affaires en état et en tour d'être jugées. »

L'art. 506 indique deux cas de déni de justice. Il faut en ajouter un troisième, écrit dans l'art. 4 du Code civil, le refus de juger sous prétexte du silence, de l'obscurité ou de l'insuffisance de la loi (1).

« Art. 507. Le déni de justice sera constaté par deux réquisitions faites aux juges en la personne des greffiers, et signifiées de trois en trois jours au moins pour les juges de paix et de commerce, et de huitaine en huitaine au moins pour les autres juges : tout huissier requis sera tenu de faire ces réquisitions, à peine d'interdiction. »

Pour sauvegarder le caractère et la dignité du magistrat, le législateur donne aux actes qui sont adressés aux juges le nom de réquisitions, et les lui fait parvenir par l'intermédiaire du greffier, et non par une signification directe. L'ordonnance de 1667 (tit. XXV, art. 3) avait montré moins de ménagements pour le juge : il recevait de la partie des actes d'huissiers qui conservaient le nom de *sommations*, et qui lui étaient adressés ou par la voie du greffe, ou même directement à son domicile.

Tout huissier requis sera tenu de faire ces significations à peine d'interdiction. La loi craint que l'huissier ne refuse son ministère contre un juge sous la surveillance duquel il est placé.

« Art. 508. Après les deux réquisitions, le juge pourra être pris à partie. »

Dans l'ordonnance de 1667, la partie pouvait, après les deux sommations dont j'ai parlé sur l'article précédent, ou *appeler comme de déni de justice*, ou prendre le juge à partie. Si elle voulait obtenir des dommages et intérêts, elle

(1) ** Les juges peuvent, sans se rendre coupables d'un déni de justice, disjoindre du litige qu'ils terminent et réserver pour y être statué ultérieurement, les questions qu'ils considèrent comme indépendantes de ce litige. Req. Rej., 15 juillet 1873, S. 74, 1, 70. **

devait prendre le dernier moyen; dans le cas contraire, si le déni de justice provenait d'un juge ou d'un tribunal qui ne statuait qu'en premier ressort, elle pouvait se pouvoir contre le déni de justice par la voie de l'appel. Cette option n'existe plus aujourd'hui: la partie qui se plaint d'un déni de justice doit agir par la prise à partie.

** L'énumération donnée par la loi des causes de prise à partie est essentiellement limitative; on ne peut donc pas prendre un magistrat à partie en dehors des cas que nous venons de parcourir et, par exemple, la loi n'ayant parlé que du dol, on ne saurait prendre à partie un magistrat pour une simple faute, même pour une faute lourde. **

758. § 2. *Quel est le tribunal compétent et quelle est la procédure à suivre dans la prise à partie* (art. 509 à 515)? Dans l'ancien droit, la question de compétence en matière de prise à partie soulevait les plus grandes difficultés. On conçoit qu'il en devait être ainsi sous un système où chaque juridiction avait ses privilèges et des prétentions encore plus étendues que ses privilèges.

Le Code de procédure a tranché cette question dans l'art. 509.

« Art. 509. La prise à partie contre les juges de paix, contre les tribunaux de commerce ou de première instance, ou contre quelqu'un de leurs membres, et la prise à partie contre un juge d'appel (1) ou contre un juge de la cour criminelle, seront portées à la cour d'appel du ressort.

« La prise à partie contre les cours d'assises, contre les cours d'appel, ou l'une de leurs sections, sera portée à la haute cour, conformément à l'art. 101 de l'acte du 18 mai 1804. »

La haute cour dont il est parlé dans le deuxième alinéa de notre article n'existe plus, et la connaissance des prises à partie qui lui était attribuée appartient aujourd'hui, d'après la législation antérieure (loi du 27 novembre 1790, tit, I, article 2, et loi du 27 ventôse an VIII, art. 60), à la cour de cassation, qui est ainsi compétente pour la prise à partie contre les cours d'assises et contre les cours d'appel ou l'une de leurs sections.

Aucune loi ne s'est expliquée sur la prise à partie dirigée contre un conseiller à la Cour de cassation ou contre la Cour de cassation tout entière ou l'une de ses sections. La prise à partie contre un conseiller à la Cour de cassation doit être portée devant cette cour, par analogie de la décision relative à la prise à partie contre un conseiller à la cour d'appel (1er alinéa de notre article).

Quant à la prise à partie contre la Cour de cassation tout entière ou l'une de ses sections, elle ne pourrait être formée, puisqu'aucun tribunal ne serait compétent pour la juger (2). Le législateur n'a pas dû supposer que le tribunal le plus élevé, le tribunal chargé de faire respecter la loi pût, tout entier, tomber sous l'application de l'art. 505 du Code de procédure. D'ailleurs, il y a

(1) Même contre un président. Cass., 8 août 1859, D. 59, 1, 460.

(2) On pourrait, à la rigueur, porter la prise à partie contre une chambre de la Cour de cassation devant les deux autres chambres réunies.

nécessairement au sommet de l'ordre judiciaire un tribunal supérieur à tous les autres et qui échappe lui-même à toute juridiction.

759. « Art. 510. Néanmoins aucun juge ne pourra être pris à partie sans permission préalable du tribunal devant lequel la prise à partie sera portée. »

La nécessité de cette autorisation a été introduite dans l'ancienne jurisprudence, par les arrêts de règlement, notamment par l'arrêt du conseil du 4 juin 1699, corroboré par un autre arrêt du 18 août 1702, qui renvoie expressément à l'arrêt de 1699. Déjà, auparavant, un arrêt de règlement du 4 mai 1693 avait défendu aux procureurs d'insérer la clause de prise à partie dans les lettres de chancellerie qu'ils se faisaient délivrer. Rien ne pouvait suppléer l'autorisation du parlement appelé à statuer sur la prise à partie. La nécessité de cette autorisation se trouve reproduite dans notre art. 510.

« Art. 511. Il sera présenté, à cet effet, une requête signée de la partie ou de son fondé de procuration authentique et spéciale, laquelle procuration sera annexée à la requête, ainsi que les pièces justificatives, s'il y en a, à peine de nullité. »

« Art. 512. Il ne pourra être employé aucun terme injurieux contre les juges, à peine, contre la partie, de telle amende, et, contre son avoué, de telle injonction ou suspension qu'il appartiendra. »

Sur cette requête, il intervient un jugement qui accorde ou refuse l'autorisation de poursuivre la prise à partie. On admet généralement que ce jugement doit être rendu en la chambre du conseil. Dans tous les cas, il est certain que le magistrat contre lequel la partie veut se pourvoir ne doit être ni entendu ni appelé, et la partie qui veut se pourvoir ne peut développer oralement ses moyens (1).

« Art. 513. Si la requête est rejetée, la partie sera condamnée à une amende qui ne pourra être moindre de trois cents francs, sans préjudice des dommages et intérêts envers les parties, s'il y a lieu. »

Cette amende est une peine infligée à celui qui élève à tort, contre un juge ou un tribunal, des imputations de nature à faire soupçonner leur justice et leur impartialité.

Quant aux dommages et intérêts envers les parties, ils ne sont dus que si la requête cause un préjudice à l'adversaire de l'affaire principale.

« Art. 514. Si la requête est admise, elle sera signifiée dans trois jours au juge pris à partie, qui sera tenu de fournir ses défenses dans la huitaine.

« Il s'abstiendra de la connaissance du différend ; il s'abstiendra même, jusqu'au jugement définitif de la prise à partie, de toutes les causes que la partie, ou ses parents en ligne directe, ou son conjoint, pourront avoir dans son tribunal, à peine de nullité des jugements. »

Si la requête est admise, elle sera signifiée... L'admission de la requête, c'est-

(1) Paris, 30 janvier 1836. (Dall., *Rép.*, v° *Prise à partie*, n° 55). — Aix, 11 août 1875, S. 77, 2, 117.

à-dire l'autorisation accordée par jugement de poursuivre la prise à partie, suppose qu'il s'élève au moins quelques présomptions contre le juge. Il n'a plus droit aux mêmes ménagements qu'auparavant ; aussi ce n'est plus par l'intermédiaire du greffier que le demandeur correspond avec lui ; il devient un adversaire ordinaire, à qui les significations d'actes sont faites à personne ou à domicile. Je crois même que la partie ne ferait pas au greffe une signification valable.

Le juge fournit ses défenses dans la huitaine ; mais ce délai n'est pas de rigueur, pas plus que ceux des art. 77 et 78 pour les significations d'écritures dans les affaires ordinaires. Le demandeur peut également signifier une réponse aux défenses du juge sur la prise à partie (art. 75, § 17 du Tarif).

Le juge et le plaideur qui le prend à partie sont placés en état d'hostilité directe comme les deux parties d'un procès ordinaire, contrairement à ce que nous avons vu en matière de récusation. Cette différence tient, comme je l'ai montré, à ce que, dans la récusation, le plaideur n'élève qu'une crainte, qu'un soupçon sur la partialité du juge, tandis que la prise à partie, surtout après l'admission de la requête, suppose que le plaideur a imputé au juge des faits de la nature la plus grave.

Le deuxième alinéa de notre article frappe le juge pris à partie, après l'admission de la requête, d'une incapacité de juger certaines affaires. Cette disposition ne fait pas double emploi avec celle de l'art. 378-6°, même en ce qui concerne l'adversaire du juge. En effet, quand il y a tout autre procès civil entre le juge et l'une des parties, le juge peut être récusé, mais la récusation n'est que facultative. Le juge non récusé a très valablement jugé, quoiqu'il y eût cause de récusation en sa personne. Mais le juge ne peut, pendant l'instance de prise à partie dirigée contre lui, participer au jugement d'un procès qui intéresse le demandeur en prise à partie, ses parents en ligne directe ou son conjoint, à peine de nullité du jugement.

« **Art. 515.** La prise à partie sera portée à l'audience sur un simple acte, et sera jugée par une autre section que celle qui l'aura admise : si la cour d'appel n'est composée que d'une section, le jugement de la prise à partie sera renvoyé à la cour d'appel la plus voisine par la Cour de cassation. »

La loi semble attacher une grande importance à ce que les juges qui ont autorisé la demande de prise à partie ne statuent pas eux-mêmes sur la prise à partie. Elle a voulu proportionner les garanties d'une bonne justice à l'importance du débat. Mais le décret du 30 mars 1808, art. 22, paraît avoir modifié notre art. 515. Cet article 22 ordonne de porter les prises à partie aux audiences solennelles des cours, c'est-à-dire à une audience où siègent deux chambres réunies. Cette garantie nouvelle paraît remplacer celle de l'art. 515 ; les mêmes juges seront compétents pour autoriser et pour juger la prise à partie (1).

(1) ** L'article 515 dit que la prise à partie doit être jugée par une section autre que celle qui l'a admise. Il charge, en outre, la cour de cassation de désigner, pour statuer sur le fond du procès, une cour d'appel autre que celle qui aurait autorisé la requête

Est portée à l'audience. L'affaire est plaidée comme toute autre affaire. Le juge, je l'ai déjà dit, est assimilé, après l'admission de la requête, à un adversaire ordinaire. L'avocat de la partie plaide contre le juge, qui peut lui-même charger un avocat de présenter sa défense (1).

Si la cour d'appel n'est composée que d'une section... Nous avons déjà donné l'explication que comporte cette disposition depuis la loi du 30 août 1883 (Voy. p. 143, note 1).

⇒ **760.** § 3. *Des effets du jugement* (art. 516).

« Art. 516. Si le demandeur est débouté, il sera condamné à une amende qui ne pourra être moindre de trois cents francs, sans préjudice des dommages-intérêts envers les parties, s'il y a lieu. »

On suppose que la prise à partie a été repoussée ; la loi punit celui qui l'avait formée, pour avoir injustement attaqué le juge ou le tribunal.

si celle-ci n'avait qu'une seule section. Cette dernière disposition a été abrogée par le décret du 6 juillet 1810 qui a établi plusieurs chambres dans les cours d'appel. L'article 22 du décret du 30 mars 1808 a aussi dérogé à l'article 515 en décidant qu'à l'avenir les prises à parties seraient jugées en audience solennelle. En vain a-t-on voulu écarter cette dérogation et dire que cette disposition du décret du 30 mars 1808 est d'ordre intérieur et qu'en conséquence les prises à parties doivent être jugées par une seule section. Cette interprétation a paru tellement étrange et même peu intelligible, qu'elle n'est plus admise par personne. Il est vrai qu'un arrêt de la cour de cassation du 27 février 1812 semble bien décider que la prise à partie doit être jugée par une seule section; mais il est fort probable que les auteurs de cet arrêt ont complètement oublié l'article 22 du décret du 30 mars 1808, car ils ne le mentionnent même pas dans leur décision.

La jurisprudence décide aujourd'hui que la prise à partie doit être jugée par deux sections réunies (Voy. notamment Paris, 15 février 1862 rapporté avec Cass; 16 décembre 1862, S. 63, 1,179). Mais ici se présente une difficulté pour le cas où la cour ne contient que deux chambres. De ce que l'article 515 veut que la prise à partie soit admise par une chambre et jugée par une autre, la cour de Pau a conclu, par arrêt du 7 juillet 1880 (S. 81, 2, 9) que si la cour comprend seulement deux chambres, elle doit se déclarer incompétente, sauf aux parties à se pourvoir en règlement de juge devant la Cour de cassation; autrement, dit-on, certains magistrats seraient appelés à statuer sur le fond après avoir admis la prise à partie. Cette doctrine n'est cependant pas exacte. Au moment où fut rédigé l'article 515, certaines cours d'appel ne comprenaient qu'une section et alors il était tout naturel d'exiger que les mêmes juges ne fussent pas appelés à statuer sur l'admission de la prise à partie et sur le fond. Mais ensuite cette situation s'est modifiée. L'audience solennelle s'est constituée, jusqu'à la loi du 30 août 1883, par la réunion de deux chambres, et dès lors il y avait toujours un certain nombre de magistrats qui n'avaient pas admis la prise à partie, et rien ne s'opposait en conséquence à ce que la cour conservât l'affaire au lieu de se déclarer incompétente. (Voy. sur cette question un article de M. Lespinasse, dans la *Revue critique de législation*, 1880, p. 596). Il est vrai que, depuis la loi du 30 août 1883, certaines cours d'appel ne comptent plus qu'une chambre; mais comme les audiences solennelles doivent se composer, même dans ces cours, de neuf conseillers au lieu de cinq, il n'y a pas lieu de modifier la solution qui précède.**

(1) A la Cour de cassation l'affaire s'instruit devant la chambre des requêtes dans la forme ordinaire. — Cass., 6 juillet 1858, D. 58, 1, 279.

Mais la loi ne s'explique pas sur le cas où la prise à partie est accueillie par le tribunal appelé à statuer sur cette demande. C'est précisément dans cette hypothèse que les difficultés peuvent se présenter. On ne saurait donner une décision uniforme pour tous les cas de prise à partie. S'agit-il d'un acte fait par le juge en dehors d'une instance, par exemple, d'une arrestation illégale (art. 112, Inst. cr.)? L'acte sera annulé et le juge pourra être condamné à des dommages-intérêts envers la partie lésée. Le juge est-il convaincu d'un déni de justice? Il sera encore condamné à toute la réparation du préjudice qu'il a causé au demandeur qui triomphe dans la prise à partie.

La difficulté s'accroît quand la prise à partie est intentée à l'occasion d'un jugement qui aurait été rendu par dol, fraude ou concussion. Quel est l'effet de la prise à partie accueillie par le tribunal, à l'égard du jugement injustement rendu? Que le juge prévaricateur doive être condamné à réparer tout le préjudice causé par le jugement inique, c'est une décision qui ne trouve pas de contradicteurs. Mais comment procéder? Qui aura droit aux dommages-intérêts? J'ai été condamné à payer à Paul 20,000 francs par un jugement que je prétends rendu par dol, fraude ou concussion imputable au juge. Je le prends à partie et j'obtiens gain de cause. Annulera-t-on le jugement qui m'a condamné à tort, sauf à condamner le juge à une réparation à l'égard de Paul que le jugement attaqué avait déclaré créancier? ou bien maintiendra-t-on le jugement rendu au profit de Paul, en condamnant le juge à m'indemniser de toutes les condamnations injustement prononcées contre moi? Cette question offre un grand intérêt si l'on suppose le juge insolvable.

Si la partie qui a obtenu gain de cause a été complice du dol du juge, on décide sans hésitation que le jugement inique ne sera pas maintenu. S'il est en premier ressort, le demandeur en prise à partie en poursuivra la réformation par la voie de l'appel. Il pourra agir par la voie de la requête civile, pour dol personnel (art. 480-1°), si le jugement est en dernier ressort.

Mais les auteurs cessent d'être d'accord dans l'hypothèse où la partie qui a obtenu le jugement attaqué n'est pas complice du dol du juge. Dans une première opinion, on soutient que le jugement inique conserve son autorité entre les parties, lorsque toutes deux sont de bonne foi, sauf la condamnation du juge à des dommages-intérêts envers la partie indûment condamnée. Mais alors cette partie supporterait seule les conséquences de l'insolvabilité du juge. Je ne puis approuver cette solution. La chose jugée ne saurait avoir autorité quand elle a pour base le dol, la fraude, la concussion du juge. Respecter une pareille décision, ce serait amoindrir le respect dû aux décisions justes des tribunaux.

Aussi la plupart des auteurs décident-ils que le jugement fondé sur le dol du juge, même sans la complicité de la partie, ne sera pas maintenu, mais ils diffèrent sur les moyens de faire tomber le jugement. Suivant les uns, celui qui a triomphé dans la prise à partie attaquera ensuite le jugement inique par la voie de l'appel, s'il est en premier ressort; par la requête civile, s'il est en dernier ressort. D'autres considèrent le dol du juge comme une forfaiture, et les actes de forfaiture doivent être annulés par la Cour de cassation. Je préfère me ranger à l'opinion de ceux qui, s'attachant à l'idée que la prise à partie est une voie extraordinaire pour attaquer les jugements, accordent au tribunal, qui statue sur la prise à partie, le droit de prononcer directement la nullité du jugement fondé sur le dol du juge, que la partie soit ou non complice de ce dol.

** Si le juge de la prise à partie était une cour d'appel, cette cour pourrait remplacer la décision annulée par une autre; mais si la prise à partie avait été portée devant la cour de cassation, celle-ci devrait se borner à casser la décision et à renvoyer ensuite l'affaire à un autre tribunal semblable à celui qui avait jugé la première fois. **

TRENTE-QUATRIÈME LEÇON

DU POURVOI EN CASSATION.

⇒ **761.** Le pourvoi en cassation est la dernière des voies extraordinaires que la loi française ait ouvertes pour attaquer les jugements; il a lieu, en certains cas, contre les jugements non susceptibles de rétractation ou de réformation.

Sauf la disposition de l'art. 504, disposition tout à fait spéciale, le Code de procédure est muet, non pas précisément sur les attributions de la Cour de cassation, mais au moins sur la plus fréquente, sur la plus importante de toutes ses attributions, celle qui consiste à casser les jugements ou arrêts dans les cas déterminés par la loi. Le silence du Code de procédure s'explique sur ces questions de compétence, comme sur celles de procédure et de forme, par l'existence des lois antérieures et de règlements spéciaux qui régissaient et qui régissent encore l'institution et les attributions de la Cour de cassation.

⇒ **762.** La Cour de cassation, comme vous pouvez vous le rappeler, représente à peu près dans l'organisation moderne, mais avec infiniment plus de perfection et d'utilité, l'ancien conseil du roi ou la section de ce conseil appelée *Conseil des parties* (Voy. n° 56).

A la loi organique de la Cour de cassation des 27 novembre-1er décembre 1790 doivent s'ajouter un assez grand nombre de décrets et règlements relatifs tant à l'organisation qu'aux fonctions et à la procédure de la Cour de cassation. Je citerai, entre autres, le décret du 2 brumaire an IV, la constitution du 22 frimaire an VIII, art. 65 et 66 ; la loi sur l'ordre judiciaire du 27 ventôse an VIII, titre VI, intitulée *Du Tribunal de cassation,* qui reproduit et complète les dispositions de la loi de 1790.

Quant à la procédure, elle est réglée par une ordonnance assez étendue du 15 janvier 1826, à laquelle il faut joindre un texte beaucoup plus ancien qui forme encore maintenant la base de la procédure de cette cour, savoir, le règlement rendu, pour les affaires portées au conseil des parties, le 28 juin 1738, règlement qui est l'œuvre du chancelier d'Aguesseau ; ce règlement a été maintenu, comme principe, et sauf les dérogations résultant des lois spéciales, par la loi des 27 novembre-1er décembre 1790, art. 28, et par la loi du 27 ventôse an VIII, art. 90. Ce règlement très étendu forme encore maintenant, d'après les lois en vigueur, la base de la procédure devant la Cour de cassation. ** Il faut aussi mentionner une loi du 2 juin 1862 qui a modifié les délais en matière de cassation **.

La Cour de cassation, par le but même de son institution, est un tribunal essentiellement unique.

Sa division en trois chambres est assez importante pour comprendre la marche des affaires portées devant la Cour de cassation. Ces chambres sont : la chambre des requêtes, la chambre civile et la chambre criminelle. Nous n'aurons pas à parler de cette dernière, parce qu'elle est uniquement chargée, comme l'indique son nom, de connaître des pourvois formés en matière criminelle, correctionnelle et de police. Nous ne traitons ici que de la procédure civile, que des pourvois en matière civile proprement dite. Or, ces pourvois sont soumis ou peuvent être soumis successivement à l'examen, 1° de la chambre des requêtes ; 2° de la chambre civile.

⇒ **763**. Les attributions de la Cour de cassation sont de diverses natures ; mais la seule dont nous ayons à nous occuper ici est celle qui se rattache à la matière du livre que nous examinons maintenant. Ainsi nous traitons des voies extraordinaires pour attaquer les jugements, et la Cour de cassation est en effet instituée comme un tribunal suprême auquel on recourt en dernier espoir de cause, et pour trouver devant elle un moyen extraordinaire de faire tomber les jugements. Cette attribution est la plus grave, la plus importante de celles que la loi a conférées, mais ce n'est pas là la seule ; aussi mentionnerai-je ici, mais seulement pour mémoire, les autres attributions que la loi lui a conférées.

Ainsi, la Cour de cassation est appelée à statuer, en certains cas, sur les règlements de juges en matière civile (Voy. art. 363, C. pr.).

Elle est de même appelée à connaître des prises à partie dirigées non pas contre un seul juge ou conseiller ou contre un tribunal, mais contre une cour ou une de ses chambres (art. 509). Quand la partie condamnée s'attaque directement, par la procédure de prise à partie, au tribunal entier qui l'a jugée, et, à ce qu'elle prétend, mal jugée, la prise à partie est portée devant la Cour de cassation, d'après la loi du 27 novembre-1er décembre 1790, art. 2, et la constitution du 22 frimaire an VIII, art. 65 ; mais l'art. 509 a modifié ces lois.

On porte encore à la Cour de cassation des demandes en renvoi d'un tribunal à un autre pour motif de suspicion légitime ou de sûreté publique (art. 542 et suivants du Code d'instruction criminelle).

** Enfin la Cour de cassation est, depuis la loi du 30 août 1883, le conseil supérieur de la magistrature, et elle exerce, en cette qualité, toutes chambres réunies, le pouvoir disciplinaire sur tous les magistrats des cours d'appel, des tribunaux d'arrondissement et sur les juges de paix ; elle ne peut être saisie, pour exercer son pouvoir disciplinaire, que par le garde des sceaux et ne doit statuer ou donner son avis qu'après que le magistrat a été entendu ou dûment appelé (art. 14, 15, 16 de la loi du 30 août 1883). **

⇒ **764.** Mais toutes ces attributions spéciales, ainsi que les formalités prescrites pour les accomplir, n'appartiennent pas à la matière dans laquelle nous devons nous renfermer, savoir : l'annulation des jugements ou arrêts, dans les cas où la Cour de cassation est appelée à prononcer. Sous ce dernier point de vue, nous avons à nous demander :

1° Par quelles personnes peut être formé le pourvoi devant la Cour de cassation ;

2° Contre quels jugements et contre les décisions de quelles autorités judiciaires cette voie de recours est admise ;

3° Enfin dans quels cas cette voie est ouverte, quels sont les moyens des ouvertures de cassation.

D'abord, à quelles personnes appartient le droit de se pourvoir en cassation ?

Ce droit appartient, en premier lieu, à toutes les personnes qui ont figuré dans l'instance, soit personnellement, soit par ceux dont elles sont les représentants ou ayants cause. Sous ce rapport, il y a analogie, identité entre le pourvoi en cassation et la requête civile ; il y a, au contraire, différence entre le pourvoi en cassation et la tierce opposition. C'est uniquement à ceux qui ont été parties dans un jugement, par eux ou par d'autres, qu'appartient le droit de provoquer la cassation de ce jugement ; les tierces personnes n'ont et ne peuvent avoir, quand elles éprouvent un préjudice, que la voie de la tierce opposition.

** Pour la capacité de la partie qui veut se pourvoir, il suffit de se reporter à ce que nous avons dit à propos de l'appel. Ainsi une femme mariée a besoin d'une nouvelle autorisation pour se pourvoir en cassation. La question de savoir si le ministère public partie jointe peut néanmoins se pourvoir en cassation comporte aussi la même solution que pour l'appel. Mais le ministère public près la Cour de cassation jouit d'un pouvoir spécial qu'il est nécessaire de vous faire connaître. **

Ainsi, le procureur général près de cette Cour a qualité pour attaquer devant elle, et dans deux cas bien distincts, les jugements et arrêts.

Il peut d'abord, mais seulement sur l'ordre exprès du gouvernement, attaquer devant la section des requêtes *les actes par lesquels les juges auront excédé leurs pouvoirs*. Alors, dans un intérêt d'ordre public, pour renfermer chaque autorité dans les limites constitutives de ses pouvoirs, il appartient au procureur général, sur l'ordre du gouvernement, ou, si vous le voulez, au gouvernement, par l'organe du procureur général, de déférer immédiatement de tels actes à la Cour de cassation. C'est ce que décide l'art. 80 de la loi du 27 ventôse an VIII (Voy. aussi l'art. 441 du Code d'instruction criminelle).

** Ce droit de déférer une décision à la Cour de cassation comme entachée d'excès de pouvoir existe quelle que soit la nature de cette décision, peu importe qu'elle soit gracieuse ou contentieuse, contradictoire ou par défaut, susceptible d'appel ou non. Si cette décision est cassée pour cause d'excès de pouvoir, elle cesse d'exister même entre les parties. **

Le procureur général peut également attaquer, devant la Cour de cassation, les jugements en dernier ressort ou les arrêts dans lesquels les lois auraient été violées, les formes irritantes non observées, ou dans lesquels les juges auraient excédé leurs pouvoirs. Mais cette seconde espèce de pourvoi, fondé sur l'art. 88 de la loi du 27 ventôse, ne suppose pas, comme le précédent, un ordre préalable, spécial du gouvernement. Le procureur général, de son chef, peut et doit, dès qu'il découvre, dans un jugement ou dans un arrêt, une de ces ouvertures de cassation, déférer cette ouverture à la Cour en concluant à la cassation.

** De plus, dans ce second cas, le droit du procureur général est limité aux décisions en dernier ressort, et enfin si le jugement ou l'arrêt est cassé, il ne l'est, comme on dit, que dans l'intérêt de la loi; il continue à produire effet entre les parties qui l'ont accepté. **

Aussi le pourvoi en cassation, formé dans l'intérêt de la loi, aux termes de l'art. 88, ne peut-il l'être qu'après l'expiration des délais accordés aux parties pour se pourvoir. Lorsque les parties, entre lesquelles a été rendu un jugement entaché d'un vice qui donne ouverture à la cassation, ont négligé de se pourvoir dans les délais voulus, le jugement ou arrêt acquiert donc, entre ces parties, une autorité souveraine; en telle sorte que le procureur général venant, après ces délais, requérir la cassation pour l'honneur des principes et dans l'intérêt de la loi, cette cassation prononcée ne profitera point aux parties; le jugement, quoique cassé, gardera entre elles toute sa force, parce qu'elles ne l'ont point attaqué, et vaudra transaction pour elles. Ces derniers mots sont précisément ceux qu'emploie le législateur dans l'art. 88 de la loi du 27 ventôse an VIII.

** Il est évident qu'on ne peut pas se pourvoir en cassation contre des personnes qui n'ont pas été parties au procès. Ainsi, pour prendre un exemple qui s'est présenté dans la pratique, l'huissier qui s'est pourvu en cassation contre un jugement du tribunal de commerce le condamnant à une amende pour avoir accepté un mandat en contravention à l'article 627 du Code de commerce ne peut, après admission de son pourvoi par la chambre des requêtes, assigner devant la chambre civile pour défendre au pourvoi ni le procureur de la république de l'arrondissement, ni le procureur général près la Cour d'appel, ni le procureur général près la Cour de cassation; ces magistrats n'ayant pas été parties au jugement, doivent être mis hors de cause (1).

Lorsqu'il y a eu en cause plusieurs demandeurs ou plusieurs défendeurs, il peut très bien arriver que les uns acceptent la décision rendue contre eux et que les autres se pourvoient en cassation. Les effets du pourvoi se limitent alors à ces derniers et ne peuvent pas profiter aux premiers, à moins cependant que la matière ne soit indivisible (2). Le pourvoi en cassation peut être formé, même après le décès de l'adversaire et alors que personne n'a encore accepté sa succession, car on ne le met pas en cause devant la chambre des requêtes, comme nous le verrons bientôt; mais si celle-ci rend un arrêt d'admission, il faut signifier cet arrêt à ceux qui sont à la place du défunt (Règl. de 1738, 1re part. art. 30, § 4) (3).

(1) Cass. civ., 9 juin 1879, S. 79, 1, 446.

(2) ** Aussi ces parties étrangères au pourvoi n'ont-elles pas ensuite le droit d'intervenir devant la Cour de renvoi. Cass. Req., 30 mai 1876, S. 77, 1, 256. — Cpr. Amiens, 11 mai 1877, S. 78, 2, 39. **

(3) Cass. civ., 30 janvier 1883, S. 83, 1, 163.

On peut renoncer au droit de se pourvoir en cassation, comme à celui d'appeler, soit avant, soit après le jugement ou l'arrêt (1). **

765. Maintenant contre quels jugements, contre quelles décisions le pourvoi est-il formé ?

Il peut l'être, d'après l'art. 1er du titre VI (Ire partie) du règlement de 1738 et l'art. 2 de la loi du 27 novembre 1790, dont le texte, à cet égard, a été répété dans nos diverses constitutions, contre les jugements en dernier ressort, c'est-à-dire que le pourvoi en cassation, comme la requête civile, ne peut pas être reçu de la part d'un particulier contre un jugement rendu en première instance, attaquable par la voie d'appel, et contre lequel ce particulier n'a pas interjeté appel en temps utile. Il ne suffit pas, pour autoriser le pourvoi, que le jugement ait acquis force de chose jugée ; il faut que dès le principe, il ait eu cette force ; il faut que la voie ordinaire de l'appel n'ait pas appartenu à la partie (2).

Cependant la loi, en n'admettant le pourvoi en cassation que contre les jugements en dernier ressort, c'est-à-dire contre les jugements non susceptibles d'appel, n'entend pas, sans doute, refuser la faculté du pourvoi contre les jugements rendus par défaut en dernier ressort, et contre lesquels l'opposition n'aura pas été employée en temps utile. En effet, nous avons vu dans l'art. 480, que la requête civile, voie extraordinaire, ouverte seulement contre les jugements non susceptibles d'appel, était cependant accordée contre les jugements par défaut après l'expiration des délais de l'opposition. Et de même, le règlement de 1738, qui est encore en pleine vigueur, d'après les textes que nous venons de citer, permettait d'attaquer, devant le conseil du roi, les arrêts en dernier ressort, sans distinguer, toutefois, entre les arrêts contradictoires et les arrêts par défaut. Vous pourrez voir, à cet égard, les art. 1 et 5, titre IV, Ire partie du règlement de 1738. Dans l'art. 5, en effet, on détermine la quotité de l'amende à consigner quand on attaque, par la voie de cassation, le jugement par défaut, ce qui préjuge la possibilité d'attaquer, par cette voie, cette nature de jugement (3).

(1) * Aussi celui qui n'a pas appelé d'un jugement où il figurait et qui, intimé en appel, a déclaré s'en rapporter à justice et s'est borné à demander que la partie qui succomberait fût condamnée aux dépens, n'est pas recevable à se pourvoir en cassation contre l'arrêt de la Cour d'appel, car il a acquiescé par ses conclusions au jugement confirmé. Cass. civ., 27 novembre 1876, S. 77, 1, 109. Mais il est évident qu'il en serait autrement si la décision des premiers juges était modifiée ou si, de son côté, l'intimé avait interjeté appel incident. Cass. civ., 18 août 1875, S. 77, 1, 413. **

(2) ** Il a été souvent jugé que le pourvoi en cassation ne saurait être admis dès que l'appel est ouvert ou a été ouvert par la loi, lors même que cette voie de recours serait ensuite fermée par suite de l'expiration des délais. Ainsi on ne peut pas se pourvoir en cassation pour cause d'incompétence, même contre un jugement rendu par un tribunal incompétent *ratione materiæ* si on n'a pas préalablement interjeté appel. Cass. Req., 26 avril 1876, S. 77, 1, 152. — Cass. Req., 12 mars 1877, S. 77, 1, 424 **.

(3) ** De même la loi du 2 juin 1862 établit, pour le point de départ du délai du pourvoi en cassation, une distinction entre les décisions contradictoires et les décisions par défaut. **

Ainsi seront attaquables, par le pourvoi en cassation, tous les jugements rendus sans charge d'appel, soit contradictoirement, soit même par défaut, pourvu, dans ce dernier cas, que les délais d'opposition soient écoulés.

⇒ **766.** Quelles sont les autorités judiciaires dont les décisions pourront être ainsi attaquées ?

Ce sont, d'abord, et le plus ordinairement, les cours d'appel, précisément parce que c'est d'elles qu'émanent ordinairement les décisions en dernier ressort. Mais ce seront également et par la même raison, les tribunaux civils d'arrondissement jugeant, soit en premier et en dernier ressort sur les demandes au-dessous de 1,500 fr., soit en dernier ressort sur les demandes jugées en première instance par les juges de paix. De même pour les jugements des tribunaux de commerce, statuant en premier et en dernier ressort, sur les demandes inférieures à 1,500 fr., ** ou statuant comme juges d'appel des conseils de prud'hommes. **

A l'égard des juges de paix statuant en dernier ressort sur des affaires de moins de 100 fr., la loi du 25 mai 1838, art. 15, interdit formellement le pourvoi en cassation, sauf dans le cas d'excès de pouvoir (1). S'attachant apparemment à l'importance minime des affaires que les juges de paix décident en dernier ressort, elle n'autorise pas le pourvoi contre leurs jugements. C'est une raison assez analogue à celle qui nous a fait refuser, au moins d'après le silence de la loi, la voie de la requête civile contre les décisions de cette nature. ** Mais contre les jugements en dernier ressort des conseils de prud'hommes, on peut se pourvoir en cassation pour toutes les causes ordinaires que nous allons bientôt étudier et non pas seulement pour excès de pouvoir, car il n'y a pas en effet pour les conseils de prud'hommes de texte restrictif semblable à celui que nous venons de rencontrer pour les juges de paix. **

Le pourvoi en cassation n'est pas admis contre les sentences des arbitres, soit en matière civile, soit en matière commerciale, comme nous le verrons dans les derniers mots de l'art. 1028.

Il suit de ce qui précède, qu'on ne peut employer le pourvoi en cassation contre les décisions déjà émanées de la Cour de cassation elle-même. Vainement prétendrait-on attaquer, par la voie de cassation, ou même par la voie de la requête civile, les arrêts rendus, soit par la section des requêtes, soit par la section civile ; il n'y a plus aucun recours admis contre ce genre d'arrêt.

** Le pourvoi en cassation est permis non seulement contre les jugements en dernier ressort ou arrêts sur le fond, mais même contre ceux d'avant dire droit. Faut-il ici admettre avec certains auteurs la distinction faite par le législateur lui-même, à propos de l'appel, dans les articles 451 et 452, et décider, en conséquence, qu'on peut se pourvoir de suite en cassation contre un jugement ou arrêt interlocutoire, mais que s'il s'agit d'un jugement ou arrêt préparatoire, le droit de se pourvoir en cassation est subordonné à la double

(1) ** Ainsi la simple violation de la loi ne suffit pas pour qu'on soit autorisé à se pourvoir en cassation contre un jugement en premier et dernier ressort d'un juge de paix. Req. Rej., 21 mai 1855, D. 55, 1, 410. — Req. Rej., 14 août 1865, D. 67, 1, 177 **.

condition que le jugement ou arrêt sur le fond ait été rendu et que ce jugement ou arrêt soit lui-même attaqué par la voie du pourvoi en cassation ? Nous ne le pensons pas. Notre question est tranchée par un texte formel, par l'article 14 de la loi du 2 brumaire an IV, et d'après cette disposition, on ne peut se pourvoir en cassation contre un jugement d'avant dire droit quelconque, préparatoire ou interlocutoire, qu'autant que le jugement sur le fond a été rendu et lui-même attaqué. Aucune loi postérieure n'a dérogé à cette disposition. **

⊖→ **767.** Rappelons-nous bien que la Cour de cassation ne forme pas un troisième degré de juridiction ; sans être bornée, comme on le répète très souvent, à l'examen, à la vérification des formes de procédure, il est cependant vrai de dire qu'elle ne connaît pas du fond des affaires. Lorsqu'un jugement ou arrêt est déféré, soit par une partie privée, soit par le ministère public, à l'examen de la Cour de cassation, sa mission est d'examiner, non pas si le jugement ou l'arrêt a été bien rendu au fond, s'il a fait justice aux parties, mais uniquement si les ouvertures ou moyens de cassation qui sont proposés devant elle sont bien justifiés par le demandeur qui attaque le jugement ou l'arrêt. Le premier point de notre examen doit donc porter sur l'énumération et l'explication des divers moyens de cassation autorisés par les lois. Ces ouvertures, ces moyens peuvent se réduire à quatre, dont quelques-uns présentent d'assez graves difficultés. Ce sont :

1° La violation de la loi ;

2° L'incompétence ou l'excès de pouvoir ;

3° L'inobservation de certaines formes de procédure, prescrites à peine de nullité ;

4° Enfin la contrariété de jugements rendus en dernier ressort, dans la même affaire, sur les mêmes moyens, entre les mêmes parties.

Arrêtons-nous un peu sur chacun de ces points.

La première est la plus fréquente des ouvertures ou moyens de cassation, c'est la violation de la loi (art. 3, de la loi des 27 nov.-1er déc. 1790). Et vous savez que, pour vérifier si la loi a été ou n'a pas été violée dans l'arrêt déféré à sa censure, la Cour de cassation prend pour constants les faits attestés par l'arrêt ; tout arrêt renfermant nécessairement un point de fait et un point de droit, la cour de Cassation ne connaît pas du point de fait, elle examine seulement la question de savoir si, en admettant la vérité, la certitude des faits dont l'arrêt a reconnu l'existence, ** et tels qu'ils sont constatés par les qualités **, la Cour d'appel a fait à ces circonstances ainsi reconnues, une application exacte ou vicieuse de la loi.

Ceci pourtant souffre parfois des exceptions ; mais ces exceptions mêmes se rattachent au principe, à la règle, et la confirment. Ainsi, il pourrait arriver qu'un arrêt fût cassé précisément pour avoir reconnu, à tort, la vérité, l'exactitude d'un fait, lorsque la reconnaissance de ce fait constituait par elle-même une violation de la loi ; telle serait une déclaration de paternité naturelle, bien que la recherche de la paternité soit interdite ; il en serait de même si l'arrêt méconnaissait un fait vrai, lorsque cette méconnaissance constitue une infraction à la loi. Si, par exemple, un acte authentique étant produit par l'une des parties devant une Cour d'appel, cet acte n'ayant pas été critiqué, argué de faux, la Cour d'appel se refusait à admettre comme constants les faits déclarés dans cet acte, alors, sans doute, l'arrêt devrait être cassé, non pas précisément comme ayant déclaré faux des faits vrais, mais comme ayant refusé d'attacher à un acte authentique la force que la loi même y attache (1). Alors la méconnaissance d'un fait attesté par un acte authentique constituerait, en réalité, une véritable violation de la loi. Mais, à part ces nuances ou autres de même nature, il est vrai de dire que la Cour de cassation prendra pour certains les faits vrais ou faux, attestés dans les considérants de l'arrêt, et qu'elle examinera seulement si à ces faits déclarés constants on a bien appliqué la loi.

Du reste pour que, dans l'arrêt de la Cour d'appel, il y ait violation de la loi, il faut que cette violation se rencontre, non pas dans les considérants ou dans les motifs de l'arrêt attaqué, mais bien dans le dispositif. Un raisonnement vicieux, une interprétation inexacte d'un article de loi, qui ne se trouverait que dans les considérants et qui n'aurait pas au fond vicié le dispositif, ne saurait, dans aucun cas, donner matière à cassation. Ce n'est pas sur le plus ou moins de logique, sur le plus ou moins d'exactitude de la rédaction des considérants, c'est sur la légalité du dispositif, c'est sur sa conformité avec la loi que porte l'examen de la Cour de cassation (2).

De même, pour qu'il y ait violation de la loi et matière à cassation, il ne suffit pas que le jugement ou que l'arrêt attaqué ait décidé dans un sens peu en harmonie avec l'esprit et les motifs de la loi; il faut que l'infraction ou la violation soit formelle, expresse, qu'elle porte sur le texte même de la loi.

Ainsi violation de la loi renfermée dans le dispositif : telle est la condition nécessaire, indispensable à la cassation à raison de ce premier chef. ** Mais le mot loi doit s'entendre ici dans un sens large; il ne comprend pas seulement les lois proprement dites votées par le pouvoir législatif : il embrasse aussi toutes les décisions du pouvoir exécutif ou administratif qui, sous des noms divers, ordonnances, décrets, arrêtés, obtiennent dans tout ou partie du territoire, une force obligatoire semblable à celle qui est attachée aux lois proprement dites (3).

On oppose parfois aux lois les usages. Vous savez que les usages n'ont pas, en matière civile, force de loi par eux-mêmes. Mais, dans certains cas, la loi, le Code civil, déclarent un usage obligatoire. La violation de cet usage doit-elle être considérée comme une cause d'ouverture à cassation ? Sans aucun doute, et, bien qu'il ne soit parlé que du pourvoi en cassation pour cause de

(1) Cass. Rej., 4 avril 1821 (Dall., *Rép.*, v° *Cassat.*, n° 1439).

(2) Cass. Rej., 16 juillet 1814 (Dall., *Rép.*, v° *Cassat.*, n° 1430).

(3) ** L'erreur commise par une partie dans la citation d'une loi qui, d'après cette partie, a abrogé une loi précédente, ne dispense pas le juge de rechercher d'office si une autre disposition de loi n'a pas abrogé la loi dont il s'agit. Cass. civ., 13 et 14 décembre 1881, S. 83, 1, 259. Les juges saisis d'une contestation doivent en effet se décider conformément aux lois sur la matière, alors même que l'application de ces lois ne serait pas requise par les parties. **

violation de la loi. C'est qu'en effet, en pareil cas, on viole bien plutôt la loi qui consacre l'usage que l'usage lui-même. Vous verrez, dans vos études de droit commercial, que les usages commerciaux, à la différence des usages civils, ont force obligatoire par eux-mêmes. Il suit de là que si un usage commercial est violé, il n'y a cependant pas en même temps violation d'une loi; aussi ne saurait-on admettre, en pareil cas, le pourvoi en cassation.

La violation d'une loi étrangère ne saurait être une cause d'ouverture à cassation et on considère comme telle même la loi musulmane, qui cependant s'applique à certains sujets français de l'Algérie qui n'ont pas opté pour la loi française (1). **

768. Le second chef ou la seconde ouverture a pour cause l'incompétence ou l'excès de pouvoir (art. 77, 80 et 88 de la loi du 27 ventôse an VIII).

Au premier aspect, ces deux expressions *incompétence*, *excès de pouvoir*, se confondent; et, en effet, il y a assez souvent, dans l'usage, analogie et presque identité entre ces deux mots. Quand un tribunal connaît d'une affaire pour laquelle il est incompétent, il est vrai de dire, à la lettre, que ce tribunal excède, dépasse ses pouvoirs; et réciproquement, quand un tribunal excède les pouvoirs que lui a tracés la loi, quand il dépasse les limites dans lesquelles son autorité est renfermée, il est vrai de dire, dans le sens général du mot, qu'il commet un acte d'incompétence. Cependant les articles que j'ai cités, et ce ne sont pas les seuls dans nos lois, emploient comme distinctes ces expressions : *incompétence* ou *excès de pouvoir*. Et, en effet, dans le langage exact et technique, on sépare, et il est quelquefois important de séparer ces deux mots; les ouvertures ne sont pas soumises aux mêmes règles.

Ainsi on dira spécialement qu'il y a incompétence, lorsqu'un tribunal aura connu d'une affaire dont la loi attribuait la connaissance et le jugement à un autre tribunal. Cette incompétence constitue bien une ouverture de cassation, sauf cependant à distinguer entre l'incompétence *ratione personæ* et l'incompétence *ratione materiæ*.

L'incompétence *ratione personæ* ne donnera lieu à cassation qu'autant que les parties n'y auront pas renoncé, ne l'auront pas couverte, et nous savons que cette exception est couverte ou abandonnée par cela seul qu'elle n'est pas opposée dès le début par la procédure. Aussi, l'incompétence dite *ratione personæ* ne sera pas très fréquemment, dans l'usage, une ouverture de cassation; il faudrait supposer, pour qu'elle pût être un moyen de cassation *, ou bien que l'arrêt attaqué est par défaut *, ou bien que les parties ont proposé cette incompétence en première instance, en appel, et qu'elles l'ont vainement proposée; alors, le moyen d'incompétence, rejeté par le tribunal ou par la Cour et allégué par la partie comme ouverture de cassation, se confondrait en réalité avec le premier moyen, la violation de la loi; il y aurait infraction formelle à la loi dans le fait du tribunal ou de la Cour qui aurait refusé de faire droit à une exception pareille, formellement invoquée.

Au contraire, l'incompétence *ratione materiæ*, tenant non point à des inté-

(1) ** Décret du 13 décembre 1866, art. 37; décret du 29 août 1874, art. 10; Cass. Req., 7 août 1878, S. 78, 1, 362. **

rêts purement privés, mais avant tout à des intérêts publics, tenant à l'organisation générale des juridictions, peut être invoquée en tout état de cause, et peut même fournir la matière d'un moyen de cassation à la partie qui ne l'aurait pas invoquée en première instance ou en appel. La raison en est que, malgré le silence de la partie, les tribunaux ont pu et dû l'appliquer d'office; que, s'ils ont omis, négligé de le faire, il y a matière à cassation (1).

Relativement à l'*excès de pouvoir* considéré comme une ouverture distincte du moyen d'incompétence, on entendra surtout par ce mot, tout cas où les tribunaux auraient connu, non pas seulement d'une affaire réservée par la loi à d'autres tribunaux, mais le cas où ils auraient excédé, dépassé les fonctions ordinaires, régulières de tout tribunal, quel qu'il soit, ** en un mot, tout cas où ils ont empiété sur un des deux autres pouvoirs, sur le pouvoir législatif ou sur le pouvoir exécutif **. Ainsi, si un tribunal ou une cour, dans un jugement ou dans un arrêt, procédaient dans une forme générale et réglementaire, s'ils statuaient par voie de commandement, par voie d'injonction, non pas seulement aux parties de la cause, mais bien à d'autres tribunaux, à d'autres autorités administratives ou judiciaires, il y aurait excès de pouvoir constituant une ouverture distincte de l'incompétence. ** De même il y aurait excès de pouvoir si un tribunal se permettait de critiquer un acte du pouvoir législatif ou de l'administration (2). **

769. 3° La cassation peut encore être demandée et prononcée pour inobservation des formes prescrites à peine de nullité. Ceci présente quelques difficultés d'application.

Ce moyen de cassation est fondé d'abord sur les premiers articles de la loi des 27 novembre-1er décembre 1790; l'art. 3 disposait que le tribunal de cassation annulerait toutes les procédures dans lesquelles les formes auraient été violées. Plus tard, l'art. 66 de la constitution du 22 frimaire an VIII, et l'art. 88 de la loi du 27 ventôse an VIII, ont également consacré ce moyen de cassation fondé sur l'inobservation des formes de procédure, tout au moins sur l'inobservation des formes que la loi prescrivait à peine de nullité. Jusque-là rien de plus clair, ces trois textes sont assez d'accord l'un avec l'autre. Mais, quand on lit dans le Code de procédure, art. 380, § 2, que l'inobservation des formes prescrites à peine de nullité est une ouverture de requête civile, on arrive à cette conséquence, que, en cas d'inobservation des formes mentionnées dans

(1) ** Toutefois si le moyen d'incompétence à raison de la matière peut être proposé pour la première fois devant la Cour de cassation, ce n'est qu'autant que l'incompétence apparaît et ressort de la nature même de l'affaire, sans que la Cour de cassation soit obligée, pour la reconnaître, de se livrer à un examen et à une vérification des faits en dehors de ceux constatés expressément par l'arrêt attaqué. Ainsi la partie condamnée par la juridiction commerciale ne peut invoquer, pour la première fois, devant la Cour de cassation, l'incompétence de cette juridiction, si l'exception d'incompétence n'a été invoquée ni devant le tribunal de commerce ni devant la Cour d'appel et si, loin d'apparaître et de ressortir de la nature de l'affaire, elle ne peut être appréciée qu'après un examen attentif des statuts d'une société que rien ne prouve avoir passé sous les yeux du juge du fait. Cass. Req., 30 mai 1881, S. 83, 1, 149 **.

(2) Cass., 13 juin 1879, S. 79, 1, 385. — Cass. Req., 21 juin 1880, S. 80, 1, 299.

ces divers textes, il y a lieu, soit à la requête civile, soit au pourvoi en cassation. Cette conséquence est-elle admissible? peut-on accorder à la partie condamnée qui vient se plaindre de l'inobservation des formes de procédure, peut-on accorder l'option, l'alternative entre la voie de la requête civile, d'après l'art. 480, et la voie de cassation, d'après les constitutions et les lois antérieures?

Cette idée me paraît inadmissible; les principes sur lesquels se fondent soit le recours en cassation, soit le moyen de requête civile, ne permettent pas d'admettre que le concours, le choix, l'alternative entre ces deux moyens puissent exister; tout semble indiquer que, où la requête civile est possible, le pourvoi en cassation ne l'est pas, qu'il y a plus de convenance, de célérité, d'économie, à venir, par la requête civile, demander aux auteurs mêmes de l'arrêt la rétractation d'une erreur involontaire, que d'aller provoquer, devant la Cour de cassation, l'annulation des procédures ou des arrêts dans lesquels les formes n'auraient pas été observées.

Cette difficulté n'est pas nouvelle. On peut se reporter, à cet égard, à ce qui se passait sous l'empire même du règlement de 1738. A cette époque, comme aujourd'hui, l'ordonnance de 1667, dans le titre XXXV, art. 34, faisait de l'inobservation des formes qu'elle indiquait un moyen de requête civile. Le règlement de 1738 faisait également de l'inobservation des formes une ouverture de cassation, et il défendait cependant d'opter entre les deux moyens. Tout se conciliait, dans l'ancienne jurisprudence, par une distinction fort sage: l'inobservation des formes avait-elle été invoquée par la partie au mépris de laquelle on les avait violées, ou bien ne l'avait-elle pas été? Dans ce dernier cas, l'erreur des juges étant involontaire, l'erreur n'étant qu'une omission, qu'une méprise, une surprise peut-être, la voie de la requête civile était la seule employée, la seule admissible. Au contraire, la partie avait-elle réclamé devant les juges contre l'inobservation des formes? avait-elle proposé, devant le tribunal saisi de la question du fond, le moyen de nullité résultant de cette omission, l'avait-elle proposé et vainement proposé? alors ce n'était plus par la requête civile, mais par la cassation qu'il fallait se pourvoir. Et cela par une raison bien simple: la requête civile, avons-nous dit, a pour but de faire rétracter l'erreur involontaire échappée à un tribunal ou à une cour; que si donc la question a été formellement soulevée devant les juges, si, en connaissance de cause, ils ont violé les formes, il serait inutile, dérisoire, d'aller invoquer devant eux la requête civile fondée sur cette inobservation. Dans ce cas, la voie de la cassation était la seule admissible.

Cette distinction, que le conseil du roi avait plusieurs fois admise, sous l'empire même de l'ordonnance de 1667, est encore universellement reconnue aujourd'hui comme exacte. Ainsi la partie vient-elle alléguer pour la première fois l'inobservation d'une forme prescrite à peine de nullité? c'est par la requête civile qu'elle doit se pourvoir. Au contraire, est-ce malgré les observations, les réclamations de la partie que les formes ont été violées par le tribunal ou par la cour? la requête civile, qui doit se porter devant le même tribunal ou la même cour, ne pourrait certainement conduire à rien; alors c'est par la voie de cassation que la nullité doit être proposée (1).

(1) Req. Rej., 5 mars 1873, D. 73, 1, 285.

A cette première distinction il faut encore ajouter quelques cas, quelques nullités de forme, qui, d'après l'art. 7 de la loi du 20 avril 1810, paraissent devoir constituer, dans tous les cas, des ouvertures de cassation, et non pas de requête civile. Cet article, que j'ai déjà cité plusieurs fois, dispose que la justice est rendue souverainement par les cours d'appel; que leurs arrêts ne peuvent être cassés que pour contravention expresse à la loi. Il ajoute que tous les arrêts qui ne contiennent pas de motifs (1er cas), ou qui n'ont pas été rendus publiquement (2e cas), ou qui ont été rendus par un nombre de juges insuffisant (3e cas), ou enfin par des juges qui n'auraient pas assisté à toutes les audiences de la cour; il ajoute, dis-je, que ces arrêts, dans ces quatre hypothèses, doivent être déclarés nuls. Et alors la connaissance du fond est renvoyée à une autre cour. Or il est clair, par l'ensemble de cet article 7, que les quatre omissions, les quatre vices qui y sont indiqués sont des moyens de cassation et non pas de requête civile. Cela est clair, parce que dans le premier paragraphe de l'article on parle de la cassation; parce que dans le troisième on dit que, dans tous les cas, la connaissance du fond appartient à une autre cour; or, dans la requête civile, après la rétractation, ce n'est pas à une autre cour, c'est, au contraire, à la même cour que l'art. 502 attribue le jugement du fond. Ce n'est donc pas de la requête civile, mais du pourvoi en cassation que parle l'art. 7 de la loi de 1810.

770. La quatrième ouverture, c'est la contrariété de jugements, et ici se présente une distinction assez analogue à celle que je viens d'indiquer.

Vous avez vu, dans le § 6 de l'art. 480, que la contrariété de jugements en dernier ressort constituait, dans certains cas, une ouverture de requête civile; c'est lorsque ces jugements contraires l'un à l'autre, ont été rendus dans la même cause, entre les mêmes parties, sur les mêmes moyens et *par les mêmes cours ou tribunaux*. Toutes ces circonstances venant à concourir, c'est par la requête civile que le deuxième arrêt doit être attaqué. Que si, au contraire, la dernière de ces circonstances manque, si les deux jugements successifs et contraires avaient été rendus dans la même cause, entre les mêmes parties, sur les mêmes moyens, mais *par des cours ou par des tribunaux différents*, il y aurait lieu contre le deuxième, non pas à la requête civile, mais bien au pourvoi en cassation : ainsi le décide formellement l'art. 504 du Code procédure (Voy. n° 777).

Il pourrait même arriver qu'on dût attaquer le deuxième jugement devant la Cour de cassation, et non pas par la requête civile, dans le cas du § 6 de l'art. 480, c'est-à-dire dans le cas où les deux jugements opposés l'un à l'autre émaneraient du même tribunal; c'est ce qui aurait lieu si, étant mis en cause devant un tribunal, j'invoquais contre mon adversaire un jugement rendu à mon profit, dans la même affaire, sur les mêmes moyens, par le tribunal même devant lequel je suis traduit maintenant, et si, malgré ce moyen de défense, le tribunal, méconnaissant l'identité de la cause ou l'identité des parties, m'avait condamné. Alors la contrariété des deux jugements ayant été invoquée par moi, ne pouvant plus dès lors être attribuée à l'ignorance ou à la surprise, constituerait encore, non un moyen de requête civile, mais un moyen de cassation (1).

En d'autres termes, vous avez à faire ici, sur le moyen tiré de la contrariété des jugements, la même distinction que sur le moyen tiré de l'inobservation des formes. L'existence du premier jugement a-t-elle été alléguée, invoquée dans le cours du second procès ou ne l'a-t-elle pas été? Si elle ne l'a pas été, on peut attribuer le second jugement à ce que les juges n'ont pas connu le premier; la requête civile est une voie suffisante. Si, au contraire, elle l'a été, si les juges ont méconnu ce moyen, en le méconnaissant, ils ont violé l'art. 1351 du Code civil, qui attribue à la chose jugée une autorité souveraine entre les parties de la cause: dès lors, il y a violation de la loi, refus de se soumettre à l'autorité d'un jugement; il y a lieu au pourvoi en cassation, et non plus à la requête civile.

Telles sont, en résumé, en nous bornant à l'exposition des règles générales, telles sont les quatre ouvertures de cassation.

➾ **771.** Passons maintenant au détail même de la procédure de la Cour de cassation, à la marche qui doit être suivie devant elle, pour arriver à l'annulation des procédures ou des arrêts, dans les quatre cas que nous venons d'indiquer.

Les formes de procédure indiquées pour la Cour de cassation, soit par le règlement de 1738, soit par des lois ou décrets postérieurs, sont assez simples : nous allons les parcourir rapidement, pour nous attacher, en terminant, au point le plus important de cette matière, savoir, à l'examen des conséquences, des résultats de la cassation prononcée.

Le pourvoi en cassation, en matière civile, se distingue notablement, dans sa forme, des autres voies de recours, soit ordinaires, soit extraordinaires. En général, les différentes voies de recours que nous avons examinées s'introduisent tantôt par une requête d'avoué à avoué, tantôt par une assignation à personne ou à domicile. Mais, dans tous les cas, il s'agit toujours d'une notification faite par la partie qui poursuit la rétractation ou la réformation, soit à la personne, soit au domicile, soit au représentant de la partie contre laquelle cette réformation ou rétractation est demandée. Quand il s'agit d'un pourvoi en cassation, une marche toute différente est suivie; l'acte originaire introductif du pourvoi, l'acte qui saisit la Cour de cassation de la connaissance de l'arrêt attaqué n'est pas signifié par le demandeur en cassation à la partie en faveur de laquelle l'arrêt attaqué a été rendu. Le pourvoi en cassation se forme, s'introduit, par un écrit rédigé en forme de requête, déposé par le demandeur en cassation, ou plutôt, par l'avocat qu'il a constitué, au greffe de la Cour de cassation, il est déposé au greffe, et le dépôt est constaté par un récépissé que le greffier de la Cour délivre au déposant.

Telle est la forme dans laquelle s'introduit le pourvoi : nous en verrons plus tard les motifs.

(1) Cass., 8 avril 1812 (Dall., *Rép.*, v° *Cassat.*, n° 1509). — Cass., 21 avril 1813 (*eod.*, n° 1028). — Cass., 18 décembre 1815 (Dall., *Rép.*, v° *Chose jugée*, n° 166). — Cass., 17 août 1841 (Dall., *eod.*, n° 20).

Dans quel délai ce pourvoi doit-il être formé? C'est, en général, dans le délai de deux mois (L. du 2 juin 1862), le même délai que nous avons déjà vu, soit pour l'appel, soit pour la requête civile ; et les deux mois courent du jour de la signification, à personne ou à domicile, de la décision, objet du pourvoi. Si le jugement ou l'arrêt est par défaut, le délai ne courra qu'à compter du jour où l'opposition ne sera plus recevable (art. 1, L. 2 juin 1862). Le délai est augmenté à raison de l'éloignement du domicile du demandeur (art. 5 même loi), ou à raison d'absence forcée d'une des parties, par exemple, au profit de citoyens absents du territoire de la France pour service public de terre ou de mer (art. 4, même loi). Les dispositions auxquelles je vous renvoie sont identiques à celles des art. 445 et 446 du Code de procédure (1).

Quelles sont les formes matérielles? quelles sont les indications que doit contenir cette requête de pourvoi?

Elle contient les noms du demandeur et du défendeur ; l'indication précise de l'arrêt attaqué ; la désignation expresse de la loi qu'on prétend avoir été violée dans cet arrêt, et, sinon la reproduction, au moins l'indication des moyens sur lesquels on se fonde pour établir cette violation ; il faut dire non pas seulement quelle loi a été violée, mais en quoi elle a été violée. Du reste, l'indication, l'exposé de ces moyens suffit, sauf à développer, si l'on veut, cet exposé dans un mémoire ampliatif, qui peut être déposé même après l'expiration du délai fixé par le pourvoi.

Le pourvoi doit de même contenir la preuve de la consignation préalable de l'amende, qui est de 150 fr. pour les jugements contradictoires, et de moitié pour les jugements par défaut ou par forclusion, plus des dixièmes en sus, en vertu de lois particulières. Il faut donc, comme dans la requête civile, joindre à l'acte introductif la quittance du receveur constatant le dépôt préalable de la consignation (2).

Il faut y joindre également une expédition du jugement ou de l'arrêt attaqué (3). Et, comme la Cour de cassation doit connaître le dispositif et les motifs de la décision attaquée, il ne suffirait pas de joindre au pourvoi une copie

(1) Si le jugement ou l'arrêt n'avait pas été signifié, le droit de se pourvoir en cassation se prescrirait par trente ans (art. 2262, C. civ.). Voy. Civ. Rej., 31 mars 1869, D., 69, 1, 405.

(2) ** On se contente de la consignation d'une seule amende même lorsque plusieurs parties se sont pourvues en cassation, si elles ont le même intérêt. Cass., 3 février 1869, S. 69, 1, 122. — Cass., 7 avril 1875, S. 77, 1, 469. Cass. Req., 18 janvier 1876, S. 76, 1, 443. — Cass. civ., 7 avril 1875, S. 77, 1, 469. — Cass. civ., 23 décembre 1879, S. 81, 1, 216. — Cass. civ., 17 août 1880, S. 80, 1, 454. — Cass. civ., 14 juin 1881, S. 82, 1, 97. De même, bien que le pourvoi soit dirigé contre deux ou plusieurs arrêts, une seule consignation suffit encore, si ces différents arrêts ont été rendus dans la même affaire. Cass. Req., 17 juillet 1878, S. 80, 1, 76.

Certaines personnes sont dispensées de consigner l'amende : les administrations, les préfets, les procureurs généraux (loi du 2 brumaire an IV, loi du 14 brumaire an V); ceux qui sont admis au bénéfice de l'assistance judiciaire (loi du 22 janvier 1851) ; en matière électorale (loi du 15 mars 1849, art. 12 et 13, etc.). **

(3) Cass. Rej., 22 août 1836 (Dall., *Rép.*, v° *Cassat.*, n° 862). — Cass., 20 avril 1846, D. 46, 1, 144. — Cass., 13 mai 1872, D. 73, 1, 85.

d'un arrêt confirmatif qui n'aurait fait qu'adopter les motifs des premiers juges ; il faudrait alors produire, outre l'arrêt, le jugement confirmé (1) *.

J'ajouterai que, si minutieuses que soient ces formalités, il est de la plus haute importance de les observer, parce que leur inobservation entraîne déchéance du pourvoi. Ainsi, c'est un point reconnu que le pourvoi devrait être rejeté sans aucun examen des motifs, par cela seul qu'on n'y aurait pas annexé la quittance justifiant de la consignation préalable ; vainement le demandeur en cassation prouverait-il qu'il avait consigné l'amende en temps utile ; le défaut de jonction, d'annexe à son pourvoi de la quittance du receveur entraînerait à lui seul le rejet du pourvoi (2).

772. Le pourvoi ainsi formé par le dépôt au greffe, la Cour est saisie. Dans quelle forme va-t-on suivre maintenant l'instruction ?

Le pourvoi, vous ai-je dit, n'a pas été notifié à l'adversaire ; l'adversaire a pu sans doute en avoir connaissance en s'en informant au greffe, mais, directement et personnellement, aucun avis n'a dû lui être transmis. La raison en est simple : c'est que, dans cette première épreuve, dans ce premier débat sur l'admissibilité du pourvoi, le défendeur à la cassation n'est pas en cause, la question que le pourvoi soulève, au moins en matière civile, n'est pas encore de savoir s'il y a lieu ou s'il n'y a pas lieu à casser l'arrêt attaqué ; la question consiste uniquement dans un examen préalable des moyens de cassation, pour savoir si le pourvoi doit être rejeté ou admis. Le défendeur en cassation ne sera donc ni appelé ni entendu, ou plutôt il n'y a pas encore, à vrai dire, de défendeur à la cassation ; tout se passe entre le demandeur, le ministère public et la Cour. Quand je dis la Cour, j'entends parler de la chambre des requêtes, à laquelle appartient exclusivement, en matière civile, le droit de statuer sur l'admissibilité du pourvoi.

Ainsi l'acte de pourvoi et, s'il y a lieu, le mémoire ampliatif étant déposés au greffe, la section des requêtes est saisie de la question. Le président de cette chambre désigne parmi les conseillers un rapporteur auquel les pièces sont confiées. Ce rapporteur doit remettre ce dossier au greffe dans le délai d'un mois ou de deux mois, selon les cas. Communication en est donnée ensuite au ministère public. Puis, l'affaire venant à son tour de rôle, on entend à l'audience : 1° le rapporteur ; 2° l'avocat du demandeur en cassation ; 3° enfin, le ministère public. Quant au défendeur à la cassation, il n'est pas représenté, personne ne parle et ne peut parler pour lui, parce que l'arrêt à rendre par la section des requêtes ne peut au fond lui causer aucun préjudice réel. En effet, après cette procédure, de deux choses l'une : ou la chambre des requêtes juge que les moyens du pourvoi n'ont aucun fondement ; alors elle le rejette, tout est fixé, aucun moyen de recours n'est plus ouvert au demandeur ni par la voie de la cassation ni par la voie de la requête civile. Dans le cas de rejet, la chambre des requêtes doit motiver son arrêt, et elle prononce contre le demandeur qui succombe la condamnation à l'amende qui a été

(1) Cass. Rej., 3 juin 1812 (Dall., *Rép.*, v° *Cassat*, n° 871).

(2) La Cour de cassation n'a pas adopté cette opinion rigoureuse en matière criminelle. — 6 fructidor an VIII. — 9 février 1833 (Dall., *Rép.*, v° *Cassat.*, nos 891-892).

par lui consignée. Ou bien, au contraire, si les moyens du pourvoi paraissent graves, sérieux, s'ils élèvent des doutes raisonnables sur la régularité de l'arrêt attaqué devant elle, la chambre des requêtes ne casse pas ce jugement ou cet arrêt, ce n'est pas là sa mission; mais elle admet le pourvoi, sauf à débattre ultérieurement, devant la chambre civile, la réalité des vices invoqués contre le jugement ou l'arrêt.

L'arrêt de la chambre des requêtes admettant le pourvoi n'est pas motivé, il diffère en cela de l'arrêt qui rejette le pourvoi. ** La loi n'a pas voulu que la chambre des requêtes pût, par les motifs de son arrêt, exercer une influence quelconque sur la chambre civile. **

773. Ici se termine, et je ne prends et ne dois prendre absolument que l'ensemble, ici se termine la première période de la procécure du pourvoi en cassation. S'il s'agit d'un arrêt de rejet rendu par la chambre des requêtes, cette première période est en même temps la dernière. Si, au contraire, l'arrêt de la chambre des requêtes est un arrêt d'admission, la conséquence de l'arrêt d'admission sera que l'affaire sera portée à la chambre civile pour être statué sur la cassation. Aussi l'arrêt d'admission, rendu par la chambre des requêtes, forme-t-il le point de départ d'une période toute distincte, dans la procédure à suivre devant la cour.

Ainsi, jusqu'ici nous avons remarqué que le défendeur restait étranger à la procédure, ou, pour mieux dire, qu'il n'y avait pas à proprement parler de défendeur à la cassation devant la chambre des requêtes. Au contraire, lorsque le demandeur à la cassation aura fait admettre son pourvoi, il devra mettre en cause son adversaire désormais défendeur à la cassation; il le mettra en cause en lui signifiant, soit à personne, soit à domicile : 1° la requête introductive du pourvoi, qu'il aura d'abord déposée au greffe ; 2° l'arrêt d'admission obtenu en vertu de cette requête.

« Le demandeur en cassation est tenu de signifier l'arrêt d'admission à personne ou à domicile, dans les deux mois après sa date ; sinon, il est déchu de son pourvoi envers ceux des défendeurs à qui la signification aurait dû être faite (art. 2, L. 2 juin 1862). »

A quels délais doit-il assigner son adversaire? quel est l'intervalle qui s'écoulera entre la signification de l'arrêt d'admission et la comparution du défendeur à la cassation? Ce délai est fixé par l'art. 3 de la même loi (2 juin 1862): « Le délai pour comparaître sera d'un mois à partir de la signification de l'arrêt d'admission faite à la personne ou au domicile des défendeurs. » (Voy. aussi art. 6, même loi (1).)

Le défendeur à la cassation est donc assigné, en vertu de l'arrêt d'admission, à comparaître devant la chambre civile; et comparaître, ici, comme devant les tribunaux ordinaires, ce n'est pas venir de sa personne ; comparaître, c'est constituer un représentant légal ayant qualité pour vous défendre. Compa-

(1) Doit être déclaré déchu de son pourvoi le demandeur qui a notifié son arrêt d'admission au défendeur par un exploit dont la copie ne porte pas d'indication du mois dans lequel la signification a eu lieu, s'il n'est pas possible de réparer cette omission à l'aide des autres mentions de l'exploit. Civ. Rej., 26 janvier 1874, S. 74, 1, 440.

raître devant les tribunaux d'arrondissement, les cours d'appel, c'est constituer un avoué; comparaître devant la cour de cassation, c'est faire choix d'un des avocats attachés spécialement à cette cour, avocats qui réunissent sur leur tête la double qualité d'avocats et d'avoués, et qui ont mission non seulement pour défendre les parties, mais pour les représenter et pour conclure en leur nom.

Ainsi, dans le mois de la signification, le défendeur à la cassation doit constituer un avocat qui signifiera au demandeur et déposera au greffe un mémoire en réponse contre la requête du pourvoi et contre l'arrêt d'admission. A ce mémoire signé de l'avocat défendeur, le demandeur peut, à son tour, répondre par un autre mémoire. Les deux mémoires du défendeur et du demandeur en cassation ayant été signifiés et déposés au greffe, l'affaire est en état; dès lors nous sommes arrivés au terme de la procédure; la marche à suivre est absolument celle qu'on suit devant la section des requêtes. Les deux mémoires déposés, le président de la section civile nomme un rapporteur; ce rapporteur prend communication; puis, au tour de rôle, on arrive à l'audience, on entend : 1° le rapporteur; 2° les avocats respectifs, car ici le défendeur à la cassation a son avocat; 3° le ministère public; ensuite intervient l'arrêt.

774. Avant de quitter cette matière relative aux formes, remarquez que nous avons supposé, ce qui arrive le plus fréquemment, la comparution du défendeur à la cassation; c'est-à-dire la constitution d'un avocat et la signification d'un mémoire dans les délais indiqués. Mais, de même que dans les tribunaux d'arrondissement le défendeur fait souvent défaut, de même il peut arriver que devant la Cour de cassation le défendeur n'ait pas constitué d'avocat, n'ait pas signifié de mémoire dans les délais indiqués par le règlement. Ce point est prévu et développé dans le titre II, IIe partie du règlement de 1738. Si, à l'expiration de la huitaine depuis l'accomplissement des délais qui lui sont donnés pour comparaître, le défendeur n'a pas signifié et déposé de mémoire, le demandeur peut prendre défaut, et sur le défaut, la section civile entrera dans l'examen de l'affaire. Elle pourra, malgré le défaut du défendeur, rejeter le pourvoi du demandeur, auquel cas, elle le condamnera à l'amende de 300 fr. ou de 150 fr., suivant que le jugement attaqué était ou n'était pas contradictoire; car, en cas de rejet par la section civile, l'amende est doublée* (Voy. les art. 5, 26 et 35 du titre IV, 1re partie du règlement de 1738.)* Au contraire, si la cassation est prononcée, le défendeur à la cassation contre lequel il a été prononcé par défaut aura encore la faculté de faire rétracter cette sentence, de se faire restituer contre cette cassation pendant un délai d'un mois ou de deux mois, selon les cas, à partir de la signification de l'arrêt de défaut.

** Les incidents sont assez rares à la cour de cassation; mais il en est cependant quelques-uns qui peuvent se présenter devant elle. Ainsi l'étranger demandeur est tenu de fournir caution. Il ne peut être question des exceptions déclinatoires, mais rien ne s'oppose à ce que l'exception de nullité soit soulevée si une irrégularité a été commise dans la procédure. Les héritiers et la femme commune en biens auraient aussi la faculté d'opposer l'exception dilatoire tirée du droit de faire inventaire et délibéré. Quant à l'exception de garantie, elle ne saurait se présenter puisque la cour de cassation ne forme pas un degré de juridiction. Mais il peut y avoir lieu à l'exception de communication des pièces.

La cour de cassation ne jugeant pas en fait, il ne peut pas, en général, se présenter d'incidents relatifs aux preuves. Toutefois on peut et on doit même s'inscrire en faux devant la cour de cassation toutes les fois que l'on conteste la sincérité d'une mention contenue dans le jugement ou l'arrêt qui lui est déféré, par exemple, si l'on soutient que l'un des magistrats indiqués comme ayant pris part à l'affaire, y est resté étranger (1). Devant la cour de cassation la procédure d'inscription de faux est déterminée par l'ordonnance de 1737 et par le règlement du 28 juin 1738 qui se réfère à cette ordonnance. Le demandeur doit présenter requête tendant à ce qu'il lui soit permis de s'inscrire en faux contre la pièce et à ce que le défendeur soit tenu de déclarer s'il entend s'en servir (ord. de 1737, tit. II, art. 3; règl. de 1738, part. II, tit. X, art. 1er). Le juge est libre d'accorder ou de refuser la permission sollicitée. Pour que la cour admette l'inscription de faux, on décide généralement, dans le silence de la loi et par application des principes généraux sur l'admission des preuves, que la prétention du demandeur doit paraître vraisemblable et que la preuve du faux doit avoir pour effet de faire tomber la décision (2). Lorsque la cour de cassation autorise le demandeur à s'inscrire en faux, celui-ci doit, dans les trois jours, sommer le défendeur de déclarer s'il veut se servir de la pièce attaquée (ordon. de 1737, tit. II, art. 8; règl. 1738, art. 2). Dans le silence de la loi, on n'est pas d'accord sur le point de départ des trois jours; tantôt on le fait courir du jour de l'arrêt (3); tantôt on le fait courir du jour où l'expédition de l'arrêt a été délivrée au demandeur en faux (4). Lorsque le défendeur a déclaré qu'il entend se servir de la pièce arguée de faux, la cour de cassation renvoie les parties devant une cour d'appel ou devant un tribunal d'arrondissement, suivant que la pièce provient d'une cour ou de toute autre juridiction. C'est là que la procédure du faux sera instruite et terminée; mais elle ne peut pas avoir lieu devant la cour de cassation à laquelle il est interdit de statuer en fait (5).

Quant aux incidents de fond, ils ne peuvent pas se présenter de la part des parties devant la cour de cassation. Il leur est interdit de soumettre à cette cour des demandes nouvelles et même des moyens nouveaux, à moins cependant que ceux-ci ne soient fondés sur des motifs d'ordre public. Il est souvent assez

(1) Cass. civ., 17 et 30 août 1881, S. 82, 1, 345.

(2) Arrêt du 20 juillet 1858, S. 59. 1, 497; — Cass., 5 janvier 1869, S. 69, 1, 81; — Cass., 4 juillet 1876, S. 77, 1, 57.

(3) Cass. civ., 17 et 30 août 1881, S. 82, 1, 345.

(4) Cass., 5 avril 1813.

(5) Il y a lieu, pour la cour de cassation, de rejeter une demande tendant à inscription de faux, quand les pièces produites et les faits articulés ne rendent pas vraisemblables les allégations formulées à l'appui de cette demande. La Cour peut néanmoins, dans ce cas, conformément aux dispositions de l'ordonnance de 1737, ordonner la restitution de l'amende spéciale qui a dû être consignée. Cass. civ., 24 novembre 1880, S. 83, 1, 29. On trouvera dans la note insérée sous cet arrêt un exposé de la procédure du faux devant la cour de cassation.

délicat de savoir si une prétention d'une partie constitue une demande nouvelle, un moyen nouveau ; aussi la cour de cassation rend-elle sur cette question de très fréquents arrêts.

En principe, toute personne intéressée peut intervenir devant la cour de cassation par requête d'avocat signifiée aux parties en cause avec indication des moyens à l'appui, et il est défendu à l'intervenant d'en invoquer d'autres dans la suite (règlement de 1738, tit. VIII, art. 1er). Le rôle de l'intervenant se réduit d'ailleurs à peu de chose, son intervention ne constituant pas un pourvoi; il ne peut remettre en question les points du jugement ou de l'arrêt que le pourvoi n'aurait pas attaqués. Il ne fait donc que fournir, dans l'instance, les arguments qu'il juge utiles, soit pour, soit contre le pourvoi, et il n'a qu'à conclure, en cas de cassation, à être maintenu devant la cour de renvoi, dans sa position de partie intervenante, sans que son intervention puisse être remise en question devant cette cour.

Contre les avocats à la cour de cassation, il faut admettre, sans hésiter, la procédure du désaveu, car ils sont officiers ministériels et ont le caractère de mandataires: de même, rien ne s'oppose à la récusation d'un ou de plusieurs conseillers. Mais il est évident que nous ne pouvons pas rencontrer, devant la cour de cassation, la procédure du règlement de juge, ni celle du renvoi à un autre tribunal pour cause de parenté ou alliance.

Quant aux incidents relatifs à l'extinction de l'instance, une distinction est nécessaire : l'instance peut prendre fin par le désistement du demandeur pourvu qu'il soit accepté par le défendeur, mais la péremption d'instance n'étant pas consacrée par le règlement de 1738, on est d'accord pour décider qu'elle n'existe pas à la cour de cassation. Toutefois, à défaut de péremption de l'instance, il existe une prescription par trente ans qui s'accomplit de plein droit à partir du dernier acte de procédure; c'est l'application du droit commun.

Pour terminer ces particularités relatives à la procédure de la cour de cassation, il est nécessaire de vous faire connaître rapidement certaines affaires dans lesquelles on s'écarte de la marche ordinaire qui soumet, devant la cour de cassation, les contestations à deux instances successives, la première devant la chambre des requêtes et sans défendeur, la seconde devant la chambre civile avec demandeur et défendeur. D'une part, certaines affaires sont portées définitivement à la chambre des requêtes; elles ne passent jamais à la chambre civile. D'autre part, certaines affaires sont directement déférées à la chambre civile sans subir un examen préalable de la chambre des requêtes.

Et d'abord, on porte directement à la chambre des requêtes : les demandes en règlement de juge (art. 363 du code de procédure); les demandes en renvoi pour suspicion légitime ou pour sûreté publique (loi du 27 ventôse an VIII, art. 60): les jugements et arrêts dont le procureur général de la cour de cassation demande l'annulation pour cause d'excès de pouvoir sur l'ordre du ministre de la justice; les demandes en indication de juge lorsqu'une cour ne se trouve pas en nombre pour statuer.

En second lieu on porte directement à la chambre civile : les pourvois en matière d'expropriation pour cause d'utilité publique (loi du 3 mai 1841, art. 20); ceux qui sont formés par le procureur général de la Cour de cassation dans le seul intérêt de la loi et après l'expiration des délais donnés aux parties pour se pourvoir en cassation sans que celles-ci aient employé cette voie de recours (Loi du 27 ventôse an VIII, art. 88); les pourvois relatifs à la révision des listes électorales concernant les élections des députés (Loi du 30 novembre 1875, art. 1er) ou autres; ceux qui concernent les élections des juges des tribunaux de commerce (Loi du 8 décembre 1883, art. 11).**

775. Arrivons maintenant à un point un peu plus important; voyons quel pourrait être l'arrêt de la section civile prononcé contradictoirement sur la demande en cassation ; et surtout, allons plus avant, examinons quelles pourront être les conséquences diverses de cet arrêt.

D'abord, il y a un premier cas fort simple, celui où la chambre civile rejette le pourvoi en cassation; son arrêt de rejet est définitif, il n'y a plus pour le demandeur aucun moyen possible de faire rétracter la sentence, tout est jugé et souverainement jugé contre lui; en prononçant le rejet, la cour le condamne à une amende de 300 fr. ou de 150 fr., et cette amende doit absolument être prononcée. Ainsi, quoiqu'en matière civile la loi dispense les indigents de la consignation préalable pour que le pourvoi soit admis, elle ne les dispense pas de la condamnation à l'amende, quand ils ont succombé dans leur pourvoi (1). Dans tous les cas, l'arrêt de rejet doit renfermer la condamnation.

Mais l'arrêt de cassation présente dans ses résultats des conséquences beaucoup plus graves sur lesquelles nous devons nous arrêter.

La cassation prononcée par la chambre civile produit, relativement aux parties, des effets non pas identiques, mais au moins fort analogues à ceux que l'art. 501 attribue au jugement de rétractation en matière de requête civile. Ainsi, nous avons distingué dans les requêtes civiles, et d'après le Code même, deux instances séparées et successives, le rescindant qui rétracte le jugement attaqué, puis le rescisoire dans lequel on débattra la question du fond. Ces expressions ne sont consacrées ni par la loi, ni par l'usage dans la procédure de la Cour de cassation ; mais la même distinction dans les idées s'y retrouve tout à fait exactement. Ainsi, la Cour de cassation, nous l'avons déjà dit, n'est pas juge du fond de l'affaire ; par conséquent, quand elle casse, elle met le jugement ou l'arrêt à néant, sans y substituer un jugement, une décision, un arrêt nouveau ; quand elle casse un jugement ou un arrêt, elle remet les parties au même état où elles se trouvaient toutes deux avant ce jugement ou cet arrêt. Sous ce rapport, elle produit précisément l'effet que le § 1er de l'article 501 attribue au jugement de rétractation rendu sur une requête civile.

Il résulte de là quelques conséquences importantes à signaler.

776. Le pourvoi en cassation, formé devant la chambre des requêtes, ou même admis par cette chambre et porté devant la chambre civile, n'est pas

(1) Cass., 28 décembre 1812 (Dall., *Rép.*, v° *Cassation*, n° 757).

suspensif ; nonobstant le pourvoi, nonobstant l'arrêt d'admission, l'exécution du jugement ou de l'arrêt attaqué a pu et dû se produire. Sous ce rapport, les principes de la requête civile sont communs à la cassation.

* Nous avons vu cependant, sur l'article 241 du Code de procédure, que le jugement qui ordonne la suppression ou la réformation d'une pièce déclarée fausse ne devra pas être exécuté, tant que le jugement pourra être cassé (Voy. n° 461).

Le Code civil contient également un article (l'art. 263) qui déclare exceptionnellement que le pourvoi en cassation est suspensif en matière de divorce. On en comprend facilement le motif. (Voy. aussi un décret des 16-19 juillet 1793). *

En principe, le pourvoi en matière civile n'est pas suspensif.

Ainsi, lorsque, après cette exécution poursuivie et probablement consommée pendant l'instruction du pourvoi, l'arrêt attaqué est cassé, il s'ensuit d'abord que l'amende consignée doit être restituée ; ensuite que tout ce qui a été fait en vertu de l'arrêt attaqué, qui maintenant est cassé, doit tomber, que tous les actes d'exécution auxquels le défendeur à la cassation a pu procéder dans l'intervalle, sont des actes nuls, comme ayant été faits en vertu d'un arrêt qui maintenant est mis au néant, qui maintenant est censé n'avoir jamais eu d'existence (1). Alors, si, en vertu de ce jugement qui, par exemple, le déclarait propriétaire, le défendeur à la cassation a constitué des hypothèques, des servitudes, des droits réels, a consenti des aliénations, tous ces droits s'évanouissent avec le jugement qui lui servait de titre ; le jugement ou l'arrêt étant cassé, il n'a pu consentir à des tiers des droits qu'il n'avait pas lui-même. De même, si, à la suite de l'arrêt que la cour vient de casser, ont été rendus des jugements ou arrêts relatifs à l'interprétation ou à l'exécution de celui-là, ces jugements ou ces arrêts doivent tomber avec celui qui leur servait de base. De même encore et à plus forte raison, le demandeur en cassation, qui a fait tomber l'arrêt qui l'avait condamné, recouvrera du défendeur toutes les sommes qu'il avait payées en conséquence de cet arrêt. En un mot, les parties étant remises en l'état qui avait précédé, tout ce qui s'est fait antérieurement, en vertu de l'arrêt qui vient d'être cassé, doit être mis à néant (2).

Tout cela du moins doit s'entendre du préjudice de droit que l'arrêt maintenant cassé avait fait éprouver au demandeur en cassation. Quant au préjudice de fait, il est clair qu'il sera souvent irréparable ; il est clair que l'arrêt de cassation n'aura pas toujours pour effet de réparer, au profit du demandeur qui a triomphé, le tort que l'arrêt lui aura causé. Ici, je n'entends pas parler d'un cas tellement évident qu'il mérite à peine d'être mentionné, il est clair que, si le demandeur en cassation avait pendant l'instruction été contraint de payer, ce qui arrivera le plus souvent, et que le défendeur se trouvât insolvable après la cassation, c'est là un préjudice de fait, sur lequel l'arrêt n'a pas d'influence. Mais il y a d'autres cas, à part celui-là, où l'arrêt

(1) ** Et il en est ainsi, même si la cour de renvoi statue plus tard dans le même sens que la première. Cass. civ., 24 juillet 1882, S. 82, 1, 444. **

(2) Cass., 15 janvier 1812. — 22 janvier 1822. — 28 août 1837 (Dall., *Rép.*, v° *Cassat.*, n° 2016). — Cass., 16 juin 1845 (Dall., 1845, *Tables*, v° *Cassat.*, n° 12).

de cassation ne peut pas remédier au préjudice éprouvé par le demandeur.

Ainsi, un arrêt de cour d'appel a prononcé, aux termes de l'art. 2157 du Code civil, la radiation d'une inscription hypothécaire que j'avais prise sur un de vos immeubles, pour sûreté d'une créance ; la cour d'appel, prétendant que la créance est éteinte, a ordonné contre moi la radiation de cette inscription ; je me suis pourvu en cassation ; mais, comme le pourvoi n'est pas suspensif, la radiation a été opérée sur le registre malgré ce pourvoi. Plus tard, cet arrêt est cassé ; on reconnaît que la cour d'appel a violé la loi en prononçant dans l'espèce l'extinction de mon droit, la radiation de mon inscription. Mais si je puis maintenant, l'arrêt de cassation à la main, reprendre l'inscription qui a été rayée, je ne puis pas reprendre le rang d'inscription que j'ai perdu ; il est clair que si, dans l'intervalle, des tiers sont venus s'inscrire sur les biens du même débiteur, sur la foi de la liberté de ces biens, puisque mon inscription avait été rayée, la nouvelle inscription que je vais reprendre ne pourra pas remonter à la date de l'ancienne; la nouvelle inscription ne pourra pas m'assurer le rang de préférence que m'assurait la première. Dans ce cas et autres de même nature, l'arrêt de cassation, qui, en droit, remet les parties dans l'état où elles étaient avant la cassation, ne réussit pas toujours à réparer les préjudices de fait sur lesquels, en principe, la loi n'a pas d'empire.

777. Un point beaucoup plus important est celui de savoir quelle sera la conséquence définitive de cet arrêt de cassation prononcé par la chambre civile. Vous comprenez bien maintenant cette idée fondamentale, que la cour, en cassant le jugement ou l'arrêt, n'a pas jugé le fond de l'affaire. Juger le fond de l'affaire est en dehors de sa mission ; elle est là pour maintenir l'observation de la loi, et non pas pour faire droit aux parties. De là suit que la chambre civile, lorsqu'elle casse un arrêt de cour d'appel, doit immédiatement renvoyer l'affaire et les parties devant une autre cour d'appel. Cette obligation lui est imposée par la loi du 27 ventôse an VIII, art. 87 ; elle l'était déjà par les lois antérieures. Le renvoi sera fait par la Cour de cassation devant un tribunal du même ordre, tribunal d'arrondissement ou cour d'appel, ordinairement devant celui qui sera le plus voisin de celui qui avait jugé. Le tribunal auquel l'affaire est renvoyée ne peut connaître que des chefs sur lesquels a porté le pourvoi (1).

*Toutefois, dans le cas prévu par l'art. 504 du Code de procédure, je crois que la Cour de cassation ne devrait ordonner aucun renvoi. Cet article suppose que dans la même cause, entre les mêmes parties et sur les mêmes moyens, deux Cours ou tribunaux ont rendu deux jugements contraires. La Cour de cassation devra casser le jugement qui a été rendu le second ; en effet, l'affaire était déjà jugée quand ce jugement est intervenu, et il n'a pu infirmer l'autorité du premier jugement, qui doit être maintenu pour être exécuté suivant sa forme et teneur (2). L'art. 501, deuxième alinéa, donne une décision semblable en matière de requête civile.

(1) Dijon, 17 juillet 1868, D., 68, 2, 206.

(2) *Contrà :* Cass., 28 juillet 1852, contrairement aux conclusions de M. l'avocat général, D. 52, 1, 292. — Cass., 14 mai 1861, D., 61, 1, 378.

De même, dans le cas où la cour casse un arrêt ou un jugement dans l'intérêt de la loi (Voy. n° 765), elle ne prononce aucun renvoi, puisque cet arrêt ou ce jugement conserve ses effets entre les parties. *

➾ **778.** Mais vous sentez qu'il est possible que, la chambre civile ayant annulé un arrêt, par exemple, pour inobservation de la loi ou parce qu'elle y croit voir une violation de la loi, la seconde cour d'appel, à laquelle l'affaire est renvoyée, juge dans le même sens que la première ; il est possible, et il y en a de fréquents exemples, que la deuxième cour d'appel persiste à donner à la loi l'interprétation adoptée par la première, et repoussée par l'arrêt de cassation. La chose est très licite, car la mission de la Cour de cassation, si haute qu'elle soit, n'est qu'une mission judiciaire et non point une mission législative, elle casse les arrêts, mais elle n'impose pas et ne peut imposer aux tribunaux ou cours l'obligation légale ou morale d'adopter son interprétation. Qu'arrivera-t-il donc dans ce cas, surtout si le deuxième pourvoi est suivi d'une deuxième cassation, et si, sur le second renvoi qui va suivre cette cassation, la troisième cour d'appel décide comme les deux premières?

Le principe même de la division des attributions va nous jeter dans un immense embarras ; nous roulerons sans terme dans un cercle successif d'arrêts de cours d'appel et de cassation, qui ne mèneront à rien. La difficulté est réelle ; mais c'est plutôt une difficulté législative qu'une difficulté judiciaire. En effet, comme elle tient précisément au principe de la distribution des pouvoirs, à la distinction des attributions de la cour de cassation et des juridictions ordinaires, cette difficulté a été prévue, tranchée dès l'origine par les législateurs ; mais elle l'a été successivement, dans plusieurs lois différentes, de plusieurs manières.

La loi du 1er décembre 1790, qui a organisé la Cour de cassation, avait prévu et tranché la question sous l'art. 21, § 2 ; après la cassation successive de deux jugements rendus dans la même affaire, sur la même question de droit, le troisième tribunal jugeant comme les deux premiers, cette loi voulait que le tribunal de cassation, au lieu de statuer sur le troisième pourvoi, demandât à la législature une déclaration interprétative, qu'il attendît cette déclaration pour l'appliquer au troisième pourvoi dont il était saisi. Ainsi, sous l'empire de cette loi, le troisième pourvoi contre la même décision étant porté au tribunal de cassation, celui-ci devait surseoir et en référer au corps législatif, et lui demander une interprétation applicable non seulement aux mêmes questions se soulevant plus tard dans d'autres affaires, mais applicable au procès même dans le cours duquel la question était née.

Le même système fut reproduit, soit dans la constitution du 3 septembre 1791, art. 21, soit aussi dans celle du 5 fructidor an III. Seulement, la constitution de l'an III. art. 256, voulait, pour plus de célérité et d'économie, que le référé du tribunal de cassation au Corps législatif eût lieu dès le deuxième pourvoi, que le tribunal de cassation, ayant cassé une première fois, et saisi d'un second pourvoi contre un jugement pareil, rendu dans la même affaire, en référât aussitôt au Corps législatif, et attendît l'interprétation d'autorité pour l'appliquer à l'affaire.

Dans la loi du 27 ventôse an VIII, commença un changement de système, et ce changement a encore laissé des traces dans la législation actuelle; on décida (art. 78), que, sur le second pourvoi, le tribunal de cassation, au lieu de se référer à la législature, réunirait ses trois sections, et statuerait toutes chambres réunies. On pensait que l'autorité des trois chambres réunies du tribunal de cassation suffirait pour exercer une influence morale de nature à faire cesser toutes les divergences.

Mais l'influence du tribunal de cassation, siégeant même avec tout l'appareil de ses audiences solennelles, n'est qu'une influence toute morale ; le tribunal de cassation n'avait, comme il ne l'a encore, qu'une influence judiciaire, et nulle influence législative. Il arriva donc, en 1806, que malgré l'autorité d'un deuxième arrêt de cassation, prononcé toutes les chambres réunies, conformément à l'art. 78 de la loi du 27 ventôse, il arriva que le troisième tribunal, saisi par le deuxième renvoi, statua conformément à l'avis des deux premiers tribunaux contrairement à la doctrine de la Cour de cassation. Alors intervint la loi du 16 septembre 1807, qui consacra en partie le système de la loi de l'an VIII, et en partie aussi le système de 1790, mais avec des modifications ; elle est fort remarquable, et quelques détails seront nécessaires à cet égard.

On décida que la Cour de cassation, saisie d'un deuxième pourvoi, pourrait, à son gré, ou statuer, toutes les chambres réunies conformément à la loi de ventôse, et réunies sous la présidence du grand juge, ministre de la justice ; ou bien, qu'elle pourrait à son choix se référer immédiatement au gouvernement pour obtenir de lui l'interprétation de la loi. On revenait un peu, sous ce dernier rapport, au système de 1790, à l'interprétation d'autorité. Que si la Cour de cassation, au lieu de demander l'interprétation après le second pourvoi, avait statué toutes chambres réunies et prononçait la cassation, et qu'ensuite un troisième pourvoi fût encore porté devant elle, l'interprétation était forcée, il fallait y recourir.

Ce système de 1807 a été vivement critiqué, surtout depuis 1814. En effet, il était, sous plus d'un rapport, absolument incompatible avec la Charte de 1814 et avec celle de 1830.

D'une part, la Charte posait comme principe absolu l'inamovibilité des magistrats, et certes il n'y avait rien de plus contraire à ce principe que d'appeler à siéger comme président, et à voter dans les plus graves questions qui avaient partagé les cours, le plus amovible de tous les fonctionnaires, c'est-à-dire un ministre.

D'autre part, en donnant à la cour de cassation la faculté de solliciter l'interprétation à l'époque du deuxième pourvoi, ou bien en lui commandant de réclamer cette interprétation à l'époque du troisième pourvoi, on lui disait de demander cette interprétation, non plus au Corps législatif, comme on l'avait fait en 1790, mais bien au gouvernement, au pouvoir exécutif. Cette interprétation devait, en effet, se donner dans la forme des règlements d'administration publique, ce qui veut dire qu'elle devait être délibérée et arrêtée en conseil d'État.

Tant que dura la législation de l'Empire, cette dernière partie de la loi de 1807, peut-être un peu vicieuse en principe, pouvait cependant se défendre : à cette époque, le conseil d'État avait seul la rédaction et presque l'initiative des lois; on comprenait donc que la Cour de cassation s'adressât, pour obtenir l'interprétation, à un corps qui figurait nommément dans la constitution, et de qui d'ailleurs avait dû émaner la rédaction complète de la loi. Mais vous sentez qu'en 1814 cette idée, cette marche devenait tout à fait choquante. La Charte de 1814 ne nommait pas même le conseil d'État, ne lui assignait aucun rang, aucun rôle dans le pouvoir législatif; elle attribuait l'exercice du pouvoir législatif au concours du roi et des deux chambres. Dès lors, il devenait peu raisonnable d'obliger la Cour de cassation à demander l'interprétation d'une loi équivoque à un corps qui, légalement, n'avait pris aucune part directe ni indirecte à la confection de cette loi.

Ces objections étaient graves; elles furent senties, et une loi du 30 juillet 1828 bouleversa tout le système de la loi de 1807. Voici à cet égard quelles idées furent adoptées.

On décida que désormais la Cour de cassation ne pourrait plus, après un deuxième pourvoi et avant le deuxième arrêt, demander l'interprétation; elle le pouvait en 1807, mais elle n'y était pas forcée; d'après la loi de 1828, la Cour de cassation, saisie d'un deuxième pourvoi, devait, sans demander l'interprétation, statuer sur ce deuxième pourvoi, toutes les chambres réunies. Seulement, la présidence de la cour n'était pas conservée au ministre de la justice, elle appartenait à son premier président.

Que si, après le renvoi qui pouvait suivre le second arrêt de cassation, le troisième tribunal ou la troisième cour décidait comme les deux premiers tribunaux ou les deux premières cours, leur jugement ou leur arrêt ne pouvait plus être attaqué par la voie de cassation. En d'autres termes, après deux cassations, suivies de deux renvois, le troisième arrêt de la cour d'appel étant conforme aux deux premiers, faisait droit entre les parties; aucun pourvoi n'était plus recevable, aucune interprétation n'était demandée au moins dans l'affaire à propos de laquelle le débat s'était élevé, affaire qui était alors irrévocablement terminée.

Ce conflit entre trois cours d'appel d'une part, et, de l'autre, la Cour de cassation appelée deux fois à statuer, ce conflit attestait une obscurité, une équivoque, un vice sérieux dans la loi. Aussi, les art. 2 et 3 de la loi du 30 juillet voulaient qu'il en fût immédiatement donné avis ou référé au gouvernement, afin que, dans la session législative qui suivrait ce conflit, un projet d'interprétation fût présenté aux chambres et voté.

Mais cette loi d'interprétation qui, d'après les lois antérieures, et notamment celle de 1790, avait pour but de mettre la Cour de cassation en état de statuer sur l'affaire même qui avait pour objet le conflit, avait tout à fait changé d'objet dans la loi de 1828. L'affaire était consommée, terminée entre les parties par l'arrêt de la troisième cour d'appel; et la loi à intervenir, si elle intervenait, sur le point qui avait fait l'objet du débat, n'avait plus aucune influence sur l'affaire à propos de laquelle le conflit s'était manifesté.

Ce système de la loi de 1828 conciliait-il, d'une manière satisfaisante, les principes fondamentaux des attributions des cours d'appel et de la Cour de cassation avec le besoin de maintenir l'unité de jurisprudence et de législation ? Il est permis d'en douter. En effet, dans ce conflit élevé entre l'opinion de plusieurs cours d'appel et celle de la Cour de cassation, la doctrine des cours d'appel prévalait sur la doctrine hautement manifestée par la Cour de cassation. Or, ce résultat était en désaccord manifeste avec les idées fondamentales de la hiérarchie judiciaire, avec cette idée qui tendait à conférer à la cour de cassation une haute mission de surveillance et d'autorité sur les arrêts des tribunaux et des cours d'appel, en tant qu'ils seraient contraires à la loi.

Et notez bien que ce n'est pas ici une affaire d'esprit de corps, de privilège ou de vanité ; sous ce point de vue, la question aurait peu d'importance, mais, en résultat, la mission de la Cour de cassation manquait son but. Cette mission est celle-ci : de prévenir, de réprimer, dans l'interprétation des lois, les variétés, les divergences d'opinion et de doctrine, qui sont les conséquences inévitables de la pluralité des tribunaux. Dans le but d'assurer l'unité, on a confié à une cour essentiellement unique le droit de surveiller et de casser, au besoin, les jugements et arrêts qui s'écarteraient de la saine interprétation de la loi. Or, lorsque, dans un tel conflit, c'était l'opinion des trois cours d'appel qui prévalait, en fin de compte, sur l'opinion de la Cour de cassation, il est clair que ce but était manqué ; on avait constaté un conflit de doctrines, et, par le résultat de ce conflit, l'opinion de trois cours d'appel l'avait emporté.

Ce n'est pas tout ; rien ne garantissait aux particuliers, entre lesquels la même question pouvait se débattre plus tard, que la même doctrine, que la même opinion prévaudrait. Les particuliers étaient encore, après ce débat si solennel, dans l'incertitude la plus complète sur le sort, sur la solution à venir que pouvait recevoir la question dans des débats pareils. En un mot, il est visible qu'en mettant de côté l'opinion de la Cour de cassation, qu'en s'attachant, comme dernier terme, à la doctrine des trois Cours d'appel, on manquait complètement le but capital de l'institution de la Cour de cassation, l'unité de jurisprudence.

Je sais bien qu'on pouvait dire que, dans la loi de 1828, cette objection n'était pas réelle, parce que si, dans le fait et dans la cause actuelle, l'opinion des Cours d'appel avait prévalu sur celle de la Cour de cassation, si, sous ce rapport, la jurisprudence était restée indécise et variable, la loi interprétative, qui, dans la session suivante, devait être présentée aux chambres, prévenait, pour l'avenir, l'inconvénient des variations et des incertitudes que nous signalons.

Tel était, en apparence, le remède apporté par la loi de 1828 à l'inconvénient très réel, qui résultait de son art. 2 ; mais il est facile de sentir que le remède était très loin de parer au mal, et cela pour plusieurs raisons :

Ainsi, premier obstacle, première cause d'impuissance du remède annoncé par la loi de 1828, c'est qu'il ne paraissait pas que la loi, qui devait être présentée dans la session qui suivait le conflit, fût une loi purement déclarative, devant régir et trancher même les faits antérieurs à sa promulgation.

Un autre obstacle plus sérieux se présentait : on devait, à raison du conflit déclaré, présenter une loi aux chambres, dans la session qui suivait ce conflit; mais la loi n'est pas chez nous l'œuvre d'un pouvoir unique, et le même conflit, le même débat sur le sens ou l'explication de la loi, le même débat qui venait de partager la Cour de cassation et les Cours d'appel, pouvait diviser les trois éléments dont le concours était alors (Charte de 1814) indispensable à la formation d'une loi. Si l'une des chambres attachait à la loi un sens différent de celui que l'autre y donnait, comment pourrait-on sortir de la difficulté que le conflit avait soulevée?

Enfin, troisième objection, et celle-ci, en fait, la plus grave, c'est que, le plus souvent, l'art. 3 de la loi de 1828, ordonnant la présentation immédiate d'une loi interprétative, restait sans aucun essai d'exécution, parce que les affaires législatives, les affaires politiques, dont les chambres se trouvaient chargées, ne permettaient pas de s'occuper immédiatement de vider les différends soulevés dans le cours de la session précédente ou dans les mois qui avaient précédé la loi.

C'est parce qu'on a été frappé de ce défaut, de ce vice radical de la loi de 1828, parce qu'on a senti l'insuffisance du remède de l'art. 3, qu'une loi nouvelle a abrogé la loi de 1828, et lui a substitué un système différent.

* C'est la loi du 1er avril 1837, dont les art. 1 et 2 sont ainsi conçus :

« Art. 1er. Lorsque, après la cassation d'un premier arrêt ou jugement rendu en dernier ressort, le deuxième arrêt ou jugement rendu dans la même affaire entre les mêmes parties, procédant en la même qualité, sera attaqué par les mêmes moyens que le premier, la Cour de cassation prononcera, toutes les chambres réunies. »

« Art. 2. Si le deuxième arrêt ou jugement est cassé pour les mêmes motifs que le premier, la cour d'appel ou le tribunal auquel l'affaire est renvoyée se conformera à la décision de la Cour de cassation, sur le point de droit jugé par cette cour. »

Ainsi, d'après la loi de 1837, la doctrine de la Cour de cassation sur la question de droit prévaudra sur celle des cours d'appel, puisque la troisième cour devra se conformer, en droit, à la doctrine manifestée par la Cour de cassation dans son deuxième arrêt. Mais cette troisième cour restera juge souverain de l'appréciation des faits.

** D'après la loi de 1837, devant la troisième cour d'appel, l'affaire est jugée par une chambre civile; au contraire, le décret du 30 mars 1808 (art. 22) veut, comme vous le savez, que devant la seconde cour d'appel, l'affaire soit jugée en audience solennelle. Cette différence se justifie facilement. La seconde cour d'appel conserve son entière liberté d'appréciation, et comme il existe cependant déjà un arrêt de cassation, la question a paru assez grave pour exiger une audience solennelle. Tout autre est la situation de la troisième cour d'appel : celle-ci est tenue d'accepter, pour l'affaire, la doctrine de la cour de cassation, et dès lors le rôle de cette troisième cour n'ayant pas une grande importance, on a pensé qu'il suffisait de porter le procès à une de ses chambres civiles.

La procédure est la même devant les chambres réunies de la cour de cassation qu'à la chambre civile de cette même cour, mais la loi veut que le rapport soit fait par un conseiller de la chambre criminelle, précisément parce qu'il ne connaît pas encore l'affaire (1). **

(1) ** Les chambres réunies saisies sur un deuxième pourvoi ne sont pas compétentes pour connaître d'une question sur laquelle la chambre civile n'a pas statué et qui a été résolue seulement par les deux cours d'appel; les chambres réunies doivent renvoyer la question à la chambre civile. — Cass., ch. réunies, 2 août 1882, S. 83, 1, 5. **

TRENTE-CINQUIÈME LEÇON

LIVRE V

DE L'EXÉCUTION DES JUGEMENTS (C. D.).

779. * Après avoir expliqué, dans la troisième partie de son *Traité de la procédure civile*, les moyens de se pourvoir contre les sentences et contre les juges, Pothier consacrait la quatrième partie à l'exécution des jugements. Il comprenait sous ce titre *les différentes procédures qui se font en exécution des jugements, et les voies de droit pour contraindre la partie condamnée à l'exécution d'un jugement*. Le Code de procédure a suivi le même ordre : après les livres III et IV de la première partie relatifs aux moyens d'attaquer les jugements, le livre V traite de l'exécution des jugements. Ce livre est consacré, comme la quatrième partie du *Traité de procédure civile* de Pothier, d'abord aux différentes procédures qui se font en exécution des jugements (tit. I à V), et ensuite aux voies de droit pour contraindre la partie condamnée à l'exécution d'un jugement (tit. VI à XV). L'ordonnance de 1667 suivait à peu près la même marche. Les titres XXVIII à XXXII réglaient les procédures que nous allons retrouver dans les titres I à V de ce livre, et le titre XXXIII de l'ordonnance s'occupait d'une voie d'exécution forcée, de la saisie et de la vente des meubles. Mais, moins complète que le Code de procédure, l'ordonnance de 1667 avait gardé le silence sur la saisie des immeubles et sur d'autres points relatifs à l'exécution forcée des jugements.

Nous nous occuperons, en premier lieu, des différentes procédures qu'occasionne souvent l'exécution du jugement, et qui concernent les condamnations accessoires à la condamnation principale. Je veux parler des réceptions de cautions (tit. I), des liquidations de dommages-intérêts (tit. II), de fruits (tit. III), de dépens et frais (tit. V). Les redditions de comptes ont également trouvé place ici (tit. IV), parce qu'il s'agit de l'exécution d'un jugement qui a ordonné qu'un compte serait rendu par une des parties à l'autre.

Nous aurons à examiner, après ces cinq titres, la matière bien plus importante et bien plus difficile de l'exécution forcée des jugements (tit. VI à XV).

TITRE I

DES RÉCEPTIONS DE CAUTIONS (C. D.).

780. * On appelle caution la personne qui s'oblige accessoirement envers le créancier et répond de l'acquittement de la dette. Nous n'avons à nous occuper ici ni de la forme et des conditions du contrat de cautionnement, ni des modifications que la convention des parties peut lui faire subir, ni des rapports qui existent soit entre le créancier et la caution, soit entre le débiteur et la caution, soit entre les cofidéjusseurs, c'est-à-dire entre les personnes qui ont cautionné la même dette ensemble ou séparément.

Le droit civil reconnaît trois sortes de cautions : elles sont conventionnelles, légales ou judiciaires. La caution conventionnelle est fournie par le débiteur au créancier, en vertu d'une convention ; la caution légale, en vertu d'une disposition expresse de la loi (lorsque, par exemple, une personne a entre les mains la chose d'autrui, dans les cas prévus par les art. 120, 123, 601, 626, 771, 807 du Code civil. Voy. aussi les art. 1518 et 2185 du même Code et les art. 166, 512, 992 et 993 C. pr.); enfin la caution judiciaire, en vertu d'un jugement qui impose au débiteur l'obligation de donner caution. Mais il faut bien remarquer que, si un jugement ne fait que reconnaître le droit d'exiger une caution en vertu d'une convention ou de la loi, et ordonne en conséquence au débiteur de la fournir, la caution offerte en exécution de ce jugement ne sera pas une caution judiciaire, mais une caution conventionnelle ou légale. La caution n'est judiciaire que si le tribunal ordonne de la fournir en vertu de son autorité, par exemple, quand les juges usent de la faculté qui leur est accordée par l'art. 135 du Code de procédure.

La procédure des réceptions de caution ne s'applique pas exclusivement aux cautions judiciaires. D'ordinaire, il est vrai, les cautions conventionnelles et même les cautions légales font constater leur obligation extrajudiciairement par des actes authentiques ou sous seing privé. Cependant, en cas de contestation, les formes que nous trouvons dans les art. 517 et suivants devraient être suivies pour les cautions légales et conventionnelles. Ainsi, l'usufruitier, pour se conformer à l'art. 601 du Code civil, présente une caution que le nu propriétaire n'accepte pas ; le créancier hypothécaire qui, sur les notifications afin de purger, forme une surenchère, présente une caution dont on conteste l'admissibilité ; ces deux cautions légales devront être reçues conformément aux règles tracées dans notre article.

781. « Art. 517. Le jugement qui ordonnera de fournir caution fixera le délai dans lequel elle sera présentée, et celui dans lequel elle sera acceptée ou contestée. »

Fixera le délai. Quelquefois il est même inutile de fixer le délai dans lequel la caution sera présentée, par exemple, lorsqu'une partie est autorisée à faire quelque chose dans son propre intérêt, à la charge de donner caution. Ainsi, j'ai obtenu contre Paul une condamnation, et le tribunal m'a accordé l'exécution provisoire, nonobstant appel, mais à la charge de donner caution. Je ne puis faire procéder à l'exécution forcée, c'est-à-dire faire saisir les biens meubles ou immeubles de Paul, sans donner caution. Il est bien inutile de me fixer un délai pour présenter cette caution ; mon intérêt répond de ma célérité. Si je ne la présente pas, qui pourra se plaindre? Assurément ce ne sera pas Paul, qui, jusqu'à cette présentation, est à l'abri de mes poursuites.

Mais, lorsque la caution doit être fournie par le débiteur, il est utile de lui fixer par le jugement un délai pour présenter la caution ; car il aurait intérêt à retarder le plus possible l'exécution de son obligation. C'est à ce cas et à tous autres semblables que fait allusion l'art. 517.

Comment se fera la présentation de la caution ? L'art. 440 du Code de procédure nous a déjà montré une manière de présenter et de contester les cautions. Cet article imprime à la procédure de réception une extrême rapidité; mais il doit rester exclusivement applicable aux matières commerciales qui requièrent toujours célérité.

En matière civile, les art, 518, 519 et 520 prescrivent une autre marche. L'art. 518 indique comment la caution sera présentée par celui qui doit la fournir. L'art. 519 détermine comment l'autre partie acceptera la caution, l'art. 520 comment elle la contestera.

« Art. 518. La caution sera présentée par exploit signifié à la partie, si elle n'a point d'avoué, et par acte d'avoué, si elle en a constitué, avec copie de l'acte de dépôt, qui sera fait au greffe, des titres qui constatent la solvabilité de la caution, sauf le cas où la loi n'exige pas que la solvabilité soit établie par des titres. »

La loi exige certaines conditions de celui qui est présenté comme caution; il doit être capable de s'obliger, être domicilié dans le ressort de la cour d'appel où la caution doit être donnée (art. 2018, C. civ.). Il doit, en outre, être solvable; et « sa solvabilité ne s'estime qu'eu égard à ses propriétés fon- « cières, excepté en matière de commerce, ou lorsque la dette est modique » (art. 2019, C. civ.).

Deux actes constituent la présentation de la caution par celui qui doit la fournir. Premièrement, un acte de dépôt au greffe des titres constatant la solvabilité de la caution, *sauf le cas où la loi n'exige pas que la solvabilité s'établisse par titres*, c'est-à-dire, d'après l'art. 2019, excepté en matière de commerce ou lorsque la dette est modique. Le second acte est un exploit d'huissier signifié à celui qui reçoit la caution, ou à son avoué, s'il en a un. Cet exploit contient la désignation de la caution et la copie de l'acte de dépôt fait au greffe. En matière commerciale, cet acte de présentation contient en outre une sommation à jour et heure fixes de se présenter au greffe pour prendre communication des titres, et à l'audience pour entendre prononcer l'admission, en cas de contestation (art. 449, C. pr.).

« Art. 519. La partie pourra prendre au greffe communication des titres; si elle accepte la caution, elle le déclarera par un simple acte; dans ce cas, ou si la partie ne conteste pas dans le délai, la caution fera au greffe sa soumission, qui sera exécutoire sans jugement, même pour la contrainte par corps, s'il y a lieu à contrainte. »

La partie à qui la caution est offerte peut l'accepter expressément par une déclaration faite par acte d'avoué à avoué, ou tacitement en gardant le silence pendant le délai fixé par le jugement pour contester.

La caution ainsi acceptée fait sa soumission par une déclaration au greffe. Cette soumission *est exécutoire sans jugement*, c'est-à-dire que, par sa soumission, la caution se trouve obligée. Je crois même que cette obligation existe immédiatement sans que le créancier soit tenu de l'accepter. La loi ne parle pas de cette acceptation; je n'admettrais donc pas la caution à retirer sa soumission sous prétexte qu'il n'y a eu qu'une pollicitation. La soumission, suivant moi, crée à elle seule une obligation irrévocable à la charge de la caution qui a fait cette soumission au greffe.

Même pour la contrainte par corps, s'il y a lieu à contrainte.

** Cette disposition n'a plus de sens depuis la suppression de la contrainte par corps par la loi du 22 juillet 1867. **

782. « Art. 520. Si la partie conteste la caution dans le délai fixé par le jugement, l'audience sera poursuivie sur un simple acte. »

Sur un simple acte, c'est-à-dire, comme nous l'avons vu souvent, sur un acte d'avoué à avoué. Mais, si la partie n'avait pas d'avoué, la citation serait donnée par exploit d'huissier. La contestation sur le mérite et la solvabilité de la caution s'agite exclusivement entre celui qui offre la caution et celui qui ne l'accepte pas. Quant à la caution elle-même, elle n'est point appelée dans la cause.

Si la partie laisse passer sans contestation le délai fixé par le jugement conformément à l'art. 519, elle est censée accepter la caution qui lui est offerte.

783. « Art. 521. Les réceptions de caution seront jugées sommairement, sans requête ni écritures ; le jugement sera exécuté nonobstant appel. »

La loi ordonne, comme on le voit, une procédure abrégée et peu dispendieuse.

« Art. 522. Si la caution est admise, elle fera sa soumission, conformément à l'art. 50 ci-dessus. »

J'ai expliqué sur l'art. 519 quelles étaient, pour la caution, les conséquences de sa soumission au greffe.

Mais la loi n'a rien dit du cas où le tribunal rejetterait la caution. La partie qui l'avait présentée peut-elle en offrir une autre ? Quelques auteurs ont douté qu'une seconde présentation pût être faite, par la raison que les délais de l'art. 517 se sont écoulés pendant la contestation sur la solvabilité de la première caution ; mais cette opinion ne me semble pas fondée. Le délai fixé par le jugement (art. 517) qui ordonne de fournir une caution ne se réfère qu'à la contestation relative à la première caution présentée, mais il n'exclut pas et aucune disposition de la loi n'exclut le droit d'en présenter une seconde. Seulement, comme il pourrait arriver que celui à qui il est ordonné de fournir une caution présentât, à dessein, des cautions inadmissibles, afin de gagner du temps, le tribunal, dans le jugement qui rejette la première ou la seconde caution, pourrait décider que, faute de présenter une seconde ou une troisième caution admissible, la partie perdra le droit d'en présenter une nouvelle.

Mais, dira-t-on, quelle sera pour elle la conséquence de cette déchéance ? Supposez, par exemple, que le tribunal accorde un délai à un débiteur, ou autorise une partie à tirer certains avantages de la chose d'autrui moyennant caution ; cette déchéance entraînera la perte de ce délai, de ces avantages, pour la partie qui ne remplira pas la condition imposée par le tribunal, c'est-à-dire qui ne fournira pas caution.'

TITRE II

DE LA LIQUIDATION DES DOMMAGES-INTÉRÊTS (C. D.).

⇒ **784.** ' Le droit civil s'occupe des dommages-intérêts à divers points de vue. On trouve le principe d'une action en dommages-intérêts écrit dans l'art. 1382 du Code civil : Quiconque cause par sa faute un dommage à autrui est tenu de réparer ce dommage. Les dommages-intérêts sont donc l'indemnité accordée à une personne en réparation d'un préjudice qui lui a été causé à tort. Il est dû aussi des dommages-intérêts pour inexécution ou pour retard dans l'exécution des contrats (art. 1146, C. civ.). Les dommages-intérêts sont fixés ou par les parties dans une clause pénale (art. 1152 et 1226 et suiv., C. civ.), ou par une loi, notamment en matière d'obligation de payer une somme d'argent (art. 1153, C. civ.) ; dans les autres cas, la loi, sans fixer le chiffre des dommages-intérêts, a tracé aux juges des règles pour arriver à leur appréciation (art. 1149 et suiv., C. civ.). La victime d'une infraction à la loi pénale, crime, délit ou contravention, a droit également à une réparation du préjudice qui lui a été causé (art. 2, C. Inst. cr.).

Nous avons déjà parlé des dommages-intérêts sur l'art. 128 spécial à cette matière (Voy. n° 273). Nous avons reconnu, sur l'art. 128, que dans le jugement qui condamne une partie à payer à l'autre des dommages-intérêts, le tribunal en fixait quelquefois le chiffre immédiatement, mais qu'il pouvait aussi prononcer une condamnation à des dommages-intérêts, sans en fixer le chiffre quant à présent, et ordonner que l'état lui en serait présenté plus tard. Il peut être utile au demandeur d'obtenir ce premier jugement pour avoir une hypothèque judiciaire, sans attendre les lenteurs qu'entraînera la détermination des dommages et intérêts. De plus, cette liquidation nécessite peut-être des enquêtes, des expertises, des examens de livres et registres, en un mot, des opérations dispendieuses dont les frais seraient faits en pure perte, si l'on commençait par procéder à ces modes d'instruction, et si, plus tard, la créance des dommages-intérêts n'était pas reconnue.

Les art. 523, 524 et 525 n'ont trait qu'aux dommages-intérêts dont le tribunal n'a pas fixé le chiffre dans le jugement qui a admis en principe la créance des dommages-intérêts. Ces articles règlent la procédure à suivre pour arriver à leur liquidation. Le Code n'a fait à peu près que reproduire à cet égard les dispositions du titre XXXII de l'ordonnance de 1667.

« Art. 523. Lorsque l'arrêt ou le jugement n'aura pas fixé les dommages-intérêts, la déclaration en sera signifiée à l'avoué du défendeur, s'il en a été constitué, et les pièces seront communiquées sur récépissé de l'avoué, ou par la voie du greffe. »

Celui qui a droit aux dommages-intérêts en vertu du jugement ou de l'arrêt qui les a accordés sans les liquider, c'est-à-dire sans en fixer le chiffre, déclarera quels dommages-intérêts il entend réclamer, et fera signifier cette déclaration à l'avoué du défendeur, s'il en a constitué un; sinon, par exploit d'huissier.

S'agit-il de l'avoué du défendeur dans l'instance qui a été terminée par le premier jugement ? L'art. 4 du titre XXXII de l'ordonnance de 1667 disait positivement que les procureurs qui avaient occupé sur les instances principales seraient tenus d'occuper dans celle de liquidation des dommages-intérêts, sans nouveau pouvoir ; et les commentateurs de l'ordonnance (1)

(1) Voy. Pothier, *Traité de la procédure civile*, partie IV, ch. I, § 6, art. 2, et Jousse sur l'art. 4 du titre XXXII de l'ordonnance de 1667.

nous apprennent que cette disposition n'était que l'application d'une règle générale écrite dans l'art. 7 de l'ordonnance de Roussillon, de 1563. Les rédacteurs du Code de procédure ne se sont pas expliqués à cet égard dans le titre qui nous occupe. Il faut donc se référer à la règle posée dans l'art. 1038 du Code de procédure. L'avoué qui a occupé sur l'instance principale occupera sans nouveau pouvoir sur l'instance en liquidation des dommages-intérêts, qui n'est que l'exécution du premier jugement, pourvu que cette exécution ait lieu dans l'année de la prononciation du jugement primitif.

Si le chiffre des dommages-intérêts réclamés est appuyé de pièces justificatives, elles seront communiquées dans les formes ordinaires (Voy. n° 414).

« Art. 524. Le défendeur sera tenu, dans les délais fixés par les art. 97 et 98, et sous les peines y portées, de remettre lesdites pièces, et, huitaine après l'expiration desdits délais, de faire ses offres au demandeur, de la somme qu'il avisera pour les dommages-intérêts ; sinon, la cause sera portée sur un simple acte à l'audience, et il sera condamné à payer le montant de la déclaration, si elle est trouvée juste et bien vérifiée. »

Si le défendeur accepte le chiffre des dommages-intérêts proposé par le demandeur dans la déclaration faite conformément à l'article précédent, tout est terminé. S'il le conteste, il doit faire lui-même des offres de la somme qu'il croit due pour les dommages-intérêts auxquels il a été condamné. Ces offres ne sont point des offres réelles qu'on soit tenu d'effectuer dans la forme et avec les conditions prescrites par les art. 1257 et suivants du Code civil et 812 et suivants du Code de procédure. L'offre dont il est question dans notre art. 524 se fait par une déclaration signifiée au demandeur dans la huitaine qui suit l'expiration du délai fixé par les art. 97 et 98.

Le demandeur, en signifiant la déclaration qui contient le chiffre des dommages-intérêts qu'il réclame, a dû communiquer ses pièces justificatives ; le défendeur, qui les a reçues en communication, doit les restituer dans le délai fixé par les art. 97 et 98 *et sous les peines y portées*. Les art. 97 et 98, auxquels notre article renvoie, fixent bien un délai, mais ils ne font mention d'aucune peine ; c'est à l'art. 107 que notre article a voulu se référer pour la peine à appliquer en raison de la non-restitution des pièces. En effet, l'art. 519 du projet, qui est aujourd'hui l'art. 524, renvoyait pour les peines aux art. 102 et 103, dont les dispositions forment aujourd'hui l'art. 107.

« Art. 525. Si les offres contestées sont jugées suffisantes, le demandeur sera condamné aux dépens, du jour des offres. »

Le débiteur ne sera d'ailleurs libéré que par la réalisation de ces offres. C'est dans les principes du droit civil que le tribunal puisera les règles d'appréciation des dommages-intérêts. Il pourrait avoir recours à des enquêtes et à des expertises, si les pièces et documents qui lui sont présentés ne semblaient pas suffisants.

TITRE III

DE LA LIQUIDATION DES FRUITS (C. D.).

☞ **785.** * Vous avez vu sur l'art. 129 dans quels cas il pouvait y avoir lieu à restitution de fruits, quels fruits devaient être restitués en nature, quels fruits en argent (Voy. n° 274). Le jugement qui ordonne une restitution de fruits ne les liquide pas. Il renvoie les parties à compter, conformément aux termes de l'art. 526.

« Art. 525. Celui qui sera condamné à restituer des fruits, en rendra compte dans la forme ci-après, et il sera procédé comme sur les autres comptes rendus en justice. »

Notre article renvoie au titre suivant qui traite de la procédure des redditions de comptes. Et les tribunaux ne pourraient procéder autrement (1). *

TITRE IV

DES REDDITIONS DE COMPTES (C. D.).

☞ **786.** * On appelle compte un état comparatif et détaillé de recettes et de dépenses présenté par celui qui a été chargé d'une administration. Celui qui présente cet état s'appelle *le rendant compte*, celui à qui il est présenté *l'oyant compte*, et, pour abréger, on dit : *le rendant*, *l'oyant*. La reddition de comptes est précisément la présentation de l'état ; et, si le rendant a reçu plus qu'il n'a déboursé, cet excédent de recettes sur les dépenses, dont il reste débiteur, se nomme le *reliquat*.

En général, on rend compte de l'administration du bien d'autrui. Ainsi le mandataire, le tuteur, l'administrateur provisoire de celui dont l'interdiction est demandée (art. 497, C. civ.), l'administrateur nommé à la personne placée dans un établissement d'aliénés, le curateur à succession vacante, l'envoyé en possession des biens d'un absent, l'exécuteur testamentaire, etc., rendent compte de la gestion des biens appartenant au mandant, au pupille, à l'interdit, à la succession. Quelquefois cependant, un propriétaire doit rendre compte de l'administration de ses propres biens : cette obligation est imposée à l'héritier bénéficiaire, au saisi constitué gardien de sa propre chose.

Les règles que nous allons examiner se réfèrent, en général, à toutes les redditions de comptes. Cependant on reconnaît qu'elles ne sont point applicables à certains comptes d'une nature particulière ; ainsi les comptables de deniers publics doivent suivre des règles spéciales. En matière commerciale,

(1) Cass., 20 décembre 1819, et 26 février 1838 (Dall., *Rép.*, v° *Compte*, n° 71).

on n'applique pas celles des règles de notre titre qui supposent le ministère des avoués.

787. Nous diviserons la matière de ce titre en trois parties ; nous examinerons : 1° la compétence en matière de comptes (art. 527, 528) ; 2° les formalités à suivre pour arriver à la reddition de comptes (art. 529 à 539) ; 3° les règles relatives au jugement qui apure les comptes, et aux effets de ce jugement (art. 540, 541, 542).

§ 1er. — *De la compétence en matière de comptes* (art. 527, 528).

« Art. 527. Les comptables commis par justice seront poursuivis devant les juges qui les auront commis ; les tuteurs devant les juges du lieu où la tutelle a été déférée ; tous les autres comptables devant les juges de leur domicile. »

Sous l'ordonnance de 1667 on ne distinguait, au point de vue de la compétence, que deux classes de comptables, suivant qu'ils avaient été nommés ou non par justice. En règle générale, ils devaient être assignés en reddition de comptes devant le tribunal de leur domicile. Toutefois les comptables commis par justice pouvaient être assignés devant le tribunal qui les avait commis. Mais ce n'était là qu'une faculté accordée par l'art. 2 du titre XXIX de l'ordonnance de 1667 ; l'oyant pouvait n'en pas user et actionner le comptable devant le tribunal du domicile de ce dernier. Quelques auteurs, s'appuyant sur des arrêts antérieurs à l'ordonnance, prétendaient en outre que les tuteurs devaient rendre compte devant le juge du lieu où la tutelle avait été déférée ; mais cette opinion était généralement repoussée, sous l'empire de l'ordonnance de 1667, comme contraire au texte précis de l'art. 2, qui n'admettait pas cette distinction.

Notre art. 527 a tenu compte de cette ancienne doctrine. Il reconnaît trois sortes de comptables, au point de vue de la compétence des tribunaux qui statueront sur les redditions de comptes : 1° les comptables commis par justice ; 2° les tuteurs ; 3° tous autres comptables. La règle générale de compétence, *actor sequitur forum rei*, ne s'applique qu'aux derniers.

Cette règle reçoit deux exceptions : d'après l'une, les comptables commis par justice seront assignés devant le tribunal qui les aura commis ; d'après l'autre, les tuteurs seront poursuivis devant le tribunal du lieu où la tutelle a été déférée ; la première de ces exceptions est reproduite de l'art. 2 du titre XXIX de l'ordonnance de 1667 ; pour la seconde, on fait revivre une jurisprudence antérieure à l'ordonnance. Seulement l'ordonnance de 1667 (tit. XXIX, art. 2) ne donnait à l'oyant qu'une faculté de citer le comptable commis par justice devant le tribunal qui l'avait commis, mais il pouvait, sans user de cette faculté, assigner ce comptable devant le tribunal de son domicile, conformément aux principes généraux. Au contraire, l'art. 527 indique impérieusement trois sortes de compétences ; ce n'est plus facultativement, c'est nécessairement que l'oyant compte poursuivra le comptable commis par justice devant le juge qui l'aura commis, et le tuteur devant le juge du lieu où la tutelle aura été déférée.

L'héritier bénéficiaire ne peut être considéré comme un comptable commis par justice. La qualité d'héritier bénéficiaire émane de la volonté même de l'héritier manifestée par sa déclaration au greffe dans la forme de l'art. 793 du Code civil; elle n'émane pas d'un jugement. Faut-il cependant l'assigner devant le tribunal de son domicile comme *tous autres comptables?* Je ne le pense pas; il me paraît raisonnable de porter la demande de compte d'une succession bénéficiaire devant le tribunal de l'ouverture de la succession, par un argument d'analogie tiré de l'art. 993 C. pr., qui ordonne que, dans le cas prévu par les art. 992 et 993, l'héritier bénéficiaire présentera caution au greffe du tribunal de l'ouverture de la succession.

788. « Art. 528. En cas d'appel d'un jugement qui aurait rejeté une demande en reddition de compte, l'arrêt infirmatif renverra pour la reddition et le jugement du compte, au tribunal où la demande avait été formée ou à tout autre tribunal de première instance que l'arrêt indiquera.

« Si le compte a été rendu et jugé en première instance, l'exécution de l'arrêt infirmatif appartiendra à la cour qui l'aura rendu ou à un tribunal qu'elle aura indiqué par le même arrêt. »

Cet article a eu pour but de décider une question de compétence controversée dans l'ancien droit. Mais, pour bien saisir les termes de la question, vous devez avoir présentes à l'esprit les dispositions de l'art. 472 (C. pr.). D'après cet article, la connaissance des difficultés relatives à l'exécution d'un jugement de première instance confirmé par la cour d'appel appartient au tribunal qui a rendu le jugement confirmé. Mais, si la Cour infirme le jugement de première instance, elle retient la connaissance de l'exécution ou elle la renvoie à un autre tribunal d'arrondissement. La loi ne veut pas que les juges dont la décision a été infirmée connaissent eux-mêmes de l'exécution; on craint qu'ils ne cherchent, dans l'exécution, à revenir à leur première décision ou au moins qu'un soupçon ne s'élève à cet égard sur leur impartialité.

Notre art. 528 distingue avec soin les jugements qui ordonnent un compte de ceux qui statuent sur la reddition du compte. Lorsqu'un tribunal reconnaît qu'il y a un compte à rendre, une telle décision ne peut rien préjuger sur les difficultés du compte, sur la question de savoir qui sera reconnu créancier ou débiteur par suite de la reddition du compte. Au contraire, les juges, qui ont statué sur la reddition de compte, se sont prononcés, ont reconnu les prétentions de l'une des parties, et l'ont déclarée créancière de son adversaire.

Voyons maintenant où cette distinction a conduit le législateur, et examinons à cette occasion les différentes décisions qui ont pu émaner tant du tribunal d'arrondissement statuant en premier ressort que de la cour d'appel.

Parlons d'abord des jugements qui se bornent à ordonner une reddition de compte. Si les premiers juges ont ordonné qu'il serait rendu compte, et que, sur l'appel, la cour confirme leur jugement, elle devra renvoyer devant les premiers juges pour statuer sur le compte lui-même. Cette solution incontestable n'est que l'application des premiers mots de l'art. 472.

Si les premiers juges ont rejeté la demande d'un compte, et que leur décision soit confirmée en appel, le procès est terminé. Il en est de même, si la Cour d'appel infirme le jugement qui ordonnait un compte.

Supposons enfin que les premiers juges ont rejeté la demande d'un compte, et que la cour d'appel, infirmant leur jugement, a ordonné que le compte serait rendu ; alors s'applique le premier alinéa de l'art. 528, qui modifie l'article 472. En effet, en cas d'infirmation du jugement dont est appel, l'art. 472 ordonne à la Cour de garder la connaissance de l'exécution ou de la renvoyer à un autre tribunal que celui qui a rendu le jugement infirmé. D'après l'article 528, 1er alinéa, la Cour ne peut juger l'affaire (1) ; elle peut renvoyer au tribunal dont elle a infirmé la décision pour procéder à la reddition et au jugement du compte. On aperçoit facilement le motif de cette dérogation à la règle de l'art. 472. Le jugement qui statue purement et simplement sur la demande d'un compte, même pour la rejeter, peut n'engager nullement l'opinion des premiers juges sur les débats et les difficultés de la reddition de compte, s'il doit être définitivement rendu. Quoique les juges aient d'abord rejeté la demande d'un compte, ils peuvent être complètement à l'abri de tout soupçon de partialité relativement à l'exécution de l'arrêt infirmatif qui ordonne le compte, c'est-à-dire relativement à la reddition et au jugement du compte lui-même. La cour sera d'ailleurs juge des circonstances, et, si elle peut renvoyer l'exécution de l'arrêt infirmatif qui ordonne le compte au tribunal dont elle a infirmé le jugement, l'art. 528 l'autorise à la renvoyer à un autre tribunal.

Jusqu'ici nous ne nous sommes occupés que des jugements qui statuent sur la demande d'un compte. Le deuxième alinéa de l'art. 528 qui suppose un jugement sur la reddition du compte, c'est-à-dire sur les difficultés que les comptes soulèvent entre les parties, reproduit complètement la doctrine de l'art. 472, à l'explication duquel je vous renvoie (V. nos 716, 717).

789. § 2. — *Formalités à suivre pour arriver à la reddition du compte* (art. 529 à 539). Pour expliquer l'art. 529, qui résout une question de compétence relativement à l'exécution des jugements qui ordonnent un compte ou qui statuent sur les difficultés qu'il soulève, nous avons anticipé sur la procédure de la reddition de comptes. Revenons maintenant sur nos pas ; reportons-nous au point où nous avait placés l'art. 527. Supposons qu'une personne veut intenter une action en reddition de comptes devant l'un des tribunaux déterminés par l'art. 527.

L'instance est ordinairement engagée par l'oyant compte ; c'est à lui que le rôle de demandeur appartient naturellement. Cependant le comptable lui-même pourrait saisir le tribunal et demander qu'il fût procédé à l'apurement de son compte.

« Art. 528. Les oyants qui auront le même intérêt nommeront un seul avoué ; faute de s'accorder sur le choix, le plus ancien occupera, et néanmoins chacun des oyants pourra en constituer un ; mais les frais occasionnés par cette constitution particulière, et faits tant activement que passivement, seront supportés par l'oyant. »

Ainsi, pour éviter les frais, les oyants ne seront représentés que par un seul avoué ; si les parties ne s'entendent pas sur leur choix, l'avoué le plus ancien

(1) Cass., 9 janvier 1878, D. 78, 1, 159.

occupera pour tous. Mais cette disposition ne s'applique que si les oyants ont le même intérêt, c'est-à-dire lorsque tous les articles de la recette et de la dépense leur sont communs, ou du moins lorsque quelques-uns de ces articles leur sont communs, sans qu'ils aient des intérêts opposés sur d'autres articles. S'ils ont des intérêts opposés, ils seront représentés chacun par un avoué différent et la poursuite du compte appartiendra à l'avoué le plus diligent; la diligence sera constatée dans la forme prescrite par l'art. 967.

L'instruction sur la question de savoir si un compte est dû ou non se poursuit soit dans la forme des affaires ordinaires, soit dans la forme des affaires sommaires, suivant les circonstances, et le tribunal peut terminer immédiatement le procès en renvoyant purement et simplement le défendeur de la demande. Mais les juges peuvent aussi sur cette première instruction ordonner qu'un compte sera rendu, comme le prévoit l'art. 530.

« Art. 530. Tout jugement portant condamnation de rendre compte fixera le délai dans lequel le compte sera rendu, et commettra un juge. »

Outre l'ordre de rendre compte, le jugement doit contenir la fixation du délai dans lequel le compte sera rendu, et la nomination d'un juge-commissaire pris dans le sein du tribunal, et devant qui le compte sera présenté. L'omission du délai ou de la nomination du juge-commissaire n'est qu'une difficulté d'exécution du jugement qui ordonne le compte, et pourrait, en conséquence, être réparée par un jugement postérieur.

Le délai fixé par le tribunal courra du jour de la signification, conformément à l'art. 147 du Code de procédure.

Ce premier jugement emporte-t-il hypothèque judiciaire? C'est un jugement de condamnation, il est vrai; mais il n'en résulte pas une créance susceptible de garantie hypothécaire : qui sait d'ailleurs si le rendant sera constitué débiteur ou créancier, quand le compte aura été rendu ; qui connaît les moyens de novation, de compensation, de prescription ou autres moyens libératoires qu'il pourra utilement faire valoir ?

** Ces raisons ont déterminé certains auteurs à décider que le jugement condamnant à rendre compte n'emporte pas hypothèque judiciaire. Mais la jurisprudence s'est décidée en sens contraire et avec raison selon nous (1). Il n'est en effet pas nécessaire, pour qu'un jugement entraîne hypothèque, qu'il contienne une condamnation actuelle et déterminée : il suffit qu'il renferme, au profit de l'une des parties, le germe d'une obligation future ou éventuelle. La loi ne nous montre-t-elle pas elle-même que les obligations de cette nature sont susceptibles d'être garanties par des hypothèques lorsqu'elle confère au mineur, sur les biens de son tuteur, une hypothèque légale datant du jour où commence pour ce tuteur l'obligation de gérer, c'est-à-dire d'une époque où l'on ne sait pas encore si le tuteur sera créancier ou débiteur **.

Les dépens de l'instance sur la demande d'un compte sont ordinairement

(1) Civ. Rej., 21 août 1810, S. 11, 1, 29 ; — Lyon, 11 août 1809, S. 12, 2, 400 ; — Paris, 16 mars 1822, S. 22, 2, 381 ; — Req. Rej., 4 août 1825, S. 26, 1, 122 ; — Colmar 26 juin 1832, S. 32, 2, 650 ; — Civ. Rej., 16 février 1842, S. 42, 1, 714.

réservés par ce premier jugement; celui qui statuera sur le compte lui-même résoudra la question des dépens.

Le jugement dont parle l'art. 530 est susceptible d'appel, si la demande de compte n'a pas une valeur déterminée ou si le chiffre reliquat offert ou prétendu dépasse le taux de la compétence en dernier ressort, c'est-à-dire 1,500 fr. d'après la loi du 11 avril 1838.

790. Les art. 531, 532 et 533 expliquent comment le législateur comprend la composition du compte, et limitent les dépenses auxquelles la reddition de compte peut donner lieu.

« Art. 531. Si le préambule du compte, en y comprenant la mention de l'acte ou du jugement qui aura commis le rendant, et du jugement qui aura ordonné le compte, excède six rôles, l'excédent ne passera point en taxe.

« Art. 532. Le rendant n'emploiera pour dépenses communes que les frais de voyage, s'il y a lieu, les vacations de l'avoué qui aura mis en ordre les pièces du compte, les grosses et copies, les frais de présentation et affirmation. »

« Art. 533. Le compte contiendra les recette et dépense effectives, il sera terminé par la récapitulation de la balance desdites recette et dépense, sauf à faire un chapitre particulier des objets à recouvrer. »

Quant à la forme et au contenu du compte, tout ce que la loi exige, c'est qu'il y ait un préambule (art. 531), que le compte contienne la recette et la dépense (art. 533), et qu'il se termine par une récapitulation de la balance des recettes et des dépenses (art. 533). Le rendant peut d'ailleurs donner à son compte la forme qu'il lui plaît d'adopter (1), à moins que le tribunal n'ait spécifié dans le jugement une forme déterminée. Toutefois il est difficile de ne pas le commencer, comme le suppose la loi, par un préambule, c'est-à-dire par un récit des faits qui ont donné lieu au compte; on y mentionne, par exemple, l'origine de l'administration du comptable, comme le mandat, la tutelle, etc., les faits relatifs à l'administration, le jugement qui a commis le comptable, celui qui ordonne le compte. Le préambule doit être suivi d'un état de recettes et dépenses effectives. Par ce mot *effectives*, j'entends les recettes qu'il a réellement effectuées et les dépenses qu'il a réellement faites. Quant aux recettes que le rendant n'aurait pu faire par suite de l'insolvabilité des débiteurs ou pour toute autre cause, elles seront mentionnées dans un chapitre spécial. Les différentes questions qui peuvent s'élever sur l'admissibilité ou le rejet d'un article de dépense ou de recette rentrent dans l'appréciation des moyens de droit, je les laisse donc de côté comme étrangères à la procédure du compte.

Enfin le compte se termine par la récapitulation de la balance des recettes et dépenses; c'est la conclusion du compte. Le résultat de cette récapitulation montre si le rendant se prétend créancier ou se reconnaît débiteur de l'oyant.

Lest art. 531 et 532 contiennent aussi des dispositions relatives aux frais du

(1) Cass. Rej., 20 avril 1857, d'un pourvoi contre un arrêt de la C. de Rennes, du 26 juillet 1856, D. 57, 1, 356.

compte. Ainsi la loi craint, en exigeant un préambule, que les avoués n'en abusent pour multiplier les écritures, et elle limite la longueur de ce préambule à six rôles, en y comprenant la mention de l'acte ou du jugement qui a commis le rendant et celle du jugement qui a ordonné le compte. L'art. 6 du titre XXIX de l'ordonnance de 1667 défendait d'excéder six rôles pour la préface du compte; c'est cette préface que nous nommons aujourd'hui le préambule.

L'art. 532 contient, sous le nom de dépenses communes, l'énumération de certains frais nécessités par la reddition du compte. Ces dépenses ne sont pas communes en ce sens que les deux parties doivent les supporter en commun ; elles sont à la charge de l'oyant. En général, c'est dans son intérêt que le compte est rendu, c'est son bien qui a été administré; il ne serait pas juste, par exemple, que le tuteur, que le mandataire supportât les frais d'une gestion gratuite dont il a été chargé et dont il s'est chargé dans l'intérêt exclusif du mandant ou du pupille.

On entend ici par *dépenses communes* des dépenses qu'on fait communément, ou des dépenses faites dans l'intérêt des deux parties pour arriver au but commun qu'elles se proposent, c'est-à-dire à l'apurement du compte. Ces dépenses communes comprennent les frais énumérés dans l'art. 532 ; seulement on ne doit comprendre dans les frais de voyage que ceux qui seraient nécessités par le déplacement du comptable pour venir rendre son compte. La disposition de l'art. 532 est d'ailleurs limitative; mais plusieurs avaient demandé que le rendant fût autorisé à employer en dépenses communes les frais de rédaction du compte. Aucune modification n'ayant été faite au projet malgré cette observation, ces frais n'entrent pas dans les dépenses communes.

L'art. 18 du titre XXIX de l'ordonnance de 1667 assimilait aux dépenses énumérées dans l'art. 532 les frais du jugement qui ordonne le compte, lorsque le rendant avait consenti à le rendre avant d'y être condamné. Cette disposition n'est pas reproduite dans le Code. Nous devons donc, pour les frais du jugement, nous référer aux principes généraux (art. 138 et suiv. C. pr.). Ainsi, le comptable qui résiste à tort à la demande en reddition de comptes supportera les dépens. Quelquefois l'incapacité de l'oyant, mineur ou interdit, par exemple, nécessite la reddition du compte en justice ; dans ce cas, le rendant ne doit pas supporter les frais de ce compte ; mais, s'il peut les éviter en rendant un compte amiable et volontaire, il supportera les frais du jugement que sa résistance occasionne.

791. « Art. 534. Le rendant présentera et affirmera son compte en personne ou par procureur spécial, dans le délai fixé et au jour indiqué par le juge-commissaire, les oyants présents ou appelés à personne au domicile, s'ils n'ont avoué, et par acte d'avoué, s'ils en ont constitué.

« Le délai passé, le rendant y sera contraint par saisie et vente de ses biens jusqu'à concurrence d'une somme que le tribunal arbitrera ; il pourra même y être contraint par corps, si le tribunal l'estime convenable. »

Dès que le compte aura été dressé, le rendant le présentera et affirmera la sincérité, dans le délai fixé par le jugement et au jour indiqué par le juge-commissaire, les oyants présents ou appelés. Dans mon opinion, il n'est pas nécessaire que l'affirmation de la sincérité du compte soit faite sous la foi du serment. On peut objecter, il est vrai, que le même mot *affirmation*, écrit dans l'art. 9 du titre XXIX de l'ordonnance de 1667, était, non pas unanimement, mais généralement entendu d'une affirmation avec serment. Or la même expression n'a-t-elle pas dû passer dans le Code de procédure avec la même signification ? je ne crois pas cependant qu'ici on puisse exiger un serment du rendant compte. D'abord dans la phraséologie moderne, quand le législateur veut exiger un serment, il ne se contente pas habituellement du mot affirmation. Il y a, en outre, une raison qui me paraît décisive pour ne pas exiger le serment en cette matière : c'est que le compte peut être présenté et affirmé par un procureur spécial, d'après le texte de notre article; or, le serment, aujourd'hui, ne peut être prêté par procureur (art. 121 C. pr.).

Si celui à qui il est ordonné de rendre compte n'obéit pas à l'ordre du tribunal dans le délai fixé par le jugement, le 2e alinéa détermine les conséquences de son inertie ou de sa résistance. Toutefois le tribunal pourrait, en raison des circonstances, accorder une prorogation de délai; on l'accordait souvent, dans la pratique, sous l'ordonnance de 1667, qui prohibait toute prorogation par l'art. 8 du titre XXIX. Aujourd'hui le Code a supprimé cette prohibition; il n'est donc pas douteux qu'une prorogation de délai puisse être accordée.

Le 2e alinéa suppose que le délai primitif ou le délai de prorogation est expiré, sans que le compte ait été rendu, et la loi se montre sévère contre celui qui n'a pas obéi à l'ordre de la justice. Le comptable sera contraint à rendre compte par saisie et vente de ses biens jusqu'à la concurrence d'une somme arbitrée par le tribunal. Mais cette somme doit être considérée comme une provision qui entrera en déduction du reliquat dont le comptable sera plus tard reconnu débiteur ; car le compte pourra être rendu même après la saisie ou la vente des meubles du comptable, et, si le compte établissait que le rendant n'était pas débiteur ou devait une somme moindre que la somme arbitrée, l'oyant, qui aurait obtenu cette provision par les voies indiquées par l'art. 534, en devrait la restitution, ou du moins devrait restituer ce qui excède sa créance, sans pouvoir le retenir à titre de dommages-intérêts.

« **Art. 535.** Le compte présenté et affirmé, si la recette excède la dépense, l'oyant pourra requérir du juge-commissaire exécutoire de cet excédant, sans approbation du compte. »

En vertu de cet exécutoire, l'oyant pourra poursuivre le rendant sur tous ses biens, comme s'il y avait un jugement. L'exécutoire, il est vrai, n'est délivré que pour le reliquat reconnu par le rendant ; mais le paiement de ce reliquat pourrait soulever des contestations ; le rendant pourra-t-il attaquer l'exécutoire délivré par le juge-commissaire, et par quelle voie ? La solution de cette question dépend de la manière dont on envisage la mission du juge-commissaire. Ceux qui la considèrent comme une délégation qu'il reçoit du tribunal qui l'a nommé, décident que l'exécutoire délivré par le juge-commissaire doit être assimilé à un jugement rendu par le tribunal lui-même, et ne peut être attaqué que par la voie de l'appel.

Suivant moi, le juge-commissaire n'a d'autre mission que de procéder aux opérations du compte, sans avoir le droit de statuer sur les contestations qu'il peut soulever. Dès qu'un débat s'élève, le juge-commissaire doit renvoyer les parties à l'audience; l'art. 539 contient, à cet égard, le principe général. Si la loi, dans l'art. 535, donne au juge-commissaire le droit de délivrer exécutoire pour le reliquat, c'est qu'elle suppose que cette dette reconnue ne soulève aucune difficulté; mais, dès qu'un débat s'élève, même lorsque l'exécutoire a déjà été délivré, le rendant pourra, par une demande incidente, saisir le tribunal de la connaissance de ce débat.

792. « Art. 536. Après la présentation et affirmation, le compte sera signifié à l'avoué de l'oyant, les pièces justificatives seront cotées et paraphées par l'avoué du rendant; si elles sont communiquées sur récépissé, elles seront rétablies dans le délai qui sera fixé par le juge-commissaire, sous les peines portées par l'art. 107.

« Si les oyants ont constitué avoués différents, la copie et la communication ci-dessus seront données à l'avoué plus ancien seulement, s'ils ont le même intérêt, et à chaque avoué, s'ils ont des intérêts différents.

« S'il y a des créanciers intervenants, ils n'auront tous ensemble qu'une seule communication, tant du compte que des pièces justificatives, par les mains du plus ancien des avoués qu'ils auront constitués. »

Cet article, qui ne présente pas de difficultés, ne fait que reproduire les dispositions des art. 9, 10, 11 et 12, titre XXIX de l'ordonnance de 1667; seulement, les peines édictées par l'art. 9 de l'ordonnance ont été remplacées par un renvoi à l'art. 107 du Code de procédure.

Les créanciers de l'oyant et ceux du rendant peuvent également intervenir : s'ils interviennent du chef de chacune des parties, ils ne devront pas être confondus dans une communication commune. Les créanciers de l'oyant auront droit à une communication du compte et des pièces justificatives; les créanciers du rendant en obtiendront une autre, le tout dans la forme prescrite par l'art. 536, *in fine*. Les termes de notre article : *ils n'auront tous ensemble qu'une seule communication*, ne s'appliquent qu'aux créanciers d'une seule des parties, qui ont par conséquent le même intérêt.

« Art. 537. Les quittances de fournisseurs, ouvriers, maîtres de pension et autres de même nature, produites comme pièces justificatives du compte, sont dispensées de l'enregistrement. »

Cette disposition a pour but de diminuer les frais du compte : elle nuit, il est vrai, aux droits du Trésor, mais on a pensé qu'il serait trop rigoureux d'exiger la formalité de l'enregistrement pour les pièces justificatives d'un compte dont chaque article (et ils peuvent être très nombreux) est appuyé de plusieurs quittances, notes, mémoires, etc.

793. « Art 538. Aux jour et heure indiqués par le commissaire, les parties se présenteront pour fournir devant lui débats, soutènements et réponses sur son procès-verbal ; si les parties ne se présentent pas, l'affaire sera portée à l'audience sur un simple acte. »

On appelle *débats* les réclamations soulevées par l'oyant, et *soutènements* les moyens fournis par le rendant à l'appui du compte qu'il a présenté. C'est surtout ici que le Code de procédure a utilement modifié l'ancienne pratique. Autrefois les débats et soutènements donnaient lieu à de longues et dispendieuses écritures. Le procès-verbal du juge est destiné à les remplacer. Les termes de l'exposé des motifs, fait par M. Réal, expliquent parfaitement la pensée du législateur : « Le juge-commissaire entend les parties ; c'est lui qui indique les « jours et heures où elles doivent comparaître devant lui ; plus de citation ni « de sommations inutiles. Les débats ou soutènements qui ne seraient pas « fondés en raison sont facilement écartés dans la conférence, lorsqu'il y a « doute ou difficulté, les débats ou soutènements sont insérés *avec précision*, « *sans prolixité*, dans un procès-verbal dont le juge n'a aucun intérêt « à augmenter le volume. » J'appuie sur ces mots : *avec précision*, *sans prolixité*, parce qu'ils me paraissent repousser nne pratique introduite dans quelques tribunaux, et qui consiste à faire remettre par les avoués au juge-commissaire des dires, des débats et soutènements souvent très longs et très prolixes, que le juge se borne à faire ou à laisser transcrire en entier sur son procès-verbal. Telle n'est pas la marche tracée par la loi : elle veut que les parties ou leurs avoués présentent leurs débats et soutènements au juge-commissaire, qui ne doit inscrire sur son procès-verbal que ce qui est nécessaire à l'intelligence de la difficulté. Il est vrai qu'on peut justifier l'usage de laisser les avoués inscrire eux-mêmes leurs dires sur le procès-verbal, par cette considération qu'on évite ainsi les réclamations contre la rédaction du juge.

Quoi qu'il en soit, les significations d'écritures sont abolies ; ou, si une partie croit une telle signification utile à sa cause, elle le fera à ses frais et sans répétition.

Si les parties ou l'une d'elles ne se présentent pas, le juge ne dresse aucun procès-verbal et se borne à rendre une ordonnance de renvoi à l'audience.

« Art. 539. Si les parties ne s'accordent pas, le commissaire ordonnera qu'il en sera par lui fait rapport à l'audience au jour qu'il indiquera ; elles seront tenues de s'y trouver, sans aucune sommation. »

Le tribun Favard disait dans son rapport au Corps législatif : « On a pensé « avec raison que le juge-commissaire... pourrait d'abord être une espèce de « conciliateur entre les parties... » Mais, s'il ne peut les concilier, il n'a point mission de les juger : il constatera leurs différends et indiquera le jour où elles devront se trouver à l'audience pour entendre son rapport et plaider. Sur le rapport et les plaidoiries, le tribunal statue sur le compte par un jugement dont il nous reste à examiner la portée et les effets.

794. § 4. — *Du jugement qui apure le compte et des effets de ce jugement* (art. 540 à 542).

« Art. 540. Le jugement qui interviendra sur l'instance de compte contiendra le calcul de la recette et des dépenses, et fixera le reliquat précis, s'il y en a aucun. »

L'art. 540 exige la fixation d'un reliquat, à moins que la recette et la dépense n'arrivent à une compensation exacte. Le tribunal pourrait aussi rejeter complètement le compte présenté, et alors il n'y aurait pas lieu d'appliquer l'art. 540. Mais dans ce cas, le procès serait-il terminé? Il faut distinguer : le procès serait terminé, si le tribunal qui rejette le compte puisait ailleurs les motifs de sa décision, statuait sur le fond de la contestation à l'occasion de laquelle un compte avait été présenté ; si, au contraire, le tribunal se bornait à rejeter purement et simplement le compte présenté, il devrait en être dressé et présenté un autre.

795. « Art. 542. Si l'oyant est défaillant, le commissaire fera son rapport au jour par lui indiqué : les articles seront alloués, s'ils sont justifiés ; le rendant, s'il est reliquataire, gardera les fonds, sans intérêts ; et, s'il ne s'agit point d'un compte de tutelle, le comptable donnera caution, si mieux il n'aime consigner. »

La mauvaise volonté de l'oyant ne saurait empêcher le comptable de rendre compte, et, si l'oyant assigné ne comparaît pas, ou si, ayant comparu, c'est-à-dire ayant constitué avoué, il ne pose pas de conclusions, le rendant obtiendra néanmoins un jugement sur le compte.

L'oyant sera assigné par exploit signifié à personne ou domicile ; s'il ne constitue pas d'avoué, il sera sommé, également par exploit à personne ou domicile, d'assister à la présentation et à l'affirmation du compte par le rendant (art. 534). Mais je n'admets pas que l'oyant puisse, sans constituer d'avoué, élever lui-même des contestations devant le juge-commissaire et se faire délivrer personnellement l'exécutoire dont il est question dans l'art. 535. Dès qu'il veut comparaître, le ministère d'un avoué devient nécessaire. Ces décisions sont cependant contestées; mais personne ne va jusqu'à autoriser l'oyant à poser lui-même des conclusions dans le débat sur l'apurement du compte.

Quoi qu'il en soit, quand l'oyant est défaillant, qu'il n'ait pas constitué avoué ou qu'il n'ait pas conclu, le juge-commissaire fait son rapport ; le rendant est entendu ou fait entendre un avocat et le tribunal statue.

Les articles seront alloués s'ils sont justifiés. Cette disposition est conforme à la règle générale posée dans l'art. 150. Le défaut d'une partie ne prouve pas contre elle. Si le rendant est reliquataire, il pourra garder le montant de ce reliquat sans intérêts, mais en donnant caution, jusqu'à ce que l'oyant le mette en demeure de payer (art. 1153, 4e al. C. civ.). Si le rendant reliquataire ne veut pas garder les fonds ou ne veut pas donner caution, il se libérera en versant le montant du reliquat à la Caisse des dépôts et consignations.

Si le rendant reliquataire est tuteur, il sera dispensé de donner caution. Je n'aperçois pas nettement le motif de cette faveur accordée au tuteur reliquataire, faveur déjà écrite dans l'ordonnance de 1667, tit. XXIX, art. 23. Voici les différents motifs que les auteurs ont donnés de cette dispense : suivant un commentateur de l'ordonnance (Jousse), le tuteur était *déchargé de bailler caution* (ce sont les termes de l'ordonnance), « parce que ce n'est point en vertu d'un « nouvel engagement que les deniers sont restés entre ses mains. » Sous l'empire du Code de procédure, on a dit que les tuteurs étaient dispensés de la caution parce que l'hypothèque légale suffisait pour garantir le payement du reliquat; mais le tuteur n'a pas toujours dans sa fortune personnelle des biens susceptibles d'hypothèques. On a encore donné, pour raison de cette dispense de caution, qu'il s'agissait d'un ascendant, d'un parent, ou au moins d'une personne honorée de la confiance et des suffrages du conseil de famille. Tous ces motifs ne me paraissent pas complètement satisfaisants pour expliquer cette dispense de caution, tant sous l'ancienne loi que sous la loi nouvelle.

D'après l'art. 542, le tuteur, comme les autres comptables, gardera le reliquat sans intérêts; mais l'art. 474 du Code civil met les intérêts du reliquat à la charge du tuteur, sans demande, à compter de la clôture du compte. Pour concilier ces deux dispositions, il faut appliquer l'art. 542 C. de pr. au cas seulement où l'oyant a fait défaut; dans tous autres cas, l'art. 474 conservera son autorité. Si c'est par un jugement contradictoire que le rendant est reconnu débiteur d'un reliquat, l'art. 542 ne reçoit plus d'application, et les règles du droit civil reprennent leur empire. Ainsi non seulement le tuteur devra les intérêts sans demande, conformément à la disposition de l'art. 474 C. civ., mais, dans le cas de mandat, aux termes de l'art. 1996 C. civil, l'intérêt des sommes employées par le mandataire pour son usage sera dû à dater de l'emploi; celui des autres sommes, du jour de la mise en demeure.

Enfin le jugement peut reconnaître un reliquat à la charge de l'oyant. Dans ce cas, le jugement contradictoire ou par défaut pourra condamner l'oyant aux intérêts de ce reliquat à partir du jour de la demande (art. 1153 C. civ.); si l'oyant est un mandant, il devra l'intérêt des avances faites par le mandataire le jour des avances constatées (art. 2001 C. civ.). L'exécution de ce jugement contradictoire ou par défaut se poursuivra d'ailleurs par toutes les voies ordinaires.

796. « Art. 541. Il ne sera procédé à la révision d'aucun compte, sauf aux parties, s'il y a erreurs, omissions, faux ou doubles emplois, à en former leur demande devant les mêmes juges. »

L'ordonnance de 1667 (art. 21 du tit. XXIX) prohibait déjà les demandes en révision de compte, et le tribun Favard annonçait, dans son rapport, l'abolition des demandes en révision de compte, de « ces demandes ruineuses, plus « inextricables souvent que les comptes mêmes. » Mais les erreurs, les omissions, les faux ou doubles emplois peuvent donner lieu à une action en redressement de compte.

Quelle sera donc la différence entre la révision et le redressement d'un compte? La révision d'un compte suppose un examen nouveau de tous les articles de la recette et de la dépense d'un compte; dans le cas de révision partielle, l'examen de tous les articles de recette et de dépense d'un chapitre de compte. Par la révision, on remettait en question ce qui avait été jugé. Il n'en est pas de même pour l'action en redressement de compte; cette action en redressement, autorisée par la loi, a pour but de rectifier des erreurs, des omissions, des doubles emplois, etc.

Les articles d'un compte rendu et apuré en justice peuvent bien être tous soumis de nouveau à un débat devant la cour d'appel et par la voie de l'appel. Mais ce que la loi défend par l'art. 541, c'est de remettre en question la décision qui a force de chose jugée, et même la convention des parties qui a force de loi entre elles (art. 1134 C. civ.). Ainsi le compte arrêté à l'amiable entre les parties ne pourrait pas plus donner lieu à révision que le compte rendu en justice. L'art. 541 est formel à cet égard; il n'autorise la révision d'*aucun compte*. Dès l'instant que le compte a été arrêté à l'amiable entre les parties, chaque article a dû ou a pu être l'objet d'un examen, d'un débat particulier, et il n'est pas permis d'anéantir la convention en ressuscitant le débat et la discussion générale du compte (1).

Seulement on comprend très bien et la loi admet que, dans un compte, fort compliqué peut-être, il ait pu se glisser des erreurs, des doubles emplois, que des articles aient été omis, qu'on ait employé faussement une pièce, c'est-à-dire que le rendant ait dressé un article en s'appuyant sur une pièce étrangère au compte : dans ces diverses hypothèses, la partie lésée agira en redressement de compte sans remettre en question les autres articles du compte.

Cette action, remarquez-le bien, a pour but de rectifier des points qui auraient échappé à l'examen des parties pendant la discussion du compte, mais non de ressusciter un débat qui a déjà été soulevé. Il suit de là que les erreurs, les omissions, les faux ou doubles emplois qui auraient donné lieu à des discussions et sur lesquels il aurait été statué ne pourraient plus motiver l'action en redressement. Cette action ne peut comprendre que les erreurs, omissions, faux et doubles emplois qui n'ont été reconnus que postérieurement au jugement sur le compte ou à la convention contenant un arrêté de compte. Elle ne peut jamais porter atteinte à l'irrévocabilité de la convention, ni à l'autorité de la chose jugée sur les points débattus devant les juges qui ont statué sur le compte.

L'action en redressement n'est point une voie pour attaquer un jugement; c'est une action nouvelle distincte de l'action en reddition de compte. Elle se prescrit par trente ans (art. 2262 C. civ.). Vainement voudrait-on la soumettre à la prescription de dix ans, en l'assimilant à une action en nullité ou en rescision. L'action en redressement de compte a souvent pour but de compléter le compte et non de le faire annuler, par exemple, lorsqu'on se propose de faire réparer une omission.

L'action en redressement de compte suit la marche d'une affaire ordinaire et s'introduit par un exploit d'ajournement; elle est portée, dit notre article, *devant les mêmes juges*, c'est-à-dire devant les juges qui ont statué sur le compte lui-même. Les mêmes juges doivent s'entendre ici du même tribunal; mais il n'est pas nécessaire que les personnes qui avaient jugé lors du jugement du compte soient identiquement les mêmes qui statuent sur l'action en redressement. Si une partie demande un redressement d'un compte amiable, l'action sera portée devant le tribunal qui aurait statué sur le compte, s'il eût été rendu en justice. *

TITRE V

DE LA LIQUIDATION DES DÉPENS ET FRAIS (C. D.).

⇒ **797.** * Les règles de la condamnation aux dépens, de leur compensation, de la distraction qui peut en être accordée aux avoués, a déjà passé sous

(1) Rennes, 19 mai 1815. — Angers, 10 janvier 1838. — Cass., 26 avril 1831 (Dall., *Rép.*, v° *Compte*, n°s 152, 153, 154). — Cass. Rej., 26 nov. 1855, D. 56, 1, 87.

nos yeux avec les art. 130, 131, 132 et 133 du Code de procédure (V. nos 274 et suivants).

Le titre dont nous avons à nous occuper maintenant ne traite que de la liquidation des dépens, c'est-à-dire de la détermination du chiffre auquel s'élèvent les frais du procès. C'est sur la liquidation des dépens que se présentait naturellement au législateur la question de savoir quelles limites on devait imposer aux frais de justice. On avait encore présents à la mémoire ces abus qui avaient décrié les anciennes procédures, ces frais exagérés qui ne permettaient au plaideur de faire reconnaître son droit qu'au prix de sa ruine. On disait hautement que l'élévation exagérée des salaires des officiers ministériels constituerait un déni de justice. Mais on ne voulait pas tellement diminuer les frais de justice que les offices d'avoués ne pussent procurer à leurs titulaires une existence honorable; on craignait, en décourageant les hommes capables et honnêtes, de livrer les offices ministériels à des spéculateurs plus ou moins ignorants, constamment occupés à éluder une loi trop parcimonieuse.

On reconnaissait bien que le tribunal devait être appelé à statuer sur les difficultés qui pourraient s'élever entre l'officier ministériel qui réclame le payement des frais et la partie qui le refuse. Mais quelles seraient les bases d'appréciation? Deux idées étaient en présence : l'une, consacrée par l'expérience et la pratique, consistait à formuler des tarifs contenant l'énumération minutieuse de tous les actes de procédure, afin d'appliquer à chacun d'eux un salaire particulier; l'autre, qui se présentait comme une innovation, consistait à diviser les affaires, d'après la valeur du litige, en quelques catégories peu nombreuses. Une somme fixe d'honoraires, gradués d'après l'importance des affaires, eût été allouée à l'avoué suivant la catégorie à lequelle l'affaire aurait appartenu. Ce dernier système donnait à l'avoué un intérêt à faire le moins d'actes de procédure qu'il lui serait possible, puisque son salaire ne devait pas varier; et le client pouvait savoir à l'avance, au moins approximativement, à quels frais le procès l'entraînerait.

Ce système n'a été admis que pour les affaires sommaires (V. n° 597), et l'article 543 montre une des conséquences de son application.

« Art. 543. La liquidation des dépens et frais sera faite, en matière sommaire, par le jugement qui les adjugera. »

Ajoutons avec l'art. 1er du décret du 16 février 1807 : « ..... A cet effet, « l'avoué qui aura obtenu la condamnation remettra, dans le jour, au greffier « tenant la plume à l'audience, l'état des dépens adjugés, et la liquidation en « sera insérée dans le dispositif de l'arrêt ou jugement (1). »

Pour que l'avoué puisse présenter l'état de ses frais dans le jour, pour que le

(1) L'avoué ne pourrait faire taxer les frais après le jugement. Le juge, qui liquiderait seul les frais en matière sommaire et ordonnerait la délivrance d'un exécutoire, dépasserait ses pouvoirs. L'exécutoire serait nul; l'avoué pourrait seulement obtenir un nouveau jugement pour le paiement de ses frais, et ce jugement resterait à sa charge. Nîmes, 11 mars 1867, D. 67, 2, 231.

tribunal puisse immédiatement en déterminer le chiffre, il faut que l'établissement et la liquidation des frais ne présentent jamais de complication. C'est là un résultat du système qui consiste à n'allouer qu'un honoraire unique pour toute l'affaire, du système qui a été admis pour les affaires sommaires (Voy. l'art. 67 du Tarif). Ainsi le tribunal allouera à l'avoué les dépenses justifiées par la présentation de son dossier, comme papier timbré, enregistrement des actes, etc. Comme honoraires, il lui sera accordé 7 fr. 50 c., 10 fr., 15 fr., 20 fr., 30 fr., d'après l'importance de l'affaire, suivant les distinctions établies par l'art. 67 du Tarif.

Mais on n'a pas osé, lors de la présentation du Code de procédure, proposer la même innovation pour les affaires ordinaires. On hésitait sur le mode de liquidation des dépens relatifs à ces sortes d'affaires. On appelait sur ce sujet l'attention des tribunaux et celle des membres du Corps législatif, afin de proposer plus tard une loi après l'examen le plus réfléchi. « Il serait dangereux, » disait l'exposé des motifs, « d'improviser, sur une matière aussi « importante, une théorie nouvelle dont l'exécution eût été problématique ; la « prudence a conseillé une mesure conciliatrice, qui devra produire une loi « approchant le plus possible de la perfection, puisqu'elle sera le fruit des mé- « ditations, des observations de tous les tribunaux et d'une expérience de « quatre années. » Tels sont les motifs qui ont dicté l'art. 544.

« Art. 544. La manière de procéder à la liquidation des dépens et frais dans les autres matières, sera déterminée par un ou plusieurs règlements d'administration publique, qui seront exécutoires le même jour que le présent Code, et qui, après trois ans au plus tard, seront présentés en forme de loi au Corps législatif, avec les changements dont ils auront paru susceptibles. »

On revint ainsi, au moins provisoirement, pour les affaires ordinaires, à un système de tarifs allouant, pour chaque acte, un honoraire déterminé au greffier, à l'avoué, à l'huissier (Voy. le tarif des frais en matière civile du 16 février 1807, et un autre décret du même jour, dont j'ai cité l'art. 1er, sur la liquidation des dépens).

Ces décrets provisoires sont devenus définitifs ; ils existent encore aujourd'hui. Le vœu de l'art. 544 n'a pas été accompli ; ils n'ont même pas été convertis en lois.

La liquidation des dépens est donc réglée par le décret du 16 février 1807. D'après ce décret, que j'ai déjà cité pour les affaires sommaires, les dépens sont liquidés dans les matières ordinaires par un des juges qui ont assisté au jugement, sur l'état remis au greffier avec les pièces justificatives. La partie condamnée aux dépens pourra former opposition à l'exécutoire dans les trois jours de la signification à avoué (1), et il sera statué sommairement sur cette opposition. Je vous renvoie pour plus amples détails au texte même du décret du 16 février 1807.

La taxe peut nécessiter quelques délais ; aussi le jugement pourra-t-il être rendu, levé, signifié, sans contenir la liquidation des dépens (art. 2 du décret précité). C'est là un des inconvénients inhérents au système des tarifs.

(1) Besançon, 28 août 1871, D. 72, 2, 123.

La taxe peut être exigée, non seulement par la partie qui perd le procès et qui est condamnée aux dépens à l'égard des frais réclamés par l'avoué de la partie gagnante, mais aussi par une partie contre son propre avoué.

D'autres tarifs ont été faits depuis pour le règlement des frais dus aux autres officiers ministériels.

TRENTE-SIXIÈME LEÇON

TITRE VI

RÈGLES GÉNÉRALES SUR L'EXÉCUTION FORCÉE DES JUGEMENTS ET ACTES.

→ **798.** Dans les livres précédents, nous avons examiné comment se présentent les demandes, comment s'instruisent les instances, comment les jugements sont rendus, rétractés et réformés ; en d'autres termes, comment la partie en faveur de laquelle il existe un droit, de quelque nature qu'il soit, peut arriver à faire reconnaître devant les tribunaux l'existence de ce droit méconnu ; comment, en vertu de ce droit, elle peut arriver, sur le refus de son adversaire, à obtenir contre lui la condamnation qui en est la conséquence. Mais ces demandes, ces jugements, ces condamnations définitives ne sont encore, en elles-mêmes, quelque souverain que soit leur caractère, que des voies, que des moyens ; quand on a obtenu contre son adversaire une condamnation, même inattaquable, on n'a pas encore atteint le but véritable qu'on se proposait en demande. Le résultat véritable, ce n'est pas seulement la reconnaissance judiciaire et publique du droit que nous prétendons avoir, c'est l'exécution de la promesse, c'est le payement de la dette, c'est la restitution de la chose qui nous appartient. Si donc, malgré l'autorité de la sentence judiciaire, notre adversaire condamné refuse de s'y soumettre volontairement, il faut arriver, à l'aide de violences, bien entendu de violences légales, à l'aide d'une force et d'une action coercitives, à l'exécution de cette condamnation, exécution sans laquelle nos droits, nos demandes, nos procédures, nos jugements ne seraient que de très inutiles théories.

Ainsi, aux règles qui tendent à établir la forme des demandes, la marche des procédures, la rédaction des jugements, viennent se joindre naturellement les règles qui concernent l'exécution forcée de ces jugements, c'est-à-dire l'emploi de la force publique requise par nous, dans les formes voulues, à l'effet de faire exécuter les droits que nous ont attribués ou reconnus ces jugements.

Ces règles sont, les unes générales, communes, applicables à toute espèce de moyens d'exécution ; elles sont exposées dans le titre VI du livre V. Les autres, au contraire, et ces dernières sont en bien plus grand nombre, sont des règles spéciales ; ce sont les formes à suivre, non pas dans toute espèce d'exécution forcée, mais des règles qui varient selon la nature et l'espèce d'exécution à laquelle nous avons à recourir. Elles sont traitées dans les titres VII à XV.

Nous expliquerons d'abord le titre VI.

⇒ **799.** « Art. 545. Nul jugement ni acte ne pourront être mis à exécution, s'ils ne portent le même intitulé que les lois, et ne sont terminés par un mandement aux officiers de justice, ainsi qu'il est dit art. 146. »

Nul jugement ni ACTE, etc.

En effet, quoique dans l'exposé général je n'aie parlé que des jugements, et que, jusqu'ici, ce soit uniquement des jugements que le Code de procédure s'est occupé, il faut remarquer que les règles de ce titre ne se bornent point à l'exécution des jugements ou des décisions judiciaires ; en général, tout ce qu'on dira de l'exécution des jugements s'appliquera de même à l'exécution des conventions ou des actes. Tel est le sens de l'art. 545. La raison en est fort simple : la convention légalement formée fait loi entre les parties (art. 1134 du Code civil). Cette convention licite et régulière doit obtenir entre ceux qui l'ont formée la même autorité qu'un jugement, la même autorité qu'une loi a pour tout le monde. De là l'assimilation établie par l'art. 545, quant aux voies d'exécution, entre les jugements et les actes constatant des conventions, * pourvu que ces actes soient rédigés par des officiers publics, comme les notaires. *

Une condition commune à l'exécution des uns et des autres, c'est l'apposition, l'insertion dans le texte du jugement ou de l'acte qui constate la convention, de la formule indiquée par l'art. 545, par renvoi, par allusion à des lois et à des ordonnances antérieures.

Les termes de cette formule exécutoire ont été réglés, soit par une loi du 29 septembre 1791, section II, titre Ier, art. 14, soit surtout par le sénatus-consulte du 28 floréal an XII, art. 141. Vous trouverez dans ces textes la formule générale. Cependant les détails de cette formule ont nécessairement varié en quelques points par suite de la succession des divers gouvernements qui se sont remplacés. Il est intervenu beaucoup d'ordonnances ou décrets sur ce point ; je citerai seulement le dernier, le décret du 2 septembre 1871 : « Art. 2. Les expéditions des arrêts, jugements, mandats de justice, ainsi que les grosses et expéditions des contrats..... seront intitulées ainsi qu'il suit : « République « française, au nom du peuple français, » et terminées par la formule suivante : « En conséquence, le Président de la République française mande et ordonne à tous huissiers, sur ce requis, de mettre ledit arrêt (ou jugement, etc.), à exécution ; aux procureurs généraux et aux procureurs près les tribunaux de première instance d'y tenir la main, à tous commandants et officiers de la force publique de prêter main-forte lorsqu'ils en seront légalement requis. »

La force exécutoire est ordinairement imprimée aux actes par leurs rédacteurs ; pour les actes notariés, c'est par le notaire ; de même, pour les actes judiciaires, pour les sentences, par le greffier, qui a qualité pour apposer la formule exécutoire. Dans les deux cas, c'est comme délégués, comme mandataires du pouvoir exécutif que le greffier et le notaire impriment aux actes de leur ministère cette formule exécutoire ; c'est comme délégué à cet effet par le pouvoir exécutif, que, parlant au nom du souverain, l'officier ministériel intime aux agents de la force publique l'ordre de prêter main-forte à l'exécution de l'acte qu'il rédige.

Quand je dis que la force exécutoire dérive d'une intimation au nom du souverain, intimation directe ou indirecte, directe dans la rédaction d'une loi, indirecte dans la rédaction d'un jugement ou d'une convention, je n'entends pas dire que l'on ne puisse pas, sous un gouvernement, mettre à exécution un acte revêtu de la formule délivrée au nom d'un gouvernement antérieur ; ce n'est pas certes la personne physique du souverain, c'est sa personne morale, sa personne politique qu'il faut considérer. Ainsi, chaque changement de règne, chaque avènement ou même chaque révolution n'entraîne pas nécessairement l'obligation de substituer, dans les actes antérieurs, le nom du nouveau souverain à celui de l'ancien. Je vous fais cette remarque, parce qu'une ordonnance spéciale du 30 août 1815 avait ordonné cette substitution ; il fut défendu par cette ordonnance de mettre à exécution des jugements ou des actes, même antérieurs, dans lesquels on n'aurait pas substitué aux formules anciennes une formule délivrée au nom du nouveau souverain. Mais c'est là une spécialité qu'il n'est bon de remarquer qu'historiquement ; ce n'est régulièrement que pour les actes postérieurs au changement de gouvernement que la formule doit varier (1).

800. Cette condition de la formule exécutoire n'est pas d'ailleurs la seule qui soit nécessaire pour arriver à l'exécution forcée d'un jugement ou d'un acte. Ainsi, vous avez vu dans l'art. 147 que le jugement, même revêtu de la formule exécutoire, ne pouvait jamais être exécuté qu'après avoir été signifié à l'avoué de la partie condamnée, et que le défaut de cette signification préalable entraînait la nullité des actes d'exécution. A cette signification, que l'art. 147 vous oblige de faire à l'avoué de la partie condamnée, vous devez ajouter, d'après le même article, une signification au domicile ou à la personne de cette partie, signification qui doit mentionner celle faite antérieurement à l'avoué. J'ai indiqué précédemment les motifs de cette double exigence, et les résultats de l'omission de l'une ou de l'autre de ces formalités (Voy. aussi l'art. 148).

Quant aux formalités postérieures à la signification et, par exemple, aux délais qui devront séparer la signification du jugement et le commencement, le début des véritables actes d'exécution, cette question sort tout à fait des règles générales et rentre dans les règles spéciales. Selon la nature, l'importance, la gravité de tel ou tel acte d'exécution, selon qu'il s'agira, par exemple, de saisir ou un immeuble, ou des meubles, ou la personne même du débiteur, les délais entre la signification et l'exécution, les formes et le nombre

(1) ** Cette solution n'est cependant pas admise par certains arrêts. On décide que la formule exécutoire, apposée sur la grosse d'un jugement, doit être remplacée par une formule nouvelle, si le changement de gouvernement y a apporté quelques modifications. La formule exécutoire, adoptée par la république de 1848, étant semblable à la formule actuelle, les grosses des jugements rendus pendant cette période n'ont pas besoin d'être modifiées sous ce rapport. Toulouse, 16 mars 1877, S. 77, 2, 80. **

des règles postérieures pourront et devront varier. Mais ceci sort des règles générales dans lesquelles nous nous renfermons.

Les art. 147 et 148 ajoutent donc, pour l'exécution des jugements, une formalité nouvelle à celle de l'art. 545.

De même, vous trouverez dans l'art. 877 du Code civil une observation importante à joindre aux précédentes; vous y voyez qu'en vertu du principe qui fait de l'héritier le représentant, le continuateur de la personne du défunt, tous les titres, jugements ou conventions, tous les titres exécutoires contre le défunt, sont par là même exécutoires contre son héritier; mais que cependant, par des motifs que le bon sens indique assez, la loi accorde à l'héritier un sursis à l'exécution, sursis qui commencera à courir après la signification qui lui sera faite personnellement. L'héritier, quoique tenu en droit absolument comme l'était le défunt, peut cependant, en fait, très bien ignorer l'existence de l'obligation et du titre exécutoire; il faut donc lui signifier huit jours avant l'exécution, à personne ou à domicile, les titres exécutoires qu'on avait contre le défunt.

Ces conditions générales venant à concourir, et notamment l'acte étant revêtu de la formule dont parle l'art. 545, cet acte emportera ce qu'on appelle dans l'usage, et aussi dans les auteurs, exécution parée, *executio parata*, exécution toute prête, toute directe, et à laquelle vous pourrez procéder sans recourir à l'autorité des magistrats. Lors donc que vous êtes porteur d'un titre revêtu de l'exécution parée, l'exécution de ce titre marchera suivant les voies de rigueur développées dans les titres suivants.

Seulement, cette exécution pourra être suspendue dans les cas spéciaux qui sont indiqués par la loi; elle pourra l'être, notamment, s'il s'agit d'un jugement, lorsque le débiteur condamné invoquera l'une des voies de recours auxquelles la loi attache l'effet suspensif. Ainsi, l'emploi de l'opposition, l'emploi de l'appel, suspendront l'exécution du titre, du jugement emportant exécution parée, sauf les cas où ce jugement est revêtu d'une exécution provisoire.

De même, dans le cas de l'art. 1319 du Code civil, vous trouvez un exemple fort remarquable de la suspension d'exécution apportée soit à un jugement, soit à un acte, à une convention authentique et exécutoire; cette suspension, cet obstacle à l'exécution résulte de la poursuite ou de la plainte en faux, mais sous certaines distinctions. Ainsi, si la personne contre laquelle vous voulez exécuter un titre revêtu de l'exécution parée attaque ce titre par la voie criminelle, par la plainte en faux principal, l'arrêt de mise en accusation rendu par la cour d'appel suspendra de droit l'exécution de ce titre. Que si, au contraire, le titre est attaqué par la voie civile, par l'inscription de faux, ce sera au juge saisi de cette inscription de faux de décider, selon les circonstances, s'il y a lieu de suspendre l'exécution du titre ou de passer outre (Voy. art. 1319, C. civ.).

801. « Art. 546. Les jugements rendus par les tribunaux étrangers, et les actes reçus par les officiers étrangers ne seront susceptibles d'exécution en France que de la manière et dans les cas prévus par les art. 2123 et 2128 du Code civil. »

Le motif et le principe de ce texte sont très simples, mais son application soulève quelques questions assez graves. Le principe est simple, car il n'est qu'une conséquence directe de l'art. 545.

D'après l'art. 545, la puissance exécutoire d'un jugement ou d'un acte dérive essentiellement de la formule *Mandons et ordonnons*, de l'ordre intimé aux agents de la force publique par le chef du pouvoir exécutif ou en son nom. Or, les agents de la force publique française ne peuvent raisonnablement recevoir aucun ordre que du souverain, du pouvoir exécutif français ; cette formule, condition essentielle de toute puissance exécutoire, ne peut se rencontrer dans les actes reçus par des officiers étrangers ou dans des jugements rendus par des tribunaux étrangers. Quelle que puisse être la force de ces jugements ou de ces actes, la puissance exécutoire en France leur manque essentiellement.

Comment donc cette puissance pourra-t-elle leur être accordée? Comment des jugements rendus ou des conventions rédigées à l'étranger pourront-ils devenir susceptibles d'exécution en France? Ce sera, dit l'article, *de la manière et dans les cas prévus par les art.* 2123 *et* 2128 *du Code civil.*

Ces deux articles se rapportent à la matière des hypothèques, l'art. 2123 à l'hypothèque judiciaire, et l'art. 2128 à l'hypothèque conventionnelle. Dans l'article 2123, on décide que les jugements des tribunanx étrangers n'emporteront point d'hypothèque en France. Dans l'art. 2128, on décide que les conventions d'hypothèques passées devant les officiers étrangers n'emporteront pas d'hypothèque en France. ** On remarquera que l'article 2128 consacre une dérogation à la règle de droit commun : *locus regit actum.* ** Voilà les deux principes. Puis les art. 2123 et 2128 indiquent une exception, celle résultant de conventions contraires, établies par des lois politiques ou des traités. L'art. 2123 en indique une autre, que ne répète pas l'art. 2128, celle où les jugements auraient été déclarés exécutoires par un tribunal français. En d'autres termes, le principe d'après lequel les jugements étrangers n'emportent point d'hypothèque en France reçoit deux exceptions : 1° s'il y a, à cet égard, des conventions spéciales dans les traités des deux nations ; 2° à part tout traité, si le jugement étranger a été déclaré exécutoire par un tribunal français. Quant à la règle de l'art. 2128, elle ne reçoit d'exception que dans le premier cas, dans celui d'une convention ou d'un traité politique ; elle ne paraît pas admettre d'exception dans le second ; le contrat passé à l'étranger ne paraît pas pouvoir être déclaré exécutoire par un tribunal français ; le silence de l'art. 2128 est à cet égard très positif.

Ces idées une fois connues, essayons de les appliquer, non point aux matières hypothécaires dont nous n'avons pas à traiter, mais aux voies d'exécution. Eh bien, il résulte du rapprochement de ces deux textes, qu'il peut y avoir quelques distinctions à faire entre les jugements et les actes ; traitons séparément et successivement des uns et des autres.

D'abord, quant aux jugements étrangers, la première exception, celle résultant des traités, existe. Supposez, par exemple, qu'une partie se présente en France munie d'un jugement rendu dans les formes voulues par un tribunal étranger ; ce jugement pourra être exécuté en France de prime abord; lorsqu'un traité spécial aura donné cette force aux jugements émanés des tribunaux de la nation avec laquelle ce traité aura été passé, il suffira d'une ordonnance d'*exequatur*; c'est le cas indiqué par l'art. 2123 pour les jugements. « L'hypothèque ne peut pareillement résulter des jugements rendus en pays étranger, qu'autant qu'ils ont été déclarés exécutoires par un tribunal français (voilà le cas le plus fréquent), sans préjudice des dispositions contraires qui peuvent être dans les lois politiques ou dans les traités (voilà le cas exceptionnel). »

** Un traité de ce genre a été conclu entre la France et la Sardaigne, le 14 mars 1860 (art. 22) et ses dispositions ont été reproduites par la déclaration diplomatique du 11 septembre 1860, intervenue entre la France et l'Italie. Il faut aussi citer un traité du 15 juin 1869 entre la France et la Suisse et un autre du 14 juin 1846 entre la France et le grand-duché de Bade ; les dispositions de ce dernier traité ont été étendues à l'Alsace-Lorraine par le traité de Francfort passé entre la France et l'Allemagne, le 10 mai 1871. **

Mais à l'égard des jugements, l'art. 2123, combiné avec l'art. 546, contient une seconde exception : ce n'est pas seulement en vertu d'une loi politique, en vertu d'un traité, que le jugement étranger pourra être exécuté chez nous; ce sera aussi, même en l'absence de tout traité, de toute convention politique, lorsque ce jugement étranger aura été déclaré exécutoire par un tribunal français; c'est ce qui résulte clairement du paragraphe cité de l'art. 2123.

Mais cette seconde exception donne lieu, dans l'application, à une difficulté fort sérieuse, et dont il est nécessaire de vous indiquer ici la solution. Dans une ancienne ordonnance, celle de 1629, art. 121, on déclarait que les Français, contre lesquels des jugements auraient été rendus à l'étranger, seraient admis à débattre de nouveau leurs droits comme entiers devant les tribunaux français, c'est-à-dire, en d'autres termes, que les jugements étrangers rendus contre les Français seraient considérés en France comme absolument non avenus ; et il paraissait s'ensuivre, *a contrario*, que ces jugements étrangers auraient autorité en France contre les étrangers, sauf à y faire apposer la formule exécutoire.

Les textes des art. 2123 et 546 ne font plus cette distinction entre les Français et les étrangers ; nous n'avons donc plus à la faire ; le jugement étranger aura donc en France le même effet et la même force, qu'il ait été rendu contre l'étranger ou contre le Français.

Mais quelle sera cette force, quelle sera cette puissance?

D'abord, ce ne sera pas la force, la puissance d'être exécutoire directement et sans aucun recours à l'autorité française ; il faudra qu'au préalable, d'après l'art. 546 renvoyant à l'art. 2123, ce jugement ait été déclaré exécutoire par un tribunal français. Mais la nature de cette déclaration, la mission du tribunal français, auquel ce jugement est présenté, ne sont pas nettement déterminées par le texte des lois modernes. Pour bien comprendre, à cet égard, la question qui s'élève et les divergences qu'elle a soulevées, prenons un exemple dans un cas qui est parfaitement clair :

Vous voyez dans l'art. 1020 du Code de procédure qu'il est question de jugements arbitraux, c'est-à-dire de sentences rendues entre les particuliers par des juges de leur choix. Le jugement des arbitres est souverain, au moins lorsqu'on a renoncé à l'appel; le jugement des arbitres oblige ceux qui les ont choisis ni plus ni moins que le jugement d'un tribunal ordinaire. Mais, quelle que soit l'autorité du jugement arbitral, ce jugement émané de simples particuliers ne peut pas être revêtu par eux de la formule exécutoire dont parle l'art. 545 ; il n'appartient qu'aux officiers délégués à cet effet d'imprimer cette formule à leurs jugements et à leurs actes. L'art. 1020 exige donc que tout jugement arbitral, pour être mis à exécution, soit revêtu, par le président du tribunal de première instance, de la formule exécutoire appelée dans l'usage ordonnance d'*exequatur*. La mission du président est fort simple : une fois l'existence du compromis bien reconnue, une fois la vérité de la signature des arbitres bien constatée, le président n'a à remplir qu'une mission matérielle et fort claire, c'est d'apposer à cette volonté des arbitres, obligatoire pour les deux parties, la formule d'autorité d'où va dériver la puissance exécutoire. Or ce que l'art. 1020 décide pour les jugements arbitraux, devons-nous le décider pour les jugements étrangers? le tribunal appelé, d'après l'art. 2123, à déclarer exécutoire en France un jugement étranger, n'a-t-il pas d'autre mission que de constater l'authenticité de l'expédition qui lui est produite, et, quand il l'a constatée, d'apposer à cette expédition la déclaration d'exécution qui lui manque ? Ne s'agit-il, en un mot, que d'une formalité à accomplir sur l'expédition du jugement étranger, comme sur l'expédition du jugement arbitral?

Dans une première opinion, on attribue au tribunal en matière de jugement étranger, dans le cas de l'art. 546, une mission beaucoup plus grave et beaucoup plus importante que celle dont l'art. 1020 investit le président; on décide que le tribunal, devant lequel la partie qui a obtenu gain de cause à l'étranger poursuit l'exécution du jugement étranger, peut réviser ce jugement, entrer en conséquence dans la cause, examiner le mérite du fond, les prétentions des parties, rouvrir, en un mot, complètement les débats que le jugement étranger semblait avoir terminés, et procéder par jugement nouveau. On s'appuie, notamment, sur l'art. 121 de l'ordonnance de 1629, d'après lequel les droits pouvaient être débattus comme entiers devant les tribunaux français, nonobstant les jugements étrangers, et on ne distingue plus d'ailleurs, comme le faisait cet article, entre les Français et les étrangers, parce que rien dans nos lois nouvelles n'autorise cette distinction.

Il me paraît bien douteux que cette première opinion puisse être admise avec toute cette étendue ; d'abord, elle ne peut l'être évidemment par argument direct et positif de l'ordonnance de 1629, rien, dans les textes nouveaux, ne maintient la décision de cette ordonnance.

J'ajouterai d'ailleurs que, même dans l'ancienne jurisprudence, par un de ces exemples fréquents de l'esprit de résistance des tribunaux aux actes les plus officiels, un grand nombre de parlements, et notamment celui de Paris, se refusaient à exécuter l'ordonnance de 1629, qui n'avait pas été enregistrée, ou ne l'avait été qu'après des mesures de force. Mais, en supposant même que l'ordonnance de 1629 eût obtenu une autorité qu'elle n'avait pas, il est clair qu'on ne peut en tirer aujourd'hui qu'un argument d'analogie. Mais rien dans nos lois n'autorise à aller chercher cet argument d'analogie dans le texte de l'ordonnance. En comparant, au contraire, l'art. 2123 avec cet art. 121, on trouve entre ces deux textes la différence la plus sensible. D'après l'art. 121, les droits du Français condamné à l'étranger pouvaient être débattus comme entiers devant les tribunaux français; c'était dire, en d'autres termes, que le jugement étranger était en France comme non avenu. Au contraire, d'après l'art. 2123, le jugement étranger sera exécuté en France quand il aura été déclaré exécutoire par un tribunal français. De même, d'après l'art. 546, les jugements étrangers sont susceptibles d'exécution en France. Ainsi donc, maintenant que nous sommes délivrés de l'ordonnance de 1629, ce qu'on exécute, ce n'est pas un jugement nouveau, ce n'est pas une décision française, c'est une décision étrangère déclarée exécutoire par un tribunal français. Or, il est clair que, si le tribunal entre dans l'examen du fond, s'il admet les parties à plaider la cause, à débattre leurs moyens, il statuera par un jugement nouveau; ce qu'on exécutera, ce n'est pas le jugement étranger, mais le jugement français; telle n'est pas la lettre de nos deux articles, qui veulent que le jugement étranger soit déclaré exécutoire en France.

Ainsi je ne puis admettre, sans violation formelle du texte de ces articles, l'opinion qui, ressuscitant aujourd'hui l'art. 121 de l'ordonnance de 1629, considère comme non avenue l'existence d'un jugement rendu par un tribunal étranger.

Mais suit-il de là que la mission du tribunal français, dans le cas de l'article 2123, soit absolument conforme à celle de son président dans le cas de l'art. 1020? Suit-il de là qu'il n'y ait qu'une simple formalité à remplir, et que le tribunal français, une fois convaincu de l'authenticité du jugement étranger, doive y apposer la formule exécutoire, comme s'il s'agissait d'un jugement arbitral?

Non certainement; et il y a entre ces deux solutions un terme moyen facile à saisir. D'après l'art. 1020, l'ordonnance d'*exequatur* doit être délivrée, non pas par le tribunal entier, mais par le président seul; au contraire, dans l'art. 2123, ce n'est pas au président, mais au tribunal tout entier que la loi confie la mission de déclarer exécutoire le jugement étranger. La loi exige donc plus de garantie et plus de solennité; elle suppose même la possibilité d'une contestation, d'un débat, d'une plaidoirie, quand il s'agira d'un jugement étranger dont l'exécution est poursuivie en France. La raison est facile à saisir : c'est que la mission du tribunal français dans l'art. 2123 présente des difficultés, nécessite un examen que ne suppose pas, dans l'art. 1020, la mission du président. Dans l'art. 1020, il s'agit de vérifier : 1° l'existence du compromis; 2° la vérité de la signature des arbitres; puis, ces deux points établis, d'accorder à la sentence la force exécutoire qui lui manque. Au contraire, dans l'art. 2123, le tribunal, sans faire renouveler devant lui tous les débats sur la question du fond, est investi d'une mission infiniment plus délicate. D'abord l'authenticité du jugement rendu loin de lui, par un tribunal étranger, peut être et sera toujours d'une vérification beaucoup plus difficile que la sincérité de la signature d'un ou de quelques arbitres que l'on peut appeler pour s'assurer de la vérité. Ensuite, ce même jugement étranger sera rédigé presque toujours dans une langue étrangère : de là, nécessité de le faire traduire, nécessité de s'assurer de la sincérité de la traduction.

Il y a d'ailleurs d'autres questions bien plus graves : ce jugement étranger pourrait très bien ordonner, contre la partie qui est condamnée, des voies d'exécution que le droit français ne tolérerait pas. Il pourrait très bien, par exemple, autoriser contre la partie condamnée l'emploi de la contrainte par corps, hors des cas où la loi française permet, par exception, l'emploi de cette contrainte.

Ainsi, bien des questions peuvent s'élever dans le cas de production devant un tribunal français d'un jugement étranger, questions étrangères à l'examen du fond sans doute, mais qui expliquent suffisamment la nécessité de l'intervention du tribunal entier, et, au contraire, l'insuffisance de l'intervention du président.

En résumé, je crois que, dans le cas où un jugement étranger est présenté en France à un tribunal français, ce tribunal n'a pas mission pour recommencer l'examen du fond, pour autoriser les parties à débattre leurs droits devant lui, comme si rien n'avait été fait. Le silence du Code ne peut pas nous permettre de reproduire en ce point les dispositions abrogées de l'ordonnance de 1629. Mais, d'autre part, cette autorisation d'exécuter que le tribunal peut délivrer n'est pas une simple formalité; des questions fort délicates peuvent s'élever soit sur l'authenticité, soit sur le sens, soit sur le mode d'exécution prescrit par ce jugement et sur une foule d'autres points. Sous ce rapport, on conçoit pourquoi l'art. 2123 exige l'intervention de tout le tribunal, à la différence de l'art. 1020 (1).

(1) D'après M. Colmet Dâage les art. 546, C. pr., et 2123, C. civ., ne parlent que de l'exécution des jugements et non de l'autorité de la chose jugée. Il faut donc encore distinguer, avec l'ordonnance de 1629, entre les jugements rendus par les tribunaux étrangers contre des étrangers ou contre des Français. Si le jugement étranger est rendu contre un étranger, on appliquera les solutions de Boitard; mais si c'est un Français qui a succombé devant le tribunal étranger, il pourra invoquer le bénéfice de l'ordonnance de 1629 et débattre de nouveau sa prétention devant un tribunal français. — Voy. dans le sens de cette distinction, Colmar, 13 janvier 1815. — Rennes, 28 mai 1819 (Dall., *Rép.*, v° *Droit civ.*, n°s 419 et 459). — Toulouse, 27 décembre 1819 (Dall., *Rép.* v° *Exceptions*, n° 149). — Montpellier, 8 mars 1822 (Dall., *Rép.*, v° *Droit civ.*, n° 459). — Bordeaux, 6 août 1847 (Dall., *eod.*, n° 419). — Angers, 4 juillet 1866, D. 66, 2, 156.
** Cette solution, qui donne encore aujourd'hui force obligatoire à l'article 121 de l'ordonnance de 1629, est également adoptée par d'autres auteurs (Aubry et Rau, *Cours de droit civil français*, t. VII, p. 414, et les autorités qu'ils citent).

La jurisprudence paraît cependant aujourd'hui définitivement arrêtée en ce sens que le tribunal français a le droit de réviser dans tous les cas le fond du procès (Voy. les nombreux arrêts cités par Aubry et Rau, *op.* et *loc. cit.* Ajout. Nancy, 3 août 1877, S. 78, 2, 17; — Req. Rej., 28 juin 1881, S. 82, 1, 33). Cette solution nous paraît aussi la plus exacte. Il est sans doute très juridique de distinguer entre l'autorité de la chose jugée et la force exécutoire, comme le font les jurisconsultes qui admettent encore aujourd'hui l'application de l'article 121 de l'ordonnance de 1629. Mais il ne semble pas que le législateur ait songé à cette distinction ni même qu'il l'ait comprise; il a souvent confondu ces deux effets. On peut donc dire que l'article 121 de l'ordonnance de 1629 a été abrogé par l'article 7 de la loi du 30 ventôse an XII, la question qu'il traite ayant été tranchée par l'art. 2123 du Code civil et même un peu plus tard par l'art. 546 du Code de procédure. D'ailleurs ceux qui veulent observer encore aujourd'hui l'ordonnance de 1629 sont conduits à des conséquences tout à fait inadmissibles. Ainsi, cette ordonnance de 1629 n'était autrefois observée que dans quelques parlements; d'où il suit que la loi de ventôse an XII, loin de l'abroger, en aurait étendu

* Si le jugement qui émane d'un tribunal étranger a été rendu entre deux étrangers, je crois que celui qui l'a obtenu peut demander aux tribunaux français de le rendre exécutoire en France. Les art. 2123, C. civ., et 546, C. pr., n'exigent pas que l'une des parties soit française (1). *

En deuxième lieu, quant aux conventions constatées dans des actes passés devant les officiers publics étrangers, et revêtus de toutes les formalités commandées par les lois du pays, elles pourraient être exécutées en France en vertu de traités. Mais les traités, dont nous avons parlé à l'occasion des jugements, sont muets sur l'exécution des conventions. En l'absence de traités, les actes qui constatent ces conventions ne sont pas sans doute considérés chez nous comme non avenus, lorsque leur authenticité ne sera pas déniée, ou lorsque, déniée par une partie, elle aura été établie, prouvée par l'autre ; ces actes vaudront comme constituant, comme établissant une créance ; mais ils n'auront jamais chez nous la force exécutoire qui ne peut pas leur appartenir.

La partie qui voudra obtenir, en France, l'exécution d'une convention passée devant un officier public étranger, se pourvoiera devant les tribunaux français, non pas pour faire déclarer par eux cette convention exécutoire, non pas pour obtenir une ordonnance d'*exequatur*, mais pour obtenir contre son adversaire une condamnation qui puisera ses motifs dans l'existence de cette convention. En d'autres termes, la partie qui se présentera munie d'un acte public reçu à l'étranger, dans les formes étrangères, sera assimilée

l'application à toute la France. D'un autre côté, la distinction entre les Français et les étrangers, faite par l'ordonnance de 1629, est tout à fait contraire à nos idées actuelles qui tendent à placer à peu près sur la même ligne les uns et les autres au point de vue du droit civil. Enfin, comment sortir d'embarras, avec le système de l'ordonnance de 1629, si le jugement étranger a été rendu à la fois contre un Français et contre un étranger ? Le tribunal français pourra-t-il ou non reviser l'affaire ?

L'article 121 de l'ordonnance de 1629 étant écarté, il faut bien admettre que les tribunaux français peuvent, dans tous les cas, reviser le fond du procès. Les articles 2123 du Code civil et 546 du Code de procédure n'ont, en effet, sous aucun rapport, limité les pouvoirs du tribunal francais. Cette solution est d'ailleurs la plus conforme aux intérêts de tous ; il serait dangereux d'obliger les tribunaux français à respecter des décisions venant de pays où l'organisation de la justice n'offre aucune garantie.

Cette question de savoir si le tribunal français peut réviser le fond de l'affaire offre un grand intérêt pratique encore à d'autres points de vue. Ainsi, dans l'opinion qui admet la révision, on doit décider : que l'affaire s'introduit devant le tribunal français par voie d'assignation ; qu'en vertu de son caractère contentieux, elle est instruite à l'audience publique ; que le jugement rendu par le tribunal français est susceptible de voies de recours, ordinaires ou extraordinaires, suivant les principes du droit commun ; qu'enfin, s'il s'agit d'un jugement étranger rendu en matière commerciale, la contestation doit être portée devant un tribunal de commerce et non pas devant un tribunal civil. Admettons, au contraire, que le tribunal français doit se borner à accorder ou à refuser la formule exécutoire, alors sa mission devient de juridiction gracieuse, et de là dérivent les conséquences suivantes : l'affaire s'introduit par requête, au tribunal lui-même ; elle est instruite et jugée en la chambre du conseil ; le jugement n'est pas susceptible de voies de recours ; la demande doit être portée devant un tribunal civil, même en matière commerciale. **

(1) Cass., 10 mars 1863, D. 63, 1, 89 et la note.

à la partie qui se présente munie d'un acte sous seing privé, munie d'un acte dépouillé de toute espèce de puissance exécutoire; cet acte étranger aura sans doute la puissance de faire foi s'il n'est pas dénié ou s'il est vérifié, mais il n'aura pas la puissance exécutoire. C'est en ce sens que nous devons dire que ces actes ne peuvent être déclarés exécutoires par les tribunaux français. Le tribunal français auquel on s'adresse rendra une condamnation ; mais ce qu'on exécutera, ce sera le jugement français, et non pas la convention étrangère déclarée exécutoire.

802. « Art. 547. Les jugements rendus et les actes passés en France seront exécutoires dans tout le royaume, sans *visa* ni *pareatis*, encore que l'exécution ait lieu hors du ressort du tribunal par lequel les jugements ont été rendus ou dans le territoire duquel les actes ont été passés. »

Cet article se rattache aux mêmes idées que les deux qui précèdent. Les jugements rendus en France, et revêtus par les officiers publics français de la formule exécutoire délivrée par eux au nom du souverain, sont nécessairement exécutoires dans tout le territoire de la République. Le jugement rendu par le tribunal de la Seine, étant rendu au nom du souverain dont l'autorité embrasse également tout le territoire, pourra et devra s'exécuter sans aucune distinction de territoire ni de ressort. Le principe est fort clair et, si l'art. 547 prend soin de l'énoncer formellement, c'est par la relation à d'anciens usages, ou plutôt à d'anciens abus introduits autrefois par un principe tout contraire.

En effet, l'agglomération successive de diverses provinces, la conservation ou la réserve faites par plusieurs d'entre elles de leurs privilèges, enfin la diversité et la jalousie des juridictions avaient introduit un principe directement contraire à celui de l'art. 547. En général, un arrêt émané d'un parlement n'était exécutoire de droit que dans la juridiction de ce parlement : pour l'exécuter dans une autre province, il fallait, ou le faire revêtir d'un *pareatis* émané du grand sceau, d'un ordre émané de la chancellerie centrale, intimé au nom du roi, et lui donnant partout la puissance exécutoire; ou bien, à défaut de ce premier *pareatis*, il en fallait un de la chancellerie du parlement dans le ressort duquel on voulait exécuter. En d'autres termes, un parlement, quoique jugeant au nom du roi, ne pouvait imprimer à son arrêt une force exécutoire en dehors de son ressort ; il fallait ou un ordre du roi, de la chancellerie centrale, ou au moins un *pareatis* de l'autorité locale. C'est ce que l'art. 547 a pour but d'abroger.

Cependant, nonobstant la généralité de ce principe fort clair d'ailleurs dans ses motifs, une objection apparente, et qui n'a rien de sérieux, pourrait vous être présentée, en la faisant résulter de l'art. 28 de la loi du 25 ventôse an XI. Cette loi est relative à l'organisation du notariat, à la forme et aux effets des actes notariés. Vous savez que nos notaires sont divisés par cette loi en trois classes distinctes : 1° notaires de cours d'appel, établis aux chefs-lieux de ces cours, et ayant qualité pour instrumenter dans tous les départements qui forment le ressort de la cour ; 2° notaires d'arrondissement, établis au chef-lieu d'un tribunal d'arrondissement, et ayant qualité pour instrumenter seulement dans le ressort de ce tribunal, c'est-à-dire dans l'arrondissement; 3° enfin notaires établis hors des chefs-lieux de cours d'appel et des tribunaux d'arrondissement, et ayant qualité pour instrumenter seulement dans l'étendue du canton, c'est-à-dire dans l'étendue de la justice de paix où ils se trouvent établis. Du reste, les notaires des trois classes, quoique ayant une compétence plus ou moins étendue, délivrent ou rédigent également leurs actes au nom du peuple français, avec la formule dont parle l'art. 547.

Maintenant pourrait-on exécuter, par exemple, sans *visa* ni *pareatis*, hors du ressort de la cour d'appel de Paris, un acte rédigé en forme exécutoire par un notaire de Paris? Oui, sans doute, on le pourra, même hors du ressort de la cour, en vertu de l'art. 547; l'autorité de la formule exécutoire que le notaire a mise à son acte est également souveraine dans tout le territoire. Cependant l'art. 28 exige que les actes des notaires des cours d'appel qu'on veut exécuter hors du ressort de la cour aient été légalisés; il exige même que les actes des notaires d'arrondissement qu'on veut exécuter hors de leur département soient légalisés; de même enfin pour les notaires de canton, quand on veut exécuter leurs actes hors de leur département, il faut encore les légaliser. Eh bien, cette nécessité de légalisation, exigée en certains cas pour les actes notariés, ne reproduit-elle pas, sous un autre nom, et dans une forme différente, le *visa* ou le *pareatis*, que l'art. 547 semble abroger pleinement? Non, ce n'est là qu'une objection apparente et fort peu sérieuse; il n'y a aucun rapport, ni dans le nom ni dans la chose, entre le *pareatis* abrogé par l'art. 547 et la légalisation exigée par l'art. 28. D'abord, la nécessité du *pareatis* était fondée sur des rivalités de juridiction, sur le prétendu défaut d'autorité d'un parlement dans le ressort d'un autre parlement. La légalisation, au contraire, exigée par l'art. 28, n'a pas pour but d'imprimer à la signature du notaire et au mandement qu'elle garantit une autorité qui lui manquerait; elle a pour but unique d'attester la véracité, la sincérité de cette signature, qui peut paraître douteuse, équivoque à quelque distance. Voilà la différence de principe entre le *pareatis* et la légalisation.

Mais, à côté de cette différence de principe, il y a une différence de fait qui la fait encore mieux ressortir. En effet, par qui était donné, était délivré le *pareatis* exigé autrefois, et abrogé maintenant par l'art. 547? C'était soit par la chancellerie centrale, soit au moins par la chancellerie du parlement dans le ressort duquel on venait exécuter un jugement rendu par un autre. Maintenant par qui est donnée, est apposée la légalisation des actes notariés? Par les présidents des tribunaux de première instance. Mais par lesquels? est-ce par le président du tribunal dans le ressort duquel on vient exécuter l'acte reçu par un notaire éloigné? S'il en était ainsi, la légalisation ne serait qu'un *pareatis;* mais c'est le contraire, la légalisation est donnée par le président du tribunal, non pas dans le ressort duquel on vient exécuter l'acte, mais à la résidence duquel est établi le notaire. Ainsi, quand on voudra exécuter à Lyon, par exemple, hors du ressort de la cour de Paris, l'acte reçu à Paris, la légalisation sera donnée, non pas par le président du tribunal de Lyon, mais par celui du tribunal de la Seine.

Ce n'est donc point au défaut d'autorité que tient la nécessité de la légalisation, c'est uniquement au désir d'attester, d'établir la sincérité de la signature; car cette sincérité ne peut être bien attestée que par le président du tribunal dans le ressort duquel est établi le notaire.

La même disposition de l'art. 28, envisagée sous une autre face, achèvera de vous démontrer que la nécessité de la légalisation ne tient nullement à des distinctions de territoire et à un prétendu défaut d'autorité. En effet, les actes des notaires de cour d'appel doivent être légalisés, c'est-à-dire certifiés sincères, quand on les emploie hors de leur ressort; sous ce rapport, on pourrait être tenté de confondre la légalisation et le *pareatis*. Mais pour les notaires établis hors des chefs-lieux de cours d'appel, et, par exemple, dans les chefs-lieux de tribunaux d'arrondissement, leur compétence territoriale, leur compétence pour instrumenter n'embrasse que l'arrondissement de sous-préfecture compris dans la juridiction du tribunal dans lequel ils sont établis, et précisément leurs actes ne doivent être légalisés que lorsqu'ils sont employés hors du département où ils sont établis. Ainsi, quoiqu'un notaire établi près d'un tribunal d'arrondissement ne doive pas instrumenter dans tout le département, cependant la légalisation n'est pas nécessaire à ses actes quand on veut les exécuter dans son département, parce que sa signature y est présumée bien connue; elle ne leur est nécessaire que quand on veut les employer hors du département, où l'on pourrait craindre que la vérité de sa signature ne parût douteuse.

Vous voyez que, sous ces divers points de vue, il n'y a rien de commun entre la légalisation, pur et simple certificat d'une vérité de signature, exigée par l'art. 28 de la loi de ventôse, et l'ancien *visa*, l'ancien *pareatis* tenant à des distinctions d'autorité territoriale qui sont complètement abrogées (1).

☞ **803.** « Art. 548. Les jugements qui prononceront une mainlevée, une radiation d'inscription hypothécaire, un payement, ou quelque autre chose à faire par un tiers ou à sa charge, ne seront exécutoires, par les tiers ou contre eux, même après les délais de l'opposition ou de l'appel, que sur le certificat de l'avoué de la partie poursuivante, contenant la date de la signification du jugement faite au domicile de la partie condamnée, et sur l'attestation du greffier constatant qu'il n'existe contre le jugement ni opposition ni appel. »

« Art. 549. A cet effet, l'avoué de l'appelant fera mention de l'appel, dans la forme et sur le registre prescrit par l'art. 163. »

« Art. 550. Sur le certificat qu'il n'existe aucune opposition ni appel sur ce registre, les séquestres, conservateurs et tous autres seront tenus de satisfaire au jugement. »

Pour bien comprendre l'art. 548, il faut vous reporter à deux textes qui déjà se sont présentés à nous, et dont nous avons renvoyé l'explication à ceux dont nous parlons maintenant. Je veux parler des art. 163 et 164, au titre des jugements par défaut; je me suis borné à les lire, sans les expliquer, dans le cours de ce titre. Les art. 163 et 164 d'une part, 548, 549 et 550 d'autre part, sont conçus dans un même système et appartiennent à un même ordre d'idées; le principe auquel tiennent les uns et les autres est très facile à saisir. Parlons d'abord de la seule matière à laquelle soient relatifs les art. 163 et 164; cette matière, l'art. 548 la comprend également, mais en la mêlant avec d'autres idées.

Dans les art. 163 et 164, il est question de l'exécution des jugements par

(1) ** Les juges de paix légalisent aussi les actes dans les cantons autres que celui où réside le président du tribunal. Voyez la loi du 2 mai 1861. **

défaut; or, vous savez que d'après l'art. 155, aucun jugement par défaut ne peut être exécuté dans la huitaine de sa signification, soit à l'avoué, soit à la personne, selon la nature des jugements par défaut; que de plus, même après l'expiration de cette huitaine, et c'est à ce deuxième point qu'il faut nous attacher ici, l'opposition formée suspend l'exécution, en un mot, l'opposition, comme l'appel, renferme un effet suspensif. Voilà le principe de la question qui va nous occuper.

Aucune difficulté à cet égard, lorsque l'exécution du jugement par défaut est poursuivie directement contre le défaillant condamné, et ce cas est le plus fréquent : la partie qui a obtenu une condamnation par défaut peut exécuter cette condamnation par des poursuites dirigées contre les biens ou contre la personne du défaillant; le défaillant, nécessairement instruit de l'opposition qu'il a formée, ayant d'ailleurs en main la preuve de cette opposition, et, par exemple, l'original de sa requête arrêtera les poursuites d'exécution dirigées contre lui, en prouvant qu'il a formé opposition, et en ajoutant que cette opposition a un effet suspensif.

Mais il arrive quelquefois que la partie qui a obtenu un jugement par défaut, au lieu de l'exécuter directement contre la personne condamnée, en poursuit l'exécution contre une tierce personne ; c'est ce que suppose l'art. 164, et l'art. 548 donne des exemples dans ce cas. Par exemple, j'ai obtenu contre vous un jugement par défaut, ordonnant la radiation d'une inscription hypothécaire que vous avez prise sur un de mes immeubles, et que le jugement déclare prise mal à propos, ou éteinte, ou périmée. Contre qui vais-je poursuivre l'exécution de ce jugement? à la charge de qui tombera l'exécution? Ce ne sera pas précisément, directement, contre vous défaillant, ce ne sera pas à vous que j'irai demander d'effacer l'inscription, que mal à propos vous avez prise sur un de mes immeubles ; ce sera au conservateur des hypothèques, dans la main duquel sont les registres, et auquel seul appartient le droit de rayer l'hypothèque sur le vu du jugement qui prononce cette radiation. C'est ici, précisément, que commence la difficulté, le péril auquel nos articles ont voulu obvier. Le conservateur des hypothèques voit bien un jugement ordonnant la radiation; mais ce jugement est par défaut, il est susceptible d'opposition, et peut-être, à l'heure même où je me présente, avez-vous déjà formé opposition à ce jugement; or toute opposition formée suspend l'exécution du jugement qu'on attaque. Dès lors, le conservateur doit-il obéir au jugement prononçant la radiation, alors que peut-être, à l'instant même où on lui demande d'exécuter ce jugement, il a été formé une opposition dont l'effet suspend cette exécution?

Cet exemple d'une radiation d'inscription hypothécaire n'est pas à beaucoup près le seul. Le même danger se présente dans tous les cas où le jugement par défaut met quelque chose à la charge d'un tiers qui n'y a pas figuré. Par exemple, s'il présente une mainlevée d'opposition à un mariage, l'officier de l'état civil, sur le vu du jugement par défaut, attaqué déjà peut-être par la voie d'opposition, devra-t-il célébrer le mariage, attendu que le jugement donne mainlevée de l'opposition au mariage? De même, enfin, pour le cas de saisie-arrêt et une foule d'autres cas pareils; l'art. 548 donne à cet égard plusieurs exemples.

La marche tracée par la loi est fort simple. Non, le tiers, soit fonctionnaire public, soit particulier, ne doit pas exécuter le jugement par défaut qui lui est présenté, à moins que la partie qui requiert l'exécution n'établisse en même temps que l'effet suspensif n'a pas lieu, parce que le défaillant n'a pas formé opposition.

Comment donc la partie fera-t-elle cette preuve? Pour obtenir, de la part d'un tiers, l'exécution d'un jugement par défaut qui met quelque chose à sa charge, il faut lui prouver, par un certificat du greffier du tribunal dont émane le jugement, que la partie défaillante n'est pas en mesure d'invoquer l'effet suspensif, parce qu'elle n'a pas formé d'opposition. Tel est le texte de l'art. 164. « Aucun jugement par défaut ne sera exécuté à l'égard d'un tiers que sur un certificat du greffier constatant qu'il n'y a aucune opposition portée sur le registre. »

Mais comment le greffier du tribunal pourra-t-il délivrer un tel certificat? En effet, les oppositions se forment tantôt par acte extrajudiciaire, tantôt par acte d'avoué à avoué. Dans tous les cas, l'opposition se forme par acte signifié entre les parties ou leurs représentants respectifs, elle ne se forme pas par une déclaration au greffe. Cela est vrai ; mais le défaillant qui forme opposition précisément pour empêcher qu'on exécute contre les tiers le jugement qu'il attaque, et dont il suspend ainsi les effets, doit faire déclarer au greffe, sur un registre à ce destiné, l'existence de son opposition. L'avoué de l'opposant doit, immédiatement après l'opposition formée, aller inscrire au greffe l'existence de l'opposition, précisément afin que le greffier ne puisse plus délivrer à la partie adverse le certificat négatif dont les dangers peuvent être si grands. C'est ce que décide l'art. 163 : « Il sera tenu au greffe un registre sur lequel l'avoué de l'opposant fera mention sommaire de l'opposition ; » et puis suivent les détails destinés à éclairer à cet égard le greffier.

Les art. 548, 549, 550 sont conçus dans le même système, mais avec des développements assez importants. D'abord les art. 548 et 549 ne se contentent plus, pour permettre ou pour commander aux tiers l'exécution du jugement par défaut, de la représentation du certificat du greffier ; il faut de plus, d'après l'art. 548, représenter encore aux tiers un certificat de l'avoué de la partie qui a obtenu le jugement, certificat constatant la date de la signification de ce jugement. Ainsi, par exemple, voulez-vous obtenir du conservateur des hypothèques la radiation d'une inscription hypothécaire, en vertu d'un jugement que vous avez obtenu par défaut? Vous devrez représenter au conservateur : 1° l'expédition du jugement; 2° un certificat de votre avoué constatant que ce jugement a été signifié à l'adversaire, et indiquant à quelle date il a été signifié ; nous verrons tout à l'heure dans quel but ; 3° enfin, ce qu'exigeait déjà l'art. 164, un certificat du greffier du tribunal, constatant qu'aucune opposition n'a été formée. Voilà donc un premier point, le certificat de l'avoué, sur lequel l'art. 548 ajoute à l'art. 164.

Mais sous un autre rapport beaucoup plus important, l'art. 548 développe encore le système de nos deux autres articles. En effet, dans les art. 163 et 164, il n'est question que de préserver la partie condamnée contre l'ignorance où pourraient être les tiers de l'existence d'une opposition, et de l'effet suspensif qui en est la conséquence. Mais vous pressentez que le même danger qui se présente en cas de jugement par défaut, et dans la possibilité d'une opposition qui serait ignorée, se présente également en cas de jugement contradictoire, rendu en premier ressort, et dans la possibilité d'un appel qui serait ignoré. Ainsi, vous avez obtenu, non pas par défaut, mais bien contradictoirement, un jugement qui prononce la radiation d'une inscription hypothécaire; mais, à raison de l'importance de la matière, supérieure à 1,500 fr., ce jugement n'est qu'en premier ressort, par conséquent, il est susceptible d'appel. Une fois la huitaine de l'art. 449 écoulée, le jugement peut être exécuté, il peut être exécuté tant qu'aucun appel n'en sera interjeté; mais l'appel interjeté, d'après l'art. 457, suspendra l'exécution. Il importe donc, quand vous viendrez chez le conservateur, muni de ce jugement, pour obtenir de lui la radiation de l'inscription hypothécaire, il importe de lui démontrer que ce jument peut être exécuté, c'est-à-dire qu'il n'est pas frappé de l'effet suspensif qui, d'après l'art. 457, est la conséquence de l'appel.

Ainsi, vous devrez ici suivre une marche analogue à celle des art. 163 et 164; l'art. 548 embrasse à la fois dans son texte et le cas de jugement par défaut, auquel suffisaient les deux articles cités, et le cas du jugement contradictoire en premier ressort, sur lequel jusqu'ici la loi était restée muette. Vous devez donc représenter au conservateur : 1° le jugement contradictoire ordonnant la radiation; 2° le certificat de votre avoué constatant la date de la signification du jugement à l'adversaire; 3° enfin, le certificat du greffier de première instance constatant que sur son registre il n'a été fait aucune mention d'appel. Et ici, sur ce dernier point, même observation que précédemment; dans le droit actuel, ce n'est plus au greffe et par une déclaration que s'interjette un appel, il s'interjette par un exploit d'ajournement notifié à l'adversaire. Mais l'avoué de l'appelant, je reviendrai tout à l'heure sur ce mot, l'avoué de l'appelant, d'après l'art. 549, devra faire mention spéciale, sur le registre du tribunal de première instance, de l'existence de l'appel interjeté par une assignation. Une pareille mention ne serait pas un appel: elle ne remplace nullement l'acte d'appel en forme d'ajournement, absolument essentiel pour interjeter un appel, mais elle a pour but d'empêcher le greffier de délivrer à votre adversaire, l'intimé, le certificat négatif d'appel, certificat nécessaire pour exécuter.

Voilà le fond du système, l'ensemble des précautions, d'ailleurs fort sages et fort simples, que prennent, soit pour le cas du jugement par défaut les art. 163 et 164, soit pour le cas de jugement contradictoire en premier ressort les art. 548 et suivants.

L'art. 549 dit : « A cet effet, (c'est-à-dire pour mettre le greffier à même de délivrer ou de refuser le certificat) l'avoué de l'appelant fera mention de l'appel dans la forme et sur le registre prescrit par l'art. 163. »

Mais quel est l'avoué de l'appelant? Si nous supposons un jugement du tribunal d'arrondissement, et l'appel porté à une cour d'appel, l'appel a été formé par un ajournement contenant, comme tous les ajournements, constitution d'avoué de la part de l'appelant. L'appelant a nécessairement constitué, pour occuper sur l'appel, un avoué de cour d'appel; vous savez la distinction qui sépare les avoués des cours d'appel des avoués près des tribunaux d'arrondissement. L'avoué de l'appelant dont parle l'art. 549 paraît être, à la lettre de la loi, l'avoué constitué par l'appelant pour occuper sur son appel, c'est-à-dire l'avoué de la cour d'appel. Mais ce ne peut point être le sens de la loi ; évidemment, on ne peut pas imposer à l'avoué de la cour d'appel, chargé d'occuper sur l'appel, l'obligation de se transporter, à grands frais, à l'extrémité du ressort de la cour pour faire mention d'appel sur le registre tenu au greffe du tribunal qui a rendu le jugement de première instance ; non, la mention doit être faite ici, non pas par l'avoué constitué sur l'appel, mais bien évidemment par l'avoué qui, en première instance, avait occupé pour la partie qui maintenant interjette appel de ce jugement. L'inexactitude de la rédaction de l'art. 549 est corrigée d'ailleurs par l'art. 90 § 10 du Tarif qui accorde un droit pour la mention qui nous occupe, non pas à l'avoué d'appel, mais à l'avoué de première instance auquel, évidemment, cette mission appartient exclusivement.

804. Voilà pour les détails, pour la partie technique de ce système de précautions, système très facile à saisir. Mais à ces divers articles se rattache une question fort grave et sur laquelle se trouvent partagés les auteurs qui ont traité cette matière, c'est celle de savoir à quelle époque on pourra exiger de la tierce personne, particulier ou fonctionnaire public, en lui représentant les justifications précédentes, l'exécution soit du jugement par défaut, soit du jugement contradictoire en premier ressort. Le pourra-t-on pendant les délais ouverts pour l'opposition ou pour l'appel, par cela seul qu'on représentera le certificat négatif de toute opposition ou de tout appel ? Ou bien, au contraire, faudra-t-il, pour obtenir contre un tiers l'exécution d'un jugement, justifier non seulement qu'il n'y a pas actuellement d'opposition formée ou d'appel interjeté, mais encore que les délais d'opposition ou d'appel étant expirés, aucune opposition, aucun appel, ne sont plus recevables ?

Un exemple vous fera sentir l'intérêt de la question ; je le prends toujours dans le cas de radiation d'inscription hypothécaire. Un jugement de premier ressort, et que nous supposerons contradictoire, a ordonné la radiation d'une inscription hypothécaire ; de ce jugement, appel peut être interjeté pendant deux mois à compter de sa signification, soit à personne, soit à domicile, art. 443. Un mois après la date du jugement, la partie qui l'a obtenu se présente au conservateur et lui produit : 1° l'expédition même du jugement ; 2° le certificat de son propre avoué, constatant que depuis quinze jours, par exemple, le jugement a été signifié à l'adversaire ; 3° enfin, le certificat du greffier du tribunal de première instance, constatant qu'à la date où il l'a délivré, aucun appel n'avait été formé ou, du moins, n'avait été mentionné sur son registre. Certes, la partie qui se présente au conservateur munie de ces trois pièces a rempli à la lettre les conditions de l'art. 548. Le conservateur pourra-t-il et devra-t-il, sur le vu de ces trois pièces, opérer la radiation ?

Vous sentez que la question est de la plus extrême importance. Sans doute, il est prouvé que l'adversaire a connu le jugement de condamnation, puisqu'un certificat constate que ce jugement lui a été signifié, et indique la date de la signification ; sans doute, il est prouvé aussi que, quand on s'est présenté au greffe, après avoir signifié le jugement, aucune mention d'appel n'était encore faite au greffe. Mais on est dans les délais de l'appel; l'appel, qui n'était pas formé quand on a demandé le certificat, pourra l'être postérieurement. Peut-être même l'a-t-il été à l'instant où l'on sortait du greffe; peut-être, quand on se présente chez le conservateur, muni de ces trois pièces, y a-t-il déjà appel interjeté, appel mentionné sur le registre, et, par conséquent, effet suspensif. Si donc, sur le vu de ces trois pièces, le conservateur opère la radiation conformément à la lettre de l'art. 548, l'hypothèque rayée va disparaître, et vainement l'appelant obtiendra-t-il en appel la réformation du jugement, cette réformation ne fera pas revivre l'inscription rayée, elle ne lui donnera pas, au préjudice des tiers qui se seront inscrits dans l'intervalle, le rang d'hypothèque que la radiation lui a fait perdre. Il est donc de la plus haute importance, pour la partie au détriment de laquelle la radiation a été prononcée, que cette radiation ne soit exécutée par le conservateur qu'après l'expiration de tout délai d'appel. Quels seront, à cet égard, la mission et les devoirs du conservateur ?

Pour obliger le conservateur à rayer immédiatement, sur le vu des trois pièces qui sont présentées, pour l'empêcher d'attendre l'expiration des délais d'opposition ou d'appel, on peut invoquer d'abord la lettre de l'art. 548, et aussi la lettre des art. 163 et 164. Nulle part la loi n'a dit expressément que, pour exécuter contre un tiers, il fallait établir qu'il n'y aurait plus d'opposition ou d'appel; elle a dit qu'il fallait établir qu'il n'y aurait pas maintenant d'opposition formée ou d'appel interjeté et mentionné.

On ajoute, toujours dans le même sens, que la lettre de ces divers articles est parfaitement d'accord avec les principes généraux; car enfin, dans les délais de l'opposition ou de l'appel, on peut exécuter contre la partie condamnée tant qu'elle n'a pas formé d'opposition ou interjeté d'appel; ce n'est pas la possibilité, l'éventualité d'une opposition ou d'un appel qui est suspensive de l'exécution d'un jugement; il n'y a de suspensif que l'opposition déjà formée, que l'appel déjà interjeté. Aussi, si l'on peut exécuter contre la partie condamnée nonobstant la possibilité d'une opposition ou d'un appel, pourquoi ne pourrait-on pas poursuivre également l'exécution à la charge d'un tiers, par la même raison qu'on peut la poursuivre à la charge de la partie condamnée?

Voilà ce qu'on peut dire en faveur de l'opinion qui, appliquant à la lettre les cinq articles qui nous occupent, autorise ou commande l'exécution par la tierce personne, sur le seul vu des pièces, des justifications exigées par ces divers articles.

D'autre part, on peut dire qu'il n'y a pas identité entre l'exécution d'un jugement en premier ressort poursuivie contre la partie elle-même, et cette même exécution poursuivie contre un tiers. Qu'on exécute contre la partie elle-même, quoiqu'elle ait en main des moyens d'attaquer le jugement, rien de plus simple, c'est à elle de s'imputer le défaut de l'emploi de ces moyens. Mais, quand on veut exécuter à la charge d'un tiers, le tiers ne peut pas savoir si, à l'heure qu'il est, la veille, le matin même, la partie intéressée n'a pas formé l'opposition ou interjeté l'appel qui vient démentir et annuler le certificat négatif délivré par le greffier. C'est une première raison.

Seconde raison : à ne considérer que les art. 163 et 164, la première opinion aurait un assez grand avantage ; mais quand on voit la formalité additionnelle que l'art 548 est venu joindre aux précédents, il est permis de douter que le système de la loi soit conforme à cette première opinion. En effet, d'après l'art 548, on n'exige plus seulement la représentation du jugement et le certificat du greffier, on exige un certificat de l'avoué du poursuivant, constatant la date de la signification du jugement dont il vient demander l'exécution. Ainsi, vous venez demander au conservateur la radiation de l'inscription hypothécaire, en vertu d'un jugement contradictoire en premier ressort; il ne vous suffit pas de représenter ce jugement, il ne vous suffit même pas de représenter un certificat du greffier qui constate qu'aucun appel n'a été signifié ni mentionné ; il faut de plus établir, par un certificat de votre avoué, à quelle date vous avez signifié le jugement à votre adversaire. Or, pourquoi exiger cette date, sinon comme point de départ des délais d'opposition d'après l'art. 157, et d'appel, d'après l'art. 443, et par conséquent, comme servant à constater que non seulement il n'y a pas d'appel, mais que désormais il n'y en aura pas.

On invoque enfin, et ce dernier argument, quoique spécial, est cependant d'un grand poids, on invoque l'art. 2157 du Code civil, à l'appui de la seconde opinion. Cet article est relatif au cas que nous avons choisi pour exemple, au cas d'une radiation d'inscription hypothécaire, qui doit être opérée par le conservateur; il s'exprime ainsi : « Les inscriptions hypothécaires sont rayées du consentement des parties intéressées et ayant capacité à cet effet, ou EN VERTU D'UN JUGEMENT EN DERNIER RESSORT OU PASSÉ EN FORCE DE CHOSE JUGÉE. » Or, il n'y a jugement passé en force de chose jugée qu'après l'expiration de tous les délais d'appel; le jugement de première instance n'a pas acquis force de chose jugée par cela seul qu'il est prouvé qu'on n'en a pas encore interjeté appel; cette force ne lui appartient qu'après l'expiration de tous les délais d'appel, après qu'il est certain qu'aucun appel ne sera plus recevable. L'argument sans doute est spécial au cas de radiation d'une inscription hypothécaire, mais il est précieux pour nous éclairer sur la pensée de la loi, facile ensuite à généraliser ; et il suffit surtout pour réfuter l'assimilation qu'on établit, dans l'autre système, entre l'exécution poursuivie contre la partie condamnée et l'exécution poursuivie contre un tiers. En principe, on peut exécuter contre la partie condamnée même dans les délais d'appel, par cela seul qu'elle n'interjette point appel; et cependant la loi n'a pas voulu que, quand on vient provoquer l'exécution à la charge d'un tiers, on pût être reçu à l'exiger tant qu'il y a encore un appel possible, tant que le jugement peut être réformé.

En résumé, j'inclinerais assez vers cette dernière opinion, et je crois que les tiers désignés dans les premiers mots de l'art. 548 ne peuvent pas, sans se compromettre, consentir l'exécution que le jugement a mise à leur charge, tant qu'il ne leur est pas prouvé, non seulement qu'il n'y a pas, mais encore qu'il n'y aura pas d'opposition ou d'appel qui puisse faire rétracter ou réformer ce jugement (1).

(1) * Cass., 9 juin 1858, 58, 1, 246. — Paris, 11 juin 1861, D. 61, 2, 169.

805. * Les mêmes formalités devront-elles être accomplies pour l'exécution, par un tiers, d'un jugement du tribunal de commerce? La négative a été longtemps considérée comme ne faisant aucun doute. En effet, les art. 163 et 164 n'ont pas été mentionnés ni reproduits dans le titre relatif à la procédure des tribunaux de commerce ; l'art. 618 du Code de commerce ne renvoie pas aux art. 163, 164, 548 et suiv. du Code de procédure. D'ailleurs, l'accomplissement de ces formalités suppose le ministère d'avoué, et il n'y a pas d'avoués près des tribunaux de commerce. Aussi pendant près de cinquante ans les greffiers des tribunaux de commerce n'ont pas tenu les registres dont parlent les articles 163 et 549. Mais un arrêt de cassation rendu sur un deuxième pourvoi et chambres réunies, le 13 janvier 1859, a décidé que les dispositions des art. 163 et 164, 548 et 549, C. pr., devaient s'appliquer à l'exécution des jugements rendus par les tribunaux de commerce, qu'en conséquence les greffiers devaient tenir des registres constatant les oppositions et les appels, et qu'à défaut d'avoués les parties elles-mêmes ou leurs fondés de pouvoirs inscriraient sur les registres leurs appels ou leurs oppositions (2). *

⊖→ **806.** « Art. 551. Il ne sera procédé à aucune saisie mobilière ou immobilière qu'en vertu d'un titre exécutoire, et pour choses liquides et certaines : si la dette exigible n'est pas d'une somme en argent, il sera sursis, après la saisie, à toutes poursuites ultérieures, jusqu'à ce que l'appréciation en ait été faite. »

En vertu d'un titre exécutoire. Ce n'est ici qu'une répétition du principe général de l'art. 545, relatif non seulement à la saisie, mais à toute voie d'exé-

— *Contra*, Paris, 14 février 1825 et 14 avril 1829 (Dall., *Rép.*, v° *Jugement*, n° 529). — J'admettrais volontiers l'opinion de Boitard, en ce qui concerne les jugements susceptibles d'appel et les jugements par défaut contre avoué. Mais elle me paraît fort contestable relativement à l'opposition au jugement par défaut contre une partie qui n'a pas constitué avoué. Cette solution est, d'ailleurs, contraire à celle que Boitard lui-même a donnée sur l'art. 159 (n° 329 et note). Il admet, en effet, au n° 329, que la voie d'opposition sera fermée au défaillant quand le tiers aura exécuté, et, ici, que le tiers ne peut exécuter tant que la voie d'opposition est ouverte.

Que faut-il donc décider ? D'abord, il me paraît évident que l'exécution par le tiers ne remplira jamais le but de l'art. 159, c'est-à-dire ne sera pas un des actes desquels il résultera que l'exécution du jugement est connue de la partie défaillante. Si le jugement par défaut contre partie, qui ordonne quelque chose à faire par un tiers, condamne en outre le défaillant aux dépens, on exécutera contre lui le chef relatif aux dépens ; et lorsque, pour ce chef, on aura accompli une des formalités de l'art. 159, l'opposition sera fermée, et l'exécution du principal pourra être requise à l'égard du tiers. Mais si les dépens sont compensés (ce qui peut arriver notamment en matière d'opposition à un mariage, d'après l'art. 131 C. Pr.), alors on ne trouve pas de solution dans la loi. On pourrait peut-être faire fixer un délai après lequel le tiers serait autorisé à exécuter, s'il n'y a pas eu d'opposition. *

** Le système des articles 548 et suivants relatif à l'exécution des jugements par les tiers est général et s'applique dès lors à tous les jugements, même aux jugements exécutoires par provision, même aux ordonnances de référé (civ. Cass., 21 janvier 1879, S. 79, 1, 215). Mais il est bien évident qu'en pareil cas, le tiers peut exécuter même pendant les délais des voies de recours ordinaires. **

(2) Dalloz., 1859, 1, 1.

cution. *Et pour choses liquides et certaines.* Une chose, ou, pour mieux parler, une dette est certaine, quand son existence est reconnue ou établie par un titre ou par un jugement. Elle est liquide, lorsqu'on en connaît non seulement l'existence, mais aussi la quotité. Ainsi un jugement vous a condamné à payer des dommages-intérêts, sauf à les régler plus tard par état ; la dette est certaine, car le jugement constate qu'il y a de votre part obligation ; elle n'est pas liquide, car le *quantum* en reste encore inconnu. Or, pour pouvoir pratiquer une saisie ou une voie d'exécution proprement dite, il est essentiel que la dette ait les deux caractères, qu'elle soit et certaine et liquide (1).

Si la dette exigible n'est pas d'une somme en argent, il sera sursis, après la saisie, à toutes poursuites ultérieures, jusqu'à ce que l'appréciation en ait été faite. Cette seconde partie a trait à une autre distinction, celle qui sépare une dette liquide, savoir, celle dont le *quantum* est déterminé, d'avec une dette liquidée en argent, c'est-à-dire celle dont on connaît, non pas seulement le *quantum* mais la valeur, mais l'appréciation pécuniaire d'un manière déterminée. Déjà l'art. 2213 du Code civil faisait expressément cette distinction pour l'expropriation forcée, qu'on appelle, dans le Code de procédure, la saisie immobilière ; l'art. 551 généralise le même principe en l'appliquant à toutes les saisies. Ainsi, on pourra saisir en vertu de toute dette liquide constatée par un titre exécutoire, en vertu de tout titre exécutoire où l'on verra nettement la quotité de la dette. Mais il s'agit, par exemple, d'une dette de denrées, de tant de sacs de blé, de tant de muids de vin ; alors la dette est liquide sans doute, et cette qualité suffit pour autoriser à saisir. Mais elle ne suffit pas pour autoriser à vendre ; et, pour passer de la saisie à la vente, il faudra, au préalable, avoir fait évaluer, apprécier en argent, la valeur de la dette dont la quotité n'était connue qu'en espèces.

Tel est le principe commun à l'art. 2213, C. civ., spécial à la saisie d'un immeuble, et à l'art. 561, C. pr., applicable à toute espèce de saisies. Seulement, vous trouverez entre ces deux textes une légère différence d'expressions. Dans l'art. 2213, on vous dit que, si la dette est en espèces non liquides, c'est-à-dire si on connaît le *quantum* en espèces mais non évaluées en argent, la poursuite est valable, mais que l'adjudication ne peut être faite qu'après la liquidation. Le Code civil permet donc non seulement de saisir, mais de procéder à toutes les poursuites, sauf l'adjudication, qui ne peut avoir lieu avant la liquidation. Au contraire, l'art. 551 permet seulement de saisir ; c'est-à-dire que, la saisie une fois pratiquée, il faudra surseoir non seulement à la vente, mais même à toutes les procédures intermédiaires qui suivent la saisie et précèdent la vente ; il y faudra surseoir tant que la quotité pécuniaire ne sera pas déterminée. C'est là une dérogation qui résulte expressément des termes de l'art. 561 comparé à l'art. 2213.

La nécessité de connaître d'abord la quotité précise de la dette pour pratiquer une saisie, et sa valeur pécuniaire exacte pour passer outre aux poursuites après la saisie, se rattache à plusieurs motifs.

D'abord, le débiteur contre qui on exécute doit toujours pouvoir arrêter à

(1) Dijon, 12 mars 1874, D. 76, 2, 94.

l'instant les poursuites, en payant ou en consignant la totalité de ce qu'il doit. De là, la nécessité de faire liquider, déterminer nettement ce qu'il doit, avant d'en venir contre lui à des mesures de rigueur.

En second lieu, d'après l'art. 622, la vente des meubles doit s'arrêter, dès que le prix des meubles déjà vendus atteint le montant de la somme nécessaire pour satisfaire le créancier. De là, la nécessité de faire liquider la dette en argent, avant de passer outre à la vente; sans quoi on s'exposerait à vendre plus qu'il ne faut.

Enfin, d'après l'art. 2212, C. civ., le débiteur menacé d'une saisie immobilière peut obtenir un sursis, en justifiant qu'une année de revenu net de ses immeubles suffit pour acquitter la dette en principal, intérêts et frais. Ce sursis est pour lui de la plus haute importance ; mais, pour qu'il obtienne en justifiant de la suffisance de son revenu, il faut qu'au préalable la dette, pour laquelle on l'a saisi, ait été liquidée en argent.

Ainsi il y a plusieurs motifs également graves, également clairs qui justifient la nécessité de la liquidation pécuniaire dont parlent les art. 2213 et 551.

** Si une saisie était pratiquée en dehors des conditions de fond et de forme prescrites par la loi, il y aurait certainement nullité, et comme le saisi aurait injustement éprouvé un préjudice du fait du saisissant, celui-ci pourrait être condamné à des dommages-intérêts (1). **

« **Art. 552. La contrainte par corps, pour objet susceptible de liquidation, ne pourra être exécutée qu'après que la liquidation aura été faite en argent.** »

Voyez l'article 780 et son explication.

☞ **807.** Les art. 553 et 554 ont pour objet de déterminer, non pas les formes générales des divers modes d'exécution autorisés, mais la compétence des tribunaux devant lesquels pourront être portées les difficultés que soulève l'emploi de ces voies d'exécution.

En principe, la connaissance des difficultés relatives à l'exécution d'un jugement appartient au tribunal de qui ce jugement émane. Vous avez trouvé ce principe dans l'art. 472, au titre de l'*Appel;* vous y avez vu en même temps des modifications assez nombreuses dans lesquelles la loi attribue la connaissance de l'exécution à un tribunal autre que celui qui a rendu ce jugement. Tantôt, par exemple, ce sera la cour d'appel qui a infirmé la sentence, tantôt un second tribunal auquel la cour d'appel, après arrêt infirmatif, aura spécialement renvoyé l'exécution, quelquefois enfin, comme en cas d'expropriation forcée d'un immeuble, la loi attribue directement la connaissance de l'exécution à un tribunal déterminé d'avance, au tribunal de la situation de l'immeuble. Mais, à part cette exception ou autres de même nature (Voy. notamment l'art. 2210 C. civ.) indiquées sur l'art. 472, en principe, la connaissance des difficultés d'exécution d'un jugement appartient au tribunal qui a rendu ce jugement.

Toutefois, d'après l'art. 442, les tribunaux de commerce étant des juges d'exception et d'attribution, n'ont pas qualité pour connaître de l'exécution de leurs

(1) Cass. Req., 12 août 1878, S. 79, 1, 51.

jugements. Les questions d'exécution n'ont rien de commercial : les tribunaux civils, par la nature de leurs travaux, de leurs habitudes judiciaires, par l'autorité qui d'ailleurs leur appartient sur les officiers ministériels, peuvent seuls connaître utilement des difficultés d'exécution que soulève le jugement même d'un tribunal de commerce.

« Art. 553. Les contestations élevées sur l'exécution des jugements des tribunaux de commerce seront portées au tribunal de première instance du lieu où l'exécution se poursuivra. »

L'art. 553 confirme la disposition de l'art. 442, et, de plus, il vient remplir la lacune que laissait cet article; l'art. 442 refusait aux tribunaux de commerce la connaissance des questions d'exécution, mais il ne disait point à quel tribunal ces questions seraient portées. Elles ne le sont pas devant le tribunal civil dans le ressort duquel siège le tribunal de commerce dont émane le jugement, ce serait là une suite de lenteurs et de frais parfaitement inutiles. En effet, ce tribunal civil, quoique placé au même lieu que le tribunal de commerce qui a jugé, n'a par lui-même aucune connaissance du jugement, et, par conséquent, aucune qualité pour connaître des difficultés d'exécution de ce jugement. Les difficultés relatives à l'exécution des sentences des tribunaux de commerce seront portées, dans tous les cas, devant le tribunal dans le ressort duquel l'exécution se poursuit. Il y a en faveur de la compétence de ce tribunal une raison de célérité et, par suite, d'économie qui lui fait attribuer la connaissance des difficultés d'exécution, sauf en matière de saisie immobilière (art. 2210 C. civ.).

808. L'art. 554 contient une autre exception au principe que la connaissance de l'exécution appartient au tribunal qui a rendu ce jugement. Mais cette exception est moins importante que celle de l'article précédent.

« Art. 554. Si les difficultés élevées sur l'exécution des jugements ou actes requièrent célérité, le tribunal du lieu y statuera provisoirement, et renverra la connaissance du fond au tribunal d'exécution. »

En effet, il arrive fréquemment que, dans le cours d'une voie d'exécution, il s'élève de ces incidents qui exigent une prompte solution, promptitude absolument impossible s'il fallait porter ces difficultés devant le tribunal, souvent éloigné, auquel appartient la connaissance de l'exécution. De là, l'attribution exceptionnelle au tribunal du lieu pour connaître de ces incidents, non pas d'une manière complète et définitive, mais d'une manière provisoire, c'est-à-dire d'en connaître de manière à ce que l'une des parties ne puisse pas trouver dans ces incidents un moyen d'arrêter à chaque pas la marche de l'exécution. Mais le tribunal du lieu n'est pas pour cela compétent pour le fond de la discussion : il ne rend qu'une décision provisoire, destinée à dégager l'exécution des entraves par lesquelles on la gênait; le fond même de ces entraves doit être porté au tribunal de l'exécution, qui rendra à cet égard une décision définitive.

Vous verrez même, dans l'art. 806, au titre des *Référés*, que la loi, par des motifs identiques, autorise, en certains cas, une marche plus expéditive encore, pour faire lever à l'instant même des difficultés qui s'élèvent dans le cours de l'exécution d'un jugement, pour les faire lever au moins d'une manière transitoire, passagère, sauf toujours la connaissance du fond réservée au tribunal compétent.

809. « Art. 555. L'officier insulté dans l'exercice de ses fonctions dressera procès-verbal de rébellion, et il sera procédé suivant les règles établies par le Code d'instruction criminelle. »

Ces derniers mots se réfèrent aux art. 209 et suivants du Code pénal; vous y verrez quelles sont les peines du crime ou délit de rébellion pratiquée avec ou sans armes, par une ou plusieurs personnes, contre des officiers de justice agissant pour l'exécution d'un jugement ou d'un mandat.

810. « Art. 556. La remise de l'acte ou du jugement à l'huissier vaudra pouvoir pour toutes exécutions autres que la saisie immobilière et l'emprisonnement pour lesquels il sera besoin d'un pouvoir spécial. »

Nous avons déjà vu que, dans certains cas, le titre d'officier ministériel dispensait de l'observation rigoureuse de certaines formalités. Ainsi, la remise à un avoué de l'exploit d'ajournement, par le défendeur, constitue, de la part de ce dernier, mandat tacite à l'avoué d'occuper pour lui sur cet exploit. Ici la même raison amène la même décision. En général, la remise qu'une partie fait à un huissier du titre exécutoire qu'elle a contre son adversaire, autorise cet huissier à procéder à l'exécution, sans avoir besoin d'un pouvoir exprès, d'une procuration écrite : voilà la règle.

Par exception, et dans deux cas seulement, à raison de l'extrême gravité des deux modes d'exécution et de leurs importantes conséquences, la loi exige un pouvoir formel, écrit; ces deux cas sont : 1° celui où il s'agirait d'exécuter par la voie de saisie immobilière; 2° et, à plus forte raison, celui où il s'agirait de pratiquer une contrainte par corps.

De cette règle, de cette exception dérive une double conséquence :

Pour les modes d'exécution ordinaires, et j'appelle ordinaires tous ceux autres que les deux exceptés par la loi, la remise du titre suffit pour autoriser l'huissier à procéder. Donc, d'une part, le débiteur contre lequel l'exécution est pratiquée ne peut pas demander à l'huissier la représentation d'un pouvoir qui l'autorise à agir. A plus forte raison ne peut-il pas, après la saisie pratiquée, en provoquer la nullité, sous prétexte du défaut de pouvoir; la remise du titre exécutoire établit, en faveur de la réalité du mandat, une présomption légale qui arrête toute demande en nullité de la part du débiteur.

D'autre part, et réciproquement, lorsque la partie, au nom de laquelle l'huissier a exécuté en vertu du titre qui lui a été remis volontairement, prétend ne l'avoir pas autorisé, prétend ne l'avoir pas chargé de pratiquer telle poursuite, la présomption est pour l'huissier, la présomption est pour l'officier ministériel contre la partie qui désavoue. Cette présomption peut être détruite sans doute, mais enfin elle existe, et c'est à l'auteur du désaveu à démontrer, contrairement à la présomption, que ce n'était pas pour faire exécuter qu'il avait remis le titre entre les mains de l'huissier.

Placez-vous au contraire, dans l'hypothèse inverse, dans celle d'une contrainte par corps ou d'une saisie immobilière à pratiquer; alors c'est la règle opposée qui domine. Ainsi, d'une part, le débiteur contre qui l'huissier voudrait pratiquer l'une de ces exécutions pourra s'opposer à la poursuite tant que l'huissier ne justifiera pas du pouvoir spécial dont la loi lui commande de se munir. De même, après l'exécution pratiquée, le débiteur pourra en provoquer la nullité, si l'on ne justifie pas de la réalité des pouvoirs (1). Vainement dira-t-on que l'art. 556 n'attache pas de nullité au défaut de pouvoir, que l'art. 1030 défend de suppléer les nullités. Déjà nous savons comment l'art. 1030 doit s'entendre : il doit s'entendre des nullités de forme, de l'omission de telle ou telle mention, de tel ou tel détail dans la rédaction d'un acte. Mais, quant au défaut de qualité dans l'huissier qui agit, c'est là une affaire tout à fait étrangère à l'art. 1030; et il n'est pas douteux qu'on ne dût prononcer la nullité de ces voies d'exécution qui nous occupent, faites par un huissier muni des titres exécutoires, mais non muni du pouvoir spécial qui est exigé par la loi (Voy. n° 1049).

De même et quant au second cas, si le créancier au nom duquel l'huissier a pratiqué, sans pouvoir formel, une contrainte par corps ou la saisie d'un immeuble, si ce créancier prétend n'avoir pas donné mandat d'exécuter, si, en conséquence, il intente contre l'huissier une action en désaveu, la présomption légale, au lieu d'être, comme tout à l'heure, en faveur de l'huissier qui a exécuté, sera en faveur du créancier qui désavoue. Par cela seul que l'huissier ne représente pas la procuration formelle, le pouvoir spécial exigé par l'art. 556, il est présumé avoir agi sans pouvoir; car, en lui remettant le titre exécutoire, on n'est pas censé l'autoriser à pratiquer l'un des deux modes d'exécution déterminés dans les derniers mots de l'art. 556.

TRENTE-SEPTIÈME LEÇON

DES SAISIES (C. D.).

☞ **811.** * Vous vous rappelez que la procédure enseigne d'abord à celui qui prétend avoir un droit, quel est le juge ou le tribunal auquel il doit s'adresser, ensuite quelles sont les formes à observer, quel est le mode d'instruction suivant la juridiction devant laquelle l'instance se poursuit; enfin, quand le droit est reconnu par un jugement, si le débiteur ne peut ou ne veut l'exécuter volontairement, quels sont les moyens de parvenir à l'exécution forcée de ce jugement. La loi a tracé ces moyens d'exécution forcée dans les titres suivants (VI à XV du livre V de la première partie). Les dispositions de la loi se réfèrent particulièrement au cas où le jugement établit entre les parties les rapports de créancier et de débiteur. Les poursuites d'exécution forcée

(1) Voir les autorités en sens divers, D. 1861, 2, 184. — Dans le sens de la nullité, Orléans, 16 juin 1869, D. 69, 2, 166.

supposent nécessairement un titre exécutoire dans la main du créancier, comme la grosse d'un jugement de condamnation prononcée à son profit, ou la grosse d'un acte notarié qui constate une convention productive d'obligation.

Les règles de l'exécution forcée ne sont que l'application du principe écrit dans l'art. 2097 du Code civil : « Quiconque *est obligé*, est tenu de remplir « son engagement sur tous ses biens mobiliers et immobiliers, présents et à « venir. » Quelquefois la personne même du débiteur répondait de l'acquittement de l'obligation (art. 2059 et 2060, C. civ., 126 et 127, C. pr.; mais Voy. n° 1044.)

Le créancier, porteur d'un titre exécutoire, peut donc exercer des poursuites sur les biens et même autrefois contre la personne de son débiteur : *sur les biens*, par des saisies de meubles ou d'immeubles ; *contre la personne*, par l'emprisonnement, lorsque la contrainte par corps avait été prononcée par un jugement dans un des cas où la loi l'autorisait. On peut d'ailleurs comprendre l'emprisonnement sous le nom général de saisie; c'était la saisie, la mise sous la main de justice de la personne du débiteur.

812. Le nom de saisie n'indique pas toujours un mode d'exécution forcée. Nous trouvons, il est vrai, dans le Code de procédure (livre V de la Ire partie, titre XII et suiv.), la saisie-arrêt, la saisie-exécution, la saisie-brandon, la saisie des rentes, la saisie immobilière, la saisie de la personne ou l'emprisonnement; mais d'autres dispositions éparses dans le Code de procédure nous présentent les règles de la saisie-gagerie (art. 819 et suiv.), de la saisie conservatoire (art. 417) et de la saisie foraine (art. 822), enfin de la saisie-revendication (art. 826 et suiv.), qui ne sont pas des voies d'exécution.

Caractérisons en peu de mots chacune de ces saisies.

La saisie-arrêt est l'acte par lequel un créancier fait défense aux débiteurs de son débiteur de se dessaisir du montant de ce qu'ils doivent en d'autres mains que celles du saisissant.

On peut définir la saisie-exécution, la mise sous la main de justice des meubles corporels du débiteur, suivie de leur vente aux enchères. La saisie-brandon et la saisie des rentes ne constituent que des espèces de saisies-exécutions, applicables l'une aux fruits pendants par racines, l'autre aux rentes, c'est-à-dire à des choses incorporelles.

La saisie immobilière est aux immeubles ce que la saisie-exécution est aux meubles : la mise sous la main de justice d'un ou de plusieurs des immeubles du débiteur suivie de leur vente aux enchères.

Dans les saisies-gagerie, conservatoire et foraine, il faut voir des mises sous la main de justice d'objets mobiliers appartenant à un locataire, au débiteur d'une dette commerciale, à un débiteur forain, sans que la vente aux enchères de ces objets puisse être poursuivie quant à présent.

Enfin, par la saisie-revendication, une personne qui se prétend propriétaire d'un meuble le fait mettre sous la main de justice, jusqu'à ce que la question de propriété soit vidée. Mais le saisissant demande l'objet saisi lui-même, et non le prix qui proviendrait de la vente.

813. Ces diverses saisies se divisent en deux classes bien distinctes : les unes, telles que la saisie-exécution, la saisie brandon, la saisie des rentes, la saisie immobilière, constituent des voies d'exécution forcée; elles sont l'exercice d'un droit certain, prouvé par un acte authentique revêtu de la formule exécutoire; elles procurent directement au créancier le payement de ce qui lui est dû, en lui permettant de faire vendre les biens du débiteur et de se faire payer sur le prix.

La saisie de la personne ou l'emprisonnement devait encore être rangée parmi les modes d'exécution forcée, en ce sens que le créancier ne pouvait employer cette voie que s'il avait entre les mains un titre exécutoire. Mais il arrivait moins directement au payement de ce qui leur était dû par cette voie que par la saisie des biens; il espérait seulement forcer le débiteur à payer, en le gênant par la privation temporaire de sa liberté.

La saisie-gagerie, la saisie conservatoire, la saisie foraine, enfin la saisie-revendication, ne sont que des mesures de précaution. Celui qui fait saisir-gager les meubles de son locataire ou de son fermier, le créancier qui, au début de sa demande en payement, fait saisir conservatoirement les effets mobiliers de son débiteur, commerçant ou forain; le tiers qui revendique comme sienne une chose comprise dans une saisie-exécution pratiquée chez un autre, toutes ces personnes n'ont encore qu'un droit prétendu, mais non prouvé; elles doivent intenter un procès pour faire connaître leur droit de créance ou de propriété, et se procurer le titre exécutoire qui leur manque; la saisie formée par elles a bien pour effet de mettre l'objet saisi sous la main de la justice; mais là s'arrête le droit du saisissant; il ne peut faire vendre la chose saisie. Quel est donc le but de ces sortes de saisies? Uniquement d'empêcher, pendant l'instance, la disparition des effets mobiliers sur lesquels le saisissant, prétend avoir un droit de gage général (art. 2092, C. civ.) ou spécial (art. 2102, 1°, C. civ.), ou un droit de propriété.

Dans la procédure, une distinction notable sépare ces deux genres de saisies. Ainsi les saisies de précaution qui se forment sans titre exécutoire, qui ont pour but de mettre provisoirement la chose sous la main de la justice jusqu'à l'obtention du titre exécutoire, ne seront pas, ne pourront pas être précédées d'un commandement.

Au contraire, la loi exige que la signification d'un commandement précède toute saisie qui constitue une voie d'exécution forcée (art. 583, 636, 673, 780, C. pr.).

On appelle commandement un exploit d'huissier par lequel une personne reçoit une injonction de payer en vertu d'un titre exécutoire, avec menace, si le payement n'est pas effectué, d'y être contrainte par certain mode déterminé d'exécution, et, suivant la menace qu'il contient, on le nomme *commandement tendant à la saisie mobilière ou immobilière, à la contrainte par corps*, etc. Outre ce caractère de premier acte d'exécution, le commandement produit des effets juridiques. Ainsi, par exemple, le commandement interrompt la prescription (art. 2244, C. civ). Et retenez bien que l'acte d'huissier contenant l'ordre de payer, mais non fondé sur un titre exécutoire, cesserait d'être un commandement, pour ne constituer qu'une simple sommation, incapable de produire les effets du commandement.

D'après ces données, il est facile de reconnaître le caractère des diverses saisies par le début de leur procédure. Toute saisie qui, d'après la loi, doit être précédée d'un commandement, rentrera dans les voies d'exécution, tandis que celles qui sont pratiquées sans commandement préalable appartiennent à la classe des mesures de précaution.

Cependant la rédaction de l'art. 819 du Code de procédure semble donner un démenti au principe que je viens de poser. D'après cet article, en effet, « les propriétaires ou principaux locataires de maisons, ou biens ruraux, soit « qu'il y ait bail, soit qu'il n'y en ait pas, peuvent, *un jour après le commande-* « *ment*, faire saisir-gager, etc. » Mais évidemment, ce n'est là qu'une inexactitude de rédaction ; l'art. 819 lui-même prévoit le cas où il n'y a pas de bail, ou, plus eaxctement, où il n'y a pas d'écrit, où le bail est purement verbal ; or, comment concevoir, dans ce cas, un commandement qui présuppose nécessairement un titre exécutoire ? Si, d'ailleurs, le propriétaire non payé était porteur d'un titre exécutoire, il ferait pratiquer sans aucun doute, non pas une saisie-gagerie, mais une saisie-exécution, moyen beaucoup plus direct de parvenir au payement effectif de sa créance de loyers. Aussi faut-il reconnaître que les rédacteurs du Code de procédure ont employé un terme impropre dans l'art. 819, et que le mot *sommation* doit y être substitué à celui de *commandement*.

** D'autres différences séparent encore les saisies de précaution des autres. Ainsi celui qui a pratiqué une saisie de ce genre, par exemple une saisie sur débiteur forain, doit ensuite agir en justice pour faire déclarer sa saisie valable; on ne comprendrait pas qu'une semblable formalité fût imposée en cas de saisie-exécution ou de saisie immobilière puisque ces saisies sont pratiquées en vertu d'actes revêtus de la formule exécutoire. De même encore, celui qui veut pratiquer une saisie de précaution doit, le plus souvent, obtenir, à cet effet, une autorisation du président du tribunal; il adresse par son avoué une requête à ce magistrat, et celui-ci rend une ordonnance appelée ordonnance sur requête pour autoriser ou refuser la mesure. Ces ordonnances sur requête ont soulevé de très vives controverses dans la doctrine et dans la pratique.

On s'est demandé si ces ordonnances sur requêtes sont susceptibles d'opposition ou d'appel. Certaines personnes admettent la voie de l'opposition au profit de la partie qui n'a pas été appelée, mais cette solution n'est pas exacte, car il faut être défaillant pour avoir le droit de faire opposition. Or, telle n'est pas la qualité de cette partie. Le défaillant est, en effet, celui qui, appelé en justice, n'y vient pas. On ne peut pas donner cette qualité à celui qui n'est pas appelé en justice.

L'ordonnance sur requête est-elle au moins susceptible d'appel, comme le prétendent certains auteurs? Pas davantage. Elle constitue un acte de juridiction gracieuse. Ce qui le prouve bien, c'est que celui qui la demande n'est pas tenu d'appeler un adversaire en justice ; il n'y a donc pas contestation, car tout litige suppose au moins deux adversaires. Quand on refuse la voie de l'appel contre l'ordonnance sur requête, on ne fait donc qu'appliquer cette règle générale suivant laquelle les actes de juridiction gracieuse ne sont susceptibles d'aucune voie de recours (1). **

(1) ** Certains auteurs, tout en admettant cette solution, ajoutent qu'il est toujours per-

Dans cette classification des saisies, vous avez pu remarquer que j'ai passé sous silence l'une des plus importantes, des plus pratiques; je veux parler de la saisie-arrêt. Elle n'appartient, en effet, d'une manière exclusive, ni à l'une ni à l'autre branche de notre division, et mérite à ce titre une mention particulière.

La saisie-arrêt, comme le prouvent les art. 557 et 558, C. pr., peut être formée sans titre exécutoire, et par conséquent ne présente pas au début de la procédure les caractères d'une voie d'exécution forcée; mais, d'autre part, elle a pour but d'arriver à contraindre le tiers saisi à déclarer ce qu'il doit au saisi et à payer le montant de sa déclaration au saisissant, ou, suivant l'expression consacrée, à vider ses mains dans celles du saisissant. La saisie-arrêt est donc, dans son origine, une mesure de précaution, mais elle a pour but une exécution forcée, et, notez ce point, une exécution forcée à l'égard d'un tiers.

C'est, en effet, ce caractère d'exécution forcée à l'égard d'un tiers qui explique la place que le titre de la saisie-arrêt occupe dans le Code. Il peut sembler étrange, au premier abord, que les règles relatives à cette saisie, qui n'est pas complètement une voie d'exécution, soient exposées les premières après les règles générales sur l'exécution forcée des jugements ou actes (tit. VI, liv. V, 1re part.), et qu'ainsi la saisie-arrêt semble, dans l'esprit du législateur, figurer au premier rang parmi les modes d'exécution forcée.

Mais telle n'est point la pensée du législateur. Rappelons-nous que le titre VI (art. 545 à 556) contient les règles générales sur l'exécution forcée, dont les titres suivants VII à XV (art. 557 à 805), développent les détails. Or, de même que le législateur, dans le titre VI, expose d'abord dans les art. 548 à 550 les règles générales de l'exécution forcée à l'égard des tiers, pour ne passer qu'ensuite, dans les art. 551 et suivants, aux règles générales de l'exécution forcée à l'égard du débiteur lui-même, de même, en entrant dans les détails, suivant le même ordre d'idées, il s'est occupé en premier lieu de la saisie-arrêt, moyen d'arriver à l'exécution forcée à l'égard d'un tiers, pour placer au second rang l'exposition des règles particulières aux différents modes d'exécution forcée contre le débiteur.

L'orateur du conseil d'État, en présentant au Corps législatif le livre V relatif à l'exécution des jugements, s'exprimait en ces termes : « Ainsi, dans le titre VII, sont tracées les règles d'après lesquelles on pourra exécuter par voie de saisie et opposition entre les mains d'un tiers. »

Le titre des saisies-arrêts doit donc, pour se conformer à l'esprit de la loi, former une classe à part dont nous allons d'abord nous occuper. *

mis à celui qui a obtenu l'ordonnance sur requête, comme à l'autre partie, de se pourvoir en référé s'il y a urgence, et que la nouvelle ordonnance qui intervient alors, ayant un caractère contentieux, rien ne s'oppose à ce qu'elle soit attaquée par la voie de l'appel. Nous avons apprécié ailleurs cette doctrine ainsi que la pratique usitée devant le tribunal de la Seine. Voyez la note que nous avons insérée dans le recueil périodique et critique de Dalloz, année 1883, 2e part., p. 97. **

TITRE VII

DES SAISIES-ARRÊTS OU OPPOSITIONS.

814. Le principe de cette voie d'exécution, comme celui de toutes les autres, est dans l'art. 2092 du Code civ. : « Quiconque s'est obligé personnellement est tenu de remplir son engagement sur tous ses biens mobiliers ou immobiliers, présents et à venir. » Sur tous ses biens mobiliers et immobiliers, et, par conséquent, sur tous ses biens, soit corporels, soit incorporels; en d'autres termes, sur ses droits, sur ses créances, aussi bien que sur les immeubles ou sur les meubles matériels qui peuvent lui appartenir.

Ainsi, mon débiteur a des meubles en dépôt chez une tierce personne, ou bien il est créancier d'une tierce personne, soit d'une somme d'argent, soit de toute autre valeur ou quantité mobilière, je puis faire signifier à cette personne, au débiteur de mon débiteur, défense de remettre entre ses mains les meubles qu'elle détient pour son compte, ou défense de s'acquitter envers lui des sommes dont elle est sa débitrice ; le tout afin que ces meubles restent mon gage, afin que ces créances ne s'éteignent pas par le payement ; et pour qu'en définitive, en vertu du jugement que j'obtiendrai, ces meubles soient vendus, et que le prix m'en soit attribué, ou pour que le montant de ces créances soit versé directement dans mes mains.

Pothier, dans son *Traité de la procédure civile,* donne de la saisie-arrêt ou opposition (ces deux mots sont maintenant synonymes) une définition qui, sauf de légères nuances de détail, convient à cette procédure telle qu'elle est tracée par le Code. « On peut définir la saisie-arrêt, dit-il, un acte judiciaire, fait par le ministère d'un huissier, par lequel un créancier met sous la main de la justice les créances qui appartiennent à son débiteur, avec assignation aux débiteurs de son débiteur, pour déclarer ce qu'ils doivent, et être condamnés à en faire délivrance à l'arrêtant, jusqu'à concurrence de ce qui lui est dû, et assignation au débiteur de l'arrêtant pour consentir l'arrêt. »

L'idée fondamentale de la définition de Pothier est encore celle du Code : Acte d'huissier par lequel un créancier met sous la main de justice les créances de son débiteur en signifiant au débiteur de celui-ci défense de s'acquitter en ses mains.

Dans cette procédure, le créancier, l'auteur de la saisie, celui à la requête duquel est signifié cet acte de défense, prend naturellement le nom de *saisissant ;* celui auquel cette défense est signifiée prend le nom de *tiers saisi;* et celui auquel le payement devait être fait, le débiteur dans les mains de qui il est défendu de payer, prend le nom de *débiteur saisi* ou simplement *saisi.* Ainsi, *Primus* est créancier de *Secundus*, pour 10,000 fr. : il apprend que *Tertius* doit à son débiteur *Secundus* une somme égale ou plus forte ; *Primus*, faisant défense à *Tertius* de payer à *Secundus* ce que *Tertius* doit à *Secundus, Primus* prend le nom de saisissant, *Tertius*, à qui la défense est faite, est le tiers saisi, et *Secundus*, débiteur de *Primus* et créancier de *Tertius*, est le débiteur saisi, ou simplement le saisi.

Telles sont les expressions consacrées par l'usage, et même par la loi dans l'art. 563.

815. Nous avons vu que la saisie-arrêt offrait un double caractère, qu'elle était un acte conservatoire, un acte de pure précaution dans sa nature et dans son principe, mais un acte d'exécution dans sa tendance et dans ses résultats (1).

La conséquence de cette distinction, je l'ai déjà dit, c'est que, quoique le législateur ait placé la saisie-arrêt au nombre des voies d'exécution forcée, cependant, dès les premiers articles de ce titre, il dispense expressément la saisie-arrêt de la condition fondamentale de toute voie d'exécution, de l'existence d'un titre exécutoire dans les mains d'un créancier qui poursuit, et reconnaît par là même qu'au moins dans son principe, elle n'est pas, à proprement parler, un acte de véritable exécution. En effet l'art. 557 est ainsi conçu :

« Art. 557. Tout créancier peut, en vertu de titres authentiques ou privés, saisir-arrêter, entre les mains d'un tiers, les sommes et effets appartenant à son débiteur, ou s'opposer à leur remise. »

« Art. 558. S'il n'y pas de titre, le juge du domicile du débiteur, et même celui du domicile du tiers saisi, pourront, sur requête, permettre la saisie-arrêt ou opposition. »

Ainsi, non seulement on n'exige pas que le titre authentique qui sert de base à la saisie-arrêt soit revêtu de la formule exécutoire, conformément aux art. 545 et 551, on n'exige même pas que le titre soit authentique, et on permet de saisir-arrêter en vertu d'un simple acte privé, sans aucune permission, sans aucune intervention du juge.

L'art. 558 va plus loin encore : il permet au créancier, qui n'est muni ni d'un titre authentique ni même d'un acte privé, de saisir-arrêter dans les mains des débiteurs de son débiteur en vertu d'une permission du juge obtenue sur requête. Le juge dont il est ici question, c'est évidemment le président du tribunal civil d'arrondissement, ou le juge qui le remplace ; et, pour faciliter encore plus l'exécution de cette mesure tout à fait conservatoire, la permission peut être donnée soit par le juge du domicile du débiteur, soit par le juge du domicile du tiers saisi. Ainsi, dans l'espèce déjà posée, *Primus* voulant empêcher *Tertius*, débiteur de son débiteur *Secundus*, de payer dans les mains de celui-ci, pourra, à défaut de titre, obtenir permission de saisir,

(1) Douai, 10 décembre 1836 (D., *Rép.*, v° *Saisie-arrêt*, n° 7). ** La question de savoir quelle est la nature de la saisie-arrêt divise encore aujourd'hui non seulement les auteurs et les cours d'appel, mais la Cour de cassation elle-même, dont la chambre civile adopte sur ce point une jurisprudence différente de celle de la chambre des requêtes. La chambre civile a jugé, en dernier lieu, que la saisie-arrêt constitue en soi, et indépendamment de la demande en validité, une simple mesure conservatoire ; qu'en conséquence elle peut être pratiquée en vertu d'un jugement non encore signifié, et même si ce jugement est déjà frappé d'appel. Cass. civ., 10 août 1881, S. 82, 1, 74. Voyez encore dans le même sens Paris, 28 novembre 1879 et 11 novembre 1880, S. 80, 1, 213 ; Bordeaux, 12 juillet 1880, S. 81, 2, 106. **

soit du juge du domicile de *Secundus*, soit même du juge du domicile de *Tertius*, parce qu'il y a urgence et que le plus léger retard peut mettre *Tertius* à même de payer dans les mains de *Secundus*, et causer par là même à *Primus* un préjudice irréparable (1).

* Dans quelques tribunaux, et notamment à Paris, le président n'accorde le droit de saisir-arrêter que sous la réserve pour le saisi de se pourvoir devant le président, qui, sur les explications du saisi, pourra révoquer son autorisation. ** Nous avons vu plus haut quels sont la nature et les effets de ces ordonnances sur requête (2). **

Nous avons vu également si l'ordonnance du président qui admet ou qui refuse l'autorisation de saisir-arrêter est susceptible de recours. Cette question est très délicate et très controversée. Nous avons décidé qu'il faut refuser toute espèce de recours contre une ordonnance rendue sur requête et sans contradicteur (3), sauf peut-être les cas où la loi réserve expressément les voies de recours, comme dans l'art. 417 (4). *

816. Voilà donc deux points par lesquels la procédure qui nous occupe se distingue essentiellement des voies d'exécution proprement dites, et par lesquels elle se rapproche beaucoup plus des simples actes conservatoires que des actes de véritable, de rigoureuse exécution. Mais doit-on conclure de là que la saisie-arrêt ou opposition doive être assimilée complètement aux actes conservatoires? Doit-on en conclure qu'il faille lui appliquer les règles relatives à ces derniers actes, à l'exclusion des règles relatives aux voies d'exécution? Et avant tout, la saisie-arrêt pourra-t-elle être pratiquée valablement, soit par un créancier à terme, soit même par un créancier conditionnel?

En s'attachant aux art. 557 et 558, qui évidemment ne considèrent pas la saisie-arrêt comme une véritable voie d'exécution, puisqu'ils la dispensent du titre exécutoire, on serait tenté d'en conclure qu'elle peut être pratiquée même par un créancier conditionnel, et, à plus forte raison, par un créancier à terme. On s'appuierait, au besoin, sur les premiers mots de l'art. 557 : TOUT CRÉANCIER *peut, en vertu de titres authentiques ou privés, saisir-arrêter*. On y joindrait même l'art. 1180 du Code civil, d'après lequel le créancier conditionnel, et, à plus forte raison, le créancier à terme, sont admis à faire tous les actes conservatoires de leurs droits.

(1) * Si la créance est commerciale, la permission de saisir-arrêter sera donnée par le président du tribunal de commerce. Paris, 26 janvier 1861, D. 61, 2, 158. *

(2) ** Voyez en ce qui concerne l'ordonnance autorisant une saisie-arrêt les nombreuses autorités en sens divers dans Dalloz, *Rép.*, v° *Référé*, nos 135 et s. et v° *Saisie-arrêt*, nos 118 et s. — Voy. aussi Cour de Paris, 24 juillet 1858, D. 58, 2, 144; Bastia, 12 février 1859, D. 59, 2, 151; Lyon, 6 mai 1861, D. 61, 2, 113; Paris, 6 août 1866, D. 67, 2, 66; Lyon, 16 décembre 1871, D. 72, 2, 134; Paris, 20 juillet 1880 et 28 août 1879, S. 82, 2, 132; Paris, 14 et 15 décembre 1882, S. 83, 2, 151. **

(3) Lyon, 6 mai 1861, D. 61, 2, 113. — Voy. les différents arrêts et autorités cités dans Dall., 1869, 2, 157. — Alger, 29 avril 1872, D. 72, 2, 227.

(4) * La jurisprudence admet qu'un étranger peut obtenir du président du tribunal la permission de faire saisir-arrêter des sommes dues à un autre étranger. — Voy. Civ. Rej., 23 mars 1868, D. 68, 1, 369 et la note sur cet arrêt. *

Cependant je ne crois pas que ces raisons doivent être admises; nonobstant la différence très réelle qu'établissent nos deux articles entre la saisie-arrêt et les voies d'exécution qui vont suivre, je ne crois pas qu'il faille la rejeter d'une manière absolue et complète, dans les actes simplement conservatoires auxquels s'applique l'art. 1180 du Code civil. Dans l'art. 1180, on autorise le créancier conditionnel à faire, avant la condition accomplie, tous les actes conservatoires de son droit, c'est-à-dire tous les actes qui, sans porter préjudice, sans porter atteinte aux droits dù débiteur, peuvent éventuellement garantir la sécurité du créancier. Mais, ici, autoriser un créancier conditionnel, ou même un créancier à terme, à saisir-arrêter avant l'accomplissement de la condition ou l'arrivée du terme, c'est violer la loi du contrat, c'est porter directement atteinte à l'existence de la convention. En effet, permettre au créancier conditionnel de saisir-arrêter ce qui est dû à son débiteur, c'est empêcher le débiteur de toucher ce qui lui est dû par d'autres; c'est, en réalité, lui causer le même préjudice que si on le contraignait à payer immédiatement ce qu'il ne doit payer qu'après la condition ou après le terme. M'empêcher, en vertu d'une créance conditionnelle que je vous ai consentie, m'empêcher, dès à présent, de toucher ce qui m'est dû, c'est, en réalité, me contraindre à vous payer de suite, puisque c'est me priver du recouvrement de sommes sur lesquelles j'ai pu et dû compter. Aussi, malgré l'art 1180 et la généralité des premiers mots de l'art. 557, a-t-on décidé, après quelques doutes sur la question, que ces mots *tout créancier*, dans l'art. 557, ne devaient s'entendre que du créancier ayant un droit certain et une créance maintenant exigible, que la généralité de ces mots *tout créancier* avait seulement pour but de repousser toute distinction entre la nature, entre la forme de titres, soit authentiques, soit privés, en vertu desquels on peut saisir-arrêter (1).

817. Ces mêmes expressions de l'art. 557 ont reçu, par des lois ou des décrets spéciaux, des exceptions ** qu'il ne faut jamais perdre de vue. Nous ne pouvons pas ici énumérer toutes ces lois, mais nous en ferons connaître quelques-unes à titre d'exemple et nous aurons occasion d'en rencontrer beaucoup d'autres au cours de nos explications sur cette matière (2). **

(1) ** Mais les auteurs sont généralement d'accord pour décider que si le créancier conditionnel ou à terme ne peut pas, par lui-même, pratiquer une saisie-arrêt, cependant rien ne s'oppose à ce qu'il intervienne dans l'instance en validité d'une saisie-arrêt pratiquée par d'autres créanciers pour empêcher que les deniers saisis-arrêtés soient exclusivement attribués, et à son détriment, aux créanciers opposants. Voy. Aubry et Rau, *Cours de droit civil*, IV, p. 74, note 54. Voy. cependant en sens contraire Larombière, *Traité des obligations*, t. II, sous l'article 1180, n° 3 et 4. Toutefois, si une saisie-arrêt ne peut, en principe, avoir lieu en vertu d'une créance à terme, il faut cependant admettre qu'il en est autrement lorsque le débiteur est en faillite ou en déconfiture ou s'il a, par son fait, diminué les sûretés de son créancier. Il est en effet, en pareil cas, déchu du bénéfice du terme (art. 1188 du Code civil). — Cpr. Grenoble, 26 mai 1882, S. 83, 2, 84.**

(2) ** On trouvera une énumération complète des créances déclarées insaisissables par des lois spéciales dans le *Dictionnaire de procédure* de Rousseau et Laisney, v° *Saisie-Arrêt*, n° 202 et suiv. **

Une loi du 22 août 1791, titre XII, art. 9, défend de saisir le produit des droits de douanes, soit entre les mains des receveurs, soit entre celles des redevables envers la régie.

La même disposition a été appliquée, par un décret du 1er germinal an XIII, art. 48, aux sommes versées dans les mains des préposés de l'administration des droits réunis, ou aux sommes dues à l'État à raison de l'un des droits que perçoit cette administration.

Ces deux actes sont spéciaux, l'un au produit des droits de douanes, l'autre au produit des droits perçus ou à percevoir par l'administration des droits réunis. Mais la jurisprudence les a généralisés ; elle a consacré en principe que les créanciers de l'État ne pouvaient pas saisir-arrêter les sommes dues à l'État pour sûreté de leurs droits et créances. On s'est fondé sur la solvabilité du trésor public qui ôtait tout intérêt à cette saisie-arrêt, et notamment sur la crainte d'entraver, d'arrêter par des oppositions inattendues les nécessités des services publics et la marche du gouvernement.

Une autre exception, fondée sur des motifs analogues et consacrée par un texte spécial, est relative aux créanciers des communes. Lorsque les fonds appartenant aux communes ont été déposés, conformément aux lois administratives, dans la caisse d'amortissement, il est défendu aux créanciers des communes de saisir-arrêter sur cette caisse les sommes qu'elle détient pour le compte de ces communes. On s'est fondé également sur la nécessité de ne point entraver le service pécuniaire des communes ; sur ce que, le budget des communes étant arrêté périodiquement, il n'est pas permis aux parties d'en changer la destination à l'aide de saisies-arrêts ou oppositions (avis du conseil d'État, du 12 août 1807). * Voyez aussi l'avis du conseil d'Etat du 11 mai 1813. *

Ainsi, ces mots de l'art. 557, *tout créancier*, reçoivent une double exception, soit d'après les lois, soit d'après les avis cités, soit aussi d'après la jurisprudence qui a généralisé la prohibition relative aux créanciers de l'État.

Mais il y a ici une confusion dans laquelle il faut bien prendre garde de tomber. Il est défendu sans doute aux créanciers de l'État de saisir-arrêter dans les mains des débiteurs de l'État ; mais ce n'est pas à dire qu'on ne puisse pratiquer une saisie-arrêt ou opposition dans les mains des préposés à des caisses publiques, relativement à des créances qu'on a sur des particuliers. Ainsi, quand l'État est mon débiteur à un titre quelconque, je ne puis pas, d'après les textes précités, saisir-arrêter les sommes qui lui sont dues par ses propres débiteurs, et notamment par les contribuables ; mais si un particulier, qui est mon débiteur, est en même temps créancier de l'État, je puis très bien, au moins en principe, saisir-arrêter dans les mains de l'État les sommes dues par lui à ce particulier (Voy. les art. 12 à 15 de la loi du 9 juillet 1836, portant règlement définitif du budget de 1833). En deux mots, l'État ne peut pas, dans la procédure de saisie-arrêt, jouer le rôle de débiteur saisi ; mais il joue fréquemment le rôle de tiers saisi (Voy. art. 561 et 569).

Je ne pose au reste ce dernier point qu'en principe, car, tout en reconnaissant, en règle générale, que le créancier d'un particulier peut saisir-arrêter dans les mains de l'État les sommes dues par l'État à son débiteur, je dois cependant vous avertir qu'il existe à cette règle des modifications et des exceptions : nous les trouverons indiquées dans l'art. 580, et aussi dans le § 1er de l'art. 581, au moins par voie d'allusion et de renvoi.

* La commune créancière peut de même, par l'intermédiaire du maire qui la représente, former des saisies-arrêts entre les mains des débiteurs de son débiteur.

L'usage admettait encore autrefois la saisie-arrêt sur soi-même. Celui qui prétendait que son créancier lui devait quelque chose d'autre part, sans qu'il y eût, d'ailleurs, compensation légale, se signifiait un acte par lequel il se défendait à lui-même de payer à son créancier. Les mots de l'art. 557 : *entre les mains d'un tiers* proscrivent, suivant moi, une semblable procédure (1). *

➾ **818.** Ces principes généraux sur la nature de cette procédure une fois posés, nous entrons dans les articles relatifs à sa marche et à sa forme.

Nous avons vu (n° 813) que les voies d'exécution devaient être précédées d'un commandement. A ce commandement on doit aussi joindre la notification du titre en vertu duquel on prétend saisir.

Dans l'art, 559 vous ne trouverez aucune de ces conditions. D'abord, pour la notification du titre, il est clair qu'elle est inutile, puisque l'existence même d'un titre n'est pas nécessaire pour saisir-arrêter. Quant au commandement, il n'est pas exigé davantage; car le commandement est un préliminaire, une annonce, une menace d'exécution : or, l'exploit d'une saisie-arrêt n'est pas notifié au débiteur par lequel on prétend se faire payer, il est signifié au débiteur de ce débiteur, et contient simplement, quant à présent, défense à lui de payer dans les mains de son créancier. Il n'y a là qu'un simple arrêt, qu'une mesure conservatoire, qui ne prendra que plus tard la forme d'une véritable exécution.

« Art. 559. Tout exploit de saisie-arrêt ou opposition, fait en vertu d'un titre, contiendra l'énonciation du titre et de la somme pour laquelle elle est faite ; si l'exploit est fait en vertu de la permission du juge, l'ordonnance énoncera la somme pour laquelle la saisie-arrêt ou opposition est faite, et il sera donné copie de l'ordonnance en tête de l'exploit.

« Si la créance pour laquelle on demande la permission de saisir-arrêter n'est pas liquide, l'évaluation provisoire en sera faite par le juge.

« L'exploit contiendra aussi élection de domicile dans le lieu où demeure le tiers saisi, si le saisissant n'y demeure pas; le tout à peine de nullité. »

L'*énonciation*, mais non la notification *du titre.*

De la somme pour laquelle elle est faite. C'est ce qu'on appelle, en général, *le montant des causes de la saisie.*

L'art. 551 exigeait également, pour toute espèce de saisie, qu'elle fût pratiquée pour dette certaine et liquide ; ici la condition de dette liquide disparaît. Seulement, lorsque la créance pour laquelle on saisit-arrête n'est

(1) Rouen, 13 juillet 1816. — Amiens, 5 août 1826. — Bordeaux, 12 décembre 1834. — Paris, 8 avril 1836. — *Contrà :* Bruxelles, 20 décembre 1810. — Liège 7 août 1811. — Lyon, 15 juin 1825, *Journal du Palais.*

pas liquide par elle-même, le président, en accordant la permission de saisir, en fera une évaluation provisoire qui sera contenue dans l'exploit de saisie-arrêt. * L'omission de cette évaluation entraînerait nullité, d'après les derniers mots de notre article (1). *

Élection de domicile... Le but de cette élection de domicile de la part du saisissant, dans le lieu du domicile du tiers saisi, apparaîtra plus clairement sur l'art. 575.

Quant aux formes générales de l'exploit, elles sont réglées par l'art. 61 ; en général, tout exploit est assujetti à ces formes, en en retranchant, bien entendu, toutes celles qui impliquent la nécessité de la comparution. Ainsi, l'exploit de saisie-arrêt devra indiquer la date, les désignations de parties et de domiciles qui sont exigées pour l'ajournement, dans l'art. 61.

Mais, comme l'exploit de saisie-arrêt n'est pas encore un ajournement, comme il ne contient pas contre le tiers saisi cette assignation à comparaître qui ne pourra lui être donnée que plus tard, les formalités relatives à cette comparution, exigées dans l'art. 61, sont inutiles dans le cas de l'art. 559. En un mot, l'exploit de saisie-arrêt contiendra les formalités générales et constitutives d'un exploit, sans donner, quant à présent, aucune sommation de comparaître : il s'agit uniquement, quant à présent, de retenir la somme dans les mains du tiers saisi, à peine de payer deux fois s'il payait son créancier au mépris de cette opposition.

⇒ **819.** « Art. 560. La saisie-arrêt ou opposition entre les mains des personnes non demeurant en France sur le continent, ne pourra point être faite au domicile des procureurs de la République ; elle devra être signifiée à personne ou à domicile. »

Cet article n'a de sens que par la relation avec le § 9 de l'art. 69. La forme prescrite par cet article quand il s'agit d'un ajournement, d'une assignation à comparaître, est déclarée impraticable quand il s'agit d'une saisie-arrêt ou opposition.

Ainsi, pour saisir-arrêter dans les mains d'une personne domiciliée hors du continent, ce que doit cette personne, il faut lui faire directement signifier cet exploit, soit à personne, soit à domicile, afin de faire constater d'une manière authentique et positive le jour de la remise de l'exploit.

⇒ **820.** « Art. 561. La saisie-arrêt ou opposition formée entre les mains des receveurs, dépositaires ou administrateurs de caisses ou deniers publics, en cette qualité, ne sera point valable, si l'exploit n'est fait à la personne préposée pour le recevoir, et s'il n'est visé par elle sur l'original, ou, en cas de refus, par le procureur de la République. »

Cet article se rapporte au cas d'une saisie-arrêt pratiquée dans les mains d'un préposé à une caisse publique, à l'effet de l'empêcher de payer, pour le compte de l'État, dans les mains du saisi. Ainsi, vous êtes créancier d'un fonctionnaire public ayant le droit de demander lui-même à la caisse de l'administration dont il fait partie le payement annuel ou mensuel de son trai-

(1) Riom, 15 décembre 1846, D. 47, 2. 44.

tement ; vous pouvez saisir-arrêter sur cette caisse, non pas la totalité, mais au moins une partie du traitement du fonctionnaire ; nous déterminerons plus tard, sur l'art. 580, quelle peut être cette quotité. Eh bien, l'art. 561 a pour but d'indiquer à quelle personne publique doit être signifié l'exploit de saisie-arrêt tendant à empêcher l'État de payer dans les mains de votre débiteur qui se trouve son créancier.

L'art. 569 est relatif, comme je l'ai dit, à la même hypothèse. Mais nos deux articles sont de peu d'intérêt pratique, parce que relativement aux saisies-arrêts pratiquées dans les mains de l'État, pour l'empêcher de payer, en tout ou en partie, ses créanciers qui sont vos débiteurs, il existe une procédure spéciale déterminée par un décret du 18 août 1807 (Voy. ce décret; Voy. aussi les lois du 9 juillet 1836 et du 8 juillet 1837).

821. « Art. 562. L'huissier qui aura signifié la saisie-arrêt ou opposition sera tenu, s'il en est requis, de justifier de l'existence du saisissant à l'époque où le pouvoir de saisir a été donné, à peine d'interdiction, et des dommages et intérêts des parties. »

Cet article a pour but d'empêcher qu'un créancier ne soit arrêté dans le droit de toucher son payement par une saisie-arrêt signifiée par malice, par méchanceté, à la requête d'un être imaginaire. Ainsi *Primus* se présente pour toucher de *Secundus* une créance certaine et liquide qui est due par celui-ci ; *Secundus* refuse de payer, attendu, dit-il, qu'une saisie-arrêt vient de lui être signifiée à la requête de *Tertius*, personnage absolument inconnu. Cette saisie-arrêt peut avoir été faite par un tiers, sous un nom imaginaire, dans le but d'empêcher *Secundus* de payer à *Primus* et de causer par là même un préjudice à ce dernier.

Mais une crainte plus sérieuse vient dicter la précaution et la disposition de l'art. 562 ; c'est que cette saisie-arrêt, dont *Secundus* représente la copie, peut très bien lui avoir été signifiée à la requête d'un être imaginaire, et sous un nom supposé, mais en réalité parce que lui-même a donné à cet effet mandat à l'huissier. Il peut arriver que *Secundus* n'étant pas, à l'échéance, en mesure de payer *Primus*, et voulant d'ailleurs arrêter les poursuites que *Primus* non payé viendrait diriger contre lui, fasse saisir-arrêter entre ses mains, sous un nom imaginaire, ce que lui-même *Secundus* doit à *Primus*. Au moyen de cette prétendue saisie-arrêt, et pendant le temps qu'il faudra pour en démontrer la fausseté, *Secundus* aura gagné du temps et aura pu, par exemple, faire disparaître les dernières sûretés que sa fortune présentait à *Primus*. Si une pareille fraude se réalisait, l'huissier en serait responsable. C'est en ce sens que l'art. 562 l'oblige à justifier de l'existence du saisissant à l'époque où le pouvoir de saisir, où la commission lui a été donnée ; c'est-à-dire l'oblige à prouver qu'il a saisi-arrêté à la requête d'une personne réelle, qu'il peut désigner et retrouver et contre laquelle le créancier pourra demander des dommages-intérêts, en démontrant que cette saisie-arrêt n'était fondée sur aucun droit.

Aussi, pour se mettre à l'abri de la responsabilité consacrée par notre article, l'huissier qui reçoit commission de saisir-arrêter et qui ne connaît pas personnellement le saisissant pourra se faire représenter le titre exécutoire ou authentique en vertu duquel cette saisie-arrêt doit être pratiquée ; ou bien, si aucun titre authentique ne lui est représenté, se faire attester l'identité et la réalité de la personne qui lui donne commission par deux témoins, par deux personnes à lui connues, comme doivent le faire les notaires dans les cas où les parties leur sont inconnues, aux termes de la loi du 25 ventôse an XI, art. 11.

** Il peut arriver que, de son côté, le tiers saisi soit coupable de fraudes et alors rien ne s'opposerait à ce qu'il fût condamné à des dommages-intérêts, même à des dommages intérêts égaux à la cause de la saisie (1). **

822. Les trois articles suivants se rattachent à un même ensemble d'idées et présentent plus d'importance.

« Art. 563. Dans la huitaine de la saisie-arrêt ou opposition, outre un jour pour trois myriamètres de distance entre le domicile du tiers saisi et celui du saisissant, et un jour pour trois myriamètres de distance entre le domicile de ce dernier et celui du débiteur saisi, le saisissant sera tenu de dénoncer la saisie-arrêt ou opposition au débiteur saisi et de l'assigner en validité. »

Nous avons supposé la saisie-arrêt signifiée aux termes de l'art. 559 ; elle l'a été à la requête de *Primus* saisissant, et en la personne ou au domicile de *Tertius*, tiers saisi ; *Primus* a fait défense à *Tertius* de payer dans les mains de *Secundus* ce que *Tertius* doit à celui-ci : il lui a fait cette défense en attendant que lui *Primus* ait obtenu de la justice, dans les formes que nous verrons plus tard, un jugement ordonnant à *Tertius* de verser ce qu'il doit à *Secundus* dans les mains de *Primus*. L'exploit de saisie-arrêt ainsi notifié, *Tertius* ne peut plus, à peine de payer deux fois, payer désormais dans les mains de *Secundus* : tel est au moins le principe.

Mais vous sentez que, si la procédure se bornait là, s'il était permis à *Primus*, après cette défense notifiée à *Tertius*, de rester dans l'inaction, *Secundus* pourrait souvent se trouver dans l'embarras à raison d'une saisie-arrêt tout à fait mal fondée. Aussi la loi n'a pas voulu que le débiteur saisi, se présentant à l'échéance pour obtenir son payement, fût arrêté dans le droit de l'exiger par une saisie-arrêt pratiquée depuis longtemps, sans que le saisissant lui en eût donné connaissance, et sans qu'on l'eût mis en mesure d'en démontrer le peu de vérité. Ainsi, lorsque *Primus* aura, comme dans notre espèce, pratiqué sa saisie-arrêt par exploit notifié à *Tertius*, il devra, dans un très court délai, donner avis de cette saisie-arrêt à *Secundus*, le saisi, son prétendu débiteur.

Quel en est le motif ? Il faut que *Secundus* soit aussitôt averti qu'il ne doit pas compter sur les fonds à lui dus par *Tertius*, il faut que *Secundus* se mette en mesure de lever les obstacles qu'apporte la saisie-arrêt, soit en désintéressant immédiatement le saisissant *Primus*, soit, au contraire, en montrant qu'il ne doit rien à *Primus*, et que, par conséquent, la saisie est mal fondée.

(1) Cass. civ., 10 août 1881, S. 82, 1, 74.

Pour notifier à *Secundus* l'existence de la saisie-arrêt, pratiquée dans les mains de *Tertius*, la loi accorde à *Primus* un délai général de huitaine : telle est la première disposition de l'art. 563. Dans la huitaine, à compter du jour de la saisie-arrêt notifiée par *Primus* à *Tertius*, *Primus* doit dénoncer cette saisie-arrêt à *Secundus*, débiteur saisi. Le délai de huitaine est le seul délai accordé pour cette notification, lorsque les trois parties sont domiciliées dans le même lieu ; dans le cas contraire, à ce délai de huitaine s'ajoute nécessairement un double délai de distance ; je dis un double délai, parce que évidemment, pour que *Tertius* puisse notifier à son débiteur *Secundus* la saisie-arrêt pratiquée sur *Tertius*, il faut que *Primus* ait la certitude que cette saisie-arrêt a été pratiquée, et cette certitude ne lui est acquise que lorsque l'huissier, à qui il a donné commision de saisir-arrêter, lui a renvoyé l'original de l'exploit de saisie-arrêt. Ainsi, outre le délai de huitaine pour notifier au saisi l'existence de la saisie-arrêt, il y aura lieu à un délai de distance d'un jour par cinq myriamètres (1). Mais ce délai sera double ; il y aura un délai d'un jour à raison de cinq myriamètres entre le domicile de *Primus* saisissant, et celui de *Tertius*, tiers saisi, et un autre délai d'un jour pour cinq myriamètres entre le domicile de *Primus* et celui de *Secundus* saisi (2).

Par exemple, *Primus* est à Paris, *Secundus* à Orléans, *Tertius* à Rouen ; la saisie-arrêt a été notifiée à *Tertius* de Rouen, à la requête de *Primus* de Paris. *Primus* aura eu, pour dénoncer cette saisie-arrêt à *Secundus* d'Orléans : 1° le délai général de huitaine ; 2° autant de jours qu'il y a de fois cinq myriamètres entre Rouen et Paris, pour que l'original de l'exploit de la saisie-arrêt signifiée à Rouen puisse lui être adressée de Rouen à Paris ; 3° autant de jours encore qu'il y a de fois cinq myriamètres entre Paris et Orléans, pour que la notification ait le temps de parvenir de *Primus* de Paris à *Secundus* d'Orléans.

Primus devra ensuite, à la dénonciation de la saisie-arrêt qu'il doit faire à *Secundus*, joindre une assignation en validité, c'est-à-dire assigner *Secundus* d'Orléans devant le tribunal d'Orléans, conformément à l'art. 567, à l'effet de faire juger par le tribunal d'Orléans que la saisie-arrêt est valable, et qu'en conséquence *Tertius*, tiers saisi, au lieu de payer à *Secundus*, son créancier, payera dans les mains de *Primus*, le saisissant.

Quelle est la sanction de l'art. 563, quelle est la conséquence de l'inobservation des formalités et des délais établis dans cet article? Cette sanction est écrite dans l'art. 565, elle est de la plus grande sévérité. A défaut par *Primus* d'avoir, dans les délais voulus, fait à *Secundus* la notification dont nous parlons, avec assignation en validité, la saisie-arrêt est nulle (3) ; c'est-à-dire que non seulement *Tertius* recouvre aussitôt la liberté de payer valablement *Secundus*, mais aussi que les formalités remplies même avant ce payement, mais

(1) On doit remplacer, dans l'art. 563, les mots : un jour par trois myriamètres, par ceux-ci : *un jour par cinq* myriamètres (art. 1033, C. pr. — L. du 3 mai 1862).

(2) ** C'est une dérogation au principe ordinaire qui n'admet plus que les augmentations soient doubles lorsqu'il y a lieu à aller et à retour, depuis la loi du 3 mai 1862 qui a modifié en ce sens l'article 1033, C. pr. **

(3) Civ. Rej., 5 novembre 1872, D. 73, 1, 64.

après les délais de l'art. 562, ne couvriraient pas la nullité encourue aux termes de l'art. 565. Ainsi, à défaut par *Primus* d'avoir notifié la saisie-arrêt à *Secundus*, dans les délais de l'art. 563, l'exploit de saisie-arrêt est réputé non avenu; d'où il suit que non seulement *Tertius* peut payer valablement après l'expiration des délais et avant les notifications, mais que *Tertius* payera encore valablement, quoique les notifications aient été faites, et par cela seul qu'elles ne l'auront pas été dans les délais voulus par l'art. 563.

« Art. 564. Dans un pareil délai, outre celui en raison des distances, à compter du jour de la demande en validité, cette demande sera dénoncée, à la requête du saisissant, au tiers saisi, qui ne sera tenu de faire aucune déclaration avant que cette dénonciation lui ait été faite. »

Primus a donc, nous le supposons, obéi à l'art. 563 ; il a, dans les délais précédemment indiqués, dénoncé, notifié à *Secundus*, avec assignation en validité, la saisie-arrêt pratiquée dans les mains de *Tertius*. Une autre formalité doit succéder immédiatement à celle-ci, c'est-à-dire qu'il faut de suite retourner à *Tertius* pour l'avertir que la formalité précédente a été remplie; pour l'avertir que, conformément à l'art. 563, on a validé la saisie-arrêt en la dénonçant à *Secundus* dans les délais voulus. Ainsi, de même qu'il a fallu, dans les délais de l'art. 563 (huitaine, plus le double de délai de distance), dénoncer à *Secundus* avec assignation en validité, la saisie-arrêt pratiquée sur *Tertius*, de même, dans un délai pareil, c'est-à-dire dans un délai de huitaine, plus les deux délais de distance, il faut avertir le tiers saisi, *Tertius*, que cette dénonciation a été faite, et que cette assignation en validité a été donnée; qu'en conséquence, il est bien complètement privé du droit de payer dans les mains de *Secundus*. Telle est la disposition de l'art. 564.

Maintenant quelle sera la sanction de cette seconde disposition? Qu'arrivera-t-il si *Primus* a saisi dans les mains de *Tertius*, notifié ou dénoncé cette saisie au débiteur *Secundus*, avec assignation en validité, mais qu'il ait négligé, dans la huitaine suivante, outre le délai de distance, de donner avis de cette dénonciation à *Tertius* le tiers saisi? L'art. 565 répond à cette question dans sa seconde partie ; alors, à défaut de cette seconde notification à *Tertius* la saisie-arrêt n'est pas nulle, comme elle l'était dans le cas précédent, mais *Tertius* n'ayant pas reçu, dans les délais indiqués, la dénonciation voulue, est en droit de penser que *Secundus* n'est point averti, que la saisie-arrêt est nulle, et qu'en conséquence il peut payer.

Ainsi, à défaut de la première dénonciation, de celle de l'art. 563, la saisie-arrêt est nulle, c'est-à-dire que la même dénonciation faite après les délais ne couvre pas la nullité. Au contraire, à défaut de sa seconde dénonciation, celle de l'art. 564, la saisie-arrêt n'est pas nulle ; mais tant que cette dénonciation, après les délais expirés, n'a pas été faite par *Primus* à *Tertius*, *Tertius* peut payer valablement ; seulement la déclaration une fois faite, même après les délais, *Tertius* perd de nouveau le droit de payer à *Secundus*.

Cette distinction résulte expressément du texte de l'art. 565.

« Art. 565. Faute de demande en validité, la saisie ou opposition sera nulle; faute de dénonciation de cette demande au tiers saisi, les payements par lui faits jusqu'à la dénonciation seront valables. »

« *Faute de demande en validité* (c'est-à-dire faute de l'accomplissement des formalités de l'art. 563), *la saisie ou opposition sera nulle.* »

Et puis l'article ajoute : « *Faute de dénonciation de cette demande au tiers saisi* (c'est-à-dire faute de l'observation de l'art. 564), *les payements faits par lui jusqu'à la dénonciation seront valables.* » Donc, dans le second cas, la dénonciation, même postérieure au délai, valide la saisie-arrêt, pourvu, bien entendu, qu'elle arrive avant que *Tertius* ait payé dans les mains de *Secundus.*

823. Mais à ces trois articles se rattache une question assez grave, tenant au droit civil autant qu'à la procédure, et relative à l'effet, à la portée de la saisie-arrêt en tant qu'elle dépouille *Tertius* du droit de payer valablement à *Secundus.* Une espèce et quelques chiffres vous feront bien comprendre l'intérêt de la question.

Primus est créancier de *Secundus* pour 1,000 fr., *Secundus* est lui-même créancier de *Tertius* pour 5,000 fr. ; *Primus*, n'étant pas payé directement par *Secundus*, fait saisir-arrêter dans les mains de *Tertius* ce que celui-ci doit à *Secundus;* il mentionne d'ailleurs dans son exploit de saisie, conformément à l'art 559, les causes de la saisie, c'est-à-dire le montant de la somme pour laquelle il saisit. En d'autres termes, *Primus* signifie à *Tertius* un exploit dans lequel il déclare saisir-arrêter dans ses mains les 5,000 fr. que *Tertius* doit à *Secundus*, pour sûreté des 1,000 fr. que *Secundus*, débiteur saisi, doit à *Primus*, créancier saisissant. Voilà une saisie-arrêt pratiquée pour une créance de 1,000 fr. appartenant au saisissant sur le saisi, et pratiquée sur une créance de 5,000 fr. appartenant au saisi sur le tiers saisi. Cet exploit une fois signifié, les formalités des art. 563 et 564 régulièrement accomplies, quelle est la position de *Tertius* tiers saisi? Jusqu'à quel point est-il dépouillé du droit de payer, dans les mains de son créancier *Secundus*, les 5,000 fr. qu'il doit à celui-ci? Évidemment, il ne peut lui payer 5,000 fr. en totalité; s'il les lui payait, il s'exposerait, non pas à payer deux fois 5,000 fr., mais au moins à indemniser *Primus* du dommage causé par ce payement, c'est-à-dire à rembourser à *Primus* les causes de la saisie, soit 1,000 fr.

Mais *Tertius* ayant fait ce calcul, cédant aux instances de *Secundus*, qui demande son payement, désireux d'ailleurs de se libérer, paye dans les mains de *Secundus*, non pas les 5,000 fr. qu'il doit à *Secundus*, mais les 4,000 fr. formant l'excédent de sa dette sur les causes de la saisie. *Tertius* est averti que *Secundus* doit 1,000 fr. à *Primus*, *Primus* a saisi-arrêté, pour ces 1,000 fr., les 5,000 fr. que *Tertius* doit à *Secundus ; Tertius* en conclut qu'il peut, sans aucun danger, payer 4,000 fr. à *Secundus*, retenant seulement dans ses mains les 1,000 fr. qui sont nécessaires pour faire face à la créance de *Primus*, si cette créance est reconnue réelle. Y a-t-il dans ce cas danger, faute, imprudence de la part de *Tertius*? En d'autres termes, et généralisant la question, la saisie-arrêt pratiquée pour une créance inférieure à ce qui est dû par le tiers saisi, la saisie-arrêt n'a-t-elle d'effet que pour le montant des causes de la saisie? a-t-elle, au contraire, pour effet de frapper, d'arrêter dans les mains du tiers saisi, la totalité de ce qu'il doit au saisi?

Au premier aspect, on serait fort tenté de faire le même raisonnement que *Tertius*, de l'autoriser à payer valablement, dans les mains de son créancier, l'excédent de sa dette sur les causes de la saisie; cette conduite ne paraît présenter aucune faute, parce qu'elle ne paraît compromettre en rien les droits de *Primus* saisissant. Cependant, il n'en est pas ainsi, et l'art. 1242 du Code civil, ne faisant aucune distinction, défend expressément à un débiteur de payer son créancier au mépris d'une saisie pratiquée entre ses mains. « Le payement fait par le débiteur à son créancier, au préjudice d'une saisie ou d'une opposition, n'est pas valable à l'égard des créanciers saisissants ou opposants; ceux-ci peuvent, selon leur droit, le contraindre à payer de nouveau. » Il semble donc, dans l'espèce, que *Tertius*, payant à *Secundus* les 4,000 fr. d'excédent, s'expose à payer deux fois, s'expose à de nouvelles poursuites de de la part de *Primus*.

Comment le payement de ces 4,000 fr. fait par *Tertius* à *Secundus* peut-il causer à *Primus* un préjudice dont celui-ci provoque la réparation? Supposez que *Tertius* ayant, au mépris de l'opposition de *Primus*, payé 4,000 fr., et n'ayant plus dans ses mains que 1,000 fr., reçoive la signification d'autres saisies-arrêts, d'autres oppositions, du chef de *Secundus* et jusqu'à concurrence de 4,000 fr. Que reste-t-il dans les mains de *Tertius?* Il reste 1,000 fr. qui sont frappés de 5,000 fr. d'opposition, savoir : pour 1,000 fr. à la requête de *Primus*, premier saisissant, et pour 4,000 fr. encore à la requête des saisissants postérieurs à *Primus*, et postérieurs au paiement fait par *Tertius* à *Secundus*. Or, entre différents saisissants, la priorité des saisies n'établit aucune préférence; les différents saisissants, s'ils n'ont pas d'ailleurs entre eux de causes légitimes de privilèges (art. 2100 et suiv., C. civ.), sont payés au marc le franc (1). Or, dans notre espèce, les 1,000 fr. que *Primus* a gardés se répartissant au marc le franc entre *Tertius* et les saisissants postérieurs, *Primus* n'aura qu'un cinquième de sa créance, c'est-à-dire n'aura que 200 fr., cinquième des 1,000 fr. que *Tertius* a dans les mains, et il sera fondé à dire alors à *Tertius* : Si vous aviez obtempéré à ma défense de payer, si vous aviez gardé par devers vous tout ce que j'avais saisi entre vos mains, savoir les 5,000 fr., vous auriez été en mesure de faire face en totalité à toutes les oppositions postérieures à la mienne; j'aurais touché de vous, non pas simplement 200 fr., mais bien 1,000 fr. ; donc, en payant à *Secundus*, au mépris de ma défense, les 4,000 fr. d'excédent de sa créance sur la mienne, vous m'avez causé un préjudice de 800 fr.

Il est évident que la lettre de l'art. 1242 s'applique à ce cas, et que *Tertius* est responsable du payement qu'il a fait, non pas envers les autres saisissants postérieurs, mais responsable envers *Primus*, premier saisissant, envers *Primus* qui serait payé de toute sa créance si *Tertius* avait tout gardé, et qui, moyennant la répartition par concurrence, n'est payé que d'un cinquième dans les 1,000 fr. qui restent à *Tertius*.

C'est ainsi, je crois, qu'il faut établir la position du tiers saisi, qu'il faut établir les effets, la portée de la saisie-arrêt, d'après les termes généraux de l'art. 1242 du Code civil.

* A Paris, le saisi assigne en référé le saisissant et le tiers saisi, et il obtient une autorisation de toucher ce qui excède les causes de la saisie, en faisant

(1) Cass., 5 août 1856, D. 56, 1, 336.

dès à présent transport au saisissant de ce qui sera reconnu lui être dû par le jugement. Le montant des causes de la saisie est déposé à la Caisse des dépôts et consignations avec affectation spéciale à la créance du saisissant. Ainsi, dans l'espèce prévue ci-dessus, *Secundus* touche 4,000 fr., et les 1,000 fr., objet de la saisie de *Primus*, sont déposés à la caisse avec affectation spéciale à la créance de *Primus*.

Voici comment cette procédure peut se justifier. Si *Primus*, *Secundus* et *Tertius* étaient d'accord, *Tertius* payerait très valablement 1,000 fr. à *Primus* et 4,000 fr. à *Secundus*; et les autres créanciers de *Secundus*, comme *Quartus*, *Quintus*, ne pourraient se plaindre de ce payement effectué avant leur saisie-arrêt. Mais *Secundus* conteste qu'il doive à *Primus*; il lui fait alors un payement conditionnel (sous cette condition : s'il obtient un jugement de validité); et la somme litigieuse est remise entre les mains d'un tiers, de la Caisse des dépôts et consignations (1).*

824. En résumant ce que nous avons vu, nous dirons que la saisie-arrêt se pratique par un exploit notifié à la requête du saisissant entre les mains du tiers saisi, exploit intimant à ce dernier défense de s'acquitter de la somme, ou de remettre les meubles qu'il détient dans les mains du débiteur saisi. C'est là le début de la saisie-arrêt, acte tout à fait conservatoire. Maintenant, cette première défense signifiée, le saisissant devra, dans les délais de l'art. 563, dénoncer au débiteur saisi l'existence de la saisie-arrêt, à peine de nullité absolue de la saisie; c'est la sanction indiquée dans l'art. 565. Dans un pareil délai, le saisissant doit encore notifier au tiers saisi la dénonciation faite au débiteur saisi à peine de validité des payements que pourra plus tard faire le tiers saisi au débiteur saisi.

Toute cette procédure assez simple n'est que conservatoire; elle ne tend pas, quant à présent, à faire passer la somme dans les mains du créancier saisissant. Quel est le premier acte par lequel le saisissant va prendre l'initiative, par lequel il va conclure, non seulement à ce qu'on ne paye pas son débiteur, mais à ce qu'on le paye lui-même ? Ce sera l'assignation en validité indiquée dans les derniers mots de l'art. 563, assignation en validité signifiée par lui au débiteur saisi. C'est là vraiment que la saisie-arrêt commence à changer de caractère et devient réellement une voie d'exécution proprement dite; c'est à ce point que nous sommes parvenus.

825. Dans les articles qui terminent ce titre, un grand nombre ne tiennent qu'aux formalités; quelques-uns, au contraire, se rattachent au droit et soulèvent des questions assez délicates.

Les art. 566 et suivants se rattachent soit aux formalités, soit à la compétence établie relativement à cette demande en validité, qui doit être donnée de la manière et dans les délais indiqués dans l'art. 563.

D'abord, l'art. 566 ne fait que reproduire une règle déjà connue, celle du § 7 de l'art. 48, savoir : la dispense du préliminaire de conciliation pour les demandes en validité.

(1) Paris, 22 juin 1841 (Dall., *Rép.*, v° *Saisie-arrêt*, n° 437).

« Art. 566. En aucun cas, il ne sera nécessaire de faire précéder la demande en validité par une citation en conciliation. »

Dans cette procédure où trois intérêts se trouvent engagés, dans cette procédure déjà trop compliquée par elle-même, dans le système du Code, il n'était pas besoin d'ajouter une entrave de plus : de là la dispense du préliminaire de conciliation prononcée par l'art. 48, et répétée par l'art. 566.

« Art. 567. La demande en validité, et la demande en mainlevée formée par la partie saisie seront portées devant le tribunal du domicile de la partie saisie. »

Cet article détermine la compétence du tribunal devant lequel devront se porter les questions relatives à la saisie-arrêt.

La demande en validité est dirigée par le créancier saisissant contre le débiteur saisi. Cette demande est une action personnelle, soumise, par conséquent, à la règle générale de l'art. 59 ; c'est une action personnelle pour laquelle est compétent, non pas le tribunal dans le ressort duquel la saisie a été faite, c'est-à-dire le tribunal du domicile du tiers saisi, mais bien le tribunal du domicile du débiteur saisi. En effet, la demande en validité n'est pas formée contre le tiers saisi ; le tiers saisi est, à vrai dire, désintéressé dans cette question ; elle s'agite entre le saisissant demandeur et le saisi défendeur ; donc elle est portée au tribunal de celui-ci.

Mais il est possible que le saisi, qui doit être défendeur à la demande en validité, ne veuille pas attendre que cette demande soit formée contre lui ; il est possible qu'à raison de la lenteur des délais de distance accordés par l'art. 563, le débiteur saisi, trouvant la saisie mal fondée, veuille en faire immédiatement prononcer la mainlevée ; alors, sans attendre l'expiration des délais de l'art. 563, il formera lui-même contre le saisissant une demande en mainlevée de cette saisie, qui l'empêche de toucher ce que lui doit le tiers saisi. Dans ce cas, le saisissant semble être le défendeur, et le débiteur saisi le demandeur en mainlevée ; cependant, même dans ce cas, le tribunal compétent, c'est encore le tribunal du domicile du débiteur saisi. Le débiteur saisi n'est demandeur qu'en apparence quand il demande la mainlevée d'une saisie-arrêt pratiquée contre lui ; il n'a pas l'initiative, le début de l'attaque ; il n'a pas pris l'offensive, il ne fait au fond que se défendre : aussi, que la question de la validité soit introduite par le saisissant, ou bien qu'elle le soit par le débiteur saisi sous la forme d'une demande en mainlevée, dans tous les cas, c'est le tribunal du domicile du débiteur saisi qui est compétent pour en connaître.

Bien entendu, si, dans le titre en vertu duquel on a saisi une élection de domicile a été faite, on devra alors porter, soit la demande en validité, soit la demande en mainlevée, devant le tribunal que les parties elles-mêmes ont désigné à l'avance (art. 111, C. civ., et 59, C. pr.) (1).

(1) ** La demande en validité de la saisie-arrêt, formée par le saisi contre le saisissant, ne peut être portée devant le tribunal du domicile du tiers saisi. Vainement invoquerait-on l'élection de domicile faite en l'exploit de saisie-arrêt par le saisissant dans le lieu où demeure le tiers saisi; cette élection de domicile, faite uniquement pour

Je vous ferai remarquer que notre art. 567 introduit une innovation assez importante aux règles de l'ancien droit, où l'exploit de saisie-arrêt, au moins dans nombre de provinces, était attributif de juridiction, c'est-à-dire que la question de validité de la saisie-arrêt se débattait devant le tribunal dans le ressort duquel la saisie avait eu lieu, en d'autres termes devant le tribunal du domicile du tiers saisi. Ce parti était moins logique; car le vrai défendeur, ce n'est pas le tiers saisi, c'est le débiteur lui-même; mais il avait l'avantage d'épargner des frais, des lenteurs, de prévenir des complications dont vous saisirez mieux l'inconvénient, quand vous aurez vu les articles suivants, de 570 à 573.

826. « Art. 568. Le tiers saisi ne pourra être assigné en déclaration, s'il n'y a titre authentique, ou jugement qui a déclaré la saisie-arrêt ou l'opposition valable. »

Pour bien comprendre cet article, voyons quelle est la nature des intérêts que soulève une saisie-arrêt. La validité d'une saisie-arrêt suppose essentiellement l'examen successif et la solution affirmative de deux questions. En effet, pour que la saisie arrêt soit valable, il faut: 1° que le saisissant établisse qu'il est créancier du saisi; 2° que le saisissant établisse, de plus, que le saisi est lui-même créancier du tiers saisi. Ainsi, *Primus*, se prétendant créancier de *Secundus*, a pratiqué à ce titre une saisie-arrêt dans les mains de *Tertius*, qu'il prétend débiteur de *Secundus*. Pour que cette saisie-arrêt ait des effets, pour qu'elle soit déclarée valable, il faut qu'on ait ou la reconnaissance volontaire ou la preuve judiciaire, 1° que *Primus*, saisissant, est vraiment créancier de *Secundus* (1), et 2° que *Secundus*, le saisi, est vraiment créancier de *Tertius*, le tiers saisi. C'est seulement quand ces questions auront été résolues que *Tertius* pourra être forcé de vider ses mains dans celles de *Primus*.

Il y a donc, dans toute saisie-arrêt, le germe, l'occasion de deux instances; mais ces deux instances peuvent-elles marcher de front? ces deux questions peuvent-elles, doivent-elles s'examiner ensemble?

En général, l'art. 568 répond négativement à la question. Ainsi, pour que *Primus*, saisissant, puisse interpeller *Tertius*, le tiers saisi, sur la question de savoir si *Tertius* doit à *Secundus*, il faut avant tout que la réalité de la créance en vertu de laquelle *Primus* a saisi soit authentiquement et nettement établie. On ne permettra point à *Primus*, tant qu'il n'aura pas prouvé qu'il est créancier de *Secundus*, d'interpeller *Tertius* sur la question de savoir ce que *Tertius* doit à *Secundus*. En d'autres termes, on ne permettra pas à *Primus*, saisissant, d'assigner *Tertius* en déclaration (ce sont les termes techniques)

obéir aux prescriptions de l'article 559 du Code de procédure, concerne les rapports du saisissant et du tiers saisi et non ceux du saisissant et du saisi. Mais le droit du saisi d'assigner en mainlevée devant le tribunal de son domicile constitue, d'après certains arrêts, un pur bénéfice auquel il peut renoncer, et alors la demande en mainlevée peut être portée par lui au tribunal du domicile du saisissant. Rennes, 10 juin 1879, S. 81, 2, 123. **

(1) Cass. Req., 28 juin 1881, S. 82, 1, 105.

s'il n'y a titre authentique (1) *ou jugement qui ait déclaré la saisie-arrêt ou l'opposition valable.*

La raison en est fort simple : c'est que, tant que la qualité du saisissant n'est pas établie, tant qu'on ne sait pas si *Primus* est réellement créancier de *Secundus*, on ne peut pas reconnaître au premier le droit de s'immiscer dans les rapports de *Secundus* et de *Tertius* l'un avec l'autre. On ne peut point autoriser le premier venu, sous prétexte d'un droit de créance, dont rien n'atteste la réalité, à se mêler des affaires de son prétendu débiteur, à l'effet de savoir ce qui lui est dû et à quel titre cela peut être dû. La loi ne fait exception que pour le cas où le saisissant *Primus* est muni d'un titre authentique; alors, il y a, sinon une preuve complète, au moins une grande vraisemblance en faveur de la réalité de la dette, en ce sens que *Secundus* se trouve forcé de prouver que la dette constatée par un titre authentique est éteinte, soldée par une compensation, un payement, une confusion, ou autrement. Ainsi, en règle générale, les deux instances devront être successives.

* Le tiers saisi assigné en déclaration avant la reconnaissance volontaire ou judiciaire de la validité de la saisie-arrêt, peut demander la nullité de l'assignation en déclaration et se faire mettre hors de cause. Mais cette nullité peut être couverte, comme toute autre exception de nullité (2). *

827. « Art. 569. Les fonctionnaires publics dont il est parlé à l'art. 561 ne seront point assignés en déclaration ; mais ils délivreront un certificat constatant s'il est dû à la partie saisie, et énonçant la somme, si elle est liquide. »

L'assignation en déclaration ne se donne que contre les tiers saisis qui sont de simples particuliers ; que si, au contraire, le créancier pratiquait la saisie-arrêt, non sur une personne privée, mais sur une caisse de l'État, débitrice de son débiteur, alors le fonctionnaire, dans les mains duquel la saisie-arrêt serait faite, ne serait pas assigné en déclaration, on ne demanderait de lui qu'un simple certificat dont l'art 569 a déterminé la forme. Le décret du 18 août 1807, relatif aux saisies-arrêts pratiquées sur l'État par les créanciers de ses créanciers, règle ce point plus en détail.

828. L'art. 570 se réfère également à cette matière de l'assignation en déclaration. Supposons, en fait, les conditions de l'art. 568 accomplies ; supposons que la saisie-arrêt ait été déclarée valable, c'est-à-dire que *Primus* ait établi qu'il est créancier de *Secundus ;* ou bien, qu'avant tout jugement, *Primus* se trouve nanti d'un titre authentique qui le déclare créancier de *Secundus;* alors, il peut immédiatement assigner *Tertius* en déclaration, et les deux instances pourront marcher de front, ou plutôt il n'y aura qu'une seule instance, qu'une seule question dans la plupart des cas.

« Art. 570. Le tiers saisi sera assigné, sans citation préalable en conciliation, devant le tribunal qui doit connaître de la saisie ; sauf à lui, si sa déclaration est contestée, à demander son renvoi devant son juge. »

(1) Sans distinguer si le titre authentique est antérieur ou postérieur à la saisie. Cass. Rej., 14 juin 1876, D. 76, 1, 484.

(2) Paris, 18 janvier 1867, D. 68, 2, 142.

Cet article est assez remarquable parce qu'il établit clairement quelle est encore, à ce moment de la procédure, la position du tiers saisi. Ainsi, la demande en validité du saisissant contre le saisi a été portée, en vertu de l'art. 567, au tribunal du domicile de ce dernier; le saisissant est à Paris, le saisi à Orléans, le tiers saisi à Rouen ; c'est devant le tribunal d'Orléans que devait être portée, à la requête de *Primus*, saisissant, la demande en validité de la saisie. Supposons, avec notre texte, que le saisissant, muni d'un titre authentique, ait le droit d'assigner immédiatement en déclaration le tiers saisi, *Tertius* de Rouen : devant quel tribunal l'assignera-t-il? sera-ce devant celui de Rouen ou devant celui d'Orléans? Ce sera, nous dit l'article, devant le tribunal d'Orléans, quoique ce tribunal ne soit pas celui du domicile du tiers saisi. La raison est simple : c'est que cette assignation ne rend point le tiers saisi partie dans la cause; c'est qu'il n'est pas assigné en déclaration comme défendeur, mais bien plutôt comme témoin; c'est qu'il n'est pas appelé pour s'entendre condamner, mais bien plutôt pour déposer, pour déclarer.

Ainsi, j'ai saisi sur *Secundus*, mon débiteur, ce que lui devait *Tertius* ; si réellement *Tertius* est débiteur de *Secundus*, peu lui importe de payer dans les mains de *Secundus* ou dans les miennes; je l'assignerai donc, lui domicilié à Rouen, je l'assignerai en déclaration devant le tribunal d'Orléans.

Mais supposez qu'assigné en déclaration, *Tertius* déclare n'être pas débiteur de *Secundus;* supposez, en un mot, qu'il fasse une déclaration négative, et que moi saisissant je n'admette pas cette déclaration; alors il n'y a plus seulement contestation entre moi et *Secundus* pour établir que *Secundus* me doit; il y a de plus contestation entre moi et *Tertius* pour établir que *Tertius* doit à *Secundus* et doit payer dans mes mains. Dès lors *Tertius* n'est plus simplement témoin, *Tertius* devient partie, et dès lors aussi le tribunal d'Orléans devient incompétent pour la question. C'est ce que vous disent les derniers mots de l'art. 570 : *sauf à lui, si sa déclaration est contestée, à demander son renvoi devant son juge.* En effet, de même que *Secundus*, que je prétends créancier de *Tertius*, ne pouvait traduire *Tertius* que devant le tribunal de Rouen, de même moi *Primus*, venant exercer les droits et actions de *Secundus*, je ne puis les exercer que comme il l'eût fait lui-même. Vous concevrez donc aisément, avec cette distinction, la double compétence indiquée par l'art. 570 : assignation en déclaration devant le tribunal désigné par l'art. 567; sauf, en cas de débat sur la sincérité, sur la réalité de cette déclaration, le renvoi devant le juge du domicile du tiers saisi, bien entendu si le tiers saisi demande ce renvoi ; car ce n'est là, après tout, qu'une compétence *ratione personæ.*

* *Devant son juge.* C'est-à-dire, devant le juge qui serait compétent pour statuer sur la contestation entre le saisi et le tiers saisi. D'où il suit que, si la dette du tiers saisi est commerciale, il pourrait demander à être renvoyé devant le tribunal de commerce. *

L'assignation en déclaration est donnée sans préliminaire de conciliation, toujours par la même raison, parce qu'on ne cherche pas à se concilier avec un témoin.

829. Maintenant l'assignation en déclaration une fois donnée, dans quelle forme le tiers saisi devra-t-il faire sa déclaration?

« Art. 571. Le tiers saisi assigné fera sa déclaration et l'affirmera au greffe, s'il est sur les lieux; sinon, devant le juge de paix de son domicile, sans qu'il soit besoin, dans ce cas, de réitérer l'affirmation au greffe. »

« Art. 572. La déclaration et l'affirmation pourront être faites par procuration spéciale. »

Ainsi la loi, tout en posant en principe que la déclaration aura lieu au greffe du tribunal saisi de la question de validité, permet cependant au tiers saisi, pour lui épargner un déplacement, de faire cette déclaration devant le juge de paix de son domicile, en la faisant ensuite parvenir au greffe du tribunal saisi de la demande en validité.

Que doit contenir cette déclaration rédigée, soit par le greffier du tribunal, soit par celui de la justice de paix, et dans tous les cas déposée au greffe avec les pièces justificatives?

« Art. 573. La déclaration énoncera les causes et le montant de la dette; les paiements à compte, si aucuns ont été faits; l'acte ou les causes de libération, si le tiers saisi n'est plus débiteur, et, dans tous les cas, les saisies-arrêts ou oppositions formées entre ses mains. »

« Art. 574. Les pièces justificatives de la déclaration seront annexées à cette déclaration; le tout sera déposé au greffe, et l'acte de dépôt sera signifié par un seul acte contenant constitution d'avoué. »

D'abord, le tiers saisi doit déclarer s'il est débiteur du saisi, de quelle somme et à quel titre il est débiteur. Ou bien, quand il reconnaît avoir été débiteur, mais prétend avoir cessé de l'être, il devra indiquer à quel titre il a cessé de l'être. Il devra faire connaître les causes de sa libération; est-ce un paiement, une compensation, une confusion? Il devra, dans tous les cas, annexer à sa déclaration les pièces justificatives des causes de libération qu'il allègue : si, par exemple, il prétend avoir payé en totalité ou en partie, il devra déposer ou faire déposer au greffe, avec sa déclaration, les quittances, soit de la somme totale, soit des à-compte qu'il dit avoir payés. S'il prétend être libéré par une compensation, il devra déposer le titre en vertu duquel s'est opérée cette compensation, le titre qui l'a rendu lui-même créancier de son créancier, et ainsi du reste (1).

Seulement ici se présente une question assez délicate, en ce sens que les principes rigoureux du droit mènent à une solution que la pratique admettra difficilement. Il arrivera souvent que le tiers saisi, assigné en validité, reconnaîtra avoir été débiteur, mais se dira libéré par un paiement dont il apportera et déposera les quittances. Mais de quelle nature seront ces quittances, dans quelle forme devront-elles être passées à l'effet d'établir la libération du tiers saisi? Ainsi, une saisie-arrêt a été pratiquée, en janvier 1869, à la requête

(1)** La loi laisse à l'appréciation des tribunaux la question de savoir quelles pièces peuvent être considérées comme justificatives. Ainsi il a été jugé que le tiers saisi qui, sommé de produire ses livres de commerce à l'appui de sa déclaration, refuse d'obtempérer à cette sommation, est, à bon droit, condamné comme débiteur pur et simple des causes de la saisie-arrêt. — Cass. civ., 2 mars 1880, S. 80, 1, 352. Les livres de commerce ne sont pas, en effet, exceptés des pièces justificatives, qu'aux termes de l'article 574, le tiers saisi doit produire à l'appui de la déclaration. **

de *Primus*, dans les mains de *Tertius*, contre *Secundus*. *Tertius* reconnaît avoir été débiteur du débiteur saisi *Secundus;* mais il allègue avoir payé, et, à l'appui de cette allégation, il produit une quittance de *Secundus*, quittance sous seing privé qui n'a pas été enregistrée. Cette quittance n'a pas de date certaine; datée de 1868, c'est-à-dire d'une époque antérieure à la saisie, elle peut cependant, puisqu'elle est sous seing privé, n'avoir été donnée que depuis la saisie, et au mépris des droits du saisissant. Dans ce cas, les art. 1322 et 1328 du Code civil conduisent à dire que *Primus*, saisissant, peut repousser l'autorité de cette quittance, et soutenir qu'à son égard elle ne fait pas foi du payement, puisque rien n'atteste que cette quittance n'a pas été donnée depuis que la saisie-arrêt a été par lui pratiquée. Cependant, dans la pratique, on n'est pas si rigoureux, et sauf le cas de preuve contraire, on n'admet guère d'une manière absolue que toutes les quittances qui n'ont pas date certaine ne puissent faire foi en faveur du tiers saisi (1).

830. « Art. 575. S'il survient de nouvelles saisies-arrêts ou oppositions, le tiers saisi les dénoncera à l'avoué du premier saisissant, par extrait contenant les noms et élections de domicile des saisissants, et les causes des saisies-arrêts ou oppositions. »

Cet article est de pure forme, mais cependant une observation assez grave s'y rattache. Une première saisie a été pratiquée entre les personnes que j'ai désignées; plus tard, après la saisie pratiquée par *Primus* dans les mains de *Tertius*, vous pouvez supposer que *Quartus*, *Quintus*, *Sextus*, viennent à leur tour signifier, du chef du même *Secundus* et dans les mains du même *Tertius*, de nouvelles saisies-arrêts ou oppositions. En un mot, plusieurs créanciers de *Secundus* signifieront successivement à *Tertius* défense de payer ce qu'il doit à *Secundus*. Dans ce cas, il est à remarquer, et déjà je l'ai indiqué, que le premier saisissant n'a pas, à raison de sa priorité, de cause de préférence, de titre de privilège sur les saisissants postérieurs; si, en définitive, les saisies de *Primus*, de *Quartus*, de *Quintus*, de *Sextus*, également créanciers de *Secundus*, sont déclarées valables, celui qui a saisi le premier ne sera pas payé par préférence aux autres, si sa créance n'a pas d'ailleurs en elle-même une cause légitime de préférence (art. 2100 et suiv., C. civ.); toutes viendront au marc le franc sur la somme dont *Tertius* sera reconnu débiteur de *Secundus*. Dès lors, il importe à *Primus*, premier saisissant, d'être exactement averti de toutes les saisies postérieures à la sienne, et c'est à *Tertius*, le tiers saisi, que la loi impose ce devoir.

Ainsi, au fur et à mesure que, dans les mains du tiers saisi, parviendront des oppositions nouvelles, il devra donner connaissance de ces oppositions successives à l'avoué du premier saisissant; il devra lui faire connaître, non seulement l'existence de ses saisies-arrêts, mais le montant des sommes pour lesquelles elles sont faites, et les titres en vertu desquels elles le sont, en d'autres termes, les causes de la saisie. Ces notifications mettront le premier

(1) Colmar, 8 janvier 1830. — Bourges, 3 février 1836. — Toulouse, 5 juin 1840, *Journal du Palais*, t. II de 1840, p. 303. — Cass. Rej., 3 novembre 1843, *eod.*, t. II de 1843, p. 53. — Riom, 25 février 1845, *eod.*, t. I de 1846, p. 445. — Toulouse, 5 juin 1851, D. 51, 2, 297. — Voy. aussi les arrêts cités dans Dall., *Rép.*, v° *Saisie-arrêt*, n° 336.

saisissant à même soit de provoquer une distribution par contribution, soit aussi de contester, s'il y a lieu, la réalité des créances qu'on veut faire concourir avec la sienne.

Remarquez, d'ailleurs, que le tiers saisi, dans les mains duquel plusieurs saisies-arrêts ont eu lieu successivement, ne peut se libérer valablement envers tous les saisissants, qu'en vertu d'un jugement qui statue sur les droits de tous. Il importe donc que le premier saisissant soit averti, afin que tous puissent être mis en cause, et que leurs droits respectifs puissent être liquidés avant le payement. De là, les art. 573, 574 et 575.

De ces articles combinés il résulte que chacun des saisissants, en quelque rang qu'il arrive, est nécessairement averti de toutes les saisies qui ont précédé la sienne; car, dans l'art. 573, *in fine*, vous voyez qu'au nombre des déclarations que le tiers saisi doit faire au greffe, se trouve l'obligation d'énumérer les saisies-arrêts précédemment faites entre ses mains. Ainsi, dans l'hypothèse précédente, *Quintus*, qui est le troisième saisissant, sera nécessairement averti, d'après l'art. 573, que deux saisissants l'ont précédé, savoir, *Primus* et *Quartus;* et de même *Primus*, premier saisissant, sera successivement averti, en la personne de son avoué (art. 575), que deux saisissants l'ont suivi et prétendent concourir avec lui, savoir, *Quartus* et *Quintus*.

« Art. 576. Si la déclaration n'est pas contestée, il ne se fera aucune autre procédure, ni de la part du tiers saisi, ni contre lui. »

Alors le tiers saisi n'est, en effet, qu'un simple témoin. Si, au contraire, la déclaration est contestée, il pourra demander, aux termes de l'art. 570, son renvoi devant son juge, et il sera sursis au jugement de la validité de saisie (1).

831. « Art. 577. Le tiers saisi qui ne fera pas sa déclaration, ou qui ne fera pas les justifications ordonnées par les articles ci-dessus, sera déclaré débiteur pur et simple des causes de la saisie. »

Si donc le tiers saisi refuse d'obtempérer à l'assignation à lui donnée, en vertu de l'art. 570, vous voyez, dans notre article, quelle en est la sanction. Cependant, il ne faut pas entendre l'art. 577 avec une trop grande rigueur; il faut, au contraire, le prendre assez à la lettre pour ne pas en pousser trop loin le sens et la portée. Ainsi l'assignation en déclaration donnée à *Tertius* en vertu de l'art. 570 a dû l'être avec le délai ordinaire des assignations, le délai de huitaine, plus celui de la distance. Supposez que, dans ce délai de huitaine, augmenté du délai de distance, le tiers saisi n'ait pas fait encore les déclarations voulues; devra-t-on, par cela seul, et à raison du seul fait de l'expiration des délais, le déclarer nécessairement débiteur des causes de la saisie? Non, ce serait aller trop loin; le tribunal n'est forcé de le déclarer ainsi débiteur des causes de la saisie qu'à défaut de déclaration ou de justifications et non pas de tous les cas et par le seul fait de l'expiration des délais passés sans déclaration (2).

(1) Cass. Rej.. 22 avril 1857, D. 57, 1, 175.
(2) Voy. en ce sens les arrêts cités dans Dall., *Rép.*, v° *Saisie-arrêt*, n°s 568 et suivants.

Ajoutez, d'ailleurs, que ce jugement, prononcé en vertu de l'art. 577 contre le tiers saisi qui n'a pas fait les déclarations voulues, n'est qu'un jugement par défaut, lui laissant par là même la latitude des voies d'opposition dans les formes et les délais indiqués au titre *Des Jugements par défaut et oppositions* (1).

Mais, si le tiers saisi fait une déclaration fausse, peut-être même avec une intention frauduleuse, on ne lui applique pas la pénalité rigoureuse de l'art. 577. En effet, le tiers saisi, qui garde le silence, est facilement réputé se reconnaître débiteur du montant des causes de la saisie, et son silence ne permet pas d'examiner sa situation vis-à-vis du saisi ; tandis que la déclaration inexacte ou mensongère appelle la critique, et est une protestation contre les poursuites (2). * Seulement, le tiers saisi serait passible des dommages-intérêts. *

Que si la saisie-arrêt, au lieu de porter, comme nous l'avons supposé jusqu'à présent, sur une somme d'argent, portait sur des meubles appartenant à *Secundus* et détenus par *Tertius*, alors il faudrait joindre de plus aux détails des déclarations qui précèdent un état énumératif et descriptif du mobilier saisi dans les mains de *Tertius*. C'est ce que décide l'art. 578.

« Art. 578. Si la saisie arrêt ou opposition est formée sur effets mobiliers, le tiers saisi sera tenu de joindre à sa déclaration un état détaillé desdits effets. »

832. Quels seront maintenant les conséquences, les résultats de l'instance en saisie-arrêt, en supposant la solution affirmative des deux questions dans lesquelles nous l'avons décomposée, en supposant qu'il soit reconnu ou démontré, d'une part, que *Primus*, saisissant, est créancier de *Secundus*, saisi, et, d'autre part, que *Secundus*, saisi, est créancier de *Tertius*, tiers saisi? L'art. 579 a pour objet de répondre à cette question ; mais il y répond d'une manière assez vague, et qui est loin de préciser nettement toutes les difficultés que cette matière peut faire naître.

« Art. 579. Si la saisie-arrêt ou opposition est déclarée valable, il sera procédé à la vente et distribution du prix, ainsi qu'il sera dit au titre *De la Distribution par contribution*. »

Cet article laisse à peu près intacte une question délicate et importante, savoir, quel est l'instant précis auquel le saisissant, *Primus*, acquerra sur la créance de *Secundus* envers *Tertius* un droit irrévocable et exclusif ; à quel instant s'opérera, dans l'intérêt de *Primus*, l'attribution de la créance de *Secundus* sur *Tertius*, attribution à laquelle tend uniquement toute la procédure de la saisie-arrêt.

D'abord il est manifeste que cette attribution à *Primus* d'un droit exclusif, absolu, sur la créance de *Secundus* envers *Tertius*, n'est pas le résultat, la conséquence de l'exploit de saisie-arrêt notifié à *Tertius*. Nonobstant la saisie-arrêt pratiquée par *Primus*, dans les mains de *Tertius*, c'est toujours de *Secundus* et non pas de *Primus* que *Tertius* se trouve débiteur. En d'autres termes,

(1) Nîmes, 10 mai 1853, D. 53, 5, 408.

(2) Cass., 1er février 1848, D. 48, 1, 65. — Paris, 16 juin 1849, D. 49, 2, 224. — Bordeaux, 7 août 1856, D. 56, 5, 410. — Cass. Rej., 15 mars 1876, D. 77, 1, 436.

la créance saisie-arrêtée dans les mains de *Tertius* n'en reste pas moins, après l'exploit de saisie-arrêt, dans la patrimoine, dans les mains de *Secundus*.

Quels sont donc, avant tout, parlons de ce premier point, quels sont les effets, les conséquences immédiates de l'exploit de saisie-arrêt? Ces effets sont graves, nombreux; quelques-uns sont saillants, d'autres contestables; essayons d'indiquer les principaux. D'abord, une fois que *Primus* a saisi-arrêté, dans les mains de *Tertius*, ce que celui-ci doit à *Secundus*, *Tertius* ne peut plus, à peine de payer deux fois, payer valablement dans les mains de *Secundus*. Cette conséquence est évidente, sans quoi la saisie-arrêt serait un acte tout à fait illusoire; elle est d'ailleurs littéralement écrite dans l'art. 1242 du Code civil. C'est un des cas d'exception dans lesquels le débiteur ne se libérerait pas en payant dans les mains de son créancier.

Ainsi, premier effet direct, immédiat, de l'exploit de saisie-arrêt: impossibilité pour le tiers saisi de payer valablement dans les mains du débiteur saisi.

Secondement, à partir de ce moment aussi, aucune compensation ne peut plus s'opérer, à raison de la créance saisie, dans l'intérêt de *Tertius*. Ainsi, après que la saisie-arrêt a été pratiquée à la requête de *Pirmus* dans les mains de *Tertius*, si *Tertius* devenait à son tour créancier de son créancier *Secundus*, la compensation, qui eût été possible, qui eût eu lieu de droit avant la saisie-arrêt, ne sera plus possible à partir de cette saisie-arrêt. Cette conséquence évidente est, d'ailleurs, littéralement écrite dans l'art. 1298 du Code civil.

Troisièmement, et en vertu du même principe, *Secundus*, le saisi, est, à partir de ce même moment, frappé de l'impossibilité, de l'incapacité de disposer désormais de la créance saisie contre lui. Ainsi donc, si, postérieurement à cette saisie-arrêt pratiquée par *Primus* dans les mains de *Tertius*, *Secundus*, débiteur saisi, allait, de bonne ou de mauvaise foi, vendre, transporter cette créance à *Quartus*, ce transport ne vaudrait rien; la saisie-arrêt qui enlève à *Secundus* le droit de toucher ce qui lui est dû, le droit d'en donner quittance valable au détriment du saisissant *Primus*, lui enlève *à fortiori* le droit d'en disposer par un acte volontaire, par une cession ou transport (1).

(1) * Cette opinion rigoureuse de Boitard, qui annule le transport postérieur à une saisie-arrêt, part de l'idée que la saisie-arrêt frappe toute la créance d'indisponibilité.

Mais d'autres auteurs, se fondant sur ce que la créance saisie-arrêtée n'est indisponible qu'à l'égard du saisissant, valident au moins le transport sur l'excédent des causes de la saisie et sauf les droits du saisissant. Ainsi, une créance de 25,000 fr. est frappée de saisie-arrêt pour une somme de 5,000 fr.; on peut, dans cette opinion, faire le transport des 20,000 fr. de surplus. Seulement si, après le transport, il survient de nouveaux opposants, ils ne peuvent sans doute attaquer le transport; mais ils viennent par contribution avec le saisissant primitif, qui, se trouvant réduit par ce concours, recourt lui-même contre le cessionnaire, et se fait indemniser par ce dernier de ce que le concours des opposants postérieurs lui ôte, à lui saisissant. Civ. Cass., 25 août 1869, D. 69, 1, 456.

Dans une troisième opinion, on considère simplement le cessionnaire comme un nouveau créancier opposant; la signification du transport vaut opposition, et le cessionnaire vient au marc le franc avec le saisissant et les opposants postérieurs. — Voy. Cass. Rej., 25 février 1834. — Paris, 30 mai 1835, 9 février et 22 juin 1837, *Journal du Palais*, t. I de 1837, p. 584 et 585, 14 mars 1829, *eod.*, t. II de 1829, p. 211. — Nimes, 19 juin 1839, *eod.*, t. II de 1839, p. 44. — Aix, 31 mars 1844. — Caen, 17 février 1846,

Il faut même aller plus loin, et dire que, dans certains cas, la saisie-arrêt enlèverait tout effet et toute puissance à un transport, à une cession opérée par *Secundus* au profit de *Quartus*, même antérieurement à la saisie-arrêt. Vous verrez, en effet, dans l'art. 1690 du Code civil, que le cessionnaire d'une créance, tout en étant saisi de la créance cédée par le seul fait de la vente en ce qui concerne ses rapports avec son cédant, n'en est saisi à l'égard des tiers que par la signification qu'il fait de ce transport au débiteur cédé. Ainsi, supposez que *Secundus*, débiteur de *Primus* et créancier de *Tertius*, ait cédé, ait vendu à *Quartus* sa créance sur *Tertius*, mais que le lendemain de cette cession, que je suppose authentique et d'une date incontestable, et avant que *Quartus* l'ait signifiée à *Tertius*, une saisie-arrêt soit pratiquée dans les mains de ce dernier à la requête de *Primus*, la cession ne vaudra pas, et sur la créance cédée, *Primus*, l'auteur de la saisie-arrêt, sera préféré à *Quartus*, cessionnaire antérieur. En effet, en ce qui touche la cession consentie par *Secundus* à *Quartus*, *Primus* est un tiers, car il n'y a pas pris part; or, en ce qui touche les tiers, le cessionnaire n'est saisi que par la signification faite au débiteur cédé, et puisque nous supposons la saisie-arrêt pratiquée dans l'intervalle qui sépare la cession de la signification, il est clair que le saisissant est préféré au cessionnaire, c'est encore ici la conséquence directe, incontestable de l'art. 1690.

Allons plus loin et supposons qu'après la saisie-arrêt pratiquée par *Primus* dans les mains de *Tertius*, *Secundus*, le débiteur saisi, ait consenti de nouvelles obligations, ait contracté de nouvelles dettes envers d'autres créanciers; ces créanciers venant à leur tour saisir-arrêter du chef du même *Secundus*, dans les mains du même *Tertius*, auront-ils le droit de concourir sur le montant de cette créance avec *Primus*, premier saisissant? Nous avons vu que sans doute la qualité du premier saisissant n'attribuait point de privilège, de préférence, sur le montant de la créance saisie, à celui à qui cette qualité appartenait. Mais s'ensuit-il que dans l'espèce *Primus*, premier saisissant, doive concourir avec *Quartus* et *Quintus*, dont les titres de créance sont postérieurs

eod., t. I de 1849, p. 285. — Angers, 19 août 1848, D. 49, 2, 26. — C. de la Guadeloupe, 16 mai 1851, D. 51, 2, 224. — Cass., 8 juin 1853, D. 53, 1, 168.

Une quatrième solution consiste à attribuer au cessionnaire tout ce qui excède le montant des causes de la saisie antérieure, sans donner aucun recours aux opposants postérieurs ni contre le premier saisissant, ni contre le cessionnaire. — Orléans, 11 mai 1859, D. 59, 2, 172, et les arrêts cités en note.

Enfin un arrêt de la Cour de Caen du 15 mai 1871, D. 72, 2, 59, attribue au cessionnaire l'excédent des causes des saisies antérieures au transport, et admet le concours des saisissants postérieurs avec les saisissants antérieurs sans que ces derniers puissent recourir contre le cessionnaire.

Voy. aussi sur cette question Dall., *Rép.*, v° *Saisie-arrêt*, nos 425 et suivants, et Aubry et Rau, *op. cit.*, IV, p. 435 et suivantes.*

** La jurisprudence admet très généralement aujourd'hui que la saisie-arrêt ne frappe d'indisponibilité la créance saisie que jusqu'à concurrence des causes de la saisie. Cependant un arrêt récent de la Cour de Caen (13 février 1882, S. 83, 1, 181), admet l'indisponibilité de la somme tout entière. On pourra consulter, sur cette question compliquée, une dissertation de M. Houyvet, dans la *Revue pratique*, année 1871, t. XXXI, p. 177 et suiv. **

à la saisie? C'est une tout autre question : quand *Quartus* et *Quintus*, ayant saisi dans les mains de *Tertius*, prétendront concourir avec *Primus* sur le montant de la créance saisie, *Primus* leur dira : Vous ne pouvez concourir avec moi, car *Secundus*, mon débiteur, était dépouillé, par le fait de ma saisie-arrêt, du droit de donner quittance, du droit de disposer, d'aliéner directement ou indirectement, à mon préjudice, la créance que j'avais saisie dans les mains de *Tertius* ; or, ce serait de sa part en disposer que de vous conférer, en s'obligeant envers vous, le droit de concourir avec moi sur la créance que j'avais déjà saisie. Aussi, de même que *Primus*, premier saisissant, repousserait le cessionnaire postérieur en date à la saisie-arrêt, de même devrons-nous interdire à *Quartus* et à *Quintus* tout concours avec *Primus*, non pas sans doute parce qu'ils sont des saisissants postérieurs, non pas parce que leur saisie n'a fait que suivre celle de *Primus*, mais parce que le titre, la créance en vertu de laquelle ils saisissent est postérieure à la saisie-arrêt pratiquée par *Primus*, saisie-arrêt qui, sans faire sortir la créance saisie du patrimoine de *Secundus*, avait pourtant rendu *Secundus* incapable d'en disposer au préjudice de *Primus* (1).

Si nous poussions cette conséquence un peu avant, nous serions encore sans doute dans la rigueur des principes, mais dans une rigueur que certainement la pratique pourrait désavouer, nous irions jusqu'à dire, avec l'art. 1328 du Code civil, que le premier saisissant n'ayant pas de privilège, forcé de concourir sur le prix de la créance saisie avec les saisissants postérieurs, n'est cependant forcé de concourir avec les saisissants qu'autant qu'ils ont date certaine antérieure à la saisie. Mais cette décision, qui serait, je crois, la conséquence littérale de l'art. 1328, serait facilement repoussée comme évidemment trop dure, comme pouvant écarter du droit de concourir sur les biens du débiteur commun des créanciers qui, réellement antérieurs à l'époque de la saisie-arrêt, ne pourraient pas cependant établir cette antériorité.

Quant à la proposition précédente, elle me paraît incontestable, parce que là aucune incertitude n'est possible, attendu que les créanciers saisissants postérieurs ont, non pas une date incertaine, mais, ce qui est bien pis, une date évidemment postérieure à la saisie-arrêt pratiquée par *Primus* sur *Tertius*.

Ainsi se trouve résolue la première face de la question : Quel est l'effet de la saisie-arrêt, l'effet de l'exploit originaire notifié par *Primus* à *Tertius?* Mais notez-le bien, nous ne lui assignons, nous ne pouvons lui assigner pour effet que l'incapacité pour *Secundus* de disposer désormais, au détriment de *Primus*, de la créance saisie sur *Tertius;* nous ne devons pas lui reconnaître pour effet celui de faire sortir la créance saisie du patrimoine de *Secundus*. Les conséquences de la distinction sont importantes.

(1) * Il me paraît difficile d'adopter cette solution. Le créancier *Primus*, qui n'a qu'une créance chirographaire, est exposé à voir diminuer son gage par le concours de tous les créanciers envers lesquels son débiteur s'obligera. La saisie-arrêt ne peut avoir pour effet d'interdire au saisi de contracter des dettes nouvelles, et, à moins que *Primus* ne prouve que ces créances sont entachées de fraude, il devra subir leur concours. *

833. A partir de la saisie-arrêt, *Secundus* ne pourra plus, sans doute, par un acte de sa volonté, enlever à *Primus* la garantie que lui offrait la créance arrêtée; mais cette créance n'en est pas moins encore le gage de tous ses créanciers, au détriment desquels la saisie pratiquée par *Primus* n'a pas établi de privilège. De là la conséquence que tous les créanciers du même *Secundus*, surtout ayant date certaine antérieure à la saisie-arrêt de *Primus*, pourront par des saisies postérieures concourir avec lui. Le droit actuel n'admet plus, au profit du premier saisissant, le privilège qu'autorisait autrefois la coutume de Paris.

Mais à quel instant ce droit s'arrêtera-t-il? à quel instant la créance saisie par *Primus* dans les mains de *Tertius* sera-t-elle frappée d'un droit exclusif au profit de *Primus?* à quel instant deviendra-t-elle en quelque sorte la propriété de *Primus ?*

D'abord, tant qu'il n'est pas intervenu de jugement sur la validité de la saisie-arrêt, *Primus* est exposé à concourir avec tous les saisissants venant après lui.

Mais ce jugement une fois intervenu, la validité de la saisie-arrêt une fois reconnue, *Primus* n'acquiert-il pas un droit exclusif à celui de tous les autres? Cela n'est pas douteux, lorsque la validité de la saisie-arrêt aura été prononcée par un jugement non susceptible d'opposition ou d'appel; il est clair que, dans ce premier cas, ce jugement, intervenu, au profit de *Primus*, vaut, à son égard, cession, transport, acquisition judiciaire du bien de son débiteur *Secundus*.

Mais en sera-t-il de même lorsque la saisie aura été déclarée valable, soit par un jugement par défaut, attaqué ensuite par opposition, soit par un jugement susceptible d'appel, attaqué ensuite par voie d'appel (1)? Dans le cours de l'instance sur l'opposition ou sur l'appel, de nouvelles saisies-arrêts pourront-elles survenir, de manière à attribuer à leurs auteurs le droit de concourir avec le premier saisissant originaire? La question ne peut, d'ailleurs, s'élever que quand le jugement qui interviendra, sur l'opposition ou sur l'appel, validera la saisie de *Primus;* car si ce jugement infirmait le précédent, il n'y aurait pas de question. Nous nous plaçons donc dans l'hypothèse où le jugement de validité serait confirmé : *Primus* ayant saisi *Tertius* du chef de *Secundus*, a fait juger en première instance la validité de la saisie; appel de la part de *Secundus*, et, dans le cours de l'instruction sur l'appel, de nouvelles saisies-arrêts sont pratiquées dans les mains de *Tertius*, par d'autres créanciers de *Secundus*. Si le jugement de première instance est confirmé; si la validité de la saisie-arrêt de *Primus*, reconnue par les premiers juges, l'est encore par la cour d'appel, *Primus* sera-t-il forcé de venir en concurrence avec les créanciers qui n'ont saisi que depuis le jugement de première instance et l'instruction de l'appel entamée?

On peut dire, pour la négative, que l'arrêt confirmatif du jugement de pre-

(1) ** Le jugement rendu dans une instance en validité de saisie-arrêt sur la demande en mainlevée de la saisie, formée par un tiers qui se prétend propriétaire de la somme saisie-arrêtée, est en dernier ressort, si la somme saisie-arrêtée est inférieure à 1,500 francs, bien que la créance du saisissant soit supérieure au taux de l'appel. — Cass. civ., 2 mars 1880, S. 80, 1, 352. **

mière instance rétroagit nécessairement au jour de ce jugement; qu'il ne fait que confirmer, au profit de *Primus*, le droit absolu, le droit exclusif que lui avait reconnu ou plutôt attribué ce jugement; qu'il serait inique d'admettre que *Secundus* par un appel déclaré mal fondé, par un appel dans lequel il échoue, vînt enlever à *Primus* le droit définitif que le jugement de première instance lui avait acquis.

D'autre part, on peut répondre que l'appel a tout remis en question ; que c'est désormais une sentence, une décision, une attribution nouvelle, qui résulte de l'arrêt au profit de *Primus*, et que, en conséquence, le droit ne dérivant pour *Primus* que de l'arrêt confirmatif, les autres créanciers du même débiteur *Secundus* ont pu, jusqu'à cet arrêt, se ménager le droit de concourir avec lui. La question, surtout dans ce dernier sens, est délicate dans le cas d'opposition, parce que l'opposition, d'une manière plus sensible encore que l'appel, remet tout en question et fait procéder par jugement nouveau.

Cependant, je crois que cette dernière idée serait rejetée comme trop subtile et trop dure; qu'on n'admettrait pas volontiers que *Primus*, qui, seul saisissant, s'est fait attribuer par un jugement la créance qu'il avait arrêtée dans les mains de *Tertius*, pût être équitablement dépouillé par l'effet de nouvelles saisies-arrêts pratiquées dans le cours d'une opposition ou d'un appel interjeté mal à propos, frauduleusement peut-être, par son débiteur saisi. Je crois donc que le jugement de première instance, qui déclare la saisie-arrêt valable, serait regardé comme faisant réellement sortir du patrimoine du débiteur *Secundus* la créance saisie sur *Tertius;* que ce jugement équivaudrait, au profit de *Primus*, à un véritable transport, au moins jusqu'à concurrence du montant de la créance pour laquelle il a saisi (1).

834. J'ai supposé jusqu'ici le cas le plus ordinaire, celui où *Primus* a saisi-arrêté dans les mains de *Tertius* un somme d'argent due par *Tertius* à *Secundus*. Supposons *Tertius*, non pas débiteur d'une somme d'argent, mais détendeur, commodataire, dépositaire d'effets mobiliers, que *Secundus* avait aussi remis. Dans ce cas, la saisie-arrêt a pu être également pratiquée ; elle a suivi toutes les formalités indiquées précédemment; mais, dans ce cas, les effets du jugement qui prononce la validité de la saisie-arrêt ne pourront pas être les mêmes. En effet, quand il s'agit d'une somme d'argent, on peut bien dire que le jugement qui valide la saisie-arrêt, et ordonne le versement par *Tertius* dans les mains de *Primus* de la somme due à *Secundus*, on peut bien dire que ce jugement attribue à *Primus* un droit exclusif sur la créance qu'il a saisie-arrêtée ; on peut bien dire qu'à partir du jugement *Tertius* est débi-

(1) Jugé que le jugement de validité n'emporte attribution au profit du saisissant, que lorsque ce jugement a acquis force de chose jugée. Cass., 20 novembre 1860, D. 60, 1, 478. — Cass., 13 février 1865, D. 65, 1, 79.

** Quant aux oppositions, non plus postérieures, mais antérieures au jugement de validité, elles conservent leur effet nonobstant ce jugement, quoiqu'elles n'aient pas été elles-mêmes validées, et par suite les sommes qui en sont l'objet continuent à rester indisponibles entre les mains du tiers saisi, tant que celui-ci ne s'est pas définitivement libéré ou que lesdites oppositions ne sont pas éteintes par la péremption. Rennes, 28 février 1879, S. 80, 2, 110.**

teur, non plus de *Secundus*, son créancier originaire, mais bien de *Primus* saisissant.

Mais s'il s'agit de meubles détenus par *Tertius*, au nom et pour le compte de *Secundus*, il n'en peut pas être de même ; la justice même n'a pas le droit d'attribuer à *Primus*, en paiement des deniers qui lui sont dus par *Secundus*, les meubles en nature qui appartiennent à celui-ci. Cela est permis par exception dans le cas de gage (art. 2078, C. civ.), mais non dans le cas de meubles qui n'ont pas été donnés en gage. Ainsi le jugement, qui, dans ce cas, valide la saisie-arrêt pratiquée par *Primus*, dans les mains de *Tertius*, sur les meubles que détient celui-ci, ne rend pas *Primus* propriétaire de ces meubles; en validant la saisie-arrêt, le jugement ordonne, à la requête de Primus, que ces meubles seront vendus. Mais comme il n'y a pas là d'attribution exclusive, comme ces meubles continuent d'être la propriété de *Secundus*, comme on est précisément au point où l'on en serait au début d'une saisie-exécution ou d'une saisie immobilière, on ne voit pas comment, dans ce cas, on pourrait attribuer à *Primus* un droit exclusif contre les créanciers saisissants qui n'interviendraient que plus tard. Le jugement n'a fait qu'une chose ; il reconnaît que *Primus* était créancier de *Secundus*, que les meubles détenus par *Tertius* appartenaient à *Secundus*, qu'en conséquence, *Primus*, comme tout créancier, a le droit de poursuivre la vente de ces meubles, à l'effet de se payer sur le prix. Mais il n'y a pas matière à repousser la concurrence avec *Primus* des créanciers saisissants même postérieurement au jugement. Ce ne sera donc qu'après la saisie pratiquée, après la collocation définitivement arrêtée, que les autres créanciers saisissants postérieurs pourront être exclus par ceux qui les précèdent (1).

⇒ **835.** Voilà les règles générales sur la procédure de la saisie-arrêt, procédure beaucoup plus compliquée, beaucoup plus longue et plus coûteuse aujourd'hui qu'elle ne l'était, en général, dans l'ancienne jurisprudence ; cela tient principalement à la faculté, maintenant accordée, de saisir-arrêter, même sans titre exécutoire, même sans titre sous seing privé et sur la permission du juge, et aussi à la suppression de la règle qui rendait la saisie-arrêt attributive de juridiction, comme je l'ai dit sur l'art 567.

* En matière de saisie immobilière, l'art. 685, C. pr., permet de saisir-arrêter, d'une manière beaucoup plus simple, les loyers et fermages de l'immeuble saisi (Voy. n° 928). *

Les trois articles suivants ne sont plus relatifs à des questions de procédure ; ils ne sont que des exceptions à la règle générale du premier article de ce titre, d'après lequel tout créancier peut saisir les sommes et effets appar-

(1) ** Mais le jugement qui prononce la validité d'une saisie-arrêt constatant, à la charge du débiteur saisi contre lequel il est rendu, l'existence d'une dette, produit hypothèque judiciaire sur ses biens comme aussi sur ceux du tiers saisi. Cass. Req., 1er août 1881, S. 82, 1, 337. Il suit de là qu'au point de vue des rapports entre créanciers, ce jugement produit sur les immeubles du débiteur des effets plus énergiques que sur les meubles, puisqu'il attribue un droit de préférence résultant de l'hypothèque, et cela, même dans le cas où la saisie-arrêt a porté sur des meubles. **

tenant à son débiteur. Ces trois articles, et surtout les deux premiers, indiquent, soit directement, soit indirectement, par renvoi à plusieurs lois spéciales, un assez grand nombre de cas dans lesquels le créancier n'est pas admis à saisir-arrêter certaines natures de créances appartenant à son débiteur.

« Art. 580. Les traitements de pensions dus par l'État ne pourront être saisis que pour la portion déterminée par les lois ou par les règlements et ordonnances. »

Il y a ici deux catégories que l'article distingue, et qu'il est important de distinguer en fait, dans la pratique : d'une part, les traitements, salaires ou honoraires des fonctionnaires publics ; de l'autre, les pensions.

A l'égard des traitements, le motif qui les rend insaisissables, soit en totalité, soit en partie, est bien facile à comprendre : il tient à l'intérêt du service public qui serait entravé, si l'on pouvait saisir, au moins en totalité, le traitement du fonctionnaire débiteur. A cet égard, les règles varient selon la nature des traitements.

Ainsi, les traitements ecclésiastiques sont complètement insaisissables; c'est ce qui a été déclaré par un arrêté du 18 nivôse an XI. ** Il en est de même des traitements des matelots, d'après le décret du 2 prairial an XI, art. 111. **

Les traitements des militaires ne sont saisissables que pour un cinquième, quelle que soit d'ailleurs l'importance, la quotité du traitement : vous trouvez cette règle posée dans un décret du 19 pluviôse an III.

A l'égard des autres traitements, des traitements des fonctionnaires publics, l'insaisissabilité totale n'existe pas ; mais ces traitements ne sont saisissables que pour partie, et la quotité pour laquelle il est permis de saisir varie selon l'importance proportionnelle du traitement. Vous trouverez les règles de cette matière dans une loi du 21 ventôse an IX; voici au reste le fond de ses dispositions :

Lorsque le traitement est inférieur à 1,000 fr., la saisie-arrêt ne peut être pratiquée, par le créancier du fonctionnaire, que pour un cinquième. Sur les 5,000 fr. suivants, la saisie-arrêt peut être pratiquée pour un quart, et enfin, sur les traitements qui dépassent 6,000 fr., la saisie-arrêt peut l'être pour un tiers.

Mais entendez bien le sens de cette loi : ce n'est pas à dire que le créancier d'un fonctionnaire public puisse, en vertu de cette dernière règle, saisir le tiers d'un traitement dépassant 6,000 fr., par exemple, le tiers d'un traitement de 8,000 fr., sur un traitement de 8,000 fr. ; le créancier saisissant devra suivre les distinctions que je viens d'indiquer, c'est-à-dire qu'il saisira pour un cinquième sur 1,000 fr., plus pour un quart sur les 5,000 fr. suivants, plus pour un tiers sur l'excédent ; ce qui est tout à fait différent, et donne beaucoup moins d'importance et d'étendue à la saisie.

Voilà les principales règles auxquelles l'art. 580 fait allusion en ce qui touche les traitements de fonctionnaires publics (1).

(1) * Les employés des chemins de fer ne jouissent pas du bénéfice de la loi de ventôse an IX. — Bordeaux, 17 mars 1858, D. 59, 2, 6, et la note.

** D'après un arrêt de la cour de Bordeaux du 12 juillet 1880, S. 81, 2, 106, les lois n'ayant déclaré les traitements des fonctionnaires publics partiellement insaisissa-

A l'égard des pensions, le principe qui les rend insaisissables, soit en tout, soit en partie, est d'une autre nature. Évidemment ce n'est plus ici l'intérêt du service public, puisque le fonctionnaire ne rend plus de services à l'État, c'est un intérêt d'humanité. La pension est accordée comme un droit alimentaire, elle est accordée à titre de nécessité présumée pour le fonctionnaire. De là, l'impossibilité de la saisie. Aussi, en règle générale, n'est-ce pas seulement pour partie, mais bien pour la totalité, que les pensions dues par l'État sont insaisissables.

Il y a pourtant une exception à cette règle, relativement aux pensions des militaires; une partie de ces pensions, un tiers, peut être saisie en vertu d'une permission spéciale du ministre de la guerre, mais seulement pour les créanciers alimentaires de la famille du pensionnaire. Ainsi le principe de l'insaisissabilité entière, absolue, des pensions fléchit, dans ce cas unique, jusqu'à concurrence d'un tiers, et en vertu d'une permission spéciale, pour aliments dus par le pensionnaire, soit à sa femme, soit à ses enfants.

836. « Art. 581. Seront insaisissables : 1° les choses déclarées insaisissables par la loi ; 2° les provisions alimentaires adjugées par justice ; 3° les sommes et objets disponibles déclarés insaisissables par le testateur ou donateur ; 4° les sommes et pensions pour aliments, encore que le testament ou l'acte de donation ne les déclare pas insaisissables. »

Ici, l'insaisissabilité est établie directement par le Code de procédure; il renvoie bien tacitement, au moins sur quelques points, à certaines lois spéciales, mais il ne subordonne pas sa règle à des distinctions de quotité, comme le fait l'article précédent. Ici, l'insaisissabilité est entière, absolue ; elle s'applique à la totalité de la créance ou de la somme, ou, s'il y a quelques rares exceptions à ce principe, ces exceptions résultent du texte même du Code de procédure ; elles sont indiquées dans l'art. 582. Voyons d'abord le principe.

Seront insaisissables : 1° les choses déclarées insaisissables par la loi.

Ceci s'applique d'abord aux objets énumérés dans l'art. 592 du Code de procédure ; l'art. 592 est placé dans le titre *Des Saisies-exécutions* ou *Des Saisies mobilières ;* il indique certains meubles corporels qu'un créancier ne peut saisir

bles que dans l'intérêt de leurs familles, la pension alimentaire, ainsi que la provision *ad litem* accordée à la femme d'un employé civil dans une instance en séparation de corps, peuvent être prélevées sur la portion même insaisissable en cas d'insuffisance de la portion saisissable. La cour de Paris a décidé le contraire par un arrêt du 10 août 1882, S. 83, 2, 125. Dans cet arrêt, il est dit, qu'en l'absence de tout texte, il faut assimiler la femme aux autres créanciers. Cette solution ne nous semble pas exacte et nous préférons la première. Si la loi n'a déclaré certaines parties du traitement insaisissables que dans l'intérêt de la famille, il est tout naturel que la pension de la femme puisse porter sur cette partie, si celle qui est déclarée saisissable est manifestement insuffisante.

Il a été jugé que les appointements des employés des particuliers peuvent être déclarés insaisissables pour partie, lorsque, à raison de la position de ces employés, ces traitements doivent être considérés comme alimentaires, et, en pareil cas, la détermination de la quotité des sommes saisies qui doit être réservée au débiteur est laissée à l'appréciation des juges du fond. Cass. Req., 29 mai 1878, S. 79, 1, 64.**

dans les mains de son débiteur ; ce sont, en général, les meubles essentiels à la subsistance, à l'entretien, à la vie du débiteur saisi. Tels sont, par exemple, ses vêtements ; les meubles qui sont à son usage nécessaire et journalier; les instruments, les livres, les outils relatifs à sa profession, au moins jusqu'à une certaine valeur. Eh bien, de même que, d'après l'art. 592, on ne peut pas saisir dans les mains du débiteur les meubles désignés par cet article, de même, si ces meubles se trouvent, non pas dans les mains du débiteur lui-même, mais dans les mains d'un tiers, auquel il les a confiés, on ne peut pas les saisir-arrêter dans les mains de ce tiers, parce qu'on ne pourrait pas les saisir-exécuter dans les mains du débiteur.

Secondement, il faut également reporter à notre § 1, le cautionnement des officiers ministériels. Ainsi les avoués, les notaires, les huissiers et autres officiers ministériels déposent un cautionnement, qui varie selon la nature des fonctions et l'importance du lieu où ces fonctions sont exercées. Ce cautionnement sert de garantie aux fautes commises par ces officiers, aux préjudices causés par eux dans l'exercice de leurs fonctions ; il est la garantie des faits de charge des officiers ministériels. Or, tant que durent les fonctions, tant que l'officier ministériel garde son titre, le cautionnement ne peut être saisi que pour faits de charge ; il ne pourrait pas l'être par des créanciers qui se présenteraient à un autre titre. Les créanciers ordinaires de l'officier ministériel ne peuvent pas, tant qu'il reste en fonctions, saisir-arrêter au Trésor le cautionnement versé par lui, et qui forme la garantie spéciale et privilégiée de ses créanciers pour faits de charge.

Une classe bien importante aussi d'objets ou de créances déclarés insaisissables, ce sont les rentes sur l'État, qui constituent dans les habitudes présentes une partie fort notable de la fortune des particuliers. Le créancier ne peut saisir-arrêter sur le Trésor les arrérages, ni le capital des rentes dues par le Trésor à son débiteur ; c'est ce qui résulte du § 1er de l'art. 4 de la loi du 9 nivôse an VI, loi relative à la formation du grand-livre du tiers consolidé de la dette publique. Cet art. 4 s'exprimait ainsi : « Il ne sera plus reçu, à l'avenir, d'opposition sur le tiers conservé de la dette inscrite ou à inscrire. » Cet article a pour motif principal le désir d'encourager les placements sur l'État, en offrant aux particuliers, qui placent ainsi leurs fonds, l'attrait de l'insaisissabilité ; principe utile peut-être au crédit de l'État, mais qu'il est permis de ne pas trouver bien juste, ni bien moral. Toujours est-il que de cet article 4 résulte une nouvelle catégorie de créances insaisissables, catégorie très importante dans l'usage, dans la pratique. ** Toutefois, lorsque des rentes sur l'État ont été affectées à un cautionnement au profit de l'État, ou données en gage à un créancier quelconque, le Trésor public ou le créancier gagiste est autorisé à les faire vendre à la Bourse pour l'exécution des obligations qu'elles sont destinées à garantir. Mais, même dans ce cas, elles n'en restent pas moins insaisissables au regard de tous autres créanciers (1). **

(1) ** Paris, 25 juin 1832, S. 32, 2, 550 ; — Grenoble, 27 juillet 1867, S. 68, 2, 79. — Un décret du 28 février 1852 (art. 18) a également déclaré insaisissables, par une faveur spéciale, les lettres de gage ou obligations du Crédit foncier de France et leurs intérêts. **

* Enfin, d'après l'art. 33 de la loi du 24 germinal an XI, aucune opposition n'est admise sur les sommes en compte courant dans les banques autorisées. *

Voilà les principales classes d'objets auxquels s'applique le premier numéro de l'art 581 (Voy. aussi Dall., *Rép.*, v° *Saisie-arrêt*, n°s 154 et suiv.).

2° *Les provisions alimentaires adjugées par justice*. Par exemple, lorsque, dans le cours d'un procès, l'une des parties a obtenu contre l'autre une condamnation provisoire qui oblige cette dernière à lui fournir des aliments ; c'est ce qui est fréquent dans les séparations de corps. Cette provision est accordée à celui qui l'obtient parce qu'elle lui est jugée nécessaire, donc elle est insaisissable. C'est le même motif que pour les pensions insaisissables, sauf toutefois l'exception que nous signalerons sur l'art. 582.

3° *Les sommes et objets disponibles déclarés insaisissables par le testateur ou donateur*. Ainsi, une rente, une somme quelconque vous a été léguée ou donnée entre vifs. En principe, la créance que vous avez contre le donateur ou contre l'héritier du testateur, pour l'exécution de la donation, du legs, est dans votre patrimoine, et forme, comme tout autre bien, le gage de vos créanciers. Si, cependant, le donateur ou testateur a expressément déclaré que cette créance serait insaisissable, vos créanciers n'y peuvent pas trouver de gage, vos créanciers ne peuvent pas la saisir-arrêter, soit dans les mains du donateur, soit dans les mains de l'héritier du testateur. La raison en est simple : c'est que le donateur ou le testateur était libre de ne point vous donner, de ne point vous léguer ; il n'a donné, il n'a légué qu'en déclarant sa volonté de vous attribuer le profit exclusif de sa libéralité ; donc, vos créanciers n'ont pas à se plaindre, ils n'ont pas dû compter sur ce gage, et, si le testateur ou le donateur n'était pas libre d'apposer cette clause à sa libéralité, il est à croire qu'il n'aurait pas disposé, qu'il n'aurait pas donné ou légué. Telle est au moins la règle; nous verrons, sur l'article suivant, dans quel cas elle fléchit.

La loi se sert d'une expression remarquable : *Les sommes et objets disponibles*.

Si les sommes ou objets qui ont été légués avec déclaration d'insaisissabilité, l'ont été par un testateur dont les biens étaient frappés d'une réserve au profit du légataire, alors la règle de l'article disparaît ou se modifie. Ainsi, un père, ayant déjà épuisé son disponible par des donations au profit d'étrangers, lègue la réserve à son fils avec clause d'insaisissabilité ; cette clause ne vaudra pas, parce que la raison précédente ne s'applique pas. La raison qui, en principe, fait admettre comme valable la clause d'insaisissabilité, c'est, avons-nous dit, que le testateur, libre de ne point donner, a été libre *à fortiori* de subordonner son don à telle ou telle condition ; or, cette raison n'est vraie que pour le disponible, elle ne l'est pas pour la réserve ; donc la réserve, nonobstant la clause de l'insaisissabilité, servira de garantie aux créanciers personnels du réservataire. Tel est le sens de ces mots, *les sommes et objets disponibles* (1).

4° *Les sommes et pensions pour aliments, encore que le testament ou l'acte de*

(1) * Jugé que la condition d'insaisissabilité attachée au legs d'usufruit d'un immeuble s'étend à tous les fruits qu'il produit. — Cass., 1er juillet 1863, D. 63, 1, 312. *

donation ne les déclare pas insaisissables. Ici, la règle porte avec elle son motif : la clause d'insaisissabilité résulte, non pas d'une déclaration littérale de l'acte de donation ou du testament, mais elle résulte tout aussi clairement de la destination donnée par le donateur ou le testateur à sa libéralité : cette destination est une destination de nécessité, qui rend par là même la créance insaisissable, au moins en principe, et sauf les exceptions auxquelles nous passons maintenant.

837. « Art. 582. Les provisions alimentaires ne pourront être saisies que pour cause d'aliments ; les objets mentionnés aux numéros 3 et 4 du précédent article pourront être saisis par des créanciers postérieurs à l'acte de donation ou à l'ouverture des legs ; et ce, en vertu de la permission du juge, et pour la portion qu'il déterminera. »

Les provisions alimentaires ne pourront être saisies que pour cause d'aliments. C'est-ici une exception au 2° de l'art. 581 ; et cette exception peut s'entendre dans deux sens. Ainsi, une femme demanderesse en séparation de corps a obtenu, dès le début de l'instance, un jugement provisoire qui lui accorde une pension ; cette pension, étant alimentaire, est, en règle, insaisissable ; elle pourra cependant être saisie pour cause d'aliments, c'est-à-dire : 1° que si cette femme est elle-même débitrice d'aliments, par exemple envers ses ascendants, aux termes des art. 204 et suivants du Code civil, cette créance alimentaire de la femme pourra être saisie, au moins pour partie, et suivant les règles établies au Code civil ; elle pourra être saisie à l'effet de nourrir les ascendants envers lesquels la femme est elle-même déclarée débitrice.

Ce sera là une question de fait, car vous sentez que les aliments sont accordés par le tribunal à l'ascendant contre le descendant, et réciproquement, dans la proportion des besoins de celui qui les réclame, et de la fortune de celui qui les doit. Or, comme la provision alimentaire, accordée à la femme dans une instance en séparation de corps, est réglée selon son état, sa fortune, sa position sociale, cette provision alimentaire peut, à la rigueur, suffire à nourrir, non seulement la femme, en la réduisant au strict nécessaire, mais aussi son père, sa mère, ses ascendants, auxquels elle doit des aliments. Ainsi, dans ce cas, si ces ascendants obtiennent contre elle une condamnation alimentaire, ils pourront, pour garantie de cette condamnation, saisir-arrêter dans les mains du mari, débiteur de la provision, une partie de cette provision adjugée par la justice à la femme. Voilà un premier sens dans lequel on peut, on doit entendre cette exception, résultant des premiers mots de notre article, au 2° du précédent.

On peut encore entendre l'exception dans un autre sens, et relativement à d'autres créances ; on peut l'entendre en ce sens que, bien que la provision alimentaire accordée dans l'espèce à la femme, ne puisse être saisie par ses créanciers ordinaires, elle pourrait cependant l'être par un créancier qui l'est devenu en lui fournissant, à crédit, des aliments. En d'autres termes, on peut l'entendre en ce sens, que la provision alimentaire, bien qu'insaisissable par les créanciers de la femme, pourrait cependant être saisie par les créanciers indiqués dans l'art. 2101, § 5, du Code civil, pour le paiement des fournitures faites à la femme par tous les marchands, tous les fournisseurs d'aliments.

Voilà les deux sens dans lesquels on peut et on doit, je crois, entendre l'exception des premiers mots de notre article.

838. La seconde partie de notre article renferme une exception à la règle d'insaisissabilité posée dans les §§ 3 et 4 de l'art. 581. Ainsi, quoique, en général, les sommes disponibles déclarées insaisissables ou bien les sommes léguées ou données à titre d'aliments ne puissent pas être saisies, elles pourront cependant l'être quelquefois pour partie par les créanciers postérieurs au legs ou à la donation. Entendons-nous d'abord sur cette première condition. De la combinaison de nos deux textes, il résulte que les créances indiquées dans les §§ 3 et 4 de l'art. 581 ne peuvent jamais être saisies par les créanciers qui ont titre antérieur au legs ou à la donation ainsi faite. Pourquoi? Parce qu'à ces créanciers s'applique, dans toute sa force, la raison que nous avons donnée. Ainsi, vous avez légué une somme disponible, en la déclarant insaisissible, à une personne dont l'actif était en ce moment complètement absorbé et même au delà par son passif, vous l'avez déclarée insaisissable, parce que c'est à elle, et non point à ses créanciers, que vous avez entendu procurer un avantage ; vous l'avez déclarée telle, et cette déclaration s'exécutera, parce que, si elle ne devait pas s'exécuter, il est probable que vous n'auriez ni donné ni légué. Cette raison s'applique dans toute sa rigueur à ceux qui, à ce moment, étaient créanciers du légataire, parce que, de même que vous n'auriez pas donné si le produit de cette donation devait être absorbé par les créanciers du donataire, de même aussi ces créanciers, étant antérieurs à la donation, n'ont jamais dû compter, pour leur paiement, sur le produit d'une donation dont ils ne pouvaient pas soupçonner l'existence à venir.

Mais ce même raisonnement ne s'applique point, dans toute sa vérité, dans toute sa justesse, aux créanciers qui n'ont prêté au donataire ou légataire, ou qui n'ont traité avec lui, que depuis la donation ou l'ouverture du legs. Pourquoi? Parce qu'ils ont pu traiter avec lui, lui faire des fournitures, des avances, dans la confiance que leur inspirait l'aisance apparente que tirait ce débiteur de la donation, du legs que vous lui aviez fait. Ils ont pu être abusés par cette aisance apparente, et compter sur cette solvabilité, ignorant que cette aisance résultait d'une donation déclarée insaisissable. Alors la loi essaye de concilier, autant que possible, la bonne foi de ces créanciers avec l'intention du donateur ou du testateur. Ces créances pourront, dit-elle, être saisies-arrêtées par les créanciers postérieurs au legs ou à la donation. Mais, 1° il faudra pour cela une permission expresse des juges qui devront apprécier la nature de l'erreur et la bonne foi; et 2° cette permission ne sera accordée que pour une somme plus ou moins forte, pour une quotité de la créance, en ayant égard, avant tout, au besoin du débiteur sur lequel on saisit-arrête.

TRENTE-HUITIÈME LEÇON

839. * Nous passons maintenant aux voies d'exécution forcée contre le débiteur lui-même, en laissant de côté, quant à présent, toutes les saisies de précaution (Voy. n° 843), c'est-à-dire la saisie-gagerie, la saisie conservatoire, la saisie foraine et la saisie-revendication, dont l'explication trouvera sa place ailleurs.

La loi, dans les titres VII à XX, s'occupe des modes d'exécution forcée. Elle traite d'abord des saisies mobilières (saisie-exécution, saisie-brandon, saisie des rentes), dans les titres VIII, IX et X, et de leurs conséquences, c'est-à-dire de la distribution par contribution des deniers provenant de la vente des meubles saisis (tit. XI).

La loi règle ensuite la saisie immobilière (tit. XII), la procédure des incidents qu'elle peut soulever (tit. XIII), enfin ses conséquences, c'est-à-dire la distribution par voie d'ordre des deniers provenant de la vente de l'immeuble saisi (tit. XIV). Enfin le titre XV trace les règles de l'exécution contre la personne même du débiteur, c'est-à-dire de l'emprisonnement. Occupons-nous d'abord des saisies de meubles.

Les saisies mobilières qui constituent de véritables modes d'exécution sont au nombre de trois : la saisie-exécution, type général des saisies de meubles; la saisie-brandon, relative aux fruits pendant par racines, qui sont immeubles au moment de la saisie, mais qui seront vendus comme meubles; enfin la saisie des rentes, sorte de meubles que leur caractère légal de droits ou choses incorporelles a dû assujettir à des formes particulières.

Tel est l'ordre dans lequel le législateur a tracé les règles de ces différentes saisies mobilières, et dans lequel nous expliquerons le titre VIII de la saisie-exécution, le titre IX de la saisie-brandon, et le titre IX de la saisie des rentes*.

TITRE VIII

DES SAISIES-EXÉCUTIONS (C. D.).

840. * Les rédacteurs du Code de procédure ont souvent, dans ce titre, reproduit les idées et emprunté les expressions contenues aux titres XXXIII et XIX de l'ordonnance de 1667, que nous aurons fréquemment à comparer avec la loi actuelle.

Par la saisie-exécution le créancier fait d'abord mettre sous la main de justice, puis vendre, les meubles corporels de son débiteur, afin de se faire payer sur le prix.

Le législateur a dû, dans cette matière, d'une part, prendre en considération l'intérêt légitime du créancier qui poursuit la réalisation de son droit, et, d'autre part, établir des garanties protectrices de la propriété, afin que le débiteur ne fût pas trop promptement dépouillé de sa chose.

Nous diviserons l'explication de ce titre en cinq paragraphes :

1° Nous verrons quelles sont les formalités qui précèdent et accompagnent la saisie-exécution (art. 583 à 591, 595, 599, 601, 602);

2° Nous examinerons, dans un second paragraphe, quels sont les objets corporels du débiteur que la loi ne permet pas de saisir (art. 592, 593, 594);

3° Nous expliquerons tout ce qui concerne le gardien de la saisie (art. 596 à 606, moins les art. 599, 601 et 602);

4° Nous nous occuperons des incidents que peuvent élever, soit le saisi, soit les tiers, et des règles relatives aux secondes ou subséquentes saisies (art. 608 à 612);

5° Enfin nous traiterons des formalités qui précèdent la vente, et de la vente elle-même (art. 613 à 625).

§ 1er. *Des formalités qui précèdent et accompagnent la saisie* (art. 583 à 591, 595, 599, 601, 602). — Ces formalités sont au nombre de deux : 1° le commandement qui doit précéder la saisie ; 2° le procès-verbal de saisie. Ainsi, rien de plus simple, rien de moins compliqué que les formes de la mise sous la main de justice dans la saisie-exécution : un commandement et le procès-verbal de la saisie. Les articles 583 et suivants vont nous montrer à quelles conditions est assujettie chacune de ces formalités. Commençons par le commandement, objet des articles 583 et 584.

« Art. 583. Toute saisie-exécution sera précédée d'un commandement à la personne ou au domicile du débiteur, fait au moins un jour avant la saisie, et contenant notification du titre s'il n'a été notifié. »

J'ai déjà défini le commandement (Voy. n° 813). Le but du créancier, en le signifiant, est de mettre le débiteur en demeure de l'avertir que, faute par lui de payer, et dans le plus bref délai, ses meubles seront saisis et vendus pour le payement de la dette. Ce commandement est accompagné, d'après notre article, de la *notification du titre*, notification qui rappelle au débiteur la cause des poursuites dirigées contre lui. Il s'agit évidemment d'un titre exécutoire dont le commandement lui-même, ainsi que la saisie-exécution, comme nous l'avons vu, présupposent nécessairement l'existence.

Toutefois cette règle souffre exception dans des matières spéciales. Pour le recouvrement des contributions directes, par exemple, des poursuites d'exécution peuvent être pratiquées sans titre exécutoire ; mais il s'agit là d'un cas tout exceptionnel que je me borne à mentionner en passant.

Fait au moins un jour avant la saisie. Ainsi le débiteur poursuivi pour une dette exigible depuis longtemps peut-être, le débiteur, même en demeure, aura toujours un intervalle de temps, très court sans doute, mais enfin suffisant, pour empêcher la saisie en se procurant des fonds, par exemple en réalisant des effets au porteur, en retirant des sommes déposées chez son notaire, son banquier, ou placées de toute autre manière. Le créancier est tenu de laisser, à cet effet, un jour au débiteur mais il n'est pas tenu d'en laisser plus d'un. Ce jour est *franc*, et vous savez déjà ce qu'il faut entendre par un jour franc. Peut-être pourrait-on faire une objection contre la franchise du délai. En effet, notre article, dans le projet du Code de procédure, contenait précisément le mot *franc*, qui a été supprimé dans la discussion. Mais il l'a été uniquement par la crainte qu'on ne considérât, comme n'étant pas *francs*, les délais qui, dans d'autres articles, ne seraient pas expressément qualifiés tels. Il a été entendu que tous les délais fixés pour les ajournements, citations, sommations, etc., seraient francs, conformément à la règle générale formulée dans l'art. 1033 du Code de procédure. Aussi la suppression du mot *franc* dans notre article ne doit-elle être considérée que comme un renvoi à l'art. 1033.

Il faut donc au moins un jour franc d'intervalle entre le commandement et le procès-verbal de saisie, mais le créancier est libre d'accorder un délai plus long. Ainsi, après un commandement fait aujourd'hui, la saisie pourrait être pratiquée non seulement après-demain, mais dans trois jours, huit jours, un mois, un an; en un mot, tant qu'il n'y a pas lieu de présumer que le saisissant a renoncé à ses poursuites (1). La saisie-exécution diffère à cet égard, de la saisie-immobilière qui doit être faite dans les trente jours qui suivent le commandement (art. 674, C. pr.). Au contraire, en matière de saisie-exécution, la loi n'a pas fixé le maximum du délai entre le commandement et la saisie, mais seulement un minimum, un jour franc. Mais si des circonstances particulières manifestaient, de la part du créancier, l'intention d'abandonner les poursuites basées sur ce commandement; si, par exemple, en recevant un à-compte, il accordait de nouveaux termes d'échéances; s'il acceptait en payement des billets, dans ces circonstances ou dans d'autres semblables, un nouveau commandement deviendrait nécessaire pour servir de base à un procès-verbal de saisie, en cas de non-exécution des conventions nouvelles.

A la personne ou au domicile du débiteur. Le mot domicile doit s'entendre naturellement du domicile réel; mais, s'il y avait eu élection de domicile pour l'exécution du contrat qui motive la saisie, le commandement serait valablement signifié au domicile élu. Cette solution doit être adoptée sans hésitation en présence de l'art. 111 du Code civil, qui permet de faire au domicile élu toutes les poursuites relatives à l'acte pour lequel les parties sont convenues d'une élection de domicile.

841. « Art. 584. Il contiendra élection de domicile jusqu'à la fin de la poursuite, dans la commune où doit se faire l'exécution, si le créancier n'y demeure; et le débiteur pourra faire à ce domicile élu toutes significations, même d'offres réelles et d'appel. »

Cet article, qui reproduit la disposition de l'art. 1er du titre XXXIII de l'ordonnance de 1667, exige que le créancier ait un domicile réel ou élu dans la commune où il veut faire pratiquer une saisie-exécution.

Election de domicile jusqu'à la fin de la poursuite. Ces mots ont pour but de proscrire un usage adopté par quelques officiers publics sous l'empire de l'ordonnance de 1667, usage déjà réprouvé autrefois par la jurisprudence et la doctrine. L'ordonnance contenait aussi l'obligation pour le saisissant d'élire domicile dans le lieu de la saisie, mais elle ne s'était pas expliquée sur la durée de ce domicile. Quelques personnes en avaient conclu qu'une élection de domicile momentanée suffisait pour satisfaire aux prescriptions de l'ordonnance. Ainsi des procureurs, des huissiers, indiquaient, dans le commandement, une élection de domicile pour vingt-quatre heures seulement; et, dans leur intention, cette élection de domicile ne devait produire aucun effet pour les poursuites postérieures, c'est-à-dire pour la grande partie de la procédure de saisie. C'était évidemment violer l'esprit de l'ordonnance, tout en se conformant à son texte littéral. La rédaction de l'art. 584 ne peut plus se

(1) Pau, 29 juin 1821, *Journal du Palais.*

prêter à une semblable interprétation : *Il contiendra élection de domicile jusqu'à la fin de la poursuite.*

Cette élection de domicile est attributive de juridiction au tribunal du lieu de la saisie, qui devient ainsi compétent pour statuer sur les demandes en mainlevée ou en nullité de la saisie. Cette attribution de juridiction était déjà admise dans l'ancienne jurisprudence; l'art. 7 d'un édit de janvier 1685, relatif à l'administration de la justice au Châtelet de Paris, contenait à cet égard une disposition formelle. Le Code de procédure, en reproduisant la nécessité de l'élection de domicile, a dû lui attacher les mêmes effets; et, en spécifiant dans l'art. 584 certaines significations qui peuvent être faites au domicile élu, le législateur a eu évidemment l'intention d'étendre, et non de restreindre les effets du domicile élu.

L'attribution de compétence résulte donc aujourd'hui, comme autrefois, de cette élection de domicile. Elle se justifie très bien d'ailleurs par la faveur due au débiteur attaqué : serait-il juste de le forcer à porter au tribunal du domicile du saisissant une demande en mainlevée ou en nullité de la saisie? La saisie est pratiquée le plus ordinairement au domicile du prétendu débiteur; c'est donc au tribunal du domicile du saisi que les demandes en mainlevée ou en nullité de la saisie devront être portées. Le saisi, cependant, joue en apparence le rôle de demandeur en mainlevée ou en nullité; mais, en réalité, c'est lui qui est attaqué, qui est, non pas dans la procédure, mais au fond des choses, le véritable défendeur : il défend à la saisie pratiquée contre lui; il est donc juste qu'il plaide devant le tribunal de son domicile (1).

L'élection de domicile, dans le commandement, est-elle prescrite à peine de nullité? La plupart des auteurs, d'accord avec la jurisprudence, décident la négative. Ils se fondent : 1° sur ce que le Code de procédure n'a pas reproduit la disposition de l'art. 19 du titre XXXIII de l'ordonnance de 1667 qui, dans ce cas, prononçait expressément la nullité; 2° sur l'article 1030 du Code de procédure qui défend de suppléer les nullités d'exploits.

D'autres pensent qu'il n'y a pas de nullité, surtout si le procès-verbal de saisie contient cette élection de domicile qui manquait dans le commandement; mais ces derniers mots restreignent singulièrement la portée de la solution. Dire que la nullité peut être couverte par le procès-verbal de saisie, c'est reconnaître la nullité du commandement pris isolément.

Je crois, en effet, que l'élection de domicile, en principe, est exigée à peine de nullité (2). L'art. 1030, il est vrai, défend de suppléer les nullités d'exploits; mais la doctrine et la jurisprudence reconnaissent généralement qu'il faut distinguer entre les formalités substantielles dont l'omission entraîne la nullité, et les formalités accessoires dont l'omission n'entache pas la validité des actes (Voy. l'explication de l'art. 1030). L'élection de domicile constitue-t-elle une formalité substantielle, c'est-à-dire une formalité sans laquelle l'acte ne remplit pas le but auquel il est destiné? Il me paraît difficile de refuser le caractère de formalité substantielle à l'élection de domicile, qui a pour but d'attri-

(1) ** Mais le saisi pourrait renoncer à cette compétence établie en sa faveur et agir devant le tribunal du saisissant. **

(2) *Contrà*, Colmar, 4 juillet 1810, *Journal du Palais*.

buer une compétence, de faciliter et d'abréger pour le débiteur les moyens de se soustraire à la saisie et à la vente de ses meubles, en faisant des offres ou en signifiant son acte d'appel au lieu de son propre domicile, et non au domicile réel du saisissant.

En présence d'un commandement qui ne contient pas d'élection de domicile, et qui n'est pas suivi immédiatement du procès-verbal de saisie, en présence d'un procès-verbal de saisie qui garde le même silence à l'égard de l'élection, que devra faire le saisi qui ne veut pas rester sous le coup d'une saisie qu'il croit mal fondée? Il demandera la mainlevée. Mais le défaut d'élection de domicile changera-t-il la compétence? Où devra-t-il signifier son exploit d'ajournement? S'il veut se libérer, où devra-t-il faire des offres réelles? Le forcer à les faire au domicile réel du créancier, c'est le priver de la faveur que la loi lui accorde, c'est l'obliger à faire loin de lui, à quatre cents, cinq cents kilomètres peut-être, des offres qu'il lui serait bien plus commode et qu'il a droit de faire au lieu de son domicile. Evidemment on doit regarder comme substantielle une formalité qui attribue juridiction, qui change le lieu où les offres peuvent se faire, où l'acte d'appel peut être signifié, et, si cette formalité est substantielle, son omission entraîne la nullité de l'acte qui ne la contient pas.

Maintenant j'accorderai volontiers que cette nullité peut être couverte soit par le procès-verbal de saisie, qui répare l'omission et indique un domicile élu dans le lieu de la saisie, soit par la volonté du débiteur, qui peut renoncer à un droit créé en sa faveur.

842. Outre l'attribution de juridiction, l'élection de domicile produit encore d'autres effets : le débiteur, d'après les derniers mots de l'art. 584, pourra faire à ce domicile *toutes significations, même d'offres réelles et d'appel.*

Que faut-il entendre par offres réelles? (Voy. ci-après l'explication des art. 812 et suiv.) Si le débiteur veut se libérer, rendre ainsi la saisie efficace et arrêter la vente, il pourra faire, au domicile élu, des offres réelles. Ces offres suspendent les poursuites de saisie-exécution jusqu'à ce qu'il ait été statué sur leur validité; déclarées valables, elles mettent fin aux poursuites, qui pourront, au contraire, être reprises, si les offres sont jugées insuffisantes.

Et d'appel. A l'appel de quel jugement l'art. 584 fait-il allusion? L'appel suppose un jugement rendu en premier ressort. De quel jugement la loi parle-t-elle ici? S'agit-il du jugement qui motive l'exécution ou d'un jugement rendu sur une contestation que l'exécution a soulevée? L'art. 584 s'applique à l'appel de ces deux sortes de jugements. Ainsi, l'exécution d'un jugement peut être poursuivie immédiatement après la signification, sauf l'appel qui est suspensif. Si donc le créancier fait pratiquer une saisie pendant les délais d'appel, en exécution du jugement de condamnation qu'il a obtenu, le débiteur pourra arrêter les poursuites en interjetant un appel, dont l'acte pourra être signifié au domicile élu dans le commandement. En second lieu, nous permettrons au saisi de signifier au domicile élu l'appel des jugements prononcés entre le saisi et le saisissant sur les contestations relatives à la saisie; par exemple, sur la nullité du commandement ou du procès-verbal de saisie (1).

Le débiteur a le droit de payer à l'huissier qui lui remet la copie du commandement. L'huissier prétendrait vainement qu'il n'a pas mission de recevoir le payement; la remise des pièces à l'huissier pour faire le commandement vaut mandat tacite de toucher les sommes ou les objets dont le payement est demandé sous peine de saisie-exécution. Sans doute, de ce qu'un huissier signifie un acte pour lequel la partie lui a remis ses pièces, il ne faudrait pas toujours conclure que l'huissier a le droit de toucher le montant de la dette à l'occasion de laquelle l'acte est signifié; mais ce droit appartient à l'huissier chargé de faire un commandement, et le débiteur, de son côté, a le droit de se libérer entre ses mains. Il serait étrange, en effet, que le débiteur ne pût pas obéir immédiatement à l'ordre contenu dans le commandement dont la copie lui est remise, et arrêter ainsi les poursuites. Si la rédaction de la quittance soulevait des difficultés, le débiteur à qui cette quittance ne serait pas donnée dans les termes qu'il indique, ferait des offres réelles suivies de consignation, et le tribunal en statuant sur la validité des offres, examinerait si la quittance devrait être donnée comme l'exigeait le débiteur. Si le débiteur paye dans les mains de l'huissier ou dans celles du créancier, dans le jour qui suit le commandement, les poursuites cessent aussitôt. Si, au contraire, le payement n'est effectué ni au moment où la copie du commandement lui est remise, ni dans le jour franc qui lui est accordé, on peut passer à la seconde formalité de la mise sous la main de justice, c'est-à-dire au procès-verbal de saisie.

⊕→ **843.** Les art. 585 et suiv., relatifs au procès-verbal de saisie, sont en grande partie la reproduction des art. 3 et suiv. du tit. XXXIII de l'ordonnance de 1667. Comme la loi, sur cette matière, est entrée dans les plus petits détails, nous n'aurons presque qu'à analyser les articles du Code de procédure, qui ne présentent pas de sérieuses difficultés.

Nous nous plaçons dans l'hypothèse où le commandement est resté sans effet; le jour franc, exigé par l'art. 583, est expiré; la saisie peut être pratiquée; c'est un huissier qui doit y procéder, et la loi trace la marche à suivre.

« Art. 585. L'huissier sera assisté de deux témoins, Français, majeurs, non parents ni alliés des parties ou de l'huissier, jusqu'au degré de cousin issu de germain inclusivement, ni leurs domestiques; il énoncera sur le procès-verbal leurs noms, professions et demeures ; les témoins signeront l'original et les copies. La partie poursuivante ne pourra être présente à la saisie. »

L'huissier ne se présente pas seul pour opérer la saisie : il est assisté de deux témoins du sexe masculin, réunissant d'ailleurs les conditions énumérées dans l'art. 685. Ces témoins portent dans la pratique le nom de *recors*, du mot latin *recordari*, se souvenir; ils sont là pour se rappeler les faits qui se passent sous leurs yeux, et les attester plus tard, s'il y a lieu.

(1) Voy. les autorités en sens divers dans Dall., *Rép.*, v° *Domicile élu*, n°s 11, 14, 21 et suiv. et v° *Saisie-arrêt*, n°s 53 et 54.

D'après l'ordonnance de 1667, l'huissier arrivait seul sur le lieu de la saisie, mais avant d'y procéder, il devait réclamer l'assistance de deux voisins, et ce n'était que sur leur refus qu'il allait requérir l'aide de deux ou trois témoins. Mais, comme la plupart du temps, les voisins du saisi, se souciant peu de s'embarrasser d'affaires qui ne les concernaient pas, refusaient à l'huissier leur concours, les rédacteurs du Code ont pensé qu'il y avait avantage et économie de temps à décider que l'huissier amènerait avec lui ses témoins ou recors.

La nécessité de leur présence est fondée sur deux motifs : d'une part, ils assistent l'huissier pour le protéger, le défendre, dans le cas où le saisi chercherait, par des voies de fait, à empêcher l'huissier de procéder aux opérations de la saisie ; d'autre part, ils doivent surveiller l'huissier lui-même, voir s'il accomplit réellement les formalités qu'il mentionne dans son procès-verbal. Mais, il faut le dire, amenés par l'huissier, choisis par lui, ils accomplissent mieux, en fait, la première mission que la seconde.

La partie poursuivante ne pourra être présente à la saisie. La loi, par cette disposition, a voulu éviter des querelles ou des rixes entre le saisissant et le saisi. La présence du saisissant, en effet, irriterait beaucoup plus le saisi que celle de l'huissier ou des recors, exécuteurs désintéressés du droit du créancier.

Mais le saisissant, à qui il n'est pas permis de paraître en personne à la saisie, peut-il au moins s'y faire représenter par un mandataire ? Le créancier craint, par exemple, que le débiteur n'ait fait disparaître ses meubles de l'appartement apparent qu'il occupe, peut-il faire accompagner l'huissier d'un mandataire qui guidera les recherches, indiquera où les meubles sont cachés, etc. ? Je ne le pense pas. Le saisissant ne doit assister à la saisie ni par lui-même ni par un représentant. Si, dans des cas particuliers, il est utile de faire accompagner l'huissier d'une personne à même de diriger les recherches et de donner des renseignements sur les lieux où se trouvent les objets saisissables, cette personne ne peut paraître que comme recors ; d'ailleurs elle rendra ainsi, sous le nom légal de témoin, tous les services que le créancier peut attendre d'elle.

« Art. 586. Les formalités des exploits seront observées dans les procès-verbaux de saisie-exécution ; ils contiendront itératif commandement, si la saisie est faite en la demeure du saisi. »

Les formalités ordinaires des exploits seront observées. On trouvera le détail de ces formalités dans l'art. 61 du Code de procédure, 1° et 2°, en exceptant toutefois la nécessité d'une constitution d'avoué, qui n'est pas exigée dans le procès-verbal de saisie.

Itératif commandement si la saisie est faite en la demeure du saisi.

La saisie des meubles du débiteur peut être pratiquée ou chez lui ou hors de sa demeure, par exemple dans des magasins, qui ne sont pas attenants à son appartement. Si la saisie est pratiquée chez le débiteur, l'huissier lui fait itératif commandement avant de commencer les opérations de la saisie, c'est-à-dire qu'il lui adresse un nouvel ordre de payer les sommes pour lesquelles le commandement primitif a été fait. Cette réitération du commandement est établie en faveur du débiteur; c'est un nouvel avertissement qui lui est donné avant d'en venir aux mesures de rigueur. La loi veut qu'il soit bien constaté que le débiteur ne peut ou ne veut pas payer. Toutefois la loi n'attache pas une importance trop grande à cette réitération du commandement, qui sera la plupart du temps sans effet. Aussi, lorsque la saisie est faite hors de la demeure du débiteur, l'itératif commandement n'est-il point exigé, l'accomplissement de cette formalité ne devant probablement amener, dans ce cas, qu'une perte de temps.

844. « Art. 587. Si les portes sont fermées, ou si l'ouverture en est refusée, l'huissier pourra établir gardien aux portes pour empêcher le divertissement; il se retirera sur-le-champ, sans assignation devant le juge de paix, ou, à son défaut, devant le commissaire de police, et, dans les communes où il n'y en a pas, devant le maire, et, à son défaut, devant l'adjoint, en présence desquels l'ouverture des portes, même celle des meubles fermants, sera faite, au fur et à mesure de la saisie. L'officier qui se transportera, ne dressera point de procès-verbal; mais il signera celui de l'huissier, lequel ne pourra dresser du tout qu'un seul et même procès-verbal. »

La loi suppose que l'huissier, arrivé sur les lieux pour procéder à la saisie, trouve les portes fermées ou qu'on refuse de les lui ouvrir. L'art. 587 indique les formes les plus simples pour forcer la résistance du débiteur, tout en prenant des précautions pour qu'on ne puisse abuser du droit d'entrer de force dans le domicile du débiteur.

L'huissier, qui trouve les portes fermées, sans qu'aucun signe apparent dénote la présence d'une personne dans la maison, ou à qui l'ouverture des portes est refusée de l'intérieur, doit d'abord placer gardien aux portes avant d'aller requérir un officier public compétent: ce gardien a pour mission d'empêcher l'enlèvement des meubles pendant l'absence de l'huissier. La loi désigne les officiers publics compétents pour procéder à l'ouverture des portes; il faut ajouter qu'à défaut de l'adjoint, l'huissier peut s'adresse à un membre du conseil municipal.

La présence d'un officier public est nécessaire quand il s'agit d'ouvrir de force le domicile du débiteur : c'est là un fait qui ne touche pas seulement à un intérêt privé, mais qui concerne un intérêt général. Il s'agit de suspendre, à l'égard du débiteur, dans les cas exceptionnels où la loi le permet, un droit constitutionnel, l'inviolabilité du domicile; la présence de l'huissier, organe des intérêts privés, ne suffit pas. Il faut la présence d'un officier public représentant l'autorité elle-même : la loi délègue à cet effet le juge de paix, le commissaire de police, etc.

Si cet officier public n'obtient pas l'ouverture des portes par sa présence et ses injonctions, il pourra requérir la force armée, et faire enfoncer les portes. Il faut que la formule exécutoire reçoive son effet; mais on conçoit qu'il n'appartienne qu'à un officier délégataire de la puissance publique de faire une semblable réquisition et de donner de pareils ordres.

Du reste, ni l'intervention de l'officier public, ni même l'ouverture des portes pratiquée de vive force, ne donneront lieu à un procès-verbal spécial;

dans un but d'économie, la loi ordonne que ces faits soient simplement constatés sur le procès-verbal de saisie.

845. Supposons maintenant que l'huissier est entré soit à l'amiable, soit par la force; alors commence la saisie ; l'huissier déclare saisis et mentionne comme tels sur son procès-verbal tous les objets mobiliers qu'il trouve dans le lieu de la saisie et qui appartiennent au débiteur, sauf ceux que la loi déclare insaisissables (Voy. art. 592 et 593). A partir de ce moment, ces objets mobiliers sont placés sous la main de la justice, et leur détournement serait puni par la loi (art. 600).

La mention détaillée des objets saisis a pour but d'empêcher qu'ils ne soient détournés ou remplacés par d'autres d'une moindre valeur. Les articles 588, 589 et 590 contiennent quelques dispositions à cet égard.

« Art. 588. Le procès-verbal contiendra la désignation détaillée des objets saisis : s'il y a des marchandises, elles seront pesées, mesurées ou jaugées, suivant leur nature. »

« Art. 589. L'argenterie sera spécifiée par pièces et poinçons, et elle sera pesée. »

On appelle poinçons les marques à l'aide desquelles l'autorité publique fait contrôler le titre et le taux de l'argenterie, et donne le moyen d'en reconnaître la valeur.

« Art. 590. S'il y a des deniers comptants, il sera fait mention du nombre et de la qualité des espèces : l'huissier les déposera au lieu établi pour les consignations, à moins que le saisissant et la partie saisie, ensemble les opposants, s'il y en a, ne conviennent d'un autre dépositaire. »

Au lieu établi pour les consignations, c'est-à-dire à la Caisse des dépôts et consignations, ou, dans les lieux où il n'y en aurait pas, à la caisse du trésorier-payeur général. Seulement les parties intéressées, ayant la capacité de transiger, peuvent convenir d'un autre dépositaire, pourvu qu'elles le fassent dans les trois jours du procès-verbal de saisie (art. 2, 7°, ordonnance du 3 juillet 1816).

« Art. 591. Si le saisi est absent, et qu'il y ait refus d'ouvrir aucune pièce ou meuble, l'huissier en requerra l'ouverture, et, s'il se trouve des papiers, il requerra l'apposition des scellés par l'officier appelé pour l'ouverture. »

Le mot *absent* indique seulement ici que le saisi n'est pas présent sur le lieu de la saisie. S'il n'est pas présent, et que sa femme, ses domestiques refusent l'ouverture d'une pièce ou d'un meuble, l'huissier en requiert l'ouverture avec toutes les formalités énumérées dans l'art. 587 pour l'ouverture des portes de la maison ou de l'appartement.

S'il se trouve des papiers, il requerra l'apposition des scellés (Voy. pour l'apposition des scellés, les art. 907 et suiv., C pr.). Parmi les papiers trouvés au domicile du saisi, il y des distinctions à faire. Peut-on saisir, par exemple, les effets de commerce, les titres de créance? On trouve chez le saisi la grosse d'un acte notarié qui le constitue créancier d'une somme de 20,000 francs, de 30,000 fr. ;

cette grosse peut-elle être l'objet d'une saisie-exécution ? Non, sans aucun doute. Il faut distinguer avec soin la créance elle-même, qui est une chose incorporelle, de l'écrit matériel qui la constate, de l'acte qui sert à la prouver en justice. Or, ce qui se trouve chez le saisi, ce que voit l'huissier, c'est l'acte, c'est l'écrit, mais ce n'est pas la créance. La chose incorporelle, le droit de créance n'est pas susceptible d'une saisie-exécution, qui ne s'applique qu'aux meubles corporels. Les créanciers du saisi peuvent seulement s'opposer à ce que le débiteur de leur débiteur, le saisi, paye en d'autres mains que celles du saisissant ; en un mot, ils peuvent, à l'égard de la créance appartenant à leur débiteur, former une saisie-arrêt, mais non une saisie-exécution. Quant aux titres au porteur, ils peuvent être l'objet d'une saisie-exécution.

Il faut donc bien distinguer les créances nominatives et les créances au porteur qui appartiennent au saisi. Lorsqu'on trouve chez le saisi des titres au porteur, ils peuvent être facilement convertis en argent ; quiconque a loyalement un pareil titre entre les mains peut en exiger le payement ; il n'y aura donc aucune difficulté à en toucher le montant, à faire vendre une action de chemin de fer, par exemple, par le ministère d'un agent de change, et à en distribuer le prix entre les créanciers. S'il s'agit, au contraire, d'une créance nominative du saisi, le débiteur de cette créance à qui le créancier saisissant viendrait en demander le payement refuserait avec raison de payer ; il n'est débiteur qu'envers le saisi, et il ne peut être tenu de payer qu'à son créancier ou à une personne autorisée par lui ou par la justice à toucher en son nom. La saisie-exécution n'atteint pas ce but ; il faut, pour autoriser un tiers à toucher une créance qui ne lui appartient pas, ou la cession volontaire de la part du créancier primitif, ou un ordre de la justice, comme un jugement de validité de saisie-arrêt. C'est cette dernière voie que le saisissant devrait prendre pour mettre sous la main de la justice les créances nominatives de son débiteur.

846. « Art. 595. Le procès-verbal contiendra indication du jour de la vente. »

Toutefois l'omission de l'indication du jour de la vente n'entraînerait pas nullité du procès-verbal ; seulement le saisissant devrait, pour réparer cette omission, signifier au saisi un nouvel acte contenant fixation du jour de la vente, et, dans ce cas, les huit jours d'intervalle, qui, aux termes de l'art. 713, doivent séparer la vente de la signification de la saisie, ne courraient que du jour de la signification de ce nouvel acte.

« Art. 599. Le procès-verbal sera fait sans déplacer ; il sera signé par le gardien en l'original et la copie ; s'il ne sait signer, il en sera fait mention ; et il lui sera laissé copie du procès-verbal. »

Ces mots *sans déplacer* ont été diversement interprétés. Suivant les uns, ce sont les meubles qu'il ne faudrait pas déplacer ; suivant l'opinion la plus généralement admise, l'huissier ne doit pas se déplacer pour rédiger le procès-verbal, c'est-à-dire qu'il ne doit pas se borner à prendre des notes sur les lieux pour rédiger chez lui le procès-verbal, qui doit, au contraire, être fait sur le lieu même de la saisie.

« Art. 601. Si la saisie est faite au domicile de la partie, copie lui sera laissée sur-le-champ du procès-verbal, signée des personnes qui auront signé l'original; si la partie est absente, copie sera remise au maire ou adjoint ou au magistrat qui, en cas de refus de portes, aura fait ouverture, et qui visera l'original. »

« Art. 602. Si la saisie est faite hors du domicile et en l'absence du saisi, copie lui sera notifiée dans le jour, outre un jour pour trois myriamètres; sinon les frais de garde et de délai pour la vente ne courront que du jour de la notification. »

Trois myriamètres. Il faut lire : cinq myriamètres (Voy. art. 1033).

847. Si l'huissier se présente pour saisir et ne trouve que des choses insaisissables (art. 592), ou que le débiteur loge dans une maison garnie dont aucun meuble ne lui appartient, l'huissier droit dresser, dans ce cas, un procès-verbal de carence, du mot latin *carere*, manquer ; l'huissier constate que la matière saisissable manque.

Quelquefois même le créancier saisissant, sachant bien qu'il n'y a rien à saisir chez le débiteur, y envoie cependant un huissier pour y dresser un procès-verbal de carence. Quel peut être le but d'un procès-verbal qui paraît inutile au premier abord, et qui d'ailleurs entraîne des frais ? Ce procès-verbal peut servir d'abord à empêcher un jugement par défaut de tomber en péremption, lorsqu'il doit être exécuté dans les six mois de son obtention, aux termes de l'art. 156 du Code de procédure. Le créancier qui veut conserver l'effet d'un jugement par défaut faute de comparaître contre un débiteur qui n'a ni meubles saisissables ni immeubles, et contre lequel la contrainte par corps n'est pas prononcée, aura fait ainsi toutes les diligences qu'on peut exiger de lui pour exécuter le jugement et remplir le vœu de l'art. 156 du Code de procédure. A quoi bon, dira-t-on, faire ainsi des frais pour conserver l'effet d'un jugement contre un débiteur insolvable? Mais ce débiteur peut revenir à une meilleure fortune; il est l'héritier présomptif d'un parent âgé ou malade ; le créancier a le plus grand intérêt à maintenir l'effet du jugement qu'il a obtenu contre cet héritier présomptif, afin de pouvoir, le cas échéant, si son débiteur devient solvable, faire faire immédiatement une véritable saisie-exécution, sans être obligé d'obtenir un nouveau jugement (Voy. aussi n° 332 *in fine*).

La matière de la séparation de biens nous offre encore un exemple de l'utilité du procès-verbal de carence. D'après le Code civil, « la séparation de « biens prononcée en justice est nulle, si elle n'a point été exécutée par le « paiement réel des droits et reprises de la femme..., ou au moins par des « poursuites commencées dans la quinzaine et non interrompues depuis. » Comment la femme qui a obtenu la séparation de biens obéira-t-elle aux prescriptions de la loi, si le mari n'a ni meubles ni immeubles ? en faisant dresser un procès-verbal de carence. Elle peut avoir le plus grand intérêt à maintenir l'effet de la séparation de biens, par exemple, pour empêcher une succession qui va lui échoir de tomber dans la communauté, ou pour conserver la disposition exclusive des produits de son industrie.

⟶ **848.** § 2. *Des objets déclarés insaisissables par la loi* (art. 592, 593, 594). — En principe, tous les biens du débiteur servent de gage à ses créanciers (art. 2092, C. civ.) ; ils seraient donc tous susceptibles de saisie-exécution. Toutefois, par des motifs d'utilité ou d'humanité, pour ne pas réduire le débiteur à l'impossibilité de vivre, la loi a excepté de la saisie-exécution certains meubles dont l'énumération est détaillée dans les art. 592 et 593, que nous expliquerons ensemble.

« Art. 592. Ne pourront être saisis : 1° les objets que la loi déclare immeubles par destination ; — 2° le coucher nécessaire des saisis, ceux de leurs enfants vivant avec eux, les habits dont les saisis sont vêtus et couverts ; — 3° les livres relatifs à la profession du saisi, jusqu'à la somme de trois cents francs, à son choix ; — 4° les machines et instruments servant à l'enseignement pratique ou exercice des sciences et arts, jusqu'à concurrence de la même somme, et au choix du saisi ; — 5° les équipements des militaires, suivant l'ordonnance et le grade ; — 7° les farines et menues denrées nécessaires à la consommation du saisi et de sa famille pendant un mois ; — 8° enfin, une vache ou trois brebis, ou deux chèvres, au choix du saisi, avec les pailles, fourrages et grain nécessaires pour la litière et la nourriture desdits animaux pendant un mois. »

« Art. 593. Lesdits objets ne pourront être saisis pour aucune créance, même celle de l'État, si ce n'est pour aliments fournis à la partie saisie, ou sommes dues aux fabricants ou vendeurs desdits objets, ou à celui qui aura prêté pour les acheter, fabriquer ou réparer ; pour fermages et moissons des terres à la culture desquelles ils sont employés ; loyers des manufactures, moulins, pressoirs, usines dont ils dépendent, et loyers des lieux servant à l'habitation personnelle du débiteur.

« Les objets spécifiés sous le n° 2 du précédent article ne pourront être saisis pour aucune créance. »

Reprenons en détails ces diverses dispositions.

849. 1° *Les objets que la loi déclare immeubles par destination.* Pour que des objets, meubles par nature, deviennent des immeubles par destination, ils doivent avoir été placés dans les lieux par le propriétaire, et, de plus, servir à l'exploitation du fonds dans un bien rural, ou être placés à perpétuelle demeure dans une maison d'habitation (Voy. les art. 524 et 525, C. civ.). Ainsi les mêmes objets, placés dans un fonds pour son exploitation, sont immeubles s'ils appartiennent au propriétaire de ce fond, et meubles si c'est le fermier qui les y a apportés. Si la saisie des immeubles par destination, accessoires du fonds auquel ils sont attachés, était permise, elle ne pourrait être effectuée que par les créanciers du propriétaire du fonds, puisque lui seul est aussi propriétaire de ces accessoires ; jamais les créanciers du fermier ne pourraient de leur chef saisir des choses qui n'appartiennent pas à leur débiteur. Mais, dans l'intérêt de l'agriculture, on permet au propriétaire de repousser les saisies de ces objets immeubles par destination.

Ces immeubles par destination ne seront pas soustraits à la saisie, d'une manière absolue, mais seulement à la saisie-exécution. Ils pourront être frappés par la saisie immobilière avec l'immeuble principal dont ils sont les accessoires (art. 2204, C. civ.). En un mot, ils subissent, quant à la saisie, les conséquences de leur qualité légale d'immeubles.

Les principes posés jusqu'ici sont incontestables ; mais, dit-on, si le n° 1 de l'article 592 n'a eu pour but que d'empêcher les créanciers du propriétaire du fonds de saisir les immeubles par destination chez le fermier, ou chez le propriétaire lui-même, s'il exploite personnellement, cette disposition était inutile en présence de l'art. 2204 du Code civil, et de la qualification légale de ces biens, puisqu'ils sont immeubles, et que la saisie-exécution ne s'applique qu'aux objets mobiliers. Si ces mêmes objets sont retirés du fond par le propriétaire, ils cessent d'être protégés par l'art. 592, 1°, et peuvent être frappés de saisie-exécution. Ne faut-il pas, en conséquence, étendre davantage la portée du n° 1 de l'article 592?

Ici s'élève une question très délicate et très controversée. Les objets énumérés dans l'art. 524, C. civ., et placés dans les lieux par le fermier ou le locataire, peuvent-ils être saisis par les créanciers du fermier ou du locataire? Ainsi un fermier a amené dans la ferme qu'il a prise à bail ses chevaux, ses charrues, etc.; un fabricant a placé, dans la maison dont il n'est que locataire, des chaudières, des machines pour l'exploitation de son industrie; les créanciers du fermier et du fabricant ont-ils le droit de faire saisir-exécuter ces objets? ou, au contraire, cette saisie peut-elle être repoussée par application de l'art. 592, 1°?

Les auteurs qui pensent qu'il ne faut pas s'en tenir au texte littéral du n° 1 de l'article 592, et que le législateur a eu l'intention d'étendre l'insaisissabilité à tous les objets mentionnés dans l'art. 524 du Code civil, sans distinguer s'ils appartiennent au propriétaire ou au fermier, s'appuient d'abord sur l'origine de la disposition de l'art. 592, 1°. En effet, l'article 16 du titre XXXIII de l'ordonnance de 1667 exceptait de la saisie-exécution « les chevaux, bœufs, « et autres bêtes de labourage, charrues, charrettes et ustensiles servant à « labourer et cultiver les terres, vignes, prés... » Cet article ne recherchait pas à qui ces objets appartenaient, et l'insaisissabilité s'y appliquait, quel que fût leur propriétaire. De plus, cette insaisissabilité était étendue, par déclaration du roi du 12 août 1704, aux moulins, métiers et ustensiles servant à la préparation ou fabrication des étoffes de soie.

L'article 615 du projet de Code de procédure, qui est devenu notre article 592, portait trois numéros au lieu du n° 1 de l'article actuel; ils étaient ainsi conçus : « 1° les animaux, harnais et ustensiles servant à labourer et cultiver les « terres ; — 2° les tournants, travaillants et ustensiles des moulins servant à « faire farine; — 3° les moulins, métiers et ustensiles servant à l'exploitation « des manufactures et usines. » On ne s'occupait nullement de savoir quel était le propriétaire de ces objets. Mais dans l'article 592, après le vote du projet, le n° 1 fut substitué à ces trois alinéas. Quelle est la portée de ce changement? A-t-on voulu restreindre le nombre des choses insaisissables, en n'y comprenant que celles qui appartiennent au propriétaire et non celles qui appartiennent au fermier? On ne trouve, disent les partisans de cette opinon, aucune trace d'une pareille intention. Le conseiller d'État, Réal, au contraire, dans son exposé des motifs, annonçait positivement, sur l'article 592, qu'on avait « voulu sortir du cercle étroit dans lequel l'ordonnance avait resserré « ces favorables exceptions ». Quelle pouvait être la raison de distinguer? L'exception du n° 1 de l'article 592 est fondée sur l'intérêt de l'agriculture et de l'industrie. La loi ne veut pas qu'une saisie-exécution vienne empêcher la récolte de se produire, et l'usine de marcher. Or, qu'importe, pour arriver à ce but, que les objets nécessaires à la récolte ou à la marche de l'usine appartiennent au propriétaire du fonds ou bien au fermier ou au locataire?

Enfin la comparaison de l'article 593, 1er alinéa, avec l'article 592, fournit un argument en faveur de cette opinion. L'art. 593 modifie l'insaisissabilité appliquée à certains objets par l'article ; il permet notamment de les saisir *pour fermages et moissons des terres à la culture desquelles ils sont employés ; loyers des manufactures, moulins, pressoirs, usines dont ils dépendent...* Quels sont donc ces objets employés à la culture des terres qui ne peuvent être saisis que pour fermages et moissons ? Ces mots supposent une saisie faite par le propriétaire sur le fermier ; et ils ne peuvent s'appliquer qu'aux objets mis dans une ferme pour son exploitation. Or, le propriétaire ne saisira pas sa propre chose pour se faire payer ; quel est donc le sens de l'article 593, si l'article 592, 1°, n'excepte pas de la saisie les choses apportées par le fermier dans les lieux loués pour l'exploitation du fonds ? En effet, si tout créancier peut les saisir, parce que le n° 1 de l'article 592 ne les comprend pas, que signifie ce droit exceptionnel de saisie auquel l'article 593 les soumet uniquement *pour fermages et moissons des terres à la culture desquelles ils sont employés ?* Les rédacteurs du Code de procédure ont donc voulu, dit-on, par ces mots : *Immeubles par destination*, soustraire à la saisie-exécution tous les objets énumérés par l'article 524 du Code civil. Le premier alinéa de l'art. 593, qui n'autorise la saisie des objets placés par le fermier dans la ferme pour l'exploitation du fonds, que pour la créance des fermages, reconnaît qu'ils ne seraient pas saisissables pour d'autres créances.

Mais les partisans de cette opinion n'étendent pas cette interprétation aux choses apportées par le locataire dans une maison d'habitation, et qui seraient immeubles par destination si le propriétaire les y eût placées, comme les glaces, statues et autres objets mentionnés dans l'article 525 du Code civil. L'intérêt de l'agriculture et de l'industrie, qui est pour eux la raison déterminante de l'exception écrite dans le n° 1 de l'article 592, ne s'applique pas aux immeubles par destination dans les maisons d'habitation.

Ces raisons, quelque graves qu'elles soient, ne peuvent prévaloir sur le texte littéral de la loi. En principe, tous les meubles du débiteur sont le gage de son créancier : il faut une disposition expresse pour en soustraire quelques-uns à la saisie. Or l'article 592 ne déclare insaisissable que les immeubles par destination : il ne s'applique donc pas aux choses du fermier ou du locataire, qui ne sont pas devenues immeubles par destination. En législation, on conçoit que l'intérêt de l'agriculture et de l'industrie puisse conduire à décréter l'insaisissabilité de ces objets, quel que soit leur propriétaire, qu'ils soient meubles ou immeubles ; mais le texte de la loi est trop formel pour permettre de soustraire à la saisie-exécution les objets appartenant au fermier ou au locataire.

On oppose le premier alinéa de l'article 593, qui décide que les objets dont nous parlons ne peuvent être saisis que *pour fermages et moissons des terres à la culture desquelles ils sont employés ; loyers des manufactures, moulins*, etc. Je réponds qu'en admettant même que cette phrase suppose l'insaisissabilité des choses placées par le fermier ou le fabricant dans la ferme ou dans l'usine pour leur exploitation, tout ce qu'il faut en conclure, c'est que le législateur, en substituant aux nos 1, 2 et 3 du projet ce paragraphe : 1° *les immeubles par destination*, a oublié de modifier dans le même sens l'art. 593 ; mais on ne doit pas se servir de la rédaction de l'article 593 pour dénaturer le sens si clair de l'article 592, 1°, qui ne déclare insaisissables que les choses immeubles par destination, d'après les termes des articles 524 et 525 du Code civil (1).

850. 2° *Le coucher nécessaire des saisis, ceux de leurs enfants vivant avec eux.* Le coucher du saisi était déjà insaisissable sous l'ordonnance de 1667. Mais la jurisprudence n'appliquait pas cette exception, quand il s'agissait d'une saisie pratiquée pour la créance des loyers dus au propriétaire. Aujourd'hui, quelle que soit la créance, en vertu de laquelle les poursuites se font, le coucher du saisi doit être respecté; le deuxième alinéa de l'art. 593, qui n'était pas dans le projet primitif du Code de procédure, a précisément eu pour but de trancher cette question en faveur du saisi.

On entend, par *coucher du saisi*, le lit et tous ses accessoires, matelas, couvertures, draps, etc. Et, si la saisie était pratiquée dans l'été, les couvertures dont le saisi ne se servirait pas actuellement ne devraient pas être comprises dans la saisie. Mais pourrait-on saisir un lit décoré d'un certain luxe d'ornementations, de sculptures, comme n'étant pas strictement nécessaire au débiteur, et sauf à lui en fournir un de moindre valeur? Non, le lit du saisi doit être respecté, quelle que soit sa valeur, qu'il soit ou non en rapport avec la position actuelle du débiteur. Toutefois l'insaisissabilité ne doit pas être étendue aux ornements du lit, comme rideaux, ciel de lit.

On doit respecter également le coucher des enfants du saisi qui habitent avec lui, et il est convenable d'excepter de la saisie un lit pour chaque enfant, à moins que le saisi ne soit dans l'usage, comme on le fait souvent dans les campagnes, de coucher plusieurs enfants dans le même lit.

Les habits dont les saisis sont vêtus et couverts. Aucune créance ne peut autoriser à dépouiller le saisi de ses habits (Voy. art. 493, § 2). On s'est demandé si le débiteur, chez qui la saisie est pratiquée en été, peut s'envelopper dans son manteau et le soustraire ainsi à la saisie, et on a toujours, sous l'empire de l'ordonnance de 1667 comme sous la loi actuelle, reconnu ce droit au débiteur, en quelque saison que les poursuites eussent lieu; mais le saisi ne pourrait conserver ses bijoux en les mettant sur lui au moment de la saisie; les bijoux ne peuvent être considérés comme des vêtements, et par conséquent ne rentrent pas dans l'exception prévue par le n° 2 de l'art. 592. Du reste, tous les vêtements et le linge de corps qui ne sont pas sur le débiteur peuvent incontestablement être compris dans la saisie.

Le n° 5 de notre article se rattache en partie à l'idée qui a inspiré le n° 2; nous en présenterons donc immédiatement l'explication.

5° *Les équipements des militaires, suivant l'ordonnance et le grade.* Cette disposition est reproduite de la loi du 10 juillet 1791, titre III, article 65.

Sous un premier rapport, l'uniforme des militaires peut être assimilé aux vêtements, et, comme tel, est insaisissable, si le militaire en est vêtu et couvert au moment de la saisie.

On doit même aller plus loin : ce n'est pas seulement comme vêtements que la loi excepte de la saisie-exécution les équipements des militaires; il ne

(1) Bruxelles, 22 juin 1807 (Dall., *Rép.*, v° *Saisie-arrêt*, n° 174).

faut pas que le saisissant puisse empêcher son débiteur de remplir des fonctions utiles, nécessaires peut-être au pays. Aussi la saisie ne pourrait pas comprendre les objets d'équipement, quand même le militaire ne les porterait pas sur lui au moment de la saisie. On reconnaît également l'insaisissabilité des décorations et des armes d'honneur du militaire en activité ou en retraite ; ces objets ont plus de valeur morale pour lui que de valeur vénale pour les créanciers.

Seulement on a élevé, à l'égard des équipements des militaires, une question qui est encore controversée. D'après l'art 593, premier alinéa, les objets mentionnés comme insaisissables dans l'art. 592, peuvent être l'objet d'une saisie effectuée pour certaines créances déterminées. Supposons donc un militaire qui a acheté et qui n'a pas payé son équipement. Permettrons-nous au vendeur non payé de le saisir? D'abord les objets d'équipement ne peuvent être saisis s'ils rentrent dans le n° 2 de notre article, s'il s'agit de vêtements dont le saisi est vêtu et couvert au moment de la saisie. Faut-il, en outre, déclarer les objets d'équipement insaisissables d'une manière absolue? On invoque, pour l'affirmative, l'intérêt public qui doit l'emporter sur l'intérêt privé du créancier. Cet équipement peut être nécessaire à la défense de l'État. Malgré tout le poids de cette considération, le texte de la loi me paraît trop formel pour se prêter à une telle interprétation. Le premier alinéa de l'art. 593 permet de saisir exceptionnellement les objets déclarés insaisissables par l'art. 592, pour certaines créances déterminées, comme celles d'aliments, de sommes dues aux fabricants ou vendeurs desdits objets, etc. La loi a fait une restriction à cet égard, mais une seule : elle défend, dans le deuxième alinéa de l'article 593, de saisir, en aucun cas, les objets mentionnés dans le n° 2 de l'article 592; mais elle n'a rien dit de semblable pour les objets compris sous le n° 5 de l'article 592. Ils tombent donc sous l'application du premier alinéa de l'article 593, c'est-à-dire qu'ils peuvent être saisis pour les créances qui y sont énumérées. Vainement invoquerait-on, en faveur de l'insaisissabilité absolue de ces équipements, l'opinion exprimée par le tribun Favard dans son exposé de motifs au Corps législatif; il a lui-même, dans un ouvrage postérieur, rétracté cette opinion comme erronée.

851. 3° *Les livres relatifs à la profession du saisi, jusqu'à la somme de trois cents francs à son choix;* — 4° *Les machines et instruments servant à l'enseignement pratique ou exercice des sciences et arts, jusqu'à concurrence de la même somme, et au choix du saisi;* — 5° *Les outils des artisans nécessaires à leurs occupations personnelles.* Ces trois alinéas ont un but commun, celui de laisser au saisi le moyen d'exercer sa profession libérale ou manuelle. Le législateur toutefois a restreint, dans les limites du strict nécessaire, les choses exceptées de la saisie; ce n'est que jusqu'à concurrence de trois cents francs que le débiteur peut garder les livres ou machines relatifs à sa profession. Quant aux outils des artisans (art. 592, 6°), la loi n'a fixé aucune somme limitative; il est peu probable que la valeur des outils nécessaires aux occupations personnelles de l'artisan s'élève au-dessus de la somme de trois cents francs. Si cependant cette hypothèse se présentait, si le métier de l'artisan exigeait des outils valant plus de trois cents francs, ils devraient être tous, quelle qu'en fût la valeur, exceptés de la saisie, puisque la loi n'a pas fixé, à cet égard, de chiffre restrictif.

On a toujours reconnu, d'ailleurs, que les exceptions des n°s 3 et 4 pouvaient se cumuler, c'est-à-dire que le saisi qui exerce une profession exigeant à la fois des livres et des machines, par exemple, la profession de physicien, de chimiste, etc., avait le droit de soustraire à la saisie simultanément des livres pour une somme de trois cents francs, et des machines pour une valeur égale; mais n'oublions pas que ces machines et ces livres doivent essentiellement être relatifs à la profession du saisi. Est-il avocat? on ne doit lui laisser que des livres de droit. Médecin? il ne peut garder que des livres traitant de sciences médicales. On n'exceptera de la saisie les livres de littérature que chez le littérateur; les livres de luxe seront toujours saisissables.

852. Peut-on saisir chez l'auteur un manuscrit qui n'a pas encore subi l'épreuve de la publicité? Peut-il être, comme les autres meubles du débiteur, l'objet d'une vente qui transfère à l'acheteur le droit d'imprimer l'ouvrage et de le faire vendre à son profit? Nous élargirons cette question, et nous rechercherons si l'on peut comprendre dans la saisie-exécution les produits de l'intelligence du débiteur, les objets qui constituent ce qu'on appelle la propriété littéraire, la propriété artistique et la propriété industrielle.

Parlons d'abord de la propriété littéraire. On appelle ainsi le droit exclusif que la loi accorde à l'auteur d'un livre, d'une pièce de théâtre, etc., de publier son livre, de le reproduire en autant d'exemplaires et d'éditions qu'il le juge convenable. Cette propriété, réglée par le décret du 19 juillet 1793, par les art. 39 et 40 du décret du 5 février 1810, par la loi du 3 août 1844, par la loi du 15 avril 1854, et par la loi du 14 juillet 1866, est garantie à l'auteur pendant sa vie, à la veuve jusqu'à sa mort, et aux héritiers et ayants cause de l'auteur pendant cinquante ans après sa mort (Voy. la loi de 1866). Cette propriété peut se transmettre comme toute autre; ainsi l'auteur a le droit de vendre soit une ou plusieurs éditions, soit même toute la propriété de son ouvrage.

Dans le cas où l'auteur a vendu la propriété de son ouvrage, il ne peut s'élever de difficulté sérieuse sur le droit de saisie. Si le droit d'auteur n'est pas payé, les créanciers de l'auteur ne pourront former qu'une saisie-arrêt entre les mains de l'éditeur. Mais, chez l'éditeur devenu propriétaire, l'ouvrage est réellement une marchandise; il a une valeur vénale, et rien ne s'oppose à ce qu'il serve de gage aux créanciers de l'éditeur. Seulement, en la forme, il faut faire une distinction suivant que l'ouvrage a déjà été imprimé ou qu'il est trouvé chez l'éditeur à l'état de manuscrit. Dans le premier cas, les exemplaires imprimés, meubles corporels, peuvent être l'objet d'une saisie-exécution. Il en serait autrement dans la seconde hypothèse : ce n'est pas le manuscrit même que les créanciers veulent faire vendre pour se faire payer sur le prix, c'est le droit de le reproduire, de le multiplier par l'impression. Or, la saisie-exécution, qui a pour but de placer sous la main de justice et de faire vendre les meubles corporels du débiteur, ne saurait atteindre une chose incorporelle, le droit de publication. En la forme, les créanciers devraient, dans cette hypothèse, demander au tribunal l'autorisation d'exercer le droit de l'éditeur, leur débiteur, par application de l'article 1166; cette autorisation obtenue leur permettrait ou d'éditer eux-mêmes, ou de vendre le droit d'éditer. Si l'on procédait à la vente aux enchères du droit de publication, on emploierait le ministère d'un notaire et non celui du commissaire-priseur, qui ne vend que des meubles corporels.

Si l'éditeur n'a acheté que le droit de publier une édition à un nombre déterminé d'exemplaires, il est évident que la vente du droit de publication, effectuée à la requête des créanciers de l'éditeur, ne conférera à l'adjudicataire que le droit restreint qui appartient au saisi.

Supposons maintenant que le droit de propriété réside encore dans la main de l'auteur. Deux hypothèses, que nous examinerons successivement, peuvent se présenter : ou ce livre n'a jamais été publié, ou bien il a déjà été l'objet d'une ou de plusieurs éditions.

1re *hypothèse.* En saisissant chez l'auteur, on trouve le manuscrit d'un ouvrage qui n'a jamais été livré à l'impression. En premier lieu, il est possible que ce manuscrit soit trouvé chez une personne qui ne fait pas profession d'écrire, qui n'a encore publié aucun livre. On doit, dans ce cas, décider sans hésitation que le manuscrit doit être respecté, qu'il ne sera pas compris dans la saisie ; évidemment les créanciers n'ont pu compter sur le livre de leur débiteur. On ne saurait admettre qu'un législateur permette la saisie et la vente, la publication forcée de pensées que le débiteur ne comptait peut-être jamais soumettre à l'épreuve de la publicité. D'ailleurs, où s'arrêterait-on, si l'opinion contraire prévalait ? Un homme a écrit le journal de ses pensées, et ce journal contient sur lui-même, sur sa famille, sur ses amis, des jugements qu'il n'a écrits que pour lui ; permettrait-on de publier, malgré lui, ses secrets ?

La question ne peut être douteuse que dans le cas où l'on trouve un manuscrit chez un écrivain de profession, par exemple, un romancier, un publiciste. Ce manuscrit d'un ouvrage qui n'a pas encore été édité peut-il être mis en vente malgré l'auteur? Même dans cette hypothèse, je n'admettrais pas que la vente du manuscrit pût être autorisée malgré l'auteur. L'opinion contraire présente une foule d'inconvénients. Ainsi, d'abord, il s'agit peut-être d'un livre immoral, hostile aux institutions du pays, dont la publication violerait les lois établies. L'auteur croit bien que son livre obtiendrait un très grand succès; mais il sait en même temps que cette publication lui attirerait des condamnations à l'emprisonnement ou à l'amende, et il a résolu de ne pas le publier. Supposons un instant que ce manuscrit puisse être saisi, que les créanciers, se fondant sur l'art. 1166 du Code civil, puissent conférer à un adjudicataire le droit de le publier ; n'est-on pas tout d'abord révolté à l'idée de faire vendre, par suite d'une autorisation de justice, le droit de publier une pensée coupable ? L'auteur ne peut d'ailleurs répondre d'un livre à la publication duquel il n'a pas coopéré. Ce n'est pas la pensée même que la loi punit, c'est sa manifestation par la voie de la presse, et, dans l'espèce, l'auteur est complètement étranger à cette manifestation. Mais, s'il échappe à la réprobation de la loi, ne subira-t-il pas celle de l'opinion publique? Est-il possible d'admettre qu'on nuise ainsi à la réputation de l'auteur malgré sa résistance ?

Changeons les circonstances dans lesquelles nous nous sommes placés. Il s'agit d'un livre qui ne renferme aucune pensée coupable, mais que l'auteur a écrit, il y a déjà plusieurs années. L'auteur est devenu depuis un homme politique, et les idées de son livre, qui devait toujours, dans sa pensée, rester à l'état de manuscrit, sont complètement en désaccord avec les opinions qu'il représente aujourd'hui. Osera-t-on décider qu'il est permis aux créanciers de mettre ainsi leur débiteur en contradiction avec lui-même, et de spéculer sur la menace de divulguer ses secrètes pensées d'une autre époque?

Allons plus loin. Écartons toutes ces suppositions; prenons pour exemple le manuscrit d'un livre étranger à la politique et contenant la plus saine morale; je repousserais encore la prétention de le publier malgré l'auteur. Rien ne prouve qu'un manuscrit trouvé, et qui n'a jamais été publié, soit sa pensée complète et définitive. On ne peut autoriser, malgré l'auteur, la publication d'un livre qui contient peut-être l'exquisse de sa pensée plutôt que sa pensée elle-même.

2e *hypothèse.* Un auteur a publié un livre; une première, une seconde édition ont été épuisées. Il n'a pas encore usé du droit qu'il a d'en publier une troisième édition. Ses créanciers peuvent-ils, en vertu de l'article 1166 du Code civil, exercer ce droit de leur débiteur malgré lui? Je crois qu'ici le tribunal doit être appelé à apprécier les circonstances. S'il s'agit, par exemple, d'un roman, d'une œuvre de fantaisie, il arrivera souvent que l'opposition de l'auteur à une réimpression ne pourra s'expliquer que par le désir de nuire à son créancier. Supposons, au contraire, un livre de science, un ouvrage de chimie, par exemple; depuis les précédentes éditions, la science a fait des progrès; le livre, tel qu'il est, doit être remanié, refondu peut-être entièrement. Évidemment on ne peut infliger à l'auteur, malgré lui, la publicité d'une édition nouvelle, qui, loin d'ajouter à sa gloire, ne pourrait que la diminuer.

La propriété artistique s'applique aux œuvres de l'art qui sont aussi des produits de l'intelligence : aux tableaux, statues, gravures, etc. Elle donne à l'artiste le droit de les vendre, de reproduire les tableaux par la gravure, les statues par des copies et des réductions. La saisie des objets sur lesquels s'étend la propriété artistique offre à peu près les mêmes questions que celles des objets de la propriété littéraire.

Ainsi, d'abord, toute œuvre d'art, tableau, statue, gravure, trouvée chez un autre que l'auteur, constitue un objet corporel susceptible de saisie-exécution. L'objet d'art est-il saisi chez l'auteur, il faut distinguer si l'auteur est un amateur ou un artiste vendant habituellement ses productions. Les créanciers de l'amateur n'ont pas dû, comme ceux de l'artiste, compter sur les produits du talent de leur débiteur. L'amateur peut donc s'opposer à la vente d'une œuvre qu'il ne destinait pas à sortir de chez lui. Mais, chez l'artiste, je crois que l'objet d'art terminé peut être saisi et vendu, comme objet corporel, par la voie directe de la saisie-exécution. Quant au droit de reproduction, il ne peut être l'objet d'une saisie-exécution, mais les créanciers seront autorisés à le faire vendre à leur profit, par application de l'art. 1166 du Code civil. Si l'œuvre d'art n'est encore qu'à l'état d'esquisse, d'ébauche, je crois qu'elle ne peut être saisie; on ne peut livrer à la publicité, malgré l'auteur, un projet non encore réalisé; l'essai, qui n'est pas encore une manifestation complète et définitive de la pensée, ne saurait être considéré comme une chose vénale et marchande.

Enfin la propriété industrielle consiste dans le droit exclusif de vendre certaines marchandises, ou de les produire avec certains signes extérieurs. Les brevets d'invention, de perfectionnement, d'importation, les marques de fabrique, appartiennent à ce genre de propriété. Le créancier du marchand breveté peut-il faire saisir et vendre le brevet, c'est-à-dire le droit exclusif de vendre certaines marchandises ? L'affirmative ne me paraît pas douteuse. Le brevet lui-même est une marchandise ; il est, chez celui qui l'exploite, une chose vénale. C'est un produit de l'intelligence, dira-t-on. Mais de quoi se plaindrait l'inventeur ? La saisie et la vente de son brevet ne lui ôtent en aucune façon le mérite de son invention ; la gloire lui reste tout entière ; seulement les avantages pécuniaires que le brevet peut procurer, constituent une chose vénale, marchande, qui est le gage de ses créanciers comme tous ses autres biens.

Toutefois, en la forme, ce n'est pas par la saisie-exécution que les créanciers peuvent atteindre le brevet. C'est la vente d'un droit ; les créanciers ne feront encore ici qu'exercer les droits de leur débiteur, aux termes de l'art. 1166. On assimilera la vente du brevet à la vente d'un fonds de commerce ; elle se fera devant notaire.

Quant aux marques de fabrique, elles ne peuvent être saisies par les créanciers dans aucun cas et sous aucune forme. La marque de fabrique est le nom du fabricant, le signe qui fait reconnaître la provenance de telle marchandise ; elle doit rester essentiellement personnelle (Voy. L. du 23 juin 1857).

853. 7° *Les farines et menues denrées nécessaires à la consommation du saisi et de sa famille pendant un mois;* — 8° *enfin une vache, ou trois brebis, ou deux chèvres, au choix du saisi, avec les pailles, fourrages et grains nécessaires pour la litière et la nourriture desdits animaux pendant un mois.* Ces deux paragraphes contiennent des mesures d'humanité. Le n° 7 ordonne de laisser au saisi tout ce qui est nécessaire pour le soutien actuel de sa vie et celle de sa famille ; le n° 8, ce qui est nécessaire pour qu'il puisse prolonger cette existence.

Les menues denrées, dans le n° 7, comprennent les approvisionnements ordinaires, tels que les comporte l'état de fortune du saisi. Si même ces approvisionnements n'existaient pas, on admet qu'ils peuvent être remplacés par une somme d'argent modique, prise sur ses autres biens et proportionnée à sa fortune, au nombre des membres de sa famille ; en un mot, on entend l'article en ce sens, qu'il faut laisser au saisi, soit en nature, soit en argent, de quoi vivre ou faire vivre sa famille pendant un mois.

854. Il nous reste peu de choses à dire pour compléter l'explication de l'art. 593. La loi a modifié dans cet article l'insaisissabilité attribuée à certains objets par l'article précédent. Ainsi les sommes dues pour aliments qui ont conservé la vie au saisi, celles dues aux vendeurs ou fabricants d'objets insaisissables ou à ceux qui ont prêté pour les acheter, fabriquer ou réparer, et qui ont ainsi mis ou conservé la chose dans les biens du débiteur, les fermages et loyers pour le payement desquels le propriétaire jouit dans nos lois de certains avantages (art. 2102-1°, C. civ. ; 662 et 819, C. pr.), toutes ces créances pourront donner lieu à la saisie exceptionnelle des objets que l'art. 592 déclare insaisissables en principe.

Le deuxième alinéa de l'art. 592 a été suffisamment expliqué avec les nos 2 et 5 de l'art. 592.

855. « Art. 594. En cas de saisie d'animaux et ustensiles servant à l'exploitation des terres, le juge de paix pourra, snr la demande du saisissant, le propriétaire et le saisi entendus ou appelés, établir un gérant à l'exploitation. »

Cet article confirme la solution que nous avons donnée relativement à la question de savoir si la loi permet de saisir les animaux et ustensiles servant à l'exploitation des terres, et appartenant au fermier. Les auteurs qui déclarent ces choses insaisissables prétendent que l'art. 594 ne contient qu'une application de l'art. 593, premier alinéa ; qn'il s'agit du cas où les animaux ou ustensiles servant à l'exploitation ont été saisis par celui qui les a vendus ou par celui qui a prêté pour les acheter ou réparer. Mais l'article 594 me paraît se référer aux cas les plus ordinaires plutôt qu'à des cas exceptionnels. Quoi qu'il en soit, ces objets seront quelquefois l'objet d'une saisie, de laquelle résultera une difficulté, peut-être une impossibilité de continuer l'exploitation ; cependant le saisi, le propriétaire, le saisissant lui-même, sont intéressés à la continuation de la culture. En conséquence, la loi autorise le juge le paix à nommer un gérant à l'exploitation, à la demande du saisissant, après que le propriétaire et le saisi auront été entendus, ou du moins appelés. Si ce gérant n'est pas le saisi lui-même, il aura droit à un salaire ; on l'assimilera presque complètement pour ses obligations au gardien, dont nous parlerons bientôt, et il rendra compte de sa gestion, soit au saisissant, soit au propriétaire, quelquefois même au saisi, si, par exemple, la saisie est annulée, et s'il en est donné mainlevée.

Il en serait de même dans le cas de la saisie des machines servant à une manufacture, à un moulin, à une usine : le juge de paix pourrait, avec les mêmes conditions, établir un gérant provisoire à l'exploitation de l'usine.

** D'après l'article 2205 du Code civil, les créanciers personnels d'un cohéritier où d'un cosuccesseur universel, ne peuvent saisir sa part indivise dans les immeubles de l'hérédité à laquelle il se trouve appelé avant le partage définitif de cette hérédité, qu'ils sont d'ailleurs autorisés à provoquer, et cette disposition ne parlant que des immeubles, il faut en conclure que des meubles indivis peuvent être saisis avant que le partage en soit effectué, sauf au copropriétaire à former une demande en distraction et à obtenir du tribunal un sursis pour provoquer le partage (1). **

(1) Bordeaux, 20 mars 1879, S. 81, 2, 251. — Cass. civ., 23 mars 1881, S. 82, 1, 217.

TRENTE-NEUVIÈME LEÇON

DES SAISIES-EXÉCUTIONS (SUITE).

§ 3. *Du gardien* (art. 596 à 606, moins les art. 601 et 602).

➾ **856.** Le gardien est une personne préposée à la conservation des objets saisis. Sa mission consiste à empêcher que le saisi ou toute autre personne n'enlève les objets saisis, ou ne cherche à en substituer d'autres de moindre valeur.

Les anciens auteurs distinguaient entre le cas où le saisi offrait lui-même une personne qui, pour lui éviter les frais de garde, consentait à garder les objets saisis, et le cas où l'huissier choisissait lui-même, au nom du saisissant, une personne pour veiller à la conservation des objets saisis. Dans le premier cas, c'était un dépositaire; dans le second, un gardien. Ils différaient en ce que les fonctions du dépositaire étaient volontaires et gratuites, tandis que le gardien ne pouvait refuser la fonction que le choix de l'huissier lui conférait, et recevait un salaire.

Le Code de procédure a repoussé cette distinction. Que celui qui doit veiller à la conservation des objets saisis soit offert par le saisi ou choisi par l'huissier, il sera, dans tous les cas, considéré comme un gardien, pourra accepter ou refuser la garde, et, en cas d'acceptation, touchera un salaire.

« **Art. 596.** Si la partie saisie offre un gardien solvable, et qui se charge de la garde volontairement et sur-le-champ, il sera établi par l'huissier. »

« **Art. 597.** Si la partie ne présente gardien solvable et de la qualité requise, il en sera établi un par l'huissier. »

Ainsi l'huissier doit d'abord demander au saisi s'il a quelqu'un à présenter comme gardien ; l'huissier n'en choisit un lui-même que si le saisi n'en présente pas, ou si celui qu'il présente n'est pas *solvable et de la qualité requise*, c'est-à-dire autrefois s'il n'était pas contraignable par corps ; car, d'après l'art. 603, le gardien était tenu, même par corps, à réparer le préjudice causé par son défaut de surveillance. Ainsi, un mineur, une femme, que la contrainte par corps n'atteignaient pas (art. 2064, 2066, C. civ.), ne pouvaient être offerts par le saisi ni choisis par l'huissier pour être gardiens (Voy. art. 780).

L'huissier devait donc choisir un gardien contraignable par corps ; mais est-il tenu de le choisir solvable? Il suffit, pour que l'huissier ne soit pas en faute, qu'il n'ait pas eu de motifs pour croire à l'insolvabilité du gardien qu'il choisit; mais on ne peut exiger que l'huissier se montre bien rigoureux sur la justification de la solvabilité du gardien. Il serait trop difficile de trouver des gardiens parmi les personnes qui consentent habituellement à accepter cette fonction, si on les obligeait à prouver leur solvabilité.

La qualité même de contraignable par corps était exigée surtout dans l'intérêt du saisissant, qui pouvait renoncer à une garantie principalement établie en sa faveur. Cependant, dans le cas où un huissier se présente pour faire une nouvelle saisie chez le débiteur dont les meubles ont déjà été saisis à la requête d'un autre créancier (cas prévu par l'art. 611, qui ne permet au second saisissant que de saisir les objets omis par le premier), je ne crois pas que le second saisissant soit obligé de confier la garde des objets nouveaux qu'il saisit au gardien incapable que le premier saisissant a accepté; il pourrait exiger la nomination d'un autre gardien.

Le choix que fait l'huissier dans le cas de l'article 597 est-il obligatoire pour celui qu'il désigne? Il l'était dans l'ancienne jurisprudence; et on avait énuméré avec soin les causes d'excuses qu'il était permis d'alléguer pour se dispenser de cette fonction. Mais, dans la loi actuelle, cette obligation n'a été imposée à la personne désignée par l'huissier, ni directement ni même indirectement par l'énumération de causes légales d'excuses. Le gardien est donc libre d'accepter ou de refuser la mission qui lui est déférée.

La personne, offerte par le saisi ou choisie par l'huissier, est toujours un gardien également salarié dans les deux cas, et soumis à des obligations dont l'étendue est déterminée dans l'art. 603.

857. « Art. 598. Ne pourront être établis gardiens : le saisissant, son conjoint, ses parents et alliés jusqu'au degré de cousin issu de germain inclusivement, et ses domestiques; mais le saisi, son conjoint, ses parents, alliés et domestiques, pourront être établis gardiens de leur consentement et de celui du saisissant. »

L'art. 598 répond à la question de savoir qui peut être établi gardien. Cet article ne pose pas la règle à cet égard; mais il établit des exceptions d'incapacité. Ainsi, toute personne peut être gardien, excepté le saisissant, son conjoint, ses parents et alliés jusqu'au degré de cousin issu de germain inclusivement, et ses domestiques. On a craint que la garde ne dégénérât en une mesure vexatoire, si elle était confiée au créancier saisissant, ou à une personne qui a des intérêts communs avec lui, ou sur laquelle il peut exercer quelque influence. Quant au saisi et aux personnes qui lui sont unies par le mariage, la parenté et l'alliance, la loi permet expressément de les constituer gardiens; il en est de même de ses domestiques.

Cet article a complètement changé le système de l'ordonnance de 1667. D'une part, cette ordonnance n'interdisait pas les fonctions de gardien au saisissant ni à ses parents ou alliés, mais dans l'usage, ils étaient exclus de la garde. D'autre part, l'ordonnance (art. 13 du titre XIX) défendait formellement de confier la garde au saisi, à son conjoint, à ses descendants. On n'admettait pas que le saisi pût être dépositaire de sa propre chose : quant à son conjoint et à ses descendants, on craignait que la garde ne fût pas sérieuse de leur part. Toutefois, dans la coutume de Paris, et en matière de saisie-gagerie seulement, le saisi pouvait être constitué gardien. Cette exception est aujourd'hui devenue la règle, d'après la disposition de notre article 598. La garde peut être confiée au saisi et aux personnes sur lesquelles il peut exercer une influence.

858. Mais à quoi bon constituer le saisi gardien de ses propres meubles? Nous allons voir, en expliquant l'article 600, que le saisi gardien encourt alors une responsabilité qui peut le rendre passible de certaines peines.

« Art. 600. Ceux qui, par voie de fait, empêcheraient l'établissement du gardien, ou qui enlèveraient ou détourneraient des effets saisis, seront poursuivis conformément au Code criminel. »

Cet article prévoit deux espèces d'infraction à la loi pénale : 1° les empêchements apportés par voies de fait à l'établissement d'un gardien ; 2° l'enlèvement et le détournement des objets saisis. La première classe d'infractions, c'est-à-dire l'opposition faite par force à l'établissement d'un gardien, est prévue par l'art. 209 du Code pénal, et punie des peines portées par les art 210 et suiv. du même Code. Ces peines varient suivant que les violences et voies de fait constituent un crime ou un délit conformément aux distinctions établies dans les articles précités.

La seconde espèce d'infractions auxquelles l'art. 600 fait allusion consiste dans l'enlèvement et le détournement des objets saisis. Mais, pour la qualification du délit et l'application des peines, il faut distinguer entre les diverses personnes qui peuvent s'être rendues coupables d'une pareille infraction. Si les objets saisis ont été enlevés ou détournés par un tiers, c'est-à-dire par un autre que le saisi et le gardien, par une personne qui a eu pour but de se les approprier au préjudice du saisi et du saisissant, il y a vol. Les peines du vol seraient applicables, avec les distinctions qui résultent des circonstances dans lesquelles le vol a été commis (Voy. les art. 379 à 401 du Code pénal). Ce n'est pas tout, la qualité de chose volée qui appartient à l'objet enlevé ou déourné entraîne des conséquences juridiques. La règle : *En fait de meubles possession vaut titre*, ne s'applique pas aux choses volées; elles peuvent être revendiquées, ** même contre des tiers de bonne foi, ** pendant trois ans, ** et pendant trente ans contre les personnes de mauvaise foi ** (art. 2279, C. civ.).

Si l'enlèvement et le détournement ont été commis par le gardien, le délit rentre dans les termes de l'article 408 du Code pénal et prend le nom d'abus de confiance. Le gardien sera passible des peines portées dans l'article 406 du Code pénal.

Enfin, il est possible que le saisi lui-même, gardien ou non gardien, ait enlevé ou détourné les objets saisis au préjudice du saisissant. Le Code pénal de 1810 n'avait pas prévu cette hypothèse. Aussi s'était-on demandé, sous l'empire de ce Code, si le saisi qui enlevait sa propre chose, qu'il en fût ou non le gardien, avait commis un fait punissable, en partant de cette idée que le vol est le détournement de la chose d'autrui pour se l'approprier; que nous ne reconnaissons pas, comme le faisaient les jurisconsultes romains, des vols d'usage ou de possession; que, par conséquent, le saisi, qui avait détourné sa propre chose, ne pouvait être considéré comme voleur; on avait décidé en définitive, que le saisi, qu'il fût gardien ou non, ne tombait pas sous l'application des peines du vol. Il était même difficile de faire rentrer ce détournement dans les abus de confiance, qui, aux termes de l'art. 408 du Code pénal, s'appliquent également aux choses d'autrui. On ne punissait donc pas l'enlèvement et le détournement, par le saisi, des effets à lui appartenant et mis sous la main de justice, quelque blâmable que fût une pareille action.

Cette impunité présentait de graves inconvénients, et en conséquence, dans la révision du Code pénal (L. du 28 avril 1832), on ajouta trois alinéas à l'article 400, afin d'atteindre les détournements et enlèvements d'objets saisis, que e Code de 1810 n'atteignait pas. La loi de 1832 établit une distinction entre le saisi qui a détruit, détourné ou tenté de détourner les objets saisis confiés à sa garde, et le saisi qui a détruit ou détourné les objets saisis confiés à la garde d'un tiers (Voy. art. 400, C. pén., modifié par la L. du 13 mai 1863, 3e et 4e alinéas). Dans le premier cas, le saisi est passible d'un emprisonnement de deux mois à deux ans, d'une amende qui ne pourra excéder le quart des restitutions et dommages-intérêts dus aux parties lésées, ni être moindre de vingt-cinq francs, et de l'interdiction pendant cinq ans au moins et dix ans au plus des droits mentionnés dans l'art. 42 du Code pénal. Dans le second cas, c'est-à-dire lorsque le saisi détruit ou détourne les objets saisis confiés à la garde d'un tiers, il peut être puni d'une peine plus forte, d'une emprisonnement d'un à cinq ans, d'une amende de seize à cinq cents francs, et de l'interdiction pendant cinq à dix ans des droits mentionnés dans l'art. 42 du Code pénal.

Pourquoi la loi a-t-elle rendu le saisi non gardien passible d'une amende plus forte que le saisi constitué gardien? Le législateur s'est placé au point de vue suivant : sans croire que les choses saisies restaient dans ses mains au même titre qu'auparavant, le saisi constitué gardien ne s'est peut-être pas exactement rendu compte du changement légal que la saisie opérait dans ses rapports avec les choses qui lui appartiennent et que la saisie a frappées. Au contraire, le saisi, qui enlève ou détourne ses choses confiées à la garde d'un tiers, doit tromper la surveillance d'autrui, et employer, pour arriver à ce but, des ruses, des moyens détournés, qui supposent nécessairement chez lui la conscience de sa mauvaise action. C'est ainsi qu'on peut justifier les dispositions de l'art. 400, 3e et 4e alinéas, du Code pénal.

Le 6e alinéa de l'art. 400 punit de la même peine que le saisi, et avec les mêmes distinctions, celui qui aura recélé sciemment les objets détournés par le saisi ainsi que le conjoint, les ascendants et descendants du saisi qui l'auront aidé dans le détournement ou la destruction de ces objets, en un mot, les complices des délits prévus et punis par le deuxième et le troisième alinéas du même article. Les complices du saisi, autres que son conjoint, ses ascendants et descendants, seraient également punis des mêmes peines que le saisi, par application de l'art. 56 du Code pénal.

Mais il y a, je crois, une lacune dans la loi pour le cas où le conjoint du saisi, ses ascendants et descendants détourneraient, à leur profit et sans la participation du saisi, les objets mis sous la main de justice. Ces soustractions, en effet, d'après l'art. 380, C. pén., ne constituent pas des vols : elles ne donnent lieu qu'à des réparations civiles, et l'art. 400 *in fine* ne les atteint que dans le cas où les personnes qui y sont nommées s'entendent avec le saisi. Ces personnes n'encourraient donc aucune peine si elles enlevaient ou détournaient les objets saisis sans la participation du saisi, à moins qu'elle n'en eussent été constituées gardiennes : dans ce dernier cas, elles seraient coupables d'un abus de confiance, et tomberaient sous l'application de l'art. 408 du Code pénal (1).

On voit, par les explications qui précèdent, que c'est à ce dernier Code et non au Code d'instruction criminelle, que l'art. 600 du Code de procédure aurait dû renvoyer.

(1) Voy. *Revue pratique du Droit français*, t. IV, p. 568.

859. « Art. 603. Le gardien ne peut se servir des choses saisies, les louer ou prêter à peine de privation des frais de garde, et de dommages-intérêts, au payement desquels il sera contraignable par corps. »

« Art. 604. Si les objets saisis ont produit quelques profits ou revenus, il sera tenu d'en compter même par corps. »

A ces deux articles il faut joindre l'article 1962 du Code civil, ainsi conçu : « L'établissement d'un gardien judiciaire produit, entre le saisissant et le gar« dien, des obligations réciproques. Le gardien doit apporter pour la conser« vation des effets saisis les soins d'un bon père de famille.

« Il doit les représenter, soit à la décharge du saisissant pour la vente, soit « à la partie contre laquelle les exécutions ont été faites, en cas de mainlevée « de la saisie.

« L'obligation du saisissant consiste à payer au gardien le salaire fixé par « la loi. »

Ces trois articles (art. 603, 604, C. pr., et 1962, C. civ.) règlent l'étendue des obligations et des droits du gardien, sans distinguer, comme nous l'avons déjà dit, si le gardien a été présenté par le saisi ou choisi par l'huissier.

La principale obligation du gardien est d'empêcher le détournement des effets saisis. Peut-il exiger qu'on le mette en possession de ces objets, afin de veiller de plus près à leur conservation? L'art. 15 du titre XIX de l'ordonnance de 1667 autorisait le gardien à requérir la mise en possession des choses saisies, et une déclaration du 6 septembre 1674 prescrivait l'établissement de bureaux publics pour y déposer les objets saisis sur les débiteurs, si l'on ne trouvait pas de gardiens solvables. Mais cette dernière disposition n'eut pas de suite, à cause de la difficulté d'exécution. Quant à la première, la mise en possession du gardien, elle n'est pas reproduite dans le Code de procédure, et aucune disposition n'autorise à dépouiller le débiteur avant la vente. Cependant le gardien, pour remplir efficacement sa mission, doit surveiller jour et nuit, toute entreprise de détournement des objets saisis; on ne trouvera peut-être pas de gardien, s'il est obligé de coucher hors de chez lui dans la maison du débiteur, pendant tout le temps de la garde; il semble donc raisonnable de lui donner le droit d'exiger que les objets saisis soient remis en sa possession. L'art. 1962 du Code civil en exigeant du gardien les soins d'un bon père de famille à l'égard des choses saisies; l'article 603 du Code de procédure, en lui défendant de s'en servir, de les louer ou de les prêter; l'art. 604 du même Code, en le déclarant comptable des profits ou revenus, ne supposent-ils pas, d'ailleurs, que le gardien a été mis en possession des objets saisis? Je crois, toutefois, que la question ne doit pas être décidée d'une manière absolue, et qu'il faut en abandonner la solution, suivant les circonstances, à l'appréciation des tribunaux.

Le gardien doit veiller en bon père de famille à la conservation des choses saisies (art. 1962, C. civ.), c'est-à-dire comme un propriétaire soigneux et diligent. Le même article l'oblige à les représenter soit à la décharge du saisissant, si la vente se poursuit, soit au saisi, en cas de mainlevée de la saisie.

L'article 603 du Code de procédure défend au gardien de se servir des choses saisies, de les louer, de les prêter. Il n'en a, en effet, ni l'usage ni la jouissance, et la détention, même lorsqu'elle lui est remise, ne constitue qu'une sorte de séquestre, qui place les effets saisis sous sa surveillance la plus immédiate, sans lui attribuer aucun droit sur eux. Si le gardien viole les prohibitions de l'article 603, il est puni par la perte de son salaire, et il pouvait, en outre, être condamné par corps à des dommages-intérêts, sans préjudice des peines correctionnelles qui l'atteindraient s'il détournait les objets saisis, comme nous l'avons vu sur l'article 600. La contrainte par corps n'était toutefois appliquée ici, comme en matière civile en général, que si les dommages-intérêts s'élevaient à trois cents francs (art. 2065, C. civ., et 226, C. pr.) (Voy. art. 780).

Mais les prohibitions de l'art. 603 ne s'appliquent pas au saisi constitué gardien de sa propre chose. Il en reste propriétaire; seulement leur mise sous la main de justice lui enlève le droit d'en disposer; mais il peut encore user et jouir des effets saisis, comme auparavant, pourvu que cet usage et cette jouissance n'amènent aucune détérioration préjudiciable au saisissant.

Peut-il aussi les prêter et les louer? Cette question doit être résolue par une distinction. S'il s'agit de choses que le débiteur avait l'habitude de louer, par exemple de chevaux et de voitures saisis chez un loueur de voitures et de chevaux, de livres saisis dans un cabinet de lecture, le saisi aura le droit d'en jouir comme auparavant, c'est-à-dire en les louant. Si, au contraire, il n'était pas dans l'usage de les louer avant la saisie, on ne lui accordera pas un mode de jouissance nouveau pour lui, qu'il ne commence à employer que lorsque la conservation et la valeur de la chose intéressent ses créanciers plus que lui.

Quant au prêt, j'inclinerais à le lui interdire absolument. Nous devons chercher à conserver au saisi, jusqu'à la vente, tous les avantages attachés à la propriété de sa chose, autant que l'intérêt des créanciers le permet. Mais le prêt des effets saisis peut nuire au créancier en dégradant la chose sans procurer un avantage pécuniaire au débiteur; il n'y a donc pas lieu à l'autoriser.

L'article 604 défend encore au gardien de s'approprier aucun profit ou revenu de la chose : ainsi, il n'a aucun droit sur le croît des animaux confiés à sa garde, sur leur lait, leur laine, etc. Mais cette prohibition ne s'applique pas au saisi, gardien de sa propre chose. Le saisi, constitué gardien d'une chose produisant un profit ou un revenu, doit penser que sa jouissance continue. Il me semblerait bien rigoureux de lui faire rendre compte de ces revenus aux termes de l'art. 604, qui me paraît fait pour tous autres gardiens.

Comme indemnité des soins et des obligations qui lui sont imposés, le gardien a droit à un salaire (art. 1962, C. civ.). C'est contre le saisissant que le gardien peut réclamer ce salaire, alors même que le gardien a été présenté par le saisi; en effet, il n'exerce ses fonctions que dans l'intérêt du saisissant et des autres créanciers. Mais, comme c'est le saisi qui, en ne payant pas ce qu'il doit, occasionne la saisie et les frais de garde qui en sont la conséquence, il n'est pas douteux que le saisissant puisse répéter contre le saisi le montant du salaire qu'il est obligé de payer au gardien; et, comme ces frais de garde profitent à tous les créanciers, qui ne peuvent arriver à la répartition des deniers provenant de la vente des meubles qu'au moyen de la saisie, la créance du saisissant contre le saisi pour les frais de garde sera privilégiée, comme frais de justice faits dans l'intérêt commun de la masse des créanciers, aux termes de l'art. 2101, 1°, du Code civil.

Le salaire du gardien est fixé par l'article 34 du Tarif; il lui est dû jusqu'au jour où il est déchargé de la garde; cette décharge n'a pas lieu de plein droit, mais seulement s'il la requiert dans le cas prévu par l'article 605. Sous l'ordonnance de 1667, au contraire, il était déchargé de plein droit après une année, et son salaire cessait de droit à la même époque.

860. « Art. 605. Il peut demander sa décharge, si la vente n'a pas été faite au jour indiqué par le procès-verbal, sans qu'elle ait été empêchée par quelque obstacle ; et, en cas d'empêchement, la décharge peut être demandée deux mois après la saisie, sauf au saisissant à faire nommer un autre gardien. »

Le gardien, qui se charge de veiller à la conservation des objets saisis, ne saurait être astreint indéfiniment aux obligations qui résultent de la garde. Il a dû croire, en acceptant cette fonction, qu'elle cesserait au jour indiqué pour la vente sur le procès-verbal (art 595) ; toutefois il a dû prévoir aussi que les poursuites seraient peut-être retardées par les incidents. Cependant, comme ces incidents, ces obstacles pourraient prolonger la garde au delà du temps qui serait entré dans ses prévisions, le législateur a fixé à deux mois la durée du temps pendant lequel il est engagé, par son acceptation, à la garde des effets saisis. Après l'expiration de ces deux mois, il peut demander sa décharge ; s'il ne la demande pas, elle n'a jamais lieu de droit.

« Art. 606. La décharge sera demandée contre le saisissant et le saisi par une assignation en référé devant le juge du lieu de la saisie : si elle est accordée, il sera préalablement procédé au récolement des effets saisis, parties appelées. »

Cet article nous montre comment se formera la demande de décharge, contre qui et devant quel tribunal. Il ajoute que, si la décharge est accordée, il sera procédé au récolement des effets saisis. Le récolement est la comparaison du procès-verbal de saisie avec les objets qui y sont mentionnés. Il a pour but de vérifier s'il y a eu détournement des objets saisis, ou si, au contraire, ils sont tous représentés. L'huissier procède à cette opération et rédige un procès-verbal de récolement pour la constater. Cette opération, dans l'espèce de l'art 606, a pour but de vérifier si le gardien représente tous les objets confiés à sa garde. Si le procès-verbal de récolement établit un déficit dans le nombre des objets saisis, ou constate dans leur état des dégradations qui puissent être attribuées au gardien, le saisissant ou le saisi pourront actionner le gardien en dommages-intérêts. Si ce procès-verbal ne constate ni déficit ni dégradation le gardien est déchargé et peut exiger son salaire. On le voit, le saisissant, le saisi, le gardien, sont également intéressés à l'exactitude de l'opération de récolement; ils sont donc tous compris dans ces mots *parties appelées*.

Si le gardien vient à mourir pendant la garde, ses héritiers ne deviennent pas gardiens à sa place. C'est une mission toute personnelle : le gardien a été choisi, en effet, à cause de la confiance que le saisissant ou le saisi ont eu en lui. Seulement, les héritiers du gardien doivent immédiatement préveni le saisissant du décès de leur auteur afin qu'il choisisse un autre gardien, et tout retard peut être préjudiciable.

Les héritiers du gardien, quoiqu'ils ne continuent pas ses fonctions, sont tenus d'acquitter ses obligations (art. 724, C. civ.) et répondent, en conséquence, de la faute ou de la négligence de leur auteur pendant le temps que la garde a duré.

861. § 4. *Des incidents de la saisie et des secondes ou subséquentes saisies* (art. 607 à 642). — Si la saisie est dégagée d'incidents, elle peut être menée à fin et suivie de la vente dans un très court délai. Mais souvent des incidents viennent mettre obstacle à la continuation des poursuites et arrêter la vente. Ces incidents peuvent être élevés soit par le saisi, soit par des tiers qui se prétendent propriétaires des objets saisis dont ils demandent la restitution, soit par d'autres créanciers du saisi.

Examinons d'abord les réclamations formées par le saisi lui-même. Elles peuvent être faites au moment où l'huissier se présente pour saisir; mais elles n'arrêtent pas les poursuites, d'après l'art. 607.

« Art. 607. Il sera passé outre, nonobstant toutes réclamations de la part de la partie saisie, sur lesquelles il sera statué en référé. »

Il sera statué en référé sur les réclamations du saisi. Qui sera demandeur dans ce référé? Le saisissant peut sans doute prendre ce rôle et assigner le saisi en mainlevée de son opposition; mais, comme la réclamation du saisi n'arrête pas les poursuites, ce sera le plus ordinairement ce dernier qui assignera le saisissant en référé pour obtenir un sursis. Cependant, si les réclamations du saisi sont fondées sur des moyens de recours contre le jugement en vertu duquel la saisie a été pratiquée, comme l'opposition si le jugement est par défaut, et l'appel s'il est en premier ressort, ces réclamations arrêteront les poursuites, à moins que le tribunal n'ait ordonné l'exécution provisoire du jugement.

Le saisi peut demander la nullité de la saisie, soit comme irrégulière en la forme, soit comme non fondée, si la dette n'existe pas ou si elle est éteinte. Mais ces demandes en nullité, qui se placent entre la saisie et la vente, ne tombent pas sous l'application de l'art. 607. Elles empêcheront la vente jusqu'à ce qu'elles aient été rejetées par un jugement définitif en dernier ressort. Si la demande en nullité est admise, la saisie tombe, et il ne peut plus être question de la vente.

862. « Art. 608. Celui qui se prétendra propriétaire des objets saisis, ou de partie d'iceux, pourra s'opposer à la vente par exploit signifié au gardien, et dénoncé au saisissant et au saisi, contenant assignation libellée et l'énonciation des preuves de propriété, à peine de nullité : il y sera statué par le tribunal du lieu de la saisie, comme en matière sommaire.

« Le réclamant qui succombera sera condamné, s'il y échet, aux dommages-intérêts du saisissant. »

Il s'agit ici de réclamations élevées par des tiers qui prétendent que les meubles saisis leur appartiennent, à eux qui ne doivent rien au saisissant;

ils demandent, en conséquence, que ces meubles soient distraits de la saisie dans laquelle ils ont été indûment compris. Cette demande en distraction, réglée par l'art. 608, peut s'appliquer ou à la totalité ou à une partie des effets saisis.

Les demandes en distraction ne sont autre chose que des revendications, c'est-à-dire des actions par lesquelles le demandeur se prétend propriétaire des effets saisis sur une autre personne.

Une foule de circonstances peuvent amener la saisie de choses qui n'appartiennent pas au débiteur. Ainsi, le débiteur avait chez lui non seulement ses propres meubles, mais d'autres qui lui ont été prêtés ou loués, qui ont été déposés chez lui, ou dont il n'a que l'usufruit. L'huissier, qui procède en l'absence du débiteur, saisit tous les meubles qu'il trouve au domicile de ce dernier; quand même il exécuterait en sa présence, il doit se défier des allégations du saisi qui prétend que tels meubles ne sont chez lui qu'à titre de prêt, de louage, de dépôt ou d'usufruit. L'huissier devra, dans l'intérêt du saisissant, comprendre provisoirement dans la saisie tout ce qu'il trouvera chez le débiteur. Les prétendus prêteurs, locateurs, déposants et nus propriétaires formeront ensuite, s'il y a lieu, des demandes en distraction relativement aux objets saisis à tort. Les faits que je viens de supposer motivent les demandes en distraction partielle de la saisie; mais il pourrait arriver que l'huissier eût saisi par erreur des meubles dont aucun n'appartient au débiteur, qui, par exemple, avait loué et occupait un appartement meublé, ou demeurait chez un parent, chez un ami. Si les meubles de l'appartement meublé, si ceux du parent ou de l'ami, qui donnait l'hospitalité au débiteur, sont saisis au nom de ce dernier, ce parent, cet ami, le propriétaire des meubles de l'appartement meublé, auront le droit de revendiquer la totalité des meubles mis sous la main de justice, ou, en d'autres termes, de faire annuler la saisie.

Quelquefois c'est la femme du débiteur qui soutient que les meubles saisis sur le mari, dans le domicile commun, lui appartiennent exclusivement, ou le mari qui se prétend seul propriétaire des meubles saisis sur la femme.

Dans la pratique, on a beaucoup abusé des demandes en revendication ou en distraction des meubles saisis. Le débiteur de mauvaise foi trouve presque toujours des amis complaisants qui revendiquent les effets saisis sur lui; il cherche à soustraire à la saisie, par des prête-noms, les choses qui y ont été dûment comprises. En présence de ces fréquentes tentatives de fraude, les tribunaux ont dû se montrer et se sont en effet montrés fort sévères sur les preuves de la propriété réclamée par les demandeurs en revendication et en distraction des effets saisis. On exige généralement que le revendiquant, pour obtenir gain de cause, prouve sa propriété par des actes ayant une date certaine antérieurement aux poursuites (art. 1328, C. civ.).

L'article 608 détermine les formes de ces demandes en revendication et en distraction. Le demandeur signifie d'abord au gardien un exploit d'opposition à la vente, afin que ce dernier ne laisse pas enlever les meubles pour être vendus. Par un second exploit, le demandeur dénonce au saisissant et au saisi l'opposition qu'il a faite entre les mains du gardien et les assigne en revendication (1); cet exploit doit contenir, à peine de nullité, l'énonciation des preuves de son droit de propriété.

La loi attribue la connaissance des demandes en revendication et en distraction au tribunal du lieu de la saisie. Cette disposition amènera quelquefois une dérogation aux règles ordinaires de la compétence. Ainsi, lorsque la saisie est faite hors de l'arrondissement du domicile du débiteur, les principes ordinaires de la compétence attribueraient la connaissance de l'affaire au tribunal du domicile (art. 59, C. pr. et son explication), tandis que, d'après l'article 608, elle sera portée au tribunal du lieu de la saisie. Cette dérogation aux principes se justifie par la célérité si désirable en cette matière. Le même motif de célérité explique la disposition qui ordonne au tribunal de statuer comme en matière sommaire.

Si la demande est justifiée, il est fait défense au saisissant de procéder à la vente des objets indûment compris dans la saisie. Si le revendiquant succombe, il peut être condamné à des dommages-intérêts envers le saisissant, pour le préjudice causé par le retard que sa demande a apporté à la vente.

863. L'article 608 suppose que les demandes en revendication et en distraction sont formées après la saisie et avant la vente.

Recherchons maintenant comment le tiers propriétaire devra procéder avant la saisie ou la vente.

Examinons d'abord la position du tiers revendiquant avant la saisie; elle n'est pas encore pratiquée, mais l'huissier se présente pour saisir les meubles qu'il considère comme la propriété du débiteur. Un tiers peut-il intervenir et empêcher la saisie en revendiquant tout ou partie des objets que l'huissier veut saisir? Il faut distinguer : si le tiers, qui se trouve dans le domicile du débiteur, prétend seulement que tels ou tels meubles déterminés appartiennent à lui revendiquant et non au saisi, et s'oppose, en conséquence, à ce que l'huissier les mette sous la main de justice, cette réclamation, je crois, n'arrêtera pas la saisie. L'huissier n'est pas tenu de s'arrêter devant une réclamation, peut-être mensongère ou chimérique; il n'a pas mission d'en rechercher la sincérité. Pour sauvegarder le droit du saisissant, il saisit toutes les choses saisissables de leur nature, dès qu'il les trouve chez le saisi; et, comme la mise sous la main de justice de ces objets n'est qu'une mesure conservatoire, il ne nuit point au droit de propriété des tiers, qui pourront empêcher, par une demande en distraction régulièrement formée, la vente des objets qu'ils prétendent indûment saisis.

On peut faire une autre hypothèse. L'huissier se présente à un domicile qu'il croit être celui du débiteur. Un tiers l'arrête et lui dit : « C'est chez moi « que vous voulez entrer; le saisi y demeure, il est vrai, mais l'appartement « est loué en mon nom, et tous les meubles qu'il contient m'appartiennent. » Si cette allégation est vraie, le tiers a le droit en effet d'interdire à l'huissier l'entrée de son appartement et la saisie de ses meubles; mais si elle est fausse, l'huissier n'en doit pas tenir compte. Qui jugera de la sincérité d'une telle

(1) ** Au cas de demande en revendication d'objets saisis-exécutés, Il faut mettre en cause le saisi, en première instance et en appel; à défaut de quoi, la demande est non recevable. Cass. Req., 13 août 1878, S. 79, 1, 64. **

prétention ? L'huissier, en cette circonstance, doit mettre gardien aux portes pour empêcher l'enlèvement de meubles pendant le débat, et il citera immédiatement le tiers en référé. Le juge du référé statuera sur la suspension ou la continuation des poursuites.

864. Supposons maintenant que le tiers n'ait pas connu la saisie indûment pratiquée sur les objets qui lui appartiennent, qu'il n'en ait connaissance qu'après la vente; pourra-t-il exercer sa revendication contre les adjudicataires; ou, au contraire, la vente de sa chose aux enchères, à son insu, l'aura-t-elle dépouillé de son droit de propriété ? Je crois que, dans cette hypothèse, l'ancien propriétaire du meuble indûment saisi a perdu sa propriété, et qu'il ne devrait pas réussir dans une demande en revendication contre les adjudicataires.

D'après l'article 2279 du Code civil : *en fait de meubles, possession vaut titre;* en d'autres termes, la possession des meubles n'en présume pas seulement la propriété, dans la main du possesseur, mais elle lui attribue cette propriété ; elle équivaut, pour lui, à un titre de propriété. Toute personne qui a acquis de bonne foi la possession d'un meuble en est propriétaire, et ne craint aucune revendication, à moins que la chose n'ait été perdue ou volée (art. 1141 et 2279, C. civ.). Dans notre hypothèse, celui qui achète aux enchères un meuble saisi sur un autre que le propriétaire en acquiert la possession de bonne foi ; il devient donc propriétaire irrévocable.

Mais, dira-t-on, sommes-nous bien dans le cas prévu par l'art. 2279 ? Les acheteurs peuvent-ils se prévaloir de leur bonne foi ? Pourquoi ne supposent-ils pas que la saisie, qui a précédé la vente, a pu comprendre des meubles qui n'appartenaient pas au débiteur ? Mais les acheteurs n'ont pas à se préoccuper de l'origine des choses vendues. A la rigueur, ils pourraient ne s'être pas informés du motif de la vente, n'avoir pas demandé si elle a lieu par suite de saisie ou de décès, de départ, etc. On vend des meubles, une personne s'approche, elle porte une enchère et reste adjudicataire. Ne lui suffit-il pas de savoir que c'est un officier public qui fait la vente, pour croire qu'elle a réellement acquis la chose qui lui a été adjugée, et est-il possible de reprocher aux enchérisseurs de n'avoir pas recherché les preuves de la propriété de chaque objet mis aux enchères par le commissaire-priseur qui procède à la vente par autorité de justice? Non évidemment : le propriétaire qui n'a pas revendiqué avant la vente est réputé négligent à l'égard des adjudicataires, et la vente le dépouille de sa propriété, à moins qu'il ne prouve que l'adjudicataire savait que la chose n'appartenait pas au saisi.

Seulement, si le prix de mon meuble, indûment saisi sur Paul et vendu à la suite de la saisie, n'a pas encore été distribué aux créanciers, je puis intervenir et m'opposer à cette distribution : j'aurai le droit, en prouvant que le meuble m'appartenait, de m'en faire attribuer le prix intégral.

865. Allons plus loin : supposons une réclamation plus tardive encore. Mon meuble a été saisi sur Paul, il a été vendu, et le prix en a été distribué entre les créanciers. Nous avons dit que je ne pouvais le revendiquer contre l'adjudicataire. Mais contre qui puis-je recourir? J'ai d'abord une action contre le saisi. Le prix de mon meuble a servi à payer ses dettes ; il est incontestable ment tenu de m'indemniser. Je suppose, d'ailleurs, qu'il n'y a aucune faute de sa part; autrement, je pourrais, en outre, lui demander des dommages-intérêts. Mais la plupart du temps, il faut l'avouer, je n'aurai qu'un recours illusoire contre le saisi, soit en restitution de la valeur du meuble, soit en dommages-intérêts. La qualité même de saisi est un indice à peu près certain d'insolvabilité.

Si le saisi est insolvable, le propriétaire indûment dépouillé pourra-t-il exercer un recours contre l'huissier, contre le saisissant et même contre les créanciers qui ont partagé le prix des meubles, meubles qui n'étaient pas leur gage, puisqu'ils n'appartenaient pas à leur débiteur? Et d'abord ni l'huissier ni le saisissant, en cette qualité, n'encourent une responsabilité particulière, à moins qu'il n'aient saisi ou fait saisir les meubles d'un tiers, sachant bien qu'ils n'appartenaient pas au débiteur. Quant à tous les créanciers, saisissants ou autres, qui ont pris part à la contribution, et qui, par conséquent, ont profité du prix des meubles d'un tiers, la question présente plus de difficulté. D'une part, pour refuser à l'ancien propriétaire un recours contre les créanciers, on dit qu'après la clôture du procès-verbal de la contribution (art. 665 à 670), les créanciers, qui ont reçu leur payement en vertu d'un ordre de la justice, doivent être à l'abri de tout recours; que la loi accorde des délais (art. 663) pour élever des réclamations contre le règlement provisoire de la contribution et qu'après l'expiration du délai, aucune réclamation ne saurait être admise; qu'enfin les créanciers n'ont reçu que ce qui leur était dû, *suum receperunt*.

D'une autre part, on pourrait assimiler l'ancien propriétaire des meubles dont le prix a servi à payer en partie les dettes du saisi à un tiers qui, par erreur, se croyant débiteur, a payé la dette d'autrui, et dans cette hypothèse, appliquer l'article 1377 du Code civil : « Lorsqu'une personne qui, par erreur, « se croyait débitrice, a acquitté une dette, elle a le droit de répétition contre « le créancier. » Il est vrai que ce n'est pas l'ancien propriétaire lui-même qui a payé la dette du saisi, mais le prix de son meuble a servi à la payer. N'y a-t-il pas identité de position? ne peut-on pas même appliquer ici l'article 1377, 1er alinéa, par un argument *à fortiori?* Si, en effet, la loi donne la répétition à celui qui a, de ses propres mains, mais par erreur, payé la dette d'autrui, ne doit-on pas l'accorder à celui qui n'a pas participé à ce payement, à celui dont on a saisi le meuble, sans qu'il s'en doutât, pour le vendre et employer le prix à l'acquittement d'une dette, lorsque le propriétaire de ce meuble ne s'est jamais cru débiteur lui-même? Dans cette hypothèse, la répétition n'est-elle pas plus favorable encore?

Pour moi, je crois que la première solution est la meilleure. Les créanciers du saisi seront à l'abri de tout recours de la part de l'ancien propriétaire d'un meuble indûment saisi et vendu, dont ils se sont partagé le prix. En effet, si la répétition de l'indû ne peut être accordée qu'à celui qui a payé par erreur, en son nom, c'est en partie parce que le créancier qui a reçu son payement devait s'apercevoir qu'il recevait d'un autre que de son débiteur. Mais dans notre espèce les créanciers ont reçu leur payement des mains de l'adjudicataire en l'acquit de leur débiteur. Il n'y a donc pas lieu d'appliquer l'article 1377 du Code civil. Je suppose que le saisi ait vendu lui-même à un tiers, à l'amiable, ce meuble qui ne lui appartenait pas, qu'il en ait reçu le prix, et qu'il l'ait employé à désintéresser Paul, son créancier. Si l'acheteur de ce meuble en a reçu la possession de bonne foi, il en est devenu propriétaire (art. 1241, C. civ.). Mais celui à qui ce meuble appartenait pourra-t-il recourir contre Paul, créancier du vendeur, qui a reçu en payement le prix de ce meuble? Évidemment non. Paul a reçu ce qui lui était dû de la main de son véritable débiteur : il n'avait pas à s'enquérir de l'origine des deniers qui lui étaient remis. Il en est de même quand les créanciers ont reçu des mains de l'adjudicataire le prix d'un meuble indûment saisi sur leur débiteur.

☞ **866.** D'autres tiers peuvent encore former des réclamations relativement à la saisie : ce sont les cocréanciers du saisissant. Tous les créanciers ont un égal intérêt à la saisie et à la vente des biens de leur débiteur commun; le plus diligent fait procéder à la saisie et à la vente ; mais la qualité de saisissant ne donne aucune cause de préférence ; les autres créanciers conservent leur droit tout entier. Seulement, comme le saisissant peut ignorer le nombre ou l'existence de tous les créanciers du saisi, ils doivent se faire connaître au saisissant, afin d'être appelés concurremment avec lui à la distribution des deniers.

Lorsque tous ceux qui se prétendent créanciers se connaîtront les uns les autres, que toutes les prétentions respectives seront en présence, il s'élèvera peut-être entre eux de nombreuses contestations sur les causes de préférence, sur la sincérité et sur le chiffre de chacune ou de quelques-unes des créances. Sous l'empire de l'ordonnance de 1667, lorsqu'une saisie-exécution avait été pratiquée par un créancier, les autres, pour faire valoir leurs droits, s'opposaient à la vente, qui était retardée jusqu'à ce que la validité, le chiffre et le rang des créances respectives eussent été reconnus ou réglés, soit à l'amiable par les créanciers entre eux, soit par des décisions judiciaires en cas de contestation. Le retard considérable apporté à la vente par le règlement de ces difficultés pouvait causer un grave préjudice à la masse des créanciers ; ainsi les frais de garde se trouvaient considérablement augmentés, et les meubles pouvaient, pendant la durée de ces débats, subir des détériorations, ou même éprouver une sensible diminution de valeur par des changements de mode et mille autres circonstances. Aussi, pour remédier à ces inconvénients, le Code de procédure, dans les art. 609 et 610, a embrassé un système tout différent.

« Art. 609. Les créanciers du saisi, pour quelque cause que ce soit, même pour loyers, ne pourront former opposition que sur le prix de la vente : leurs oppositions en contiendront les causes ; elles seront signifiées au saisissant et à l'huissier ou autre officier chargé de la vente, avec élection de domicile dans le lieu où la saisie est faite, si l'opposant n'y est pas domicilié : le tout à peine de nullité des oppositions et des dommages-intérêts contre l'huissier, s'il y a lieu. »

« Art. 610. Le créancier opposant ne pourra faire aucune poursuite, si ce n'est contre la partie saisie, et pour obtenir condamnation ; il n'en sera fait aucune contre lui, sauf à discuter les causes de son opposition lors de la distribution des deniers. »

L'innovation du Code de procédure consiste en ce que les créanciers du saisi, autres que le saisissant, ne peuvent s'opposer qu'à la distribution du prix, mais non à la vente. Il importe peu, en effet, que le créancier opposant, qui prétend avoir droit de prendre part à la distribution des deniers, prouve avant la vente l'existence et le chiffre de sa créance. Il y a toujours intérêt à faire procéder à la vente, pour le saisissant aussi bien que pour les opposants, s'ils sont réellement créanciers. Tout ce que les opposants peuvent exiger, c'est qu'on ne procède pas à la distribution des deniers sans les appeler à débattre leurs intérêts.

Partant de cette idée, les rédacteurs du Code de procédure ont refusé aux cocréanciers du saisissant le droit de s'opposer à la vente elle-même et de la retarder. Ils ont supprimé ainsi toutes les procédures qui avaient pour but d'établir respectivement, avant la vente, le droit de chaque créancier ; ils ont aboli la nécessité ruineuse d'appeler tous les opposants à la vente ; l'article 615 défend même de les y appeler.

On est ainsi arrivé à simplifier singulièrement, dans l'intérêt de tous, la procédure faite pour parvenir à la vente, qui, aujourd'hui, ne sera jamais retardée par la présence ou la survenance de nouveaux créanciers. Les créanciers du saisi avertiront le saisissant, par des oppositions formées entre ses mains ou entre celles de l'officier public chargé de vendre, qu'ils prétendent participer avec le saisissant à la distribution des deniers que produira la vente, qu'ils s'opposent à ce qu'il soit procédé sans eux à cette distribution. Mais la vente n'en aura pas moins lieu provisoirement à la poursuite du saisissant, et les questions de validité, de chiffre, de privilège des créances respectives ne seront débattues que plus tard, lorsqu'il s'agira de la distribution du prix. Provisoirement, c'est-à-dire pendant la procédure de saisie-exécution, aucune action relative à ces questions ne sera dirigée ni par les créanciers opposants contre le saisissant, ni par le saisissant contre les opposants ; seulement, quiconque se prétend créancier du saisi et a l'intention de se présenter un jour en cette qualité à la distribution des deniers, peut toujours faire provisoirement constater juridiquement son droit par une action dirigée contre le saisi (art. 610) ; mais le jugement de cette action n'a pas d'influence sur l'époque de la vente.

867. L'article 609 détermine les formes des oppositions d'une manière assez précise pour n'exiger aucun commentaire. La nécessité d'une élection de domicile par l'opposant dans le lieu de la saisie attribue compétence au tribunal de ce lieu pour statuer sur la validité ou la nullité des oppositions. L'utilité de cette attribution de compétence se comprend parfaitement : on n'a pas voulu obliger plus tard le saisissant ou le saisi à demander la mainlevée ou la nullité de chaque opposition devant le tribunal du domicile de celui qui l'a formée, c'est-à-dire à intenter simultanément vingt, trente procès et plus peut-être, devant autant de tribunaux différents.

Les créanciers qui forment une opposition sur le prix, conformément à l'article 609, n'ont à signifier que l'acte d'opposition. Ils ne doivent pas, comme en matière de saisie-arrêt, dénoncer leur opposition, ni la faire suivre d'une demande en validité. L'exploit d'opposition suffit pour remplir le but que se propose le créancier opposant, c'est-à-dire pour forcer le saisissant à appeler plus tard l'opposant à la distribution des deniers : seulement, l'article 609 n'ordonne la signification de l'exploit d'opposition qu'au saisissant et à l'officier chargé de la vente. Nous ajouterons qu'il doit être également signifié au saisi, évidemment intéressé dans la question de savoir s'il est débiteur et pour quelle somme.

Le propriétaire de la maison ou de l'appartement occupé par le saisi ne jouit pas, quant à l'opposition, d'un droit plus étendu que les autres créanciers. L'article 609 le place sur la même ligne que les autres créanciers : *les créanciers du saisi... même pour loyers*, etc. Il ne peut donc empêcher ni la saisie, ni la vente; seulement, quand viendra le moment de la distribution du prix, il fera valoir, pour primer les autres créanciers, le privilège que lui accorde l'article 2102, 1°, du Code civil, et dont nous parlerons sur les articles 661 et 662.

868. Ici se présente une question fort délicate. Lorsque le saisi fait prononcer la nullité de la saisie dans les cas que nous avons indiqués sur l'article 607, que deviennent les oppositions formées sur le prix entre les mains du saisissant? Sont-elles annulées par voie de conséquence, ou, au contraire, survivent-elles à la saisie? Cette question était déjà controversée dans l'ancienne jurisprudence. Suivant Pothier, la nullité de la saisie entraînait avec elle, sans distinction, la nullité de toutes les oppositions. Il en donnait pour raison que ces oppositions ne forment que des accessoires de la saisie, et, comme telles, ne peuvent survivre au principal; mais Rodier et Jousse, dans leurs commentaires sur l'ordonnance de 1667 (art. 12, tit. XXXIII), distinguaient si la nullité de la saisie provenait d'un vice de forme, ou si on l'annulait comme non fondée, par exemple, parce que la dette était acquittée ou prescrite. Si la saisie était nulle en la forme, les oppositions tombaient, suivant ces auteurs, comme n'étant pas appuyées sur une base régulière; mais si la mise des meubles du débiteur sous la main de justice avait été opérée dans les formes légales, cette base régulière suffisait pour soutenir les oppositions, quoique la saisie fût annulée comme non fondée.

Sous l'empire du Code de procédure, la question s'est élevée de nouveau, et, outre les deux opinions des anciens auteurs, on en a présenté une troisième. Suivant un auteur (Pigeau), la nullité de la saisie, qu'elle soit prononcée pour vices de forme ou pour vices du fond, n'entraîne jamais la nullité des oppositions. Cet auteur appuie sa décision sur un argument d'analogie tiré de l'article 796, C. pr., qui porte que la nullité de l'emprisonnement n'entraîne pas celle des recommandations; de même, dit-il, la nullité de la saisie ne doit pas entraîner celle des oppositions. Mais il n'y a pas entre les oppositions et la saisie le même rapport qu'entre l'emprisonnement et les recommandations. Les recommandations se font à peu près avec les mêmes formalités et se proposent le même but que l'emprisonnement lui-même (art. 793), tandis que l'opposition diffère essentiellement de la saisie et par le but et par les formalités.

Je crois que la rigueur des principes exigerait l'annulation de toutes les oppositions formées sur une saisie nulle, quelle que fût la cause de nullité, conformément à la décision de Pothier. Mais, par utilité, pour ne pas obliger tous les créanciers à faire de nouvelles oppositions et multiplier ainsi les frais, il vaut mieux admettre, avec la plupart des auteurs, la distinction de Jousse et de Rodier, annuler les oppositions accessoires à une saisie nulle pour vices de forme, mais maintenir celles qui sont survenues dans une saisie régulière en la forme quoique non fondée en droit. On ne considère alors cette dernière saisie comme annulée qu'à l'égard du saisissant; elle conserve ses effets, comme mise sous la main de justice. Un des opposants, porteur d'un titre exécutoire, continue les poursuites, conformément à l'article 612, et toutes les autres oppositions conservent leur effet entre les mains de ce nouveau poursuivant.

⇒ **869.** Un autre incident peut se produire dans la procédure de saisie-exécution; je veux parler d'une seconde ou subséquente saisie que veut faire pratiquer un nouveau créancier sur les meubles déjà saisis de son débiteur. L'article 611 a réglé cette hypothèse.

« Art. 611. L'huissier qui, se présentant pour saisir, trouverait une saisie déjà faite et un gardien établi, ne pourra pas saisir de nouveau, mais il pourra procéder au récolement des meubles et effets sur le procès-verbal, que le gardien sera tenu de lui représenter : il saisira les effets omis, et fera sommation au premier saisissant de vendre le tout dans la huitaine : le procès-verbal de récolement vaudra opposition sur les deniers de la vente. »

On suppose qu'un huissier qui vient, au nom d'un créancier, pour saisir les meubles du débiteur, trouve un gardien déjà établi par un premier saisissant. Que doit-il faire? Il procédera au récolement des meubles et effets; c'est-à-dire qu'ayant sous les yeux le procès-verbal de la première saisie, que le gardien est tenu de lui représenter, il comparera les meubles mentionnés comme saisis sur le procès-verbal avec les meubles eux-mêmes qui se trouvent chez le débiteur. Si la première saisie comprend exactement tous les meubles et effets du débiteur, l'huissier envoyé par le second créancier ne peut procéder à une nouvelle saisie; on disait déjà autrefois : *Saisie sur saisie ne vaut.* Mais il est possible que la première saisie n'ait pas compris tous les meubles et effets du débiteur. Lorsque cette hypothèse se présentait dans l'ancienne jurisprudence, c'est-à-dire quand la seconde saisie était plus ample que la première, le second saisissant pouvait obtenir la poursuite et être substitué au premier saisissant. Quant à la première saisie, elle était alors convertie en opposition. Le débat entre les deux saisissants constituait un incident qui occasionnait des frais assez considérables, et retardait la vente.

Le Code de procédure a adopté un autre système. Dans le cas même où la première saisie ne comprend pas tous les meubles du débiteur, l'huissier du second saisissant, en procédant au récolement des meubles saisis, est bien autorisé à saisir les effets omis; mais la poursuite reste toujours au premier saisissant; seulement la première saisie est étendue aux meubles compris dans la seconde, qui est convertie en opposition. Il y a, comme on le voit, une différence bien tranchée entre l'ancien et le nouveau système. Autrefois le second saisissant obtenait la poursuite, et la première saisie était convertie en opposition : aujourd'hui, le premier saisissant reste poursuivant, et c'est la seconde saisie qui ne vaut que comme opposition. Ajoutons qu'autrefois la première saisie devenait opposition à la vente, tandis qu'aujourd'hui la seconde saisie ne vaut une opposition que sur le prix, conformément aux articles 609 et 610 (Voy. n° 867).

S'il y a de nouveaux meubles saisis, on en confie la garde au gardien de la première saisie, pour éviter les frais de salaire d'un second gardien.

Supposons maintenant que l'huissier qui se présente au nom du second saisissant ne trouve pas de gardien sur les lieux, et que rien ne l'avertisse de l'existence d'une première saisie; dans ce cas, on considérait autrefois la première saisie comme suspecte de collusion, et la poursuite était accordée au second saisissant qui enlevait les meubles ou établissait un gardien. Mais aujourd'hui on ne tire pas les mêmes conséquences de l'absence de gardien pour la première saisie.

L'huissier du second créancier, dans son ignorance de la première saisie, fera sans doute un second procès-verbal de saisie et établira un gardien; tant que cette ignorance durera, le second saisissant continuera ses poursuites; mais, dès que la première saisie se révèlera, le premier saisissant gardera seul le rôle de poursuivant, et le second procès-verbal, considéré comme procès-verbal de récolement, n'aura plus que la valeur d'une opposition.

Il faut appliquer tout ce qui précède au cas où la première et la seconde saisie sont toutes deux des saisies d'exécution. Si l'huissier qui se présente pour faire une saisie-exécution trouve, il est vrai, une saisie déjà faite et un gardien établi, mais que cette première saisie ne soit qu'une saisie de précaution (saisie-gagerie, saisie foraine, saisie conservatoire), l'huissier pourra passer outre à la saisie-exécution. L'article 611 est ici sans application : la saisie de précaution, qui ne peut être immédiatement suivie de la vente, ne met point obstacle à une saisie-exécution qui mène directement à la vente.

⇒ **870.** « Art. 612. Faute par le saisissant de faire vendre, dans le délai ci-après fixé, tout opposant ayant titre exécutoire pourra, sommation préalablement faite au saisissant, et sans former aucune demande en subrogation, faire procéder au récolement des effets saisis, sur la copie du procès-verbal de saisie, que le gardien sera tenu de représenter, et de suite à la vente. »

Il s'agit de la substitution d'un créancier à un autre dans la poursuite de la saisie, ou, suivant le terme consacré, de la subrogation aux poursuites. Dans l'ancienne jurisprudence, en cas de négligence du poursuivant, les autres créanciers formaient une demande en subrogation; cette demande retardait la vente et entraînait beaucoup de frais. Le Code de procédure ici encore a heureusement innové : il a supprimé la nécessité d'une demande en subrogation. Dès que le délai fixé pour la vente dans le procès-verbal de saisie est expiré sans que cette vente ait lieu, la subrogation s'opère sans demande, au profit de l'opposant le plus diligent. Il devra faire sommation au saisissant de procéder à la vente, et, si cette sommation reste inutile, il fera procéder au récolement, puis à la vente.

Mais la loi fait remarquer avec raison que ce droit de subrogation n'appartient qu'aux opposants porteurs d'un titre exécutoire; sans un pareil titre, un créancier peut, en effet, former une opposition sur le prix des meubles de son débiteur, vendus à la requête d'un autre créancier, mais il n'a pas le droit de les faire vendre.

Remarquons, en terminant, que toutes les contestations relatives aux incidents que nous avons examinés dans ce paragraphe, réclamation du saisi (606), demandes en distraction (607), oppositions (609 et 610), sont toujours portées à un tribunal civil, quand même il s'agirait de l'exécution d'un jugement du tribunal de commerce. Les tribunaux de commerce ne connaissent pas de l'exécution de leurs jugements (Voy. l'art. 442, C. pr., et son explication).

⊖→ **871.** § 5. *Des formalités qui précèdent la vente, et de la vente* (art. 613 à 625). — Cette dernière partie du titre de la saisie-exécution présente peu de difficultés. La loi a minutieusement détaillé les formes à suivre. Elles tendent d'ailleurs presque toutes au même but, la publicité de la vente, afin d'attirer le plus grand nombre possible d'enchérisseurs.

« Art. 613. Il y aura au moins huit jours entre la signification de la saisie au débiteur et la vente. »

Huit jours. Ce sont huit jours francs. La loi ne veut pas que la vente se fasse avec une précipitation qui ne permettrait pas de la faire connaître suffisamment, et qui préjudicierait ainsi aux créanciers comme au débiteur. Cette disposition a encore un autre but. Le débiteur ne doit pas être dépouillé trop vite de sa propriété; il faut qu'il ait le temps de revenir, en cas d'absence, et de se procurer des fonds, afin d'empêcher la vente, s'il le peut.

Ce délai de huit jours n'est pas un délai invariable, mais seulement un minimum fixé par la loi. Des incidents prolongent quelquefois ce délai; ainsi les demandes en nullité, formées par le saisi, ou les demandes en distraction, formées par des tiers, suspendent les poursuites. Quelquefois même la loi a fixé un délai plus long, par exemple dans les cas prévus par les art. 620 et 621. En outre, le saisissant est libre d'indiquer un jour plus éloigné pour la vente. Seulement, dans ce dernier cas, le saisi pourrait réclamer et faire fixer en référé un délai plus court; il a intérêt, en effet, à ne pas multiplier les frais de garde, ou à ne pas laisser les choses dans un *statu quo* qui peut amener des diminutions de valeur.

Le jour de la vente doit être indiqué dans le procès-verbal de saisie (art. 595).

« Art. 614. Si la vente se fait à un jour autre que celui indiqué par la signification, la partie saisie sera appelée, avec un jour d'intervalle, outre un jour pour trois myriamètres (Voy. l'art. 1033), en raison de la distance du domicile du saisi, et du lieu où les effets seront vendus. »

« Art 623. Le procès-verbal constatera la présence ou le défaut de comparution de la partie saisie. »

Le saisi sera appelé; mais son absence n'arrêtera pas la vente.

» Art. 615. Les opposants ne seront point appelés. »

Cet article a été suffisamment expliqué avec les articles 609 et 610. Les opposants connaîtront le jour de la vente par les affiches; ce n'est pas, d'ailleurs, à la vente qu'il leur importe d'assister, mais à la distribution du prix, et, en leur qualité d'opposants, ils y seront nécessairement appelés, comme nous l'avons vu plus haut.

« Art. 616. Le procès-verbal de récolement qui précédera la vente ne contiendra aucune dénonciation des effets saisis, mais seulement de ceux en déficit, s'il y en a. »

Dans l'ancienne jurisprudence, le procès-verbal de récolement contenait une nouvelle énumération des objets déjà mentionnés sur le procès-verbal de la saisie; le procès-verbal de récolement pouvait prendre ainsi une grande extension et les frais s'augmentaient en proportion. L'article 616 supprime cette énumération et ces frais inutiles. Le but du récolement, prescrit par l'article 616, est de vérifier si tous les meubles saisis sont représentés; il suffit donc qu'il constate le déficit, s'il y en a. Ce procès-verbal engage la responsabilité du gardien, s'il se trouve un déficit, et le libère complètement dans le cas contraire.

Le récolement peut se faire un dimanche, sans permission du juge, malgré les termes de l'article 1037, puisque ce récolement précède immédiatement la vente à laquelle l'article 617 ordonne de procéder le dimanche ou un jour de marché.

☞ **872.** « Art. 617. La vente sera faite au plus prochain marché public, aux jour et heure ordinaires des marchés, ou un jour de dimanche; pourra néanmoins le tribunal permettre de vendre les effets en un autre lieu plus avantageux. Dans tous les cas, elle sera annoncée un jour auparavant par quatre placards au moins, affichés, l'un au lieu où sont les effets, l'autre à la porte de la maison commune; le troisième au marché du lieu, et, s'il n'y en a pas, au marché voisin; le quatrième à la porte de l'auditoire de la justice de paix; et, si la vente se fait dans un lieu autre que le marché ou le lieu où sont les effets, un cinquième placard sera apposé au lieu où se fera la vente. La vente sera en outre annoncée par la voie des journaux, dans les villes où il y en a. »

« Art. 618. Les placards indiqueront les lieu, jour et heure de la vente et la nature des objets sans détails particuliers. »

« Art. 619. L'opposition sera constatée par exploit, auquel sera annexé un exemplaire du placard. »

La lecture de ces articles suffit pour les faire comprendre. Les deux premiers contiennent le détail des formalités ordinaires que la loi croit nécessaires pour donner à la vente la plus grande publicité possible. L'article 619 indique le moyen de prouver que toutes ces formalités ont été accomplies.

Si elles ne l'avaient pas été, la vente ne serait pas moins valable (1). Autrement, si l'on attachait la peine de nullité de la vente à l'inobservation des formalités qui doivent la précéder, cette peine retomberait sur l'acheteur à qui aucune faute n'est imputable. Mais le saisissant et l'huissier pourraient être passibles de dommages-intérêts au profit du saisi ou de la masse des créanciers, si, par suite du défaut de publicité, les meubles avaient été vendus au-dessous de leur valeur.

« Art. 620. S'il s'agit de barques, chaloupes et autres bâtiments de mer du port de

(1) Riom, 24 juin 1846, D. 47, 4, 433, n° 1.

dix tonneaux, et au-dessous, bacs, galiotes, bateaux et autres bâtiments de rivière, moulins et autres édifices mobiles, assis sur bateaux ou autrement, il sera procédé à leur adjudication sur les ports, gares ou quais où ils se trouvent : il sera affiché quatre placards au moins, conformément à l'article précédent; et il en sera fait, à trois divers jours consécutifs, trois publications au lieu où sont lesdits objets : la première publication ne sera faite que huit jours au moins après la signification de la saisie. Dans les villes où il s'imprime des journaux, il sera suplée à ces trois publications par l'insertion qui sera faite au journal de l'annonce de ladite vente, laquelle annonce sera répétée trois fois dans le cours du mois précédant la vente. »

La loi prescrit ici les formalités extraordinaires de publicité en raison de l'importance des objets saisis.

Pour les navires ou bâtiments de mer, il a été dérogé à notre article par les dispositions du Code de commerce (Voy. art. 197 à 215, C. com.).

« Art. 621. La vaisselle d'argent, les bagues et joyaux, de la valeur de trois cents francs au moins, ne pourront être vendus qu'après placards apposés en la forme ci-dessus, et trois expositions, soit au marché, soit dans l'endroit où sont lesdits effets; sans que néanmoins, dans aucun cas, lesdits objets puissent être vendus au-dessous de leur valeur réelle, s'il s'agit de vaisselle d'argent, ni au-dessous de l'estimation qui en aura été faite par des gens de l'art, s'il s'agit de bagues et joyaux.

« Dans les villes où il s'imprime des journaux, les trois publications seront suppléées comme il est dit en l'article précédent. »

Cet article contient des formalités spéciales à la vente de certains objets. Le sens et la portée des formalités sont assez apparents pour n'exiger aucune explication.

873. « Art. 622. Lorsque la valeur des effets saisis excédera le montant des causes de la saisie et des oppositions, il ne sera procédé qu'à la vente des objets suffisant à fournir à la somme nécessaire pour le payement des créances et frais. »

Cette disposition offre au débiteur une garantie contre les vexations des créanciers. Il ne leur est pas permis de vendre un meuble du débiteur pour lui en remettre le prix, qui ne lui représentera jamais l'équivalent; car il pourra bien rarement remplacer pour le même prix le meuble vendu. Aussi, l'officier public chargé de la vente doit-il la discontinuer, dès que le produit suffit pour payer le montant des causes de la saisie et des oppositions, ainsi que les frais de la saisie et de la vente.

Cette obligation, imposée à l'officier public sous sa responsabilité, est un des motifs de la disposition de l'art. 551, C. pr., qui défend de procéder à la vente tant que la dette n'est pas liquide, c'est-à-dire tant que le chiffre n'en est pas déterminé en argent.

874. « Art. 624. L'adjudication sera faite au plus offrant, en payant comptant : faute de paiement, l'effet sera vendu sur-le-champ à la folle enchère de l'adjudicataire. »

Au plus offrant. Le commissaire priseur, le notaire, l'huissier, le greffier de la justice de paix, en un mot l'officier public qui procède à la vente ne peut se rendre adjudicataire.

Si l'adjudicataire ne peut payer, il a fait une *enchère folle*, et on remet immédiatement la chose en vente sur sa folle enchère. Si le prix de cette revente est supérieur à celui de la première, cette augmentation profite aux créanciers et au saisi ; mais si le prix de la revente est inférieur au prix offert par le fol enchérisseur (ce qui arrive le plus souvent), ce dernier est tenu de la différence. La loi n'a pas ici prononcé contre lui la contrainte par corps pour le payement de cette différence, comme elle l'a fait à l'égard du fol enchérisseur sur saisie immobilière (art. 740, C. pr.) ; la contrainte par corps ne pouvait donc être prononcée contre le fol enchérisseur en matière de saisie-exécution.

875. « Art. 625. Les commissaires-priseurs et huissiers seront personnellement responsables du prix des adjudications, et feront mention, dans leurs procès-verbaux, des noms et domiciles des adjudicataires : ils ne pourront recevoir d'eux aucune somme au-dessus de l'enchère, à peine de concussion. »

Le droit de vendre des meubles corporels aux enchères et au comptant, par suite de saisie-exécution, appartient exclusivement aux commissaires-priseurs, au chef-lieu de leur établissement ; dans les autres lieux de leur ressort, ils partagent ce droit avec les notaires, les greffiers et les huissiers. La ligne de démarcation entre les attributions réciproques de ces différents officiers ministériels, suivant la nature des meubles vendus, soulève des questions délicates qui sont en dehors de notre sujet.

L'officier public doit mentionner le nom des adjudicataires sur son procès-verbal, pour prouver qu'il n'a pas acheté pour lui-même ; mais il élude quelquefois la défense de se rendre adjudicataire, en faisant acheter pour son compte par des prête-noms.

L'officier public ne peut exiger *aucune somme au-dessus de l'enchère*, sauf le salaire que la loi lui accorde. Le droit de vente est fixé par la loi du 8 juin 1843 à 6 p. 100 sur le produit des ventes. Ils ne doivent jamais recevoir plus, et, en fait, ils reçoivent quelquefois moins ; ainsi, ils font souvent des remises aux parties sur le salaire auquel ils ont droit, afin d'obtenir la préférence sur un confrère. Cependant la loi leur défend positivement de faire des abonnements, si ce n'est avec l'État et certains établissements publics *.

QUARANTIÈME LEÇON

TITRE IX

DE LA SAISIE DES FRUITS PENDANTS PAR RACINES, OU DE LA SAISIE-BRANDON.

(C. D.)

⟶ **876.** * Le mot *brandon* vient de certains signes, de faisceaux de paille, qui servaient, dans certaines localités, à indiquer la place des fruits saisis ; ces signes s'appelaient brandons.

La loi a donné le nom de saisie-brandon, comme le montre l'intitulé de ce titre, à la saisie des fruits pendants par racines ; mais ces mots *fruits pendants par racines* n'expliquent pas d'une manière rigoureusement exacte la pensée du législateur. La saisie-brandon, en effet, ne s'applique pas seulement aux fruits qui pendent, mais à tous les fruits qui tiennent encore à la terre; non seulement aux pommes, poires, etc., mais aussi aux céréales, comme blés, foins et autres fruits du même genre. Les termes des art. 626 et suivants ne paraissent pas comprendre les bois; cependant les auteurs sont d'accord pour permettre de saisir-brandonner les bois qui sont en coupe réglée, les seuls qui produisent des fruits (art. 591, 592, C. civ.). Dans les futaies non mises en coupe réglée, le créancier peut atteindre les arbres abattus par la voie de la saisie-exécution ou les arbres sur pied, comme accessoires du fonds, par la saisie mobilière.

Les fruits qui tiennent encore à la terre sont immeubles par nature (art. 520 C. civ.), mais, une fois détachés du sol, ils deviennent meubles; l'adjudicataire les achète pour les enlever; c'est une chose mobilière qu'il veut se procurer. Aussi la saisie-brandon est-elle mobilière, et le prix qui en provient se distribue par contribution comme prix de meubles.

La saisie-brandon ne peut pas toujours atteindre les fruits. D'abord, tant que les fruits ne sont pas nés, il n'y a pas de saisie possible, car elle n'aurait pas encore d'objet. Quand ils sont coupés, ils sont devenus meubles; c'est alors par la voie de la saisie-exécution et non par la saisie-brandon qu'ils peuvent être mis sous la main de justice. Dans l'intervalle même de la naissance des fruits à la récolte, diverses circonstances mettent quelquefois obstacle à l'exercice de la saisie-brandon; ainsi les fruits ont été vendus de bonne foi, ou le fonds même a été saisi immobilièrement et la saisie immobilière a été transcrite; dans ce cas, les créanciers hypothécaires acquièrent sur les fruits un droit qui exclut les saisies mobilières postérieures (art. 681, 682, C. pr.). En admettant qu'il n'y ait ni vente des fruits ni saisie immobilière du fonds, le législateur a encore resserré le droit de faire procéder à la saisie-brandon dans un intervalle de temps fort court fixé par l'art. 626.

« Art. 626. La saisie-brandon ne pourra être faite que dans les six semaines qui précéderont l'époque ordinaire de la maturité des fruits : elle sera précédée d'un commandement, avec un jour d'intervalle. »

Dans les six semaines qui précéderont, etc. C'est dans cet espace de temps que le créancier peut pratiquer la saisie-brandon. En cas de contestation sur l'époque ordinaire de la maturité des fruits, les tribunaux la fixeront suivant les circonstances. Dans l'exposé des motifs du projet du Code de procédure au Corps législatif, deux raisons ont été données à l'appui de cette fixation du délai de six semaines; l'une, qui est la principale, consiste dans l'impossibilité d'apprécier plus tôt la valeur des objets saisis, c'est-à-dire des fruits. La seconde est une considération d'économie : on ne voulait pas imposer aux parties les frais d'une garde indéfiniment prolongée.

La plupart des auteurs et la jurisprudence, se fondant sur ces deux motifs, permettent au créancier de saisir, même avant les six semaines, les récoltes dont la valeur peut être facilement appréciée plus tôt, mais à la condition que le créancier supportera seul les frais de garde qui précéderont les six semaines indiquées par l'article 626. Ils font remarquer l'utilité de cette décision, qui ôte au débiteur le moyen de vendre les fruits avant ces six semaines, et de rendre ainsi d'avance impossibles ou inutiles les futures saisies-brandon. Malgré ces raisons d'utilité, je n'admets pas cette opinion. Sans doute il y a à craindre que le débiteur ne vende la récolte avant que le créancier ait pu exercer la saisie-brandon ; mais on remédie à cet inconvénient en annulant la vente, si elle est entachée de fraude. Cet inconvénient, que le législateur a bien connu et qui s'applique à la vente de toute espèce de fruits, ne l'a pas empêché d'établir, sans distinction, un délai uniforme de six semaines pour toutes les saisies-brandon. Le texte de l'art. 626 contient des expressions restrictives fort précises : *la saisie-brandon ne pourra être faite que dans les six semaines...* etc. ; il me semble bien difficile d'autoriser les juges à violer un texte formel, en s'appuyant sur un argument tiré d'un rapport fait au Corps législatif. La saisie est une mesure de rigueur, dont les dispositions ne doivent être appliquées que dans les limites fixées par la loi (1).

⇒ **877.** Nous connaissons maintenant le caractère de la saisie-brandon. Elle met sous la main de justice des choses immobilières, pour les faire vendre comme meubles ; le prix qui proviendra de la vente sera distribué comme prix de meubles. Elle a donc principalement le caractère d'une saisie mobilière ; on peut la considérer comme une saisie-exécution modifiée. Aussi la plupart des règles sur la saisie-exécution recevront-elles ici leur application, comme le prouve d'ailleurs l'article 634. Nous devons, en conséquence, nous borner dans ce titre, comme le législateur l'a fait, à indiquer les règles spéciales à la saisie-brandon. Rappelons-nous donc notre division du titre de la saisie-exécution. Nous avons examiné successivement les dispositions relatives : 1° aux formalités qui précèdent ou accompagnent la saisie ; 2° aux choses insaisissables ; 3° aux gardiens ; 4° aux incidents de la saisie ; 5° enfin aux formalités qui précèdent ou accompagnent la vente.

Nous reprendrons ici les diverses branches de cette division, pour rechercher quelles modifications comporte la saisie-brandon.

1° *Formalités qui précèdent et accompagnent la saisie.* — Ces formalités, vous vous le rappelez, sont au nombre de deux : le commandement et le procès-verbal de saisie. Quant au commandement, l'article 626 *in fine* en rappelle la nécessité. La saisie-brandon suppose, en effet, un titre exécutoire, puisqu'elle est une saisie d'exécution. On peut appliquer ici tout ce que nous avons dit sur les articles 583 et 584. Le propriétaire, non muni d'un titre exécutoire, peut aussi, aux termes de l'article 819, faire placer sous la main de justice les fruits de son locataire ou de son fermier. Mais ce n'est là qu'une saisie-gagerie des fruits, qui diffère de la saisie-brandon autant qu'une saisie de précaution d'une saisie-exécution (Voy. n° 813).

La seconde formalité de la mise sous la main de justice est le procès-verbal de saisie. L'huissier ne sera pas accompagné de témoins, comme dans la saisie-exécution (art. 43 du Tarif). Du reste, je vous renvoie aux articles 586 (première phrase), 595, 599, 602 et 601, qui sont encore ici entièrement applicables. Au contraire, la fin de l'article 586, les articles 587, 588, 589, 590 doivent rester étrangers à la matière de la saisie-brandon.

(1) Bourges, 24 janvier 1863, D. 63, 2, 155.

« Art. 627. Le procès-verbal de saisie contiendra l'indication de chaque pièce, sa contenance et sa situation, et deux au moins de ses tenants et aboutissants, et la nature des fruits. »

Cet article ne présente aucune difficulté. Remarquons seulement, quant à la mention de la contenance de la pièce de terre qui porte les fruits, que, pour la saisie même du fonds, l'article 675 n'exige que la contenance approximative; on ne saurait en exiger ici davantage.

878. 2° *Des choses insaisissables.* — Parmi les objets susceptibles de saisie-brandon, il n'y en a point d'insaisissables. L'article 592 demeure donc étranger à cette matière, sauf l'application des nos 7 et 8 de cet article, qui permettra quelquefois de laisser quelques fruits au saisi.

879. 3° *Du gardien.* — Les droits et obligations du gardien suivent ici les mêmes règles que dans la saisie-exécution. La loi n'a introduit de modification que sur la question de savoir qui sera gardien.

« Art. 628. Le garde champêtre sera établi gardien, à moins qu'il ne soit compris dans l'exclusion portée par l'article 598; s'il n'est présent, la saisie lui sera signifiée; il sera aussi laissé copie au maire de la commune de la situation, et l'original sera visé par lui.

« Si les communes sur lesquelles les biens sont situés sont contiguës ou voisines, il sera établi un seul gardien, autre néanmoins qu'un garde champêtre; le visa sera donné par le maire de la commune du chef-lieu de l'exploitation, et, s'il n'y en a pas, par le maire de la commune où est située la majeure partie des biens. »

Ainsi, en règle générale, si les pièces de terre qui portent les fruits saisis sont toutes situées dans la même commune, la loi désigne comme gardien le garde-champêtre de la commune. C'est une désignation obligatoire; ni le saisi ni l'huissier ne peuvent présenter ou choisir un autre gardien, sauf dans le cas prévu par l'article 598.

Le deuxième alinéa suppose que les terres qui portent les fruits saisis sont situées sur différentes communes : dans ce cas, comme un garde-champêtre n'a qualité pour exercer ses fonctions que sur le territoire de sa commune, il faudrait, pour appliquer la règle générale, établir chaque garde-champêtre gardien des fruits tenant au sol de sa commune. Mais le législateur a compris que cette multiplicité des gardiens augmenterait inutilement les frais. Dans cette hypothèse, il abandonne sa règle : la garde des fruits n'est confiée à aucun des gardiens champêtres, et il n'y aura qu'un seul gardien.

880. 4° *Des incidents de la saisie.* — Il suffit, pour cette partie, de renvoyer à l'explication des articles 607 à 612, en ajoutant toutefois que le fermier peut s'opposer à la saisie que ferait pratiquer un créancier du propriétaire. Les fruits non détachés du sol appartiennent encore, il est vrai, au propriétaire du fond; **mais la saisie-brandon envisage, par anticipation, les fruits comme meubles, et en cette qualité, ils sont au fermier.** Ce motif autorise la saisie-bandron du chef du fermier, quoique ces fruits ne lui appartiennent pas encore au moment de la saisie.

Il en sera de même à l'égard des fruits d'un fonds sur lequel il existe un usufruit. L'usufruitier a le droit de s'opposer à une saisie-brandon faite du chef du nu propriétaire; mais les créanciers de l'usufruitier en font valablement pratiquer une, quoique les fruits ne doivent appartenir à l'usufruitier que lorsqu'ils seront détachés du sol. Aussi, dans ce dernier cas, c'est-à-dire lorsqu'une saisie-brandon est exercée du chef d'un usufruitier, sa mort survenue avant la récolte annulerait-elle la saisie, par application de l'art. 585 du Code civil.

Le saisissant, qui voit ses poursuites entravées par l'opposition d'un prétendu fermier ou d'un prétendu usufruitier, peut contester le droit de bail ou d'usufruit; mais pendant cette contestation, comme pendant celle que soulèverait tout autre incident, il est possible que les fruits parviennent à leur maturité. Alors le saisissant ou la partie la plus diligente, assignera en référé tous les intéressés, pour faire ordonner que les fruits seront coupés et engrangés dans un lieu désigné par le juge, sous la surveillance d'un gardien; qu'ils seront coupés et vendus au profit de qui de droit, s'ils ne peuvent être conservés sans détérioration.

881. 5° *Formalités qui précèdent ou accompagnent la vente.* — Les articles 629 à 633 relatifs à ces formalités ne présentent aucune difficulté, et je me borne à renvoyer à la lecture de leur texte.

La vente se fait sur les lieux mêmes, si les fruits sont encore sur pied. Qui doit procéder à cette vente? Les uns attribuent à cet égard un droit exclusif aux huissiers, mais il vaut mieux, suivant l'opinion généralement admise, rester ici dans la règle ordinaire en matière de ventes de meubles, et décider qu'ils seront vendus par les commissaires-priseurs exclusivement dans le chef-lieu de leur établissement, et partout ailleurs par les commissaires-priseurs en concurrence avec les notaires, les huissiers et les greffiers (1).

« Art. 634. Seront, au surplus, observées les formalités prescrites au titre *Des Saisies-Exécutions*. »

Cet article s'applique non seulement au n° 5 de notre division, mais à tous les numéros précédents, quoique l'article 634 ne semble renvoyer au titre de la saisie-exécution que pour les formalités de la vente. On appliquera généralement à la saisie-brandon les règles de la saisie-exécution.

« Art. 635. Il sera procédé à la distribution du prix de la vente ainsi qu'il sera dit au titre *De la Distribution par contribution.* »

La distribution par contribution s'applique précisément au produit des ventes mobilières, et il s'agit ici d'une vente de cette nature (Voy. n° 877) *.

(1) Il peut y avoir des ventes aux enchères de récoltes sur pied, hors du cas de saisie-brandon. Les notaires ont soutenu que ces ventes avaient alors le caractère de vente d'immeubles et que le droit d'y procéder devait leur appartenir exclusivement. Cette prétention, rejetée d'abord par la jurisprudence, avait été enfin admise depuis l'arrêt de la Cour de cassation du 1er juin 1822. La concurrence des commissaires-priseurs, des huissiers et des greffiers avec les notaires a cependant paru utile. Des projets de loi ont été présentés successivement dans ce sens en 1833, en 1840, en janvier 1848, mais ils n'ont pu, pour diverses causes, aboutir à un résultat définitif. Enfin, une loi du 5 juin 1851 admet la concurrence des officiers ministériels, au choix des parties, pour les ventes publiques, volontaires, de fruits et de récoltes pendants par racines et de coupes de bois taillis.

TITRE X

DE LA SAISIE DES RENTES CONSTITUÉES SUR PARTICULIERS (C. D.).

⇒ **882.** * Une rente est le droit de demander à des époques périodiques une certaine redevance, nommée arrérages, et qui consiste soit en argent, soit en denrées.

Les rentes se divisent de plusieurs manières. Elles sont établies à titre gratuit ou à titre onéreux. Parmi ces dernières, et sous le rapport du prix que le créancier donne pour les acquérir, les unes sont établies pour une somme d'argent ou pour des effets mobiliers, et les autres pour la cession d'un immeuble. Sous le rapport de la durée, elles sont perpétuelles ou viagères : *perpétuelles*, si elles sont dues à perpétuité au créancier et à ses héritiers ; *viagères*, si elles sont dues pendant la vie d'une personne, le plus ordinairement pendant la vie du créancier. Sous le rapport de la personne du débiteur, elles peuvent être dues ou par l'État ou par des particuliers.

Le titre qui nous occupe ne traite que de la saisie des rentes constituées sur particuliers. Nous devons laisser de côté les rentes sur l'État. Ces rentes ont été, en effet, déclarées insaisissables par les lois; c'est un privilège qui leur est accordé pour attirer vers elles les capitaux, et augmenter le crédit public qui s'estime habituellement d'après le prix de ces rentes.

La saisie dont nous allons examiner les formalités ne s'applique donc qu'aux rentes dues par des particuliers, perpétuelles ou viagères, établies soit pour une somme d'argent, soit pour la cession d'un immeuble, soit même gratuitement.

Toutes les rentes perpétuelles sont rachetables, c'est-à-dire que le débiteur peut toujours se libérer du service des arrérages, en remboursant le capital de la rente, ou en exécutant les clauses et conditions qui peuvent avoir été fixées pour le rachat de la rente dans le cas de l'art. 530 C. civ. Mais le créancier n'a jamais le droit d'exiger ce rachat, et les parties peuvent convenir que ce rachat n'aura pas lieu avant une époque déterminée, qui ne saurait dépasser dix ans ou trente ans suivant les cas (art. 530 et 1911, C. civ.). Les rentes viagères ne sont jamais rachetables.

Il est un autre caractère commun à toutes les rentes perpétuelles ou viagères et plus important que le précédent au point de vue de la saisie ; je veux parler de la nature mobilière des rentes. On reconnaissait autrefois des rentes foncières et des rentes constituées à prix d'argent. Les premières étaient considérées comme immeubles, tandis que les rentes constituées étaient quelquefois considérées comme mobilières. Cette distinction entraînait comme conséquence des différences dans la saisie des rentes. Ainsi les rentes qui étaient regardées comme immeubles étaient soumises aux formalités ruineuses de la saisie des immeubles, tandis que la saisie des rentes mobilières, plus simple dans l'exécution, n'avait pas de règles fixes et variait arbitrairement dans les différentes juridictions.

Aujourd'hui les rentes sont toutes meubles (art. 529, C. civ.). Les rédacteurs du Code de procédure ont donc dû les soumettre à une procédure uniforme. Fallait-il leur appliquer purement et simplement la procédure de saisie-exécution ? Leur caractère de droits, c'est-à-dire de choses incorporelles, s'y opposait par deux motifs : d'une part, il n'était pas possible de faire pour la saisie des rentes un procès-verbal semblable à celui de la saisie-exécution. Dans cette dernière saisie, l'huissier, à la vue du meuble corporel, en fait sur son procès-verbal la description matérielle et déclare qu'il le met sous la main de justice. Mais comment ferait-il la description matérielle d'une rente, c'est-à-dire d'une chose incorporelle, qui ne tombe pas sous les sens ? Souvent même comment en soupçonnerait-il l'existence ?

D'autre part, au moment de la vente, dans le lieu où se font les enchères, l'officier public fait montrer la chose à ceux qui veulent se rendre adjudicataires ; ceux-ci l'examinent, la touchent, peuvent, sur l'apparence, juger de son état, de sa qualité, de sa valeur. Mais la rente, chose incorporelle, ne peut être montrée aux acheteurs. Présentera-t-on l'écrit qui constate l'obligation du débiteur de la rente ? La vue d'un pareil écrit n'édifiera ceux qui voudraient enchérir ni sur la solvabilité du débiteur, ni sur la solidité des garanties, cautions, hypothèques, etc., qui assurent le service de la rente. On ne pouvait donc employer la procédure de la saisie-exécution ni pour mettre les rentes sous la main de justice ni pour les faire vendre.

Aussi, notre titre consacre une procédure particulière à la saisie des rentes. Les formalités en sont empruntées à deux autres procédures, à la saisie-arrêt et à la saisie immobilière. La saisie-arrêt, comme nous l'avons vu, s'applique aux créances, c'est-à-dire à des droits, à des choses de même nature que les rentes ; il semblait donc naturel de soumettre la saisie des rentes aux formalités de la saisie-arrêt. Mais la saisie-arrêt, même quand elle est faite en vertu d'un titre exécutoire, a pour but de forcer le débiteur du saisi à payer ce qu'il doit entre les mains du saisissant au lieu de se libérer entre celles du saisi, son créancier primitif ; la saisie-arrêt aboutit donc, non pas à une vente de chose saisie, mais à un payement. Ce but de la saisie-arrêt empêchait d'en appliquer complètement les règles à la saisie des rentes, puisque le débiteur d'une rente ne peut jamais être contraint au payement du capital de la rente. Mais cette rente, ce droit de demander les arrérages, constitue un bien qui a une valeur vénale, et peut être l'objet d'une vente. Les créanciers du rentier, c'est-à-dire du créancier de la rente, la feront saisir et vendre pour s'en partager le prix : la vente conférera à l'acheteur la rente elle-même, c'est-à-dire le droit de demander les arrérages.

Ainsi, la saisie-arrêt mène à un payement, et la saisie des rentes doit mener à une vente. Les formalités de la saisie-arrêt étaient donc insuffisantes ; il en fallait d'autres pour la vente. Il fallait donner à ceux qui voulaient se rendre adjudicataires les moyens d'obtenir des renseignements exacts sur l'existence de la rente, le droit du saisi, l'époque du rachat, la solvabilité du débiteur, les garanties accessoires qui en assurent le payement, etc. En un mot, les personnes qui désirent acheter une rente ont besoin de prendre des renseignements analogues à ceux que prennent les personnes qui veulent se rendre adjudicataires sur saisie immobilière.

Aussi a-t-on, pour la saisie des rentes, emprunté à la saisie-arrêt les formalités de la mise sous la main de justice, et à la saisie immobilière celles qui précèdent et accompagnent la vente. Telle fut l'idée qui présida, en 1807, à la rédaction et à l'adoption du titre qui nous occupe.

Dans les années qui suivirent la rédaction du Code de procédure, de nombreuses réclamations s'élevèrent sur la lenteur et les frais de la procédure relative aux ventes judiciaires d'immeubles, notamment à la saisie immobilière; et la loi du 2 juin 1841, faisant droit à ces réclamations, apporta d'importantes modifications à la procédure de saisie immobilière. Nous verrons plus tard comment le législateur de 1841 rendit cette procédure moins longue et moins dispendieuse, sans sacrifier les garanties protectrices de la propriété.

La loi du 2 juin 1841, faite pour les ventes judiciaires d'immeubles, restait complètement étrangère à la vente des rentes, qui sont meubles. Il résultait de là une singulière anomalie, puisque la saisie des rentes comportait encore toutes les formalités, reconnues mauvaises ou inutiles, de l'ancienne procédure de saisie immobilière. La loi du 24 mai 1842 remédia à cet inconvénient. Cette loi modifia tout le titre de la saisie des rentes ; mais comme elle se proposait, conformément à l'idée primitive des rédacteurs du Code de procédure, de mettre en harmonie les dispositions du titre de la saisie des rentes avec celles de la saisie immobilière, on pressent facilement que les modifications ont porté plutôt sur les dispositions relatives à la vente que sur celles de la mise sous la main de justice empruntées à la saisie-arrêt. Poursuivant le même but que la loi du 2 juin 1841 sur la saisie immobilière, la loi du 24 mai 1842 diminua les formes, les délais et les frais de la procédure de saisie des rentes.

⇛ **883.** Entrons maintenant dans les détails des articles.

« Art. 636. La saisie d'une rente constituée en perpétuel ou en viager, moyennant un capital déterminé, ou pour prix de la vente d'un immeuble, ou de la cession de fonds immobiliers, ou à tout autre titre onéreux ou gratuit, ne peut avoir lieu qu'en vertu d'un titre exécutoire. Elle sera précédée d'un commandement fait à la personne ou au domicile de la partie obligée ou condamnée, au moins un jour avant la saisie, et contenant notification du titre, si elle n'a déjà été faite. »

Cet article a été modifié par la loi de 1842; en la comparant avec l'ancien article 636, on verra qu'il contient une énumération, omise autrefois, des rentes qui peuvent être atteintes par la saisie pratiquée dans les formes énoncées ci-après. On a voulu particulièrement lever tous les doutes sur la saisie des rentes établies pour la cession d'un immeuble, et pour la saisie des rentes viagères, à l'exception de celles de ces dernières rentes qui seraient insaisissables aux termes de l'art. 581, 3° et 4°, C. pr. A cette exception près, toutes les rentes dues par des particuliers sont soumises, quant à la saisie, aux formalités du titre que nous examinons. C'est là un point mis hors de doute par la discussion de la loi de 1842.

Il est d'autres droits fort importants aujourd'hui, pour la saisie desquels la loi n'a point déterminé de formes particulières; je veux parler des actions et intérêts dans les compagnies de commerce, de finance ou d'industrie (art. 529

C. civ.). Fort peu nombreuses en 1807, elles n'avaient pas attiré l'attention du législateur. Lorsqu'elles eurent pris une certaine extension, elles soulevèrent de graves difficultés. La jurisprudence soumit les intérêts et les actions nominatives à la procédure de saisie-arrêt, et les actions au porteur à celle de saisie-exécution, mais en laissant, dans ce dernier cas, au tribunal le soin de régler le mode de vente, suivant les circonstances. On proposa, dans la discussion de la loi de 1842, d'étendre à ces intérêts et actions industrielles les formes de notre titre; mais cette proposition fut repoussée, sur l'assurance donnée par le gouvernement qu'une loi spéciale serait présentée sur cette matière importante. Cette loi est encore à faire; en attendant, on appliquera à ces intérêts et actions les solutions introduites par la jurisprudence, et que j'indiquais tout à l'heure.

884. « Art. 637. La rente sera saisie entre les mains de celui qui la doit, par exploit contenant, outre les formalités ordinaires, l'énonciation du titre constitutif de la rente, de sa quotité et de son capital, s'il y en a un, et du titre de la créance du saisissant; les noms, profession et demeure de la partie saisie, élection de domicile chez un avoué près le tribunal devant lequel la vente sera poursuivie, et assignation au tiers saisi en déclaration devant le même tribunal. »

L'exploit dont il est question ici est signifié à la requête du saisissant au tiers qui doit la rente; de même, dans la saisie-arrêt, le saisissant commence par faire signifier l'exploit d'opposition au débiteur de la créance qu'il veut saisir-arrêter, et qui devient le tiers saisi (Voy. les art. 557 à 559).

...*Son capital, s'il y en a un.* Ces mots, *s'il y en a un*, ont été ajoutés par la loi de 1842 à l'ancien art. 637; cette addition part de la même idée que les modifications de l'article précédent. On a voulu appliquer les formalités de l'article 637 même aux rentes pour lesquelles il n'y a pas eu de capital donné, et pour le rachat desquelles il n'y a pas eu de capital fixé, par exemple, aux rentes établies à titre gratuit par donation entre-vifs ou par testament, et aux rentes établies pour la cession d'un immeuble, lorsque les conditions du rachat n'ont pas été fixées.

Parmi les formalités de l'exploit de saisie, la loi mentionne l'énonciation du titre constitutif de la rente; l'exploit indiquera donc si la rente a été établie à titre gratuit ou onéreux, pour l'aliénation d'un capital ou la cession d'un immeuble; dans quel acte la donation, le legs, le contrat, ont été constatés; par quel officier public cet acte a été reçu, etc.

Mais l'exploit de saisie est dressé par l'huissier, sur les renseignements que lui donne le saisissant; or, comment le saisissant connaîtra-t-il le titre constitutif de la rente qu'il veut saisir? S'il s'adresse au saisi, celui-ci refusera de donner les renseignements qui faciliteraient les poursuites. On a indiqué le moyen suivant : celui qui veut saisir une rente formera une saisie-arrêt des arrérages entre les mains du débiteur de la rente, et la déclaration que le tiers saisi sera obligé de faire, conformément à l'art. 571, C. pr., fera connaître le titre constitutif de la rente. Sans doute il est difficile de procéder autrement; mais ce moyen entraîne avec lui un grave inconvénient; le saisi averti s'empresse de céder sa rente à un tiers, d'en recevoir le prix et de se mettre à l'abri des poursuites de ses créanciers. Ceux-ci pourront, il est vrai, demander la nullité de la cession comme faite en fraude de leurs droits (art. 1167, C. civ);

mais ils doivent, pour obtenir ce résultat, prouver et la fraude de leur débiteur et celle du tiers cessionnaire à titre onéreux de la rente. Quoique les circonstances dans lesquelles je suppose que cette cession est faite puissent elles-mêmes faire soupçonner la fraude, cependant la preuve n'en sera pas toujours facile à administrer.

Election de domicile chez un avoué. L'exploit contient, en outre, d'après les derniers mots de notre article, une *assignation devant le même tribunal;* c'est le tribunal devant lequel la vente sera poursuivie. Cette assignation, aux termes de l'art. 61, 1°, C. pr., doit contenir une constitution d'avoué, chez lequel l'élection de domicile est de droit. De là il résulte que l'élection de domicile chez un avoué, dont parle l'art. 637, n'est pas suffisante ; il faut, de plus, une constitution d'avoué expressément formulée ; car l'élection de domicile n'entraîne pas une constitution tacite. Mais l'élection de domicile expresse dont parle notre article devient inutile, puisque l'exploit doit contenir une assignation qui ne serait pas valable sans une constitution d'avoué, et que la constitution entraîne avec elle une élection tacite de domicile chez l'avoué constitué (art. 61, 1°, C. pr,).

« Art. 638. Les dispositions contenues aux art. 570, 571, 572, 573, 574, 575, et 576, relatives aux formalités que doit remplir le tiers saisi, seront observées par le débiteur de la rente.

« Et si ce débiteur ne fait pas sa déclaration, ou s'il la fait tardivement, ou s'il ne fait pas les justifications ordonnées, il pourra, selon les cas, être condamné à servir la rente faute d'avoir justifié de sa libération, ou à des dommages-intérêts résultant soit de son silence, soit du retard à faire sa déclaration, soit de la procédure à laquelle il aura donné lieu. »

Je vous renvoie aux explications des articles cités dans le premier paragraphe. Quant au deuxième paragraphe de notre article, il remplace l'art. 577 C. pr., dans la matière de la saisie-arrêt. Dans le cas de saisie-arrêt, le tiers saisi qui ne fait pas sa déclaration ou les justifications relatives à la déclaration qu'il a faite, est déclaré débiteur pur et simple des causes de la saisie, c'est-à-dire qu'il sera contraint à payer au saisissant, quand même il ne devrait rien au saisi. D'après le deuxième alinéa de notre article, il sera condamné ou à servir la rente, s'il ne justifie pas de sa libération, ou à des dommages-intérêts. Ainsi, dans le cas où il ne justifie pas qu'il est libéré, il sera condamné à servir la rente. Le jugement constatera que la rente existe ; elle pourra être vendue. Si le prétendu débiteur de la rente justifie qu'il est libéré, il ne sera pas condamné à servir la rente, mais il pourra être condamné à réparer le préjudice causé par son silence ou par le retard apporté à faire sa déclaration. Ainsi il devra payer, par exemple, tous les frais des poursuites de saisie qui n'auraient pas eu lieu s'il avait fait connaître immédiatement sa libération. Au surplus, les tribunaux apprécieront, d'après les circonstances, le chiffre de ces dommages-intérêts (Voy. n° 832).

« Art. 639. La saisie entre les mains de personnes non demeurant en France sur le continent sera signifiée à personne ou à domicile, et seront observés, pour la citation, les délais prescrits par l'art 73. »

Cet article n'exige aucune explication.

« Art. 640. L'exploit de saisie vaudra toujours saisie-arrêt des arrérages échus et à échoir jusqu'à la distribution. »

L'art. 640 indique un effet accessoire fort important de l'exploit de saisie de la rente. Cet exploit a pour effet principal de mettre sous la main de justice la rente elle-même, de sorte que le débiteur de la rente ne pourrait plus, après la saisie, rembourser le capital au créancier de la rente, c'est-à-dire au saisi. Notre article ajoute que l'exploit de saisie arrêtera entre les mains du débiteur de la rente les arrérages échus et à échoir jusqu'à la distribution des deniers entre les mains des créanciers, qui auront ainsi à partager : 1° le prix payé par l'adjudicataire ; 2° les arrérages saisis-arrêtés en vertu de notre article, et qui seront versés entre leurs mains par le débiteur de la rente.

885. « Art. 641. Dans les trois jours de la saisie, outre un jour par cinq myriamètres de distance entre le domicile du débiteur de la rente et celui du saisissant, et pareil délai en raison de la distance entre le domicile de ce dernier et celui de la partie saisie, le saisissant sera tenu de la dénoncer à la partie et de lui notifier le jour de la publication du cahier des charges.

« Lorsque le débiteur de la rente sera domicilié hors du continent de la France, le délai pour la dénonciation ne courra que du jour de l'échéance de la citation au tiers saisi. »

L'exploit de saisie, d'après l'art. 637, n'est signifié qu'au débiteur de la rente. Jusqu'ici le saisi, créancier de la rente, peut n'avoir eu aucune connaissance de la saisie pratiquée sur lui. L'art. 641 ordonne que cette saisie lui sera dénoncée dans certains délais, avec certaines conditions.

Cette dénonciation a quelque analogie avec la dénonciation de la saisie-arrêt au saisi (art. 563, C. pr.) ; seulement elle ne contient pas d'assignation en validité de saisie. Elle peut aussi être comparée à la dénonciation de la saisie immobilière au saisi (art. 687).

Par la dénonciation dont parle notre article, la saisie de la rente est légalement portée à la connaissance du saisi. De ce moment, la rente est mise à son égard sous la main de justice ; il en perd la disposition. Tout acte de cession de la rente qui ne porterait pas une date certaine antérieure à la dénonciation de la saisie ne serait pas opposable au saisissant.

Un jour par cinq myriamètres. La loi du 24 mai 1842, comme celle du 2 juin 1841 sur les ventes d'immeubles, a substitué un jour par cinq myriamètres au délai d'un jour par trois myriamètres accordé par la loi ancienne. Cette abréviation de délai est fondée sur la plus grande rapidité des communications depuis la promulgation du Code de procédure.

Publication du cahier des charges. Vous pouvez voir par la lecture de l'art. 642 ce qu'il faut entendre par le cahier des charges.

Dans cet exploit de dénonciation, qui doit être signifié au saisi dans les trois jours de la saisie, on doit notifier, dit notre article, le jour de la publication du cahier des charges. Mais, d'une autre part, d'après l'art. 570 auquel renvoie l'art 638, le débiteur de la rente n'est assigné qu'à huitaine pour faire ses déclarations relatives à la rente saisie. Or, dans la discussion, on a tiré du rapprochement de ces délais une objection contre le système de la loi ; l'auteur de cette objection pensait que, les déclarations du débiteur de la rente devant précéder le cahier des charges, pour la confection duquel elles fournissent d'utiles renseignements, il était peu logique d'exiger la fixation du jour de la publication du cahier des charges dans les trois jours de la saisie, lorsque le débiteur de la rente n'est assigné et ne peut faire ses déclarations qu'à la huitaine. Mais cette objection a paru sans fondement. Pour faire la saisie, même avec les énonciations qu'exige l'art. 637, le saisissant a déjà les éléments nécessaires pour dresser le cahier des charges. D'ailleurs, entre la saisie et le dépôt au greffe, il s'écoule, d'après l'art. 642, de treize à dix-huit jours pendant lesquels la déclaration du débiteur peut survenir et donner de nouveaux renseignements. On peut donc justifier l'obligation de fixer, dans la dénonciation faite au saisi, le jour de la publication du cahier des charges.

⇒ **886.** Jusqu'ici nous avons vu les formalités de la mise sous la main de justice, c'est-à-dire celles qui sont spécialement empruntées à la procédure de saisie-arrêt. Les art. 642 et suivants traitent des formalités qui ont pour but la vente, formalités tirées, je le répète, de la procédure de saisie immobilière. C'est surtout à cette seconde partie de notre titre que la loi du 24 mai 1842 a apporté des modifications, afin de mettre ce titre en rapport avec la procédure de saisie immobilière revisée par la loi du 2 juin 1841.

Pour bien comprendre les dispositions des art. 642 et suiv., il faudrait donc connaître la procédure de saisie immobilière. Aussi nous allons seulement analyser les formalités relatives à la vente des rentes saisies; les détails se comprendront mieux après nos explications sur la procédure de saisie immobilière.

Avant tout, le saisissant fait dresser le cahier des charges qui contient une énonciation des clauses et conditions de la vente, conformément à l'article 642, à la lecture duquel je me borne à vous renvoyer.

Les art. 643 à 652 contiennent les principales modifications de la loi du 24 mai 1842. J'en présenterai un aperçu très sommaire.

Autrefois le Code de procédure exigeait trois publications du cahier des charges. L'objet à vendre était soumis à deux adjudications successives, une adjudication préparatoire et l'adjudication définitive. Aujourd'hui, il n'y a plus qu'une seule publication et une seule adjudication. La loi de 1842 a ainsi abrégé les délais et diminué les frais par la suppression de ces publications et de l'adjudication provisoire. Nous verrons les motifs et la portée de ces changements au titre *De la Saisie immobilière*, où nous retrouverons des dispositions identiques.

Les art. 643 et 644 règlent la publication, la décision des contestations soulevées par les dires et observations des parties, consignés sur le cahier des charges; la fixation du jour de l'adjudication et de l'intervalle qui doit séparer la publication de l'adjudication.

Les art. 645, 646 et 647 traitent de la publication à donner à la vente pour attirer les enchérisseurs. Notons, en passant, la disposition de l'art. 646 qui ordonne l'insertion dans un journal désigné par la cour d'appel conformément à l'art. 696. Cette disposition a été abrogée par le décret du 8 mars 1848. Aujourd'hui l'insertion est faite dans les journaux désignés par le préfet (art. 23, décret du 7 février 1852). Nous y reviendrons sur l'art. 696.

L'art. 648 renvoie à un grand nombre d'articles relatifs aux enchères et à l'adjudication, et l'art. 649 aux articles relatifs à la folle enchère. Voyez l'explication des articles cités dans les art. 648 et 649.

Remarquons seulement que notre titre ne parle pas de surenchère et ne renvoie pas aux art. 708, 709 et 710, qui traitent de cette matière. Il en faut conclure qu'après l'adjudication d'une rente, par suite de saisie, la surenchère n'est point admise.

L'art. 650 établit une grande simplicité et une extrême rapidité dans la procédure et dans le jugement des demandes en nullité de la saisie d'une rente (comparez l'art. 650 avec les art. 728 et 729, C. pr.). La loi distingue deux sortes de nullités, les unes concernant la procédure antérieure, les autres, la procédure postérieure à la publication du cahier des charges.

« Art. 650. La partie saisie sera tenue de proposer ses moyens de nullité contre la procédure antérieure à la publication du cahier des charges, un jour au moins avant le jour fixé pour cette publication, et contre la procédure postérieure, un jour au moins avant l'adjudication : le tout à peine de déchéance. Il sera statué par le tribunal, sur un simple acte d'avoué, et, si les moyens sont rejetés, il sera immédiatement procédé, soit à la publication du cahier des charges, soit à l'adjudication. »

L'art. 651 établit encore une simplification empruntée à la procédure de saisie immobilière (art. 731 et 732). Les explications de ces deux derniers articles, auxquels je vous renvoie, peuvent servir de commentaire à l'article 651.

Je vous renvoie également à l'article 730, 2° et 3°, pour l'explication de l'article 652, qui simplifie encore la procédure, en supprimant complètement l'appel contre certains jugements.

L'art. 653 décide à qui appartiendra la poursuite de la saisie des rentes, en cas de concours de deux créanciers qui ont saisi la même rente. Les dispositions de la loi, à cet égard, sont assez claires pour n'exiger aucun développement.

« Art. 654. La distribution du prix sera aite ainsi qu'il sera prescrit au titre *De la Distribution par contribution*, sans préjudice néanmoins des hypothèques établies antérieurement à la loi du 11 brumaire an VII. »

Sans préjudice des hypothèques. Cette dernière disposition est transitoire. Avant la loi de brumaire, les rentes foncières et quelquefois les rentes constituées pouvaient être hypothéquées. Si une de ces rentes, établie avant l'an VII, et grevée d'hypothèques avant cette époque, était saisie et vendue aujourd'hui, le prix en serait attribué, par préférence, aux créanciers ayant des hypothèques antérieures au 11 brumaire an VII (1er novembre 1798) ; le surplus serait distribué par contribution entre les créanciers chirographaires.

« Art. 655. Les formalités prescrites par les art. 636, 637, 639, 641, 642, 643, 644, 645, 646 et 651 seront observées à peine de nullité. »

Les articles énumérés dans notre art. 655 sont à peu près tous ceux qui contiennent l'énonciation de formalités. L'art. 650 fixe, en outre, un délai, pour proposer la nullité, et, comme sanction de l'observation de ce délai, prononce la déchéance. Enfin, quatre autres articles, les art. 638, 647, 648 et 649 renvoient à des formalités du titre de la saisie-arrêt et de la saisie immobilière; il faudra rechercher dans ces titres quelles sont les formalités dont l'omission entraîne nullité. L'omission de ces formalités entraînera également nullité dans la procédure de saisie des rentes. *

** Cette procédure de la saisie des rentes est à peu près sans application. C'est qu'en effet, les rentes perpétuelles, autrefois très fréquentes à cause de la prohibition du prêt à intérêt, sont devenues très rares de nos jours. Restent, il est vrai, les rentes viagères; mais lorsqu'elles sont établies à titre gratuit, le donateur ou le testateur a presque toujours le soin de les déclarer insaisissables. **

QUARANTE ET UNIÈME LEÇON

TITRE XI

DE LA DISTRIBUTION PAR CONTRIBUTION (C. D.).

➛ **887.** * Les créanciers ne font saisir et vendre les biens de leur débiteur que pour se faire payer sur le prix. De quelque saisie mobilière qu'il s'agisse, saisie-arrêt, saisie-exécution, saisie-brandon, saisie des rentes, les deniers qui sont versés par le tiers saisi dans la première, le prix payé par les adjudicataires des objets vendus par suite des autres saisies, doivent profiter aux créanciers du saisi. Si le produit de la saisie-arrêt ou le prix des ventes dans les autres saisies suffisent pour désintéresser tous les créanciers, chacun recevra ce qui lui est dû, et le surplus, s'il en reste, sera remis au saisi. Mais si le montant des créances dépasse le chiffre de la somme à distribuer, et, malheureusement pour les créanciers, c'est le cas le plus ordinaire, on procède à une répartition des deniers au prorata des créances; ils sont distribués entre les créanciers au marc le franc, proportionnellement au chiffre de chaque créance respective. C'est cette distribution proportionnelle que le Code appelle *distribution par contribution*, et la pratique simplement *contribution*.

La contribution est donc, en général, la distribution proportionnelle des deniers provenant d'une saisie mobilière entre les créanciers chirographaires ou cédulaires (1) du saisi. Nous verrons plus tard que le prix des immeubles vendus sur saisie immobilière se distribue, au contraire, par voie d'ordre entre les créanciers hypothécaires : ainsi le créancier hypthécaire le premier inscrit prend tout ce qui lui est dû, puis le second, et ainsi de suite jusqu'à

(1) Chirographaires et cédulaires sont synonymes. Ces mots indiquent les créanciers qui n'ont pas d'hypothèques ou de privilèges. On appelle *chirographum* ou *cedula* l'écrit contenant la preuve d'une obligation. Rigoureusement, d'après l'étymologie, les créanciers qui prouvent leur créance par un écrit ou un billet du débiteur seraient seuls chirographaires ou cédulaires; mais le mot a reçu un sens plus étendu. Tout créancier qui ne peut faire valoir à l'appui de sa créance ni privilège ni hypothèque, qu'il prouve sa créance par écrit ou autrement, est chirographaire ou cédulaire, par opposition aux créanciers hypothécaires ou privilégiés.

ce que les fonds manquent. Les derniers inscrits peuvent ainsi ne toucher aucune partie de leur créance.

Quelquefois même le prix d'un immeuble peut être distribué par contribution entre les créanciers chirographaires, si, par exemple, cet immeuble n'était pas grevé d'hypothèques ; ou bien encore, s'il reste un reliquat du prix de l'immeuble après le payement intégral des créances hypothécaires, ce reliquat sera distribué par contribution entre les créanciers chirographaires du même débiteur.

On peut encore, dans une certaine hypothèse, distribuer par contribution une partie du prix d'un immeuble vendu par suite de saisie ; ainsi le montant d'une collocation dans un ordre sera distribué par contribution entre les créanciers chirographaires d'un créancier hypothécaire colloqué.

La contribution a donc pour but de distribuer le prix d'objets mobiliers, ou le prix d'un immeuble lorsqu'il n'existe pas de créanciers hypothécaires ou qu'ils ont été désintéressés, ou enfin le montant d'une collocation dans un ordre, mais seulement entre les créanciers chirographaires du créancier colloqué; d'où il suit qu'un créancier hypothécaire ne saurait figurer en cette qualité dans une contribution, qui ne peut comprendre que des créanciers chirographaires ou privilégiés.

En règle générale, tous les créanciers sont présumés simples chirographaires. Ceux qui se présentent privilégiés sont tenus de prouver leur prétention, et ils ne peuvent la fonder que sur un texte formel de la loi. Si le privilège est justifié, le créancier privilégié vient prendre, par préférence aux autres, le montant intégral de sa créance. Il y a d'ailleurs des rangs entre les privilégiés; et, lorsque le premier privilégié absorbe la somme à distribuer, les autres créanciers, non seulement chirographaires, mais même privilégiés postérieurs, ne reçoivent rien. Quant aux créanciers chirographaires, ils ne se partagent entre eux, au prorata de leurs créances, que ce qui reste de la somme à distribuer après le payement intégral des créances privilégiées.

Vous trouverez l'énumération des privilèges sur les meubles et les règles qui les concernent dans les art. 2101 et 2102, C. civ., dont les difficultés se rattachent à l'enseignement du Code civil.

888. La distribution par contribution peut donner lieu à de grandes difficultés et soulever de nombreuses contestations. Les créanciers, appelés à partager la somme à distribuer, ont entre eux des intérêts opposés. Des prétentions mal fondées ou exagérées peuvent se produire. L'un demande ce qui ne lui est pas dû, l'autre plus qu'il ne lui est dû ; celui-ci réclame une cause de préférence à laquelle il n'a pas droit. Tous ceux qui prétendent participer à la distribution ont intérêt et qualité pour contrôler mutuellement leurs prétentions respectives. Chacun cherche à se procurer la plus forte part possible, et poursuit ce but ou en défendant sa prétention ou en attaquant celle des autres. Ainsi, un créancier réclame une certaine somme, peut-être même un privilège ; d'une part, il aura à se défendre contre les autres prétendants droit qui veulent faire rejeter sa créance, en faire réduire le chiffre, ou la faire descendre au rang de créance chirographaire; d'autre part, il examinera les demandes des autres créanciers, contestera la validité ou le chiffre de leurs créances ou le privilège qu'ils réclament. Moins il y aura de privilèges et de créances, moins le chiffre de chaque créance sera élevé, et plus s'augmentera la part contributoire de chaque créance chirographaire.

Ceux qui se présentent à la contribution sont donc d'abord les créanciers privilégiés sur les meubles, et ensuite les créanciers chirographaires. Mais les créanciers hypothécaires peuvent-ils demander à être colloqués dans les contributions pour une part contributoire, non pas en qualité de créanciers hypothécaires, mais comme chirographaires? Peuvent-ils dire : « Notre hy- « pothèque nous donne un gage spécial sur un ou plusieurs immeubles déter- « minés, mais nous conservons notre droit de gage général sur tous les autres « biens du débiteur. Nous sommes créanciers chirographaires indépendam- « ment de notre qualité de créanciers hypothécaires qui nous donne une « cause de préférence sur le prix de tel ou tel immeuble; mais ce droit de « préférence dans l'ordre n'exclut pas notre droit de figurer dans la contribu- « tion ouverte sur le prix des meubles. » D'un autre côté, ne paraît-il pas équitable de permettre à la masse des créanciers chirographaires d'écarter le concours des créanciers hypothécaires, en les renvoyant à l'ordre qui est ouvert ou qui s'ouvrira sur le prix des immeubles?

En matière de faillite, dans les art. 552 et suiv. du Code de commerce, le législateur a résolu cette question de manière à garantir les droits des créanciers hypothécaires, sans nuire à la masse des créanciers chirographaires. Un exemple fera comprendre le mécanisme et l'utilité des opérations ordonnées par les articles précités. Paul tombe en faillite. Il a de nombreux créanciers. Trois d'entre eux seulement, *Primus*, *Secundus* et *Tertius* ont leurs créances garanties par des hypothèques. Le chiffre total du passif s'élève à un million ; pour payer ce million, l'actif présente, d'une part, cent mille francs à distribuer par contribution entre tous les créanciers, et, d'autre part, un immeuble dont le prix sera absorbé par les créanciers hypothécaires. Je suppose que l'immeuble est vendu 250,000 francs, et que les trois créanciers hypothécaires ont le droit de réclamer chacun 100,000 francs, *Primus* ayant le premier rang, *Secundus* le second, et *Tertius* le troisième. Si l'ordre, c'est-à-dire la distribution du prix de l'immeuble par ordre d'hypothèque précède la contribution entre les créanciers chirographaires, comment les choses se passeront-elles ? Dans l'ordre ouvert sur les 250,000 francs, prix de l'immeuble, *Primus* obtiendra 100,000 francs, *Secundus* 100,000 francs, et il ne restera pour *Tertius* que 50,000 francs. Plus tard, quand la contribution s'ouvrira sur la somme de 100,000 francs à distribuer entre les créanciers chirographaires, *Primus* et *Secundus*, complètement désintéressés dans l'ordre, n'auront rien à demander; mais *Tertius*, qui n'a reçu dans l'ordre que 50,000 francs, moitié de sa créance, reste créancier chirographaire pour les autres 50,000 francs, et, à ce titre, il prend dans la contribution une part proportionnelle, concurremment avec les autres créanciers chirographaires.

Supposons, au contraire, que la distribution par contribution précède la distribution par voie d'ordre du prix de l'immeuble, les trois créanciers hypothécaires se présenteront à cette contribution, et prendront une part contritoire comme les autres créanciers chirographaires. Ainsi, avec les chiffres que nous avons posés plus haut (100,000 francs de deniers à partager et un million de dettes), chaque créancier obtiendra un dixième de la créance;

Primus, *Secundus* et *Tertius*, créanciers chacun de 100,000 francs, toucheront donc chacun 10,000 francs dans cette contribution. Voyons maintenant quelles devraient être, au premier abord, les conséquences de la participation des créanciers hypothécaires à la distribution par contribution. Sur les 250,000 francs, formant la somme à distribuer dans l'ordre ouvert postérieurement, il semble que *Primus* ne devrait prendre que 90,000 francs, en tenant compte des 10,000 francs qu'il a touchés dans la contribution. *Secundus* procéderait de la même manière et serait colloqué dans l'ordre pour 90,000 francs. Il resterait 70,000 francs pour *Tertius*.

Or, est-il juste que la répartition soit différente suivant que le prix des meubles est distribué avant celui des immeubles ou réciproquement? Est-il juste que *Tertius* reçoive 70,000 francs dans l'ordre qui suit la contribution, tandis qu'il ne recevrait que 50,000 francs si l'ordre était ouvert le premier?

Aussi, est-ce tout autrement que les art. 552 et suivants du Code de commerce ont réglé la manière de procéder en pareille circonstance. Nous avons vu, en reprenant toujours notre espèce, que *Primus*, *Secundus* et *Tertius* touchaient chacun 10,000 francs dans la contribution qui précédait l'ordre. C'est dans cette hypothèse que *Tertius* profiterait au détriment de la masse des créanciers. Mais d'après les articles précités du Code de commerce, quand l'ordre s'ouvrira entre *Primus*, *Secundus* et *Tertius* sur les 250,000 francs, prix de l'immeuble hypothéqué, *Primus* sera colloqué, non pas seulement pour les 90,000 francs qui lui restent dus, mais bien pour 100,000 francs, et il rendra à la masse chirographaire les 10,000 francs qu'il a déjà touchés dans la contribution. *Secundus* sera de même colloqué pour 100,000 francs, et rendra à la masse chirographaire les 10,000 francs qu'il a reçus dans la contribution. Il ne restera plus sur le prix de l'immeuble que 50,000 francs pour *Tertius*; il devait donc figurer dans la contribution, mais pour 50,000 francs et non pour 100,000 francs; aussi il ne rendra à la masse chirographaire que 5,000 francs, part contributoire représentant les 50,000 francs qu'il touche dans l'ordre et pour lesquels il ne devait pas figurer dans la contribution. Ces 25,000 francs, restitués par les créanciers hypothécaires à la masse chirographaire, seront l'objet d'une nouvelle distribution par contribution; *Tertius* aura le droit de s'y faire colloquer pour ce qui lui reste dû, et obtiendra une part proportionnelle comme les autres créanciers chirographaires. Dans cette manière de procéder, il devient fort indifférent que l'ordre précède ou suive la contribution. La date respective des deux distributions n'aura aucune influence sur le chiffre de la part contributoire de chaque créancier dans la contribution, ni sur la somme que touchera le créancier sur qui les fonds manquent dans l'ordre.

Ce système doit-il être restreint aux distributions de deniers dans les ordres et contributions ouverts sur un failli? On a dit, pour soutenir l'affirmative, que les articles 552 et suivants du Code de commerce, spéciaux à la matière des faillites, dérogeaient aux règles ordinaires des distributions de deniers. Mais de quelles règles veut-on parler? La loi ne s'est occupée, ni dans le Code civil ni dans le Code de procédure, de la date respective de l'ordre et de la contribution. Pourquoi établirait-on comme règle générale un mode de procédure qui changerait la condition des créanciers suivant que l'ordre précéderait ou suivrait la contribution? Pourquoi donnerait-on aux créanciers hypothécaires, sur qui les fonds doivent manquer, un intérêt à retarder l'ordre? Ne serait-ce pas ouvrir une porte à la fraude? Il me paraît bien plus raisonnable d'appliquer, même en matière civile, les dispositions si sages du Code de commerce (art. 552 et suiv.).

889. Un créancier, colloqué dans une contribution, peut lui-même avoir des créanciers entre lesquels le montant de sa collocation doit être distribué par une seconde contribution. Dans ce cas, faut-il attendre que le créancier colloqué dans la première contribution ait touché réellement le montant de sa collocation pour ouvrir la sous-contribution? ou bien le règlement de la contribution principale peut-il contenir aussi le règlement de la sous-contribution, c'est-à-dire la distribution du montant d'une collocation entre les créanciers du créancier colloqué? Il serait plus régulier de faire les deux contributions successivement. Cependant, dans la pratique, pour économiser les frais, on fait quelquefois la sous-contribution en même temps que la contribution et par le même règlement; mais, pour que ce mode de procéder soit valable, il faut au moins que le juge-commissaire ait reçu mission expresse de dresser le règlement des deux contributions.

890. Le règlement de la contribution, qui a pour but de déterminer la sincérité des créances réclamées, leur chiffre, leurs droits à la garantie d'un privilège, peut être hérissé de difficultés sur le fond du droit; ces difficultés ne sont pas du domaine de ce cours. Les efforts des rédacteurs du Code de procédure ont tendu seulement à simplifier autant que possible les formes de la contribution, afin d'arriver à une grande économie de temps et de frais. Cette double économie a plus d'importance ici que dans toute autre procédure. Quant au temps, toute la durée de la procédure de contribution recule le payement des créanciers, qui attendent impatiemment, non pas même le payement total de ce qui leur est dû, mais une part contributoire, un à-compte sur une créance dont la plupart du temps il ne toucheront jamais l'intégralité. Quant aux frais, ils sont privilégiés (art. 2101, 1°, C. civ. et 662, C. pr.); ils diminueront d'autant la somme à distribuer et, par conséquent, chaque part contributoire.

L'ordonnance de 1667 gardait le silence sur la procédure de distribution par contribution :ausssi ses formes variaient-elles à l'infini devant les différents tribunaux de France. On considérait comme les plus simples les formes usitées au Châtelet de Paris ; cependant, même à Paris, il arrivait souvent, pour peu qu'il y eût un assez grand nombre de créanciers dont quelques-uns fussent privilégiés (et telle est la condition ordinaire des contributions), que la masse des créanciers chirographaires n'obtenait rien ou presque rien. Les frais absorbaient une grande partie de la somme à distribuer et le surplus ne suffisait pas toujours à l'acquittement de créances privilégiées.

Notre Code a simplifié la procédure qui passait déjà pour la moins compliquée, celle du Châtelet de Paris. Avant tout, il a cherché à procurer une contribution amiable entre les créanciers. Les créanciers peuvent donc éviter toute espèce de frais en s'entendant à l'amiable sur la distribution des deniers de leur débiteur ; et, s'ils n'atteignent pas ce résultat que le législateur appelle de ses vœux, alors seulement ils seront obligés d'avoir recours à la contribution judiciaire, dont les formes et les frais ont été diminués d'une manière notable.

➾ **891.** Nous diviserons l'examen de cette procédure en quatre parties : 1° de la contribution amiable (art. 656) ; 2° de la contribution judiciaire et de ses formes, lorsque le règlement du juge ne soulève aucune contestation (art. 657 à 665) ; 3° de la procédure des contestations soulevées par le règlement provisoire (art. 666 à 671) ; nous nous occuperons enfin d'une disposition particulière relative aux intérêts des sommes colloquées dans la contribution (art. 672).

§ 1er. *De la contribution amiable.*

« Art. 656. Si les deniers arrêtés ou le prix des ventes ne suffisent pas pour payer les créanciers, le saisi et les créanciers seront tenus, dans le mois, de convenir de la distribution par contribution. »

Avant tout, les créanciers tâcheront de s'entendre à l'amiable sur la distribution des deniers, c'est-à-dire qu'ils chercheront à tomber d'accord sur la sincérité et le chiffre de leurs créances réciproques, ainsi que sur les privilèges réclamés par quelques-uns d'entre eux. S'ils sont tous majeurs et capables, ils feront à cet égard telles concessions qu'ils jugeront convenables. Mais, malgré les termes de l'art. 656, *seront tenus*..., il est évident qu'un arrangement amiable est facultatif de leur part, qu'il ne leur a pas été et qu'il n'a pas pu leur être imposé.

On s'est demandé si un seul créancier récalcitrant pourrait empêcher la contribution amiable. Rigoureusement ce créancier serait dans son droit. Je crois cependant que, s'il n'alléguait aucune raison plausible pour refuser de s'arranger amiablement avec ses cocréanciers, il pourrait être condamné à payer les frais de la procédure de contribution judiciaire occasionnés par sa résistance non justifiée.

Dans le mois. De quel jour courra le mois dont parle l'art. 656? D'après l'article 8 de l'ordonnance du 3 juillet 1816, « ce mois comptera pour les « sommes saisies et arrêtées, du jour de la signification au tiers saisi du juge- « ment qui fixe ce qu'il doit rapporter.

« S'il s'agit de deniers provenant de ventes ordonnées par justice, ou résul- « tant de saisies-exécutions, saisies foraines, saisies-brandons, ou même de « ventes volontaires auxquelles il y aurait eu des oppositions, ce délai courra « du jour de la dernière séance du procès-verbal de vente ;

« S'il s'agit de deniers provenant de saisies de rentes ou d'immeubles, du « jour du jugement d'adjudication. »

§ 2. *De la contribution judiciaire et de ses formes, lorsque le règlement provisoire n'est pas contesté* (art. 657 à 665).

➾ **892.** « Art. 657. Faute par le saisi et les créanciers de s'accorder dans ledit délai, l'officier qui aura fait la vente sera tenu de consigner, dans la huitaine suivante, et à la charge de toutes les oppositions, le montant de la vente, déduction faite de ses frais, d'après la taxe qui aura été faite par le juge sur la minute du procès-verbal; il sera fait mention de cette taxe dans les expéditions. »

Dès que le délai d'un mois est expiré sans qu'il y ait eu contribution amiable entre les créanciers, la somme à distribuer doit être déposée à la Caisse des dépôts et consignations. L'art. 657 impose à l'officier public, qui a procédé à la vente, l'obligation de faire ce dépôt du prix dans la huitaine qui suit le mois dont nous avons parlé à l'article précédent. La même obligation est imposée aux autres détenteurs de sommes à distribuer par contribution par l'art. 2, 8° de l'ordonnance du 3 juillet 1816 : le dépôt doit être effectué dans le même délai de huitaine, aux termes de l'art. 8, 1er alinéa, de la même ordonnance, dont l'article 10 rend les officiers publics, qui auraient contrevenu à ses dispositions, passibles de révocation, sans préjudice des peines qui pourraient être encourues pour infractions aux lois pénales.

A la charge de toutes les oppositions. Nous avons vu sur l'art. 609 que les créanciers du saisi devaient, pour se faire connaître et empêcher le saisissant de s'attribuer seul le produit de la vente, signifier leur opposition au saisissant et à l'officier public chargé de la vente. En matière de saisie-arrêt, c'est au tiers saisi que les oppositions sont adressées. L'officier public chargé de la vente, le tiers saisi et en général les personnes nommées dans les articles 2, 8°, et 8 de l'ordonnance du 3 juillet 1816, ne verseront à la Caisse des dépôts et consignations les sommes qu'elles détiennent que frappées des oppositions formées entre leurs mains.

Déduction faite de ses frais. Dès que les frais dus à l'officier public chargé de la vente auront été taxés, il est autorisé à les retenir sur le prix de la vente, avant d'en faire le dépôt, et à se payer ainsi de ses propres mains. S'il ne les retenait pas sur le prix de la vente avant d'en effectuer le dépôt, il les réclamerait dans la contribution, avec privilège, avant toute autre créance, comme nous le verrons sur l'art. 662. En lui permettant de déduire ses frais sur le prix de la vente avant de s'en dessaisir, on arrive au même résultat par une voie plus courte, et on évite les frais de sa demande en collocation, des vacations dues à son avoué pour produire à la contribution, d'une copie de la sommation afin de prendre communication du règlement provisoire, et enfin du bordereau de collocation qui le concerne.

Quand la somme à distribuer a été déposée, on procède à la contribution judiciaire.

Cependant, avant d'entrer dans l'examen des formalités, nous devons encore nous demander si ces formes doivent être suivies, lorsqu'il n'y a pas plus de trois créanciers, ou, au contraire, si, dans ce cas, on doit décider, par un argument d'analogie, tiré de l'art. 773, C. pr., en matière d'ordre, que la contribution se règlera à l'audience, comme un procès ordinaire. Je crois qu'en matière de contribution, quelque restreint que soit le nombre des créanciers, on doit, s'ils n'ont pu s'accorder sur un règlement amiable, les soumettre aux formes de la contribution judiciaire. Le texte de l'art. 773, qui semble contredire cette décision, est exclusivement applicable à la distribution par voie d'ordre. Dans l'ordre, en effet, le certificat des hypothèques fait connaître au début de la procédure, d'une manière à peu près certaine et invariable, le nombre des créanciers qui demandent leur collocation (sauf l'application des art. 2121 et 2135, C. civ.); tandis que le nombre des créanciers d'une contribution peut s'élever indéfiniment pendant l'accomplissement des premières formalités, comme nous le verrons sur l'art. 659.

⇒ **893.** « Art. 658. Il sera tenu au greffe un registre des contributions, sur lequel un juge sera commis par le président, sur la réquisition du saisissant, ou, à son défaut, de la partie la plus diligente : cette réquisition sera faite par simple note portée sur le registre. »

La première formalité consiste, comme on le voit, à demander la nomination d'un juge pour procéder au règlement. Celui qui fait, le premier, cette réquisition, dans la forme indiquée par notre article, devient le poursuivant. La loi n'accorde pas de préférence au saisissant. Mais la priorité d'heure dans le même jour ou même celle d'un jour ne constituerait pas inévitablement un cause de préférence. L'intérêt commun des créanciers pourrait faire accorder la poursuite à un créancier qui aurait été prévenu par un autre dans la réquisition d'un juge-commissaire.

A Paris, c'est la chambre des avoués qui statue sur les contestations entre avoués, relativement à la poursuite de contribution. Cette contestation intéresse d'ailleurs, la plupart du temps, les avoués eux-mêmes plus que les créanciers, leurs clients. L'avoué poursuivant fait, en effet, un plus grand nombre d'actes que les avoués des autres créanciers, et a droit à des émoluments plus considérables (Voy. notamment l'art. 100 du Tarif). Si d'ailleurs, le poursuivant négligeait plus tard de mener à fin la distribution, tout autre créancier pourrait se faire subroger dans la poursuite.

⇒ **894.** « Art. 659. Après l'expiration des délais portés aux art. 656 et 657, et en vertu de l'ordonnance du juge commis, les créanciers seront sommés de produire, et la partie saisie de prendre communication des pièces produites, et de contredire, s'il y échet. »

Dès que le juge est commis par le président, conformément à l'art. 658, l'avoué du poursuivant lui présente une requête afin d'être autorisé à sommer, d'une part, les créanciers opposants de former leurs demandes en collocation et de produire leurs titres à l'appui, et, d'autre part, le saisi d'examiner les demandes et pièces produites. Le juge répond à cette requête par une ordonnance qui donne au poursuivant l'autorisation qu'il demande.

A quels créanciers le poursuivant adresse-t-il la sommation de former des demandes en collocation avec production des pièces à l'appui? Aux créanciers opposants; le poursuivant ne connaît ses cocréanciers que par l'opposition qu'ils ont formée à ce que la somme produite par la saisie et la vente fût distribuée hors de leur présence. Nous avons vu que ces oppositions se font, dans la saisie-arrêt, entre les mains du tiers saisi (art. 575), et dans les autres saisies mobilières entre les mains du saisissant et de l'officier public chargé de la vente des objets saisis (art. 609), tant que cet officier public et le tiers saisi ne se sont pas dessaisis, aux termes de l'ordonnance du 3 juillet 1816, art. 2, 8°, et art. 8, l'un du prix de la vente, et l'autre des sommes dont il s'est déclaré débiteur.

Quant aux créanciers non opposants, le poursuivant ne leur fait pas sommation de demander leur collocation et de produire leurs titres (1); il ignore peut-être leur existence ou au moins celle de leurs créances. D'ailleurs il ne connaît légalement ses cocréanciers que par l'opposition qu'ils forment entre les mains du saisissant, du tiers saisi ou de l'officier public chargé de la vente des objets saisis. Ainsi, dès qu'un créancier apprend qu'une saisie est pratiquée sur son débiteur, il a intérêt à former opposition afin d'être appelé plus tard à la contribution.

Mais si ce créancier, ignorant l'existence de la saisie, ne forme pas opposition, perdra-t-il le droit de prendre part à la contribution? Tout créancier, même non opposant, du débiteur sur lequel une contribution est ouverte, a le droit de se présenter, même spontanément et sans avoir été sommé. Il sera colloqué comme ceux qui se sont présentés sur sommation, et, s'il y a lieu, il pourra faire valoir les priviléges que la loi accorde à sa créance. Ainsi le défaut d'opposition de la part d'un créancier ne l'exclut pas de la contribution ouverte sur son débiteur; seulement il ne sera pas sommé de former sa demande en collocation, il courra le risque d'ignorer l'existence de la contribution; et le prix des meubles de son débiteur pourra être distribué entre ses cocréanciers sans qu'une part lui en soit attribuée. Mais, quoique non sommé, s'il se présente spontanément en temps utile, il devra être colloqué (Voy. aussi l'article suivant et son explication). ** Il n'est pas inutile de remarquer que la demande en collocation, dans une procédure de distribution par contribution, comme dans une procédure d'ordre, ayant le caractère d'une demande en justice, interrompt la prescription et fait courir les intérêts moratoires. **

895. « Art. 660. Dans le mois de la sommation les créanciers opposants, soit entre les mains du saisissant, soit entre celles de l'officier qui aura procédé à la vente, produiront, à peine de forclusion, leurs titres ès mains du juge-commissaire, avec acte contenant demande en collocation et constitution d'avoué. »

La loi fixe aussi le délai dans lequel les créanciers doivent obéir à la sommation qui leur est adressée; ce délai est d'un mois.

A peine de forclusion. Ainsi le créancier sommé de demander sa collocation et de produire ses titres sera forclos, c'est-à-dire ne sera plus admis à la contribution, s'il se présente après le mois qui suit la sommation. Les autres créanciers qui ont produit en temps utile se prévaudront de cette forclusion, de cette déchéance, pour faire écarter le créancier retardataire, et se débarrasser ainsi d'un concurrent dont la présence diminuerait leur part proportionnelle; et, si cette forclusion est réclamée, le juge-commissaire ne pourra pas colloquer le créancier retardataire.

On a contesté cette décision rigoureuse en s'appuyant sur diverses considérations d'équité. Mais l'art. 660 me paraît trop formel pour ne pas appliquer la forclusion à tout créancier qui n'obéit pas à la sommation qu'il reçoit, et ne forme pas sa demande dans le mois. On doit même rigoureusement décider que le juge peut prononcer d'office cette forclusion, puisqu'aucune déchéance n'est comminatoire, d'après l'art. 1029, C. pr. (2).

(1) Paris, 28 mars 1830 (Dall., *Rép.*, v° *Distrib. par contrib.*, n° 67).

(2) Bordeaux, 30 mars 1829; — Paris, 2 mars 1835; — Paris, 30 décembre 1873; —

Toutefois je crois que ce délai d'un mois doit être entendu aussi largement qu'il sera possible sans violer l'art. 660. Ainsi, d'une part, si les sommations faites aux divers créanciers portent des dates différentes, on admettra les demandes et les productions des créanciers qui ont reçu les premières sommations, jusqu'à l'expiration du mois qui suit la dernière, quoique ces créanciers aient été sommés depuis plus d'un mois (1). D'autre part, l'art. 660 exige la production des titres dans le mois avec demande en collocation et constitution d'avoué. Chaque créancier doit donc : 1° demander sa collocation; 2° produire les titres à l'appui. Or, devrait-on prononcer la forclusion contre le créancier qui a formé sa demande en collocation dans le mois, mais qui n'a produit ses titres ou le reste de ses titres qu'après le mois? On a quelquefois appliqué cette décision rigoureuse ; je crois que c'est là une exagération de l'interprétation littérale de l'art. 660. La recherche des titres peut entraîner un délai qui dépasse le mois. Le créancier n'a-t-il pas fait toute la diligence qu'on peut exiger de lui, et manifesté sérieusement son intention de poursuivre son droit, en formant sa demande, sauf à produire plus tard ses titres ou à compléter ceux qu'il a déjà produits? Tout ce que peuvent exiger ses cocréanciers, c'est que son retard n'entrave pas la marche de la contribution. Il est donc raisonnable de lui accorder tout le temps pendant lequel le juge-commissaire ne procède pas à la confection du règlement provisoire.

L'art. 660 ne parle que des créanciers opposants qui ont été sommés de produire; mais nous avons dit plus haut que les créanciers non opposants, qui ne reçoivent pas de sommation, peuvent spontanément se présenter à la contribution. Sont-ils obligés de se présenter dans un délai déterminé? Sont-ils soumis à une forclusion semblable à celle que l'art. 660 prononce contre les créanciers opposants? Rigoureusement, on pourrait dire qu'il est difficile d'accorder à des créanciers qui, par négligence peut-être, ne se sont pas fait connaître, un délai plus long qu'aux créanciers diligents ; qu'en conséquence, ils sont tenus de produire dans le même délai que les créanciers opposants, c'est-à-dire dans le mois qui suit la sommation adressée à ces derniers.

Mais cette opinion doit être rejetée. La forclusion est une mesure de rigueur, une sorte de peine qui ne doit pas être étendue hors des cas prévus par la loi.

Nous admettrons donc la demande des créanciers non opposants et la production de leurs titres, non pas indéfiniment, mais jusqu'à la confection du règlement provisoire. Il est facile d'ailleurs de justifier la solution qui accorde aux créanciers non opposants pour se présenter utilement à la contribution plus de temps qu'aux créanciers opposants. Leur silence peut être complètement exempt de faute et de négligence; et il serait bien singulier de les astreindre à observer ce délai d'un mois, dont ils ne connaissent pas le point de départ, puisqu'ils n'ont pas reçu la sommation (2).

Bordeaux, 7 juin 1839. — *Contrà* : Rennes, 31 mai 1813 ; — Paris, 11 décembre 1822 (Dall., *Rép.*, v° *Distrib, par contrib.*, nos 75, 84, 85 et 87).

(1) Rouen, 1er décembre 1854, D. 55, 3, 121. — Paris 15 juillet 1861, D. 61, 2, 217 et la note).

(2) Bourges, 23 mars 1821 Dall., *Rép.*, v° *Distrib. par contrib.*, n° 94). — *Contrà* : Cass. Rej., 14 avril 1812; — Paris, 7 juillet 1829 (*eod.*, n° 93); — Metz, 16 août 1849,

896. « Art. 661. Le même acte contiendra la demande à fin de privilège; néanmoins le propriétaire pourra appeler la partie saisie et l'avoué plus ancien en référé devant le juge commissaire, pour faire statuer préliminairement sur son privilège pour raison des loyers à lui dus. »

L'acte de demande en collocation contient également la demande de privilège, si le créancier en a un à faire valoir. Les art, 2100, 2101 et 2102, C. civ., font connaître quelles sont les créances privilégiées sur les meubles. Les longues explications que ces articles comportent sont données dans les cours de Code civil. Cependant, comme notre art. 661 et l'article suivant contiennent des dispositions relatives à deux créances privilégiées, nous ne pouvons passer sous silence les règles générales des privilèges sur les meubles. Mais je me bornerai aux notions nécessaires pour apprécier la portée des art. 661 et 662 du Code de procédure.

Les privilèges sur les meubles s'étendent sur tous les meubles ou seulement sur un ou quelques-uns des meubles du débiteur. L'art. 2101, C. civ., énumère les premiers, l'art. 2102, les seconds. Parmi les créances spécialement privilegiées sur certains meubles, se place la créance du locateur pour les loyers ou fermages des immeubles, pour les réparations locatives et pour tout ce qui concerne l'exécution du bail. Il a droit à un privilège plus ou moins étendu, suivant que le bail est constaté ou non par un acte ayant date certaine à l'égard des tiers. Ce privilège s'exerce sur le prix de tout ce qui garnit les lieux loués ou la ferme, et sur tout ce qui sert à l'exploitation de la ferme. ** Ce privilège sur les meubles garnissants reposent sur une idée de gage. Le bailleur d'immeubles jouit encore d'un autre privilège établi sur la récolte de l'année; ce second privilège est fondé sur une idée de plus-value, de sorte que le bailleur en profite, même si la récolte n'a pas été engrangée, en totalité ou en partie, dans la ferme, en supposant que l'on soit dans l'un des cas où le fermier peut engranger ailleurs. Si la récolte avait été placée dans la ferme, elle deviendrait comme telle meuble garnissant et resterait soumise au privilège même lorsqu'elle ne serait plus la récolte de l'année (1) (art. 2102, 1°). **

La loi suppose toujours qu'un créancier compte surtout, pour être payé, sur les biens de son débiteur. En conséquence, elle permet au créancier de ne pas se contenter du gage général que son titre de créancier lui donne sur les biens du débiteur (art. 2092, C. civ.), et d'exiger l'affectation spéciale d'un meuble, par exemple, au payement de sa créance. Quelquefois même le législateur sous-entend cette intention et donne à certains créanciers un gage spécial sur certains meubles du débiteur. Telle est l'idée qui a inspiré le privilège du locateur; c'est celle d'un gage tacite sur les objets qui garnissent la maison louée ou la ferme. Aussi le propriétaire d'une maison peut-il exiger de son locataire qu'il garnisse la maison ou l'appartement de meubles suffisants pour répondre du loyer (art. 1752, C. civ.).

Si le locataire ou le fermier ne paye pas son loyer ou son fermage, le propriétaire peut, même sans titre exécutoire, faire une saisie de précaution, la

D. 1850, 2, 182. Voy. aussi Cass. Rej., 13 novembre 1861, D. 61, 1, 483, et les autorités citées en note.

(1) Amiens, 23 février 1821, S. 22, 2, 114; — Toulouse, 26 janvier 1833, S. 33, 2, 486; — Req. Rej. 2 avril 1833, S. 33, 1, 378; — Rouen, 3 mars 1856, S. 57, 2, 742.

saisie-gagerie (art. 819, C. pr.), et empêcher la disparition des meubles pendant le procès qui doit lui procurer un titre exécutoire. S'Il n'a pas fait faire cette saisie-gagerie, et que les meubles soient déplacées sans son consentement, il peut en revendiquer la possession dans le délai de quarante jours pour le mobilier garnissant une ferme, et dans celui de quinzaine s'il s'agit de meubles garnissant une maison.

Mais le privilège du propriétaire ne doit pas être étendu au delà des termes de la loi. Ainsi, lorsqu'une contribution s'ouvre sur le prix des meubles du débiteur, la créance du locateur n'est pas privilégiée sur la totalité de la somme à distribuer. Le privilège du propriétaire ne s'exerce, aux termes de l'article 2102, 1°, 1er al., C. civ., que *sur les fruits de la récolte de l'année et sur le prix de tout ce qui garnit la maison louée ou la ferme, et tout ce qui sert à l'exploitation de la ferme;* mais, sur le prix de tous autres meubles, le propriétaire n'a plus que le droit d'un simple créancier chirographaire.

Sans entrer ici dans l'examen des controverses qui se sont élevées sur la portée des mots : *tout ce qui garnit la maison ou la ferme*, nous considérons comme appartenant à cette classe de meubles, les meubles apparents placés dans la maison pour son ornement ou pour l'usage ordinaire de celui qui l'habite, et, dans la ferme, pour son exploitation. Ainsi on saisit chez le débiteur, d'une part, ses meubles meublants, comme sièges, tables, pendules, bustes, candélabres, tableaux, gravures, statuettes, etc., et, d'autre part, des bijoux; les meubles meublants garnissent évidemment la maison ou l'appartement, tandis que les bijoux n'ont pas la même destination. Si donc une contribution s'ouvre pour distribuer le prix des meubles meublants et celui des bijoux, le propriétaire ne sera privilégié que sur le prix des premiers. Ainsi le prix des meubles meublants s'élève à 4,000 francs et celui des bijoux à 4,000 francs; le propriétaire qui a 8,000 francs de loyer à réclamer n'absorbera pas toute la somme à distribuer; mais il prendra, par privilège, les 4,000 francs provenant du prix des meubles meublants, et, pour le surplus de sa créance, il n'aura, comme les autres créanciers, qu'une part contributoire sur les 4,000 francs provenant du prix des bijoux.

Le propriétaire est colloqué le premier sur le prix des choses qui garnissaient la maison louée ou la ferme (sauf ce que nous dirons sur l'art. 662). Il est donc inutile de l'obliger à attendre la fin de la contribution. Aussi notre art. 661 l'autorise t-il à appeler en référé, devant le juge-commissaire, la partie saisie et l'avoué le plus ancien des créanciers qui figurent à la contribution, afin de faire statuer préliminairement sur son privilège pour raison de loyers. L'avoué le plus ancien des créanciers représente la masse des créanciers, et a pour mission de rechercher s'il n'y a pas de collusion entre le débiteur et le propriétaire qui demande le privilège pour ses loyers. Le juge-commissaire peut, sur ce référé, autoriser le propriétaire à toucher dès à présent le montant de sa créance, sans attendre la fin de la contribution.

897. Quel est le caractère de cette ordonnance du juge-commissaire? Des termes de la loi : *le juge-commissaire statuera préliminairement* et non *provisoirement*, on a conclu que cet article attribuait au juge-commissaire, au moins en premier ressort, la connaissance des contestations relatives au privilège du propriétaire. Je ne puis admettre cette opinion ; je ne vois dans l'ordonnance rendue en cette matière qu'une simple ordonnance de référé. Ces ordonnances ne sont, en général, que des mesures d'urgence, ayant essentiellement un caractère provisoire, et laissant aux parties la faculté de se pourvoir au principal contre la décision du juge du référé. Je crois qu'ici le juge n'a d'autre mission qne d'accorder provisoirement le prélèvement des loyers dus au propriétaire; mais il me paraît difficile de le déclarer compétent pour statuer sur les contestations que la créance du locataire peut soulever, par exemple, sur le chiffre du loyer, sur les à-compte payés, sur l'interprétation de l'art. 2102 relativement au nombre des années pour lesquelles le privilège doit être accordé, sur la question de savoir si le bail n'a pas de date certaine, etc. Ne serait-il pas étrange, d'ailleurs, que la loi, contrairement aux règles ordinaires, eût remis à la décision d'un juge unique la solution de questions qui présentent souvent les plus grandes difficultés? Je ne regarde donc l'ordonnance du juge-commissaire que comme une simple ordonnance de référé, essentiellement empreinte, à ce titre, d'un caractère provisoire. Je ne reconnais pas sa compétence pour statuer définitivement, même en premier ressort, sur les contestations que pourrait soulever la créance même ou l'étendue du privilège. C'est au tribunal seul qu'il appartient de décider sur ces contestations (1).

⇒ **898.** « Art. 662. Les frais de poursuite seront prélevés, par privilège, avant toute créance autre que celle pour les loyers dus au propriétaire. »

Cet article, ainsi que l'art. 672, contient des dispositions de droit plutôt que des règles de procédure.

Le législateur, qui établit des privilèges en faveur des diverses créances, n'a pas accompli sa mission tout entière, s'il ne règle pas le classement de ces privilèges entre eux. Ce reproche peut être adressé aux rédacteurs du Code civil. Dans l'art. 2101, ils ont bien énuméré les privilèges généraux sur les meubles et indiqué l'ordre dans lequel ils s'exerceraient respectivement; ils ont encore, il est vrai, déterminé dans l'art. 2102, 1°, le rang de certaines créances en concours avec celle du propriétaire pour ses loyers; mais ils ont passé sous silence le cas de concours entre les privilèges généraux et les privilèges spéciaux sur certains meubles, ainsi que les cas où les diverses créances énumérées dans l'art. 2102 se trouvent en concours sur le prix des mêmes meubles. Aussi les auteurs ont-ils présenté, sur le classement respectif des privilèges généraux et spéciaux sur les meubles, différents systèmes dont l'exposition appartient à l'enseignement du Code civil.

(1) *Contrà :* Amiens, 10 juin 1837 (Dall., *Rép.*, v° *Distrib. par contrib.* n° 79). — Cass. Rej., 21 février 1854, D. 54, 1, 198. Voy. aussi l'art. 767 et son explication, n° 1035, t. II. ** En dernier lieu, la cour de Rouen a aussi jugé, par arrêt du 20 avril 1880, S. 81, 2, 245, que l'ordonnance du juge commissaire, qui, en matière de distribution par contribution, statue, dans les termes de l'art. 661, sur le privilège du propriétaire pour les loyers et indemnités de relocation à lui dus, n'est pas une ordonnance de référé statuant au provisoire, mais une véritable décision judiciaire sur une demande en collocation, décision soumise aux dispositions spéciales du Code de procédure en cette matière, spécialement aux deux degrés de juridiction. **

L'art. 662 du Code de procédure est un des éléments de cette discussion. Comparant deux créances, celle du propriétaire pour ses loyers et celle relative aux frais de poursuite, il fait passer la première avant la seconde, et, comme cet article place en même temps la créance des frais de poursuite avant toute autre créance, il suit de là que la créance du propriétaire, qui prime les frais de poursuite, occupe le premier rang dans la contribution.

Est-ce à dire qu'aucune créance ne primera celle du propriétaire? Le texte de l'art. 662 semble, au premier abord, le décider ainsi; mais cette solution manquerait d'exactitude. Ainsi d'abord l'art. 2101, 1°, déclare privilégiés les frais de justice, dont les frais de poursuite ne forment qu'une partie. La créance du propriétaire passera avant les frais de poursuite, mais elle sera primée par d'autres frais de justice. Cette décision demande quelques explications.

Pour quel motif les frais de justice ont-ils été placés au premier rang des créances privilégiées? C'est qu'ils sont faits dans l'intérêt commun de la masse des créanciers. La saisie des meubles, leur vente, la contribution, sont les voies par lesquelles ils doivent passer pour parvenir au payement total ou partiel de ce qui leur est dû. Ils sont tous intéressés à ce que ce but soit atteint, puisqu'ils doivent tous participer à la distribution des deniers. Aucun d'eux ne peut donc se plaindre de voir diminuer la somme à distribuer du montant des frais sans lesquels la distribution n'aurait pas lieu. Les créanciers privilégiés sont placés, à cet égard, sur la même ligne que les créanciers chirographaires; car ce n'est qu'en passant par la saisie, la vente et la procédure de contribution que les uns comme les autres parviendront à un payement intégral ou partiel. Telle est la règle générale; mais elle reçoit une exception par suite de la faveur que l'art. 661 accorde au propriétaire pour sa créance de loyers.

Nous avons vu, sur cet article, que le propriétaire peut immédiatement, sans s'inquiéter du règlement de la contribution, se faire autoriser à prélever sur la somme à distribuer le montant de sa créance. Le propriétaire est donc placé en dehors de la contribution; les frais de poursuite de la contribution sont faits dans l'intérêt de tous les créanciers, excepté lui, puisqu'il est déjà payé. On comprend donc qu'il prime ces frais qui ne lui sont d'aucune utilité. Mais il n'en sera pas de même à l'égard des autres frais de justice, par exemple, des frais de saisie et des frais de vente. Le propriétaire ne peut toucher le montant de ses loyers que si les meubles sont convertis en deniers, et c'est par la saisie et la vente qu'on obtient ce résultat. Les frais de saisie et de vente lui sont donc aussi utiles qu'aux autres créanciers; ces frais primeront la créance du locateur.

Ainsi la règle est facile à poser : Le propriétaire ne touchera ses loyers qu'après le prélèvement des frais qui auront été faits dans son intérêt comme dans celui des autres créanciers; mais le propriétaire, pour ses loyers, sera préféré à la créance des frais d'une procédure qui ne lui est d'aucune utilité. Or, la procédure de contribution ne le concerne pas; aussi le propriétaire passe-t-il avant les frais de poursuite de contribution, les seuls qui soient compris dans les termes de l'art. 662. ** En réalité, l'exception établie au profit du locateur est donc plus apparente que réelle. Dans l'intention de la loi, en effet, les frais de justice ne doivent être privilégiés que vis-à-vis des créanciers auxquels ils profitent. En faisant passer la créance du bailleur avant celle des frais de distribution, la loi se borne à appliquer ce principe ; mais dès que certains frais profitent au bailleur, celui-ci doit les laisser passer avant sa créance, conformément à l'article 2101 du Code civil. **

899. « Art. 663. Le délai ci-dessus fixé expiré, et même auparavant, si les créanciers ont produit, le commissaire dressera, ensuite de son procès-verbal, l'état de distribution sur les pièces produites; le poursuivant dénoncera, par acte d'avoué, la clôture du procès-verbal aux créanciers produisants et à la partie saisie, avec sommation d'en prendre communication, et de contredire sur le procès-verbal du commissaire dans la quinzaine. »

Lorsque tous les créanciers ont formé leurs demandes et produit leurs titres, ou après l'expiration du mois qui leur est accordé dans ce but, le juge-commissaire peut dresser le règlement provisoire de la contribution. Il colloque chaque créancier soit par privilège, soit au marc le franc. Pour faire ce travail, le juge-commissaire se trouve souvent en présence de graves difficultés auxquelles nous avons fait allusion : il accorde ou refuse les différents privilèges réclamés; il les classe les uns à l'égard des autres, en choisissant entre les divers systèmes qui, dans le silence de la loi, se sont produits sur le classement; pour les créances chirographaires, il en reconnaît la validité ou il les rejette, et il en détermine le chiffre. Chacun de ces privilèges, chacune de ces créances peut soulever des questions difficiles que le juge-commissaire doit résoudre. Mais sa solution n'est que provisoire : ceux qui se croient lésés ont le droit de recourir contre sa décision.

Aussi, dès que le règlement provisoire est terminé, le poursuivant fait sommation aux créanciers produisants et à la partie saisie d'en prendre communication et de former leurs réclamations. Ces réclamations, qu'on appelle contredits ou dires, sont formulées par les avoués respectifs de chaque partie réclamante à la suite du procès-verbal du juge-commissaire. Les créanciers n'ont que quinze jours, à partir de la sommation qui leur est faite, pour former leurs contredits.

« Art. 664. Faute par les créanciers et la partie de prendre communication ès mains du juge-commissaire dans ledit délai, ils demeureront forclos, sans nouvelle sommation ni jugement : il ne sera fait aucun dire, s'il n'y a lieu à contester. »

Si aucun créancier n'élève de contestation sur le règlement dressé par le juge, aucun dire ne sera inscrit à la suite du procès-verbal, c'est-à-dire qu'il n'est admis que les dires de contestation. Si aucun dire n'est formé dans la quinzaine, les créanciers et la partie saisie sont réputés admettre le règlement tel qu'il est dressé. L'expiration de cette quinzaine entraîne à leur égard une déchéance du droit de contredire le règlement provisoire.

« Art. 665. S'il n'y a point de contestation, le juge-commissaire clora son procès-verbal, arrêtera la distribution des deniers, et ordonnera que le greffier délivrera mandement aux créanciers, en affirmant par eux la sincérité de leurs créances. »

S'il ne s'élève aucune réclamation, le règlement provisoire devient définitif;

le juge clôt son procès-verbal et arrête la distribution des deniers. Le greffier délivre à chaque créancier un extrait du procès-verbal en ce qui le concerne : cet extrait, revêtu de la formule exécutoire, porte le nom de mandement ou bordereau de collocation. Il est remis au créancier, à la charge par lui d'affirmer de nouveau la sincérité de sa créance : c'est une simple affirmation et non un serment que la loi exige ici du créancier ; avec ce mandement ou bordereau de collocation, le créancier se présente à la Caisse des dépôts et consignations et touche la part proportionnelle afférente à sa créance.

§ 3. *De la procédure des contestations élevées contre le règlement provisoire* (art. 666 à 671).

900. « Art. 666. S'il s'élève des difficultés, le juge-commissaire renverra à l'audience ; elle sera poursuivie par la partie la plus diligente, sur un simple acte d'avoué à avoué, sans autre procédure.

Qui a intérêt à contester le règlement provisoire dressé par le juge? Je l'ai déjà dit, chaque créancier cherche à maintenir ou faire prévaloir sa prétention et à écarter ou amoindrir celle de ses concurrents. Cette position respective des intéressés à la contribution amène des contestations soulevées :

1° Par un ou plusieurs des créanciers chirographaires.

Soit pour critiquer les privilèges accordés par le juge-commissaire à certains créanciers et les faire rentrer au rang de simples créanciers chirographaires;

Soit pour faire diminuer le chiffre des créances admises par le juge, avec ou sans privilège ;

Soit pour faire écarter complètement de la contribution d'autres créanciers admis par le juge-commissaire ; et, dans ces deux derniers cas, les contestants se proposent de diminuer le nombre de copartageants ou le chiffre des créances entre lesquelles la répartition aura lieu, et d'augmenter ainsi la part proportionnelle afférente aux créanciers qui seront maintenus ;

2° Par un créancier individuel qui veut ou faire insérer à son profit, dans le règlement définitif, une collocation que le juge-commissaire a refusé d'admettre dans le règlement provisoire, ou faire augmenter le chiffre de la créance pour laquelle le juge l'a colloqué, ou réclamer un privilège dont le juge-commissaire n'a pas reconnu l'existence.

Toutes ces contestations se forment par des dires ou contredits rédigés par les avoués des contestants sur le procès-verbal de la contribution, dans le délai fixé par l'art. 663 (1).

Le juge-commissaire renvoie les parties à l'audience, afin que le tribunal statue sur les réclamations. La partie la plus diligente, parmi ceux qui contestent ou ceux dont la créance est contestée, somme les autres parties, par acte d'avoué à avoué, de comparaître à l'audience du tribunal. Au jour indiqué, les avoués ou les avocats des parties appelées (nous verrons sur l'article suivant quelles personnes doivent l'être) développent leurs moyens, et l'affaire

(1) Jugé que le contredit formé par un créancier dans l'intérêt de la masse peut être repris par un autre créancier, si celui qui a formé ce contredit s'en désiste. Orléans, 28 avril 1863, D. 63, 2, 279.

est jugée. Cette procédure, on le voit, a été réduite à une marche très simple (1).

➾ **901.** Il arrive souvent que les contestations ne portent pas sur la totalité du travail du juge-commissaire. Ainsi, par exemple, la collocation des créanciers privilégiés n'a soulevé aucune réclamation ; mais un ou plusieurs des créanciers chirographaires demandent le rejet pour le tout ou pour partie d'une ou de quelques-unes des créances chirographaires admises à la contribution par le règlement provisoire ; ou bien un créancier, qui ne prétend qu'à une part contributoire, réclame contre le rejet ou la restriction de sa demande.

Quel que soit le jugement à intervenir sur ces contestations, la position des créanciers privilégiés ne changera pas ; ils viendront toujours les premiers et toucheront l'intégralité de leur créance ; le débat ne s'agite qu'au-dessous d'eux. Dans cet état de choses, il est complètement inutile de leur faire attendre leur payement jusqu'à l'issue d'un débat qui ne les concerne pas. Ce retard leur causerait un préjudice qui ne profiterait à personne. Aussi le juge-commissaire peut-il, en pareille occurrence, faire, au profit des créanciers privilégiés, un règlement définitif partiel, et délivrer immédiatement des mandements de collocation à ces créanciers qui restent étrangers aux contestations que soulève le règlement provisoire. Mais le juge-commissaire ne dressera jamais de règlement définitif partiel au profit des créanciers sur la position desquels l'issue des débats soulevés par le règlement provisoire peut exercer quelque influence, quoique la collocation de ces mêmes créanciers n'ait pas été l'objet d'une contestation. Ainsi, par exemple, il ne peut être fait de règlement définitif partiel, si un créancier, colloqué par le juge-commissaire comme simple chirographaire, réclame un privilège égal ou préférable aux privilèges accordés dans le règlement provisoire, et qui n'ont pas été contestés. En effet, si ce créancier fait triompher sa prétention, la position des créanciers privilégiés non contestés peut être modifiée. L'admission d'une nouvelle créance privilégiée pourra rendre la somme à distribuer insuffisante pour payer l'intégralité des créances privilégiées.

En résumé, quoique le droit de dresser un règlement définitif partiel, écrit dans l'art. 758 pour la matière de l'ordre, n'ait point été expressément reconnu au titre *De la Contribution*, nous l'accorderons cependant au juge, sous la condition que je viens d'indiquer, c'est-à-dire dans le cas seulement où le jugement à intervenir sur les contestations soulevées à l'occasion du règlement provisoire ne peut, en aucun cas, exercer d'influence sur la position des créanciers au profit desquels le règlement définitif partiel sera dressé.

➾ **902.** « Art. 667. Le créancier contestant, celui contesté, la partie saisie et l'avoué le plus ancien des opposants, seront seuls en cause ; le poursuivant ne pourra être appelé en cette qualité. »

La loi désigne ici les personnes qui figureront dans le procès sur les récla-

(1) ** Lorsque le juge-commissaire a prononcé sur une difficulté qui sort du cercle de ses attributions, au lieu de renvoyer à l'audience, selon le vœu de l'article 666, le recours ouvert contre le jugement du tribunal appelé à vider le différend, est nécessairement ouvert contre son ordonnance. Rouen, 20 avril 1880, S. 81, 2, 245. **

mations relatives au règlement provisoire. Le créancier qui élève la contestation et celui dont la créance est contestée y figurent nécessairement les premiers. Ainsi, lorsqu'un créancier colloqué dans le règlement provisoire allègue que la créance de Paul, son cocréancier, a été à tort rangée parmi les créances privilégiées, qu'elle a été admise pour un chiffre exagéré, qu'elle est éteinte ou devait être complètement rejetée, celui qui soulève cette contestation joue le rôle de créancier contestant, et Paul celui de créancier contesté.

On peut même concevoir l'existence d'un créancier contestant sans qu'il y ait un créancier contesté ; ainsi je réclame contre la décision du juge-commissaire qui m'a rejeté de la contribution, qui a diminué la quotité de ma demande, ou qui m'a colloqué comme créancier chirographaire, lorsque j'élevais la prétention d'être classé parmi les privilégiés.

Dans tous les cas, la partie saisie sera appelée; son intérêt est évident. En définitive, on distribue ses deniers et on paye ses dettes. Le débiteur n'est-il pas d'ailleurs celui qui éclairera le mieux le tribunal sur le mérite des créances, sur leur quotité, sur les causes de libération qui peuvent les avoir éteintes?

Enfin, la masse entière des créanciers sera souvent intéressée dans la réclamation d'un seul créancier, soit qu'il cherche à améliorer sa position personnelle, soit qu'il prétende amoindrir celle d'un autre créancier. Mais l'instance relative aux difficultés soulevées par le règlement provisoire entraînerait des frais trop considérables, si tous les créanciers intéressés dans la contribution se faisaient représenter dans cette instance par leurs avoués respectifs. Ils seront représentés par un seul avoué, par l'avoué le plus ancien des créanciers colloqués (1), le plus ancien d'après l'ordre du tableau des avoués. Si cependant l'avoué le plus ancien représentait dans la contribution un créancier qui n'a aucun intérêt dans le procès, par exemple, un créancier privilégié, alors que la contestation s'agite uniquement entre les créanciers chirographaires, ou si l'avoué le plus ancien représentait un créancier ayant le même intérêt que celui qui est contesté, dans des cas semblables, il conviendrait de confier les intérêts de la masse des créanciers au second plus ancien avoué des créanciers chirographaires. Tout créancier, d'ailleurs, qui ne croira pas ses intérêts suffisamment protégés par la présence de l'avoué le plus ancien, a le droit de se faire représenter individuellement par son avoué, mais à ses frais.

Quant à l'avoué du poursuivant, il ne figurera dans le procès que si son client est contestant ou contesté.

903. « Art. 668. Le jugement sera rendu sur le rapport du juge-commissaire et les conclusions du ministère public. »

L'affaire se poursuit comme toute autre affaire portée devant un tribunal

(1) Je substitue le mot *colloqués* au mot *opposants*, qui est écrit dans l'art. 667. En effet, si l'avoué le plus ancien représente un créancier qui, n'ayant point formé opposition, s'est présenté spontanément et sans sommation à la contribution et y a été colloqué, je ne vois aucune raison pour ôter à cet avoué le droit de représenter la masse. L'art. 667 fait allusion au cas le plus ordinaire où les créanciers colloqués avaient tous formé opposition.

d'arrondissement. Seulement le juge-commissaire dont le travail est attaqué fera un rapport à l'audience sur la contestation élevée contre son règlement provisoire, et le ministère public donnera ses conclusions. Les plaidoiries des avocats se placent entre le rapport du juge-commissaire et les conclusions du ministère public. Le tribunal, qui statue après avoir entendu ces diverses explications, doit, d'ailleurs, résoudre par un seul jugement toutes les contestations élevées contre le même règlement provisoire, quels que soient leur gravité, leur nombre et leur complication.

904. « Art. 669. L'appel de ce jugement sera interjeté dans les dix jours de la signification à avoué : l'acte d'appel sera signifié au domicile de l'avoué; il contiendra citation et énonciation des griefs; il y sera statué comme en matière sommaire.

« Ne pourront être intimées sur ledit appel que les parties indiquées par l'art. 667. »

Les différentes exigences de l'art. 669, relatif à l'appel du jugement dont nous venons de parler, se réfèrent à des notions qui vous sont déjà familières. On voit, d'ailleurs, en lisant notre article, que la loi, par l'abréviation des délais et par l'obligation de statuer comme en matière sommaire, a voulu arriver à une extrême simplicité de formes et réaliser une grande économie de temps et de frais.

Seulement on n'est pas d'accord sur la question de savoir si le délai de dix jours, donné pour interjeter l'appel, doit être ou non augmenté des délais ordinaires de distance. L'art. 762 augmente d'un jour par cinq myriamètres le délai pour l'appel du jugement qui statue sur les contestations relatives au règlement provisoire de l'ordre. Les mêmes raisons semblent militer en faveur de l'augmentation du délai pour l'appel en matière de contribution. Mais cette augmentation de délai est repoussée par le texte de l'art. 1033, C. pr., qui n'accorde l'augmentation de délai à raison des distances que pour les exploits d'ajournements, citations et autres actes faits à personne ou à domicile ; or ici l'acte d'appel est signifié au domicile de l'avoué; et notre article n'accorde pes d'augmentation comme le fait l'art. 762 (1). On refusera donc ici le délai de distance.

D'après quelles bases faut-il déterminer le taux de la compétence en premier et en dernier ressort à l'égard du jugement des contestations relatives à une contribution? Cette question se présente également en matière d'ordre; nons l'examinerons sur l'art. 762 qui l'a tranchée en cette matière.

905. Qui supportera les frais de procédure, soit de première instance, soit d'appel, en matière de contribution? Les créanciers qui succombent les supportent, sans répétition ; ceux qui triomphent dans leurs réclamations sont, en général, autorisés à employer comme accessoires de leurs créances les frais faits pour établir leurs droits, lorsqu'ils n'ont pas d'adversaire qui succombe et supporte ces frais. Ainsi, un créancier réclame un privilège qui ne lui a pas été accordé par le règlement provisoire; s'il obtient gain de cause, il sera autorisé à employer ses frais comme accessoires de sa créance. Les frais de

(1) Caen, 4 mars 1828; Bourges, 26 février 1830. — *Contrà*, Nancy, 14 mars 1825 (Dall., *Rép.*, v° *Distrib. par contrib.*, n° 147).

l'avoué le plus ancien (art. 667) sont privilégiés comme frais de poursuite, parce qu'ils sont réputés faits dans l'intérêt de tous les créanciers.

906. « Art. 670. Après l'expiration du délai fixé pour l'appel, et, en cas d'appel, après la signification de l'arrêt au domicile de l'avoué, le juge-commissaire clora son procès-verbal, ainsi qu'il est prescrit par l'art. 665.

« Art. 671. Huitaine après la clôture du procès-verbal, le greffier délivrera les mandements aux créanciers, en affirmant par eux la sincérité de leurs créances par-devant lui. »

Quand le jugement sur les contestations a force de chose jugée, le juge clôt son procès-verbal ; le règlement provisoire devient sans modification le règlement définitif, si les juges ont repoussé les critiques élevées contre le règlement provisoire. Si, au contraire, les réclamations des contestations ont été accueillies, le règlement provisoire n'est converti en règlement définitif qu'avec les changements que le tribunal ou la cour y ont introduits.

Nous revenons alors au point où nous nous trouvions sur l'art. 665, dans l'hypothèse où il ne s'élevait aucune contestation sur le règlement provisoire. Les art. 670 et 671 ne font que reproduire les dispositions de l'art. 665, que j'ai déjà expliquées relativement à la délivrance des bordereaux de collocation, à l'affirmation des créanciers, etc.

§ 4. *Disposition particulière relative aux intérêts* (art. 672).

⇒ **907.** « Art. 672. Les intérêts des sommes admises en distribution cesseront du jour du procès-verbal de distribution, s'il ne s'élève pas de contestation : en cas de contestation, du jour de la signification du jugement qui aura statué : en cas d'appel, quinzaine après la signification du jugement sur appel. »

La loi, dans cet article, détermine les époques, où, suivant les circonstances, les intérêts des créances colloquées cesseront de courir. Toutefois cette cessation du cours des intérêts ne frappe un créancier qu'à l'égard de ses cocréanciers, mais non à l'égard du saisi, du débiteur lui-même, qui doit les intérêts jusqu'au parfait payement. Ainsi Paul est créancier de Pierre d'une somme de 20,000 francs, productive d'intérêts à 5 pour 100 ; Paul sera colloqué dans la contribution, non seulement pour son capital, mais aussi pour les intérêts échus et non payés. La somme de ces intérêts, s'ajoutant à la somme du capital, augmente le chiffre de sa créance, et, par suite, celui de sa part contributoire. L'accumulation de ces intérêts et leur addition au capital cesseront aux époques fixées par l'art. 672 ; mais le débiteur doit les intérêts jusqu'au parfait payement. Si donc il revenait à meilleure fortune, les créanciers pourraient exiger de lui le payement des intérêts qui auraient couru entre les époques fixées par l'article 672, et le payement effectif de leurs créances, pourvu qu'il n'y ait aucune négligence à reprocher aux créanciers.

⇒ **908.** Pour terminer cette matière, il nous reste à examiner quels effets produit la survenance de nouvelles sommes à distribuer pendant la procédure de contribution.

Régulièrement, la distribution de ces nouvelles sommes nécessiterait une nouvelle procédure, une nouvelle contribution entièrement distincte de la première. Toutefois le tribunal peut, si les créanciers le demandent et s'il ne s'élève pas de réclamations, joindre les contributions sur l'ancienne et les nouvelles sommes à distribuer; mais cette jonction n'a pas lieu de droit, et quelquefois des intérêts légitimes s'y opposeront. Il faut d'abord supposer, pour que la jonction des deux contributions soit possible, que les mêmes créanciers figurent à l'une et à l'autre. Mais des créanciers, qui n'ont pas produit à la contribution ouverte sur la première somme à distribuer, peuvent produire à la contribution ouverte sur la nouvelle somme à distribuer. Il y aura nécessité de régler séparément les deux contributions, puisque la nouvelle comprend des créanciers qui ne figurent pas dans la première.

Il peut encore arriver que des créanciers, qui, par suite de la forclusion prononcée par l'art. 660, ne participent pas à la distribution des deniers de la première contribution, se présentent à la seconde. La forclusion qu'ils ont encourue dans la première contribution ne saurait leur être opposée pour les écarter de la contribution qui doit s'ouvrir sur la nouvelle somme à distribuer. *

QUARANTE-DEUXIÈME LEÇON

DE LA SAISIE IMMOBILIÈRE (C. D.).

⇒ **909.** * La saisie des immeubles du débiteur a dû être environnée de formes beaucoup plus nombreuses et beaucoup plus compliquées que la saisie des meubles. En effet, les immeubles ont, en général, plus d'importance que les meubles. D'autre part, dans notre droit, la transmission des meubles s'opère plus facilement que celles des immeubles, comme le prouve la règle : *En fait de meubles, possession vaut titre*. De cette règle (art. 2279, C. civ.), il résulte que l'adjudicataire d'un meuble saisi achète avec plus de sécurité que l'adjudicataire d'un immeuble saisi, puisque le premier ne craint pas, comme le second, qu'un tiers revendique la chose adjugée. Ce n'est pas tout : les immeubles sont susceptibles d'hypothèque, les meubles ne le sont pas ; et, comme l'adjudication sur saisie immobilière a pour effet, ainsi que nous le verrons, de purger les hypothèques qui grèvent l'immeuble saisi, il est nécessaire d'appeler, de lier à la procédure les créanciers hypothécaires qui se trouvent directement intéressés dans la saisie, puisque l'adjudication qui doit la terminer anéantira leur droit.

Le législateur, qui s'occupe de la saisie immobilière, se trouve en présence de plusieurs intérêts opposés. D'une part, si les formalités sont simples et peu nombreuses, on trouvera une grande économie de temps et de frais; les créanciers seront payés plus tôt, et l'adjudicataire, devant supporter moins de frais, pourra offrir un prix plus élevé, qui profitera à la fois aux créanciers par l'augmentation de la somme à distribuer, et au débiteur qui sera libéré d'autant. Mais aussi une trop grande simplicité de formes et une trop grande rapidité dans les poursuites ôteraient au débiteur les garanties protectrices de sa propriété, ne laisseraient pas aux créanciers le temps de surveiller une vente qui les intéresse puisqu'elle doit purger leurs hypothèques et nuiraient à l'élévation du prix, en écartant des enchérisseurs qui n'auraient pas le temps de réfléchir et de prendre des renseignements.

D'autre part, la lenteur et la multiplicité exagérées des formalités, indépendamment du retard qu'elles apportent au payement des créances, frapperaient la propriété même ; car les capitaux se portent là où le prêteur trouve le plus de crédit et le plus faculté à rentrer dans ses fonds. La propriété foncière offre aux prêteurs un crédit suffisant ; mais, si les lenteurs de la saisie et de l'ordre rejettent dans un avenir lointain la possibilité du remboursement effectif de la créance hypothécaire, les capitaux alors se portent de préférence vers l'industrie, vers les fonds publics, qui, sans offrir autant de crédit, présentent la certitude d'un remboursement ou d'une cession plus facile; et, si les capitaux abandonnent ainsi les placements hypothécaires, cette désertion rejaillit sur l'agriculture, et peut nuire à la prospérité publique elle-même.

Le législateur a donc besoin d'une extrême prudence pour marcher d'un pas sûr entre ces deux écueils, et concilier à la fois l'intérêt public et l'intérêt privé, celui des créanciers et celui du propriétaire. On ne doit donc pas s'étonner de trouver des tâtonnements, des variations, dans les lois qui se sont succédé sur la saisie immobilière.

910. Dans l'ancien droit, le silence de l'ordonnance de 1667 sur cette matière avait donné naissance à des procédures différentes dans le ressort des divers tribunaux. Elles encouraient, d'ailleurs, toutes un reproche commun : c'est que partout la vente forcée des immeubles, hérissée de formalité sans nombre, aussi dispendieuses qu'inutiles, achevait la ruine du débiteur sans satisfaire les créanciers.

M. Réal, en présentant au Corps législatif le projet du titre *De la Saisie immobilière*, disait :

« François Ier, en 1539, et Henri II, en 1551, avaient essayé de régler cette « importante partie de l'exécution d'un jugement ; mais la majeure partie des « dispositions contenues dans ces lois était regardée, par beaucoup de tribu- « naux, comme tombée en désuétude : beaucoup d'autres tribunaux ne les « exécutaient en aucune manière.

« Ces deux lois fondamentales da l'ancien Code des criées n'avaient pas « d'ailleurs prévu avec assez de soin beaucoup de circonstances et de diffi- « cultés. Il a donc fallu, même dans les ressorts où elles recevaient une sorte « d'exécution, ajouter des formalités nouvelles à celles qu'elles prescrivaient. « Ces formalités étaient établies par des déclarations générales ou particu- « lières à un tribunal, par des règlements de cours souveraines, par l'usage « et la jurisprudence, et par les coutumes.

« De là, incohérence dans tout le système ; obscurité, incertitude de la « législation ; de là, d'inextricables difficultés, des procès éternels, etc. »

Pour donner une idée sommaire de l'histoire de la procédure relative à la saisie immobilière, j'essaierai d'abord de présenter un tableau succinct de la procédure qui conduisait à la vente par *décret* forcé ; on appelait décret l'adjudication qui se faisait en justice à la suite de la saisie. Je laisserai de côté toutes les variations que présentaient les usages des différents tribunaux pour offrir l'ensemble général de cette procédure.

Pothier, à qui nous empruntons ces détails, appelle cette saisie *saisie réelle*, par suite de l'usage, alors reçu en procédure, de donner au mot *réel* le sens d'*immobilier* (1).

On commençait les poursuites par un commandement suivi du procès-verbal de saisie. De ce que la saisie réelle ou immobilière était une mise de l'immeuble sous la main de justice, on en concluait que le débiteur devait être dessaisi de l'administration, et on nommait un commissaire à la saisie réelle, qui offrait quelque analogie avec les gardiens dont nous avons parlé au titre *De la Saisie-Exécution*.

Mais comme ici la chose à garder était beaucoup plus importante, que la procédure durait quelquefois fort longtemps, et qu'il était important, soit pour le débiteur, soit pour les créanciers, que ce commissaire offrît des garanties de solvabilité pour répondre de sa gestion, un édit de 1626 avait créé des offices publics de commissaires aux saisies réelles. Les titulaires de ces offices devaient donner caution jusqu'à concurrence de certaines sommes. Ils avaient notamment pour mission de faire enregistrer la saisie, et de faire procéder aux baux judiciaires des biens saisis. Sans rechercher *ex professo* quand il y avait ou non lieu à bail judiciaire, constatons qu'en général ce bail judiciaire était nécessaire, c'est-à-dire qu'il y avait lieu à faire adjuger à l'audience au plus offrant et dernier enchérisseur le droit au bail à loyer ou à ferme de l'immeuble saisi. Et on comprendra quels frais entraînait cet incident de la saisie immobilière, si je dis que, pour arriver à l'adjudication du droit au bail, le commissaire assignait le saisi, le saisissant et le plus ancien procureur des créanciers opposants, qu'il y avait apposition d'affiches, que l'adjudication était précédée au moins de trois remises ou publications à l'audience, et que chacun de ces jugements de remise était signifié, à la requête du commissaire, aux parties ci-dessus dénommées.

Pour la vente de l'immeuble, on procédait aux criées; c'étaient des proclamation faites le dimanche à l'issue de la messe, par lesquelles un sergent annonçait au public que tel héritage était saisi réellement, et serait vendu par décret. Comme l'édit de 1551, qui régissait ces criées, n'en avait pas déterminé le nombre, il variait suivant les circonstances. Pothier nous apprend qu'on en faisait cinq dans la coutume d'Orléans, et qu'elles devaient se succéder dans certains délais; si l'ordre n'avait pas été observé, il fallait les recommencer toutes. La première et la dernière étaient suivies d'affiches dans des lieux déterminés.

Après les criées et leur certification, on passait à la procédure, qui avait pour but d'obtenir du tribunal le congé ou l'autorisation d'adjuger. Quand la sentence portant congé d'adjuger avait été obtenue, s'il n'y avait pas d'appel de cette sentence, ou si elle avait été confirmée sur l'appel, on arrivait enfin à la procédure en exécution du congé d'adjuger. Le saisissant mettait une enchère

(1) Plus tard, nous trouvons dans les lois de messidor an III, du 11 brumaire an VII, et dans le Code civil, le nom d'expropriation forcée, et enfin, dans le Code de procédure, le nom de saisie immobilière.

au greffe : cette enchère représentait la mise à prix. Il se faisait délivrer expédition de cette enchère, la signifiait et la faisait afficher en des lieux déterminés. Toute personne pouvait alors, pendant quarante jours, faire des enchères au greffe. Puis elles étaient lues à l'audience, et on adjugeait l'immeuble au plus offrant. Mais cette première adjudication n'avait lieu que sauf quinzaine, et ce n'était qu'après trois remises semblables de quinzaine en quinzaine qu'on parvenait enfin à l'adjudication *pure et simple*, à l'audience, au plus offrant et dernier enchérisseur, adjudication précédée, comme on le voit, de procédures, de significations, de vacations, et par conséquent de frais.

Remarquez que je ne vous ai présenté jusqu'ici que la procédure d'une saisie dégagée d'incidents. Mais, pendant l'accomplissement de toutes ces formalités, très souvent, par exemple, des oppositions étaient formées au greffe du tribunal où la saisie était enregistrée. On en reconnaissait quatre sortes : l'*opposition à fin d'annuler*, formée par le saisi ; l'*opposition à fin de distraire*, formée prr un tiers qui revendiquait l'immeuble saisi ; l'*opposition à fin de charge*, formée également par des tiers qui prétendaient avoir sur cet immeuble des charges comme un usufruit, une servitude, etc. Ces trois sortes d'oppositions retardaient l'adjudication, jusqu'à ce qu'il eût été statué sur leur validité. Enfin, les créanciers hypothécaires, qui ne voulaient pas qu'on partageât sans eux le prix de l'adjudication, formaient l'*opposition à fin de conserver*. Mentionnons encore en passant les incidents relatifs au concours de saisies, aux demandes de subrogation dans la poursuite, aux demandes en provision formées par le saisi, sa femme ou certains créanciers, etc.

Maintenant, si je complète la citation que j'ai commencée plus haut, on comprendra parfaitement comment l'orateur du conseil d'État ajoutait : « De « là ces poursuites dont le premier acte pouvait remonter à plus d'un siècle ; « qui, transmises et vendues comme un héritage, enrichissaient successive- « ment plusieurs officiers ministériels aux dépens des héritiers et des créan- « ciers dont les droits s'anéantissaient par l'extinction ou la dispersion de « leur postérité. »

Les réformes appelées par la révolution de 1789 exigeaient donc particulièrement une loi sur la saisie immobilière. On se proposait notamment de rendre la législation uniforme sur cette matière, et de simplifier une procédure dont les lenteurs et les frais retombaient sur le débiteur et sur les créanciers.

Un premier essai fut tenté par la loi du 9 messidor an III. Cette loi, qui porte le nom de Code hypothécaire, établissait à la fois un régime hypothécaire nouveau et des formes nouvelles d'expropriation forcée. Elle devait recevoir son exécution à partir du 1er nivôse (1) suivant. Mais cette mise à exécution fut successivement prorogée par les lois du 26 frimaire, du 19 ventôse, du 19 prairial, du 24 thermidor an IV et du 28 vendémiaire an V. Cette dernière renvoyait indéfiniment l'introduction du nouveau régime hypothécaire jus-

(1) L'art. 1er de la loi de messidor an III place, il est vrai, la date de sa mise à exécution au 1er ventôse suivant ; mais, outre que les art. 255 et suivants de la même loi fixent cette date au 1er nivôse, la loi du 26 frimaire an IV cite expressément l'art. 1er de la loi de messidor, comme indiquant la date du 1er nivôse.

qu'à la publication de la loi qui devait définitivement statuer sur les modifications dont la loi du 9 messidor an III était susceptible. La loi de messidor se trouvait donc condamnée d'avance : elle ne reçut en effet aucune exécution, et les anciennes procédures des criées, avec tous leurs inconvénients, continuèrent d'être appliquées jusqu'aux lois du 11 brumaire an VII, dont la première (art. 56) abrogeait d'ailleurs expressément cette loi du 9 messidor an III, qui n'avait jamais été exécutée.

Deux lois furent en effet portées, à la date du 11 brumaire an VII, l'une sur le régime hypothécaire, l'autre sur les expropriations forcées. La première établissait un nouveau système hypothécaire, basé sur la publicité et la spécialité. La seconde, faite pour remédier aux abus des anciennes procédures des criées, réduisit les formes des expropriations forcées à la plus extrême simplicité. Le saisissant, d'après cette loi, faisait au débiteur un commandement à trente jours. Après ce délai, il faisait apposer, dans des lieux déterminés, les affiches annonçant la vente ; ces affiches valaient saisie des biens qui y étaient spécifiés. Les affiches et les procès-verbaux constatant leur apposition devaient être signifiés dans les cinq jours au saisi et aux créanciers inscrits. Enfin, après vingt jours au moins, un mois au plus, il était procédé à l'adjudication aux enchères devant le tribunal civil de la situation des biens. La loi de brumaire avait gardé le silence sur la procédure des incidents qui pouvaient s'élever pendant les poursuites.

Cette loi si simple, trop simple dans ses formes, produisit les plus funestes résultats. En effet, comme nous l'avons dit précédemment, une loi sur la saisie immobilière doit tenir compte à la fois et du droit de propriété dans la personne du débiteur, et de la juste impatience qu'ont les créanciers de toucher ce qui leur est dû. Or, la loi de brumaire n'avait suffisamment garanti ni l'un ni l'autre de ces intérêts légitimes. Ainsi, d'une part, le débiteur de bonne foi était exposé à perdre sa propriété avant d'avoir connu les poursuites ou d'avoir pu y défendre ; d'autre part, le silence de la loi sur la procédure des incidents de l'expropriation forcée les laissait nécessairement sous l'empire du droit commun, les soumettait en conséquence à toutes les lenteurs d'une instance ordinaire. Il résultait de là qu'un débiteur de mauvaise foi, en multipliant des incidents plus ou moins fondés, pouvait se jouer de ses créanciers, augmenter considérablement les frais, et reculer démesurément la vente, et, par suite, la distribution du prix. Ainsi la procédure d'une saisie dégagée d'incidents était trop rapide, celle chargée d'incidents ne l'était pas assez.

Le Code civil, à son tour, s'occupa de cette matière dans les titres XVIII et et XIX du livre III, savoir : des hypothèques dans le titre XVIII, et de la saisie immobilière (sous le nom d'expropriation forcée) dans le titre XIX. Toutefois le législateur du Code civil s'est borné à poser les principes de droits relatifs à la saisie immobilière, et a renvoyé, quant aux formes, au Code de procédure (art. 2217 et 2218, C. civ.).

Ce renvoi a nécessité les titres XII et XIII du livre V de la première partie du Code de procédure, dont nous examinerons les détails.

D'après ce que j'ai dit tout à l'heure, les rédacteurs du Code de procédure avaient à remédier à deux inconvénients de la loi de brumaire an VII. D'une part, nous avons vu que la loi de brumaire, muette sur les incidents, les laissait sous l'empire de la procédure des affaires ordinaires, procédure trop lente en matière de saisie, et permettait ainsi au débiteur de mauvaise foi de reculer presque indéfiniment, au détriment de ses créanciers, l'adjudication de l'immeuble saisi. Il était très facile de remédier à ce premier inconvénient; il suffisait de soumettre les incidents de saisie immobilière à une procédure spéciale, abrégée, qui ne permît plus de traîner la poursuite en longueur. C'est ce que les rédacteurs du Code de procédure ont fait dans le titre XIII du livre V de la première partie.

L'autre inconvénient de la loi de brumaire consistait dans la trop grande simplicité et la trop grande célérité de la procédure de saisie immobilière, qui permettaient de dépouiller trop vite le débiteur de sa propriété. Que devaient faire les rédacteurs du Code de procédure ? Augmenter les formes et les délais protecteurs de la propriété. Mais ici ils ont dépassé le but; tombant dans un excès contraire à celui de la loi de brumaire, le Code de procédure contenait un luxe de formalités et de délais, qui ramenait en partie les abus des anciennes procédures des criées. Ainsi notamment trois publications devaient précéder la vente; le Code exigeait une adjudication provisoire, une adjudication définitive. L'expérience démontra bientôt la dispendieuse inutilité de ces nombreuses publications et de cette adjudication provisoire; des plaintes, des réclamations s'élevèrent de tous côtés.

Le système hypothécaire était en même temps l'objet de vives critiques. On réclamait notamment la publicité de toutes les hypothèques et la nécessité de la transcription pour la transmission de la propriété. Pour se conformer au plan des législations précédentes, qui avaient toujours réuni les règles du système hypothécaire et celles de la saisie immobilière, il semblait raisonnable de réformer à la fois ces deux matières. Cependant les idées étaient plus arrêtées sur la saisie immobilière; et, dès 1827, le gouvernement s'occupa de la révision de cette partie de la législation, et présenta successivement deux projets de lois aux délibérations des assemblées législatives. L'un, soumis aux chambres en 1829, ne produisit aucun résultat; l'autre, présenté à la Chambre des pairs en janvier 1840, est devenu la loi du 2 juin 1841.

Cette loi a réformé toutes les dispositions du Code de procédure relatives, non seulement à la saisie immobilière, mais même à toutes les ventes judiciaires d'immeubles. Elle comprend six articles : le premier contient des modifications aux titres XII et XIII du Code de procédure, c'est-à-dire à la saisie immobilière et aux incidents de cette saisie. Les autres dispositions du Code de procédure comprises dans la réforme de la loi du 2 juin 1841 sont : le titre V du livre II, partie II, *De la Surenchère sur aliénation volontaire*, modifié par l'art. 2 de la loi du 2 juin 1841; le titre VI du même livre, *Des Ventes de biens immeubles appartenant à des mineurs*, modifié par l'art. 3; le titre VII, *Des Formes de partages et licitations*, modifié par l'art. 4; le titre VIII, *Du Bénéfice d'inventaire*, modifié dans la partie relative à la vente des immeubles de la succession par l'art. 5 de la loi nouvelle; enfin le titre IX, modifié par l'art. 6 pour la vente des biens dotaux.

Nous n'avons à nous occuper, quant à présent, que de l'art. 1er de la loi du 2 juin 1841, c'est-à-dire des modifications aux titres de la saisie immobilière et des incidents de cette saisie. Cet article 1er est à lui seul plus étendu que bien des lois entières; il modifie les art. 673 à 748 du Code de procédure. Ajoutons que trois de ces articles ont été de nouveau modifiés par la loi du 21 mai 1858 : ce sont les art. 692, 696 et 717.

Ainsi aujourd'hui la saisie immobilière est régie en partie par le Code civil, et en partie par le Code de procédure (1). Le Code civil (tit. XIX du liv. III) en pose les règles, et le Code de procédure en détermine les formes dans le titre XII du livre V de la première partie, et indique dans le titre XIII une procédure spéciale pour les incidents.

⇒ **911.** Un traité complet sur la matière de la saisie immobilière devrait donc contenir l'examen approfondi des règles du Code civil et des formes du Code de procédure; mais, pour ne pas sortir des limites de ce cours, nous ne nous appesantirons ici que sur les dispositions du Code de procédure. Cependant, avant d'entrer dans leur développement, il est nécessaire d'extraire du titre XIX du livre III du Code civil la réponse à ces deux questions : 1° Par qui et contre qui la saisie immobilière peut-elle être poursuivie? 2° Quels biens peuvent être saisis immobilièrement?

1° *Par qui et contre qui la saisie immobilière peut-elle être poursuivie?* Nous avons vu précédemment que les lois de l'an III et de l'an VII, comme le Code civil, ont toujours traité de l'expropriation forcée en même temps que des hypothèques; que les règles de cette expropriation ont toujours paru une conséquence des règles admises sur les hypothèques. L'hypothèque, en effet, constitue la garantie du droit de créance; la saisie immobilière et l'ordre offrent les moyens de rendre la garantie efficace et de réaliser le droit de créance. Toutefois il ne faudrait pas conclure de là que les poursuites de saisie immobilière ne puissent être dirigées que par les créanciers hypothécaires. Non; tous les créanciers, même chirographaires, ont le droit de faire saisir les immeubles de leur débiteur (art. 2092 C. civ.). Seulement, si les créances hypothécaires doivent absorber le prix probable de l'adjudication, les créanciers chirographaires sont sans intérêt dans la saisie de l'immeuble; mais si l'immeuble n'est pas grevé d'hypothèques, ou si le montant des créances hypothéquées ne s'élève pas au chiffre probable du prix de l'adjudication future, les créanciers chirographaires ont intérêt et qualité pour faire saisir cet immeuble. Les créanciers chirographaires sont même, à un certain point de vue, dans une position plus favorable que les créanciers hypothécaires relativement à la saisie immobilière. En effet, le créancier chirographaire est libre de diriger ses poursuites sur celui des immeubles du débiteur qu'il lui convient de choisir, tandis que l'art. 2209 du Code civil impose au créancier hypothécaire l'obligation de saisir d'abord l'immeuble qui lui est spécialement hypothéqué; ce n'est qu'en cas d'insuffisance de l'immeuble hypothéqué,

(1) **Le Code civil s'occupe surtout des immeubles qui peuvent être frappés de saisie immobilière, des créances en vertu desquelles cette saisie peut être pratiquée, par qui et contre qui elle peut être intentée. Voyez notamment, à cet égard, Aubry et Rau, *Cours de droit civil français*, VIII, p. 458 et suiv. — Pont, *De l'expropriation forcée*, à la suite du *Traité des privilèges et hypothèques*, II, p. 671 et suiv. — Colmet de Santerre, *Cours analytique de Code civil*, IX, p. 477 et suiv. **

que ce dernier créancier pourra poursuivre la saisie des autres immeubles de son débiteur.

** Sous ce rapport donc, le créancier chirographaire est placé dans une situation plus favorable que le créancier hypothécaire; mais celui-ci peut, en renonçant à son hypothèque, saisir indistinctement tous les immeubles de son débiteur. C'est au créancier hypothécaire à prouver que les biens hypothéqués sont insuffisants pour pouvoir attaquer les autres. D'ailleurs il peut faire cette preuve par toutes sortes de moyens, notamment par l'aveu du débiteur, par des baux, par des estimations, par le revenu net indiqué à la matrice de la contribution foncière et sans être obligé de discuter les immeubles sur lesquels porte son hypothèque (1).

Lorsque le créancier a le droit de poursuivre tous les immeubles de son débiteur ou du moins plusieurs d'entre eux, il peut, à son choix, les saisir tous à la fois ou successivement les uns après les autres. Si cependant les immeubles à saisir sont situés dans différents arrondissements, la saisie n'en peut être faite que successivement, à moins qu'ils ne fassent partie d'une même exploitation ou que la valeur totale de ces immeubles ne soit inférieure au montant réuni des sommes dues tant au saisissant qu'aux autres créanciers inscrits (2).

L'expropriation forcée doit être poursuivie, si tous les immeubles sont situés dans le même arrondissement, devant le tribunal de cet arrondissement, et dans le cas contraire, devant les tribunaux respectifs de la situation des biens (art. 2210 du Code civil. Loi du 14 novembre 1808, art. 1 et 4). Toutefois, d'après la loi du 14 novembre 1808 (art. 3), le créancier qui veut user de la faculté de poursuivre simultanément les immeubles situés dans des arrondissements différents, doit s'y faire autoriser par ordonnance sur requête du président du tribunal de première instance du domicile du débiteur, et ce magistrat rend sa décision après conclusions du ministère public. De son côté, le débiteur a le droit de requérir que l'expropriation porte à la fois sur ces différents immeubles, s'ils constituent une seule et même exploitation et si le créancier n'a pratiqué qu'une ou plusieurs saisies partielles (art. 2211 du Code civil). **

Le créancier qui saisit immobilièrement doit d'ailleurs réunir les conditions exigées de celui qui poursuit une exécution forcée, conditions énumérées dans les art. 545 et 551 C. pr. ** Ainsi la saisie immobilière ne peut avoir lieu que pour une créance liquide et exigible (art. 2213 Code civil). Si la créance, quoique liquide, ne consiste pas en une somme d'argent, la saisie est bien permise, mais, après sa dénonciation et sa transcription, il doit être sursis à toute poursuite ultérieure jusqu'à ce que la créance ait été évaluée en argent. Nous avons vu que, sous ce rapport, l'article 551 du Code de procédure a

(1) ** Req. rej., 7 octobre 1807, S. 8, 1, 81. — Req. rej., 27 juin 1827, S. 27, 1, 509. — Toulouse, 26 juillet 1834, S. 35, 2, 271. — Req. rej., 6 février 1843, S. 43, 1, 414. **

(2) ** La valeur des immeubles s'établit, dans ce dernier cas, soit d'après des baux authentiques, sur le pied du denier vingt-cinq, soit, à défaut de baux authentiques, d'après le rôle de la contribution foncière, sur le pied du denier trente. Loi du 14 novembre 1808, art. 2 **.

dérogé à l'article 2213 du Code civil qui permettait de continuer les poursuites jusqu'à l'adjudication.

La saisie immobilière ne peut être faite qu'en vertu d'un acte exécutoire, c'est-à-dire d'un acte notarié ou d'un jugement (1). Nous savons à partir de quel moment un jugement peut être exécuté et par conséquent une saisie immobilière pratiquée. Si le jugement est par défaut ou s'il est susceptible d'appel, il faut laisser écouler une huitaine dont nous avons déterminé précédemment le point de départ. Cette huitaine expirée, les poursuites peuvent être commencées, à moins qu'il n'ait été fait opposition ou qu'il y ait appel interjeté; mais cependant ces voies de recours n'arrêteraient pas l'exécution si le jugement avait été déclaré exécutoire par provision. **

La saisie immobilière ne peut être poursuivie par un créancier chirographaire que contre le débiteur; mais les créanciers hypothécaires la dirigent contre le détenteur de l'immeuble hypothéqué, qu'il soit débiteur ou non. Le tiers détenteur d'un immeuble hypothéqué qui n'a ni purgé ni payé intégralement les dettes hypothécaires, ni délaissé l'immeuble, est donc exposé aux poursuites de saisie immobilière à la requête des créanciers hypothécaires (art. 2167 à 2170 C. civ.). Mais, la plupart du temps, l'accomplissement des formalités de la purge lui évitera ce résultat.

La qualité du saisi modifie quelquefois le droit du créancier. Ainsi, quoique, en règle générale, le créancier soit libre de saisir les immeubles plutôt que les meubles, cependant, quand il s'agit de poursuites contre un mineur, même émancipé, ou contre un interdit, leurs immeubles ne peuvent être saisis qu'après constatation de l'insuffisance du mobilier pour payer la dette (art. 2206 C. civ.). Mais si l'immeuble que le créancier se propose de saisir est indivis entre un majeur, d'une part, et un mineur ou interdit, de l'autre, lorsque la dette leur est commune, la discussion du mobilier cesse d'être requise par la loi (art. 2207 C. civ.).

Quant aux poursuites, elles sont dirigées par le créancier lui-même, s'il est capable; par son tuteur, s'il est mineur non émancipé ou interdit. Le mineur émancipé peut faire pratiquer une saisie immobilière avec l'assistance de son curateur. Si une femme mariée veut agir, la poursuite aura lieu à la requête de son mari, pour les créances dotales, sous les régimes de communauté, sans communauté et dotal; mais, pour les créances paraphernales sous ce dernier régime, ainsi que pour toutes créances sous le régime de séparation de biens, la femme poursuivra la saisie avec l'autorisation du mari ou de justice, et même, si elle est mineure, ou que le mari refuse de l'autoriser, avec l'assistance d'un curateur *ad hoc*.

Ces poursuites seront dirigées contre le saisi lui-même s'il est capable; s'il est mineur non émancipé, ou interdit, contre son tuteur; s'il est mineur émancipé, contre lui et son curateur. Si l'immeuble appartient en propre à une femme mariée, les poursuites seront dirigées, quel que soit le régime du mariage, contre la femme et le mari; et si le mari refuse d'assister la femme, ou s'il est mineur, elle sera autorisée par la justice. Si la femme est mineure, et

(1) ** Bordeaux, 22 juillet 1843, S. 44, 2, 199. — Riom, 30 novembre 1855, S. 57, 2, 350. — Dijon, 4 juin 1872, S. 72, 2, 177. — Req. rej., 26 mai 1873, S. 73, 1, 295. **

que le mari majeur refuse de procéder avec elle, ou s'ils sont tous deux mineurs, le tribunal nomme à la femme un curateur, contre lequel la poursuite sera exercée en même temps que contre la femme. Il est bien entendu que le mari sera poursuivi seul pour les immeubles de la communauté (art. 2208, C. civ.).

Si le débiteur que je veux poursuivre est, par suite de succession, copropriétaire par indivis avec d'autres personnes qui ne sont pas tenues à la dette, je ne puis saisir sa part indivise, mais seulement l'immeuble afférent à mon débiteur après le partage ou la licitation, qu'il m'est permis d'ailleurs de provoquer (art. 2205, C. civ.).

** Cette prohibition, adressée par l'article 2205 du Code civil aux créanciers personnels d'un héritier ou successeur, de saisir sa part indivise dans les immeubles de la succession, doit-elle être restreinte au cas prévu par cet article, ou faut-il, au contraire, en étendre l'application? Cette question a soulevé de très vives controverses. Les uns décident que l'article 2205 est purement indicatif, en ce qui concerne la cause d'indivision ; il a parlé du cas de succession, comme de celui qui est le plus fréquent, mais il n'a pas entendu exclure les autres, et dès lors, à leur avis, cet article doit s'appliquer toutes les fois qu'un ou plusieurs immeubles sont indivis (1). Dans une seconde opinion, absolument opposée, on décide que l'article 2205, consacrant une exception au droit de saisie des créanciers, doit se restreindre au cas qu'il a prévu, au cas de succession (2). Un troisième système fait une distinction : on étend l'article 2205 au cas d'une indivision résultant de la communauté entre époux ou d'un contrat de société, mais on refuse de l'appliquer toutes les fois que l'indivision a une autre cause et, par exemple, si deux personnes sont copropriétaires d'un immeuble pour l'avoir acheté en commun. Cette distinction se fonde sur le motif de l'article 2205. On n'a pas voulu que les créanciers d'un héritier pussent saisir sa part indivise dans un immeuble de la succession, parce que cette part est nécessairement indéterminée. L'immeuble fait en effet partie d'une masse à laquelle appartiennent encore d'autres biens, à laquelle les uns feront des rapports, sur laquelle d'autres opéreront des prélèvements. Il peut même arriver que, par l'effet du partage, un des cohéritiers n'obtienne rien dans tel immeuble de la succession. N'eût-il pas été étrange de permettre la saisie d'une part indivise d'un immeuble, alors que cette part est indéterminée et pourra même s'évanouir par l'effet du partage? Or la situation est absolument la même en cas d'indivision provenant d'une communauté ou d'une société, car les époux ou les associés ne sont, pas plus que des cosuccessibles, autorisés à demander le partage isolé des immeubles faisant partie de la masse indivise entre eux (art. 1476 et 1872, C. civ.). Mais en dehors des trois cas de succession, de communauté ou de société, et même, dans ces trois cas, après le partage, s'il reste un ou plusieurs immeubles indivis, la situation est tout à fait différente. L'adjudicataire de la part indivise aura le droit de proposer le partage et obtiendra, dans ce partage, une part divise de l'immeuble repré-

(1) ** Pau, 10 décembre 1832, S. 33, 2, 240. — Lyon, 9 janvier 1833, S. 33, 2, 381. — Douai, 2 mai 1848, S. 49, 2, 393. **

(2) ** Paris, 1er juin 1807, S. 7, 2, 666. — Metz, 28 janvier 1818, S. 18, 2, 337. — Liège, 23 janvier 1834, S. 34, 2, 683. — Bordeaux, 7 avril 1840, S. 40, 2, 521. **

sentant en valeur la part indivise qu'il avait acquise. Cette dernière opinion est aussi celle qui nous paraît la plus conforme à l'esprit de la loi (1).

L'article 2205 porte que la part indivise d'un immeuble appartenant à une succession « *ne peut être mise en vente* », et on s'est appuyé sur ces termes pour soutenir que la loi n'a voulu prohiber que l'adjudication, de sorte que les créanciers personnels des héritiers pourraient, même avant le partage, pratiquer la saisie (2). Cette solution paraît contraire à l'esprit de la loi : le législateur a voulu prohiber ici toute la procédure d'expropriation forcée, et les termes un peu vagues « *ne peut être mise en vente* », sont synonymes de « *ne peut être expropriée* », comme cela résulte du rapprochement de l'article 2205 avec les articles 2213 et 2215. Nous défendrons donc aux créanciers des héritiers tout acte de la procédure de saisie, sauf cependant le commandement, qui, nous le verrons bientôt, précède cette procédure, plutôt qu'il ne la commence (3).

Si, malgré la prohibition de l'article 2205, on avait procédé à l'adjudication d'une part indivise d'un cohéritier dans un immeuble de la succession, la nullité de l'aliénation pourrait être proposée par tous les héritiers, même par le cohéritier débiteur (4), mais celui-ci devrait faire valoir la nullité dans les délais fixés par les articles 728 et 729 du Code de procédure (5) **.

Enfin, le débiteur peut faire suspendre les poursuites dans un cas particulier prévu par l'art. 2212 (C. civ). « S'il justifie, par baux authentiques, que le re-« venu net et libre de ses immeubles pendant une année suffit pour le paye-« ment de la dette en capital, intérêts et frais, et s'il en offre la délégation au « créancier. »

912. 2° *Quels biens peuvent être saisis immobilièrement?* L'art. 2204 du Code civil énumère les biens soumis à l'expropriation forcée ; ce sont : 1° les biens immobiliers, et leurs accessoires réputés immeubles, appartenant au débiteur; 2° l'usufruit que le débiteur a sur les biens de même nature. Si l'on compare cette énumération à celle de l'art. 2118 (C. civ.), qui indique les biens susceptibles d'hypothèques, on voit que les mêmes biens peuvent être grevés d'hypothèques, et frappés par la saisie immobilière.

Le texte de ces deux articles ne comprend pas tous les immeubles. Ainsi, d'après les articles 517 et suiv. du Code civil, la loi distingue trois sortes d'immeubles: des immeubles par nature, par destination et par l'objet auquel ils s'appliquent. ** Il a même été créé, depuis le Code civil, une quatrième espèce d'immeubles, qu'on appelle immeubles par la détermination de la

(1) ** Colmar, 27 frimaire an XIII, S. 5, 2, 36. — Lyon, 14 février 1839, S. 40, 2, 321. — Pau, 8 mars 1855, S. 65, 2, 90. **

(2) ** Req. Rej., 14 décembre 1819, S. 20, 1, 203. — Lyon, 9 janvier 1830, S. 33, 2, 281. — Poitiers, 20 août 1835, S. 35, 2, 498. **

(3) ** Civ. Cass., 22 juillet 1822, S. 22, 1, 436. — Nîmes, 10 février 1823, S. 25, 2, 100. — Req. Rej., 5 décembre 1826, S. 27, 1, 69. — Pau, 10 décembre 1832, S. 33, 2, 240. — Riom, 29 mai 1843, S. 44, 2, 243. **

(4) ** Besançon, 21 juin 1810, S. 12, 2, 8. — Nîmes, 10 février 1823, S. 25, 2, 100. — Bordeaux, 5 juillet 1832, S. 33, 2, 60. — Lyon, 9 janvier 1833, S. 33, 2, 281. — *Contra :* Paris, 23 août 1816, S. 17, 2, 230. **

(5) ** Civ. rej., 3 janvier 1872, S. 72, 1, 211. **

loi **. Les immeubles par nature, qui sont dans le commerce, peuvent d'abord, sans aucun doute, être l'objet d'une saisie immobilière; ce sont ces immeubles que désignent, le n° 1 de l'art. 2118 et le n° 1 de l'art. 2204, sous le nom de *biens immobiliers*.

Les immeubles par destination, désignés par les mêmes articles sous le nom d'*accessoires réputés immeubles*, et dont nous avons déjà parlé sur l'art. 592, 1°, ne sont susceptibles d'hypothèques qu'accessoirement, avec l'immeuble auquel ils sont attachés à perpétuelle demeure par le propriétaire, soit pour l'exploitation, soit pour l'ornement.

Enfin, parmi les immeubles par l'objet auquel ils s'appliquent, la loi, dans les articles précités, n'a permis d'atteindre par l'hypothèque ou la saisie immobilière que l'usufruit des biens immobiliers. ** Ne sont donc pas susceptibles d'hypothèque ni d'expropriation forcée les droits d'usage, les droits d'habitation, comme aussi les servitudes réelles, considérées en elles-mêmes et séparément du fonds au profit duquel elles sont établies. Les immeubles par la détermination de la loi peuvent être hypothéqués; ils sont, comme immeubles, susceptibles d'expropriation forcée. Nous citerons : les actions de la Banque de France (décret du 16 janvier 1808, art. 7), et les actions du canal du Midi (décret du 10 mars 1810, art. 13), à la condition que les unes et les autres aient été immobilisées (1).

La loi sur les mines permet aussi de les hypothéquer, en les envisageant comme distinctes du sol. Mais c'est là une pure application du droit commun, puisque les mines sont des immeubles par nature. La redevance, due par le concessionnaire de la mine au propriétaire du sol, ayant été considérée comme un accessoire de ce sol, est elle-même immobilière; mais elle perd ce caractère et n'est, dès lors, plus susceptible d'expropriation forcée, lorsque le propriétaire du sol s'en est dessaisi en l'aliénant (2).

On discute vivement sur le point de savoir si les actions réelles immobilières sont susceptibles d'être expropriées comme les immeubles auxquels elles s'appliquent et séparément; mais cette question rentre dans le cours de Code civil et elle vous sera expliquée à propos des immeubles qui sont susceptibles d'hypothèque. Il faut en dire autant de la question de savoir si l'emphytéose est susceptible d'expropriation forcée. Cette question dépend de la solution qu'on adopte sur la controverse relative à l'existence de l'emphytéose comme droit réel immobilier, malgré le silence du Code civil, mais limitée à 99 ans par les lois du droit intermédiaire. Admet-on cette existence avec la jurisprudence, on doit alors logiquement décider que l'emphytéose est susceptible d'hypothèque et d'expropriation forcée. Le Code rural, en préparation depuis plusieurs années, consacre l'emphytéose comme droit réel immobilier, mais en la limitant à 99 ans.

Pour terminer ces préliminaires, il nous reste à déterminer certains cas exceptionnels dans lesquels, par des raisons spéciales, la loi retire aux créan-

(1) ** On pouvait aussi autrefois immobiliser les actions des canaux d'Orléans et du Loing (décret du 16 mars 1810), mais les actions de ces canaux ont été rachetées. **

(2) ** Art. 6, 11, 19 et 42 de la loi du 21 avril 1810. Civ. Cass., 13 novembre 1848, S. 48, 1, 682. — Civ. rej., 24 juillet 1850, S. 51, 1, 63. **

ciers le droit d'expropriation forcée, ou soumet ce droit à certaines restrictions. Aucune expropriation forcée ne peut être dirigée contre l'État, les départements, les communes ni les établissements publics dont le budget est soumis au contrôle de l'autorité administrative. Cela est d'ailleurs vrai, non seulement de la saisie immobilière, mais encore des autres saisies, comme vous le verrez avec plus de détails dans le cours de droit administratif (1). En second lieu, les créanciers chirographaires (mais non pas les autres) d'un débiteur failli sont privés du droit d'expropriation forcée, à partir du jugement déclaratif de faillite (art. 571 du Code de commerce), mais ils pourraient continuer les poursuites si la saisie avait été commencée avant ce jugement (2). Lorsqu'il n'y a pas de poursuite en expropriation commencée avant l'union, les créanciers hypothécaires eux-mêmes ne sont plus admis à frapper de saisie les immeubles du failli ; le droit d'en poursuivre la vente n'appartient plus qu'aux syndics (art. 572 du Code de commerce).

Toutes les fois que le débiteur est un mineur, émancipé ou non (et au mineur il faut assimiler l'interdit), les créanciers ne peuvent vendre et même saisir les immeubles de ce débiteur qu'après discussion préalable du mobilier. Cette restriction au droit d'expropriation forcée cesse toutefois dans deux cas : d'abord si le mineur est copropriétaire par indivis avec un ou plusieurs majeurs, en supposant, bien entendu, que l'expropriation forcée est possible malgré cet état d'indivision ; ensuite si les poursuites ont été commencées contre un débiteur majeur, ce qui aura lieu, par exemple, dans le cas où le mineur ne serait devenu débiteur qu'en sa qualité d'héritier du débiteur originaire, qui aurait été déjà l'objet de certaines poursuites au moment de son décès (3) (art. 2206 et 2207 du Code civil).

Enfin nous savons déjà que, si le débiteur justifie, par baux authentiques, que le revenu net et libre de ses immeubles, pendant une année, suffit pour le payement de la dette en capital, intérêts et frais, et qu'il en offre la délégation au créancier, le tribunal devant lequel l'expropriation est poursuivie peut ordonner la suspension des poursuites, sauf à en autoriser la continuation suivant les derniers errements dans le cas où il surviendrait quelque obstacle au payement (art. 2212). **

☞ **913.** Après avoir ainsi rappelé les règles du droit sur notre matière, nous aborderons plus sûrement l'examen des formes de la saisie immobilière, contenues dans les titres XII et XIII du titre V de la première partie du Code de procédure. Le titre XII a trait, je le répète, à une saisie immobilière dégagée d'incidents ; le titre XIII s'occupe spécialement des incidents de la saisie immobilière. *

(1) ** Loi des 16-24 août 1790, tit. II, art. 13 ; loi des 6-22 août 1791, tit. XII, art. 9 ; décret du 1er germinal an XIII, art. 48 ; avis du Conseil d'État des 18 juillet-12 août 1807 et des 11-26 mai 1813. **

(2) ** Paris, 30 novembre 1839, D. 40, 2, 231. — *Contra :* Dijon, 18 janvier 1858, D. 60, 2, 78. **

(3) ** Mais on ne devrait pas considérer les poursuites comme commencées s'il n'avait encore été fait qu'un commandement à l'époque de la mort du débiteur. *

TITRE XII

DE LA SAISIE IMMOBILIÈRE (C. D.).

* Ici, comme dans les saisies de meubles, la procédure a deux phases bien distinctes. Elle tend d'abord à mettre l'objet de la saisie sous la main de justice et ensuite à le faire vendre. Cette distinction nous servira pour la division du titre important que nous devons expliquer. Nous nous occuperons successivement, dans un premier paragraphe, des formalités de la mise sous la main de justice et de ses effets (art. 673 à 689); dans un second paragraphe, des formalités pour parvenir à la vente (art. 690 à 701); dans un troisième paragraphe, de l'adjudication et de ses effets (art. 702 à 717). L'art. 715, qui détermine quelles formalités sont prescrites à peine de nullité, figurera dans chacun de ces paragraphes.

§ 1. — *Des formalités de la mise sous la main de justice et de ses effets* (art. 673 à 689).

Ces formalités sont au nombre de quatre : le commandement, le procès-verbal de saisie, la dénonciation du procès-verbal au saisi, enfin la transcription de la saisie au bureau des hypothèques. Les deux dernières de ces formalités sont spéciales à la saisie immobilière. Lorsqu'elles ont toutes été accomplies, la saisie proprement dite est terminée ; et cette mise de l'immeuble sous la main de justice produit des effets juridiques fort importants.

Nous diviserons en conséquence ce paragraphe en deux articles, le premier relatif aux formalités, le second aux effets de la mise sous la main de justice.

914. Art. 1er. *Des formalités de la saisie sous la main de justice* (art. 637 à 680). Reprenons successivement l'examen des quatre formalités ci-dessus énoncées et parlons d'abord du commandement.

« Art. 673. La saisie immobilière sera précédée d'un commandement à personne ou domicile; en tête de cet acte, il sera donné copie entière du titre en vertu duquel elle sera faite. Ce commandement contiendra élection de domicile dans le lieu où siège le tribunal qui devra connaître de la saisie, si le créancier n'y demeure pas; il énoncera que, faute de payement, il sera procédé à la saisie des immeubles du débiteur; l'huissier ne se fera pas assister de témoins; il fera, dans le jour, viser l'original par le maire du lieu où le commandement sera signifié. »

La saisie immobilière débute, comme toutes les saisies d'exécution, par un commandement. Il me paraît superflu de répéter ici tout ce que nous avons dit de la nature et des effets du commandement sur les art. 583 et 584, au titre *de la Saisie-exécution*. Je ferai seulement remarquer que les demandes en nullité du commandement ne rentreront pas sous l'application des art. 718, 730, 731 et 732; ces demandes ne peuvent être considérées comme des incidents, mais comme un préliminaire de la saisie (1). Examinons seulement les

(1) Orléans, 1er juin 1853, D. 54, 5, 675. — Cass., 9 janvier 1854, D. 54, 1, 12.

dispositions spéciales de l'art. 673, à l'égard du commandement qui précède la saisie immobilière.

A personne ou domicile. On avait proposé d'exiger la signification du commandement au domicile *réel*, en faisant remarquer combien il serait utile que le saisi eût une connaissance certaine de la saisie dirigée contre lui ; mais cette exigence fut écartée ; on craignit qu'il ne fût difficile de trouver le domicile réel du saisi (Voy. l'art. 699 et son explication). Ainsi, le commandement peut être signifié au domicile élu (1).

Copie entière du titre. Quand bien même l'acte authentique qui sert de base au commandement aurait déjà été signifié au débiteur, le commandement doit en contenir une nouvelle signification. Il faut que le débiteur menacé d'une saisie immobilière ait sous les yeux les causes qui motivent cette saisie, sans avoir besoin de rechercher une signification antérieure (2).

Mais un cessionnaire, qui a déjà signifié son transport, n'est pas tenu de donner, avec le commandement, une nouvelle copie de son transport. L'acte qui sert de base à la saisie immobilière n'est pas l'acte de la cession, mais le titre de la créance primitive, de la créance cédée (3).

Élection du domicile. L'article 673 ordonne au saisissant de faire une élection de domicile dans le lieu où siège le tribunal qui doit connaître de la saisie ; cette rédaction diffère essentiellement de celle de l'art. 583, relatif à l'élection de domicile dans le commandement qui précède la saisie-exécution. Dans les deux cas, l'élection de domicile est imposée au saisissant, dans l'intérêt du saisi, par exemple pour attribuer au tribunal du lieu de la saisie compétence sur les difficultés qui peuvent s'élever pendant la poursuite.

Mais le lieu où l'élection de domicile doit se faire n'est pas le même dans les deux commandements. Dans celui qui précède la saisie-exécution, le saisissant doit élire domicile dans la commune où se fera la saisie, tandis que le commandement qui précède la saisie immobilière doit contenir une élection de domicile au lieu où siège le tribunal qui connaîtra de la saisie (4). Il est facile de se rendre compte de cette première différence. D'abord la saisie-exécution, dégagée d'incidents, est menée à fin sans aucun recours aux tribunaux, tandis que la procédure d'une saisie immobilière, même sans incidents, nécessite l'intervention du tribunal. La saisie-exécution, d'ailleurs, est pratiquée, en général, dans un lieu unique, tandis qu'une saisie immobilière peut comprendre des biens situés non seulement dans diverses communes, mais même dans divers arrondissements (art. 2210, C. civ., 1er alinéa *in fine*);

(1) Jugé que la copie de l'acte constituant une ouverture de crédit suffit, sans qu'il soit nécessaire de donner copie des actes constatant les versements faits en exécution du crédit. — Cass. Rej., 25 juillet 1859, D., 59, 1, 400.

(2) ** La notification que fait le créancier aux héritiers du débiteur, en vertu de l'art. 877, C. civ., avec commandement dans le même acte, ne le dispense pas de faire à ces héritiers une nouvelle notification et un nouveau commandement, en exécution de l'art. 673, C. pr., avant de procéder à la saisie immobilière. Cass., civ., 20 février 1883, S. 83, 1, 304. **

(3) Colmar, 12 mai 1809 (Dall., *Rép.*, v° *Vente publique d'immeubles*, n° 1043, 3°). — Cass., 16 avril 1821 (Dall., *Rép.*, v° *Privil. et Hypot.*, n° 1820, 1°).

(4) Bordeaux, 23 mai 1846, D. 47, 4, 434.

on exige alors l'élection de domicile au siège principal de la saisie, c'est-à-dire au lieu où siège le tribunal qui connaîtra de la saisie, d'après l'art. 2210, 2e alinéa. La loi du 14 novembre 1808 permet aussi de saisir simultanément des biens situés dans divers arrondissements, même s'ils ne font pas partie de la même exploitation, lorsque la valeur totale de ces biens sera inférieure au montant réuni des sommes dues, tant au saisissant qu'aux autres créanciers inscrits : dans ce cas, d'après l'article 4 de cette loi, les procédures de saisies se portent devant les tribunaux respectifs de la situation des biens. Je crois que ces poursuites simultanées, dirigées par un seul créancier, pourraient être précédées d'un commandement unique ; mais il devrait contenir des élections de domicile distinctes pour chaque poursuite, dans les lieux où siège chacun des tribunaux devant lesquels chacune des saisies sera portée.

Une seconde différence entre l'élection de domicile, dans le commandement tendant à saisie-exécution, et celle indiquée dans le commandement tendant à saisie immobilière, consiste en ce que l'art. 584 exige l'élection de domicile jusqu'à la fin de la poursuite, tandis que, dans l'art. 663, le législateur s'est bien gardé de dire que l'élection de domicile, dans le commandement tendant à saisie immobilière, produirait son effet jusqu'à la fin de la poursuite. En effet, le procès-verbal de cette dernière saisie contient, d'après l'art. 675, une constitution d'avoué, chez lequel le domicile du saisissant est élu de droit ; cette nouvelle élection de domicile fait cesser l'effet de celle qui était contenue dans le commandement. En fait, d'ailleurs, la plupart du temps, le commandement contiendra élection de domicile chez l'avoué qui sera constitué plus tard dans le procès-verbal de saisie.

Enfin, l'article 673 ne reproduit pas la faculté accordée au saisi par l'art. 584 de faire faire au domicile élu par le saisissant les significations d'offres réelles et d'appel. On reste donc, à cet égard, sous l'empire des règles générales, c'est-à-dire que, pour les offres, elles devront être faites d'après l'art. 1258-6°, du Code civil, « au lieu dont on est convenu par le payement, « et, s'il n'y a pas de convention spéciale sur le lieu du payement, elles doivent « être faites à la personne du créancier ou à son domicile, ou au domicile « élu pour l'exécution de la convention (1). » Ce domicile élu, dont parle l'art. 1258-6°, est un domicile élu par convention, et non un domicile élu d'après une obligation imposée par la loi.

Quant à la signification de l'acte d'appel, il faut distinguer. S'agit-il de l'acte d'appel contre le jugement de condamnation qui sert de base à la saisie, et qui forme titre exécutoire en vertu duquel le commandement a été fait, nous appliquerons l'art. 456 du Code de procédure : « L'acte d'appel..... « sera signifié à personne ou domicile, à peine de nullité. » Le domicile doit s'entendre ici du domicile réel. Cet appel, qui eût pu être interjeté même si la saisie n'avait pas eu lieu, ne peut être considéré comme un incident de cette saisie. S'agit-il, au contraire, d'un appel contre les jugements qui ont statué sur les incidents de la saisie, l'article 732 détermine formellement où l'acte d'appel sera signifié.

(1) Rouen, 13 juin 1845, D. 45, 4, 468. — Cass. Rej., 5 mars 1849, D. 49, 1, 159. — *Contrà :* Bordeaux, 27 mai 1868, D. 68, 2, 219, et les autorités citées à la note.

Revenons à l'explication du texte de l'article 673 : le commandement *énoncera que, faute de payement, il sera procédé à la saisie des immeubles du débiteur.* Il suffit de formuler cette menace dans les termes généraux de l'article, sans désigner spécialement les immeubles que le créancier se propose de saisir (1).

Il fera viser l'original par le maire. La loi de 1841 a supprimé les mots *ou l'adjoint* que contenait l'ancien art. 673. Ce qu'il faut conclure de cette suppression, ce n'est pas que l'adjoint n'aura jamais le droit de viser l'original, mais qu'il ne le pourra qu'à défaut du maire, tandis qu'autrefois l'huissier pouvait présenter d'abord l'original au visa de l'adjoint.

L'ancien article exigeait en outre la remise d'une copie du commandement à l'officier qui donnait le visa ; la loi de 1841 a supprimé cette copie comme inutile et coûteuse.

Le maire peut viser l'original, même s'il est parent du saisissant ou du saisi. J'accorderais encore ce droit de visa au maire qui serait le débiteur lui-même ; il n'y aurait qu'une preuve de plus que le commandement a été régulièrement fait et la copie remise. Mais je ne crois pas que le maire puisse viser un commandement fait à sa propre requête. Le visa est une garantie, un certificat de la remise de la copie ; le maire ne peut, dans son propre intérêt, accorder ce certificat à l'huissier qu'il a choisi, et qui n'est que son mandataire.

915. «Art. 674. La saisie immobilière ne pourra être faite que trente jours après le commandement ; si le créancier laisse écouler plus de quatre-vingt-dix jours entre le commandement et la saisie, il sera tenu de le réitérer dans les formes et avec les délais ci-dessus. »

Le minimum du délai entre le commandement et le procès-verbal de saisie sera de trente, et le maximum de quatre-vingt-dix jours. Le délai de trente jours est laissé au débiteur pour lui donner le moyen de payer, s'il le peut, et d'empêcher ainsi la saisie. Si le procès-verbal de saisie était dressé avant l'expiration des trente jours, il serait entaché de nullité (art. 715) (2).

Le délai de quatre-vingt-dix jours, après lequel le commandement doit être réitéré, a été substitué, comme plus uniforme, au délai de trois mois accordé par le Code de procédure (3). La loi, en décidant que le commandement devait être suivi, dans ce délai, du procès-verbal de saisie, a voulu que le débiteur ne restât pas pendant un temps illimité sous le coup d'une saisie immobilière. Il suffit que le procès-verbal de saisie soit commencé dans les quatre-

(1) ** Cependant le créancier hypothécaire, ne pouvant attaquer en premier lieu que l'immeuble affecté à sa créance, devrait désigner cet immeuble. **

(2) ** Le délai de trente jours entre le commandement et la saisie immobilière ne peut être abrégé, même avec le consentement du débiteur, et la nullité de la saisie, pratiquée avant l'expiration de ce délai, peut être demandée par tout intéressé, notamment par le créancier qui a pratiqué postérieurement une autre saisie immobilière. — Caen, 10 juin 1879, S. 79, 2, 321. **

(3) Ce délai ne reçoit pas d'augmentation à raison des distances. Cass. Rej., 8 avril 1862, D. 62, 1, 292.

vingt-dix jours, pour empêcher la péremption du commandement (1). Mais le commandement qui, après quatre-vingt-dix jours, ne peut plus servir de base à la saisie immobilière, conserve au moins ses autres effets; il aurait toujours interrompu la prescription.

La saisie immobilière se poursuit soit contre le débiteur, soit contre un tiers détenteur. Dans ce dernier cas, un commandement ne suffit pas. Le débiteur et le saisi sont deux personnes distinctes, ayant toutes deux intérêt et qualité pour payer et empêcher la saisie. Aussi le créancier qui veut saisir leur adressera-t-il à chacun un ordre de payer, au débiteur par un commandement, au tiers détenteur par une sommation (art. 2169, C. civ.). Le tiers détenteur ne reçoit qu'une sommation et non un commandement, parce que le créancier n'a pas de titre exécutoire contre ce tiers qui n'est pas débiteur; or nous avons vu que le commandement suppose nécessairement un titre exécutoire.

La sommation faite au tiers détenteur est-elle soumise aux délais et à la déchéance de notre article? Les rapporteurs de la loi de 1841 ont considéré l'affirmative comme tellement évidente, qu'ils ont fait rejeter une disposition qui consacrait cette solution (2).

⇒ **916.** La seconde formalité consiste dans le procès-verbal de saisie, dont les formes sont réglées par les articles 675 et 676.

« Art. 675. Le procès-verbal de saisie contiendra, outre toutes les formalités communes à tous les exploits : 1° l'énonciation du titre exécutoire en vertu duquel la saisie est faite; — 2° la mention du transport de l'huissier sur les biens saisis; — 3° l'indication des biens saisis, savoir : si c'est une maison, l'arrondissement, la commune, la rue, le numéro, s'il y en a, et, dans le cas contraire, deux au moins des tenants et aboutissants; si ce sont des biens ruraux, la désignation des bâtiments, quand il y en aura, la nature et la contenance approximative de chaque pièce, le nom du fermier ou colon, s'il y en a; l'arrondissement et la commune où les biens sont situés; — 4° la copie littérale de la matrice du rôle de la contribution foncière pour les articles saisis; — 5° l'indication du tribunal où la saisie sera portée; — 6° et enfin constitution d'avoué chez lequel le domicile du saisissant sera élu de droit. »

Le procès-verbal de saisie constituait, dans l'ancienne jurisprudence, la principale formalité de la mise de l'immeuble sous la main de justice. Supprimé et remplacé par des affiches sous la loi du 11 brumaire an VII, rétabli par le Code de procédure, il a été maintenu par la loi du 2 juin 1841.

L'article 675 énumère avec soin tout ce que ce procès-verbal doit contenir. Il est d'abord assujetti aux formalités communes à tous les exploits, dont vous avez vu le détail dans les n°s 1 et 2 de l'article 61 du Code de procédure. Le procès-verbal contiendra en outre toutes les mentions spécialement exigées par l'article 675. La loi du 2 juin 1841 a apporté peu de changements aux différentes conditions du procès-verbal. Nous remarquerons toutefois sur le n° 3, que l'ancien article exigeait la désignation de deux des tenants et aboutissants,

(1) Cass., Rej., 31 janvier 1848, D. 48, 5. 328. — Jugé que la saisie peut être valablement faite le quatre-vingt-onzième jour. Bordeaux, 28 mars 1876, D. 77, 2, 151.

(2) Voy. les diverses autorités dans Dall., *Rép.*, v° *Vente publique d'immeubles*, n° 441. — Voy. dans notre sens, Cass. Rej., 25 novembre 1862, D. 63, 1, 209.

sans distinguer si le bien saisi était une maison ou un bien rural, tandis que la loi nouvelle n'ordonne plus cette désignation que pour les maisons, et seulement à défaut de numéro. Toutes les mentions relatives à l'indication des biens saisis ont pour but de déterminer de la manière la plus précise quel est l'immeuble saisi ; il ne faut pas courir la chance de faire vendre un immeuble appartenant à un tiers qui ne serait ni le débiteur ni un tiers détenteur. Or, le législateur de 1841 a pensé que l'indication de deux des tenants et aboutissants ne servirait guère à faire reconnaître l'objet saisi. Dans les biens ruraux, le morcellement extrême de la propriété du sol a ôté, en effet, toute utilité à cette indication, et pour les maisons, l'indication du numéro la remplace avantageusement.

Toutes ces formalités et mentions sont essentielles : elles n'admettent même pas d'équivalent, et l'omission d'une seule entraîne nullité (1).

L'huissier doit donc apporter le plus grand soin à la rédaction du procès-verbal. Mais la loi, qui, d'après le n° 2 de notre article, exige le transport de l'huissier sur les biens saisis, ne dit pas que le procès-verbal sera rédigé sur le lieu même de la saisie. L'huissier pourra donc le rédiger chez lui, d'après les notes qu'il aura prises sur le lieu de la saisie (2).

« Art. 676. Le procès-verbal de la saisie sera visé avant l'enregistrement, par le maire de la commune dans laquelle sera situé l'immeuble saisi ; et, si la saisie comprend des biens situés dans plusieurs communes, le visa sera donné successivement par chacun des maires à la suite de la partie du procès-verbal relative aux biens situés dans sa commune. »

Outre ce visa, l'ancien article 676 exigeait la remise d'une copie entière du procès-verbal aux greffiers des justices de paix, et aux maires et adjoints. Cependant le visa remplit suffisamment le but de la loi ; il constate le transport de l'huissier sur les lieux, sans qu'il soit nécessaire de faire les frais de toutes les copies laissées à des personnes qui n'ont aucun intérêt aux poursuites.

⇒ **917.** Nous passons à la troisième formalité de la mise de l'immeuble sous la main de justice, c'est-à-dire à la dénonciation du procès-verbal à la partie saisie. Quant à la quatrième et dernière formalité, elle consiste dans la transcription au bureau des hypothèques du procès-verbal de saisie et de l'exploit de dénonciation au saisi. La dénonciation a pour but de faire connaître au saisi que la menace contenue dans le commandement a été réalisée, et la saisie effectuée ; la transcription fait connaître la saisie aux tiers, et produit à leur égard des effets dont nous nous occuperons plus tard (Voy. notamment les art. 682, 686).

L'ancien Code de procédure plaçait la transcription avant la dénonciation ; et alors on ne transcrivait que le procès-verbal de saisie. La loi du 3 juin 1841 a renversé cet ordre ; la dénonciation précède maintenant la transcription. On a donné deux motifs de ce changement ; d'abord le saisi est le principal intéressé, et, à ce titre, il doit connaître la saisie le premier. De plus, en ap-

(1) Cass., 14 novembre 1853 et 30 janvier 1855, D. 53, 1, 327 et 55, 1, 10.

(2) Paris, 28 décembre 1820 (Dall., *Rép.*, v° *Vente publique d'immeubles*, n° 454). — Paris, 20 janvier 1823 (*loc. cit.*, n° 493).

prenant, par la dénonciation, la réalisation de la saisie dont le commandement l'avait menacé, il est possible que le saisi désintéresse le créancier; alors les poursuites cessent et la transcription n'aura pas lieu. Il a donc paru préférable d'exiger d'abord la dénonciation au saisi, puisqu'elle peut rendre inutile la transcription faite dans l'intérêt des tiers.

Les parties ne pourraient intervertir cet ordre nouveau, et faire la transcription avant la dénonciation (1).

« Art. 677. La saisie immobilière sera dénoncée au saisi dans les quinze jours qui suivront celui de la clôture du procès-verbal, outre un jour par cinq myriamètres de distance entre le domicile du saisi et le lieu où siège le tribunal qui doit connaître de la saisie. L'original sera visé dans le jour par le maire du lieu où l'acte de dénonciation aura été signifié. »

Cette dénonciation se fait par un exploit d'huissier. La loi du 2 juin 1841, en n'accordant plus qu'un jour pour cinq myriamètres, au lieu d'un jour pour trois myriamètres, taux ordinaire alors de l'augmentation des délais à raison des distances (anciens art. 1033, 680 et 651 C. pr.), se trouve aujourd'hui d'accord avec le nouvel art. 1033 (Loi du 3 mai 1862).

Il a été reconnu dans la discussion que cette dénonciation, ainsi que le commandement de l'art. 663, pouvaient être signifiés au saisi au domicile élu par convention entre lui et le saisissant.

⟶ **918.** Enfin, la transcription au bureau des hypothèques du procès-verbal de saisie et de l'exploit de dénonciation constitue la quatrième et dernière formalité de la mise sous la main de justice.

La transcription est la copie littérale de l'acte sur des registres publics à ce destinés.

La transcription dont il s'agit ici n'a pas pour but de parfaire une translation de propriété, comme la transcription établie par la loi du 23 mars 1855. La transcription du procès-verbal de saisie et de l'exploit de dénonciation diffère complètement de la transcription des actes translatifs de propriété, et ne produit pas les mêmes effets (Voy. pour les eff de la transcription des actes translatifs de propriété, les art. 939, 2108, 2180, 2181 C. civ., et la loi du 23 mars 1855). Toutefois la transcription dont parle l'article 673 produit aussi des effets importants. Elle détermine à qui appartiendra la poursuite, au cas de concours de saisies (art. 679, 680, C. pr.), immobilise les fruits (art. 682, 685), avertit les tiers qu'ils ne peuvent plus traiter sûrement avec le saisi (art. 686), fait connaître enfin la saisie aux créanciers hypothécaires, autres que le poursuivant, créanciers singulièrement intéressés à la poursuite, puisque l'adjudication doit purger leurs hypothèques.

Les articles 678, 679 et 680 ont trait à cette transcription.

« Art. 678. La saisie immobilière et l'exploit de dénonciation seront transcrits, au plus tard, dans les quinze jours qui suivront la dénonciation, sur le registre à ce destiné, au bureau des hypothèques de la situation des biens, pour la partie des objets saisis qui se trouvent dans l'arrondissement. »

(1) Toulouse, 12 août 1853, D. 55, 2, 74. — Angers, 1er décembre 1858, D. 59, 2, 31. — *Contrà :* Grenoble, 26 janvier 1854, D. 55, 2, 75.

J'ai déjà fait remarquer que la transcription comprend aujourd'hui la dénonciation de la saisie, à laquelle elle ne pouvait s'appliquer sous l'ancien Code de procédure, puisque la transcription précédait alors la dénonciation.

La loi de 1841 a fixé un maximum de délai (quinze jours) pour effectuer la transcription, tandis que le Code de procédure ne s'était pas expliqué à cet égard. La limitation du délai a pour but d'activer la poursuite.

La transcription se fait au bureau des hypothèques de la situation des biens. Si les biens sont situés dans plusieurs arrondissements, la transcription a lieu à chacun des bureaux d'hypothèques de ces arrondissements, quand même, conformément aux art. 2210, 2211 du Code civil, la poursuite serait portée devant un tribunal unique.

« Art. 679. Si le conservateur ne peut procéder à la transcription de la saisie à l'instant où elle lui est présentée, il fera mention, sur l'original qui lui sera laissé, des heure, jour, mois et an auxquels il aura été remis, et, en cas de concurrence, le premier présenté sera inscrit. »

Cet article n'exige aucune explication.

« Art. 680. S'il y a eu précédente saisie, le conservateur constatera son refus en marge de la seconde : il énoncera la date de la précédente saisie, les noms, demeures et professions du saisissant et du saisi, l'indication du tribunal où la saisie est portée, le nom de l'avoué du saisissant et la date de la transcription. »

Toutes ces énonciations, inscrites par le conservateur en marge de la seconde saisie qui lui est présentée, ont particulièrement pour but de faire reconnaître si cette seconde saisie s'applique aux mêmes biens que la première. Parmi ces mentions, nous remarquerons celle de la date de la transcription de la première saisie. Il suit de là qu'à ces mots : *S'il y a eu précédente saisie*, il faut ajouter : *présentée à la transcription*. Le conservateur, en effet, ne connaît pas officiellement une saisie non transcrite. Il ne pourrait refuser de transcrire une saisie qui lui serait présentée, sur le motif qu'à sa connaissance un autre procès-verbal de saisie a précédé celui qui lui est présenté, si la première saisie n'avait pas été transcrite.

Si deux saisies sont présentées ensemble à la transcription, la question de savoir à qui la poursuite appartiendra soulèvera un incident que nous examinerons sur les art. 719 et 720. En ce moment, nous ne nous occupons que d'une saisie dégagée d'incidents.

Cette formalité de la transcription accomplit la première partie de la saisie : la mise de l'immeuble sous la main de justice.

⇒ **919.** Les formalités de la mise sous la main de justice sont-elles prescrites à peine de nullité? L'art. 715 répond à cette question.

« Art. 715. Les formalités et délais prescrits par les art. 673, 674, 675, 676, 677, 678.., seront observés à peine de nullité. »

« La nullité prononcée pour défaut de désignation de l'un ou de plusieurs des immeubles compris dans la saisie n'entraînera pas nécessairement la nullité de la poursuite en ce qui concerne les autres immeubles.

« Les nullités prononcées par le présent article pourront être proposées par tous ceux qui y auront droit. »

Le premier alinéa indique suffisamment les cas de nullité ; il atteint tous les actes faits par le poursuivant. Il n'y a dans cette section que les art. 679 et 680 qui ne soient pas rappelés dans l'art. 715. Ces deux articles, en effet, comprennent des obligations imposées au conservateur des hypothèques, dont la négligence ne saurait annuler la saisie.

D'après le second alinéa, les omissions dans la désignation de l'un ou de quelques-uns des immeubles saisis n'annulent pas la saisie tout entière. La saisie demeurera valable pour les biens suffisamment désignés.

Enfin, le troisième alinéa indique à quelles personnes appartient l'action en nullité : à tous ceux qui y auront intérêt, c'est-à-dire au saisi ou aux créanciers inscrits, dans la mesure de leurs intérêts respectifs.

➾ **920.** Art. 2. *Des effets de la mise sous la main de justice* (art. 681 à 689). — La loi suspend ici l'énumération des formalités de la procédure de saisie immobilière, pour parler des effets produits par la mise sous la main de justice, après l'accomplissement des quatre formalités précédemment indiquées.

Cette mise sous la main de justice modifie profondément les rapports du saisi avec son immeuble. Le saisi, sans doute, ne cesse pas d'être propriétaire; mais son administration, sa jouissance, son droit de disposer, c'est-à-dire toutes les parties de son droit de propriété, reçoivent de graves atteintes par suite de la saisie.

Nous nous occuperons d'abord des modifications que la saisie apporte dans l'administration de la jouissance du saisi, et ensuite de celles qui frappent le droit de disposer.

I. *Des effets de la mise sous la main de justice, quant à l'administration et à la jouissance du saisi.* — Ces effets varient, suivant que l'immeuble saisi est habité ou exploité par le saisi lui-même, ou bien que le saisi l'avait loué ou affermé.

1. *Habitation ou exploitation personnelle du saisi* (art. 681, 682, 683).

« Art. 681. Si les immeubles saisis ne sont pas loués ou affermés, le saisi restera en possession jusqu'à la vente, comme séquestre judiciaire, à moins que, sur la demande d'un ou de plusieurs créanciers, il n'en soit autrement ordonné par le président du tribunal, dans la forme des ordonnances sur référé.

« Les créanciers pourront néanmoins, après y avoir été autorisés par ordonnance du président rendue dans la même forme, faire procéder à la coupe et à la vente, en tout ou en partie, des fruits pendants par les racines.

« Les fruits seront vendus aux enchères ou de toute autre manière autorisée par le président, dans le délai qu'il aura fixé, et le prix sera déposé à la caisse des dépôts et consignations. »

D'après le premier alinéa de cet article, si les créanciers ne réclament pas, le saisi reste en possession de l'immeuble qu'il habite ou qu'il exploite lui-même ; mais, dans cette hypothèse, sa possession change de nature. Le saisi n'est plus simplement un propriétaire administrant sa chose ; il est assimilé par la loi à un séquestre judiciaire ; il doit maintenant à sa chose les soins d'un bon père de famille, et devient comptable envers ses créanciers de l'administration qui lui est laissée (art. 1962, C. civ.). Avant la loi du 22 juillet 1867 (Voy. nº 1043), on a même décidé qu'il tombait sous l'application de l'art. 2060, 4º, c'est-à-dire qu'il pouvait, comme séquestre, être tenu par corps de la restitution des fruits; on a reconnu, dans la discussion de la loi du 2 juin 1841, la justesse de cette décision. C'était là, certes, une importante modification dans l'administration et la jouissance du saisi.

Les créanciers peuvent aller plus loin. S'ils ont juste raison de craindre que le débiteur n'abuse de cette possession même, ils s'adresseront au président du tribunal où se poursuit la saisie, pour faire déposséder le saisi; s'ils obtiennent cette dépossession, l'administration du saisi et son droit d'usage sont non plus seulement modifiés, mais suspendus. Remarquons toutefois que cette hypothèse de dépossession s'applique plutôt au fond rural exploité par le saisi qu'à la maison qu'il habiterait.

L'ordonnance du président sur cette question de dépossession sera rendue *dans la forme des ordonnances sur référé.* Cette forme n'a pas été admise sans débat. Dans la discussion de la loi de 1841, l'une des Chambres voulait que le président statuât sur la dépossession par une ordonnance sur requête, c'est-à-dire sur simple requête à lui présentée par un créancier, sans entendre le saisi, ni même le poursuivant, si c'est un autre créancier qui requiert la dépossession du saisi. On se proposait par ce moyen d'abord d'éviter une perte de temps et de frais, car le référé entraîne une citation, un intervalle entre la citation et la comparution, enfin des débats. On trouvait, en outre, qu'il y avait quelques inconvénients à laisser soulever, devant un juge unique, une discussion dont la capacité et la moralité du saisi formeraient l'objet. Mais précisément à cause de l'importance de la question, à cause du respect dû à la propriété, qui ne permettait pas qu'on dépossédât le saisi sans l'entendre, l'autre Chambre soutint que l'ordonnance sur requête ne présentait pas de suffisantes garanties, et qu'il fallait exiger une ordonnance de référé; ce dernier avis a prévalu.

921. Les deux derniers alinéas de notre art. 681 établissent une autre atteinte aux droits de jouissance du propriétaire. Ils permettent aux créanciers, après avoir obtenu l'autorisation du président, de faire couper et vendre les fruits pendants par racines sur le fonds saisi. Les mots *fruits pendants par racines* ne comprennent pas ici les bois, pour lesquels le législateur a écrit une disposition spéciale dans l'art. 683.

La discussion, dont je parlais tout à l'heure sur la forme de l'ordonnance relative à la dépossession, s'est élevée également sur la forme de l'ordonnance afin d'autoriser les créanciers à faire procéder à la coupe et à la vente des fruits; elle a reçu la même solution : *par ordonnance rendue dans la même forme.*

Le troisième alinéa de notre article a particulièrement pour but de déterminer la forme dans laquelle les fruits pourront être vendus. Sous l'ancien Code de procédure, les créanciers avaient aussi le droit de faire couper et vendre les fruits de l'immeuble saisi ; mais, comme la loi ne déterminait ni le mode de procéder à la mainmise sur les fruits, ni le mode de vente, on en concluait qu'il fallait avoir recours à la voie de la saisie-brandon. Aussi, la plupart du temps, les créanciers négligeaient-ils de faire de semblables poursuites, dont les frais auraient absorbé la valeur des fruits.

La loi nouvelle a remédié à cet inconvénient et permis aux créanciers de profiter des fruits de l'immeuble exploité par le saisi lui-même. Quant à la mainmise sur les fruits, nous avons vu, dans le deuxième alinéa de notre article, qu'elle peut être autorisée par le président du tribunal en référé; et, quant à la vente, elle peut se faire non seulement aux enchères, mais de *toute autre manière autorisée par le président.*

La Chambre des députés voulait d'abord maintenir le principe rigoureux de la vente aux enchères pour toute vente, faite par les créanciers, de la chose de leur débiteur. Mais elle se rendit aux observations de la Chambre des pairs, qui faisait justement remarquer que, sans doute, la vente aux enchères est plus propre qu'une autre à hausser le prix de la chose par le concours des enchérisseurs, mais qu'en même temps elle entraîne des frais d'affiches, d'insertions dans les journaux, de salaires pour l'officier public qui procède à la vente. Si les frais de la vente aux enchères doivent absorber le prix qu'elle produit à cause du peu d'importance de l'objet vendu, le droit des créanciers devient illusoire. N'est-il pas plus avantageux, pour les créanciers et pour le débiteur lui-même, de vendre à un prix inférieur, mais qui profitera aux créanciers et libérera d'autant le débiteur, que de vendre aux enchères à un prix plus élevé, mais qui sera absorbé par les frais, et, par conséquent, perdu pour le débiteur et pour les créanciers?

Le président fixera donc, suivant les circonstances, le mode de vente de ces fruits.

922. « Art. 682. Les fruits naturels et industriels, recueillis postérieurement à la transcription, ou le prix qui en proviendra, seront immobilisés pour être distribués avec le prix de l'immeuble par ordre d'hypothèque. »

Que signifient ces mots : *Les fruits seront immobilisés?* Les fruits deviendront accessoires de l'immeuble; le prix en sera distribué dans l'ordre avec le prix du fonds entre les créanciers hypothécaires exclusivement. Sans cette disposition de la loi, le prix des fruits serait distribué par contribution entre tous les créanciers hypothécaires ou chirographaires ; cet article favorise donc les créanciers hypothécaires au détriment de la masse chirographaire. Quel est le motif de cette faveur? On n'a pas voulu que le plus ou moins de rapidité dans la poursuite de la saisie nuisît aux créanciers hypothécaires. On a craint même, si les fruits recueillis pendant la procédure de saisie se partageaient par contribution, que les créanciers chirographaires n'élevassent eux-mêmes des incidents pour retarder la vente et prolonger ainsi leur droit aux fruits (1).

Toutefois une saisie-brandon faite à la requête d'un créancier, même chirographaire, antérieurement à la transcription de la saisie immobilière, empêche cette immobilisation des fruits. Mais, dès que la saisie immobilière a été transcrite, la saisie-brandon n'est plus possible.

(1) Jugé qu'il ne pourrait être alloué au saisi sur ces fruits, entre la saisie et l'adjudication, une provision à titre alimentaire. Cass., 24 janvier 1872, D. 72, 1, 438.

Le mot *recueillis* a été mis avec intention au lieu du mot *échus*. Il s'agit toujours ici, en effet, du cas où le saisi exploite lui-même, et par conséquent de fruits naturels ou industriels, qui ne forment une chose distincte du sol auquel ils sont attachés que du jour où ils sont recueillis. Nous verrons d'ailleurs que les fruits civils sont également immobilisés à partir de la transcription (art. 685). ** Lorsque la loi dit que les fruits seront immobilisés, à partir de la transcription de la saisie, elle suppose que cette saisie a été pratiquée sur le débiteur. Toutes les fois que l'immeuble est saisi entre les mains d'un tiers acquéreur tenu de l'action hypothécaire, l'immobilisation date du jour de la sommation qui lui est faite par les créanciers de délaisser ou de payer (art. 2176, C. civ.). **

923. « **Art. 683. Le saisi ne pourra faire aucune coupe de bois ni dégradation, à peine de dommages-intérêts auxquels il sera contraint par corps, sans préjudice, s'il y a lieu, des peines portées dans les art. 400 et 434 du Code pénal.** »

La modification du droit de jouissance du saisi, qui l'oblige à rendre compte des fruits, et qui autorise même les créanciers à les faire cueillir et vendre, l'empêche également de faire des coupes, quand la saisie porte sur un bois. Seulement on ne peut laisser les céréales sur pied, ni les fruits sur l'arbre ; ils seront donc cueillis et vendus au profit des créanciers hypothécaires. Mais les bois restent sur pied sans notable détérioration ; aussi ne pourront-ils être coupés ni par le saisi ni par les créanciers. La valeur des arbres sur pied augmentera celle du fonds ; le prix d'adjudication sera plus élevé, et, sur ce prix, les créanciers hypothécaires exerceront leur cause de préférence par ordre d'hypothèques.

On peut dire, quant aux arbres des bois saisis, non pas qu'ils sont immobilisés (ils ne cessent pas d'être immeubles), mais qu'il est défendu de les mobiliser ; cette défense produit le même résultat que l'immobilisation des autres fruits.

Le saisi serait également passible de dommages-intérêts pour dégradations, par exemple, s'il endommageait ses bois, faisait périr les arbres, etc., et la contrainte par corps garantirait le payement des dommages-intérêts auxquels il serait condamné soit pour dégradations, soit pour coupes indûment faites.

La loi prévoit même l'application au saisi des peines portées par l'art. 400 du Code pénal, 3e et 4e alinéas, que nous avons déjà expliqués sur l'art. 600, ou par l'art. 434, 6e et 7e alinéas, au cas où il mettrait le feu aux arbres placés sur le fonds saisi.

⇒ **924.** Nous avons vu dans les trois articles précédents : 1° que le saisi ne reste en possession de sa chose que comme séquestre judiciaire (art. 681), c'est-à-dire, notamment, qu'il devient comptable des fruits envers les créanciers ; 2° que ces fruits sont immobilisés pour être distribués par ordre entre les créanciers hypothécaires (art. 682), ** tandis que, sans cette immobilisation, tous les créanciers, même chirographaires, viendraient en concours sur le prix de ces fruits** ; 3° que le saisi ne peut plus faire aucune coupe de bois (art. 683). De quel jour ces différents effets seront-ils produits ? A partir de quel moment la jouissance du saisi sera-t-elle modifiée ? Pour l'immobilisation des fruits, il n'y a pas de difficulté; la loi s'est expliquée : elle a fixé comme point de départ le jour de la transcription (1). Mais la loi est restée muette sur le moment à partir duquel le saisi sera comptable de fruits du fonds, mis sous la main de justice, et ne pourra faire aucune coupe.

Dans l'ancien Code de procédure, cette question ne présentait aucune difficulté. Vous vous rappelez qu'alors la transcription de la saisie au bureau des hypothèques précédait la dénonciation à la partie saisie. On ne pouvait, sous l'empire de cette législation, modifier le droit de jouissance du saisi à partir de la troisième formalité, la transcription, alors qu'il ignorait encore la saisie, qui ne lui était également révélée que par la quatrième formalité, la dénonciation. Aussi, l'immobilisation des fruits n'avait lieu elle-même qu'après la dénonciation de la saisie, aux termes exprès de l'ancien art. 689. On fixait également à la date de la dénonciation l'époque à partir de laquelle le saisi devenait comptable des fruits de sa chose et ne pouvait faire de coupes sur le fonds saisi. En d'autres termes, on décidait, sous l'empire du Code de procédure de 1807, que les trois modifications du droit de jouissance du saisi, que j'ai mentionnées plus haut, avaient toutes le même point de départ, la dénonciation au saisi, qui constituait alors la quatrième formalité de la mise sous la main de justice.

Que faut-il décider aujourd'hui ? La loi nouvelle a fait deux changements à la loi ancienne. Elle a placé la dénonciation de la saisie avant la transcription, elle a fixé à la date de la transcription, et non plus de la dénonciation, l'époque de l'immobilisation des fruits. Il faut, je crois, conclure de ces changements, quant à la question qui nous occupe, que les effets de la mise sous la main de justice ne peuvent être produits qu'après l'accomplissement de toutes les formalités qui la constituent, c'est-à dire après la transcription. Et le législateur l'a si bien entendu ainsi, que la date de l'immobilisation des fruits, fixée au jour de la dénonciation, quand elle était la quatrième formalité de la saisie, a été reportée après la transcription, quand cette transcription est devenue, dans la loi nouvelle, la quatrième et dernière formalité de la mise sous la main de justice. La loi, il est vrai, ne s'est expliquée qu'à l'égard de l'immobilisation des fruits ; mais, sous l'empire de l'ancienne loi, on donnait le même point de départ aux trois modifications de la jouissance du saisi, quoique la loi ne l'eût fixé que pour une. En changeant, pour celle-là, le point de départ, la loi nouvelle a voulu le changer pour les deux autres ; rien n'indique, d'ailleurs, qu'on ait eu l'intention de fixer des époques différentes pour ces diverses modifications du droit de jouissance du saisi. Ce sera donc à partir de la transcription seulement que le saisi sera comptable des fruits, que ces fruits seront immobilisés, et que toute coupe de bois sur l'immeuble sera interdite.

Si on objecte que l'obligation de rendre compte des fruits, étant personnelle au saisi, doit courir de la dénonciation qui lui est faite, on peut répondre, avec l'art. 686, que la transcription seule modifie son droit de propriété ; c'est de ce jour-là seulement qu'il lui est interdit d'aliéner.

(1) " En cas d'aliénation volontaire, les fruits de l'immeuble hypothéqué sont immobilisés, à partir, soit de la sommation faite au tiers détenteur de payer ou de délaisser, comme nous l'avons déjà dit, soit encore des notifications à fin de purge, adressées par ce dernier aux créanciers (art. 2176 du Code civil)."

925. 2° *Effets de la saisie quant à la jouissance du saisi, lorsque l'immeuble était loué ou affermé* (art. 684, 685). Quelles modifications la saisie apporte-t-elle à la jouissance du saisi, lorsqu'il n'habite ni n'exploite lui-même le fonds mis sous la main de justice, c'est-à-dire lorsqu'il a loué ou affermé le fonds?

Une première question, qui domine cette matière, est celle de la validité des baux faits avant la saisie. Le bail peut avoir été fait à un prix inférieur à la valeur réelle de location du fonds saisi. En supposant même que le fonds soit loué ou affermé pour le plus haut prix qu'on puisse en obtenir, peut-être vendrait-on mieux l'immeuble sans le bail, qui empêche quelquefois de l'employer à sa destination la plus naturelle. Mais, dira-t-on, le saisi, avant les poursuites, n'avait-il pas le droit absolu de donner sa chose à bail, suivant sa fantaisie ? Quand il n'a que des créanciers chirographaires, son droit est incontestable, s'il l'a exercé de bonne foi avant les poursuites, mais non s'il a fait un bail postérieur, dans l'intention de nuire à ses créanciers. Mais quand il a consenti des hypothèques, il ne peut nuire au droit des créanciers hypothécaires par des baux à trop long terme ou à trop vil prix. Il y a donc lieu d'examiner la date et la sincérité du bail.

« Art. 684. Les baux qui n'auront pas acquis date certaine avant le commandement pourront être annulés, si les créanciers ou l'adjudicataire le demandent. »

Vous savez quels actes ont une date certaine à l'égard des tiers. Ce sont d'abord les actes authentiques. Les actes sous seings privés acquièrent aussi date certaine dans les divers cas limitativement prévus dans l'art. 1328 du Code civil, par l'enregistrement de l'acte, par la mort d'un des signataires, ou par la constatation de l'existence de l'acte sous seing privé dans un acte authentique. Le bail, pour être opposable aux créanciers, devra donc remplir une de ces conditions.

Pourront être annulés. On avait proposé, dans la discussion de cet article, de donner quelque force aux baux qui, sans avoir date certaine avant le commandement, avaient cependant reçu un commencement d'exécution; mais cette distinction a été rejetée. Il faut donc reconnaître aujourd'hui que le tribunal, sur la demande des créanciers ou de l'adjudicataire, peut, suivant les circonstances, maintenir ou annuler le bail qui n'a pas de date certaine avant le commandement (1).

Le bail annulé ne produit aucun effet; le locataire n'aura le droit d'achever aucune période, et pourra être immédiatement expulsé. Cependant, en fait, il est loisible au tribunal qui prononce la nullité de prendre en considération la position du locataire et de modifier à son égard la rigueur de la décision.

Ajoutons que les baux qui auraient date certaine, s'ils ont été faits pour plus de dix-huit ans, ne sont même opposables aux créanciers hypothécaires que s'ils ont été transcrits au bureau des hypothèques. ** Vous verrez, en effet, que la loi du 23 mars 1855 soumet à transcription les baux de plus de dix-huit

(1) ** Req. Rej., 8 mai 1872, D. 72, 1, 37. — Cass. civ., 22 mai 1878, S. 79, 1, 108. — Cass. Req., 9 décembre 1878, S. 79, 1, 360. **

années. Cette transcription n'est pas exigée vis-à-vis de tous les tiers, mais seulement vis-à-vis de ceux qui ont acquis des droits sur l'immeuble et les ont conservés, en se conformant à la loi. Tel est d'ailleurs le système général de la loi du 23 mars 1855. Les tiers dont parle cette loi et qui ont le droit de se prévaloir du défaut de transcription, sont toutes les personnes qui ont acquis sur l'immeuble des droits soumis à certaines formalités de publicité et qui ont eu soin de remplir ces formalités. Les créanciers hypothécaires sont bien évidemment placés dans cette situation : ils ont acquis un droit réel sur l'immeuble, une hypothèque; cette hypothèque est soumise à une formalité de publicité (non pas, il est vrai, par la loi de 1855, mais par le Code civil), l'inscription, et nous supposons que cette formalité a été remplie. Dans ces conditions, ces créanciers ont le droit d'invoquer le défaut de transcription des baux de plus de dix-huit années, de telle sorte que ceux-ci, en supposant qu'ils aient acquis date certaine avant le commandement, ne pourraient être opposés aux créanciers hypothécaires que pour une période de dix-huit années. Cette solution est incontestable si le bail n'a pas été transcrit avant le commandement. Nous pensons toutefois qu'il faut également l'appliquer au cas où le bail n'a été transcrit qu'après l'époque où le créancier hypothécaire a pris son inscription, et bien que cette transcription du bail soit antérieure au commandement. Suivant certains auteurs cependant, les baux de plus de dix-huit ans peuvent être opposés aux créanciers hypothécaires pour toute leur durée, à la seule condition qu'ils aient été transcrits, même dans le cas où cette transcription est postérieure aux inscriptions hypothécaires. Mais cette solution est, à notre avis, en contradiction manifeste avec l'esprit de la loi de 1855. Dans l'esprit de cette loi, comme vous le savez, toutes les fois qu'il existe un conflit entre deux ou plusieurs personnes, ayant acquis sur un immeuble des droits soumis à une formalité de publicité, il faut préférer celle qui, la première, a rempli cette formalité. Dans notre espèce, le conflit existe entre un créancier hypothécaire et un preneur de plus de dix-huit ans : l'un doit inscrire son hypothèque, l'autre doit trancrire son bail. Le créancier hypothécaire, ayant le premier satisfait aux vœux de la loi, a le droit de se prévaloir du défaut de transcription du bail et d'exiger que ce bail ne lui soit opposé que pour la période de dix-huit années dans laquelle on se trouve à la date du commandement. Remarquez que si le créancier hypothécaire ne peut pas critiquer le bail avant d'avoir signifié son commandement, c'est parce qu'avant cette époque il ne manifeste pas l'intention de réaliser son gage ; mais il n'en a pas moins acquis, dès le jour de l'inscription de son hypothèque, un droit réel sur l'immeuble. **

926. *Si les créanciers ou l'adjudicataire le demandent.* La loi attribue à deux classes de personnes le droit de demander la nullité des baux, aux créanciers et à l'adjudicataire. Parlons d'abord du droit des créanciers.

Il s'agit ici des créanciers hypothécaires qui sont parties à la saisie immobilière. C'est à eux que l'art. 684 attribue le droit de demander la nullité des baux qui n'ont pas date certaine avant le commandement. Mais j'étendrais ce droit au créancier saisissant, quand même il ne serait qu'un créancier chirographaire. En effet, il est lié certainement à la poursuite qu'il dirige ; on ne peut nier qu'il y soit partie. ** Mais si le saisissant, créancier chirographaire, peut invoquer l'article 684, demander la nullité du bail qui n'a pas acquis date certaine à l'époque du commandement, il faut bien remarquer qu'il n'a cependant pas le droit de critiquer les baux de plus de dix-huit années non transcrits; il n'est pas, en effet, un tiers, dans le sens de la loi de 1855 : il n'a pas acquis sur l'immeuble un droit soumis à une formalité de publicité. **

Je crois donc qu'on doit décider que la saisie ne peut nuire au créancier saisissant, même chirographaire, par un bail postérieur au commandement. Le texte de l'art. 684 ne répugne pas d'ailleurs à cette interprétation; le mot *créancier* est assez large pour comprendre le créancier saisissant, même chirographaire, et il est fort raisonnable d'attribuer cumulativement ce droit de demander la nullité à tous les créanciers qui sont parties dans la poursuite de la saisie immobilière. ** Nous verrons, sous l'article 687, que le débiteur saisi ne peut pas aliéner aux dépens du saisissant, même s'il est créancier chirographaire. **

Faut-il conclure de la disposition de l'art. 684, par un argument *à contrario*, que les baux, qui auraient date certaine avant le commandement, ne pourraient pas être annulés ? Évidemment non. Tous les créanciers trouvent dans l'art. 1167 du Code civil le droit de faire annuler les actes que leur débiteur a faits en fraude de leurs droits. L'art. 684 n'a pas eu pour but d'enlever aux créanciers hypothécaires, ni au saisissant, le droit de faire annuler les baux, même ayant date certaine, s'ils sont faits en fraude de leurs droits.

Mais, si l'art. 684 permet d'annuler les baux qui n'ont pas date certaine avant le commandement, c'est parce qu'il suppose qu'ils n'ont été faits qu'après le commandement, et qu'ils ont été antidatés; en d'autres termes, qu'ils sont entachés de fraude. Si l'on décide que, dans les deux cas, les tribunaux peuvent annuler, pour fraude, et les baux qui ont date certaine (art. 1167, C. civ.) et ceux qui ne l'ont pas (art. 684, C. pr.), faut-il donc mettre ces deux sortes de baux exactement sur la même ligne ? Quelle serait alors la portée de l'art. 684 ?

Il doit exister et il existe, en effet, une grande différence entre les baux qu ont une date certaine avant le commandement, et ceux qui n'ont pas cette certitude de date. Les premiers ont pour eux la présomption de sincérité. A la date incontestable à laquelle ils remontent, non seulement l'immeuble n'était pas saisi, mais même le débiteur ne pouvait avoir connaissance de poursuites qui n'étaient pas commencées. Il est possible cependant que le débiteur, en vue d'une saisie future qu'il avait lieu de craindre, ait fait bail à des conditions désavantageuses pour nuire à ses créanciers. Ces derniers alors pourront faire annuler le bail; mais la preuve de la fraude tombe entièrement à leur charge. Le bail est présumé loyalement fait (art. 1167, C. civ.), à moins qu'il ne renferme quelque chose d'insolite, quant à la durée ou quant au prix.

Si, au contraire, le bail n'a pas de date certaine avant le commandement, il y a présomption d'antidate; il est censé fait à cause des poursuites. Quand même sa date apparente se placerait avant le commandement, on présumera que cette date est fausse, et le bail pourra être réputé frauduleux. Il est possible pourtant que cette présomption ne soit pas fondée; mais la preuve de la sincérité du bail sera mise à la charge du saisi et du locataire ou du fermier (1).

Ce n'est pas tout : les créanciers qui invoquent l'art. 1167 doivent prouver, non seulement la fraude du saisi, mais même la complicité du locataire, suivant la doctrine reçue qui ne permet aux créanciers de faire annuler les actes faits par leur débiteur *à titre onéreux*, qu'en prouvant la complicité de celui avec qui le débiteur a contracté. Les créanciers n'ont pas la même preuve à faire, quand ils demandent la nullité des baux qui n'ont pas date certaine avant le commandement.

Ainsi tout bail du fonds saisi peut être critiqué par les créanciers hypothécaires et le saisissant ; s'il a date certaine avant le commandement, il est présumé sincère, et les créanciers qui l'attaquent, en s'appuyant sur l'art. 1167, auront à prouver la fraude du saisi et du locataire. Mais le bail, qui n'aura pas date certaine avant le commandement, sera présumé frauduleux à l'égard des créanciers et du saisissant, et ce sera aux parties qui ont figuré au bail à prouver sa sincérité. La présomption de fraude dans ce dernier cas n'est pas écrite, il est vrai, dans l'art. 684 ; mais elle est dans son esprit, et nous devons la suppléer, afin de mettre une différence fort raisonnable entre le bail qui a une date certaine avant le commandement et celui qui ne l'a pas (2).

927. Notre article accorde aussi à l'adjudicataire le droit de demander la nullité des baux qui n'ont pas date certaine avant le commandement. Ce droit était déjà écrit en sa faveur dans l'art. 691 de l'ancien Code de procédure. On suppose que les créanciers, pendant les poursuites, n'ont pas demandé la nullité de ces baux ; l'adjudicataire alors pourra la demander.

Mais quelle est la portée de l'art. 684 à l'égard de l'adjudicataire ? D'après le droit commun, l'acquéreur d'un immeuble peut expulser le fermier ou le locataire qui s'appuie sur un bail n'ayant pas date certaine (art. 1743, C. civ.). L'adjudicataire semblait donc suffisamment protégé. Aussi on proposait, dans la discussion de l'art. 684, de supprimer le mot *adjudicataire*, en laissant l'adjudicataire, en ce qui touche les baux n'ayant pas date certaine, sous l'empire de l'art. 1743. Ce mot a cependant été maintenu. Qu'en résulte-t-il pour l'adjudicataire ?

D'après l'art. 1743 du Code civil, les baux qui n'ont pas date certaine ne lui sont pas opposables. Ne semble-t-il pas, au premier abord, que, si l'art. 684 ne nommait pas l'adjudicataire, il aurait le droit pur et simple, d'après l'art. 1743, de ne point reconnaître l'existence de baux dépourvus de certitude de date, tandis qu'en présence de l'art, 684, l'adjudicataire n'est plus maître de la situation ? Ce sont les tribunaux qui statuent sur le mérite du bail, suivant les circonstances, dont l'appréciation est abandonnée à leur sagesse. Mais entendre ainsi l'art. 684, ce serait aller directement contre l'esprit du législateur, qui a voulu favoriser l'adjudicataire, et non lui nuire. Entendre ainsi l'art. 684, ce serait empêcher l'essor des enchères et l'élévation du prix d'adjudication. Aussi l'art. 684 doit recevoir une autre interprétation, toute favo-

(1) Voy. l'arrêt de la Cour de Bordeaux, du 18 novembre 1848, D. 49, 2, 133.
(2) *Contrà* : Toulouse, 26 février 1852, D. 53, 2, 44.

rable à l'adjudicataire, et qui, loin de détruire le droit que l'adjudicataire puise dans l'art. 1743, C. civ., y ajoutera de nouveaux avantages. L'article 1743 a trait à la certitude de la date des baux avant l'adjudication; l'art. 684, avant le commandement. De là il résulte que tout bail, qui n'aura pas date certaine avant l'adjudication, tombera sous l'application de l'art. 1743 et ne sera pas opposable à l'acheteur. Mais l'art. 1743 laisserait obligatoires pour l'adjudicataire les baux qui auraient acquis date certaine avant l'adjudication, mais après le commandement, tandis qu'il pourra, aux termes de l'art. 684, demander la nullité des baux dont la certitude de date se place entre le commandement et l'adjudication, baux qu'il serait obligé de respecter, si le mot *adjudicataire* eût été rayé de l'art. 684.

Ainsi les baux qui n'ont pas date certaine avant l'adjudication ne sont pas opposables à l'adjudicataire; ils n'ont pas d'existence légale à son égard. Leur sincérité n'est pas soumise à l'appréciation du tribunal. Quant aux baux qui ont acquis date certaine avant l'adjudication, mais depuis le commandement, l'adjudicataire a seulement le droit d'en demander l'annulation au tribunal, qui les maintiendra ou les annulera, suivant les circonstances. ** S'il s'agit de baux de plus de dix-huit années non transcrits, l'adjudicataire a le droit d'invoquer la loi du 23 mars 1855 et de ne les respecter que pour la période de dix-huit années dans laquelle on se trouve actuellement. **

928. Admettons maintenant que les baux sont reconnus valables ou par les parties ou par les tribunaux. Quel sera l'effet de la saisie de l'immeuble à l'égard des loyers ou fermages résultant de ces baux? L'art. 685 répond à cette question.

« Art. 685. Les loyers et fermages seront immobilisés à partir de la transcription de la saisie, pour être distribués avec le prix de l'immeuble par ordre d'hypothèque. Un simple acte d'opposition à la requête du poursuivant ou de tout autre créancier vaudra saisie-arrêt entre les mains des fermiers ou locataires, qui ne pourront se libérer qu'en exécution de mandements de collocation, ou par le versement des loyers ou fermages à la Caisse des consignations; ce versement aura lieu à leur réquisition, ou sur la simple sommation des créanciers. A défaut d'opposition, les payements faits au débiteur seront valables, et celui-ci sera comptable, comme séquestre judiciaire, des sommes qu'il aura reçues. »

Cet article consacre l'immobilisation des fruits civils perçus à l'occasion du fonds saisi, comme l'art. 682 admettait celle des fruits naturels et industriels qui naissent sur ce fonds. Cette disposition de notre art. 685, qui immobilise les fruits civils, tranche une question fort controversée avant 1841. L'ancien article 659 immobilisait les fruits en général. On se demandait si ce mot *fruits*, sans autre addition, devait ou non comprendre les fruits civils. Aujourd'hui la question est résolue législativement.

Cette immobilisation des fruits civils est, comme nous l'avons vu sur l'article 682, un avantage accordé aux créanciers hypothécaires, au détriment de la masse chirographaire. C'est donc un effet de la saisie à l'égard des tiers; aussi cet effet ne sera-t-il produit que du jour de la transcription, moyen de publicité qui a pour but d'avertir les tiers.

Ces fruits, c'est-à-dire le prix du loyer ou les fermages, profiteront donc aux créanciers hypothécaires, en augmentant la somme à distribuer dans l'ordre. Mais qui touchera ces fruits, à mesure qu'ils seront échus, depuis la transcription jusqu'à la distribution entre les créanciers hypothécaires? Si les créanciers ne prennent à cet égard aucune mesure, le saisi les touchera, mais à titre de séquestre judiciaire, et il devra en rendre compte aux créanciers. Mais si les créanciers ne veulent pas laisser provisoirement ces fruits à la disposition du saisi, le poursuivant, ou tout autre créancier, peut signifier un acte d'opposition aux locataires ou aux fermiers; et cet acte à lui seul vaudra saisie-arrêt des loyers entre les mains des fermiers ou locataires, qui sont dès lors considérés comme tiers saisis, et ne doivent plus payer entre les mains du saisi. Ils payeront leurs loyers ou fermages aux créanciers qui se présenteront après l'ordre terminé, porteurs de mandements de collocation, délivrés conformément à l'article 770. Toutefois les fermiers ou locataires peuvent se libérer avant la fin de la procédure d'ordre, en versant à la Caisse des dépôts et consignations le montant de leur loyers ou fermages.

Cette manière si simple d'arrêter des loyers et fermages par un seul acte d'opposition constitue une innovation remarquable de la loi du 2 juin 1841. Autrefois, les créanciers, s'ils voulaient empêcher le saisi de toucher les loyers ou fermages, étaient obligés de suivre les formes de la saisie-arrêt, exploit de saisie-arrêt, dénonciation au saisi, dénonciation au tiers saisi, assignation en validité et en déclaration, etc. Aujourd'hui, un seul exploit d'huissier remplacera toute cette procédure avec une grande économie de temps et de frais, sauf les procès qui pourraient s'élever sur la sincérité de la déclaration des fermiers ou locataires.

Peut-on opposer, aux créanciers qui poursuivent l'immobilisation des fruits, des payements anticipés ou des transports de loyers et fermages non échus? ** Pour répondre à cette question, il faut se rappeler deux principes, l'un du Code civil, relatif aux cessions de créance; l'autre, contenu dans la loi du 23 mars 1855, concernant les cessions ou quittances de loyers non échus et relatifs à trois années au moins. Vous verrez, dans vos études de droit civil, qu'une cession de créance n'est opposable aux tiers qu'autant qu'elle a été signifiée au débiteur saisi ou que celui-ci l'a acceptée par acte authentique. Quant aux cessions ou quittances de loyers non échus, la loi du 23 mars 1855 les soumet à transcription, s'il s'agit d'une période de trois années ou plus, et le défaut de leur transcription peut être invoqué, non pas par tous les tiers, mais par les tiers dont parle cette loi de 1855 et que nous connaissons déjà; ce sont les tiers qui ont acquis sur l'immeuble des droits soumis à des formalités de publicité et qui ont rempli ces formalités.

Ces principes posés, occupons-nous d'abord des cessions de fermages ou de loyers non échus que le propriétaire de l'immeuble hypothéqué a consenti par anticipation. Si une pareille cession n'a été signifiée ou acceptée qu'après les inscriptions des créanciers hypothécaires, elle ne peut leur être opposée pour aucune partie des loyers ou fermages à échoir après la transcription de la saisie, et peu importe que la cession ait pour objet moins ou plus de trois années à échoir; peu importe aussi que dans ce dernier cas elle ait été transcrite avant la transcription de la saisie. Par l'effet de l'hypothèque, le créancier acquiert un droit non seulement sur l'immeuble, mais même sur ses fruits. Il est vrai que, sur les fruits, ce droit reste suspendu jusqu'à l'immobilisation des fruits par la transcription de la saisie; mais cette immobilisation ayant en réalité sa cause dans l'hypothèque elle-même et non pas dans la transcription de la saisie, on doit accorder la préférence aux créanciers hypothécaires dont les droits ont été inscrits avant l'acceptation ou la notification de la cession; ces créanciers sont antérieurs en droit au cessionnaire (1). Quand la cession de loyers non échus a été signifiée ou acceptée avant les inscriptions des créanciers hypothécaires, elle peut leur être opposée pour toute sa durée si elle est inférieure à trois années de loyers ou fermages non échus (2). Si elle avait été consentie pour un temps plus long et si elle n'avait pas été transcrite, elle serait opposable aux créanciers, mais seulement pour moins de trois années de loyers ou fermages à échoir depuis la transcription de la saisie.

Enfin, si la cession avait été signifiée ou acceptée et en outre transcrite (en supposant que l'on soit dans l'un des cas où cette transcription est exigée), avant que les inscriptions des créanciers hypothécaires aient été prises, alors cette cession pourrait être opposée à ces créanciers pour toute sa durée, même pour tous les fruits à échoir après la transcription de la saisie; toutefois les créanciers pourraient encore attaquer cette cession par l'action paulienne, en invoquant l'article 1167, en soutenant qu'elle a été faite en fraude de leurs droits.

Les différentes solutions qui précèdent doivent s'étendre, *mutatis mutandis*, aux quittances de loyers ou fermages non échus. Ces quittances, à la différence des cessions, ne sauraient être soumises à aucune notification, mais, suivant le droit commun, elles doivent avoir acquis date certaine pour être opposables aux tiers, et en outre elles sont soumises à transcription, s'il s'agit de loyers ou fermages non échus embrassant une durée de trois années ou plus. Il suit de là que ces quittances anticipées ne peuvent pas être opposées aux créanciers hypothécaires si elles n'ont pas acquis date certaine avant leurs inscriptions; dans le cas contraire, elles leur sont opposables pour toute leur durée, si elles sont transcrites avant que les inscriptions hypothécaires aient été prises, et pour moins de trois années seulement si elles n'ont pas été transcrites ou si leur transcription est postérieure à ces inscriptions.

Nous avons parlé, dans les solutions précédentes, de créanciers hypothécaires. Mais que faudrait-il décider si le créancier saisissant était purement chirographaire ? Remarquons que ce créancier n'a pas, à la différence du créancier hypothécaire, un droit réel sur l'immeuble ni sur les fruits et qu'en outre, il n'est pas un tiers dans le sens de la loi du 23 mars 1855, car on ne peut pas dire de lui qu'il a acquis un droit soumis à publicité et qu'il a con-

(1) ** En ce sens, Nîmes, 28 janvier 1810, S. 14, 2, 296. — Civ. Cass., 5 novembre 1813, S. 14, 1, 6. — Nîmes, 24 août 1819, S. 20, 2, 334; — Bourges, 3 février 1851, S. 52, 2, 425. — Rouen, 1er janvier 1854, S. 56, 2, 398. — Req. Rej 23 mars 1859, S. 60, 1, 72; — Metz, 30 avril 1863, S. 64, 2, 191. — *Contrà :* Rouen 4 avril 1843, S. 43, 2, 413. — Douai, 26 février 1850, S. 50, 2, 517. — Colmar, 6 août 1851, S. 54, 2, 429. — Nîmes, 7 juillet 1852, S. 53, 2, 53. — Rouen, 18 février 1854, S. 56, 2, 38. **

(2) ** Req. Rej., 6 mai 1867, S. 67, 1, 233. **

servé ce droit en se conformant à la loi. Dès lors la disposition de la loi de 1855, relative à la transcription des cessions et des quittances de loyers non échus pour trois années ou plus, ne le concernent pas ; mais il est bien un tiers dans le sens large de ce mot, une de ces personnes auxquelles la cession n'est pas opposable, si elle n'a pas été signifiée au débiteur ou acceptée par lui. Toute cession, notifiée ou acceptée avant la transcription de la saisie, toute quittance, ayant acquis date certaine avant la même époque, seront donc opposables au saisissant, créancier chirographaire, sauf à lui à les attaquer comme frauduleuses (art. 1167 du Code civil). Mais on ne pourrait pas opposer à ce saisissant, créancier chirographaire, les cessions de loyers non échus qui n'auraient pas encore été signifiées ni acceptées au moment de la transcription de la saisie ou les quittances de mêmes loyers ou fermages qui n'auraient pas date certaine à la même époque. **

II. — *Des effets de la saisie, quant à la modification du droit de disposer, dans la main du saisi* (art. 686 à 688).

929. « Art. 686. La partie saisie ne peut, à compter du jour de la transcription de la saisie, aliéner les immeubles saisis, à peine de nullité, et sans qu'il soit besoin de la faire prononcer. »

Le saisi perd le droit de disposer du fonds, de l'aliéner. S'il en était autrement, le poursuivant serait obligé de diriger une nouvelle saisie contre le nouveau détenteur ; et, en faisant ainsi passer l'immeuble de mains en mains, on pourrait forcer le poursuivant à recommencer indéfiniment des poursuites que de nouvelles aliénations viendraient toujours anéantir.

Comme cette prohibition d'aliéner concerne les tiers qui voudraient acquérir, il faut qu'ils aient pu connaître la saisie. Aussi la prohibition d'aliéner ne date-t-elle que du jour de la transcription de la saisie.

La dénonciation précède la transcription de quinze jours au plus (art. 678); aussi a-t-on fait remarquer que c'était donner quinze jours au saisi pour aliéner son immeuble et le soustraire aux poursuites. Mais les aliénations, même transcrites avant la transcription de la saisie, tomberont toujours sous l'application de l'art. 1167 : elles pourraient être annulées si elles étaient faites en fraude des droits des créanciers. L'application des art. 446 et 447 du Code de commerce donnerait lieu aussi, dans les hypothèses qu'ils prévoient, à la nullité des aliénations.

Le saisi ne cesse pas d'être propriétaire de son immeuble après la saisie, aussi, dans tous les cas où la saisie ne serait pas menée à fin, soit que le créancier poursuivant l'eût abandonnée sans que la poursuite fût reprise par un autre créancier, soit que le saisi, revenu à meilleure fortune, eût désintéressé tous ses créanciers, il n'y aurait aucune interruption dans le droit de propriété du saisi. D'un autre côté, si l'immeuble périssait pendant les poursuites, la perte tomberait sur le saisi seul. Les créanciers conserveraient leur droit intégral; mais la perte ou la diminution de la solvabilité, occasionnée par la perte de l'immeuble, pourrait bien les atteindre en fait. Ainsi le saisi demeure donc propriétaire; seulement la saisie suspend l'exercice de son droit de disposer.

930. Quelle est la sanction de cette prohibition de disposer? La nullité, d'après notre article, qui ajoute : *Et sans qu'il soit besoin de la faire prononcer.* Le tribunal, cependant, ne pourrait-il pas être saisi d'un procès sur la validité de l'aliénation faite au mépris des dispositions de l'art. 686? Oui, sans doute, car on peut toujours élever une contestation même mal fondée. Mais le tribunal n'a pas d'appréciation à faire ; sa décision est écrite dans la loi : il doit déclarer nulle toute aliénation postérieure à la transcription.

L'aliénation, faite par le saisi après la transcription de la saisie, est-elle radicalement nulle, ou simplement annulable? Cette question offre un grand intérêt. Si l'aliénation est radicalement nulle, inexistante, elle ne pourra être ratifiée ni expressément ni tacitement. Aucun laps de temps ne la validera. La nullité pourra en être opposée par tout le monde. Si, au contraire, l'aliénation n'est qu'annulable, elle existe jusqu'à ce que la nullité ait été prononcée ; elle peut être ratifiée, et l'expiration d'un certain laps de temps, sans que la nullité ait été demandée, rendra l'aliénation inattaquable. La question ne comporte pas une réponse absolue. Deux hypothèses peuvent se présenter : ou bien, après la vente faite indûment par le saisi, les poursuites seront continuées jusques et y compris l'adjudication, ou, au contraire, les poursuites cesseront, et l'adjudication n'aura pas lieu.

Dans la première hypothèse, la vente faite par le saisi après la transcription est radicalement nulle. Elle ne peut être opposée aux créanciers hypothécaires, au poursuivant ou à l'adjudicataire, ni par le vendeur, c'est-à-dire le saisi, ni par l'acheteur, ni par leurs ayants cause. Quand une pareille vente a été faite, les créanciers en demanderont souvent la nullité, afin d'attirer les acheteurs que la perspective d'un procès pourrait éloigner, quoique le succès de ce procès ne soit pas douteux; mais, n'eussent-ils pas demandé cette nullité, la vente n'en sera pas moins nulle à l'égard de l'adjudicataire. C'est, d'ailleurs, cette première hypothèse où la saisie est suivie d'une adjudication, que prévoit directement l'art. 686.

Mais supposons que notre seconde hypothèse se réalise, c'est-à-dire qu'après cette vente effectuée par le saisi postérieurement à la transcription, les poursuites cessent et l'adjudication n'ait pas lieu. Plusieurs circonstances peuvent amener ce résultat : ou bien l'acquéreur consigne le montant des créances hypothécaires et de celle du poursuivant (art. 687); ou bien le saisi, revenu à meilleure fortune, paye l'intégralité de ses dettes; ou le poursuivant abandonne ses poursuites, sans qu'aucun autre créancier s'y fasse subroger. Dans ces différents cas, la saisie, qui mettait obstacle à la validité de l'aliénation, n'existe plus. Les créanciers inscrits, désintéressés ou négligents, ne peuvent plus se prévaloir de la prohibition portée par l'art. 686. Mais le saisi, l'acquéreur, la masse chirographaire, auront-ils le droit de demander la nullité de cette vente postérieure à la transcription? Toutes ces personnes ont peut-être intérêt à faire annuler la vente. Le saisi a cru, en vendant à trop bas prix, ne nuire qu'à ses créanciers, et, maintenant qu'il est devenu riche, il reviendrait volontiers sur un marché qui ne nuit qu'à lui-même ; ou l'acquéreur se repent d'une affaire qu'il croyait meilleure; ou enfin la masse chirographaire voudrait faire remettre entre les mains du débiteur un immeuble dont la valeur est supérieure au prix de vente et qui est plus saisissable que des écus, faciles à cacher ou à dissiper.

Mais, si toutes ces personnes peuvent être intéressées à la nullité de la vente, elles n'ont pas qualité pour la demander. Le saisi ne cesse ni d'être propriétaire ni d'être capable d'aliéner, si ce n'est à l'égard des créanciers hypothécaires et du saisissant; mais, à l'égard de l'acquéreur, le droit de propriété et la capacité du saisi demeurent intacts. Le saisi aliène très valablement le fonds saisi pour le cas où la saisie ne sera pas menée à fin.

L'art. 687 indique un moyen de valider l'aliénation : l'acquittement par l'acquéreur de toutes les créances hypothécaires et de celle du saisissant. Dans ce cas, l'aliénation reçoit son exécution; elle est aussi valable que toute convention librement faite entre deux personnes capables et jouissant de leurs droits. Cette disposition prouve que l'aliénation, consentie par le saisi après la transcription, peut produire tout son effet entre le saisi vendeur et celui au profit duquel il aliène. Seulement cette aliénation n'est pas opposable à certains tiers, je veux dire aux créanciers hypothécaires, au saisissant, même chirographaire, et à l'adjudicataire (1). Mais, si la saisie disparaît, soit parce que ces personnes sont désintéressées, soit parce qu'elles abandonnent les poursuites, l'aliénation subsiste intacte et inattaquable, soit de la part du saisi vendeur, soit de la part de l'acheteur.

Quant à la massse chirographaire, complètement étrangère à la saisie immobilière, elle n'a pas le droit de prétendre que cette saisie a modifié à son égard le droit de propriété de son débiteur. Ce dernier a pu incontestablement aliéner ses biens, malgré ses créanciers chirographaires, à moins que ceux-ci ne prouvent, aux termes de l'art. 1167 du Code civil, que cette aliénation a eu lieu en fraude de leurs droits.

En résumé, l'aliénation, postérieure à la transcription de la saisie, est radicalement nulle, inexistante, à l'égard des créanciers hypothécaires, du saisissant même chirographaire, et de l'adjudicataire. Mais si la saisie s'évanouit et qu'il n'y ait pas d'adjudication, l'aliénation produit tous les effets d'un acte complètement valable entre le saisi vendeur et l'acheteur, ainsi qu'à l'égard des créanciers chirographaires.

931. L'art. 686 ne prohibe, après la transcription, que l'aliénation de l'immeuble saisi. Sous l'ancien Code de procédure, on agitait aussi la question de savoir si le saisi pouvait, après la transcription de la saisie, hypothéquer l'immeuble mis sous la main de justice. Mais cette prohibition d'hypothéquer, proposée dans le projet de la loi de 1841, a été formellement rejetée. Pourquoi, en effet, prohiberait-on l'hypothèque? On comprend la prohibition d'une aliénation, parce qu'autrement il eût fallu recommencer les poursuites, avec grande perte de temps et de frais, contre le nouveau détenteur. Mais l'hypo-

(1) ** Cpr. Paris, 5 avril 1864, 65, 2, 100. Voy. cependant, en sens contraire, quant à l'adjudicataire, la note sous Cass. Req., 26 novembre 1878, S. 79, 2, 313. Il va sans dire que les créanciers personnels du saisi, postérieurs à la transcription de la saisie, ne peuvent, pas plus que le saisi lui-même, ni les autres créanciers qui ne sont pas parties à la saisie, critiquer l'aliénation. Req. Rej., 4 janvier 1882, S. 82, 1, 268. **

thèque nouvelle, consentie par le saisi après la transcription, n'a aucune influence sur les poursuites commencées ; elle n'arrête ni ne retarde la saisie. Elle ne nuit ni à l'adjudicataire, puisque, comme nous le verrons plus tard, l'adjudication purge les hypothèques ; ni aux autres créanciers hypothécaires déjà liés à la saisie immobilière, puisque les hypothèques antérieurement inscrites primeront la nouvelle hypothèque dans l'ordre qui s'ouvrira sur le prix de l'adjudication.

Les seuls intéressés, comme on l'a fait observer dans la discussion de la loi de 1841, les seuls intéressés à contester la validité de cette hypothèque seraient les créanciers chirographaires du saisi : mais ils ne sont jamais liés à la poursuite, ils restent étrangers à la saisie de l'immeuble et ne peuvent s'en prévaloir. Les hypothèques consenties par le saisi, même après la transcription de la saisie, restent donc parfaitement valables, en principe, et sont opposables aux créanciers chirographaires.

Il y a cependant un cas qui présentait une difficulté et qui, dans la discussion de la loi de 1841, avait paru à quelques personnes nécessiter une modification aux règles ordinaires.

Je suppose que le saisissant soit un créancier chirographaire ; la saisie produit certainement des effets à son égard. Ainsi l'art. 687 ordonne à l'acquéreur qui veut donner effet à l'aliénation postérieure à la transcription, de consigner une somme suffisante pour désintéresser non seulement les créanciers hypothécaires, mais aussi le saisissant, même simple créancier chirographaire. Il est donc lié à la saisie ; or le saisi peut-il plus attenter à ses droits par une hypothèque qui le primerait que par une aliénation ?

Un amendement fut, en effet, proposé pour protéger le saisissant contre les concessions d'hypothèques nuisant à son droit. D'après cet amendement, les hypothèques conférées par le saisi après la transcription auraient été primées non seulement par les hypothèques antérieurement inscrites, mais même par la créance purement chirographaire du saisissant. Mais cet amendement fut rejeté. On fit remarquer que son adoption bouleversait les règles du droit civil, qui reconnaissait diverses sortes de créances privilégiées, hypothécaires et chirographaires, ayant toutes des droits bien définis ; que l'amendement aurait pour but d'introduire une quatrième classe de créance qui, quoique chirographaire, serait préférée à certaines créances hypothécaires.

D'ailleurs, ajoutait-on, de quoi se plaindra le créancier saisissant? N'est-ce pas une condition inhérente à sa position de créancier chirographaire, de craindre toujours, jusqu'à ce qu'il soit payé, la constitution de nouvelles hypothèques qui le primeront? Pourquoi la saisie changerait-elle sa condition ? (1)

(1) ** A mon avis cependant, et contrairement à l'opinion de M. Colmet Daage, après la transcription de la saisie, le saisi devient incapable d'hypothéquer, et, par conséquent, le saisissant, créancier chirographaire, est à l'abri de tout danger sous ce rapport. Ne serait-il pas étrange qu'il ait le droit de demander la nullité des aliénations, constitutions de servitudes, consenties après la transcription de la saisie, et qu'il n'eût pas celui d'attaquer les hypothèques nées après la même époque ? Celui qui est incapable d'aliéner, l'est par cela même aussi de constituer des charges réelles ; la prohibition de

932. « Art. 687. Néanmoins, l'aliénation ainsi faite aura son exécution si, avant le jour fixé pour l'adjudication, l'acquéreur consigne une somme suffisante pour acquitter en principal, intérêts et frais, ce qui est dû aux créanciers inscrits, ainsi qu'au saisissant, et s'il leur signifie l'acte de consignation. »

Celui au profit de qui le saisi a aliéné sa chose, après la transcription de la saisie, peut rendre l'aliénation efficace, en consignant une somme suffisante pour désintéresser tous les créanciers inscrits et le saisissant, c'est-à-dire les créanciers qui peuvent se prévaloir de la mise de l'immeuble sous la main de la justice, et qui sont liés à la poursuite qu'il veut faire cesser.

Ainsi qu'au saisissant. Ces mots ont été ajoutés dans la loi nouvelle. Autrefois on doutait qne l'acquéreur fût tenu, pour faire valoir son acquisition, de consigner le montant de la créance du saisissant, qui n'était qu'un simple créancier chirographaire. Aujourd'hui la question est tranchée. On a considéré que le saisissant, lorsqu'il n'est que créancier chirographaire, ne pouvait être forcé d'abandonner la poursuite qu'il dirige, sans recevoir le payement de ce qui est dû. Il est partie, et partie principale à la saisie; cette saisie ne peut disparaître sans son consentement. De cette position nouvelle faite au saisissant, même créancier chirographaire, par l'addition des mots : *ainsi qu'au saisissant*, nous avons déjà tiré quelques conséquences sur l'art. 686.

Mais la disposition de l'art. 687, soit en ce qui concerne le saisissant, soit en ce qui concerne les créanciers inscrits, donne lieu à de grandes difficultés qui ont fait l'objet de débats forts longs et fort animés dans la discussion de la loi de 1841. Il s'agit des effets de la consignation imposée, par notre article, à l'acquéreur qui veut rendre valable l'aliénation faite à son profit par le saisi, après la transcription de la saisie.

933. Ainsi, d'abord, je suppose que le saisissant soit lui-même un créancier inscrit; dans cette hypothèse, la consignation du montant des créances inscrites est-elle exclusivement attribuée aux créanciers inscrits, ou bien sera-t-elle distribuée, selon les règles ordinaires de l'ordre? Sans doute, si les créanciers, inscrits au jour de cette consignation, sont les seuls créanciers ayant droit à se présenter à l'ordre, la question ne peut s'élever, puisqu'ils seront toujours payés intégralement. Mais les créanciers privilégiés sur les meubles et les immeubles (art. 2105, C. civ.), les créanciers ayant une hypothèque légale qui conserve son rang sans inscription et même son droit de préférence après la purge, sous les conditions indiquées par les art. 771 et 772 rectifiés par la loi du 21 mai 1858, comme la femme ou le pupille du saisi; les créanciers qui ont, sur l'immeuble, une hypothèque privilégiée, et qui sont encore dans les délais pour faire inscrire leur privilège (art. 2108, 2109, 2110, C. civ., et art. 6, L. du 23 mars 1855); tous ces créanciers peuvent-ils prétendre que la consignation, faite aux termes de l'art. 687, doit être partagée suivant les règles ordinaires de l'ordre, et qu'en conséquence ils doivent pri-

l'aliénation totale emporte celle de l'aliénation partielle. Il faudrait un texte formel pour qu'on pût s'écarter de ce principe fondamental. Or ce texte n'existe pas, et des explications échangées dans la discussion d'une loi ne sauraient le remplacer ** mer les créanciers inscrits lors de la consignation faite par l'acquéreur de l'immeuble? Il résulte de la discussion de la loi de 1841 que ces réclamations doivent être repoussées.

En effet, la commission de la Chambre des députés posa en principe que cette consignation valait payement, que le mot *consignation* n'avait même prévalu sur celui de *payement* que parce que les créanciers inscrits pouvaient n'être pas présents, ou que leur créance pouvait être critiquée. Et, comme on a rejeté tous les amendements qui avaient pour but de modifier la disposition de l'art. 687 ou d'en tirer des conséquences contraires à cette attribution de la consignation aux créanciers inscrits, il faut en conclure que l'idée de la commission a été admise, que la consignation est un payement dont le montant est exclusivement attribué aux créanciers inscrits, au moment de cette consignation. Mais quoi ? cette aliénation suivie de la consignation du montant des créances inscrites nuira-t-elle donc aux créanciers privilégiés ou hypothécaires, qui sont encore dans les délais pour s'inscrire, ou dont l'hypothèque a rang et se conserve indépendamment de l'inscription et même garde son droit de préférence après la purge (art. 717 et 772)? Leur reprochera-t-on de n'être pas liés à la poursuite de saisie ?

Dans la discussion un peu confuse à laquelle cette question a donné lieu, plusieurs orateurs ont présenté des systèmes opposés. Deux idées surtout étaient en présence : l'une consistait à considérer la consignation comme un prix de vente, qui devait être distribué entre les ayants droit suivant les règles ordinaires de l'ordre; de sorte que les créanciers privilégiés, ou les créanciers à hypothèques légales ayant rang sans inscription, auraient primé les créanciers inscrits lors de la consignation prescrite par notre article. Mais tous les amendements, conformes à cette manière de voir, ont été rejetés.

Dans le système qui a prévalu, la consignation ne présente pas un prix d'aliénation. L'aliénation peut avoir lieu pour une somme plus forte ou moindre que le montant de la consignation; elle peut même être gratuite. La consignation est le prix de la renonciation à la saisie de la part des créanciers inscrits et du saisissant. Mais l'acquéreur, après cette consignation, reste toujours un donataire ou un acheteur amiable, tenu en conséquence à purger, soit les hypothèques légales de la femme et du mineur, conformément aux termes des art. 2193 et suiv. du Code civil, soit les privilèges qui seront inscrits dans les délais fixés par l'art. 6, 2e alinéa, de la loi du 23 mars 1855, en employant les formalités des art. 2181 et suiv. du Code civil. C'est à ces créanciers qu'il offrira le prix de l'immeuble (art. 2184, 2195, C. civ.); ils auront le droit de surenchérir si ce prix ne leur convient pas, et l'immeuble, remis aux enchères, pourra être adjugé soit à l'acquéreur primitif, soit à tout autre adjudicataire. Mais les créanciers inscrits au profit desquels la consignation a eu lieu sont tout à fait désintéressés dans cette purge et cette surenchère, puisque la consignation leur attribue exclusivement le montant de tout ce qui leur est dû en principal, intérêts et frais.

L'acquéreur qui, pour éteindre la saisie, aura ainsi payé les créanciers inscrits, sera subrogé légalement dans leurs droits et dans leurs hypothèques par application de l'art. 1251-2°. A ce point de vue, du moins, le montant de sa consignation a été considéré comme le prix ou une partie du prix de son acquisition. Un amendement qui avait pour but de consacrer cette subrogation a même été rejeté comme inutile. Ainsi l'acquéreur, par exemple, a consigné 200,000 fr., montant des créances inscrites; il fait ensuite la purge; une surenchère est formée, et, sur la mise aux enchères qui la suit, un autre que l'acheteur est déclaré adjudicataire. Dans cette hypothèse, l'acheteur primitif qui a fait la consignation dont parle l'art. 687, se présentera dans l'ordre ouvert sur le prix de l'adjudication, comme subrogé aux droits et au rang des créanciers en faveur desquels la consignation a eu lieu. Mais, si les créanciers privilégiés, non inscrits alors, mais inscrits depuis, ou les créanciers à hypothèques légales se conservant sans inscription, absorbent le prix de l'adjudication, l'acheteur primitif aura fait en pure perte la consignation dont parle notre article, ou du moins il n'aura qu'un recours, la plupart du temps illusoire, contre le saisi dont il a payé les dettes.

Si l'acheteur primitif, qui a fait la même consignation, se rend adjudicataire sur la surenchère, il devra toujours, indépendamment de la consignation qu'il a faite précédemment, payer le prix de l'adjudication jusqu'à concurrence des créances privilégiées ou à hypothèques légales se conservant sans inscription, qui priment les créances pour lesquelles la consignation a eu lieu.

Tel est le système de la commission de la Chambre des députés, qui a été adopté par le rejet de tous les amendements contraires.

Celui qui achète un immeuble, saisi après la transcription de la saisie, doit donc, s'il veut que la vente reçoive son exécution, consigner le montant des créances inscrites et de celle du saisissant (1); mais, il commet une haute imprudence; il s'expose, en effet, à payer en pure perte le montant de sa consignation.

Aussi ce n'est pas sans raison qu'un orateur prétendit, dans la discussion, que ce système tendait à empêcher indirectement l'aliénation que l'art. 687 permet ostensiblement. Qui oserait, en effet, acheter un immeuble avec de telles chances de perte? On proposa même, pour éviter toutes ces difficultés, de supprimer les art. 687, 688 et 689, et de prohiber, d'une manière absolue, l'aliénation après la transcription de la saisie. Mais cette proposition ne fut pas admise.

934. Jusqu'ici nous avons supposé que le saisissant était lui-même un créancier inscrit. Mais, si la saisie est poursuivie par un créancier chirographaire, la nouvelle rédaction de l'art. 687 oblige l'acquéreur à consigner, outre le chiffre des créances inscrites, le montant de la créance du saisissant. Nous devons encore ici nous demander si le saisissant a un droit exclusif sur la partie de la consignation qui se réfère à sa créance. Le saisissant, simple créancier chirographaire, qui prétend avoir droit à cette attribution exclusive, trouve pour contradicteurs, d'une part, les créanciers ayant des privilèges antérieurs à la saisie, quoique non encore inscrits, et les créanciers à hypothèques légales qui ont rang sans inscription, ou, d'autre part, la masse des créanciers chirographaires. Dans le premier cas, si nous plaçons le cré-

(1) Sans distinguer entre les créances échues ou non. — Cass., 3 mai 1858, D. 58, 1, 211.

ancier chirographaire saisissant en présence des créanciers privilégiés non encore inscrits, mais qui peuvent encore s'inscrire, il sera dans la même position à leur égard que les créanciers inscrits au moment de la consignation ; et nous dirons, comme sur la question précédente, que le saisissant aura droit exclusivement à la partie de la consignation afférente à sa créance.

Cette solution trouva, dans la Chambre des députés, plus de contradicteurs encore que l'attribution de la consignation aux créanciers inscrits. On faisait, en effet, remarquer qu'un créancier chirographaire pourrait, de cette manière, se trouver désintéressé, lorsque les créanciers privilégiés ou hypothécaires ne le seraient pas. Ainsi, l'acheteur purge après cette consignation ; une surenchère survient, puis une adjudication moyennant 150,000 francs. Sur ce prix d'adjudication, des créanciers privilégiés et hypothécaires, inscrits depuis l'aliénation volontaire faite par le saisi, se présentent pour des sommes s'élevant à 200,000 fr. Les derniers créanciers hypothécaires ne seront pas payés, tandis que, sur la somme consignée, le créancier chirographaire saisissant aura obtenu tout ce qui lui était dû.

Mais, d'un autre côté, le saisissant, quel qu'il soit, a droit de poursuivre la saisie jusqu'à la vente, à moins qu'on ne le désintéresse. Or, il eût été inique de dire au saisissant : « Vos poursuites cesseront, et vous ne serez pas payé, « pas même de vos frais ; car, la poursuite étant éteinte, il n'y a plus de frais « de poursuite. » Le saisissant, n'étant que créancier chirographaire, n'aurait pas même pu surenchérir sur la purge, car ce droit est réservé aux seuls créanciers inscrits (art. 2185, C. civ.). Il a, il est vrai, la faculté de se rendre adjudicataire, mais un créancier de 10,000 francs peut-il toujours acheter un immeuble de 2 ou 300,000 francs? Il eût été singulièrement arbitraire d'empêcher le saisissant, sans le désintéresser, de mener à fin une poursuite qu'il espère terminer par une adjudication avantageuse.

Il y avait donc de bonnes raisons à donner pour désintéresser le saisissant, et lui attribuer exclusivement le montant de la consignation, faite en vue de sa créance, même à l'égard des créanciers privilégiés et hypothécaires qui s'inscrivent plus tard. D'ailleurs, les objections théoriques qu'on faisait contre cette solution venaient de ce qu'on appréciait le caractère de cette consignation sous un autre point de vue que celui de la loi de 1841. Puisque la consignation, comme nous l'avons vu tout à l'heure, est le prix de l'abandon de la poursuite par le saisissant et par les créanciers inscrits, il est juste que ce prix ne puisse leur être enlevé par des personnes qui, n'étant pas parties à la poursuite, n'ont rien abandonné.

Plaçons maintenant le saisissant en présence de la masse des créanciers chirographaires. Cette masse invoque les principes généraux contre le créancier saisissant qui veut se faire attribuer exclusivement le montant de la consignation afférente à sa créance. Elle soutient qu'il n'y a pas de cause de préférence entre des créanciers chirographaires par l'effet d'une saisie ; que, s'il reste quelque chose sur le prix d'un immeuble, après que les créanciers hypothécaires sont désintéressés, ce reliquat doit être l'objet d'une contribution entre les créanciers chirographaires ; que la convention entre le saisi et l'acheteur, non plus que la consignation volontaire du prix par ce dernier, ne saurait préjudicier aux droits des tiers. L'application de ces principes généraux pourrait être invoquée, si la consignation représentait en effet le prix de l'immeuble. Mais, je le répète, ce n'est pas là le point de vue du législateur. Aussi le rapporteur du projet de loi à la Chambre des députés disait expressément : « La somme à consigner doit être acquise au saisissant, et ne peut « être l'objet d'une discussion au marc le franc entre divers créanciers non « hypothécaires qui pourraient se présenter.

935. La consignation ordonnée par l'art. 687 soulève encore d'autres questions fort délicates. Ainsi, en supposant que le saisi n'ait pas d'autres créanciers que ceux qui sont inscrits et le saisissant, l'acquéreur qui a consigné le montant des créances inscrites peut-il critiquer ensuite l'existence ou le chiffre de ses créances? Cette question présente notamment un grand intérêt si l'acquéreur est un donataire ; car, s'il fait écarter ou diminuer les prétentions de quelques-uns des créanciers inscrits, il profitera complètement de tout ce qu'il pourra leur faire retrancher.

La question se présente encore, si l'acheteur a consigné le montant des créances inscrites et de celle du saisissant, qui étaient supérieures au prix de la vente à lui faite par le saisi. Ainsi, j'achète l'immeuble après la transcription de la saisie; le prix de vente est fixé à 100,000 fr. ; mais le montant des créances inscrites et de celle du saisissant s'élève à 120,000 fr., que je consigne, aux termes de l'art. 687. Si je puis critiquer la sincérité ou le chiffre de ces créances jusqu'à concurrence de 20,000 fr., je recouvrerai cet excédent de mon prix.

Je crois que, dans les hypothèses que je viens de présenter, l'acquéreur, acheteur ou donataire, a le droit de contester, en tout ou en partie, les prétentions des créanciers inscrits et de prouver la nullité ou l'extinction des créances réclamées. Ce qui peut faire difficulté, c'est la manière dont nous avons envisagé la consignation, qui est le prix d'une convention entre l'acquéreur et les créanciers liés à la poursuite. Néanmoins, la consignation me semble faite au moins sous la condition que ceux qui se présentent comme créanciers inscrits sont réellement créanciers, et que le chiffre qu'ils réclament leur est dû.

Mais si nous supposons que l'immeuble a été vendu après la transcription de la saisie, moyennant 120,000 fr., et que l'acheteur n'a consigné que ces 120,000 fr., montant de son prix d'acquisition, l'acheteur n'a pas qualité pour contester la sincérité ou le chiffre des créances inscrites. Dans cette espèce, le montant de la consignation devient en même temps le prix de la vente; c'est alors au saisi vendeur qu'appartiendra le droit de contester l'existence ou le chiffre des créances inscrites, ou de celle du saisissant. C'est le vendeur, et non l'acheteur, qui a droit au reliquat du prix, lorsque les créanciers hypothécaires et le saisissant sont désintéressés. Si le saisi négligeait d'élever cette contestation et qu'il eût des créanciers chirographaires, ceux-ci pourraient agir au nom de leur débiteur, conformément aux termes de l'art. 1166 du Code civil. Ils feraient ainsi distraire de la consignation la part afférente à une créance nulle ou éteinte, et ils la partageraient entre eux par contribution; mais, en définitive, cette somme profiterait toujours au saisi dont elle diminuerait les dettes.

936. « Art. 689. A défaut de consignation avant l'adjudication, il ne pourra être accordé, sous aucun prétexte, de délai pour l'effectuer. »

L'aliénation, faite par le saisi entre la transcription de la saisie et le jour fixé pour l'adjudication, ne peut, à elle seule, arrêter les poursuites ; la consignation, indiquée dans l'art. 687, produit seule cet effet. D'après notre article, il ne sera accordé aucun délai pour effectuer la consignation : l'acquéreur, en promettant de consigner, n'obtiendrait pas la remise de l'adjudication à un autre jour que celui primitivement fixé.

937. « Art. 688. Si les deniers, ainsi déposés, ont été empruntés, les prêteurs n'auront d'hypothèques que postérieurement aux créanciers inscrits lors de l'aliénation. »

Le législateur suppose ici que l'acquéreur a emprunté les deniers consignés aux termes de l'art. 687, et que, pour garantie de ce prêt, l'acquéreur a consenti une hypothèque au profit du prêteur sur l'immeuble même qu'il acquérait. Mais ces hypothèques nouvelles, dit notre art. 688, ne prendront rang qu'après les créances inscrites avant l'aliénation. C'est là, d'ailleurs, l'application des principes ordinaires : c'est la date de l'inscription qui fixe le rang (art. 2134, C. civ.).

Seulement notre article admet la possibilité d'un concours entre les créanciers hypothécaires, inscrits antérieurement à l'aliénation, et les créanciers hypothécaires nouveaux qui ont prêté les deniers pour la consignation. Or, je ne vois pas dans quel cas ce concours pourrait se rencontrer. En effet, les créanciers inscrits, se trouvant désintéressés par la consignation, leur hypothèque ne prendra rang ni avant ni après celle des prêteurs des deniers consignés; elle n'existe plus.

Mais l'hypothèque de celui qui prête les deniers pour la consignation peut se trouver en présence de privilèges ou d'hypothèques légales de la femme ou du pupille du saisi, lorsque ces privilèges et hypothèques ne se manifestent qu'après l'aliénation. Alors ces prêteurs auront une hypothèque du jour de leur inscription, hypothèque qui sera primée par les privilèges et les hypothèques légales. Les prêteurs pourront même se faire subroger dans les hypothèques des créanciers, que leurs deniers servent à désintéresser, en observant les formalités de l'art. 1250, 2°.

**Nous avons supposé jusqu'à présent, avec le Code de procédure, que le saisi a consenti une aliénation après la transcription de la saisie. Mais il faut maintenant examiner une autre hypothèse qui peut se présenter depuis la loi du 23 mars 1855. Nous supposons que le débiteur saisi a aliéné avant la transcription de la saisie. Cet acte d'aliénation a même acquis date certaine, mais il n'a pas été transcrit comme le veut la loi du 23 mars 1855. On se demande alors si les créanciers, qui sont parties à la saisie, peuvent se prévaloir de ce défaut de transcription de l'acte d'aliénation et soutenir que cet acte, quoiqu'antérieur à la transcription de la saisie, ne leur est cependant pas opposable. La question est très vivement controversée. Au premier abord, on peut être porté à raisonner de la manière suivante : d'après la loi du 23 mars 1855, le défaut de transcription des actes soumis à cette formalité par cette loi, peut être invoqué par tous les tiers qui ont acquis des droits sur l'immeuble, et les ont conservés en se conformant aux formalités de publicité. Telle est bien, dira-t-on, la situation du saisissant et des créanciers hypothécaires inscrits. D'une part, ils ont acquis des droits sur l'immeuble par l'effet de la saisie ; ce qui le prouve, c'est que le débiteur saisi ne peut plus aliéner à leur préjudice, à partir d'un certain moment de la procédure de saisie. D'autre part, ils ont conservé ces droits en se conformant aux formalités de publicité prescrites par la loi, puisque la saisie a été transcrite.

Cette solution et ce raisonnement, adoptés par des auteurs et des arrêts, ne sont pourtant pas exacts, soit qu'il s'agisse de créanciers hypothécaires, soit qu'il s'agisse d'un créancier chirographaire saisissant. Ces créanciers n'acquièrent, en effet, en réalité, aucun droit sur l'immeuble par l'effet de la saisie. Sans doute, la transcription de cette saisie restreint, comme nous l'avons vu sous l'article 686, le droit d'aliénation dans la personne du saisi, mais celui-ci n'en reste pas moins propriétaire, et les partisans de la première opinion seraient bien embarrassés, si, pour préciser leur solution, ils voulaient montrer quel est le droit sur l'immeuble qui se détache du saisi pour aller aux créanciers. Cette observation s'applique aussi bien aux créanciers hypothécaires, qu'au créancier chirographaire saisissant. Aussi ne comprenons-nous pas la distinction établie par certains auteurs entre ces deux sortes de créanciers. On admet généralement que le créancier chirographaire saisissant ne peut pas se prévaloir du défaut de transcription de l'aliénation consentie avant la transcription de la saisie, mais on reconnaît ce droit aux créanciers hypothécaires. Cette distinction manque de toute base et repose sur une confusion. Et d'abord, on ne voit pas quels sont les droits qui pourraient naître de la saisie au profit des créanciers hypothécaires à l'exclusion du créancier chirographaire saisissant, de telle sorte que les premiers deviendraient des tiers dans le sens de la loi du 23 mars 1855, tandis que le second ne pourrait pas acquérir cette qualité. Sans doute les créanciers hypothécaires ont un droit réel ; ils l'ont conservé par l'inscription de l'hypothèque, et comme tels, ils sont bien des tiers dans le sens de la loi de 1855. Mais ce n'est pas de l'hypothèque qu'il s'agit ici ; ce qui le prouve jusqu'à l'évidence, c'est que la saisie peut être pratiquée même par un créancier chirographaire. Pour placer la question sur son véritable terrain, pour éviter toute confusion entre la qualité de créancier saisissant et celle de créancier hypothécaire, il faut uniquement se demander, comme nous l'avons dit plus haut, si la saisie fait naître, au profit des créanciers qui y sont parties, hypothécaires ou chirographaires, peu importe, un droit nouveau soumis à transcription. Or nous avons vu qu'aucun droit de ce genre ne naît de la saisie à leur profit. Cette saisie est sans doute soumise à transcription, mais la formalité de la transcription de la saisie est uniquement exigée comme mode de publicité, à l'effet de faire connaître aux tiers la procédure d'expropriation forcée. Elle n'a pas pour objet la conservation d'un droit nouveau qui aurait été acquis par les créanciers, parties à la saisie. Cette dernière idée ne s'est introduite dans notre législation que depuis la loi du 23 mars 1855, et, comme on le sait, la transcription de la saisie était exigée, longtemps déjà avant cette loi (1). **

(1) ** En ce sens Devilleneuve, *Dissertation*, S. 58, 2, 449 ; Dalloz, *Rép.*, v° *Trans-*

QUARANTE-TROISIÈME LEÇON

DE LA SAISIE IMMOBILIÈRE (SUITE).

§ 2. *Des formalités pour parvenir à la vente* (art. 690 à 702).

→ **938.** Ces formalités de la seconde partie de la procédure de saisie immobilière ont pour but de fixer les conditions de l'adjudication, puis de faire connaître ces conditions aux personnes intéressées et liées à la poursuite, c'est-à-dire au saisi et aux créanciers inscrits, enfin de donner de la publicité à la vente et aux conditions de l'adjudication, afin d'attirer le concours des enchérisseurs. Nous aurons donc trois sortes de formalités, répondant chacune à l'un des trois buts que je viens de signaler.

ART. 1er. *Formalités qui ont pour but de fixer les conditions de l'adjudication* (art. 690 et 701).

« Art. 690. Dans les vingt jours, au plus tard, après la transcription, le poursuivant déposera au greffe du tribunal le cahier des charges contenant :

« 1° L'énonciation du titre exécutoire en vertu duquel la saisie a été faite, du commandement, du procès-verbal de saisie, ainsi que des autres actes et jugements intervenus postérieurement ;

« 2° La désignation des immeubles, telle qu'elle a été insérée dans le procès-verbal ;

« 3° Les conditions de la vente ;

« 4° Une mise à prix de la part du poursuivant. »

Le cahier des charges, exigé par notre article, fera connaître les clauses, charges et conditions de l'adjudication à tous ceux qui ont l'intention de se porter enchérisseurs. C'est l'avoué du poursuivant qui rédige ce cahier des charges, et qui le dépose au greffe du tribunal, dans le délai fixé par notre article. Les mentions qu'il doit contenir sont énumérées en détail dans l'art. 690. De ces mentions, celles des deux premiers paragraphes n'ont pas précisément trait aux conditions mêmes de la vente ; mais elles sont également nécessaires pour apprendre à ceux qui viennent prendre des renseignements que l'adjudication sur saisie a été précédée de toutes les formalités prescrites par la loi, et, de plus, quels sont les immeubles qui seront adjugés.

cription, n° 472 et *Rec. pér.* 1858, 2, 161. — Angers, 1er décembre 1859, S. 59, 2, 11. — Nîmes, 13 décembre 1862, S. 63, 2, 58. — Grenoble, 1er juin 1865, S. 65, 2, 332; Civ. cass., 31 août 1881, S. 82, 1, 248. — *Contrà :* Huguet, *Revue pratique*, 1858, IV, p. 524. — Caen, 1er mai 1858, S. 58, 2, 449. — Besançon, 29 novembre 1858, S. 59, 2, 212. — Caen, 23 février 1866, S. 67, 2, 236.

M. Labbé a consacré à cette importante et difficile question une de ces remarquables dissertations dont il enrichit le recueil de Devilleneuve et Carrette (sous l'arrêt de la chambre des requêtes du 25 juillet 1877, S. 77, 1, 441). **

Les §§ 3 et 4 sont particulièrement relatifs aux conditions de l'adjudication. Les conditions, auxquelles se réfère le n° 3, comprennent toutes les circonstances favorables ou défavorables qui peuvent influer sur le prix de l'immeuble. Le n° 4 ordonne la mention particulière de la mise à prix, c'est-à-dire l'estimation provisoire que le poursuivant fait de l'immeuble, et sur laquelle on devra enchérir. Cette mise à prix, au-dessus de laquelle les enchères peuvent indéfiniment s'élever, mais au-dessous de laquelle elles ne peuvent pas descendre, est fixée arbitrairement par le poursuivant. Seulement, s'il la fixe à un prix trop bas, les enchères s'élèveront bien vite à la valeur réelle approximative; s'il la fixe à un prix trop élevé, capable de décourager ceux qui voudraient se porter enchérisseurs, il court risque d'être lui-même déclaré adjudicataire, s'il ne survient pas d'enchères (art. 706). On a donc pu, en toute sûreté, laisser au poursuivant la fixation de la mise à prix; il a intérêt à ne pas l'élever trop; il n'y a pas grand inconvénient à ce qu'il ne l'élève pas assez.

939. On remarquera peut-être que la loi n'exige pas que le cahier des charges contienne une mention relative à l'établissement de la propriété. Cependant il serait fort important pour celui qui veut se rendre adjudicataire de s'assurer que l'immeuble mis en vente appartient bien au saisi, et qu'il n'y a pas d'éviction probable. Mais comment le poursuivant établirait-il le droit de propriété du saisi? Le saisi ne vend pas lui-même; ce sont ses créanciers qui saisissent l'immeuble et le mettent en vente. Or, ils ignorent souvent comment l'immeuble est devenu la propriété du saisi; et, quant au saisi, comment briser la force d'inertie résultant de son silence et de son refus de faire aucune communication à cet égard? Aussi l'adjudication sur saisie immobilière offre-t-elle à l'adjudicataire une chance défavorable, résultant de l'incertitude qui règne sur le droit de propriété du saisi. Cette incertitude paralyse souvent les intentions de quelques personnes qui refusent de se porter enchérisseurs, comme elles le feraient si elles n'avaient à craindre dans l'avenir aucun danger d'éviction. Cette incertitude et ces craintes arrêtent souvent l'essor des enchères dans les ventes sur saisie immobilière. Aussi le saisissant, le créancier et le saisi, tous intéressés à l'élévation du prix, s'entendent-ils, la plupart du temps, lorsqu'ils sont tous majeurs, pour convertir la saisie en une vente volontaire en justice, conformément à l'art. 743. Par le moyen de cette conversion, le saisi échappe au discrédit dont le frappaient les poursuites de saisie immobilière; ses créanciers ont l'avantage de vendre avec son concours, et les adjudicataires traitent avec plus de sécurité et à un plus haut prix, lorsqu'ils ont pu s'adresser au propriétaire lui-même, qui leur a donné tous les renseignements désirables sur son droit de propriété. Mais cette conversion de la saisie est un incident dont nous parlerons plus longuement au titre suivant; en ce moment, nous examinons la procédure d'une saisie immobilière dégagée d'incidents.

940. « Art. 701. Les frais de la poursuite seront taxés par le juge, et il ne pourra être rien exigé au delà du montant de la taxe. Toute stipulation contraire, qu'elle qu'en soit la forme, sera nulle de droit.

« Le montant de la taxe sera publiquement annoncé avant l'ouverture des enchères, et il en sera fait mention dans le jugement d'adjudication. »

Je place ici la disposition de l'art. 701, parce qu'elle contient, comme l'art. 690, l'indication d'une des conditions de la vente : il s'agit des frais de la poursuite. Ces frais seront taxés et portés à la connaissance des enchérisseurs avant l'adjudication.

Cet article a pour but de proscrire un abus en usage sous l'empire du Code de procédure de 1807. On fixait souvent d'avance dans le cahier des charges, à titre de forfait, une somme que l'adjudicataire devait payer pour les frais ; cette somme dépassait toujours les frais véritables ; et l'adjudicataire, n'ayant ainsi aucun intérêt à faire taxer les frais, payait plus qu'il n'était réellement dû. La disposition actuelle de l'art. 701 rendra impossible le retour de cet abus.

941. Art. 2. *Formalités ayant pour but de faire connaître les conditions de la vente à tous les intéressés à la poursuite* (art. 691, 692, 693). — Ces formalités sont au nombre de trois : une sommation au saisi (art. 691) ; une sommation aux créanciers inscrits (art. 692), et enfin une mention de ces sommations en marge de la transcription de la saisie (art. 693).

Reprenons les détails de chacune de ces formalités.

1° *Sommation au saisi.*

« Art. 691. Dans les huit jours, au plus tard, après le dépôt au greffe, outre un jour par cinq myriamètres de distance entre le domicile du saisi et le lieu où siège le tribunal, sommation sera faite au saisi, à personne ou domicile, de prendre communication du cahier des charges, de fournir ses dires et observations, et d'assister à la lecture et publication qui en sera faite, ainsi qu'à la fixation du jour de l'adjudication. Cette sommation indiquera les jour, lieu et heure de la publication. »

Cet article consacre la nécessité d'adresser au saisi une sommation de venir au greffe pour examiner le cahier des charges et fournir ses dires et observations. On pourra obtenir de lui des renseignements précieux pour dresser plus exactement le cahier des charges ; mais aucune sanction ne lui impose l'obligation de donner ces renseignements.

Un autre motif exigeait que le saisi fût averti du dépôt au greffe du cahier des charges : on commence les formalités pour parvenir à la vente qui doit le dépouiller de sa propriété; il faut au moins qu'il connaisse une procédure qui l'intéresse aussi directement.

La loi fixe d'une manière précise le délai dans lequel cette sommation doit être signifiée.

942. 2° *Sommation aux créanciers inscrits.*

« Art. 692 (1). Pareille sommation sera faite, dans le même délai de huitaine, outre un jour par cinq myriamètres :

(1) La loi du 21 mai 1858 contient diverses modifications au Code de procédure civile. Elle se compose de quatre articles :

Le 1er modifie les articles 692, 696 et 717 du Code de procédure au titre *De la Saisie immobilière* ; — le 2e, tout le titre *De l'Ordre* (art. 749 à 779) ; — le 3e, l'art. 838 du même Code ; — et enfin l'art. 4 de la loi nouvelle contient des dispositions transitoires.

« 1° Aux créanciers inscrits sur les biens saisis, aux domiciles élus dans les inscriptions. Si, parmi les créanciers inscrits, se trouve le vendeur de l'immeuble saisi, la sommation à ce créancier sera faite, à défaut de domicile élu par lui, à son domicile réel, pourvu qu'il soit fixé en France. Elle portera qu'à défaut de former sa demande en résolution et de la notifier au greffe avant l'adjudication, il sera définitivement déchu, à l'égard de l'adjudicataire, du droit de la faire prononcer;

« 2° A la femme du saisi, aux femmes des précédents propriétaires, au subrogé tuteur des mineurs ou interdits, ou aux mineurs devenus majeurs, si, dans l'un et l'autre cas, les mariage et tutelle sont connus du poursuivant d'après son titre. Cette sommation contiendra, en outre, l'avertissement que, pour conserver les hypothèques légales sur l'immeuble exproprié, il sera nécessaire de les faire inscrire avant la transcription du jugement d'adjudication.

« Copie en sera notifiée au procureur de la République de l'arrondissement où les biens sont situés, lequel sera tenu de requérir l'inscription des hypothèques légales existant du chef du saisi seulement sur les biens compris dans la saisie. »

Le n° 1 de l'art. 692 ordonne qu'une sommation, semblable à celle adressée au saisi, d'après l'article précédent, sera signifiée aux créanciers inscrits, c'est-à-dire une sommation de prendre communication du cahier des charges, de fournir leurs dires et observations, et d'assister à la lecture et publication qui en sera faite, ainsi qu'à la fixation du jour de l'adjudication.

Cette sommation est signifiée aux domiciles élus dans les inscriptions (art. 2148, 1°, C. civ.), dans le délai de huitaine, *outre un jour par cinq myriamètres.*

Chaque créancier ne recevra, d'ailleurs, qu'une sommation; elle ne sera pas réitérée, si l'adjudication est remise à un autre jour que celui qui avait été précédemment fixé.

Le créancier une fois sommé doit surveiller la procédure de saisie.

Les créanciers inscrits ont le plus grand intérêt à recevoir cet avertissement, afin de surveiller les poursuites, de manière que l'immeuble soit vendu au plus haut prix possible, puisque l'adjudication à laquelle la saisie doit aboutir purgera leurs hypothèques, et qu'il ne leur restera plus que le droit de se faire colloquer dans l'ordre sur le prix d'adjudication, sauf le cas de surenchère (Voy. art. 707 et suiv.).

La sommation doit être adressée à tous les créanciers inscrits, sans distinguer entre les créanciers du saisi et ceux des précédents propriétaires (Voy. aussi le n° 969 ci-après).

Parmi les créanciers inscrits peut figurer le vendeur de l'immeuble, dont le prix n'a pas été payé par le saisi. Le Code civil accorde à ce vendeur, outre un privilège sur le prix de la revente de cet immeuble, le droit de demander la résolution de son contrat de vente. Nous verrons sur l'art. 717 (n° 967 ci-après), que l'adjudication sur saisie immobilière éteint le droit de résolution du vendeur non payé. En conséquence, le n° 1 de l'art. 692 commande de donner d'avance à ce vendeur, dans la sommation qui lui est signifiée, un avertissement spécial à cet égard.

S'il y avait plusieurs vendeurs successifs, non payés, chacun d'eux devrait recevoir une semblable sommation. Depuis la loi du 23 mars 1855, qui exige la transcription des actes translatifs de propriété pour qu'ils soient opposables aux tiers, le registre des transcriptions fera connaître au poursuivant les noms de ces précédents vendeurs auxquels la sommation du n° 1 de l'art. 692 devra être adressée.

Mais la première inscription, qui a pour but de conserver le privilège d'un vendeur, étant souvent l'œuvre du conservateur des hypothèques (art. 2108, C. civ.), ne contiendra pas de domicile élu. Le conservateur n'a pas mission de faire pour le vendeur une élection de domicile. C'est dans la prévision de cette omission d'un domicile élu que la loi du 21 mai 1858 a introduit dans notre article ces mots : *la sommation à ce créancier sera faite, à défaut de domicile élu par lui, à son domicile réel, pourvu qu'il soit fixé en France.* Et la *France*, ici, d'après le rapport et la discussion de la loi de 1858, c'est la France continentale.

Quant au vendeur non payé qui habiterait à l'étranger ou dans les colonies, il doit élire un domicile en France.

943. Sous l'empire du Code de procédure de 1807, une jurisprudence à peu près constante, à partir de l'année 1833, avait décidé que l'adjudication sur saisie immobilière ne purgeait pas les hypothèques légales non inscrites de la femme, du mineur et de l'interdit. Lors de la discussion de la loi du 2 juin 1841, la commission de la Chambre des pairs avait proposé de donner à l'adjudication la force de purger ces hypothèques légales non inscrites ; mais cette proposition fut rejetée.

Au contraire, la loi du 21 mai 1858 décide (art. 717) que l'adjudication purge toutes les hypothèques. Mais, pour sauvegarder les droits des femmes mariées, des mineurs, des interdits, on devait chercher à les lier, comme les créanciers inscrits, à une poursuite de saisie qui aboutira à une privation de leurs hypothèques. Tel est le but du n° 2 de notre art. 692. Il a pour objet, en d'autres termes, de faire la purge des hypothèques légales avant l'adjudication.

La femme du saisi, celles des précédents propriétaires, le subrogé tuteur des mineurs ou interdits qui ont le saisi pour tuteur, ou le majeur ex-pupille du saisi, s'il est encore créancier de son tuteur par suite de la tutelle, toutes ces personnes recevront du poursuivant une sommation semblable à celle de l'art. 691 : elle contiendra de plus un avertissement à ces créanciers de faire inscrire leur hypothèque légale avant la transcription du jugement d'adjudication.

Dans l'intérêt des mineurs qui sont sous la tutelle du saisi, la loi exige qu'une sommation soit adressée au subrogé tuteur. Mais, en fait, très souvent les mineurs n'ont pas de subrogé tuteur, soit parce qu'il n'en a pas été nommé, soit parce qu'un subrogé tuteur décédé n'a pas été remplacé. Dans ce cas, le poursuivant devra-t-il provoquer la nomination d'un subrogé tuteur, ce qui exigera du temps et des frais, afin de faire remettre à ce subrogé tuteur la sommation dont parle notre article? La commission du Corps législatif avait demandé qu'on exprimât dans l'art. 692 que la sommation ne serait adressée au subrogé tuteur que *s'il en existait un*. Et, quoique l'amendement n'ait pas été admis par le conseil d'État, il a été reconnu dans la discussion *qu'il n'était pas nécessaire d'instituer un subrogé tuteur lorsqu'il n'en existe pas* (1).

(1) ** La jurisprudence paraît incliner vers l'opinion contraire, et avec raison, car des

La veuve, le mineur devenu majeur, l'interdit relevé d'interdiction, doivent également recevoir la sommation de l'art. 692, 2°, si l'année qui suit la dissolution du mariage ou la majorité de pupille n'est pas expirée. ** En effet pendant cette année, leur hypothèque peut être encore occulte durant un temps plus ou moins long. Vous verrez que l'article 8 de la loi du 23 mars 1855 donne un an à partir de la dissolution du mariage ou de la majorité pour inscrire l'hypothèque légale de la femme ou du mineur avec le rang qu'elle a toujours occupé. Cette année expirée, les hypothèques légales de la femme et du mineur peuvent encore être inscrites, pourvu qu'il ne se soit produit aucun des événements qui arrêtent le cours des inscriptions, mais elles ne prennent plus rang que du jour même de ces inscriptions, au lieu de conserver leur rang primitif. La femme et le mineur, devenus majeurs, sont dans la situation de tout créancier hypothécaire qui n'a pas encore pris son inscription, et dès lors aucune sommation n'est plus nécessaire à leur égard. **

On a de même soulevé la question de savoir si les héritiers de la femme et du mineur décédés devraient être recherchés, afin de recevoir chacun individuellement une sommation, ou s'il suffirait d'une sommation collective, adressée à ces héritiers au dernier domicile de l'incapable. Et c'est dans ce dernier sens que la commission du Corps législatif et les commissaires du gouvernement ont pensé que la question devait être résolue.

Mais comment les qualités de mari ou de tuteur dans la personne du saisi seront-elles connues du poursuivant? *D'après son titre,* dit l'article 692, 2°. Lors donc que son titre sera muet à cet égard, il ne sera pas obligé de faire la sommation de l'art. 692 aux pupilles ou à la femme du saisi qui lui sont inconnus. Pour faire connaître la saisie de l'immeuble aux intéressés, il n'y aura plus que la publicité donnée à la vente par la voie des journaux conformément à l'art. 696 (Voy. n° 949, ci-après).

La loi ordonne, en outre, au procureur de la République, dans l'intérêt des femmes et des mineurs, de requérir l'inscription de l'hypothèque légale de ces incapables. A cet effet, une sommation spéciale lui est adressée par le poursuivant, aux termes du dernier alinéa de l'art. 692.

Seulement le procureur de la République qui reçoit cette sommation ne fera pas inscrire les hypothèques légales des femmes ou des pupilles de tous les précédents propriétaires, mais seulement celle de la femme ou des pupilles du saisi ; il ne fera même pas inscrire l'hypothèque légale de la femme ou des pupilles du saisi sur tous les immeubles du saisi, mais seulement sur les bien compris dans la saisie.

Avec cette limitation *il est tenu* de requérir cette inscription. Déjà, en matière de purge des hypothèques légales, l'art. 2194 du Code civil dispose de même que le procureur de la République *sera reçu* à requérir les inscriptions des hypothèques légales des femmes et des mineurs. Mais, dans la pratique, non seulement les procureurs de la République ne requéraient pas cette inscription, mais même il leur avait été interdit par des circulaires ministérielles

explications échangées dans la discussion d'une loi ne sauraient être suffisantes pour introduire une dérogation au droit commun. **

de faire inscrire d'office ces hypothèques. Cette inscription d'office avait présenté, en effet, de graves inconvénients. Ainsi, d'abord, il avait été pris des inscriptions inutiles pour des femmes qui n'étaient créancières de leurs maris à aucun titre. Ces inscriptions soulevaient des contestations, et la femme qu'on voulait protéger se trouvait obligée de payer les frais de l'inscription et du jugement qui en ordonnait la radiation.

Malgré ces considérations, la loi nouvelle, allant plus loin même dans sa rédaction que l'art. 2194, C. civ., impose au procureur de la République l'obligation de requérir l'inscription des hypothèques légales de la femme et du pupille du saisi. *Il sera tenu*, dit notre article.

Vainement la commission du Corps législatif demanda-t-elle au conseil d'État de changer cette obligation du procureur de la République en une simple faculté. Vainement fit-on remarquer dans la discussion que le procureur de la République pourrait prendre des inscriptions pour des créances qui n'existeraient plus ; que, d'ailleurs, il y avait d'autant moins de nécessité à prendre cette inscription, qu'elle avait particulièrement pour but de conserver à l'incapable son droit de préférence, et que, d'après le dernier alinéa du nouvel art. 717, C. pr., le droit de préférence de la femme et du mineur survivait à la purge résultant de l'adjudication, même lorsque les hypothèques n'avaient pas été inscrites.

La loi est donc formelle : le procureur de la République ne peut, en principe, se dispenser de requérir l'inscription des hypothèques légales de la femme et du pupille du saisi sur les biens saisis. Cependant, il a été reconnu par les commissaires du gouvernement que, si le procureur de la République avait la preuve qu'il n'existe plus aucun droit de créance, il pourrait se dispenser d'agir. Mais, dès qu'il y a même un doute à cet égard, il doit requérir l'inscription.

944. 3° *Mention de ces sommations en marge de la transcription de la saisie.*

Nouvel art. 693 (loi du 2 juin 1881). Mention de la notification prescrite par les deux articles précédents sera faite, dans les huit jours de la date du dernier exploit de notification, en marge de la transcription de la saisie, au bureau des hypothèques.

Du jour de cette mention, la saisie immobilière ne pourra plus être rayée que du consentement des créanciers inscrits ou en vertu de jugements rendus contre eux.

Toutefois, la saisie immobilière transcrite cesse de plein droit de produire son effet si, dans les dix ans de la transcription, il n'est pas intervenu une adjudication mentionnée en marge de cette transcription, conformément à l'art. 716 du Code de procédure civile.

Il est fait au bureau des hypothèques, en marge de la transcription de la saisie, mention des sommations signifiées au saisi et aux créanciers inscrits. L'effet de cette mention est important. A partir de cette mention, *la saisie ne peut plus être rayée que du consentement des créanciers inscrits, ou en vertu de jugements rendus contre eux.*

Que signifient ces mots : *saisie rayée ?* Lorsque la saisie est abandonnée par tous les intéressés, s'ils sont, par exemple, intégralement payés, ce sont les copies du procès-verbal de saisie et de la dénonciation de ce procès-verbal au saisi, transcrites sur un registre spécial au bureau des hypothèques, qui seront rayées sur ce registre par le conservateur des hypothèques. Et, comme cette transcription avait pour but de faire connaître aux tiers la saisie, et de les empêcher de contracter désormais avec le saisi, dès que les copies, objet de la transcription, auront été rayées, la transcription elle-même sera considérée comme non avenue, et la saisie n'existera plus à l'égard des tiers. En fait, le conservateur ne biffe pas précisément les copies, objet de la transcription; mais il note en marge la radiation, et cette mention fait considérer la transcription comme non avenue.

L'art. 693 prouve qu'après la mention qu'il exige, la saisie ne peut plus être abandonnée par le poursuivant seul au détriment des créanciers inscrits, directement liés à la poursuite par la sommation de l'art. 691.

La radiation ne peut plus avoir lieu que dans les cas prévus par notre article, lorsque, par exemple, le poursuivant donne mainlevée de la saisie, et que tous les créanciers inscrits consentent expressément à ce que la saisie soit rayée. Le poursuivant pourrait bien donner mainlevée de ses poursuites sans le consentement des créanciers inscrits; mais alors la saisie ne serait pas rayée et pourrait être reprise par tout créancier inscrit, porteur d'un titre exécutoire (Voy. ci-après l'explication de l'art. 722).

La saisie sera encore rayée si le saisi la fait déclarer nulle par un jugement.

Des termes du deuxième alinéa de l'art. 693, il résulte en premier lieu que, même après la mention des sommations en marge de la transcription de la saisie, le poursuivant, d'accord avec les créanciers inscrits, peut donner mainlevée de la saisie au détriment des créanciers privilégiés ou hypothécaires non encore inscrits, mais en mesure de s'inscrire, quoiqu'ils eussent dû plus tard venir à l'ordre sur le prix de l'adjudication, si elle avait eu lieu. En effet, ces créanciers non inscrits ne sont pas liés à la saisie; ils ne sont protégés ni par les termes ni par l'esprit de l'art. 693, contre l'abandon de la poursuite par le saisissant d'accord avec les créanciers inscrits. Toutefois cette solution est controversée.

Il résulte encore évidemment des termes de notre article que le poursuivant peut, à lui seul, donner mainlevée de la saisie avant la mention des sommations faites au saisi et aux créanciers inscrits en marge de la transcription de la saisie. S'il y a eu d'autres saisies du même immeuble, postérieures à celle qui est maintenant abandonnée, le plus diligent de ces saisissants postérieurs poursuivra alors sa saisie (Voy. l'art. 724, et la note sur le n° 989). Mais, si la saisie, dont il est donné mainlevée par le saisissant avant la mention en marge de la transcription, avait seule frappé l'immeuble, elle peut être abandonnée par le poursuivant et rayée sans le consentement des créanciers.

** Une loi du 2 juin 1881 a ajouté une disposition importante à notre article 693. Nous avons vu qu'aux termes de l'article 686 la partie saisie ne peut, à compter du jour de la transcription de la saisie, aliéner les immeubles saisis, à peine de nullité. Nous savons pour quel motif la loi a déclaré nulles les aliénations qui pourraient être consenties par le débiteur après la transcription de la saisie : si celui-ci pouvait aliéner l'immeuble, il lui suffirait d'user de ce droit, pour jeter le trouble parmi les créanciers ou même priver ces créanciers de toute action sur l'immeuble, s'ils n'étaient pas hypothécaires ou privilégiés. Mais jusqu'à la loi du 2 juin 1881, l'interdiction faite au débiteur d'aliéner son immeuble, n'avait pas de limite et elle pesait sur lui indéfiniment, toutes les fois que la procédure de la saisie, au lieu d'être poursuivie jusqu'à l'adjudication, restait en suspens. Il est vrai que le débiteur avait la ressource de faire rayer la saisie pour recouvrer son droit d'aliénation. Toutefois, même après avoir désintéressé le créancier poursuivant ou obtenu des atermoiements, le débiteur éprouve souvent de grandes difficultés pour faire rayer la saisie. C'est qu'en effet, à partir d'un certain moment de la procédure, comme nous l'avons vu, la saisie ne peut plus être rayée avec le seul consentement du poursuivant. Après la sommation faite aux créanciers hypothécaires de prendre communication du cahier des charges, et la mention de cette sommation en marge de la transcription, la saisie devient commune au poursuivant et aux créanciers hypothécaires inscrits, de telle sorte que cette saisie ne peut plus être rayée que du consentement de tous ou en vertu d'un jugement également rendu contre tous les créanciers inscrits et le poursuivant. Dans ces conditions, il devient parfois impossible au débiteur d'obtenir la radiation de la saisie; il serait obligé de recourir à un procès long, difficile et ruineux. Fort souvent quelques créanciers seront décédés; d'autres auront disparu, d'autres encore seront en état de faillite ou de déconfiture. Avant même d'intenter l'action, il y aurait des successions à déclarer vacantes, des tuteurs et des curateurs à nommer. Les dépenses seraient si considérables, qu'en désespoir de cause, le débiteur renoncerait à tout et ne pourrait pas vendre, à moins de recourir à un acquéreur hasardeux qui acheterait nécessairement à vil prix, à cause des risques de l'affaire. La loi nouvelle du 2 juin 1881 a eu pour objet de tirer le débiteur de cette situation déplorable. Lorsqu'un long temps s'est écoulé depuis la transcription de la saisie, sans que la procédure d'expropriation ait été poursuivie, on peut légitimement supposer que le poursuivant et les créanciers inscrits ont été désintéressés ou que tout au moins ils ont renoncé à leur mainmise sur l'immeuble et au droit de demander la nullité des aliénations. En se fondant sur cette idée, la loi de 1881 décide que la saisie immobilière transcrite cesse, de plein droit, de produire son effet si, dans les dix ans de la transcription, il n'est pas intervenu une adjudication mentionnée en marge de cette transcription; au bout de ce temps le débiteur recouvre donc la liberté de son immeuble. **

945. Nous avons vu, sur les articles 686 et 687, que l'aliénation, faite après la transcription de la saisie, est nulle; cependant l'acquéreur peut la valider, en consignant le montant des créances inscrites et celle du saisissant. Or, puisque le poursuivant peut à lui seul abandonner la saisie entre la transcription de la saisie et la mention exigée par notre article en marge de cette transcription, c'est-à-dire pendant un délai qui peut être de 36 jours (art. 690, 691, 692 et 693), ne suffirait-il pas à celui qui veut acquérir l'immeuble par une donation ou par une vente postérieure à la transcription de la saisie, de désintéresser le poursuivant et de lui faire abandonner cette saisie, dont il peut, à ce moment, disposer lui seul? La réponse affirmative à cette question paraît découler, comme conséquence, du deuxième alinéa de l'art. 693 ; mais les termes des art. 686 et 687 ne s'opposent-ils pas à une semblable interprétation ? Il est difficile de concilier entre elles ces différentes dispositions de la loi. On a fait remarquer, en effet, que, d'une part, dans la discussion des art. 686 et 687 (L. de 1841), on n'avait jamais hésité à considérer les créanciers inscrits comme liés à la saisie, et la poursuite comme leur étant commune avec le saisissant, à partir de la transcription; tandis que, d'autre part, l'art. 693 semble bien positivement ne lier les créanciers à la saisie que par la sommation qui leur est adressée, aux termes de l'art. 692, et par la mention, qui est faite en marge, de la transcription de la saisie. On peut ajouter à l'argument tiré des art. 686 et 687, que l'art. 685, en permettant à tout créancier, à partir de la transcription, d'arrêter les loyers ou fermages, dus au saisi, par un simple acte d'opposition, paraît bien considérer ces créanciers comme déjà parties à la saisie.

Par suite de ce défaut d'ensemble dans les dispositions de la loi, voici quelle est la position des créanciers inscrits : ils sont liés à la poursuite de saisie du jour de la transcription du procès-verbal et de la dénonciation au saisi; mais le poursuivant peut abandonner la saisie, et le saisi la faire rayer, sans leur consentement, jusqu'à la mention, faite en marge, de la transcription, aux termes de l'article 693. Le saisi pourrait donc, en ne désintéressant que le saisissant entre la transcription et la mention prescrite par l'art. 693, faire rayer la saisie et vendre valablement l'immeuble. Il en a recouvré la disposition par la radiation de la saisie, sans que l'acheteur soit soumis aux exigences de l'art. 687. Mais les articles 686 et 687 recevront toujours leur application, si l'aliénation a lieu après la mention prescrite par l'art. 693, et même si l'aliénation a lieu entre la transcription et la mention, lorsque la saisie subsiste encore.

⇒ **946.** Art. 3. *Formalités ayant pour but de donner de la publicité à la vente, et de provoquer le concours des enchérisseurs* (art. 694 à 700). Ces formalités sont au nombre de trois : la publication et la lecture du cahier des charges à l'audience du tribunal (art. 694 et 695), l'insertion aux journaux (art. 696, 697 et 698), enfin les affiches (art. 699 et 700).

1° *Lecture et publication du cahier des charges* (art. 694 et 695).

« Art. 694. Trente jours au plus tôt et quarante jours au plus tard après le dépôt du cahier des charges, il sera fait à l'audience, et au jour indiqué, publication et lecture du cahier des charges.

« Trois jours au plus tard avant la publication, le poursuivant, la partie saisie et les créanciers inscrits seront tenus de faire insérer, à la suite de la mise à prix, leurs dires et observations, ayant pour objet d'introduire des modifications dans ledit cahier. Passé ce délai, ils ne seront plus recevables à proposer des changements, dires et observations. »

« Art. 695. Au jour indiqué par la sommation faite au saisi et aux créanciers, le tribunal donnera acte au poursuivant des lecture et publication du cahier des charges, statuera sur les dires et observations qui auront été insérés, et fixera les jour et heure où il procédera à l'adjudication. Le délai entre la publication et l'adjudication sera de trente jours au moins et de soixante au plus.

« Le jugement sera porté sur le cahier des charges à la suite de la mise à prix. »

Le cahier des charges, clauses et conditions de la vente, reçoit donc de la publicité par une lecture à l'audience. Autrefois trois publications étaient nécessaires; mais on a reconnu que ces trois publications entraînaient des délais et des frais inutiles. La loi actuelle n'en exige plus qu'une seule.

Pour les trois publications qu'on devait faire avant 1841, on se bornait, dans la plupart des tribunaux, à lire le titre du cahier des charges et les noms du poursuivant et du saisi. On aurait trouvé trop long de lire à l'audience tous les cahiers d'enchères. D'ailleurs, les anciens art. 697, 700 et 702, relatifs à cette matière, parlaient de publications, mais non de lectures. En réduisant les trois publications à une seule, on avait proposé d'exiger la publication et la lecture *entière* du cahier des charges; mais le mot *entière* fut supprimé, parce qu'on doutait fort qu'une telle disposition fût exécutée. Aussi décide-t-on généralement, quoique les formalités de l'art. 694 soient prescrites à peine de nullité (1) (art. 715), que la lecture peut être faite par extraits; mais il serait plus conforme au vœu de la loi de lire entièrement à l'audience le cahier des charges (2).

Quelles sont, d'ailleurs, les personnes qui ont intérêt à connaître le cahier des charges, c'est-à-dire les clauses et conditions de l'adjudication? Celles qui veulent se porter enchérisseurs. Or, est-ce bien par l'audition d'une lecture publique qu'elles prendront connaissance des clauses et conditions qui leur seront imposées si elles deviennent adjudicataires? Évidemment non. Ce sera plutôt par une lecture attentive du cahier des charges faite personnellement au greffe, et par des notes prises pendant la lecture. Mais, dira-t-on, ne faut-il pas conclure de là qu'une seule lecture est même inutile, si l'on considère qu'en fait elle n'est le plus souvent donnée que par extraits? Est-ce vraiment là un moyen de publicité des clauses et conditions de la vente? Non, sans doute, et la véritable raison du maintien d'une publication est surtout manifestée par le 2e alinéa de l'art. 694.

Le poursuivant, le saisi, les créanciers inscrits, doivent contester le cahier des charges dans les trois jours qui précèdent cette publication. Toutes les conditions nouvelles, tous les changements qu'ils proposent ne seront plus reçus après ce délai; et le jour de la publication, si les clauses, les conditions, les changements proposés par une de ces parties ne sont pas approuvés par les autres, cette contradiction formera l'objet d'une contestation sur laquelle le tribunal statuera. Le but de la publication est donc principalement de mettre en présence le poursuivant, le saisi, les créanciers inscrits, en un mot, les parties intéressées à la vente, afin de statuer sur la rédaction définitive du cahier des charges (art. 695). Ce sont les avoués des parties liées à la poursuite qui rédigent leurs dires et observations à la suite du cahier d'enchères.

947. La nécessité d'une rédaction définitive du cahier des charges, à ce moment de la procédure, constitue une notable innovation de la loi nouvelle. Autrefois on pouvait faire, la veille de l'adjudication, un dire qui changeait

(1) Agen, 28 janvier 1867, D. 67, 2, 245.

(2) Il a été jugé que cette lecture devait être faite par l'huissier audiencier et non par l'avoué du poursuivant. Montpellier, 28 avril 1851, D. 51, 2, 214.

les conditions de l'adjudication. Les enchérisseurs savaient que, le jour même de l'adjudication, ils devaient relire encore le cahier des charges, pour savoir si des changements, postérieurs à l'examen qu'ils en avaient fait, n'étaient pas venus le modifier. Si ce dire donnait lieu à une contestation, le procès fait en première instance et en appel pouvait reculer l'adjudication lorsqu'on était sur le point d'y procéder.

L'art. 694 (deuxième alinéa), ainsi que l'art. 695, ont eu pour but de remédier à ces inconvénients; mais l'innovation qu'ils introduisent n'a pas passé sans discussion. On la combattait, en faisant remarquer que, dans l'intervalle de trente à soixante jours qui séparera la publication de l'adjudication, des circonstances nouvelles pourront nécessiter des modifications au cahier des charges, et que le rendre incommutable à partir de la publication, soixante jours avant l'adjudication, c'était peut-être priver les parties intéressées de l'avantage qu'elles pourraient tirer des conditions nouvelles que des circonstances imprévues leur permettaient d'imposer à l'adjudicataire.

Mais les avantages de l'innovation proposée ont paru surpasser les inconvénients que je viens de signaler. En effet, les enchérisseurs futurs pourront, à partir de la publication, prendre des renseignements en toute sécurité sur un cahier des charges qui ne sera plus modifié. De plus, si les dires, observations et changements, proposés par les parties liées à la saisie, soulèvent des contestations, elles ne se produiront plus la veille de l'adjudication, de manière à rendre inutiles les démarches de ceux qui veulent enchérir, ainsi que les dépenses faites pour annoncer le jour de la vente. Ces contestations ne retarderont plus l'adjudication, puisqu'elles pourront être instruites et jugées dans l'intervalle de temps qui s'écoulera entre la publication et le jour fixé pour l'adjudication.

Nous avons dit, sur l'art. 690, que le poursuivant proposait la mise à prix qu'il jugeait convenable, en prenant pour bases les conditions qu'il insère dans le cahier des charges ; et vous savez que, faute d'enchères, il sera déclaré adjudicataire pour sa mise à prix (art. 706, 2e alinéa). Mais, si les conditions nouvelles, les changements proposés et admis dans le cahier des charges aggravent la position de l'adjudicataire futur, n'est-il pas à craindre qu'il ne se présente pas d'enchérisseurs? Dans ce cas, peut-on forcer le poursuivant à être adjudicataire pour sa mise à prix, lorsqu'on change les conditions sous l'empire desquelles il l'avait proposée? Ne doit-on pas au moins lui permettre de changer sa mise à prix, en présence des conditions défavorables nouvellement insérées dans le cahier des charges? Je crois que le poursuivant, dans cette hypothèse, aura le droit de demander et d'obtenir une modification de la première mise à prix. Dans tous les cas, il pourrait se soustraire à l'application de l'art. 706 en abandonnant sa poursuite; mais, faute par lui de demander une modification de sa mise à prix, il tomberait sous l'application de l'art. 706 s'il continuait sa poursuite, et serait déclaré adjudicataire faute d'enchérisseurs.

948. *Insertion dans les journaux* (art. 696, 697, 698).

« Art. 696 (*Rectifié par la loi du 21 mai 1858*). Quarante jours au plus tôt et vingt jours au plus tard avant l'adjudication, l'avoué du poursuivant fera insérer, dans un journal publié dans le département où sont situés les biens, un extrait signé de lui et contenant :

« 1° La date de la saisie et sa transcription ;

« 2° Les noms, professions, demeures du saisi, du saisissant et de l'avoué de ce dernier ;

« 3° La désignation des immeubles, telle qu'elle a été insérée dans le procès-verbal ;

« 4° La mise à prix ;

« 5° L'indication du tribunal où la saisie se poursuit, et des jour, lieu et heure de l'adjudication.

« Il sera, en outre, déclaré dans l'extrait que tous ceux du chef desquels il pourrait être pris inscription pour raison d'hypothèques légales, devront requérir cette inscription avant la transcription du jugement d'adjudication.

« Toutes les annonces judiciaires relatives à la même saisie seront insérées dans le même journal. »

Le but de cet article est de donner de la publicité à la vente ; et ce résultat sera parfaitement atteint par l'insertion, dans les journaux, d'un extrait conforme aux dispositions de l'art. 696.

Cet extrait contiendra (7e alinéa de notre article, ajouté par la loi du 21 mai 1858) une mention spéciale pour prévenir tous ceux du chef desquels existeraient des hypothèques légales, de les faire inscrire avant la transcription du jugement d'adjudication (Voy. aussi l'explication du dernier alinéa de l'art. 717, n° 969 ci-après).

Pour assurer une publicité sérieuse, la loi du 2 juin 1841 commanda aux cours d'appel, statuant en chambres réunies, après un avis motivé des tribunaux d'arrondissement, et sur les réquisitions du ministère public, d'attribuer chaque année, pour chaque arrondissement de leur ressort, à un ou plusieurs journaux du département, le monopole des annonces judiciaires. On craignait que le poursuivant ne fît faire l'insertion dans un journal peu répandu, afin que la vente fût peu connue, et que l'immeuble, faute d'enchérisseurs, ne lui demeurât pour la mise à prix. Mais l'exécution de cette mesure donna lieu à de vives réclamations. On prétendit que quelques cours désignaient exclusivement les journaux appartenant à tel parti politique, sans se préoccuper de la publicité qu'ils offraient. Ces plaintes amenèrent, après la révolution de février 1848, le décret du 8 mars 1848, qui abrogea cette disposition de la loi de 1841 (ancien dernier alinéa de l'art. 696).

Plus tard, le décret organique sur la presse (du 17 février 1852) ordonna, par son art. 23, l'insertion des annonces judiciaires, à peine de nullité, dans le journal ou dans les journaux de l'arrondissement ou du département, que le préfet doit désigner chaque année (Voy. aussi la circulaire ministérielle du 30 mars 1852, relative à l'exécution de cet art. 23 du décret de 1852).

Notre article, dans son dernier alinéa (ajouté par la loi du 21 mai 1858), exige, toujours dans l'intérêt d'une publicité plus réelle et plus efficace, que toutes les annonces judiciaires relatives à la même saisie soient insérées dans le même journal. Ainsi lorsque la vente a été annoncée dans un journal, si l'adjudication était remise à un autre jour dans l'un des cas prévus par l'art. 703, l'insertion, ayant pour but d'annoncer la nouvelle adjudication, ne pourrait être faite que dans le journal qui avait reçu la première insertion, à moins que ce journal n'ait cessé de paraître, ou qu'il ait cessé d'être désigné pour les annonces judiciaires.

« Art. 697. Lorsque, indépendamment des insertions prescrites par l'article précédent, le poursuivant, le saisi ou l'un des créanciers inscrits, estimera qu'il y avait lieu de faire d'autres annonces de l'adjudication par la voie des journaux, le président du tribunal devant lequel se poursuit la vente pourra, si l'importance des biens paraît l'exiger, autoriser cette insertion extraordinaire. Les frais n'entreront en taxe que dans le cas où cette autorisation aura été accordée. L'ordonnance du président ne sera soumise à aucun recours. »

Cet article permet de donner une publicité extraordinaire en raison de la grande importance de l'immeuble à vendre. C'est une question d'appréciation abandonnée à la sagesse du président du tribunal où se poursuit la vente.

« Art. 698. Il sera justifié de l'insertion aux journaux par un exemplaire de la feuille contenant l'extrait énoncé en l'article précédent ; cet exemplaire portera la signature de l'imprimeur, légalisée par le maire. »

Cette disposition indique comment sera faite la preuve de l'insertion aux journaux. Elle ne présente pas de difficulté.

949. 4° *Affiches* (art. 699, 700).

« Art. 699. Extrait pareil à celui qui est prescrit par l'art. 696 sera imprimé en forme de placard et affiché dans le même délai :

« 1° A la porte du domicile du saisi;

« 2° A la porte principale des édifices saisis ;

« 3° A la principale place de la commune où le saisi est domicilié, ainsi qu'à la principale place de la commune où les biens sont situés, et de celle où siège le tribunal devant lequel se poursuit la vente ;

« 4° A la porte extérieure des mairies du domicile du saisi et des communes de la situation des biens ;

« 5° Au lieu où se tient le principal marché de chacune de ces communes, et, lorsqu'il n'y en a pas, au lieu où se tient le principal marché de chacune des deux communes les plus voisines de l'arrondissement ;

« 6° A la porte de l'auditoire du juge de paix de la situation des bâtiments, et, s'il n'y a pas de bâtiments, à la porte de l'auditoire de la justice de paix où se trouve la majeure partie des biens saisis ;

« 7° Aux portes extérieures des tribunaux du domicile du saisi, de la situation des biens et de la vente.

« L'huissier attestera par un procès-verbal rédigé sur un exemplaire du placard, que l'apposition a été faite aux lieux déterminés par la loi, sans les détailler.

« Le procès-verbal sera visé par le maire de chacune des communes dans lesquelles l'apposition aura été faite. »

Cet article ordonne que l'extrait, qui a été inséré aux journaux, sera affiché partout où il y a lieu d'espérer qu'il sera en vue et pourra frapper les yeux de ceux qui voudraient enchérir le jour de l'adjudication. Ces différents lieux sont suffisamment déterminés par la loi.

Il ne s'est élevé de discussion sur l'art. 699 qu'à l'égard de ces mots : *A la porte du domicile du saisi.* Dans l'une et l'autre chambre, la suppression de ce paragraphe a été demandé pour deux motifs. On soutenait d'abord qu'en fait cette affiche était inutile, parce que le premier mouvement du saisi, en la voyant, serait de l'arracher, qu'elle serait supprimée, sinon par lui, au moins par sa femme, ses enfants, ses domestiques ; qu'en fait une telle affiche ne resterait pas une heure à la porte du saisi. Mais on répondit que l'affiche à la porte du saisi avait encore un autre but que la publicité : celui de faire connaître la vente au saisi. Puisqu'il avait été décidé, sur les art. 673 et 677, que le commandement et la dénonciation au saisi pouvaient être signifiés au domicile élu, on comprendrait que le saisi n'eût pas encore une connaissance réelle de la saisie. L'affiche apposée à sa porte l'instruira à cet égard, et, s'il arrache l'affiche de sa main, il y aura certitude complète qu'il a connu la saisie.

La seconde objection qu'on faisait valoir contre le paragraphe qui ordonne l'apposition d'une affiche à la porte du domicile du saisi consistait dans la contradiction de cette disposition avec les art. 673 et 677. Sur ces articles, en effet, comme nous l'avons vu, on n'avait pas voulu admettre que le commandement et la dénonciation du procès-verbal pussent être signifiés au domicile réel du débiteur, de peur que ce domicile ne fût inconnu. Or, disait-on, dans les art. 673 et 677, la loi a dispensé le poursuivant de trouver le domicile réel du débiteur, qui se cache peut-être ; et ici on exigerait que le poursuivant trouvât ce domicile réel, pour y apposer une affiche ! Malgré la force de cette objection, le n° 1 de l'article 699 fut adopté, sans qu'on expliquât bien nettement ce qu'il faudrait faire si le domicile du saisi était inconnu. Je crois qu'il y aurait lieu d'appliquer à cette hypothèse la disposition de l'art. 69, 8°, c'est-à-dire d'apposer l'affiche à la porte de la résidence actuelle du saisi, si son domicile n'est pas connu, et, si le lieu de résidence n'est pas connu, à la principale porte de l'auditoire du tribunal où se poursuit la vente. Il est vrai qu'alors cette affiche se confond avec celle qui est prescrite par le n° 7 de notre article.

« Art. 700. Selon la nature et l'importance des biens, il pourra être passé en taxe jusqu'à cinq cents exemplaires des placards, non compris le nombre d'affiches prescrit par l'art. 699. »

Cet article n'exige aucune explication.

950. Toutes les formalités et tous les délais énumérés dans cette section sont-ils prescrits à peine de nullité ?

« Art. 715. Les formalités et délais prescrits par les art. 690, 691, 692, 693, 694, 696, 698, 699..., seront observés à peine de nullité. »

Remarquez que tous ces articles contiennent des délais ou des formalités ; le seul art. 695, qui en contient aussi, n'est pas rappelé dans l'art. 715. En conséquence, il y aura nullité de la saisie immobilière pour violation d'un seul délai ou pour omission d'une seule formalité dans la partie de la poursuite comprise entre la transcription de la saisie et la vente, à l'exception des délais et formalités énumérés dans l'art. 695.

Que cette omission de l'art. 695 parmi ceux qui sont énumérés dans l'article 715 ait été faite à dessein, ou soit la suite d'une erreur, comme le croient quelques auteurs, il n'en est pas moins vrai que le texte de l'art. 715 est conçu en termes trop limitatifs pour qu'on puisse étendre la nullité à un cas qu'il n'a pas expressément prévu.

Les paragraphes 2 et 3 de l'art. 715 ont été expliqués plus haut après l'article 680.

QUARANTE-QUATRIÈME LEÇON

DE LA SAISIE IMMOBILIÈRE (SUITE).

§ 3. *De l'adjudication et de ses effets* (art. 702 à 717).

☞ **951.** Nous nous occuperons successivement, dans ce paragraphe (article 1er), du moment de l'adjudication, du mode des enchères, des personnes qui peuvent enchérir, de l'adjudication même, et de la déclaration par l'avoué du nom de l'adjudicataire; du jugement d'adjudication (art. 2); des effets de l'adjudication (art. 3); de la surenchère (art. 4).

Art. 1er. *Du moment de l'adjudication* (art. 702 703, 704), *du mode des enchères et de l'adjudication* (art. 705, 706), *des personnes qui peuvent enchérir* (art. 711) *et de la déclaration par l'avoué du nom de l'adjudicataire* (art. 707).

1° *Du moment de l'adjudication ou du moment où les enchères s'ouvriront* (art. 702, 703, 704).

« Art. 702. Au jour indiqué par l'adjudication, il y sera procédé sur la demande du poursuivant, et, à son défaut, sur celle de l'un des créanciers inscrits. »

Avant la loi de 1841, la saisie immobilière aboutissait à deux adjudications successives, une adjudication préparatoire d'abord, et ensuite l'adjudication définitive. Le minimum d'intervalle entre ces deux adjudications était de six semaines, d'après l'ancien art. 706 du Code de procédure, mais un décret du 2 février 1811 l'avait porté à deux mois.

Celui qui mettait la plus forte enchère le jour de l'adjudication préparatoire n'était qu'un adjudicataire provisoire pendant ces deux mois, et, le jour de l'adjudication définitive, la première enchère supérieure à la sienne réduisait à néant son adjudication préparatoire. Il lui suffisait donc, pour obtenir le même résultat, c'est-à-dire pour être le premier enchérisseur, de se présenter le jour de l'adjudication définitive, et il s'épargnait ainsi la peine de se déranger six semaines ou deux mois d'avance. Aussi l'adjudication préparatoire, en général, ne faisait venir aucun enchérisseur; elle avait dégénéré en une pure formalité, entraînant des frais et des délais inutiles. On n'a pas hésité à la supprimer dans la loi actuelle; il n'y a plus qu'une seule adjudication, qu'il n'est plus nécessaire, par conséquent, d'appeler définitive.

Les jour et heure de cette adjudication ont été précédemment fixés par le tribunal le jour de la publication (art. 695), après avoir entendu, s'il y a lieu, les observations du poursuivant, du saisi et des créanciers inscrits.

Au jour indiqué, il est procédé à l'adjudication, si elle est requise. Mais cette réquisition est nécessaire ; si personne ne réquérait l'adjudication, on en conclurait que la poursuite est abandonnée, et les enchères ne seraient pas ouvertes.

« Art. 703. Néanmoins l'adjudication pourra être remise sur la demande du poursuivant, ou de l'un des créanciers inscrits, ou de la partie saisie, mais seulement pour causes graves dûment justifiées.

« Ce jugement ne sera susceptible d'aucun recours. »

« Le jugement qui prononcera la remise fixera de nouveau le jour de l'adjudication, qui ne pourra être éloigné de moins de quinze jours ni de plus de soixante. »

« Art. 704. Dans ce cas, l'adjudication sera annoncée huit jours au moins à l'avance par des insertions et des placards, conformément aux art. 696 et 699. »

Si la poursuite n'est pas abandonnée, l'adjudication peut-elle au moins être remise à un autre jour? Les art. 703 et 704 répondent à cette question.

La remise de l'adjudication à un autre jour est une mesure grave. Ceux qui veulent se porter enchérisseurs sont peut-être venus de loin pour assister aux enchères. Une remise leur fait perdre leur temps, leurs frais de voyage, et peut-être ne reviendront-ils pas, si l'adjudication est remise. Aussi la question de savoir si l'adjudication peut être remise était autrefois très controversée. L'art. 703 a tranché cette question dans le sens de la solution affirmative. Seulement le législateur a laissé le moins possible à l'arbitraire des tribunaux. Quand le jour de l'adjudication est arrivé, si personne ne requiert l'adjudication, la poursuite est considérée comme abandonnée, ainsi que nous l'avons vu sur l'art. 702 ; ou l'adjudication est requise, et il y est procédé immédiatement, parce que personne n'en demande la remise ; ou enfin le poursuivant, un créancier inscrit ou la partie saisie demandent la remise, et le tribunal statue. Mais le tribunal ne pourrait jamais ordonner d'office la remise de l'adjudication.

Pour causes graves et dûment justifiées. Lors même que la remise de l'adjudication est requise, le tribunal ne doit pas l'accorder légèrement ; car elle entraîne de nouveaux frais d'affiches et d'insertions dans les journaux, aux termes de l'art. 704, qui renvoie lui-même aux art. 696 et 699 (1).

Quelquefois il y a des causes de remise obligatoires pour le tribunal. Ainsi, lorsque des moyens de nullité contre la procédure antérieure à la publication du cahier des charges ont été proposés dans les délais voulus (art. 728), que le jugement de première instance sur cette demande en nullité a été frappé d'un appel sur lequel il n'a pas encore été statué, il faut attendre l'arrêt sur l'appel avant de procéder à l'adjudication.

Ce jugement ne sera susceptible d'aucun recours. Si la remise est accordée du consentement de toutes les parties liées à la saisie, il y a plutôt acte judiciaire que jugement ; mais la remise est prononcée par un véritable jugement, si elle a été l'objet d'une contestation. La loi, cependant, même dans cette dernière hypothèse, ne donne aucun moyen de recours contre le jugement (2).

(1) Le jugement de remise n'est pas nul s'il ne contient pas l'expression des causes de la remise. Cass. Rej., 17 juin 1861, D. 62, 1, 83.

(2) Décidé de même que le jugement qui refuse la remise est également souverain. Rennes, 1er décembre 1843, D. 45, 4, 467. — Bordeaux, 29 mars 1848, D. 48, 5, 328. — Paris, 18 octobre 1848, D. 48, 2, 184. — Toulouse, 22 mars 1850, D. 51, 2, 22 — Cass. Rej., 18 février 1851, D. 51, 1, 19. — Cass. Rej., 5 juin 1861, D.61, 1, 379.

Le législateur a craint que la procédure de saisie ne fût prolongée outre mesure par des recours souvent mal fondés. Il est vrai qu'ils pourraient quelquefois être fondés. Mais on a pensé que, dans le cas prévu par notre article, il était plus avantageux pour toutes les parties de supprimer le droit de recours que d'en tolérer les abus.

➡ **952.** 2° *Du mode des enchères et de l'adjudication* (art. 705, 706). S'il n'y n'y a pas eu de remise, il est procédé à l'adjudication. L'ouverture des enchères doit-elle être précédée d'une nouvelle lecture du cahier des charges? On a reconnu, dans l'exposé des motifs de la loi, que cette lecture n'était pas nécessaire. Il est probable, en effet, que les enchérisseurs ont pris d'avance une connaissance approfondie du cahier des charges. Aujourd'hui surtout que toutes les modifications apportées à sa rédaction primitive doivent être proposées, d'après l'art. 694, avant toute publicité donnée à la vente, cette lecture serait complètement inutile.

Maintenant, les enchères sont ouvertes. Dans quelle forme doivent-elles être faites? Lisons les art. 705 et 706.

« Art. 705. Les enchères sont faites par le ministère d'avoués et à l'audience. Aussitôt que les enchères seront ouvertes, il sera allumé successivement des bougies préparées de manière que chacune ait une durée d'environ une minute.

« L'enchérisseur cesse d'être obligé si son enchère est couverte par une autre, lors même que cette dernière serait déclarée nulle. »

« Art. 706. L'adjudication ne pourra être faite qu'après l'extinction de trois bougies allumées successivement.

« S'il ne survient pas d'enchères pendant la durée de ces bougies, le poursuivant sera déclaré adjudicataire pour la mise à prix.

« Si, pendant la durée d'une des trois premières bougies, il survient des enchères, l'adjudication ne pourra être faite qu'après l'extinction de deux bougies sans nouvelle enchère survenue pendant leur durée. »

Les enchères sont faites par le ministère d'avoués. Le ministère des avoués a pour but de garantir que l'enchère est sérieuse. L'avoué doit connaître la solvabilité du client pour lequel il enchérit. Il est important que l'adjudicataire soit solvable ; autrement les créanciers, qui n'obtiennent pas de lui le prix de l'immeuble, se voient dans la nécessité de le poursuivre par la voie de la folle enchère (Voy. art. 733 et suiv.), qui entraîne de nouveaux frais, de nouveaux retards dans le payement des créances, et souvent une dépréciation de l'immeuble. Il est vrai que l'avoué peut enchérir pour une personne insolvable ; mais il encourra une responsabilité, et sera condamné à des dommages-intérêts (art. 711), si son client est notoirement insolvable.

Cette nécessité d'employer l'intermédiaire des avoués pour enchérir peut amener de sérieuses difficultés. Supposons, par exemple, que, pour une adjudication, il se présente sept ou huit enchérisseurs devant un tribunal qui ne compte que trois ou quatre avoués. Comment procéder dans cette conjoncture ? La difficulté d'ailleurs n'est pas nouvelle ; déjà, dans leurs observations sur le projet du Code de 1807, des tribunaux avaient réclamé, pour cette hypothèse, une disposition législative. Mais il ne fut pas tenu compte de leurs réclamations.

Dans la pratique et sous l'empire de ce Code, on a admis un avoué à enchérir pour plusieurs clients. Mais cette faculté elle-même présente de grands inconvénients. Ainsi un avoué est porteur de trois pouvoirs pour l'adjudication du même immeuble. Un de ses clients lui donne mandat de pousser les enchères jusqu'à 100,000 francs, le deuxième jusqu'à 120,000, le troisième jusqu'à 130,000. Si l'immeuble est adjugé pour plus de 120,000 francs, il n'y a pas de difficulté : c'est pour le troisième client que l'immeuble lui a été adjugé. Mais si l'adjudication a lieu pour moins de 120,000 fr., pour 110,000 par exemple, pour qui, du second ou du troisième, l'adjudication a-t-elle été faite ? Et si le prix de l'adjudication est au-dessous de 100,000, pour lequel des trois l'avoué s'est-il rendu adjudicataire ? On pourrait sortir d'embarras en décidant que, dès que l'avoué a trois pouvoirs inégaux, il y a obligation pour lui de pousser l'enchère au delà des limites du second pouvoir, et de faire adjuger l'immeuble au-dessous du chiffre le plus élevé, c'est-à-dire, dans notre espèce, de se rendre adjudicataire pour le troisième client.

Mais la difficulté restera tout entière si l'avoué a reçu deux pouvoirs égaux. *Primus* et *Secundus*, dont il avait accepté le mandat, lui ont écrit, chacun de leur côté, au moment de l'adjudication, qu'ils entendaient pousser les enchères jusqu'à 100,000 fr. L'immeuble a été adjugé à cet avoué moyennant 95,000 fr. Pour qui a-t-il acheté ? Lui imposera-t-on à chaque enchère l'obligation de désigner la personne pour qui il la fait ? Mais par quel motif déclarera-t-il faire telle enchère pour *Primus* plutôt que pour *Secundus ?* Et, s'il se rend adjudicataire sans désignation, lui laissera-t-on la liberté de choisir entre ses clients celui à qui il attribuera le bénéfice de l'adjudication si elle est avantageuse, ou à qui il en imposera la charge si elle est faite à un prix trop élevé ?

On avait proposé de permettre aux notaires d'enchérir pour une partie, lorsque les avoués du tribunal où se fait l'adjudication avaient déjà tous des pouvoirs de la part d'autres parties; mais ce serait confier aux notaires une mission tout à fait étrangère à leurs attributions.

La question fut soulevée, dans la discussion de la loi de 1841, sur notre art. 705, mais elle ne fut pas résolue. Un membre voulait qu'on défendît à un avoué d'enchérir pour plus d'une personne, et qu'on permît au tribunal d'autoriser les parties qui ne trouvaient plus d'avoué à enchérir elles-mêmes. Cet amendement ne fut même pas appuyé, parce qu'il ôtait toute garantie de la solvabilité des enchérisseurs (art. 711).

On reste donc dans l'incertitude et sous l'empire des difficultés que je signalais tout à l'heure. Ce qu'il y a encore de plus raisonnable, c'est de permettre à l'avoué d'enchérir pour plusieurs personnes. Mais alors il serait à désirer que l'avoué eût auprès de lui à l'audience tous les clients qui l'ont chargé de leur servir d'intermédiaire, et l'avoué ne ferait tout haut une enchère pour un de ses clients, qu'à mesure que celui-ci l'en chargerait à voix basse ou par signes.

953. Les art. 705 et 706 indiquent après quelle durée de temps une enchère devient définitive. Dès que les enchères sont ouvertes, de petites bougies durant à peu près une minute, sont successivement allumées. Si trois bougies s'éteignent sans qu'aucune enchère soit portée, l'immeuble est adjugé au poursuivant pour la mise à prix. S'il survient des enchères, chaque nouvel enchérisseur ne devient adjudicataire que si deux bougies s'éteignent après son enchère, sans qu'elle soit suivie d'une enchère nouvelle.

Au surplus, ce système de bougies, qui est fort ancien, pourrait être remplacé par un autre moyen. L'art. 10 de la loi du 2 juin 1841 a donné au gouvernement le droit de déterminer d'une autre manière l'intervalle qui peut s'écouler entre deux enchères, et après lequel l'adjudication doit avoir lieu s'il n'y a pas d'enchères nouvelles. Ce moyen devrait être fixé par un règlement d'administration publique. Mais les bougies n'ont pas encore cessé d'être employées.

954. *L'enchérisseur cesse d'être obligé si son enchère est couverte par une autre, lors même que cette dernière serait déclarée nulle* (705). Prenons un exemple. Des enchères sont ouvertes, par suite de saisie immobilière, sur la mise à prix de 100,000 fr. Une première enchère de 1,000 fr. porte l'offre à 101,000 fr.; je fais faire ensuite par un avoué une autre enchère de 1,000 fr., c'est-à-dire que j'offre de porter le prix à 102,000 fr. Enfin une enchère nouvelle de 1,000 fr. suit la mienne; mais cette dernière enchère est nulle. Mon enchère, qui précédait cette enchère nulle, est néanmoins éteinte et cesse de m'obliger. Mais cette extinction de mon enchère par une enchère suivante, même nulle, est-elle absolue ou facultative? Sans doute, si l'enchère qui suit la mienne est nulle, on ne peut pas considérer mon enchère précédente comme obligatoire pour moi; mais puis-je faire revivre mon enchère précédente, qui n'a été couverte que par une enchère nulle? Il faut répondre négativement. L'enchère postérieure, même nulle, anéantit les enchères précédentes d'une manière absolue. Le deuxième alinéa de l'art. 705 n'établit pas au profit du précédent enchérisseur un droit auquel il puisse renoncer. Toute enchère, une fois couverte, ne peut plus revivre, que l'enchère postérieure soit valable ou nulle.

D'un autre côté, si je couvre une enchère précédente, je ne puis rétracter mon enchère sous prétexte de la nullité de l'enchère qui précédait la mienne.

Ainsi la nullité d'une enchère postérieure à la mienne éteint néanmoins mon enchère, et la nullité de l'enchère antérieure à la mienne n'infirme pas la validité de mon enchère.

Quant à la différence d'une enchère à l'autre, un tribunal avait demandé qu'on fixât un minimum d'offre; ainsi, une enchère nouvelle aurait dû être au moins supérieure de 5 fr. à l'enchère précédente dans les ventes effectuées sur une mise à prix de moins de 1,000 fr., etc. Mais cette disposition n'a pas été admise. La différence d'une enchère sur l'autre reste donc entièrement facultative, à moins que le cahier des charges ne contienne quelque clause à cet égard. Ni le président (1), ni le tribunal ne pourraient fixer un minimum d'enchères sans le consentement des intéressés.

☞ **955.** 3° *Des personnes qui peuvent enchérir* (art. 711). Pour qui les avoués

(1) Montpellier, 5 janvier 1856, D. 57, 2, 21. — Cass. Rej., 6 avril 1857, D. 57, 1, 157.

peuvent-ils enchérir à l'audience le jour de l'adjudication? En général, pour toute personne capable de contracter. Mais cette règle comporte quelques exceptions énumérées dans l'art. 711.

« Art. 711. Les avoués ne pourront enchérir pour les membres du tribunal devant lequel se poursuit la vente, à peine de nullité de l'adjudication ou de la surenchère, et de dommages-intérêts.

« Ils ne pourront, sous les mêmes peines, enchérir pour le saisi ni pour les personnes notoirement insolvables. L'avoué poursuivant ne pourra se rendre personnellement adjudicataire ni surenchérisseur, à peine de nullité de l'adjudication ou de la surenchère, et de dommages-intérêts. »

Les dispositions de l'art. 711 traitent de certaines incapacités d'enchérir, soit lors de l'adjudication sur saisie, soit lors de la remise en vente par suite de surenchère quand il y a lieu (Voy. les art. 708, 709, 710).

En règle générale, je le répète, toute personne capable de contracter peut enchérir dans la forme déterminée par l'art. 705; mais l'art. 711, par exception, déclare incapables d'enchérir quatre classes de personnes : les membres du tribunal devant lequel se poursuit la vente, le saisi, les personnes notoirement insolvables et l'avoué du poursuivant. Examinons successivement les motifs et l'étendue de chacune de ces incapacités.

Les membres du tribunal devant lequel se poursuit la vente. On a voulu, en créant cette incapacité, écarter tout germe d'un soupçon injurieux contre la magistrature; on aurait pu insinuer que le membre du tribunal qui se serait rendu adjudicataire avait usé de son influence pour écarter les enchérisseurs et se faire adjuger l'immeuble au-dessous de sa valeur. Cette incapacité s'applique aux juges, aux juges suppléants, au procureur de la République et à ses substituts, ainsi qu'au greffier. L'ancien art. 713 du Code de procédure poussait plus loin la prohibition : il frappait de la même incapacité le procureur général et les avocats généraux de la cour d'appel dans le ressort de laquelle se poursuit la vente. Mais les membres du parquet de la cour d'appel n'ont aucune influence sur la procédure de saisie et sur l'adjudication; on a donc supprimé, dans l'art. 711, la disposition qui les concernait. Ils sont maintenant capables d'enchérir et de se rendre adjudicataires.

On s'est demandé si la prohibition d'enchérir s'appliquait au membre du tribunal où se poursuit la vente lorsqu'il est créancier inscrit sur l'immeuble mis aux enchères? Cette question a divisé les auteurs. Ceux qui considèrent le magistrat comme incapable, même dans cette hypothèse, font remarquer que l'art. 711 est formel et ne distingue pas. Je crois cependant que l'opinion contraire doit prévaloir. Le membre du tribunal peut certainement être créancier hypothécaire; en cette qualité, on lui accordera, sans doute, la faculté de saisir l'immeuble qui lui est hypothéqué, et de jouer le rôle de poursuivant dans la saisie. Comme poursuivant, il peut demeurer adjudicataire, aux termes du deuxième alinéa de l'art. 706. S'il peut être adjudicataire pour la mise à prix, quel inconvénient y a-t-il à lui permettre d'enchérir, c'est-à-dire de se rendre adjudicataire pour une somme supérieure à la mise à prix? Ce n'est pas à titre de peine, comme l'avoué qui ne représente pas le pouvoir de celui pour qui il a fait une enchère (art. 707), que le membre du tribunal poursuivant demeure adjudicataire faute d'enchère, c'est comme plus offrant enchérisseur, puisque sa mise à prix est en réalité une enchère, la première enchère, qui n'a été suivie d'aucune autre. D'ailleurs, dès que le membre du tribunal est créancier inscrit, il a été partie à la procédure de saisie, et a dû s'abstenir, comme membre du tribunal, de toutes les opérations, de tous les jugements de cette procédure qui l'intéressait personnellement. On ne peut donc le soupçonner d'avoir, dans un intérêt personnel, rendu telle décision, fait insérer telle clause dans le cahier des charges ou de l'en avoir fait rejeter, d'avoir fixé le jour de l'adjudication à tel jour plutôt qu'à tel autre, puisqu'il s'est abstenu de toute participation à ces actes judiciaires ou jugements, tandis que le membre du tribunal qui n'est pas partie à la procédure de saisie pourrait être soupçonné d'avoir participé à des actes et jugements, avec l'intention arrêtée d'avance de se porter enchérisseur le jour de l'adjudication. J'admettrais donc le membre du tribunal, qui est en même temps créancier inscrit, à se porter enchérisseur, sauf à prouver la fraude, s'il y avait lieu (1).

956. *Le saisi*. Les avoués ne peuvent enchérir pour le saisi. Comment, en effet, payerait-il le prix, puisque l'immeuble est précisément vendu parce qu'il n'acquitte pas ses dettes ? Aussi la loi nomme-t-elle dans la même phrase le saisi et les personnes notoirement insolvables. Ni celui-là ni ceux-ci n'offrent aux créanciers des garanties suffisantes pour le payement immédiat de leurs créances jusqu'à concurrence du prix de l'adjudication.

Mais le saisi ne pourrait-il pas être solvable ? Ainsi, il a des rentes sur l'État qui sont insaisissables. Il a laissé saisir son immeuble, mais il eût pu payer, s'il l'eût voulu. Même dans ce cas, il ne pourra se rendre adjudicataire ; qui assure, en effet, qu'il payera le prix de l'adjudication plus qu'il n'a payé ses dettes ?

Les observations que nous venons de présenter supposent que le saisi est en même temps le débiteur personnel des créanciers liés à la poursuite. Mais la saisie peut être poursuivie contre un tiers détenteur, qui peut être très solvable. Le déclarerons-nous cependant incapable d'enchérir en sa qualité de saisi? Je crois que l'incapacité ne doit pas être étendue au saisi, tiers détenteur, dont la solvabilité n'est pas douteuse. Mais, dira-t-on, pourquoi a-t-il laissé saisir l'immeuble, au lieu de payer les créanciers ? Peut-être n'a-t-il pu s'accorder avec les créanciers inscrits sur le chiffre qu'il devait leur payer. Ainsi il est donataire de l'immeuble ; il a offert de payer aux créanciers 150,000 francs sur les 3 ou 400,000 francs de créances garanties par les hypothèques qui grèvent l'immeuble. Il ne veut pas acquitter la totalité des dettes inscrites, c'est-à-dire peut-être deux ou trois fois la valeur de cet immeuble. Il laissera opérer la saisie ; il se rendra adjudicataire le jour de la mise aux enchères, et l'adjudication fixera la valeur de l'immeuble et la somme qu'il doit payer aux créanciers inscrits. La loi, il est vrai, a trouvé une marche plus simple et plus habituellement suivie pour déterminer la somme que l'acquéreur doit payer aux créanciers pour affranchir son immeuble des hypothèques qui la

(1) Grenoble, 19 avril 1823. — Montpellier, 23 mai 1835 (Dall., *Rép.*, v° *Vente publique d'immeubles*, n° 1629).

grèvent : je veux parler des formalités de la purge. Mais l'acquéreur a négligé ce moyen plus rapide et moins coûteux; et maintenant que l'immeuble est mis aux enchères, quel inconvénient y a-t-il à lui donner la faculté d'enchérir et de faire porter le prix à une somme plus forte que celle qui est offerte par les autres enchérisseurs ?

Le conjoint du saisi peut-il se rendre adjudicataire? Je n'hésite pas à décider l'affirmative, à moins qu'il ne soit lui-même notoirement insolvable. La femme du saisi peut avoir particulièrement un grand intérêt, comme créancière hypothécaire du mari, à faire monter l'immeuble à son plus haut prix, et même à s'en rendre adjudicataire pour se couvrir de sa créance; aucune disposition de la loi ne la déclare incapable d'enchérir. On a objecté que le conjoint du saisi pouvait être considéré comme une personne interposée, et que c'était peut-être le saisi lui-même qui rachetait sous le nom de son conjoint et violait ainsi la disposition de l'art. 711. Mais cette objection ne doit pas nous arrêter; les règles d'interposition de personnes, tracées aux art. 911 et 1099 du Code civil, sont tout à fait spéciales à la matière des donations, et ne doivent pas être transportées dans la saisie immobilière (1).

957. *Les personnes notoirement insolvables.* J'ai déjà montré (n° 953) l'inconvénient d'une adjudication faite à une personne insolvable.

Qu'entend-on par *personnes insolvables ?* L'insolvabilité notoire ne saurait être rigoureusement définie ; l'appréciation de l'insolvabité est abandonnée à la sagesse des tribunaux (2).

958. Enfin, *l'avoué poursuivant.* En écrivant cette prohibition dans l'article 711, la loi de 1841 a tranché une question fort débattue auparavant.

Pourquoi l'avoué poursuivant est-il incapable d'enchérir ? La loi craint que l'avoué poursuivant, chez qui les futurs enchérisseurs iront demander des renseignements, ne cherche à détourner ceux qui veulent enchérir de leur intention d'acheter l'immeuble saisi, afin d'écarter ainsi les concurrents et d'obtenir l'immeuble au-dessous de sa valeur. Cette crainte avait déjà motivé dans le Code civil, la disposition de l'art. 1596. D'après cet article, tous ceux qui sont chargés de faire vendre les biens d'une autre personne ne peuvent s'en rendre adjudicataires. Ainsi il est défendu au tuteur d'acheter les biens du mineur, au mandataire d'acheter les biens que le mandant l'a chargé de vendre, etc. Notre art. 711, en ce qui concerne l'avoué poursuivant, n'est donc que l'application du principe posé dans l'art. 1596, C., civ., qui reste d'ailleurs applicable à notre matière quant aux prohibitions qu'il contient.

Ainsi le tuteur ne pourra acheter aux enchères les biens du mineur ou de l'interdit, lorsque ces biens sont vendus sur saisie immobilière ; le mandataire

(1) Aix, 27 avril 1809. — Besançon, 12 mars 1811 (Dall., *Rép.*, v° *Vente publique d'immeubles*, n° 1635).

(2) ** Jugé que l'insolvabilité notoire dans le sens de l'article 711 doit s'entendre de celle qui était à la connaissance, non pas de tous les habitants soit du lieu où s'est faite l'adjudication, soit du lieu où l'acquéreur est domicilié, mais simplement de ceux pour lesquels, avant les enchères, l'acquéreur n'était pas un inconnu. Nancy, 8 avril 1881, S. 82, 2, 128.

ne pourra pas se rendre adjudicataire des biens de son mandant, etc. Le motif qui a dicté l'art. 1596 s'applique ici parfaitement. Si le saisi ou son représentant, liés à la saisie, aident les créanciers dans la poursuite, afin d'obtenir le plus haut prix possible, ce sera naturellement au tuteur ou au mandataire du saisi, qui sont détenteurs des titres de propriété, que les renseignements seront demandés par ceux qui se proposent d'enchérir. Nous écarterons donc des enchères ces mandataires, afin de ne pas les placer entre leur intérêt et leur devoir; leur intérêt, qui les porterait, s'ils pouvaient enchérir, à donner des renseignements défavorables pour écarter les concurrents, et leur devoir, qui impose l'obligation de faire tout ce qui dépend d'eux pour faire porter au plus haut prix possible le bien de celui qu'ils représentent. Quelle serait, d'ailleurs, la raison de différence entre l'adjudication sur vente volontaire et l'adjudication sur saisie des immeubles du mineur ou de l'interdit? C'est toujours aux enchères que ces biens sont vendus, même quand la vente est volontaire (art. 954, 988, C. pr., 450 et 509, C. civ.).

Quant aux avoués, autres que le poursuivant, les considérations que nous venons d'exposer ne leur sont pas applicables; ils peuvent donc enchérir et se rendre adjudicataires pour eux-mêmes.

959. L'adjudication, prononcée au profit d'une des personnes pour lesquelles il est défendu d'enchérir, sera nulle, aux termes de l'art. 711. De quelle sorte de nullité est-il ici question? Il résulte de la discussion de l'art. 711 que l'adjudication est seulement entachée d'une annulabilité qui ne peut être invoquée que par les créanciers inscrits et le poursuivant, mais non par l'incapable lui-même, c'est-à-dire par le membre du tribunal, l'avoué poursuivant, la personne notoirement insolvable, s'ils s'étaient rendus adjudicataires. Quant au saisi, il pourra demander la nullité, comme les créanciers inscrits et le poursuivant, contre les membres du tribunal, l'avoué poursuivant, les personnes insolvables adjudicataires; mais il ne peut agir en nullité, lorsque c'est lui-même qui a violé l'art 711 en se rendant adjudicataire.

⇒ 960. 4° *De la déclaration du nom de l'adjudicataire* (art. 707).

« Art. 707. L'avoué, dernier enchérisseur, sera tenu, dans les trois jours de l'adjudication, de déclarer l'adjudicataire et de fournir son acceptation, sinon de représenter son pouvoir, lequel demeurera annexé à la minute de sa déclaration; faute de ce faire, il sera réputé adjudicataire en son nom, sans préjudice des dispositions de l'art. 711. »

La déclaration du nom de l'adjudicataire par l'avoué dernier enchérisseur se fait au greffe sur le cahier des charges. Souvent l'adjudicataire accompagne l'avoué, fait immédiatement son acceptation et la signe, ou mention est faite qu'il ne peut signer. L'acceptation peut aussi être fournie séparément. L'avoué est même dispensé de la fournir, en représentant le pouvoir qu'il avait reçu du client avant l'adjudication.

Quelquefois l'avoué se contente d'un pouvoir verbal du client; mais il faut alors qu'il connaisse le client, et ait confiance en sa loyauté. Autrement, si l'adjudicataire, s'apercevant qu'il a fait une mauvaise affaire, niait le mandat qu'il a donné, ou prétendait qu'il n'a pas autorisé l'avoué à pousser les enchères jusqu'à la somme pour laquelle l'adjudication a eu lieu, l'avoué serait réputé adjudicataire en son nom personnel. On a fait observer, dans la discussion, que cette dernière disposition mettait en contradiction notre article avec l'art. 711, qui défend à l'avoué poursuivant de se rendre adjudicataire. L'avoué poursuivant peut, en effet, être chargé par le poursuivant ou par toute autre personne d'enchérir ou d'acheter. Or, a-t-on dit, ne peut-il pas feindre d'avoir un mandat d'enchérir? Faute de représenter un pouvoir, il sera alors déclaré adjudicataire aux termes de l'art. 707, tandis que l'art. 711 lui défend de l'être. Mais on a fait observer que cette contradiction n'était qu'apparente. Il est défendu à l'avoué poursuivant de se rendre volontairement adjudicataire; mais l'adjudication peut lui être imposée à titre de peine, comme dans le cas de l'art. 707. Sans doute, l'avoué pourra, au moyen de cette peine, violer indirectement la prohibition de l'art. 711; mais, si cette fraude était découverte, il encourrait toute la rigueur des peines disciplinaires. Et c'est pour prouver qu'en rédigeant l'art. 707, on ne perdait pas de vue les dispositions de l'art. 711, qu'on a, dans le premier, renvoyé expressément au second.

Outre la déclaration du nom de l'adjudicataire que l'avoué doit faire dans les trois jours de l'adjudication, le client, dont le nom a été ainsi déclaré, peut lui-même faire une déclaration de command. La déclaration de command ou de mandat a pour but d'indiquer que l'adjudicataire déclaré par l'avoué n'était lui-même qu'un mandataire; qu'il a donné à l'avoué l'ordre d'acheter non pas pour lui-même, mais pour une autre personne qui lui avait donné mandat d'acquérir l'immeuble mis aux enchères. Mais cette faculté de faire une déclaration de command est soumise à deux conditions rigoureusement exigées: la déclaration de command doit être faite dans les vingt-quatre heures de l'acceptation de l'adjudication déclarée par l'avoué, et, de plus, il faut que l'avoué, en désignant le nom de l'adjudicataire, ait expressément réservé à son client la faculté de faire une déclaration de command.

Quel inconvénient y aurait-il à permettre de faire cette déclaration de command après un plus long délai, et sans que la réserve de la faire eût été exprimée dans la déclaration de l'avoué? On a craint que cette déclaration de command ne cachât une revente. On a craint que ce prétendu mandat ne fût imaginé qu'après l'adjudication faite, et que le client désigné par l'avoué ne voulût transférer l'immeuble à un tiers, en feignant d'avoir acheté comme mandataire, tandis qu'en réalité il achète l'immeuble pour son propre compte, et veut en opérer la revente. Il y a une grande importance à distinguer si je me suis rendu adjudicataire pour moi-même d'un immeuble que j'ai revendu à Paul, ou si je ne me suis rendu adjudicataire que comme mandataire de Paul et pour lui. En effet, lorsque j'achète pour Paul et comme son mandataire, la propriété passe directement du saisi à Paul, sans reposer un seul instant dans mes mains; tandis que si je me rends adjudicataire pour mon compte, et que je revende ensuite à Paul, la propriété de l'immeuble a passé du saisi à moi, et ensuite de moi à Paul. Dans la première hypothèse, il n'y a eu qu'une transmission de la propriété pour que l'immeuble fût acquis à Paul; il y en a eu deux dans la seconde. Aussi, au point de vue des lois fiscales, si la propriété n'a été transférée qu'une fois, ne sera-t-il dû qu'un droit de mutation; mais il faudra payer deux droits de mutation, si deux transmissions de propriété distinctes se sont succédé. C'est surtout à ce point de vue que les lois ont cherché les moyens d'empêcher la fraude qui consisterait à cacher une revente sous l'apparence d'une déclaration de command. C'est la loi sur l'enregistrement, la loi du 22 frimaire an VII, art. 69, § 7, 3° qui a exigé, pour qu'il n'y eût pas lieu à deux droits de mutation, que l'avoué eût fait pour son client la réserve de déclarer un command, et que cette déclaration fût faite dans les vingt-quatre heures (1) (Voy. aussi les art. 52 et 54 de la loi de finances du 28 avril 1816).

La distinction entre l'adjudication pour le compte personnel de l'adjudicataire qui revend et l'adjudication faite à un mandataire a encore une autre importance. Si je me suis rendu adjudicataire d'un immeuble pour moi-même, et que je l'aie revendu à Paul, j'ai pu valablement, pendant le temps où j'ai été propriétaire, ne fût-ce qu'un jour, une heure, constituer sur cet immeuble des hypothèques, des servitudes, etc. En admettant même que je n'aie fait aucune concession volontaire de servitudes ni d'hypothèques, il est cependant certain que l'hypothèque légale de ma femme, que celle du mineur dont je suis le tuteur, auront frappé cet immeuble dès l'instant où j'en suis devenu propriétaire, quoique mon droit de propriété n'ait duré que quelques instants. Ces hypothèques suivront l'immeuble dans les mains de Paul à qui je l'ai vendu. Si, au contraire, je ne suis devenu adjudicataire que pour Paul et par suite de son mandat, la propriété a passé directement du saisi à Paul; elle n'a jamais résidé sur ma tête; je n'ai pu consentir aucune servitude, aucune hypothèque, et ni ma femme ni le mineur dont je suis le tuteur ne pourront réclamer d'hypothèque légale sur cet immeuble.

Malgré ces précautions de la loi, la déclaration de command n'est bien souvent en réalité qu'une revente. Ainsi, je me rends adjudicataire d'un immeuble à l'audience des criées avec l'intention de l'acheter pour moi. Paul m'offre le soir 10,000 fr. pour le substituer à ma place dans l'adjudication. J'accepte cette offre, et en conséquence, le lendemain, je charge mon avoué de déclarer qu'il a enchéri pour moi, en me réservant la faculté de déclarer command. Dans les vingt-quatre heures qui suivent, je déclare moi-même que je n'étais que le mandataire de Paul. Il y a là véritablement une revente; mais, faute de preuves, ni la régie de l'enregistrement, ni ceux qui auraient intérêt à ce que la propriété eût résidé sur ma tête, ne pourront, la plupart du temps, réclamer, la Régie, deux droits de mutation, la femme et le mineur, des hypothèques légales. Mais, si le fait d'une revente était prouvé, il serait dû deux droits de mutation, et l'immeuble serait grevé, entre les mains du second acheteur, des hypothèques légales de la femme et du pupille de celui qui s'était rendu adjudicataire, quoiqu'il y eût réserve d'élire un command,

(1) L'art. 69, § 7, loi du 22 frimaire an VII, porte : *Dans les vingt-quatre heures de l'adjudication*. Mais on fait partir les vingt-quatre heures de la déclaration faite par l'avoué, puisque l'avoué a trois jours pour déclarer l'adjudication, et qu'il doit en même temps faire la réserve de la déclaration de command qui, en conséquence, est postérieure. Sous la loi de l'an VII, d'ailleurs, on concevait que la déclaration de command dût être faite dans les vingt-quatres de l'adjudication, parce qu'alors il n'y avait pas d'avoué, que la partie enchérissait elle-même, et que c'était à elle que l'adjudication était faite. — Cass., 1er février 1854, D. 54, 1, 72.

dans la déclaration de l'avoué, et que cette élection eût été faite dans un délai légal. Il faut, d'ailleurs, laisser à l'appréciation des tribunaux l'examen des circonstances qui peuvent faire décider si la déclaration de command est sincère ou cache une revente.

⇒ **961.** Art. 2. *Du jugement d'adjudication* (art. 712, 713, 714, 716).

« Art. 712. Le jugement d'adjudication ne sera autre que la copie du cahier des charges rédigé ainsi qu'il est dit en l'art. 690 ; il sera revêtu de l'intitulé des jugements et du mandement qui les termine, avec injonction à la partie saisie de délaisser la possession aussitôt après la signification du jugement, sous peine d'y être contrainte, même par corps. »

Le jugement d'adjudication est toujours assujetti à toutes les formes d'un véritable jugement, c'est-à-dire d'une décision sur une contestation ; mais il n'en a pas toujours les caractères. En effet, s'il se borne à contenir la copie du cahier des charges et le procès-verbal de la réception des enchères et de l'adjudication, le jugement d'adjudication n'est, à vrai dire, qu'un procès-verbal et constitue plutôt un acte judiciaire qu'un jugement proprement dit (1). (Voy. le nº 101.)

Mais si, au moment de procéder à l'adjudication, on élève des difficultés plus ou moins fondées, si l'on demande une remise conformément à l'art. 703, le tribunal statue sur ces difficultés immédiatement avant de passer à l'adjudication, et, s'il ordonne de passer outre, sa décision est consignée sur le jugement d'adjudication, avant le procès-verbal de la réception des enchères. Alors le jugement d'adjudication a le caractère d'un véritable jugement, au moins en ce qui concerne la décision des contestations.

Le jugement d'adjudication est, comme les autres jugements, précédé et suivi de la formule exécutoire, à laquelle on ajoute une injonction à la partie saisie *de délaisser la possession aussitôt après la signification du jugement, sous peine d'y être contrainte, même par corps.* Je crois que ces derniers mots ne se réfèrent pas à une véritable contrainte par corps, c'est-à-dire à un emprisonnement. Autrement quelle en serait la durée? Je me suis rendu adjudicataire d'un immeuble; je signifie au saisi le jugement d'adjudication ; il refuse de quitter les lieux et de me mettre en possession. Si je puis le faire emprisonner pour me débarrasser de sa présence dans l'immeuble qui m'est adjugé, combien de temps devra-t-on le retenir en prison? Evidemment, dès que sa disparition me permet d'entrer dans la maison, le but que je me propose est atteint, et je n'ai plus rien à demander au détenteur. Il n'est donc pas même besoin de le mener jusqu'à la prison ; il suffit de le faire sortir de la maison qu'il refuse d'évacuer.

Aussi, dans mon opinion, cette contrainte par corps n'est-elle autre chose que l'exécution par la force du jugement d'adjudication, c'est-à-dire l'exécution de l'injonction faite au saisi de délaisser la possession de l'immeuble adjugé. Dès l'instant que le saisi, qui résiste à cette injonction, aura été expulsé par la force publique et que l'adjudicataire aura été mis en possession, il n'y

(1) Cass. Rej., 18 février 1846, D. 46, 1, 134.

a plus de motif pour retenir en prison le possesseur, sauf l'application des peines portées par la loi contre le saisi qui troublerait la jouissance de l'adjudicataire par des violences et des voies de fait.

De cette manière d'expliquer la fin de l'art. 712, il résulte que cette contrainte par corps spéciale, ou plutôt cette exécution forcée de l'injonction de délaisser la possession, sera applicable à tout saisi, et que cette exécution par la force ne sera pas prohibée par la loi du 22 juillet 1867 qui supprime la contrainte par corps.

Si l'adjudicataire trouve dans l'immeuble adjugé des meubles appartenant au saisi, et que celui-ci néglige ou refuse de les faire enlever, l'adjudicataire, après lui avoir fait une sommation dans ce but, se fera autoriser par ordonnance du président à les déposer dans un lieu désigné par l'ordonnance.

962. « Art. 713. Le jugement d'adjudication ne sera délivré à l'adjudicataire qu'à la charge, par lui, de rapporter au greffier quittance des frais ordinaires de poursuite, et la preuve qu'il a satisfait aux conditions du cahier des charges qui doivent être exécutées avant cette délivrance. La quittance et les pièces justificatives demeureront annexées à la minute du jugement, et seront copiées à la suite de l'adjudication ; il y sera contraint par la voie de la folle enchère, ainsi qu'il sera dit ci-après, sans préjudice des autres voies de droit. »

Frais ordinaires de poursuite. Ce sont les frais nécessaires pour parvenir à l'adjudication, les frais qui ont pour objet l'accomplissement de toutes les formalités d'une poursuite de saisie immobilière dégagée d'incidents.

Les frais des incidents rentreraient dans ceux que la loi qualifie d'extraordinaires (art. 714).

Il y sera contraint par la voie de la folle enchère. Nous expliquerons sur les articles 733 et suivants les règles de la folle enchère.

Sans préjudice des autres voies de droit. L'adjudicataire, qui ne paye pas le prix de l'adjudication, est exposé aux poursuites de folle enchère, qui anéantissent l'adjudication et font remettre l'immeuble aux enchères ; mais les créanciers peuvent aussi le forcer à payer le prix de son adjudication par les voies ordinaires de droit, c'est-à-dire par la saisie et la vente de ses meubles et de ses autres immeubles.

963. « Art. 714. Les frais extraordinaires de poursuites seront payés par privilège sur le prix, lorsqu'il en aura été ainsi ordonné par le jugement.

Les frais extraordinaires de poursuite sont ceux que nécessitent les incidents de la saisie et les contestations soulevées par ces incidents. La loi semble remettre aux tribunaux le droit de décider si ces frais seront ou non privilégiés. Mais les tribunaux ne statueront pas arbitrairement à cet égard. En général, ils appliqueront la règle suivante : les frais seront privilégiés s'ils ont été faits dans l'intérêt commun de la masse des créanciers ; s'ils ne sont faits que dans l'intérêt d'un seul, ils ne seront pas privilégiés ; ils resteront exclusivement à la charge de ce créancier, s'il succombe dans l'incident qu'il a soulevé ; et, s'il triomphe, il sera seulement autorisé à employer ces frais comme accessoires de sa créance.

964. « **Art. 716. Le jugement d'adjudication ne sera signifié qu'à la personne ou au domicile de la partie saisie.** »

« **Mention sommaire du jugement d'adjudication sera faite en marge de la transcription de la saisie à la diligence de l'adjudicataire.** »

Le saisi recevra seul la signification du jugement d'adjudication ; il est le plus directement intéressé à connaître cette adjudication, qui l'a dépouillé de sa propriété. D'ailleurs l'adjudicataire a encore quelque chose à lui demander, le délaissement de la possession. Il est conforme aux règles de la procédure (art. 147 et 148) de ne faire exécuter le jugement qu'après l'avoir fait signifier.

Quant aux créanciers inscrits, le jugement d'adjudication ne leur est pas signifié. Ils sont cependant parties aux poursuites, et cette adjudication, qui purge leurs hypothèques, les intéresse directement. Mais la signification à tous les créanciers inscrits eût entraîné trop de frais. D'ailleurs la mention du jugement d'adjudication en marge de la transcription de la saisie les avertira suffisamment, ainsi que tous les tiers intéressés à connaître l'adjudication.

Le jugement d'adjudication doit, en outre, être transcrit au bureau des hypothèques, afin d'être opposable aux tiers d'après l'art. 1er, n° 4, de la loi du 23 mars 1855, sur la transcription.

965. Art. 3. *Des effets du jugement d'adjudication* (art. 717).

« **Art. 717.** (*Rectifié par la loi du* 21 *mai* 1858, Voy. la note de la p. 335.) **L'adjudication ne transmet à l'adjudicataire d'autres droits à la propriété que ceux appartenan au saisi.**

« **Néanmoins l'adjudicataire ne pourra être troublé dans sa propriété par aucune demande en résolution fondée sur le défaut de payement du prix des anciennes aliénations, à moins qu'avant l'adjudication la demande n'ait été notifiée au greffe du tribunal où se poursuit la vente.**

« **Si la demande a été notifiée en temps utile, il sera sursis à l'adjudication, et le tribunal, sur la réclamation du poursuivant ou de tout créancier inscrit, fixera le délai dans lequel le vendeur sera tenu de mettre à fin l'instance en résolution.**

« **Le poursuivant pourra intervenir dans cette instance.**

« **Ce délai expiré sans que la demande en résolution ait été définitivement jugée, il sera passé outre à l'adjudication, à moins que, pour des causes graves et dûment justifiées, le tribunal n'ait accordé un nouveau délai pour le jugement de l'action en résolution.**

« **Si, faute par le vendeur de se conformer aux prescriptions du tribunal, l'adjudication avait eu lieu avant le jugement de la demande en résolution, l'adjudicataire ne pourrait pas être poursuivi à raison des droits des anciens vendeurs, sauf ceux-ci à faire valoir, s'il y a lieu, leurs titres de créances dans l'ordre de distribution du prix de l'adjudication.**

« **Le jugement d'adjudication dûment transcrit purge toutes les hypothèques, et les créanciers n'ont plus d'action que sur le prix. Les créanciers à hypothèques légales qui n'ont pas fait inscrire leur hypothèque avant la transcription du jugement d'adjudication ne conservent de droit de préférence sur le prix qu'à la condition de produire, avant l'expiration du délai fixé par l'art. 754, dans le cas où l'ordre se règle judiciairement, et de faire valoir leurs droits avant la clôture, si l'ordre se règle amiablement, conformément aux art. 751 et 752.** »

L'art. 717 traite des effets de l'adjudication. Il a particulièrement introduit (1) des dispositions nouvelles à l'égard du droit de résolution que le droit civil accorde au précédent vendeur qui n'a pas été payé.

Le premier effet de l'adjudication est de transmettre à l'adjudicataire les droits qu'avait le saisi sur l'immeuble adjugé. Il faut ajouter, depuis la loi du 23 mars 1855, que l'adjudication ne produit ses effets à l'égard des tiers dont parle cette loi qu'après la transcription du jugement d'adjudication. Si le saisi était propriétaire, son droit de propriété passe à l'adjudicataire. Mais si l'immeuble saisi et adjugé appartenait à un tiers qui n'a pas formé de demande en distraction pendant les poursuites (art. 725 et suivants), l'adjudicataire n'acquiert pas la propriété de la chose adjugée. Le véritable propriétaire n'a pu être dépouillé de sa propriété par une procédure et par des poursuites de saisie qui n'étaient pas dirigées contre lui, et auxquelles il est resté complètement étranger. Seulement, dans cette hypothèse, l'adjudication donne à l'adjudicataire un juste titre qui servirait de base à la prescription de dix et vingt ans, conformément aux dispositions de l'art. 2265 du Code civil.

Quant à l'immeuble qui appartenait au saisi, il est acquis à l'adjudicataire; mais les charges qui le grevaient dans la main du saisi, comme l'usufruit, l'usage, l'habitation, les servitudes, continueront à le grever entre les mains de l'adjudicataire (2).

Mais si l'adjudicataire se trouve évincé de l'immeuble, après avoir payé son prix, contre qui aura-t-il un recours? C'est une question fort controversée de savoir s'il peut recourir contre le poursuivant ou contre les créanciers qui ont reçu ce prix.

L'adjudicataire peut d'abord recourir contre les créanciers qui ont reçu son prix pour le leur faire restituer, conformément aux dispositions de l'art. 1379 du Code civil. Il s'est cru débiteur par erreur, il a le droit de répétition contre les créanciers; seulement si ces créanciers désintéressés ont supprimé leurs titres, s'ils ont perdu leur hypothèque ou leur rang d'inscription, en un mot, s'ils ne peuvent être remis dans leur position primitive, l'adjudicataire ne pourra recourir contre eux. ** L'adjudicataire évincé peut agir par la *condictio indebiti* ou *sine causa* aussi bien contre le créancier poursuivant que contre les autres (3); mais on ne saurait lui accorder, comme le veulent cependant certains auteurs, une action en garantie contre le poursuivant, car il n'est pas vendeur dans le sens ordinaire de ce mot; il s'est borné à mettre en exercice le droit d'hypothèque ou le droit général de gage qui existait à son profit (4). Mais si le poursuivant avait agi de mauvaise foi, s'il était coupable de fraude, par exemple, s'il avait su que l'immeuble n'appartenait pas au saisi, rien ne s'opposerait à ce qu'on accordât contre lui, à l'adjudicataire une action en dommages-intérêts fondée sur l'article 1382 du Code civil. Quant à l'action en garantie accordée à tout acquéreur contre son vendeur,

(1) Loi du 2 juin 1841.

(2) ** A moins cependant qu'on n'ait inséré au cahier des charges une clause aux termes de laquelle l'immeuble serait aliéné abstraction faite des droits d'usage, d'habitation ou de servitude, constitués au préjudice des droits hypothécaires. **

(3) ** Lyon, 2 juillet 1825, S. 25, 2, 369. — Colmar, 22 mars 1836, S. 36, 2, 550. — Lyon, 15 décembre 1846, S. 42, 2, 168. **

(4) ** Rouen, 25 juin 1849, D. 51, 2, 146. **

il faut aussi la reconnaître à l'adjudicataire contre le saisi (1). En vain a-t-on voulu soutenir le contraire en faisant remarquer que le saisi n'a pas la qualité de vendeur puisque l'expropriation est dirigée contre lui et se fait même sans son consentement. Cet argument n'a aucune valeur. D'abord, tout débiteur, par cela même qu'il contracte une dette, et surtout s'il garantit cette dette par une hypothèque, consent à ce que plus tard son créancier vende en son nom, à défaut de payement; c'est ce qui a lieu dans la procédure d'expropriation, et le débiteur est bien partie dans cette procédure, comme nous l'avons vu plusieurs fois, notamment en parlant de la sommation qui lui est faite. Mais quel rôle peut-il jouer dans cette procédure, si ce n'est pas celui d'un vendeur? En laissant les créanciers poursuivre la saisie, en acceptant les clauses du cahier des charges, ne se présente-t-il pas comme propriétaire de l'immeuble (2)?

Vous remarquerez que nos solutions sont les plus favorables à l'adjudicataire, puisqu'elles lui donnent action à la fois contre le saisi, contre le poursuivant et contre les autres créanciers. Mais n'est-ce pas précisément là l'esprit du législateur? Celui-ci a entendu favoriser l'adjudicataire pour assurer un meilleur prix de vente. Nous allons en avoir bientôt la preuve en nous occupant des droits de résolution des précédents vendeurs. **

966. Les alinéas 2 à 5 de l'art. 717 s'occupent du droit de résolution.

Le vendeur d'un immeuble non payé a un privilège pour le payement du prix; la loi l'autorise, s'il le préfère, à faire résoudre la vente pour recouvrer la propriété de l'immeuble.

Si le précédent vendeur non payé se contente d'exercer son privilège sur le prix de revente, il vient au premier rang dans l'ordre ouvert sur ce prix, et les autres créanciers ne reçoivent quelque chose que si le prix de la revente est supérieur au prix de la vente précédente. Ainsi j'ai vendu à Paul ma maison moyennant 60,000 fr.; avant le payement de ce prix, elle est revendue par Paul moyennant 70,000 fr. Je prendrai dans l'ordre, comme créancier privilégié (art. 2103, 1°, et 2108, C. civ.), les 60,000 fr. qui me sont dus (3). Il restera 10,000 francs à distribuer entre les créanciers hypothécaires postérieurs.

Mais si, par exemple, la maison que j'ai vendue 60,000 fr. n'était revendue que 50,000 fr., somme insuffisante pour me désintéresser, je pourrais avoir intérêt à laisser de côté ma créance privilégiée et à intenter l'action en résolution de première vente, afin de recouvrer ma maison.

Dans tous les contrats synallagmatiques, aux termes de l'art. 1184, C. civ., l'inexécution de l'obligation de l'un des contractants le soumet à l'action en résolution du contrat. Ce principe, commun à tous les contrats synallagmatiques, est spécialement rappelé pour la vente dans l'art. 1654 du Code civil.

Cette action en résolution dure trente ans.

(1) ** Cass., 28 mai 1862, D. 62, 1, 209. **

(2) ** Les auteurs qui refusent à l'adjudicataire l'action en garantie contre le saisi, lui accordent toutefois une action de gestion d'affaires, sous prétexte qu'en payant les créanciers, il a fait l'affaire du saisi. **

(3) Je suppose, pour rendre l'espèce plus simple, qu'il n'est dû au vendeur ni intérêts ni frais.

Celui qui veut acheter un immeuble, les créanciers auxquels un immeuble est hypothéqué, doivent donc s'enquérir si le vendeur ou le débiteur a payé son prix.

Je suppose maintenant que cette maison, que j'ai vendue à Paul moyennant 60,000 fr., qui me sont encore dus, a été non pas revendue par Paul, mais saisie sur lui, et adjugée, après toutes les formalités de la saisie immobilière, moyennant 50,000 fr. Quels droits ai-je conservés après l'adjudication? J'ai toujours mon privilège ; je puis me présenter à l'ordre et, dans l'espèce, absorber le montant de l'adjudication pour le prix de ma vente précédente. Mais, puis-je aussi, laissant de côté mon privilège, demander la résolution de la vente, reprendre ma maison et rendre ainsi inutiles toutes les poursuites de saisie, tous les frais qu'elles ont occasionnés, et l'adjudication qui les a suivies? Dans l'ancien Code de procédure, ce droit de résolution subsistait en effet, même après l'adjudication ; mais la loi de 1841 l'a singulièrement restreint, quand l'immeuble a été saisi sur un acheteur qui n'avait pas payé.

La proposition de restreindre la durée de l'action en résolution des ventes précédentes pour non-payement du prix fut vivement discutée, lorsque la loi de 1841 fut soumise aux délibérations des Chambres législatives. Tout en reconnaissant l'utilité des dispositions proposées, on les repoussait comme touchant au fond du droit; la loi de 1841, disait-on, a pour but de simplifier la procédure en diminuant les formalités et les frais, mais non de modifier des dispositions de droit. Cette objection avait déjà fait rejeter la proposition de donner à l'adjudication l'effet de purger des hypothèques légales non inscrites de la femme, du mineur et de l'interdit (Voyez l'explication de l'art. 692); mais ici l'objection ne prévalut pas contre l'utilité de la restriction du droit de résolution.

En quoi consistait donc cette utilité ? On faisait remarquer que, sous l'empire de l'ancienne loi, la crainte d'être soumis à l'action en résolution après l'adjudication sur saisie immobilière, arrêtait les enchérisseurs et nuisait à l'élévation du prix. L'adjudicataire n'est pas dans la même position que l'acheteur amiable de l'immeuble. Ce dernier traite directement avec le propriétaire ; il peut exiger de lui la preuve que le prix de la vente précédente a été payé. S'il n'éprouve qu'après son acquisition la crainte d'une demande en résolution de la part d'un précédent vendeur non payé, il peut se refuser à payer son prix au vendeur jusqu'à ce que celui-ci justifie de sa libération, à l'égard du vendeur précédent.

Au contraire, l'adjudicataire sur saisie immobilière ne traite pas avec le propriétaire, avec le saisi, qui peut-être se cache, ou reste au moins passif dans la vente sur saisie. Le poursuivant, qui dresse le cahier des charges, ne peut pas toujours donner des renseignements précis sur le payement du prix des ventes précédentes. Ce n'est pas tout : l'adjudicataire est obligé de payer immédiatement le prix de l'adjudication, qui sera distribué entre les créanciers ; et si, plus tard, cet adjudicataire était évincé par suite de l'action en résolution d'un précédent vendeur non payé, nous avons vu précédemment, sur le premier alinéa de notre art. 717, que son recours serait à peu près illusoire, à cause de l'insolvabilité probable du saisi. Il y avait donc une grande utilité à protéger l'adjudicataire contre le droit de résolution des vendeurs précédents non payés.

D'ailleurs, cette restriction du droit de résolution trouvait déjà des précédents dans la législation. Ainsi, en cas d'expropriation d'un immeuble pour cause d'utilité publique, les lois du 7 juillet 1833 (art. 18) et du 3 mai 1841 (art. 18) avaient supprimé le droit de résolution des précédents vendeurs non payés à l'égard de l'immeuble atteint par l'expropriation.

L'atteinte portée par l'art. 717 au droit de résolution du précédent vendeur non payé, consiste en ce que son action devra être intentée avant l'adjudication. Lorsque, parmi les créances privilégiées ou hypothécaires inscrites sur l'immeuble saisi, se trouve celle d'un précédent vendeur pour le prix de l'immeuble non encore payé, la sommation adressée au vendeur (art. 692, 1er alinéa) portera, aux termes du deuxième alinéa du même article, qu'à défaut « de former sa demande en résolution, et de la notifier au greffe avant l'adju« dication, il (ce vendeur) sera définitivement déchu, à l'égard de l'adjudica« taire, du droit de la faire prononcer. »

Si le vendeur non payé forme en effet une demande en résolution, et la notifie au greffe avant l'adjudication, on surseoira à l'adjudication. Mais, pour que les lenteurs de cette instance incidente ne suspendent pas indéfiniment les poursuites, le tribunal fixera un délai dans lequel le vendeur devra mettre fin à sa demande en résolution. Ce délai peut être prolongé pour causes graves et dûment justifiées.

Ces décisions s'appliquent non seulement à celui qui a vendu l'immeuble au saisi, mais à tout précédent vendeur non payé. Tous ont dû recevoir la sommation spéciale de l'art. 692 (Voy. aussi le numéro suivant).

** Mais pour que les précédents vendeurs soient mis en demeure d'exercer leur action résolutoire, il faut que la sommation prescrite par l'article 692 soit accompagnée de l'avertissement spécial dont parle ce même article. Si le vendeur recevait, comme les autres créanciers inscrits, une simple sommation de prendre communication du cahier des charges, sans avertissement spécial, quant au droit de résolution, le vendeur ne serait pas mis en demeure et son droit de résolution resterait soumis au droit commun.

Le vendeur, mis en demeure d'intenter l'action en résolution, doit, s'il ne veut pas la perdre, former sa demande, avec notification au greffe, avant le jugement d'adjudication, et il y est autorisé même si le prix n'est pas encore exigible. (1) A défaut de demande, l'action en résolution serait perdue, mais le privilège subsisterait au profit du vendeur. Cette solution consacre ainsi une dérogation au principe ordinaire et nouveau, établi par la loi du 23 mars 1855, qui entend subordonner l'existence du droit de résolution à celle du privilège. Vous verrez, en étudiant le droit civil, que le privilège du vendeur et son droit de résolution sont ordinairement liés l'un à l'autre, en ce sens que la perte du privilège entraîne celle du droit de résolution. Mais ce principe comporte des dérogations, et il y a des cas où le privilège peut survivre au droit de résolution, comme cela se produit dans l'art. 717, ou réciproquement. **

(1) ** La mainlevée de la saisie immobilière, régulièrement donnée, fait tomber l'action résolutoire ainsi formée, de sorte que la résolution ne peut plus être demandée que dans les termes du droit commun. Req. Rej., 11 avril 1866, S. 66, 1, 213. **

967. Quel est l'effet de l'adjudication sur les priviléges et hypothèques qui grevaient l'immeuble dans la main du saisi? De la discussion de la loi de 1841 il résultait clairement que, sous l'empire de cette loi (Voy. n° 942), les priviléges et hypothèques inscrits ou soumis à l'inscription, étaient purgés par l'adjudication ; mais les hypothèques légales non inscrites des femmes, des mineurs et des interdits subsistaient après l'adjudication ; et l'acquéreur devait remplir à leur égard les formalités de la purge spéciale à ces sortes d'hypothèques, conformément à l'article 2194.

Mais le dernier alinéa, ajouté à notre art. 717 par la loi du 21 mai 1858, décide formellement que le jugement d'adjudication dûment transcrit (conformément à l'art. 1er, 4°, de la loi du 23 mars 1855) purge toutes les hypothèques et que les créanciers n'ont plus d'action que sur le prix.

A l'égard des créanciers privilégiés ou hypothécaires inscrits avant la signification de la sommation prescrite par l'art. 692, il n'y a aucune difficulté. Ils reçoivent, à la requête du poursuivant, cette sommation de prendre communication du cahier des charges et de présenter leurs observations sur sa rédaction. Ils sont liés à la poursuite ; ils y sont parties ; ils peuvent surveiller l'accomplissement de toutes les formalités de la poursuite, ainsi que la rédaction du cahier des charges.

On comprend donc très bien que l'adjudication purge les priviléges et hypothèques inscrits. Les formalités de la purge ordinaire (art. 2181 et suiv., C. civ.) ont pour but de faire connaître aux créanciers inscrits une aliénation amiable qu'ils ignorent, et de leur permettre d'élever le prix au-dessus du chiffre fixé conventionnellement, à l'insu des créanciers et sans aucun contrôle. Mais, après l'adjudication sur saisie, la purge des art. 2181 et suiv., C. civ., est inutile, puisque la vente a eu lieu sous la surveillance même des créanciers, qui ont pu, d'ailleurs, enchérir et surenchérir.

Quant aux femmes, aux mineurs et aux interdits, ils doivent faire inscrire leurs hypothèques (Voy. n° 943), ou les subrogés tuteurs, ainsi que le procureur de la République, doivent le faire pour eux, sur les sommations qui sont adressées à ces diverses personnes conformément au dernier alinéa de l'art. 962, rectifié par la loi du 21 mai 1858. Si l'inscription est prise par les incapables ou pour eux, ils deviennent des créanciers inscrits, et tout ce qui a été dit précédemment sur la position des créanciers inscrits leur est applicable.

968. Mais il peut arriver que des créanciers hypothécaires n'aient pas pris inscription avant l'adjudication. Examinons les conséquences de cette situation, tant à l'égard des créanciers ordinaires qu'à l'égard des créanciers à hypothèques légales prenant rang sans inscription.

Et d'abord, parlons des créanciers ordinaires, c'est-à-dire des créanciers ayant des hypothèques soumises à la nécessité de l'inscription pour conserver leurs rangs. Ainsi Paul m'a accordé une hypothèque sur sa maison. J'ai intérêt, sans doute, à la faire inscrire le plus tôt possible, puisque la date de mon inscription fixera le rang de mon hypothèque. Mais la loi ne me fixe aucun délai. Or, quand je me présente, après un certain temps, pour prendre mon inscription, j'apprends que l'immeuble est sorti des mains de mon débiteur par une adjudication sur saisie immobilière. Et comme je n'étais pas inscrit, je n'ai pas reçu la sommation de l'art. 692. Mon hypothèque est-elle purgée? Oui, assurément, si le jugement d'adjudication a été transcrit conformément à l'art. 1er, 4°, de la loi du 23 mars 1855. En effet, mon hypothèque, n'étant pas inscrite avant la transcription du jugement d'adjudication, ne peut être opposée à l'adjudicataire; et il n'est plus temps de la faire inscrire après la transcription (art. 1er, 4°, et art. 3 de la loi du 23 mars 1855).

Si j'ai perdu ainsi mon droit hypothécaire, faute de l'avoir fait inscrire en temps utile, peut-on dire que je suis à l'abri de tout reproche de négligence? Non. Les créanciers soumis à la nécessité de l'inscription doivent, tant qu'ils ne sont pas encore inscrits, s'assurer de temps en temps, au bureau des hypothèques, qu'il n'a été transcrit aucun acte translatif de la propriété de l'immeuble qui leur est hypothéqué. Si j'avais pris cette précaution, j'aurais connu la transcription de la saisie faite aux termes de l'art. 678. J'aurais été averti que l'immeuble était saisi, que je devais m'inscrire dans les délais des art. 690 et 691 pour recevoir la sommation de l'art. 692, afin d'être lié à la poursuite et de pouvoir surveiller la rédaction du cahier des charges ainsi que l'adjudication qui devait purger mon hypothèque. Cette hypothèque se trouve donc éteinte avec toutes ses conséquences par l'adjudication. L'hypothèque confère au créancier deux droits, le droit de suite contre le détenteur quel qu'il soit de l'immeuble, et le droit de préférence sur le prix, à l'égard des autres créanciers du débiteur. Le créancier qui n'aura pas fait inscrire son hypothèque avant l'adjudication ne pourra plus ni suivre l'immeuble entre les mains de l'adjudicataire (la purge d'ailleurs éteint le droit de suite), ni se présenter à l'ordre pour prendre rang parmi les créanciers hypothécaires, puisque l'inscription seule pouvait lui donner un rang, et que cette inscription n'a pas été prise. Il ne pourrait même pas venir au dernier rang des créanciers hypothécaires, car il n'a plus d'hypothèque. Il n'est plus qu'un créancier chirographaire; et si les créanciers hypothécaires n'absorbent pas le prix de l'immeuble, il viendra sur le reliquat par contribution avec les autres créanciers chirographaires (Voy. n° 887).

Si les pupilles et la femme d'un saisi (1) n'ont pas pris inscription, ou s'il n'a pas été pris inscription pour leurs hypothèques légales par le subrogé tuteur, le mari ou le procureur de la République, après l'accomplissement des formalités de l'art. 692 et avant l'adjudication, leur hypothèque sera néanmoins purgée, en ce sens que le mineur, l'interdit ou la femme auront perdu le droit de suite contre l'adjudicataire. Mais, le droit de suite étant perdu, le mineur et la femme conserveront-ils leur droit de préférence sur le prix, et pourront-ils se présenter dans l'ordre pour s'y faire colloquer au rang fixé pour leur hypothèque légale par l'article 2136, C. civ.? Avant la loi du 21 mai 1858, la Cour de cassation décidait, en matière de purge des hypothèques légales, que la femme ou le mineur, qui n'avaient pas pris inscription après les formalités et dans les délais prévus par les art. 2194 et 2195 du Code civil, avaient perdu leur hypothèque avec toutes ses conséquences,

(1) Il a été bien expliqué dans la discussion que les mots *créanciers à hypothèques légales* de l'art. 717, dernier alinéa, ne s'appliquent qu'aux mineurs, aux interdits et aux femmes mariées, en un mot, aux hypothèques légales prenant rang sans inscription.

c'est-à-dire non seulement le droit de suite, mais aussi le droit de préférence. Cette solution rigoureuse avait été rejetée par un grand nombre de Cours d'appel qui admettaient la survie du droit de préférence au droit de suite. La loi du 21 mai 1858, dans le dernier alinéa de l'art. 717, a consacré l'opinion la plus favorable aux incapables. Aujourd'hui, il n'y a plus de controverse possible. Les formalités des art. 692 et 696 sont considérées comme constituant une sorte de purge des hypothèques légales antérieure à l'adjudication; et l'adjudication sur saisie ne purge, n'éteint l'hypothèque légale de la femme, du mineur et de l'interdit, que relativement au droit de suite. Mais le droit de préférence de ces mêmes créanciers subsiste, survit, à la condition qu'ils produiront à l'ordre avant les délais fixés par le texte de notre article 717, dernier alinéa.

La question de la survie du droit de préférence au droit de suite se trouve donc tranchée par notre article 717, quand le droit de suite est éteint par une adjudication sur saisie immobilière; et l'article 772, dernier alinéa, décide la question dans le même sens, pour le cas où, à la suite d'une aliénation autre que sur saisie immobilière, les formalités de la purge ayant été accomplies, il n'a été pris aucune inscription pour la femme, le mineur ou l'interdit dans le délai fixé par l'art. 2195 du Code civil.

Nous verrons, sur l'art. 772, à quelles conditions est soumise la survie du droit de préférence au droit de suite.

Revenons aux créanciers inscrits, et supposons maintenant qu'un créancier inscrit n'a pas reçu la sommation prescrite par l'art. 692. Quel sera, à son égard, l'effet de l'adjudication? S'il n'a pas reçu cette sommation, parce qu'il n'avait pas élu domicile dans son inscription, c'est par suite de l'irrégularité de son inscription (art. 2148, n° 1, C. civ.), que le créancier ne reçoit pas la sommation prescrite par l'art. 692, n° 1; c'est, par conséquent, par sa propre faute, qu'il n'est pas lié à la poursuite; aussi l'adjudication aura-t-elle à son égard le même effet que s'il avait été partie à la poursuite, et purgera-t-elle son hypothèque.

Si ce créancier n'a pas reçu la sommation prescrite par l'art. 692, n° 1, par la faute du conservateur qui a omis une inscription sur le certificat des inscriptions qu'il a délivré au poursuivant, on appliquera la disposition de l'art. 2198, C. civ.; la transcription du jugement d'adjudication affranchira, quant au droit de suite, l'immeuble de l'hypothèque dont l'inscription a été omise, mais le créancier lésé recourra contre le conservateur pour la réparation du tort que l'omission de son inscription a pu lui causer. Il pourra, d'ailleurs, se présenter dans l'ordre concurremment avec les autres créanciers; car son hypothèque subsiste quant au droit de préférence.

Enfin, si un créancier inscrit n'a pas reçu de sommation par la faute du poursuivant qui a négligé de le sommer comme les autres créanciers, quoique son inscription fût régulière et figurât sur le certificat d'inscription, la question devient fort délicate. Ce créancier, qui a fait inscrire son hypothèque, n'a aucune démarche à faire pour vérifier si l'immeuble est saisi ou aliéné; il compte, il doit compter sur son inscription pour recevoir, aux termes de la loi, la connaissance officielle d'une saisie qui amènera la purge de son hypothèque. Il me paraît difficile, dans cette hypothèse, de décider que l'adjudication a purgé cette hypothèque; je crois que l'adjudicataire sera obligé de prendre à son égard la voie de la purge, réglée par les art. 2181 et suiv. C. civ.; sauf le recours de l'adjudicataire contre le poursuivant dont la faute ou la négligence ont occasionné ce résultat. J'ai dit, il est vrai, que nulle part le législateur n'a supposé une purge des hypothèques ordinaires, mais il s'agit ici d'une hypothèse exceptionnelle qui a échappé aux prévisions de la loi.

Quant aux créanciers à hypothèques légales ayant rang sans inscription, la question ne peut se présenter que dans la dernière hypothèse. Quelle sera la conséquence de l'omission par le poursuivant des formalités prescrites par les art. 692, 2°, et 696, 7° alinéa ? Il faut, je crois, admettre la même solution que pour le créancier inscrit qui, par la faute du poursuivant, n'a pas reçu la sommation de l'art 692, 1°. Les formalités des art. 692 et 696 remplacent dans la saisie immobilière les formalités de la purge des art. 2194 et 2195, C. civ. Elles ont pour but de faire connaître la saisie à la femme, au mineur, à l'interdit ou à leurs représentants; et si, malgré ces interpellations, ces avertissements, l'hypothèque légale n'est pas inscrite, elle sera purgée par l'adjudication. Mais il est impossible d'admettre que l'adjudication produise le même effet sans l'accomplissement des formalités protectrices des incapables, que la purge soit opérée sans que la femme, le subrogé tuteur et le procureur de la République aient été avertis. Sans doute, les incapables conservent encore leur droit de préférence, mais à la condition de se présenter à l'ordre dans un certain délai. Mais s'ils ont ignoré entièrement l'adjudication qu'on ne leur a pas fait connaître, ils peuvent ignorer également l'ouverture d'un ordre, et, si notre opinion n'était pas admise, perdre ainsi le droit de suite d'abord, et plus tard le droit de préférence.

Mais ne dussent-ils être privés par l'adjudication que du droit de suite, il serait inique, contraire à l'esprit de la loi qui protège les incapables, de leur enlever ce droit de suite par l'effet d'une saisie et d'une adjudication qu'on ne leur a pas fait connaître. L'adjudicataire devra donc, dans cette hypothèse, faire la purge des hypothèques légales non inscrites, conformément aux art. 2194 et 2195 du Code civil, puisque l'adjudication n'a pas purgé ces hypothèques; j'ajouterai, comme dans une hypothèse précédente, sauf le recours de l'adjudicataire contre le poursuivant pour les frais de la purge, et même pour obtenir des dommages-intérêts, s'il y a lieu.

⊕→ **969.** Art. 4. *De la surenchère* (art. 708, 709, 710).

Il y a deux sortes de surenchères : l'une suit les ventes faites en justice; l'autre peut être formée par les créanciers hypothécaires après une vente amiable et sur les notifications qui leur sont signifiées pour purger leurs hypothèques (art. 2185, C. civ.).

La première doit principalement nous occuper ici. Cette surenchère est l'offre de porter le prix d'un immeuble déjà adjugé en justice au-dessus du prix de l'adjudication. Il faut bien se garder de confondre l'enchère et la surenchère. L'enchère est aussi une offre supérieure aux précédentes, mais elle est faite à l'audience le jour de la mise aux enchères; la surenchère, au contraire, est faite en dehors de l'audience et après l'adjudication prononcée.

Les règles de la surenchère sont spécialement exposées au titre *De la Saisie* immobilière, dans les art. 708, 709, 710 ; mais les dispositions de ces trois articles reçoivent encore leur application après quelques autres ventes judiciaires d'immeubles : ainsi, après les ventes d'immeubles appartenant à des mineurs (art. 965), et après les ventes par suite de partages et licitations (art. 973).

Occupons-nous, quant à présent, de la surenchère en matière de saisie immobilière.

Le motif de cette faculté de surenchérir est facile à comprendre. La loi craint que, malgré la publicité donnée à la vente, malgré l'ouverture des enchères, le prix de la première adjudication n'ait pas été porté à la véritable valeur de l'immeuble. Beaucoup de personnes hésitent à acheter sur saisie immobilière : tantôt des doutes s'élèvent sur le droit de propriété du saisi à l'égard de l'immeuble mis aux enchères, tantôt, et surtout dans les campagnes, on n'ose se rendre adjudicataire à cause des menaces faites par le saisi contre ceux qui achèteront ses biens. Il peut donc arriver que, le jour de la première adjudication, il se présente peu d'enchérisseurs et que l'immeuble soit adjugé à vil prix. C'est pour remédier à cet inconvénient que la loi a permis de faire remettre l'immeuble aux enchères, même après qu'il a été adjugé, à la charge d'offrir un prix supérieur à celui de l'adjudication. Cette surenchère, qui élève le prix de l'adjudication primitive, profitera aussi bien au saisi qu'aux créanciers liés à la poursuite.

⇒ **970.** « Art. 708. Toute personne pourra, dans les huit jours qui suivront l'adjudication, faire, par le ministère d'un avoué, une surenchère, pourvu qu'elle soit du sixième au moins du prix principal de la vente. »

L'art. 708 indique qui pourra surenchérir, quel sera le taux de la surenchère, et dans quel délai elle devra être formée.

Et d'abord, qui peut surenchérir? Ce n'est pas seulement aux intéressés, aux créanciers, que la loi accorde la faculté de surenchérir, mais à toute personne, afin de faciliter une nouvelle mise aux enchères qui porte le prix à la véritable valeur de l'immeuble ou du moins à un chiffre plus rapproché de sa véritable valeur que le prix de sa première adjudication.

La surenchère, ou l'offre d'un prix supérieur à celui de l'adjudication, entraîne, pour celui qui la fait, l'obligation de demeurer adjudicataire pour le nouveau prix qu'il propose, s'il ne survient aucune surenchère plus forte que la nouvelle mise aux enchères. De ce que la surenchère oblige celui qui la fait, il faut conclure que ces mots, *toute personne*, doivent être restreints aux personnes capables de s'obliger.

L'incapacité de surenchérir doit encore être étendue à toutes les personnes énumérées dans l'art. 711, c'est-à-dire aux membres du tribunal, au saisi, aux personnes notoirement insolvables et à l'avoué du poursuivant. L'art. 711 se réfère à la surenchère, aussi bien qu'à l'enchère, puisqu'il prononce, en cas de violation de ses dispositions, la nullité de l'adjudication ou *de la surenchère* (Voy. l'explication de l'art. 711).

Le surenchérisseur doit former sa surenchère par l'intermédiaire d'un avoué ; cette disposition a été introduite par la loi du 2 juin 1841. On a pensé que la nécessité d'employer le ministère d'un avoué était plus conforme aux règles de la procédure devant les tribunaux d'arrondissement. Une autre raison a encore influé sur cette décision : l'avoué devra s'assurer de la solvabilité du client pour lequel il forme une surenchère.

971. *Du sixième au moins du prix principal.* Ce taux du sixième constitue une innovation de la loi de 1841 : l'ancien Code de procédure exigeait une surenchère du quart. Cette innovation facilite les surenchères ; en effet, moins le taux de la surenchère est élevé, et plus il est probable qu'il se présentera des surenchérisseurs. L'abaissement du taux des surenchères, défavorable à l'adjudicataire primitif, est donc établi, dans l'intérêt des créanciers, pour parvenir à un prix plus élevé.

Du prix principal. Les accessoires de la vente, frais de poursuites, droits de mutation, etc., ne font pas partie du prix principal.

Si, par suite de déclaration de command, l'immeuble vendu aux enchères pour un prix unique se trouvait partagé entre plusieurs, en divisant le prix entre eux suivant la part qu'ils y prennent, il ne pourrait être fait de surenchère sur un lot, en ajoutant le sixième du prix de ce lot. Il faut que la surenchère soit du sixième du prix principal (1).

Enfin, le délai dans lequel la surenchère doit être faite est de huitaine. Mais la loi n'accorde pas huit jours francs : il faut former la surenchère avant l'expiration de la huitaine qui suit l'adjudication. ** Mais quoique le délai de huitaine ne soit pas franc, il est cependant prorogé d'un jour lorsqu'il expire un jour férié ; c'est l'application de la disposition générale contenue dans l'art. 1033, disposition qui, à la différence des autres règles contenues dans le même article, s'applique à tous les délais, qu'ils soient francs ou non, comme on a eu soin de le dire dans la discussion de la loi du 3 mai 1862 (2). **

⇒ **972.** « Art. 709. La surenchère sera faite au greffe du tribunal qui a prononcé l'adjudication ; elle contiendra constitution d'avoué et ne pourra être rétractée ; elle devra être dénoncée par le surenchérisseur, dans les trois jours, aux avoués de l'adjudicataire, du poursuivant, et de la partie saisie si elle a constitué avoué, sans néanmoins qu'il soit nécessaire de faire cette dénonciation à la personne ou au domicile de la partie saisie qui n'aurait pas d'avoué.

« La dénonciation sera faite par un simple acte, contenant avenir pour l'audience qui suivra l'expiration de la quinzaine, sans autre procédure.

« L'indication du jour de cette adjudication sera faite de la manière prescrite par les art. 696 et 699.

« Si le surenchérisseur ne dénonce pas la surenchère dans le délai ci-dessus fixé, le poursuivant ou tout créancier inscrit, ou le saisi, pourra le faire dans les trois jours qui suivront l'expiration de ce délai ; faute de quoi la surenchère sera nulle de droit, et sans qu'il soit besoin de faire prononcer la nullité. »

Les deux premiers alinéas de cet article nous montrent d'abord comment se forme la surenchère, par une déclaration au greffe du tribunal qui a prononcé l'adjudication (3). Une personne, qui sait qu'une surenchère a déjà été faite, a-t-elle le droit de former une seconde surenchère sur la même adjudication, et peut-elle y avoir intérêt ? Le 1er alinéa de notre article dit que la suren-

(1) Toulouse, 26 janvier 1848. — Pau, 5 mai 1857, D. 57, 2, 103.

(2) ** Trib. civ., Seine, 23 décembre 1880, S. 81, 2, 22. — Pau, 3 août 1881, S. 81, 2, 239. **

(3) Cass., 6 avril 1873, D. 73, 1, 232.

chère ne pourra être rétractée. La première surenchère profite donc à tous les intéressés et amène une nouvelle mise aux enchères. Il semblerait résulter de là que la première surenchère rend inutiles celles qu'on voudrait former ensuite. Cependant, en fait, une adjudication est souvent suivie de plusieurs surenchères. La personne qui se présente au greffe pour faire une surenchère, et qui s'aperçoit qu'elle a été précédée par un autre surenchérisseur, passe outre néanmoins et forme une seconde surenchère. Dans quel but? La première surenchère peut être nulle si les formalités du 1er ou du 3e paragraphe de l'art. 709 n'ont pas été accomplies (art. 715). Il y a donc intérêt à former une seconde, une troisième surenchère, en prévision de la nullité des précédentes; mais, si la première est valable, les suivantes sont inutiles pour faire ouvrir de nouvelles enchères.

973. La surenchère formée au greffe n'est pas encore connue des intéressés : elle le sera par la dénonciation que le surenchérisseur doit faire signifier, par son avoué, aux avoués de l'adjudicataire, du poursuivant et de la partie saisie. L'adjudicataire a un grand intérêt à connaître la surenchère, qui remet en question l'adjudication prononcée à son profit, et qui fera remettre l'immeuble aux enchères à un prix supérieur à celui pour lequel il lui a été adjugé, de sorte que, dans le cas même où l'immeuble resterait au premier adjudicataire lors de l'adjudication sur surenchère, il le payera plus cher que la première fois. C'est donc avec raison que la loi nomme l'adjudicataire le premier parmi ceux à qui doit être signifiée la dénonciation de la surenchère.

Cette dénonciation sera également adressée à l'avoué du poursuivant comme ayant provoqué la vente de l'immeuble; régulièrement on eût dû faire la même signification à tous les créanciers inscrits qui ont été parties à la procédure de saisie. Mais ces significations auraient entraîné des frais trop considérables : elles n'ont donc pas été prescrites par la loi, et je signalerai bientôt l'inconvénient qui en résulte pour les créanciers inscrits.

Enfin, le saisi recevra aussi la signification de la dénonciation de la surenchère au domicile de son avoué, s'il en a constitué un; s'il n'a pas d'avoué, le surenchérisseur n'est pas obligé de dénoncer la surenchère au saisi par une dénonciation à la personne ou au domicile de ce dernier. On ne veut pas que le saisi puisse entraver la surenchère en se cachant et en dissimulant le lieu de son domicile.

974. Cette dénonciation devait être faite autrefois dans les vingt-quatre heures de la déclaration de surenchère au greffe; ce délai a paru trop rigoureux, et l'art. 709 l'a porté à trois jours. Le 3e alinéa de notre article contient une innovation bien plus importante. Considérant la surenchère comme commune à tous ceux qui ont été parties dans les poursuites de saisie, le législateur permet au poursuivant, à tout créancier inscrit et au saisi de faire la dénonciation de la surenchère formée par un autre. Ces personnes auront, pour faire la dénonciation, un nouveau délai de trois jours, qui commence à courir après l'expiration du délai de trois jours, accordé au surenchérisseur lui-même. Ainsi je forme une surenchère le 2 mars; je dois la dénoncer au plus tard le 5 mars. Si je laisse écouler ce jour sans avoir dénoncé ma surenchère, le saisi, le poursuivant et les créanciers inscrits pourront en faire la dénonciation le 6, le 7 et le 8 du même mois.

Par quelque personne que la dénonciation de la surenchère soit faite, l'effet en sera le même : elle conservera à la surenchère toute sa force ; elle entraînera une nouvelle mise de l'immeuble aux enchères ; et si, le jour de cette nouvelle mise aux enchères, il ne se présente pas d'enchérisseur, le surenchérisseur restera adjudicataire, comme nous le verrons dans l'art. 710. Ainsi, le surenchérisseur, qui a offert un sixième en sus du prix principal de l'adjudication, voudrait en vain revenir sur son offre, en ne donnant pas suite à sa surenchère, par exemple en s'abstenant de signifier sa dénonciation. Les intéressés dont nous avons parlé feront la dénonciation à défaut du surenchérisseur qui restera adjudicataire, si aucune enchère ne couvre sa surenchère.

La dénonciation, faite par le surenchérisseur lui-même, est signifiée à l'adjudicataire, au poursuivant et au saisi. Mais le poursuivant, qui la signifie à défaut du surenchérisseur, ne l'adressera qu'à l'adjudicataire et à la partie saisie si elle a un avoué ; il ne l'adressera pas à lui-même. Le saisi ne dénoncera également la surenchère qu'à l'adjudicataire et au poursuivant.

975. Comment le poursuivant, la partie saisie et les créanciers inscrits, qui peuvent dénoncer la surenchère à défaut de surenchérisseurs, sauront-ils que leur droit de faire cette dénonciation est ouvert ? Comment connaîtront-ils la surenchère et le défaut de dénonciation par le surenchérisseur ? Ils pourront tous connaître la surenchère et sa date, en consultant au greffe le cahier des charges, sur lequel la déclaration de surenchère a dû être faite. Quant à la dénonciation, le poursuivant et le saisi, à qui elle doit être adressée, sauront bien que leur droit de faire la dénonciation est ouvert, s'ils n'en ont pas reçu la signification à la requête du surenchérisseur dans les trois jours de la date de la surenchère.

Quant aux créanciers inscrits, auxquels la loi donne également le droit de faire valoir la surenchère d'un autre en la dénonçant, ils pourront bien connaître au greffe la surenchère et sa date ; mais comment sauront-ils si elle a été dénoncée dans les trois jours ? ils ne peuvent avoir de ce fait aucune connaissance officielle, puisque la dénonciation ne leur est pas adressée. Il leur est donc fort difficile de savoir si leur droit de dénoncer la surenchère est ouvert ou non. Ils doivent se mettre à l'affût de la dénonciation du surenchérisseur, et provoquer à cet égard les confidences du poursuivant, de la partie saisie ou de l'adjudicataire. Toutes les fois que les créanciers inscrits ne peuvent savoir si la surenchère a été dénoncée, ils feront bien de dénoncer la surenchère, sauf à faire une dénonciation inutile dans le cas où la surenchère aurait déjà été signifiée par le surenchérisseur.

Qu'on ne dise pas que ceux à qui la dénonciation doit être faite représentent les créanciers inscrits. Ainsi d'abord l'adjudicataire a un intérêt tout à fait opposé à celui des créanciers inscrits ; il est intéressé à ce qu'il n'y ait pas de surenchère, ou, s'il y en a une, à ce qu'elle tombe par défaut de dénonciation. Il ne se montrera donc pas favorable à la dénonciation que voudraient faire les créanciers à défaut du surenchérisseur. Quant au saisi et au poursuivant, ils sont souvent moins intéressés à la surenchère que les créanciers inscrits.

En effet, qu'importe au saisi insolvable que l'immeuble soit vendu un peu plus ou un peu moins, si le prix, quel qu'il soit, doit être absorbé par ses créanciers? Peut-être même est-il de collusion avec l'adjudicataire? Dans tous les cas, il ne sera pas très bien disposé à l'égard des créanciers qui l'exproprient. Enfin, qu'importe au poursuivant, s'il vient en ordre utile, sur le prix de l'adjudication primitive, s'il est, par exemple, le premier inscrit, que les fonds manquent ou non sur les créanciers hypothécaires postérieurs? Il ne s'inquiète pas de la question de savoir s'il y a une surenchère et si elle a été dénoncée.

Les véritables intéressés à la validité de la surenchère sont les créanciers inscrits, sur qui les fonds manqueront, si l'on s'en tient au prix de l'adjudication primitive. Aussi, la plupart du temps, ce sont ces derniers créanciers inscrits qui forment la surenchère pour faire hausser le prix de l'immeuble, à l'augmentation duquel ils ont un intérêt si direct. Mais si la surenchère a été formée par un autre, par exemple par une personne étrangère à la poursuite, qui regrette de n'avoir pas poussé plus haut les enchères lors de la première adjudication, qui n'a connu que trop tard la première mise aux enchères, les créanciers inscrits, très intéressés à maintenir cette surenchère, ne pourront savoir officiellement si leur droit de dénonciation s'est ouvert, à défaut de dénonciation de la part du surenchérisseur.

On comprend très bien que le législateur n'ait pas exigé que la signification de la dénonciation fût adressée à tous les créanciers inscrits, à cause des frais considérables qu'une telle mesure eût entraînés. Mais il y avait un moyen de parer à l'inconvénient que je signale, et de faire donner aux créanciers inscrits une connaissance officielle de la dénonciation. Il eût suffi d'ordonner au surenchérisseur de faire au greffe, en marge de la déclaration de surenchère, la mention de sa dénonciation; et, si trois jours s'étaient écoulés depuis la date de la surenchère sans que cette mention fût faite, les créanciers inscrits auraient su qu'ils devaient dénoncer la surenchère pour maintenir sa validité.

Enfin, si personne ne dénonce la surenchère, ni le surenchérisseur dans les trois premiers jours de sa date, ni le poursuivant, le saisi ou les créanciers inscrits dans les trois jours qui suivent, la surenchère est *nulle de droit, sans qu'il soit besoin de faire prononcer la nullité.* Aucun laps de temps ne la validera; l'adjudicataire primitif demeurera parfaitement tranquille sur les conséquences de cette surenchère qui ne sera jamais opposable, ni à lui ni à ses héritiers ou ayants cause.

976. L'acte d'avoué à avoué, par lequel la surenchère est dénoncée, doit contenir une sommation de venir à l'audience, qui suivra l'expiration de la quinzaine à partir de cet acte de dénonciation. Ce jour-là, les nouvelles enchères seront reçues, et, pour y attirer le concours des enchérisseurs, *l'indication du jour de cette adjudication sera faite de la manière prescrite par les articles 696 et 699*, c'est-à-dire par une insertion dans un journal et par des affiches dans certains lieux déterminés.

Ce renvoi aux art. 696 et 699 présente une grande difficulté. D'après les art. 696 et 699, l'insertion et les affiches doivent avoir lieu quarante jours au plus tôt et vingt jours au plus tard avant l'adjudication; le minimum du délai entre l'insertion et les affiches d'une part, et l'adjudication, de l'autre, est fixé à vingt jours. Or, comment mettre ici vingt jours au moins d'intervalle entre les moyens de publicité (insertion et affiches) et l'adjudication qui aura lieu à la première audience après la quinzaine qui suit la dénonciation, c'est-à-dire le seizième, le dix-septième, le dix-huitième jour, etc., à partir de la dénonciation? Pour sortir d'embarras, on décide que le renvoi de l'art. 709 se réfère aux formalités, non aux délais prescrits par les art. 696 et 699 (1). Mais alors quel intervalle doit séparer la mise aux enchères de l'insertion dans les journaux et des affiches? On peut appliquer ici par analogie les art. 704 et 741, et faire annoncer l'adjudication huit jours à l'avance (2).

977. D'après l'art. 715, les formalités énumérées dans le 1er et le 2e alinéas de l'art. 709 sont prescrites à peine de nullité. Cette nullité peut être demandée par les intéressés (art. 705, 3e alinéa), qui peuvent être l'adjudicataire primitif, le saisi, le poursuivant et les créanciers inscrits (3).

⇒ **978.** « Art. 710. Au jour indiqué, il sera ouvert de nouvelles enchères auxquelles toute personne pourra concourir ; s'il ne se présente pas d'enchérisseurs, le surenchérisseur sera déclaré adjudicataire ; en cas de folle enchère, il sera tenu par corps de la différence entre son prix et celui de la vente.

« Lorsqu'une seconde adjudication aura lieu, après la surenchère ci-dessus, aucune autre surenchère des mêmes biens ne pourra être reçue. »

Cet article contient deux innovations introduites par la loi de 1841.

1° Il admet toute personne à concourir aux nouvelles enchères qui s'ouvriront sur la surenchère, tandis qu'autrefois, d'après l'ancien article 712, les enchères nouvelles étaient restreintes entre l'adjudicataire primitif et le surenchérisseur, sans qu'un tiers pût venir enchérir sur eux. La faculté, accordée aujourd'hui à tout le monde d'intervenir et d'enchérir, est plus favorable à l'élévation du prix.

La 2e disposition, introduite par la loi de 1841, est la limitation des surenchères. Il n'en sera reçu que sur la première adjudication ; mais il ne pourra en être fait après l'adjudication sur surenchère ; en d'autres termes, suivant une expression reçue, surenchère sur surenchère ne vaut. Cette disposition, d'ailleurs, n'est pas spéciale à la saisie immobilière. Dans les autres ventes judiciaires d'immeubles, il n'est également admis aucune surenchère après l'adjudication sur surenchère.

979. Enfin, le nouvel art. 710 tranche la question de savoir si le surenché-

(1) Tribunal de Metz, 16 janvier 1845, D. 45, 3, 175. — Tribunal de Bourg, 29 juin 1846, D. 46, 4, 468. — Cass. Rej., 20 novembre 1854, D. 54, 1, 425.

(2) Tribunal de Melun, 4 juin 1845, D. 45, 4, 493. ** La cour de Grenoble a jugé, par arrêt du 27 mars 1876, S. 79, 2, 46, que l'adjudication sur surenchère doit avoir lieu, non pas à la première audience après la quinzaine de la dénonciation de la surenchère, mais seulement à un jour ultérieur fixé par le tribunal, de manière qu'il y ait accomplissement préalable des formalités de publication et d'affichage quarante jours au plus tôt et vingt jours au plus tard avant le jour de l'adjudication; qu'en tout cas le surenchérisseur peut s'adresser au tribunal, non pas pour faire valider la surenchère, si elle n'est pas contestée, mais pour faire fixer le jour de l'adjudication; que cette procédure n'est pas frustratoire et qu'en conséquence les frais en doivent être passés en taxe. **

(3) ** Cpr. Cass. Req., 2 mars 1880, S. 80, 1, 297. **

risseur doit être déclaré adjudicataire faute d'enchérisseurs. Cette solution était contestée sous l'empire de l'ancien Code de procédure. Aujourd'hui on place le surenchérisseur, quant à la seconde mise aux enchères, dans la même position que le poursuivant relativement à la première (art. 706) ; la surenchère est considérée comme la mise à prix sur laquelle s'ouvrent les enchères nouvelles, et, s'il n'en survient aucune, le surenchérisseur reste adjudicataire pour cette mise à prix.

Le vendeur non payé qui, dans la procédure de saisie immobilière, avait reçu la sommation de l'art. 692, et qui n'avait pas formé sa demande en résolution avant l'adjudication, ne pourra pas former cette demande après l'adjudication, alors même que cette adjudication serait suivie d'une surenchère. La surenchère ne peut faire revivre, en faveur du vendeur, un droit de résolution qui a été éteint par l'adjudication (n° 966) (1).

980. Indépendamment de cette surenchère sur saisie immobilière, dont les règles s'appliquent aux ventes judiciaires d'immeubles appartenant à des mineurs, ou vendus par suite de partages en justice ou de licitations (art. 965 et 973), il y a encore une autre sorte de surenchère, la surenchère sur aliénation volontaire du propriétaire. Elle ne s'élève qu'au dixième du prix, et ne peut être formée que par les créanciers hypothécaires ou privilégiés.

Cette surenchère du dixième est soumise aux conditions, règles et formalités prescrites par l'art. 2185 (C. civ.). ** Elle suppose que le tiers acquéreur de l'immeuble a commencé une procédure de purge des hypothèques qui grèvent cet immeuble. ** Nous l'examinerons sur les art. 832 et suivants (C. pr.).

On trouve encore dans l'art. 753, C. com., une surenchère du dixième après adjudication des immeubles d'un failli. *

QUARANTE-CINQUIÈME LEÇON

TITRE XIII

DES INCIDENTS DE LA SAISIE IMMOBILIÈRE (C. D.).

981. Nous avons suivi, dans le titre précédent, une procédure de saisie immobilière dégagée d'incidents; nous nous occuperons maintenant des incidents qui peuvent surgir dans le cours de la poursuite de saisie immobilière.

Nous diviserons l'examen de ce titre en deux paragraphes. Le premier vous fera connaître les divers incidents prévus par le législateur, et les règles qui leur sont spéciales; vous verrez dans le second quelle est la procédure commune à tous les incidents.

§ 1. *Quels sont les incidents que la saisie immobilière peut faire surgir* (art. 719 à 729, 733 à 740, 742 à 748)? — La loi prévoit sept incidents: 1° la jonction de

(1) Bordeaux, 19 février 1850, D, 50, 2, 153. — Nîmes, 20 décembre 1860, D. 61 2, 22.

deux saisies (art. 719, 720); 2° la demande en subrogation dans la poursuite (art. 721, 722, 723); 3° la radiation d'une saisie (art. 724); 4° la demande en distraction de tout ou partie des objets saisis (art. 725, 726, 727); 5° les demandes en nullité (art. 728, 729); 6° la revente sur folle enchère (art. 733 à 740); et 7° la conversion de la saisie en vente volontaire (art. 742 à 748).

Parmi ces incidents, la folle enchère présente un caractère particulier. Les incidents, en général, comme leur nom l'indique, sont des contestations qui surgissent pendant la poursuite de saisie. La folle enchère, au contraire, n'a lieu qu'après l'adjudication. Aussi les autres incidents s'élèvent-ils entre le saisi, le saisissant et ses cocréanciers ; la folle enchère suppose, en outre, la présence de l'adjudicataire qui a follement enchéri. On ne peut considérer la revente sur folle enchère comme un incident, qu'en admettant qu'elle fait renaître la poursuite qu'on avait crue éteinte par la première adjudication, et que les personnes, qui étaient parties à la poursuite de saisie, sont également parties à la poursuite de folle enchère. Il est vrai qu'à ce point de vue, pour être conséquent, il eût fallu également mettre au rang des incidents la surenchère dont nous avons parlé sur les articles 708, 709 et 710.

Quoi qu'il en soit, les sept incidents, réglés par la loi, ne sont pas les seuls qui puissent se présenter. Le législateur n'a parlé que des incidents les plus fréquents, sans vouloir faire une énumération limitative. S'il s'en élevait d'autres que ceux que la loi a spécifiés, ils seraient néanmoins soumis à la procédure générale des incidents, dont nous tracerons les règles dans notre second paragraphe.

Entrons dans l'examen détaillé de chacun des incidents prévus par la loi.

⇒ **982.** 1° *Jonction de deux saisies* (art. 719, 720). La jonction de deux poursuites en une seule a particulièrement pour but de simplifier la procédure et de diminuer les frais.

Les art. 719 et 720 supposent que la jonction des saisies peut avoir lieu dans deux hypothèses bien distinctes. D'après l'art. 719, on joint deux saisies qui portent sur des biens différents, mais appartenant au même débiteur. Ainsi Paul avait une maison et une ferme ; *Primus* a saisi la maison et *Secundus* la ferme. Les deux saisies peuvent être jointes, avec les formes et les conditions énumérées par l'art. 719.

L'art. 720 permet de joindre deux saisies qui s'appliquent aux mêmes biens ; seulement l'une des deux, la seconde, comprend des biens qui n'étaient pas frappés par la première. Ainsi *Primus* a saisi la maison et la ferme de Paul; *Secundus* a saisi la même maison et la même ferme, et de plus un moulin appartenant au même Paul.

983. « Art. 719. Si deux saisissants ont fait inscrire deux saisies de biens différents, poursuivies devant le même tribunal, elles seront réunies sur la requête de la partie la plus diligente, et seront continuées par le premier saisissant. La jonction sera ordonnée, encore que l'une des saisies soit plus simple que l'autre ; mais elle ne pourra, en aucun cas, être demandée après le dépôt du cahier des charges : en cas de concurrence, la poursuite appartiendra à l'avoué, porteur du titre plus ancien, et, si les titres sont de la même date, à l'avoué le plus ancien. »

Les mots : *encore que l'une des saisies soit plus ample que l'autre*, ne devraient pas se trouver dans cet article. Leur suppression avait été adoptée, parce que ces mêmes mots se retrouvent dans l'article suivant avec un sens différent. Dans l'art. 719, *saisie plus ample* signifie saisie de biens différents ayant une plus grande valeur; tandis que la saisie est la plus ample, d'après l'article 720, quand elle comprend d'abord les mêmes biens que la première saisie et d'autres biens encore. Pour éviter d'employer ainsi dans deux articles consécutifs la même expression avec deux acceptions différentes, on résolut de supprimer dans l'article 719 les mots que je citais plus haut; ils n'y sont restés que par inadvertance.

La jonction des saisies peut être demandée par la partie la plus diligente, soit par l'un des poursuivants, soit par les créanciers inscrits, soit par le saisi. On accorde même cette faculté aux créanciers chirographaires du saisi, comme exerçant les droits de leur débiteur, aux termes de l'art. 1166 du Code civil. Les créanciers chirographaires ont, d'ailleurs, intérêt à la diminution des frais, afin d'augmenter la somme à distribuer par contribution, après le payement des créances hypothécaires.

Le tribunal pourrait-il prononcer d'office cette jonction ? Ce droit réclamé pour les tribunaux, lors de la discussion de la loi de 1841, leur a été refusé. On a fait remarquer, pour justifier cette solution, que le tribunal ne connaissait la saisie que par le dépôt du cahier des charges; or, la loi défend précisément la jonction après ce dépôt.

984. « Art. 720. Si une seconde saisie, présentée à la transcription, est plus ample que la première, elle sera transcrite pour les objets non compris dans la première saisie, et le second saisissant sera tenu de dénoncer la saisie au premier saisissant, qui poursuivra sur les deux, si elles sont au même état; sinon, il surseoira sur la première et suivra sur la deuxième jusqu'à ce qu'elle soit au même degré; elles seront alors réunies en une seule poursuite, qui sera portée devant le tribunal de première saisie. »

Nous avons déjà vu, sur l'art. 680, que le conservateur à qui l'on demande la transcription d'une saisie, doit refuser de la transcrire, si elle porte exactement sur les mêmes biens qu'une première saisie déjà transcrite. Ici l'on suppose que la seconde saisie porte à la fois sur les biens compris dans la première, et qu'elle est plus ample que la première, en ce sens qu'elle comprend encore d'autres biens. La seconde saisie devra être trancrite pour les biens non compris dans la première. Le second saisissant dénoncera cette seconde saisie au premier saisissant qui les poursuivra toutes deux, si les deux procédures sont au même point; sinon, la seconde poursuite sera continuée seule jusqu'à ce qu'elle soit parvenue au même état que la première; elles seront alors réunies dans une seule poursuite.

Qui sera porté devant le tribunal de la première saisie. On avait déjà fait remarquer l'inutilité de ces mots sur l'ancien article 720 du Code de procédure que notre article actuel reproduit presque littéralement. Ces mots, en effet, feraient croire que les deux saisies qu'il s'agit de joindre étaient poursuivies devant deux tribunaux différents. Mais puisqu'il s'agit des mêmes biens dans l'une et l'autre, c'est le même tribunal qui est compétent. Seulement la seconde saisie comprend un bien de plus [que la première; mais il faut toujours supposer que les biens compris dans la seconde saisie font partie de la même exploitation (art. 2210, C. civ.), ou sont situés dans le même arrondissement. Autrement les poursuites auraient lieu devant les tribunaux respectifs de la situation des biens (art. 4, L. du 14 novembre 1808) et ne pourraient pas être jointes.

⇒ **985.** 2° *Subrogation dans les poursuites* (art. 721, 722, 723). La subrogation est la substitution d'un nouveau poursuivant au saisissant primitif. Cette substitution est permise, dans l'intérêt commun des parties intéressées, mais seulement dans les cas énumérés par la loi dans les art. 721 et 722, que nous expliquerons ensemble.

« Art. 721. Faute par le premier saisissant d'avoir poursuivi sur la seconde saisie à lui dénoncée, conformément à l'article ci-dessus, le second saisissant pourra, par un simple acte, demander la subrogation. »

« Art. 722. La subrogation pourra être également demandée s'il y a collusion, fraude ou négligence, sous la réserve, en cas de collusion ou de fraude, de dommages-intérêts envers qui il appartiendra.

« Il y a négligence lorsque le poursuivant n'a pas rempli une formalité ou n'a pas fait un acte de procédure dans les délais prescrits. »

Le premier de ces deux articles se réfère à l'hypothèse prévue dans l'art. 720. On suppose que le premier saisissant, à qui un second a dénoncé une nouvelle saisie plus ample que la première, ne fait pas les actes nécessaires pour faire parvenir la seconde saisie au même point que la première et procurer la jonction ; comme l'intérêt commun des parties peut exiger cette jonction des deux saisies, le second saisissant pourra obtenir la subrogation; devenant alors poursuivant, il mettra la seconde saisie au même état que la première, et, quand elles seront réunies en une seule, il continuera les poursuites jusqu'à l'adjudication. Du reste, le tribunal statuera sur la demande en subrogation formée par le second saisissant, d'après l'appréciation des faits, qui est abandonnée à sa sagesse.

Le premier alinéa de l'article 722 indique des causes générales de demandes en subrogation, qui sont applicables à toutes les poursuites de saisie immobilière. Ce sont les cas de :

Collusion, c'est-à-dire d'un concert du poursuivant et du saisi pour diriger les poursuites dans un sens plus favorable au saisi qu'aux créanciers inscrits;

Fraude. Il y aurait fraude si le poursuivant n'avait obtenu la poursuite de la saisie que par des manœuvres frauduleuses;

Négligence. La loi a défini dans le second alinéa de l'art. 722 ce qu'il fallait entendre par la négligence : c'est l'omission d'une formalité ou d'un acte de procédure dans les délais prescrits. Le rapporteur de la loi de 1841 à la Chambre des députés demandait la suppression de ce deuxième alinéa, par le motif que l'omission d'une formalité ou d'un acte de procédure entraîne nullité de la poursuite d'après l'article 715. A quoi bon alors se faire subroger dans une poursuite annulée? Mais c'est avec raison que le deuxième alinéa de l'article 722 fut maintenu. Les nullités, en effet, comme nous le verrons sur les art. 728 et 729, n'anéantissent pas la poursuite tout entière. Si la nullité est prononcée pour des omissions ou des irrégularités antérieures à la publication du cahier des charges, la poursuite n'est pas complètement anéantie ; mais elle est reprise à partir du dernier acte valable (art. 728, 2e alinéa). S'il s'agit de nullité dans la procédure postérieure à la publication du cahier des charges, la poursuite n'est encore anéantie que partiellement, et pourra être reprise du jour du jugement de publication (art. 729, 3e alinéa). La poursuite continuera donc ou sera reprise, quoiqu'une nullité soit prononcée. Mais, comme la négligence du poursuivant, qui a occasionné cette nullité, fait craindre qu'il ne se trouve pas plus diligent à l'avenir, la subrogation peut être demandée contre lui par un créancier qui dirigera mieux la poursuite.

986. Qui peut demander la subrogation dans les cas prévus par les articles 721 et 722? Quatre solutions ont été proposées sur cette question.

Suivant quelques auteurs, la subrogation dans les poursuites de saisie ne peut être accordée qu'à un autre créancier, ayant fait une seconde et subséquente saisie. Cette opinion s'appuie plutôt sur la lettre de la loi que sur des raisonnements. On argumente pour la soutenir : 1° des termes exprès de l'art. 721, qui n'indique que le second saisissant comme pouvant obtenir la subrogation; 2° du mot *également*, employé dans l'article 722, qui, se référant aux conditions exigées par l'art. 721, ne permettrait encore d'accorder la subrogation, aux cas prévus par le dernier article, qu'à un saisissant postérieur.

D'autres auteurs font une distinction. Ils reconnaissent bien que l'art. 721 n'accorde la subrogation, dans le cas qu'il prévoit, qu'au second saisissant, mais ils pensent que, dans les cas de subrogation énumérés dans l'art. 627, la demande de subrogation ne doit pas être restreinte à un créancier ayant déjà fait pratiquer une saisie. Le mot *également* écrit dans l'art. 722 peut, en effet, s'entendre très raisonnablement en ce sens : « Il y aura encore subrogation dans les cas suivants, etc. » ; ou dans ce sens : « La subrogation sera demandée dans la même forme que dans l'article 721, c'est-à-dire sur un simple acte. »

Les partisans de la troisième opinion, rejetant l'interprétation littérale et judaïque des art. 721 et 722, accordent toujours le droit de demander la subrogation non seulement à un second ou subséquent saisissant, mais encore à tous créanciers liés à la procédure de saisie. Il n'y a souvent qu'une seule saisie pratiquée ; il faudrait donc, dans ce cas, d'après la première opinion, abandonner au caprice, à la négligence du saisissant, les intérêts de tous les créanciers inscrits, puisque ceux-ci n'auraient pas le droit de se faire subroger dans la poursuite que le saisissant ne continue pas, et de la mener à fin. Ce serait donner au débiteur un moyen de retarder indéfiniment la vente de son immeuble ; il ferait faire une saisie par un prête-nom ; cette saisie empêcherait souvent les saisies que les créanciers sérieux se proposaient de faire ; puis le saisissant, prête-nom du débiteur, négligerait de continuer les poursuites, dans lesquelles les autres créanciers n'auraient pas le droit de se faire subroger. Les autres créanciers ne pourraient même pas faire une saisie nouvelle, tant que la première subsiste ; cette nouvelle saisie ne serait pas transcrite (art. 680). Ce résultat, évidemment contraire à l'esprit de la loi, doit faire rejeter la première opinion que je vous exposais tout à l'heure. Il condamne aussi la distinction des partisans de la seconde opinion. Il y a, aussi bien dans le cas prévu par l'article 721 que dans ceux prévus par l'article 722, des créanciers, parties à la poursuite de saisie, auxquels il est inique de refuser la subrogation (1).

Mais, dira-t-on, que devient, dans cette opinion, le texte de l'article 721, qui ne paraît accorder la subrogation qu'à un second saisissant? Il suffira, pour l'application de ces mots de l'art. 721, de décider que le second saisissant, s'il y en a un, sera préféré aux autres créanciers pour la subrogation aux poursuites de saisie. Mais, si une seule saisie a été pratiquée, ou si le second saisissant n'use pas de son droit de se faire subroger dans les poursuites, la subrogation sera valablement demandée par le plus diligent des autres créanciers liés à la poursuite.

On fait enfin remarquer, en faveur de cette opinion, que, dans l'ancienne jurisprudence, on ne faisait aucune difficulté d'accorder la subrogation aux créanciers opposants, quoiqu'ils n'eussent pas fait pratiquer de saisie. Or, aujourd'hui, à partir de la sommation exigée par l'article 692, les créanciers inscrits sont liés à la poursuite, comme les créanciers opposants l'étaient par leur opposition. Mais Pothier faisait observer avec raison que le créancier opposant ne pouvait se faire subroger que s'il avait un titre exécutoire contre le saisi. Il faudrait décider de même aujourd'hui, dans l'opinion que je développe en ce moment, que la subrogation ne devrait être accordée qu'au créancier inscrit, porteur d'un titre exécutoire, contre le saisi.

Il nous reste à examiner la quatrième opinion, que je crois la meilleure. Elle n'est que l'extension, le développement de la précédente. J'admets tous les raisonnements des auteurs qui soutiennent la troisième opinion, mais en ne limitant pas le droit de demander la subrogation aux seuls créanciers inscrits. Pourquoi s'arrêter aux créanciers inscrits? Pourquoi ne permettrait-on pas à un créancier chirographaire, porteur d'un titre exécutoire contre le saisi, de se faire subroger dans les poursuites abandonnées par le saisissant, lorsqu'il n'y a pas de créanciers inscrits autres que le saisissant, ou que les créanciers inscrits négligent ou refusent de demander eux-même la subrogation? Ce créancier chirographaire est peut-être le plus intéressé à ce que la poursuite soit menée à fin. Tout créancier chirographaire porteur d'un titre exécutoire a incontestablement le droit de saisir l'immeuble de son débiteur; une saisie a précédé celle qu'il projetait de faire appliquer, et suspendu ses poursuites; si cette saisie est abandonnée, pourquoi ne pourrait-il pas se servir des actes de procédure déjà faits, en un mot, demander la subrogation? Refuser ce droit aux créanciers chirographaires, n'est-ce pas ouvrir la porte à la fraude que je signalais en exposant la troisième opinion? N'est-ce pas donner au débiteur le moyen de rendre illusoires les droits des créanciers chirographaires, en faisant faire par un prête-nom une saisie immobilière, qui ne serait pas sérieuse, et que le saisissant abandonnerait plus tard? Le créancier chirographaire ne pourrait non plus faire transcrire une nouvelle saisie, tant que la première subsiste, quoique les poursuites soient suspendues (art. 680). Enfin l'ancienne jurisprudence vient encore étayer de son autorité cette solution. On accordait autrefois la subrogation, dans les poursuites de saisie

(1) Et il n'est pas nécessaire que la créance soit échue. Req. Rej., 14 janvier 1874, D. 74, 1, 57.

réelle, aux créanciers chirographaires porteurs d'un titre exécutoire (1).

Le demandeur à la subrogation doit-il appeler en cause le saisi? Cette mise en cause semblerait juste ; mais peut-on l'exiger dans le silence de la loi? Je ne le crois pas. En effet, la difficulté a été soulevée dans la discussion de la loi de 1841, et la loi cependant est restée muette, tandis qu'en matière de surenchère (art. 709), de demande en distraction (art. 725), de folle enchère (art. 736), la loi a toujours indiqué les demandes ou les actes qui devaient être signifiés à la partie saisie (2).

987. « Art. 723. La partie qui succombera sur la demande en subrogation sera condamnée personnellement aux dépens.

« Le poursuivant contre lequel la subrogation aura été prononcée sera tenu de remettre les pièces de la poursuite au subrogé sur son récipissé ; il ne sera payé de ses frais de poursuite qu'après l'adjudication, soit sur le prix, soit par l'adjudicataire. »

J'appelle votre attention sur le mot *personnellement*. En matière de saisie immobilière, les frais de poursuite, les frais nécessaires pour parvenir à l'adjudication, sont prélevés par privilège sur le prix; ils ont, en effet, profité à la masse des créanciers. Mais réciproquement les frais qui ne profiteraient pas à tous, qui ne seraient pas faits dans l'intérêt de la masse, doivent rester à la charge de celui qui les a faits.

Notre article suppose qu'une demande en subrogation a été formée; si le demandeur gagne son procès, le saisissant, qui a eu tort de résister à cette demande, en supportera *personnellement* les dépens, et ne pourra les répéter; si, au contraire, la demande en subrogation est rejetée, les frais en resteront à la charge *personnelle* de celui qui a succombé dans sa demande.

Quant aux frais des actes de la procédure de saisie, faits valablement par le premier saisissant avant la demande en subrogation, ils doivent évidemment lui être remboursés, si la subrogation est prononcée. En effet, ces actes sont maintenus ; ils servent de base à la continuation des poursuites; ils demeurent un préliminaire nécessaire de l'adjudication ; ils seront donc privilégiés. Mais le premier saisissant n'en touchera le montant qu'après l'adjudication : *il ne sera payé de ses frais de poursuite qu'après l'adjudication, soit sur le prix, soit par l'adjudicataire.*

Le poursuivant... sera tenu de remettre les pièces de la poursuite au subrogé. La loi n'a pas dit quelles peines sanctionneraient cette obligation.

La subrogation donne au subrogé la mission d'accélérer la poursuite et de la mener à fin, mais celui contre qui la subrogation a été obtenue n'est pas libéré de ses obligations. Ainsi, s'il ne se présente pas d'enchérisseur (art. 706), le poursuivant primitif, et non le subrogé, sera déclaré adjudicataire pour la mise à prix. On peut, pour cette solution, tirer un argument d'analogie de l'art. 833, 4e alinéa, qui, en matière de surenchère sur aliénation volontaire, met la subrogation aux risques et périls du surenchérisseur (3).

(1) Cass. Rej., 12 août 1841 (Dall., *Rép.*, v° *Vente publique d'immeubles*, n° 1083).

(2) Dijon, 24 mars 1828 (Dall., *Rép.*, v° *Vente publique d'immeubles*, n° 1103). — *Contrà :* Cass. Rej., 19 janvier 1853, D. 53, 1, 12. — Bastia, 2 décembre 1859, D. 62, 2, 145.

(3) Nancy, 1860, D. 61, 2, 22.

988. 3° *Radiation d'une saisie* (art. 724).

« Art. 724. Lorsqu'une saisie immobilière aura été rayée, le plus diligent des saisissants postérieurs pourra poursuivre sur sa saisie, encore qu'il ne se soit pas présenté le premier à la transcription. »

Pour parler exactement, ce n'est pas la saisie même qui est rayée, mais l'acte de transcription de la saisie au bureau des hypothèques. Encore le conservateur ne biffe-t-il pas réellement l'acte transcrit sur ses registres ; il se borne à mentionner en marge la radiation de la saisie,

Il y a eu lieu d'opérer cette radiation ou parce que la saisie a été déclarée nulle par jugement, ou parce qu'il en a été donné mainlevée soit par le poursuivant seul, avant la mention de la notification, prescrite par l'art. 693, soit par le poursuivant et les créanciers inscrits, après cette mention.

Il existe une grande différence entre la subrogation et la radiation. Lorsqu'une saisie est rayée, elle ne peut plus produire aucun effet ; tous les actes de cette saisie sont considérés comme non avenus. La subrogation suppose, au contraire, que les actes antérieurs sont maintenus et servent de base aux actes futurs, qui seront faits à la requête du subrogé. De cette différence il en résulte une autre : c'est que, comme nous l'avons décidé plus haut, des créanciers non saisissants peuvent obtenir la subrogation dans les poursuites de saisie, dans les cas prévus par les art. 721 et 722 ; tandis qu'après une saisie rayée, il n'y a que des créanciers saisissants qui puissent continuer à poursuivre la vente de l'immeuble, car il faut une autre saisie pour servir de base aux poursuites. Et encore, remarquez bien que le second saisissant, après la radiation de la première saisie, ne continue pas la poursuite de la saisie rayée, mais reprend la poursuite de sa propre saisie, qui était restée en suspens, tant que la première saisie subsistait.

Prenons un exemple. *Primus*, *Secundus* et *Tertius*, créanciers de Paul, font, à peu près à la même époque, pratiquer chacun une saisie sur l'immeuble de leur débiteur. *Primus* présente, le premier, sa saisie à la transcription ; cette transcription a lieu conformément à l'art. 678, C. pr., *Secundus* présente ensuite sa saisie au conservateur pour la transcrire ; mais celui-ci, conformément à l'art. 680, constate en marge du procès-verbal de la seconde saisie son refus de la transcrire, fondé sur le fait de la transcription précédente d'une saisie relative aux mêmes biens. Enfin *Tertius* présente à son tour sa saisie à la transcription ; le conservateur lui fait le même refus qu'à *Secundus*, dans la même forme et par le même motif. C'est donc la saisie de *Primus*, qui, seule, quant à présent, suit son cours.

Je suppose maintenant que la saisie de *Primus* est rayée. Si *Primus* était seul saisissant, nous dirions que l'immeuble de Paul est actuellement affranchi de toute poursuite ; il faudrait qu'un créancier fît pratiquer une nouvelle saisie, pour qu'une poursuite recommençât. Mais, dans notre hypothèse, *Secundus* et *Tertius* avaient déjà pratiqué chacun une saisie, dont le cours avait été suspendu par l'existence de la saisie de *Primus*, transcrite avant les deux autres. La radiation de la saisie de *Primus* permet aux deux autres saisies de reprendre leur cours. Mais laquelle des deux sera continuée ? La loi donne la préférence au plus diligent des saisissants postérieurs. Ce n'est donc pas l'ordre primitif de présentation à la transcription qui déterminera quel sera le poursuivant. *Tertius* sera préféré, s'il se montre plus diligent que *Secundus* à reprendre ses poursuites après la radiation de la saisie de *Primus* (1).

989. La loi n'a pas fixé le délai dans lequel le second ou subséquent saisissant devrait reprendre ses poursuites à partir de la radiation de la première saisie. Peut-on admettre cependant que le saisi restera toujours sous le coup de cette saisie, même si aucun acte n'indique, quant à présent, l'intention de la continuer? Nous avons vu, dans le titre précédent, quelle importance la loi attribue à ce que chaque acte soit fait dans un délai déterminé, avec quel soin elle enlève au saisissant toute latitude arbitraire à cet égard, en indiquant, pour chaque acte, un terme fixe, soit un maximum et un minimum de délai. Or, ce que la loi a voulu empêcher dans la poursuite d'une saisie unique, peut-on supposer qu'elle le tolère pour la reprise d'une seconde saisie, après la radiation de la première?

Quelques auteurs ont proposé d'exiger du second saisissant qu'il continuât sa poursuite dans le délai fixé par la loi pour une saisie unique, en prenant pour point de départ la radiation de la première saisie. Ainsi j'ai fait pratiquer une saisie sur l'immeuble de Paul. Dans les trente jours qui ont suivi le commandement (art. 673, 674), le procès-verbal de saisie a été dressé (art. 675, 676); il a été dénoncé dans la quinzaine de sa clôture (art. 677) et présenté à la transcription dans la quinzaine suivante (art. 678). Mais le conservateur a refusé d'opérer cette transcription (art. 680), parce qu'une saisie précédente du même immeuble avait déjà été transcrite à la requête de *Primus*. Voilà ma saisie suspendue, tant que dure celle de *Primus*. Mais si la saisie de *Primus* est rayée, deux mois, trois mois après, je puis reprendre ma saisie, qui avait été suspendue par l'existence de celle de *Primus*. Je la reprends où je l'avais laissée, c'est-à-dire à la transcription. Mais dans quel délai dois-je la faire transcrire? Suivant les auteurs dont j'expose ici l'opinion, elle doit être transcrite, non pas dans la quinzaine de la dénonciation de mon procès-verbal de saisie (art. 680), qui remonte à deux ou trois mois, mais au moins dans la quinzaine de la radiation de la saisie de *Primus*. L'existence de la saisie de *Primus* avait suspendu les délais relatifs à ma poursuite avec ma poursuite elle-même; mais dès que cette saisie est rayée, ma poursuite reprend son cours et elle est assujettie aux délais prescrits par la loi pour les poursuites de saisie immobilière. C'est à l'avoué qui s'est constitué pour moi sur le procès-verbal de ma saisie (art. 675, 6°), à se tenir au courant de l'état de la première saisie.

Cette opinion me semble raisonnable. En pratique, comme avoué, comme avocat, je conseillerais de la suivre; mais, comme juge, je n'oserais pas, dans le silence de la loi, prononcer la nullité de la seconde saisie parce qu'elle aurait été transcrite après la quinzaine de la radiation de la première saisie.

➾ **990.** 4° *Demande en distraction de tout ou partie des objets saisis*

(1) Un arrêt de Toulouse du 8 juin 1861 décide que le second saisissant se fera subroger dans la saisie rayée. D. 61, 2, 168.

art. 725, 726, 727). Il peut arriver que l'huissier ait saisi, par erreur, un immeuble n'appartenant pas au saisi. La propriété est assez morcelée en France pour qu'on puisse facilement concevoir, par exemple, la saisie d'une pièce de pré pour une autre. Rien n'avertit le véritable propriétaire de la saisie indûment pratiquée sur son immeuble; comme il n'est pas le saisi, il ne reçoit aucune notification ni signification. De son côté, le véritable saisi n'a aucun intérêt à détruire une erreur qui ne lui nuit pas, et qui ne lui donne qu'en apparence le rôle de saisi dans la poursuite, puisqu'en réalité l'immeuble saisi ne lui appartient pas.

En fait, les positions ne sont pas ordinairement aussi tranchées; on ne saisit pas exclusivement l'immeuble d'un tiers sans toucher à celui du saisi. Mais, dans la saisie d'un certain nombre d'immeubles, de pièces de terre séparées les unes des autres, on en comprend quelquefois une ou quelques-unes appartenant à un autre qu'au saisi. Ainsi dans une saisie pratiquée sur Paul, et comprenant quinze, vingt pièces de terre, l'huissier a fait figurer sur le procès-verbal de saisie une pièce de terre qui m'appartient. Je puis ignorer complètement cette atteinte portée à ma propriété, car la saisie immobilière ne se révèle par aucun signe apparent; tout se passe en actes de procédure, et, comme l'huissier qui a fait la saisie, et le poursuivant pour lequel il agit, ne me croient pas intéressé, je ne reçois aucune dénonciation, aucune sommation, aucune citation ; je reste complètement étranger aux poursuites. Je suppose toujours la bonne foi de l'huissier et du poursuivant : autrement ils deviendraient passibles de dommages-intérêts envers moi.

Quoi qu'il en soit, toute la procédure peut ainsi suivre son cours à mon insu jusqu'à l'adjudication; l'adjudication elle-même peut se consommer avant que j'aie le moindre soupçon de la vente de mon immeuble. Si les choses ont été aussi loin, ai-je perdu mon droit de propriété? L'adjudicataire est-il devenu propriétaire? En matière de meubles, nous avons décidé que l'adjudicataire d'un meuble vendu sur saisie-exécution n'avait pas à craindre, de la part des tiers, la revendication d'un meuble indûment compris dans la saisie. Nous avons appliqué la règle de l'art. 2279 du Code civil : *En fait de meubles, possession vaut titre* (Voy. ci-dessus, n° 863).

Mais le motif de notre solution, en matière de saisie-exécution, est tout à fait inapplicable à la saisie immobilière. La simple possession d'un immeuble, même avec titre et bonne foi, n'en donne pas la propriété. L'adjudicataire d'un immeuble qui n'appartenait pas au saisi, n'en acquiert pas la propriété, mais seulement une possession qui pourra aboutir à la prescription par dix ou vingt ans, conformément à l'art. 2265 du Code civil; mais, pendant tout ce temps il aura à craindre l'action en revendication du véritable propriétaire indûment dépossédé (1).

Cette hypothèse ne suppose une action, de la part du tiers dont l'immeuble a été indûment saisi, qu'après l'adjudication consommée. La procédure de cette action en revendication ne sera pas un incident de la saisie immobilière ; elle suivra son cours comme toute autre action en revendication : le législateur ne s'en est pas occupé, et nous n'avons pas à nous en occuper ici. Mais

(1) Cass. Rej., 4 août 1851, D. 54, 2, 335.

il peut arriver que le tiers, dont l'immeuble a été compris à tort dans la saisie pratiquée sur Paul, s'aperçoive de l'erreur pendant la procédure de saisie immobilière. Il a droit d'empêcher la continuation de la poursuite à l'égard de son immeuble indûment saisi. Il forme alors une demande en distraction de la saisie; il prétend, en d'autres termes, que l'immeuble, dont il se dit propriétaire, ne doit pas être compris dans la saisie poursuivie contre Paul. Cette prétention, si elle est contestée par les créanciers, donne lieu à l'incident dont la loi s'occupe dans les art. 725, 726 et 727, sous le nom de demande en distraction de la saisie.

Si, après l'adjudication, il est survenu une surenchère (nos 969 et suiv.), la poursuite recommence, et une demande en distraction peut être formée avant les nouvelles enchères (1).

991. « Art. 725. La demande en distraction de tout ou partie des objets saisis sera formée, tant contre le saisissant que contre la partie saisie; elle sera formée aussi contre le créancier premier inscrit et au domicile élu dans l'inscription.

« Si le saisi n'a pas constitué avoué durant la poursuite, le délai prescrit pour la comparution sera augmenté d'un jour par cinq myriamètres de distance entre son domicile et le lieu où siège le tribunal, sans que ce délai puisse être augmenté à l'égard de la partie qui serait domiciliée hors du territoire continental de la République. »

D'après le premier alinéa de notre article, le tiers, qui veut former une demande en distraction, doit la rédiger contre trois personnes, le saisissant, le saisi et le créancier premier inscrit. La nécessité d'appeler le saisissant est facile à justifier; en effet, c'est l'acte fait à sa requête qui est attaqué, c'est le procès-verbal de saisie qui est critiqué. Il a même souvent intérêt à s'opposer à la demande en distraction, si elle a pour but de soustraire à la saisie ou la totalité des biens saisis, ou une portion tellement considérable, que le surplus soit insuffisant pour le payement intégral de sa créance.

Vous comprenez aussi pourquoi le demandeur en distraction doit assigner le saisi. Il est possible, en effet, que le saisi se prétende propriétaire de l'immeuble saisi à la requête de *Primus* et revendiqué par Pierre; la demande en distraction serait, dans ce cas, un procès très sérieux entre le saisi et le demandeur en distraction, sur la propriété de l'immeuble saisi. On assignera donc le saisi, quoiqu'il puisse arriver qu'il ne s'oppose pas à la demande en distraction, et même, quelquefois, que le demandeur en distraction ne soit qu'un prête-nom du saisi et s'entende avec lui pour élever un incident, qui entravera les poursuites et retardera l'adjudication.

Enfin, la demande sera également dirigée contre le créancier premier inscrit, qui représente la masse des créanciers inscrits, et défendra à la demande en distraction dans l'intérêt de tous. Si le premier créancier incrit était lui-même le poursuivant, on devrait appeler en cause le créancier second inscrit, pour défendre l'intérêt commun de la masse. Il faut entendre l'article en ce sens, que la demande sera formée contre le créancier premier inscrit, non compris le poursuivant.

Mais est-ce bien le premier des créanciers inscrits qui est le plus intéressé à s'opposer à la demande en distraction? Le plus intéressé, le véritable inté-

(1) Besançon, 22 décembre 1850, D. 54, 5, 674.

ressé est celui sur qui les fonds manqueront, si le demandeur en distraction triomphe. Mais on ne connaît bien ce véritable intéressé qu'après l'adjudication du surplus des biens saisis, adjudication qui fixe le chiffre de la somme à distribuer.

Ainsi le créancier second inscrit a fait saisir trois immeubles appartenant à Paul, soit une ferme, un moulin et un bois. Il y a sur ces différents biens six créanciers inscrits. Je supposerai, pour ne pas compliquer trop l'espèce, que chacun de ces créanciers est inscrit sur chacun des trois immeubles pour des sommes égales, chacune de 100,000 francs. Pendant la procédure de saisie, un tiers demande que le bois soit distrait de la saisie, comme lui appartenant et ayant été, par conséquent, indûment saisi sur Paul. Ce tiers assignera d'abord le saisissant, qui occupe le second rang dans l'ordre des inscriptions, puis Paul, le saisi, et enfin *Primus*, premier créancier inscrit, comme représentant la masse. Mais admettons que le prix probable des trois immeubles soit de 400,000 fr., et celui de la ferme et du moulin seuls de 300,000 fr. Dans cette hypothèse, il est évident que *Primus*, premier inscrit, obtiendra l'intégralité de sa créance, c'est-à-dire les 100,000 fr., quel que soit le sort de la demande en distraction, puisque le prix de la ferme et du moulin seuls dépassera certainement le chiffre de la créance. Désintéressé dans le procès sur la distraction de saisie relative au bois, n'est-il pas à craindre qu'il n'y défende pas avec tout le zèle et toute la vigilance nécessaires ? Les intéressés, dans notre hypothèse, sont réellement *Tertius* ou *Quartus*, sur qui les fonds manqueront, si le bois est distrait de la saisie. Et cependant le demandeur en distraction n'est pas tenu de les appeler en cause.

On a bien compris l'inconvénient que je signale ; mais il a paru difficile d'y apporter un remède efficace pour toutes les hypothèses. Ainsi, l'on avait proposé d'appeler en cause non pas le premier, mais le dernier des créanciers inscrits. Toutefois, dans notre espèce, ce créancier serait également sans intérêt, puisqu'il n'obtiendrait rien sur le prix dans toutes hypothèses. Il faudrait, en effet, que le prix de l'adjudication s'élevât au-dessus de 500,000 fr., pour que le dernier créancier fût utilement colloqué dans l'ordre qui s'ouvrira plus tard. Or, nous avons supposé que, même au cas où la demande en distraction serait rejetée, le prix ne dépasserait pas 400,000 fr.

Le créancier premier inscrit sera donc seul appelé en cause par le demandeur en distraction. Seulement les véritables intéressés, les créanciers sur qui doit retomber l'effet de la demande en distraction, c'est-à-dire ceux sur qui les fonds manqueront probablement, si elle triomphe, dans notre espèce *Tertius* et *Quartus*, pourront intervenir à leurs frais dans la demande en distraction, pour y surveiller par eux-mêmes leur intérêt menacé. Mais, s'ils n'étaient pas intervenus, ils ne pourraient appeler du jugement, puisqu'ils n'auraient pas été parties (1).

992. La forme de la demande en distraction variera à l'égard des diverses parties. La demande sera formée par un simple acte d'avoué à avoué contre le saisissant, qui a toujours un avoué en cause (art. 718), et par un exploit au domicile élu dans l'inscription contre le premier créancier inscrit, qui n'a pas

(1) Agen, 18 juillet 1849, D. 49, 2, 247.

encore d'avoué. Quant à la partie saisie, si elle a un avoué, la demande sera également formée contre elle par un acte d'avoué, et, si elle n'en a pas, par exploit d'ajournement; mais, dans ce dernier cas, « *le délai de huitaine sera* « *augmenté d'un jour par cinq myriamètres de distance entre le domicile du saisi* « *et le lieu où siège le tribunal* » qui doit juger la demande.

Cependant, pour ne pas permettre de prolonger démesurément la poursuite par un incident, qui n'est peut-être qu'un moyen de chicane soulevé par un prête-nom du saisi, la fin de notre article ajoute que ce délai ne pourra être *augmenté à l'égard de la partie qui serait domiciliée hors du territoire continental de la République*. En un mot, l'art. 74 du Code de procédure ne recevra pas d'application aux demandes en distraction. Le saisi domicilié hors du territoire continental de la République fera donc bien de constituer toujours un avoué dans les poursuites de saisie immobilière dirigées contre lui en France, afin que son avoué surveille ses intérêts et notamment défende aux demandes en distraction qui pourraient être intentées.

993. « Art. 726. La demande en distraction contiendra l'énonciation des titres justificatifs, qui seront déposés au greffe, et la copie de l'acte de dépôt. »

Pour prouver que la demande en distraction n'est pas formée à la légère, le demandeur doit énoncer les titres justificatifs de sa prétention, les déposer au greffe et signifier aux défendeurs la copie de l'acte de dépôt.

L'énonciation des titres. Vous connaissez les deux sens du mot *titre* dans le langage de la loi. Le *titre* signifie réellement la cause de l'acquisition de la propriété : ainsi une vente, un échange, une donation, un legs. Mais la loi elle-même, comme la pratique, a quelquefois employé le mot *titre* pour désigner le testament, l'acte de vente, de donation, en un mot, l'écrit authentique ou sous seing privé destiné à constater la cause d'acquisition de la propriété. Dans notre art. 726, le dépôt des titres signifie le dépôt des actes authentiques ou sous seings privés, constatant la cause de l'acquisition de la propriété prétendue. On peut déposer, en effet, l'acte de vente et non la vente, le testament et non le legs.

Mais ne peut-il pas arriver que la propriété réclamée par le demandeur en distraction ne s'appuie pas sur un titre justifié pas écrit? Ainsi Paul a saisi sur Pierre un immeuble qui m'appartient. J'en suis devenu propriétaire par la prescription de trente ans, c'est-à-dire par une possession trentenaire réunissant les conditions exigées par l'art. 2229 du Code civil. Je ne puis justifier par écrit de ce fait de possession pendant trente ans qui m'a donné la propriété; la loi elle-même me dispense de rapporter un titre (art. 2262, C. civ.), c'est-à-dire un acte authentique ou sous seing privé. Comment, dans ce cas, le demandeur en distraction remplira-t-il les conditions de notre art. 729? On avait proposé, en prévision de cette hypothèse et d'autres semblables, d'ajouter à ces mots *l'énonciation des titres justificatifs*, ceux-ci : *ou celle du fait sur lequel cette demande est fondée, s'il n'y a pas de titre*. Mais cette addition ne fut point admise: on fit observer qu'en fait, celui qui possède l'immeuble saisi (que cette possession ait déjà eu assez de durée ou non pour faire acquérir par la prescription) n'était pas dépossédé par la saisie; que, la plupart du temps, il n'avait pas d'intérêt à prendre la position de revendiquant, qui l'obligeait à prouver sa propriété ; qu'il ferait mieux de laisser l'adjudication se consommer, et d'agir au possessoire si l'adjudicataire le troublait dans sa possession. L'adjudicataire sera alors obligé de prendre le rôle de demandeur en revendication; et, par conséquent, la preuve du droit de propriété qu'il revendique sera mise à sa charge, tandis que le possesseur n'aura qu'à se défendre, sans être tenu lui-même de prouver qu'il est propriétaire.

Cependant, si le possesseur, déjà devenu propriétaire par la prescription, veut demander la distraction pendant les poursuites, à la charge de prouver son droit de propriété, la demande ne doit pas être écartée sous prétexte qu'elle ne pourrait être accompagnée du dépôt des titres, prescrit par l'art. 726. Puisque notre législation reconnait que la propriété peut être acquise sans qu'il soit nécessaire de *rapporter un titre*, c'est-à-dire un écrit, elle doit admettre en même temps que cette propriété pourra toujours être revendiquée contre ceux qui la méconnaîtraient ou lui porteraient atteinte.

L'art. 726, en exigeant le dépôt des titres, se réfère donc aux cas les plus ordinaires; mais il ne faut pas conclure de ses termes que le droit de propriété, non prouvé par écrit, ne pourrait faire l'objet d'une demande en distraction.

994. « Art. 727. Si la distraction demandée n'est que d'une partie des objets saisis, il sera passé outre, nonobstant cette demande, à l'adjudication du surplus des objets saisis. Pourront néanmoins les juges, sur la demande des parties intéressées, ordonner le sursis pour le tout.

« Si la distraction partielle est ordonnée, le poursuivant sera admis à changer la mise à prix portée au cahier des charges. »

Cet article vous montre quels effets la demande en distraction produit sur la procédure de saisie immobilière dans le courant de laquelle elle est formée. Si la demande en distraction ne porte que sur une partie des objets compris dans la saisie, les poursuites continueront à l'égard du surplus des biens saisis, et l'adjudication pourra en être prononcée.

On comprend que l'adjudication séparée d'une partie des biens saisis offrirait quelquefois de grands inconvénients, et aurait pour effet de déprécier la valeur de ces biens. Aussi les parties intéressées peuvent-elles demander et obtenir qu'il soit sursis à l'adjudication du surplus des biens saisis jusqu'au jugement de la demande en distraction. Si le jugement qui intervient sur cette demande en prononce le rejet, la poursuite reprend son cours, et l'adjudication comprend tous les biens primitivement saisis ; mais, si le demandeur en distraction gagne son procès, l'adjudication ne portera que sur le surplus des biens compris dans le procès-verbal de saisie.

Cependant le poursuivant a indiqué, dans le cahier des charges, une mise à prix qui doit servir de base aux enchères (art. 690, 4°). Cette mise à prix, il l'a calculée sur la totalité des biens saisis ; et, aux termes de l'art. 706, 2e alinéa, le poursuivant sera déclaré adjudicataire pour la mise à prix, faute d'enchérisseurs. Mais il serait souverainement inique, lorsqu'il a fixé une mise à prix de 400,000 fr. pour une ferme, un moulin et un bois, de le forcer à prendre pour cette même somme la ferme et le moulin seulement, lorsqu'un jugement a ordonné, pendant la poursuite, que le bois serait distrait de la saisie. Aussi le 2e alinéa de notre art. 727 permet-il au poursuivant, en cas de distraction partielle, de changer la mise à prix qu'il avait primitivement fixée dans le cahier des charges.

La loi ne s'est pas expliquée sur l'effet d'une demande en distraction portant sur la totalité des objets saisis; mais cette hypothèse ne présente aucune difficulté. Dans ce cas, le sursis sera nécessairement prononcé. Il est évident qu'on ne peut passer outre à l'adjudication de biens sur la propriété desquels une contestation est engagée, avant que la question de propriété soit vidée.

Si la demande en distraction totale, ou, pour parler plus exactement, la demande en revendication est rejetée, la poursuite reprend son cours. Si le revendiquant triomphe, la poursuite est complètement anéantie.

Si le jugement qui rejette la demande en distraction totale ou partielle est frappé d'appel, l'acte d'appel en suspend l'exécution, et il ne peut être procédé à l'adjudication des biens compris dans la demande en distraction qu'après l'arrêt sur l'appel.

⇛ **995.** Outre les demandes en distraction, des tiers peuvent former, pendant la poursuite de saisie, des demandes à fin de charges. Ainsi, celui qui prétend avoir sur l'immeuble saisi un droit d'usufruit, d'usage, de servitude, peut intervenir dans la procédure de saisie immobilière, et faire insérer dans le cahier des charges une clause relative à la conservation de son droit. Ces demandes à fin de charges seront intentées dans les mêmes formes que les demandes en distraction.

Mais ceux qui ont des droits d'usufruit, d'usage, de servitude sur un fonds, peuvent ignorer la saisie du fonds grevé; aucun acte de la poursuite ne leur est signifié; ils restent complètement étrangers à la procédure de saisie. Alors l'adjudication elle-même ne porte aucune atteinte à leurs droits, qu'ils pourront revendiquer contre l'adjudicataire, de même que le propriétaire peut revendiquer son immeuble, saisi sur un autre et adjugé (Voy. n° 990).

⇛ **996.** 5° *Demandes en nullité* (art. 728, 729). Dans l'ancien Code de procédure, on avait distingué les moyens de nullité contre la procédure qui précédait l'adjudication préparatoire, de ceux relatifs à la procédure postérieure à cette adjudication. Les premiers devaient être proposés avant l'adjudication préparatoire, les seconds avant l'adjudication définitive (anciens art. 733 et 735). Dans la loi de 1841, l'adjudication préparatoire a été supprimée; l'ancienne distinction ne pouvait donc subsister, ou, du moins, devait subir une modification.

La loi nouvelle reconnaît des moyens de nullité contre la procédure antérieure à la publication du cahier des charges et des moyens de nullité contre la procédure postérieure à cette publication. Ces nullités, qui sont proposées par des demandes incidentes à la procédure de saisie, sont réglées par l'art. 728, pour la procédure antérieure, et par l'art. 729, pour la procédure postérieure à la publication du cahier des charges.

« Art. 728. Les moyens de nullité, tant en la forme qu'au fond, contre la procédure qui précède la publication du cahier des charges, devront être proposés, à peine de déchéance, trois jours au plus tard avant cette publication.

« S'ils sont admis, la poursuite pourra être reprise à partir du dernier acte valable, et les délais pour accomplir les actes suivants courront à dater du jugement ou arrêt qui aura définitivement prononcé sur la nullité.

« S'ils sont rejetés, il sera donné acte, par le même jugement, de la lecture et publication du cahier des charges, conformément à l'art. 695. »

Les moyens de nullité tant en la forme qu'au fond... Ces mots décident, dans le sens de la jurisprudence établie avant 1841, une question qui avait été controversée sous l'empire de l'ancien Code de procédure. On avait douté que les demandes en nullité de la saisie, pour des motifs tirés du fond du droit, fussent circonscrites dans les mêmes délais que les demandes en nullité pour irrégularités dans la forme. Ainsi les demandes en nullité pour inobservation des formes ou des délais relatifs aux actes antérieurs à l'adjudication préparatoire devaient être formées avant cette adjudication ; mais on doutait qu'il en fût de même pour les demandes en nullité basées sur le fond du droit, par exemple, sur la nullité ou l'extinction de la créance du poursuivant. La question est tranchée aujourd'hui; l'art. 728 est formel :

Les moyens de nullité tant en la forme qu'au fond contre la procédure qui précède la publication du cahier des charges (époque qui a remplacé celle de l'adjudication préparatoire) *doivent être proposés à peine de déchéance..., avant cette publication*.

Comment distinguera-t-on les moyens de nullité, relatifs au fond, de ceux qui sont relatifs à la forme? Toutes les fois que le demandeur en nullité prétendra que la saisie ne pouvait pas être pratiquée, il abordera un moyen du fond. Ainsi nous appellerons d'abord demandes en nullité sur le fond, toutes celles basées sur la négation de la créance du poursuivant, soit que le demandeur à l'incident soutienne que cette créance a été payée, prescrite, compensée (1), etc., soit qu'il la prétende nulle pour défaut de cause ou de consentement, ou annulable pour défaut de capacité, vice du consentement (2), etc. Les demandes en nullité fondées sur la violation des dispositions du Code civil, relatives à l'expropriation forcée (art. 2205 et suivants), à l'inaliénabilité des biens dotaux saisis sur la femme (3), constituent encore des nullités sur le fond du droit : la saisie ne devait pas être faite.

Toutefois, si l'immeuble n'appartenait pas au saisi, ce n'est pas par la demande en nullité, mais par la demande en distraction, comme nous l'avons vu précédemment, que le véritable propriétaire doit procéder.

Les nullités de forme supposent que la saisie pouvait être faite, mais que le poursuivant n'a pas accompli toutes les formalités, et observé tous les délais

(1) Cass. Rej., 2 avril 1850, D. 50, 1, 148.

(2) Cass. Rej., 9 novembre 1857, D. 58, 1, 77.

(3) Cass. Rej., 20 août 1861, D. 61, 1, 380, et notes 4 et 5. — Cass. Rej., 13 janvier 1862, D. 62, 1, 129. — Grenoble, 11 août 1862, D. 63, 2, 174. — *Contra :* Agen, 8 février 1861, D. 61, 2, 37. ** Jugé que la déchéance, prononcée par les art. 728 et 729, à l'égard des moyens de nullité qui n'ont pas été proposés dans les délais fixés, est générale et absolue ; qu'elle s'étend notamment au moyen tiré de l'état d'indivision de l'immeuble saisi (C. civ., art. 2205). Cass. Req., 18 mai 1881, S. 83, 1, 159. **

prescrits par la loi. Ainsi toute violation des dispositions, contenues dans les articles énumérés par l'art. 715, constituent des nullités de forme. Seulement il faut distinguer, parmi ces dispositions, celles qui concernent des formalités et des délais antérieurs à la publication, et celles qui se réfèrent à des formalités et à des délais postérieurs. L'art. 728, relatif aux premières, aux nullités qui précèdent la publication, ne s'applique donc, quant à la forme, qu'à la violation des dispositions contenues aux art. 673, 674, 675, 676, 677, 678, 690, 691, 692, 693, 694. Les autres articles cités dans l'art. 715, relatifs à des formalités et délais postérieurs à la publication, tombent sous l'application de l'art. 729.

997. Est-ce à dire que les créances éteintes, nulles ou annulables, seront réputées valablement existantes à l'égard du saisi, qui ne les a pas attaquées avant la publication du cahier des charges? Je ne le pense pas. Le saisi qui n'aura pas fait prononcer la nullité avant la publication ne pourra plus arrêter la poursuite ; mais il aura encore le droit de faire reconnaître que la prétendue créance était nulle ou éteinte, afin de faire attribuer, à lui-même ou à un autre de ses créanciers, la partie du prix réclamé par le prétendu créancier, dont le droit est nul ou éteint. La poursuite tomberait évidemment, quand la créance du poursuivant est déclarée nulle ou éteinte, s'il n'y avait pas d'autres créanciers liés à la poursuite et pouvant la reprendre.

998. *Trois jours au plus tard avant cette publication.* La fixation d'un délai avant l'expiration duquel la demande en nullité doit être formée est une innovation de la loi de 1841. Dans l'ancien art. 733, aucun délai n'était fixé pour proposer les moyens de nullité contre la procédure qui précédait l'adjudication préparatoire. Il en résultait que ces demandes étaient souvent formées la veille ou même le matin du jour où cette adjudication devait avoir lieu ; le poursuivant n'avait pas le temps de préparer sa défense à cette demande en nullité. Aujourd'hui il les connaîtra trois jours au moins avant la publication, et pourra en conséquence y répondre (1).

Si la publication n'a pas lieu au jour primitivement fixé, la remise de la publication entraîne prorogation du délai pour demander les nullités, car la loi s'est attachée à la publication même pour la fixation de ce délai (2).

La loi, d'ailleurs, ne fixe qu'un minimum de délai, mais le saisi, qui veut demander la nullité, n'est pas obligé d'attendre le troisième jour avant la publication ; mais il le *peut* beaucoup plus tôt. Ainsi il a le droit de proposer les nullités relatives au fond, dès que le procès-verbal de saisie lui est dénoncé, et les nullités de forme, du jour où l'acte qu'il prétend nul a été fait.

On n'est pas d'accord sur la question de savoir si les divers moyens de nullité peuvent être élevés successivement par le saisi, ou s'il est tenu de les présenter tous conjointement. Je crois que les nullités peuvent être proposées

(1) Jugé que les trois jours doivent être francs. — Bordeaux, 2 mai 1843 (Dall., *Vente publique d'immeubles*, n° 1241), et 4 février 1846, D. 46, 4, 450. — Douai, 28 août 1850, D, 53, 2, 136.

(2) Voy. les autorités en sens divers dans Dall., *Rép.*, v° *Vente publique d'immeubles*, n°s 1244 et suiv. — Nancy, 11 janvier 1868, D. 68, 2, 56.

les unes après les autres, et que l'instance sur les unes n'exclut pas une instance sur les autres.

On objecte, il est vrai, que cette opinion permet au saisi d'élever incident sur incident et de retarder, peut-être outre mesure, le jour de la publication. Mais n'y aurait-il pas de plus grands inconvénients à forcer le saisi à proposer à la fois tous ses moyens de nullité? On l'obligerait à attendre que tous les actes de la procédure antérieure à la publication fussent faits, pour examiner quels sont ceux qui présentent des moyens de nullité ; de sorte que, si le procès-verbal de saisie est nul, le saisi devrait, avant d'en proposer la nullité, laisser faire la dénonciation, la transcription, le cahier des charges, son dépôt au greffe, les sommations prescrites par les art. 691 et 692, et la mention ordonnée par l'art. 693. Si la nullité du procès-verbal était prononcée, tous les actes que je viens d'énumérer tomberaient par voie de conséquence, et les frais qu'ils auraient occasionnés auraient été faits en pure perte. N'est-il pas plus raisonnable de permettre au saisi de demander immédiatement la nullité du procès-verbal de la saisie, sauf à demander plus tard la nullité de chacun des actes qui le suivront, à mesure que ces actes se produiront?

On avait proposé d'assujettir le saisi à l'obligation de former en même temps toutes ses demandes en nullité; mais la loi ne contient aucune disposition à cet égard, et cette obligation ne peut être imposée au saisi dans le silence de la loi.

Mais, dit-on, l'art. 173 n'exige-t-il pas au moins que les nullités de forme soient proposées avant celles du fond? Je crois qu'on ne doit pas appliquer à la saisie immobilière l'art. 173, qui n'est fait que pour les instances ordinaires, dans lesquelles il y a un demandeur et un défendeur (1). N'est-il pas plus logique, de la part du saisi, de chercher, avant tout, à faire annuler la créance ou le titre exécutoire, et de ne proposer qu'en second lieu les nullités de forme?

999. Les deux derniers alinéas de notre art. 728 traitent des effets du jugement qui intervient sur la demande en nullité, suivant qu'elle est admise ou rejetée.

Le deuxième alinéa, qui suppose que la nullité est reconnue, contient une importante innovation. Autrefois, en effet, la nullité résultant de l'irrégularité d'un acte de procédure ou de l'omission d'un délai viciait la saisie tout entière, qui devait être recommencée *ab initio*. Aujourd'hui, la loi n'annule que l'acte irrégulier ou fait hors des délais légaux, et les actes qui l'ont suivi, mais elle maintient les actes qui ont précédé l'acte nul; la procédure est reprise à partir du dernier acte valable antérieur à l'acte annulé. Ainsi, trois jours avant la publication, le saisi propose un moyen de nullité tiré de ce que le cahier des charges a été déposé au greffe plus de vingt jours après la transcription (art. 690). Si cette nullité est admise, le dépôt du cahier des charges, les sommations prescrites par les articles 691 et 692 et la mention exigée par l'art. 693 seront considérés comme non avenus, mais le procès-verbal de saisie, la dénonciation, la transcription, subsisteront, et la procédure ne sera recommencée qu'à partir de la transcription.

Dans quel délai le premier acte à recommencer devra-t-il suivre le dernier

(1) Cass. Rej., 18 février 1852, D. 52, 1, 241.

acte valable? Notre article nous l'apprend : les délais, pour accomplir les actes suivants, courront à dater du jugement ou arrêt qui aura définitivement prononcé sur la nullité. Ainsi, dans l'espèce que j'ai supposée, le cahier des charges devra être déposé au greffe dans les vingt jours au plus tard après le jugement ou l'arrêt qui aura définitivement prononcé sur la nullité.

Si les moyens de nullité ne paraissent pas fondés, le jugement, qui les rejettera, donnera en même temps acte de la lecture et de la publication du cahier des charges, aux termes de l'article 728, 3e alinéa.

Cependant, il ne faut pas croire que tout jugement, qui rejettera des moyens de nullité contre la procédure antérieure à la publication, contiendra nécessairement acte de la lecture et de la publication du cahier des charges. La loi parle du cas le plus ordinaire ; elle suppose que les moyens de nullité ont été proposés à une époque très rapprochée de la publication et sont jugés le jour de la publication. Mais nous avons vu précédemment que les nullités pouvaient être proposées beaucoup plus tôt : il ne sera donné acte de la lecture et publication du cahier des charges, dans le jugement qui statue sur les nullités dont parle l'article 728, que si la procédure de saisie est en état, c'est-à-dire si toutes les formalités qui doivent précéder cette lecture et publication ont déjà été accomplies.

1000. « Art. 729. Les moyens de nullité contre la procédure postérieure à la publication du cahier des charges seront proposés, sous la même peine de déchéance, au plus tard trois jours avant l'adjudication.

« Au jour fixé pour l'adjudication et immédiatement avant l'ouverture des enchères, il sera statué sur les moyens de nullité.

« S'ils sont admis, le tribunal annulera les poursuites à partir du jugement de publication, en autorisera la reprise à partir de ce jugement, et fixera de nouveau le jour de l'adjudication.

« S'ils sont rejetés, il sera passé outre aux enchères et à l'adjudication. »

L'art. 729 s'occupe des nullités contre la procédure postérieure à la publication du cahier des charges.

Les nullités de cette seconde période de la procédure de saisie immobilière sont relatives à l'omission des moyens de publicité. Elles doivent être proposées trois jours au plus tard avant le jour fixé pour l'adjudication. C'est ce jour-là, et immédiatement avant l'ouverture des enchères, que le tribunal statue sur ces nullités par un jugement qui n'est pas susceptible d'appel, comme nous le verrons en expliquant l'art. 730.

Si les moyens de nullité paraissent fondés, la procédure de saisie immobilière n'est pas entièrement annulée. Le troisième alinéa de notre article contient, à cet égard, une innovation analogue à celle que j'ai signalée sur le deuxième alinéa de l'art. 728. Seulement nous avons vu que, dans le cas d'annulation d'un acte irrégulier ou tardif, antérieur à la publication du cahier des charges, on reprenait la procédure à partir d'un autre, suivant que la nullité frappait tel ou tel acte. Il en est autrement dans le cas où les nullités se sont produites dans la procédure postérieure à la publication du cahier des charges : quelle que soit la formalité qui n'ait pas été régulièrement accomplie dans cette seconde phase de la poursuite, celle de l'article 696, celle des articles 698 et 699, ou celle de l'article 704, on recommencera toujours la procédure de saisie à partir de la même époque, à partir du jugement de publication.

Ainsi, dans une procédure de saisie immobilière déjà parvenue au jugement de publication inclusivement, l'insertion dans les journaux a été régulièrement faite avec les conditions et dans les délais de l'art. 696, la justification de cette insertion est produite conformément aux termes de l'art. 698; mais l'extrait affiché conformément à l'art. 699 était incomplet, et la nullité proposée à raison de son irrégularité a été admise : il faudra recommencer non seulement les affiches, mais même les insertions dans les journaux, qui ne donnaient ouverture à aucune critique. En un mot, la procédure postérieure à la publication du cahier des charges tombera toujours tout entière, lorsqu'un des actes de cette procédure sera annulé.

Enfin, si les moyens de nullité proposés contre cette procédure sont rejetés, on ouvrira immédiatement les enchères, et on procédera à l'adjudication, sauf l'application de l'art. 703.

⟹ **1001.** 6° *De la revente sur folle enchère* (art. 733 à 740). Après l'adjudication, la saisie immobilière semble complètement terminée. Cependant, si l'adjudicataire n'accomplit pas les conditions que lui impose le cahier des charges, par exemple, s'il ne paye pas le prix au terme convenu, le but de la saisie, c'est-à-dire la distribution du prix, n'est pas atteint. Fallait-il soumettre les créanciers hypothécaires à la nécessité de recommencer contre l'adjudicataire qui ne paye pas son prix une nouvelle saisie immobilière avec toutes les formalités de la première? Mais alors toutes les formalités de la première saisie, tous les frais qu'elle a occasionnés, n'auraient produit aucun résultat. La loi a dû venir au secours des créanciers et leur donner des moyens prompts et efficaces de parvenir à la réalisation de leurs droits, que la mauvaise foi ou l'impuissance de l'adjudicataire menacent encore de retarder. Cet adjudicataire est un fol enchérisseur; il a pris follement des engagements qu'il ne peut remplir. L'immeuble, après une procédure très courte, sera revendu sur sa folle enchère.

On fait remarquer que la revente sur folle enchère, rangée par le législateur parmi les incidents de la saisie, présente cependant un caractère particulier. Le mot *incident* désigne une procédure accessoire, qui prend naissance pendant le cours d'une procédure principale. Ainsi les incidents de saisie immobilière, dont nous nous sommes occupés jusqu'à présent, se produisent pendant la poursuite de la saisie et avant l'adjudication qui la termine. Mais la revente sur folle enchère suppose l'adjudication accomplie, et, par conséquent, la procédure de saisie immobilière terminée; elle paraît donc être plutôt une suite qu'un incident de la saisie immobilière. Toutefois, on peut justifier le nom d'incident, donné par la loi à la revente sur folle enchère, en disant que l'adjudication ne termine la procédure de saisie immobilière que conditionnellement, si l'adjudicataire exécute les obligations que le cahier des charges lui impose. S'il ne les exécute pas, la procédure de saisie immobilière continue; elle n'avait cessé qu'en apparence. Les conditions de l'adjudication n'étant pas accomplies, l'adjudication s'efface (1), et la poursuite reprend son

(1) Il ne faudra pas cependant prendre trop à la lettre ce mot : *s'efface*. L'adjudica-

cours pour aboutir à une revente, qui procure enfin aux créanciers le montant de la valeur de l'immeuble. Voilà comment la revente sur folle enchère peut être considérée comme un incident.

1002. « Art. 733. Faute par l'adjudicataire d'exécuter les clauses de l'adjudication, l'immeuble sera revendu à sa folle enchère. »

Envers qui l'adjudicataire est-il tenu de l'obligation d'exécuter les clauses du cahier des charges? Envers les personnes liées à la poursuite, c'est-à-dire envers le saisi, le poursuivant et les créanciers inscrits.

A qui appartient le droit de provoquer la revente sur folle enchère? Cette question souleva des observations contradictoires de la part de plusieurs des cours et tribunaux auxquels fut soumis le projet de la loi de 1841. Les uns demandaient qu'on étendît le droit de provoquer cette revente à tous les intéressés porteurs d'un titre exécutoire; les autres voulaient le restreindre aux créanciers inscrits; d'autres, enfin, proposaient des distinctions. Ces observations ne furent pas prises en considération, et l'art. 733, voté sans discussion, garde sur la question le même silence que l'ancien art. 737, dont il reproduit à peu près les termes.

Pour moi, la solution de cette question découle naturellement des principes que j'ai posés précédemment. Quel est le motif de la revente sur folle enchère? L'inexécution des clauses de l'adjudication, c'est-à-dire l'inexécution des obligations imposées à l'adjudicataire par le cahier des charges. Or, qui peut se plaindre de cette inexécution? Ceux envers qui l'adjudicataire s'était obligé, c'est-à-dire le saisi, le poursuivant, les créanciers inscrits et le vendeur non payé, qui n'a pas exercé son action en résolution (1); en un mot, les personnes liées à la poursuite de la saisie immobilière.

La condition, dont l'inexécution amène le plus ordinairement la revente sur folle enchère, est le défaut de payement du prix au terme fixé par le cahier des charges. Mais l'inexécution de chacune des obligations imposées à l'adjudicataire par le cahier des charges, a également pour sanction le droit de provoquer la revente sur folle enchère.

Ainsi le défaut de payement des frais dus à l'avoué poursuivant est une cause de folle enchère (2).

L'art. 750, C. pr., rectifié par la loi du 21 mai 1858, indique une nouvelle cause de folle enchère, le défaut de transcription du jugement d'adjudication dans le délai fixé par ledit art. 750 (Voy. n° 1025).

Nous avons vu, d'ailleurs, sur l'article 713, que la folle enchère n'est pas la seule voie, accordée par la loi, contre l'adjudicataire qui n'exécute pas les clauses et conditions du cahier des charges. Il peut être poursuivi ou par la voie de la folle enchère, ou par les voies ordinaires, c'est-à-dire par la saisie de ses meubles et de ses immeubles.

1003. « Art. 734. Si la folle enchère est poursuivie avant la délivrance du juge-

tion n'est pas regardée comme non avenue à l'égard de l'adjudicataire; ses obligations subsistent, et autrefois il pouvait être tenu par corps de la différence du prix (art. 740).

(1) Bordeaux, 2 août 1860, D. 61, 2, 66.

(2) Cass. Rej., 19 juillet 1858, D. 59. 1, 13.

ment d'adjudication, celui qui poursuivra la folle enchère se fera délivrer par le greffier un certificat constatant que l'adjudicataire n'a point justifié de l'acquit des conditions exigibles de l'adjudication.

« S'il y a eu opposition à la délivrance du certificat, il sera statué, à la requête de la partie la plus diligente, par le président du tribunal en état de référé. »

D'après l'art. 713, la grosse du jugement d'adjudication, qui constate le droit de l'adjudicataire, ne lui est délivrée par le greffier qu'après certaines justifications, pour lesquelles la loi lui donne vingt jours. Au premier coup d'œil, la lecture de l'art. 713 pourrait faire croire que ce n'est qu'après ces vingt jours que la folle enchère sera valablement poursuivie, mais l'art. 734 établit formellement le contraire. Si l'adjudicataire n'exécute pas les charges qui doivent être accomplies, même avant la délivrance de la grosse, la folle enchère peut être immédiatement poursuivie. Seulement, dans cette hypothèse, le poursuivant se fera délivrer par le greffier un certificat, dont notre article indique le but et la teneur.

Sur l'opposition faite par l'adjudicataire à la délivrance du certificat, le président statuera *en état de référé*. Ces derniers mots ont été ajoutés à l'article pour soumettre cette ordonnance au recours par la voie de l'appel (Voy. art. 809, C. pr.).

« Art. 735. Sur ce certificat, et sans autre procédure ni jugement, ou si la folle enchère est poursuivie après la délivrance du jugement d'adjudication, trois jours après la signification du bordereau de collocation avec commandement, il sera apposé de nouveaux placards et inséré de nouvelles annonces, dans la forme ci-dessus prescrite.

« Ces placards et annonces indiqueront, en outre, les noms et demeure du fol enchérisseur, le montant de l'adjudication, une mise à prix par le poursuivant, le jour auquel aura lieu, sur l'ancien cahier des charges, la nouvelle adjudication.

« Le délai entre les nouvelles affiches et annonces et l'adjudication sera de quinze jours au moins et de trente jours au plus. »

Suivant le moment où se manifeste l'inexécution des conditions, les poursuites de folle enchère seront basées ou sur le certificat dont parle l'art. 734, ou sur les bordereaux de collocation.

Rien de moins compliqué que la poursuite de folle enchère : elle consiste dans un commandement et des placards et annonces; puis on procède aux nouvelles enchères (1). Sous l'empire du Code de procédure de 1806, les enchères étaient précédées de trois publications de quinzaine en quinzaine, puis venaient l'adjudication préparatoire et enfin l'adjudication définitive.

Nous devons remarquer les mots : *sans autre procédure ni jugement*, qui ne

(1) ** La demande en délaissement ou en revente sur folle enchère, intentée par le débiteur exproprié contre les sous-acquéreurs de l'acquéreur qui n'a pas payé son prix d'acquisition, est irrecevable comme prématurée, tant que l'ordre, ouvert pour la distribution de ce prix, n'est pas clos et les bordereaux délivrés. D'un autre côté, les ventes consenties par l'adjudicataire sur saisie immobilière qui n'a pas payé son prix, constituent un juste titre, qui permet aux sous-acquéreurs d'invoquer la prescription décennale contre l'action en résolution pour défaut de payement du prix. Cass. civ., 20 janvier 1880, S. 81, 1, 201. **

sont pas parfaitement d'accord avec l'art. 734. Cet article suppose, en effet, qu'une opposition peut être formée à la délivrance du certificat; il faut alors une procédure pour parvenir à la mainlevée de l'opposition ou à l'ordonnance de référé qui statue sur cette opposition. Les mots : *sans autre procédure ni jugement*, s'expliquaient mieux dans le projet de loi primitif de 1841, dont l'art. 735 portait que le greffier serait tenu de délivrer le certificat, nonobstant toute opposition. Notre article, aujourd'hui, admet, au contraire, une opposition, une procédure, et une ordonnance de référé susceptible d'appel.

« Art. 736. Quinze jours au moins avant l'adjudication, signification sera faite des jour et heure de cette adjudication à l'avoué de l'adjudicataire, et à la partie saisie au domicile de son avoué, et, si elle n'en a pas, à son domicile. »

Ainsi, celui qui poursuit la folle enchère ne la fait connaître officiellement qu'à l'adjudicataire et au saisi. Par un motif d'économie, on a expressément décidé, dans la discussion de la loi de 1841, qu'aucune signification ne serait adressée aux créanciers inscrits.

« Art. 737. L'adjudication pourra être remise, conformément à l'art. 703, mais seulement sur la demande du poursuivant. »

Cet article n'exige aucune explication.

« Art. 738. Si le fol enchérisseur justifiait de l'acquit des conditions de l'adjudication et de la consignation d'une somme réglée par le président du tribunal pour les frais de folle enchère, il ne serait pas procédé à l'adjudication. »

Le fol enchérisseur peut arrêter la poursuite de folle enchère tant qu'il n'a pas été procédé aux nouvelles enchères, en justifiant de l'accomplissement des conditions qu'il n'avait pas remplies jusqu'alors, et dont l'inexécution avait motivé les poursuites de folle enchère. Le tribunal appréciera, en cas de contestation, s'il y a justification *de l'acquit des conditions de l'adjudication.*

Ces mots supposent un payement à effectuer, quelque chose à faire, que l'adjudicataire n'a pas fait; mais il est possible que l'adjudicataire ait contrevenu d'une autre manière au cahier des charges : ainsi il a coupé des bois, il a démoli des constructions avant le payement du prix, ce que le cahier des charges lui avait expressément interdit. Dans cette hypothèse, si la folle enchère était poursuivie, l'adjudicataire ne pourrait arrêter les poursuites qu'en consignant le prix intégral de l'adjudication, même pour les termes non échus, ainsi que les frais de la saisie immobilière et de la folle enchère.

Dans tous les cas, les frais de la poursuite, jusqu'au jour où elle est arrêtée, devront être consignés, et, comme il ne sont pas encore taxés, ils seront provisoirement évalués par le président. Je crois que cette décision du président n'est pas susceptible de recours; mais la consignation n'est faite que sous la condition tacite de parfaire ce qui manquerait à la consignation, pour acquitter intégralement le montant de la taxe des frais de folle enchère.

« Art. 739. Les formalités et délais prescrits par les art. 734, 735, 736, 737, seront observés à peine de nullité.

« Les moyens de nullité seront proposés et jugés comme il est dit en l'art. 729.

« Aucune opposition ne sera reçue contre les jugements par défaut en matière de folle enchère, et les jugements qui statueront sur les nullités pourront seuls être attaqués par la voie de l'appel dans les délais et suivant les formes prescrites par les art. 731 et 732.

« Seront observés, lors de l'adjudication sur folle enchère, les art. 705, 706, 707, et 711. »

La loi prononce la nullité pour violation des formes et des délais prescrits par les art. 734, 735, 736, 737, et, quand la nullité aura été prononcée, elle frappera toute la poursuite de folle enchère.

Le deuxième alinéa règle la procédure des instances en nullité de folle enchère, et renvoie à cet égard à l'art. 729, que nous avons expliqué.

Le troisième alinéa supprime le recours de l'opposition contre les jugements par défaut en matière de folle enchère, et permet l'appel à l'égard de ceux seulement qui prononcent sur les nullités (1). Quant à la procédure de ces appels, nous l'examinerons sur les art. 731 et 732, auxquels notre article se réfère.

Enfin le dernier alinéa renvoie, pour les formes de l'enchère et de l'adjudication, aux art. 705, 706, 707 et 711.

1004. La nouvelle adjudication sur folle enchère peut-elle être suivie d'une surenchère comme l'adjudication sur saisie immobilière? Cette question peut se présenter dans deux hypothèses différentes : nous supposerons d'abord que la première adjudication n'a pas été suivie de surenchère, que l'adjudicataire n'a pas accompli les conditions de l'adjudication, qu'en conséquence la folle enchère a été poursuivie, et qu'il a été procédé à une nouvelle adjudication sur la folle enchère. Dans ce cas, j'admets sans hésiter que cette nouvelle adjudication pourra être suivie d'une surenchère dans les termes des art. 708, 709 et 710. En effet, le but de la surenchère est de donner, dans l'intérêt du saisi et surtout des créanciers, un moyen de faire porter à un prix plus élevé l'immeuble précédemment adjugé. Cet intérêt n'existe-t-il pas ici? N'est-il pas même plus utile, plus nécessaire, d'autoriser la surenchère après l'adjudication sur folle enchère qu'après l'adjudication sur saisie? L'immeuble, en effet, est souvent déprécié par la poursuite de folle enchère; si l'adjudicataire ne peut pas payer, ne trouve pas à emprunter le montant du prix de son adjudication, en donnant l'immeuble pour garantie, n'est-ce pas la plupart du temps parce qu'il a acheté l'immeuble à un prix trop élevé? Aussi arrive-t-il fréquemment que la revente sur folle enchère se fait à un prix inférieur à celui de l'adjudication sur saisie.

Ainsi l'immeuble avait été vendu 100,000 francs sur la saisie. Les créanciers s'étaient contentés du prix de 100,000 francs, montant de cette première adjudication, parce qu'ils estimaient que ce prix représentait la véritable valeur de l'immeuble; ils n'avaient donc formé aucune surenchère. Plus tard, l'adjudicataire ne payant pas son prix, l'immeuble, sur la folle enchère, n'a été revendu que 80,000 francs. Les créanciers, convaincus maintenant que cette somme ne représente pas la véritable valeur de l'immeuble, sont disposés à

(1) Le saisi, qui n'aurait pas été appelé dans l'instance en nullité de la folle enchère, aurait droit de former tierce opposition au jugement qui la rejetterait. Cass. Rej., 17 juin 1863, D. 63, 1, 457. **

surenchérir d'un sixième pour faire reporter le prix de l'immeuble à sa véritable valeur. Il paraît fort raisonnable de leur accorder ce droit.

Cette solution peut encore être justifiée, en examinant quelle est la nature et quels sont les effets de l'adjudication sur folle enchère. Le rapporteur de la loi de 1841 à la Chambre des pairs disait expressément : « Ces effets (de la re-« vente sur folle enchère), soit qu'on les considère par rapport à l'adjudica-« taire, soit qu'on veuille les examiner à l'égard des créanciers, doivent être « les mêmes que ceux que votre commission vous propose d'attacher à l'adju-« dication primitive : celle-ci une fois résolue, l'adjudication sur folle enchère « prend sa place ; elle devient la véritable adjudication sur saisie immobilière « et en produit tous les effets. » De cette manière d'envisager l'adjudication sur folle enchère, nous tirerons la conséquence que la surenchère peut frapper l'adjudication sur folle enchère, qui est devenue la véritable adjudication et en produit tous les effets. Elle donne donc ouverture à la surenchère réglée par les art. 708, 709, 710 (1).

Dans la seconde hypothèse que j'ai annoncée, la question est plus délicate. Je veux parler du cas où l'adjudication sur saisie a été suivie d'une surenchère. Puis, l'adjudicataire sur surenchère n'acquittant pas son prix, la revente est poursuivie sur sa folle enchère. La troisième adjudication, l'adjudication sur la folle enchère, peut-elle être suivie d'une nouvelle surenchère ? Toutes les objections que nous avons faites précédemment peuvent s'appliquer ici. Il y a plus : supposons, comme dans l'espèce précédente, que les enchères sur la saisie ont porté le prix à 100,000 francs, et que cette adjudication a été suivie d'une surenchère du sixième ; que l'adjudication sur surenchère a été faite moyennant 125,000 francs, mais que, ce nouvel adjudicataire ne payant pas son prix, l'immeuble enfin a été revendu sur sa folle enchère moyennant 80,000 francs seulement. Or, la première adjudication, faite moyennant 100,000 francs, n'avait pas paru assez élevée, et avait été suivie d'une surenchère ; *a fortiori*, aux yeux des créanciers, la somme de 80,000 fr., prix de la revente sur folle enchère, doit être inférieure à la valeur réelle de l'immeuble. Il semble donc utile et raisonnable d'accorder encore le droit de surenchérir après l'adjudication sur la folle enchère.

Cette solution ne présenterait pas de difficultés, sans le deuxième alinéa de l'art. 710. Mais nous trouvons dans cet article la prohibition de faire deux surenchères successives relativement aux mêmes biens. Puisqu'il y a eu une première surenchère après l'adjudication sur saisie, il semble qu'une surenchère nouvelle ne soit pas recevable après l'adjudication sur folle enchère, qui porte sur les mêmes biens. Je crois cependant que cette surenchère est recevable. Ce que la loi défend, dans l'art. 710, 2e alinéa, c'est une surenchère qui frapperait l'adjudication sur la première surenchère. Mais ici, nous sommes placés dans une espèce toute différente. En appréciant l'adjudication sur folle enchère, comme l'a fait le rapporteur de la loi de 1841, dont je citais les termes tout à l'heure, on peut dire que l'adjudication sur folle enchère efface l'adjudication sur saisie et vient la remplacer, et que la première surenchère dis-

(1) ** Voy. pour cette première hypothèse et dans le sens de notre solution, Toulouse, 11 juin 1881, S. 81, 2, 257. Mais cette solution vient d'être repoussée par un arrêt de la Cour de cassation du 31 mars 1884. **

paraît avec l'adjudication sur saisie qu'elle frapperait. Il ne reste donc réellement que l'adjudication sur folle enchère, qui n'a encore été frappée d'aucune surenchère. On peut donc en admettre une qui présente, comme je l'ai montré, une grande utilité. Je dois cependant reconnaître que cette dernière solution est en opposition avec la jurisprudence de la Cour de cassation (1).

1005. « Art. 740. Le fol enchérisseur est tenu, par corps, de la différence entre son prix et celui de la revente sur folle enchère, sans pouvoir réclamer l'excédent, s'il y en a; cet excédent sera payé aux créanciers, et, si les créanciers sont désintéressés, à la partie saisie. »

Avant d'expliquer les termes mêmes de notre article, nous devons nous demander quels sont les effets de la revente sur folle enchère, à l'égard du droit que l'adjudication primitive avait conféré à l'adjudicataire. Le fol enchérisseur était devenu propriétaire par la première adjudication ; mais l'adjudication sur folle enchère a résolu son droit. Les tiers ayant contracté avec cet acheteur, qui n'a pas exécuté les conditions de l'adjudication, doivent savoir qu'ils sont soumis à l'application de la règle : *Resoluto jure dantis, resolvitur jus accipientis*. Ainsi l'adjudication sur la folle enchère résoudra tous les droits réels, usufruit, servitudes, hypothèques, etc., conférés à des tiers par le fol enchérisseur (2).

Et si le fol enchérisseur avait lui-même une hypothèque sur l'immeuble qui lui avait été adjugé et qui est revendu à sa folle enchère, son hypothèque revivra. Si son adjudication eût été maintenue, son hypothèque aurait été éteinte par confusion ; mais, après la revente sur folle enchère, le fol enchérisseur est censé n'avoir pas été propriétaire, et reste, en conséquence, créancier hypothécaire (3).

Faut-il résoudre aussi les baux qu'il a pu faire relativement à l'immeuble revendu sur sa folle enchère? Rigoureusement, on devrait admettre l'affirmative; le preneur doit examiner le droit du bailleur avec qui il contracte. Cependant il vaut mieux décider, dans l'intérêt de toutes les parties, que le fol enchérisseur peut, entre l'adjudication primitive et la poursuite de folle enchère, faire les actes d'administration, tels que les baux. Ces actes d'administration ne sont même pas inhérents à la qualité de propriétaire; le Code

(1) Tribunal de Limoges, 12 janvier 1847. — Tribunal de Bourbon-Vendée, 17 septembre 1847, D. 47, 3, 112 et 191. — Besançon, 22 décembre 1848, D. 49, 2, 153. — Voy. surtout tribunal de Fort-de-France, 4 février 1853, D. 53, 2, 31, et tribunal de la Seine, 8 mars 1860 (*Revue pratique*, 1860, p. 385). — *Contrà :* Cass., 24 décembre 1845, D. 46, 1, 38. — Orléans, 5 décembre 1846, D. 47, 2, 90. — Cass. Rej., 30 juin 1847, D. 47, 1, 203. — Cass., 1er mars 1848, D. 48, 1, 112. — Paris, 20 décembre 1848, D. 49, 5, 374. — Bordeaux, 20 juin 1848, D. 50, 2, 51. — Bordeaux, 29 décembre 1848, D. 50, 5, 435. — Cass. Rej., 21 mars 1851 et Cass., 4 août 1851, D. 51, 1, 119 et 231. — Colmar, 13 mai 1857, D. 58, 2, 45. — Cass., 11 mars 1863, D. 63, 1, 98. — Voy. aussi *Revue pratique*, 1860, p. 400. — Metz, 6 février 1867, D. 67, 2, 44. — Bourges, 8 avril 1873, D. 73, 2, 144.

Quelques arrêts ont fait une distinction; ils ont repoussé la surenchère du sixième, mais admis celle du dixième. Dijon, 7 mars 1855, D. 55, 2, 127. — Bordeaux, 23 juillet 1861, D. 62, 2, 126. — Cass., 6 juillet 1864, D. 64, 1, 279.

(2) Cass. Rej., 8 août 1854, D. 54, 1, 270.

(3) Cass. Rej., 21 juin 1846, D. 46, 1, 257.

nous montre plusieurs exemples de personnes qui peuvent faire des baux sans être propriétaires (art. 1429, 1430, 1718, C. civ.). Aussi maintiendrons-nous, même après la revente sur folle enchère, les baux faits de bonne foi par le fol enchérisseur; mais nous restreindrons la force de ces baux dans les limites des art. 1429, 1430 et 1718 du Code civil; en d'autres termes, ils ne seront obligatoires, pour le nouvel adjudicataire, que pour la période de neuf ans, dans laquelle on se trouvera au moment de l'adjudication sur folle enchère (1) (Voy. aussi l'art. 779 et son application). ** La loi ne reconnaît en effet à un bail le caractère d'un acte d'administration qu'autant qu'il ne dépasse pas neuf ans. **

Venons maintenant au commentaire de notre article, pour lequel les explications que je viens de donner ne seront point inutiles.

Deux hypothèses peuvent se présenter : le prix de l'adjudication sur folle enchère sera ou inférieur ou supérieur à celui de l'adjudication primitive.

S'il est inférieur, le fol enchérisseur est tenu de la différence entre son prix et celui de la revente sur folle enchère. Ainsi, sur la saisie, l'immeuble a été adjugé à *Primus* moyennant 80,000 fr. *Primus* ne paye pas son prix, et sur la poursuite de folle enchère dirigée contre lui, l'immeuble est adjugé à *Secundus*, moyannant 70,000 francs. Mais *Primus* s'était obligé, en se rendant adjudicataire, à payer aux créanciers ou au saisi une somme de 80,000 francs. Cette obligation subsiste toujours, et comme *Secundus*, adjudicataire sur la folle enchère, ne paye que 70,000 fr. qui viennent à la décharge de *Primus*, ce dernier reste encore débiteur de 10,000 francs.

Le fol enchérisseur doit également les intérêts de son prix jusqu'à la nouvelle adjudication (2).

Par suite de la revente sur folle enchère, l'adjudication primitive est résolue, quant à l'acquisition de la propriété par le fol enchérisseur; mais les obligations qu'il avait contractées par cette adjudication ne sont pas éteintes, même après l'adjudication sur folle enchère.

A qui seront attribués, dans l'espèce ci-dessus, les 10,000 francs dont le fol enchérisseur est tenu? Les uns considèrent le montant de cette différence de prix comme constituant des dommages-intérêts (3); on en pourrait conclure qu'ils doivent être attribués à tous les créanciers, même chirographaires, du saisi. Un arrêt (4), tout en considérant le montant de la différence entre le prix de la première adjudication et celui de la revente sur sa folle enchère comme constituant des dommages-intérêts, les attribue exclusivement aux créanciers inscrits, comme indemnité du préjudice qu'ils souffrent seuls par suite de l'inexécution des engagements de l'adjudicataire. Mais je crois que l'adjudicataire doit la différence entre son prix et celui de la revente sur folle enchère, comme complément du prix qu'il s'est obligé à payer; il a contracté cette obligation envers les créanciers inscrits, et c'est à ce titre que cette différence doit leur être attribuée, à l'exclusion de la masse chirographaire (5).

(1) Paris, 22 mai 1847, D. 48, 2, 9. — Voy. aussi Dalloz, 1854, p. 9, 70, notes 1, 2 et 3.
(2) Bourges, 25 mars 1872, D. 73, 2, 151.
(3) Cass. Rej., 24 juin 1846, D. 46, 1, 257.
(4) Nîmes, 30 janvier 1861, D. 61, 5, 239.
(5) Cass. Rej., 12 août 1862, D. 63, 1, 25. — Paris, 17 juillet 1872, D. 73, 2, 133.
** Lorsque le fol enchérisseur est en même temps créancier hypothécaire, et a été, en

Venons à la seconde hypothèse. L'immeuble a été revendu sur folle enchère à un prix supérieur à celui de la première adjudication. Ainsi supposons, comme précédemment, que *Primus* s'était rendu adjudicataire sur la saisie moyennant 80,000 francs ; mais, sur la folle enchère, l'immeuble a été adjugé à *Secundus* pour 90,000 francs. A qui profiteront ces 10,000 francs de surplus? La loi le dit : *Aux créanciers, ou, s'ils sont désintéressés, à la partie saisie.* Quant au fol enchérisseur, il ne pourra jamais réclamer cet excédent. Il serait étrange, en effet, qu'il tirât un profit de son manque de foi, de l'inexécution de ses engagements.

Mais n'est-il pas, au moins dans cette hypothèse, libéré de l'obligation qu'il avait prise par l'adjudication ? Je crois qu'il est utile de poser une espèce pour bien faire comprendre cette question. Je suppose toujours que *Primus*, adjudicataire sur la saisie moyennant 80,000 francs, n'a pas payé son prix, et que *Secundus* s'est rendu adjudicataire sur la folle enchère moyennant 90,000 francs. Si *Secundus* paye son prix, aucune difficulté ne peut s'élever; les créanciers qui reçoivent 90,000 francs n'ont rien à réclamer de *Primus*, qui ne s'était obligé qu'à leur faire avoir 80,000 francs. Mais si *Secundus* ne paye pas le montant de l'adjudication sur folle enchère, les créanciers peuvent-ils recourir contre *Primus? Primus* a-t-il le droit de répondre qu'il a été libéré, dès que la seconde adjudication a produit un prix supérieur à celui de la première?

Ceux qui soutiennent que le premier adjudicataire est libéré par le seul fait que le prix de la revente sur folle enchère excède le prix de la première adjudication, s'appuient sur les principes généraux de la résolution en matière de vente. Puisque la revente sur folle enchère, disent-ils, résout la première adjudication, il n'y a plus rien à demander au premier adjudicataire. Mais nous avons vu précédemment que ce n'est pas le point de vue auquel le législateur s'est placé. La revente sur folle enchère résout la propriété de l'adjudicataire primitif, mais non ses obligations. Le premier fol enchérisseur n'est libéré de son obligation de payer le prix de son adjudication que par le payement effectif opéré par le nouvel adjudicataire. On ne peut admettre, comme on l'a fait remarquer, que la témérité du second acheteur puisse améliorer la position du fol enchérisseur.

Par corps. Voyez l'art. 780 et son explication.

1006. 7° *Conversion de la saisie en vente volontaire* (art. 742 à 748). La saisie immobilière entraîne des lenteurs, même sous la loi de 1841, qui cependant a eu pour but de l'abréger. Les formalités encore assez nombreuses

cette qualité, colloqué dans l'ordre ouvert sur le prix de la première adjudication, la différence de prix résultant de la folle enchère doit être imputée sur sa collocation. Cass. civ., 23 janvier 1878, S. 79, 1,74. — Grenoble 14 juin 1880, S. 81, 2, 34. Cette imputation a pour effet d'éteindre, jusqu'à due concurrence, les collocations en sous-ordre des créanciers chirographaires du fol enchérisseur, comme la collocation principale elle-même. Vainement objecterait-on que ces collocations en sous-ordre résultent d'un règlement définitif passé en force de chose jugée, le règlement devant toujours être modifié en cas de surenchère, suivant les résultats de la seconde adjudication. Mêmes arrêts de la Cour de cass. du 23 janvier 1878 et de la cour de Grenoble du 14 juin 1880. **

que le créancier doit toutes accomplir, pour parvenir à la réalisation de son droit, peuvent-elles être supprimées ou diminuées par une convention expresse entre le débiteur et le créancier? Il faut distinguer à quel moment se place cette convention. Elle n'est valable que lorsqu'elle est faite dans le cours de la saisie immobilière, et comme incident de cette saisie.

Si le créancier, qui demande son payement en menaçant de faire procéder à la saisie d'un immeuble du débiteur, obtenait alors de ce dernier l'autorisation de vendre l'immeuble sans les formes de la saisie, afin de se faire payer sur le prix, une pareille convention n'engagerait que ce créancier et le débiteur, et ne serait pas opposable aux autres créanciers : ce serait une sorte de vente amiable faite par le créancier, comme mandataire du débiteur. Elle serait soumise à la purge des hypothèques, conformément aux art. 2183 et suivants du Code civil ; une telle convention, d'ailleurs, n'empêcherait pas les saisies que d'autres créanciers pourraient faire pratiquer.

1007. Une autre convention, fort usitée avant la loi de 1841, avait soulevé de vives controverses. On demandait si le créancier pouvait stipuler du débiteur, au moment où ce dernier s'obligeait, que, faute de payement, au terme convenu, l'immeuble pourrait être vendu par le créancier, sans suivre les formes de la saisie immobilière. Cette clause portait, dans la pratique, le nom de *clause de voie parée*. La jurisprudence de la Cour de cassation en avait reconnu la validité. Le créancier était considéré comme ayant reçu du débiteur le mandat de faire vendre l'immeuble sans les formes de la saisie, dans le cas où la dette ne serait pas payée à l'échéance. Dans la discussion de la loi de 1841, on rejeta un amendement qui admettait une semblable clause, en la soumettant à certaines conditions, à certaines formes, et elle fut complètement prohibée par l'art. 742.

« Art. 742. Toute convention portant qu'à défaut d'exécution des engagements pris envers lui, le créancier aura le droit de faire vendre les immeubles de son débiteur sans remplir les formalités prescrites, pour la saisie immobilière, est nulle et non avenue. »

Pourquoi une pareille clause a-t-elle été prohibée? On a dit, en premier lieu, que l'art. 742 ne renfermait qu'une application des principes contenus aux articles 2078 et 2088, C. civ., portant que, dans le cas de gage, comme dans le cas d'antichrèse, il était défendu de convenir d'avance que le créancier, faute de payement, pourrait disposer comme on l'entendrait de la chose affectée au payement de sa créance. L'art. 742 a donc d'abord pour but de mettre en harmonie ces diverses dispositions de loi.

D'ailleurs, le débiteur qui acceptait une telle clause renonçait-il bien librement aux garanties que lui offrait une vente sur saisie immobilière? N'y a-t-il pas à craindre qu'au moment du contrat, de l'emprunt, par exemple, le débiteur ne soit dans la dépendance du créancier qui lui impose telles conditions qu'il lui plaît? Le notaire lui-même, chez qui l'acte est passé, n'a-t-il pas intérêt à engager les parties à y introduire une clause qui lui profitera, s'il est convenu que la vente se fera par son ministère?

L'intérêt des autres créanciers se trouve aussi engagé dans la question. Cette clause, en effet, créait au profit de l'un des créanciers un avantage dénué de publicité; peut-être les autres créanciers n'auraient-ils pas traité avec le débiteur s'ils eussent connu l'existence d'une pareille clause. Enfin, il paraissait douteux que la vente, faite sans les formes de la saisie, dût procurer un prix aussi élevé que la vente faite en justice; elle ne sauvegardait donc pas les intérêts de tous, aussi bien que l'adjudication sur saisie immobilière.

On reconnaissait, il est vrai, que, si l'on validait la clause de voie parée, elle serait soumise à certaines conditions qui en atténueraient les inconvénients. Mais on répondait, dans le sens de la prohibition, qu'il ne fallait pas établir une saisie immobilière conventionnelle à côté de la saisie immobilière légale; que d'ailleurs la clause de voie parée, qui avait eu notamment pour but d'abréger les formes et les délais de la procédure de saisie, devenait beaucoup moins utile sous la loi de 1841, puisque cette loi diminuait les formalités et les délais prescrits par le Code de 1806 pour la saisie immobilière. Tels sont les motifs de la prohibition formulée par l'art. 742, dont les termes ont fait cesser et la clause de voie parée et toutes les controverses qui s'y rattachaient. ** Cependant il est juste d'ajouter que dans la discution de la loi de 1841, il a été commis une grave erreur qui a pu contribuer à conduire le législateur à la prohition de la clause de voie parée. On a dit que la Cour de cassation, consultée sur l'utilité de cette clause, s'était prononcée contre elle. Or c'est précisément le contraire qui est vrai; la Cour de cassation s'était déclarée favorable à la clause de voie parée qui permet d'éviter les lenteurs et les frais de la procédure d'expropriation forcée et qui peut, sous certaines conditions de publicité, aboutir à une aliénation tout aussi avantageuse (1). **

1008. La loi prohibe également une convention tout opposée. Si elle défend aux parties de supprimer les formes légales de la saisie quand il y a lieu d'y procéder, elle ne permet pas davantage de soumettre une vente volontaire aux formes judiciaires de la vente des immeubles.

« Art. 743 (1er alinéa). Les immeubles appartenant à des majeurs, maîtres de disposer de leurs droits, ne pourront, à peine de nullité, être mis aux enchères en justice lorsqu'il ne s'agira que de ventes volontaires. »

Les motifs de cette prohibition sont évidemment tout autres que ceux de la prohibition écrite dans l'article précédent. Le premier alinéa de l'art. 743 semble même contredire les idées que j'émettais tout à l'heure. Si la vente aux enchères offre plus d'espoir d'atteindre un prix élevé, pourquoi ne pas permettre au propriétaire de prendre cette voie pour vendre son immeuble? S'il a des créanciers, pourraient-ils se plaindre de ce que la vente aux enchères a été préférée à la vente amiable?

Mais ce n'est pas à ce point de vue que la mise aux enchères a été prohibée pour les ventes volontaires. Cette prohibition est fondée d'abord sur le motif qu'il ne faut abuser ni du temps des juges ni des formes judiciaires dans un

(1) ** Voy. sur ce point Lavielle, dans la *Revue critique*, 1860, XVII, p. 13. Cet auteur demande le rétablissement de la clause de voie parée. Voy. dans la même revue, l'article de M. Rameau, 1860, XVII, p. 420, en sens contraire. **

intérêt purement privé, celui du propriétaire, qui espère, par ce moyen, obtenir un prix plus élevé. Ce n'est pas tout; l'intérêt de la corporation des notaires a encore été pris en considération, car la vente en justice se fait sans leur ministère. Sans doute, il n'est pas nécessaire d'avoir recours à un notaire pour dresser l'acte de vente d'un immeuble (art. 1582, C. civ.) ; mais le plus souvent c'est par des actes authentiques qu'on fait constater ces sortes de ventes, ne fût-ce que pour mieux assurer la conservation de la preuve du contrat de vente.

Quoi qu'il en soit, la loi a défendu, à peine de nullité, d'ouvrir des enchères devant un tribunal pour la vente volontaire d'un immeuble. Mais sur quoi porte la nullité? Est-ce sur la vente elle même? Une vente volontaire, faite aux enchères devant un tribunal, sera-t-elle nulle? Il est difficile de prononcer la nullité d'une telle vente; car, on le sait, il faut distinguer avec soin le contrat de l'écrit qui sert à en prouver l'existence en cas de dénégation. La vente, même d'un immeuble, peut être constatée soit par un acte authentique, soit par un acte sous seing privé; il y a plus, la vente est parfaitement valable même sans aucun écrit pour la constater. Comment donc déclarerait-on qu'une vente est nulle, parce que des formes inutiles ont été employées? Je crois, en effet, que la procédure sera frappée de nullité, mais que la vente elle-même sera valable. Je regarderai alors cette vente, malgré la forme, comme une vente volontaire, quant à ses effets; ainsi on lui appliquera les règles de la surenchère, de la purge des hypothèques, telles que les comportent les ventes volontaires amiables (art. 2181 et suivants, C. civ.).

➾ **1009**. Continuons la lecture de l'art 743; nous y verrons quelles sont les conventions permises pour modifier les formalités de la saisie immobilière.

« Art. 743 (2e, 3e et 4e alinéas). Néanmoins, lorsqu'un immeuble aura été saisi réellement, et lorsque la saisie aura été transcrite, il sera libre aux intéressés, s'ils sont tous majeurs et maîtres de leurs droits, de demander que l'adjudication soit faite aux enchères, devant notaires ou en justice, sans autres formalités ou conditions que celles qui sont prescrites aux art. 958, 959, 960, 961, 962, 964 et 965, pour la vente des biens immeubles appartenant à des mineurs.

« Seront regardés comme seuls intéressés, avant la sommation prescrite par l'article 692, le poursuivant et le saisi, et, après cette sommation, ces derniers et tous les créanciers inscrits.

« Si une partie seulement des biens dépendant d'une même exploitation avait été saisie, le débiteur pourra demander que le surplus soit compris dans la même adjudication. »

L'art. 743, dans ses deuxième et troisième alinéas, indique les conventions permises entre les créanciers et le saisi pour faire vendre l'immeuble aux enchères, sans être astreint à toutes les règles et à toutes les formes de la saisie immobilière. Ainsi, lorsque l'immeuble a été saisi (1), que la saisie a

(1) *Saisi réellement*, dit la loi. Ce mot *réellement* est emprunté à la phraséologie de nos anciens auteurs, qui employaient les mots *saisie réelle*, pour désigner la *saisie immobilière*.

été transcrite, les intéressés peuvent s'entendre pour demander une adjudication ou devant notaire ou en justice, en se référant seulement aux conditions et aux formes prescrites par les articles 958, 959, 960, 961, 962, 964 et 965, c'est-à-dire qu'on assimilera cette vente à celle des biens immeubles appartenant à des mineurs. Ordinairement, pour éviter toute difficulté, les parties, avant de demander la conversion de la saisie, rédigeront d'un commun accord le cahier des charges sur lequel les enchères seront reçues.

Quelles sont ces parties intéressées qui peuvent s'entendre pour former une pareille demande? Le troisième alinéa les désigne expressément : avant la sommation signifiée aux créanciers, conformément à l'article 692, ce sont le poursuivant et le saisi (1) ; après cette sommation, ce sont d'abord le poursuivant et le saisi, et, de plus, les créanciers inscrits.

Seulement la conversion ne produira pas les mêmes effets dans les deux hypothèses. La conversion, demandée par le poursuivant et le saisi seuls, ne sera pas opposable aux créanciers inscrits, c'est-à-dire que l'adjudication qui en sera la suite n'aura, à l'égard des créanciers inscrits, que les effets d'une vente amiable.

Mais, alors, pourquoi ne permettre cette demande de conversion, entre le poursuivant et le saisi, qu'après la saisie faite et transcrite? Pourquoi le poursuivant et le saisi ne pourraient-ils pas demander la conversion de la saisie avant la transcription? Quel inconvénient y aurait-il à permettre cette demande après le procès-verbal de saisie ou après la dénonciation au saisi, mais avant la transcription? Il est facile de justifier la disposition de la loi. Jusqu'à la transcription, la saisie ne produit pas d'effet à l'égard des tiers, et notamment à l'égard d'un autre créancier qui pourrait faire pratiquer et transcrire une seconde saisie du même immeuble. Comment alors se concilieraient ces deux procédures : l'une de vente sur publications volontaires, par suite de la première saisie; l'autre, de saisie immobilière, à la requête du second saisissant, chacune de ces procédures ayant pour but d'aboutir à une adjudication du même immeuble? Au contraire, quand la première saisie aura été transcrire, elle peut être convertie en vente sur publications volontaires sans qu'il y ait à craindre qu'une seconde saisie se poursuive parallèlement à la vente sur conversion ; car le conservateur refusera de transcrire cette saisie nouvelle, dès qu'il y aura eu transcription de la première (art. 680, C. pr.).

La demande de conversion, formée après la sommation adressée aux créanciers inscrits, conformément à l'art. 692, doit être faite du consentement unanime de tous ces créanciers; la majorité ne pourrait pas, en cette matière, faire la loi à la minorité (Voy. l'explication de l'art. 745) (2).

Nous savons maintenant à partir de quel moment la conversion peut être demandée; il nous reste à déterminer jusqu'à quelle époque il est permis d'en former la demande. Dans le silence de la loi, il n'y a pas de limites à fixer; seulement, plus l'adjudication approche, et moins il y a d'intérêt à demander la conversion, puisque la plupart des frais sont déjà faits et que les formalités

(1) Lyon, 24 août 1854, D. 56, 2, 164.
(2) Cass., 11 novembre 1862, D. 62, 1, 504.

de la saisie ont été accomplies. Mais si cet intérêt existait, il serait toujours temps de former cette demande avant l'adjudication, et il est facile de montrer que cet intérêt peut exister. Ainsi, nous verrons que la demande en conversion amène quelquefois un changement dans le lieu de l'adjudication (art. 746); il peut être avantageux, pour toutes les parties, de demander, même au dernier moment, la translation des enchères dans une ville voisine plus importante, où il y a lieu d'espérer un plus grand concours d'enchérisseurs.

4e alinéa. *Si une partie seulement des biens dépendant d'une même exploitation avait été saisie, le débiteur pourra demander que le surplus soit compris dans la même adjudication.* Le motif de cette disposition est facile à comprendre. Le débiteur a intérêt à ce que les biens dépendant de la même exploitation soient vendus en bloc, et les créanciers ne souffriront pas de cette addition faite à l'adjudication ; car il est probable qu'il se trouvera plus facilement des adjudicataires pour la totalité des biens que pour une partie, dont l'adjudication attribuerait à l'adjudicataire une propriété plus difficile à exploiter.

1010. « Art. 744. Pourront former les mêmes demandes et s'y adjoindre :

« Le tuteur du mineur ou interdit, spécialement autorisé par un avis de parents;

« Le mineur émancipé, assisté de son curateur;

« Et généralement tous les administrateurs légaux des biens d'autrui. »

Cet article prouve que les mots de l'article précédent (2e alinéa), *s'ils sont tous majeurs et maîtres de leurs droits*, ne comportent pas une exclusion rigoureuse des incapables, comme les mineurs et les interdits. Ces personnes pourront être parties dans une demande en conversion. Seulement le mineur et l'interdit seront représentés par leur tuteur autorisé par le conseil de famille; le mineur émancipé devra être assisté de son curateur.

La loi n'exige pas que l'avis du conseil de famille soit homologué par le tribunal. D'ailleurs, le tribunal, qui ne jugerait pas la mesure de la conversion utile aux intérêts du mineur, rejetterait la demande de conversion. C'est de la même manière, par le rejet de la demande, que les juges protégeront les intérêts du mineur émancipé et des autres personnes, qui sont représentées en justice par un administrateur légal ou judiciaire, par exemple du présumé absent (art. 112, C. civ.), de celui dont l'interdiction est provoquée et à qui un administrateur provisoire est donné pendant le procès (art. 497 C. civ.), de celui qui est pourvu d'un conseil judiciaire (art. 515, C. civ.), etc.

Toutes autres personnes qui ont besoin d'une autorisation pour figurer dans un procès pourront également former la demande en conversion et s'y adjoindre, après avoir obtenu les autorisations qui leur sont nécessaires.

1011. « Art. 745. Les demandes autorisées par les art. 743, paragraphe 2, et 744, seront formées par une simple requête présentée au tribunal saisi de la poursuite : cette requête sera signée par les avoués de toutes parties.

« Elle contiendra une mise à prix qui servira d'estimation. »

Cet article, ainsi que les suivants, qui règlent la procédure spéciale de la conversion de saisie, constituent une innovation de la loi de 1841 ; le Code de 1806 ne s'était pas expliqué sur la procédure de la demande de conversion.

Ces mots : *Sera signée par les avoués de toutes les parties*, prouvent, comme je l'ai décidé sur l'art. 743, que la demande de conversion doit être faite du consentement unanime de tous les intéressés (Voy. aussi l'art. 127 du Tarif des frais en matière civile).

1012. « Art. 746. Le jugement sera rendu sur le rapport d'un juge et sur les conclusions du ministère public.

« Si la demande est admise, le tribunal fixera le jour de la vente et renverra, pour procéder à l'adjudication, soit devant un notaire, soit devant un juge du siège, ou devant un juge de tout autre tribunal.

« Le jugement ne sera pas signifié, et ne sera susceptible ni d'opposition ni d'appel. »

Si la demande est admise. Ainsi, quoiqu'on l'ait contesté, le tribunal peut admettre ou rejeter la demande; son jugement n'est pas une simple formalité consistant à homologuer, sans examen, la convention des parties. En fait, le tribunal approuvera, la plupart du temps, la demande faite par tous les intéressés; le tribunal qui rejetterait la demande, devrait motiver sa décision.

Le jugement, qui admettra la conversion, contiendra la fixation du jour de la vente; il en indiquera également le lieu et la forme, en renvoyant, pour l'adjudication, soit devant un tribunal, soit devant un notaire. Le renvoi pourra être ordonné, soit devant un juge du tribunal qui statue sur l'incident, soit devant un juge de tout autre tribunal. Seulement le tribunal abuserait de son droit, s'il renvoyait devant un tribunal dans l'arrondissement duquel aucune partie des biens à vendre ne serait située.

L'intérêt des parties, surtout leur consentement unanime, doivent être pris en grande considération. Le tribunal qui admet la demande de conversion se référera donc le plus souvent à l'indication faite d'un commun accord par les parties intéressées. Cependant le tribunal ne ferait qu'user de son droit en renvoyant l'adjudication devant un autre tribunal ou un autre notaire que celui que les parties avaient choisi.

Ni d'appel. Cette prohibition d'interjeter appel doit s'appliquer aussi bien au jugement qui refuse la conversion qu'à celui qui l'admet (1).

1013. « Art. 747. Si après le jugement il survient un changement dans l'état des parties, soit par décès ou faillite, soit autrement, ou si les parties sont représentées par des mineurs, des héritiers bénéficiaires ou autres incapables, le jugement continuera à recevoir sa pleine et entière exécution. »

Cette disposition contient l'application, à la procédure de conversion, des principes écrits dans l'art. 343, C. pr. L'affaire est réputée en état, quand le jugement de conversion a été rendu. Si, au contraire, les parties changeaient d'état ou étaient représentées par des incapables, avant le jugement qui admet la conversion, il faudrait obtenir de ces parties de nouveaux consentements dans les formes que j'ai indiquées sur l'art. 745.

1014. « Art. 748. Dans la huitaine du jugement de conversion, mention sommaire en sera faite, à la diligence du poursuivant, en marge de la transcription de la saisie.

« Les fruits immobilisés, en exécution des dispositions de l'art. 682, conserveront ce

(1) Bourges, 15 mai 1872, D. 72, 2, 112.

caractère, sans préjudice du droit qui appartient au poursuivant de se conformer pour les loyers et fermages à l'art. 685.

« Sera également maintenue la prohibition d'aliéner faite par l'art. 686. »

Le premier alinéa de cet article ne renferme qu'une question de forme, un moyen de donner de la publicité au jugement de conversion.

Quant aux deux autres paragraphes, ils signalent quelques effets de la conversion de la saisie. Nous rechercherons, à cette occasion, quelles sont les conséquences de la conversion de la saisie.

Et d'abord, quels sont les effets, quant à la suite de la procédure qui doit aboutir à l'adjudication? Les parties qui demandent la conversion ont dû s'entendre sur la question de savoir qui jouerait le rôle de poursuivant. Ordinairement le saisissant continue les poursuites, mais un autre pourrait être chargé de ce soin. Si le poursuivant, quel qu'il soit, néglige la poursuite, je ne doute pas, malgré le silence de la loi, qu'on ne doive appliquer l'art. 722, et autoriser une demande de subrogation.

La vente sera précédée, comme nous l'avons vu (art. 743), des formalités écrites dans les art. 958, 959, 961, 962, 964 et 965. D'après l'art. 964, les formes des enchères et de l'adjudication, la déclaration de l'adjudicataire par l'avoué, les règles relatives à la capacité d'enchérir, à la délivrance de la grosse du jugement d'adjudication, à la folle enchère, et, d'après l'art. 965, les règles de la surenchère seront puisées dans le titre *De la Saisie immobilière*.

Il peut s'élever des incidents, soit devant le notaire, soit devant le juge chargé de recevoir l'adjudication. Ce juge ou ce notaire n'ont pas mission de statuer; ils renverront les parties à se pourvoir et surseoiront à la vente. C'est au tribunal seul qu'il appartient de juger les contestations.

1015. Les deux derniers alinéas de notre article mentionnent deux effets de la conversion, ou plutôt décident que certains effets de la saisie continueront d'exister après la conversion : 1° les fruits de l'immeuble ne cesseront pas d'être immobilisés (Voy. l'art. 682 et son explication), et le poursuivant pourra encore arrêter les fermages et loyers de l'immeuble par un simple acte d'opposition conformément à l'art. 685 ; 2° le saisi continuera à être privé du droit d'aliéner.

Mais ces dispositions des deux derniers paragraphes de l'art. 748 sont-elles absolues, impératives, de telle sorte qu'elles ne puissent être modifiées par la volonté des parties intéressées? Ainsi, un des avantages que la conversion de la saisie procure aux créanciers, c'est que le saisi, prêtant concours à la vente de son immeuble, mettra à la disposition du poursuivant les titres qui établissent son droit à la propriété de l'immeuble. Peut-être le défaut d'actes justificatifs de la propriété du saisi aurait-il écarté des enchères plusieurs enchérisseurs, qui auraient redouté une éviction postérieure. Pour obtenir l'intervention du saisi et la justification de la propriété de l'immeuble dans sa main, les créanciers peuvent avoir intérêt à lui faire des concessions, par exemple, à lui accorder la cessation de l'immobilisation des fruits et le droit de les toucher jusqu'à la vente. De même il peut être avantageux à toutes les parties de convenir que le saisi aura le droit, même après le jugement de conversion, de vendre l'immeuble, à l'amiable, s'il en trouve telle somme déterminée. Faut-il conclure de l'art. 740, 2e et 3e alinéas, que ces conventions doivent être annulées? Je ne le pense pas. Pourquoi mettre des entraves à la liberté des conventions, puisque la conversion n'a lieu que du consentement unanime de tous les intéressés? Les dispositions des deux derniers paragraphes de l'art. 748 me semblent faites pour le cas où les parties ont gardé le silence sur les fruits et sur la prohibition du droit d'aliéner; mais les parties, si elles sont capables, ont le droit de déroger à ces dispositions par des conventions contraires.

1016. Je suppose maintenant que l'adjudication a eu lieu. Produira-t-elle les mêmes effets que l'adjudication sur saisie immobilière? Spécialement purgera-t-elle les hypothèques inscrites? L'intention du législateur me paraît très nettement formulée dans le passage suivant du rapport fait à la Chambre des députés, lors de la discussion de la loi de 1841 :

« ... Lorsqu'il y aura eu conversion après saisie immobilière..... l'adjudica-« tion... aura, relativement aux créanciers inscrits, un résultat différent, sui-« vant que la conversion aura été consentie avant ou après la sommation qui « doit être donnée à ces créanciers, dans la procédure de saisie immobilière, « afin qu'ils assistent à la publication du cahier des charges. La conversion « datera-t-elle d'une époque antérieure à cette sommation? Les créances ins-« crites ne se trouveront pas purgées. Si l'abandon de la poursuite en expro-« priation forcée n'a été consenti, au contraire, qu'après l'appel de ces créan-« ciers, avertis dès cet instant, ils ont pu veiller à leurs droits. L'adjudication « éteindra donc leurs hypothèques ; car, il ne faut pas le perdre de vue, c'est « bien moins l'adjudication qui purge les hypothèques inscrites que la mise « en demeure de ceux à qui elles appartiennent. » (Voy. l'explication de l'art. 692.)

L'adjudication sur conversion éteindra-t-elle le droit de résolution d'un vendeur précédent non payé (art. 717)? Non sans doute, si la conversion a eu lieu avant la sommation prescrite par l'art. 692. Si le vendeur a déjà reçu cette sommation, la question est bien plus délicate; cependant j'adopterais encore la négative dans cette hypothèse.

On objecte que le vendeur a concouru à la conversion (art. 743, 2e alinéa), et qu'il ne peut faire résoudre une adjudication qu'il a autorisée. Mais le vendeur a-t-il voulu renoncer à son action résolutoire? On a fait remarquer, dans la discussion de la loi de 1841, cette différence entre les ventes volontaires et les ventes forcées, que dans les premières, « l'adjudicataire a pu se « mettre en rapport avec les précédents propriétaires, qui vendent eux-« mêmes ou par ceux qui les représentent. Il a eu le moyen de consulter les « titres et de s'enquérir si les transmissions antérieures de propriété étaient « soldées. » (Rapport de M. Pascalis.) De même, dans la vente sur conversion, le saisi concourt à la vente, apporte des titres de propriété que les enchérisseurs peuvent consulter. Il n'y a donc pas lieu d'appliquer ici la disposition rigoureuse et tout exceptionnelle de l'article 717 (1).

(1) Cette question fut soulevée à la Chambre des députés, sur l'art. 743, et le rapporteur disait : « Le projet est donc conçu en ce sens que l'art. 717, dans cette partie, « ne s'applique pas plus aux ventes judiciaires qui ont lieu après conversion, tout le

Les solutions qui précèdent supposent que le privilège du vendeur est inscrit ; s'il ne l'avait pas fait inscrire, la transcription du jugement d'adjudication après conversion éteindrait à la fois son privilège et son action résolutoire à l'égard de l'adjudicataire (art. 1, 4°, et art. 7, L. du 23 mars 1855).

De quelle surenchère l'adjudication sur conversion pourra-t-elle être frappée? J'examinerai cette question sur l'art. 965, que l'art. 743 déclare applicable à notre matière.

☞ **1017.** § 2. *De la procédure relative aux incidents de la saisie immobilière* (art. 718, 730, 731, 732, 741).

La procédure, tracée dans les articles qui suivent, s'applique à tous les incidents de la saisie immobilière, non seulement à ceux qui se présentent le plus ordinairement, que la loi a spécifiés, et dont je vous ai parlé jusqu'ici, mais encore à tous autres qui pourraient surgir pendant la poursuite.

Déciderons-nous que toute contestation, soulevée entre le commandement et l'adjudication, et à laquelle la poursuite donne lieu, est nécessairement un incident de la saisie immobilière? Non; nous ne soumettrons, comme incidents de cette nature, à la procédure spéciale réglée par notre titre, que les contestations soulevées après la saisie effectuée et avant l'adjudication, et par une personne qui est partie à la poursuite, à moins que la loi n'ait dit expressément le contraire. Ainsi les demandes, formées après le commandement tendant à la saisie immobilière, et avant le procès-verbal de saisie, par exemple la demande en nullité de commandement, ne constitue pas un incident de la saisie qu'elle précède. On appliquera donc à cette demande les règles ordinaires de la procédure, et non les règles spéciales de l'art. 718.

De même, si le poursuivant veut actionner un tiers en délaissement de la possession de l'immeuble saisi, cette demande ne constituera pas un incident de la saisie et ne sera pas réglée par les dispositions de l'art. 718, parce que le procès s'agite entre le poursuivant et un tiers étranger à la poursuite de saisie. Mais, dira-t-on, la demande en distraction de tout ou partie des objets saisis, formée par un tiers, est cependant un incident de la saisie (art. 725). Oui, parce que le législateur l'a expressément rangée dans cette catégorie; mais c'est là une exception qui ne doit pas être étendue sans une disposition expresse de la loi. (1)

« monde consentant, qu'aux ventes sur licitation et qu'aux ventes de biens de mineurs. » Le président fit remarquer que l'art. 717 n'était déclaré applicable à cette matière par aucune disposition; et l'art. 743 fut adopté.

(1) ** On doit considérer comme incident de la saisie tout fait qui émane de cette procédure, qui s'y réfère directement et qui doit exercer sur sa marche et sur son issue une influence immédiate. Cass. 17 juillet 1867, S. 67, 1, 275. Mais il faut refuser la qualification d'incident à tout fait qui n'a ni ce caractère ni cette portée. Ainsi l'inscription de faux, formée au cours d'une poursuite sur saisie immobilière, contre le titre en vertu duquel elle a été faite, ne constitue pas un incident de la saisie. Nîmes 16 mars 1869, S. 69, 1, 226; de même, il ne s'agit pas d'un incident de la saisie lorsque le saisi ajourne le saisissant, pour entendre dire qu'une instance principale en nullité de titres étant pendante devant un autre tribunal, les poursuites devront être suspendues jusqu'à ce que soit intervenue la décision sur le fond. Aix, 8 avril 1878, S. 79, 2, 312. **

➙ **1018.** Nous trouverons dans l'art. 718 la procédure commune aux incidents de saisie immobilière, sauf les procédures spéciales à certains incidents (Voy. art. 725, 735, 745); dans les art. 730, 731 et 732, les voies de recours contre les jugements rendus sur les incidents; et enfin, dans l'art. 741, les moyens de publicité que peuvent nécessiter les retards occasionnés dans la poursuite par les incidents de saisie immobilière.

« Art. 718. Toute demande incidente à une poursuite en saisie immobilière sera formée par un simple acte d'avoué à avoué, contenant les moyens et conclusions. Cette demande sera formée contre toute partie n'ayant pas d'avoué en cause, par exploit d'ajournement à huit jours, sans augmentation de délai à raison des distances, si ce n'est dans le cas de l'art. 726, et sans préliminaire de conciliation. Ces demandes seront instruites et jugées comme affaires sommaires. Tout jugement qui interviendra ne pourra être rendu que sur les conclusions du ministère public. »

Le législateur s'est cru obligé de dire expressément que les incidents de saisie immobilière ne seraient pas précédés du préliminaire de conciliation. Cette disposition paraît superflue en présence des termes de l'article 48, qui ne soumet à ce préliminaire que les demandes principales. Cependant, peut-être a-t-on bien fait d'exprimer cette dispense, parce que la poursuite de saisie immobilière n'est pas à proprement parler une instance principale; on aurait donc pu nier que les incidents, ou au moins quelques-uns d'entre eux, fussent de véritables demandes incidentes.

De la qualification d'incidents donnée aux demandes formées pendant la poursuite, l'art. 718 tire une autre conséquence, au point de vue de la procédure : c'est que ces demandes seront formées par un simple acte d'avoué à avoué, et non par un exploit d'huissier. Cette disposition constitue une innovation de la loi de 1841, qui applique la règle générale des demandes incidentes (art. 337, C. pr.) aux incidents de la saisie immobilière. Si, toutefois, la demande est formée contre une partie qui n'a pas d'avoué, soit qu'elle n'en ait pas constitué, soit que l'avoué constitué par elle ait cessé d'exercer ses fonctions par décès, démission ou autrement, dans ce cas, le demandeur signifiera à cette partie un exploit d'ajournement par acte d'huissier. L'assignation sera donnée à huitaine, sans augmentation des délais de distance, sauf dans le cas de l'art. 735 (c'est par erreur que le texte de la loi renvoie à l'article 726), c'est-à-dire dans le cas de la demande en distraction où la loi a admis et déterminé les délais de distance (art. 725, deuxième alinéa).

L'assignation sera donnée devant le tribunal de la saisie, qui est compétent pour statuer sur tous les incidents de la saisie immobilière.

Ces demandes seront instruites et jugées comme affaires sommaires (Voy. les art. 404 et suiv.). Cette rédaction a pour but d'interdire aux avoués le droit de plaider les incidents de la saisie devant les tribunaux près desquels il existe un barreau d'avocats. Les avoués, en effet, ont le droit de plaider les incidents de nature à être jugés sommairement, et les incidents de procédure, mais non les affaires sommaires (Voy. n° 224).

La nécessité de communiquer l'affaire au ministère public est une innovation de la loi de 1841.

Enfin, on a contesté que les jugements sur incidents de saisie immobilière dussent être rédigés dans les formes ordinaires des jugements (art. 138 à 146 C. pr.). Mais, en l'absence de toute disposition de la loi à cet égard, il me paraît impossible de déroger à la règle générale, et d'introduire arbitrairement une exception que rien n'autorise.

1019. Art. 730. Ne pourront être attaqués par la voie de l'appel : 1° les jugements qui statueront sur la demande en subrogation contre le poursuivant, à moins qu'elle n'ait été intentée pour collusion ou fraude; 2° ceux qui, sans statuer sur des incidents, donneront acte de la publication du cahier des charges ou poursuivront l'adjudication, soit avant, soit après la surenchère ; 3° ceux qui statueraient sur les nullités postérieures à la publication du cahier des charges. »

L'appel contre les jugements rendus en matière de saisie immobilière ne peut être interjeté que par ceux et contre ceux qui étaient parties dans l'instance devant les premiers juges.

Notre article établit une distinction entre les jugements rendus dans le cours de la poursuite de saisie immobilière ; les uns seront susceptibles d'appel, les autres seront rendus en dernier ressort par les premiers juges. Cette distinction n'a pas été admise sans réclamation dans la loi de 1841. On hésitait à supprimer, contre certains jugements, une voie ordinaire de recours.

Par quels motifs peut-on justifier la disposition de l'art. 730? Il faut d'abord distinguer l'hypothèse prévue dans le n° 2 de notre article de celles auxquelles se réfèrent les nos 1 et 3. Dans le n° 2, il est question, non pas de véritables jugements, c'est-à-dire de décisions qui statuent sur une contestation, mais bien d'actes judiciaires. On cite, en effet, comme exemples, le jugement qui donne acte de la publication et celui qui prononce l'adjudication. Ces deux cas ne soulèvent aucune contestation, et, par conséquent, ne donnent lieu qu'à des actes judiciaires ; on comprend donc qu'ils ne soient pas susceptibles d'appel. Mais ils pourraient être attaqués par une action principale en nullité (1). Ces actes judiciaires ne sont même pas des jugements d'incidents; le n° 2 de notre article le reconnaît expressément : *qui, sans statuer sur les incidents*, etc. Mais il résulte de ces expressions que le jugement d'adjudication, qui statuerait sur d'autres incidents que ceux énumérés dans les nos 1 et 3 de notre article, serait susceptible d'appel (Voy. ci-dessus l'explication de l'art. 712; Voy. aussi les art. 749 et 838, quatrième alinéa, C. pr.) (2).

Les nos 1 et 3 se réfèrent à de véritables jugements sur des incidents de la saisie immobilière. Ainsi : 1° *les jugements qui statueront sur la demande en subrogation contre le poursuivant.*

Mais les jugements rendus sur la demande en subrogation ne sont en dernier ressort que si la subrogation se fonde sur la négligence : *à moins qu'elle n'ait été intentée pour collusion ou fraude* (Voy. l'art. 722). On a pensé que la demande en subrogation, fondée sur une négligence, dont la loi précise les conditions dans l'art. 722, deuxième alinéa, ne comportait qu'un examen de fait : le poursuivant a-t-il omis d'accomplir une formalité dans le délai prescrit par la loi? Le législateur a jugé que ce serait montrer aux tribunaux trop de défiance que de ne pas les rendre juges souverains, quand il s'agit d'une déci-

(1) Bordeaux, 30 avril 1850, D. 54, 4, 669.
(2) Cass. Rej., 6 avril 1857, D. 57, 1, 157.

sion si simple, alors surtout que l'intérêt de toutes les parties commande d'ailleurs la plus grande économie de temps et de frais.

Mais si la demande en subrogation se fonde sur la collusion ou la fraude, le jugement rendu par les premiers juges sera susceptible d'appel. Dans ce cas, en effet, il y a une appréciation, peut-être délicate, difficile, des circonstances qui constitueront la fraude ou la collusion.

Les jugements auxquels se réfère le n° 3 de l'art. 730 sont encore soustraits à la voie de l'appel, comme ne présentant pas de difficulté d'appréciation. Ce sont *les Jugements qui statuent sur des nullités postérieures à la publication du cahier des charges.* Ces nullités portent sur l'inobservation des formes ou des délais relatifs aux moyens de publicité, qui ont pour but de faire connaître l'adjudication : il s'agit de savoir si les insertions dans les journaux et les affiches contiennent toutes les énumérations que la loi prescrit. Ont-elles été faites dans les délais et aux lieux désignés par les art. 696 et suivants du Code de procédure ? La solution de ces questions n'exige guère du tribunal qu'une constatation, et, en conséquence, on a cru pouvoir en remettre aux premiers juges la décision souveraine. ** De même la disposition de l'art. 730 portant interdiction de la faculté d'appeler des jugements qui statuent sur la demande en subrogation aux poursuites de saisie immobilière, n'est pas applicable au cas où le droit du demandeur en subrogation est contesté au fond. Par suite, le jugement qui intervient sur un tel litige, est susceptible d'appel (1). **

⇒ **1020.** La voie de l'opposition est-elle ouverte contre les jugements par défaut, rendus pendant la poursuite de saisie immobilière ? Sous l'empire du Code de procédure, un décret de 1811 avait supprimé le droit d'opposition contre certains jugements par défaut rendus en matière de saisie immobilière. Toutefois, la portée du décret de 1811 avait été l'objet de controverses, qui ont perdu leur intérêt aujourd'hui. C'est à la loi de 1841 que nous devons nous attacher. Dans le projet de cette loi, l'art. 730 contenait un premier alinéa disposant qu'aucun jugement par défaut, en matière de saisie immobilière, ne serait susceptible d'opposition. Cette disposition ne souleva aucune objection ; seulement l'article fut renvoyé à la commission pour une nouvelle rédaction, et, quand l'article sortit des mains de cette commission, le premier alinéa avait disparu. Cette suppression passa inaperçue, ou du moins ne suscita aucune réclamation.

Je crois qu'il faut, malgré cette omission, refuser le droit d'opposition contre les jugements par défaut, rendus pendant la poursuite de saisie immobilière. On peut objecter, il est vrai, que l'opposition est une voie ordinaire contre les jugements par défaut, qui ne peut être supprimée qu'en vertu d'un texte spécial. Mais ici, à défaut d'un texte, dont l'omission n'est que le résultat d'une erreur, l'esprit de la loi de 1841 doit évidemment conduire à refuser le droit d'opposition. Ainsi l'art. 731 le refuse pour les arrêts par défaut. Il serait singulier que cetre voie existât au premier degré, quand elle est refusée au second.

(1) ** Bordeaux, 19 novembre 1878, S. 81, 2, 28. L'appel doit, en pareil cas, être formé dans les dix jours. Voy. l'art, 731 et son explication. **

En outre, il est certain que la loi de 1841 a voulu accélérer les poursuites de saisie. Or la loi de 1841, qui supprimait l'opposition contre certains jugements par défaut, étant abrogée par l'art. 1er de la loi de 1841, il en résulterait que l'opposition, si on l'admettait, s'étendrait à plus de cas qu'avant la loi de 1841 ; résultat absolument contraire au but de cette loi (1).

1021. « Art. 731. L'appel de tous autres jugements sera considéré comme non avenu, s'il est interjeté après les dix jours, à compter de la signification à avoué ; ou, s'il n'y a point d'avoué, à compter de la signification à personne ou au domicile, soit réel, soit élu.

« Ce délai sera augmenté d'un jour par cinq myriamètres de distance conformément à l'art. 725, dans le cas où le jugement aurait été rendu sur une demande en distraction.

« Dans les cas où il y aura lieu à l'appel, la cour d'appel statuera dans la quinzaine. Les arrêts rendus par défaut ne seront pas susceptibles d'opposition. »

Par ces mots : *tous autres jugements*, il faut entendre tous les jugements rendus en matière de saisie immobilière, autres que ceux énumérés dans l'article 730.

A compter de la signification à avoué. C'est de cette signification que court le délai d'appel dans les jugements contradictoires sur les incidents de saisie immobilière. C'est une dérogation à la règle de l'art. 443. Il ne paraît même pas nécessaire de faire la signification à la partie. Dans tous les cas, cette dernière signification ne suffirait pas (2).

L'art. 731 indique, d'ailleurs, les délais abrégés de ces appels, dans des termes qui ne présentent pas de difficulté. Nous remarquons seulement la dernière phrase de notre article, qui proscrit la voie de l'opposition contre les arrêts par défaut. Nous avons parlé de cette disposition sur l'article précédent.

« Art. 732. L'appel sera signifié au domicile de l'avoué, et, s'il n'y a pas d'avoué, au domicile réel ou élu de l'intimé ; il sera notifié en même temps au greffier du tribunal et visé par lui. La partie saisie ne pourra, sur l'appel, proposer des moyens autres que ceux qui auront été présentés en première instance. L'acte d'appel énoncera les griefs, à peine de nullité. »

Après l'art. 731, qui s'occupe des délais de l'appel et du jugement sur appel, l'art. 732 détermine les formes de cette voie de recours, qui sont toutes exigées à peine de nullité.

En même temps au greffier, c'est-à-dire dans le délai de dix jours prescrit par l'art. 731 (3).

(1) Bastia, 9 janvier 1843 (Dall. *Rép.*, v° *Vente publique d'immeub.* n° 1465). — Paris, 23 avril 1845, D. 45, 4, 468. — Bourges, 14 mars 1853, D. 55, 1, 7. — ** Aix, 8 avril 1878, S. 79, 2, 312. Il a été jugé toutefois que l'opposition est recevable au cas où le saisi ajourne le saisissant, pour entendre dire qu'une instance principale en nullité de titres étant pendante devant un autre tribunal, les poursuites devront être suspendues jusqu'à ce que soit intervenue la décision sur le fond ; ce n'est pas là un incident et l'opposition est recevable. **

(2) Cass., 6 juillet 1859, D. 59, 1, 312.

(3) Nîmes, 10 juillet 1850, D. 50, 2, 103. — Poitiers, 19 août 1851, D. 52, 5, 487.

La partie saisie ne pourra, sur l'appel, proposer d'autres moyens que ceux qui auront été présentés en première instance (1). Ordinairement, au contraire, il est si bien permis aux parties de présenter de nouveaux moyens en appel, que le juge ne doit admettre en taxe, dans les écritures signifiées par les avoués, que les moyens nouveaux, qui ne sont pas la répétition de ceux déjà employés en première instance (art. 465, C. pr.).

La partie saisie ne pourra... Il semblerait, d'après cette rédaction, qu'il n'est interdit qu'à la partie saisie de présenter, comme appelant, de nouveaux moyens en appel. Mais aucun motif ne justifierait cette application exclusive de l'article à la partie saisie. Cette singularité avait été signalée aux auteurs du projet, qui n'en ont pas tenu compte. La loi doit cependant être entendue dans le sens le plus raisonnable. La disposition qui a pour but de ne pas permettre que le débat sur l'appel sorte des limites dans lesquelles il a été circonscrit en première instance, doit s'appliquer à tout appelant, partie, créancier ou autre (2).

L'acte d'appel énoncera les griefs. Cette disposition déroge encore au droit commun consigné dans les art. 456 et 462. Ordinairement, et nous en avons vu les motifs sur les articles précités (Voy. n°s 694 et 702), l'acte d'appel ne contient pas les griefs qui sont signifiés plus tard. Ici l'acte d'appel énoncera nécessairement les griefs de l'appelant (3), quoique le délai pour interjeter appel soit plus restreint que dans les affaires ordinaires. Le but de cette mesure est encore de gagner du temps.

Dans les cas où l'appel est admis, l'acte d'appel produira son effet ordinaire, c'est-à-dire sera suspensif (art. 457) (4).

⇶ **1022.** « **Art. 741.** Lorsque, à raison d'un incident ou pour tout autre motif légal, l'adjudication aura été retardée, il sera apposé de nouvelles affiches et fait de nouvelles annonces dans les délais fixés par l'art. 704. »

Cet article ne présente aucune difficulté. Dès que l'adjudication se trouve retardée et que le jour primitivement fixé a été changé, la publicité donnée précédemment à la vente devient inutile ; il faut nécessairement une nouvelle publicité pour annoncer le nouveau jour de l'adjudication. *

QUARANTE-SIXIÈME LEÇON

TITRE XIV

DE L'ORDRE (C. D.).

1023. * L'ordre est la distribution du prix d'un immeuble entre les créanciers privilégiés et hypothécaires, suivant l'*ordre* et le rang de leurs privilèges

(1) Cette interdiction s'applique même à la partie saisie qui a fait défaut en première instance. Cass. Rej., 14 janvier 1878, D. 78, 1, 180.

(2) *Contrà :* Cass. Rej., 28 juin 1858, D. 58, 1, 454.

(3) Cass. Rej., 8 août 1854, D. 54, 1, 274.

(4) Bourges, 23 janvier 1878, S. 80, 1, 251.

ou hypothèques. Si l'immeuble vendu n'était grevé ni de privilèges ni d'hypothèques, le prix (n° 886) en serait distribué par la voie de la contribution entre les créanciers ayant des causes légitimes de préférence.

La loi s'occupe de l'ordre, après avoir réglé la saisie et la vente des immeubles hypothéqués, parce que l'ordre est le complément des poursuites des créanciers; l'ordre est le moyen d'arriver au payement, c'est-à-dire au but que les créanciers ont voulu atteindre par la saisie.

Mais un ordre peut être ouvert sur le prix d'un immeuble, sans qu'il y ait eu adjudication sur saisie immobilière. Le prix d'un immeuble aliéné de toute autre manière, vendu, par exemple, à l'amiable par le débiteur, ou adjugé en justice hors du cas de saisie (Voy. par exemple les art. 953 et s., 966 et s., C. pr.), peut être également distribué par voie d'ordre entre les créanciers hypothécaires. Dans tous les cas où il y a ordre, la procédure est soumise aux mêmes règles (art. 772).

Sous l'empire du Code de procédure de 1806, on s'était plaint de la lenteur de la procédure d'ordre. J'ai déjà signalé (n° 909) les inconvénients de cette lenteur et de la multiplicité des formalités de la saisie immobilière et de l'ordre, comme l'une des causes auxquelles on attribuait le discrédit des placements hypothécaires, dont la diminution croissante nuit aux progrès de l'agriculture, en privant d'utiles ressources la propriété foncière.

Le vœu d'une procédure plus rapide et moins coûteuse avait déjà été réalisé pour les saisies immobilières par la loi du 2 juin 1841 (Voy. n° 910 *in fine*). Quant à la procédure d'ordre, c'est la loi du 21 mai 1858 (dont nous avons déjà expliqué l'art. 1er sur les art. 692, 696 et 717), qui, dans son art. 2, contient une série de dispositions, remplaçant les art. 749 et 779 du Code de procédure.

Ces dispositions ont également pour but d'accélérer et de simplifier la procédure de l'ordre.

« Art. 749. Dans les tribunaux où les besoins du service l'exigent, il est désigné, par décret, un ou plusieurs juges spécialement chargés du règlement des ordres. Ils peuvent être choisis parmi les juges suppléants, et sont désignés pour une année au moins, et trois années au plus.

« En cas d'absence ou d'empêchement, le président, par ordonnance inscrite sur un registre spécial tenu au greffe, désigne d'autres juges pour les remplacer.

« Les juges, désignés par décret, ou nommés par le président, doivent, toutes les fois qu'ils en sont requis, rendre compte à leurs tribunaux respectifs, au premier président et au procureur général, de l'état des ordres qu'ils sont chargés de régler. »

Parmi les causes de lenteur dans la confection des règlements d'ordres, on avait signalé, dans quelques tribunaux, la négligence des juges chargés de ces règlements. Ces juges étaient désignés, pour chaque ordre, par le président du tribunal sur la réquisition du créancier le plus diligent ou de l'adjudicataire (ancien art. 750).

Le nouvel art. 749 prescrit de faire désigner par décret, dans les tribunaux où cette nomination directe paraît utile, en raison des besoins du service, les juges titulaires et suppléants, qui seront chargés pendant un an à trois ans du règlement des ordres dans un tribunal.

Le président en désigne d'autres en remplacement de ceux qui seraient absents et empêchés.

Enfin, désignés par décret ou par le président, les juges-commissaires aux ordres doivent à toute réquisition rendre compte d'abord à leur tribunal, et même au premier président de la Cour d'appel et au procureur général, de l'état des ordres qu'ils sont chargés de régler.

On a pensé que cette commission directe et spéciale, d'une part, ce contrôle et cette surveillance des tribunaux et des magistrats supérieurs, d'autre part, animeraient le zèle des juges-commissaires aux ordres.

Les juges spéciaux offriront l'avantage d'une expérience déjà ou bientôt acquise, qualité essentielle pour la confection des règlements d'ordres, qui exigent une connaissance exacte de la pratique des affaires et des difficultés les plus ardues que puisse soulever le régime hypothécaire. Du reste, cette attribution spéciale à certains juges de la confection du règlement des ordres existait déjà, notamment dans le tribunal de la Seine.

D'après un décret du 19 mars 1852, qui ne paraît pas abrogé par la loi de 1858, les juges suppléants ne peuvent être chargés du règlement des ordres que s'ils ne sont pas officiers ministériels; et dans le jugement des contestations relatives aux ordres dont ils sont chargés, ces juges suppléants font leur rapport à l'audience et ont voix délibérative (Voy. n° 33).

1024. Art. 750. L'adjudicataire est tenu de faire transcrire le jugement d'adjudication dans les quarante-cinq jours de sa date, et, en cas d'appel, dans les quarante-cinq jours de l'arrêt confirmatif, sous peine de revente sur folle enchère.

« Le saisissant dans la huitaine après la transcription, et, à son défaut, après ce délai, le créancier le plus diligent, la partie saisie ou l'adjudicataire dépose au greffe l'état des inscriptions, requiert l'ouverture du procès-verbal d'ordre, et s'il y a lieu, la nomination d'un juge-commissaire.

« Cette nomination est faite par le président, à la suite de la réquisition inscrite par le poursuivant sur le registre des adjudications, tenu à cet effet au greffe du tribunal. »

La loi du 23 mars 1855 soumet divers actes, et notamment les actes translatifs de propriété, à la nécessité de la transcription au bureau des hypothèques. Jusqu'à cette transcription, les droits, résultant des actes mentionnés dans cette loi, ne sont pas opposables aux tiers de la loi de 1855. Parmi ces actes figurent (art. 1er, 4°,) les jugements d'adjudication. La loi du 21 mai 1858, dans notre art. 750, met cette transcription du jugement d'adjudication sur saisie immobilière à la charge de l'adjudicataire, fixe le délai dans lequel il devra faire transcrire, et prononce la sanction de l'omission de cette formalité.

Le délai de la transcription est de quarante-cinq jours, à partir du jugement s'il n'est pas frappé d'appel; en cas d'appel, le délai ne court que de l'arrêt confirmatif.

Au reste, les jugements d'adjudication sur saisie immobilière ne sont pas toujours susceptibles d'appel. Nous avons vu (n° 961) que le jugement d'adjudication, qui ne contient que le procès-verbal des enchères et la contestation de l'adjudication, n'est pas un véritable jugement (Voy. n° 240, *in fine*), mais plutôt un acte judiciaire. Il n'y a véritable jugement, que lorsque le tribunal statue sur une contestation. Cet acte judiciaire, ce procès-verbal d'adjudication peut être attaqué pour vice de formes, par exemple si l'enchère avait été proposée par une autre personne qu'un avoué (art. 705 et 715); mais ce serait par voie de demande en nullité de l'adjudication, et non par voie d'appel qu'il faudrait procéder (1).

Mais il peut arriver que des incidents de la saisie immobilière, jugés par le tribunal avant l'adjudication, soient consignés dans le jugement d'adjudication qui, alors, a les caractères d'un véritable jugement, et est susceptible d'appel. Cette distinction ressort, d'ailleurs, de l'article 730, 2°.

Dans les quarante-cinq jours. L'exposé des motifs du projet de la loi de 1858 et le rapport au Corps législatif portent expressément que ce terme de quarante-cinq jours a été puisé dans l'art. 6 de la loi du 23 mars 1855 sur la transcription, qui accorde au vendeur précédent ou au copartageant un délai de quarante-cinq jours à partir de l'acte de vente ou de partage, pour faire inscrire les privilèges à eux conférés par les art. 2108 et 2109 du Code civil.

Mais on fait remarquer avec raison, dans la discussion, que le vendeur, c'est-à-dire celui qui a vendu au saisi, n'aurait plus le droit de faire inscrire utilement son privilège à l'égard de l'adjudicataire qui a fait transcrire le jugement d'adjudication, car les formalités de la saisie comprennent au moins une durée de quatre-vingt-dix jours. Il y aura donc déjà longtemps que le vendeur aura perdu le droit de faire inscrire le privilège, quand l'immeuble sera adjugé sur la saisie. Il est donc complètement inutile de lui accorder quarante-cinq jours après l'adjudication. On ne peut d'ailleurs supposer une vente faite par le saisi, pendant les formalités de la saisie, pour appliquer notre article au saisi-vendeur ; car une pareille vente est considérée comme non avenue après l'adjudication sur la saisie (Voy. art. 686 et son explication, n° 930).

On a donc fait remarquer dans la discussion que ce délai de quarante-cinq jours après l'adjudication, ne pouvait être utile au vendeur, qui depuis longtemps ne peut plus transcrire ; mais, sans répondre à cette observation, on a maintenu le délai de quarante-cinq jours comme nécessaire pour l'enregistrement du jugement d'adjudication (vingt jours, d'après l'art. 20 de la loi du 22 frimaire an VII), et pour obtenir l'expédition de ce jugement.

Le projet de loi mettait la transcription à la charge d'abord de l'adjudicataire et, à son défaut, du poursuivant. Mais le conseil d'État, sur les observations de la commission du Corps législatif, a rayé de l'art. 750, 1er alinéa, le nom du poursuivant. On a pensé, avec raison, qu'il n'y avait pas lieu de craindre que l'adjudicataire n'accomplît pas une formalité qui a pour sanction la revente sur folle enchère.

C'est une nouvelle cause de revente sur folle enchère à ajouter à celles de l'art. 713 du Code de procédure (Voy. aussi n° 1002).

Les deux premiers alinéas de l'art. 750 indiquent qui peut requérir l'ouverture de l'ordre, dans quel délai et avec quelles formalités. Le droit de requérir l'ouverture de l'ordre appartient d'abord au saisissant, et à lui seul, dans la huitaine de transcription. Mais, s'il laisse écouler ce délai sans user de son

(1) Cpr. Bourges, 23 janvier 1878, S. 80, 2, 251.

droit, l'ordre alors pourra être requis par le créancier le plus diligent, le saisi ou l'adjudicataire. Le créancier le plus diligent pourrait être même un créancier chirographaire, intéressé à faire payer les créanciers hypothécaires, pour toucher lui-même ce qui restera sur la somme à distribuer.

Celui qui requiert l'ouverture de l'ordre doit déposer au greffe l'état des inscriptions hypothécaires existant sur l'immeuble, et qu'il a dû se faire délivrer par le conservateur des hypothèques.

Si, dans le tribunal où l'ordre est requis, il n'y a pas de juge-commissaire aux ordres, spécialement désigné conformément à l'article précédent, le poursuivant requerra la nomination d'un juge-commissaire. Notre 3e alinéa montre comment se fera cette nomination.

A quel tribunal l'ordre sera-t-il porté, et par conséquent où la réquisition sera-t-elle faite? Au tribunal de la situation de l'immeuble dont le prix est à distribuer, car, dans l'ordre, les créanciers exercent leur action hypothécaire, c'est-à-dire une action réelle.

Si les biens d'un débiteur, situés dans plusieurs arrondissements, ont été l'objet d'une saisie unique, mais ont été vendus devant les tribunaux respectifs de la situation des divers immeubles, il y aura lieu d'ouvrir autant d'ordres qu'il y a eu d'adjudications; chaque ordre s'ouvrira devant le tribunal de la situation de l'immeuble dont le prix est à distribuer (art. 1 et 4 de la loi du 14 novembre 1808).

Si un domaine comprenant plusieurs natures de biens, comme un château, un bois et un moulin, a été vendu pour un prix unique, et qu'il y ait des créanciers inscrits, les uns sur le château, les autres sur le bois, d'autres enfin sur le moulin, il est évident qu'on ne peut faire un ordre unique. On devra faire une ventilation du prix, c'est-à-dire une appréciation des portions de ce prix, afférentes au château, au bois et au moulin, et ouvrir trois ordres sur les sommes attribuées à chaque sorte de biens (1).

Les formes de la ventilation sont réglées par l'art. 757.

L'art. 750 ne parle pas de la signification du jugement d'adjudication au saisi. Cette signification, qui était autrefois le point de départ du délai dans lequel l'ordre devait s'ouvrir, a perdu aujourd'hui une grande partie de son utilité. Elle doit cependant être faite; elle produit encore un effet : elle dépossède le saisi de l'immeuble adjugé.

1025. « Art. 751. Le juge-commissaire, dans les huit jours de sa nomination, ou le juge spécial, dans les trois jours de la réquisition, convoque les créanciers inscrits, afin de se régler amiablement sur la distribution du prix.

« Cette convocation est faite par lettres chargées à la poste, expédiées par le greffier et adressées tant aux domiciles élus par les créanciers dans les inscriptions qu'à leur domicile réel en France; les frais en sont avancés par le requérant.

« La partie saisie et l'adjudicataire sont également convoqués.

« Le délai pour comparaître est de dix jours au moins entre la date de la convocation et le jour de la réunion.

« Le juge dresse procès-verbal de la distribution du prix par règlement amiable; il ordonne la délivrance de bordereaux aux créanciers utilement colloqués et radiation des inscriptions des créanciers non admis en ordre utile.

(1) Grenoble, 18 mars 1854, D. 55, 2, 93.

« Les inscriptions sont rayées sur la présentation d'un extrait, délivré par le greffier, de l'ordonnance du juge.

« Les créanciers non comparants sont condamnés à une amende de vingt-cinq francs. »

L'art. 751, ajouté au projet primitif de la loi 1858, sur la proposition de la commission du Corps législatif, contient une importante innovation, puisée dans des législations étrangères (Loi de Genève, Code sarde, Loi belge de 1854).

L'art. 749 du Code de procédure de 1806 donnait un mois aux créanciers et à la partie saisie, pour s'entendre à l'amiable sur la distribution du prix de l'immeuble entre les créanciers hypothécaires. Mais, malgré les termes de cet ancien art. 749, *seront tenus de se régler*, la loi n'exprimait et ne pouvait formuler qu'un vœu. L'ordre amiable alors constituait un contrat entre les créanciers et la partie saisie; un seul créancier pouvait y mettre obstacle en refusant d'y donner son assentiment. Mais comme personne n'était chargé par la loi de prendre l'initiative d'une convocation des parties intéressées, comme personne n'avait autorité pour écouter les créanciers, réfuter leurs objections si elles ne semblaient pas fondées, en un mot, pour accorder et concilier des intérêts souvent contradictoires, il en résultait que le désir de la loi de prévenir un ordre judiciaire par un ordre amiable était fort difficile à réaliser.

Sans proscrire un ordre purement contractuel entre les créanciers et la partie saisie, le législateur de 1858 a établi, avant de passer à l'ordre judiciaire, une tentative de règlement amiable sous l'autorité et la direction d'un magistrat. Cette tentative a quelque analogie avec la tentative de conciliation devant le juge de paix (art. 48 et suiv., C. pr.), préliminaire obligé de presque toutes les instances civiles. De même l'art. 751 établit, comme préliminaire obligé de l'ordre judiciaire, cet essai de règlement amiable que quelques auteurs ont nommé *ordre de conciliation*.

Quelle est la marche tracée par la loi pour cet essai de règlement amiable? Et d'abord, à qui a-t-on confié la mission de provoquer, de diriger cette sorte de tentative de conciliation? C'est le juge spécial des ordres ou le juge-commissaire nommé pour l'ordre actuel, suivant les distinctions des art. 749 et 750, qui, avant de passer outre à l'ordre judiciaire, tentera la voie du règlement amiable.

A cet effet, il convoquera les créanciers inscrits, la partie saisie et l'adjudicataire à se réunir devant lui.

Dans quel délai le juge doit-il faire cette convocation? La loi a fixé deux délais différents suivant qu'il s'agit d'un juge des ordres, ou d'un juge-commissaire spécial pour tel ordre déterminé ; le premier doit envoyer les lettres de convocation dans les trois jours de la réquisition, faite conformément à l'article 750 ; le second, dans les huit jours de sa nomination. Le motif de cette différence de délai n'est pas bien facile à comprendre ; peut-être suppose-t-on que le juge des ordres sera d'ordinaire exclusivement occupé des procédures d'ordres, et, par conséquent, devra toujours être prêt à remplir cette mission; tandis que le juge-commissaire désigné pour tel ordre déterminé, étant, en outre, occupé d'autres travaux, prenant part au service des audiences, aura besoin d'un plus long délai pour prendre connaissance de l'ordre qui lui est confié et en accomplir les formalités.

Les convocations se font par lettres chargées à la poste; elles sont faites au nom du juge et expédiées par les greffiers. Ces lettres sont adressées aux créanciers inscrits tant aux domiciles par eux élus dans leurs inscriptions (art. 2148, 1°, C. civ.), qu'à leur domicile réel *en France*. Mais on ne convoquera pas au domicile réel ceux qui seraient domiciliés hors de la France continentale. Le délai d'un mois dans lequel l'ordre amiable doit être terminé (art. 752), ne laisserait pas le temps d'adresser des convocations dans des pays étrangers ou dans nos colonies d'outre-mer.

Le délai entre la date de la convocation et le jour de la réunion doit être au moins de dix jours, afin que les créanciers puissent examiner quels sont leurs droits, ceux de leurs cocréanciers, quelles concessions ils peuvent faire; en un mot, il faut que les créanciers ne comparaissent qu'après avoir étudié les situations respectives de chaque ayant droit, et après avoir pris l'avis de leurs conseils.

Le juge convoque non seulement les créanciers inscrits, mais aussi la partie saisie et l'adjudicataire. Le saisi est intéressé à constater les prétentions de ceux qui demandent à être colloqués; en faisant rejeter une ou plusieurs demandes, il désintéressera un plus grand nombre de ses créanciers, ou même touchera une partie du prix.

Mais il a été bien expliqué que l'absence de la partie saisie ou de l'adjudicataire, et même que leur opposition, devaient être sans influence sur le règlement amiable entre les créanciers. Si le saisi ou l'adjudicataire se croient lésés par le règlement amiable, fait sans eux, ils l'attaqueront ou refuseront de l'exécuter, et les tribunaux décideront.

Au contraire, la présence et le consentement de tous les créanciers inscrits sont nécessaires pour la confection du règlement amiable. La loi, qui ne veut pas leur imposer un arrangement malgré eux, a cru pouvoir au moins les obliger à comparaître; les créanciers non comparants sont condamnés à une amende de 25 francs qui est prononcée par le juge-commissaire. Mais la partie saisie, ou l'adjudicataire, dont la présence n'est pas indispensable, ne seront pas condamnés à l'amende en cas de non-comparution.

Les créanciers non comparants encourent nécessairement l'amende, à moins qu'ils ne prouvent qu'ils n'ont pas été convoqués ou qu'ils ne l'ont pas été régulièrement; par exemple, s'ils ne l'ont pas été aux domiciles élus ou réels. La circulaire ministérielle du 2 mai 1859 admet toutefois, avec raison, que le créancier convoqué, mais qui a reçu antérieurement le montant de sa créance, peut, pour éviter l'amende, se borner à écrire au juge-commissaire qu'il n'a rien à prétendre dans l'ordre.

On avait proposé, à l'imitation de la loi belge, de faire supporter aux créanciers non comparants les frais de l'ordre judiciaire. Le conseil d'État a substitué à cette peine celle de l'amende. On a fait remarquer que les créanciers comparants auraient toujours le droit, par application de l'art. 1382, C. civ., de poursuivre les non comparants en réparation du préjudice causé par leur non-comparution, et, par ce moyen, de les faire condamner, s'il y a lieu, à des dommages-intérêts, qui pourraient être la représentation des frais de l'ordre judiciaire. Mais ce ne serait pas le juge-commissaire qui statuerait sur cette question de dommages-intérêts; ce serait le tribunal, qui aurait, d'ailleurs, à apprécier jusqu'à quel point l'ordre judiciaire aurait été nécessité par la seule absence des non-comparants. Ne serait-il pas souvent facile à ces derniers de démontrer que, même en cas de comparution, ils n'auraient consenti à aucun arrangement, et que, par conséquent, l'ordre judiciaire aurait toujours eu lieu?

Si les créanciers à hypothèques légales (femme, mineur, interdit) n'ont pas fait inscrire leurs hypothèques, ils conservent leur droit de préférence sur le prix, mais à la condition de faire valoir leurs droits avant la clôture de l'ordre, s'il se règle amiablement (art. 717 *in fine*). Ils pourront donc se présenter; mais ils ne seront pas convoqués.

Devant le juge-commissaire et sous sa direction, les créanciers discutent, délibèrent, et la discussion peut être renvoyée à une ou plusieurs autres séances. Enfin le résultat de ces réunions peut amener un arrangement, ou démontrer l'impossibilité de s'accorder à l'amiable.

Si les créanciers ne s'accordent pas tous (car le refus d'un seul empêche le règlement amiable), le juge constate sur le procès-verbal que les créanciers n'ont pu se régler entre eux (art. 752). Mais le juge-commissaire doit se borner à cette constatation sommaire, sans faire mention des dires ou des aveux des parties. Une semblable mention doit être proscrite, par les motifs déjà indiqués (nº 116), pour les procès-verbaux de non-conciliation dressés par les juges de paix.

** On s'est préoccupé du cas, qui s'est plusieurs fois présenté en pratique, où un créancier refuse, sans motif sérieux, l'ordre amiable et oblige à prendre la voie de l'ordre judiciaire; par exemple, le rang de ce créancier est si éloigné, qu'il n'obtiendra certainement rien dans aucun cas. Peut-on demander contre lui une condamnation à titre de dommages-intérêts fondée sur son refus de consentir à l'ordre amiable? A notre avis, le simple refus de consentement ne saurait être assimilé à une fraude ou même à une faute et, dès lors, la base de toute demande en dommages-intérêts fait défaut. Prétendre qu'il peut y avoir pour un créancier obligation de donner son consentement à l'ordre amiable, cela revient à dire que la majorité a le droit d'imposer sa volonté à la minorité (1). **

Si les créanciers s'accordent, le juge-commissaire dressera procès-verbal de la distribution du prix par règlement amiable. Son procès-verbal est un acte authentique. On avait proposé, dans la discussion de la loi de 1858, de conférer aux notaires et non aux juges le soin de provoquer et de constater ce règlement amiable. Si ce système eût été admis, le notaire aurait pu remplir la mission que nous avons attribuée jusqu'ici au juge-commissaire. Mais le pouvoir du notaire n'aurait pas dépassé la constatation du règlement amiable entre les créanciers. Au contraire, la loi a investi le juge-commissaire de pouvoirs plus étendus. Il ordonne la délivrance par le greffier, aux créanciers utilement colloqués, des bordereaux ou mandements de collocation en vertu desquels ils pourront se faire payer de l'adjudicataire. Il ordonne également la radiation des inscriptions des créanciers non admis

(1) ** Trib. d'Abbeville du 4 juin 1883, D. 84, 3, 16. Voir la note que j'ai insérée sous cette décision judiciaire. **

en ordre utile. Le conservateur des hypothèques sera tenu de rayer ces inscriptions sur la présentation d'un extrait, délivré par le greffier, de l'ordonnance du juge (1).

Jusques et y compris le procès-verbal de règlement amiable, le juge-commissaire n'est que le président d'une réunion dans laquelle il n'a même pas voix délibérative; il dirige la discussion, il conseille, il exhorte les créanciers; mais il ne décide, ni n'ordonne rien. Au contraire, une fois le procès-verbal dressé, l'autorité du magistrat, la fonction du juge reparaît; il ordonne la délivrance des bordereaux et la radiation des inscriptions, ou il condamne à l'amende les non-comparants.

L'exposition que je viens de faire des règles du nouvel ordre amiable n'est que l'analyse des dispositions de l'art. 751, et ne présente jusqu'ici aucune difficulté sérieuse. Mais, si nous recherchons maintenant quel est le caractère légal de cet essai de règlement amiable, nous nous trouvons en présence d'une controverse très vive; nous rencontrons deux solutions opposées, dont les conséquences ont une certaine importance pratique.

Cet essai de règlement amiable se rapproche-t-il plus de l'ordre consensuel, qu'on pouvait, qu'on pourrait encore faire devant un notaire, ou bien de l'ordre judiciaire? Cet essai de règlement amiable est-il le développement de l'ancien ordre consensuel, ou un ordre judiciaire dégagé de certaines formalités?

Suivant les uns, cet ordre amiable n'est qu'un ordre consensuel perfectionné. Le juge-commissaire constate les conventions des parties, comme un notaire pourrait le faire, comme un juge de paix conciliateur dresse le procès-verbal de l'arrangement des parties qu'il est chargé de concilier.

Suivant d'autres, l'ordre amiable de l'art. 751 est un ordre *sui generis*, fait sous l'autorité de la justice, se rapprochant beaucoup de l'ordre judiciaire lui-même, n'en différant que par les formalités (2).

La conséquence pratique qui a soulevé cette controverse, dès qu'il s'est agi d'appliquer notre art. 751, c'est la question de savoir si les créanciers pourront, à la réunion convoquée par le juge-commissaire, se faire assister ou représenter par tels conseils qu'ils le jugeront convenable, avoués, notaires, agents d'affaires, ou si les avoués seuls auront le droit de les assister ou de les représenter; si le nouvel ordre amiable est purement consensuel, les parties choisissent leurs conseils sans restriction; si cet ordre est judiciaire, les avoués ont le monopole du droit d'assister ou de représenter les créanciers.

Ni l'une ni l'autre opinion ne peut produire en sa faveur des arguments de texte; l'intention du législateur n'apparaît pas même très clairement dans la discussion, et chacune des deux thèses peut trouver des arguments sur quelques passages du rapport ou des discours qui ont précédé le vote de la loi.

Toutefois l'idée, qui semble avoir dominé le législateur, est celle d'une

(1) Le juge-commissaire ne peut ordonner la radiation de ces inscriptions qu'en tant qu'elles portent sur les immeubles dont le prix est en distribution. Aix, 8 novembre 1862, D. 63, 2, 176.

(2) ** M. Preschez a défendu cette seconde opinion avec beaucoup de talent dans la thèse de doctorat qu'il a présentée à la faculté de droit de Paris sur *l'ordre amiable* (1880), et qui est la meilleure des dissertations écrites sur ce sujet délicat. **

tentative de conciliation, à peu près analogue à celle qui précède un procès. La loi paraît avoir cherché à provoquer la comparution personnelle des parties afin de constater leur volonté personnelle. Il ne leur est pas interdit de se faire représenter; mais elles ne peuvent choisir leurs mandataires.

Comme il n'y a, devant le juge qui cherche à amener un ordre amiable, ni conclusions à poser, ni contestations, le ministère des avoués ne peut être obligatoire. Dès qu'il ne s'agit pas de mandat *ad litem*, il faudrait un texte exprès pour que le ministère des avoués fût nécessaire. Les avoués pourront donc être mandataires, mais seulement si les parties les choisissent pour mandataires; et ils devront être munis d'un pouvoir spécial. Il s'agit souvent de donner des consentements, de transiger, ce qu'ils ne peuvent faire qu'en vertu d'un pouvoir spécial (art. 352, C. pr.) (1).

Si le règlement amiable n'est qu'un règlement consensuel, il ne peut avoir l'autorité de la chose jugée contre un créancier qui prétend que ce règlement contient une erreur qui lui préjudicie. Ce créancier pourrait demander la nullité ou la rescision de ce règlement (2).

La présence d'un mineur, d'un interdit, parmi les créanciers inscrits, serait-elle un obstacle, soit à l'ordre consensuel, soit à l'essai de règlement amiable? Ici, je n'établis aucune différence entre l'ordre consensuel et l'ordre amiable devant le juge; car, dans l'un et l'autre, il s'agit uniquement du consentement des parties à l'arrangement, abstraction faite des conséquences que le juge pourra tirer de l'arrangement s'il intervient.

Quant au mineur non émancipé et à l'interdit, on doit décider que le tuteur peut concourir au règlement amiable ou consensuel, si le mineur ou l'interdit y est colloqué pour l'intégralité de sa créance. On doit même aller plus loin : si le tuteur reconnaît que les créances colloquées avant celles du mineur ou de l'interdit ne peuvent soulever aucune contestation, il a droit d'accepter ce règlement, quand même il en résulterait que le mineur ou l'interdit ne serait colloqué que pour partie, ou même qu'il ne viendrait pas en ordre utile. Ce serait, en effet, de la part du tuteur, un acquiescement à des demandes mobilières, acquiescement qui rentre dans ses pouvoirs (art. 464, C. civ.). Mais, si les créances antérieures à celles du mineur ou de l'interdit, et qui réduisent ou excluent leurs créances, étaient susceptibles d'être contestées, l'acte prendrait alors le caractère d'une tran-

(1) Circulaire ministérielle du 2 mai 1859. — Cass. Rej., 16 novembre 1859, D., 60, 1, 1. ** L'argument le plus grave que l'on donne en faveur du système, suivant lequel l'ordre amiable est lui-même judiciaire, consiste à faire remarquer que la loi donne dans cet ordre au magistrat des pouvoirs qui sont ceux d'un véritable juge et dépassent ceux d'un conciliateur. La cour de cassation semble admettre définitivement que l'ordre amiable ne forme pas une instance judiciaire. Elle juge que les avoués, dans un ordre amiable, interviennent, non pas en qualité d'officiers ministériels, mais comme simples mandataires des parties; par suite, les outrages adressés à un avoué au cours d'une réunion de créanciers ne peuvent être considérés comme adressés à un officier ministériel dans l'exercice de ses fonctions. Civ. cass., 28 mars 1879, S. 79, 1, 235. — Dijon, 14 mai 1879, S. 79, 1, 260. **

(2) Amiens, 17 juillet 1868, D. 69, 2, 21. — Douai, 12 août 1869, D. 70, 2, 31. — Paris, 8 décembre 1874, D. 76, 2, 219.

saction, et le tuteur devrait accomplir les formalités de l'art. 467 du Code civil.

La commission du Corps législatif avait proposé un amendement qui considérait le règlement amiable moins comme une transaction que comme un acte d'administration, et, en conséquence, supprimait pour les incapables les formalités de la transaction. Mais cet amendement n'ayant pas été accepté par le conseil d'État, les incapables restent sous l'empire du droit commun, dont les principes amènent les solutions qui précèdent.

Ces solutions s'appliquent également, avec leurs distinctions, au mineur émancipé assisté de son curateur (art. 482 et 484, C. civ.).

Quant à la femme mariée, son mari agissant pour elle, sous les régimes de communauté (art. 1428, C. civ.), sans communauté (art. 1531, C. civ.) et dotal (art. 1549, C. civ), et elle même, sous le régime de séparation de biens (art. 1449 et 1536), ou sous le régime dotal pour ses biens paraphernaux (art. 1576, C. civ.), pourront accepter, soit dans l'ordre consensuel, soit dans le nouvel ordre amiable, les deux premières situations indiquées ci-dessus pour le mineur, c'est-à-dire une collocation intégrale, ou même une collocation partielle, si les collocations antérieures sont incontestables. Mais, si le règlement amiable ne donnait à la femme qu'une collocation partielle, en la faisant primer par des collocations susceptibles de contestations, alors le consentement de la femme constituerait une transaction, qu'elle peut faire avec l'autorisation du mari, si elle est mariée sous les régimes de communauté et sans communauté. Le pourrait-elle également sous les régimes de séparation de biens et dotal? La solution dépend du parti qu'on prend sur diverses questions controversées. Ainsi, sous le régime de séparation de biens, la femme peut disposer seule de son mobilier (art. 1449, C. civ.). Peut-elle également transiger sans autorisation? Sous le régime dotal, la dot mobilière est-elle inaliénable, ou non? Si on la considère comme inaliénable, faut-il en conclure qu'aucune transaction ne peut la diminuer? Je me borne à indiquer ces questions qui dépassent les limites de l'enseignement de la procédure.

1026. Si les créanciers n'ont pu se régler entre eux à l'amiable dans le délai fixé par l'art. 752, il y a lieu de procéder à l'ordre judiciaire, dont les formes sont réglées par les articles 752 à 768. Ces dispositions de la loi comprennent deux hypothèses que nous examinerons successivement, celle où le règlement provisoire du juge-commissaire ne soulève aucune contestation, et celle au contraire où le règlement provisoire est attaqué.

1° *De la procédure d'ordre, lorsque le règlement provisoire ne soulève aucune contestation* (art. 752 à 757 et art. 759).

« Art. 752. A défaut de règlement amiable dans le délai d'un mois, le juge constate sur le procès-verbal que les créanciers n'ont pu se régler entre eux, et prononce l'amende contre ceux qui n'ont pas comparu. Il déclare l'ordre ouvert et commet un ou plusieurs huissiers à l'effet de sommer les créanciers de produire. Cette partie du procès-verbal ne peut être expédiée ni signifiée.

Si le mois (à partir de l'envoi des lettres de convocation par le juge) est expiré sans règlement amiable, le juge constate que les créanciers n'ont pu s'accorder, et, s'il y a eu des non-comparants, il les condamne à l'amende de 25 francs.

Il déclare l'ordre (judiciaire) *ouvert*. Je ne crois pas que le juge puisse ouvrir l'ordre judiciaire avant l'expiration du mois, même du consentement des créanciers (1).

Il commet un ou plusieurs huissiers. Autrefois le poursuivant faisait faire aux créanciers, par un huissier de son choix, la sommation de produire à l'ordre. Comme cette sommation peut entraîner une déchéance (art. 755), la loi, pour assurer la remise de la sommation, fait confier à des huissiers commis le soin d'en remettre la copie aux créanciers.

Un ou plusieurs huissiers. Les créanciers, d'après l'art. 753, sont sommés par actes signifiés aux domiciles par eux élus dans leurs inscriptions ou chez leurs avoués. Les domiciles peuvent être élus dans un lieu quelconque de l'arrondissement du bureau des hypothèques. Il est donc possible qu'il y ait des significations à faire dans divers cantons, et qu'il soit utile de commettre plusieurs huissiers. De plus, le vendeur est souvent sommé à son domicile réel (art. 753), qui peut-être se trouve dans un arrondissement éloigné; la sommation qui lui est destinée exigera alors la commission d'un huissier spécial.

Les huissiers ainsi commis ne connaissent pas directement l'ordonnance qui les commet; ils seront avertis par l'avoué poursuivant.

« Art. 753. Dans les huit jours de l'ouverture de l'ordre, sommation de produire est faite aux créanciers par acte signifié aux domiciles élus dans leurs inscriptions ou à celui de leurs avoués, s'il y en a de constitués, et au vendeur à son domicile réel situé en France, à défaut de domicile élu par lui ou de constitution d'avoué.

« La sommation contient l'avertissement que, faute de produire dans les quarante jours, le créancier sera déchu. »

« L'ouverture de l'ordre est en même temps dénoncée à l'avoué de l'adjudicataire. Il n'est fait qu'une seule dénonciation à l'avoué qui représente plusieurs adjudicataires.

« Dans les huit jours de la sommation par lui faite aux créanciers inscrits, le poursuivant en remet l'original au juge qui en fait mention au procès-verbal. »

Dans les huit jours. Il ne paraît pas que ce délai soit prescrit à peine de nullité (Voy. art. 1030, C. pr.). Seulement le juge-commissaire devra surveiller l'observation des délais.

La sommation contient l'avertissement que... C'est l'art. 755 qui prononce cette déchéance.

L'ouverture de l'ordre est en même temps dénoncé à l'avoué de l'adjudicataire. Notre article convertit en obligation l'usage qui existait, dans quelques tribunaux, sous l'empire du Code de procédure de 1806, d'adresser cette sommation à l'adjudicataire, afin qu'il produisît pour les frais privilégiés qu'il a droit de réclamer (art. 774 actuel). Il a, d'ailleurs, intérêt à savoir à quel moment seront probablement délivrés les bordereaux de collocation qu'il devra acquitter.

(1) *Contrà :* Nîmes, 9 mai 1860, D. 61, 1, 16, et la note.

Par mesure d'économie, *il n'est fait qu'une seule dénonciation à l'avoué qui représente plusieurs adjudicataires.*

Quant aux créanciers chirographaires, ils peuvent avoir intérêt à faire rejeter de l'ordre des créanciers qui n'auraient pas le droit d'y figurer, afin de faire attribuer une partie du prix à la masse chirographaire ; cependant ils ne reçoivent pas de sommation, mais ils pourront intervenir dans l'ordre, à leurs frais, pour y défendre leurs intérêts contre des créanciers qui élèveraient des prétentions mal fondées (1).

Cette sommation, d'après le dernier alinéa, est rédigée par l'avoué poursuivant, et signifiée par les huissiers commis conformément à l'art. 752. ** L'obligation, imposée par l'art. 753, de faire au vendeur, c'est-à-dire au vendeur de la partie saisie, la sommation de produire à l'ordre, doit être restreinte au cas où ce vendeur est resté créancier et a fait inscrire son privilège, conformément à la loi. Si le vendeur a subrogé des tiers à l'entier effet de son inscription, l'inscription n'a plus d'effet en ce qui le concerne, et il suffit d'adresser la sommation de produire au créancier subrogé (2). **

« Art. 754. Dans les quarante jours de cette sommation, tout créancier est tenu de produire ses titres avec acte de produit signé de son avoué et contenant demande en collocation. Le juge fait mention de la remise sur le procès-verbal. »

L'art. 754 nouveau reproduit à peu près textuellement l'ancien art. 754. Seulement le délai de quarante jours a été substitué à celui d'un mois pour les productions à faire par les créanciers. Comme on le voit, la loi de 1858, qui, en général, a pour but d'accélérer les procédures d'ordre, augmente ici le délai. C'est que le nouveau délai de quarante jours entraîne déchéance contre les créanciers non produisants (art. 755) ; tandis qu'autrefois, même après le mois expiré, les créanciers pouvaient encore produire à l'ordre, même après la confection du règlement provisoire. Seulement ils supportaient sans répétition les frais occasionnés par leur production tardive, et ils étaient garants des intérêts qui auraient couru, à compter du jour où ils auraient cessé si la production eût été faite dans le délai fixé (ancien art. 757). Aujourd'hui les productions tardives ne sont plus admises; l'expiration du délai pour produire entraîne déchéance contre les créanciers. On comprend que le délai soit plus long.

Le point de départ des quarante jours sera, pour chaque créancier, la date de la signification de la sommation qu'il a reçue (Circul. minist. du 2 mai 1859) (3).

Mais il y a des créanciers contre qui ce délai de quarante jours peut entraîner déchéance, quoiqu'ils ne reçoivent pas de sommation. Ce sont les mineurs, les interdits et les femmes mariées pour qui aucune inscription n'a été prise avant la transcription du jugement d'adjudication. En effet, l'art. 717,

(1) Tribunal de Castel-Sarrasin, 12 mars 1853, D. 54, 5, 534.

(2) ** Douai, 23 décembre 1876 et Nîmes 11 avril 1877, S. 79, 2, 51. **

(3) ** Jugé que le délai de quarante jours accordé aux créanciers pour produire court des sommations aux créanciers et non de la dénonciation de l'ordre à l'adjudicataire. A cet égard, la dénonciation ne saurait être assimilée aux sommations. Douai, 23 décembre 1876 et Nîmes 11 avril 1877, S. 79, 2, 51. **

in fine, ne leur conserve « le droit de préférence sur le prix qu'à la condition « de produire avant l'expiration du délai fixé par l'art. 754, dans le cas où « l'ordre se règle judiciairement. »

Mais, puisqu'ils ne reçoivent pas de sommation, quel sera le point de départ du délai de quarante jours pour les créanciers à hypothèques légales? Il ne peut y en avoir d'autre que le jour de la signification de la sommation faite aux créanciers inscrits, et, s'il y a plusieurs sommations, de la dernière.

L'acte de production qui contient une demande en collocation est dressé par l'avoué et ne doit pas être signifié (art. 133 du Tarif). Les titres ou pièces justificatives de la demande sont joints à l'acte de production, et remis au juge-commissaire, qui fait mention de la remise sur son procès-verbal.

L'art. 766, 4e alinéa, nous montrera les conséquences d'une négligence dans la production des pièces.

1027. « Art, 755. L'expiration du délai de quarante jours ci-dessus fixé emporte de plein droit déchéance contre les créanciers non produisants. Le juge la constate immédiatement et d'office sur le procès-verbal, et dresse l'état de collocation sur les pièces produites. Cet état est dressé au plus tard dans les vingt jours qui suivent l'expiration du délai ci-dessus.

« Dans les dix jours de la confection de l'état de collocation, le poursuivant la dénonce, par acte d'avoué à avoué, aux créanciers produisants et à la partie saisie, avec sommation d'en prendre communication et de contredire, s'il y échet, sur le procès-verbal dans le délai de trente jours. »

Après l'expiration du délai de quarante jours, la déchéance est encourue de plein droit contre les créanciers non produisants. Le juge doit immédiatement et d'office *constater* les déchéances encourues. Le juge n'a rien à apprécier; il n'aurait pas le droit de prendre en considération les circonstances qui auraient pu empêcher un créancier de produire dans le délai. Ce n'est pas le juge qui prononce la déchéance, c'est la loi; et le juge se borne à la constater. Il a reçu l'original de la sommation de produire, il a fait mention de la remise qui lui en était faite (art. 753, *in fine*). Quarante jours après la date de cette sommation, il constate les déchéances sur le même procès-verbal (1).

Autrefois, sous le Code de 1806, les créanciers pouvaient produire même après le règlement provisoire; ils n'encouraient de déchéance que lorsque le règlement provisoire devenait définitif (ancien art. 759). On s'était plaint des lenteurs qu'apportaient les créanciers dans leurs productions ; le juge-commissaire lui-même, espérant toujours les productions des créanciers en retard, laissait s'écouler un temps assez long avant de procéder à la confection d'un règlement provisoire qu'il fallait refaire peut-être à chaque nouvelle production. Ainsi s'éternisaient les ordres, puisque le juge attendait les créanciers, qui, de leur côté, ne se pressaient pas tant que le juge ne faisait pas son travail.

La loi nouvelle, pour remédier à ces lenteurs, a pris des mesures efficaces, mais sévères. La déchéance frappe les créanciers, comme nous l'avons dit,

(1) Jugé que si la demande en collocation a été faite dans les quarante jours, il peut être produit de nouvelles pièces après les quarante jours. Limoges, 3 juin 1871, D. 72, 2, 88.

même avant le règlement provisoire, et par la seule expiration du délai de quarante jours, à partir de la sommation de produire, mais la déchéance n'atteindrait pas les créanciers qui n'auraient pas reçu la sommation de produire.

Le juge-commissaire doit faire son règlement provisoire dans les vingt jours qui suivent l'expiration du délai de quarante jours fixé par l'art. 754.

Quelle est l'étendue de la déchéance encourue par les créanciers non produisants? Ils sont déchus du droit de figurer dans l'ordre, du droit de prendre part, suivant leur rang d'hypothèque, aux collocations faites par le règlement du juge, du droit d'attaquer la collocation des créanciers produisants, alors même que ces créanciers leur seraient postérieurs d'après les inscriptions.

Mais sont-ils déchus de leurs créances? Assurément non. Ils auraient toujours leur action personnelle contre le débiteur. Sont-ils même déchus de leurs hypothèques? Je ne le pense pas. Et si, après le payement des créanciers produisants et colloqués dans l'ordre, il restait une partie du prix, les créanciers hypothécaires inscrits, mais non produisants, viendraient prendre le reste du prix, en vertu de leur hypothèque, avant les créanciers chirographaires. Sont-ils même déchus d'une manière absolue du rang que l'inscription donne à leur hypothèque? Je répondrai encore négativement. Ainsi, entre deux créanciers hypothécaires non produisants, et par conséquent exclus de l'ordre, on devra conserver les rangs fixés par les inscriptions sur le surplus du prix qui n'aura pas été attribué dans l'ordre, et alors que tous les créanciers colloqués dans cet ordre auront été désintéressés.

Ainsi, la déchéance prononcée par l'art. 755 est donc l'exclusion de l'ordre contre les créanciers non produisants. Mais elle n'a d'effet qu'au profit des créanciers produisants. Pour la masse chirographaire, pour les autres créanciers hypothécaires non produisants, la déchéance d'un créancier qui n'a pas produit est *res inter alios acta;* donc ils ne peuvent s'en prévaloir, et, à l'égard du débiteur lui-même, le défaut de production du créancier à l'ordre n'est pas un mode d'extinction des obligations (art. 1234, C. civ.).

Le juge doit dresser l'état de collocation sur les pièces produites. Cet état est dressé dans les vingt-jours qui suivent l'expiration du délai pour produire. Ce délai de vingt jours n'est pas de rigueur. Il est des ordres, en effet, qui, par l'importance et la multiplicité des intérêts et des questions qu'ils soulèvent, peuvent exiger un travail considérable, et pour lequel le délai de vingt jours serait insuffisant. L'art. 757, par exemple, suppose des opérations et un rapport d'experts qui doivent nécessairement retarder le travail du juge-commissaire (Voy. art. 757).

Pour la confection de cet état de collocation, de ce règlement provisoire, le juge-commissaire aura souvent à examiner et à résoudre provisoirement les difficultés les plus graves du droit civil sur la validité des créances, des hypothèques et des inscriptions, la quotité des sommes dues, les années d'intérêts garanties par l'hypothèque, etc. Toutes ces questions n'appartiennent pas à la procédure et sont expliquées dans les cours de Code civil.

Mais plus les questions qu'un ordre peut soulever présentent de gravité, plus il importe qu'elles ne soient pas soumises à la décision d'un juge unique. Aussi le travail du juge-commissaire n'est-il qu'un règlement provisoire, que les créanciers colloqués auront le droit de contrôler. A cet effet, le poursuivant leur dénoncera, par acte d'avoué à avoué, la confection de ce règlement, en les sommant d'en prendre communication et d'y contredire, s'ils le jugent à propos.

La loi de 1858, innovant sur l'ancien Code de procédure, exige que la sommation soit adressée aux créanciers produisants et à la partie saisie dans le délai de dix jours, à partir de la confection du règlement provisoire. L'avoué du poursuivant devra donc se tenir au courant du travail du juge-commissaire, pour pouvoir faire faire ces sommations dans le délai prescrit par la loi. Sa négligence entraînerait contre lui la déchéance de la poursuite, aux termes et suivant les formes de l'art. 776.

La partie saisie est également sommée de prendre communication du règlement provisoire et de contredire, s'il y échet. Elle a, en effet, un grand intérêt à s'opposer à des collocations mal fondées ou dont le chiffre serait exagéré. Seulement il est possible que le saisi, qui n'a pas eu de production à faire, n'ait pas constitué d'avoué; la dénonciation et la sommation dont parle notre article lui seront alors signifiées à personne ou à domicile.

Les créanciers et la partie saisie doivent, en vertu de cette sommation, prendre communication du règlement provisoire et y contredire, s'il ne l'acceptent pas, dans le délai de *trente jours ;* expression qui a été substituée à celle d'un mois de l'ancien art. 755.

Ce délai de trente jours, dans lequel les créanciers produisants et la partie saisie formeront leurs contredits, à peine de forclusion (article 756), doit-il se calculer pour chaque créancier du jour de la sommation qui lui a été adressée? ou les créanciers pourront-ils tous contredire dans le mois qui suivra la dernière sommation? Il me paraîtrait bien rigoureux de n'accorder à chaque créancier que trente jours à partir de la sommation qu'il a reçue. En effet, la contestation d'un créancier ne peut-elle pas dépendre du parti que prendra un autre créancier dont le délai n'est pas encore expiré? Il s'agit d'ailleurs d'une forclusion; on doit donc entendre le délai de trente jours de la manière la plus large, et ne le faire courir que du jour de la dernière sommation (1). Les termes de la loi ne s'opposent pas, d'ailleurs, à cette interprétation.

** Le contredit fait par un créancier ne profite-t-il qu'à lui-même ou bien aussi aux autres créanciers, de telle sorte que le créancier colloqué provisoirement, dont l'inscription a été annulée sur le contredit d'un autre créancier, perdrait à l'égard de tous sa qualité de créancier hypothécaire et ne pourrait plus prétendre à aucune collocation? Cette question revient à se demander si l'ordre est divisible ou indivisible, question fort délicate et très controversée (2). **

Les contredits se forment par une déclaration inscrite par l'avoué sur le procès-verbal du juge-commissaire, à la suite du règlement provisoire. Chaque contredit doit spécifier l'objet de la réclamation du créancier qui le forme.

** Dans tous les cas, il semble hors de doute que le créancier colloqué dans

(1) Bordeaux, 4 février 1851, D. 52, 2, 275. — Caen, 8 décembre 1863, D. 64, 2, 137 et la note 1. — Cass. Rej., 14 juin 1875, D. 75, 1, 417. — Limoges, 28 février 1879, S. 80, 2, 265. — *Contra :* Poitiers, 11 juin 1850, D. 52, 2, 127.

(2) ** On trouvera une longue note sur cette question dans S. 80, 2, 265. **

le règlement provisoire d'un ordre, en butte aux contredits d'un autre créancier postérieurement colloqué, peut, sans être passible des délais et forclusions de l'article 756, contester lui-même la collocation de celui qui l'attaque (1). **

« **Art.** 756. Faute par les créanciers produisants et la partie saisie de prendre communication de l'état de collocation et de contredire dans ledit délai, ils demeurent forclos sans nouvelle sommation ni jugement; il n'est fait aucun dire, s'il n'y a contestation. »

Les créanciers et la partie saisie qui laissent passer, sans contredire le délai de trente jours dont nous venons de parler, sont forclos du droit de contester le règlement provisoire. Ils sont réputés acquiescer à ses dispositions. Cette forclusion doit être appliquée rigoureusement. Elle a pour but d'empêcher les lenteurs calculées que pourraient apporter certains créanciers à la distribution du prix de l'immeuble, au préjudice de leurs cocréanciers. Cette mesure a donc été admise dans l'intérêt général des créanciers (2).

Mais si un créancier, ayant élevé un contredit, vient à s'en désister, ce contredit peut être repris par un autre créancier, alors même qu'il n'aurait élevé lui-même aucune contestation (3).

L'ancien art. 756 ne prononçait pas la forclusion contre le saisi, et on doutait que la forclusion lui fût applicable. Aujourd'hui, la loi est formelle.

Les créanciers produisants qui n'auraient pas reçu cette dénonciation et cette sommation n'encourraient pas la forclusion, puisque le délai de trente jours, dont l'expiration entraîne la forclusion, n'aurait pas couru contre eux. Ils pourraient contester le règlement provisoire jusqu'à la clôture de l'ordre, et, si l'ordre était clos, ils auraient encore le droit de former opposition à l'ordonnance de clôture, dans les formes tracées par l'art. 767.

1028. « Art. 757. Lorsqu'il y a lieu à ventilation du prix de plusieurs immeubles vendus collectivement, le juge, sur la réquisition des parties ou d'office, par ordonnance inscrite sur le procès-verbal, nomme un ou trois experts, fixe le jour où il recevra leur serment et le délai dans lequel ils devront déposer leur rapport.

« Cette ordonnance est dénoncée aux experts par le poursuivant; la prestation de serment est mentionnée sur le procès-verbal d'ordre auquel est annexé le rapport des experts, qui ne peut être levé ni signifié.

« En établissant l'état de collocation provisoire, le juge prononce sur la ventilation. »

La ventilation est la répartition d'un prix unique entre les divers objets compris dans une vente collective. La ventilation peut être nécessaire pour la distribution du prix par voie d'ordre entre les créanciers hypothécaires. Ainsi, un domaine se composait d'un château, d'une ferme et d'un bois qui ont été saisis et adjugés pour un prix unique. Mais il y a des créanciers qui ont des hypothèques sur le château seulement, d'autres sur le bois, d'autres enfin sur la ferme. Il est impossible de faire un ordre unique entre des créanciers qui n'ont pas le même gage hypothécaire. Il faudra donc faire la ventilation du prix et le répartir entre le château, le bois et la ferme. Il sera fait alors trois

(1) ** Cass. civ., 28 août 1878, S. 78, 1, 156. **

(2) Voy. Req. Rej., 7 mars 1870, D. 72, 1, 27.

(3) Voy. Rej., 26 juin 1854, D. 54, 1, 228. — Metz, 11 juillet 1867, D. 67, 2, 133.

ordres distincts; et quand même le juge-commissaire ne ferait qu'un seul règlement provisoire, il y aura toujours trois séries de créanciers, entre lesquels seront distribuées séparément les trois parties du prix unique, divisé par la ventilation.

Cette ventilation peut être demandée par les créanciers, ou être ordonnée d'office par le juge-commissaire. Dans l'un et l'autre cas, ce juge nomme un ou trois experts, suivant l'importance des biens, pour estimer les différents immeubles compris dans la même vente, et donner leur avis sur la répartition du prix entre ces divers immeubles. L'ordonnance qui les nomme, fixe le délai dans lequel ils devront déposer leur rapport.

On suivra, pour les opérations et les formes de l'expertise, les règles tracées au titre *Des Rapports d'experts* (art. 302 et s.), sauf les dispositions de l'art. 321, que notre art. 757 déclare inapplicables ici : *le rapport ne peut être levé ni signifié.*

Si le règlement provisoire avait été fait sans qu'il eût été procédé à une ventilation, je crois qu'un ou plusieurs des créanciers pourraient encore la demander par voie de contredit, et que le tribunal, en statuant sur les contestations soulevées par le règlement provisoire, pourrait ordonner la ventilation du prix.

1029. « Art. 759. S'il ne s'élève aucune contestation, le juge est tenu, dans les quinze jours qui suivent l'expiration du délai pour prendre communication et contredire, de faire la clôture de l'ordre ; il liquide les frais de radiation et de poursuite d'ordre qui sont colloqués par préférence à toute autre créance ; il liquide, en outre, les frais de chaque créancier colloqué en rang utile, et ordonne la délivrance des bordereaux de collocation aux créanciers utilement colloqués, et la radiation des inscriptions de ceux non utilement colloqués. Il est fait distraction en faveur de l'adjudicataire, sur le montant de chaque bordereau, des frais de radiation de l'inscription. »

Si le règlement provisoire n'est pas attaqué dans le délai fixé par l'art. 755, le juge-commissaire clôt l'ordre dans les quinze jours qui suivent. Ce délai n'est pas de rigueur. En général, les délais imposés au juge-commissaire n'ont pour sanction que l'obligation qui lui est imposée par l'art. 749 de rendre compte au premier président et au procureur général de l'état des ordres dont le règlement lui est confié.

Le règlement provisoire devient définitif, et les sommes qui n'avaient été comprises que pour mémoire dans le règlement provisoire sont liquidées par le juge-commissaire. Il fixe le chiffre des intérêts afférents à chaque collocation. Il liquide les frais dus à l'acquéreur, aux termes de l'art. 774, ainsi que les frais de poursuite d'ordre. Ces différents frais sont privilégiés. Enfin, il ordonne la délivrance des bordereaux ou mandements de collocation aux créanciers utilement colloqués, et la radiation des inscriptions de ceux qui ne viennent pas en ordre utile.

Quant aux frais de la radiation des inscriptions, l'art. 759 porte, dans sa première phrase, qu'ils *seront colloqués par préférence à toute autre créance*, et dans la dernière phrase, *qu'il sera fait distraction en faveur de l'adjudicataire, sur le montant de chaque bordereau, des frais de radiation de l'inscription.* Ces deux dispositions de notre article ne concernent pas les mêmes inscriptions. A l'égard des frais de radiation de l'inscription, relative à une créance utilement colloquée, l'adjudicataire les retiendra sur le montant du bordereau. Mais les frais de radiation des inscriptions, relatives à des créanciers qui ne viennent pas en ordre utile, figureront dans l'ordre comme une créance de frais privilégiés au profit de l'acquéreur.

1030. 2° *De la procédure relative aux contestations soulevées par le règlement provisoire, et des suites du jugement qui statue sur ces contestations* (art. 758 à 771).

« Art. 758. Tout contestant doit motiver son dire, et produire toutes pièces à l'appui; le juge renvoie les contestants à l'audience qu'il désigne, et commet en même temps l'avoué chargé de suivre l'audience.

« Néanmoins, il arrête l'ordre et ordonne la délivrance des bordereaux de collocation pour les créances antérieures à celles contestées; il peut même arrêter l'ordre pour les créances postérieures, en réservant somme suffisante pour désintéresser les créanciers contestés.

Le travail du juge-commissaire n'est que provisoire. Il peut être l'objet de critiques, de contestations, qui se manifestent par les contredits dont j'ai parlé sur l'art. 755. Les contestations sont soulevées par un créancier qui se plaint de n'avoir pas été colloqué, de ne l'avoir été que pour une somme inférieure à celle qui lui est due, ou de n'être pas placé au rang qui lui appartient.

Le débiteur a aussi le droit de critiquer le règlement provisoire. Un créancier, par exemple, a pu être colloqué à tort ou pour une somme supérieure à celle qui lui est due; mais sa collocation est la dernière. Les créanciers, qui le précèdent dans l'ordre, n'ont aucun intérêt à contester cette collocation mal fondée, puisqu'elle ne leur nuit pas, et il n'y a aucun créancier hypothécaire postérieur pour la faire rejeter. Mais le débiteur est intéressé à faire disparaître ou réduire cette collocation. Les créanciers chirographaires pourraient également attaquer ce règlement provisoire, afin de faire attribuer à la masse chirographaire le montant de la dernière collocation (1).

Les contestations se forment par un dire, c'est-à-dire par une déclaration écrite sur le procès-verbal d'ordre et signée par l'avoué du contestant. Le nouvel art. 758 exige que ce dire soit motivé, et que le contestant produise les pièces à l'appui de sa contestation. Toutefois le défaut des motifs ou de production des pièces n'entraînerait pas la nullité du contredit (2).

Pour éviter des lenteurs et des frais, le juge-commissaire, qui ne peut statuer sur les contestations, renvoie les contestants et les contestés à une audience qu'il désigne, et il commet un des avoués des contestants pour suivre l'audience.

Néanmoins il arrête l'ordre... Nous avons déjà admis, en matière de contribution (n° 901), que le juge-commissaire avait le droit de faire un règlement définitif partiel, au profit des créanciers désintéressés dans les contestations soulevées par un règlement provisoire. En matière d'ordre, la loi est formelle : *Le juge-commissaire arrêtera l'ordre pour les créances antérieures à celles contestées..* Il n'y a aucune raison, en effet, pour retarder le paiement de ce qui est dû au

(1) Bordeaux, 13 août 1872, D. 73, 2, 209.
(2) Besançon, 7 février 1863, D. 63, 2, 130.

contestation sur le rang de leurs créances respectives. Les créanciers désintéressés dans les contestations reçoivent donc leurs bordereaux de collocation dès à présent et avant le jugement des contestations qui ne les concernent pas. La loi nouvelle va plus loin ; elle permet au juge-commissaire de comprendre, dans le règlement définitif partiel, même des créanciers postérieurs aux créanciers contestés, en réservant somme suffisante pour désintéresser ces derniers créanciers.

Mais il semble résulter de la discussion de la loi que, dans tous les cas, soit à l'égard des créanciers antérieurs, soit à l'égard des créanciers postérieurs aux créances contestées, le règlement définitif partiel n'est toujours que facultatif de la part du juge-commissaire. Il pourrait refuser d'y procéder, s'il pensait qu'un tel règlement pût présenter quelque inconvénient.

1031. « Art. 760. Les créanciers postérieurs en ordre d'hypothèque aux collocations contestées sont tenus, dans la huitaine après les trente jours accordés pour contredire, de s'entendre entre eux sur le choix d'un avoué; sinon, ils sont représentés par l'avoué du dernier créancier colloqué. L'avoué poursuivant ne peut, en cette qualité, être appelé dans la contestation. »

Quelles personnes seront appelées à l'audience sur les contestations soulevées par le règlement provisoire? D'abord les créanciers contestants, et ceux dont la créance, le chiffre ou le rang sont contestés, figurent nécessairement dans l'instance. De plus, d'après notre art. 760, tous les créanciers, postérieurs en ordre d'hypothèque aux collocations contestées, seront représentés, par un avoué unique. Ils peuvent être intéressés dans les contestations, puisque le maintien ou la suppression d'une des créances contestées avance ou recule leur ordre de collation. S'ils ne s'accordent pas sur le choix d'un avoué commun, dans le délai fixé par l'art. 760, la loi leur donne pour représentant l'avoué du dernier créancier colloqué. Ce créancier est, en effet, le plus intéressé à faire disparaître ou diminuer les collocations qui le priment.

On comprend pourquoi un seul créancier représentera tous les créanciers postérieurs en ordre d'hypothèque aux collocations contestées. Le législateur n'a pas voulu permettre qu'on augmentât inutilement les frais en appelant à l'audience tous les créanciers qui ont figuré dans l'ordre, sous prétexte qu'ils peuvent être intéressés plus ou moins directement dans les contestations. D'ailleurs, le créancier, qui ne trouverait pas ses intérêts suffisamment protégés par la présence de l'avoué du dernier créancier colloqué, aurait le droit de se faire représenter individuellement, mais à ses frais.

Quant au saisi, au débiteur, il ne sera appelé que s'il est contestant.

L'avoué poursuivant ne pourra en cette qualité être appelé dans la contestation. Celui qui a poursuivi l'ordre n'est pas toujours intéressé dans les contestations soulevées par le règlement provisoire. Il ne sera appelé à l'audience que s'il est intéressé. Mais l'avoué, qui n'est pas appelé en sa qualité d'avoué poursuivant, peut figurer dans l'instance, comme avoué du dernier créancier colloqué (1), ou comme avoué choisi par les créanciers postérieurs en ordre d'hypothèque aux collocations contestées.

(1) Dans une poursuite d'ordre, un avoué peut représenter plusieurs créanciers : il

« Art. 761. L'audience est poursuivie, à la diligence de l'avoué commis, sur un simple acte contenant avenir pour l'audience fixée conformément à l'art. 758. L'affaire est jugée comme sommaire sans autre procédure que des conclusions motivées de la part des contestés, et le jugement contient liquidation des frais. S'il est produit de nouvelles pièces, toute partie contestante ou contestée est tenue de les remettre au greffe trois jours au moins avant cette audience ; il en est fait mention sur le procès-verbal. Le tribunal statue sur les pièces produites : néanmoins il peut, mais seulement pour causes graves et dûment justifiées, accorder un délai pour en produire d'autres ; le jugement qui prononce la remise fixe le jour de l'audience : il n'est ni levé ni signifié. La disposition du jugement qui accorde ou refuse un délai n'est susceptible d'aucun recours. »

Toutes les dispositions de cet article ont pour but la célérité. Ce n'est plus, comme autrefois, l'avoué le plus diligent qui poursuit l'audience : c'est l'avoué commis par le juge-commissaire, conformément à l'art. 758. D'ailleurs le jour de l'audience a été également fixé par le juge-commissaire (art. 758).

L'affaire est jugée comme sommaire. Le contestant ne signifie aucune écriture; ses moyens sont énoncés dans son dire de contestation, dont les avoués sommés prendront communication au greffe sur le procès-verbal même. Quant aux contestés, ils signifieront seulement des *conclusions motivées* (1).

Le jugement contient liquidation des frais. C'est une règle générale relative aux frais des affaires sommaires (art. 1er du décret du 16 février 1807, sur la liquidation des dépens).

Le tribunal n'accorde de délai pour produire des pièces nouvelles que pour causes graves et dûment justifiées. On a voulu proscrire les abus de remises nombreuses et successives qui prolongeaient l'instance sous prétexte de production de nouvelles pièces.

Dans tous les cas, le jugement qui accorde une remise fixe le jour de l'audience; il n'est ni levé, ni signifié, ni susceptible d'aucun recours.

« Art. 762. Les jugements sur les incidents et sur le fond sont rendus sur le rapport du juge et sur les conclusions du ministère public.

« Le jugement sur le fond est signifié dans les trente jours de sa date à avoué seulement, et n'est pas susceptible d'opposition. La signification à avoué fait courir le délai d'appel contre toutes les parties à l'égard les unes des autres.

« L'appel est interjeté dans les dix jours de la signification du jugement à avoué, outre un jour par cinq myriamètres de distance entre le siège du tribunal et le domicile réel du saisi, s'il n'a pas d'avoué. Il contient assignation et l'énonciation des griefs, à peine de nullité.

« L'appel n'est recevable que si la somme contestée excède celle de quinze cents francs, quel que soit d'ailleurs le montant des créances des contestants et des sommes à distribuer. »

En matière d'ordre, les jugements, tant sur les incidents que sur le fond, sont rendus sur le rapport du juge-commissaire. Il a été dit, dans le rapport de la commission du Corps législatif, que le juge, fût-il juge suppléant, concourrait toujours au jugement, alors même que le tribunal serait complet sans

faut que les créanciers, quelque nombreux qu'ils soient, puissent tous produire à l'ordre, et chaque production doit être signée d'un avoué (art. 754).

(1) Cass., 13 janvier 1874, D. 74, 1, 438.

lui. ** Il est généralement admis que l'absence du rapport du juge commissaire est une cause de nullité, mais que cette cause de nullité n'intéresse pas l'ordre public et ne peut dès lors être proposée pour la première fois en cassation (1). **

Le ministère public devra donner ses conclusions dans les jugements en matière d'ordre.

Quant au jugement sur le fond des contestations relatives au règlement provisoire, la loi déclare qu'il ne peut être attaqué par la voie de l'opposition ; mais elle laisse ouverte la voie de l'appel.

L'opposition est supprimée par un motif de célérité ; d'ailleurs les jugements sur les contredits sont toujours réputés contradictoires; la production du créancier contesté et le dire du contestant contiennent les conclusions des parties.

Pour l'appel, les délais ordinaires sont ici singulièrement abrégés. Le jugement doit être signifié dans les trente jours de sa date, tandis qu'ordinairement aucun délai n'est fixé pour la signification. Il n'est signifié qu'à avoué, tandis qu'ordinairement, c'est, au contraire, la signification à partie qui seule fait courir le délai d'appel (art. 443, C. pr.). La signification à l'avoué ne peut être remplacée par la signification à la partie (2).

Enfin le délai d'appel est réduit de deux mois (art. 443) à dix jours, qui partent de la signification à avoué, outre le délai de distance d'un jour par cinq myriamètres ; l'ancien art. 762 donnait un jour par trois myriamètres. Ce délai de dix jours court aussi bien contre le saisi que contre les créanciers (3). Il faut appliquer à ce délai la sanction de l'art. 444, C. pr. Ce délai emportera déchéance, et courra même contre les mineurs (4). Mais le délai de trente jours, dans lequel le jugement doit être signifié, ne paraît pas prescrit à peine de nullité.

Les créanciers, d'ailleurs, n'ont pas besoin de se signifier réciproquement le jugement pour faire courir le délai d'appel les uns contre les autres. Il suffit que l'avoué de l'un des créanciers, le plus diligent, ait signifié le jugement aux avoués des autres pour que le délai de dix jours coure contre toutes les parties dont les avoués ont reçu cette signification, et même contre celui à la requête duquel la signification a été faite.

Le troisième alinéa indique à qui doit être adressé l'acte d'appel qui contient assignation et l'*énonciation de griefs à peine de nullité*. On entend, par *griefs*, le tort que cause à l'appelant le jugement qu'il attaque, et les motifs qui justifient son appel. On avait douté, avant le Code de 1806, que les griefs dussent être énoncés, à peine de nullité ; la jurisprudence, faute d'un texte qui le prononçât, avait admis la négative. Notre article tranche la question dans un autre sens et prononce expressément la nullité (5).

On discutait beaucoup autrefois sur la question de savoir dans quels cas

(1) ** Cass. Req., 21 mars 1881, S. 82, 1, 25. **

(2) Besançon, 25 novembre 1861, D. 62, 2, 1865. — Nancy, 21 février 1863, D. 63, 2, 149. — Agen, 20 novembre 1863, D. 63, 2, 190. — Dijon, 8 août 1864, D. 64, 2, 539. — Lyon, 6 janvier 1869, D. 69, 2, 50. — Cass., 26 février 1873, D. 73, 1, 55. — Dijon, 12 février 1874, D. 75, 2, 104.

(3) Civ. Rej., 18 novembre 1873, D. 74, 1, 75, et les autorités citées à la note 1.

(4) Jugé qu'en matière d'ordre la signification à l'avoué des tuteurs suffit pour faire courir le délai d'appel contre le mineur, sans qu'il soit nécessaire de signifier le jugement au subrogé tuteur. — Limoges, 18 janvier 1863, D. 63, 2, 92.

(5) Bordeaux, 18 avril 1866, D. 66, 2, 200.

l'appel était recevable contre le jugement qui statuait sur les contestations en matière d'ordre. Les uns s'attachaient au chiffre de la créance contestée, d'autres à celui de la somme à distribuer, en se plaçant toujours dans l'application de l'art. 1er de la loi du 11 avril 1838, qui fixe à 1,500 francs le taux de la compétence en dernier ressort. Notre article tranche cette question dans son quatrième alinéa. On s'attachera désormais au chiffre de la somme contestée. Dépasse-t-il 1,500 francs? le jugement est susceptible d'appel. Au contraire, le jugement est en dernier ressort si la somme contestée est inférieure à 1,500 francs. Il n'y a donc à se préoccuper ni du montant de la créance des contestants, ni de la somme à distribuer, mais uniquement du chiffre de la somme contestée (1). Le rapporteur de la commission du Corps législatif en donnait l'exemple suivant : « On prétend qu'une créance de 1,500 francs doit être réduite à 1,000 francs; la somme contestée est de 500 francs. »

L'appel peut être interjeté par tous ceux qui ont été parties dans le jugement (2).

« Art. 763. L'avoué du créancier dernier colloqué peut être intimé, s'il y a lieu. »

« L'audience est poursuivie et l'affaire instruite conformément à l'art. 761, sans autre procédure que des conclusions motivées de la part des intimés. »

Quelles personnes doivent être intimées sur l'appel du jugement relatif aux contredits soulevés par le règlement provisoire d'ordre? D'abord, l'appelant intimera les parties qui ont combattu ses prétentions devant les premiers juges. Quant au saisi, il sera intimé s'il a figuré en première instance, et il n'a dû être appelé que s'il était contestant (art. 760) (3).

(1) Et s'il y a plusieurs cohéritiers, on ne s'attachera qu'au chiffre de la part de chaque cohéritier. — Caen, 20 décembre 1867, D. 67, 2, 175. — Pau, 25 novembre 1872, D. 73, 2, 168. ** Est en dernier ressort et, dès lors, non susceptible d'appel, le jugement rendu en matière d'ordre, sur une contestation relative à la collocation de trois créances distinctes, encore bien que ces créances, dans lesquelles un tiers avait été subrogé, s'élèvent ensemble à plus de 1,500 francs, si lors du règlement provisoire le tiers subrogé ne s'est pas lui-même prévalu de cette subrogation pour demander à être colloqué en son propre nom pour les trois créances réunies, et alors, d'ailleurs, que chacune de ces créances, qui ont fait l'objet de demandes en production et de collocation séparées, est inférieure au taux du dernier ressort. Cass. 9 mars 1840, S. 40, 1, 328; Cass. civ., 7 avril 1880, S. 80, 1, 220. — Toutefois, la limite du dernier ressort en matière d'ordre se fixe par la somme à distribuer, quand la contestation porte non sur la créance elle-même, mais sur son rang de collocation. Lyon, 11 août 1881, S. 83, 2, 137. **

(2) ** L'art. 762 contenant des dérogations au droit commun, la jurisprudence l'interprète d'une manière tout à fait restrictive. Ainsi elle décide que l'appel d'un jugement réglant la distribution d'un prix d'immeubles, au cas où il y a moins de quatre créanciers inscrits, doit être signifié à personne ou à domicile, selon la règle du droit commun. Pau, 5 mai 1879, S. 81, 2, 128. De même, on accorde deux mois pour interjeter appel s'il existe dans l'ordre moins de quatre créanciers. De même encore, il a été jugé que l'art. 762 ne s'applique qu'entre personnes appelées à prendre part à l'ordre; par suite, l'appel d'un jugement rendu sur une demande introduite par voie d'action principale par un tiers contre un des créanciers partie dans l'ordre, est soumis au délai ordinaire de deux mois, bien que cette demande puisse avoir de l'influence sur le règlement. Rennes, 2 janvier 1880. S. 82, 2, 190. **

(3) *Contrà :* Dijon, 27 mai 1862, D. 62, 2, 165.

Notre article, dont le premier alinéa est la reproduction de l'ancien art. 764, porte que *l'avoué du créancier dernier colloqué sera intimé, s'il y a lieu.* Les auteurs et les tribunaux ont donné plusieurs interprétations de ces termes : *s'il y a lieu* (1). Il faut, je crois, s'attacher à la question de savoir si le créancier dernier colloqué a intérêt au débat que soulève l'appel; son avoué sera intimé, s'il est intéressé dans la contestation (2) : « par exemple, » a dit le rapporteur de la commission du Corps législatif, « si les contredits ne portent « pas seulement sur le rang des premiers créanciers, mais sur l'existence ou « sur la quotité de leurs créances. » Mais à quoi bon mettre en cause *Tertius*, s'il ne s'agit, par exemple, que de régler les rangs respectifs de Paul et de Pierre? L'ordre des deux premières créances est complètement indifférent à *Tertius*, qui se verra toujours primé par Paul et Pierre, pour des sommes dont le chiffre n'est pas contesté.

L'audience est poursuivie et l'affaire instruite conformément à l'article 761. Ce renvoi a pour objet de faire instruire l'affaire comme sommaire.

Sans autre procédure que les conclusions motivées de la part des intimés. Quant à l'appelant, ses conclusions, ses griefs sont contenus dans l'appel, à peine de nullité (art. 762).

« Art. 764. La cour statue sur les conclusions du ministère public. L'arrêt contient liquidation des frais ; il est signifié dans les quinze jours de sa date à avoué seulement et n'est pas susceptible d'opposition. La signification à avoué fait courir les délais du pourvoi en cassation. »

Les plaidoiries ne seront pas, comme en première instance, précédées du rapport d'un juge (3). Mais la loi nouvelle exige la communication au ministère public. *L'arrêt contient liquidation des frais;* c'est une règle établie en matière sommaire (art. 1er, décret du 1er février 1807).

Les autres dispositions de notre article, dans un but de célérité, exigent la signification de l'arrêt dans les quinze jours de sa date, et seulement à avoué, suppriment la voie d'opposition, si l'arrêt est par défaut, et font courir les délais du pourvoi en cassation, contre toutes parties, à partir de la signification à avoué, soit de l'arrêt, soit du jugement en dernier ressort (4).

1032. « Art. 765. Dans les huit jours qui suivent l'expiration du délai d'appel, et en cas d'appel, dans les huit jours de la signification de l'arrêt, le juge arrête définitivement l'ordre des créances contestées et des créances postérieures conformément à l'art. 759.

« Les intérêts et arrérages des créanciers utilement colloqués cessent à l'égard de la partie saisie. »

La loi fixe au juge un délai de huit jours pour arrêter l'ordre définitivement, en se conformant au jugement ou à l'arrêt sur la contestation. Si le jugement n'a pas été frappé d'appel, les huit jours courent de l'expiration du

(1) Ainsi, on a jugé que l'appelant avait la faculté de l'intimer ou non. Cour d'Orléans, 25 juin 1851, D. 52, 2, 32.

(2) Nîmes, 19 avril 1852, D. 55, 2, 270.

(3) Cass. Req., 21 mars 1881, S. 82, 1, 25.

(4) Cass., 31 mars 1862, D. 62, 1, 218.

délai d'appel; s'il a été frappé d'appel, les huit jours courent de la signification de l'arrêt.

Seulement la loi n'indique pas comment le juge-commissaire connaîtra le fait de l'appel ni celui de la signification de l'arrêt. « Votre commission, » disait le rapporteur au Corps législatif, « voulait charger le greffier de la cour « de transmettre sur-le-champ, au juge, copie sans frais du dispositif. Le « conseil d'État a rejeté l'amendement, réservant sans doute cette prescription « au pouvoir réglementaire, ainsi que l'obligation, pour l'avoué près la cour, « d'avertir le juge de la signification. » Mais la circulaire ministérielle de mai 1859 est restée muette sur ce point. Ce sera sans doute par l'avoué poursuivant que le juge-commissaire devra être averti des frais qui font courir un délai pendant lequel un devoir lui est imposé par la loi.

Quoi qu'il en soit, dans ce délai de huitaine, le juge arrêtera définitivement l'ordre, en se conformant aux décisions de la justice. Si les réclamations contre le règlement provisoire ont toutes été écartées, le règlement provisoire deviendra définitif. Si une ou quelques-unes ont été admises, le juge modifiera en conséquence son règlement provisoire.

Le juge arrête définitivement l'ordre des créances contestées et des créances postérieures. Quant aux créances antérieures à celles contestées, il a pu être fait déjà un règlement définitif partiel (art. 758, 2e alinéa). *Les intérêts et arrérages des créanciers utilement colloqués cessent à l'égard de la partie saisie.* Ces derniers mots, *à l'égard de la partie saisie*, ont été ajoutés, par la loi nouvelle, à la phrase correspondante dans l'ancien article 767. Ils confirment l'interprétation que nous avons déjà donnée sur cet ancien article; en d'autres termes, à l'égard de l'adjudicataire, les intérêts du montant des collocations sont dus, comme intérêts de son prix, jusqu'à ce qu'il ait payé ou consigné.

De ce que les intérêts courent jusqu'à la clôture de l'ordre, il résulte que plus les contestations se sont prolongées, plus la somme des intérêts s'est élevée au détriment du créancier, sur qui les fonds doivent manquer, et au détriment du débiteur, qui payera d'autant moins d'intérêts que l'ordre finira plus tôt. Aussi l'art. 768 condamne-t-il ceux qui ont élevé ou soutenu à tort ces contestations à réparer le dommage causé par leur chicane.

« Art. 768. Le créancier sur lequel les fonds manquent et la partie saisie ont leur recours contre ceux qui ont succombé, pour les intérêts et arrérages qui ont couru pendant les contestations. »

Si les contestations n'avaient pas eu lieu, ces intérêts n'auraient pas couru. Il est donc juste qu'ils soient supportés par celui qui a succombé (Voy. l'explication de l'art. 767, dernier alinéa).

Mais l'adjudicataire ne doit-il pas les intérêts de son prix jusqu'au payement? En conséquence, si les intérêts des créances inscrites s'augmentent pendant la durée des contestations, les intérêts du prix dû par l'adjudicataire s'augmenteront également. Où sera donc le préjudice pour le créancier sur qui les fonds manquent ou pour la partie saisie?

On peut supposer que, dans une vente amiable, l'acheteur doit le prix sans intérêt, ou qu'il doit des intérêts inférieurs à 5 p. 100; ou bien que les créances colloquées ou quelques-unes d'entre elles, étant commerciales, produisent

6 p. 100, tandis que le prix de la vente ne produit que 5; ou bien encore que l'adjudicataire a consigné son prix à la Caisse des dépôts et consignations qui ne paye qu'un intérêt inférieur à 5 p. 100, et qui, même pendant un certain temps, ne paye pas d'intérêts. Dans toutes ces hypothèses, le créancier sur qui les fonds manquent ou la partie saisie, pour se faire indemniser des dommages causés par ses différences d'intérêts, recourront contre ceux qui auront succombé dans les contestations.

1033. « Art. 766. Les dépens des contestations ne peuvent être pris sur les deniers provenant de l'adjudication.

« Toutefois, le créancier dont la collocation rejetée d'office, malgré une production suffisante, a été admise par le tribunal sans être contestée par aucun créancier, peut employer ses dépens sur le prix au rang de sa créance.

« Les frais de l'avoué, qui a représenté les créanciers postérieurs en ordre d'hypothèque aux collocations contestées, peuvent être prélevés sur ce qui reste de deniers à distribuer, déduction faite de ceux qui ont été employés à payer les créanciers antérieurs. Le jugement qui autorise l'emploi des frais prononce la subrogation au profit du créancier sur lequel les fonds manquent ou de la partie saisie. L'exécutoire énoncera cette disposition et indiquera la partie qui doit en profiter.

« Le contestant ou le contesté qui a mis de la négligence dans la production des pièces peut être condamné aux dépens, même en obtenant gain de cause.

« Lorsqu'un créancier, condamné aux dépens des contestations, a été colloqué en rang utile, les frais mis à sa charge sont, par une disposition spéciale du règlement d'ordre, prélevés sur le montant de sa collocation au profit de la partie qui a obtenu la condamnation. »

L'ancien art. 746 condamnait aux dépens, sans répétition, les créanciers qui succombaient en appel. Par un argument *a contrario*, la pratique avait admis que les frais faits en première instance peuvent être supportés par la masse, c'est-à-dire diminuer la somme à distribuer. Le premier alinéa de notre article proscrit cet usage. Qui payera donc les frais? Le contestant ou le contesté qui succombe (art. 130, C. pr.).

Mais un créancier, qui avait fait une production suffisante, a vu sa demande rejetée à tort par le juge-commissaire. Il réclame, et sa prétention est admise par le tribunal, sans qu'aucun créancier ait contesté cette réclamation. Qui payera les frais? Personne ne succombe. Notre deuxième alinéa, dans cette hypothèse, permet à ce créancier, qui fait réformer à son profit le règlement provisoire, de prendre ses frais sur la masse au même rang que sa créance. Encore faut-il que le créancier même qui triomphe n'ait pas été négligent dans la production de ses pièces; autrement, même en obtenant gain de cause, un créancier contestant ou contesté paye la peine de sa négligence en supportant les dépens (4e alinéa).

D'autre part, l'avoué, qui, aux termes de l'art. 760, a représenté collectivement les créanciers postérieurs aux contestants (c'est cet avoué que désigne assez inexactement l'art. 766), ayant représenté un intérêt commun, sera colloqué par préférence pour ses frais. Il prendra, avant toute autre créance, le montant de ses frais, qui s'élèvent, je le suppose, à 1,000 fr. La somme à distribuer est donc diminuée d'autant. La perte de ces 1,000 fr. retomberait sur le créancier sur qui les fonds manquent, ou, si tous sont payés, sur le débiteur. Mais le jugement, qui autorise l'emploi des frais, contiendra une subrogation au profit du créancier sur qui les fonds manquent, ou au profit de la partie saisie contre celui qui a succombé dans la contestation.

L'*exécutoire énoncera*. Le mot *exécutoire* (Voy. n° 284) n'est plus exact dans la loi nouvelle, qui déclare (art. 761) que le jugement contient liquidation des frais. Il n'y donc plus besoin d'exécutoire pour les faire liquider.

Enfin, pour faciliter l'exécution des condamnations aux dépens en matière d'ordre, ces dépens seront prélevés par la partie qui a obtenu la condamnation sur le montant de la collocation du créancier condamné, s'il est colloqué en rang utile (dernier alinéa).

1034. « Art. 767. Dans les trois jours de l'ordonnance de clôture, l'avoué poursuivant la dénonce par un simple acte d'avoué à avoué.

« En cas d'opposition à cette ordonnance par un créancier, par l'adjudicataire ou la partie saisie, cette opposition est formée, à peine de nullité, dans la huitaine de la dénonciation, et portée dans la huitaine suivante à l'audience du tribunal, même en vacation, par un simple acte d'avoué contenant moyens et conclusions ; et, à l'égard de la partie saisie n'ayant pas d'avoué en cause, par exploit d'ajournement à huit jours. La cause est instruite et jugée conformément aux art. 761, 762 et 764, même en ce qui concerne l'appel du jugement. »

Si le juge-commissaire a clos l'ordre, avant le délai fixé pour les contredits, s'il n'a pas modifié le règlement provisoire conformément au jugement ou à l'arrêt rendu sur les contredits; en un mot, s'il a violé la loi, il faut que les parties puissent recourir contre sa décision. Malgré le silence du Code de procédure de 1806, on reconnaissait généralement que l'ordonnance de clôture n'était pas souveraine.

Mais par quelle voie devait-on l'attaquer? Dans une première opinion, on considérait le juge-commissaire comme le délégué du tribunal, et on assimilait ses décisions à un jugement rendu par le tribunal tout entier; on décidait, en conséquence, que c'était par la voie de l'appel que les parties devaient attaquer le règlement définitif.

D'autres admettaient que c'était par action principale devant le tribunal d'arrondissement que les intéressés devaient attaquer le règlement définitif, que le jugement rendu par ce tribunal pouvait être lui-même frappé d'appel, mais que le juge-commissaire ne devait pas être regardé comme un premier degré de juridiction.

La jurisprudence était fort divisée sur cette question. La voie de l'appel, d'abord admise même par la Cour de cassation, avait été abandonnée; et un arrêt de rejet du 14 janvier 1850, ainsi qu'un arrêt de cassation du 13 août 1856, avaient fait prévaloir la voie de l'opposition à l'ordonnance de clôture. Cette opposition était portée devant le tribunal civil d'arrondissement.

Cette dernière jurisprudence a été convertie en loi par notre art. 767. Les parties intéressées recevront la dénonciation de l'ordonnance de clôture, par acte d'avoué à avoué, dans les trois jours de cette ordonnance. C'est l'avoué poursuivant qui est chargé de faire cette dénonciation ; mais la loi ne dit pas comment il connaîtra cette ordonnance, qu'il doit dénoncer dans les trois jours

Le créancier, l'adjudicataire, le saisi, formeront leur opposition dans la huitaine de la dénonciation, à peine de nullité. L'opposition sera faite au greffe, par un dire consigné sur le procès-verbal (Circul. minist, du 2 mai 1859).

Notre art. 767 indique comment l'affaire sera portée à l'audience, et décide qu'elle sera instruite et jugée conformément aux art. 761, 762 et 764.

L'opposition à l'ordonnance recule la clôture de l'ordre. En conséquence, les intérêts et arrérages des créances utilement colloquées continuent de courir contre la partie saisie (art. 765), sauf le recours prévu par l'art. 768.

« Art. 769. Dans les dix jours, à partir de celui où l'ordonnance de clôture ne peut plus être attaquée, le greffier délivre un extrait de l'ordonnance du juge pour être déposé par l'avoué poursuivant au bureau des hypothèques. Le conservateur, sur la présentation de cet extrait, fait la radiation des inscriptions des créanciers non colloqués. »

Pour la radiation des inscriptions qui grèvent l'immeuble, radiation qui est la conséquence de la purge et de l'ordre, la loi distingue les créanciers non colloqués et les créanciers colloqués dans l'ordre. L'art. 769 s'occupe des premiers.

Dans les dix jours à partir de celui où l'ordonnance ne peut plus être attaquée. Quelques auteurs pensent que la loi ne prévoit par ces mots que le cas où il n'y a eu aucune opposition contre l'ordonnance de clôture. Mais alors la loi serait muette sur les poursuites de l'opposition. Je crois que ces mots doivent être interprétés dans un sens plus large. Quand l'ordonnance de clôture est devenue inattaquable, soit qu'il n'y ait pas eu d'opposition dans les trois jours, soit que le jugement sur l'opposition ait été rendu et qu'il n'y ait pas eu d'appel, soit que l'appel ait été suivi d'un arrêt, la loi veut qu'il soit procédé immédiatement à la radiation des inscriptions des créanciers non colloqués. Ils n'ont rien à recevoir sur le prix de l'immeuble ; leur inscription est donc inutile.

A cet effet, le greffier délivre à l'avoué poursuivant un extrait de l'ordonnance du juge; sur la présentation de cet extrait, déposé par l'avoué au bureau des hypothèques, le conservateur opère la radiation des inscriptions des créanciers non colloqués.

Un amendement, ayant pour but de fixer au conservateur un délai pour faire cette radiation, n'a pas été admis. Il doit néanmoins y procéder dans le plus bref délai.

« Art. 770. Dans le même délai, le greffier délivre à chaque créancier colloqué un bordereau de collocation exécutoire contre l'adjudicataire ou contre la Caisse des consignations.

« Le bordereau des frais de l'avoué poursuivant ne peut être délivré que sur la remise des certificats de radiation des inscriptions des créanciers non colloqués. Ces certificats demeurent annexés au procès-verbal. »

Quant aux créanciers colloqués dans l'ordre, ils recevront du greffier un bordereau de collocation, un extrait du règlement définitif, exécutoire contre l'adjudicataire, si le prix est encore entre ses mains, et contre la Caisse des consignations, si l'acheteur a déposé son prix. Les bordereaux n'ont pas besoin d'être signifiés. Un amendement, qui avait pour but la signification des bordereaux, a été rejeté sur le motif que l'adjudicataire, qui connaît l'ordre, doit être prêt à payer.

Parmi les créanciers qui obtiennent des bordereaux de collocation, figure l'avoué poursuivant pour ses frais. Mais la loi, pour assurer la radiation immédiate des inscriptions des créanciers non colloqués, ne permet de délivrer à l'avoué poursuivant le bordereau de ses frais que sur la remise de certificats constatant cette radiation.

« Art. 771. Le créancier colloqué, en donnant quittance du montant de sa collocation, consent la radiation de son inscription. Au fur et à mesure du payement des collocations, le conservateur des hypothèques, sur la représentation du bordereau et de la quittance du créancier, décharge d'office l'inscription jusqu'à concurrence de la somme acquittée.

« L'inscription d'office est rayée définitivement, sur la justification faite par l'adjudicataire du payement de la totalité de son prix, soit aux créanciers colloqués, soit à la partie saisie. »

L'art. 771 est la reproduction des anciens art. 772, 773 et 774, sauf les derniers mots de l'art. 774, qui se référaient à la radiation des inscriptions des créanciers non colloqués.

Notre art. 771 actuel a trait à la radiation des inscriptions des créanciers colloqués. Mais le texte des anciens art. 772, 773 et 774 présentait des ambiguïtés que l'art. 771, qui n'a rien changé et qui n'a donné lieu à aucune discussion, n'a pas fait complètement disparaître.

D'abord, tout créancier colloqué et donnant quittance, consentira la radiation de son inscription ; et ce consentement doit être constaté par acte authentique (art. 2158, C. civ.)

Au fur et à mesure... jusqu'à concurrence de la somme acquittée. En joignant cette phrase à la précédente, pour en faire un seul alinéa, les rédacteurs de la nouvelle loi semblent adopter l'opinion de ceux qui pensaient que l'ancien art. 773, dont la phrase que je commente est la reproduction, comprenait la mise en œuvre de la radiation de l'inscription de chaque créancier, à mesure qu'il reçoit son payement. Seulement, on se demande pourquoi la loi dit que l'inscription n'est rayée que jusqu'à concurrence de la somme acquittée, puisqu'il s'agit de l'inscription qui conservait l'hypothèque d'un créancier désintéressé.

Quant au deuxième alinéa, il se réfère à la radiation de l'inscription d'office que le conservateur, lors de la transcription du jugement d'adjudication, requise par le saisi ou par les créanciers, a dû prendre aux termes de l'art. 2108, C. civ., pour conserver le privilège relatif au payement du prix.

Ainsi le conservateur a dû rayer, conformément à l'art. 769, les inscriptions des créanciers non colloqués ; il doit rayer l'inscription particulière de tout créancier qui a touché le montant de la collocation ; enfin l'inscription d'office doit être rayée après la libération complète de l'adjudicataire. L'immeuble alors est complètement purgé.

1035. « Art. 772. Lorsque l'aliénation n'a pas lieu sur expropriation forcée, l'ordre est provoqué par le créancier le plus diligent ou par l'acquéreur.

« Il peut être aussi provoqué par le vendeur, mais seulement lorsque le prix est exigible.

« Dans tous les cas, l'ordre n'est ouvert qu'après l'accomplissement des formalités prescrites pour la purge des hypothèques.

« Il est introduit et réglé dans les formes établies par le présent titre.

« Les créanciers à hypothèques légales qui n'ont pas fait inscrire leurs hypothèques dans le délai fixé par l'art. 2195 du Code civil, ne peuvent exercer de droit de préférence sur le prix qu'autant qu'un ordre est ouvert dans les trois mois qui suivent l'expiration de ce délai sous les conditions déterminées par la disposition de l'art. 717. »

Un immeuble hypothéqué peut être aliéné autrement que par la voie de la saisie immobilière. On peut citer, comme exemples, non seulement la vente de l'immeuble à l'amiable par le débiteur, mais même des ventes faites aux enchères, comme les ventes judiciaires d'immeubles (art. 953 et suiv., C. pr.), les ventes sur licitation (art. 972 et suiv., C. pr.), etc.

Quant aux ventes faites par suite de conversion sur saisie immobilière, voir la distinction faite au n° 1016.

Après une de ces aliénations, autres que sur saisie immobilière, il faut toujours un ordre pour distribuer le prix de l'immeuble entre les créanciers privilégiés ou hypothécaires.

Quand il y a eu adjudication sur saisie, l'ordre est provoqué par le saisissant et, à son défaut, par le créancier le plus diligent, la partie saisie ou l'adjudicataire (art. 750). Ici il n'y a pas de saisissant; ce sera donc le créancier le plus diligent, ou l'acquéreur. Quant au vendeur, qui remplace, dans la vente amiable, le saisi de la vente sur saisie, il peut aussi provoquer l'ordre; mais seulement si le prix est exigible. Autrement le vendeur, qui aurait, dans le contrat, accordé à l'acheteur un terme pour payer, lui aurait indirectement retiré ce délai convenu, en provoquant l'ordre, et en amenant ainsi la délivrance des bordereaux de collocation et le payement.

Dans tous les cas, l'ordre n'est ouvert qu'après l'accomplissement des formalités prescrites pour la purge des hypothèques.

Quand l'ordre s'ouvre à la suite d'une adjudication sur saisie, la purge de toutes les hypothèques s'effectue par l'adjudication même (art. 717, C. pr., dernier alinéa). Mais, après la vente amiable, comme après toute aliénation autre que celle sur saisie immobilière (Voy. n° 1153), les hypothèques subsistent, et l'acquéreur doit les purger avant l'ouverture de l'ordre.

Il y a deux sortes de purge : celle des hypothèques inscrites, qui se fait conformément aux dispositions des art. 2184 et suiv. du Code civil, et celles des hypothèques légales non inscrites des femmes et des mineurs, qui est réglée par les art. 2194 et suiv. du même Code. L'ordre, après une vente amiable ou après une aliénation autre que l'adjudication sur saisie, ne peut-il s'ouvrir que quand l'une et l'autre purge sont accomplies? L'ancien art. 775 semblait exiger que les délais de l'une et l'autre purge fussent expirés; cet article renvoyait expressément aux art. 2185 et 2194 du Code civil. Mais, dans la pratique, on permettait aux acquéreurs de se dispenser, à leurs risques et périls, de la purge des hypothèques légales non inscrites des femmes et des mineurs; si le bien était de peu d'importance, on faisait rarement cette purge, dont les frais auraient été en disproportion avec la valeur de l'immeuble.

Notre art. 772, dans son troisième alinéa, exige la purge des hypothèques sans distinction. Un amendement, qui avait pour but de n'obliger l'acheteur qu'à purger les hypothèques inscrites, a été repoussé par le conseil d'État. Il semblerait en résulter que l'ordre ne peut s'ouvrir qu'après l'accomplissement des deux purges. Mais il a été reconnu, dans la discussion, même par les commissaires du gouvernement, que la disposition de notre paragraphe n'était pas impérative, qu'elle n'avait pas pour sanction la nullité, et que ce serait au juge à apprécier, d'après les circonstances, si l'acquéreur devait être ou non obligé à purger les hypothèques légales non inscrites des femmes et des mineurs.

Quoi qu'il en soit, l'ordre ouvert à la suite d'une aliénation quelconque sera toujours réglé par les formes du présent titre (art. 772, 4° alinéa).

L'ancien art. 775 mettait trente jours d'intervalle entre l'expiration des délais de purge et l'ouverture de l'ordre. Ces trente jours étaient laissés aux créanciers pour s'entendre à l'amiable s'ils le pouvaient. Dans notre article, ce délai de trente jours a été supprimé. La réquisition d'ordre pourra être faite dès que la purge sera accomplie. Le nouvel ordre amiable de l'art. 751 a lieu, en effet, après la réquisition d'ordre.

Si la purge des hypothèques légales non inscrites avait été faite, et que, dans les délais de l'art. 2195 du Code civil, il n'eût t pris aucune inscription du chef de la femme, du mineur ou de l'interdit, ces créanciers à hypothèques légales auraient perdu leur droit de suite à l'égard de l'acquéreur; mais leur droit de préférence à l'égard des autres créanciers pourrait encore s'exercer, si l'ordre s'ouvrait dans les trois mois après l'expiration du délai de l'art. 2195, et sous les conditions déterminées par l'art. 717, dernier alinéa.

Ainsi la fin de notre art. 772 étend à toutes les purges des hypothèques légales des femmes, des mineurs et des interdits, la survie du droit de préférence au droit de suite, que le dernier alinéa de l'art. 717 établissait pour les purges résultant des adjudications sur saisie immobilière, à l'égard des mêmes hypothèques légales.

Il faut remarquer que ces créanciers à hypothèques légales, pour lesquelles aucune inscription n'a été prise dans les délais de l'art. 2195 du Code civil, ne conservent leur droit de préférence que si un ordre est ouvert dans les trois mois. Ainsi, 1° s'il n'y a pas d'ordre parce qu'il n'y a pas de créanciers inscrits; 2° si les créanciers inscrits font, même avant les trois mois, un arrangement devant notaire ou par acte sous seing privé, entre eux, le vendeur et l'acheteur; 3° si l'ordre judiciaire n'intervient qu'après les trois mois; dans toutes ces hypothèses, les créanciers à hypothèques légales non inscrites ont perdu leur droit de préférence, car ils ne se trouvent pas dans les conditions exigées par l'art. 772, dernier alinéa, pour que ce droit de préférence soit conservé. Seulement, dans la troisième hypothèse, si les créanciers inscrits reculaient à dessein et par un retard calculé l'ouverture de l'ordre, afin de laisser se périmer le droit de préférence de la femme, du mineur ou de l'interdit, il a été reconnu dans la discussion que ces créanciers à hypothèques légales, ou leurs représentants, pourraient eux-mêmes provoquer l'ouverture de l'ordre.

Si un ordre est ouvert dans les trois mois, les créanciers à hypothèques légales non inscrites dans le délai de l'art. 2195, C. civ., ont le droit de venir exercer leur droit de préférence; mais il n'est pas nécessaire de les convoquer à l'ordre amiable, ni de les sommer de produire à l'ordre judiciaire, puisqu'ils ne se sont pas fait connaître. Mais, dès que, postérieurement à l'ouverture de l'ordre, ils auront manifesté légalement leur intention d'exercer leur droit de préférence, ils devront recevoir les citations, sommations et autres actes adressés aux créanciers inscrits.

Toutes ces solutions supposent, comme le texte du dernier alinéa de l'art. 772, que les formalités de la purge des hypothèques légales non inscrites ont été accomplies. Mais nous avons décidé sur le troisième alinéa, que l'ordre pouvait être ouvert sans que les hypothèques des femmes, des mineurs et des interdits eussent été préalablement purgées. S'il en est ainsi, ces créanciers ont conservé la plénitude de leur hypothèque légale, le droit de suite, aussi bien que le droit de préférence ; et la clôture même de l'ordre fait sans eux ne peut les priver de leurs hypothèques.

1036. « Art. 773. Quel que soit le mode d'aliénation, l'ordre ne peut être provoqué s'il y a moins de quatre créanciers inscrits.

« Après l'expiration des délais établis par les art. 750 et 772, la partie qui veut poursuivre l'ordre présente requête au juge spécial, et, s'il n'y en a pas, au président du tribunal, à l'effet de faire procéder au préliminaire de règlement amiable dans les formes et délais établis en l'art. 751.

« A défaut de règlement amiable, la distribution du prix est réglée par le tribunal jugeant comme en matière sommaire, sur assignation signifiée à personne ou à domicile, à la requête de la partie la plus diligente, sans autre procédure que des conclusions motivés. Le jugement est signifié à avoué seulement s'il y a avoué constitué.

« En cas d'appel, il est procédé comme aux art. 763 et 764. »

L'ancien art. 775 décidait déjà que, s'il y avait moins de quatre créanciers inscrits, il ne devait pas être fait d'ordre judiciaire dans les formes ordinaires, mais que les créanciers seraient réglés par jugement du tribunal. La présence d'un si petit nombre de créanciers n'offre pas assez de complications, pour que la procédure d'ordre, telle que nous l'avons exposée, soit jugée nécessaire. Mais cette décision, d'après cet art. 775, ne s'appliquait qu'aux ordres ouverts à la suite d'aliénations autres que celles sur saisie immobilière. Au contraire, après l'adjudication sur saisie, on suivait toutes les formes de l'ordre judiciaire, quelque restreint que fût le nombre des créanciers inscrits. Le nouvel art. 773 a supprimé cette distinction, dans son premier alinéa : *Quel que soit le mode d'aliénation*, l'ordre ne peut être provoqué s'il y a moins de quatre créanciers inscrits.

Comment doit-on calculer le nombre des créanciers inscrits ? Ainsi procédera-t-on ou non par voie d'ordre, s'il y a trois créanciers, mais plus de trois créances inscrites, lorsque, par exemple, l'un des trois créanciers figure non seulement en son propre nom, mais aussi au nom d'un autre créancier qu'il a désintéressé, et dans les droits duquel il est subrogé? Les héritiers d'un créancier compteront-ils pour une seule personne, comme représentant une créance qui n'appartenait primitivement qu'à un seul, ou comptera-t-on chaque héritier pour un créancier distinct ? Il faut, je crois, s'en tenir à la lettre de la loi, et considérer l'époque de l'ouverture de l'ordre judiciaire (art. 752). S'il n'existe à cette époque que trois créanciers inscrits, quand même l'un d'eux représenterait plusieurs créances, on procédera par la voie de règlement à l'audience, sans avoir recours aux formalités de l'ordre (1).

(1) Caen, 23 juin 1860, D. 62, 2, 197.

D'autre part, s'il n'y avait que deux créances primitives, mais qu'avant l'ouverture de l'ordre l'un des créanciers eût laissé trois héritiers entre lesquels sa créance fût partagée, il y aurait lieu de procéder par voie d'ordre, puisque les créanciers se trouveraient au nombre de quatre. Mais ces trois héritiers de l'un des créanciers primitifs doivent avoir pris des inscriptions séparées pour être comptés pour autant de créanciers inscrits.

On doit considérer le nombre des créanciers inscrits au moment de l'ouverture de l'ordre. Ainsi il faudra ouvrir un ordre entre quatre créanciers quand même l'un d'eux acquerrait plus tard la créance de l'autre, et que le nombre des créanciers se trouverait ainsi réduit à trois. Réciproquement, on procéderait valablement par un règlement à l'audience entre deux ou trois créanciers, quand même l'un d'eux viendrait à mourir pendant l'instance, en laissant plusieurs héritiers dont la présence élèverait au-dessus de trois le nombre des créanciers inscrits.

Quant aux créanciers à hypothèques légales non inscrites, qui peuvent se présenter à l'ordre, conformément aux derniers alinéas des art. 771 et 772, ils ne doivent pas être comptés comme créanciers inscrits pour l'application de l'art. 773.

Quand il y a moins de quatre créanciers, il sera donc statué directement par le tribunal à l'audience sur les difficultés qui peuvent s'élever entre eux sur la distribution du prix.

L'ancienne loi n'avait pas déterminé la procédure à suivre pour le règlement à l'audience : il en résultait qu'on instruisait l'affaire devant le tribunal civil comme une affaire ordinaire.

Notre art. 773, au contraire, a tracé la marche à suivre pour ce règlement à l'audience. D'abord l'ordre amiable est tenté devant le juge-commissaire, conformément à l'art. 751. L'ordre amiable a plus de chances de succès que dans les autres hypothèses, en raison du petit nombre des intéressés. A défaut d'ordre amiable, le différend est jugé comme affaire sommaire, par le tribunal de la situation de l'immeuble dont le prix est en distribution et à la requête de la partie la plus diligente, sur assignation par exploit, sans autre procédure que des conclusions motivées. Pour diminuer encore les frais, la signification du jugement ne sera faite qu'à avoué, s'il y a avoué constitué.

Ce jugement sera susceptible d'appel, et l'appel se suivra conformément aux art. 763 et 764.

Notre art. 773 ne renvoie pas, comme le portait le projet, à l'art. 762 qui, en matière de jugements sur les contredits, supprime la voie d'opposition dans le cas de défaut, n'exige que la signification à avoué pour faire courir le délai d'appel, et réduit à dix jours ce délai d'appel. Les jugements, en matière de règlement à l'audience, seront donc signifiés à la partie (1), soumis au délai ordinaire de l'appel (deux mois, art. 443) (2), et, s'ils sont rendus par défaut, ils pourront être frappés d'opposition.

(1) Bourges, 25 novembre 1861, D. 62, 2, 186. — Pau, 27 août 1862, D. 63, 2, 77. — Nancy, 23 mai 1874, D. 75, 2, 117. — *Contrà :* Besançon, 25 novembre 1861. — Bordeaux, 9 janvier 1862, D. 62, 2, 186.

(2) Caen, 12 mai 1860. Nîmes, 14 août 1861. — Paris, 24 juillet 1862, D. 62, 2, 186. — Pau, 5 mai 1879, S. 81, 2, 128. — Rennes, 2 janvier 1880, S. 82, 2, 190. — *Contrà :*

1037. « Art. 774. L'acquéreur est employé par préférence pour le coût de l'extrait des inscriptions et des dénonciations aux créanciers inscrits. »

Cette disposition ne s'applique qu'aux ordres qui suivent les aliénations autres que celles sur saisie. Dans ces dernières, en effet, l'adjudication purge les hypothèques ; l'adjudicataire n'a donc pas à remplir les formalités dont parle l'art. 774.

L'acquéreur, par exemple l'acheteur, *est employé par préférence*... C'est un privilège que la loi lui accorde pour le coût de l'extrait des inscriptions et pour les dénonciations aux créanciers inscrits. Ces dénonciations ne sont autre chose, suivant moi, que les notifications mentionnées dans l'art. 2183 du Code civil (1).

L'acheteur, sauf convention contraire, supporte les frais de vente (art. 1593, C. civ.) et les frais de la transcription (Voy. toutefois art. 2188, C. civ.). Mais notre article lui permet de répéter avec privilège les frais de purge qu'il a avancés pour mettre les créanciers à même de surenchérir, c'est-à-dire l'état des inscriptions qu'il requiert du conservateur des hypothèques, et les notifications à fin de purge.

L'art. 774 ne déclare privilégiés que les frais de la purge des hypothèques inscrites. Il paraîtrait raisonnable de donner à l'acquéreur le même privilège pour répéter les frais de la purge des hypothèques occultes (art. 2195, C. civ.); mais, en matière de privilège, on ne peut étendre par analogie les dispositions de la loi. Or l'art. 774 ne parle pas des frais de la purge des hypothèques des femmes et des mineurs. Vainement voudrait-on appliquer à ces frais de purge des hypothèques légales l'art. 2101, 1°, du Code civil, en les considérant comme frais de justice privilégiés, faits dans l'intérêt de la masse (Voy. n° 897). S'il en était ainsi, l'art. 774 serait complètement inutile ; car les frais qu'il énonce devraient au même titre être considérés comme frais de justice. Mais la loi n'a pas classé les frais de purge parmi les frais du justice de l'art. 2101, 1°, elle ne les a pas considérés tous comme faits dans l'intérêt de la masse, puisque, parmi ces frais, elle en a déclaré quelques-uns privilégiés. Les autres ne peuvent donc être privilégiés.

Si l'acquéreur, qui a avancé le coût de l'extrait des inscriptions et des notifications, est évincé, avant l'ordre, par une surenchère, l'adjudicataire sur surenchère lui restituera ces frais (art. 2188, C. civ.) (2). Mais cet adjudicataire

Besançon, 25 novembre 1861, D. 62, 2, 186. — Chambéry, 2 février 1863, D. 63, 2, 76. Voir nos explications sous l'art. 762.

(1) Cass., 8 avril 1874, D. 74, 1, 433.

(2) ** On n'est pas bien d'accord sur l'explication de la disposition de l'article 2188 qui oblige l'adjudicataire à restituer, au delà de son prix d'adjudication, à l'acquéreur volontaire qui a été dépossédé, les frais et loyaux coûts de son contrat, ceux de la transcription sur les registres du conservateur, ceux de notification et ceux faits pour parvenir à la revente. Les uns prétendent que l'acquéreur surenchéri doit être considéré comme n'ayant jamais été propriétaire et que cette restitution est une conséquence de la résolution avec effet rétroactif de son droit de propriété. Cette explication ne nous paraît pas bonne, et quelle que soit l'opinion qu'on admette sur le point de savoir si les droits de l'acquéreur surenchéri sont résolus avec ou sans effet rétroactif, nous pensons qu'il faut expliquer autrement la disposition de l'art. 2188. Cet article déroge

ne pourra-t-il pas dans l'ordre répéter ces frais par privilège, et être subrogé au droit que l'art. 774 (ancien art. 777) confère à l'acquéreur? L'affirmative paraîtrait raisonnable, et on l'a d'abord décidé ainsi. Mais aujourd'hui une jurisprudence et une pratique constantes laissent ces frais à la charge de l'adjudicataire sur surenchère, en s'appuyant sur ces mots de l'art. 2188, C. civ. : L'adjudicataire est tenu *au delà du prix de son adjudication*.

1038. « Art. 775. Tout créancier peut prendre inscription pour conserver les droits de son débiteur; mais le montant de la collocation du débiteur est distribué, comme chose mobilière, entre tous les créanciers inscrits ou opposants avant la clôture de l'ordre. »

Tout créancier peut prendre inscription pour conserver les droits de son débiteur. Cette disposition n'est que l'application de l'art. 1166 du Code civil. *Tout créancier*, même chirographaire, d'un débiteur qui est lui-même créancier hypothécaire d'une autre personne, peut prendre inscription pour ce débiteur qui néglige de la prendre. Si ce débiteur, ayant droit à une hypothèque comme créancier de celui sur qui l'ordre sera ouvert, a fait lui-même inscrire cette hypothèque, ses créanciers, même chirographaires, peuvent aussi se présenter dans l'ordre pour demander qu'on leur attribue le montant de la collocation de leur débiteur.

Dans l'un et l'autre cas, soit que les créanciers aient pris inscription pour leur débiteur, soit que ce dernier l'ait prise lui-même, le montant de sa collocation dans l'ordre sera distribué entre ses créanciers, non par voie d'ordre, mais par voie de contribution, *comme chose mobilière*, dit la loi. On n'aura d'ailleurs aucun égard à la date respective de leurs inscriptions ou de leurs oppositions.

Mais la loi veut que le montant de cette collocation dans l'ordre ne soit distribué qu'entre ceux des créanciers du colloqué qui auront pris inscription ou formé opposition avant la clôture de l'ordre. Pourquoi n'admet-on pas à concourir les créanciers du colloqué, dont les inscriptions ou oppositions sont postérieures à la clôture de l'ordre? Des réclamations avaient été faites contre cette dérogation à l'égalité des droits des créanciers. Mais ces réclamations n'ont pas été admises; on a considéré les créanciers qui ont fait des diligences avant la clôture de l'ordre, comme ayant seuls empêché le débiteur commun de toucher lui-même le montant de sa collocation dans l'ordre, et comme devant seuls en profiter.

On appelle *sous-ordre* cette distribution des deniers provenant d'une collocation dans un ordre. Ce sous-ordre est un incident de l'ordre, si on considère les rapports des créanciers du colloqué avec les autres parties intéressées dans l'ordre. La masse des créanciers, qui représentent leur débiteur intéressé dans un ordre, ont le droit de réclamer et de défendre les droits de leur débiteur, droits dont le bénéfice leur profitera. C'est là l'application de l'art. 1166, C. civ. Ils pourront donc, au nom de leur débiteur, prendre

au droit commun, en ce qu'il met les frais dont il parle à la charge de l'adjudicataire, tandis qu'ils devraient être payés par le vendeur originaire (art. 1630 du Code civil). Mais comme ce vendeur est insolvable, l'acquéreur surenchéri n'aurait contre lui qu'une créance sans valeur, et pour ne pas le sacrifier, la loi a voulu que ces frais lui fussent remboursés par l'adjudicataire. **

inscription, comparaître à l'ordre amiable, produire à l'ordre judiciaire, contester le règlement provisoire, et interjeter appel du jugement qui statue sur les contestations.

Mais la distribution du montant de la collocation attribué dans l'ordre se fera entre les créanciers du colloqué, en suivant toutes les règles de la distribution par contribution.

** Il va sans dire qu'une collocation en sous-ordre ne peut être obtenue par une partie si elle n'est reconnue créancière de la personne directement colloquée pour une somme au moins égale à celle qu'elle prétend se faire attribuer. (1)

Vous remarquerez que notre article exclut en réalité le sous-ordre, si l'on prend ce mot dans son sens propre, comme désignant des créanciers qui viendraient les uns après les autres sur la collocation d'un autre créancier qui est leur débiteur; la loi veut, en effet, que ces créanciers viennent tous au marc le franc, de telle sorte que la collocation se distribue entre eux par contribution et non plus par voie d'ordre.

C'est là une remarquable innovation du code de procédure, sur laquelle il faut nous arrêter un instant (2). Le droit romain permettait déjà à un créancier hypothécaire de donner à son propre créancier hypothèque sur son hypothèque. C'était ce que l'on appelait le *pignus pignoris*. D'ailleurs les effets de cette convention soulèvent encore aujourd'hui des difficultés et on se demande notamment si le *pignus pignoris* équivaut au *pignus nominis*, c'est-à-dire s'il emporte hypothèque sur la créance elle-même, de telle sorte que le second créancier aurait l'action personnelle du premier contre le débiteur.

Dans notre ancien droit, toutes les fois qu'une saisie réelle avait été pratiquée et que le bien était entre les mains de la justice, les créanciers hypothécaires autres que le poursuivant devaient, pour conserver leur rang sur le prix du bien vendu par décret, faire opposition « à fin de conserver », c'est-à-dire à fin de conserver leurs droits, privilèges ou hypothèques. Sans cette opposition, ils auraient perdu leurs droits qui auraient été anéantis à la suite de la vente par décret. Les créanciers d'un créancier qui avait fait ou qui aurait pu faire opposition à fin de conserver pouvaient, à leur tour, faire opposition en sous-ordre, c'est-à-dire s'opposer à ce que la somme due à leur débiteur lui fût payée à leur détriment. Toutes les fois que la collocation était insuffisante, une grave question se présentait : ces créanciers du créancier viendront-ils au marc le franc par une contribution qui s'établira entre eux, ou bien viendront-ils d'après le rang de leurs hypothèques, de sorte qu'il y aura entre eux un ordre véritable ?

Dans les pays de droit écrit et dans certaines coutumes (Anjou, Maine, Bretagne et Normandie), on admettait entre les sous-créanciers un ordre véritable; ils venaient d'après le rang de leurs hypothèques sur la somme allouée à leur débiteur. Cette solution tenait à ce que, dans ces pays, on reconnaissait l'hypothèque sur les meubles, en tant qu'elle produisait un droit de préférence. Il résultait de là que les créanciers hypothécaires fai-

(1) ** Cass. civ., 8 décembre 1880, S. 82, 1, 13. **

(2) ** Cpr. Beudant, *De la Subrogation aux droits d'hypothèques et des sous-ordres.* **

saient valoir leur droit de préférence sur l'émolument des créances, au même titre que sur toute autre chose tombant dans le patrimoine de leur débiteur (1), et ces sous-ordres devaient être très fréquents, car toutes les hypothèques étaient, en principe, générales dans notre ancien droit.

D'après le droit commun des coutumes, au contraire, l'hypothèque n'était permise que sur les immeubles : l'émolument des créances d'un débiteur était donc forcément distribué au marc le franc entre les créanciers de ce débiteur par contribution. Ainsi les créanciers du créancier opposant, s'ils avaient eux-mêmes fait opposition, ne venaient pas d'après leur rang d'hypothèque, mais tous au marc le franc sur la somme allouée à leur débiteur : c'était une véritable contribution et non un sous-ordre.

Le parlement de Paris s'éloigna de très bonne heure de cette doctrine, et, bien que d'après la coutume de Paris (art. 170), les immeubles seuls fussent susceptibles d'hypothèques, ce parlement décida qu'entre sous-créanciers hypothécaires, la somme obtenue par leur débiteur serait attribuée d'après le rang de leurs hypothèques; il admit, en un mot, l'ordre entre les sous-créanciers.

Cette jurisprudence fut vivement attaquée. Certains jurisconsultes reconnurent que cette solution était utile, mais ils la critiquèrent au point de vue des principes. Cependant l'édit de Colbert de 1673 consacra la jurisprudence du parlement de Paris. On sait que cet édit de Colbert n'eut qu'une existence éphémère; mais même après qu'il eut été rapporté, le parlement de Paris persista dans sa jurisprudence, bien qu'elle fût toujours considérée comme contraire aux règles d'une saine doctrine. On remarquera qu'à cette époque, les arrêts n'étaient pas motivés : le parlement pouvait donc se dispenser de justifier sa solution.

Pothier essaya d'expliquer la jurisprudence du parlement de Paris et il y réussit. A cet effet, il s'attacha à établir qu'il faut séparer l'hypothèque, droit immobilier, de la créance garantie, droit ordinairement mobilier; que les sous-créanciers exercent, en réalité, leur droit non pas sur la créance, mais sur l'hypothèque; qu'en conséquence, de même que les créanciers hypothécaires prennent par ordre le prix d'un immeuble, de même les sous-créanciers doivent aussi prendre, d'après le rang de leurs hypothèques, l'émolument résultant de l'exercice de l'hypothèque de leur débiteur (2). Il fut ainsi amené à définir le sous-ordre : « L'ordre dans lequel la somme, pour laquelle un créancier a été colloqué utilement, est distribuée entre les créanciers de ce créancier » (3). Pour arriver à cette solution, Pothier, le premier, déclara avec précision que l'hypothèque est un immeuble fictif, susceptible elle-même d'hypothèque (4). Mais cependant le grand jurisconsulte ne poussa pas son système jusqu'à ses dernières conséquenses logiques, car il n'admit jamais que l'hypothèque pourrait, comme les autres immeubles, réels ou fictifs, être grevée d'hypothèques spéciales; il ne reconnut le droit de venir en sous-ordre

(1) ** Basnage, *Traité des hypothèques*, chap. III, n° 4. **

(2) ** *Introduction à la coutume d'Orléans*, tit. XX, sect. 2, § 1; tit. XXI, § 17. *Procédure civile*, IVe part., chap. II, sect. 5, art. 7 § 3 et art. 12, § 3. **

(3) ** *Ibidem.* **

(4) ** *Traité des hypothèques*, chap. I, sect. 2, § 1. **

qu'aux créanciers déjà garantis par des hypothèques générales sur les biens du débiteur (1).

Dans le droit intermédiaire, la loi du 9 messidor an III admit les oppositions en sous-ordre (art. 86 à 91; 193 à 202), mais elle décida qu'entre les sous-créanciers, la somme attribuée dans l'ordre à leur débiteur se distribuerait au marc le franc. En d'autres termes, elle autorisa les sous-créanciers à s'opposer à ce que le payement fût fait dans l'ordre ouvert à leur débiteur, au préjudice de leurs droits; mais elle rejeta la jurisprudence du parlement de Paris et établit, entre les sous-créanciers, une distribution par contribution, au lieu d'un ordre subsidiaire. Vous verrez, d'ailleurs, dans le cours de Code civil, que cette loi ne reçut jamais exécution; elle devait entrer en vigueur le premier nivôse an IV, mais le terme fut successivement et indéfiniment prorogé.

Les deux lois du 11 brumaire an VII sur le régime hypothécaire et sur l'expropriation forcée et les ordres, ne parlèrent pas du sous-ordre. Le Code civil ne fut pas plus explicite, mais comme il ne mentionnait pas l'hypothèque parmi les biens susceptibles d'hypothèque, la jurisprudence en conclut qu'il était conforme à son esprit d'abandonner la pratique du parlement de Paris.

L'article 778 du Code de procédure civile, devenu l'article 775 depuis la loi du 21 mai 1858, a consacré la suppression du sous-ordre. Toutefois on est revenu, par une autre voie, dans différents cas, à un véritable sous-ordre : c'est ce qui se produit toutes les fois qu'un créancier hypothécaire subroge dans son hypothèque plusieurs de ses créanciers. Cette subrogation est le plus souvent consentie par une femme mariée et porte sur l'hypothèque légale que la loi confère à cette femme sur les immeubles de son mari; mais rien ne s'oppose à ce qu'un autre créancier hypothécaire emploie le même procédé pour donner des garanties à des créanciers. On a longtemps discuté sur la nature et les caractères de cette opération qu'on appelle la subrogation à l'hypothèque; la doctrine et la jurisprudence semblent aujourd'hui d'accord pour la considérer comme une cession d'hypothèque. Si la créance du subrogé est égale ou supérieure à celle du subrogeant, le subrogé acquiert nécessairement toute l'hypothèque; mais si sa créance est inférieure à celle du subrogeant, celui-ci conserve une partie de son droit hypothécaire et peut utilement consentir des subrogations postérieures. La loi du 23 mars 1855 ne s'est occupée, dans son art. 9, que de la subrogation à l'hypothèque légale de la femme mariée. Elle exige que cette subrogation soit consentie par acte authentique, et elle soumet les tiers, au profit desquels elle est établie, à la publicité d'une inscription, de telle sorte que les subrogés à l'hypothèque de la femme viennent dans l'ordre de ces inscriptions sur la somme qui aurait été allouée à la femme elle-même dans la procédure d'ordre si elle n'avait pas cédé son hypothèque. On est ainsi arrivé, comme on le voit, au moyen de la cession d'hypothèque, à un véritable sous-ordre dans lequel les créanciers subrogés par la femme viennent d'après la date de l'inscription de leur subrogation. Mais ces formalités d'authenticité et de publicité n'ayant été

(1) ** On fera toutefois remarquer que, dans notre ancien droit, les hypothèques étaient en fait toujours générales, car ces hypothèques résultaient de plein droit des actes notariés et des actes sous seing privé, reconnus en justice ou déposés chez un notaire. **

imposées par la loi du 23 mars 1855 que pour le cas de subrogation à l'hypothèque légale de la femme, il suit de là que tout autre créancier hypothécaire peut céder son hypothèque ou y subroger, en une forme quelconque, même par acte sous seing privé, et cette subrogation n'étant soumise à aucune formalité de publicité, les différents créanciers subrogés viendront dans l'ordre déterminé par la date certaine de leurs actes respectifs de subrogation. **

1039. « Art. 776. En cas d'inobservation des formalités et délais prescrits par les art. 753, 755, § 2, et 769, l'avoué poursuivant est déchu de la poursuite, sans sommation ni jugement. Le juge pourvoit à son remplacement, d'office ou sur la réquisition d'une partie, par ordonnance inscrite sur le procès-verbal; cette ordonnance n'est susceptible d'aucun recours.

« Il en est de même à l'égard de l'avoué commis qui n'a pas rempli les obligations à lui imposées par les art. 758 et 761.

« L'avoué déchu de la poursuite est tenu de remettre immédiatement les pièces sur le récépissé de l'avoué qui le remplace, et n'est payé de ses frais qu'après la clôture de l'ordre. »

L'ancien art. 779 permettait aussi de retirer la poursuite de l'ordre au poursuivant en cas de retard ou de négligence. Mais il fallait que la subrogation fût demandée; elle n'était accordée que par un jugement du tribunal; ce jugement était susceptible d'appel. Cet incident de subrogation pouvait donc encore entraver la marche de l'ordre. D'ailleurs, les délais pour les divers actes de la procédure d'ordre n'étaient pas toujours fixés d'une manière certaine. La question de retard ou de négligence se trouvait donc d'une appréciation assez difficile et arbitraire. En fait, les demandes en subrogation étaient rares.

Notre art. 776 a organisé une subrogation rigoureuse et de droit; l'avoué poursuivant est déchu de la poursuite sans sommation ni jugement, par le seul fait de l'inobservation des formalités et délais, prescrits par les art. 753, 755, § 2 et 769. L'ordonnance du juge qui remplace l'avoué poursuivant n'est susceptible d'aucun recours.

La loi prononce la même déchéance contre l'avoué commis conformément aux art. 758 et 761, s'il ne remplit pas les obligations que ces articles lui imposent.

L'avoué déchu remet les pièces au nouvel avoué nommé par le juge-commissaire; et, à titre de peine, cet avoué déchu n'est payé de ses frais qu'après la clôture de l'ordre.

Ces dispositions contre l'avoué poursuivant et contre l'avoué commis doivent être littéralement appliquées; les rendre purement comminatoires serait méconnaître les intentions du législateur de 1858, clairement manifestées par l'exposé des motifs et le rapport de la commission du Corps législatif.

Toutefois, dans ce dernier document, nous lisons une atténuation fort raisonnable de la rigueur de l'art. 776 : « La négligence sera matériellement prouvée par la seule inobservation des formalités et délais, prescrits par des articles déterminés, *en tant que la négligence est celle de l'avoué et ne résulte pas de la lenteur du greffier.* »

Mais, s'il n'y a ni sommation ni jugement, si l'avoué est remplacé d'office quand et comment pourra-t-il prouver que l'inobservation des formalités et des délais provient de la lenteur du greffier? Comment pourra-t-il échapper à une déchéance imméritée? Je crois que l'avoué poursuivant doit, dès qu'une des formalités prescrites par les articles cités dans l'art. 776 n'est pas accomplie dans les délais de la loi, se présenter devant le juge-commissaire, et justifier de sa diligence, restée sans effet par la faute du greffier. En un mot, le seul fait de l'inobservation des formes et délais, auxquels notre article se réfère, fait présumer légalement la faute de l'avoué. Mais il peut prouver que la faute ne vient pas de lui. Encore faut-il qu'il fasse cette preuve contraire immédiatement, c'est-à-dire avant qu'il soit pourvu à son remplacement.

1010. « Art. 777. L'adjudicataire sur expropriation forcée, qui veut faire prononcer la radiation des inscriptions avant la clôture de l'ordre, doit consigner son prix et les intérêts échus, sans offres réelles préalables.

« Si l'ordre n'est pas ouvert, il doit en requérir l'ouverture après l'expiration du délai fixé par l'art. 750. Il dépose à l'appui de sa réquisition le récépissé de la Caisse des consignations, et déclare qu'il entend faire prononcer la validité de la consignation et la radiation des inscriptions.

« Dans les huit jours qui suivent l'expiration du délai pour produire, fixé par l'art. 754, il fait sommation par acte d'avoué à avoué, et par exploit à la partie saisie, si elle n'a pas avoué constitué, de prendre communication de sa déclaration, et de la contester dans les quinze jours, s'il y a lieu. A défaut de contestation dans ce délai, le juge, par ordonnance sur le procès-verbal, déclare la consignation valable et prononce la radiation de toutes les inscriptions existantes, avec maintien de leur effet sur le prix. En cas de contestation, il est statué par le tribunal sans retard des opérations de l'ordre.

« Si l'ordre est ouvert, l'adjudicataire, après la consignation, fait sa déclaration sur le procès-verbal par un dire signé de son avoué, en y joignant le récépissé de la Caisse des consignations. Il est procédé, comme il est dit ci-dessus, après l'échéance du délai des productions.

« En cas d'aliénation autre que celle sur expropriation forcée, l'acquéreur, qui, après avoir rempli les formalités de la purge, veut obtenir la libération définitive de tous privilèges et hypothèques par la voie de la consignation, opère cette consignation sans offres réelles préalables. A cet effet, il somme le vendeur de lui rapporter dans la quinzaine mainlevée des inscriptions existantes, et lui fait connaître le montant des sommes en capital et intérêts qu'il se propose de consigner. Ce délai expiré, la consignation est réalisée, et, dans les trois jours suivants, l'acquéreur ou adjudicataire requiert l'ouverture de l'ordre, en déposant le récépissé de la Caisse des consignations. Il est procédé sur sa réquisition conformément aux dispositions ci-dessus. »

Le cahier des charges ou le contrat de vente contiennent quelquefois des clauses relatives à la consignation du prix à la Caisse des dépôts et consignations. Ce prix sera attribué plus tard à qui de droit, au vendeur lui-même ou à ses créanciers.

A défaut de conventions, le projet de la loi de 1858 imposait à l'adjudicataire l'obligation de consigner son prix dans les soixante jours de l'ouverture de l'ordre. Mais les réclamations soulevées par une mesure qui tendait à diminuer la concurrence des acheteurs, et par conséquent le montant de l'adjudication, firent repousser cette exigence.

L'adjudicataire ou l'acheteur peuvent donc garder le prix entre leurs mains.

jusqu'à la délivrance des bordereaux de collocation aux créanciers; mais ils peuvent aussi le consigner pour obtenir la radiation des inscriptions avant la clôture de l'ordre.

La consignation comprend le prix lui-même et les intérêts échus.

La procédure à suivre pour cette consignation est tracée par notre art. 777, qui distingue entre l'adjudicataire sur saisie immobilière et l'acquéreur par un autre mode d'aliénation que la saisie immobilière.

Dans l'un et l'autre cas, la loi a tranché négativement la question, autrefois controversée, de savoir si la consignation devait être précédée d'offres réelles. Les offres ne pouvaient être acceptées ni par le saisi ni par les créanciers, qui n'étaient pas en mesure de recevoir avant la délivrance des bordereaux. Ces offres réelles, préalables à la consignation, sont donc aujourd'hui supprimées.

Quelle est la procédure de cette consignation, au cas d'une adjudication sur saisie immobilière? La loi la trace avec détails, en distinguant si l'ordre est ouvert ou non.

Si l'ordre n'est pas encore ouvert, l'adjudicataire, qui veut faire prononcer la radiation des inscriptions avant la clôture de l'ordre, requerra l'ouverture de cet ordre, en déposant à l'appui de sa réquisition le récépissé de la Caisse des consignations, avec déclaration qu'il veut faire prononcer la validité de la consignation et la radiation des inscriptions.

Dans les huit jours,.. et de la contester dans les quinze jours, s'il y a lieu. Cette sommation estfaite au saisi, et non aux créanciers, qui, cependant, sont les plus intéressés à la distribution du prix consigné. Ainsi, en cas de difficultés, ils pourraient intervenir et contester. Mais les contestations n'arrêtent pas les opérations de l'ordre (§ 3, *in fine*).

S'il n'y a pas de contestation, le juge (c'est le juge-commissaire) déclare, par ordonnance sur le procès-verbal, la consignation valable, et prononce la radiation des inscriptions, en transportant leur effet sur le prix consigné.

Le quatrième alinéa indique la manière de procéder si l'ordre n'est pas ouvert.

En cas d'aliénation autre que celle sur saisie immobilière, la consignation sera bien suivie de la réquisition d'ouverture de l'ordre par l'acquéreur, et des formalités prescrites par le troisième paragraphe de notre article ; mais l'acquéreur doit, avant la consignation, faire la purge qui, dans le cas de saisie, résulte de l'adjudication. L'acheteur amiable, ou l'acquéreur autre que sur saisie, qui, après la purge, veut obtenir la radiation des inscriptions, doit sommer le vendeur ou autre aliénateur de lui rapporter, dans la quinzaine, mainlevée des inscriptions existantes et lui faire connaître dans cette sommation le montant des sommes en capital et intérêts qu'il se propose de consigner. Cette somme est le prix de la vente ou l'évaluation de l'immeuble en cas d'échange ou de donation.

Après l'expiration de cette quinzaine, la consignation est réalisée, et, dans les trois jours qui suivent, l'acquéreur requiert l'ouverture de l'ordre ; ensuite il est procédé dans les mêmes formes qu'après la consignation sur saisie.** Telles sont les formalités prescrites à l'acquéreur pour que la consignation opère sa libération. Si la consignation n'était pas régulière en la forme et ne comprenait pas la totalité du prix actuellement exigible, l'acquéreur ne serait pas libéré (1) **.

1041. « Art. 778. Toute contestation relative à la consignation du prix est formée sur le procès-verbal par un dire motivé, à peine de nullité; le juge renvoie les contestants devant le tribunal.

« L'audience est poursuivie sur un simple acte d'avoué à avoué, sans autre procédure que des conclusions motivées : il est procédé ainsi qu'il est dit aux art. 761, 763 et 764.

« Le prélèvement des frais sur le prix peut être prononcé en faveur de l'adjudicataire ou acquéreur. »

Cet article règle la procédure des contestations soulevées par la consignation. Ces contestations se forment sur le procès-verbal par un dire motivé, à peine de nullité. Le juge-commissaire renvoie les contestants devant le tribunal qui statue.

Le paragraphe 2 indique la marche à suivre.

Notre article ne renvoie pas à l'art. 763 (Voy. à cet égard le commentaire de l'art. 773, *in fine*).

Si le contestant succombe, le jugement peut autoriser l'acheteur ou autre acquéreur à prélever les frais sur le prix, notamment en cas d'insolvabilité du contestant, par exemple, du saisi. Si l'adjudicataire ou autre acquéreur succombe, au contraire, il supportera les frais.

1042. « Art. 779. L'adjudication sur folle enchère intervenant dans le cours de l'ordre, et même après le règlement définitif et la délivrance des bordereaux, ne donne pas lieu à une nouvelle procédure. Le juge modifie l'état de collocation suivant les résultats de l'adjudication, et rend les bordereaux exécutoires contre le nouvel adjudicataire.

Si un adjudicataire sur saisie n'a pas accompli les obligations que lui imposait le cahier des charges, l'immeuble est alors revendu à sa folle enchère (Voy. art. 773 et suiv., C. pr., et leur explication, n°s 1001 et suiv).

L'art. 779 suppose que l'adjudication sur folle enchère intervient pendant le cours de l'ordre ouvert sur le prix de la première adjudication, ou même après le règlement définitif et la délivrance des bordereaux. On avait soutenu que le prix de l'adjudication sur folle enchère, étant un prix nouveau, ne pouvait être réglé par l'ordre ouvert sur le prix de la première adjudication; qu'il fallait donc procéder à la confection d'un ordre nouveau. Notre art. 779 décide, au contraire, que le premier ordre sera maintenu (2). Seulement, si le prix de l'adjudication sur la folle enchère diffère de celui de l'adjudication primitive, le juge modifiera l'état de collocation. Ainsi, lorsque le prix de l'adjudication de la folle enchère sera inférieur au prix de l'adjudication primitive, le juge-commissaire réduira le bordereau du dernier créancier colloqué. Ce dernier créancier ne pourra donc réclamer du nouvel adjudicataire que le montant du nouveau bordereau diminué. Mais il aura un recours, pour la somme retranchée de son bordereau primitif, contre le fol enchérisseur, qui était autrefois tenu par corps de la différence de son prix (art. 740, C. pr.).

(1) ** Cass. Req., 21 mars 1881, S. 82, 1, 25. **
(2) Cass. Rej., 21 juillet 1863, D. 63, 1, 339.

Si les bordereaux avaient déjà été délivrés contre l'adjudicataire primitif, il n'en sera pas délivré d'autres; seulement le juge-commissaire les rendra exécutoires contre le nouvel adjudicataire (1) *.

QUARANTE-SEPTIÈME LEÇON

DE LA SAISIE DE LA PERSONNE DU DÉBITEUR OU DE L'EMPRISONNEMENT.

TITRE XV

DE L'EMPRISONNEMENT (C. D.).

⇒ **1043.** * Outre le droit de faire saisir les meubles et les immeubles de son débiteur, pour les faire vendre et être payé sur le prix, le créancier peut quelquefois procéder par une voie plus rigoureuse, par la voie de la contrainte par corps, qui s'exécute par l'emprisonnement du débiteur. L'incarcération du débiteur ne procure pas d'argent au créancier d'une manière aussi directe que la saisie des meubles ou des immeubles du débiteur. Le créancier, au contraire, devra nourrir le débiteur pendant toute la durée de l'emprisonnement. Mais on veut le contraindre à payer sur ses biens insaisissables, comme des rentes sur l'Etat (Voy. n° 835), s'il en a; s'il n'en a pas, le créancier espère que sa femme, ses parents, ses alliés payeront pour lui, afin de le faire sortir de prison.

1044. La loi du 22 juillet 1867, dont j'ai déjà parlé (Voy. n° 268), a supprimé la contrainte par corps en matière commerciale, en matière civile et même contre les étrangers.

Elle est seulement maintenue pour l'exécution des jugements, arrêts et exécutoires portant condamnation, au profit de l'État, à des amendes, restitutions et dommages-intérêts en matière criminelle, correctionnelle ou de police; et, en faveur des particuliers, pour réparation des crimes, délits ou contraventions commis à leur préjudice.

L'art. 3, § 3, de la loi du 22 juillet 1867 ne permettait pas de l'exercer, au profit de l'État, pour le payement des frais; mais une loi du 19 décembre 1871 a abrogé le § 3 de l'art. 3 de la loi du 22 juillet 1867.

La durée de la contrainte par corps, déjà abaissée à un maximum de cinq ans par la loi du 12 décembre 1848, varie aujourd'hui de deux jours à deux

(1) ** Si avant la clôture d'un ordre, l'immeuble est revendu en justice, même pour un prix supérieur, les créanciers qui ont produit à l'ordre et qui n'ont pas d'ailleurs déchargé le premier acquéreur de ses obligations envers eux, peuvent demander que leurs droits contre cet acquéreur soient déterminés définitivement par la clôture de l'ordre et qu'un titre fixant, pour chacun d'eux, l'étendue de ces droits, leur soit délivré. Peu importe qu'un nouvel ordre ait été ouvert sur le second acquéreur, cet ordre ne devant donner de titre aux créanciers que contre celui-ci. Cass. civ., 22 juillet 1878, S. 79, 1, 161. **

ans, maximum actuel, suivant des distinctions établies par l'art. 9 de la loi de 1867.

La durée fixée par le jugement de condamnation est même diminuée de moitié pour ceux qui prouvent leur insolvabilité (art. 10) ou qui ont commencé leur soixantième année.

La contrainte par corps ne peut être prononcée contre les individus, âgés de moins de seize ans accomplis à l'époque des faits qui ont motivé la poursuite.

L'exercice de la contrainte par corps, ainsi restreinte, sera donc infiniment plus rare que par le passé. Mais, dans les cas où elle subsiste, les créanciers qui l'ont obtenue devront encore se conformer aux dispositions de notre titre, sauf les modifications que nous signalerons (Voy. aussi t. I, n°s 267, 268 et 269).

⇒ **1045.** Nous diviserons ce titre en quatre paragraphes.

§ 1er. De l'arrestation et de l'emprisonnement (art. 780 à 791). — § 2. De la recommandation (art. 792 et 793). — § 3. Des demandes en nullité (art 794 à 797). — § 4. De l'élargissement du débiteur (art. 800 à 805).

§ 1er. *De l'arrestation et de l'emprisonnement* (art. 780 à 791).

« Art. 780. Aucune contrainte par corps ne pourra être mise à exécution qu'un jour après la signification, avec commandement, du jugement qui l'a prononcée.

« Cette signification sera faite par un huissier commis par ledit jugement ou par le tribunal de première instance du lieu où se trouve le débiteur.

« La signification contiendra aussi élection de domicile dans la commune où siège le tribunal qui a rendu ce jugement, si le créancier n'y demeure pas. »

Les formes prescrites par l'art. 780 ne sont plus applicables. La loi nouvelle, reproduisant les art. 33 et 38 de la loi de 1832, détermine ainsi les formalités qui doivent précéder l'arrestation :

« Art. 3 (L. du 22 juillet 1867). — Les arrêts, jugements et exécutoires portant condamnation, au profit de l'État, à des amendes, restitutions, dommages-intérêts, en matière criminelle correctionnelle et de police, ne peuvent être exécutés par la voie de la contrainte par corps que cinq jours après le commandement qui est fait aux condamnés, à la requête du receveur de l'enregistrement et des domaines.

« La contrainte par corps n'aura jamais lieu pour le payement des frais au profit de l'État (abrogé, Voy. le n° précédent).

« Dans le cas où le jugement de condamnation n'a pas été précédemment signifié au débiteur, le commandement porte en tête un extrait de ce jugement, lequel contient le nom des parties et le dispositif.

« Sur le vu du commandement et sur la demande du receveur de l'enregistrement et des domaines, le procureur de la République adresse les réquisitions nécessaires aux agents de la force publique et aux autres fonctionnaires chargés de l'exécution des mandements de justice.

« Si le débiteur est détenu, la recommandation peut être ordonnée immédiatement après la notification du commandement. »

« Art. 4 (même loi). — Les arrêts et jugements contenant des condamnations en faveur des particuliers pour réparation de crimes, délits ou contraventions commis à leur préjudice sont, à leur diligence, signifiés et exécutés suivant les mêmes formes et voies de contrainte que les jugements portant des condamnations au profit de l'État. »

Les formalités à remplir pour l'exercice de la contrainte par corps seront donc aujourd'hui les suivantes :

1° Signification d'un commandement fait à la personne condamnée, à la requête du receveur de l'enregistrement et des domaines, s'il s'agit de contrainte par corps exercée au profit de l'État; et à la requête du créancier, s'il s'agit d'une condamnation prononcée au profit d'un particulier;

2° Demande adressée au procureur de la République par le receveur ou par le créancier.

3° Sur le vu du commandement et de la demande, réquisition adressée par le procureur de la République aux agents de la force publique et aux autres fonctionnaires chargés de l'exécution des mandements de justice, par exemple, aux huissiers.

La contrainte par corps est donc ainsi toujours exécutée sur un ordre émané d'un dépositaire de l'autorité publique.

1046. *Cinq jours après le commandement.* D'après l'art. 789, C. pr., il suffisait de laisser un jour d'intervalle entre le commandement et l'arrestation. D'après l'art. 3 de la loi nouvelle, le condamné jouira d'un délai plus long pour se procurer le moyen de payer, et éviter ainsi l'emprisonnement. Les cinq jours doivent également être considérés comme cinq jours francs.

1047. *La contrainte par corps n'aura jamais lieu pour le payement des frais au profit de l'État.* Cette disposition de l'art. 3 de la loi de 1867 a été abrogée par l'art. 1er de la loi du 19 décembre 1871, qui admet, au contraire, la contrainte pour l'exécution des condamnations aux frais au profit de l'État.

1048. *Dans le cas où le jugement..... le nom des parties et le dispositif.* L'exécution de la contrainte par corps en matière civile et commerciale ne pouvait être exercée qu'après une signification du jugement tout entier (art. 780, C. pr.). Cette disposition était conforme à la règle générale de l'art. 147, C. pr., qui ne permet une exécution quelconque d'un jugement que lorsqu'il a été signifié. Mais la loi du 17 avril 1832, dans ses art. 33 et 38, s'était contentée de la signification d'un extrait du jugement pour l'exécution de la contrainte par corps en matière criminelle, correctionnelle et de police. Les art. 3 et 4 de la loi nouvelle ont reproduit cette disposition.

Nous reviendrons sur le 5° alinéa de notre art. 3 de la loi de 1867, en parlant de la recommandation.

⇒ **1049.** « Art. 781. Le débiteur ne pourra être arrêté : 1° avant le lever et après le coucher du soleil; 2° les jours de fête légale; 3° dans les édifices consacrés au culte et pendant les exercices religieux seulement; 4° dans le lieu et pendant la tenue des séances des autorités constituées; 5° dans une maison quelconque, même dans son domicile, à moins qu'il n'ait été ainsi ordonné par le juge de paix du lieu, lequel juge de paix devra, dans ce cas, se transporter dans la maison avec l'officier ministériel ou déléguer un commissaire de police. »

Je crois que les dispositions générales de l'art. 781 sont encore applicables à l'arrestation des débiteurs contraignables par corps.

L'art. 781 limite le droit d'arrêter le débiteur : dans certains lieux et en certains temps, le débiteur peut braver les recherches dirigées contre lui.

1° Il ne peut être arrêté *avant le lever et après le coucher du soleil.* Comment déterminera-t-on le moment du lever et du coucher du soleil? Faut-il appliquer ici l'art. 1037, et décider, en conséquence, que le débiteur ne pourra être arrêté, du 1er octobre au 31 mars, avant six heures du matin et après six heures du soir, et, depuis le 1er avril jusqu'au 30 septembre, avant quatre heures du matin et après neuf heures du soir? Plusieurs auteurs pensent, en effet, que l'art. 1037 contient la règle générale relative aux heures auxquelles les exécutions peuvent être faites, et que cet article a expliqué et au besoin modifié l'art. 781, 2°, du Code de procédure.

Mais c'est avec raison, suivant moi, qu'une autre solution a prévalu. L'art. 781, 2°, doit être considéré comme spécial à une espèce d'exécution, l'emprisonnement, et déroge, à cet égard, à la règle générale de l'art. 1037. Un motif bien simple a fait introduire cette dérogation. Pour la signification des actes et pour l'exécution des jugements par voie de saisie, l'art. 1037 pose une règle générale, qui permet quelquefois de procéder de nuit à ces significations et exécutions; ainsi, dans le mois d'avril et dans le mois de septembre, il ne fait pas jour entre huit et neuf heures du soir, comme, en décembre et en janvier, il fait nuit entre six et sept heures du matin, entre cinq et six heures du soir. Mais le législateur n'a pas voulu permettre les arrestations quand il fait nuit, de peur des erreurs et des rixes qu'une arrestation nocturne pourrait entraîner. Chaque jour comprendra donc la faculté d'arrêter le débiteur dans un espace de temps différent, réglé par les tables astronomiques, qui fixent le lever et le coucher du soleil (1).

On a objecté qu'il résulterait de cette décision, que, dans certains jours, l'arrestation, c'est-à-dire la plus grave des exécutions, pourrait avoir lieu à un moment où il ne serait pas permis de procéder à d'autres exécutions moins graves. Ainsi, dans les derniers jours de mars, le soleil se couche après six heures du soir; dans le mois de juin, il se lève avant quatre heures du matin; le débiteur serait donc régulièrement arrêté (781, 1°), dans des moments où de simples significations d'actes ne seraient pas valablement faites. Ce résultat a paru tellement exorbitant, que quelques auteurs ont pensé que la règle de l'art. 781, 1°, spéciale aux arrestations, devait au moins être resserrée dans les limites de l'art. 1037; que l'art. 781, 1°, restreignait quelquefois, pour l'arrestation, le temps fixé pour les exécutions, par l'art. 1037, mais qu'il ne devait jamais servir à l'augmenter. J'inclinerais plutôt à penser que, pour les arrestations, on se référera exclusivement à l'art. 781, 1°, sans tenir aucun compte de l'art. 1037; et, si le débiteur perd à ce calcul dans quelques rares hypothèses, le plus ordinairement il y gagnera.

1050. 2° *Les jours de fête légale.* Quels sont les jours de fête légale? Voyez n° 159. C'est une règle générale que les exécutions ne se font pas les jours de

(1) Colmar, 31 août 1810. — Bruxelles, 1er mars 1813 (Dall. *Rép.*, v° *Contrainte par corps*, n° 906 et 992).

fête légale. Toutefois, l'art. 1037, qui pose cette règle, y introduit une exception : *Si ce n'est en vertu de permission du juge, dans le cas où il y aurait péril en la demeure.* Je ne crois pas qu'on doive, en matière d'emprisonnement, admettre cette exception, qui ne se trouve pas écrite dans l'art. 781, 2°, c'est-à-dire au siège de la matière.

3° *Dans les édifices consacrés au culte, et pendant les exercices religieux seulement.* Le débiteur, à l'arrestation duquel on voudrait procéder, est protégé par la cérémonie religieuse qui s'accomplit dans l'édifice consacré au culte, quand même il ne prendrait pas part à cette cérémonie. Ainsi, on ne peut l'arrêter dans une église catholique, pendant qu'on y célèbre une messe qu'il n'entend pas. La loi n'a pas voulu que l'arrestation d'un débiteur troublât, par la dispute ou les rixes qu'elle peut occasionner, les personnes qui participent à des exercices religieux dans un édifice consacré à leur culte.

4° *Dans le lieu et pendant la tenue des séances des autorités constituées.* Rigoureusement, les autorités constituées seraient celles qui sont instituées par la constitution ; mais on étend ce nom à toute assemblée et à toute personne légalement investie d'une autorité.

Ainsi une arrestation ne peut être faite dans la salle où siège le tribunal, ni dans le lieu où siègent un conseil administratif, un conseil général, un conseil de préfecture, un conseil municipal, etc., ni dans le lieu où se réunit une assemblée électorale. Mais ce n'est pas le lieu lui-même qui est considéré comme un asile ; ce privilège, que la loi n'a pas accordé à l'église, n'appartient ni à la salle d'audience d'un tribunal, ni à la salle d'une mairie, etc. Le seul but de la loi, c'est que les autorités constituées puissent vaquer sans trouble à leurs fonctions ; aussi ce n'est que pendant la tenue des séances que ces salles d'audience ou d'assemblée jouissent de l'immunité dont nous parlons : le même lieu ne protégerait plus le débiteur avant ni après l'audience ou la séance.

5° *Dans une maison quelconque, même dans son domicile, à moins qu'il n'ait été ainsi ordonné par le juge de paix du lieu, lequel juge de paix devra, dans ce cas, se transporter dans la maison avec l'officier ministériel, ou déléguer un commissaire de police.*

Le n° 5 de l'art. 781 ne me semble plus applicable aujourd'hui. L'arrestation ne peut avoir lieu qu'en vertu d'une réquisition ou d'un ordre émané du procureur de la République. Il n'y a donc plus besoin de recourir à un magistrat inférieur.

« Art. 784. S'il s'est écoulé une année entière depuis le commandement, il sera fait un nouveau commandement par un huissier commis à cet effet. »

Il me semble très raisonnable d'appliquer encore cette disposition.

1051. « Art. 782. Le débiteur ne pourra non plus être arrêté, lorsque, appelé comme témoin devant un directeur du jury ou devant un tribunal de première instance, ou une cour d'appel ou d'assises, il sera porteur d'un sauf-conduit. — Le sauf-conduit pourra être accordé par le directeur du jury, par le président du tribunal ou de la cour où les témoins devront être entendus. Les conclusions du ministère public seront nécessaires. — Le sauf-conduit règlera la durée de son effet, à peine de nullité. — En vertu du sauf-conduit, le débiteur ne pourra être arrêté ni le jour fixé pour sa comparution, ni pendant le temps nécessaire pour aller et pour revenir. »

Quelquefois il est utile que le débiteur se présente à la justice pour l'éclairer sur des faits contestés, dont il a connaissance, dont il a peut-être été l'unique témoin. On ne peut le contraindre à venir éclairer le tribunal civil ou criminel, avec la chance d'être arrêté en chemin, pour une affaire qui ne le concerne pas personnellement. On lui accorde alors un sauf-conduit, qui le mettra temporairement à l'abri des poursuites exercées contre lui. La loi permet de suspendre momentanément, dans l'intérêt de la bonne administration de la justice, l'exercice du droit particulier du créancier qui a obtenu la contrainte par corps.

Mais, pour que le sauf-conduit protège le débiteur qui l'invoque, il faut, d'une part, que ce sauf-conduit émané d'une des personnes à qui l'article 782 accorde le droit d'en délivrer, et, d'autre part, que le débiteur se trouve dans les limites de temps fixées par le juge et par la loi.

Quelles sont les personnes qui peuvent accorder un sauf-conduit? L'art. 782 nomme d'abord le *directeur du jury*. Il existait, en effet, lors de la promulgation du Code de procédure, un jury d'accusation qui a été supprimé par le Code d'instruction criminelle. Le directeur de ce jury avait le droit d'appeler des témoins, aux termes de la loi du 7 pluviôse an IX, art. 9 ; et, par suite, notre article lui donnait le droit d'accorder un sauf-conduit au témoin qui en avait besoin pour se présenter devant lui. Ce droit appartient maintenant au juge d'instruction, qui, d'après l'art. 71 du Code d'instruction criminelle, appelle devant lui les personnes indiquées comme ayant connaissance du fait incriminé. Il faut donc aujourd'hui attribuer au juge d'instruction ce que notre article disait du directeur du jury. Le président du tribunal d'arrondissement, celui de la cour d'appel ou de la cour d'assises où les témoins devront être entendus, peuvent encore accorder un sauf-conduit. Mais ils doivent entendre auparavant les conclusions du ministère public ou en prendre connaissance.

On avait élevé la question de savoir si le juge de paix, si le tribunal de commerce ou son président, pouvaient accorder des saufs-conduits aux témoins dont l'audition est nécessaire pour éclairer leur conviction. Un avis du conseil d'État du 30 avril 1807 leur a refusé ce droit. On a contesté la force obligatoire de cet avis du conseil d'État, qui n'a pas été inséré au *Bulletin des lois*. Mais, en supposant même que ce document n'existe pas, l'art. 782 doit être considéré comme énumérant, d'une manière limitative, les personnes qui peuvent accorder des saufs-conduits. Comment les juges de paix et de commerce obéiraient-ils aux prescriptions de la loi, qui exige que le sauf-conduit soit délivré sur les conclusions du ministère public, puisqu'il n'y a de ministère public ni devant le juge de paix, jugeant au civil, ni devant le tribunal de commerce? Est-ce-à dire que ces juges de paix ou de commerce seront privés de l'audition d'un témoin, indispensable peut-être pour la découverte de la vérité? Non, sans doute; mais ce sera toujours au président du tribunal civil que la demande du sauf-conduit devra être adressée.

Cependant j'inclinerais à accorder au juge de paix, considéré comme juge de simple police, le droit d'accorder un sauf-conduit pour comparution devant cette juridiction. Dans ce cas, en effet, le juge de paix peut prendre les conclusions du commissaire de police chargé, devant le tribunal de simple police, des fonctions du ministère public (art. 144, C. instr. crim.).

Une seconde condition est nécessaire pour que le sauf-conduit protège le débiteur qui l'invoque : il faut qu'il se trouve dans les limites de temps fixées par le juge et par la loi. *Par le juge :* notre article porte que le sauf-conduit règlera la durée de son effet, à peine de nullité. Quelque rigoureuse que puisse paraître cette décision, le sauf-conduit irrégulier ne protégerait pas le débiteur : on pourrait l'arrêter, s'il n'était porteur que d'un sauf-conduit qui ne règlerait pas la durée de son effet.

Ce n'est pas tout, il faut encore prendre en considération la limite de temps fixée *par la loi.* D'après le dernier alinéa de notre article, le débiteur, porteur du sauf-conduit, ne pourra être arrêté, ni le jour fixé pour sa comparution, ni pendant le temps nécessaire pour aller et pour revenir. C'est alors que le sauf-conduit sera utile au débiteur : mais il ne le protégerait pas en dehors de ces limites.

⇒ **1052.** « Art. 783. Le procès-verbal d'emprisonnement contiendra, outre le formalités ordinaires des exploits : 1° itératif commandement ; 2° élection de domicile dans la commune où le débiteur sera détenu, si le créancier n'y demeure pas : l'huissier sera assisté de deux recors. »

Les arrestations, en matière civile et commerciale, étaient opérées, jusqu'en 1867, par les gardes du commerce à Paris, et partout ailleurs par les huissiers.

Mais, en matière criminelle, correctionnelle et de police, même pour les dommages-intérêts au profit des particuliers, l'art. 38 de la loi du 17 avril 1832 assujettissait l'exercice de la contrainte par corps aux mêmes formes que la contrainte par corps exercée au profit de l'État. Il était reconnu, par application de ces dispositions (art. 33 et 38, L. de 1832) que les particuliers, pour leurs dommages-intérêts, en matière criminelle, correctionnelle ou de police, devaient faire exécuter la contrainte par corps par les agents de la force publique et autres officiers chargés de l'exécution des mandements de justice et sur le réquisitoire du procureur de la République (1).

Les art. 2 et 3 de la loi du 22 juillet 1867, ayant reproduit les termes des art. 33 et 38 de la loi du 17 avril 1832, il faut suivre aujourd'hui les formes que je viens d'indiquer.

Et peu importe que la condamnation pour réparation d'un crime, d'un délit ou d'une contravention ait été prononcée par le tribunal statuant en matière pénale, ou par un tribunal civil.

Art. 5. « Les dispositions des articles qui précèdent s'étendent au cas où les condamnations ont été prononcées par les tribunaux civils au profit d'une partie lésée, pour réparation d'un crime, d'un délit ou d'une contravention reconnus par la juridiction criminelle. »

Mais, dans tous les cas, je crois que l'agent de la force publique ou autre exécuteur du mandement de justice doit dresser, en procédant à l'arrestation, le procès-verbal dont parle l'art. 783.

(1) Cass., 5 août 1846, D. 46, 1, 366.

1053. *Itératif commandement.* Ce commandement itératif est une nouvelle interpellation faite au débiteur, pour tâcher d'obtenir de lui le payement, sans avoir recours à l'exercice de la contrainte par corps. Mais ce commandement n'est pas soumis à toutes les conditions du premier. Ainsi, il n'est pas nécessaire de laisser un délai de cinq jours entre le second commandement et l'exécution de la contrainte par corps : ce commandement, au contraire, précède immédiatement l'arrestation.

2° *Election de domicile.* Cette élection de domicile attribue compétence pour les demandes en nullité et en élargissement (art. 794, 795, 805).

1054. « Art. 785. En cas de rébellion, l'huissier pourra établir garnison aux portes pour empêcher l'évasion et requérir la force armée, et le débiteur sera poursuivi conformément aux dispositions du Code d'instruction criminelle. »

L'art. 209 du Code pénal détermine les circonstances qui constituent la rébellion : c'est toute attaque, toute résistance avec violence et voies de fait envers l'officier ministériel. Cette rébellion sera considérée tantôt comme un crime, tantôt comme un délit, et, par conséquent, sera punie de peines criminelles ou correctionnelles, suivant les distinctions établies par les art. 210 et suiv. du Code pénal.

L'huissier ou tout autre exécuteur du mandement de justice ne peut, d'ailleurs, requérir la force armée avant la résistance.

1055. « Art. 786. Si le débiteur requiert qu'il en soit référé, il sera conduit sur-le-champ devant le président du tribunal de première instance du lieu où l'arrestation aura été faite, lequel statuera en état de référé : si l'arrestation est faite hors des heures de l'audience, le débiteur sera conduit chez le président. »

Cet article offre encore une garantie à la personne qu'on arrête. Il a pour but d'éviter des surprises qui occasionneraient, par erreur, l'arrestation d'une autre personne que le débiteur, ou d'empêcher de donner suite à une arrestation irrégulière en la forme. Toute personne arrêtée a donc le droit de se faire conduire en référé devant le président du tribunal civil, et, si elle prouve, par exemple, qu'elle n'est pas le débiteur contre qui la contrainte par corps a été prononcée, que les formes de l'arrestation n'ont pas été accomplies, ou qu'elle était porteur d'un sauf-conduit régulier, elle devra être relâchée. Mais le président ne peut examiner les causes de la condamnation ; tout son pouvoir se borne à statuer provisoirement sur la régularité des formes de l'arrestation, par exemple, sur l'heure, le lieu de l'arrestation, ou même sur la prétention élevée par le débiteur qu'il a payé le montant de la condamnation.

Le débiteur peut demander à être conduit en référé, tant que l'emprisonnement n'est pas effectué (1).

« Art. 787. L'ordonnance sur référé sera consignée sur le procès-verbal de l'huissier et sera exécutée sur-le-champ. »

Cet article n'exige aucune explication.

« Art. 788. Si le débiteur ne requiert pas qu'il en soit référé, ou si, en cas de référé,

(1) Toulouse, 30 avril 1825. — Douai, 23 novembre 1839 (Dall., *Rép.*, v° *Contrainte par corps*, n° 888).

le président ordonne qu'il soit passé outre, le débiteur sera conduit dans la prison du lieu, et, s'il n'y en a pas, dans celle du lieu le plus voisin : l'huissier ou tous autres qui conduiraient, recevraient ou retiendraient le débiteur dans un lieu de détention non légalement désigné comme tel, seront poursuivis comme coupables du crime de détention arbitraire. »

L'exécuteur du mandement de justice doit conduire le débiteur dans un édifice constituant légalement un lieu de détention, et dans le plus voisin des édifices qui ont cette destination. Si l'huissier ou tout autre agent conduisait le débiteur dans une autre prison, les directeurs ou geôliers ne devraient pas recevoir le débiteur. La sanction de ces dispositions se trouve dans les art. 114 et 122 du Code pénal.

Il peut arriver que la prison la plus voisine soit encore assez éloignée pour que l'huissier ne puisse y conduire le débiteur dans la journée. Dans ce cas, on admet que l'huissier devra faire désigner, par l'autorité locale, un lieu où le débiteur passera la nuit et sera gardé à vue.

1056. « Art. 789. L'écrou du débiteur énoncera : 1° le jugement ; 2° les noms et domicile du créancier ; 3° l'élection de domicile, s'il ne demeure pas dans la commune ; 4° les noms, demeure et profession du débiteur ; 5° la consignation d'un mois d'aliments au moins ; 6° enfin, mention de la copie qui sera laissée au débiteur parlant à sa personne, tant du procès-verbal de l'emprisonnement que de l'écrou. Il sera signé de l'huissier. »

Le débiteur est arrivé à la prison, il est écroué, enfermé, après avoir été remis au geôlier par l'huissier ou par un agent de la force publique. L'écrou est le procès-verbal de la remise du débiteur au gardien de la prison ou geôlier. Ce procès-verbal est transcrit sur le registre de la geôle ; il charge le geôlier de la garde du débiteur et en décharge l'huissier. On peut faire le procès-verbal d'écrou à la suite du procès-verbal d'emprisonnement, et transcrire le tout sur le registre de la geôle. Dans ce cas, le procès-verbal d'écrou est évidemment l'œuvre de l'huissier. Mais le procès-verbal d'écrou peut être fait par acte séparé. L'huissier ou le geôlier pourront indifféremment rédiger, l'un ou l'autre, le procès-verbal d'écrou. Mais la loi exige la signature de l'huissier, qui, en signant cet acte, en accepte la responsabilité (1).

Les différentes mentions que le procès-verbal d'écrou doit contenir se comprennent facilement. Nous reviendrons sur la cinquième, la consignation d'aliments, en expliquant l'art. 791.

« Art. 790. Le gardien ou geôlier transcrira sur son registre le jugement qui autorise l'arrestation : faute par l'huissier de représenter ce jugement, le geôlier refusera de recevoir le débiteur et de l'écrouer. »

Ici la transcription du jugement qui prononce la contrainte par corps est bien l'œuvre du geôlier, la loi l'a dit expressément (2).

(1) Paris, 14 décembre 1807 et 23 janvier 1808. — Cass. Rej., 16 juillet 1811 (Dall., *Rép.*, v° *Contrainte par corps*, n°s 916 et 917). — Toulouse, 1er septembre 1824 (Dall., *eod.*, n° 767). — Toulouse, 12 janvier 1825 (Dall., *eod.*, n° 995). — Paris, 19 mai 1825 (Dall., *eod.*, n° 737). — Nancy, 21 août 1838 (Dall., *eod.*, n° 924). — *Contrà :* Besançon, 23 juillet 1812. — Bruxelles, 6 mai 1813 (Dall., *eod.*, n° 915).

(2) Jugé cependant que le fait de la transcription du jugement par l'huissier n'en-

1057. « Art. 791. Le créancier sera tenu de consigner les aliments d'avance. Les aliments ne pourront être retirés lorsqu'il y aura recommandation, si ce n'est du consentement du recommandant. »

Cet article doit être complété par l'art. 6 de la loi du 22 juillet 1867 :

« Art. 6. — Lorsque la contrainte a lieu à la requête et dans l'intérêt des particuliers, ils sont obligés de pourvoir aux aliments des détenus ; faute de provision, le condamné est mis en liberté.

« La consignation d'aliments doit être effectuée d'avance pour trente jours au moins ; elle ne vaut que pour des périodes entières de trente jours.

« Elle est, pour chaque période, de 45 fr. à Paris, de 40 fr. dans les villes de cent mille âmes et de 35 fr. dans les autres villes. »

Le créancier est tenu de nourrir le débiteur pendant la durée de l'emprisonnement ; il arrache le débiteur à ses travaux, à sa famille ; c'est dans l'intérêt du créancier que le débiteur est privé de sa liberté ; il doit donc être nourri aux frais du créancier. La loi a déterminé, pour prévenir toute contestation, quelle était la somme que le créancier devait payer pour la nourriture de son débiteur. Cette somme est de 45 francs à Paris, de 40 francs dans les villes de cent mille âmes et au-dessus, et de 35 francs dans les autres villes pour chaque période de trente jours. Cette consignation doit être faite *d'avance*, sinon le débiteur obtiendra son élargissement (art. 800, 4°, C. pr.), qui sera prononcé dès qu'il y aura un seul moment d'emprisonnement sans consignation d'aliments.

C'est donc une question fort importante de préciser le sens du mot *d'avance*, c'est-à-dire d'examiner jusqu'à quel moment il est temps encore de consigner et de renouveler les aliments. Je crois que le créancier est tenu, la première fois, de faire la consignation avant l'incarcération, ou, au plus tard, en même temps que le procès-verbal d'écrou. Quant au renouvellement, il doit être fait avant le trentième jour ; le jour de l'incarcération compte ; en un mot, on compte par jours et non d'heure à heure (1). « Les consignations pour plus « de trente jours ne vaudront qu'autant qu'elles seront d'une seconde ou « de plusieurs périodes de trente jours (art. 28, L. 17 avril 1832). »

Quand le créancier a consigné les aliments, il peut encore les retirer, si lui seul retient le débiteur en prison. Seulement, ce retrait des aliments consignés est un consentement tacite à la mise en liberté du débiteur, et nous verrons sur l'art. 804 quelles en sont les conséquences.

Mais si, pendant l'emprisonnement du débiteur, il survient des recommandations, c'est-à-dire si d'autres créanciers, ayant obtenu contre lui la contrainte par corps, recommandent de ne pas le laisser sortir, dans le cas où celui qui l'a fait emprisonner donnerait mainlevée de ses poursuites, le créancier, qui a consigné les aliments, ne peut plus les retirer que du consentement des recommandants. Telle est la disposition de notre article. Nous examinerons, en traitant de la recommandation, notamment sur l'art. 793, quelles

traîne pas nullité. — Caen, 19 février 1823 (Dall., *Rép.*, v° *Contrainte par corps*, n° 913).

(1) Douai, 13 juillet 1820. — Paris, 6 décembre 1836 (Dall. *Rép.*, v° *Contrainte par corps* n° 919). — Toulouse, 14 novembre 1839 (Dall., *eod.*, n° 2084).

sont les obligations respectives du créancier incarcérateur et des recommandants relativement aux aliments.

1058. § 2. *De la recommandation* (art. 792, 793). — La recommandation est un acte par lequel un créancier, qui aurait le droit de faire emprisonner son débiteur s'il était libre, s'oppose à ce qu'il soit mis en liberté sans son consentement, lorsqu'il le trouve déjà incarcéré. Le créancier qui a fait incarcérer le débiteur peut lui-même le recommander pour une autre créance, afin de n'avoir pas à le faire rechercher de nouveau, après l'expiration de l'emprisonnement relatif à la première créance.

« Art. 792. Le débiteur pourra être recommandé par ceux qui auraient le droit d'exercer contre lui la contrainte par corps. Celui qui est arrêté comme prévenu d'un délit peut aussi être recommandé : et il sera retenu par l'effet de la recommandation, encore que son élargissement ait été prononcé et qu'il ait été acquitté du délit. »

Il est permis de recommander le prévenu d'un délit. Il faut décider de même que celui qui a été non seulement prévenu, mais même condamné, et qui est sur le point de finir sa peine, peut aussi être recommandé à la prison où il la subit.

1059. « Art. 793. Seront observées pour les recommandations, les formalités prescrites ci-dessus pour l'emprisonnement : néanmoins l'huissier ne sera pas assisté de recors; et le recommandant sera dispensé de consigner les aliments, s'ils ont été consignés. — Le créancier qui a fait emprisonner pourra se pourvoir contre le recommandant devant le tribunal du lieu où le débiteur est détenu, à l'effet de le faire contribuer au payement des aliments par portion égale.

La recommandation est un acte d'exécution ; d'où il suit qu'en règle générale les mêmes formalités devront être employées pour la recommandation que pour l'emprisonnement. Ainsi on appliquera le dispositions des articles 2 et 3 de la loi du 22 juillet 1867, et 783 du Code de procédure. Seulement, comme il n'y a pas d'arrestation réelle, la présence des recors est inutile. L'huissier fait venir le débiteur entre les deux guichets de la prison, pour y recevoir la copie du procès-verbal de recommandation et du procès-verbal d'écrou, sauf à remettre la copie au geôlier, si le débiteur refuse de venir.

L'huissier ou le geôlier devront-ils accéder à la demande du débiteur recommandé qui veut être conduit en référé devant le président ? Le débiteur aura souvent intérêt à empêcher la recommandation, qui nuira à sa mise en liberté peut-être prochaine. Il invoquera le texte de l'art. 793, qui soumet la recommandation aux mêmes formes que l'emprisonnement ; l'art. 786, dira-t-il, est aussi bien applicable à la recommandation qu'à l'emprisonnement. Je ne crois pas cependant que le débiteur doive être écouté et conduit en référé devant le président, sur la réquisition qu'il fait au moment de la recommandation. D'abord le geôlier manquerait à ses devoirs en laissant sortir le débiteur sans ordre de la justice, même sous la garde et la responsabilité de l'huissier. Il est vrai que le débiteur peut avoir intérêt à combattre la validité de la recommandation ; aussi lui permettrons-nous d'introduire un référé, mais par le ministère et l'intermédiaire d'un avoué qui fera valoir ses moyens.

Remarquez bien la différence qu'il y a, sous ce point de vue, entre l'emprisonnement et la recommandation. Ce que la loi a voulu dans l'art. 786, c'est que la personne arrêtée ne fût pas, même pour un seul jour, enlevée à ses affaires et à sa famille, si l'arrestation est le résultat d'une erreur ou n'est pas accompagnée des formes tutélaires prescrites par les lois ; mais, quand il s'agit d'une recommandation, ce motif ne se rencontre plus. Le débiteur est déjà en prison pour une autre cause ; y eût-il erreur ou irrégularité dans la recommandation, il n'en restera pas moins en prison pour les causes de l'emprisonnement primitif. Les garanties de l'article 786 ne reçoivent donc en cette matière aucune application.

Le recommandant n'est pas tenu non plus de consigner des aliments, puisque le débiteur est déjà nourri par le premier créancier ; la circonstance qu'il survient une ou plusieurs recommandations ne lui fera pas allouer une somme double ou triple pour sa nourriture. Les aliments, fournis par le premier créancier, servent donc aux recommandants. Est-ce à dire que le créancier incarcérateur supportera seul la charge des aliments ? Non, sans doute. Quelles seront donc les obligations réciproques du créancier incarcérateur et des recommandants, relativement à l'obligation de fournir des aliments au débiteur ?

J'ai dit précédemment que le créancier incarcérateur pouvait retirer les aliments qu'il avait consignés, mais que le débiteur alors obtenait sa mise en liberté. Cette faculté suppose qu'il n'est pas survenu de recommandations; dans le cas contraire, le créancier, qui a consigné les aliments, ne peut plus les retirer sans le consentement des recommandants. Ainsi les aliments deviennent communs à tous les créanciers au nom desquels le débiteur est retenu en prison. Le créancier incarcérateur, qui était peut-être sur le point de retirer ses aliments, voit donc sa position changée, sa faculté de retrait détruite par la survenance d'une recommandation. Seulement, le mois suivant, le créancier incarcérateur peut refuser de fournir les aliments ou d'y contribuer ; mais alors la durée de l'emprisonnement dépend du recommandant, et le débiteur pourrait sortir de prison sans payer la dette du créancier qui l'a fait emprisonner.

D'un autre côté, le créancier incarcérateur qui a consigné les aliments ne doit plus les fournir seul, et il a le droit de demander au recommandant d'y contribuer. La contribution se fait, non suivant la valeur proportionnelle des créances, mais par portions égales entre le créancier incarcérateur et les recommandants (art. 793, 2e alinéa). En effet, les aliments sont toujours les mêmes (45 fr. à Paris, 40 fr. ou 35 fr. ailleurs ; Voy. art. 791, C. pr., et art. 6 L. du 22 juillet 1867), quel que soit le chiffre de la créance. Les créanciers qui font retenir le débiteur en prison doivent donc y contribuer pour des parts égales.

➾ **1060.** § 3. *Des demandes en nullité* (art. 794 à 799).

Art. 794. A défaut d'observation des formalités ci-dessus prescrites, le débiteur pourra demander la nullité de l'emprisonnement, et la demande sera portée au tribunal du lieu où il est détenu : si la demande en nullité est fondée sur les moyens du fond, elle sera portée devant le tribunal de l'exécution du jugement. »

La loi distingue deux sortes de nullités de l'emprisonnement, les nullités de forme et les nullités de fond. Il y a nullité de fond lorsque la créance était éteinte par une libération survenue depuis le jugement de condamnation, comme la novation, la compensation de la créance survenue depuis le jugement.

Quant aux nullités de forme, elles consistent dans l'inobservation des formalités prescrites pour l'emprisonnement.

Notre article 794 montre l'utilité de la distinction entre ces diverses sortes de nullités, puisque le jugement des unes n'est pas déféré au même tribunal que le jugement des autres. Le tribunal du lieu où le débiteur est détenu, c'est-à-dire le tribunal civil de l'arrondissement dans lequel se trouve la prison, sera compétent pour statuer sur les nullités de forme. Mais les nullités de fond seront portées à la connaissance du tribunal de l'exécution, c'est-à-dire du tribunal civil, chargé par la loi de statuer sur les difficultés d'exécution (Voy. les art. 442 et 472, C. pr., et leur explication).

« Art. 795. Dans tous les cas, la demande pourra être formée à bref délai en vertu de permission du juge, et l'assignation donnée par huissier commis au domicile élu par l'écrou : la cause sera jugée sommairement, sur les conclusions du ministère public. »

A bref délai. Le procès sur la liberté d'une personne est toujours une affaire urgente.

Domicile élu par l'écrou. C'est le domicile élu par le créancier dans le procès-verbal d'écrou, conformément à l'article 780, 3°, dans la commune du lieu de la détention, s'il n'y demeure pas. Ce domicile est attributif de compétence, comme le prouve l'art. 794.

La cause sera jugée sommairement, à cause de l'urgence.

Sur les conclusions du ministère public, à cause de la gravité d'une affaire où il s'agit de la liberté d'une personne. Si la demande en nullité était rejetée, sans que le ministère public eût donné ses conclusions, il y aurait lieu à appel ou à requête civile, suivant qu'il s'agirait du jugement d'un tribunal ou de l'arrêt d'une Cour.

1061. « Art. 796. La nullité de l'emprisonnement, pour quelque cause qu'elle soit prononcée, n'emporte pas la nullité des recommandations. »

Quelques auteurs, et notamment Pothier, établissaient autrefois la distinction suivante entre les nullités de forme et les nullités de fond. Quand une nullité de forme était admise, elle entraînait, suivant ces auteurs, la nullité des recommandations; les recommandations subsistaient, au contraire, si l'emprisonnement n'était annulé que par un moyen de fond. L'arrestation régulière en la forme profitait aux recommandants, tandis que l'arrestation et l'emprisonnement irrégulièrement faits ne pouvaient être utiles à personne. Mais la jurisprudence avait repoussé cette distinction que le Code de procédure a également proscrite de la manière la plus formelle par ces mots : *Pour quelque cause qu'elle soit prononcée.*

Cependant on a introduit aujourd'hui, dans l'interprétation de notre article, une autre distinction. Les recommandations émanent ou d'autres créanciers, ou du créancier même qui a fait l'emprisonnement. On applique l'art. 796 aux recommandations faites par d'autres que le créancier incarcérateur : c'est l'hypothèse la plus ordinaire, celle que les rédacteurs de l'article ont dû avoir en vue. La loi a voulu que la faute de l'un ne rejaillît pas sur les autres. Mais si la recommandation émane du créancier incarcérateur lui-même, la nullité de l'emprisonnement entraînera la nullité de la recommandation (1), parce qu'elle résulte d'une faute qui est imputable, sinon à lui, au moins aux officiers ministériels qui sont ses mandataires, sauf leur responsabilité à son égard.

1062. « Art. 797. Le débiteur dont l'emprisonnement est déclaré nul ne peut être arrêté pour la même dette qu'un jour au moins après la sortie. »

On n'a pas voulu que le créancier, dans le cas où l'emprisonnement n'est annulé que pour vice de forme, pût faire guetter le débiteur à la porte de la prison au moment de sa sortie, pour le faire réincarcérer immédiatement. ** Cette disposition semble avoir été abrogée par les art. 8 et 12 de la loi de 1867, desquels il résulte que le débiteur élargi, pour quelque cause que ce soit, ne peut plus être incarcéré pour la même dette. ** Mais la loi dit : *Pour la même dette;* le créancier pourrait-il donc réincarcérer le débiteur pour une autre dette, avant l'expiration d'un jour franc depuis sa sortie? Il n'aurait pas le droit de le faire arrêter sur le seuil de la prison dont il sort; mais j'admettrais la validité de l'arrestation faite à la requête du même créancier, *pour une autre dette*, moins d'un jour franc après la sortie du débiteur, par suite de la nullité de la première *arrestation.*

Si le débiteur, qui a obtenu la nullité de l'emprisonnement, est recommandé à la requête d'autres créanciers, il ne sortira pas de prison, comme nous l'avons vu sur l'article précédent. Dans ce cas, le créancier incarcérateur contre qui la nullité de l'emprisonnement a été prononcée, et qui ne pourrait faire arrêter son débiteur qu'un jour après sa sortie, s'il sortait, pourra-t-il le recommander avant l'expiration de ce jour franc? L'art. 797 suppose la sortie du débiteur et une nouvelle arrestation; il ne s'explique pas sur une recommandation de la part de celui contre qui la nullité de l'emprisonnement a été prononcée. L'art. 793 doit nous servir à résoudre cette question; les recommandations sont soumises aux mêmes formalités que l'emprisonnement. D'où il résulte que le créancier, qui avait fait procéder à l'emprisonnement déclaré nul, ne peut faire une recommandation pour la même créance, que s'il pouvait faire opérer l'emprisonnement en cas de sortie du débiteur. Nous ne l'admettrons donc à recommander le débiteur resté en prison pour une autre cause, qu'un jour franc après le moment où il aurait pu sortir, s'il n'avait été retenu que par suite de l'emprisonnement annulé.

Nous déciderons de même, que le recommandant, dont la recommandation aura été annulée, n'en pourra former une nouvelle qu'un jour franc après le moment où le débiteur serait sorti, s'il n'eût été retenu pour d'autres causes.

(1) Colmar, 31 août 1810. — Limoges, 26 mai 1823. — Toulouse, 12 janvier 1825 et 30 novembre 1839. — Nancy, 29 mai 1840 (Dall., *Rép.*, v° *Contrainte par corps*, n°s 903, 932, 927 et 995).

Le débiteur pourrait, pendant ce jour, payer le montant des autres causes de sa détention et obtenir sa liberté.

1063. « Art. 798. Le débiteur sera mis en liberté, en consignant entre les mains du geôlier de la prison les causes de son emprisonnement et les frais de la capture. »

Sous l'empire du Code de procédure, on s'était demandé si cet article ne faisait pas double emploi avec l'art. 800, 2°. Ce dernier article (800, 2°) a été lui-même modifié, comme nous le verrons, d'abord par l'art. 24 de la loi du 17 avril 1832, et, plus tard, par l'art. 11 de la loi du 22 juillet 1867.

Tous les auteurs reconnaissent que l'art. 798 ne faisait pas double emploi avec l'art. 800, 2°. En effet, l'art. 800, 2°, exigeait plus du débiteur que l'article 798, pour qu'il fût mis en liberté. Donc, dans l'esprit du législateur, ces deux articles ne se référaient pas à la même hypothèse.

Comment concilier ces deux propositions ? Trois opinions sont en présence. Suivant une première opinion, l'art. 798 aurait été fait en vue d'un article du projet qui a été supprimé et dont je parlerai tout à l'heure. L'art. 798, qui cadrait avec les dispositions supprimées, serait resté dans le Code par inadvertance, et n'aurait aujourd'hui aucune utilité.

Dans la seconde opinion, on applique l'article 798, non pas au débiteur écroué qui veut sortir de prison, mais au débiteur arrêté, conduit à la prison, et qui, avant d'être écroué, consignerait les causes de l'emprisonnement et les frais de la capture. Moyennant cette consignation, il serait mis en liberté et n'entrerait pas en prison. Mais, dans cette opinion, il me paraît difficile d'expliquer pourquoi le débiteur consigne entre les mains du geôlier et non entre celles de l'huissier qui, certainement, a mandat de toucher la créance.

La troisième opinion, la meilleure à mon avis, s'attache à la place qu'occupe dans notre titre l'article 798. Il se trouve au milieu des dispositions relatives aux demandes en nullité de l'emprisonnement : il y a donc lieu de croire qu'il a trait à ces sortes de demandes. Il s'agit d'un débiteur qui non seulement demande la nullité de l'emprisonnement, mais qui a même intérêt à sortir provisoirement de prison avant que le tribunal ait statué. Il pourra obtenir cette liberté provisoire en consignant entre les mains du geôlier les causes de son emprisonnement et les frais de capture. Sans doute, la demande en nullité sera jugée promptement (art. 795) ; mais cette célérité ne sera jamais assez grande aux yeux du prisonnier, et il peut accélérer sa mise en liberté en remplissant les conditions de l'art. 798.

Les frais de capture qu'il doit consigner sont les frais de l'instance, ceux de l'expédition et de la signification du jugement et de l'arrêt, s'il y a lieu, et ceux de l'exécution relative à la contrainte par corps seulement (art. 23, L. 17 avril 1832).

Que deviendra cette consignation? Suivant plusieurs auteurs, cette consignation n'est pas un payement que fait le débiteur. Ce débiteur qui croit qu'on l'a emprisonné à tort, et qui, provisoirement, veut jouir de sa liberté, consigne cette somme comme garantie qu'il reviendra se constituer prisonnier si la demande en nullité n'est pas accueillie. S'il triomphe dans sa demande en nullité, le débiteur a le droit d'exiger la restitution de sa consignation, qu'il n'a faite que pour obtenir sa liberté provisoire. On va plus loin : si la demande en nullité est rejetée et que le débiteur revienne en prison, ces auteurs décident encore que le montant de sa consignation devra être restitué, car elle était là pour garantir la comparution du débiteur qui comparaît. La consignation ne resterait donc entre les mains du créancier que dans un seul cas, si la demande en nullité est rejetée et si le débiteur ne revient pas se constituer prisonnier.

Je ne crois pas que cette opinion soit conforme à la pensée du législateur. L'art. 812 du projet de Code de procédure résolvait précisément la question comme les auteurs que je combats. Cet article était ainsi conçu : « Si l'emprisonnement est déclaré nul, les deniers payés ou consignés seront restitués au débiteur, nonobstant tous empêchements, même de la part d'un tiers, et ce, encore que la contrainte par corps subsiste ; le créancier sera contraint par corps à la restitution. »

Quelques cours firent observer qu'il était trop rigoureux de forcer le créancier à restituer une somme qui lui était due, sauf à le punir par des dommages-intérêts à raison de l'arrestation illégale, et l'art. 812 du projet fut remplacé par l'art. 799, qui se borne à prononcer une condamnation en des dommages-intérêts. L'art. 2, 4°, de l'ordonnance du 3 juillet 1816, ordonne d'ailleurs au geôlier de déposer à la Caisse des dépôts et consignations la somme consignée entre ses mains, si le créancier ne l'a pas acceptée dans le délai de vingt-quatre heures.

Ainsi le montant de la consignation peut être versé dans les mains du créancier dans les vingt-quatre heures. Le créancier gardera cette somme, à moins que l'emprisonnement ne soit annulé pour nullité ou extinction de la créance. S'il n'est annulé que pour vices de forme, la consignation ne sera pas rendue, mais le créancier pourra être condamné à des dommages-intérêts envers le débiteur.

Le tribunal appréciera le préjudice causé, et prendra en considération la bonne ou la mauvaise foi du créancier ; il peut même annuler l'emprisonnement sans condamner le créancier à des dommages-intérêts : *pourra être condamné*. La loi du 15 germinal an VI, au contraire, exigeait impérativement que des dommages-intérêts fussent toujours alloués au débiteur dans le cas de nullité de l'emprisonnement.

« Art. 799. Si l'emprisonnement est déclaré nul, le créancier pourra être condamné à des dommages-intérêts envers le débiteur. »

➾ **1064.** § 4. *De l'élargissement* (art. 800 à 805.) — L'élargissement est la mise en liberté du débiteur pour des causes postérieures à l'arrestation. La demande en élargissement diffère de la demande en nullité de l'emprisonnement en ce que, dans ce dernier cas, le débiteur allègue que l'emprisonnement est injuste ou irrégulier, tandis que la demande en élargissement se concilie très bien avec l'emprisonnement fondé en droit et régulier en la forme au moment où il a été opéré.

L'art. 798 nous a donné l'exemple d'un élargissement provisoire qui peut être obtenu pendant l'instance en nullité au moyen de certaines conditions. L'art. 800 nous montrera quelles sont les causes qui donnent lieu à une demande en élargissement. Les art. 801, 802, 803 et 804 seront expliqués avec l'art. 800.

« Art. 800. Le débiteur légalement incarcéré obtiendra son élargissement : 1° par le consentement du créancier qui l'a fait incarcérer et des recommandants, s'il y en a; — 2° par le payement ou la consignation des sommes dues tant au créancier qui a fait emprisonner qu'aux recommandants, des intérêts échus, des frais liquidés, de ceux d'emprisonnement et de la restitution des aliments consignés; — 3° par le bénéfice de cession; — 4° à défaut par les créanciers d'avoir consigné d'avance les aliments; — 5° et, enfin, si le débiteur a commencé sa soixante-dixième année, et si, dans ce dernier cas, il n'est pas stellionataire. »

1° *Par le consentement des créanciers et des recommandants, s'il y en a.* Dans quelle forme ce consentement doit-il être donné? L'article 801 s'est expliqué sur ce point :

« Art. 801. Le consentement à la sortie du débiteur pourra être donnée soit devant notaire, soit sur le registre d'écrou. »

Le geôlier pourrait aussi mettre le débiteur en liberté, sur la représentation d'un jugement qui donnerait acte au débiteur du consentement du créancier incarcérateur et des recommandants, s'il y en a. Mais le geôlier n'est pas tenu d'ajouter foi à l'acte sous seing privé, portant consentement du créancier et qui peut-être n'émane pas de lui.

2° *Par le payement ou la consignation des sommes dues...*, etc. Cette disposition a d'abord été modifiée par l'art. 24 de la loi du 17 avril 1832, qui a singulièrement adouci la position du débiteur; cet article était ainsi conçu : Le « débiteur, *si la contrainte par corps n'a pas été prononcée pour dette commerciale*, « obtiendra son élargissement en payant ou consignant le tiers du principal « de la dette et de ses accessoires, et en donnant pour le surplus une caution « acceptée par le créancier, ou reçue par le tribunal civil dans le ressort du- « quel le débiteur sera détenu. » L'art. 25 ajoutait : « La caution sera tenue « de s'obliger, solidairement avec le débiteur, à payer, dans un délai qui ne « pourra excéder une année, les deux tiers qui resteront dus. »

Ces art. 24 et 25 de la loi du 17 avril 1832 n'étaient applicables, d'après l'art. 24, que si la contrainte par corps n'avait pas été prononcée pour dette commerciale; mais l'art. 6 de la loi du 13 décembre 1848 les avait déclarés applicables aux matières commerciales.

La loi de 1867 a été plus loin encore : elle permet au débiteur de prévenir ou de faire cesser l'effet de la contrainte par corps, en donnant caution, sans consigner aucune partie de la dette.

« Art. 11 (L. de 1867). — Les individus contre lesquels la contrainte a été prononcée peuvent en prévenir ou en faire cesser l'effet en fournissant une caution reconnue bonne et valable.

« La caution est admise, pour l'État, par le receveur des domaines; pour les particuliers, par la partie intéressée; en cas de contestation, elle est déclarée, s'il y a lieu, bonne et valable par le tribunal civil de l'arrondissement.

« La caution doit s'exécuter dans le mois, à peine de poursuite. »

L'art. 802 du Code de procédure, qui déterminait comment la consignation devait être faite, peut encore s'appliquer à la consignation dont parle l'art. 798.

« Art. 802. La consignation de la dette sera faite entre les mains du geôlier, sans qu'il soit besoin de la faire ordonner ; si le geôlier refuse, il sera assigné à bref délai devant le tribunal du lieu, en vertu de permission : l'assignation sera donnée par l'huissier commis. »

Le geôlier remettra cette somme au créancier, et, si ce dernier ne l'accepte pas dans les vingt-quatre heures, le geôlier la déposera à la Caisse des dépôts et consignations, conformément à la disposition du n° 4 de l'art. 2 de l'ordonnance du 3 juillet 1816, que j'ai déjà cité sur l'art. 798.

3° *Par le bénéfice de cession.* Le bénéfice de cession était un moyen, accordé par la loi au débiteur malheureux et de bonne foi, de se soustraire à la contrainte par corps, en abandonnant tous ses biens à ses créanciers (art. 1268 C. civ.). La loi du 28 mai 1838 a enlevé le bénéfice de cession aux débiteurs commerçants (art. 541, C. comm.).

L'art. 1er de la loi de 1867 qui supprime la contrainte par corps en matière civile, paraît enlever tout intérêt au bénéfice de cession.

** En effet, la cession de biens est un bénéfice réservé au débiteur malheureux et de bonne foi, qui lui permet d'éviter la contrainte par corps. Mais comment admettre que celui qui est débiteur, à raison d'un délit, puisse être de bonne foi? Cela peut cependant se présenter dans les cas très rares où la loi admet l'existence d'un délit, malgré l'absence de toute intention criminelle, par exemple, s'il y a eu homicide par imprudence. On ne devrait pas hésiter, dans ces mêmes cas, à admettre encore aujourd'hui le bénéfice de la cession de biens pour éviter à ce débiteur malheureux et de bonne foi, les rigueurs de la contrainte par corps. **

4° *A défaut par les créanciers d'avoir consigné d'avance les aliments.* Nous avons déjà vu quel était le taux de ces aliments, et que la consignation devait en être faite d'avance au moins pour un mois, et renouvelée avant l'expiration du temps pour lequel était faite la consignation précédente. Dès qu'il n'y a plus aucune somme consignée pour aliments, dès que le mois, par exemple, pour lequel la consignation était faite, est expiré, sans qu'une nouvelle consignation ait eu lieu, le débiteur peut former sa demande en élargissement. Seulement, on admet que la demande en élargissement n'est plus recevable si le créancier, qui était en retard de faire la consignation d'aliments, l'effectue avant que le débiteur ait formé sa demande. Réciproquement, dès que la demande en élargissement est formée, il est trop tard pour opérer la consignation. L'art. 7 de la loi du 22 juillet 1867, qui ne fait que reproduire l'art. 30 de la loi du 17 avril 1832, dispense le débiteur d'avoir recours, pour former cette demande, à un avoué ou à un huissier. Cet article porte : « Lors-« qu'il y a lieu à élargissement faute de consignation d'aliments, il suffit « que la requête, présentée au président du tribunal civil, soit signée par « le débiteur détenu et par le gardien de la maison d'arrêt pour dettes, « ou même certifiée véritable par le gardien, si le détenu ne sait pas signer.

« Cette requête est présentée en duplicata; l'ordonnance du président,

« aussi rendue par duplicata, est exécutée sur l'une des minutes qui reste en-« tre les mains du gardien ; l'autre minute est déposée au greffe du tribunal « et enregistrée gratis. »

Dès que la requête a été présentée au président, la demande est formée, et une nouvelle consignation d'aliments par le créancier ne pourrait plus mettre obstacle à la mise en liberté (art. 803, 2°) (1). L'art. 804, C. pr., autorisait le créancier, sous certaines conditions, à faire emprisonner de nouveau le débiteur élargi, faute de consignation d'aliments ; mais cet article a été abrogé par l'art. 31 de la loi du 17 avril 1832 et par l'art. 8 de la loi du 22 juillet 1867, qui défendent d'incarcérer de nouveau, pour la même dette, le débiteur mis en liberté, faute de consignation d'aliments.

5° *Et enfin, si le débiteur a commencé sa soixante-dixième année, et, si, dans ce dernier cas, il n'est pas stellionataire.*

Les derniers mots du paragraphe : *Si, dans ce dernier cas, il n'est pas stellionataire*, doivent être considérés comme abrogés, puisque la contrainte par corps en matière civile est supprimée dans tous les cas (art. 1er de la loi de 1867).

Le commencement du paragraphe doit être complété par l'art. 14 de la loi de 1867.

« Art. 14. — Si le débiteur a commencé sa soixantième année, la contrainte par corps est réduite à la moitié de la durée fixée par le jugement, sans préjudice des dispositions de l'art. 10. »

Le débiteur obtient encore sa mise en liberté par l'expiration du temps fixé par le jugement. Le minimum et le maximum de la durée de la contrainte par corps sont déterminés, suivant les circonstances, par l'art. 9 de la loi du 22 juillet 1867, qui est ainsi conçu :

« La durée de la contrainte par corps est réglée ainsi qu'il suit (2) :

« De deux jours à vingt jours, lorsque l'amende et les autres condamnations n'excèdent pas 30 fr. ;

« De vingt jours à quarante jours, lorsqu'elles sont supérieures à 50 fr. et qu'elles n'excèdent pas 100 fr. ;

« De quarante jours à soixante jours, lorsqu'elles sont supérieures à 100 fr. et qu'elles n'excèdent pas 200 fr. ;

« De deux mois à quatre mois, lorsqu'elles sont supérieures à 200 fr. et qu'elles n'excèdent pas 500 fr. ;

« De quatre mois à huit mois, lorsqu'elles sont supérieures à 500 fr. et qu'elles n'excèdent pas 2,000 fr. ;

« D'un an à deux ans, lorsqu'elles s'élèvent à plus de 2,000 fr.

En matière de simple police, la durée de la contrainte par corps ne pourra excéder cinq jours. »

Ajoutons avec l'art. 10 de la même loi, que l'insolvabilité du débiteur peut

(1) Riom, 7 juillet 1817. — Cass., 27 août 1821. — Douai, 1er septembre 1824. — Nancy, 18 mai 1829 (Dall., *Rép.*, v° *Contrainte par corps*, n° 1081). — Caen, 26 août 1846. D. 1851, 5, 122.

(2) Les décimes de guerre doivent compter pour établir le chiffre des amendes. Cass. (ch. réunies), 16 janvier 1872, D. 1872, 1, 329.

faire diminuer de moitié la durée de la contrainte par corps fixée par le jugement :

« Art. 10. — Les condamnés qui justifient de leur insolvabilité, suivant l'art. 420 du Code d'instruction criminelle, sont mis en liberté après avoir subi la contrainte pendant la moitié de la durée fixée par le jugement. »

L'art. 12 de la loi de 1867 procure encore une faveur à ceux qui ont obtenu leur élargissement pour une des causes précitées.

« Art. 12. — Les individus, qui ont obtenu leur élargissement, ne peuvent plus être détenus ou arrêtés pour condamnations pécuniaires antérieures, à moins que ces condamnations n'entraînent, par leur quotité, une contrainte plus longue que celle qu'ils ont subie et qui, dans ce dernier cas, leur est toujours comptée pour la nouvelle incarcération. »

Enfin, l'élargissement sera encore obtenu par le débiteur, si la créance est éteinte, pendant la durée de l'emprisonnement, par un moyen quelconque d'extinction de la dette, autre que le payement dont nous avons parlé précédemment.

Le débiteur malade peut aussi obtenir sa translation dans une maison de santé, et si l'utilité ou la nécessité de cette translation est contestée par les créanciers, le tribunal statuera sur la difficulté.

1065. « Art. 805. Les demandes en élargissement seront portées au tribunal dans le ressort duquel le débiteur est détenu. Elles seront formées à bref délai, au domicile élu par l'écrou, en vertu de permission du juge, sur requête présentée à cet effet : elles seront communiquées au ministère public, et jugées, sans instruction, à la première audience, préférablement à toutes autres causes, sans remise à tour de rôle. »

Cet article a pour but d'abréger, autant que possible, la procédure des demandes en élargissement; il s'agit de l'objet qui exige la plus grande célérité possible, la liberté. Ces formalités, que la lecture de l'article fait suffisamment comprendre, s'appliquent à toutes les demandes en élargissement, excepté à celles fondées sur le défaut de consignation d'aliments, pour lesquelles l'art. 8 de la loi du 22 juillet 1867 a tracé des formes spéciales.

TITRE XVI

DES RÉFÉRÉS.

1066. Dans le livre II, sous la rubrique DES TRIBUNAUX INFÉRIEURS, nous avons distingué avec le Code trois genres, trois degrés d'instruction parfaitement séparés : l'instruction ordinaire, dont les formes sont réglées par les art. 77 et suivants; l'instruction par écrit, instruction plus compliquée, mais exceptionnelle, dont les formes sont indiquées dans les art. 93 et suivants; et enfin, dans les art. 404 et suivants, nous avons vu certaines procédures appelées sommaires, dans lesquelles la loi, à raison de la simplicité ou de l'urgence de l'affaire, abrège la marche générale, habituelle, des procédures qui précèdent. Or, de même que, dans les art. 404 et suivants, la loi a abrégé les délais et simplifié les formes, à raison de l'urgence ou de la simplicité, de même, dans le titre auquel nous arrivons, dans le titre *Des référés*, nous trouvons une marche de procédure plus simple, plus expéditive, plus sommaire encore, autorisée pour certains cas où l'urgence acquiert un degré de gravité encore plus élevé.

Mais cette première idée nous conduit à une première question. Si les référés ne sont qu'une voie d'instruction plus simple, plus expéditive, plus sommaire que celles qui précèdent, pourquoi le titre qui trace et développe ces règles n'est-il pas placé à la suite des titres relatifs à l'instruction, soit ordinaire, soit sommaire? Pourquoi est-ce dans un livre absolument étranger à l'instruction proprement dite, à la suite des règles de l'exécution, qu'on est venu rejeter ce qui semblait bien mieux placé plus haut, à la suite des matières sommaires?

On peut donner plusieurs raisons de ce classement, bizarre au premier aspect. D'abord, si l'on n'a pas placé la matières des référés au milieu des règles d'instruction dans le livre II, et, par exemple, après les matières sommaires, si on l'a rejetée dans le titre qui traite de l'exécution, c'est peut-être parce que la procédure des référés est principalement usitée pour débattre et pour trancher sans délai les difficultés qui s'élèvent dans l'exécution des jugements et des actes exécutoires. C'est, en effet, sous ce point de vue, que l'art. 806 présente, au moins en grande partie, la procédure des référés, comme tendant à faire statuer provisoirement sur les difficultés relatives à l'exécution d'un titre ou d'un jugement.

Cette idée se trouve confirmée par un assez grand nombre d'articles relatifs à l'exécution des jugements, et dans lesquels la loi indique fréquemment l'emploi de la procédure des référés. Ainsi, dans les art. 606 et 607, on examine comment le gardien, constitué dans une saisie mobilière, devra demander et obtenir sa décharge, on indique la voie des référés, et on l'indique dans une matière tout à fait relative à l'exécution. De même dans l'art. 829, lorsque, dans une saisie-revendication, le tiers, dans le domicile duquel se trouvent les meubles revendiqués, refuse au saisissant l'accès de son domicile, c'est également par un référé que la difficulté se trouve vidée. Dans ces cas, et dans bien d'autres cas pareils d'exécution de jugements ou d'actes notariés, c'est la voie du référé que la loi indique.

Voilà une première raison qui peut expliquer pourquoi cette procédure, cette voie d'instruction judiciaire est rejetée au milieu des voies d'exécution.

Une seconde raison peut en être donnée, et celle-là est plus importante encore, parce qu'elle tend à bien vous avertir du but, du résultat et de la nature de cette procédure exceptionnelle. C'est que l'instruction des référés n'est pas, à beaucoup près, la même, je ne dis pas dans ses formes, mais aussi dans ses conséquences, que les instructions, soit ordinaires, soit sommaires, dont il est parlé au livre II. En effet, soit qu'on prenne la voie de l'instruction ordinaire, ou qu'au contraire, s'appuyant sur l'art. 404, on emploie l'instruction sommaire, c'est-à-dire de simples plaidoiries sans écritures préalables, en un mot, qu'il y ait ou qu'il n'y ait pas des écritures signifiées, que l'instruction soit ordinaire ou sommaire, le jugement, qui intervient à la suite d'une instruction dont parle le livre II, fait droit entre les parties et termine pour elles, au moins en premier ressort, la contestation qui les partage. L'instruction sommaire a un résultat tout aussi solide, tout aussi sérieux, tout aussi définitif que l'instruction ordinaire. Au contraire, la procédure des référés, dont il est ici question, ne conduit jamais à ce résultat. Dans la procédure des référés, dans l'instruction exceptionnelle à laquelle elle donne lieu, le fond de l'affaire, le droit des parties ne peut pas être et n'est pas en question ; le juge du référé se borne à rendre une décision provisoire qui laisse, quant au fond, les droits des parties absolument intacts ; ainsi le décide formellement l'art. 809 : « Les ordonnances sur référés ne feront aucun préjudice au principal. » Ce caractère des ordonnances ou des jugements de référé (Voy. n° 1069, *in fine*) les distingue profondément de l'instruction, même sommaire, dont il est question au livre II (1).

Ces deux raisons expliquent, je pense, pleinement, comment ce n'est point dans le livre relatif aux règles de l'instruction proprement dite que la loi a placé la procédure des référés, procédure qui n'est pas seulement exceptionnelle dans la forme, mais qui l'est aussi dans son but et dans ses résultats.

⇒ **1067.** Cette procédure rapide, qui ne tend à prendre, quant à présent, que des mesures provisoires, et qui laisse le fond intact, n'est pas de création nouvelle ; il existait autrefois dans quelques provinces, mais notamment à Paris, des procédures qui se rapprochaient de celle-ci, soit par le nom, soit aussi par leur marche et leurs règles. Telle paraissait être, dans les usages de l'ancienne Normandie, la fameuse procédure connue sous le nom de *clameur de haro* (2) : c'était une voie rapide, exceptionnelle, qui tendait à faire statuer sur une mesure d'urgence. A Paris, on connaissait non seulement une instruction plus rapide que la procédure ordinaire, mais le nom même de référé était en usage : un édit spécial de 1685 autorisait à se pourvoir provisoirement dans certains cas d'urgence, devant le lieutenant civil du Châtelet, sauf ensuite à faire débattre au fond le droit des parties, selon la procédure et devant les tribunaux ordinaires.

C'est dans cet édit de 1685 qu'a certainement été puisée la procédure qui nous occupe aujourd'hui. Mais l'édit de 1685 détaillait, énumérait, par des indications positives, les divers cas dans lesquels cette procédure serait autorisée ; le Code n'a pas pris la même marche, et sans doute avec raison : ces énumérations sont nécessairement trop étendues sous quelques rapports, et surtout incomplètes sous bien d'autres. L'emploi des référés est subordonné à l'urgence, à la nécessité, et par conséquent à une variété de circonstances que le législateur ne peut prévoir, et dont l'examen est dans le domaine du juge. De là l'art. 806, qui détermine non plus par catégories d'énumération détaillée, mais par des caractères larges et généraux, les cas dans lesquels la voie du référé pourra être employée.

(1) ** De ce que le juge des référés ne peut préjudicier au principal, il suit qu'il devient incompétent dès que sa solution, par la force même des choses, entraîne jugement sur le fond. Ainsi le juge des référés est incompétent pour statuer sur la demande en mainlevée d'une opposition à mariage. Angers, 15 janvier 1879, S. 81, 2, 159. **

(2) Cpr. Glasson, *Étude historique sur la clameur de haro*, Paris, 1882, chez Larose et Forcel.

« Art. 806. Dans tous les cas d'urgence, ou lorsqu'il s'agira de statuer provisoirement sur les difficultés relatives à l'exécution d'un titre exécutoire ou d'un jugement, il sera procédé ainsi qu'il va être réglé ci-après. »

Cet article est préférable sans doute à l'édit de 1685 par la latitude qu'il laisse au juge, dans une matière où les prévisions du législateur sont incomplètes et fautives. Cependant sa rédaction n'est pas satisfaisante ; elle pourrait vous induire en erreur par l'alternative inexacte qu'elle semble d'abord présenter. Cet article autorise l'emploi du référé dans deux cas : 1° dans tous les cas d'urgence ; 2° dans tous les cas où il faut statuer provisoirement sur une difficulté d'exécution.

De cette alternative que présente le texte, on pourrait d'abord conclure que le caractère d'urgence, nécessaire dans le premier cas, ne l'est pas dans le second. Ce serait évidemment une erreur ; dans tous les cas, l'urgence seule peut autoriser l'emploi du référé. Ainsi, qu'il s'agisse d'un débat étranger ou relatif à une exécution, l'urgence est une condition commune à laquelle cette procédure exceptionnelle est nécessairement subordonnée.

D'autre part, lorsqu'il est question d'exécution, la loi autorise le référé pour faire statuer provisoirement sur l'exécution ; d'où l'on pourrait conclure aussi que c'est seulement dans les matières, dans les questions d'exécution que le référé est une décision provisoire. Ce serait encore une erreur ; le référé dans les matières, soit relatives, soit étrangères à l'exécution, n'est jamais qu'une décision provisoire, qu'une décision qui laisse le fond pleinement intact (1).

** Le juge des référés est-il compétent ou incompétent pour statuer provisoirement sur des matières commerciales ? La doctrine et la jurisprudence se prononcent en général dans le sens de l'incompétence (2). Pour soutenir que le juge des référés ne saurait connaître, même en cas d'urgence et provisoirement, des affaires qui sont de la compétence des tribunaux de commerce (ajoutez ou des juges de paix), on fait remarquer que la procédure de ces juridictions est aussi prompte que celle des référés et qu'elle a sur celle-ci l'avantage du définitif sur le provisoire. Cette solution conduit pourtant à des résultats parfois assez bizarres. En organisant la procédure propre aux affaires commerciales, la loi est partie de cette idée fort juste que les procès de cette nature requièrent célérité et doivent être jugés rapidement. Les affaires civiles, requérant célérité, jouissent elles-mêmes de certaines faveurs qu'il est inutile de rappeler, et, s'il y a urgence, la loi leur ouvre même la voie du référé. N'est-il pas étrange de refuser ce bénéfice aux affaires commerciales qui en ont tout particulièrement besoin ? En vain dirait-on que la procédure commerciale offre les avantages des référés. Ce serait là une bien grave erreur, et, sans relever, dans un parallèle complet, toutes les différences qui séparent ces deux procédures, nous en signalerons deux fort importantes : les ordonnances de référé par défaut ne sont pas susceptibles d'opposition, tandis que les jugements par défaut, rendus en matière commerciale, sont susceptibles,

(1) Riom, 4 janvier 1862, D. 1862, 2, 80.

(2) ** Dalloz, *Jur. gén.*, v° *Référé*, n°s 163 et 227. — Amiens, 26 mai 1875, D. 76, 2, 68. — Civ. Cass., 1er décembre 1880, D. 81, 1, 5. — Paris, 2 janvier 1883, D. 83, 2, 141. Voir la note que j'ai insérée sous cet arrêt. — *Contrà* : Nancy, 6 juillet 1850, D. 51, 2, 112. — Douai, 20 janvier 1852, D. 53, 2, 54. **

de cette voie de recours qui arrête leur exécution ; les ordonnances de référé sont exécutoires par provision sans caution, tandis que l'exécution provisoire des jugements commerciaux est en principe subordonnée à la nécessité de fournir caution. Enfin il est certain que les ordonnances de référé sont exécutoires sur minute, tandis que la question est tout au moins douteuse pour les jugements commerciaux. Nous pensons donc que le juge des référés peut connaître même des affaires commerciales ou de la compétence du juge de paix. **

Quoi qu'il en soit, nous dirons donc que, dans tous les cas d'urgence, soit qu'il s'agisse ou qu'il ne s'agisse pas d'exécution, on peut se pourvoir en référé, dans les formes qui vont suivre, à l'effet d'obtenir du juge une décision qui, dans tous les cas, ne peut être et n'est que provisoire. Nous ferons disparaître, en un mot, et quant à la condition d'urgence, et quant à la qualité provisoire, la distinction un peu inexacte que semble présenter l'art. 806.

1068. Au reste, soit en ce qui touche les questions d'exécution, soit en ce qui touche les difficultés qui y sont étrangères, il n'est pas inutile de comparer la procédure dont nous allons parler à des règles qui nous sont déjà connues.

D'abord, en ce qui touche l'exécution, déjà nous avons vu un article qui présente une assez grande analogie avec celui-ci, c'est l'art. 554 : vous avez vu que, lorsque, dans l'exécution d'un jugement ou d'un acte, était soulevée une difficulté dont la décision exigeait de la célérité, il y était statué provisoirement par le tribunal du lieu, sauf à faire juger le fond par le tribunal, souvent éloigné, auquel appartenait la connaissance de l'exécution. Dans l'art. 554, il est donc question d'une procédure qui se rapproche de celle des référés par son résultat, d'une procédure qui ne conduit, comme celle des référés, qu'à une décision temporaire et provisoire; mais la procédure de l'art. 554 diffère de celle de l'art. 806, en ce que, tendant, comme elle, à faire décider provisoirement une question d'exécution, elle la fait décider par le tribunal dans les formes ordinaires ou tout au plus dans les formes indiquées par l'art. 405, et non pas dans les formes indiquées dans les art. 807 et 808. Telle est du moins la distinction résultant de la comparaison des deux textes. Mais il est clair que, dans la pratique, quand une difficulté d'exécution requerra célérité, ce sera toujours par voie de référé, aux termes des art. 807 et 808, qu'on essayera de la faire lever ; sauf au président, si l'urgence n'est pas extrême, si la question lui paraît délicate, à renvoyer les parties devant le tribunal, aux termes de l'art. 554, et aussi de l'art. 60 du décret du 30 mars 1808.

De même, en ce qui ne touche point les questions d'exécution, mais pour ce qui est relatif à toute autre espèce de débat, nous avons vu, dans l'art 404, § 5, qu'on jugeait sommairement, c'est-à-dire sans écritures, les demandes provisoires ou qui requièrent célérité; la célérité est donc, dans toute espèce de matières, une circonstance qui autorise à simplifier les procédures. Ainsi, dans l'hypothèse du § 5 de l'art. 404, dans l'hypothèse où l'affaire, étrangère à tout débat d'exécution, requerra célérité, on pourra : 1° obtenir du président, aux termes de l'art. 72, la permission d'assigner à bref délai ; 2° on sera dispensé, aux termes de l'art. 48, du préliminaire de conciliation ; 3° on sera dispensé, aux termes de l'art. 405, des écritures préalables qui forment le début de la procédure ordinaire ; 4° enfin, on obtiendra quelquefois, aux termes de l'art. 135, l'exécution provisoire du jugement nonobstant l'appel. Telles sont les quatre dispenses, les quatre exceptions que la célérité, exigée par l'affaire, peut apporter aux règles de la procédure ordinaire, quand la matière rentre dans les affaires sommaires. Au contraire, si ce caractère de célérité devient extrême, si cette célérité se transforme en urgence, l'art. 806 prend ce mot dans un sens plus pressant ; alors non seulement on jouit des dispenses, des bénéfices que je viens d'indiquer, mais on peut aller encore plus loin : on peut, au lieu de faire juger le fond de l'affaire comme sommaire, sur une assignation à bref délai, sans conciliation, sans écritures, on peut se pouvoir par la voie du référé ; alors la procédure sera plus simple, plus rapide, plus expéditive encore. Mais il y aura cette différence que, dans le cas précédent, on arrive au jugement du fond, tandis que, dans le cas actuel, on n'obtient qu'une décision temporaire et provisoire.

Voilà les caractères généraux, les distinctions fondamentales de la procédure des référés comparée, en ce qui touche l'exécution, avec l'art. 554, et, dans les matières qui ne se rattachent point à l'exécution, avec les art. 404 et 405.

1069. Quant à la procédure, vous rencontrerez dans les art. 807 et 808 une distinction assez importance ; vous y verrez que la loi établit des degrés, des nuances, soit dans l'urgence que présente l'affaire, soit aussi dans la rapidité avec laquelle on peut la décider, et que, sous ce rapport, les référés se divisent en deux classes. Ainsi, dans les cas ordinaires, vous appliquerez l'art. 807.

« Art. 807. La demande sera portée à une audience tenue à cet effet par le président du tribunal de première instance, ou par le juge qui le remplace, aux jour et heure indiqués par le tribunal. »

La connaissance des référés, au lieu d'appartenir, comme celle des contestations même sommaires, au tribunal tout entier, ou du moins à une chambre de ce tribunal, appartient exclusivement, soit au président du tribunal, soit à un juge commis pour le remplacer. Voilà le premier principe ; il est consacré et par l'art. 807 et aussi par l'art. 57 du règlement du 30 mars 1808 sur la police des cours et des tribunaux.

Dans ce cas, le référé s'introduit par une assignation soumise en général aux formalités tracées par l'art. 61 ; je dis soumise en général, car la loi ne renvoie point ici, par une décision formelle, à l'art. 61, et il est clair que quelques-unes des dispositions de cet article sont inapplicables au référé.

Ainsi, la demande introductive d'un référé ne doit pas, comme une demande soit ordinaire, soit sommaire, contenir nécessairement constitution d'avoué. En référé, les parties peuvent se présenter en personne et sans assistance devant le président chargé d'en connaître (1). * Cependant le ministère des avoués est ordinairement employé. *

De même, aussi, il paraît difficile de subordonner l'assignation en référé,

(1) Toulouse, 4 juin 1824, *Journal du Palais*.

donnée aux termes de l'art. 807, au délai de huitaine, qui est le délai ordinaire des ajournements ; il faut décider, je crois, qu'on peut assigner en référé, même sans permission préalable, à la plus prochaine audience des référés (1).

** La question est très controversée de savoir si la citation en référé interrompt la prescription. La jurisprudence semble préférer la négative, sous prétexte que la citation en référé conclut seulement à des mesures provisoires, en laissant de côté le fond du droit; elle ne manifeste pas suffisamment, dit-on, la volonté d'arriver à la reconnaissance du droit, dont on veut empêcher la prescription (2). Mais outre que cette considération manque de précision, vous remarquerez que la solution de la jurisprudence consacre une exception au droit commun, à la règle générale de l'article 2244 du Code civil, suivant laquelle toute citation en justice interrompt la prescription; or aucun article du Code de procédure ne parle de cette exception, et dans le silence de la loi, il nous paraît impossible de l'admettre. **

Quoi qu'il en soit, voilà la procédure ordinaire en matière de référé : assignation en référé devant le président du tribunal ou devant le juge qui le remplace, à une audience spéciale tenue pour les référés.

L'art. 808 autorise, quand l'urgence est plus grande, une marche plus rapide encore.

« Art. 808. Si néanmoins le cas requiert célérité, le président, ou celui qui le représentera, pourra permettre d'assigner, soit à l'audience, soit à son hôtel, à l'heure indiquée, même les jours de fête; et, dans ce cas, l'assignation ne pourra être donnée qu'en vertu de l'ordonnance du juge, qui commettra un huissier à cet effet. »

Ainsi, un cas d'extrême urgence se présente dans le cours d'un débat sur l'exécution : s'il fallait attendre l'arrivée du jour fixé d'avance pour l'examen des référés, il pourrait y avoir préjudice irréparable dans ce retard. Si, par exemple, trois ou quatre jours nous séparent encore du jour de l'audience des référés, il peut être nécessaire d'obtenir à l'instant même une décision provisoire; alors, la loi vous permet d'assigner votre adversaire en référé, même de jour à jour et d'heure à heure, même un jour de fête, c'est-à-dire non plus à l'audience habituelle, régulière, des référés, mais au jour et à l'instant indiqué sur la requête par vous présentée au président du tribunal. Le président peut autoriser cette assignation d'urgence pour comparaître, soit à une audience spéciale qu'il indique, soit même à sa demeure (3).

Je dois même ajouter que, dans certains cas, expressément tracés, le référé peut être introduit sans assignation préalable, par transport immédiat devant

(1) Montpellier, 6 août 1810. — Amiens, 16 août 1825, *Journal du Palais*. - 21 mai, *eod.*, t. I, de 1839, p. 518. — *Contrà :* Paris, 7 juin 1809, *Journal du Palais*. — Voy. aussi Dalloz, 1861, p. 489, note 1.

(2) Paris, 12 mai 1877, S. 77, 1, 195. — Amiens, 16 mars 1880, S. 80, 2, 317 ; — Cpr. conclusions de l'avocat général Desjardins dans Cass. civ., 5 août 1879, S. 79, 1, 405. — *Contrà* : Bertin, journal *Le Droit*, du 27 août 1879. — Voir aussi sur cette question la note de M. Labbé, sous Cass., chambres réunies, 2 août 1882, S. 83, 1, 5.

(3) Cass., 6 novembre 1861, D. 61, 1, 489.

le président. C'est ce qui a lieu dans les art. 925 et 944, pour les difficultés qui s'élèvent, soit dans le cours d'une apposition de scellés, soit dans la confection d'un inventaire ; dans ces deux cas, le transport devant le président, pour faire statuer provisoirement en référé, est immédiat et sans demande préalable.

Vous voyez, au reste, que, à part ces cas, dans lesquels la loi a formellement statué sur le rapport immédiat devant le président, la question de savoir s'il faut appliquer les art. 807 et 808 est uniquement une question de fait une question de circonstances; que la loi n'a pas pu essayer de tracer d'avance, par des caractères généraux, dans quels cas l'urgence serait assez pressante, assez immédiate pour autoriser ou nécessiter l'emploi de l'un ou de l'autre de ces articles. J'ai dit, en citant ces deux articles et en joignant l'art. 57 du décret du 30 mars 1808, qu'au président ou au juge désigné appartenait la connaissance des référés ; il peut cependant arriver, soit parce que l'urgence n'est pas bien justifiée, soit parce que la matière présente des difficultés, que le président ne veuille pas user de ce pouvoir ; alors il pourra, en toutes matières (1), renvoyer les parties à l'audience pour y être jugées, même en état de référé ; c'est ce qu'autorisent l'art. 808 et l'art. 60 du décret du 30 mars 1808 d'une manière encore plus formelle. C'est en ce sens qu'il peut y avoir, soit des ordonnances de référé, c'est-à-dire des décisions rendues par le magistrat seul, le président, ou celui qui le remplace, soit aussi des jugements de référé, c'est-à-dire des décisions rendues par le tribunal, par la chambre du tribunal à laquelle la cause sera déférée.

⟶ **1070.** Au reste, qu'il s'agisse d'une simple ordonnance ou d'un jugement de référé, dans tous les cas devra s'appliquer l'art. 809, qui est le plus important de tout ce titre.

« Artr 809. Les ordonnances sur référés ne feront aucun préjudice au principal ; elles seront exécutoires par provision, sans caution, si le juge n'a pas ordonné qu'il en serait fourni une. — Elles ne seront pas susceptibles d'opposition. — Dans les cas où la loi autorise l'appel, cet appel pourra être interjeté, même avant le délai de la huitaine, à dater du jugement ; et il ne sera point recevable, s'il a été interjeté après la quinzaine, à dater du jour de la signification du jugement. L'appel sera jugé sommairement et sans procédure. »

Toutes les dispositions de l'art. 809 sont évidemment dictées par le principe capital de cette matière, la nécessité, la célérité, l'urgence.

D'abord, on rappelle ce principe fondamental que les ordonnances de référé ne font aucun préjudice au fond, c'est-à-dire que, nonobstant les ordonnances, les jugements ou arrêts intervenus en référé, il y aura lieu ensuite à débattre, quant au fond, dans les formes ordinaires, le mérite des prétentions de chacun.

Le référé n'est autorisé, avons-nous dit, qu'en raison de l'urgence ; de là le principe du § 2 de l'art. 809 : *Elles ne seront pas susceptibles d'opposition*. Ainsi, que le défendeur appelé en référé ait ou n'ait pas comparu, le jugement, l'ordonnance sont comme contradictoires à son égard : c'eût été manquer le but de cette procédure que d'autoriser le défendeur, en faisant volontairement

(1) Douai, 12 janvier 1832. — Cass., 6 mars 1834. — *Contrà* : Poitiers, 18 janvier 1825, *Journal du Palais*.

défaut, à venir ensuite arrêter, paralyser, par une opposition, l'exécution d'une affaire dans laquelle il importe, avant tout, de prévenir les lenteurs. Ainsi, premier principe : l'opposition n'est pas admise contre l'ordonnance ou le jugement par défaut rendu en matière de référé.

Seconde règle : le référé ne peut pas sans doute être attaqué par opposition, mais il peut l'être par appel ; ainsi le décide indirectement le § 1er, et très directement le § 3 de notre article. Il peut l'être par l'appel dans les cas, bien entendu, où la loi autorise l'appel ; il peut l'être par l'appel dans le cas où la demande, sur laquelle le référé a statué, est d'une valeur supérieure à 1,500 fr., ou d'une valeur indéterminée ; c'est là le sens de ces mots du § 3 : *Dans les cas où la loi autorise l'appel* (1).

L'appel sera porté à la cour d'appel, non plus devant le président de cette cour, mais devant une chambre de la cour ; il sera jugé sommairement, mais à l'audience. La voie du référé n'est donc pas exclusive de l'appel ; mais l'appel d'une ordonnance ou d'un jugement de référé diffère en plusieurs points de l'appel ordinaire. La première, la plus grave de ces différences, celle que d'ailleurs la nature de l'affaire doit vous faire aisément pressentir, c'est que l'art. 457 est inapplicable ici. En matière de référé, l'appel interjeté n'est pas et ne peut pas être suspensif ; les ordonnances de référé s'exécutent par provision, de droit, malgré l'appel interjeté.

Il y a plus : c'est que, nonobstant l'appel interjeté, l'exécution provisoire est poursuivie sans caution. Sous ce rapport, on est, dans le cas de référé, dans une position plus favorable que dans la plupart des cas d'exécution provisoire ordinaire presque toujours subordonnée à l'obligation d'une caution. Cette règle ne cesse que quand l'ordonnance de référé a expressément assujetti le demandeur à donner caution pour l'exécution.

Ainsi, les ordonnances de référé peuvent être attaquées par l'appel ; mais, 1° cet appel n'est jamais suspensif ; 2° et en principe, l'exécution provisoire peut se poursuivre sans caution.

La première exception déroge donc à l'art. 457.

Par les mêmes motifs, l'art. 449, relatif aux appels ordinaires, est inapplicable à l'appel des ordonnances sur référé. L'appel, en matière ordinaire, ne peut être interjeté dans la huitaine de la date du jugement. Ici, comme le jugement est exécutoire par provision, il est clair, aux termes mêmes de l'art. 449, que la règle est inapplicable. La seconde exception consiste donc en ce que la partie condamnée en référé peut interjeter appel immédiatement ; ainsi le dispose le § 3 de l'art. 809.

Enfin, troisième exception, elle se trouve dans la combinaison de l'art. 809 avec l'art. 443. Le délai ordinaire de l'appel est de deux mois ; en matière de référé, et toujours à raison de l'urgence, le délai n'est que de quinzaine ; c'est la disposition finale du § 3 de notre article. ** Tandis que le délai ordinaire de l'appel, le délai des deux mois, est franc, celui de quinzaine de l'art. 809 ne l'est pas ; telle est du moins la solution de la jurisprudence, qui se fonde sur les termes restrictifs de la loi (2). **

(1) Paris, 28 juillet 1825, et 9 août 1836, *Journal du Palais*.

(2) ** D'ailleurs, on exclut de ce délai, comme de tout autre délai, le *dies a quo*. Paris, 30 septembre 1880, S. 81, 2, 28. — Pau, 21 décembre 1880, S. 81, 2, 118. **

De ce que, dans le cas d'appel d'une ordonnance sur référé, l'appel n'étant pas suspensif, l'exécution peut être poursuivie malgré l'appel, il s'ensuit qu'il n'y aura pas nécessité de faire statuer en appel, comme en première instance, par le président. Ici, il y a déjà une ordonnance intervenue, il y déjà une décision du président; cette décision s'exécute; aussi n'est-ce pas devant le président de la cour d'appel ou devant un seul conseiller, mais devant une chambre de la cour que l'appel du référé doit être porté; ainsi le décide le § 4 : *L'appel sera jugé sommairement et sans procédure*. *Sommairement*, c'est-à-dire conformément à l'art. 463, et par conséquent à l'audience.

Du reste, si l'appel du référé est jugé par défaut, si l'intimé fait défaut sur l'appel du référé, comme nous ne sommes plus ici dans le cas du § 2, nous admettrons l'opposition. La loi déclare, dans le § 2, que les ordonnances sur référé ne sont pas susceptibles d'opposition, mais c'est là une disposition exceptionnelle, qui doit être renfermée dans ces termes. En principe, toute décision par défaut peut être attaquée par opposition, et, en conséquence, nous admettrons cette voie de recours contre l'arrêt rendu par défaut en cour d'appel, et sur l'appel d'une ordonnance de référé (1).

➛ **1071.** Les art. 810 et 811 sont très simples.

« Art. 810. Les minutes des ordonnances sur référés seront déposées au greffe. »

C'est l'application du principe qui veut qu'on dépose au greffe les décisions émanées de l'autorité judiciaire.

Cependant, en cas d'absolue nécessité, il peut en être autrement : c'est ce que décide l'article suivant :

« Art. 811. Dans le cas d'absolue nécessité, le juge pourra ordonner l'exécution de son ordonnance sur la minute. »

Remarquez d'abord que les ordonnances sur référés s'exécuteront en vertu d'une formule exécutoire, comme en matière ordinaire ; seulement il n'y aura pas lieu ici à ces significations de qualités nécessaires, aux termes des art. 142 et suivants, pour arriver à la rédaction des jugements ordinaires.

En principe, la partie au profit de laquelle est intervenue l'ordonnance, la dépose ou la fait déposer au greffe, et, sur cette minute, qui doit rester au greffe, le greffier lui délivrera une expédition exécutoire, qui sera partie l'œuvre du juge, partie l'œuvre du greffier. Voilà la marche ordinaire ; cependant l'urgence est quelquefois assez forte pour ne pas permettre ce dépôt de la minute au greffe ; c'est ce que suppose l'art. 811, en permettant au juge, dans les cas d'absolue nécessité, d'autoriser l'exécution du référé sur la minute, et, par conséquent, sans dépôt possible au greffe.

Non seulement cela a lieu dans les cas indiqués par l'art. 811, c'est-à-dire dans les cas dont l'appréciation facultative est laissée au président ou au juge ; mais il est de rares hypothèses dans lesquelles l'art. 810 est absolument inapplicable, dans lesquelles, de droit et sans décision spéciale à cet effet, le dé-

(1) Bourges, 9 novembre 1870, D. 72, 2, 212. — Amiens, 4 mars 1874, D. 76, 2, 48. — Cass. civ., 26 août 1879, S. 79, 1, 453.

pôt de la minute au greffe est impossible : ce sont quelques-uns des cas que j'ai déjà cités, et notamment ceux des art. 922 et 944; dans ces deux cas, la minute de l'ordonnance du référé est transcrite sur le procès-verbal de l'officier ministériel ou de l'huissier.

Il en est de même dans les cas des art. 922 et 944 (apposition de scellés et confection d'inventaire); dans ces deux cas, l'ordonnance sur référé, à propos des difficultés que soulèvent ces opérations, est consignée directement sur le procès-verbal du juge de paix ou du notaire, et exécutée immédiatement.

QUARANTE-HUITIÈME LEÇON

DEUXIÈME PARTIE

DU CODE DE PROCÉDURE

☞ **1072.** * Le livre premier de la deuxième partie du Code de procédure contient douze titres relatifs à des sujets fort différents. Toutes ces dispositions sont le complément ou la mise en action des principes posés dans le Code civil ; il est inutile de chercher entre elles un lien qui n'existe pas. L'orateur du Tribunat disait expressément : « La seconde partie (du Code de procédure) « traitera des procédures particulières qu'exigent quelques matières du droit « civil, éparses et indépendantes les unes des autres. » *

LIVRE I

TITRE I

DES OFFRES DE PAYEMENT ET DE LA CONSIGNATION (C. D.).

* Lorsque le créancier ne veut pas recevoir ce qui lui est offert par le débiteur, ou lorsqu'il n'est pas en mesure de recevoir ce qui lui est dû, il est juste que le débiteur puisse néanmoins se libérer. L'art. 1257, C. civ., suppose que les offres réelles auront lieu quand le créancier refusera de recevoir le payement. Mais pourquoi le créancier refuserait-il? Parce que la somme offerte lui paraît insuffisante, ou parce que le débiteur exige dans la quittance des conditions que le créancier n'accepte pas.

Le débiteur qui veut se libérer doit encore avoir recours aux offres réelles et à la consignation, sans que le créancier refuse de recevoir, lorsque les créanciers du créancier ont formé des saisies-arrêts entre les mains du débiteur.

Si le créancier n'accepte pas les offres qui lui sont faites par le débiteur, ce dernier consigne la somme ou chose offerte, et le tribunal statue sur la nullité ou la validité des offres.

Le débiteur doit faire des offres *réelles*, c'est-à-dire présenter matériellement au créancier la chose ou la somme offerte, et être prêt à la lui remettre si ses offres sont acceptées.

On vous enseignera, dans les cours de Code civil, quels sont le caractère et les effets des offres de payement et de la consignation, et à quelles conditions les offres et la consignation sont jugées valables (art. 1257 et suiv.). Le Code de procédure, dans le titre qui nous occupe, complète les dispositions du Code civil, en déterminant certaines conditions du procès-verbal d'offres, et en indiquant la procédure à suivre pour faire statuer sur la validité des offres et de la consignation.

Nous nous bornerons à l'explication des points réglés par le Code de procédure.

1073. « Art. 812. Tout procès-verbal d'offres désignera l'objet offert, de manière qu'on ne puisse y en substituer un autre, et, si ce sont des espèces, il en contiendra l'énumération et la qualité. »

Le procès-verbal d'offres est fait ordinairement par un huissier. Toutefois, on reconnaît généralement que les notaires pourraient aussi dresser ces sortes de procès-verbaux (1) ; l'art. 1258, n° 7, C. civ., exige seulement que ce soit un officier ministériel ayant caractère pour ces sortes d'actes.

Je vous renvoie aux explications qui vous seront données sur l'art. 1258, pour les questions de savoir à qui les offres doivent être faites, à la requête de quelles personnes, en quel lieu, etc.

Que doit-on offrir? D'après l'art. 1258, 3°, C. civ., le débiteur doit offrir la totalité de la somme exigible, les arrérages ou intérêts dus, les frais liquidés et une somme pour les frais non liquidés, sauf à la parfaire. L'art. 812 du Code de procédure ajoute de nouvelles conditions, relativement à la désignation de la chose offerte. Si l'objet offert ne consiste pas en argent, le procès-verbal doit en faire une désignation tellement précise, qu'il ne puisse s'élever aucune difficulté sur l'identité de l'objet ; il ne faut pas que le créancier puisse appliquer l'offre et la consignation à un objet, et le débiteur à un autre.

S'il s'agit de choses qui se comptent, se pèsent, se mesurent, le procès-verbal doit mentionner le nombre, le poids, la quantité.

Si le débiteur fait offrir une somme d'argent, le procès-verbal doit contenir l'énumération et la qualité des espèces, indiquer, par exemple, non seulement quel est le montant des offres, mais combien de pièces d'or, combien de pièces d'argent de 5 fr., de 2 fr., de 1 fr., etc., ont été offertes. ** L'offre d'une somme peut être faite en billets de banque. Actuellement ces billets ont *cours légal*, c'est-à-dire que tout créancier peut être contraint à les recevoir, sauf exception pour la *Banque de France* qui est au contraire, tenue de donner à tout requérant des espèces en or ou en argent. Lorsque la Banque de France est relevée de cette obligation, on dit que les billets ont *cours forcé*. Le cours forcé n'est ordonné que dans des circonstances particulières. Autrefois, en temps ordinaire, les billets de banque n'avaient ni cours forcé ni cours légal, c'est-à-dire que les créanciers n'étaient jamais tenus de les recevoir en paiement. La loi du 12 août 1870 a établi à la fois le cours légal par son art. 1er

(1) ** Argument de la loi du 25 ventôse an XI, art. 1er, et du Code de commerce, art. 173. — Lyon, 14 mars 1827, S. 28, 2, 5. — Agen, 17 mai 1836, S. 37, 2, 123. — Bordeaux, 30 juin 1836, S. 37, 2, 79. **

et le cours forcé par son art. 2. La loi de finance du 3 août 1875, art. 28, a supprimé le cours forcé, mais n'a rien dit du cours légal qui a, par cela même, été maintenu. **

1074. « Art. 813. Le procès-verbal fera mention de la réponse, du refus ou de l'acceptation du créancier, et s'il a signé, refusé ou déclaré ne pouvoir signer. »

Si le créancier accepte les offres au moment où elles sont faites, son acceptation est constatée sur le procès-verbal, et la déclaration d'acceptation vaut quittance pour le débiteur. Si le créancier sait signer, il devra apposer sa signature au bas de cette déclaration; l'huissier aurait le droit de considérer le refus de signer, de la part du créancier qui le peut, comme un refus de donner quittance, et, par conséquent, comme un refus des offres. Si le créancier ne sait ou ne peut signer, la déclaration de l'huissier sur le procès-verbal suffira.

Le refus du créancier qui n'accepte pas les offres réelles est également consigné sur le procès-verbal; mais, dans cette hypothèse, le refus, par le créancier, de signer la mention de sa réponse, inscrite sur le procès-verbal, ne produira aucun effet. La déclaration de l'huissier suffit pour constater le refus; le créancier ne peut, en refusant de signer, empêcher l'effet des offres et de la consignation qui les suivra. L'huissier laisse d'ailleurs au créancier une copie du procès-verbal d'offres, afin qu'il puisse à loisir examiner les offres sous le rapport du fond et de la forme, et en peser les conséquences.

Les offres peuvent être faites au domicile du créancier, s'il n'est pas présent lorsque l'huissier se présente pour les faire. Il est vrai qu'alors l'huissier ne pourra constater la réponse du créancier. Néanmoins les offres sont faites tant en absence que présence. L'art. 1258, 6°, C. civ., suppose qu'elles ont lieu à domicile aussi bien qu'à la personne. D'ailleurs on ne peut laisser au créancier la faculté d'empêcher les offres en se cachant. La personne trouvée au domicile du créancier, sa femme, ses domestiques, ou toute autre personne mentionnée dans l'art. 68, répondra vraisemblablement à l'officier ministériel qu'elle n'a pas mission de recevoir les offres (1). L'officier ministériel consigne cette réponse sur son procès-verbal, déclare qu'il la considère comme un refus, et se retire en laissant à la personne qui lui a répondu une copie du procès-verbal qu'elle devra remettre au créancier. Si le créancier a l'intention d'accepter, dès que la copie sera parvenue, il ira trouver l'officier ministériel, lui déclarera son acceptation et empêchera ainsi la consignation, si elle n'a pas encore eu lieu. ** Les offres doivent être faites avant tout au lieu indiqué pour le payement; à défaut de ce lieu, au domicile réel du créancier ou au domicile qu'il a élu pour l'exécution de la convention (art. 1258, n° 6). Ainsi elles ne seraient pas valables, si elles étaient faites au domicile élu dans une inscription hypothécaire. Cependant nous avons vu que l'art. 584 du Code de procédure permet de signifier valablement les offres réelles au domicile élu dans le commandement qui précède la saisie exécution, et cela même dans le cas où la convention contient indication d'un lieu de payement. Mais il n'existe aucune disposition semblable à propos de la saisie immobilière, et du silence de la loi est née une controverse sur le point de savoir si

(1) ** Pour le cas où le créancier demeurerait hors du territoire de la France, on appliquerait l'art. 69, nos 8 et 9. **

les offres réelles peuvent être faites au domicile élu dans le commandement qui précède la saisie immobilière? Les uns se prononcent pour la négative, en faisant remarquer que les exceptions au droit commun doivent toujours être écrites dans la loi (1), tandis que les autres étendent la disposition exceptionnelle consacrée par l'art. 584 de la saisie mobilière à la saisie immobilière (2). **

1075. « Art. 814. Si le créancier refuse les offres, le débiteur peut, pour se libérer, consigner la somme ou la chose offerte, en observant les formalités prescrites par l'art. 1259 du Code civil. »

L'art. 1259, 3°, pouvait faire croire que les offres, le refus de les accepter et la consignation étaient constatés par le même procès-verbal. La marche prescrite par le Code de procédure suppose, au contraire, qu'il y en aura deux : le procès-verbal d'offres et celui qui constate le dépôt.

Ce dépôt ou cette consignation se fait, à Paris, à la Caisse des dépôts et consignations, et ailleurs, chez les trésoriers-payeurs généraux ou particuliers. C'est une sorte de séquestre. La loi n'a fixé, d'ailleurs, aucun délai entre les offres et la consignation.

Je vous renvoie, au surplus, comme notre article, aux dispositions de l'article 1259 du Code civil.

1076. « Art. 815. La demande qui pourra être intentée soit en validité, soit en nullité des offres ou de la consignation, sera formée d'après les règles établies pour les demandes principales; si elle est incidente, elle le sera par requête. »

Les offres suivies de consignation libèrent le débiteur ; la chose consignée est aux risques du créancier (art. 1257, C. civ.), qui supporte même les frais des offres et de la consignation (art. 1260). Mais tous ces effets ne sont produits que si les offres sont valablement faites. Le débiteur a donc intérêt à faire juger la validité de ces offres et de la consignation qui les a suivies. Aussi, en fait, c'est par la demande en validité, formée par le débiteur contre le créancier qui a refusé d'accepter les offres, que le tribunal sera ordinairement saisi de la question de savoir si elles sont valables. Mais, si le débiteur ne formait pas cette demande, le créancier pourrait, de son côté, agir en nullité des offres et les faire déclarer insuffisantes.

Ces deux demandes peuvent être ou principales ou incidentes à un procès déjà pendant; elle suivront, d'après cette distinction, la marche d'une procédure principale ou incidente. La loi dit, pour les demandes incidentes, qu'elles se formeront *par requête*, c'est-à-dire par acte d'avoué à avoué, comme ces sortes de demandes (art. 337). Le mot *requête* indique seulement que cet acte, qui contient les moyens et les conclusions du demandeur en validité ou en nullité d'offres, pourra être grossoyé.

Si la demande est incidente, elle sera portée au tribunal saisi de l'instance principale. Si la demande est principale, je crois qu'elle sera soumise à la règle générale de compétence : *Actor sequitur forum rei*, écrite dans l'art. 59, premier alinéa. En conséquence, la demande en validité d'offres sera portée au

(1) ** Aix, 24 février 1844, S. 44, 2, 333. — Rouen, 13 juin 1845, S. 46, 2, 77. — Civ. Rej., 5 mars 1849, S. 49, 1, 646. **

(2) ** Nîmes, 23 janvier 1827, S. 28, 2, 149. — Req. Rej., 12 janvier 1842, S. 42, 1, 138. — Bordeaux, 13 juillet 1849, S. 50, 2, 524. **

tribunal du domicile du créancier, ou au tribunal du lieu convenu pour le payement (1); la demande en nullité d'offres, au tribunal du domicile du débiteur. Cette solution est contestée pour la demande en nullité d'offres. Plusieurs auteurs pensent que la demande en nullité d'offres, comme la demande en validité, doit toujours être portée au tribunal du lieu où les offres ont été faites, c'est-à-dire du domicile du créancier, ou au tribunal du lieu convenu pour le payement. Suivant ces auteurs, le créancier est toujours véritablement le défendeur; il s'oppose toujours aux offres qui lui sont faites et qu'il n'accepte pas, soit qu'il joue le rôle de défendeur, qui est son rôle naturel, comme dans la demande en validité, soit qu'il prenne l'initiative et joue le rôle de demandeur, comme dans la demande en nullité.

Le législateur aurait pu, sans doute, raisonner ainsi et admettre invariablement la compétence du tribunal du lieu où les offres ont été faites; mais il eût alors exigé du débiteur, dans l'un des actes qu'il signifie au créancier, une élection de domicile attributive de compétence dans le lieu où les offres sont faites. C'est ainsi que procède le législateur quand il veut changer les rôles de demandeur et de défendeur apparents, et déroger à l'application littérale de la règle *Actor sequitur forum rei*. J'en donnerai pour exemple les cas prévus aux art. 176, C. civ., 584 et 673, C. pr. Mais ici la loi est muette sur la compétence; nous devons donc nous en tenir à l'application littérale du principe général, écrit dans l'art. 59, C. pr., et décider que le créancier sera assigné en validité d'offres au tribunal de son domicile, et que la demande en nullité d'offres sera portée au tribunal du domicile du débiteur.

1077. « Art. 816. Le jugement qui déclarera les offres valables ordonnera, dans le cas où la consignation n'aurait pas encore eu lieu, que, faute par le créancier d'avoir reçu la somme ou la chose offerte, elle sera consignée; il prononcera la cessation des intérêts du jour de la réalisation. »

La loi suppose ici que les offres ont été faites, mais qu'elles n'ont pas été suivies de consignation. Si les offres sont déclarées valables, dit notre article, le jugement ordonnera la consignation,

Mais il faut remarquer que ces offres non suivies de consignation n'ont pas libéré le débiteur; elles laissent la chose à ses risques; elles n'arrêtent pas le cours des intérêts conventionnels. Elles peuvent néanmoins être utiles au débiteur, soit pour purger sa mise en demeure (Voy. l'art. 1146 du Code civil, et les commentaires sur cet article), soit pour le soustraire au payement d'intérêts moratoires. Quelquefois le débiteur, qui fait des offres, doit s'adresser à la justice avant de faire la consignation, lorsque la chose offerte est de telle nature, que le lieu ordinaire des consignations ne puisse lui convenir. Ainsi, j'ai offert à mon créancier un cheval, un animal qui exige des soins et un local particulier: la Caisse des consignations, le receveur, ne peuvent le recevoir. Le débiteur fera désigner par le tribunal le lieu du dépôt. Dans l'espèce, le tribunal indiquera, par exemple, les écuries de tel marchand de chevaux; les frais de garde et de nourriture seront mis à la charge du créancier, si les offres sont valables, et à la charge du débiteur, si on les juge insuffisantes.

Il prononcera la cessation des intérêts du jour de la réalisation. Que faut-il en-

(1) Cass. Rej., 13 janvier 1847, D. 47, 1, 285.

tendre par ce mot *réalisation ?* Dans l'ancienne procédure du Châtelet de Paris, on entendait, par *réalisation*, la réitération des offres à l'audience par le ministère d'un procureur, qui présentait les espèces offertes. Aujourd'hui les espèces sont réellement offertes par l'huissier (art. 812).

Ici, dans notre art. 816, quel est le sens du mot *réalisation ?* de cette réalisation qui fait cesser le cours des intérêts? S'agit-il des offres *réelles*, c'est-à-dire de la présentation au créancier de la chose ou de la somme offerte? Quelques auteurs l'ont ainsi compris ; mais alors notre art. 816 se trouve en désaccord avec l'art. 1259, 2°, C. civ., qui met les intérêts de la somme offerte à la charge du débiteur jusqu'au jour du dépôt. Le mot réalisation est, je crois, dans notre article, synonyme de dépôt, de consignation. Les art. 816 C. pr., et 1259, 2°, C. civ., me paraissent contenir, à cet égard, la même doctrine. C'est bien dans ce sens, d'ailleurs, que l'article a été fait. L'orateur du Tribunat, M. Tarrible, disait expressément : « Il est aisé de comprendre que la « *réalisation* dont parle cet article (816) est celle du dépôt. L'art. 1259 du Code « civil, qu'il ne s'agit nullement de réformer, dit textuellement que les intérêts « sont dus jusqu'au jour du dépôt. D'un autre côté, les offres, quoique déclarées valables, ne pouvant éteindre la dette, ne peuvent non plus arrêter le « cours des intérêts jusqu'à la consignation, qui seule consomme la libération. »

Il y a quelques difficultés relativement aux frais des offres suivies ou non de la consignation. Je vous renvoie, à cet égard, à l'art. 1260 du Code civil et aux explications et commentaires sur cet article.

1078. « Art. 817. La consignation volontaire ou ordonnée sera toujours à la charge des opposants, s'il en existe, et en les dénonçant au créancier. »

Le débiteur qui fait les offres peut jouer le rôle de tiers saisi dans une ou plusieurs saisies-arrêts pratiquées entre ses mains par les créanciers de son créancier. C'est même souvent à cause de ces saisies-arrêts que le débiteur, qui tient à se libérer, fait des offres et consigne. Cette consignation ne pourra être faite qu'à la charge des oppositions formées entre les mains du débiteur (tiers saisi), qui a dû ou qui devra les dénoncer au créancier (saisi). La somme, une fois consignée, pourra encore être l'objet de nouvelles saisies-arrêts de la part d'autres créanciers du saisi.

Le débiteur peut-il retirer la consignation qu'il a faite? Le créancier peut-il, à défaut d'opposition, en toucher le montant? Ces questions et d'autres relatives à cette matière sont résolues par les art. 1261 et suivants du Code civil, au texte et aux commentaires desquels je me borne à vous renvoyer conformément à l'art. 818. *

TITRE II

DU DROIT DES PROPRIÉTAIRES SUR LES MEUBLES, EFFETS ET FRUITS DE LEURS LOCATAIRES ET FERMIERS, OU DE LA SAISIE-GAGERIE ET DE LA SAISIE-ARRÊT SUR DÉBITEURS FORAINS (C. D.).

☞ **1079.** * En traitant de l'exécution forcée des jugements et actes (Voy. n° 813), nous avons distingué les saisies en saisies d'exécution et en saisies de précaution. Les premières permettent au saisissant, non seulement de mettre sous la main de la justice un objet appartenant à son débiteur, mais aussi de faire procéder à la vente de l'objet saisi. Dans les saisies de précaution, au contraire, le saisissant fait mettre les meubles de son débiteur sous la main de la justice, mais il ne peut pas les faire vendre.

La saisie-gagerie et la saisie-arrêt sur débiteurs forains ou saisie foraine appartiennent à cette dernière classe de saisies.

La saisie-gagerie, à laquelle sont consacrés les art. 819, 820 et 821, est la mise sous la main de justice d'effets, meubles et fruits appartenant aux locataires ou fermiers, à la requête des propriétaires ou principaux locataires, pour sûreté des loyers ou fermages.

La créance des loyers ou fermages a paru digne de faveur ; le Code civil, reproduisant l'ancienne doctrine, l'a rangée parmi les créances privilégiées (art. 2102, 1°, C. civ.) (1).

Le législateur a été plus loin dans le Code de procédure : il a permis au bailleur de mettre sous la main de justice les meubles qui garantissent le payement des fermages ou loyers, avant même d'avoir obtenu un jugement de condamnation contre le fermier ou le locataire. Cette saisie-gagerie a pour but d'assurer, d'une manière encore plus efficace, la créance du bailleur, en empêchant que les meubles, affectés au payement des loyers ou fermages, soient distraits pendant le procès sur la créance des loyers.

Mais gardez-vous de croire que la saisie-gagerie soit une conséquence nécessaire du privilège écrit dans l'art. 2102, 1°, du Code civil. Le bailleur, propriétaire ou principal locataire, pourrait très bien exercer son privilège, même si le droit de saisie-gagerie ne lui avait pas été conféré. Le privilège de l'art. 2102, 1°, C. civ., est indépendant des dispositions contenues dans les art. 819, 820 et 821 du Code de procédure.

Si le bail était constaté par acte notarié, le propriétaire, porteur de la grosse du bail, pourrait, dès que le prix du loyer ne serait pas payé à l'échéance du terme, et sans avoir recours aux tribunaux, saisir-exécuter les meubles de son locataire, les faire vendre et se faire payer sur le prix. Mais quand le bail n'est pas constaté par acte authentique, le bailleur doit se procurer un titre exécutoire, pour pouvoir faire vendre les meubles affectés à son privilège ; ce titre exécutoire, il ne le trouvera que dans le jugement qui condamnera son locataire ou son fermier au payement des loyers ou fermages. Or, pendant l'instance qui doit aboutir à ce jugement, comment empêcher le locataire ou le fermier de faire disparaître les meubles affectés à la garantie de la créance du loyer ou du fermage? C'est par la saisie-gagerie qu'il a été pourvu, à cet égard, à l'intérêt des propriétaires. La saisie-gagerie a pour but d'assurer l'exécution du privilège du locateur.

1080. On vous a déjà dit, dans d'autres cours, que le privilège du locateur consacré par l'art. 2102, 1°, C. civ., prenait son origine dans l'hypothèque tacite accordée en droit romain au bailleur d'une maison sur les meubles qui y sont apportés, et au bailleur d'un fonds sur les fruits du fonds (L. 4 Pr. et 7 Pr. D. *In quibus causis pignus*).

(1) Une loi du 19 février 1872 a modifié l'art. 2102, 1° du Code civil, en cas de faillite du locataire.

Cette hypothèque devint, dans notre ancien droit, notamment dans certaines Coutumes, un privilège plus étendu que l'ancienne hypothèque tacite, puisqu'elle s'étendit même aux meubles qui garnissaient la ferme. Dans la Coutume de Paris cependant, d'anciens auteurs faisaient remarquer que le privilège ne s'étendait qu'aux héritages urbains : *Lex Parisiorum ad locationem urbanam duntaxat refert privilegium super invectis et illatis* (1). Mais, dans la dernière rédaction de la Coutume de Paris, les doutes furent levés à cet égard par l'art. 171, qui supposait le privilège du locateur sur les objets apportés dans la ferme.

Quant à la saisie-gagerie, elle remonte à notre ancien droit français, elle est fondée sur l'idée que le propriétaire, pour exercer utilement son privilège sur les meubles qui garnissent la maison louée, doit avoir le droit de les arrêter, de les empêcher de sortir de la maison. La Coutume d'Aurillac (art. 2) allait plus loin, trop loin, en permettant aux maîtres des maisons louées de faire fermer les portes des maisons, jusqu'à ce qu'ils fussent payés du loyer.

Dans un temps plus reculé, l'*usage ancien et général de la France* permettait « aux seigneurs censiers, faute de payement des arrérages de leur cens et « rentes seigneuriales, de défoncer et mettre hors des gonds l'huis et les fe« nêtres de la maison censuelle, c'est-à-dire chargée du cens et de la rente, « ou la fermer, obstacler, verrouiller et cadenasser, la barrer ou y mettre le « barreau et barrier, au-devant, en signe de saisie, ou arrest, ou empesche« ment (2). » Ce droit fut remplacé dans la Coutume de Paris (art. 86) par la simple gagerie, qui différait de la saisie-gagerie pour loyers, comme vous pouvez le voir dans les commentaires sur les art. 86 et 161 de la Coutume.

⊳→ **1081.** La saisie-gagerie autorisée par l'art. 819 du Code de procédure est celle que la Coutume de Paris établissait dans les articles 161 et 171.

« Art. 819. Les propriétaires et principaux locataires de maisons ou biens ruraux, soit qu'il y ait bail, soit qu'il n'y en ait pas, peuvent, un jour après le commandement et sans permission du juge, faire saisir gager, pour loyers et fermages échus, les effets et fruits étant dans lesdites maisons et bâtiments ruraux et sur les terres. — Ils peuvent même faire saisir-gager à l'instant, en vertu de la permission qu'ils en auront obtenue sur requête du président du tribunal de première instance. — Ils peuvent aussi saisir les meubles qui garnissaient la maison ou la ferme, lorsqu'ils ont été déplacés sans leur consentement ; et ils conservent sur eux leur privilège, pourvu qu'ils en aient fait la revendication, conformément à l'art. 2102 du Code civil. »

Le droit de faire pratiquer la saisie gagerie est accordé aujourd'hui aux propriétaires et aux principaux locataires d'une maison et d'un bien rural, *soit qu'il y ait bail, soit qu'il n'y en ait pas et sans permission du juge.* Le mot *bail* est pris ici dans le sens d'écrit constatant le bail. Mais la demande du prix d'un loyer ou d'un fermage suppose nécessairement l'existence d'un bail ou contrat de louage (3).

(1) Æginarius Baro, ad. tit. *Instit. de locat. et conductione.* Voy. Brodeau sur l'art. 171 de la Coutume de Paris.

(2) Brodeau, sur l'art. 86 de la Coutume de Paris, nº 10.

(3) Le Code a suivi ici la phraséologie des anciens auteurs, qui disent qu'il n'y a pas de bail lorsque le bail n'est pas constaté par écrit. — Voy. notamment Lemaître, sur l'art. 162 de la Coutume de Paris.

Les anciens commentateurs n'étaient pas d'accord sur la questions de savoir si la saisie-gagerie devait être ou non autorisée par le juge. Quelques-uns distinguaient entre les baux constatés par acte authentique et les baux constatés par acte sous seing privé, d'autres entre les baux sous seing privé et les baux verbaux. Les rédacteurs du Code de procédure ont tranché la question dans le sens de l'opinion de Bouteiller, de Dumoulin, et même de Brodeau, qui ne conseillait de demander la permission du juge, même au cas de bail verbal, que pour plus grande sûreté, c'est-à-dire, en d'autres termes, qu'il ne la croyait pas nécessaire.

Un jour après le commandement. J'ai montré dans une des leçons précédentes (n° 813) l'embarras que ce mot *commandement* venait jeter dans l'explication de l'art. 819. Le commandement est un exploit d'huissier contenant un ordre de payer et *fait en vertu d'un titre exécutoire.* Cette dernière condition, *en vertu d'un titre exécutoire*, est de l'essence du commandement. Sans elle, l'exploit, fût-il qualifié commandement, demeure une simple sommation. Or, ici le bailleur n'est pas porteur d'un titre exécutoire; autrement il prendrait directement la voie de la saisie-exécution, qui l'autoriserait, non seulement à mettre les meubles de son débiteur sous la main de justice, mais même à les faire vendre. Il ne prend la voie de la saisie-gagerie que faute d'un titre exécutoire, qu'il obtiendra par le jugement sur la validité de la saisie-gagerie. Comment donc peut-il, sans titre exécutoire, faire un commandement qui suppose essentiellement un pareil titre? Quelques auteurs reconnaissent dans l'art. 819 une exception aux principes, un cas où le commandement pourra être fait sans titre exécutoire. Il me paraît impossible de changer ainsi la valeur des mots. Tout ce qu'on peut admettre, c'est que la loi dispensera le saisissant de la nécessité de faire un commandement préalable, et n'exigera de lui qu'une sommation. Je comprends une telle décision, et j'entends en ce sens l'art. 819. Le mot commandement est donc inexact; c'est d'une *sommation* que veut parler notre article. Le législateur peut bien supprimer, dans une hypothèse donnée, la formalité du commandement, mais il ne peut pas faire qu'un exploit devienne un commandement sans en présenter les caractères.

La saisie-gagerie sera donc précédée d'une simple sommation, et nous tiendrons pour constante cette distinction que j'ai posée précédemment (n° 813), que les saisies d'exécution sont nécessairement précédées d'un commandement, tandis qu'il en est autrement à l'égard des saisies de précaution, parmi lesquelles figure la saisie-gagerie.

1082. *Pour loyers et fermages échus.* L'art. 2012, 4°, C. civ., donne quelquefois un privilège au bailleur, même pour les loyers ou fermages à échoir; notre article 849 ne permet la saisie-gagerie que pour les loyers et fermages échus (1). Mais, disait-on déjà dans l'ancien droit (2), un locataire pourra donc, en enlevant les meubles, faire perdre au bailleur le terme courant et

(1) Bourges, 16 décembre 1837, *Journal du Palais*, t. II, de 1838, p. 36. — *Contrà :* Nancy, 5 décembre 1837, *eod.*, t. II, de 1840, p. 720. — Cass. Rej., 16 mai 1849, D. 49, 1, 130.

(2) Voy. les notes de Laurière sur l'art. 6 du tit. VI du livre III des *Institutes coutumières* de Loysel.

tous les loyers à échoir jusqu'à la fin du bail? Il y a un remède à cette fraude, dans le droit du propriétaire d'exiger que la maison soit garnie de meubles suffisants pour répondre du loyer (art. 1752, C. civ.) (1), et de saisir les meubles qui garnissaient la maison ou la ferme et qui auraient été déplacés sans son consentement, comme nous le verrons en expliquant le troisième alinéa de notre article.

La saisie-gagerie peut frapper *les effets et les fruits étant dans lesdites maisons ou bâtiments ruraux et sur les terres*. Fixons-nous bien sur le sens de ces expressions. Pour le loyer des maisons, la saisie-gagerie s'exerce sur les effets qui sont dans la maison. Pour les fermages, la saisie-gagerie s'applique aux effets et aux fruits qui se trouvent dans les bâtiments ruraux et sur les terres; ces mots *sur les terres* s'appliquent notamment aux récoltes sur pied et aux fruits pendants par racines, comme le prouve l'art. 821, qui renvoie pour la forme de la saisie de ces fruits au titre *De la Saisie-brandon*.

Ils peuvent même faire saisir-gager à l'instant en vertu de la permission...

A l'instant, c'est-à-dire sans la sommation préalable, que l'alinéa précédent appelle un commandement. La garantie de la sommation préalable est remplacée par celle de l'autorisation du président, qui ne devra l'accorder qu'en cas d'urgence ou de péril en la demeure. Si la cause de la saisie-gagerie rentre, à raison du chiffre du loyer ou fermage, dans la compétence du juge de paix, c'est-à-dire si le prix du bail n'excède pas 400 fr. (art. 1, L. du 2 mai 1855), la permission de saisir-gager sera demandée non pas au président du tribunal d'arrondissement, mais au juge de paix (art. 10, L. 25 mai 1838).

** C'est une dérogation au droit commun qui attribue en général les ordonnances sur requête au président du tribunal **.

1083. Enfin le paragraphe 3 de notre art. 819 autorise le bailleur à saisir *les meubles qui garnissent la maison ou la ferme, lorsqu'ils ont été déplacés sans son consentement*. Le privilège du locateur ne se conserve sur les meubles déplacés, que s'il en a fait revendication dans les quarante jours pour les meubles garnissant une ferme, et dans la quinzaine pour ceux garnissant une maison (art. 2102, 1°, C. civ.). La saisie de ces meubles doit-elle avoir lieu dans les mêmes délais? La rédaction du 3e alinéa de notre art. 819 semble exiger une réponse affirmative. Cet article est conçu exactement dans les mêmes termes que l'art. 2102, 1°, 5e alinéa, C. civ., qui détermine ces délais aussi bien pour la saisie de ces meubles que pour l'exercice du privilège. Le renvoi de l'art. 819 *in fine* à l'art. 2102, C. civ., s'applique à la disposition entière de notre 3e alinéa.

** Mais il s'agit dans ce cas bien plutôt d'une saisie-revendication que d'une saisie-gagerie. On discute la question de savoir si le locateur d'une ferme peut faire saisir-gager les fruits revendiqués? A notre avis, la négative n'est pas douteuse, s'il s'agit de fruits qui ne sont pas engrangés dans la ferme, car ces fruits ne sont grevés d'un privilège au profit du bailleur que dans un cas, celui où ils forment la récolte de l'année; mais alors ce privilège ne repose pas, comme celui qui pèse sur les meubles garnissants, sur une idée de gage. Ce

(1) Si c'est une ferme, les effets et les fruits répondent du loyer. Art. 1766, 1767, 2102, Code civil, et 592, 593, 819, 820, Code de procédure.

privilège est fondé sur une idée de plus-value et ne produit pas le droit de suite. Or le législateur n'a entendu établir la saisie-revendication que comme sanction du droit de suite attaché au privilège du bailleur fondé sur le gage. Mais s'il s'agit de fruits engrangés dans la maison ou dans la ferme, alors ces fruits deviennent des meubles garnissants et ils sont grevés du privilège fondé sur le gage, même s'ils ne forment pas la récolte de l'année; dès lors rien ne s'oppose plus à la saisie-gagerie, s'ils sont encore entre les mains du débiteur, et à la saisie-revendication, s'ils sont dans celles d'un tiers. L'art. 819 prescrit au bailleur de remplir certaines formalités s'il veut s'emparer des meubles garnissant la maison ou la ferme : ou bien il faut un commandement (plus exactement une sommation) de payer les loyers échus, et alors le propriétaire ne peut pratiquer une saisie-gagerie qu'un peu après la signification du commandement ; ou bien il doit adresser une requête au président du tribunal, et alors il peut, avec la permission de ce magistrat, pratiquer de suite, sans aucun délai, la saisie-gagerie. Si le propriétaire ne remplit pas ces formalités, il commet un acte arbitraire, en s'emparant des meubles du locataire (1). **

1084. « Art. 820. Peuvent les effets des sous-fermiers et sous-locataires garnissant les lieux par eux occupés, et les fruits des terres qu'ils sous-louent, être saisis-gagés pour les loyers et fermages dus par le locataire ou le fermier de qui ils les tiennent; mais ils obtiendront mainlevée en justifiant qu'ils ont payé sans fraude, et sans qu'ils puissent opposer des payements faits par anticipation. »

Cet article suppose que le fermier ou locataire a sous-loué. Le fermier ou le locataire principal répond toujours du loyer à l'égard du propriétaire. Ce dernier peut saisir-gager les fruits des terres sous-louées, et les meubles et effets du sous-locataire et du sous-fermier qui garnissent les lieux; mais le sous-locataire n'est tenu personnellement et sur ses meubles que jusqu'à concurrence du montant de la sous-location (art. 1735, C. civ.).

Le sous-locataire peut, d'ailleurs, opposer au propriétaire qu'il a déjà payé au locataire principal le prix de sous-location. Il écartera ainsi la réclamation du propriétaire, si les payements qu'il a faits sont conformes aux stipulations de son bail ou à l'usage des lieux (art. 153, C. civ.).

1085. « Art. 821. La saisie-gagerie sera faite en la même forme que la saisie-exécution : le saisi pourra être constitué gardien ; et, s'il y a des fruits, elle sera faite dans la forme établie par le titre IX du livre précédent. »

La saisie-gagerie est soumise, quant à la forme, aux dispositions du titre *De la Saisie-exécution;* toutefois, s'il s'agit de fruits sur pieds, on suivra les formes de la saisie-brandon. Notre article a cru seulement devoir dire que le saisi pourra être constitué gardien ; mais l'art. 598 au titre de la Saisie-exécution ne suffisait-il pas? Plusieurs auteurs ont voulu donner une signification particulière à la disposition de l'art. 821, mais ils ne se sont point accordés sur la portée de cette phrase : *Le saisi pourra être constitué gardien.* Suivant les uns, il faut l'entendre en ce sens que le saisi pourra être constitué gardien

(1) ** Civ. Cass., 14 mars 1883, D. 83, 1, 339. Voir la note que j'ai insérée sous cet arrêt. **

malgré lui; suivant d'autres, il le pourra sans *l'intervention du saisissant.* L'une et l'autre de ces interprétations modifieraient la fin de l'art. 598. Nous reviendrons sur cette question en expliquant l'art 830 (Voy. aussi l'explication de l'art. 823).

⇒ **1086.** La saisie-arrêt sur débiteurs forains, qu'on appelle aussi saisie foraine, donne au créancier le droit de saisir les effets trouvés en la commune qu'il habite et appartenant à son débiteur forain.

« Art. 822. Tout créancier, même sans titre, peut, sans commandement préalable, mais avec permission du président du tribunal de première instance et même du juge de paix, faire saisir les effets trouvés en la commune qu'il habite, appartenant à son débiteur forain. »

On fait remonter la saisie foraine jusqu'à Louis le Gros qui, par des lettres patentes de 1134, aurait accordé aux bourgeois de Paris le droit de faire cette sorte de saisie. Ce qui est certain, c'est que ce droit constituait autrefois un privilège pour les bourgeois de certaines villes : Paris, Orléans, Rennes, Reims, etc., qu'on appelait en conséquence villes d'arrêt.

L'art. 173 de la dernière rédaction de la Coutume de Paris, pour trancher quelques questions qui avaient été soulevées sur l'art. 192 de l'ancienne coutume, avait formellement décidé que cette saisie-arrêt ne pouvait atteindre que les débiteurs forains. Mais que devrait-on entendre par débiteurs forains? Après quelques difficultés à cet égard, dont on retrouve les traces dans nos anciens auteurs (1), on avait généralement reconnu que le débiteur forain était celui qui habitait *foràs*, au dehors, c'est-à-dire tout étranger à la ville où était domicilié le créancier privilégié. Ce qui n'était qu'un privilège pour les bourgeois de certaines villes est devenu le droit commun, d'après l'art. 822 du Code de procédure. Ainsi tout créancier pourra faire saisir, pour sûreté de sa créance, les effets d'un débiteur qui se trouve accidentellement dans la commune où le créancier est domicilié.

Cette opinion me paraît bien mieux fondée, bien plus conforme à la tradition historique de l'art. 822 que le sentiment de ceux qui ne soumettent à la saisie foraine que les effets de débiteurs, dont le domicile est ordinairement incertain et inconnu, comme les colporteurs, marchands et comédiens ambulants. Ces auteurs confondent à tort le terme de marchands forains avec celui de débiteurs forains.

La loi permet de faire cette saisie sans titre, c'est-à-dire même sans que la créance soit constatée par écrit; mais la permission du juge, exigée par notre article, offre au débiteur une garantie contre une saisie arbitraire. Cette permission émanera du président du tribunal d'arrondissement dans le chef-lieu de l'arrondissement et du juge de paix dans les autres communes. Il est nécessaire, en effet, que cette permission de justice puisse être obtenue sans délai et sans déplacement, afin que le débiteur n'ait pas le temps de se mettre, lui et ses effets, hors des atteintes de la saisie.

C'est par le même motif qu'il n'est pas nécessaire de faire précéder cette saisie d'une sommation préalable : la sommation donnerait l'éveil au débi-

(1) Voir notamment Brodeau, sur l'art. 173 de la Coutume de Paris.

teur, qui pourrait disparaître avec ses effets. Notre article porte : *Sans commandement préalable*. Mais l'observation que j'ai faite en commentant l'art. 819, sur l'inexactitude du mot *commandement*, est également applicable ici, où il s'agit d'une saisie faite sans titre.

Le créancier, porteur d'un titre exécutoire contre un débiteur forain, a lui-même quelquefois intérêt à prendre la voie de la saisie foraine, plutôt que celle de la saisie-exécution, qui lui est également ouverte. Cette dernière, en effet, devra être précédée d'un commandement, qui peut faire partir le débiteur avant la saisie, tandis que la saisie foraine, faite sans sommation et le surprenant à l'improviste, ne lui laisse pas le temps d'organiser sa fuite.

1087. « Art. 823. Le saisissant sera gardien des effets, s'ils sont en ses mains; sinon il sera établi un gardien. »

La faculté de laisser la garde au saisissant est particulière à la saisie foraine ; elle forme une exception à la règle générale posée dans l'art. 598. Cette exception est limitée au cas où le créancier a entre les mains les effets du débiteur. Il conserve une détention qu'il a déjà ; autrement, la garde ne lui serait pas attribuée, et devrait être confiée à un tiers. Mais on ne pourrait, je crois, la confier au débiteur forain lui-même. On comprend qu'en matière de saisie-exécution, on puisse constituer le saisi gardien des meubles saisis qui se trouvent ordinairement à son domicile ; la relation qui existe entre le saisi et son domicile fait présumer que le saisi ne disparaîtra pas avec les meubles confiés à sa garde. Dans la saisie foraine, au contraire, on se défie du débiteur, qui ne se trouve qu'accidentellement dans la commune où se fait la saisie. Le constituer gardien de ses effets, ce serait lui offrir un moyen facile de rendre la saisie illusoire.

C'est là une différence entre la saisie-gagerie et la saisie foraine, que le législateur a voulu indiquer dans la rédaction des art. 821 et 823, en permettant de constituer le saisi gardien dans la saisie-gagerie (art. 821) et en n'accordant pas la même faculté dans la saisie foraine (art. 823).

La rédaction de l'art. 824 vient encore fortifier cette interprétation, en ne supposant la garde du saisi comme possible que dans le cas de l'art. 821, celle du saisissant que dans le cas de l'art. 823.

1088. « Art. 824. Il ne pourra être procédé à la vente sur les saisies énoncées au présent titre qu'après qu'elles auront été déclarées valables; le saisi, dans le cas de l'art. 821, le saisissant, dans le cas de l'art. 823, ou le gardien, s'il en a été établi, seront condamnés par corps à la représentation des effets. »

Puisque les saisies-gagerie et foraine ne sont que des saisies de précaution, elles n'autorisent le créancier qu'à mettre les objets saisis sous la main de justice, à en ôter la disposition au saisi, mais elles ne permettent pas au saisissant de les faire vendre. Il faut, pour parvenir à la vente, que le saisi ait obtenu un titre exécutoire par un jugement qui déclarera la saisie valable, et condamnera le débiteur.

La loi n'a pas indiqué le tribunal auquel doit être portée la demande en validité de la saisie. Il me paraît difficile d'attribuer la connaissance de la question de validité à un autre tribunal que celui du lieu où la saisie a été faite. Pour la saisie-gagerie, cette décision n'offre aucune difficulté, puisque la saisie est ordinairement faite au domicile du débiteur ; la demande en validité sera donc portée au tribunal du domicile du débiteur, qui est aussi celui du lieu où la saisie a été pratiquée. On procède alors conformément à la règle générale de l'art. 59, 1er alinéa ; si la saisie-gagerie a lieu pour garantie d'un loyer dont le prix annuel n'excède pas 400 fr. (L du 2 mai 1855), le juge de paix connaît de la demande de validité (art. 3, L., 25 mai 1838).

Pour la saisie foraine, il y a plus de difficulté, surtout dans le cas où le débiteur forain a un domicile connu. Il semblerait, dans le silence de la loi, que l'art. 59, qui attribue compétence au tribunal du domicile du débiteur, dût recevoir son application. Je crois cependant que le tribunal du lieu de la saisie est le plus compétent pour en juger la validité. Autrement le créancier, obligé de poursuivre la validité au tribunal du domicile du débiteur, tribunal peut-être fort éloigné, perdrait tous les avantages de la saisie foraine. Le débiteur, d'ailleurs, ne peut se plaindre qu'on le déplace, puisqu'il se trouve dans le lieu où la saisie a été faite. La Coutume de Paris attribuait la connaissance de l'affaire au Prévôt de Paris, c'est-à-dire au juge du créancier. Mais j'admettrais encore aujourd'hui, comme on l'admettait autrefois dans la Coutume de Paris, que le saisi, en offrant caution suffisante pour la dette prétendue, pourrait obtenir son renvoi devant le tribunal de son domicile. Alors, en effet, il réduit à néant la présomption d'une disparition qui pourrait rendre toute poursuite illusoire, et qui motive les dispositions exorbitantes de la saisie foraine.

« Art. 825. Seront, au surplus, observées les règles ci-devant prescrites pour la saisie-exécution, la vente et la distribution des deniers. »

Je me bornerai à renvoyer, comme cet article, aux titres *De la Saisie-exécution* et *De la Distribution par contribution.* *

TITRE III

DE LA SAISIE-REVENDICATION (C. D.).

1089. *La revendication est l'action par laquelle une personne se prétend propriétaire d'une chose possédée par un tiers, et demande que la possession lui en soit restituée. Tel est le sens technique du mot revendication. Quelquefois les rédacteurs du Code civil ont appelé revendication la demande par laquelle une personne, sans élever aucune prétention sur la propriété d'un meuble, soutient que ce meuble doit être remis entre ses mains ou dans le lieu d'où il a été déplacé, et continuer à lui servir de gage. C'est ainsi que le locateur peut revendiquer les meubles qui garnissent les lieux loués, s'ils ont été déplacés sans son consentement (art. 2102, 1°, C. civ., et 819, C. pr.).

Notre droit reconnaît donc une revendication de propriété et une revendication de la possession à titre de gage. La saisie-revendication de notre titre a pour but d'assurer l'efficacité de toutes ces demandes en revendication, en empêchant le détenteur de faire disparaître le meuble en litige pendant la durée du procès. ** Or cette disparition pourrait faire éprouver un préjudice irrémédiable au propriétaire ou au créancier gagiste. On sait, en effet, que les art. 2279 et 2280 du Code civil n'admettent que très rarement la revendication des meubles, et, parfois même, en imposant des conditions assez lourdes au revendiquant. Si la chose passait entre les mains d'un tiers de bonne foi, la revendication ne serait plus possible ou bien elle ne serait permise que sous certaines conditions, tandis qu'actuellement cette chose est entre les mains d'une personne à qui elle peut être réclamée sans condition. De là la nécessité de fixer la chose entre les mains de cette personne, pour assurer l'efficacité de l'action en revendication du propriétaire ou du créancier gagiste. On obtient ce résultat par la saisie-revendication ; si celui qui la subit se désaisissait ensuite du meuble, il commettrait un véritable délit et pourrait être déféré aux tribunaux de répression. ** Ces dangers ne peuvent avoir pour objet que les meubles ; aussi la saisie-revendication de notre titre ne s'applique-t-elle jamais aux immeubles.

Le demandeur à l'action possessoire ou pétitoire peut seulement demander que l'immeuble, dont la propriété ou la possession est contestée, soit mis en séquestre pendant la durée du procès (art. 1961, 2°, C. civ.).

Quant aux meubles, le demandeur pourra former une saisie-revendication, soit qu'il s'en prétende propriétaire, dans les cas où la revendication des meubles est admise (art. 2279, C. civ.), soit qu'il veuille les faire réintégrer dans les lieux loués pour être affectés au gage de sa créance (art. 2102, 1°, dernier alinéa, C. civ., et 819, C. pr.) (1).

Notre titre trace la marche à suivre pour effectuer cette saisie-revendication.

« **Art. 826.** Il ne pourra être procédé à aucune saisie-revendication qu'en vertu d'ordonnance du président du tribunal de première instance rendue sur requête, et ce à peine de dommages-intérêts, tant contre la partie que contre l'huissier qui aura procédé à la saisie. »

Cette saisie présente un caractère tout particulier. Dans les autres saisies mobilières, en général, la saisie est pratiquée chez le débiteur, ou au moins chez celui qu'on prétend obligé, et sur tous les meubles qu'on trouve à son domicile ou à sa résidence. La saisie-revendication, au contraire, a trait à quelques meubles seulement, qu'on cherche chez une personne non obligée envers le saisissant. Une telle recherche peut nécessiter une perquisition domiciliaire, que la loi n'a pas dû permettre trop facilement sous le prétexte, peut-être frivole ou injuste, que tel meuble volé, perdu (art. 2279, C. civ.), ou

(1) La saisie-revendication de notre titre s'appliquerait encore au cas prévu par l'article 2102, 4°, dans l'opinion de ceux qui pensent que cet article établit, au profit du vendeur d'un meuble non payé, le droit de se faire restituer la possession du meuble. ** On devrait à plus forte raison l'accorder aussi dans l'opinion de ceux qui pensent que, sous les conditions de l'art. 2102, à défaut de payement du prix, la résolution de la vente a lieu de plein droit, de sorte que le vendeur peut se prétendre propriétaire de l'objet réclamé. ** (Voir les commentaires de l'art. 2102-4°, C. civ.). Je laisse entièrement de côté la revendication en matière de faillite, dont le caractère et les effets appartiennent à l'enseignement du Cours de Droit commercial.

affecté au payement d'un loyer (art. 2102, 1°, C. civ. et 819, C. pr.), se trouve chez telle ou telle personne désignée. Aussi, notre article exige-t-il, à peine de dommages-intérêts, que cette saisie soit autorisée par une ordonnance du président du tribunal, ** et cette ordonnance ne peut être valablement demandée que par le propriétaire ou par un créancier dont le privilège repose sur une idée de gage. **

1090. « Art. 827. Toute requête à fin de saisie-revendication désignera sommairement les effets. »

La désignation des effets éclairera le juge sur la portée de l'autorisation qui lui est demandée, et fera connaître à celui chez qui la perquisition doit être faite quel est le but que se propose le revendiquant; car la requête doit indiquer aussi la cause de la saisie-revendication.

« Art. 828. Le juge pourra permettre la saisie, même les jours de fête légale. »

On a considéré qu'il pouvait y avoir urgence à faire cesser une détention mal fondée, qui peut compromettre ou rendre illusoire le droit de propriété ou le droit de gage du revendiquant.

« Art. 829. Si celui chez lequel sont les effets qu'on veut revendiquer refuse les portes ou s'oppose à la saisie, il en sera référé au juge; et cependant il sera sursis à la saisie, sauf au requérant à établir gardien aux portes. »

Comme garantie contre une perquisition arbitraire, la loi donne à celui chez qui la saisie-revendication est autorisée le droit de faire surseoir à la saisie, en introduisant un référé devant le président du tribunal. Mais aussi, pour que ce référé ne devienne pas un moyen de gagner du temps et de faire disparaître les objets qu'on veut revendiquer, le requérant peut établir gardien aux portes, jusqu'à ce qu'il ait été statué sur la continuation des poursuites.

1091. « Art. 830. La saisie-revendication sera faite en la même forme que la saisie exécution, si ce n'est que celui chez qui elle est faite pourra être constitué gardien. »

Si ce n'est que celui chez qui elle est faite pourra être constitué gardien. Ces mots présentent quelque obscurité. Nous avons déjà dit, sur l'art. 821, qui, dans la saisie-gagerie, permet d'établir le saisi gardien, qu'il n'est pas très facile d'expliquer la portée d'une telle disposition. Si l'art. 821 existait seul, on pourrait dire qu'il contient une redondance, qu'il n'est qu'une application de l'art. 598 *in fine*. Si les art. 821 et 823 ne devaient pas se combiner avec notre art. 830, on n'hésiterait pas à dire, comme je l'ai déjà fait sur l'art. 823, que l'art. 821 permet de constituer le saisi gardien dans la saisie-gagerie, par opposition à l'art. 823, qui le défend dans la saisie foraine.

Mais l'art. 830 va plus loin, il permet de constituer le saisi gardien dans la saisie-revendication, *à la différence de la saisie-exécution*. Or, l'art. 598 le permet positivement dans cette dernière saisie. Plusieurs auteurs, pour donner un sens à l'art. 830, ont cherché une différence entre la garde confiée au saisi en matière de saisie-revendication et de saisie-gagerie, en vertu des art. 821 et 830, et la garde confiée au saisi en matière de saisie-exécution. Mais, comme je l'ai dit sur l'art. 821, ils ne sont pas d'accord sur la différence. Les uns la font consister en ce que la garde confiée en vertu des art. 821 et 830 pourrait être imposée au saisi malgré lui; les autres, en ce qu'elle pourrait être confiée au saisi sans consulter le saisissant. Je ne vois pas plus de raisons pour modifier l'art. 598 dans le premier sens que dans le second; chacune de ces interprétations me paraît divinatoire : je serais plutôt tenté de croire que les rédacteurs du Code de procédure, en rédigeant l'art. 830, avaient oublié l'innovation introduite par l'art. 598, qui permet, contrairement à l'ancien droit, de confier la garde au saisi lui-même.

1092. « Art. 831. La demande en validité de la saisie sera portée devant le tribunal du domicile de celui sur qui elle est faite ; et, si elle est connexe à une instance déjà pendante, elle le sera au tribunal saisi de cette instance. »

Cet article ne présente pas de difficulté ; seulement, je vous prie de remarquer, avant de quitter cette matière, que le saisissant, par la saisie-revendication et le jugement qui la valide, ne se propose pas toujours, comme dans les autres saisies, de parvenir plus ou moins directement à la vente de l'objet saisi, pour se faire payer sur le prix, mais souvent de rentrer dans la possession ou dans la détention de l'objet frappé par la *saisie-revendication*. Ainsi, celui qui fait saisir-revendiquer un *meuble*, dont il se prétend propriétaire, a l'intention de garder ce meuble et non de le faire vendre, mais le bailleur, en faisant saisir-revendiquer les meubles qui garnissaient la maison louée et qui ont été déplacés sans son consentement, veut sans doute les faire saisir-gager ou saisir-exécuter plus tard, et se faire payer sur leur prix.

TITRE IV

DE LA SURENCHÈRE SUR ALIÉNATION VOLONTAIRE (C. D.).

⇒ **1093.** * La surenchère est l'offre d'une somme supérieure au prix d'une vente ou d'une adjudication ; elle a pour but de provoquer une nouvelle vente aux enchères. Nous avons vu qu'après une adjudication sur saisie immobilière, toute personne pouvait, dans les huit jours, provoquer une nouvelle mise aux enchères en faisant une surenchère d'un sixième (art. 708).

Le droit de surenchérir peut être également exercé à la suite d'une aliénation volontaire. ** Mais pour qu'il puisse s'ouvrir, il faut supposer que l'acquéreur de l'immeuble a fait ses notifications à fin de purge aux créanciers hypothécaires, et alors le droit de surenchérir naît au profit de ces créanciers s'ils n'acceptent pas les offres qui leur sont faites. La surenchère du dixième diffère ainsi de la surenchère du sixième, non seulement pas sa qualité et par les circonstances dans lesquelles elle naît, mais aussi au point de vue des personnes qui ont le droit de la provoquer : toute personne peut faire une surenchère du sixième à la suite d'une adjudication sur expropriation forcée ; les créanciers hypothécaires seuls ont le droit de faire une surenchère du dixième à la suite d'une aliénation volontaire.

La loi a voulu favoriser l'extinction des hypothèques, comme nous en avons eu déjà la preuve à plusieurs reprises. C'est pourquoi, dans le cas d'une aliénation volontaire, elle donne aux trois acquéreurs d'un immeuble hypothéqué, un droit tout particulier, celui de purger. En vertu de ce droit, le tiers acquéreur offre aux créanciers hypothécaires une certaine somme, ordinairement son prix d'acquisition, mais il pourrait offrir une somme plus élevée. Les créanciers hypothécaires sont, par l'effet de ces offres et même si leurs créances ne sont pas exigibles, placés dans l'alternative ou de les accepter ou de provoquer une surenchère du dixième. Tout créancier, certain d'être désintéressé, par exemple à cause du rang de son hypothèque, acceptera les offres. Mais la situation du créancier hypothécaire qui n'arrive pas en rang utile pour être payé en totalité sur la somme offerte, est fort délicate : s'il ne veut pas accepter les offres, qui cependant ne lui procureront qu'un payement partiel (ou peut-être même rien), il est obligé de surenchérir du dixième, c'est-à-dire de provoquer la vente aux enchères de l'immeuble hypothéqué et de prendre l'engagement de se porter adjudicataire, moyennant le prix offert avec un dixième en sus, si personne ne se présente aux enchères. Il n'hésitera pas à courir cette chance, si la somme offerte par le tiers acquéreur est manifestement inférieure à la valeur de l'immeuble. ** Le débiteur a pu, en effet, vendre l'immeuble à l'amiable pour un prix inférieur à sa valeur. Il ne serait pas juste que les créanciers fussent privés d'une partie de la valeur de la chose hypothéquée, par la volonté de leur débiteur. Aussi la loi leur permet-elle de surenchérir; la surenchère leur est même facilitée, puisqu'il suffit d'offrir un dixième en sus du prix stipulé dans le contrat (art. 2185, C civ.).

Il est possible que les créanciers n'aient pas connaissance de l'aliénation volontaire de l'immeuble qui leur est hypothéqué. Tant que le nouvel acquéreur ne se fait pas connaître, il reste soumis au droit de suite des créanciers hypothécaires. Mais si l'acquéreur ne veut pas rester sous le coup des poursuites hypothécaires, il aura recours à la purge, dont certaines formalités (les notifications prescrites par l'art. 2183, C. civ.) mettent les créanciers hypothécaires en demeure de former leur surenchère.

L'immeuble peut être grevé d'hypothèques qui n'ont rang que par leur inscription, et d'hypothèques qui se conservent indépendamment de l'inscription, celles du mineur, de l'interdit et de la femme mariée (art. 2135, C. civ.). Pour ces dernières, les art. 2193 et suiv., C. civ., règlent le mode de purge qui doit être spécialement employé à leur égard. Sur cette purge, la femme, le mineur ou leurs mandataires ont le droit de surenchérir.

La purge des privilèges et hypothèques inscrits et la surenchère sur aliénation volontaire avaient déjà été réglées par les art. 2181 et suiv. du Code civil. Dans le titre qui nous occupe, les rédacteurs du Code de procédure ont ajouté quelques dispositions sur les formalités de la purge, réglé les formes de la revente aux enchères provoquée par la surenchère ; ils avaient même posé dans les art. 834 et 835 des règles de droit fort importantes, qui interprétaient ou plutôt qui modifiaient le système hypothécaire du Code civil. Mais ces deux articles ont été abrogés par la loi du 23 mars 1855.

D'après l'art. 2187 du Code civil, la vente par suite de surenchère sur aliénation volontaire devait se faire dans les mêmes formes que la vente sur saisie immobilière. Le législateur de 1841, en modifiant les règles de la saisie immobilière, a voulu tenir compte des différences qui existent entre ces deux sortes de ventes.

Le législateur a révisé en même temps les autres dispositions de procédure contenues dans ce titre, et tranché quelques questions sur lesquelles des difficultés s'étaient élevées.

L'art. 2 de la loi du 2 juin 1841 porte en conséquence : « Les art. 832, 833, « 836, 837 et 838 du titre IV du livre Ier de la deuxième partie du Code de pro- « cédure civile, relatifs à la surenchère sur aliénation volontaire, seront rem- « placés par les dispositions suivantes. » Suit le texte des nouveaux art. 832, 833, 836 et 837. On n'avait laissé intacts que les art. 834 et 835, abrogés aujourd'hui par la loi du 23 mars 1855.

1094. « Art. 832. Les notifications et réquisitions prescrites par les art. 2183 et 2185 du Code civil seront faites par un huissier commis à cet effet, sur simple requête, par le président du tribunal de première instance de l'arrondissement où elles auront lieu; elles contiendront constitution d'avoué près le tribunal où la surenchère et l'ordre devront être portés. — L'acte de réquisition de mise aux enchères contiendra, avec l'offre et l'indication de la caution, assignation à trois jours devant le tribunal, pour la réception de cette caution, à laquelle il sera procédé comme en matière sommaire. Cette assignation sera notifiée au domicile de l'avoué constitué ; il sera donné copie, en même temps, de l'acte de soumission de la caution et du dépôt au greffe des titres qui constatent sa solvabilité. — Dans le cas où le surenchérisseur donnerait un nantissement en argent ou en rentes sur l'État, à défaut de caution, conformément à l'art. 2041 du Code civil, il fera notifier avec son assignation copie de l'acte constatant la réalisation de ce nantissement. — Si la caution est rejetée, la surenchère sera déclarée nulle et l'acquéreur maintenu, à moins qu'il n'ait été fait d'autres surenchères par d'autres créanciers. »

Après les notifications faites par l'acquéreur qui veut purger conformément à l'art. 2183 du Code civil, tout créancier inscrit peut requérir une nouvelle mise aux enchères, en formant une surenchère (1) dans le délai et avec les conditions fixés par l'art. 2185. Notre art. 832 a soumis la surenchère à quelques formalités dont le Code ne parlait pas et que nous devons examiner.

Les notifications à fin de purge et *les réquisitions* de mise aux enchères *seront faites par un huissier commis par le président du tribunal.* Cette disposition a pour but de mieux garantir la remise des copies des notifications aux créancier inscrits et de celle de la réquisition de mise aux enchères à l'acquéreur. On comprend combien il est important que le créancier connaisse une notification qui fait courir le délai dans lequel il doit former sa surenchère, et que l'acquéreur soit averti d'une surenchère qui rend sa propriété incertaine.

Elles contiendront constitution d'avoué. On gagnera ainsi du temps. En effet, l'acte de réquisition de mise aux enchères doit contenir une assignation pour la réception de la caution. Cette assignation sera directement signifiée au domicile de l'avoué constitué par l'acquéreur dans sa notification à fin de purge (2e alinéa de l'art. 832). Quant à la surenchère, comme elle contient une assignation, elle doit contenir une constitution d'avoué, aux termes de l'art. 61 du Code de procédure.

(1) La surenchère ne peut être formée avant les notifications. Limoges, 24 avril 1863, D. 63, 2, 173, et la note.

Près le tribunal où la surenchère et l'ordre devront être portés, c'est-à-dire près le tribunal de la situation de l'immeuble.

Notre art. 832 (2e alinéa) déroge donc à l'art. 2185 en ce que la réquisition de mise aux enchères doit être faite par acte signifié à l'avoué de l'acquéreur à peine de nullité (art. 838) (1), tandis que l'art. 2185, 1°, ordonnait de faire cette signification à domicile ; mais les autres dispositions de l'art. 2185 demeurent entières. Ainsi la surenchère doit être d'un dixième du prix stipulé au contrat ou déclaré par le nouveau propriétaire (art. 2185, 2°). Les nos 3 et 4 de l'article 2185, relatifs à la signification de la surenchère au précédent propriétaire, débiteur principal, et à la forme de cette signification, recevront encore leur application. C'est par exploit d'huissier que cette signification sera faite à l'ancien propriétaire qui n'a pas encore d'avoué. La surenchère n'est pas signifiée aux autres créanciers inscrits. Une telle signification aurait entraîné des frais très considérables.

Enfin l'art. 2185, 5°, exige du surenchérisseur l'offre d'une caution. Les quatre derniers alinéas de notre art. 842 développent cette dernière condition de la validité de la surenchère. L'acte de réquisition de mise aux enchères devra contenir non seulement l'offre d'une caution, mais aussi l'indication de cette caution, ainsi qu'une assignation à trois jours pour la réception de la caution (2). Il contiendra aussi la copie de l'acte de soumission de la caution et du dépôt au greffe des titres qui établissent sa solvabilité. On procédera comme en matière sommaire.

La solvabilité de la caution s'estime, d'ailleurs, conformément aux dispositions des art. 2018 et 2019, C. civ. Toutefois l'art. 2041 du même Code permet à celui qui ne peut trouver de caution de donner un gage en nantissement. Sous l'empire du Code de procédure de 1806, on avait douté que l'art. 2041 fût applicable à notre matière ; en adoptant même l'affirmative, on se demandait quels équivalents pouvaient être admis. Le nouvel art. 832 a tranché cette question. Le surenchérisseur pourra donner, à défaut de caution, un nantissement en argent ou en rentes sur l'État. Le dépôt de cet argent ou des titres de rentes aura lieu à la Caisse des dépôts et consignations, conformément à l'ordonnance du 3 juillet 1817 (3).

Il résulte de la discussion sur cet article qu'on a voulu proscrire tout autre nantissement.

Enfin, le surenchérisseur, qui aura présenté une caution n'offrant pas les qualités requises, ne pourra, après le rejet de cette caution, en présenter une nouvelle ; et s'il n'y a pas d'autres surenchères formées par d'autres créanciers, l'immeuble ne sera pas mis aux enchères, et l'aliénation amiable sera maintenue.

☞ **1095**. « Art. 833. Lorsqu'une surenchère aura été notifiée avec assignation

(1) Paris, 6 mai 1844 (Dall., *Rép.*, v° *Surenchère*, n° 101).

(2) Ce délai de trois jours n'est pas considéré comme exigé à peine de nullité. — Cass. Rej., 16 novembre 1853, D. 54, 1, 399.

(3) Bourges, 17 mars 1852, et Pau, 11 août 1852, D. 53, 2, 71 et 110. — Le nantissement peut même être fait en rentes au porteur. Cass. Rej., 4 janvier 1865, D. 65, 1, 172.

dans les termes de l'art. 832 ci-dessus, chacun des créanciers inscrits aura le droit de se faire subroger à la poursuite, si le surenchérisseur ou le nouveau propriétaire ne donne pas suite à l'action dans le mois de la surenchère. — La subrogation sera demandée par simple requête en intervention, et signifiée par acte d'avoué à avoué. — Le même droit de subrogation reste ouvert au profit des créanciers inscrits, lorsque, dans le cours de la poursuite, il y a collusion, fraude ou négligence de la part du poursuivant. — Dans tous les cas ci-dessus, la subrogation aura lieu aux risques et périls du surenchérisseur, sa caution continuant à être obligée. »

Les dispositions de l'art. 833 ont été introduites dans le Code de procédure par la loi du 2 juin 1841. Elles me paraissent être la conséquence et le développement du principe posé dans l'art. 2190 du Code civil, qui ne permet pas au créancier surenchérisseur de se désister de sa surenchère au détriment des autres créanciers inscrits: le désistement du surenchérisseur n'empêche pas la mise aux enchères. Mais, sans se désister expressément, le surenchérisseur négligeait quelquefois de poursuivre sa surenchère. L'art. 833 donne aux autres créanciers inscrits le droit de se faire subroger à la poursuite, si le surenchérisseur ou l'acquéreur lui-même laissent écouler un mois sans donner suite à la surenchère, ou s'il y a, dans le cours de la poursuite, collusion, fraude ou négligence de la part du poursuivant. Le deuxième alinéa de l'article 833 règle la forme de cette demande en subrogation.

Mais le surenchérisseur, contre qui la subrogation a été obtenue, ne se trouve pas libéré de l'offre qu'il a faite de porter le prix à un dixième en sus, autrement sa négligence ou sa fraude lui profiteraient. Aussi, lisons-nous, à la fin de l'art. 833, que la caution de surenchérisseur continue à être obligée, et que la subrogation a lieu aux risques et périls du surenchérisseur, « c'est-à-dire qu'il sera déclaré adjudicataire, si, au jour fixé pour l'adjudi- « cation, il ne se présente pas d'autres enchérisseurs (art. 838, premier « alinéa), et que, faute par lui de payer le prix de cette adjudication, il sera « poursuivi par la voie de la folle enchère.

Pour que la subrogation puisse produire ces effets, il faut que la surenchère soit valable. Si la surenchère n'avait pas été faite avec toutes les formalités prescrites par les art. 2185, C. civ., et 832, C. pr., elle serait entachée de nullité (art. 2185, C. civ. *in fine*, et 838, C. pr.), et aucune subrogation ne pourrait la rendre valable. Aussi les créanciers, qui ont intérêt à ce que l'immeuble soit mis aux enchères, agiront-ils prudemment en formant une seconde, une troisième surenchère, lorsqu'ils savent qu'il existe déjà une surenchère formée par l'un de leurs cocréanciers. En effet, si cette première surenchère est nulle, l'aliénation volontaire est maintenue, à moins qu'il n'existe d'autrès surenchères valables, faites dans le délai de l'art. 2185, 1°, du Code civil (art. 832, C. pr. *in fine*).

1096. Les art. 834 et 835 étaient relatifs à la faculté de faire inscrire les hypothèques, du chef de l'ancien propriétaire, pendant la quinzaine qui suivait la transcription de l'acte d'aliénation de l'immeuble hypothéqué. La loi du 23 mars 1855 sur la transcription, qui ne permet plus aux créanciers du précédent propriétaire de faire inscrire leurs privilèges ou hypothèques postérieurement à la transcription, a abrogé les art. 834 et 835 du Code de procédure.

1097. « Art. 836. Pour parvenir à la revente sur enchères, prévue par l'article 2187 du Code civil, le poursuivant fera imprimer des placards qui contiendront : — 1° la date et la nature de l'acte d'aliénation sur lequel la surenchère a été faite, le nom du notaire qui l'a reçue ou de toute autre autorité appelée à sa confection ; — 2° le prix énoncé dans l'acte, s'il s'agit d'une vente, ou l'évaluation donnée aux immeubles dans la notification aux créanciers inscrits, s'il s'agit d'un échange ou d'une donation ; — 3° le montant de la surenchère ; — 4° les noms, professions, domiciles du précédent propriétaire, de l'acquéreur ou donataire, du surenchérisseur, ainsi que du créancier qui lui est subrogé dans le cas de l'art. 833 ; — 5° l'indication sommaire de la nature et de la situation des biens aliénés ; — 6° le nom et la demeure de l'avoué constitué pour le poursuivant ; — 7° l'indication du tribunal où la surenchère se poursuit, ainsi que des jours, lieu et heure de l'adjudication. — Ces placards seront apposés, quinze jours au moins et trente jours au plus avant l'adjudication, à la porte du domicile de l'ancien propriétaire et aux lieux désignés dans l'art. 699 du présent Code. — Dans le même délai, l'insertion des énonciations qui précèdent sera faite dans le journal désigné en exécution de l'art. 696, et le tout sera constaté comme il est dit dans les art. 698 et 699. »

D'après l'art. 2187 du Code civil, on devait appliquer les formes de la vente sur saisie immobilière aux ventes par suite de surenchère sur aliénation volontaire. Les rédacteurs du Code de procédure s'étaient à peu près bornés à renvoyer également à ces formes (anciens art. 836 et 837). Le législateur de 1841 (loi du 2 juin) a pensé, notamment en ce qui concerne les moyens de donner de la publicité à la vente, que les énonciations qui doivent être contenues dans les affiches et les insertions aux journaux n'étaient pas suffisamment expliquées par un renvoi à l'art. 696, C. pr., dont les détails ne s'adaptent qu'imparfaitement à l'annonce d'une vente par suite de surenchère sur aliénation volontaire. En conséquence, l'art. 836 entre, sur les énonciations des affiches et de l'insertion dans les journaux, dans les détails minutieux, qu'une lecture attentive vous fera suffisamment apprécier.

« Art. 837. Quinze jours au moins et trente jours au plus avant l'adjudication, sommation sera faite à l'ancien et au nouveau propriétaire d'assister à cette adjudication, aux lieu, jour et heure indiqués. Pareille sommation sera faite au créancier surenchérisseur, si c'est le nouveau propriétaire ou un autre créancier subrogé qui poursuit. — Dans le même délai, l'acte d'aliénation sera déposé au greffe et tiendra lieu de minute d'enchère. — Le prix porté dans l'acte ou la valeur déclarée et le montant de la surenchère tiendront lieu d'enchère. »

Les créanciers inscrits et ceux qui veulent enchérir ne connaissent la vente et le jour de l'adjudication que par les affiches et par l'insertion dans les journaux. Mais le surenchérisseur doit faire sommer l'ancien propriétaire et l'acquéreur d'assister à l'adjudication. Si c'est l'acquéreur ou un créancier subrogé (art. 833) qui poursuit la vente, il fera faire cette sommation au créancier surenchérisseur, fort intéressé à l'adjudication, comme le montre le premier alinéa de l'art. 838. Le premier alinéa de notre article indique le délai dans lequel cette sommation doit être faite.

Dans le même délai, l'acte constatant l'aliénation volontaire sera déposé au greffe pour tenir lieu de minute d'enchère. Quant à la mise à prix de la vente future, elle consistera dans le montant de la surenchère, indépendamment du prix porté dans l'acte de vente amiable ou de la valeur déclarée, en cas d'échange ou de donation.

1098. « Art. 838 (modifié par l'art. 2 de la loi du 21 mai 1858). Le surenchérisseur, même au cas de subrogation à la poursuite, sera déclaré adjudicataire, si, au jour fixé pour l'adjudication, il ne se présente pas d'autres enchérisseurs. — Sont applicables au cas de surenchère, les art. 701, 702, 705, 706, 707, 711, 713, 717, 731, 732, 733 du présent Code, ainsi que les art. 734 et suivants relatifs à la folle enchère. — Les formalités prescrites par les art. 705 et 706, 832, 836 et 837, seront observées à peine de nullité. — Les nullités devront être proposées, à peine de déchéance, savoir : celles qui concerneront la déclaration de surenchère et l'assignation, avant le jugement qui doit statuer sur la réception de la caution ; celles qui seront relatives aux formalités de la mise en vente, trois jours au moins avant l'adjudication ; il sera statué sur les premières par le jugement de réception de la caution, et sur les autres, avant l'adjudication, et, autant que possible, par le jugement même de cette adjudication. — Aucun jugement ou arrêt par défaut en matière de surenchère sur aliénation volontaire ne sera susceptible d'opposition. — Les jugements, qui statueront sur les nullités antérieures à la réception de la caution, ou sur la réception même de cette caution, et ceux qui prononceront sur la demande en subrogation intentée par collusion ou fraude, seront seuls susceptibles d'être attaqués par la voie de l'appel. — L'adjudication par suite de surenchère sur aliénation volontaire ne pourra être frappée d'aucune autre surenchère. — Les effets de l'adjudication à la suite de surenchère sur aliénation volontaire seront réglés, à l'égard du vendeur et de l'adjudicataire, par les dispositions de l'art. 717 ci-dessus ; néanmoins, après le jugement d'adjudication par suite de surenchère, la purge des hypothèques légales, si elle n'a pas eu lieu, se fait comme au cas d'aliénation volontaire, et les droits des créanciers à hypothèques légales sont régis par le dernier alinéa de l'art. 772. »

Nous avons déjà parlé de la disposition du premier alinéa de notre article. Le créancier qui a formé une surenchère, même au cas de subrogation à la poursuite, devient adjudicataire pour le montant de la mise à prix, telle qu'elle est fixée à la fin de l'art. 837.

Notre art. 838, dans son deuxième alinéa, détermine quelles sont les dispositions de la matière de la saisie immobilière qui sont applicables à la vente par suite de surenchère sur aliénation volontaire. L'art. 701 a trait à la taxe des frais ; l'art. 702 à la réquisition d'adjudication ; les art. 705 et 706 au mode d'adjudication ; l'art. 707 à la déclaration du nom de l'adjudicataire par l'avoué dernier enchérisseur ; les art. 712 et 713 à la rédaction et à la délivrance du jugement d'adjudication ; l'art. 717 aux effets de l'adjudication. Les art. 731 et 732 se réfèrent à l'appel des jugements sur les incidents de la poursuite ; enfin les art. 734 et suivants concernent la folle enchère. On a fait remarquer avec raison que notre article, ne renvoyant pas aux art. 703 et 704 C. pr., il ne pouvait être accordé de sursis à l'adjudication par suite de surenchère sur aliénation volontaire.

D'après le troisième alinéa de notre article, les dispositions des art. 705 et 706, relatifs à la forme de l'adjudication, ainsi que toutes les formalités prescrites par les art. 832, 833 et 837 de notre titre, sont exigées à peine de nullité. Afin que ces nullités ne devinssent pas le prétexte d'incidents à l'aide desquels on pût reculer indéfiniment l'adjudication, la loi a réglé les délais dans lesquels ces nullités devront être proposées et jugées, et a restreint, à l'égard des décisions qui interviennent sur ces nullités, les voies de recours ordinairement ouvertes contre les jugements. Comme dans les art. 728 et 729 en matière de saisie immobilière, la loi distingue ici deux classes de nullités : les unes concernent la déclaration de surenchère et l'assignation, les autres sont relatives aux formalités de la mise en vente. A peine de déchéance, les premières seront proposées avant le jugement qui doit statuer sur la réception de la caution (art. 832); les secondes trois jours au moins avant l'adjudication.

Ces demandes en nullité seront jugées dans le plus bref délai; il sera statué sur les premières par le jugement de réception de la caution; sur les secondes, avant l'adjudication, et, autant que possible, par le jugement même de cette adjudication (Voy. plus haut l'explication des art. 730 et 739).

La loi supprime, à l'égard de tous ces jugements, la voie de l'opposition, et restreint la voie de l'appel (6e alinéa de l'art. 838). L'appel, quand il est permis, sera instruit dans les formes prescrites par les art. 731 et 732, auxquels renvoie le deuxième alinéa de notre article, et dont j'ai déjà donné l'explication.

La loi applique ici (7e alinéa de notre article) la règle déjà posée dans l'art. 710, et prohibe toute surenchère nouvelle à l'égard de l'adjudication par suite de surenchère.

Le dernier alinéa a pour but de faire produire, autant que possible, à l'adjudication sur surenchère après aliénation volontaire, les effets de l'adjudication sur saisie.

Ainsi l'adjudication éteindra le droit de résolution du précédent vendeur non payé (art. 717).

La fin de notre alinéa : *néanmoins après l'adjudication*, etc., a été ajoutée par la loi du 21 mai 1858. Elle a pour objet d'indiquer les effets de l'adjudication sur surenchère à l'égard des hypothèques.

Il n'était pas besoin de rechercher si l'adjudication sur surenchère éteint les hypothèques inscrites; elles sont éteintes par la purge qui a amené la surenchère.

Mais la loi n'a pas exigé que la purge des hypothèques occultes de la femme et du mineur précédât l'adjudication; aussi l'adjudication sur surenchère du dixième après aliénation volontaire ne purge-t-elle pas les hypothèques légales non inscrites, et l'adjudicataire devra, pour les purger, remplir les formalités des art. 2194 et 2195 (C. civ.). Mais la femme et le mineur pourront-ils sur cette purge former une surenchère nouvelle? Je ne le pense pas. En effet, l'art. 710 (Loi du 2 juin 1841) qui prohibe expressément une nouvelle surenchère après l'adjudication sur surenchère, a précisément eu pour but d'empêcher une seconde surenchère de la part de la femme et du mineur lors de la purge spéciale de leurs hypothèques non inscrites (Voy. n° 978).

L'avant-dernier alinéa de notre art. 838 (même loi du 2 juin 1841) doit prohiber, dans le même sens, une seconde surenchère. La loi de 1858, dans le dernier alinéa qu'elle a ajouté à notre art. 838, ne peut avoir eu en vue de détruire l'alinéa précédent qu'elle reproduisait. Il faut donc maintenir cette proposition. *L'adjudication par suite de surenchère sur aliénation volontaire ne pourra être frappée d'aucune autre surenchère.*

S'il n'est pris aucune inscription pour la femme, le mineur et l'interdit pendant le délai fixé par l'art. 2195 du Code civil, ces créanciers conserveront néanmoins leur droit de préférence conformément à l'art. 772 (L. du 21 mai 1858), et sous les conditions prescrites par cet article.

** C'est une question très grave et vivement controversée que celle de savoir quels sont, quant à la transmission de la propriété, les effets du jugement d'adjudication sur aliénation volontaire. Elle vous sera exposée dans le cours de Code civil. **

QUARANTE-NEUVIÈME LEÇON

TITRE V

DES VOIES A PRENDRE POUR AVOIR EXPÉDITION OU COPIE D'UN ACTE OU POUR LE FAIRE RÉFORMER (C. D.).

➾ **1099.** * Ce titre règle trois points différents : 1° comment une personne qui a été partie dans un acte peut s'en procurer une copie ; 2° comment un tiers peut se faire délivrer une copie ou un extrait d'un acte dans lequel il n'a pas figuré ; 3° enfin, comment on peut rectifier un acte de l'état civil. Ces trois points feront l'objet de trois paragraphes.

§ 1er. *Des voies ouvertes aux parties pour se faire délivrer une copie* (art. 839 à 844 et 854). Les copies des actes sont délivrées, en général, par l'officier public qui a dressé la minute et qui en est dépositaire, ou par ses successeurs qui en deviennent dépositaires après lui, que cet officier public soit notaire, greffier, officier de l'état civil. Nous avons vu cependant, dans l'art. 245, que les greffiers sont aussi autorisés à délivrer des copies d'un acte dont la minute est remise à leur greffe comme pièce de comparaison dans un procès de faux incident. Le greffier alors est, au moins temporairement, dépositaire de la minute, quoique l'art. 245 évite de l'appeler ainsi, et semble opposer le greffier, détenteur provisoire de cette minute, à l'officier public qui en est le dépositaire habituel. Quelquefois, enfin, des copies peuvent être délivrées par des officiers publics qui ne sont dépositaires ni ordinaires ni provisoires de la minute. Ainsi, en cas d'absence ou d'empêchement d'un notaire, ou dans l'intervalle qui s'écoule entre le décès ou la destitution d'un notaire et la nomination de son successeur, les copies des minutes déposées dans l'étude de ce notaire absent, empêché, décédé, démissionnaire ou destitué, sont délivrées par un confrère qui n'est pas même détenteur de la minute.

Ces copies n'ont pas toutes la même force probante. Aucune copie ne fait foi que de ce qui est contenu au titre original, dont on peut toujours exiger la représentation quand il existe (1). S'il n'existe plus, l'art. 1335, C. civ., divise ces copies en quatre catégories sous le rapport de la foi qui leur est due.

Dans la première, elle place quatre sortes de copies : 1° les grosses, c'est-à-dire les premières expéditions revêtues de la formule exécutoire ; 2° les premières expéditions même non revêtues de la formule exécutoire ; pour ces

(1) Voy. toutefois l'art. 45 du Code civil et les commentaires sur cet article, relativement à la foi due aux copies ou extraits des actes de l'état civil.

deux sortes de copies, leur délivrance, fort rapprochée du moment où la minute a été rédigée, garantit leur conformité avec l'original; 3° les copies tirées par l'autorité du magistrat, comme les secondes grosses (art. 844, 854, C. pr.); 4° les copies tirées en présence des parties et de leur consentement réciproque. Cette première classe de copies fait foi complète de ce qu'elles contiennent, si l'original n'existe plus par un accident quelconque.

La seconde classe comprend trois sortes de copies tirées sur la minute, sans l'autorité du magistrat, sans le consentement des parties, et postérieurement à la délivrance des grosses ou des premières expéditions. Ce sont : 1° les secondes et subséquentes copies, tirées par le notaire qui a reçu l'acte et dressé la minute ; 2° les mêmes copies, tirées par l'un des successeurs du notaire qui a reçu l'acte ; 3° les copies tirées, dit l'art. 1335, 2°, C. civ., par officiers publics qui, en cette qualité, sont dépositaires des minutes. Mais comment un officier public serait-il dépositaire de la minute sans être successeur de celui qui a reçu l'acte? Quelques auteurs appliquent cette qualité de dépositaire de la minute au greffier, détenteur provisoire de l'acte pendant l'instance de faux incident (art. 245, C. pr.). Mais l'art. 245 résiste à cette interprétation de l'art. 1335, 2°, C. civ., puisqu'il oppose constamment le greffier, détenteur de cette minute, à l'officier public qui l'a apportée ou envoyée au greffe, et qui est seul qualifié dépositaire de la minute. Ces mots : *officiers qui, en cette qualité, sont dépositaires des minutes* (art. 1335, 2°, C. civ.), me paraissent convenir bien mieux au notaire à qui ont été remises les minutes d'un notaire remplacé ou dont l'office a été supprimé, comme le supposent les art. 54 et suivants de la loi du 25 ventôse an XI. Les copies de cette seconde classe ne font foi, en cas de perte de l'original, que si elles remontent à trente ans; jusque-là elles ne servent que de commencement de preuve par écrit.

Dans la troisième classe de copies, il faut ranger celles qui sont tirées sur la minute par un autre que l'officier public qui a reçu l'acte, que son successeur ou qu'un officier public qui était en cette qualité dépositaire de la minute; par exemple, les copies tirées par le confrère du dépositaire de la minute, si ce dernier est absent ou empêché, ou par le notaire chargé provisoirement de la garde des minutes d'un confrère décédé et non encore remplacé (art. 61, loi du 25 ventôse an XI), ou même par le greffier détenteur provisoire d'une minute remise au greffe pendant une instance de faux incident, suivant le sens littéral de l'art. 245 du Code de procédure, qui ne permet pas de considérer ce greffier comme dépositaire de la minute. Les copies de cette catégorie, quelle que soit leur ancienneté, ne pourront servir que de commencement de preuve par écrit (art. 1335, 4°, C. civ.).

Enfin les copies tirées sur d'autres copies, comme les copies de pièces signifiées dans les instances, offrent moins de garanties de conformité avec l'original et composent la quatrième classe, qui ne vaudra jamais que comme simples renseignements (art. 1335, 4°, C. civ.).

1100. 1° *Voies à prendre pour obtenir la grosse ou la copie d'un acte régulièrement fait ou d'un jugement* (art. 839, 840). Voyons maintenant comment les parties obtiendront soit la copie d'un acte régulièrement fait, soit celle d'un acte non enregistré ou imparfait, soit une seconde grosse.

Le notaire, le greffier ou autre officier public dépositaire de la minute d'un acte ou d'un jugement, ne peuvent en refuser une copie à la partie qui a figuré dans l'acte ou dans l'instance, ou à ses héritiers ou successeurs à titre universel. Ils sont tenus de délivrer une grosse, c'est-à-dire une première expédition revêtue de la formule exécutoire, à celui qui est créancier en vertu de l'acte notarié ou du jugement.

« Art. 839. Le maire ou autre dépositaire qui refusera de délivrer expédition ou copie d'un acte aux parties intéressées en nom direct, héritiers ou ayants droit, y sera condamné, et par corps, sur assignation à bref délai, donnée en vertu de permission du président du tribunal de première instance, sans préliminaire de conciliation.

Les notaires sont institués non seulement pour donner l'authenticité aux actes, mais pour en conserver les minutes et en délivrer des copies (art. 1er, L. du 25 ventôse an XI). Ils ne peuvent refuser ces grosses ou copies, suivant les circonstances, aux parties intéressées en nom direct ou à leurs ayants cause.

Certains actes simples peuvent être délivrés en brevet (art. 20, deuxième alinéa, de la loi du 25 ventôse an XI), c'est-à-dire que l'original sort des mains du notaire et est remis à la partie ou à l'une des parties. Dans ce cas, le notaire ne pourrait être tenu de donner plus tard une copie d'un acte qu'il n'a pas conservé, et que la loi l'autorisait à ne pas conserver. Mais si le porteur de l'acte en brevet en opérait le dépôt chez le notaire, cet acte serait mis au rang des minutes, et il en serait valablement délivré des copies.

Quant aux actes en minute, le notaire qui refuserait d'en délivrer copie aux parties sus-énoncées pourrait être contraint par corps. Cette difficulté deviendrait l'objet d'une instance qui serait jugée comme urgente, sans préliminaire de conciliation ; l'assignation serait donnée à bref délai, sur une autorisation du président du tribunal d'arrondissement.

L'art. 839 ne parle que des actes notariés. En ce qui concerne les jugements, voyez l'art. 853, qui oblige les greffiers à en délivrer des copies, non seulement aux parties, mais même à toute personne. Seulement, la grosse d'un jugement ne sera délivrée qu'à celui qui a le droit de faire procéder à une exécution en vertu du jugement.

« Art. 840. L'affaire sera jugée sommairement, et le jugement exécuté, nonobstant opposition ou appel. »

La difficulté soulevée par la délivrance d'une copie à l'une des personnes désignées dans l'art. 839 ne traînera pas en longueur. L'affaire est dispensée du préliminaire de conciliation ; l'assignation peut être donnée à bref délai, l'instruction est sommaire, et le jugement s'exécute malgré l'opposition ou l'appel.

1101. 2° *Voies à prendre pour obtenir copie d'un acte non enregistré ou resté imparfait* (art. 841, 842, 843).

« Art. 841. La partie qui voudra obtenir copie d'un acte non enregistré, ou même resté imparfait, présentera sa requête au président du tribunal de première instance, sauf l'exécution des lois et règlements relatifs à l'enregistrement. »

Un acte a été dressé par un notaire avec toutes les formes requises ; je le suppose parfaitement régulier. Mais il n'a pas été enregistré dans le délai prescrit (ce délai est de dix jours pour les actes notariés, (art. 20, L. 22 frimaire an VII). Il est défendu au notaire de délivrer copie ou expédition de cet acte, tant qu'il n'est pas enregistré, sous peine d'une amende fixée par l'art. 41 de la loi du 22 frimaire an VII, et modifiée par l'art. 10 de la loi du 16 juin 1824. Cependant le créancier peut avoir intérêt à se faire délivrer une copie de l'acte non enregistré. Comme il s'agit de déroger aux lois fiscales, qui défendent de délivrer une semblable copie (art. 41 précité), il doit recourir à la justice pour en obtenir la délivrance. A cet effet, il présentera une requête au président du tribunal, qui donnera, s'il y a lieu, une ordonnance, portant autorisation de délivrer la copie de l'acte non enregistré, *sauf l'exécution des lois et règlements relatifs à l'enregistrement*, c'est-à-dire sauf l'amende contre le notaire qui n'a pas présenté l'acte à l'enregistrement dans le délai prescrit : cette amende est fixée par l'art. 33 de la loi du 22 frimaire an VII, et mitigée par l'art. 10 de la loi du 16 juin 1824. Il devra, en outre, payer le montant du droit d'enregistrement, sauf son recours contre la partie, mais pour le droit seulement et non pour l'amende (art. 33 précité).

Notre article suppose encore le cas où un acte notarié est resté imparfait, c'est-à-dire n'a pas été dressé avec toutes les formes et conditions requises. Ainsi l'officier public n'était pas compétent pour instrumenter dans le lieu où il a reçu l'acte ; les parties, les témoins ou l'officier public n'ont pas signé ; les témoins étaient incapables, etc. L'officier public, qui connaît l'irrégularité de l'acte, ne doit pas en délivrer copie. Mais une partie peut avoir intérêt à en obtenir une, soit pour s'en servir comme d'un commencement de preuve par écrit, soit pour l'invoquer au moins comme acte sous seing privé, dans le cas prévu par l'art. 1318, C. civ. Cette partie, afin d'être autorisée à se faire délivrer copie de l'acte resté imparfait, se pourvoira dans la forme que j'ai indiquée tout à l'heure, et qui est expressément prescrite par l'art. 842 (1).

« Art. 842. La délivrance sera faite, s'il y a lieu, en exécution de l'ordonnance mise en suite de la requête, et il en sera fait mention au bas de la copie délivrée. »

« Art. 843. En cas de refus de la part du notaire ou dépositaire, il en sera référé au président du tribunal de première instance. »

Le président statue sur le refus que fait l'officier public d'exécuter son ordonnance.

1102. 3° *Voies à prendre pour se faire délivrer une seconde grosse* (art. 844, 845). Le notaire ne doit délivrer qu'une seule grosse à celui qui est créancier en vertu d'une convention constatée par acte notarié. La grosse permet au créancier de poursuivre le débiteur par les voies rigoureuses de la saisie mobilière ou immobilière. Une seule grosse suffit au créancier pour arriver à ce but. Sur la vue de la grosse, l'huissier saisira pour lui, et la force publique devra assister l'huissier chargé d'effectuer la saisie, s'il trouve de la résistance.

D'après cet aperçu, on conçoit aisément quels abus pourraient naître de la délivrance de plusieurs grosses du même acte. Si le créancier pouvait, après

(1) Cass. Rej., 28 avril 1862, D. 62, 1, 239.

avoir cédé sa créance et remis la grosse au cessionnaire, se faire délivrer une seconde grosse, le débiteur, qui ne doit qu'une fois, serait exposé à une double poursuite.

De même, si le créancier, qui a fait remise de la dette en remettant la grosse au débiteur (art. 1283, C. civ.), pouvait demander une seconde grosse, il poursuivrait l'ancien débiteur qui a obtenu sa libération. Aussi la loi a-t-elle mis de sages limites à la délivrance des grosses. Cependant il est possible que la seconde grosse n'ait pour but que l'exercice légitime du droit du créancier, qui a perdu, par exemple, la première grosse, par un accident de force majeure. La loi n'a donc pas complètement prohibé la délivrance d'une seconde grosse, mais elle ne l'a permise qu'avec certaines formalités et sous certaines conditions.

« Art. 844. La partie qui voudra se faire délivrer une seconde grosse, soit d'une minute d'acte, soit par forme d'ampliation sur une grosse déposée, présentera, à cet effet, requête au président du tribunal de première instance : en vertu de l'ordonnance qui interviendra, elle fera sommation au notaire pour faire la délivrance à jour et heure indiqués, et aux parties intéressées pour y être présentes ; mention sera faite de cette ordonnance au bas de la seconde grosse, ainsi que de la somme pour laquelle on pourra exécuter, si la créance est acquittée ou cédée en partie. »

La prohibition de délivrer une seconde grosse sans autorisation a été introduite dans l'intérêt du débiteur. Aussi, admet-on généralement que le consentement du débiteur rendrait inutile l'intervention de la justice.

A défaut de ce consentement, la loi trace la marche à suivre pour obtenir la seconde grosse. La loi fait allusion à plusieurs hypothèses qui peuvent rendre utile une nouvelle grosse. D'abord, on peut demander une seconde grosse tirée sur la minute de l'acte, parce que la première grosse a été perdue.

La loi parle ensuite d'une nouvelle grosse délivrée par forme d'ampliation sur une grosse déposée. Ainsi, j'ai cédé la moitié de ma créance à Paul; je pourrai déposer ma grosse, afin de faire tirer sur elle une seconde grosse au profit du cessionnaire, et il sera fait mention, sur la seconde grosse, de la somme pour laquelle le cessionnaire pourra exécuter. Si même j'avais cédé ma créance à trois personnes, je puis déposer ma grosse chez un notaire, et sur cette grosse, il en sera délivré une distincte à chacun des cessionnaires, qui ne pourra poursuivre l'exécution que pour sa part. On décidera de même si le créancier laisse trois héritiers ; il leur sera délivré à chacun une grosse pour leur part, par forme d'ampliation sur la grosse primitive délivrée à leur auteur.

Les derniers mots de notre article supposent qu'il peut encore être délivrée une grosse nouvelle sur la première, si le débiteur a acquitté la dette en partie ; la nouvelle grosse mentionnera la somme qui reste due, et pour laquelle l'exécution peut désormais être poursuivie.

La marche à suivre pour obtenir ces grosses nouvelles, telle qu'elle est tracée par notre article, ne présente pas de difficulté.

Le notaire dresse procès-verbal de la délivrance de la nouvelle grosse.

« Art. 845. En cas de contestation, les parties se pourvoiront en référé. »

La contestation peut porter ou sur la délivrance de la seconde grosse, si le prétendu débiteur soutient que la dette est éteinte, ou sur le chiffre de la somme pour laquelle l'exécution de la nouvelle grosse est demandée. C'est au débiteur, qui s'oppose à la délivrance d'une seconde grosse, à prouver son inutilité (1).

« **Art.** 854. Une seconde expédition exécutoire d'un jugement ne sera délivrée à la même partie qu'en vertu d'ordonnance du président du tribunal où il aura été rendu.

« Seront observées les formalités prescrites pour la délivrance des secondes grosses des actes devant notaires. »

La loi semble éviter d'appeler grosse l'expédition exécutoire du jugement. Mais le mot *grosse* est consacré dans la pratique. Cet art. 854 ne fait que reproduire pour les secondes grosses des jugements ce que disent les art. 844 et 845 pour les secondes grosses des actes notariés.

⇒ **1103.** § 2. *Comment un tiers obtiendra-t-il l'extrait ou la copie d'un acte dans lequel il n'a pas figuré* (art. 846 à 855, moins l'art. 854)?

Les actes authentiques constatant les contrats, les donations, les testaments, sont confiés à la garde des notaires qui les reçoivent. Il est de leur devoir de ne pas divulguer les secrets qui intéressent les familles. Aussi la loi du 25 ventôse an XI (art. 23) leur défend-elle de délivrer des copies et même de donner connaissance des actes dont ils sont dépositaires, à d'autres qu'aux personnes intéressées en nom direct ou à leurs ayants cause. Ces motifs imposent le secret aux dépositaires de tous actes, même à d'autres qu'aux notaires; et l'art. 846 suppose que cette prohibition s'étend à tous les dépositaires publics. Quelquefois cependant, un tiers peut avoir le plus grand intérêt à connaître un acte dans lequel il n'a pas été partie : la loi a permis alors aux tribunaux de faire fléchir la règle de l'art. 23 de la loi du 25 ventôse an XI. La voie par laquelle un tiers est autorisé à prendre connaissance d'un acte, chez un dépositaire public, à s'en faire donner une copie ou un extrait, s'appelle compulsoire.

« **Art.** 846. Celui qui, dans le cours d'une instance, voudra se faire délivrer une expédition ou extrait d'un acte dans lequel il n'aura pas été partie, se pourvoira ainsi qu'il va être réglé. »

Dans le cours d'une instance. Ces mots introduisent une innovation dans la matière qui nous occupe. Autrefois il était permis de demander un compulsoire, sans qu'il y eût une instance engagée; un tiers pouvait se faire délivrer copie d'un acte à l'appui d'une demande qu'il voulait former, mais qu'il n'avait pas encore intentée. Cette manière de procéder autorisait un tiers à s'immiscer dans le secret d'actes qui devaient lui rester étrangers, avant qu'il y eût nécessité de violer ce secret, peut-être même lorsque cette nécessité ne devait jamais exister. Il pouvait arriver, en effet, qu'un acquiescement terminât promptement et sans contestation l'instance pour laquelle un compulsoire avait été obtenu. Aujourd'hui, le compulsoire ne pourra être ordonné que dans le cours d'une instance, lorsque se fera sentir la nécessité de faire con-

(1) Bordeaux, 31 août 1864, D. 65, 2, 187.

naître à une personne le secret d'un acte dans lequel elle n'a pas été partie.

Il y a des actes dont on peut se faire délivrer copie sans compulsoire, comme le prouve l'art. 853.

« Art. 853. Les greffiers et dépositaires des registres publics en délivreront, sans ordonnance de justice, expédition, copie ou extrait, à tous requérants, à la charge de leurs droits, à peine de dommages et intérêts. »

Toute personne peut se faire délivrer la copie d'un jugement, d'un acte de l'état civil ou l'extrait des inscriptions hypothécaires qui grèvent un immeuble. La différence entre ces actes et les actes notariés est facile à comprendre. Les actes des notaires sont destinés à contenir les conventions des particuliers; quelques-uns, comme les actes de partage, de succession, de transaction sur ces partages, contiennent des affaires, des secrets de famille. Les testaments doivent rester plus impénétrables encore; car les dispositions qu'ils contiennent, capables de jeter le trouble, la désunion au sein même de la famille, seront peut-être révoquées par le testateur.

Il est, au contraire, de l'intérêt général que l'état civil des personnes puisse être connu. Pour les hypothèques, le principe de la publicité prévaut dans notre législation depuis la loi de brumaire an VII. Enfin, à l'égard des jugements, les tribunaux ne doivent pas craindre de les livrer à la publicité : aussi les débats sont-ils publics, en général : les jugements sont lus en audience publique, et il n'y aurait aucune raison pour que le greffier refusât la copie d'un jugement que chacun a pu entendre prononcer.

Ainsi, toute personne peut requérir une copie ou un extrait d'un acte inscrit dans un registre public, sans compulsoire, sans qu'une autorisation du juge soit nécessaire.

Le compulsoire ne peut être ordonné, d'ailleurs, que contre un dépositaire public. On ne l'ordonne pas à l'égard d'un acte sous seing privé ou d'un acte authentique en brevet, dont un particulier serait détenteur. Aucun acte n'autorise de telles perquisitions chez les personnes privées. C'est surtout chez les notaires qu'un compulsoire sera autorisé à l'égard des actes qui ont été passés ou déposés dans leur étude.

⇒ **1104**. Venons aux formes de la procédure à fin de compulsoire.

« Art. 847. La demande à fin de compulsoire sera formée par requête d'avoué à avoué : elle sera portée à l'audience sur un simple acte, et jugée sommairement sans aucune procédure. »

La demande à fin de compulsoire, ne pouvant plus être principale, n'est jamais formée par exploit d'ajournement ; elle se forme par acte d'avoué à avoué comme les demandes incidentes (art. 337, C. pr.). La loi n'a fixé aucun délai pour demander le compulsoire, car son utilité peut se manifester pendant tout le cours de l'instance. Cet incident sera porté à l'audience sur un simple acte et jugé sommairement.

Le compulsoire est ordonné par un jugement qui émane du tribunal tout entier. Cependant l'art. 23 de la loi du 25 ventôse an XI suppose qu'une ordonnance du président pourra autoriser les notaires à délivrer aux tiers les copies des actes dont ils sont dépositaires. Je crois que cet art. 23 se référait au système de l'ancienne jurisprudence, d'après lequel on pouvait, comme nous apprend Jousse sur l'art. 1er du titre XII de l'ordonnance de 1667, obtenir un compulsoire par ordonnance d'un juge, en dehors d'une instance, et par jugement d'un tribunal dans le cours d'une instance. La loi de ventôse faisait allusion à cette théorie, que le Code de procédure a abrogée, en ne permettant (art. 816) la demande de compulsoire que dans le cours d'une instance.

« **Art. 848.** Le jugement sera exécutoire, nonobstant appel ou opposition. »

Le jugement qui ordonne le compulsoire n'est signifié qu'aux parties qui sont en cause. Telle est la règle ordinaire, et il faudrait un texte formel pour y déroger, c'est-à-dire pour exiger que la signification fût faite à des personnes qui ont été parties à l'acte dont la copie est requise, mais qui ne figurent pas dans l'instance, dont le compulsoire est un incident.

L'opposition contre ce jugement, s'il est par défaut, ainsi que l'appel, n'en arrêtent pas l'exécution.

« **Art. 849.** Des procès-verbaux de compulsoire ou collation seront dressés et l'expédition ou copie délivrée par le notaire ou dépositaire, à moins que le tribunal qui l'aura ordonnée n'ait commis un de ses membres, ou tout autre juge de tribunal de première instance, ou un autre notaire. »

« **Art. 850.** Dans tous les cas, les parties pourront assister au procès-verbal, et y insérer tels dires qu'elles aviseront. »

En exécution du jugement qui ordonne le compulsoire, il sera dressé un procès-verbal de la recherche et de la délivrance de la copie ou de l'extrait. Notre article ne parle pas seulement d'un procès-verbal de compulsoire, mais aussi d'un procès-verbal de *collation.* Il faut supposer que le tiers ne demande pas la copie d'un acte, mais veut comparer une copie qu'il a entre les mains avec l'original qui se trouve entre les mains du dépositaire public; en un mot, suivant l'expression technique, il veut collationner la copie sur l'original ou la minute.

Ces procès-verbaux de compulsoire ou de collation sont dressés ordinairement par le notaire ou autre dépositaire de l'acte. Mais le tribunal pourrait, suivant les circonstances, commettre un de ses membres ou un autre notaire, ou donner à cet effet commission rogatoire au juge d'un autre tribunal. Les mots : *ou tout autre juge de tribunal de première instance*, indiquent que la mission de dresser ce procès-verbal ne pourrait être confiée à un juge de paix.

Lorsque le procès-verbal doit être dressé par un juge, on admet généralement que le dépositaire public doit apporter, au lieu et à l'heure fixés par le juge, la minute ou l'original de l'acte dont une copie ou un extrait doivent être délivrés, ou sur lequel la collation doit être faite. Mais si le compulsoire comprenait une recherche parmi les actes du notaire, il faudrait bien que le juge se transportât dans l'étude de l'officier ministériel.

« Art. 851. Si les frais et déboursés de la minute de l'acte sont dus au dépositaire, il pourra refuser expédition tant qu'il ne sera pas payé desdits frais, outre ceux d'expédition. »

Le tiers qui a obtenu le compulsoire, et qui demande une copie au notaire, doit toujours en payer les frais. Mais, de plus, le notaire ne peut être contraint à délivrer copie d'un acte, lorsque les frais et déboursés de la minute lui sont encore dus. Le tiers devra, dans ce cas, les lui avancer, sauf à les répéter contre ceux qui ont été parties à l'acte.

« Art. 852. Les parties pourront collationner l'expédition ou copie à la minute dont la lecture sera faite par le dépositaire ; si elles prétendent qu'elles ne sont pas conformes, il en sera référé à jour indiqué par le procès-verbal, au président du tribunal, lequel fera la collation ; à cet effet, le dépositaire sera tenu d'apporter la minute.

« Les frais du procès-verbal, ainsi que ceux du transport du dépositaire, seront avancés par le requérant. »

L'expédition délivrée au tiers est collationnée sur la minute. Mais si le tiers suspecte cette collation qu'il suit sur la copie, pendant que le notaire ou autre dépositaire public lit l'original, le tiers peut se pourvoir en référé, pour faire faire la collation par le président du tribunal. Le procès-verbal d'une telle collation serait évidemment dressé par le président.

☞ **1105.** § III. *Des voies à prendre pour faire rectifier un acte de l'état civil* (art. 855, 856, 857, 858).

Les lacunes, les additions, les transpositions de noms, les erreurs qui sont signalées dans un acte de l'état civil donnent lieu à sa rectification. On comprend que cette rectification, qui touche à l'état des personnes, n'ait jamais lieu qu'en vertu d'un jugement.

Cette rectification peut être demandée par la personne intéressée, et, quand l'ordre public se trouve en jeu, par le ministère public (art. 46, L. du 20 avril 1810) (1). Le ministère public est encore chargé de faire rectifier les actes de l'état civil qui concernent les indigents (Voy. aussi les art. 199 et 200 du Code civil).

Les art. 855 à 858 règlent les formes de ces demandes en rectification.

« Art. 855. Celui qui voudra faire ordonner la rectification d'un acte de l'état civil présentera requête au président du tribunal de première instance. »

(1) La question de savoir si le ministère public peut procéder par voie d'action en cette matière a toujours été controversée depuis 1810, et elle a pris une nouvelle importance depuis la promulgation de la loi du 28 mai 1858, qui, modifiant l'art. 259 du Code pénal, a puni toute personne qui change, altère ou modifie le nom que lui assignent les actes de l'état civil. Voy. dans notre sens les arrêts du 22 janvier 1862, Cass. Rej., D. 62, 1, 5, ainsi que le rapport qui les précède, et la note qui présente le tableau de la jurisprudence antérieure. — Rouen, 18 mars 1862. — Nîmes, 6 mai 1861, D. 62, 2, 17. — Besançon, 6 février 1866, D. 66, 2, 17. — Req. Rej., 25 mars 1867, D. 67, 1, 300, et 25 mai 1869, D. 69, 1, 413. — *Contrà :* Cass., 20 novembre 1860, D. 60, 1, 473, et 19 décembre 1860, D. 61, 1, 87. — Paris, 12 juillet 1867, D. 67, 2, 121.

La demande en rectification peut surgir à l'occasion d'un procès déjà pendant ou en dehors de toute instance. Il semble, d'après notre article, que, dans tous les cas, il sera présenté une requête par un avoué (art. 78, § 4 du Tarif) au président du tribunal d'arrondissement. Cependant il faut distinguer, suivant les circonstances. Sans doute, la demande sera formée par requête adressée au président du tribunal, lorsque celui qui la forme en dehors d'une instance n'a pas de contradicteur, ne dirige sa demande contre aucun adversaire. Dans ce cas, la demande sera portée au tribunal au greffe duquel est ou sera déposé (art. 48, C. civ.) le registre qui contient l'acte dont la rectification est demandée; c'est au président de ce tribunal que la requête doit être présentée.

Si la demande est dirigée contre un adversaire et formée incidemment à une autre instance, elle sera, comme toutes les demandes incidentes, formée par acte d'avoué (art. 856, C. pr.). Dans cette hypothèse, il ne s'élève aucune difficulté sur la compétence. La connaissance de la demande en rectification appartiendra au tribunal saisi de l'affaire principale.

Mais où porter la demande principale en rectification dirigée contre un adversaire? Il faut appliquer la règle générale, puisque la loi n'y a dérogé par aucun texte, et décider que le défendeur sera assigné au tribunal de son domicile. Cependant, plusieurs auteurs admettent, dans cette hypothèse, la compétence du tribunal dans l'arrondissement duquel l'acte a été reçu.

« Art. 856. Il y sera statué sur rapport et sur les conclusions du ministère public. Les juges ordonneront, s'ils l'estiment convenable, que les parties intéressées seront appelées, et que le conseil de famille sera préalablement convoqué.

« S'il y a lieu d'appeler les parties intéressées, la demande sera formée par exploit sans préliminaire de conciliation.

« Elle le sera par acte d'avoué à avoué, si les parties sont en instance. »

Il y sera statué sur rapport. Le président doit donc, dès qu'il a reçu la requête, nommer un juge rapporteur, qui fera son rapport au tribunal; le procureur de la République donnera ses conclusions et le tribunal statuera. Le tribunal peut ordonner, avant faire droit, que les parties intéressées seront appelées, ou encore que le conseil de famille donnera son avis.

La loi indique la marche à suivre pour appeler les parties intéressées. Elles seront appelées par exploit, si la demande est principale; par acte d'avoué à avoué, si elle est incidente.

Lorsque la demande en rectification n'est pas dirigée contre un adversaire, le jugement qui statue sur la rectification est rendu en la chambre du conseil; mais la demande dirigée contre un adversaire, ainsi que celle dans laquelle les parties intéressées ont été appelées, doit être portée à l'audience.

« Art. 857. Aucune rectification, aucun changement, ne pourront être faits sur l'acte; mais les jugements de rectification seront inscrits sur les registres par l'officier de l'état civil, aussitôt qu'ils lui auront été remis : mention en sera faite en marge de l'acte réformé; et l'acte ne sera plus délivré qu'avec les rectifications ordonnées, à peine de tous dommages-intérêts contre l'officier qui l'aurait délivré. »

Cet article règle la manière d'exécuter le jugement qui ordonne une rectification. Il défend de modifier matériellement l'acte lui-même, comme on le faisait autrefois dans la pratique de quelques tribunaux. Il en résultait qu'après des rectifications successives, l'acte pouvait devenir méconnaissable (Voy. aussi l'art. 101, C. civ.).

« Art. 858. Dans le cas où il n'y aurait d'autre partie que le demandeur en rectification, et où il croirait avoir à se plaindre du jugement, il pourra, dans les trois mois depuis la date de ce jugement, se pourvoir à la cour d'appel, en présentant au président une requête, sur laquelle sera indiqué un jour auquel il sera statué à l'audience sur les conclusions du ministère public. »

Le jugement est susceptible d'appel, même quand le demandeur n'a pas d'adversaire. L'appel doit être interjeté dans les deux mois *du jour du jugement* (Voy. art. 443, C. pr.). On ne peut exiger que le demandeur se signifie à lui-même le jugement pour faire courir le délai (art. 443).

En appel, l'arrêt sera prononcé à l'audience sur la plaidoirie du demandeur en rectification, et les conclusions du ministère public. La loi ne parle pas du rapport d'un conseiller.

Quel est l'effet du jugement de rectification? Le jugement rendu sans contradicteur donne à celui qui l'a obtenu le droit de prendre, d'une manière générale, le nom, l'état civil qui lui a été attribué par ce jugement.

Mais « le jugement de rectification ne pourra, dans aucun temps, être opposable aux parties intéressées qui ne l'auraient point requis ou qui n'y auraient pas été appelées » (art. 100, C. civ.).*

TITRE VI

DE QUELQUES DISPOSITIONS RELATIVES A L'ENVOI EN POSSESSION DES BIENS D'UN ABSENT (C D.).

➾ **1106.*** L'absent est la personne qui a disparu de son domicile, sans qu'on ait de ses nouvelles. Dans le quatrième titre du premier livre du Code civil, vous avez étudié dans tous ses détails la matière de l'absence; vous y avez même trouvé des règles de procédure qui eussent peut-être été mieux placées dans le Code de procédure.

Notre Code ne contient sur l'absence que les art. 859 et 860, qui n'ont pour objet, suivant l'expression de l'orateur du conseil d'État, *que de remplir une légère lacune remarquée dans le titre IV, liv. Ier, du Code civil, relatif aux absents.*

L'art. 112 du Code civil donne aux tribunaux le droit de pourvoir, en cas de nécessité, à l'administration des biens des présumés absents. L'art. 120 donne aux héritiers présomptifs de l'absent, au jour de la disparition ou des dernières nouvelles, le droit de se faire envoyer en possession des biens de celui qui a été déclaré absent.

Les art. 859 et 860 du Code de procédure civile tracent la marche à suivre pour faire pourvoir par le tribunal à l'administration des biens du présumé absent, et pour obtenir l'envoi en possession provisoire des biens de l'absent déclaré.

Ces mots *présumé absent*, *absent déclaré*, vous rappellent que dans les premières années qui suivent la disparition ou le défaut de nouvelles d'une personne, la loi la *présume* seulement absente, et ne permet de s'immiscer dans l'administration de ses biens qu'en cas de nécessité. Mais si cette absence se prolonge pendant cinq ans, les parties intéressées peuvent obtenir la déclaration d'absence (art. 115 à 129 du Code civil), suivie d'abord d'un envoi en possession provisoire, et plus tard, s'il y a lieu, d'un envoi définitif.

« **Art. 859.** Dans le cas prévu par l'art. 112 du Code civil, et pour y faire statuer, il sera présenté requête au président du tribunal. Sur cette requête, à laquelle seront joints les pièces et documents, le président commettra un juge pour faire le rapport au jour indiqué ; et le jugement sera prononcé après avoir entendu le procureur de la République. »

Au président de quel tribunal sera présentée la requête, afin de pourvoir à l'administration des biens du présumé absent? En règle générale, c'est le tribunal du lieu où l'absent était domicilié qui constate la présomption d'absence, et c'est le tribunal de la situation des biens qui statue sur les mesures relatives à l'administration.

Cette requête sera présentée par les *parties intéressées* (art. 112 du Code civil). Ces mots comprennent toute personne ayant intérêt à faire statuer sur l'administration des biens de l'absent, comme le fermier ou le locataire qui veut faire des réparations urgentes dans les biens loués appartenant à l'absent, ou qui veut renouveler un bail; les héritiers présomptifs eux-mêmes sont au nombre des parties intéressées dont parle l'art. 112, C. civ. On a fait remarquer avec raison qu'ils avaient au moins un intérêt conditionnel, pour le cas où ils seront plus tard envoyés en possession après la déclaration d'absence.

Le tribunal statuera sur le rapport d'un juge commis par le président et sur les conclusions du ministère public. Il pourra ou rejeter la demande, si la nécessité de s'immiscer dans l'administration des biens de l'absent ne lui apparaît pas, ou ordonner une ou plusieurs mesures spéciales d'administration, ou nommer un administrateur chargé de la gestion des biens de l'absent présumé.

« **Art. 860.** Il sera procédé de même dans le cas où il s'agirait de l'envoi en possession provisoire autorisé par l'art. 120 du Code civil. »

On suppose ici que la déclaration d'absence a été prononcée, et que les héritiers présomptifs de l'absent au jour de la disparition ou des dernières nouvelles demandent l'envoi en possession provisoire des biens qui appartenaient à l'absent (art. 120, C. civ.).

Cette demande sera faite dans la forme indiquée par l'article précédent. La requête sera évidemment adressée au tribunal du domicile de l'absent. *

TITRE VII

AUTORISATION DE LA FEMME MARIÉE (D. C.).

☞ **1107.** * La femme mariée a besoin de l'autorisation du mari soit pour *ester en jugement*, c'est-à-dire pour plaider, soit pour *passer un acte*, c'est-à-dire pour donner, aliéner, hypothéquer, acquérir à titre gratuit ou onéreux, etc. (art. 215 et 217, C. civ.). ** La nécessité d'une autorisation pour plaider ne comporte que de très rares exceptions, tandis que pour les autres actes de la vie civile, le régime matrimonial adopté par les époux dispense plus fréquemment la femme de la nécessité d'une autorisation. C'est ainsi que sous le régime de séparation de biens, conventionnelle ou judiciaire, la femme peut faire, sans aucune autorisation, les actes de libre administration, et à la femme séparée de biens il faut assimiler la femme dotale vis-à-vis de ses biens paraphernaux. Quoi qu'il en soit, dans le cas où l'autorisation est nécessaire, ** si le mari refuse d'autoriser sa femme, elle pourra s'adresser à la justice et en obtenir l'autorisation dont elle a besoin (art. 221, 222, 224, C. civ.)

Cette autorisation ne tient pas à une faiblesse naturelle de la femme, comme celle du mineur. Ce n'est pas comme femme qu'elle est incapable, mais parce qu'elle est mariée; aussi, fille ou veuve, elle n'a besoin d'aucune autorisation. L'incapacité de la femme résulte donc uniquement de sa dépendance à l'égard du mari.

Lorsque la femme s'adresse à la justice, soit sur le refus, soit au cas d'empêchement ou d'incapacité du mari, quelle marche devra-t-elle suivre? Le Code civil n'en avait tracé une que pour l'hypothèse où le mari refuse d'autoriser la femme à *passer un acte* (art. 216). Nous verrons si les dispositions de cet article ont été ou non modifiées par le Code de procédure.

Le titre qui nous occupe a particulièrement eu en vue de régler les formes de la demande en autorisation de la femme mariée qui veut intenter une action, faire procéder à une exécution, soit au cas de refus (art. 861 et 862), soit au cas d'absence (art. 863) ou d'interdiction du mari (art. 864).

« Art. 861. La femme qui voudra se faire autoriser à la poursuite de ses droits, après avoir fait une sommation au mari, et sur le refus par lui fait, présentera requête au président, qui rendra ordonnance portant permission de citer le mari, à jour indiqué, à la chambre du conseil, pour déduire les causes de son refus. »

M. Berlier, dans l'exposé des motifs de ce titre, expliquait qu'il ne s'agissait pas ici d'une femme qui jouerait dans une instance le rôle de défenderesse. « Dans ce cas, disait-il, l'action du demandeur ne peut être subordonnée à la « volonté du mari ni paralysée par elle... l'autorisation... n'est, en ce qui « regarde l'action du tiers demandeur, qu'une simple formalité que la justice « supplée quand le mari la refuse. L'objet de notre titre n'est pas non plus « d'examiner ce qui a lieu quand le mari et la femme procèdent ensemble en « demandant ; car, si, en ce cas, l'autorisation n'est pas expresse, elle est au

« moins tacite et résulte du seul concours des deux parties, comme l'ont ob-
« servé les commentateurs (1) et comme le prescrit surtout la raison. »

L'orateur expose ensuite que les formes de l'art. 861 sont faites pour le cas où la femme veut poursuivre ses droits, malgré le mari qui refuse de l'autoriser. Alors la justice intervient pour décider si le mari use ou abuse de son autorité. Il faut que cette autorité, disait M. Berlier, soit *celle d'un protecteur et non celle d'un despote.*

Comment la justice sera-t-elle saisie de ce débat? Comment sera-t-elle mise à même de venir au secours de la femme et de la préserver *de l'oppression et de la ruine?* Je cite les termes du même orateur qui, vous le voyez, ne ménage pas les maris quand ils refusent à tort d'autoriser leurs femmes.

La loi veut d'abord que le refus du mari soit constaté par une sommation que l'orateur du Tribunat appelait *hommage juridique à l'autorité maritale.* La femme ne pourrait être dispensée de faire cette sommation (2). Sur le silence ou le refus du mari, la femme présente requête au président du tribunal afin d'obtenir l'autorisation de citer le mari à venir en la chambre du conseil déduire les motifs de son refus, et afin d'être autorisée par la justice, dans le cas où le mari ne se présenterait pas ou ne ferait pas valoir les motifs légitimes de son refus. C'est au président du tribunal de l'arrondissement où le mari est domicilié que la requête doit être présentée, et non au président du tribunal devant lequel l'affaire sera portée (3). Il n'y a aucun motif pour déroger à la règle générale : *Actor sequitur forum rei* (Voy. n° 129). Mais lorsque la femme est défenderesse à un procès, l'autorisation, qui n'est guère qu'une formalité, lui est valablement accordée par le tribunal saisi de l'affaire, quoiqu'il ne soit pas celui du domicile du mari (4).

Au jour indiqué par le président du tribunal, le mari et la femme comparaîtront dans la chambre du conseil ; le mari y déduira les causes de son refus contradictoirement avec la femme. La loi n'exige même pas qu'ils se fassent assister par des avoués, mais elle ne le défend pas non plus. Leur ministère est donc facultatif (5).

La femme, même autorisée par le mari à plaider en première instance, aura besoin d'une nouvelle autorisation pour interjeter appel, mais non pour défendre à l'appel formé contre elle (6). ** D'ailleurs, cette seconde autorisation

« Art. 862. Le mari entendu, ou faute par lui de se présenter, il sera rendu, sur les conclusions du ministère public, un jugement qui statuera sur la demande de la femme. »

(1) Voyez Jousse sur l'art. 2 du tit. II de l'ordonnance de 1667.

(2) Aix, 9 janvier 1810 (Dall., *Rép.*, v° *Contrat de Mariage*, n° 3326). — Paris, 11 août 1849, D. 52, 2, 77. — *Contrà :* Rennes, 13 février 1818.

(3) Paris, 24 avril 1843 (Dall., *Rép.*, v° *Mariage*, n° 887). — Lyon, 7 janvier 1848. — Bordeaux, 4 avril 1849 et 3 mars 1851, D. 52, 2, 43 et 44.

(4) Cass., 17 août 1813 (Dall., *Rép.*, v° *Mariage*, n° 905). — Orléans, 5 mai 1849, D. 49, 2, 161. — Bordeaux, 3 mars 1851, D. 52, 2, 44. — *Contrà :* Paris, 19 décembre 1865, D. 66, 2, 45.

(5) Pau, 30 juin 1837 (Dall., *Rép.*, v° *Mariage*, n° 892). — Cass. Rej., 21 janvier 1846, D. 46, 1, 10.

(6) Cass., 15 décembre 1847, D. 48, 5, 18 et 19. — Cass. Rej., 15 mars 1848, D. 48, 1, 119. — Bordeaux, 3 mars 1851, D. 52, 2, 44.

peut lui être donnée par anticipation et, par exemple, en même temps que la première. **

Ce jugement doit-il être rendu en la chambre du conseil ou en audience publique? Quoique le texte des art. 861 et 862 ne s'explique pas à cet égard d'une manière catégorique, il semble pourtant que le législateur n'ait voulu exiger qu'un jugement rendu en la chambre du conseil (1). M. Berlier disait dans l'exposé des motifs : « Cette procédure sera non seulement sommaire, « mais exempte d'une publicité que la qualité des parties et la nature du « débat rendraient toujours fâcheuse. »

« Ainsi ce sera *à la chambre du conseil* que le mari sera cité, que les parties « seront entendues, et *que le jugement sera rendu* sur les conclusions du mi- « nistère public. »

L'orateur du Tribunat ne s'expliquait pas moins positivement à ce sujet : « L'autorisation lui sera immédiatement donnée ou refusée *par un jugement « rendu en la chambre*, sur les conclusions du ministère public. »

Sans doute les discours prononcés au Corps législatif ne doivent jamais prévaloir sur le texte de la loi, mais ils peuvent servir à l'expliquer, surtout quand ils concordent entre eux.

Les art. 861 et 862 s'appliquent certainement aux cas où la femme veut *poursuivre ses droits*, c'est-à-dire intenter une action et faire procéder à une exécution; mais la femme qui demande l'autorisation de *passer un acte* (art. 219), c'est-à-dire de donner, aliéner, hypothéquer, acquérir à titre gratuit ou onéreux (art. 217), devra-t-elle suivre les formes prescrites par l'art. 861 ? L'art. 219 du Code civil avait déjà réglé la marche à suivre pour obtenir cette autorisation; il n'avait pas exigé que le refus du mari fût constaté par une sommation. Mais, depuis le Code de procédure, on considère notre art. 861 comme ayant dérogé, à cet égard, à l'art. 219, C. civ., et on admet que la femme qui demande à la justice une autorisation, au refus de son mari, doit toujours faire constater ce refus par une sommation restée infructueuse, sans distinguer s'il s'agit d'intenter une action ou de faire une vente, une donation, etc. Il serait difficile, en effet, de trouver des motifs de différence entre l'une et l'autre hypothèses.

⇒ **1108.** Les deux articles suivants supposent une autorisation demandée par la femme à la justice, non pas au refus du mari, mais lorsque le mari est incapable ou dans l'impossibilité de la donner. Ces deux articles tracent la marche à suivre pour l'application de l'art. 222 du Code civil.

« Art. 863. Dans le cas de l'absence présumée du mari, ou lorsqu'elle aura été déclarée, la femme qui voudra se faire autoriser à la poursuite de ses droits présentera également requête au président du tribunal, qui ordonnera la communication au ministère public, et commettra un juge pour faire son rapport à jour indiqué. »

Quand le mari est présumé ou déclaré absent, la femme présentera une requête au tribunal afin d'obtenir l'autorisation qui lui est nécessaire; mais elle ne fera pas constater le refus du mari par une sommation qui ne peut

(1) Riom, 29 janvier 1829 (Dall., *Rép.*, v° *Mariage*, n° 891). — Bordeaux, 27 février 1834, *eod.* — *Contrà* : Nîmes, 9 janvier 1828 (Dall., *Rép.*, v° *Jugement*, n° 181). — Cass., 5 janvier 1850, D. 50, 1, 161. — Poitiers, 18 avril 1850, D. 50, 2, 117.

lui être adressée. La femme n'a pas de contradicteur ; c'est un motif de plus pour que le tribunal examine sérieusement la demande, et la décision n'interviendra que sur le rapport fait par un juge commis à cet effet.

« Art. 864. La femme de l'interdit se fera autoriser en la forme prescrite par l'article précédent ; elle joindra à sa requête le jugement d'interdiction. »

Ici encore la femme ne fera pas constater le refus du mari, qui ne peut consentir à cause de son état d'interdiction.

Le mari pourvu d'un conseil judiciaire me paraît également incapable d'autoriser sa femme (1).

La loi ne s'est pas expliquée sur le cas où le mari est mineur. La femme du mineur devra procéder comme celle de l'interdit. L'art. 224 du Code civil prescrit, dans cette hypothèse, l'autorisation de la justice. La femme la demande encore sans faire constater le refus du mari que son âge rend incapable de consentir valablement : elle procède conformément à l'art. 863.

Autrefois, on reconnaissait au mari mineur le droit d'autoriser sa femme : la minorité, disait-on, n'exclut pas la puissance maritale, sauf au mari mineur à se faire restituer, s'il était lésé par l'acte qu'il avait autorisé. Mais cette doctrine ne peut plus être admise en présence de l'art. 224, C. civ. L'autorisation du mari est une garantie protectrice des intérêts de la femme, et le mari mineur est incapable de l'accorder valablement.

Quant à la femme dont le mari a été frappé d'une peine afflictive et infamante, elle demandera l'autorisation à la justice pendant la durée de la peine de son mari, sans qu'il soit nécessaire d'entendre ni d'appeler ce dernier (art. 221, C. civ.); la femme suivra d'ailleurs les formes prescrites par l'art. 863 du Code de procédure.

Ces divers jugements, rendus en la chambre du conseil, suivant l'opinion que j'ai admise précédemment, seront susceptibles d'appel ; il pourra être interjeté, soit par la femme, soit par le mari, dans le cas où il est cité à la chambre du conseil. Les formes seront les mêmes qu'en première instance, et je crois que l'arrêt devra également être rendu en la chambre du conseil. Si la publicité est fâcheuse en cette matière, à raison de la qualité des parties et de la nature du débat, elle ne l'est pas moins à la cour d'appel que devant le tribunal d'arrondissement (2).

Je n'ai point à m'occuper ici des conséquences du défaut d'autorisation ; il en résulte une nullité qui se rattache à l'enseignement du Code civil, notamment aux art. 225 et 1125. *

(1) Cass., 6 décembre 1876, D. 77, 1, 307.

(2) ** Je crois, contrairement à l'opinion exprimée au texte que, dans le silence de la loi sur le point de savoir si le jugement relatif à une demande d'autorisation de femme mariée doit être rendu en audience publique ou en la chambre du conseil, il faut appliquer les principes ordinaires. Or ces principes nous conduisent à une distinction. La femme demande-t-elle à être autorisée par justice pour vaincre le refus de son mari, il y a vraiment procès entre époux, et dès lors, comme il s'agit de juridiction contentieuse, le jugement doit être rendu en audience publique. Mais si la femme s'adresse à la justice pour suppléer au défaut d'autorisation de son mari incapable ou empêché, alors le jugement devient un acte de juridiction gracieuse et doit, comme tel, être rendu en la chambre du conseil. **

CINQUANTIÈME LEÇON

TITRE VIII

DES SÉPARATIONS DE BIENS (C D.).

1109. * La femme mariée peut être séparée de biens ou en vertu du contrat de mariage, ou par un jugement, qui, modifiant les conventions matrimoniales, prononce, pendant le mariage, la séparation de biens entre les époux. Nous n'avons pas à nous occuper ici de la séparation de biens contractuelle, mais seulement de la séparation de biens judiciaire.

Cette séparation de biens est ordonnée pendant le mariage, ou accessoirement, comme conséquence de la séparation de corps, ou principalement, sans qu'il y ait aucun motif de faire cesser la cohabitation qui existe entre les époux. Ce titre s'applique particulièrement à la séparation de biens principale.

La femme seule a le droit de demander la séparation de biens, lorsque sa dot, d'après les termes de la loi, est mise en péril, c'est-à-dire que le désordre des affaires du mari donne lieu de craindre que les intérêts de la femme ne soient compromis.

L'intérêt de la femme n'est pas seul en jeu dans les questions de séparations de biens. Si les affaires du mari sont en désordre, la femme est sans doute intéressée à soustraire sa part de communauté et le revenu de ses propres aux créanciers du mari et de la communauté; mais la loi n'a pas dû négliger les intérêts de ces créanciers. Il ne faut pas que la femme et le mari puissent, à l'aide d'une séparation de biens frauduleuse, leur enlever les biens et les revenus qui doivent être le gage de leurs créances. ** D'un autre côté, comme vous le verrez en étudiant dans le Code civil le titre *Du Contrat de mariage*, la loi veut que les conventions matrimoniales relatives aux biens des époux précèdent le mariage et qu'elles ne puissent plus ensuite être modifiées. Que deviendrait dès lors l'irrévocabilité des conventions matrimoniales si, pendant le mariage, les époux avaient le droit de substituer d'un commun accord, arbitrairement et sans intervention de la justice, le régime de séparation de biens à celui qu'ils ont adopté par leur contrat de mariage? **

Aussi la séparation de biens volontaire est-elle nulle. La séparation de biens ne peut avoir lieu que par un jugement; et le tribunal doit examiner avec soin si les époux, qui sont adversaires en apparence, ne s'entendent pas en réalité. C'est encore pour prévenir et empêcher cette collusion que les demandes en séparation de biens sont rendues publiques, que les créanciers du mari peuvent intervenir dans l'instance en séparation de biens, et même attaquer le jugement qui la prononce et qui doit lui-même recevoir une certaine publicité.

Quant aux créanciers personnels de la femme, ils auraient souvent intérêt à demander la séparation de biens au nom de leur débitrice et comme exerçant ses droits (art. 1166, C. civ.), pour se faire payer sur les biens de la femme ou sur sa part de communauté à l'exclusion des créanciers du mari. Mais la loi leur a interdit cette faculté (art. 1446, C. civ.). Elle a craint que la demande formée par les créanciers de la femme, même sans son consentement, ne vînt jeter le trouble entre les époux, et elle a préféré la tranquillité du ménage aux droits des créanciers de la femme.

Les formes, indiquées par le Code civil relativement à la séparation de biens, sont développées au Code de procédure dans le titre qui nous occupe.

1110. « Art. 865. Aucune demande en séparation de biens ne pourra être formée sans une autorisation préalable, que le président du tribunal devra donner sur la requête qui lui sera présentée à cet effet. Pourra néanmoins le président, avant de donner l'autorisation, faire les observations qui lui paraîtront convenables. »

La femme qui veut former une demande en séparation de biens doit être autorisée à cet effet par le président du tribunal, à qui elle adresse, dans ce but, une requête. ** Il n'était pas possible d'obliger la femme à demander d'abord à son mari l'autorisation nécessaire pour faire un acte qui est précisément dirigé contre lui et qui suppose de sa part une mauvaise gestion. **

Le tribunal compétent pour juger la séparation de biens est celui du domicile du mari. C'est donc au président de ce tribunal que la femme présentera sa requête. Comme le président doit faire les observations qui lui paraîtront convenables, à l'effet d'empêcher le procès s'il est possible, il me paraîtrait plus conforme au vœu de la loi que la femme présentât elle-même sa requête; mais on la fait ordinairement présenter par l'avoué. Cet usage se fonde sur l'art. 78 du Tarif, qui suppose non seulement que la requête est faite par un avoué (§ 10), mais que l'avoué a droit à un émolument pour prendre l'ordonnance du président (§ 19).

La femme ainsi autorisée, formera sa demande sans préliminaire de conciliation, puisque la transaction serait impossible : toute séparation volontaire est nulle (art. 1443, *in fine*, C. civ.). Les demandes en séparations de biens ne sont donc pas comprises dans la règle de l'art. 48 du Code de procédure; mais, pour plus de sûreté, la loi les a expressément dispensées de la conciliation (art. 49, 7°, C. pr.).

Cette demande sera soumise, dans l'intérêt des créanciers qui peuvent intervenir, à une grande publicité dont la loi fixe le mode dans les trois articles qui suivent.

« Art. 866. Le greffier du tribunal inscrira, sans délai, dans un tableau placé à cet effet, dans l'auditoire, un extrait de la demande en séparation, lequel contiendra :

« 1° La date de la demande;

« 2° Les noms, prénoms, profession et demeure des époux;

« 3° Les noms et demeure de l'avoué constitué, qui sera tenu de remettre, à cet effet, ledit extrait au greffier, dans les trois jours de la demande. »

L'avoué remettra au greffier du tribunal un extrait de la demande; cet extrait, dont notre article explique suffisamment le contenu, est inscrit dans un tableau placé dans la salle d'audience. Cet extrait doit être remis au greffier dans les trois jours, à peine de nullité (art. 866, 3°, et 869).

« Art. 867. Pareil extrait sera inséré dans des tableaux placés, à cet effet, dans l'auditoire du tribunal de commerce, dans les chambres d'avoués de première instance, et dans celles de notaires, le tout dans les lieux où il y en a ; lesdites insertions seront certifiées par les greffiers et par les secrétaires des chambres. »

La loi n'a pas fixé le délai dans lequel l'extrait de la demande doit être remis au greffier du tribunal de commerce et aux secrétraires des chambres d'avoués et de notaires ; on décide, en général, qu'il doit être remis dans le délai de trois jours. Mais, dans le silence de la loi, on ne pourrait prononcer la nullité pour inobservation de ce délai, tandis que l'omission de la formalité, prescrite par l'art. 867, entraînerait certainement nullité (art. 869).

« Art. 868. Le même extrait sera inséré, à la poursuite de la femme, dans l'un des journaux qui s'impriment dans le lieu où siège le tribunal ; et, s'il n'y en a pas, dans l'un de ceux établis dans le département, s'il y en a.

« Ladite insertion sera justifiée ainsi qu'il est dit au titre *De la Saisie immobilière*, art. 696. »

Cet article ne présente pas de difficulté. Seulement c'est à l'art. 698 et non à l'art. 696 qu'il faut se reporter pour trouver la manière dont l'insertion doit être justifiée.

Les formalités prescrites par les art. 866, 867 et 868 ont pour but de donner l'éveil aux créanciers du mari ou de la communauté, de provoquer leur intervention, afin d'éclairer le tribunal par un débat sérieux et véritablement contradictoire sur la demande en séparation qui lui est soumise. Autrefois les demandes en séparation de biens n'étaient rendues publiques que par une insertion sur un tableau affiché dans l'auditoire du tribunal de commerce ; dans quelques endroits, on y ajoutait une lecture de la demande en séparation à la porte de l'église, à l'issue de la messe paroissiale. Encore ces formalités ne semblaient-elles applicables qu'aux femmes des commerçants.

Le législateur moderne n'a pas pensé que l'intérêt des créanciers fût suffisamment garanti par ces mesures. Dans la discussion du Code civil, on avait proposé d'exiger de la femme qui forme une demande en séparation qu'elle mît en cause tous les créanciers du mari. Le jugement eût été contradictoire avec eux, et toute crainte de collusion entre le mari et la femme eût complètement disparu. Mais l'exécution de cette mesure, qui eût occasionné d'ailleurs des frais considérables, a été jugée impossible. La femme, en effet, peut ignorer les noms des créanciers du mari, qui a souvent intérêt à les lui cacher. « La prévoyance contre la fraude (disait l'orateur du conseil d'État) serait « portée trop loin, si, pour empêcher l'abus, elle anéantissait l'usage légitime « ou l'exercice du droit accordé par la loi. »

On a donc dû se borner à donner à la demande, par les différents moyens énumérés dans les art. 866, 867 et 868, une publicité qui fît parvenir cette demande à la connaissance des intéressés.

** Si plus tard la séparation de biens est prononcée, grâce à ces mesures de publicité prescrites par les art. 866 et suivants, il n'y a aucun inconvénient à faire rétroagir le jugement au jour de la demande, et c'est ce que décide en effet l'art. 1445 du Code civil. Cette rétroactivité se produit aussi bien à l'égard des tiers qu'entre époux, car l'art. 1445 n'établit aucune distinction, et les tiers n'ont pas le droit de se plaindre, puisque les mesures prescrites par nos art. 866 et suivants ont eu précisément pour objet de les prévenir. Cette rétroactivité de la séparation de biens au jour de la demande empêche aussi les fraudes du mari et est très féconde en conséquences, comme vous le verrez dans vos études sur le Code civil. Ainsi il en résulte, par exemple : que la femme a droit, à partir de cette époque, à la restitution des fruits et revenus de ses propres, sous la déduction de sa part contributoire aux charges du ménage ; que dès lors si des saisies avaient été pratiquées sur ces fruits et revenus par des créanciers du mari, ces saisies devraient tomber (1) ; que les successions mobilières, échues à la femme après la demande en séparation de biens, lui restent propres, au lieu de tomber en communauté, etc. **

« Art. 869. Il ne pourra être, sauf les actes conservatoires, prononcé sur la demande en séparation aucun jugement, qu'un mois après l'observation des formalités ci-dessus prescrites, et qui seront observées à peine de nullité, laquelle pourra être opposée par le mari ou par ses créanciers. »

Aucun jugement. Il s'agit non seulement du jugement définitif, mais même de tout jugement d'incident. Ce délai d'un mois a pour but de laisser aux moyens de publicité le temps de produire leur effet. Les créanciers du mari pourront d'ailleurs intervenir, non seulement dans ce mois, mais jusqu'au jugement définitif sur la séparation de biens. La femme peut, pendant ce mois, faire des actes conservatoires, par exemple, former des saisies-arrêts, faire apposer les scellés, etc.

« Art. 870. L'aveu du mari ne fera pas preuve, lors même qu'il n'y aurait pas de créanciers. »

Le mari ne peut acquiescer à la demande : toute séparation volontaire est nulle (art. 1443, C. civ.). Aussi son aveu est-il insuffisant pour prouver le désordre de ses affaires et le péril que sa femme allègue pour les reprises qu'elle peut avoir à exercer un jour.

Lors même qu'il n'y aurait pas de créanciers. On ne suppose pas seulement qu'il n'y a pas de créanciers intervenants, mais même que le mari n'a pas de dettes (2). La séparation peut être fondée sur les dépenses excessives du mari, sur l'aliénation des biens de la communauté pour en dissiper le prix, etc. Dans cette hypothèse même, le tribunal doit vérifier les allégations de la femme pour sauvegarder les droits des intéressés autres que les créanciers, comme les enfants d'un premier lit : le tribunal examinera si la séparation de biens ne cache pas des avantages indirects.

« Art. 871. Les créanciers du mari pourront, jusqu'au jugement définitif, sommer l'avoué de la femme, par acte d'avoué à avoué, de leur communiquer la demande en séparation et les pièces justificatives, même intervenir pour la conservation de leurs droits, sans préliminaire de conciliation. »

Les créanciers peuvent toujours obtenir communication de la demande et intervenir, s'ils le jugent à propos.

(1) Civ. Cass., 22 avril 1845, S. 46, 1, 554.

(2) L'aveu du mari, même lorsqu'aucun créancier ne réclamerait, *lorsqu'il n'en existerait pas*, ne pourra suffire à la preuve des faits. » (*Discours de l'orateur du Tribunat.*)

Sans préliminaire de conciliation. Ces mots étaient inutiles; la demande en intervention, n'étant pas introductive d'instance, n'est pas comprise dans la règle de l'art. 48, et, de plus, elle a été surabondamment dispensée de la conciliation, en termes exprès, par l'art. 49, 3°.

1111. « Art. 872. Le jugement de séparation sera lu publiquement, l'audience tenante, au tribunal de commerce du lieu, s'il y en a; extrait de ce jugement, contenant la date, la désignation du tribunal où il a été rendu, les noms, prénoms, profession et demeure des époux, sera inséré sur un tableau à ce destiné et exposé pendant un an, dans l'auditoire des tribunaux de première instance et de commerce du domicile du mari, même lorsqu'il ne sera pas négociant; et, s'il n'y a pas de tribunal de commerce, dans la principale salle de la maison commune du domicile du mari. Pareil extrait sera inséré au tableau exposé en la chambre des avoués et notaires, s'il y en a. La femme ne pourra commencer l'exécution du jugement que du jour où les formalités ci-dessus auront été remplies, sans que néanmoins il soit nécessaire d'attendre l'expiration du susdit délai d'un an. Le tout sans préjudice des dispositions portées en l'art. 1445 du Code civil. »

La loi veut donner au jugement qui prononce la séparation de biens plus de publicité encore qu'à la demande. L'art. 872 indique en détail les moyens de cette publicité. Il y faut ajouter l'insertion de l'extrait dans un journal (art. 92, § 25 du Tarif). Remarquons, dans l'art. 872, la disposition qui ordonne la lecture publique du jugement à l'audience du tribunal de commerce. Cette disposition généralise ce que l'art. 1445 du Code civil, reproduisant les exigences de l'ordonnance de 1673, n'imposait qu'aux séparations de biens prononcées au profit des femmes de commerçants.

Au tribunal de commerce du lieu, s'il y en a. De quel *lieu* la loi veut-elle parler? Je crois que la lecture devra être faite au tribunal de commerce de l'arrondissement, s'il y en a un dans l'arrondissement, quand même il n'y en aurait pas dans le lieu du domicile du mari (1).

S'il n'y a pas de tribunal de commerce dans l'arrondissement, et si, en conséquence, le tribunal civil en fait les fonctions, la loi remplace l'insertion de l'extrait du jugement dans l'auditoire du tribunal de commerce par une insertion dans la principale salle de la maison commune du domicile du mari (2).

Il n'est permis à la femme d'exécuter le jugement de séparation de biens qu'après l'accomplissement des diverses formalités prescrites par l'art. 872; mais, d'autre part, aux termes de l'art. 1444, C. civ., le jugement de séparation de biens cesse de produire ses effets, si la femme ne l'exécute pas au moins par des poursuites commencées *dans la quinzaine qui suit le jugement, et non interrompues depuis.* L'art. 872 laisse subsister dans toute leur rigueur les exigences de l'art. 1444 du Code civil. La femme doit donc se hâter d'accomplir les formalités de l'art. 872 du Code de procédure; car si quinze jours s'écoulent après le jugement, sans que ces formalités soient accomplies et les pour-

(1) Toulouse, 18 juin 1835. — *Contrà :* Montpellier, 11 juillet 1826 (Dall., *Rép.*, v° *Contrat de mariage*, n° 1774).

(2) Amiens, 21 décembre 1825. — Limoges, 2 août 1837. — Angers, 10 août 1839 (Dall., *Rép.*, v° *Contrat de mariage*, n° 1777). — Cass., 17 mars 1852, D. 52, 1, 113. — Lyon, 23 février 1854, D. 55, 2, 44.

suites commencées, la séparation de biens prononcée par le jugement sera nulle et ne produira pas d'effet.

Ces moyens de publicité, prescrits par l'art. 872, ont pour but, non seulement de faire connaître le jugement aux créanciers du mari, qui pourront attaquer ce jugement, comme nous le verrons sur l'art. 873, mais même d'avertir tous ceux qui traiteraient désormais avec le mari et avec la femme, que la séparation de biens a été prononcée entre les deux époux. (Voir aussi l'art. 66 du Code de commerce.)

L'omission des formalités, prescrites par l'art. 872, entraîne-t-elle nullité? Oui, d'après l'art. 1445 du Code civil, auquel renvoie la fin de notre article. L'art. 872, d'ailleurs, n'est qu'une extension des dispositions de cet art. 1445, et les rédacteurs du Code de procédure n'ont pas voulu se montrer moins sévères en cette matière que les rédacteurs du Code civil (1).

⇒ **1112.** « Art. 873. Si les formalités prescrites au présent titre ont été observées, les créanciers du mari ne seront plus reçus, après l'expiration du délai dont il s'agit dans l'article précédent, à se pourvoir par tierce opposition contre le jugement de séparation. »

Les créanciers du mari, s'ils sont intervenus dans l'instance, peuvent interjeter appel du jugement auquel ils ont été parties. Mais tout recours ne leur est pas fermé contre le jugement, s'ils n'ont pas figuré dans l'instance. La loi leur donne le droit de former tierce opposition (art. 1447, C. civ.) contre la séparation prononcée et même exécutée en fraude de leurs droits.

La tierce opposition peut ordinairement être formée pendant trente ans. ** Ce droit de former tierce opposition n'est d'ailleurs que l'application du droit commun ; nous avons vu précédemment que les créanciers peuvent attaquer par la voie de la tierce opposition les jugements rendus contre leur débiteur en fraude de leurs droits. Mais pour le délai de la tierce opposition qui est ordinairement de trente ans, notre art. 873 déroge gravement à la règle ordinaire. ** L'art. 873 réduit ce délai à un an, lorsque toutes les formalités de l'art. 872 ont été observées. Si ces formalités ou quelques-unes d'entre elles ont été omises, la voie de la tierce opposition sera toujours ouverte, c'est-à-dire pendant trente ans. Cette solution s'appuie sur un argument *à contrario* de notre article et sur les termes de l'art. 66 du Code de commerce. Ajoutons que l'omission de ces formalités empêche ou entache de nullité l'exécution du jugement, qu'on ne peut plus effectuer après quinzaine du jour de sa prononciation (art. 1444 et 1445, C. civ., et 872, C. pr.).

On comprend pourquoi la loi a considérablement diminué le délai de la tierce opposition, quand le jugement a reçu toute la publicité prescrite par l'art. 872. Il ne faut pas que les époux restent indéfiniment sous le coup d'une menace de révocation de la séparation de biens. Les rapports réciproques du mari et de la femme, relativement à leurs biens, ne doivent pas rester longtemps incertains.

Mais cette diminution du délai ordinaire de la tierce opposition, constituant une dérogation à la règle générale, doit être limitée au cas qu'elle prévoit ex-

(1) V. les arrêts cités à la note précédente, et, en note, Caen, 15 juillet 1828 (Dall., *Rép.*, v° *Contrat de mariage*, n° 1779). — Angers, 10 août 1839, S. 40, 2, 130.

pressément, c'est-à-dire à la séparation de biens. Ainsi des difficultés peuvent s'élever sur l'exécution de la séparation, sur la liquidation des reprises de la femme, et les créanciers du mari peuvent aussi attaquer par la tierce opposition les jugements qui statueraient sur cette liquidation. Mais, dans ce cas, leur tierce opposition sera recevable pendant trente ans.

La question est plus délicate à l'égard de la tierce opposition, dirigée contre le jugement ou contre le chef du jugement qui liquide les reprises de la femme, lorsque le jugement a reçu toute la publicité prescrite par l'art. 872. Je crois que le jugement de séparation, qui liquide en même temps par un de ses chefs, les reprises de la femme, pourra être attaqué par la voie de la tierce opposition par les créanciers du mari, pendant un an relativement à la séparation de biens, et pendant trente ans à l'égard de la liquidation des reprises de la femme (1). La loi abrège le délai de trente ans à un an, relativement à la séparation de biens, et de peur de nuire ainsi aux rapports de chacun avec les tiers, quant à l'administration de leurs biens. Mais cette raison est inapplicable à la liquidation des reprises de la femme. Quel que soit le chiffre de ces reprises, que les créanciers fassent ou non modifier la liquidation fixée par le tribunal, la séparation de biens ne sera pas révoquée, la position des époux reste nettement tracée, et les tiers peuvent traiter sûrement avec chacun d'eux.

1113. « Art. 874. La renonciation de la femme à la communauté sera faite au greffe du tribunal saisi de la demande en séparation. »

La loi n'a pour but dans cet article que de déterminer le tribunal au greffe duquel la femme, qui renonce à la communauté, en cas de séparation de biens, devra faire sa renonciation. Le mari peut changer le domicile conjugal, pendant ou après l'instance en séparation de biens. C'est toujours au greffe du tribunal saisi de la demande que la renonciation sera faite.

** On est généralement d'accord pour admettre que cette forme de la renonciation n'est pas imposée d'une manière absolue : elle est nécessaire pour que la renonciation produise effet au regard des créanciers, mais on décide qu'entre la femme ou ses héritiers et le mari ou ses héritiers, la renonciation peut avoir lieu par toute espèce de conventions (2). **

L'art. 874 a-t-il eu pour but de prescrire à la femme la répudiation de la communauté, et de lui en interdire l'acceptation ? L'orateur du Tribunat le pensait ainsi ; mais cette opinion, abandonnée aujourd'hui, est directement contraire à l'art. 174 du Code de procédure, qui donne expressément à la femme séparée de biens trois mois pour faire faire l'inventaire de la communauté et quarante jours pour délibérer sur la question de savoir si elle acceptera ou répudiera la communauté.

Ajoutons, en terminant cette matière, que la séparation de biens judiciaire, à la différence de la séparation de biens contractuelle, n'est pas immuable, et

(1) La jurisprudence paraît aujourd'hui fixée dans ce sens. — Voy. les autorités citées par Dall., *Rép.*, v° *Contrat de mariage*, n°s 1889 et 1890.

(2) Req. Rej., 6 novembre 1827, S. 28, 1, 227. — Req. Rej., 4 mars 1856, S. 56, 1, 872.

que les époux peuvent toujours revenir au régime sous lequel ils se trouvaient avant le jugement, dans les formes et sous les conditions prévues par l'art. 1451 du Code civil. *

TITRE IX

DE LA SÉPARATION DE CORPS ET DU DIVORCE (C. D.).

⇒ **1114.** * Les rédacteurs du Code civil ont établi simultanément le divorce et la séparation de corps (liv. I, tit. IV), comme des remèdes contre les unions mal assorties. Le divorce, qui rompt complètement le lien conjugal, permet aux époux divorcés de contracter de nouvelles unions ; par la séparation de corps, qui supprime la vie commune et la société de biens entre les époux, le lien conjugal est relâché, mais non brisé. ** Le divorce, aboli en 1816, vient d'être rétabli par la loi du 27 juillet 1884. **

Les rédacteurs du Code de procédure, en écrivant le titre dont nous avons à nous occuper, n'ont pas eu l'intention de régler d'une manière complète la procédure du divorce et celle de la séparation de corps. A l'égard du divorce, le Code civil est entré dans tous les détails de la procédure à suivre (art. 234 et suiv.); et l'art. 881 du Code de procédure se borne purement et simplement à renvoyer, à cet égard, aux dispositions du Code civil.

Quant à la séparation de corps, l'art. 307 du Code civil la soumet aux mêmes formes que toute autre affaire civile ; et le Code de procédure (art. 879) contient une disposition analogue. Quel est donc l'objet de notre titre? Il a simplement pour but de prescrire quelques mesures à l'effet de prévenir, s'il est possible, la séparation entre les époux, et, lorsqu'elle a été prononcée, de donner de la publicité au jugement de séparation de corps, qui entraîne séparation de biens.

« Art. 875. L'époux qui voudra se pourvoir en séparation de corps sera tenu de présenter au président du tribunal de son domicile, requête contenant sommairement les faits ; il y joindra les pièces à l'appui, s'il y en a. »

Tout époux, avant de former sa demande en séparation de corps, doit s'adresser au président du tribunal de son domicile, c'est-à-dire du domicile commun (art. 108, C. civ.). ** Ce tribunal est, en réalité celui du domicile du mari, et il reste compétent pour statuer sur la demande en séparation de corps, même si le mari vient à changer de domicile dans l'intervalle qui sépare la tentative de conciliation dont nous allons parler et la comparution en justice. **

La requête contient les faits sur lesquels est basée la demande en séparation. Ces faits sont ceux qui pouvaient donner lieu au divorce pour cause déterminée (art. 306, C. civ.), ** c'est-à-dire l'adultère de l'un ou de l'autre époux depuis la loi du 27 juillet 1884 qui ne distingue plus entre le mari et la femme (art. 229 et 230, C. civ.), ** les excès, sévices ou injures graves de l'un des époux envers l'autre (art. 231, C. civ.), et la condamnation de l'un des époux à une peine afflictive et infamante (art. 232, C. civ.).

« Art. 876. La requête sera répondue d'une ordonnance portant que les parties comparaîtront devant le président au jour qui sera indiqué par ladite ordonnance. »

« Art. 877. Les parties seront tenues de comparaître en personne, sans pouvoir se faire assister d'avoués ni de conseils. »

La loi appelle les deux époux en conciliation devant le président du tribunal. On a choisi un magistrat plus élevé que le juge de paix ordinairement chargé des tentatives de conciliation, afin qu'il eût plus d'influence pour prévenir, s'il est possible, un procès qui ne peut être qu'affligeant pour les époux, pour leurs familles, pour la société tout entière. Les époux doivent comparaître devant lui sans intermédiaire ; les représentations qu'il leur fera perdraient leur efficacité en passant par l'intermédiaire d'un tiers.

1115. « Art. 878. Le président fera aux deux époux les représentations qu'il croira propres à opérer un rapprochement; s'il ne peut y parvenir, il rendra, ensuite de la première ordonnance, une seconde portant qu'attendu qu'il n'a pas pu concilier les parties, il les renvoie à se pourvoir, sans citation préalable au bureau de conciliation; il autorisera par la même ordonnance la femme à procéder sur la demande, et à se retirer provisoirement dans telle maison dont les parties seront convenues, ou qu'il indiquera d'office ; il ordonnera que les effets à l'usage journalier de la femme lui seront remis. Les demandes en provision seront portées à l'audience. »

Si les exhortations du président ne peuvent opérer une réconciliation, il constatera qu'il n'a pu concilier les parties, et les renverra *à se pourvoir, sans citation préalable au bureau de conciliation*, c'est-à-dire que l'époux demandeur assignera l'autre directement devant le tribunal, sans qu'il soit nécessaire d'essayer devant le juge de paix une conciliation que le président n'a pu effectuer (1). Si le mari, sommé de comparaître devant le président, ne se présente pas, son absence n'empêche pas la délivrance de l'ordonnance par laquelle le président peut autoriser la demande de la femme. Ce magistrat pourra toujours faire à la femme telles représentations et observations qu'il jugera convenables ; mais si la femme persiste dans son projet de former une demande en séparation de corps, l'absence du mari pourra être considérée comme un refus de se concilier, et la femme sera autorisée à se pourvoir devant le tribunal compétent.

Le président ne peut d'ailleurs refuser l'autorisation (2).

Si la femme (ou le mari) forme sa demande en séparation de corps incidemment à un autre procès, il me paraît difficile de considérer cette demande en séparation de corps comme une demande reconventionnelle qui, à ce titre, ne serait pas soumise à la tentative de conciliation devant le président. Cette tentative de conciliation devant le président du tribunal a plus d'importance que la tentative de conciliation de l'art. 48 devant le juge de paix, et l'art. 878 paraît l'exiger sans distinguer si la demande est principale ou incidente (3).

(1) Une virgule mal placée entre le mot *préalable* et les mots *au bureau de conciliation* avait fait d'abord supposer à tort que le président devait renvoyer *au bureau de conciliation, sans citation préalable*. Cette interprétation est unanimement repoussé aujourd'hui. Req. Rej., 17 janvier 1822, S. 22, 1, 196.

(2) Paris, 26 mai 1869, D. 69, 2, 247.

(3) Bordeaux, 11 juillet 1864, D. 64, 2, 228. — Colmar, 24 novembre 1864, D. 65, 2 12. — Paris, 10 mars 1864, D. 64, 2, 60. — *Contrà* : Orléans, 28 juillet 1864, D. 64, 2,

Le président peut autoriser la femme à quitter, pendant le procès, le domicile conjugal et à se retirer provisoirement dans un lieu convenu entre les parties et désigné d'office par le président, par exemple, chez les père et mère de la femme. Cette ordonnance du président n'est, suivant moi, qu'un acte de juridiction gracieuse, et, par conséquent, ne peut être frappée d'appel (1).

Mais le président n'a pas mission de statuer sur la demande en provision alimentaire, faite par la femme contre le mari pour la durée du procès, afin qu'elle puisse subvenir à ses besoins, lorsqu'elle est autorisée à quitter le domicile conjugal. Ces demandes de provision sont portées à l'audience, et elles ont une certaine importance. Le procès de séparation de corps peut durer longtemps. Il y aura une première instruction, des conclusions et des plaidoiries tendant à l'admission ou au rejet de la preuve des faits ; si elle est admise, il faudra procéder à l'enquête, qui donnera lieu ensuite à des débats sur la portée et la valeur des dépositions, enfin à des débats sur le fond. Chacun des jugements, qui interviennent sur les incidents ou sur le fond, est susceptible d'appel. C'est pour toute la durée de ces instances devant le tribunal et devant la cour que la femme autorisée à se retirer du domicile conjugal obtiendra une provision proportionnée à ses besoins et à la fortune du mari.

1116. « Art. 879. La cause sera instruite dans les formes établies pour les autres demandes et jugée sur les conclusions du ministère public. »

Cet article reproduit la disposition de l'art. 307 du Code civil ; on ajoute seulement que le ministère public donnera ses conclusions. Mais l'art. 83 du Code de procédure exigeait déjà la communication au ministère public des affaires qui concernent l'ordre public et l'état des personnes. Parmi ces affaires figure la séparation de corps.

L'art. 879 n'introduit donc aucune procédure particulière pour l'instruction de ces affaires.

L'époux qui demande la séparation de corps a dû, dans la requête adressée au président, aux termes de l'art. 874, articuler les faits sur lesquels il prétend appuyer sa demande. En cas de non-conciliation devant le président, la demande est formée par exploit d'huissier. L'époux demandeur doit prouver les faits sur lesquels il appuie sa demande, même en cas de défaut du défendeur. Vainement considérerait-on ce défaut comme un acquiescement tacite. Le défendeur ne peut acquiescer ; toute séparation volontaire est nulle.

Si les faits articulés sont pertinents et admissibles, et qu'ils ne soient pas prouvés par écrit (2), le tribunal ordonnera la preuve par témoins, dans les formes prescrites au titre *Des Enquêtes*. Seulement, comme il s'agit de faits qui se passent dans l'intérieur des familles, on admet, en matière de séparation de

226. — Agen, 20 novembre 1864, et Paris, 13 janvier 1865, D. 65, 2, 9. ** Mais la demande en séparation de corps semble dispensée, par la force même des choses, de la tentative de conciliation de l'art. 878 lorsqu'elle est formée par le tuteur d'une personne interdite. **

(1) Paris, 22 février 1861, D. 62, 2, 90. — *Contrà :* Cass. Rej., 15 janvier 1859, D. 59, 1, 201. — Voy. aussi toutes les autorités citées dans Dall., 1859, 1, 202.

(2) Ils pourraient l'être par écrit, notamment dans le cas prévu par l'art 232 du Code civil.

corps, le témoignage des personnes qui seraient incapables ou reprochables en toute autre matière (Cpr. les art. 283 du Code de procédure et 251 du Code civil).

En appel, l'affaire sera portée à l'audience ordinaire de la cour d'appel, aux termes d'une ordonnance du 16 mai 1835, modifiant l'art. 22 du décret du 30 mars 1808, qui renvoyait aux audiences solennelles des cours les appels des jugements de séparation de corps (1).

« Art. 880. Extrait du jugement qui prononcera la séparation sera inséré aux tableaux exposés tant dans l'auditoire des tribunaux que dans les chambres d'avoués et notaires, ainsi qu'il est dit art. 872. »

Si le tribunal rejette la demande en séparation de corps, aucune publicité ne sera donnée au jugement; il est inutile d'apprendre aux tiers les dissensions du ménage, quand la position des époux ne change pas.

Mais, lorsque la séparation de corps est prononcée, elle entraîne la séparation de biens; il faut donc que les tiers sachent que la condition des époux, quant au régime de leurs biens, a été modifiée. Aussi la loi a-t-elle dû exiger que le jugement de séparation de corps fût publié comme celui de séparation de biens. A-t-on soumis ces divers jugements aux mêmes conditions de publicité? Si l'on en croit les discours des orateurs du conseil d'État et du Tribunat au Corps législatif, l'art. 880 soumet les jugements de séparation de corps aux mêmes conditions de publicité que les jugements de séparation de biens. Mais, quelques motifs qu'on puisse faire valoir en faveur de cette assimilation, on ne saurait, sur la foi de ces discours, exiger l'emploi de formalités qui ne sont pas écrites dans la loi. Or, la lecture du jugement de séparation de corps à l'audience du tribunal de commerce n'est pas prescrite par l'art. 880, qui ne renvoie pas, à cet égard, à l'art. 872. On n'accomplira cette formalité, à l'égard des jugements de séparation de corps, que si l'un des époux est commerçant, à cause de la disposition spéciale de l'art. 66 du Code de commerce. *

** Mais aussi la séparation de biens qui est l'accessoire et la conséquence nécessaire de la séparation de corps, au lieu de remonter à l'égard des tiers au jour de la demande, ne produit d'effet vis-à-vis d'eux qu'à partir du jour où le jugement a été rendu public de la manière prescrite par l'article 880. *

1116 *bis.* « Art. 881. A l'égard du divorce, il sera procédé comme il est prescrit au Code civil. »

** Cette disposition de l'art. 881 est de nouveau en vigueur depuis la loi de 1884 qui a rétabli le divorce. Les rédacteurs de la loi de 1884 ont, en général, remis en vigueur les dispositions du Code civil sur le divorce qui avaient été abrogées par la loi du 8 mai 1816. Cependant le divorce de la

(1) ** On a essayé, mais sans succès, de contester la légalité de cette ordonnance. Req. Rej., 11 janvier 1837, S. 37, 1, 640. — Req. rej., 26 mars 1838, S. 38, 1, 545. — Req. Rej., 19 janvier 1852, S. 52, 1, 812. En matière de divorce, le juge est autorisé à surseoir pendant un an à la décision définitive si la demande est fondée sur des excès, sévices et injures graves (art. 259 du Code civil); mais il n'y a aucune raison pour étendre cette disposition exceptionnelle au cas de demande en séparation de corps. Montpellier, 1er prairial an XIII, S. 13, 2, 300. — Bastia, 2 août 1824, D. 25, 2, 214, Rennes, 21 février 1826, S. 28, 2, 167. — Le pourvoi en cassation n'est pas non plus suspensif, comme en matière de divorce (Cpr. art. 263 du Code civil). **

loi de 1884 diffère sous plusieurs rapports de celui du Code civil : le divorce par consentement mutuel, que consacrait le Code civil, n'a pas été rétabli; la loi de 1884 met sur la même ligne l'adultère du mari et celui de la femme et permet à la femme, dans tous les cas d'adultère de son mari, de demander le divorce, tandis que le Code civil ne lui permettait de former cette demande qu'autant que le mari avait tenu sa concubine dans la maison commune (art. 230); d'après le Code civil, la condamnation de l'un des époux à une peine infamante suffisait pour autoriser l'autre époux à demander le divorce, tandis que la loi nouvelle exige la condamnation à une peine à la fois afflictive et infamante (art 232); le Code civil défendait d'une manière absolue aux époux divorcés de se réunir de nouveau; la loi de 1884 ne leur interdit cette réunion qu'autant que l'un ou l'autre a, postérieurement au divorce, contracté un nouveau mariage suivi d'un second divorce. Mais lorsque les époux divorcés se réunissent ainsi, une nouvelle célébration du mariage est nécessaire; ces époux sont soumis au régime matrimonial qui réglait leur premier mariage, et après cette seconde union, les époux ne seront plus admis à former une seconde demande en divorce, si ce n'est en cas de condamnation à une peine afflictive et infamante (art. 295). Le Code civil ne permettait à la femme divorcée de se remarier qu'après dix mois à partir du jour où le divorce avait été prononcé; la loi nouvelle fait courir les dix mois du jour où le divorce est devenu définitif (art. 296, C. civ).

Quant à la procédure du divorce organisée par le Code civil, elle a aussi subi quelques modifications. Il n'est pas inutile de faire connaitre cette procédure qui était tombée dans l'oubli et dont il y aura lieu à l'avenir de faire application.

La demande en divorce ne peut être formée qu'au tribunal dans l'arrondissement duquel les époux ont leur domicile (art. 234, C. civ).

Le Code civil ayant organisé, d'une manière complète, la procédure du divorce, on ne doit pas, en principe, recourir aux règles du Code de procédure (1), à moins cependant qu'il ne s'agisse de combler une lacune du Code civil, et, par exemple, dans le silence de ce Code, sur les changements et additions apportés par les témoins à leurs dépositions, on appliquera l'art. 272 du Code de procédure (2). On remarquera, en outre, que le Code civil n'a pas une seule fois prononcé la peine de la nullité comme sanction des formalités qu'il établit. Faudra-t-il appliquer l'art. 1030 du Code de procédure? La question n'offre aucun intérêt pratique, car le système des nullités consacré par l'art. 1030 du Code de procédure est semblable à celui qui se dégage des dispositions du Code civil relatives à la forme des actes. Il y a lieu de distinguer entre les formalités substantielles, c'est-à-dire celles qui donnent à l'acte sa nature et son caractère, et les formalités accessoires. Les premières sont toujours imposées à peine de nullité, même si la loi n'a pas pris la peine de le dire formellement; leur omission empêche, en effet, l'acte d'avoir la nature et les caractères que la loi entend lui attribuer. Quant aux formalités accessoires, leur omission n'entraîne nullité qu'autant que celle-ci est écrite dans la loi.

(1) ** Cass. 28 décembre 1807 (Dall., v° *Séparation de corps*, n° 475). **
(2) ** 3 mai 1809 (Dall. v° *Séparation de corps*, n° 475). **

De ce qui précède, il suit qu'une procédure de divorce ne sera entachée de nullité qu'autant qu'on n'aura pas observé une disposition consacrant une formalité substantielle de cette procédure. Mais quelles sont les formalités qui offrent ce caractère? La loi ne le dit pas non plus, et dès lors la jurisprudence pourra présenter, sur ce point, des hésitations. A notre avis, il faut, pour répondre à cette question, s'inspirer de l'esprit de la loi qui considère le divorce comme un mal nécessaire. Sans doute elle le consacre, mais elle ne l'admet qu'à regret, et cela est encore plus vrai depuis la loi de 1884 que sous l'empire du Code civil, car cette loi a repoussé le divorce par consentement mutuel. Nous concluerons de cette observation qu'on doit considérer comme substantielles les formalités établies pour empêcher le divorce au moyen d'une réconciliation entre les époux et celles qui se proposent de mettre les époux dans l'impossibilité de divorcer en dehors des cas prévus par la loi.

Les demandes en divorce sont soumises à une tentative de conciliation particulière et organisée avec un soin spécial. Ce n'est plus le juge de paix, mais le président du tribunal qui est chargé de cette mission délicate. A cet effet, le demandeur doit se présenter en personne devant le président du tribunal pour lui remettre sa demande avec les pièces à l'appui. Il ne peut, sous aucun prétexte, se faire représenter par un mandataire. S'il ne peut pas venir pour cause de maladie, il doit requérir le magistrat de se transporter à son domicile pour y recevoir sa demande (art. 236, C. civ.). Cette requête du demandeur doit détailler les faits qu'il invoque. Il y aurait nullité, si elle en contenait une simple indication, car le président, ne connaissant pas d'une manière exacte et complète les faits qui constituent la cause du divorce, ne pourrait pas essayer une tentative efficace de réconciliation. A plus forte raison, le demandeur ne sera-t-il pas autorisé à proposer, pour la première fois, devant le tribunal, des faits qui constitueraient une nouvelle cause de divorce et dont il n'aurait pas parlé dans sa requête au président. Mais rien ne s'opposerait à ce qu'il donnât plus de développements à sa demande primitive, et il aurait bien certainement le droit d'invoquer des faits nouveaux qui ne constitueraient pas une nouvelle cause de divorce, surtout s'il ne les avait pas connus au début de l'affaire. Il n'est d'ailleurs pas douteux que, si la requête adressée au président était nulle, à cause de l'insuffisance de l'exposé des faits, le demandeur pourrait en présenter une nouvelle : l'instance tombe, mais le droit n'est pas éteint.

Le demandeur, ayant remis au président sa requête, ce magistrat lui fait les observations qu'il croit convenables. S'il ne parvient pas à décider le demandeur à renoncer à son projet, il paraphe la demande et les pièces, dresse procès-verbal de la remise du tout entre ses mains et ordonne, au bas du procès-verbal, que les deux époux comparaîtront en personne devant lui au jour et à l'heure qu'il indique (art. 237 et 238, C. civ.). A cet effet, le président du tribunal adresse copie de son ordonnance à l'époux contre lequel le divorce est demandé. Dans le silence de la loi sur ce point, le président peut faire remettre la copie de son ordonnance au défendeur suivant le procédé qui lui paraît le plus convenable. Il emploiera le ministère d'un huissier, ou celui de la poste, ou tout autre.

Au jour indiqué par le président, les deux époux doivent se présenter en personne devant lui ; il leur fait les représentations qu'il croit propres à opérer un rapprochement. C'est à proprement parler à ce moment qu'a lieu la tentative de conciliation. Il est interdit aux époux de se faire représenter; ils ne doivent même pas être assistés d'hommes de loi. Le Code de procédure le dit pour la séparation de corps (art. 877), et il faut, par analogie, donner la même solution en cas de divorce. L'esprit de la loi est d'obliger les parties à prendre personnellement part à la procédure, sans assistance d'avocats, ni d'avoués ; lorsqu'elle entend autoriser cette assistance, elle a soin de le dire (art. 342 et 343, C. civ.).

Si le juge ne parvient pas à concilier les parties, il le constate par procès-verbal, ordonne la communication de la demande et des pièces au ministère public et en refère, pour le fond, au tribunal (art. 239, C. civ).

La loi ne veut pas que le demandeur puisse assigner le défendeur en divorce sans la permission du juge. S'il lançait une assignation sans observer les formes que la loi prescrit à cet effet, il y aurait certainement nullité, car ces formes ont pour objet d'amener encore, s'il se peut, une réconciliation. Dans les trois jours qui suivent l'ordonnance du président, le tribunal, sur le rapport de ce magistrat ou du juge qui en remplit les fonctions et sur les conclusions du ministère public, peut accorder ou suspendre la permission de citer le défendeur devant lui; mais il n'a pas le droit de la refuser, et lorsque le tribunal prononce la suspension, celle-ci ne saurait dépasser le terme de 20 jours (art. 240, C. civ.). Cette suspension a pour objet d'obliger les époux à la réflexion; aussi y aurait-il nullité si le délai que le tribunal a imposé n'était pas respecté. Il est également certain que si le jugement qui donne ou suspend la permission de citer n'avait pas été rendu sur les conclusions du ministère public, ce jugement pourrait être attaqué par la voie de l'appel. Mais l'omission de ce premier rapport n'entraînerait pas nullité, car il ne s'agit pas là d'une forme substantielle.

Le demandeur, en vertu de la permission du tribunal, fait assigner le défendeur en la forme ordinaire et dans les délais de droit commun (art. 241, C. civ.) L'assignation contient copie de la demande en divorce et des pièces à l'appui; mais ces formalités sont accessoires et il n'est pas permis de prononcer la nullité pour leur omission. On ne doit pas étendre ici la disposition de l'art. 65 du Code de procédure, en tant qu'elle prononce la nullité, car elle a en vue une autre formalité; mais il est tout naturel d'appliquer la règle de cet article, suivant laquelle, à défaut de copie, celles que le demandeur sera tenu de donner dans le cours de l'instance, n'entreront pas en taxe.

Le demandeur doit comparaître en personne à l'audience; il peut d'ailleurs être assisté d'un conseil; quant au défendeur, il peut comparaître en personne ou par un fondé de pouvoir, et ces derniers termes sont si généraux qu'ils permettent de constituer comme mandataire une personne quelconque, capable d'après le droit commun. Il aurait mieux valu n'autoriser la représentation que par ministère d'avoué; la loi ouvre la porte aux agents d'affaires (art. 243, C. civ.). Quoi qu'il en soit, au jour fixé, si le demandeur ne comparaît pas, le défendeur peut obtenir contre lui défaut-congé. La procédure tombe, mais le droit n'est pas éteint; c'est la règle générale, du moins dans l'opinion dominante de la doctrine et de la jurisprudence. Si le défendeur fait défaut, l'affaire n'en suit pas moins son cours : le demandeur en personne, assisté d'un conseil s'il le juge à propos, expose les motifs de sa demande, représente les pièces à l'appui et indique les témoins qu'il se propose de faire entendre. Si le défendeur est présent, il fait aussi connaître ses témoins. Il est alors dressé procès-verbal des comparutions, dires et observations des parties, ainsi que des aveux que l'une ou l'autre a pu faire ; le tribunal renvoie les époux à l'audience publique dont il fixe le jour et l'heure; son jugement contient aussi ordre de communiquer au ministère public et nomination d'un rapporteur. Dans le cas ou le défendeur n'aurait pas comparu, le demandeur doit lui signifier ce jugement (que la loi appelle ordonnance) dans le délai indiqué par ce même jugement (art. 245, C. civ.). D'ailleurs ce jugement n'est pas susceptible d'opposition (1); la loi n'ouvre que la voie de l'appel (art. 262, C. civ.), mais cet appel peut être immédiatement interjeté, car le jugement est bien certainement interlocutoire.

Au jour fixé par le tribunal, l'audience publique s'ouvre ; toute la suite de la procédure a lieu publiquement, à moins que le huis clos ne soit ordonné. Le défendeur doit proposer ses fins de non-recevoir dès ce moment. Après l'audition du juge rapporteur et du ministère public, le tribunal statue sur ces fins de non-recevoir. S'il les admet, tout est finit ; s'il les repousse ou s'il n'en est pas proposé, la demande en divorce est admise par un nouveau jugement (art. 246, C. civ.). La procédure sur le fond s'ouvre ensuite et sans délai. Si la cause est en état, le tribunal peut de suite statuer sur le fond, après avoir entendu un juge rapporteur et le ministère public ; dans les autres cas, il leur donne les mesures d'instruction qu'il croit nécessaires, le plus souvent une enquête. Dans toute cette procédure, les parties ont toujours le droit de proposer leurs moyens respectifs après le rapport du juge, par dérogation au droit commun ; mais la loi retourne de suite à la règle ordinaire, en décidant qu'elles ne peuvent pas parler après le ministère public. D'un autre côté, le conseil du demandeur ne doit pas être entendu, si ce demandeur n'est pas lui-même présent à l'audience ; cette disposition est substantielle et il y aurait nullité si on ne l'observait pas (art. 248, C. civ.). Mais la loi ne montre pas la même rigueur pour le défendeur dont la présence personnelle n'est pas exigée.

L'enquête est soumise, en matière de divorce, à des règles spéciales qui s'écartent sensiblement du droit commun. Et d'abord, elle est faite par le tribunal lui-même, mais d'ailleurs à huis clos, au lieu d'être confiée à un juge commissaire. Les parties ont déjà dû, au cours de l'instance, faire connaître leurs témoins avant le jugement qui ordonne l'enquête. Aussitôt ce jugement prononcé, le greffier donne lecture de la partie du procès-verbal qui contient

(1) ** Les rédacteurs du Code civil n'avaient pas admis l'opposition dans la procédure du divorce : c'était l'application du système de l'ordonnance de 1667 qui excluait l'opposition dans le cas d'un jugement d'une juridiction inférieure. Il semblerait qu'aujourd'hui l'opposition devrait être admise si le contraire ne résultait de l'art. 263 qui a été soumis à une nouvelle rédaction par la loi de 1884. Cette loi, comme le Code civil, fait courir le délai de deux mois pour appeler, du jour de la signification du jugement, même si celui-ci est par défaut. Ce point de départ ne peut s'expliquer que par l'exclusion de l'opposition. **

l'indication de ces témoins, et le président avertit les époux qu'ils peuvent encore, à ce moment, indiquer d'autres témoins, mais qu'ensuite ils n'y seront plus reçus. De même, ils doivent proposer sur-le-champ leurs reproches contre les témoins, et le tribunal statue sur ces reproches après avoir entendu le ministère public (art. 249 et 250, C. civ.).

Nous avons vu quelles sont, d'après le droit commun, les personnes incapables ou reprochables. Ordinairement, les parents et alliés en ligne directe de l'une des parties, et son conjoint même divorcé, sont incapables d'être témoins (art. 268, C. pr.). Les autres parents ou alliés de l'une ou de l'autre des parties, jusqu'au degré de cousin issu de germain inclusivement, sont seulement reprochables (art. 283, C. pr.). En matière de divorce, la loi pose des principes différents : tous les parents ou alliés peuvent être témoins, sauf exception pour les enfants et autres descendants ; de même les domestiques sont admis à déposer (art. 251, C. civ.). Les parents, alliés, domestiques, sont en effet le plus souvent les personnes qui pourront le mieux ou même seules connaître les faits qui donnent lieu à la demande en divorce. La loi n'a pas parlé des autres causes de reproches, mais on doit évidemment les admettre puisqu'elle en suppose l'existence dans l'art. 250. Toutefois il nous semble que la procédure de l'enquête, ayant lieu devant le tribunal, il ne faudrait pas appliquer aux formes des reproches les règles édictées par le Code de procédure, notamment sur la manière de proposer ces reproches et de les prouver.

L'enquête a lieu à huis clos devant le tribunal ; mais la loi ne veut pas que le huis clos soit absolu et elle permet à chacune des parties d'être assistée de ses conseils ou amis jusqu'au nombre de trois de chaque côté (art. 253, C. civ.). La loi détermine comment les témoins sont entendus, le procès-verbal rédigé ; ces dispositions ne demandent aucune explication (art. 254 et 255, C. civ.). On doit toutefois en conclure qu'elles excluent les formes ordinaires des enquêtes devant le juge-commissaire, notamment les règles sur les délais dans lesquels l'enquête doit être commencée ou terminée, sur la manière d'entendre les témoins, sur la prohibition de recommencer l'enquête nulle par la faute de la partie, etc. Mais rien ne s'opposerait à ce que l'enquête fût confiée, par commission rogatoire, à un autre tribunal, car c'est là une règle générale qui n'est pas propre aux enquêtes.

Si quelques-uns des faits allégués par l'époux demandeur donnent lieu à une poursuite criminelle de la part du ministère public, l'action en divorce reste suspendue jusqu'à la décision de la juridiction répressive. C'est une application de la règle : *le criminel tient le civil en état*. Mais ensuite elle peut être reprise sans qu'il soit permis d'inférer de la décision criminelle aucune fin de non-recevoir ou exception préjudicielle contre l'époux demandeur (art. 235, C. civ.).

Nous avons supposé jusqu'à présent que le divorce était demandé pour cause d'adultère ou pour cause d'excès, sévices, injures graves. Mais il existe une troisième cause de divorce, la condamnation à une peine afflictive et infamante. Dans ce dernier cas, la procédure du divorce est fort simple : il suffit que le demandeur présente au tribunal d'arrondissement une expédition de la décision portant condamnation, avec un certificat du greffier, constatant que cette décision n'est plus susceptible d'être réformée « *par les voies légales ordinaires* » (art. 261, C. civ.). Ces dernières expressions ne sembleraient s'appliquer qu'aux voies de recours ordinaires, mais il ne faut pas hésiter à donner la même solution pour le recours en cassation, d'autant plus, qu'en matière criminelle, il est suspensif, à la différence de ce qui a lieu au civil.

Au cours d'une instance en divorce, le tribunal peut être appelé à ordonner des mesures provisoires, soit dans l'intérêt des enfants, soit dans celui de la femme. Pendant la durée de l'instance en divorce, les enfants restent, en principe, au mari, sans qu'il y ait lieu de rechercher s'il est demandeur ou défendeur. Mais sur la demande de la mère ou de la famille ou du procureur de la République, et pour le plus grand avantage des enfants, le tribunal peut ordonner qu'à titre provisoire et pendant la durée du procès, les enfants seront confiés à la mère ou même à toute autre personne; car le texte de l'art. 267 est tout à fait général et n'établit aucune distinction (1). Quant à la femme, elle peut être autorisée, par jugement provisoire du tribunal, à quitter le domicile du mari pendant la durée du procès, et, dans ce cas, le jugement indique la maison où la femme est tenue de résider (art. 268, C. civ.). On remarquera, sous ce rapport, une différence entre la demande en divorce et la demande en séparation de corps : dans le premier cas, c'est le tribunal lui-même qui fixe le domicile provisoire de la femme, tandis que dans le second cas, ce droit appartient au président du tribunal (art. 878, C. pr.). De même, le tribunal, peut, en autorisant la femme à quitter le domicile de son mari, lui accorder, si ses ressources sont insuffisantes, et pour la durée du procès, une provision alimentaire, proportionnée aux ressources du mari (art. 268, C. civ.). Enfin, la loi ajoute que certains actes passés par le mari pourront, sous le régime de la communauté, être annulés, s'ils ont été faits en fraude des droits de la femme; mais je me borne, sur ce dernier point, à vous renvoyer au texte de l'art. 271, qui vous sera expliqué au cours du Code civil.

Au jour fixé pour le jugement définitif, l'audience s'ouvre par la lecture du rapport du juge-commissaire (art. 257, C. civ.). C'est là une dérogation au droit commun : ordinairement le rapport n'est lu qu'après la clôture des débats. Ici au contraire, il appartient aux débats, il forme une partie essentielle de la procédure, de telle sorte que, s'il avait été omis, il y aurait certainement nullité (2). Après la lecture du rapport, les parties peuvent prendre la parole en personne ou par l'intermédiaire de leurs conseils, puis les débats sont clos; le ministère public donne ses conclusions et le tribunal rend son jugement en public (art. 257 et 258, C. civ.).

En général, le tribunal doit de suite statuer sur le fond de la demande pour l'admettre ou la rejeter. Par exception, si la demande est fondée sur des excès, sévices ou injures graves, le tribunal peut, bien que le demandeur ait fait sa preuve, ne pas admettre immédiatement le divorce ; il se borne à autoriser la femme à quitter le domicile conjugal et à lui accorder, s'il y a lieu, une provision alimentaire proportionnée aux ressources du mari. Au bout

(1) ** Voy. Dalloz, v° *Séparation de corps*, n° 123. — Quand le divorce est prononcé, la loi confie, en règle générale, les enfants à celui des deux époux qui l'a obtenu (art. 302, C. civ.). **

(2) ** Nous avons donné la solution contraire pour les rapports antérieurs, parce qu'à notre avis, ils n'ont pas la même importance. **

d'un an, si les époux ne se sont pas réconciliés, le demandeur peut citer le défendeur devant le tribunal, et alors celui-ci doit nécessairement lui accorder un jugement qui prononce le divorce (art. 259 et 260, C. civ.).

Le jugement prononçant le divorce n'est jamais susceptible d'opposition : le Code civil exclut cette voie de recours dans la procédure du divorce (Voy. art. 265). Mais l'appel est ouvert pendant deux mois, à compter du jour de la signification du jugement rendu contradictoirement ou par défaut (art. 263, C. civ.). En appel, il n'est pas permis de former une demande nouvelle, et, par exemple, après avoir proposé le divorce en première instance pour cause d'excès, sévices ou injures graves, on ne pourrait pas, pour la première fois en appel, le demander à raison d'un adultère ; mais rien ne s'opposerait à ce que la demande originaire fût appuyée par des faits, des preuves, des moyens nouveaux. C'est l'application du droit commun. On s'est demandé si l'époux contre lequel le divorce a été prononcé par le jugement de première instance, peut y acquiescer, s'il peut se désister de l'appel qu'il a formé? L'affirmative ne nous semble pas douteuse. N'a-t-il pas le droit d'acquiescer au jugement d'une manière tacite en renonçant au droit d'appeler? Ne peut-il pas aussi se désister tacitement en laissant périmer l'instance d'appel? Si l'acquiescement et le désistement tacite sont permis, il n'y a aucune raison pour interdire l'acquiescement et le désistement formels (1).

L'arrêt de la cour d'appel peut à son tour être attaqué par le pourvoi en cassation ; mais, à la différence du jugement par défaut de première instance, l'arrêt par défaut de la cour d'appel est susceptible d'opposition. Il résulte des termes formels de l'art. 265 du Code civil, que le législateur entend autoriser ici cette voie de recours, bien qu'il l'ait refusée en première instance. Aussi les rédacteurs de la loi de 1884 ont-ils eu le tort de perdre de vue cette disposition, lorsqu'ils ont déterminé dans le nouvel article 363 le point de départ du délai de deux mois, à l'effet de se pourvoir en cassation contre l'arrêt de la cour d'appel. Ils ont décidé, dans des termes absolus, que ces deux mois commenceraient à courir à partir de la signification de l'arrêt. Cette solution ne peut s'appliquer qu'au cas ou l'arrêt a été rendu contradictoirement : s'il est par défaut, les deux mois ne peuvent commencer à courir qu'à partir du jour où l'opposition n'est plus recevable.

Le pourvoi en cassation est suspensif (art. 263, C. civ.) (2). C'est une remarquable dérogation au droit commun. Si le pourvoi en cassation n'avait pas été suspensif, les époux divorcés auraient pu se remarier sur-le-champ, et si la cour de cassation avait ensuite cassé l'arrêt admettant le divorce, ces époux auraient été, tout au moins pendant un certain temps, dans un état de bigamie légale et il aurait fallu ensuite annuler le second mariage. Il est même fâcheux que le législateur n'ait pas formellement consacré le même système pour le cas d'un arrêt prononçant la nullité de mariage, car la situation est la

(1) ** Voy. Demolombe, IV, n° 488. — Dalloz, v° *Acquiescement*, n° 189. — Cass. 11 mai 1853, D. 53, 1, 158. **

(2) ** On remarquera que, d'après l'art. 263, le pourvoi en cassation seul est suspensif; mais il résulte bien de l'art. 265 que la loi attache cet effet suspensif même au délai de cassation. Quant au délai d'appel, on sait qu'il est suspensif toutes les fois que l'exécution est, comme en matière de divorce, demandée à un tiers. **

même et le silence de la loi a donné lieu à des doutes, à des controverses. Lorsque la décision prononçant le divorce n'est plus susceptible d'aucune voie de recours, l'époux qui a obtenu le divorce est obligé de l'exécuter dans les deux mois. A cet effet il doit se présenter dans ce délai devant l'officier de l'état civil pour faire prononcer le divorce (art. 264, C. civ.). Ce n'est donc pas le tribunal qui prononce la dissolution du mariage : c'est l'officier de l'état civil. En réalité, la justice se borne à reconnaître qu'il y a ouverture à divorce ; mais le mariage subsiste, même après que la décision judiciaire n'est plus susceptible d'aucune voie de recours, tant que l'officier de l'état civil n'a pas prononcé le divorce. La loi ne veut pas toutefois qu'une pareille situation puisse se prolonger longtemps ; aussi impose-t-elle à l'époux qui a obtenu le divorce, l'obligation de se présenter dans le délais de deux mois devant l'officier de l'état civil ; l'autre partie est dûment appelée, mais sa présence n'est pas nécessaire (art. 264, C. civ.). Ces deux mois commencent à courir, à l'égard des jugements de première instance, après l'expiration du délai d'appel ; à l'égard des arrêts par défaut, après l'expiration du délai d'opposition ; à l'égard des arrêts contradictoires, après l'expiration du délai du pourvoi en cassation. Telle est du moins la disposition de l'article 265 du Code civil. Mais elle contient une erreur manifeste pour le cas où il s'agit d'un arrêt par défaut. En décidant que les deux mois commenceront à courir du jour où l'opposition ne sera plus recevable, le législateur a supposé que cet arrêt n'était pas susceptible de cassation, et c'est en cela précisément que consiste son erreur. Le pourvoi en cassation est à son tour ouvert pendant deux mois à partir de l'expiration des délais d'opposition. C'est donc seulement après l'expiration des deux mois donnés pour se pourvoir en cassation et sans qu'il y ait eu pourvoi, que commenceront à courir les deux autres mois pendant lesquels l'époux doit faire prononcer le divorce par l'officier de l'état civil. Si cet époux laisse écouler le délai de deux mois sans appeler l'autre époux devant l'officier de l'état civil, il est déchu du bénéfice du jugement qu'il avait obtenu et ne peut pourtant pas reprendre son action en divorce, si ce n'est pour une cause nouvelle ; mais dans ce dernier cas, il lui est permis de faire valoir les anciennes causes à l'appui de sa seconde demande (art. 266, C. civ.).

En dernier lieu, la loi du 27 juillet 1884 a permis de convertir, sous certaines conditions, les séparations de corps en divorce et a consacré des dispositions transitoires, qu'il est nécessaire de faire connaître, car elles sont de nature à recevoir application pendant un temps assez long.

Le Code civil avait déjà décidé que dans tous les cas où une séparation de corps, prononcée pour toute autre cause que l'adultère de la femme, aurait duré trois ans, l'époux qui était originairement défendeur et contre qui la séparation avait été prononcée, aurait, au bout de ce temps, le droit de demander le divorce au tribunal, si l'autre conjoint qui avait obtenu la séparation de corps ne consentait pas à la faire cesser (art. 310, C. civ.). Cette disposition avait pour objet de faciliter les réconciliations entre époux et par conséquent de consolider le mariage. Les rédacteurs de la loi de 1884 ne semblent pas l'avoir bien comprise ; aussi l'ont-il complètement dénaturée et par cela même ont-ils porté une nouvelle atteinte à l'indissolubilité du mariage. Les rédacteurs du Code civil avaient bien pensé qu'une réconciliation n'était pas possible en cas d'adultère de la femme ; aussi avaient-ils exclu ce cas de notre disposition. Mais ils avaient supposé que, dans les autres hypothèses, le temps pouvait faire oublier la cause de la séparation et permettre un rapprochement ; si cependant l'époux qui avait obtenu la séparation n'y consentait pas, alors on permettait à l'autre de sortir de cette situation en demandant le divorce. Mais il n'était pas téméraire de présumer que cette menace du divorce amènerait l'époux qui avait obtenu la séparation, à une réconciliation. N'avait-il pas en effet manifesté son aversion pour le divorce, par cela même qu'au lieu de le réclamer, il s'était contenté autrefois de demander une séparation de corps ?

Quoi qu'il en soit, tout cet ingénieux système a été maladroitement supprimé. Aujourd'hui, au bout de trois ans, les deux époux peuvent, l'un et l'autre, demander que le divorce soit substitué à la séparation de corps et sans qu'il y ait lieu de rechercher quelle a été la cause de cette séparation. Cette nouvelle demande en divorce est introduite par assignation à huit jours francs en vertu d'une ordonnance rendue par le président. Cette même ordonnance nomme un juge rapporteur, ordonne la communication au ministère public et fixe un jour pour la comparution des parties. Cette comparution et la procédure ont lieu en chambre du conseil, mais le jugement doit être rendu en audience publique (nouvel art. 310).

Enfin le législateur de 1884, dans une disposition transitoire, décide que les instances en séparation de corps, pendantes au moment de la loi nouvelle, pourront être converties, même en cause d'appel, par les demandeurs, en instance de divorce. La procédure spéciale au divorce sera alors suivie à partir du dernier acte valable de la procédure en séparation de corps.

Quant aux séparations de corps déjà définitivement prononcées au moment de la mise en vigueur de la loi nouvelle, elles ne peuvent être converties en divorce qu'autant qu'elles remontent à plus de trois ans ; mais cette demande en divorce peut être formée par l'un ou l'autre des deux époux. On applique, purement et simplement, en un mot, le nouvel art. 310 du Code civil. **

TITRE X

DES AVIS DE PARENTS (C. D.).

➡ **1117.** * Les avis de parents sont des délibérations prises par les parents des mineurs et des interdits réunis en conseil de famille, dans les cas et suivant les formes prévues par la loi. Quelques auteurs ont distingué les avis et les délibérations des conseils de famille : les premiers seraient des actes par lesquels le conseil de famille ferait connaître à la justice son opinion sur une question qui lui est soumise (art. 892 et 893, C. pr.). Par les délibérations, le conseil de famille ordonnerait ou prendrait une mesure ; il nomme, par exemple, ou destitue un tuteur.

Sans nier absolument cette distinction, je ne la crois pas d'une grande utilité pratique ; elle ne me paraît pas fondée sur le texte de la loi. Ainsi la rubrique du titre qui nous occupe porte *Des Avis de parents*, et les articles qu'ils contient ne s'occupent que de *délibérations*.

Vous avez vu au cours de Code civil, notamment dans le tit. X du livre I, quelles sont les attributions du conseil de famille, comment il est composé et convoqué, et la manière dont il doit délibérer. Notre titre a pour but d'ajouter aux dispositions du Code civil, sur les conseils de familles et leurs délibérations, quelques formalités dans l'intérêt des mineurs ou des interdits.

« Art. 882. « Lorsque la nomination d'un tuteur n'aura pas été faite en sa présence, elle lui sera notifiée, à la diligence du membre de l'assemblée qui aura été désignée par elle : ladite notification sera faite dans les trois jours de la délibération, outre un jour par trois myriamètres de distance entre le lieu où s'est tenue l'assemblée et le domicile du tuteur. »

Un jour par cinq myriamètres (Voy. l'art. 1033, C. pr.).

L'art. 439 du Code civil supposait déjà que la délibération qui nomme un tuteur non présent devait lui être notifiée. Notre art. 882 ordonne que le conseil chargera un de ses membres de faire cette notification, qui fait courir le délai dans lequel le tuteur doit présenter ses excuses, s'il y a lieu (art. 439 C. civ.). Le membre désigné par le conseil de famille pourrait encourir des dommages-intérêts, si sa négligence ou son retard à faire la notification causait un préjudice au pupille. D'ailleurs, il n'est pas douteux qu'en cas de négligence du membre désigné par le conseil de famille, la notification serait valablement faite par un autre.

« Art. 883. Toutes les fois que les délibérations du conseil de famille ne seront pas unanimes, l'avis de chacun des membres qui le composent sera mentionné dans le procès-verbal.

« Les tuteur, subrogé tuteur ou curateur, même les membres de l'assemblée, pourront se pourvoir contre la délibération ; ils formeront leur demande contre les membres qui auront été d'avis de la délibération, sans qu'il soit nécessaire d'appeler en conciliation. »

Par le premier alinéa de cet article, la loi exige qu'on mentionne au procès-verbal l'avis de chacun des membres du conseil de famille, quand la délibération n'est pas prise à l'unanimité, afin que le tribunal, saisi d'une demande en homologation ou en nullité de délibération, connaisse les différentes opinions qui se sont produites, et puisse faire un choix entre elles.

Qui pourra attaquer ces délibérations ? Le 2e alinéa de l'art. 883 accorde ce droit au tuteur, au subrogé tuteur, au curateur, aux membres de l'assemblée.

Celui qui attaque la délibération formera sa demande contre les membres qui ont été d'avis de la prendre. Cette demande ne sera pas précédée du préliminaire de conciliation ; cette tentative serait sans doute inutile dans un dissentiment qui s'est produit sous la présidence du juge de paix. Lui-même, d'ailleurs, a donné son avis et cesserait d'être impartial (1).

Il est toutefois une délibération qui est soumise à une procédure spéciale, je veux parler du cas où le conseil de famille prononce l'exclusion ou la destitution du tuteur. Cette délibération sera toujours motivée, même si elle est

(1) Sur la question de savoir quelles délibérations peuvent être attaquées devant le tribunal, voy. Dall. 1859, 2, 20, et les autorités citées en note, et Dall., 1852, 2, 121 et la note. Voy. aussi Aubry et Rau, tome I, § 96, p. 388 et suiv.

unanime (art. 447, C. civ.); et si le tuteur attaque la délibération, il dirigera sa demande contre le subrogé tuteur (art. 448, C. civ., *in fine*), sauf aux personnes qui ont requis la convocation du conseil de famille pour cette exclusion ou destitution à intervenir dans la cause (art. 449, C. civ.).

« Art. 884. La cause sera jugée sommairement. »

Le tribunal, suivant les circonstances, ordonnera que les dépens resteront à la charge de celui qui succombe, qu'ils seront compensés; ou autorisera le tuteur à les employer comme frais d'administration, c'est-à-dire à les faire entrer dans les dépenses relatives à la tutelle.

→ **1118.** Les art. 885 à 888 ont trait à la forme des demandes en homologation des délibérations prises par les conseils de famille. Vous avez vu, au cours de Code civil, dans quels cas la loi exige cette homologation (Voy. les art. 448, 457, 458, 467, 509, 511 du Code civil, ** et la loi du 27 février 1880, sur l'aliénation des valeurs mobilières appartenant au mineur). **

« Art. 885. Dans tous les cas où il s'agit d'une délibération sujette à homologation, une expédition de la délibération sera présentée au président, lequel, par ordonnance au bas de ladite délibération, ordonnera la communication au ministère public, et commettra un juge pour en faire le rapport à jour indiqué. »

« Art. 886. Le procureur de la République donnera ses conclusions au bas de ladite ordonnance; la minute du jugement d'homologation sera mise à la suite desdites conclusions sur le même cahier. »

La marche tracée par ces deux articles est d'une extrême simplicité. Elle paraît particulièrement se référer au cas où l'homologation ne constitue qu'une formalité, à l'occasion de laquelle aucune difficulté ne s'élève. Le jugement alors est rendu en la chambre du conseil, comme le prévoyait déjà, dans un cas particulier, l'art. 458 du Code civil. Mais si l'homologation donnait lieu à une contestation, le jugement devrait être rendu à l'audience.

« Art. 887. Si le tuteur, ou autre chargé de poursuivre l'homologation, ne le fait dans le délai fixé par la délibération, ou, à défaut de fixation, dans le délai de quinzaine, un des membres de l'assemblée pourra poursuivre l'homologation contre le tuteur, et aux frais de celui-ci, sans répétition.

L'homologation poursuivie par les membres de l'assemblée contre le tuteur doit être portée à l'audience, conformément aux observations présentées sur l'article précédent.

Sans répétition, c'est-à-dire que le tuteur supportera personnellement les frais occasionnés par sa négligence, sans pouvoir les répéter contre son pupille.

« Art. 888. Ceux des membres de l'assemblée qui croiront devoir s'opposer à l'homologation le déclareront, par acte extrajudiciaire, à celui qui est chargé de la poursuite, et, s'ils n'ont pas été appelés, ils pourront former opposition au jugement. »

Tout membre de l'assemblée peut déclarer par acte d'huissier, à celui qui est chargé de poursuivre l'homologation, au tuteur, par exemple, qu'il s'oppose à cette homologation. Si le tuteur alors n'appelle pas ce membre dans l'instance en homologation, ce dernier pourra se pourvoir par la voie d'opposition. J'appelle votre attention sur ce point. L'opposition est ordinairement une voie ouverte à une partie défaillante, pour faire rétracter par le tribunal un jugement par défaut. Mais, pour qu'une partie soit défaillante, il faut qu'elle ait été appelée, et que, sur l'assignation, elle n'ait pas comparu, ou que, plus tard, elle n'ait pas conclu. Ici l'opposition est ouverte à un membre qui n'a pas été appelé, et contre lequel, par conséquent, il n'a pu être donné défaut.

L'opposition, dont parle notre article, est donc d'une nature particulière. Celui qui, dans l'intérêt du mineur, s'oppose à l'homologation, doit être appelé en cause par celui qui la poursuit. La sanction de la nécessité d'appeler dans l'instance d'homologation le membre qui a fait la déclaration, prescrite par notre article, consistera dans le droit que la loi lui donne de s'opposer au jugement rendu sans lui.

1119. « Art. 890. Les jugements rendus sur délibération du conseil de famille seront sujets à l'appel. »

Le législateur a craint qu'on ne considérât la délibération du conseil de famille, présidé par le juge de paix (art. 416, C. civ.), comme un jugement en premier ressort, soumis en appel au tribunal d'arrondissement, qui est le juge ordinaire des appels des juges de paix (art. 404, C. pr.). Non; la délibération du conseil de famille ne constitue point un jugement; le tribunal d'arrondissement, auquel cette délibération est soumise, statue en premier ressort, et sa décision peut être réformée par la cour d'appel.

Il n'y a lieu à appel que si l'instance d'homologation a soulevé une contestation devant les premiers juges. Ceux qui ont été parties en première instance peuvent seuls interjeter appel. Aussi, je n'admettrai pas les personnes, dénommées dans l'art. 888, à interjeter appel du jugement, en négligeant la voie de l'opposition, qui leur est seule ouverte. Mais celui qui aurait formé opposition au jugement d'homologation, dans les cas de l'art. 888, et qui aurait succombé sur son opposition, pourrait interjeter appel du jugement de débouté d'opposition.

Enfin, l'appel me paraît recevable, même quand le litige ne s'élève pas à une valeur de 1,500 fr. (Voy. la loi du 11 avril 1838). Ici la loi ne distingue pas; on doit l'entendre dans le sens le plus favorable aux intérêts des mineurs. *

TITRE XI

DE L'INTERDICTION (C. D.).

⇒ **1120.** * L'interdiction enlève à l'interdit le droit de se diriger lui-même et d'administrer ses biens. En matière civile (1), l'interdiction peut être prononcée contre la personne qui est dans un état habituel d'imbécillité, de démence ou de fureur (art. 489, C. civ.); les art. 490 et 491, C. civ., indiquent ceux qui peuvent provoquer l'interdiction.

(1) En matière pénale, la condamnation à certaines peines entraîne un état d'interdiction légale, dont nous n'avons pas à nous occuper ici.

Le Code civil avait déjà tracé la procédure d'interdiction; notre titre reproduit ou complète les dispositions du Code civil.

Toute demande en interdiction est portée devant le tribunal civil d'arrondissement du domicile de la personne qu'il s'agit de faire interdire (art. 492, C. civ.). Voilà pour la compétence.

« **Art. 890.** Dans toute poursuite d'interdiction, les faits d'imbécillité, de démence ou de fureur, seront énoncés en la requête présentée au président du tribunal; on y joindra les pièces justificatives, et l'on indiquera les témoins. »

Cet article reproduit la disposition de l'art. 493 du Code civil qui est peut-être plus précis encore, en exigeant que les faits soient articulés. Notre art. 890 indique l'acte qui doit contenir cette articulation de faits; c'est une requête présentée au président du tribunal. A cette requête on joint les pièces justificatives, telles que des lettres ou des actes, constatant l'état mental de la personne qu'on veut faire interdire; on indique en outre les témoins qui pourront attester les faits articulés.

** On est d'accord pour décider qu'il y aurait nullité de la procédure si la requête ne contenait pas une articulation suffisante des faits. Mais suivant certains auteurs et d'après plusieurs arrêts, la remise immédiate des pièces justificatives et l'indication dans la requête des noms des témoins ne sont pas requises à peine de nullité. Cette distinction ne nous paraît pas fondée; elle est contraire au texte et à l'esprit de la loi; toutes ces formalités sont importantes, et il est, dès lors, naturel que leur omission entraîne nullité (1). **

« **Art. 891.** Le président du tribunal ordonnera la communication de la requête au ministère public, et commettra un juge pour faire rapport à jour indiqué. »

« **Art. 892.** Sur le rapport du juge et les conclusions du procureur de la République, le tribunal ordonnera que le conseil de famille, formé selon le mode déterminé par le Code civil, section IV du chapitre II, au titre *De la Minorité, de la Tutelle et de l'Émancipation*, donnera son avis sur l'état de la personne dont l'interdiction est demandée. »

Le Code civil ne disait pas que le jugement, qui ordonne de prendre l'avis de la famille, serait rendu sur le rapport de l'un des juges. Ce rapport est fait en la chambre du conseil, où le jugement d'avant faire droit est également rendu. Par ce jugement, le tribunal peut, si les faits ne lui paraissent pas concluants, rejeter *de plano* la demande en interdiction (2). Mais, quelque probable que lui paraisse la vérité des faits allégués, et quelque concluants que soient les faits articulés, il ne pourrait *de plano* prononcer l'interdiction. Il faut qu'il prenne d'abord l'avis de la famille, réunie suivant les formes indiquées au Code civil (art. 406 et suiv.; Voy. aussi les art. 494 et 495, C. civ. et les commentaires de ces articles).

« **Art. 893.** La requête et l'avis du conseil de famille seront signifiés au défendeur avant qu'il soit procédé à son interrogatoire.

(1) ** Rennes, 16 août 1838, S. 39, 2, 284. — *Contrà :* Agen, 8 février 1841, S. 48, 1, 177. — Req. Rej., 2 août 1860, S. 61, 2, 254. **

(2) Cass. Rej., 6 janvier 1829 (Dall. *Rép.*, v° *Interdiction*, n° 68).

« Si l'interrogatoire et les pièces produites sont insuffisants, et si les faits peuvent être justifiés par témoins, le tribunal ordonnera, s'il y a lieu, l'enquête qui se fera en la forme ordinaire.

« Il pourra ordonner, si les circonstances l'exigent, que l'enquête sera faite hors de la présence du défendeur, mais, dans ce cas, son conseil pourra le représenter. »

D'après l'art. 496 du Code civil, le tribunal, après avoir reçu l'avis du conseil de famille, doit interroger le défendeur en la chambre du conseil. Mais notre art. 893 place, entre l'avis du conseil de famille et l'interrogatoire du défendeur à l'interdiction, une signification à ce dernier, tant de la requête qui renferme les faits articulés que de l'avis du conseil de famille. L'acte de signification contiendra assignation à la personne qu'on veut faire interdire (Arg. d'analogie de l'art. 329, C. de pr.), et c'est par cet acte qu'elle a peut-être connaissance de la demande en interdiction dirigée contre elle.

Le tribunal pourrait-il juger la demande en interdiction sur l'avis du conseil de famille et les conclusions du ministère public, sans faire subir un interrogatoire au défendeur? Sans interrogatoire, l'interdiction ne peut être prononcée, mais elle peut être rejetée (1). L'avis du conseil de famille prouvera quelquefois au tribunal le peu de fondement de la demande.

L'art. 496 du Code civil indique où et comment se fera l'interrogatoire. Le tribunal peut, d'ailleurs, ordonner plusieurs interrogatoires (art. 497, C. civ.). On comprend, en effet, que le premier, ayant eu lieu peut-être dans un intervalle lucide, ne suffise pas pour déterminer la conviction des juges.

Après le premier interrogatoire, il peut être, suivant les circonstances, commis un administrateur provisoire pour prendre soin de la personne et des biens du défendeur (art. 497, C. civ.).

Enfin, si les pièces, l'interrogatoire ou les interrogatoires sont insuffisants, le tribunal peut ordonner une enquête à l'égard des faits susceptibles de preuve testimoniale. Le tribunal est autorisé à ordonner l'enquête hors de la présence du défendeur, notamment en cas de fureur.

Pour les formes de cette enquête, comme pour le surplus de la procédure, on suit la marche d'une affaire ordinaire. Le jugement est nécessairement rendu en audience publique (art. 498, C. civ.).

Le tribunal qui statue sur la demande en interdiction, peut l'admettre ou la rejeter purement ou simplement. Il peut aussi, tout en rejetant la demande, donner au défendeur un conseil judiciaire (art. 499, C. civ.).

Ces différents jugements sont susceptibles d'appel; et l'art. 894 indique, suivant la décision prise par le tribunal, à qui appartiendra le droit d'interjeter appel.

« Art. 894. L'appel interjeté par celui dont l'interdiction a été prononcée sera dirigé contre le provocant.

« L'appel interjeté par le provocant ou par un des membres de l'assemblée, le sera contre celui dont l'interdiction a été provoquée.

« En cas de nomination de conseil, l'appel de celui auquel il aura été donné sera dirigé contre le provocant. »

(1) Cass. Rej., 4 août 1812 (Dall. *Rép.*, v° *Interdiction*, n° 87). *Contrà :* Orléans, 26 février 1849 (Dall. *eod.*, n° 88).

L'appel sera interjeté par le défendeur à l'interdiction contre le jugement qui l'interdit; par le provoquant ou par un membre du conseil de famille, contre le jugement qui rejette la demande en interdiction. Les deux premiers alinéas de notre article indiquent clairement quels seront les intimés sur ces appels.

On peut s'étonner, au premier abord, de voir la personne interdite figurer dans l'instance d'appel, par elle-même et sans intermédiaire, comme appelante ou comme intimée. Mais l'appel est suspensif d'exécution et remet tout en question. La capacité du défendeur est encore entière aux yeux de la loi.

Remarquez aussi le droit donné à tout membre du conseil de famille d'interjeter appel du jugement, quand même il n'aurait pas figuré en première instance.

Le jugement qui a nommé un conseil judiciaire au défendeur peut être frappé d'appel soit par celui qui a provoqué l'interdiction, et qui pense que les juges n'ont pas été assez loin, soit par la personne à qui le conseil judiciaire est donné, et qui croit que les juges auraient dû rejeter purement et simplement la demande.

** Dans tous les cas, en appel, l'affaire, étant relative à l'état d'une personne, est jugée en audience solennelle (décret du 30 mars 1808, art. 22).**

1121. Dès que l'interdiction est devenue définitive, soit par l'expiration du délai d'appel, soit par la confirmation en appel du jugement qui prononçait l'interdiction, ou par un arrêt d'appel infirmatif du jugement qui rejetait la demande, le jugement ou l'arrêt reçoit une publicité déterminée par l'art. 502 du Code civil. Il faut porter à la connaissance des tiers le jugement qui rend l'interdit incapable de contracter.

L'art. 897 étend ces conditions de publicité au jugement qui nomme un conseil judiciaire.

« Art. 897. Le jugement qui prononcera défenses de plaider, transiger, emprunter, recevoir un capital mobilier, en donner décharge, aliéner ou hypothéquer sans assistance de conseil, sera affiché dans la forme prescrite par l'art. 501 du Code civil. »

Ce jugement, conformément à l'art. 501 du Code civil, sera affiché dans la salle de l'auditoire, et dans les études des notaires de l'arrondissement, afin que les tiers connaissent l'incapacité dont se trouve frappée, à l'égard de certains actes, la personne avec laquelle ils voudraient traiter.

« Art. 895. S'il n'y a pas d'appel du jugement d'interdiction, ou s'il est confirmé sur l'appel, il sera pourvu à la nomination d'un tuteur ou d'un subrogé tuteur à l'interdit, suivant les règles prescrites au titre *Des Avis de parents*.

« L'administrateur provisoire nommé en exécution de l'art. 497 du Code civil cessera ses fonctions, et rendra compte au tuteur, s'il ne l'est pas lui-même. »

Le tuteur sera nommé conformément aux dispositions des art. 406 et suivants du Code civil. Toutefois le mari est tuteur légal de la femme interdite (art. 506, C. civ.). Dans tous les autres cas, il y aura lieu à la tutelle dative.

La femme de l'interdit, relevée de l'incapacité prononcée contre les femmes par l'art. 442, 3°, C. civ., pourra être choisie pour tutrice de son mari (art. 506, C. civ.); mais elle n'est pas sa tutrice légale.

Notre art. 895 n'est, au surplus, que la reproduction de l'art. 505 du Code civil. Pour les effets du jugement, je vous renvoie aux art. 502, 503, 504, 508 et suiv. C. civ.

1122. « Art. 896. La demande en mainlevée d'interdiction sera instruite et jugée dans la même forme que l'interdiction. »

L'interdit peut recouvrer sa raison; les causes de l'interdiction cessant, l'interdiction doit cesser elle même (art. 512 C. civ.). L'interdit présente alors requête au président du tribunal de son domicile, c'est-à-dire du domicile de son tuteur (art. 108, C. civ.). Cette requête est soumise aux formalités indiquées par les art. 891 et 892. Sur l'avis du conseil de famille, le tribunal ordonne qu'il sera procédé à un interrogatoire et, s'il y a lieu, à une enquête, et prononce sur la demande en mainlevée.

Le tribunal peut rejeter *de plano* la demande en mainlevée, même sans consulter le conseil de famille, si les faits articulés ne lui paraissent ni pertinents, ni concluants (1).

L'interdit n'est pas tenu de diriger sa demande contre un adversaire; seulement le conseil de famille, qui la connaît nécessairement, puisqu'il donne son avis, interviendra dans l'instance, s'il le juge convenable, pour combattre la demande en mainlevée. Enfin, le jugement de mainlevée n'est pas soumis aux conditions de publicité de l'art. 501. Cette publicité n'est pas nécessaire; celui qui a fait lever son interdiction n'a aucun intérêt à cacher le jugement qui lui rend sa capacité, et il le fera connaître à tous ceux avec qui il voudra contracter. *

TITRE XII

DU BÉNÉFICE DE CESSION (C. D.).

☞ **1123** (2). * La cession de biens ou l'abandon qu'un débiteur insolvable fait de tous ses biens à ses créanciers est volontaire ou judiciaire (art. 1265, 1266 C. civ.). La cession de biens volontaire a lieu dans la forme qui convient aux parties contractantes, et ses effets sont réglés par la convention (art. 1267, C. civ.).

(1) Cass. Rej., 13 janvier 1864, D. 64, 1, 35. — Lyon, 30 août 1876, D. 78, 2, 72.

(2) La loi du 22 juillet 1867, qui abolit la contrainte par corps en matière civile, ôte presque tout intérêt au bénéfice de cession. ** Ce bénéfice avait en effet surtout pour objet d'éviter à un débiteur malheureux et de bonne foi les rigueurs de la contrainte par corps. Or celle-ci n'a été maintenue que pour les dettes résultant d'infractions à la loi pénale et même à la condition que la condamnation aux réparations civiles, si celle-ci est prononcée par un tribunal civil, ait été précédée de la condamnation pénale. Or il arrivera rarement qu'un débiteur, à raison d'un délit, soit malheureux et de bonne foi. Ces circonstances ne pourront plus se présenter que s'il a commis une infraction qui n'implique pas une intention criminelle, par exemple, un homicide par imprudence; dans ces cas, mais dans ces cas seulement, le débiteur pourra encore obtenir le bénéfice de la cession de biens qui lui permettra d'éviter la contrainte par corps. **

Mais si le débiteur ne peut s'entendre avec ses créanciers, il obtient, s'il est malheureux et de bonne foi, la liberté de sa personne, en abandonnant tous ses biens à ses créanciers (art. 1268). Tel est le bénéfice de cession, ou la cession judiciaire, dont notre titre règle la procédure.

Tout débiteur malheureux et de bonne foi a droit au bénéfice de cession, malgré l'opposition de ses créanciers, *si ce n'est dans les cas exceptés par la loi* (art. 1270, C. civ.). Notre article 905 a déterminé les cas d'exception.

« Art. 905. Ne pourront être admis au bénéfice de cession, les étrangers, les stellionataires, les banqueroutiers frauduleux, les personnes condamnées pour cause de vol ou d'escroquerie, ni les personnes comptables, tuteurs, administrateurs ou dépositaires. »

Les premières personnes exclues du bénéfice de cession sont les étrangers qui n'offrent souvent d'autre garantie à leurs créanciers français que la contrainte par corps. Mais notre article ne s'applique qu'aux étrangers non admis à jouir en France des droits civils (art. 13, C. civ.).

Les stellionataires, c'est-à-dire ceux qui ont vendu ou hypothéqué des immeubles dont ils savaient n'être pas propriétaires, présenté comme libres des biens hypothéqués, ou déclaré des hypothèques moindres que celles dont leurs biens étaient grevés (art. 2059, civ.); ** cette disposition ne comporte plus d'application, pas plus que celle qui concerne les comptables, les tuteurs, administrateurs et dépositaires du bien d'autrui.

Dans tous les cas précédents, la contrainte par corps ne sera plus encourue qu'autant qu'il y aura crime ou délit**.

« Art. 906. Il n'est, au surplus, rien préjugé, par les dispositions du présent titre à l'égard du commerce, aux usages duquel il n'est, quant à présent, rien innové. »

Cet article suspendait, à l'égard des débiteurs commerçants, la question de savoir s'ils seraient admis au bénéfice de cession. Cette question, résolue affirmativement par le Code de commerce de 1807 (art. 566 et suiv.), l'a été depuis négativement par l'art. 541 du nouveau Code de commerce (L. du 28 mai 1858), comme je l'ai dit sur l'article précédent.

⇒ **1124.** Venons aux formes de la procédure de cession de biens.

« Art. 898. Les débiteurs qui seront dans le cas de réclamer la cession judiciaire accordée par l'art. 1268 du Code civil seront tenus, à cet effet, de déposer au greffe du tribunal où la demande sera portée, leur bilan, leurs livres, s'ils en ont, et leurs titres actifs. »

Le bilan, c'est-à-dire l'état de leur avoir et de leurs dettes (art. 839, C. de comm.) Quant aux livres, la loi dit qu'ils en feront le dépôt, s'ils en ont ; mais un débiteur non commerçant n'est pas tenu d'avoir des livres de recettes et de dépenses.

« Art. 899. Le débiteur se pourvoira devant le tribunal de son domicile. »

Dans quelle forme le débiteur doit-il se pourvoir ? Est-ce par une requête adressée au président du tribunal, ou par une assignation donné à ses créanciers ? Cette question divise les auteurs et les tribunaux.

Ceux qui pensent que la demande doit être formée par requête s'appuient sur l'art. 54 du décret du 30 mars 1808, qui parle expressément d'une requête présentée au président, en matière de cession de biens ; sur les art. 900 et 901 de notre titre, d'après lesquels il semble que les créanciers ne seront appelés que plus tard et non au début de l'instance; enfin sur cette considération qu'une assignation donnée à tous les créanciers du débiteur insolvable entraînerait des frais considérables qu'il n'est peut-être pas en état d'avancer, et que la nécessité de faire de tels frais pourrait opposer un obstacle insurmontable à sa demande en cession de biens.

Malgré ces raisons, la seconde opinion me semble préférable. Je crois que la demande doit être intentée par un exploit d'ajournement adressé aux créanciers. « *La demande*, disait l'orateur du Tribunat, *formée ensuite contre ses* « *créanciers* de la même manière que toutes les autres, sera communiquée au « ministère public. »

On peut d'ailleurs répondre facilement aux arguments allégués à l'appui de l'opinion contraire. L'art. 54 du décret du 30 mars 1808 suppose *une requête pour obtenir permission d'assigner sur cession de biens*, et non une requête contenant la demande de cession de biens. Quant à l'art. 900 du Code de procédure, il exige que les parties soient appelées dans la demande incidente, afin de surseoir aux poursuites ; l'art. 901 veut que les créanciers soient appelés à la réitération de la cession, après que le bénéfice de cession a été accordé. Mais ces deux articles ne prouvent pas que les créanciers n'aient pas dû être assignés au début de l'instance. Dès que la loi n'indique pas une forme particulière pour cette demande, on doit la soumettre aux formes ordinaires.

« Art. 900. La demande sera communiquée au ministère public ; elle ne suspendra l'effet d'aucune poursuite, sauf aux juges à ordonner, parties appelées, qu'il sera sursis provisoirement. »

1125. « Art. 901. Le débiteur, admis au bénéfice de cession, sera tenu de réitérer sa cession en personne, et non par procureur, ses créanciers appelés, à l'audience du tribunal de commerce de son domicile, et, s'il n'y en a pas, à la maison commune, un jour de séance; la déclaration du débiteur sera constatée, dans ce dernier cas, par procès-verbal de l'huissier, qui sera signé par le maire. »

Le débiteur n'est tenu d'appeler sur l'incident relatif au sursis que les créanciers à l'égard desquels il veut obtenir ce sursis.

Une ordonnance de 1510 (art. 70) défendait déjà de faire cession de biens par procureurs et en lieux secrets ; elle enjoignait de la faire en justice, à l'audience, la tête découverte. Ensuite on publiait le jugement au pilori ou dans le marché public, en présence du débiteur, et on l'obligeait à porter toute sa vie un bonnet vert, sous peine d'être réincarcéré (1). Ces formalités humiliantes, injustes pour un débiteur dont la bonne foi est reconnue, ont été supprimées ; mais notre Code exige encore la comparution du débiteur à l'audience pour y réitérer en personne sa cession, comme le prescrivaient

(1) C'est à ce dernier usage que Boileau fait allusion dans la première de ses Satires, où il peint un auteur dans la misère et fuyant ses créanciers :

Sans attendre qu'ici la justice ennemie
L'enferme en un cachot le reste de sa vie,
Ou que d'un bonnet vert le salutaire affront
Flétrisse les lauriers qui lui couvrent le front.

les ordonnances de juin 1510 (art. 70), et de mars 1573 (tit. X, art. 1er).

Tous les créanciers doivent être appelés à cette réitération de la cession; l'accomplissement de la formalité de la réitération n'empêche pas les créanciers, parties au jugement, d'en interjeter appel, ni ceux qui n'y auraient pas été parties, de l'attaquer par la voie de la tierce opposition.

« Art. 902. Si le débiteur est détenu, le jugement qui l'admettra au bénéfice de cession ordonnera son extraction, avec les précautions en tel cas requises et accoutumées à l'effet de faire sa déclaration conformément à l'article précédent. »

Cet article suppose que le débiteur veut, par la cession de biens, faire cesser l'emprisonnement et non l'empêcher.

« Art. 903. Les nom, prénoms, profession et domicile du débiteur, seront insérés dans un tableau public à ce destiné, placé dans l'auditoire du tribunal de commerce de son domicile ou du tribunal de première instance qui en fait les fonctions, et dans le lieu des séances de la maison commune. »

D'après l'art. 92 du Tarif, cet extrait doit en outre être inséré dans un journal. Toute cette publicité a pour but de porter le jugement à la connaissance : 1° des créanciers qui n'auraient pas été appelés, afin qu'ils puissent l'attaquer par la voie de la tierce opposition ; 2° des tiers avec lesquels celui qui a fait cession de biens voudrait plus tard contracter.

« Art. 904. Le jugement qui admettra au bénéfice de cession vaudra pouvoir aux créanciers, à l'effet de faire vendre les biens meubles et immeubles du débiteur; et il sera procédé à cette vente dans les formes prescrites pour les héritiers sous bénéfice d'inventaire. »

L'art. 1270, C. civ. détermine les effets de la cession de biens. Le débiteur qui l'a obtenue est affranchi de la contrainte par corps, mais il n'est libéré de ses dettes que jusqu'à concurrence de la valeur des biens cédés. Il doit abandonner ceux qui lui viendraient plus tard jusqu'à l'acquittement intégral de ses dettes.

Notre article ajoute que le jugement qui accorde le bénéfice de cession suffit pour autoriser les créanciers à faire vendre les meubles et immeubles dans les formes prescrites aux héritiers bénéficiaires pour les biens dépendant de la succession. Nous verrons quelles sont ces formes dans le titre VIII du livre suivant (art. 986 et suiv.). *

CINQUANTE ET UNIÈME LEÇON

LIVRE II

PROCÉDURE RELATIVE A L'OUVERTURE D'UNE SUCCESSION (C. D.).

→ **1126.** * Les diverses procédures relatives à une succession ont pour but d'en conserver les objets et d'en constater la valeur, ou de la liquider et de distribuer entre les ayants droit les sommes ou les objets qui en dépendent.

Les meubles et effets de la succession se conservent par l'apposition des scellés (tit. I à III de ce livre); on en constate la valeur par l'inventaire (tit. IV).

On liquide la succession par la vente des meubles et des immeubles (tit. V et VI); ou bien il est procédé à la licitation et au partage (tit. VII).

Si les héritiers majeurs craignent que l'actif de la succession ne suffise pas pour payer les dettes,** ils peuvent n'accepter que sous bénéfice d'inventaire; et lorsqu'on veut accepter une succession pour le compte d'un mineur ou d'un interdit, c'est nécessairement de cette manière que l'acceptation a lieu** (tit. VIII). Il y a lieu à renonciation à la succession si elle est mauvaise (tit. IX). Enfin, si tous les habiles à succéder renoncent, si personne ne se présente pour réclamer la succession, elle est réputée vacante, et il faut nommer un curateur pour l'administrer (tit. X).

Parlons d'abord des procédures qui ont pour but de conserver et de constater les effets mobiliers qui composent la succession, savoir: les scellés et l'inventaire; et, avant tout, examinons les dispositions relatives aux scellés.

Le scellé est une opération qui consiste à appliquer des bandes de papier ou de fil sur la porte d'une chambre ou d'un appartement, ou sur l'ouverture d'un meuble, et à y fixer ces bandes et ces fils avec des cachets de cire revêtus du sceau du magistrat qui procède à l'opération.

La loi s'occupe des scellés à l'occasion des successions; mais ils peuvent être apposés dans plusieurs autres circonstances, par exemple, en matière de faillite (art. 455, 457, 458, 468 et suiv. 479 et suiv., C. com.); en matière de saisie-exécution, au cas prévu par l'art. 591 du Code de procédure; au cas de présomption d'absence par application de l'art. 114 du Code civil; en matière de divorce, de séparation de corps ou de biens, dans les cas prévus par l'art. 270, C. civ., en matière d'interdiction, etc.

Aussi les dispositions de détail, écrites dans les articles contenus aux quatre premiers titres de ce livre, sont-elles applicables pour la plupart aux scellés apposés pour une cause quelconque.

Le législateur a consacré quatre titres à la matière des scellés et de l'inventaire qui, souvent, est fait au moment de la levée du scellé. Le premier titre traite de l'apposition des scellés; le second est relatif aux oppositions que peuvent former certaines personnes à ce que les scellés soient levés hors de leur présence. Le troisième titre est consacré à la levée des scellés, et le quatrième à la confection de l'inventaire. *

TITRE Ier

DE L'APPOSITION DES SCELLÉS APRÈS DÉCÈS (C. D.).

⟶ **1127.** * Nous diviserons ce titre en deux paragraphes; nous verrons, dans le premier, qui peut requérir et ordonner l'apposition des scellés et dans quels cas (art 909, 910, 911); dans le second, comment se fait l'apposition des scellés (art. 907, 908, 912 à 925).

§ 1er. *Qui peut requérir et ordonner l'apposition des scellés et dans quel cas* (articles 909, 910, 911)? — Il n'y a pas lieu à apposition des scellés par cela seul qu'une succession est ouverte.

L'apposition des scellés suppose la crainte que les effets mobiliers de la succession qui vient de s'ouvrir ne soient détournés au préjudice soit des héritiers, soit du conjoint commun en biens avec la personne décédée, soit des créanciers de la succession. Cette crainte n'existe pas toujours lorsqu'une succession est ouverte.

Quand ceux qui prétendent droit à la succession sont mineurs ou ne sont pas présents, la loi les protège, en donnant à certains officiers publics le droit de requérir l'apposition des scellés ou de les apposer d'office. Les scellés sont donc apposés, tantôt sur la réquisition des personnes intéressées, tantôt à la diligence de personnes publiques ou d'office.

L'art. 909 nous montrera d'abord trois classes de personnes qui peuvent être intéressées à demander l'apposition des scellés; nous verrons en même temps dans quel cas ces personnes ont le droit de la requérir.

« Art. 909. L'apposition des scellés pourra être requise : 1° par tous ceux qui prétendront droit dans la succession ou dans la communauté ; 2° par tous créanciers fondés en titre exécutoire, ou autorisés par une permission, soit du président du tribunal de première instance, soit du juge de paix du canton où le scellé doit être apposé ; 3° et, en cas d'absence, soit du conjoint, soit des héritiers ou de l'un d'eux, par les personnes qui demeuraient avec le défunt, et par ses serviteurs et domestiques. »

Les parties intéressées à requérir l'apposition des scellés sont rangées par la loi dans trois catégories :

1° *Tous ceux qui prétendent droit dans la succession ou dans la communauté.* Ceux qui prétendent avoir droit dans la succession se fondent sur la qualité d'héritier, sur celle de successeur irrégulier ou sur celle de légataire universel ou à titre universel. Toutes ces personnes ont le droit, pour conserver entière cette succession, de requérir l'apposition de scellés (1).

L'énumération que je viens de faire est loin d'être limitative ; je n'ai indiqué que les qualités les plus ordinaires, dans lesquelles procèdent ceux qui requièrent l'apposition des scellés, par l'application du n° 1 de l'art. 909. Nous joindrons d'abord à cette énumération d'autres personnes qui prétendent droit dans la succession à titre universel, comme le donataire de biens à venir ou de biens présents et à venir, en vertu des dispositions contenues dans son contrat de mariage, conformément aux chapitres VIII et IX du titre du Code civil sur les donations et les testaments; en cas de substitution, le grevé, ou, à son défaut, les appelés, s'ils sont majeurs, leur tuteur ou curateur, s'ils sont mineurs ou interdits, et, dans tous les cas, les parents des appelés, agissant pour eux, le tuteur à la restitution ; et même d'office, toujours dans l'intérêt des appelés, le procureur de la République près le tribunal du lieu où la succession est ouverte (art. 1055, 1056, 1057, 1060, 1061 C. civ.). La loi, dans les articles relatifs à la substitution, ne parle pas

(1) ** L'apposition des scellés et la confection d'un inventaire ne sont pas seulement facultatives, mais obligatoires pour les successeurs irréguliers. Voy. art. 769 du Code civil. Ces formalités sont, au contraire, facultatives pour les personnes appelées à recueillir l'hérédité d'un enfant naturel. Voyez Aubry et Rau, VI, p. 776. **

expressément de l'apposition des scellés; mais l'obligation de faire faire inventaire, écrite dans l'art. 1058 du Code civil, comprend implicitement la faculté de faire apposer les scellés.

Peu importe, d'ailleurs, que les légataires, donataires ou autres prétendants droit réclament une quote-part en usufruit ou en nue propriété ; dans l'un et l'autre cas, ils ont le même intérêt à la conservation des effets mobiliers de la succession.

Je vais même plus loin : je range parmi les prétendants droit à la succession ceux qui ne se fondent que sur un titre particulier, comme le légataire d'une somme d'argent, qui est très intéressé à ce qu'aucune soustraction, en diminuant indûment l'actif de la succession, ne rende le legs inutile.

L'apposition des scellés, par application du n° 1 de notre art. 909, suppose que des intérêts opposés sont en jeu, et qu'il existe une certaine défiance contre celui ou ceux qui ont à leur disposition des effets de la succession. Aussi, ce paragraphe est-il inapplicable, lorsque la succession n'est réclamée que par un seul héritier majeur et présent, et qu'il n'existe pas de testament. Mais, dès qu'il y a deux héritiers, possédant ensemble et par indivis les biens de la succession, chacun d'eux peut se défier de l'autre, et requérir contre lui l'apposition des scellés. A plus forte raison, l'apposition des scellés peut-elle être requise contre celui qui s'est mis seul en possession des meubles de la succession, en qualité d'héritier, par celui qui élève la prétention contestée de venir prendre part à la même succession comme héritier.

Dans le cas où le défunt a laissé un testament contenant un legs universel, qui pourra requérir l'apposition des scellés ? Il faut distinguer : si le légataire universel se trouve en présence d'héritiers à réserve, qui sont saisis et qui possèdent les biens de la succession, il pourra demander l'apposition des scellés, comme mesure de défiance contre les héritiers. Le légataire universel, qui ne se trouve pas en concours avec des héritiers à réserve, a la saisine (art. 1006, C. civ.) ; il n'y a pas lieu, dans ce cas, à apposer les scellés, à moins qu'avant l'envoi du légataire en possession, les héritiers n'aient attaqué le testament. Ces héritiers pourront alors faire apposer les scellés (1).

S'il y avait deux légataires universels (art. 1003, C. civ.), l'un pourrait requérir contre l'autre cette apposition de scellés.

Quant aux légataires à titre universel ou à titre particulier, et aux donataires, ils ne sont jamais saisis et peuvent requérir l'apposition des scellés, soit contre les héritiers, soit contre les légataires universels ; les légataires à titre particulier le peuvent même contre le légataire à titre universel qui serait en possession de l'objet légué à titre particulier.

Tous les légataires peuvent également faire apposer les scellés sur les meubles de la succession qui sont dans les mains de l'exécuteur testamentaire, auquel le testateur a donné la saisine de tout ou partie du mobilier.

(1) Douai, 28 mai 1845, D. 45, 2, 26. — Voy. aussi Douai, 28 décembre 1847, et Nîmes, 26 décembre 1847, D. 47, 2, 35.

Ou dans la communauté. Nous pouvons appliquer ces mots même au cas où le droit dans la communauté s'ouvre du vivant des époux ; ainsi, dans le cas de divorce ou de séparation de corps ou de biens, la femme qui n'a pas confiance dans le mari peut faire apposer les scellés sur les meubles de la communauté.

Le président peut même autoriser une demande d'apposition de scellés, au profit d'un créancier qui invoque une obligation résultant d'un quasi-contrat, d'un délit ou d'un quasi-délit (1).

1128. 2° *Par tous les créanciers fondés en titre exécutoire, ou autorisés par une permission, soit du président... soit du juge de paix...*

Ce paragraphe reproduit à peu près textuellement l'art. 820 du Code civil.

La réquisition d'apposition de scellés n'est de la part des créanciers qu'une mesure conservatoire ; aussi une créance non encore échue, et même une créance conditionnelle avant l'accomplissement de la condition (art. 1189, C. civ.), peuvent-elles motiver une demande d'apposition de scellés.

Les créanciers du défunt ont d'abord, sans aucun doute, le droit de requérir l'apposition des scellés sur les meubles de la succession. Ils ont intérêt à ce que les objets de cette succession, qui sont leur gage (art. 2093, C. civ.), ne soient pas détournés par l'héritier, surtout si cet héritier vient plus tard à répudier ou à accepter bénéficiairement la succession. Dans le cas même où l'héritier accepte purement et simplement, les créanciers du défunt ont intérêt à conserver la succession intacte, s'ils demandent la séparation des patrimoines.

L'intérêt des créanciers du défunt ne saurait donc être contesté, et l'art. 909, 2°, leur donne expressément qualité pour requérir cette apposition de scellés.

Accorderons-nous le même droit aux créanciers personnels d'un des héritiers? Leur intérêt n'est pas douteux ; ils peuvent craindre que les héritiers ne s'entendent entre eux pour dissimuler les forces de la succession à l'égard de leurs créanciers personnels respectifs. Mais ont-ils qualité ? En supposant que l'art. 909, 2°, ne s'applique pas directement aux créanciers personnels des héritiers, ils trouvent au moins, dans l'art. 1166 du Code civil, la faculté d'exercer les droits de leur débiteur, et par suite, le droit de requérir l'apposition des scellés, droit qui appartient à l'héritier leur débiteur, aux termes du premier alinéa de notre article (2).

1129. 3° *En cas d'absence, soit du conjoint, soit des héritiers ou de l'un d'eux, par des personnes qui demeuraient avec le défunt, et par ses serviteurs et domestiques.* Les amis, parents, serviteurs, domestiques, pourvu qu'ils aient demeuré avec le défunt, peuvent requérir l'apposition des scellés, en cas d'absence, soit du conjoint, soit d'un ou de plusieurs des héritiers.

Il faut considérer ici comme absent, non seulement celui qui a disparu de son domicile sans qu'on ait eu de ses nouvelles, mais même celui qui n'est pas momentanément présent au lieu du domicile ou de la résidence du défunt.

(1) Req. Rej., 23 juillet 1872, D. 73, 1, 355.

(2) Bourges, 16 mai 1842, *Journal du Palais* t. II, de 1843, p. 240. — *Contrà :* Nancy, 9 janvier 1817, *Journal du Palais.* — Caen, 12 mai 1845, D. 45, 2, 9.

Ce n'est pas seulement dans l'intérêt du conjoint ou des héritiers absents que le droit de requérir l'apposition des scellés est accordé aux personnes qui demeuraient avec le défunt et ses domestiques, c'est aussi dans leur propre intérêt, afin que ces personnes ne soient pas accusées ou soupçonnées de soustraction ou de détournement.

1130. « Art. 910. Les prétendants droit et les créanciers mineurs émancipés pourront requérir l'apposition des scellés sans l'assistance de leurs curateurs. — S'ils sont mineurs non émancipés, et s'ils n'ont pas de tuteur, ou s'il est absent, elle pourra être requise par un de ses parents. »

La loi facilite de toutes manières la réquisition de l'apposition des scellés en étendant la faculté de la requérir même aux parents des mineurs non émancipés, qui n'ont pas de tuteur ou dont le tuteur est absent, et aux mineurs émancipés sans l'assistance de leur curateur.

1131. « Art. 911. Le scellé sera apposé, soit à la diligence du ministère public, soit sur la déclaration du maire ou adjoint de la commune, et même d'office par le juge de paix : 1° si le mineur est sans tuteur, et que le scellé ne soit pas requis par un parent ; 2° si le conjoint ou si les héritiers ou l'un d'eux sont absents ; 3° si le défunt était dépositaire public, auquel cas le scellé ne sera apposé que pour raison de ce dépôt et sur les objets qui le composent. »

L'art. 911 donne à des personnes publiques le droit de faire et d'ordonner l'apposition des scellés, soit dans l'intérêt de certains incapables, ou des absents, soit dans un intérêt public.

Le procureur de la République, le maire ou l'adjoint de la commune ont mission de requérir l'apposition des scellés, et le juge de paix peut même y procéder sans réquisition.

Cette réquisition et cette apposition ont lieu d'abord dans un intérêt privé, comme mesure de protection à l'égard de certaines personnes incapables ou absentes, ainsi : 1° *si le mineur est sans tuteur et que le scellé ne soit pas requis par un parent.* Ce paragraphe de notre article modifie la disposition du deuxième alinéa de l'art. 819 du Code civil, qui exigeait cette apposition de scellés par le seul fait qu'il y avait des héritiers mineurs ou interdits.

La seule présence d'héritiers mineurs ne nécessite pas l'apposition des scellés; il faut que les mineurs n'aient pas de défenseur légal, c'est-à-dire de tuteur; et, quoique l'art. 911, 1°, ne parle pas de l'interdit, on décide également, par argument tiré de l'art. 509, C. civ., que l'apposition des scellés ne doit être ordonnée ou faite d'office par les personnes publiques désignées dans notre article, que si l'interdit est sans tuteur. Ainsi une succession s'ouvre au profit du mineur ou après le jugement d'interdiction, mais avant la nomination du tuteur; alors le mineur et l'interdit, dépourvus de protecteur légal, pourraient être spoliés, si la loi n'intervenait pour donner mission aux personnes désignées dans l'art. 911 d'ordonner ou de faire l'apposition des scellés.

Nous dirons, de même, que l'apposition des scellés n'est pas nécessaire quand il y a parmi les héritiers un mineur émancipé qui a un curateur (1).

2° *Si le conjoint ou si les héritiers ou l'un d'eux sont absents.* Le mot *absent*

(1) Grenoble, 5 avril 1863, D. 63, 2, 180.

comprend encore ici soit les personnes dont on n'a pas de nouvelles, soit même les personnes non présentes dans le lieu de l'ouverture de la succession.

La loi suppose que le défunt était marié ; sa mort met en présence deux intérêts opposés, celui du conjoint survivant et celui des héritiers. Pour que le conjoint présent ne puisse pas opérer de détournements au préjudice des héritiers absents, ou réciproquement, la loi protège les absents quels qu'ils soient, héritiers ou conjoints, par l'apposition des scellés à la diligence des personnes publiques désignées par le premier alinéa de notre article.

La même mission est donnée à ces personnes publiques, si le défunt, qui n'était pas marié, laisse plusieurs héritiers dont l'un est absent, et pour protéger ce dernier contre les héritiers présents.

L'art. 1031 du Code civil charge encore une personne de requérir l'apposition des scellés dans l'intérêt des héritiers incapables ou absents, c'est l'exécuteur testamentaire. Mais cet article 1031, rédigé dans le même esprit que l'art. 819, C. civ., doit être également limité par les termes de notre art. 911, 1° ; en un mot, l'exécuteur testamentaire ne pourra requérir l'apposition des scellés dans l'intérêt d'héritiers mineurs ou interdits, que s'ils ne sont pas pourvus de tuteurs.

Le législateur a dû encore protéger une autre classe de personnes que leurs devoirs retiennent loin des lieux où la succession s'ouvre ; je veux parler des militaires sous les drapeaux et des officiers de santé attachés aux corps d'armée. Comme ils sont absents, dans le sens de notre paragraphe, les personnes publiques, ci-dessus désignées, devront faire ou ordonner l'apposition des scellés sur les effets des successions qui les intéressent. Les lois du 11 ventôse et du 16 fructidor an II indiquent les moyens de faire connaître aux militaires sous les drapeaux et aux officiers de santé les appositions de scellés faites dans leur intérêt.

Les personnes désignées dans le premier alinéa de notre article peuvent aussi ordonner ou faire l'apposition dans l'intérêt général, 3° *si le défunt était dépositaire public* ; mais la loi ajoute que, dans ce cas, *le scellé ne sera apposé que pour raison de ce dépôt et sur les objets qui le composent.* Ainsi, les scellés seront apposés, par application de cette disposition, chez un notaire, chez un greffier, sur les minutes dont le dépôt leur était confié ; chez un payeur de l'État, sur la caisse et les papiers relatifs aux deniers publics qu'ils ont perçus ou payés.

Un arrêté du 13 nivôse an X et une instruction ministérielle du 8 mars 1823 ordonnent encore l'apposition des scellés dans un intérêt public sur les papiers, actes, plans des officiers généraux ou supérieurs de toutes armes, inspecteurs aux revues et officiers de santé.

⇛ **1132.** § 2. *Comment se fait l'apposition des scellés* (art. 907, 908, 912 à 925). — Je n'aurai que de très courtes explications à donner sur cette partie de notre sujet ; elle ne soulève aucune difficulté sérieuse.

« Art. 907. Lorsqu'il y aura lieu à l'apposition des scellés après décès, elle sera faite par les juges de paix, et, à leur défaut, par leurs suppléants. »

L'apposition des scellés était faite autrefois par le juge du lieu où l'on devait y procéder. Toutefois, dans quelques juridictions, à Paris par exemple, il y avait des officiers spéciaux, qui portaient le nom de commissaires, et qui étaient investis de la mission spéciale d'apposer les scellés. Les lois du 24 août 1790 et du 27 mars 1791 ont attribué exclusivement aux juges de paix le droit de faire les appositions de scellés, et notre Code a maintenu cette attribution exclusive.

« Art. 908. Les juges de paix et leurs suppléants se serviront d'un sceau particulier qui restera entre leurs mains, et dont l'empreinte sera déposée au greffe du tribunal de première instance. »

Autrefois, les commissaires de Paris apposaient sur les scellés des cachets gravés à leurs armes et dont l'empreinte n'avait aucun caractère public. Une déclaration du 2 mai 1723 les avait autorisés à employer de pareils cachets. Aujourd'hui, au contraire, les juges de paix et leurs suppléants doivent se servir d'un cachet public ; l'empreinte de ce cachet, déposée au greffe du tribunal d'arrondissement, acquiert un caractère d'authenticité et peut être vérifiée en cas de contestation.

« Art. 912. Le scellé ne pourra être apposé que par le juge de paix des lieux ou par ses suppléants. »

L'ancienne jurisprudence avait admis un abus fort onéreux pour les parties. Lorsque le défunt domicilié à Paris possédait une ou plusieurs résidences sur différents points du territoire français, les commissaires de Paris jouissaient du privilège d'aller eux-mêmes apposer les scellés sur les meubles qui se trouvaient au lieu de la résidence.

Ces voyages entrainaient des frais considérables et inutiles. La loi du 27 mars 1791 (art. 7 *in fine*) proscrit expressément cet abus : « Chaque juge « de paix apposera les scellés dans l'étendue de son territoire et ne pourra « pas, par suite, les apposer dans un autre territoire. » C'est dans le même sens que notre article attribue aux juges de paix *des lieux* où se trouvent les meubles le droit exclusif d'apposer les scellés.

« Art. 913. Si le scellé n'a pas été apposé avant l'inhumation, le juge constatera, par son procès-verbal, le moment où il a été requis de l'apposer, et les causes qui ont retardé soit la réquisition, soit l'apposition. »

Nous avons vu que la loi ordonne ou permet l'apposition des scellés lorsque l'absence ou l'incapacité des intéressés, ou l'impossibilité de surveillance de leur part, laisseraient ouverture à des soustractions ou à des fraudes. Aussi, pour se conformer au vœu de la loi, doit-on faire l'apposition des scellés dans le plus bref délai après le décès. Si elle n'a pas lieu avant l'inhumation, le juge de paix doit mentionner les causes qui ont retardé la réquisition ou l'apposition, afin de mettre les parties intéressées ou même le ministère public sur la trace des fraudes que peut cacher ce retard.

« Art. 914. Le procès-verbal d'apposition contiendra : — 1° la date des an, mois, jour et heure : — 2° le motif de l'apposition ; — 3° les noms, profession et demeure du requérant, s'il y en a, et son élection de domicile dans la commune où le scellé est apposé, s'il n'y demeure ; — 4° s'il n'y a pas de partie requérante, le procès-verbal énoncera que le scellé a été apposé d'office et sur le réquisitoire ou sur la déclaration de l'un des fonctionnaires dénommés dans l'art. 911; — 5° les comparutions et dires des parties; — 6° la désignation des lieux, bureaux, coffres, armoires, sur les ouvertures desquels le scellé a été apposé; — 7° une description sommaire des effets qui ne sont pas mis sous les scellés; — 8° le serment, lors de la clôture de l'apposition, par ceux qui demeurent dans le lieu, qu'ils n'ont rien détourné, vu ni su qu'il ait été rien détourné directement ni indirectement; — 9° l'établissement du gardien présenté, s'il a les qualités requises; sauf, s'il ne les a pas ou s'il n'en est pas présenté, à en établir un d'office par le juge de paix. »

Toutes ces formalités se comprennent facilement à la lecture de l'article; je me bornerai à faire deux observations, l'une sur le troisième, l'autre sur le neuvième paragraphe.

3°... *Election de domicile*... Le réquérant doit faire élection de domicile dans la commune où le scellé a été apposé, afin de faciliter les demandes en mainlevée, si le scellé a été indûment apposé. Cette élection de domicile attribue, en effet, compétence au tribunal du lieu où le scellé a été apposé; le requérant sera assigné en mainlevée devant le tribunal, et non devant celui de son domicile.

9°... *S'il a les qualités requises.* Ces qualités consistent à être solvable et (avant la loi du 22 juillet 1867) contraignable par corps (art. 596, 597, C. pr.). Toutefois, nous avons vu qu'on n'exigeait pas d'une manière bien rigoureuse la condition de solvabilité, à cause de la position des personnes parmi lesquelles on prend habituellement les gardiens.

1133. « Art. 915. Les clefs des serrures sur lesquelles le scellé a été apposé resteront, jusqu'à sa levée, entre les mains du greffier de la justice de paix, lequel fera mention, sur le procès-verbal, de la remise qui lui en aura été faite; et ne pourront le juge ni le greffier aller, jusqu'à la levée, dans la maison où est le scellé, à peine d'interdiction, à moins qu'ils n'en soient requis, ou que leur transport n'ait été précédé d'une ordonnance motivée. »

Le sceau demeure entre les mains du juge de paix, les clefs des serrures dans celles du greffier, de sorte qu'il faudrait l'accord frauduleux du juge de paix et du greffier, pour violer les scellés, sans qu'il restât des traces apparentes de cette violation. Il serait nécessaire, en effet, d'avoir les clefs pour ouvrir les portes des pièces ou des meubles, et le sceau pour replacer les scellés. Une telle collusion n'est pas probable.

Il est, d'ailleurs, interdit au greffier et au juge de paix d'aller dans le lieu où les scellés sont apposés jusqu'à leur levée, sous les peines et sauf les exceptions prévues par notre article.

Lorsque les scellés sont apposés après décès, il faut prendre des précautions pour ne pas placer sous le scellé le testament olographe que le défunt aura pu laisser. Aussi, tout testament ou tout papier cacheté, après avoir été l'objet de certaines constatations et formalités ayant pour but d'en assurer l'intégrité et la conservation, doit être remis au président du tribunal civil de l'arrondissement (art. 916). Si ces papier appartiennent à des tiers et ne concernent pas la succession, le président du tribunal fera appeler les tiers et ouvrira ces papiers cachetés en leur présence, ou les remettra sans les ouvrir. Si, au contraire, ce papier est un testament, le président en fera l'ouverture, s'il est sous enveloppe, et, dans tous les cas, on ordonnera le dépôt entre les mains d'un notaire (art. 918, 919, 920).

Au moment de l'apposition des scellés, les personnes qui se croient légataires peuvent même requérir le juge de paix de faire la perquisition du testament (art. 917).

1134. « Art. 921. Si les portes sont fermées, s'il se rencontre des obstacles à l'apposition des scellés, s'il s'élève, soit avant, soit pendant le scellé, des difficultés, il y sera statué en référé par le président du tribunal. A cet effet, il sera sursis et établi par le juge de paix garnison extérieure, même intérieure, si le cas y échet, et il en référera sur-le-champ au président du tribunal. — Pourra néanmois le juge de paix, s'il y a péril dans le retard, statuer par provision, sauf à en référer ensuite au président du tribunal. »

Au moment où le juge de paix se présente pour apposer les scellés, il trouve les portes fermées, ou bien *il se rencontre des obstacles* à l'apposition des scellés; de quels obstacles la loi veut-elle parler? Par exemple, le juge de paix trouve sur les lieux une personne qui prétend que les meubles sur lesquels porteraient les scellés lui appartiennent et non à la succession; ou les personnes qui sont sur les lieux affirment que déjà l'inventaire a été fait, auquel cas les scellés ne peuvent plus être apposés (art. 923).

En présence de ces obstacles matériels, comme la fermeture des portes, ou juridiques comme les prétentions que je signalais à l'instant, que doit faire le juge de paix? Si le retard dans l'apposition des scellés offrait des dangers pour les intéressés, il statuera lui-même provisoirement sur la difficulté; en d'autres termes, il est laissé à sa prudence de s'arrêter devant l'obstacle qui se présente, ou de passer outre malgré cet obstacle; dans ce dernier cas, il doit en référer au président du tribunal.

Si, au contraire, il n'y a pas péril dans le retard, il doit s'arrêter devant l'obstacle qu'il rencontre jusqu'à ce que le président du tribunal civil d'arrondissement ait statué en référé sur la difficulté. Mais, comme ce délai pourrait être mis à profit par ceux qui auraient l'intention de soustraire des meubles ou papiers de la succession, le juge de paix, s'il le croit convenable, établira garnison extérieure, et même intérieure, c'est-à-dire qu'il placera, soit à la porte, soit même dans l'intérieur de l'appartement, des personnes chargées d'empêcher la soustraction d'aucun des meubles ou papiers.

« Art. 922. Dans tous les cas où il sera référé par le juge de paix au président du tribunal, soit en matière de scellé, soit en autre matière, ce qui sera fait et ordonné sera constaté sur le procès-verbal dressé par le juge de paix; le président signera ses ordonnances sur ledit procès-verbal. »

Cet article n'exige aucune explication.

1135. « Art. 923. Lorsque l'inventaire sera parachevé, les scellés ne pourront être apposés, à moins que l'inventaire ne soit attaqué, et qu'il ne soit ainsi ordonné par le président du tribunal.

« Si l'apposition des scellés est requise pendant le cours de l'inventaire, les scellés ne seront apposés que sur les objets non inventoriés. »

Quand l'inventaire est terminé, il est évident que l'apposition des scellés manquerait complètement d'utilité. En effet, les meubles et les papiers décrits dans l'inventaire, dont la minute reste chez le notaire, ne peuvent plus disparaître impunément.

« **Art. 924.** S'il n'y a aucun effet mobilier, le juge de paix dressera un procès-verbal de carence. — S'il y a des effets mobiliers qui soient nécessaires à l'usage des personnes qui restent dans la maison, ou sur lesquels le scellé ne puisse être mis, le juge de paix fera un procès-verbal contenant une description sommaire desdits effets. »

Qui dressera ces procès-verbaux de carence ou de description sommaire? Comme ces actes ont pour but de suppléer les inventaires dans les cas déterminés par notre article, il semblerait logique d'en confier la rédaction aux notaires, qui ont le droit exclusif de faire les inventaires. Aussi la loi du 27 mars 1791 (art. 10) décidait-elle que « la confection des inventaires, procès-verbaux « de description et de carence à l'ouverture des successions, n'appartiendrait « point aux juges de paix, mais aux notaires. »

Mais le Code de procédure, dans notre art. 924, a changé cette disposition, et a remis aux juges de paix la confection des procès-verbaux de carence ou de description sommaire. Ce changement s'appuie sur une raison d'économie; on n'a pas voulu qu'il fût nécessaire, dans les successions peu opulentes, d'appeler simultanément le juge de paix et le notaire. Quand il n'y aura lieu qu'à un procès-verbal de carence ou à un procès-verbal de description sommaire, l'intervention du juge de paix suffira. Cette intervention sera aujourd'hui d'autant moins onéreuse pour la succession, que la loi du 21 janvier 1845 a supprimé tous les droits et vacations précédemment accordés aux juges de paix.

« **Art. 925.** Dans les communes où la population est de vingt mille âmes et au-dessus, il sera tenu, au greffe du tribunal de première instance, un registre d'ordre pour les scellés, sur lesquels seront inscrits, d'après la déclaration que les juges de paix seront tenus d'y faire parvenir dans les vingt-quatre heures de l'apposition : 1° les noms et demeures des personnes sur les effets desquelles le scellé aura été apposé; 2° le nom et la demeure du juge qui a fait l'apposition ; 3° le jour où elle a été faite. »

Ces formalités ont pour but de donner de la publicité à l'apposition des scellés, afin que les intéressés puissent former opposition à ce que le scellé soit levé hors de leur présence.

Dans les villes au-dessous de vingt mille âmes, ces formalités n'ont pas paru nécessaires. La loi a supposé que, dans les petites villes, l'apposition des scellés serait assez notoire pour parvenir à la connaissance de tous les intéressés.

Ajoutons, en terminant, que la loi prononce des peines sévères contre ceux qui violeraient le secret des scellés. Le bris de scellés constitue, suivant la gravité des faits et la qualité des personnes, tantôt un crime et tantôt un délit, qui tombent sous l'application des art. 249 et suivants du Code pénal. *

TITRE II

DES OPPOSITIONS AUX SCELLÉS (C. D.).

⇒ **1136.** * Cet intitulé : *Des Oppositions aux scellés*, est un peu trop elliptique et pourrait vous induire en erreur sur la portée qu'il faut lui donner. Il ne s'agit pas de s'opposer à l'apposition des scellés ; la loi suppose, au contraire, que les scellés sont déjà apposés, et permet de former opposition à ce que les scellés soient levés hors de la présence de l'opposant, ou, au moins, sans qu'il ait été appelé.

Toute personne ayant intérêt ou prétendant avoir intérêt a le droit de former cette opposition. Ainsi ce droit appartient d'abord aux personnes indiquées par le n° 1 de l'art. 909, comme prétendant droit dans la succession ou dans la communauté. Quant aux créanciers de la succession, ils n'ont pas besoin de justifier des conditions de l'art. 900. 2°, pour s'opposer à la levée des scellés. On leur permet de former cette opposition même sans titre exécutoire ni ordonnance du juge (art. 821, C. civ.). L'allégation, même non prouvée, de la qualité de créancier suffit pour permettre de s'opposer à la levée des scellés ; on jugera plus tard le fondement de la prétention, si elle est contestée ; mais l'opposition sera admise provisoirement.

Cette faculté de former opposition sans intérêt prouvé n'entraînera-t-elle pas des inconvénients ? En fait, l'idée de s'opposer à la levée des scellés ne viendra guère à l'esprit de ceux qui n'ont et ne croient avoir aucun intérêt. Mais une personne peut se croire créancière, sans l'être effectivement ; et souvent il importera peu que les scellés soient levés et l'inventaire dressé en présence d'une personne de plus ou de moins. Plus il y a de témoins, et plus la sincérité de l'inventaire est assurée.

Toutefois, s'il n'y avait d'opposition que de la part de personnes sans intérêt ou sans droit, et si les héritiers étaient intéressés à ne pas admettre ces personnes dans les secrets de la succession, le tribunal pourrait prononcer la mainlevée de semblables oppositions et décider que les scellés seraient levés et l'inventaire dressé hors de leur présence.

Les art. 926 et 927 tracent les formes des oppositions à la levée des scellés.

« Art. 926. Les oppositions aux scellés pourront être faites, soit par une déclaration sur le procès-verbal des scellés, soit par exploit signifié au greffier du juge de paix. »

De ces deux manières, la première a l'avantage de ne point entraîner de frais.

« Art. 927. Toutes oppositions à scellé contiendront, à peine de nullité, outre les formalités communes à tout exploit : 1° élection de domicile dans la commune ou l'arrondissement de la justice de paix où le scellé est apposé, si l'opposant n'y demeure pas ; 2° l'énonciation précise de la cause de l'opposition. »

Les deux conditions exigées par notre article ont pour but de faciliter la demande en mainlevée des oppositions mal fondées. Il faut que les héritiers connaissent le motif de l'opposition pour l'apprécier et la contester au besoin. D'autre part, la demande en mainlevée sera portée non pas au tribunal du domicile réel de l'opposant, qui est peut-être fort éloigné, mais au tribunal du domicile élu, c'est-à-dire au tribunal de l'arrondissement où le scellé est apposé. *

TITRE III

DE LA LEVÉE DU SCELLÉ (C. D.).

⇛ **1137.** * Les scellés restent placés sur les meubles et effets de la succession, jusqu'à ce que le juge de paix les enlève dans les formes prescrites par la loi, et sur la réquisition des personnes mentionnées dans l'art. 930.

La levée des scellés doit-elle être faite dans un certain délai? Et d'abord, peut-elle être reculée indéfiniment? La loi n'a pas fixé de maximum de délai, parce que les héritiers, les légataires ou les créanciers ont un intérêt évident à provoquer la levée des scellés le plus tôt possible, et ne manqueront jamais de le faire. Toutefois, quand il s'agit des scellés sur les biens appartenant à un mineur ou à un interdit, le tuteur doit requérir la levée des scellés dans les dix jours de sa nomination (art. 451 et 509, C. civ.).

Les scellés apposés après décès doivent nécessairement être maintenus pendant un minimum de délai déterminé par les art. 928 et 929.

« Art. 928. Le scellé ne pourra être levé et l'inventaire fait que trois jours après l'inhumation, s'il a été apposé auparavant, et trois jours après l'apposition, si elle a été faite depuis l'inhumation, à peine de nullité des procès-verbaux de levée de scellés et inventaire, et des dommages et intérêts contre ceux qui les auront faits et requis ; le tout, à moins que, pour des causes urgentes et dont il sera fait mention dans son ordonnance, il n'en soit autrement ordonné par le président du tribunal de première instance. Dans ce cas, si les parties qui ont droit d'assister à la levée ne se sont pas présentées, il sera appelé pour elles, tant à la levée qu'à l'inventaire, un notaire nommé d'office par le président. »

L'utilité d'un délai entre l'apposition et la levée des scellés après décès a été depuis longtemps comprise. Pothier nous apprend qu'un arrêt de règlement du 8 juin 1693 avait défendu de lever les scellés mis sur les effets d'un défunt plus tôt que vingt-quatre heures après l'enterrement fait publiquement. M. de Lamoignon, dans son réquisitoire sur cet arrêt, en donnait pour raison qu'il fallait laisser aux créanciers le temps de s'opposer à ce que les scellés fussent levés hors de leur présence. Un autre arrêt de règlement du 17 juin 1733 ordonna qu'à l'avenir les scellés ne pourraient être levés et l'inventaire commencé, soit dans la ville de Paris, soit dans les bailliages et sénéchaussées du ressort, que trois jours francs après les enterrements faits publiquement. Le Code de procédure a conservé ce délai de trois jours. Ce délai est encore fondé sur le motif que donnait M. de Lamoignon : il faut laisser aux créanciers du défunt le temps de s'opposer à ce que les scellés soient levés hors de leur présence.

Le point de départ de ce délai varie suivant que l'apposition des scellés a précédé ou suivi l'inhumation du *de cujus;* les trois jours partent de l'inhumation, s'ils ont été apposés avant; du jour de l'apposition, s'ils n'ont été apposés qu'après l'inhumation.

Les scellés doivent, d'ailleurs, être apposés le plus tôt possible. Plus l'époque de leur apposition est rapprochée du moment du décès, et plus ils offrent de garantie aux intéressés, en empêchant la soustraction des meubles et effets de la succession ; et vous avez vu que l'art. 913, pour empêcher les fraudes et les soustractions, ordonne au juge de paix, qui n'appose les scellés qu'après l'inhumation, de constater sur son procès-verbal les causes du retard apporté à l'apposition des scellés.

Toutefois, le président du tribunal, pour des causes urgentes dont l'appréciation lui est abandonnée, a le droit d'ordonner que les scellés seront levés avant les trois jours.

Les derniers mots de notre article se rattachent à l'art. 932 et à son explication.

« Art. 929. Si les héritiers ou quelques-uns d'eux sont mineurs non émancipés, il ne sera pas procédé à la levée des scellés, qu'ils n'aient été ou préalablement pourvus de tuteurs ou émancipés. »

La loi veut que la levée des scellés ne se fasse, ainsi que l'inventaire, qu'en présence de personnes capables ou représentées par des mandataires légaux.

L'art. 930 nous montre quelles personnes peuvent requérir la levée des scellés.

« Art. 930. Tous ceux qui ont droit de faire apposer les scellés pourront en requérir la levée, excepté ceux qui ne les ont fait apposer qu'en exécution de l'art. 909, n° 3, ci-dessus. »

Les explications données sur les art. 907, 910, 911 suffisent pour faire comprendre la portée de l'art. 930.

1138. Quelles formalités faut-il employer pour parvenir à la levée des scellés ?

« Art. 931. Les formalités pour parvenir à la levée des scellés seront : — 1° une réquisition à cet effet consignée sur le procès-verbal du juge de paix ; — 2° une ordonnance du juge, indicative des jour et heure où la levée sera faite ; — 3° une sommation d'assister à cette levée, faite au conjoint survivant, aux présomptifs héritiers, à l'exécuteur testamentaire, aux légataires universels et à titre universel, s'ils sont connus, et aux opposants. — Il ne sera pas besoin d'appeler les intéressés demeurant hors de la distance de cinq myriamètres ; mais on appellera pour eux, à la levée et à l'inventaire, un notaire nommé d'office par le président du tribunal de première instance. »

1° *Une réquisition*, etc. Il y a des cas où le juge de paix ne doit pas obéir à cette réquisition ; ainsi, par exemple, si celui qui requiert la levée des scellés ne justifie pas qu'il se trouve au nombre des personnes comprises dans les termes de l'art. 930, ou si les héritiers mineurs n'ont pas encore été émancipés ou pourvus de tuteurs (art. 929).

2° *Une sommation*, etc. Le requérant doit faire sommation à certaines personnes d'assister à la levée des scellés. A qui cette sommation doit-elle être adressée ? Il y a des personnes qui doivent être appelées même sans l'avoir demandé ; d'autres ne le sont que sur leur demande. Parmi les premières, il faut ranger les ayants droit à la succession ou à la communauté, comme le conjoint, les héritiers, les légataires universel et à titre universel, ** les donataires universel ou à titre universel** ; nous y joindrons l'exécuteur testamentaire, qui a, en cette qualité, un droit de surveillance générale sur les biens de la succession, et doit, en conséquence, assister à la levée des scellés et à l'inventaire.

Nous comprendrons dans la seconde classe, c'est-à-dire parmi les personnes qui ne seront appelées que sur leur demande, les créanciers et les légataires ou donataires à titre particulier ; ils formeront leur demande afin d'être appelés à la levée des scellés, par une opposition conforme aux dispositions des art. 926 et 927.

La sommation sera signifiée au domicile réel des personnes comprises dans la première classe, c'est-à-dire au domicile du conjoint, des héritiers, des légataires universels et à titre universel, et de l'exécuteur testamentaire. Toutefois, si ces personnes sont domiciliées à plus de cinq myriamètres du lieu où les scellés sont apposés, il ne sera pas nécessaire de les appeler ; il suffira de les faire représenter par un notaire. On ne pourra non plus imputer à faute, à celui qui requiert la levée des scellés, de n'avoir point appelé ces personnes si leur existence ou leur qualité n'étaient pas connues.

Quant à la sommation adressée aux opposants, la copie en sera remise aux domiciles par eux élus dans leur opposition, conformément aux termes de l'art. 926, 1°.

1139. « Art. 932. Le conjoint, l'exécuteur testamentaire, les héritiers, les légataires universels et ceux à titre universel, pourront assister à toutes les vacations de la levée du scellé et de l'inventaire, en personne, ou par un mandataire. — Les opposants ne pourront assister, soit en personne, soit par un mandataire, qu'à la première vacation, ils seront tenus de se faire représenter, aux vacations suivantes, par un seul mandataire pour tous, dont ils conviendront ; sinon, il sera nommé d'office par le juge. — Si parmi ces mandataires se trouvent des avoués du tribunal de première instance du ressort, ils justifieront de leurs pouvoirs par la représentation du titre de leur partie ; et l'avoué le plus ancien, suivant l'ordre du tableau, des créanciers fondés en titre authentique, assistera de droit pour tous les opposants ; si aucun des créanciers n'est fondé en titre authentique, l'avoué le plus ancien des opposants fondés en titre privé assistera. L'ancienneté sera définitivement réglée à la première vacation. »

La position des deux classes de personnes que nous avons distinguées est loin d'être identique en ce qui concerne la levée des scellés et l'inventaire.

Les personnes de la première classe, comme le conjoint, les héritiers, les légataires ou donataires universels et à titre universel, et l'exécuteur testamentaire qui vient dans l'intérêt de tous les légataires, ont des intérêts distincts, opposés entre eux.

Au contraire, la loi ne reconnaît aux opposants qu'un intérêt commun ; il s'agit pour eux de surveiller la conservation des effets de la succession qui demeureront leur gage exclusif en cas d'acceptation sous bénéfice d'inventaire. Par mesure d'économie, ils n'assisteront tous qu'à la première vacation ; un seul mandataire les représentera aux vacations suivantes. Ils le choisiront, ou, s'ils ne peuvent s'entendre, le juge le nommera d'office ; enfin, si les créanciers sont représentés par des avoués, le plus ancien des avoués, avec les distinctions faites par notre article, représentera tous les opposants.

« Art. 933. Si l'un des opposants avait des intérêts différents de ceux des autres, ou des intérêts contraires, il pourra assister en personne ou par un mandataire particulier, mais à ses frais. »

A ses frais. Autrement, la succession, qui supporterait ces frais (art. 810, C. civ.), se trouverait trop grevée. D'ailleurs, il est juste que le mandataire soit payé par celui qu'il représente exclusivement.

« Art. 934. Les opposants pour la conservation des droits de leur débiteur, ne pourront assister à la première vacation, ni concourir au choix d'un mandataire commun pour les autres vacations. »

On suppose que les créanciers d'un créancier de la succession ont formé opposition pour leur débiteur (art. 1166, C. civ.). Ces créanciers ne seront point admis, comme le serait leur débiteur, à assister à la première vacation, ou à concourir au choix du mandataire commun ; de tels droits ne sont accordés qu'à ceux qui ont un intérêt direct et immédiat dans ces diverses opérations.

L'art. 935 décide à qui appartiendra le choix des notaires et des experts qui procéderont à la prisée et à l'inventaire. Je me borne à renvoyer à la lecture de cet article (Voy. aussi l'art. 943 et son explication).

1140. « Art. 936. Le procès-verbal de levée contiendra : 1° la date ; 2° les noms, profession, demeure et élection de domicile du requérant ; 3° l'énonciation de l'ordonnance délivrée pour la levée ; 4° l'énonciation de la sommation prescrite par l'art. 931 ci-dessus ; 5° les comparutions et dires des parties ; 6° la nomination des notaires, commissaires-priseurs et experts qui doivent opérer ; 7° les reconnaissances des scellés, s'ils sont pleins et entiers ; s'ils ne le sont pas, l'état des altérations, sauf à se pourvoir, ainsi qu'il appartiendra, pour raison desdites altérations ; 8° les réquisitions à fin de perquisitions, le résultat desdites perquisitions et toutes autres demandes sur lesquelles il y aura lieu de statuer. »

7° *L'état des altérations, sauf à se pourvoir*... Cette constatation a pour but de mettre sur la trace des auteurs de ces altérations afin de leur appliquer, s'il y a lieu, les peines portées par les art. 249 et suivants du Code pénal.

8° *Les réquisitions à fin de perquisitions*. Il s'agit de perquisitions relatives à tout effet ou papier déplacé, soustrait ou caché. Ces perquisitions ne peuvent être effectuées que dans le lieu où se trouvent les objets de la succession, ou chez une des personnes qui prétendent des droits dans la succession ou dans la communauté. Mais on n'aurait pas le droit d'aller faire des perquisitions chez un tiers.

Et toutes autres demandes. Je citerai comme exemple la demande qui aurait pour but de faire soustraire des scellés un objet qu'il serait utile de vendre immédiatement.

« Art. 937. Les scellés seront levés successivement, et à fur et mesure de la confection de l'inventaire ; ils seront réapposés à la fin de chaque vacation. »

En quoi consiste matériellement la levée des scellés ? Le juge de paix, assisté de son greffier, rompt les cachets et enlève les bandes de fil ou de papier apposées sur les portes des chambres ou sur les ouvertures des meubles ; le notaire alors procède à la confection de l'inventaire.

Cet inventaire peut n'être pas fini dans la journée : une seconde vacation, une troisième, souvent un plus grand nombre, sont nécessaires. Il serait imprudent de laisser les meubles et effets accessibles à tous dans les intervalles qui séparent les vacations. Cependant autrefois, dans quelques juridictions, on enlevait à la fois tous les scellés au moment où l'inventaire commençait, sans prendre aucune garantie contre les soustractions possibles dans les intervalles des vacations. Mais à Paris on procédait autrement : si l'inventaire devait durer plusieurs jours, les scellés, levés au commencement de chaque vacation, étaient replacés quand la vacation finissait. C'est ce système que l'art. 937 a consacré.

Il n'est pas même nécessaire de lever tous les scellés au commencement de chaque vacation ; si l'inventaire de la partie des effets ou des papiers contenus dans telle pièce ou dans tel meuble doit employer toute la vacation, il est inutile de lever les scellés placés sur les autres meubles ou sur les autres pièces. Telle est l'interprétation qu'il faut donner aux mots : *Les scellés seront levés successivement et à fur et mesure de la confection de l'inventaire.*

Pour mettre de l'ordre dans la confection de l'inventaire, la loi permet de réunir ensemble, pour les inventorier, les objets de même nature, sauf à replacer sous les scellés ceux qu'on n'inventorie pas immédiatement (art. 938).

« Art. 940. Si la cause de l'apposition des scellés cesse avant qu'ils soient levés, ou pendant le cours de leur levée, ils seront levés sans description. »

En règle générale, comme nous l'avons vu sur l'art. 937, les scellés sont levés à fur et mesure de la confection de l'inventaire. Les scellés sont levés alors avec description, dans l'inventaire, de tous les effets ou papiers sur lesquels ils avaient été apposés.

Mais l'art. 940 indique des cas où les scellés peuvent être levés sans description, *si la cause de l'apposition a cessé,* par exemple, si l'héritier unique a désintéressé les créanciers ou les légataires qui s'étaient opposés à ce que les scellés fussent levés hors de leur présence.

L'apposition des scellés peut être une mesure de défiance des ayants droit à la succession les uns à l'égard des autres, ou une mesure de défiance des créanciers contre les ayants droit à la succession, ou une mesure de protection légale pour les incapables et les absents.

Dans le premier cas, les scellés ne peuvent être levés sans description que du consentement de tous les héritiers, légataires universels et autres ayants droit dans la succession ou dans la communauté.

Dans la seconde hypothèse, si des créanciers ont requis l'apposition des scellés ou s'ils se sont opposés à ce qu'ils fussent levés hors de leur présence, l'héritier, qui les ferait lever sans description, ne pourrait plus accepter la succession sous bénéfice d'inventaire. Les créanciers feraient même bien de s'opposer entièrement à la levée pure et simple des scellés, s'ils n'ont pas confiance dans la solvabilité de l'héritier.

Enfin, les scellés posés dans l'intérêt d'un mineur ou d'un interdit ne doivent pas être levés sans description. Après la nomination du tuteur, ce dernier doit toujours faire constater par un inventaire les biens que le mineur ou l'interdit recueillent à titre universel (art, 451, C. civ.). Mais si le mineur ou l'interdit n'était intéressé dans la levée des scellés que comme créancier ou légataire à titre particulier, je crois que le tuteur pourrait consentir à la levée des scellés sans description.

Si l'apposition a eu lieu dans l'intérêt d'un héritier absent, cet héritier, aujourd'hui présent, peut, d'accord avec les autres héritiers, consentir à la levée pure et simple du scellé, comme nous l'avons vu dans la première hypothèse.

« Art. 939. S'il est trouvé des objets et papiers étrangers à la succession et réclamés par des tiers, ils seront remis à qui il appartiendra ; s'ils ne peuvent être remis à l'instant, et qu'il soit nécessaire d'en faire la description, elle sera faite sur la levée des scellés et non sur l'inventaire. »

Le mot *description*, dans cet article, a une autre portée que dans l'article précédent. La loi suppose que des papiers ou objets étrangers à la succession ont été placés sous le scellé, et qu'ils sont remis à des tiers à qui ils appartiennent ou chez qui le défunt a ordonné qu'ils fussent déposés ; le juge de paix décrira spécialement les objets ou papiers sur le procès-verbal de levée de scellés avant de les remettre au tiers.

L'art 924 nous a également montré des cas où le juge de paix dresse un procès-verval de description sommaire des objets qui avaient été placés sous les scellés. *

TITRE IV

DE L'INVENTAIRE (C. D.).

⇝ **1141.** * L'inventaire est un acte contenant l'énumération descriptive et estimative des effets mobiliers qui composent un patrimoine, ainsi que l'énonciation et l'analyse sommaire des papiers qui en dépendent.

L'inventaire dressé après le décès d'une personne intéresse ses héritiers, sa femme commune en biens et les héritiers de cette femme, les créancier et les légataires du défunt.

L'inventaire a pour but de constater les forces de la succession ou de la communauté, et de mettre la femme ou ses héritiers à même de prendre parti sur l'acceptation ou la répudiation de la communauté. A l'égard des héritiers du *de cujus*, l'inventaire les guidera dans le choix qu'ils peuvent faire entre l'acceptation pure et simple et l'acceptation bénéficiaire.

Si l'héritier accepte purement et simplement, l'inventaire devient inutile, à moins que les créanciers et légataires ne demandent la séparation des patrimoines. Mais si l'héritier accepte bénéficiairement, l'inventaire sert de base au compte que l'héritier doit rendre aux créanciers et aux légataires (art. 803, C. civ.).

Lorsque l'héritier répudie la succession et que personne ne se présente pour la réclamer, on nomme un curateur à la succession vacante ; ce curateur doit également faire faire inventaire, s'il n'a déjà été dressé (art. 813, C. civ.).

Un inventaire est encore exigé, par la loi, de toute personne qui prend l'administration ou la jouissance d'une universalité de meubles appartenant à autrui. Il faut savoir ce que cette personne devra rendre plus tard. Ainsi la loi impose l'obligation de faire inventaire à ceux qui administrent le bien d'autrui, comme le tuteur (art. 451, C. civ.), l'envoyé en possession provisoire ou l'époux qui opte pour la continuation provisoire de la communauté (art. 126, C. civ.), l'exécuteur testamentaire qui a la saisine (art. 1031, C. civ.), l'époux survivant après la dissolution de la communauté (art. 1442, C. civ.), ou ceux qui ont la jouissance du bien d'autrui, comme les usufruitiers (art. 600, C. civ.), le grevé de restitution (art. 1058, C. civ.), et le mari dans différents cas prévus aux art. 1414, 1499, 1504 et 1532 du Code civil.

On suivra dans tous les cas les formes tracées par notre titre.

« **Art. 941.** L'inventaire peut être requis par ceux qui ont droit de requérir la levée du scellé. »

Je vous renvoie pour l'explication du texte de cet article aux développements qui ont été donnés sur les art. 909, premier et deuxième alinéas, et 910 (Voy. aussi l'art. 930).

En outre, le procureur de la République pourrait faire dresser, dans l'intérêt du présumé absent, l'inventaire d'une succession ouverte avant la disparition de ce dernier, par application de l'art. 114 du Code civil.

Les art. 930 et 909, 1° et 2°, ne se réfèrent qu'à la confection de l'inventaire après décès; mais l'inventaire, comme nous l'avons vu, est souvent exigé dans d'autres circonstances. L'inventaire doit alors être fait à la requête de celui qui prend l'administration ou qui a droit à la jouissance des meubles d'autrui; ainsi l'usufruitier y fera procéder, en cas d'usufruit; le mari dans les hypothèses prévues par les art. 1414, 1499, 1504 et 1532, C. civ.; le survivant des époux au cas de l'art. 1442, C. civ., etc.

La réquisition d'inventaire après décès doit-elle avoir lieu dans un certain délai? Il faut distinguer. Quelquefois la loi a fixé des délais pour la confection de l'inventaire; ainsi l'héritier (art. 795, C. civ. et 174, C. pr.), la veuve commune en biens (art. 1447, C. civ. et 174, C. pr.), le grevé de restitution (art. 1059, C. civ.), doivent faire procéder à l'inventaire dans le délai de trois mois. La veuve commune et l'héritier peuvent obtenir une prolongation de délai (art. 798, C. civ. et 174, C. pr.).

Le tuteur doit faire lever les scellés dans les dix jours et faire procéder immédiatement après à la confection de l'inventaire (art. 451, C. civ.).

Souvent aussi la loi ne fixe pas de délai, mais elle prohibe l'entrée en jouissance avant la confection de l'inventaire; telle est la prescription de l'art. 600, C. civ., à l'égard de l'usufruitier. Le curateur à une succession vacante doit également faire faire inventaire avant toute opération (art. 813, C. civ. et 1000, C. pr.).

Que déciderons-nous dans le cas où la loi n'a pas fixé de délai pour la confection de l'inventaire? Je crois que les parties intéressées ont le droit de s'opposer à ce que la personne, qui doit plus tard rendre compte, s'immisce dans l'administration, ou entre en jouissance avant d'avoir fait inventaire.

1142. « **Art. 942.** Il doit être fait en présence : 1° du conjoint survivant; 2° des héritiers présomptifs; 3° de l'exécuteur testamentaire, si le testament est connu; 4° des donataires et légataires universels ou à titre universel, soit en propriété, soit en usufruit, ou eux dûment appelés, s'ils demeurent dans la distance de cinq myriamètres;

s'ils demeurent au delà, il sera appelé, pour tous les absents, un seul notaire nommé par le président du tribunal de première instance, pour représenter les parties appelées et défaillantes. »

Toutes ces personnes doivent être appelées à l'inventaire, sans qu'elles aient besoin de former opposition à la levée des scellés hors de leur présence. Elles assistent en personne aux opérations de l'inventaire, ou s'y font représenter par un mandataire.

Un notaire représentera les personnes non présentes, que notre article désigne par ces mots : *tous les absents.*

Quant à ceux qui ont disparu de leur domicile sans laisser de nouvelles, c'est-à-dire quant aux véritables absents, qui seraient au nombre des personnes dont l'art. 942 exige la présence à l'inventaire, il faut faire une distinction.

D'après l'art. 113 du Code civil, le tribunal commettra un notaire pour les représenter, s'ils sont présumés absents. Mais, après l'envoi en possession provisoire, les envoyés représenteraient l'absent déclaré dans les inventaires qui pourraient l'intéresser. Il faut toujours supposer qu'il s'agit de successions ouvertes avant le départ ou les dernières nouvelles de l'absent présumé ou déclaré; car il n'a aucun droit dans les successions ouvertes après le départ ou les dernières nouvelles (art. 136, C. civ.). Il n'y aurait donc pas lieu à le représenter dans l'inventaire.

** Vous remarquerez que notre article parle de légataires universels ou à titre universel, soit en propriété soit en usufruit. C'est cependant une question très controversée que celle de savoir si un legs d'usufruit portant sur tout ou partie de la succession constitue un legs universel (ou à titre universel), ou bien, au contraire, un legs à titre particulier. Je me borne à vous renvoyer, pour cette question, au commentaire du Code civil. Sans doute notre article semble la trancher, mais il est peu probable que les rédacteurs du Code de procédure y aient songé lorsqu'ils ont édicté notre disposition, et ils ont pu parler d'un légataire universel en usufruit pour exprimer l'idée d'un légataire dont le droit porte sur toute la succession et forme un usufruit universel, sans trancher en même temps la question de savoir si le legs d'un usufruit universel ou à titre universel est lui-même universel ou à titre universel. **

1143. « Art. 943. Outre les formalités communes à tous les actes devant notaires, l'inventaire contiendra : — 1° les noms, professions et demeures des requérants, des comparants, des défaillants et des absents, s'ils sont connus, du notaire appelé pour les représenter, des commissaires-priseurs et experts, et la mention de l'ordonnance qui commet les notaires pour les absents et les défaillants ; — 2° l'indication des lieux où l'inventaire est fait; 3° la description et estimation des effets, laquelle sera faite à sa juste valeur et sans crue ; — 4° la désignation des qualités, poids et titre de l'argenterie ; — 5° la désignation des espèces en numéraire ; — 6° les papiers seront cotés par première et dernière ; ils seront paraphés de la main d'un des notaires ; s'il y a des livres et registres de commerce, l'état en sera constaté, les feuillets en seront pareillement cotés et paraphés ; 7° la déclaration des titres actifs et passifs ; — 8° la mention du serment prêté, lors de la clôture de l'inventaire, par ceux qui ont été en possession des objets avant l'inventaire, ou qui ont habité la maison dans laquelle sont lesdits objets, qu'ils n'en ont détourné, vu détourner, ni su qu'il en ait été détourné aucun; — 9° la remise des effets et papiers, s'il y a lieu, entre les mains de la personne dont on conviendra, ou qui, à défaut, sera nommée par le président du tribunal. »

Les notaires ont le droit exclusif de dresser l'inventaire. Mais la prisée des effets est attribuée aux commissaires-priseurs, exclusivement dans le chef-lieu de leur établissement, et partout ailleurs concurremment avec les notaires, huissiers et greffiers des justices de paix.

Le choix du notaire qui doit dresser l'inventaire et du commissaire-priseur qui fera la prisée appartient aux personnes désignées dans l'art. 909, 1°. Si elles ne sont pas d'accord, le tribunal choisit. A Paris, on est dans l'usage de donner le choix : 1° au conjoint; 2° à l'héritier à réserve; 3° aux autres héritiers; 4° à l'exécuteur testamentaire; 5° aux légataires; 6° et en dernier lieu, aux créanciers.

6°... 7° *La déclaration des titres actifs et passifs.* S'il s'agissait de titres au porteur, je crois qu'il serait inutile de les coter et parapher. Il suffira d'en faire mention et d'en assurer la conservation en les faisant déposer dans une caisse publique sur une ordonnance du juge, conformément au § 9 de notre article (1).

L'art. 453 du Code civil indique un cas particulier, où le choix de l'expert, qui doit faire l'estimation des meubles du mineur, est laissé au subrogé tuteur.

Quant aux formes et au contenu de l'inventaire, l'art. 943 donne des explications et entre dans des détails qui n'exigent aucun commentaire.

« Art. 944. Si, lors de l'inventaire, il s'élève des difficultés, ou s'il est formé des réquisitions pour l'administration de la communauté ou de la succession, ou pour autres objets, et qu'il n'y soit pas déféré par les autres parties, les notaires délaisseront les parties à se pourvoir en référé devant le président du tribunal de première instance; ils pourront en référer eux-mêmes, s'ils résident dans le canton où siège le tribunal; dans ce cas, le président mettra son ordonnance sur la minute du procès-verbal. »

Le sujet le plus ordinaire de ces réquisitions est celui que la loi prévoit, l'attribution de la gestion de la succession ou de la communauté. Ainsi, il s'agit de savoir qui continuera le commerce, touchera les loyers, payera les dettes courantes ou privilégiées, etc. Si l'attribution de cette gestion ou tous autres points soulèvent des difficultés, le président du tribunal d'arrondissement statuera en référé, soit sur la requête des parties, soit même sur celles des notaires, s'ils résident dans le canton où siège le tribunal. Dans ce cas, les frais de la levée de l'ordonnance de référé seront évités, puisqu'elle sera mise par le président sur la minute du procès-verbal d'inventaire. *

TITRE V

DE LA VENTE DU MOBILIER (C. D.).

1144. * Quand les meubles et valeurs de la succession ont été conservés par l'apposition des scellés et constatés dans l'inventaire, il faut liquider

(1) Cass. Rej., 15 avril 1861, D. 61, 1, 230, et la note.

la succession, soit pour la partager entre les ayants droit, soit pour payer les dettes et legs. Pour arriver à ces résultats, on procède, s'il y a lieu, à la vente des meubles et des immeubles.

Le titre V indique les formalités de la vente des meubles.

« Art. 952. Si toutes les parties sont majeures, présentes et d'accord, et qu'il n'y ait aucun tiers intéressé, elles ne seront obligées à aucune des formalités *ci-dessus* (1).

Quand une succession s'ouvre, les héritiers ont d'abord le droit de demander leur part en nature des meubles et des immeubles de la succession (art. 826 C. civ.). Si on procède au partage en nature, il n'est question ni d'une vente ni des formalités qu'elle entraîne. Mais les héritiers peuvent préférer la vente au partage en nature, ou vendre les objets de la succession pour employer le prix à acquitter les dettes et les legs.

Les créanciers peuvent être complètement désintéressés dans cette question. Ainsi, la succession ou les héritiers qui ont accepté purement et simplement n'offrent aucune chance d'insolvabilité, mais les héritiers veulent payer les dettes sur le prix du mobilier, pour conserver les immeubles intacts et dégrevés de toute hypothèque. Dans cette hypothèse, si tous les héritiers sont majeurs et d'accord, et qu'aucun tiers ne soit intéressé, ils feront effectuer la vente comme il leur conviendra, sans être tenus à suivre aucune forme légale. Mais, en dehors de ces conditions, la vente sera soumises aux formes d'une vente judiciaire, telles qu'elles sont réglées par les articles suivants.

1145. « Art. 945. Lorsque la vente des meubles dépendant d'une succession aura lieu en exécution de l'art. 826 du Code civil, cette vente sera faite dans les formes prescrites au titre des Saisies-exécutions.»

Dans le titre *Des Saisies-exécutions*, nous avons divisé les formalités exigées par la loi en deux classes, celles qui ont pour but de mettre l'objet saisi sous la main de la justice, et celles qui ont pour but de parvenir à la vente. C'est aux secondes seulement que renvoie notre art. 945, c'est-à-dire à l'application des art. 617 et suivants.

Ces formes seront observées en matière de vente de meubles appartenant à une succession, lorsqu'il y aura des héritiers mineurs, ou même des héritiers majeurs qui ne consentent pas à une vente amiable. Ces formes sont encore nécessaires pour la vente des meubles dépendant d'une succession bénéficiaire (art. 805, C. civ., et 989, C. pr.); pour la vente des meubles susceptibles de dépérir ou dispendieux à conserver (art. 796, C. civ., et 789, C. pr.), qui dépendent d'une succession à l'égard de laquelle l'habile à succéder n'a pas encore pris qualité; pour la vente des meubles d'une succession vacante (art. 1000, C. pr.); pour la vente des meubles grevés de substitution (art. 1062, C. civ.), etc.

« Art. 946. Il y sera procédé sur la réquisition de l'une des parties intéressées, en vertu de l'ordonnance du président du tribunal de première instance, et par un officier public. »

Les officiers publics qui procéderont à ces ventes de meubles seront, comme

(1) Il faut lire *ci-après* au lieu de *ci-dessus*, à cause de la place que je donne à cet article.

pour la prisée des meubles dans l'inventaire, les commissaires-priseurs exclusivement dans le chef-lieu de leur établissement, et, dans les autres parties de leur ressort, concurremment avec le notaire, les greffiers des justices de paix et les huissiers.

Si la succession comprend des meubles incorporels, comme fonds de commerce, brevets d'invention, créances, etc., c'est aux notaires qu'appartient exclusivement le droit d'en effectuer la vente.

Enfin les agents de change pourront seuls opérer les ventes ou transferts de rentes sur l'État, d'actions industrielles et autres valeurs qui se cotent à la Bourse.

« Art. 947. On appellera les parties ayant droit d'assister à l'inventaire et qui demeureront ou auront élu domicile dans la distance de cinq myriamètres : l'acte sera signifié au domicile élu. »

Ces personnes sont énumérées dans l'art. 942. Faut-il appeler aussi à la vente les créanciers opposants? La loi ne l'a pas dit, et je ne crois pas qu'on doive, à cet égard, suppléer à son silence. Les créanciers peuvent, sans doute, être fort intéressés à ce que les enchères atteignent un prix élevé ; mais ils seront suffisament avertis par les affiches et les insertions dans les journaux qui annonceront la vente.

« Art. 948. S'il s'élève des difficultés, il pourra être statué provisoirement en référé par le président du tribunal de première instance. »

Le légataire particulier d'un corps certain, par exemple, peut s'opposer à la vente de l'objet mobilier qui lui a été légué et qui lui appartient aux termes de l'art. 711, C. civ. Mais, s'il laissait la vente s'accomplir, l'adjudicataire de bonne foi deviendrait propriétaire incommutable. Il serait protégé, par la disposition de l'art. 2279 du Code civil, contre la revendication du légataire à qui il ne resterait qu'un recours en indemnité contre les représentants de la succession, héritiers et légataires universels ou à titre universel.

« Art. 949. La vente se fera dans le lieu où sont les effets, s'il n'en est autrement ordonné. »

« Art. 950. La vente sera faite tant en l'absence que présence, sans appeler personne pour les non-comparants. »

« Art. 951. Le procès-verbal fera mention de la présence ou de l'absence du requérant. »

Ces articles n'exigent aucune explication.

Ajoutons seulement que l'art. 625 recevra son application relativement aux obligations qu'il impose aux commissaires-priseurs et aux huissiers, qui étaient contraignables par corps pour le montant des adjudications (art. 3, loi du 13 décembre 1848), avant la loi du 22 juillet 1867. *

TITTE VI

DE LA VENTE DES BIENS IMMEUBLES APPARTENANT A DES MINEURS (C. D.)

⇒ **1146.** * La rubrique de ce titre a été modifiée par l'art. 3 de la loi du 2 juin 1841. L'ancien titre VI du livre Ier de la IIe partie du Code de procédure était intitulé : *De la Vente des biens immeubles.* Toutefois, un seul article, l'ancien art. 953, était relatif aux ventes d'immeubles appartenant à des majeurs ; encore cet article ne contenait-il guère qu'un renvoi au titre suivant. Tous les autres articles se référaient aux ventes d'immeubles appartenant à des mineurs. On a supprimé l'ancien art. 953, et intitulé ce titre : *De la Vente des biens immeubles appartenant à des mineurs.*

L'art. 3 de la loi de 1841 a modifié l'ancien titre VI. Cet article a exactement le même but que l'art. 1er de cette loi, à l'égard du titre de la Saisie immobilière et du titre relatif aux incidents de cette saisie ; ce but, c'est l'abréviation des délais, la suppression de quelques formalités, et, par la suite, la diminution des frais pour parvenir à la vente des immeubles appartenant à des mineurs, tout en maintenant les garanties protectrices de la propriété et des intérêts des mineurs.

Quoique ce titre se trouve placé dans le livre des procédures relatives à l'ouverture des successions, ses dispositions s'appliquent à toute vente d'immeubles appartenant à des mineurs. Les articles qui suivent recevront donc leur application, soit au cas de la vente d'un immeuble appartenant à un mineur, et provenant d'une succession qu'on veut liquider, soit au cas de la vente d'un immeuble, faite conformément à l'art. 457 du Code civil, lorsqu'il y a pour le mineur nécessité absolue ou avantage évident.

« **Art. 953.** La vente des immeubles appartenant à des mineurs ne pourra être ordonnée que d'après un avis de parents énonçant la nature des biens et leur valeur approximative. — Cet avis ne sera pas nécessaire si les biens appartiennent en même temps à des majeurs, et si la vente est poursuivie par eux. Il sera procédé alors conformément au titre *Des Partages et Licitations.* »

C'est dans l'intérêt des mineurs que la loi exige la vente en justice de leurs immeubles. On a craint que le tuteur ne donnât pas à cette vente tous les soins nécessaires, et ne consentît l'aliénation de l'immeuble pour un prix inférieur à sa valeur réelle. L'adjudication publique, précédée des formalités prescrites par la loi, doit procurer le plus haut prix qu'il soit possible d'obtenir.

Un avis de parents. Il était déjà exigé par l'art. 457 du Code civil; et le tribunal ne pourrait ordonner la vente sans que l'avis des parents eût été demandé (1), ni contre l'avis des parents et du tuteur (2).

Énonçant la nature des biens et leur valeur approximative. Ces mots ont été ajoutés dans la loi nouvelle et se réfèrent à une innovation contenue dans l'art. 955. Autrefois, le tribunal, en homologuant l'avis du conseil de famille, ordonnait toujours une expertise qui lui servait à fixer la mise à prix. Aujourd'hui, le tribunal peut se dispenser de cette expertise et supprimer les frais qu'elle entraînait. Dans ce cas, l'avis des parents, *énonçant la nature et la valeur approximative des biens*, sera un des éléments qui serviront de base au tribunal pour fixer la mise à prix (art. 955).

Cet avis ne sera pas nécessaire... Le deuxième alinéa suppose que l'immeu-

(1) Cass., 9 février 1863, D. 63, 1, 85.
(2) Cass., 17 décembre 1867, D. 67, 1, 482.

ble à vendre appartient par indivis au mineur et à des majeurs. Si la vente est provoquée par les autres copropriétaires, il est inutile de convoquer et de consulter le conseil de famille, qui ne peut, du chef du mineur, s'opposer à la mise en vente, puisque nul n'est tenu de demeurer dans l'indivision (art. 815, C. civ.).

Mais le tuteur qui veut provoquer la mise en vente au nom du mineur doit consulter le conseil de famille. Il prend alors spontanément, au nom du mineur, l'initiative d'un partage, dont il pourrait s'abstenir.

« Art. 954. Lorsque le tribunal homologuera cet avis, il déclarera, par le même jugement, que la vente aura lieu, soit devant l'un des juges du tribunal à l'audience des criées, soit devant un notaire à cet effet commis. — Si les immeubles sont situés dans plusieurs arrondissements, le tribunal pourra commettre un notaire dans chacun de ces arrondissements, et même donner commission rogatoire à chacun des tribunaux de la situation de ces biens. »

L'homologation du tribunal n'est pas une simple formalité ; le tribunal doit, au contraire, se livrer à un examen sérieux, et, s'il ne juge pas la vente nécessaire ou évidemment avantageuse, refuser son homologation.

Le tribunal déclarera, dans son jugement d'homologation, où et devant qui se fera la vente. La loi laisse une option à cet égard ; la vente sera renvoyée, suivant que l'intérêt du mineur paraîtra l'exiger, ou devant un des juges à l'audience des criées, ou devant un notaire désigné par le jugement.

Si les immeubles sont situés dans divers arrondissements, le tribunal pourra renvoyer toute la vente à son audience des criées ; il pourra aussi diviser la vente et commettre un notaire dans chaque arrondissement, ou donner commission rogatoire à chaque tribunal dans le ressort duquel se trouvent un ou plusieurs des immeubles qu'il s'agit de vendre.

Le tribunal sera toujours guidé par l'intérêt du mineur, c'est-à-dire qu'il tâchera de lui procurer le plus haut prix possible. Aussi, lorsqu'il s'agit d'immeubles qui doivent se vendre par petits lots, il est plus utile de les vendre au lieu de la situation où ils sont plus connus, et où les motifs de convenance, de voisinage, peuvent faire monter les enchères. Si, au contraire, il s'agit d'un immeuble considérable, qui doit être vendu en un seul lot, il vaut mieux procéder à la vente au chef-lieu d'arrondissement, où se trouvent de plus grandes fortunes, et, par conséquent, plus d'enchérisseurs pour ces sortes de biens.

1147. « Art. 955. Le jugement qui ordonnera la vente déterminera la mise à prix de chacun des immeubles à vendre et les conditions de la vente. Cette mise à prix sera réglée, soit d'après l'avis des parents, soit d'après les titres de propriété, soit d'après les baux authentiques ou sous seing privé ayant date certaine, et, à défaut de baux, d'après le rôle de la contribution foncière. — Néanmoins le tribunal pourra, suivant les circonstances, faire procéder à l'estimation totale ou partielle des immeubles. — Cette estimation aura lieu, selon l'importance et la nature des biens, par un ou trois experts que le tribunal commettra à cet effet. »

Cet article a introduit d'importantes innovations et de notables économies dans la vente des immeubles appartenant à des mineurs. Autrefois, en effet, le tribunal ordonnait toujours une expertise pour déterminer la valeur des biens; cette expertise servait de base au tribunal pour la fixation de la mise à prix sur laquelle les enchères devaient être reçues. Aujourd'hui, le tribunal peut, sans expertise, fixer la mise à prix et les conditions de la vente.

Nous avons déjà vu sur l'art. 953, 1er alinéa, que l'avis des parents doit contenir l'énonciation de la nature des biens et de leur valeur approximative. L'art. 955 fait figurer cette énonciation parmi les bases qui pourront servir à déterminer la mise à prix ; mais la loi en indique aussi d'autres, comme les titres de propriété, c'est-à-dire les différents actes de transmission de propriété des immeubles et surtout de transmission à titre onéreux, par exemple, les actes de vente. La loi cite encore les baux constatés par actes authentiques ou ayant date certaine, qui indiquent le revenu de l'immeuble, et, à défaut de baux, le rôle de la contribution foncière.

Si le tribunal ne trouve pas, dans les divers modes d'évaluation déterminés par la loi, des bases suffisantes pour la fixation de la mise à prix, il pourra ordonner une expertise. La loi n'a pas supprimé cette mesure d'instruction; seulement, d'obligatoire qu'elle était autrefois, elle est devenue facultative.

Un ou trois experts. D'après l'art. 303 du Code de procédure, le tribunal qui ordonne une expertise doit nommer trois experts, à moins que les parties ne consentent à ce qu'il soit procédé par un seul; mais ce consentement ne peut être donné que par des parties capables. Ici la loi va plus loin : quoiqu'il s'agisse d'une expertise qui intéresse un mineur, c'est-à-dire un incapable, le tribunal peut ne nommer qu'un seul expert.

Le tribunal nommera un ou trois experts, suivant l'importance des biens et les difficultés de l'opération.

« Art. 956. Si l'estimation a été ordonnée, l'expert ou les experts, après avoir prêté serment, soit devant le président du tribunal, soit devant un juge de paix commis par lui, rédigeront leur rapport, qui indiquera sommairement les bases de l'estimation, sans entrer dans le détail descriptif des biens à vendre. — La minute du rapport sera déposée au greffe du tribunal. Il n'en sera pas délivré d'expédition. »

Cet article, relatif à l'expertise, contient trois dispositions nouvelles.

1° Le serment des experts, que recevait toujours autrefois le président du tribunal qui les avait nommés, peut être prêté aujourd'hui devant un juge de paix commis par le président; on évite ainsi de déplacer l'expert, et on économise les frais que ce déplacement occasionnerait.

2° Le rapport des experts doit indiquer les bases de l'estimation, *sans entrer dans le détail descriptif des biens à vendre.* Cette prohibition a encore pour but de diminuer les frais abusifs qu'entraînaient autrefois les expertises. D'après l'ancien art. 956, les experts devaient présenter les causes de leur estimation, sans que la loi leur eût posé aucune limite à cet égard. « On concluait « de là » disait le rapporteur de la loi de 1841 à la Chambre des députés, « qu'il « était permis de décrire avec le plus minutieux détail chaque partie des biens « mis en vente. De là des vacations nombreuses, des rôles volumineux d'ex- « pédition, des copies multipliées et proportionnées à la longueur de l'original « dans les successions les plus importantes comme les plus modiques : il se- « rait facile de citer des exemples où le rapport seul des experts a coûté des « sommes entièrement disproportionnées et avec la valeur des biens et avec

« l'utilité de cet acte de procédure. » Tels sont les abus qu'on a voulu faire disparaître en défendant aux experts de faire une description détaillée des biens à vendre.

3° On a décidé à la fin de l'article qu'il ne serait pas délivré d'expédition du rapport d'experts, quoique cette expédition ne dût pas être aussi coûteuse que sous le régime de l'ancien art. 956, puisque le rapport est singulièrement abrégé.

La disposition qui supprime l'expédition du rapport d'experts a été vivement combattue dans la discussion de la loi de 1841. On faisait remarquer que cette suppression entraînerait quelquefois des inconvénients. Ainsi, lorsque la vente est renvoyée devant un notaire, qui doit y procéder dans un autre lieu que celui où siège le tribunal, ou devant plusieurs tribunaux différents, il serait utile de délivrer expédition du rapport, afin qu'il pût être consulté par ceux qui veulent connaître l'avis des experts et l'appréciation qu'ils ont faite des biens. Il ne sera pas toujours facile de se transporter au greffe du tribunal, où la minute du rapport se trouve déposée, pour en prendre connaissance. Cette suppression a néanmoins été maintenue.

1148. « Art. 957. Les enchères seront ouvertes sur un cahier des charges déposé par l'avoué au greffe du tribunal ou dressé par le notaire commis et déposé dans son étude, si la vente doit avoir lieu devant notaire. — Ce cahier contiendra : 1° l'énonciation du jugement qui a autorisé la vente ; 2° celle des titres qui établissent la propriété ; 3° l'indication de la nature ainsi que de la situation des biens à vendre, celle du corps d'héritage, de leur contenance approximative et de deux des tenants et aboutissants ; 4° l'énonciation du prix auquel les enchères seront ouvertes, et les conditions de la vente. »

En cette matière, comme dans la saisie immobilière, le cahier des charges a pour but d'éclairer ceux qui veulent se porter enchérisseurs sur l'objet vendu et sur les conditions de la vente. Les exigences de la loi dans les numéros 1, 3, 4 de notre article se retrouvent à peu près dans l'art. 690, et correspondent aux dispositions des numéros, 1, 2, 3, 4 de ce dernier article.

Le numéro 2 de notre article ordonne, en outre, d'insérer dans le cahier des charges l'énumération des titres qui établissent la propriété. Cette mention n'est pas exigée dans le cahier des charges, en matière de saisie immobilière, parce que le poursuivant n'a pas les titres qui établissent la propriété, et que le saisi peut refuser de les communiquer. Au contraire, lorsque le cahier des charges est dressé à la requête du tuteur dépositaire des titres, il devra les énoncer afin d'établir, autant que possible, le droit de propriété du mineur sur l'objet vendu.

Ce cahier des charges est dressé par l'avoué, quand la vente a lieu à l'audience des criées, et par le notaire commis par le tribunal, quand la vente se fait devant notaire. Notre article tranche ainsi une question fort agitée autrefois : les avoués prétendaient avoir le droit exclusif de dresser le cahier des charges, même lorsque la vente se faisait devant notaire.

En matière de saisie immobilière (art. 694 et 695), le cahier des charges est lu et publié à l'audience, après que les parties intéressées en ont pris ou ont pu en prendre communication. Ici, cette lecture et cette publication, qui avaient lieu autrefois (ancien art. 959), ont été supprimées, parce qu'elles n'auraient pu avoir lieu devant notaire. D'ailleurs, les motifs, qui font exiger la lecture et publication du cahier des charges en matière de saisie immobilière, ne se rencontrent pas dans la vente de l'immeuble appartenant à un mineur. En effet, la vente, dans ce dernier cas, est faite à la requête du propriétaire et dans son intérêt, tandis que, dans la saisie immobilière, elle se poursuit contre le propriétaire et malgré lui.

Quant à ceux qui veulent se porter enchérisseurs, ce n'est pas par une lecture fugitive, entendue à l'audience, qu'ils peuvent avoir une connaissance exacte de l'objet et des conditions de la vente, mais par la communication qu'ils prendront au greffe de ce cahier des charges.

1149. « Art. 958. Après le dépôt du cahier des charges, il sera rédigé et imprimé des placards qui contiendront : 1° l'énonciation du jugement qui aura autorisé la vente ; — 2° les noms, professions et domiciles du mineur, de son tuteur et de son subrogé tuteur ; — 3° la désignation des biens telle qu'elle a été insérée dans le cahier des charges ; — 4° le prix auquel seront ouvertes les enchères sur chacun des biens à vendre ; — 5° les jour, lieu et heure de l'adjudication, ainsi que l'indication soit du notaire et de sa demeure, soit du tribunal devant lequel l'adjudication aura lieu, et, dans tous les cas, de l'avoué du vendeur. »

Dans ces ventes, comme dans celles sur saisie immobilière, on a supprimé l'adjudication préparatoire, qui rendait la procédure plus longue et plus coûteuse, sans grande utilité.

Dès que le cahier des charges a été déposé au greffe, la loi prescrit des mesures de publicité qui consistent, comme dans la vente sur saisie, dans les affiches et des insertions dans les journaux.

Le contenu des placards ou affiches, tels que l'énumère l'art. 958, a la plus grande analogie avec le contenu des placards qui donnent la publicité à la vente sur saisie immobilière (Voy. art. 699, premier alinéa, et 696).

Ces placards seront rédigés par les avoués, même quand la vente doit avoir lieu devant notaire. Cette solution résulte de l'art. 14 de l'ordonnance du 10 octobre 1841 contenant le tarif des frais dans les ventes judiciaires d'immeubles. Cet article, après avoir énuméré tous les actes que rédigeront les notaires dans les ventes renvoyées devant eux, sans y comprendre les placards, ajoute que *les avoués restent chargés de l'accomplissement des autres actes de la procédure*. Ils restent donc chargés de la rédaction des placards (1).

« Art. 959. Les placards seront affichés quinze jours au moins, trente jours au plus avant l'adjudication, aux lieux désignés dans l'art. 699, et, en outre, à la porte du notaire qui procédera à la vente ; ce dont il sera justifié conformément au même article. »

Une seule apposition de placards est exigée par la loi. Autrefois, aux termes de l'art. 459 du Code civil et de l'article 961, C. pr., il fallait trois affiches, par trois dimanches consécutifs ; aujourd'hui une seule affiche suffit et peut être apposée un autre jour que le dimanche. L'art. 459 du Code civil

(1) Cass., 18 novembre 1844, D. 1845, 1, 12. — Cass., 14 janvier 1845, *Journal du Palais*, t. I, de 1845, p. 80.

se trouve donc, à cet égard, modifié par le nouvel art. 959 du Code de procédure.

Notre article renvoie à l'art. 699 pour l'indication des lieux où les affiches seront apposées. Suivant quelques auteurs, il faut remplacer, dans les numéros 1, 3, 4, 7 de l'art. 699, le mot *saisi* par le mot *propriétaire*. Ce propriétaire est le mineur, qui a son domicile chez son tuteur ou chez son père, administrateur de ses biens. Dans cette opinion, le placard serait donc affiché à la porte du domicile du mineur, à la principale place de la commune où il est domicilié, aux portes de la mairie et du tribunal de son domicile (art. 699, 1°, 3°, 4°, 7°).

Je ne pense pas que cette interprétation doive être admise. En effet, quel serait le but d'une apposition de placards à la porte du mineur ou de son tuteur? On la comprend à la porte du saisi, qui ne poursuit pas la vente, qui souvent même a intérêt à s'y opposer, et peut l'empêcher en désintéressant les créanciers avant le jour de l'adjudication. Mais pourquoi le mineur ou son tuteur, à la requête desquels la vente est poursuivie, seraient-ils obligés de faire les frais d'une affiche pour s'avertir eux-mêmes de la vente qu'ils font faire?

L'ancien art. 961 du Code de procédure n'exigeait pas l'apposition d'une affiche à la porte du mineur ou de son tuteur, et il est difficile de croire que, dans la loi de 1841, qui a pour but de diminuer les formalités, on ait voulu en ajouter une inutile.

Notre article renvoie à l'art. 699, en écartant les formalités spéciales à la saisie immobilière. Ainsi, on supprimera purement et simplement les appositions faites en vue du saisi (art. 699, 1°, 3°, 4° et 7°), sans rien ajouter au surplus de l'article.

« Art. 960. Copie de ces placards sera insérée, dans le même délai, au journal indiqué par l'art. 696, et dans celui qui aura été désigné pour l'arrondissement où se poursuit la vente, si ce n'est pas l'arrondissement de la situation des biens. — Il en sera justifié conformément à l'art. 698. »

Cet article parle du deuxième moyen de publicité, de l'insertion dans les journaux, et renvoie, à cet égard, à l'art. 696 (Voy. l'explication de cet article).

« Art. 961. Selon la nature et l'importance des biens, il pourra être donné à la vente une plus grande publicité, conformément aux art. 697 et 700. »

Cet article ne nécessite aucune explication.

1150. « Art. 962. Le subrogé tuteur du mineur sera appelé à la vente, ainsi que le prescrit l'art. 459 du Code civil ; à cet effet, le jour, le lieu de l'adjudication, lui seront notifiés un mois d'avance, avec avertissement qu'il y sera procédé tant en son absence qu'en sa présence. ».

L'art. 459 du Code civil exige bien la présence du subrogé tuteur aux enchères; mais l'ancien Code de procédure n'avait pas réglé la manière dont le subrogé tuteur devait être averti de la vente. L'art. 962 a déterminé la forme dans laquelle la vente sera portée à la connaissance du subrogé tuteur.

Il sera procédé tant en son absence... La loi de 1841 ne paraît pas avoir attaché une grande importance à la présence et au rôle du subrogé tuteur dans cette procédure. Le rapporteur faisait remarquer à la Chambre des pairs qu'on avait proposé d'appeler le subrogé tuteur au commencement de la procédure, afin qu'il pût discuter les conditions de la vente et la mise à prix. « On a répondu, ajoutait-il, qu'on n'aurait pu agir de cette manière qu'en « changeant le caractère du subrogé tuteur; ses fonctions ne consistent qu'à « agir pour les intérêts des mineurs, lorsqu'ils sont en opposition avec ceux « du tuteur (art. 420, C. civ.)... En l'appelant à l'adjudication, on satisfait suf- « fisamment à ce que commande le véritable intérêt du mineur. Votre com- « mission n'a pas hésité à s'en contenter. » Si le subrogé tuteur ne répond pas à cet appel, il sera passé outre à l'adjudication malgré son absence.

1151. « Art. 963. Si, au jour indiqué pour l'adjudication, les enchères ne s'élèvent pas à la mise à prix, le tribunal pourra ordonner, sur simple requête en la chambre du conseil, que les biens seront adjugés au-dessous de l'estimation : l'adjudication sera remise à un délai fixé par le jugement, et qui ne pourra être moindre de quinzaine.

« Cette adjudication sera encore indiquée par des placards et des insertions dans les journaux, comme il est dit ci-dessus, huit jours au moins avant l'adjudication ».

Sur simple requête. Autrefois un nouvel avis de parents était nécessaire. La loi a cru pouvoir supprimer cette formalité.

Seront adjugés au-dessous de l'estimation. Il s'agit ici de l'estimation primitive.

L'ajudication sera remise à un délai... Cette remise nécessitera une nouvelle publicité pour faire connaître le jour et les conditions de la nouvelle adjudication (Voy. le deuxième alinéa de notre article).

Le tribunal qui ordonne que les biens seront adjugés au-dessous de l'estimation primitive doit-il fixer une nouvelle mise à prix? C'est ainsi qu'il procédera ordinairement. Mais on peut craindre que les nouvelles enchères n'atteignent pas cette mise à prix, et qu'il ne soit nécessaire de remettre encore l'adjudication, ce qui entraînerait de nouveaux frais d'affiches et d'insertion dans les journaux. Le rapporteur de la loi de 1841 à la Chambre des pairs, prévoyant ce fait, disait : « Remarquez que, d'après les expressions générales de « l'art. 963, le tribunal n'est pas obligé de déterminer une limite : il le peut, « il le fera le plus souvent; mais enfin, rien ne l'empêcherait d'autoriser la « vente à tout prix, s'il le croyait utile pour éviter au mineur de nouvelles « lenteurs et d'autres frais de procédure, d'insertions et d'affiches.

⇒ **1152.** « Art. 964. Sont déclarés communs au présent titre les art. 701, 705, 706, 707, 711, 712, 713, 733, 734, 735, 736, 737, 738, 739, 740, 741 et 742. — Néanmoins, si les enchères sont reçues par un notaire, elles pourront être faites par toutes personnes sans ministère d'avoué. — Dans le cas de vente devant notaire, s'il y a lieu à folle enchère, la poursuite sera portée devant le tribunal. — Le certificat constatant que l'adjudicataire n'a pas justifié de l'acquit des conditions sera délivré par le notaire. Le procès-verbal sera déposé au greffe, pour servir d'enchère. »

Cet article renvoie au titre de la Saisie immobilière : 1° pour la nécessité de faire taxer les frais de la poursuite avant la vente, et d'en faire la mention dans le jugement d'adjudication (art. 701); 2° pour les formes des enchères et de l'adjudication (art. 705, 706); 3° pour la déclaration à faire par l'avoué du nom du client pour lequel il s'est rendu adjudicataire (art. 707); 4° pour les personnes qui ne peuvent être adjudicataires (art. 711) ; 5° pour les formes du jugement d'adjudication (art. 712, 713); enfin, 6° pour la folle enchère (art. 733 à 741).

Quant à l'art. 742, c'est par erreur qu'il est mentionné dans l'art. 964. L'art. 742, relatif à la prohibition de la clause de voie parée, est évidemment inapplicable à la vente des immeubles appartenant à des mineurs.

Je vous renvoie aux explications que j'ai données précédemment sur chacun des articles précités. Toutefois j'ajouterai quelques explications sur des points spéciaux à la matière qui nous occupe.

Notre article se réfère aux art. 705 et 706, relatifs aux formes des enchères et de l'adjudication. Mais le deuxième alinéa de notre art. 964 déroge à l'art. 705 ; dans les cas où les enchères sont reçues par un notaire, le ministère des avoués n'est plus nécessaire, et toute personne peut enchérir. Il n'est pas défendu, d'ailleurs de se faire représenter et de choisir un avoué pour mandataire (1).

Notre article renvoie encore à l'art. 711, qui indique quelles personnes ne peuvent se rendre adjudicataires. Nous avons décidé, sur l'art. 711, que cette disposition devait être complétée par celle de l'art. 1596 du Code civil ; notamment, que le tuteur du saisi ne pouvait se rendre adjudicataire des biens de son pupille qui sont vendus sur saisie immobilière. Cette solution s'applique *à fortiori* dans la matière qui nous occupe, puisque c'est le tuteur qui poursuit la vente ; il tombe directement sous l'application de l'art 1596 du Code civil.

Mais on n'est pas d'accord sur la question de savoir si cette prohibition doit être étendue au subrogé tuteur, au curateur du mineur émancipé, au conseil judiciaire du prodigue. Suivant les uns, l'art. 1596, qui crée une incapacité, doit être entendu d'une manière restrictive, et ne peut être étendu au subrogé tuteur, au curateur du mineur émancipé, au conseil judiciaire du prodigue.

Suivant d'autres, les garanties que la loi a voulu établir au profit du mineur par la surveillance du subrogé tuteur, au profit du mineur émancipé par l'assistance d'un curateur, au profit du prodigue par celle du conseil judiciaire, disparaîtraient complètement si ces personnes pouvaient avoir un intérêt contraire à celui de l'incapable qu'elles doivent protéger.

Il faut faire une distinction, adopter la première opinion en ce qui concerne le subrogé tuteur, mais se rallier à la seconde, relativement au curateur du mineur non émancipé et au conseil judiciaire du prodigue. Quel est, en effet, le motif de l'incapacité créée par l'art. 1596 contre le tuteur? La loi a craint que le tuteur ne donnât des renseignements inexacts à ceux qui veulent se rendre adjudicataires, afin d'arrêter les enchérisseurs et de rester maître de l'adjudication.

Telle est la véritable raison de l'incapacité du tuteur. Existe-t-elle à l'égard du subrogé tuteur? Évidemment non. Ce n'est jamais au subrogé tuteur que les enchérisseurs demanderont des renseignements sur les conditions de la vente, le produit de l'objet vendu, les servitudes qui lui profitent ou qui le

(1) Cass., 14 janvier 1845, *Journal du Palais*, t. I, de 1845, p. 80.

grèvent, etc. On ne s'adressera qu'au tuteur qui administre les biens du mineur. Il n'y a donc pas lieu d'étendre au subrogé tuteur l'incapacité de l'art. 1596, puisque ni le texte ni le motif des dispositions de cet article ne lui sont applicables.

On objecte, il est vrai, que l'art. 459 du Code civil et l'art, 962 du Code de procédure exigent la présence du subrogé tuteur à la vente, dans l'intérêt du pupille ; que cette garantie n'existe plus si le subrogé tuteur peut se rendre adjudicataire et avoir ainsi un intérêt contraire à celui du mineur. Mais nous avons vu sur l'art. 962 qu'il ne fallait pas attacher une grande importance à la présence du subrogé tuteur à la vente. Si le mineur perd une garantie fort équivoque lorsque le subrogé tuteur devient adjudicataire, il gagne, d'un autre côté, un prix supérieur à celui qu'il aurait obtenu, puisque les autres enchères étaient au-dessous de celle du subrogé tuteur.

Je suppose maintenant qu'il s'agisse de la vente d'un immeuble appartenant à un mineur émancipé. Cette vente a lieu dans les formes prescrites par ce titre (art. 484, C. civ.). C'est bien le mineur émancipé qui vend lui-même, mais, dans la plupart des cas, c'est au curateur que s'adresseront les tiers qui voudront se rendre adjudicataires. D'ailleurs le mineur peut requérir son assistance, ses conseils, et le curateur donnerait-il des avis bien désintéressés s'il pouvait avoir l'intention de se rendre lui-même enchérisseur ?

Il en faut dire autant pour la vente des biens appartenant à la personne pourvue d'un conseil judiciaire. Les tiers qui veulent enchérir ne s'adresseront pas au prodigue, qui ne leur inspire pas une grande confiance ; c'est au conseil judiciaire qu'ils demanderont des renseignements relatifs à la vente. Le curateur et le conseil judiciaire seront donc incapables d'enchérir par les mêmes motifs que le tuteur.

Enfin l'art. 964 renvoie aux art. 733 à 741 pour la folle enchère. D'après le troisième alinéa de notre article, la folle enchère peut atteindre même l'adjudication faite devant notaire ; mais la folle enchère sera toujours portée devant le tribunal. Cette dernière disposition tranche une question autrefois controversée.

Le certificat qui sert de base à la folle enchère sera délivré par le notaire qui a procédé à l'adjudication (4e alinéa de notre article), tandis qu'il est délivré par le greffier quand la vente a eu lieu devant le tribunal (art. 734).

1153. « Art. 965. Dans les huit jours qui suivront l'adjudication, toute personne pourra faire une surenchère du sixième, en se conformant aux formalités et délais réglés par les art. 708, 709 et 710 ci-dessus.

« Lorsqu'une seconde adjudication aura eu lieu après la surenchère ci-dessus, aucune autre surenchère des mêmes biens ne pourra être reçue. »

Le premier alinéa de cet article permet la surenchère après l'adjudication des immeubles appartenant à des mineurs. Cette surenchère, qui peut avoir lieu aussi bien après la vente devant notaire qu'après la vente devant le tribunal, est entièrement réglée par les art. 708, 709 et 710, que nous avons précédemment expliqués.

Cette surenchère du sixième n'exclut pas absolument la surenchère du dixième, réglée par l'art. 2185 du Code civil. En effet, l'adjudication d'un immeuble appartenant à un mineur, à la différence de l'adjudication sur saisie immobilière, ne purge pas les hypothèques inscrites sur cet immeuble. On comprend facilement la raison de cette différence. Les créanciers inscrits ne sont pas liés à la vente de l'immeuble appartenant au mineur, comme ils le sont à la poursuite de saisie par la sommation dont il est question dans l'art. 692.

Les hypothèques subsistent donc après adjudication de l'immeuble du mineur. Aussi que devra faire l'adjudicataire? Il sera obligé, pour purger les hypothèques dont l'immeuble est grevé, de remplir les formalités des art. 2183 et suivants du Code civil. Quel est le but de ces formalités? D'avertir les créanciers inscrits de l'aliénation de l'immeuble grevé de leurs hypothèques, et, si la somme que le nouvel acquéreur s'engage à leur payer ne leur paraît pas assez élevée, de leur donner la faculté de remettre l'immeuble anx enchères, moyennant une surenchère d'un dixième (art. 2185, C. civ.) (1).

Le second alinéa de notre article défend de faire une surenchère après l'adjudication sur surenchère. D'où il résulte que, s'il survient dans les huit jours de l'adjudication une surenchère du sixième (art. 955, 1er alinéa), il n'y aura plus lieu à une seconde surenchère, notamment à celle du dixième. Mais si les huit jours qui suivent l'adjudication se passent sans qu'il y ait eu surenchère du sixième, alors la surenchère du dixième pourra être faite, conformément à l'art. 2185 du Code civil, sur les notifications à fin de purge signifiées aux termes de l'art. 2183.

Si la surenchère du sixième est annulée, elle est réputée non avenue, et ne fait pas obstacle à la surenchère du dixième.

Enfin, si la première adjudication a été frappée d'une surenchère, soit du sixième, soit du dixième, la nouvelle adjudication sur surenchère ne pourra être l'objet d'aucune surenchère, ni du sixième ni du dixième; ce serait une seconde surenchère des mêmes biens, et elle est prohibée par la fin de notre article.

Les créanciers inscrits peuvent-ils se plaindre? Si après la première adjudication, il survient dans la huitaine une surenchère du sixième, les créanciers peuvent venir aux nouvelles enchères et pousser leurs enchères jusqu'à la somme qu'ils regardent comme le véritable prix de l'immeuble. Si, au contraire, il n'y a pas de surenchère du sixième dans les huit jours de l'adjudication, les créanciers inscrits se trouvent dans la position que le Code civil leur a faite, c'est-à-dire que l'adjudicataire doit procéder à la purge de l'immeuble et leur signifier les notifications prescrites par l'art. 2183 du Code civil. Ils peuvent alors former une surenchère du dixième dans les quarante jours qui suivent, sous les conditions écrites dans l'art. 1185.

La seule chose dont les créanciers puissent se plaindre, c'est que, dans l'hypothèse d'une surenchère du sixième, ils n'ont reçu ancune notification, et n'ont été officiellement avertis ni de la vente ni des nouvelles enchères, et que néanmoins ils ont perdu leur droit de former une surenchère du dixième. Mais cette objection a été présentée dans la discussion, et, malgré sa gravité,

(1) Ainsi jugé en matière de vente sur conversion de saisie, à laquelle l'art. 743 déclare l'art. 965 applicable. — Orléans, 5 août 1853, D. 54, 2, 231.

elle n'a pas arrêté le législateur. On a pensé que des créanciers inscrits devaient toujours surveiller les biens affectés à leurs hypothèques; qu'après la publicité donnée à la première vente, ils avaient pu et dû connaître l'adjudication, et s'informer s'il y avait ou non une surenchère du sixième dans la huitaine, enfin, que, s'il y avait une surenchère dans la huitaine, il était difficile qu'ils ignorassent les nouvelles enchères, en présence de la nouvelle publicité donnée à la vente sur surenchère. On a voulu, d'ailleurs, que l'adjudication sur surenchère fût libre de toute crainte d'une surenchère nouvelle : une décision contraire n'aurait-elle pas nui à l'élévation du prix de l'adjudication sur surenchère?

Il reste une difficulté à éclaircir. Dans le cas où il est survenu dans la huitaine une surenchère du sixième, l'adjudicataire sur cette surenchère doit-il remplir les formalités de la purge conformément aux art. 2183 et suivants du Code civil? Dans l'espèce, les notifications ne peuvent pas provoquer une surenchère que notre article prohibe ; ne sont-elles pas complètement inutiles? Cette difficulté a été soulevée dans la discussion de la loi de 1841. L'exposé des motifs de l'art. 965 à la Chambre des pairs supposait expressément la nécessité des notifications exigées par l'art. 2183 du Code civil, et l'objection tirée de l'inutilité de ces notifications y était même présentée et réfutée. Dans la discussion de l'art. 965, on avait proposé un amendement ainsi conçu : La surenchère du dixième, *non plus que les notifications indiquées par l'art.* 2183 *du Code civil, n'auront lieu qu'à défaut de surenchère du sixième ou en cas de nullité de ladite surenchère.*

Pour repousser cet amendement, on a dit que les notifications de l'art. 2183 avaient un double but : celui de faire surgir une surenchère et celui de faire connaître l'adjudication aux créanciers inscrits, afin qu'il pussent provoquer l'ordre et poursuivre la distribution du prix. Devant ces considérations, non seulement l'amendement ne fut pas admis, mais il ne fut même pas appuyé.

L'intention du législateur de 1841 a donc été de laisser subsister les formalités de la purge conformément aux art. 2181 et suivants, même quand il y a eu une surenchère du sixième, en enlevant toutefois à cette purge son principal effet, celui de provoquer une surenchère du dixième.

☞ **1154.** Toutes les formalités prescrites par les dispositions de ce titre le sont-elles à peine de nullité? On a refusé, dans la loi de 1841, d'attacher la sanction de la nullité aux dispositions de notre titre. Dans la vente de l'immeuble du mineur, qui n'est qu'une convention faite sous la surveillance de la justice, et qui ne suppose pas un conflit entre des intérêts opposés, la loi n'a voulu imposer à personne l'obligation de demander la nullité dans un certain délai et avant l'adjudication, comme en matière de saisie immobilière (art. 728, 729). Mais le mineur pourra plus tard demander la nullité de l'adjudication, si les formalités que la loi a établies pour le protéger, n'ont pas été observées (art. 1314, C. civ.). * **En particulier, si le subrogé tuteur n'avait pas été appelé à la vente et n'y avait pas assisté, il résulterait de cette irrégularité une nullité qui pourrait être invoquée par le mineur ou en son nom (1). Mais

(1) ** Paris, 25 mars 1831, S. 31, 2, 159. **

si le subrogé tuteur avait été appelé et n'était pas venu, ou s'il était venu sans avoir été appelé, il n'y aurait, comme cela paraît résulter de l'article 962, aucune nullité, et il ne semble même pas que le subrogé tuteur dût encourir, dans le premier cas, une responsabilité quelconque **.

CINQUANTE-DEUXIÈME LEÇON

TITRE VII

DES PARTAGES ET LICITATIONS (C. D.).

1155. * Toute succession à laquelle plusieurs personnes sont appelées ensemble, pour des parts égales ou inégales, crée entre elles un état d'indivision qui n'est pas exempt d'inconvénients. Aussi, d'après l'art. 815 du Code civil, nul n'est tenu de demeurer dans l'indivision. On sort de l'indivision par le partage ou par la licitation.

Le partage n'atteint que les objets qui sont indivis entre les cohéritiers, c'est-à-dire les biens corporels, meubles et immeubles. Quant aux créances de la succession, la loi les partage de plein droit entre les cohéritiers, au moment même de l'ouverture de la succession (art. 1220, C. civ.). Ces créances ne sont donc jamais indivises; et, par conséquent, il est inutile de les comprendre dans le partage (Voy. cependant l'art. 832 du Code civil et les commentaires sur cet article).

Nous n'avons à nous occuper ici ni des effets du partage, ni de la garantie des lots, ni de la rescision du partage, qui appartiennent exclusivement au domaine du Code civil. Nous n'avons à expliquer que la forme des partages.

Cette forme est réglée : 1° par les art. 819 et suivants du Code civil ; 2° par les art. 966 à 985 du Code de procédure, formant le titre qui va être l'objet de notre étude. Dans ces articles, ceux qui portent les numéros 969, 970, 971, 972, 973, 975, et 976 ont reçu une nouvelle rédaction par l'art. 4 de la loi du 2 juin 1841, dont je vous ai déjà parlé (Voy. n° 910, *in fine*).

Notre titre s'occupe également de la licitation comme d'un incident du partage. D'après l'art. 1686 du Code civil, on peut la définir : une vente aux enchères d'une chose commune à plusieurs, qui ne peut être partagée commodément et sans perte, ou qu'aucun copartageant ne peut ou ne veut prendre.

Les dispositions contenues dans notre titre s'appliquent à toute espèce de partage, sans distinguer si l'indivision provient d'une succession, d'une communauté ou d'une société (art. 1476 et 1872, C. civ.).

1156. Le partage peut se faire de deux manières, ou à l'amiable dans la forme qui conviendra aux parties, ou en justice dans les formes déterminées par la loi.

« Art. 985. Au surplus, lorsque tous les copropriétaires ou héritiers seront majeurs, jouissant de leurs droits civils, présents ou dûment représentés, ils pourront s'abstenir des voies judiciaires, ou les abandonner en tout état de cause, et s'accorder pour procéder de telle manière qu'ils aviseront. »

Ainsi, quand les copropriétaires sont majeurs, présents et d'accord, ils font la convention de partage, comme toute autre convention, dans la forme qu'il leur plaît d'adopter.

Quand y a-t-il lieu, au contraire, au partage en justice? Les art. 966 et 984 répondent à cette question.

« Art. 966. Dans les cas des art. 823 et 838 du Code civil, lorsque le partage doit être fait en justice, la partie la plus diligente se pourvoira. »

« Art. 984. Les formalités ci-dessus (1) seront suivies dans les licitations et partages tendant à faire cesser l'indivision, lorsque des mineurs ou autres personnes non jouissant de leurs droits civils y auront intérêt. »

Ces deux articles forment la contre-partie de l'art. 985, et montrent dans quels cas il y aura lieu de procéder au partage en justice. Ainsi, lorsque les cohéritiers ne sont pas d'accord, ou qu'il y a parmi eux des mineurs, des interdits, des personnes non présentes (art. 823 et 838, C. civ.), le partage devra être fait en justice, dans les formes déterminées par la loi.

Notre art. 984 porte : *ou autres personnes non jouissant de leurs droits civils.* Vous apercevez l'inexactitude de cette expression ; il faut lire *n'ayant pas l'exercice de leurs droits civils.* Le mineur, l'interdit, jouissent des droits civils, mais leur tuteur les exerce pour eux (art. 8, C. civ.).

Qu'arriverait-il si un partage était fait à l'amiable, sans les formes du partage en justice, lorsque l'un des cohéritiers est mineur ou interdit? D'après l'art. 840 du Code civil, un tel partage n'a qu'un caractère provisoire; si les cohéritiers ont exprimé dans leur convention ce caractère provisoire du partage, chacun d'eux, le majeur comme le mineur, pourra plus tard réclamer un partage définitif. Si même la convention ne contenait rien à cet égard, il faudrait supposer que chacun des cohéritiers n'a entendu faire que ce qui lui était permis, c'est-à-dire un partage provisionnel, et qu'il a conservé le droit de demander un partage définitif.

Mais si les cohéritiers, parmi lesquels il existe un mineur, avaient exprimé, dans leur convention amiable, l'intention de faire un partage définitif, on appliquerait à cette hypothèse la disposition de l'art. 1125 du Code civil; en d'autres termes, le cohéritier mineur pourrait seul invoquer son incapacité pour demander un autre partage, car il n'est pas lié, tandis que les cohéritiers majeurs sont liés par la convention qu'ils ont faite. Le partage serait définitif pour les cohéritiers capables, et provisionnel seulement pour les cohéritiers incapables ; ce qu'il faut entendre en ce sens que le mineur pourrait à son gré faire maintenir ou recommencer le partage.

D'après notre art. 966, quand il y a lieu au partage en justice, *la partie la plus diligente se pourvoira.* Mais devant quel tribunal se pourvoit-elle? Quel est le tribunal compétent? L'action en partage doit être portée au tribunal du lieu de l'ouverture de la succession (art. 822, C. civ. et 59, 6e alinéa, C. pr.), c'est-à-dire au tribunal du lieu où le défunt était domicilié (art. 110, C. civ.).

1157. La procédure du partage judiciaire est l'objet spécial de notre titre, dont nous diviserons l'examen en cinq paragraphes.

(1) Lisez *ci-après* à cause de la place que je donne à l'art. 984.

§ 1. De la demande en partage et du jugement qui intervient sur cette demande (art. 967 à 970). — § 2. Des expertises (art. 971, 974, 975). — § 3. De la licitation (art. 972, 973). — § 4. De la formation de la masse à partager et de la composition des lots (art. 976 à 980). — § 5. Du jugement qui homologue le partage et du tirage au sort des lots (art. 981, 982, 983).

§ 1. *De la demande en partage et du jugement qui intervient sur cette demande* (art. 967 à 970). La demande en partage est formée, comme les demandes ordinaires, par une assignation donnée par exploit d'huissier. Le rôle de demandeur appartient, d'après l'art. 966, à la partie la plus diligente. Chaque cohéritier, et surtout son avoué, peut avoir intérêt à diriger la poursuite; car la plus grande part des émoluments que produisent les frais de cette procédure appartiendra à l'avoué du poursuivant. Dans l'ancienne jurisprudence, la question de savoir à qui la poursuite appartiendrait donnait lieu à un incident dont les frais, faits la plupart du temps dans l'intérêt des procureurs, retombaient en définitive sur les parties. Aujourd'hui, le système de la loi est beaucoup plus simple. Le plus diligent sera le poursuivant, et l'art 967 indique la manière dont la priorité sera constatée.

« Art. 967. Entre deux demandeurs, la poursuite appartiendra à celui qui aura fait viser le premier l'original de son exploit par le greffier du tribunal ; ce visa sera daté du jour et de l'heure. »

Ainsi, lorsque deux cohéritiers ont formé chacun une demande en partage, ce n'est pas à la date respective des exploits d'ajournement qu'il faut s'attacher pour attribuer la qualité de poursuivant, mais à la date du visa mis par le greffier sur l'original de l'exploit de demande (1). L'indication de l'heure exigée par la loi montre que la priorité d'heure dans le même jour sera une cause de préférence.

Mais qu'arrivera-t-il si deux avoués se présentent ensemble au greffe pour obtenir le visa, ou si tous deux attendent en même temps l'ouverture du greffe et l'arrivée du greffier? Les tribunaux, dans ce cas, n'ont pas tous les mêmes usages. A Paris, c'est la chambre des avoués qui statue sur la difficulté. Entre personnes de qualités différentes, elle accorde la poursuite, suivant l'ordre établi dans l'art. 942 du Code de procédure. Si la difficulté s'élève entre deux personnes de la même qualité, par exemple entre deux cohéritiers, elle préfère l'avoué de l'héritier le plus proche, et, entre héritiers du même degré, l'avoué le plus ancien ou celui de l'aîné des héritiers.

1158. « Art. 968. Le tuteur spécial et particulier qui doit être donné à chaque mineur ayant des intérêts opposés, sera nommé suivant les règles contenues au titre *Des Avis de parents.* »

L'art. 968 ne fait qu'indiquer la mise en œuvre de la disposition écrite dans l'art. 838 du Code civil. On suppose dans ces deux articles que des mineurs, qui sont d'ailleurs sous la même tutelle, par exemple des frères, ont des intérêts opposés dans un partage. Leur tuteur alors ne peut les représenter

(1) Bordeaux, 23 mai 1841 (Dall., *Rép.*, v° *Succession*, n° 1352). — Cass., 28 février 1849, D. 49, 1, 119. — Req. Rej., 4 mars 1873, D. 73, 1, 105.

tous, et le conseil de famille nomme un tuteur spécial et distinct à chacun des mineurs pour les représenter individuellement dans le partage (Voy. art. 882 et suiv.).

1159. « Art. 969. Le jugement qui prononcera sur la demande en partage commettra, s'il y a lieu, un juge, conformément à l'art. 823 du Code civil, et en même temps un notaire. — Si, dans le cours des opérations, le juge ou le notaire est empêché, le président du tribunal pourvoira au remplacement par une ordonnance sur requête, laquelle ne sera susceptible ni d'opposition ni d'appel. »

Cet article est le premier de ceux qui, dans ce titre, ont été modifiés par la loi du 2 juin 1841. Il décide que le tribunal qui admet le partage nommera non seulement un juge, mais un notaire, tandis qu'autrefois la nomination du notaire pouvait donner lieu à un jugement (art. 828, C. civ. et ancien art. 976, C. pr.).

S'il y a lieu, un juge... La nomination d'un juge-commissaire est facultative de la part du tribunal (1).

Si les parties sont majeures, elles ont le droit de choisir le notaire (art. 827 C. civ.).

Le deuxième alinéa de notre article indique une procédure nouvelle et peu coûteuse pour le remplacement du juge-commissaire et du notaire qui seraient empêchés. Pour les fonctions respectives du notaire et du juge-commissaire, voyez l'explication de l'art. 976. ** Le rôle du juge commissaire se borne, en général, à concilier les parties; s'il ne peut y parvenir, il fait au tribunal un rapport sur les difficultés qui divisent les copartageants. Mais le juge commissaire n'est pas compétent pour trancher ces difficultés; ce droit n'appartient qu'au tribunal, comme on l'a dit formellement dans les travaux préparatoires (2). Le juge commissaire a cependant qualité pour nommer l'expert chargé de procéder à la formation des lots (3), lorsque les héritiers ne peuvent pas s'entendre à cet égard (art. 834 du Code civil et 978 du Code de procédure. **

« Art. 970. En prononçant sur cette demande, le tribunal ordonnera par le même jugement le partage, s'il peut avoir lieu, ou la vente par licitation, qui sera fait devant un membre du tribunal ou devant un notaire, conformément à l'art. 955. — Le tribunal pourra, soit qu'il ordonne le partage, soit qu'il ordonne la licitation, déclarer qu'il y sera immédiatement procédé sans expertise préalable, même lorsqu'il y aura des mineurs en cause ; dans le cas de licitation, le tribunal déterminera la mise à prix, conformément à l'article 955. »

Le tribunal saisi de la demande en partage peut statuer de plusieurs manières. Il peut décider qu'il n'y a pas lieu d'admettre la demande en présence d'une convention de demeurer dans l'indivision pendant un temps qui n'est pas encore expiré (art. 815 (C. civ., 2e al.); ou bien qu'il y a lieu à procéder au

(1) Civ. Rej., 17 juin 1873, D. 73, 1, 475.

(2) ** Cpr. Locré, X, p. 301 et 302, no 40. — Le rapport du juge commissaire n'est pas exigé à peine de nullité. Req. Rej., 7 mars 1843, S. 43, 1, 654. — Civ. Rej., 5 août 1868, S. 69, 1, 24. **

(3) ** Mais il n'est pas compétent pour statuer sur la difficulté prévue par le dernier alinéa de l'art. 842 du Code civil, où le mot juge désigne le tribunal tout entier. **

partage, soit immédiatement, sans expertise préalable, soit après une expertise qui aura pour but de déterminer la valeur des biens ou la manière dont les lots seront formés. La licitation peut être ordonnée ou sans expertise préalable, si le tribunal a les éléments nécessaires pour fixer la mise à prix, ou après une expertise, si elle paraît nécessaire pour la fixation de la mise à prix. Le jugement peut encore ordonner cumulativement le partage et une licitation. La licitation ne portera alors que sur quelques-uns des biens dont les prix entrent dans la formation des lots; la masse à partager se trouvera composée du prix des biens licités et des autres biens. Enfin le tribunal peut nommer d'abord des experts, pour examiner si les biens sont ou non partageables en nature, et si, par conséquent, il faut ordonner le partage ou la licitation, ou cumuler ces deux mesures, comme j'en indiquais la possibilité dans l'hypothèse précédente.

Le deuxième alinéa de notre article contient une innovation, déjà introduite dans l'art. 955, et qui a attiré notre attention dans le titre précédent. Il est permis au tribunal d'ordonner le partage ou la licitation sans expertise préalable, même s'il y a des mineurs en cause. Le tribunal n'usera de cette faculté que s'il a les les éléments nécessaires pour fixer la mise à prix au cas de licitation, et pour déterminer la valeur des biens, leur contenance, etc., en cas de partage (Voy., au surplus, l'explication de l'art. 955).

⇒ **1160.** § 2. *Des expertises* (art. 971, 974, 975). — Je suppose que le tribunal a ordonné une expertise, soit pour être éclairé sur la question encore pendante de savoir s'il y a lieu à partage ou à licitation, soit même, quand le partage ou la licitation ont été ordonnés, pour connaître la valeur et la contenance des biens, la manière de former les lots (Voy. l'art. 975), au cas de partage, ou pour obtenir les bases de la fixation d'une mise à prix, au cas de licitation : quelles seront les règles de cette expertise?

« Art. 971. Lorsque le tribunal ordonnera l'expertise, il pourra commettre un ou trois experts qui prêteront serment, comme il est dit en l'art. 956. — Les nominations et rapports d'experts seront faits suivant les formalités prescrites au titre *Des Rapports d'experts*. — Les rapports d'experts présenteront sommairement les bases de l'estimation, sans entrer dans le détail descriptif des biens à partager ou à liciter. — Le poursuivant demandera l'entérinement du rapport par un simple acte de conclusions d'avoué à avoué. »

Pour les détails de la nomination des experts, de leurs opérations, de leurs rapports, je renvoie aux explications que j'ai données sur le titre *Des Rapports d'experts* (Voy. ci-dessus, nos 513 et suiv.).

L'art. 971 donne au tribunal la faculté de ne nommer qu'un seul expert. Cette disposition s'applique même au cas où il y a des mineurs, comme le prouve la comparaison de l'art. 971 actuel avec l'art. 955, et avec l'ancien art. 971, qui ne permettait de nommer un seul expert que si toutes les parties étaient majeures et y consentaient. ** L'art. 961 du Code de procédure déroge, sous ce rapport, aux art. 466 et 624 du Code civil. **

Le troisième alinéa de l'art. 971 contient encore une disposition nouvelle déjà introduite dans l'art. 956; je veux parler de la défense faite aux experts d'entrer dans le détail descriptif des biens à partager ou à liciter, afin d'épargner aux parties des frais inutiles.

« Art. 974. Lorsque la situation des immeubles aura exigé plusieurs expertises distinctes, et que chaque immeuble aura été déclaré impartageable, il n'y aura cependant pas lieu à la licitation, s'il résulte du rapprochement des rapports que la totalité des immeubles peut se partager commodément. »

De ce que chacun des immeubles de la succession, pris isolément, n'est pas partageable, il ne s'ensuit pas qu'il y ait lieu à licitation ; ainsi, lorsqu'il est possible d'attribuer un immeuble à chacun des héritiers, sans que la différence de valeur entre ces divers immeubles soit trop considérable, on procédera au partage en nature. Quand l'estimation de tous les immeubles de la succession aura été l'objet d'une seule expertise, l'expert ou les experts auront nécessairement examiné cette question dans leur rapport.

Mais l'art. 974 suppose que le tribunal a ordonné plusieurs expertises, à raison de la situation des immeubles, qui sont peut-être fort éloignés les uns des autres, ou à raison de la nature différente des biens. Ainsi, la succession comprenait une maison à Paris, une ferme en Normandie, une forêt dans la Nièvre; le tribunal a ordonné trois expertises distinctes, une pour chacun de ces biens. Chaque rapport, ne comprenant qu'un des immeubles, déclare que cet immeuble pris isolément est impartageable. Mais il peut résulter du rapprochement des rapports que la totalité des immeubles est commodément partageable. Si ces trois immeubles ont une valeur à peu près égale, et s'il y a trois héritiers, il est facile de faire trois lots à peu près égaux, en compensant, d'ailleurs, par des soultes peu élevées, la différence de valeur.

« Art. 975. Si la demande en partage n'a pour objet que la division d'un ou plusieurs immeubles sur lesquels les droits des intéressés soient déjà liquidés, les experts, en procédant à l'estimation, composeront les lots ainsi qu'il est prescrit par l'art. 466 du Code civil ; et après que leur rapport aura été entériné, les lots seront tirés au sort, soit devant le juge-commissaire, soit devant le notaire déjà commis par le tribunal, aux termes de l'art. 969. »

S'il n'y a dans l'indivision que l'immeuble ou les immeubles dont les experts dressent l'estimation, ils composeront en même temps des lots ; si, au contraire, le partage doit comprendre, comme dans la plupart des successions, non seulement les immeubles soumis à l'expertise, mais d'autres biens, des meubles par exemple, les experts, chargés d'estimer les immeubles, ne composeront pas les lots. La formation des lots sera, dans ce derniers cas, l'objet d'une opération ultérieure (Voy. aussi les art. 466 et 834, C. civ.).

➾ 1161. § 3. *De la licitation* (art. 972, 973). — La licitation est la vente aux enchères d'un bien qui ne peut être partagé commodément et sans perte, ou qu'aucun copropriétaire ne peut ou ne veut prendre (art. 1686, C. civ.)

La licitation peut terminer toute la contestation, si la chose mise en vente était seule dans l'indivision ; mais il est possible aussi, notamment dans les successions, que la licitation ne soit qu'un incident du partage, lorsqu'elle ne porte que sur un des biens de la succession. Alors le prix de l'immeuble licité entrera dans la masse partageable. C'est en considérant la licitation à ce dernier point de vue, que je place l'explication des articles qui la concernent après l'expertise, mais avant la formation de la masse partageable et la composition des lots.

Nous n'avons d'ailleurs à nous occuper ici que des formes de la licitation et non de ses effets, qui vous seront expliqués dans les cours de Code civil.

« Art. 972. On se conformera, pour la vente, aux formalités prescrites dans le titre *De la vente des biens immeubles appartenant à des mineurs*, en ajoutant au cahier des charges :

« Les noms, demeure et profession du poursuivant, les noms et demeure de son avoué;

« Les noms, demeures et professions des colicitants et de leurs avoués. »

Les formes de la vente sur licitation sont les mêmes que celles des ventes des immeubles appartenant aux mineurs. Seulement, dans ces dernières ventes, comme le mineur seul est intéressé à la vente qui se fait à sa requête, il ne peut s'élever aucune contestation sur le cahier des charges. La vente sur licitation intéresse, au contraire, plusieurs personnes, les divers copropriétaires, les colicitants. Cette différence motive les additions qui doivent être faites au cahier des charges d'après notre article, ainsi que les quatre premiers alinéas de l'art. 973.

« Art. 973. — Dans la huitaine du dépôt du cahier des charges au greffe ou chez le notaire, sommation sera faite, par un simple acte, aux colicitants, en l'étude de leurs avoués, d'en prendre communication. — S'il s'élève des difficultés sur le cahier des charges, elles seront vidées à l'audience sans aucune requête, et sur un simple acte d'avoué à avoué. — Le jugement qui interviendra ne pourra être attaqué que par la voie de l'appel, dans les formes et les délais prescrits par les art. 731 et 732 du présent Code. — Tout autre jugement sur les difficultés relatives aux formalités postérieures à la sommation de prendre communication du cahier des charges, ne pourra être attaqué ni par opposition ni par appel. Si, au jour indiqué pour l'adjudication, les enchères ne couvrent pas la mise à prix, il sera procédé comme il est dit en l'art. 963. Dans les huit jours de l'adjudication, toute personne pourra surenchérir d'un sixième du prix principal, en se conformant aux conditions et aux formalités prescrites par les art. 708, 709 et 710. — Cette surenchère produira le même effet que dans les ventes de biens de mineurs. »

La licitation met en présence plusieurs covendeurs, les colicitants. Ils peuvent se trouver en désaccord pendant la procédure qui mène à l'adjudication sur licitation.

Chacun d'eux peut être intéressé à la rédaction du cahier des charges. Aussi, dès que ce cahier a été déposé, conformément à l'art. 957, l'avoué du poursuivant somme les colicitants d'en prendre communication. Cette sommation est faite par simple acte d'avoué à avoué; on a supprimé la signification du cahier des charges que le poursuivant faisait autrefois aux colicitants.

Cette sommation sert de base à une distinction faite par le législateur entre les diverses difficultés qui peuvent surgir entre les colicitants. Les jugements qui statueront sur les difficultés antérieures à la sommation de prendre communication du cahier des charges, et par conséquent sur le cahier des charges lui-même, seront soumis à l'appel, dans les formes et les délais prescrits par les art. 731 et 732. Au contraire, les jugements qui statueront sur les difficultés postérieures à cette sommation, par exemple, sur les moyens de publicité, ne seront pas susceptibles d'appel.

Quant à l'opposition, elle ne sera admise ni contre la première ni contre la seconde classe de jugements, s'ils sont rendus par défaut.

Ces dispositions constituent, avec les deux derniers alinéas de l'art. 973, les différences qui existent entre la licitation et la vente des immeubles appartenant à des mineurs, et j'ai indiqué précédemment la cause de ces différences.

Ce cinquième alinéa de notre article, supposant que, le jour des enchères, il ne s'est pas présenté d'adjudicataire sur la mise à prix, dit qu'il sera procédé conformément à l'art. 963, c'est-à-dire que le tribunal pourra ordonner, sur requête, une nouvelle adjudication au-dessous de la mise à prix fixée primitivement (Voy. l'art. 963 et son explication).

Si la licitation se fait entre copropriétaires, tous capables et majeurs, ils peuvent convenir que les enchères se feront entre eux, sans admettre les enchérisseurs étrangers; mais ces derniers seront toujours admis, s'il y a des colicitants mineurs ou interdits (art. 839, C. civ.).

D'après notre dernier alinéa, toute personne pourra, dans les huit jours de l'adjudication sur licitation, former une surenchère du sixième, en se conformant aux conditions et formalités prescrites par les art. 708, 709 et 710. On ne distinguera plus, comme le faisaient quelques auteurs avant la loi de juin 1841, si l'adjudication a eu lieu au profit d'un étranger ou d'un colicitant. La surenchère sera toujours admise.

Cette surenchère produira le même effet que dans les ventes de biens des mineurs (V. ci-dessus, n° 1153).

** Vous vous rappelez que la vente par licitation a lieu, soit devant un des juges à l'audience des criées, soit devant un notaire, au choix du tribunal : l'art. 970 du Code de procédure a, sous ce rapport, modifié l'article 827 du Code civil qui voulait que la vente par licitation eût toujours lieu devant le tribunal. **

☞ **1162**. § 4. *Formation de la masse à partager et composition des lots* (art. 976 à 980).

« Art. 976. Dans les autres cas, et notamment lorsque le tribunal aura ordonné le partage sans faire procéder à un rapport d'experts, le poursuivant fera sommer les copartageants de comparaître, au jour indiqué, devant le notaire commis, à l'effet de procéder aux compte, rapport, formation de masse, prélèvements, composition de lots et fournissements, ainsi qu'il est ordonné par le Code civil, art. 828. »

« Il en sera de même après qu'il aura été procédé à la licitation, si le prix de l'adjudication doit être confondu avec d'autres objets dans une masse commune de partage pour former la balance entre les divers lots. »

Dans les autres cas. Ces mots se réfèrent à l'hypothèse prévue dans l'art 975, qui suppose que le partage ne porte que sur un ou plusieurs immeubles. Ainsi, lorsqu'il y a un seul immeuble indivis à partager entre deux copropriétaires ayant chacun droit à moitié, les experts peuvent immédiatement composer les lots (art. 975) ; il n'y a pas de masse à former. Mais, s'il s'agit d'un partage de succession, de communauté, de société, comprenant des meubles et des immeubles, il faut, avant de composer les lots, composer la masse partageable, et cette opération présente souvent des difficultés.

Qui doit former cette masse partageable? Dans l'ancienne jurisprudence, c'étaient des commissaires enquêteurs et examinateurs, qui n'existent plus aujourd'hui. Le Code civil avait déjà tracé la forme et le mode de formation de la masse partageable dans l'art. 828, ainsi conçu : « Après que les meubles « et les immeubles ont été estimés et vendus, s'il y a lieu, le juge-commissaire « renvoie les parties devant un notaire dont elles conviennent, ou nommé « d'office, si les parties ne s'accordent pas sur le choix.

« On procède, devant cet officier, aux comptes que les partageants peuvent « se devoir, à la formation de la masse générale, à la composition des lots, et « aux fournissements à faire à chacun des copartageants. »

Cet article avait soulevé entre les avoués et les notaires des contestations qui ont appelé l'attention des rédacteurs du Code de procédure. Il s'agissait de savoir si le renvoi devant notaire était obligatoire ou facultatif pour le juge-commissaire. Les avoués prétendaient que le juge pouvait lui-même, avec leur assistance, terminer les opérations du partage ; tandis que les notaires soutenaient, en invoquant d'ailleurs le texte de l'art. 828 du Code civil, qu'à eux seuls appartenait le droit de procéder aux comptes que les copartageants se doivent, à la formation de la masse, etc.

La prétention des notaires paraît avoir triomphé devant le conseil d'État, où ils furent admis à présenter leurs observations. L'orateur du conseil d'Etat, en exposant les motifs de notre titre devant le Corps législatif, précisait ainsi les fonctions du notaire et celles du juge-commissaire dans le partage en justice : « Il a été reconnu que les partages se compliquent souvent d'opérations « de calcul et de combinaisons qui ne sont pas plus du ministère des juges « que des vérifications ou des opérations d'experts ; que les juges doivent dé-« cider les questions contentieuses, et abandonner l'application de leurs déci-« sions à ceux qui ont charge par la loi de les exécuter ; que lors même qu'on « donnerait aux juges la faculté de s'y livrer, ainsi qu'on se l'était d'abord « proposé, ou ils seraient détournés de leurs occupations essentielles, ou ils « s'en seraient remis aux greffiers, à des commis ou aux avoués ; que les juges « qui s'assujettiraient à procéder eux-mêmes aux comptes, à la formation de « la masse générale, à la composition des lots, ne pourraient le faire, pour les « parties, avec le même avantage qne le notaire, qui a plus de temps à leur « donner, dont les fonctions ont un caractère plus amiable, plus propre à la « conciliation.

« On s'est convaincu que le véritable esprit du Code civil est d'appeler les « notaires, comme les délégués naturels des tribunaux, dans tout ce que les « partages n'offrent pas de contentieux.

« Il en sera donc toujours commis un, lorsque le cas le requerra, pour les « opérations du partage, comme il est commis un juge. La division de leurs « fonctions est faite par la nature de leurs opérations ; le juge-commissaire

« pour le rapport au tribunal et pour préparer les décisions; le notaire, pour « les calculs et l'application de ce qui est décidé. »

Ainsi, le rôle du notaire est parfaitement déterminé. Seulement, dans l'ancien Code de procédure, après l'estimation des immeubles, le poursuivant sommait ses copartageants de se trouver devant le juge-commissaire ; ce juge renvoyait les parties devant un notaire dont elles convenaient, ou qui était nommé d'office par le tribunal. Aujourd'hui, le notaire est toujours nommé dans le jugement qui ordonne le partage (art. 969) : aussi le nouvel art. 976 porte-t-il que le poursuivant sommera ses copartageants de comparaître directement devant le notaire.

Avant d'examiner la manière de former la masse et de composer les lots (Voy. les art. 978 et 979 et leur explication), voyons comment le notaire procédera, d'après les termes de l'art. 977.

« Art. 977. Le notaire commis procédera seul et sans l'assistance d'un second notaire ou de témoins : si les parties se font assister auprès de lui d'un conseil, les honoraires de ce conseil n'entreront point dans les frais de partage et seront à leur charge. — Au cas de l'art. 837 du Code civil, le notaire rédigera en un procès-verbal séparé les difficultés et dires des parties : ce procès-verbal sera par lui remis au greffe, et y sera retenu. — Si le juge-commissaire renvoie les parties à l'audience, l'indication du jour où elles devront comparaître leur tiendra lieu d'ajournement. Il ne sera fait aucune sommation pour comparaître soit devant le juge, soit à l'audience. »

Les actes notariés, ou qui ont pour but de constater les conventions des parties ou qui contiennent la déclarations de leurs volontés, sont ordinairement reçus par deux notaires ou par un notaire et deux témoins (art. 9 de la loi du 25 ventôse an XI). Quelquefois même la loi exige la présence d'un plus grand nombre de personnes, comme dans le testament par acte public (art. 971, C. civ.). Toutefois la présence simultanée des deux notaires ou du notaire et des témoins n'est exigée, à peine de nullité, que dans les actes énumérés par l'art. 2 de la loi du 21 juin 1843.

Quand il s'agit d'un acte de partage de succession dressé par un notaire, il faut distinguer en quelle qualité le notaire procède. S'il agit comme notaire choisi pour dresser acte des conventions amiables des copartageants, s'il doit constater un partage fait d'un commun accord, sans l'intervention de la justice, entre parties capables de s'obliger, alors le notaire procédera, conformément à l'art. 9 de la loi du 25 ventôse an XI, avec l'assistance d'un second notaire ou de deux témoins. L'acte qu'il rédigera sera assimilé aux actes qu'il dresse pour constater les conventions.

Mais, si le partage se fait en justice (cas prévu par notre art. 977), le notaire commis devient un délégué du tribunal, il ne dresse qu'un procès-verbal de partage qui ne reçoit pas son autorité du notaire lui-même, mais de l'homologation du tribunal (art. 981); alors *le notaire procédera seul et sans assistance d'un second notaire ou de témoins.*

Les honoraires de ce conseil n'entreront pas dans les frais de partage, etc. L'orateur du conseil d'État au Corps législatif a donné le motif de cette disposition : « Chacun payera les secours qu'il a voulu employer. La raison en est « simple : si les conseils eussent été à la charge de la succession, aussitôt

« qu'un seul copartageant ferait cette dépense commune, tous voudraient la « faire ; lorsqu'elle sera au compte de chacun, on en sera plus avare, on n'y « recourra que par nécessité et sans préjudice pour ceux qui ne l'auront pas « regardée comme utile à leurs intérêts. »

Le notaire devant qui il s'élève des difficultés n'a pas mission de les juger : il les constate, il en dresse un procès-verbal qu'il remet au greffe. Le juge-commissaire renvoie la difficulté à l'audience, et le tribunal statue (art. 837, C. civ. et 977, C. pr.).

Les deux derniers alinéas de notre article diminuent les formalités pour éviter les frais.

Le procès-verbal dressé par le notaire sur les difficultés et les dires des parties est distinct du procès-verbal des opérations du partage. Le premier restera au greffe : c'est une des pièces de la contestation de l'incident ; le second, le procès-verbal de partage, restera entre les mains du notaire (art. 981).

➾ **1163.** « Art. 978. Lorsque la masse du partage, les rapports et prélèvements à faire par chacune des parties intéressées auront été établis par le notaire, suivant les art. 829, 830 et 831 du Code civil, les lots seront faits par l'un des cohéritiers, s'ils sont tous majeurs, s'ils s'accordent sur le choix, et si celui qu'ils auront choisi accepte la commission ; dans le cas contraire, le notaire, sans qu'il soit besoin d'aucune autre procédure, renverra les parties devant le juge-commissaire, et celui-ci nommera un expert. »

« Art. 979. Le cohéritier choisi par les parties, ou l'expert nommé pour la formation des lots, en établira la composition par un rapport qui sera reçu et rédigé par le notaire à la suite des opérations précédentes. »

On explique dans les cours de Code civil comment se forme le masse partageable, en commentant les art. 829, 830 et 831, auxquels notre article 978 renvoie expressément. On sait que cette masse se compose des meubles et des immeubles laissés par le défunt et conservés en nature, ou du prix de ces biens vendus. On y joint les biens que les cohéritiers ont reçus du défunt sans clause de préciput, lorsqu'ils en doivent le rapport en nature conformément aux règles du rapport (Voy. les art. 868 et suiv., C. civ.) ; on y joint encore les sommes dont les cohéritiers peuvent être respectivement débiteurs (art. 829, C. civ.).

Si le rapport de ce qui a été donné à l'un des héritiers ne se fait qu'en moins prenant, d'après les règles du rapport (art. 860, 868, 869, C. civ.), les autres cohéritiers prélèvent sur la masse un objet ou une somme égale à la donation retenue par le cohéritier donataire (art. 830, C. civ.).

Ce qui reste indivis après ces *comptes*, ces *rapports* et ces *prélèvements* compose la masse partageable. Ainsi s'expliquent ces termes employés par l'article 976, *compte, rapport, prélèvement, formation de masse.*

Ce sont les biens qui composent cette masse partageable qu'il s'agit de distribuer en lots.

Les art. 978 et 979 expliquent, après l'art. 844 du Code civil, par qui les lots seront composés. La formation des lots sera confiée à l'un des cohéritiers choisi par les autres, pourvu que tous les cohéritiers soient majeurs et capables, et que celui qui est choisi par tous les autres accepte cette mission ; autrement un expert désigné par le juge-commissaire composera les lots. Rappelons-nous toutefois que, dans l'hypothèse spéciale de l'art. 975, les experts qui procèdent à l'estimation peuvent en même temps composer les lots.

Les lots doivent être égaux, afin que les héritiers puissent les tirer au sort. L'art. 831 du Code civil exige impérieusement l'égalité des lots; quant à la nécessité du tirage au sort, elle est formellement écrite dans les art. 466 et 834 du même Code, ainsi que dans les art. 975 et 982 du Code de procédure.

On formera autant de lots égaux qu'il y aura d'héritiers copartageants ou de souches copartageantes (art. 831, C. civ.). Ainsi, lorsqu'il y aura trois héritiers venant à la succession chacun pour un tiers, on formera trois lots égaux. Si on suppose que le *de cujus* a laissé deux fils et deux petits-fils représentant un troisième fils prédécédé (art. 739, 740, C. civ.), la masse sera encore divisée en trois lots égaux, dont deux seront attribués à chacun des deux fils du défunt, et le troisième aux deux petits-fils du défunt représentant une troisième souche. Ce troisième lot sera ensuite divisé entre les deux petits-fils, s'il y a lieu, au moyen d'un partage qui sera soumis aux mêmes règles que le premier (art. 836, C. civ.).

Mais l'art. 831 du Code civil et le mode de procéder que je viens d'indiquer supposent que les cohéritiers ou les souches copartageantes ont des droits égaux dans la succession. Cependant il pourrait arriver que les héritiers fussent appelés à la succession pour des parts inégales. Ainsi le père du *de cujus* vient à la succession concurremment avec un ou plusieurs frères du défunt; le père a droit au quart de la succession, et les trois autres quarts se divisent entre les frères par portions égales. Sauf le cas où ils seront trois, les frères et sœurs n'auront pas des parts égales à celles du père.

Fera-t-on alors les lots égaux? Mais les héritiers doivent avoir des parts inégales. Fera-t-on des lots inégaux calculés sur leurs parts respectives? Mais le tirage au sort devient impossible. Quelques tribunaux ont, dans de semblables hypothèses, procédé par voie d'attribution de parts, sans tirage au sort, en donnant, par exemple, un quart au père et trois quarts au frère unique du défunt.

Je crois qu'il vaut mieux maintenir toujours la nécessité du tirage au sort.

A cet effet, on formera des lots égaux, dont le nombre sera calculé non plus sur celui des copartageants, mais sur le dénominateur commun des fractions qui doivent être attribués à chacun des ayants droit. Ainsi supposons le père et les deux frères du *de cujus* appelés à la succession. Le père a droit à un quart ou aux deux huitièmes; les trois autres quarts ou six huitièmes se partageront entre les deux frères, qui prendront chacun trois huitièmes. On divisera la masse partageable en huit lots égaux; le père et les frères en obtiendront le premier deux, et les autres chacun trois, par la voie du tirage au sort.

Il est vrai que ce morcellement de la masse partageable en huit parts, et peut-être en parts plus petites, quoiqu'il y ait un nombre d'héritiers bien plus restreint que le nombre des lots à former, peut nuire à l'intérêt général des copartageants et à la bonne administration des biens héréditaires; mais comment l'éviter? Fera-t-on des attributions de lots, sans tirage au sort? Une pareille manière de procéder me semble aussi contraire à l'esprit qu'au texte de la loi qui exige le tirage au sort, comme garantie de la sincérité du partage. Si un pareil fractionnement est contraire à l'intérêt général des copartageants, ils ne peuvent s'y soustraire que par la licitation, ou par un partage amiable, s'ils sont tous majeurs et capables. Mais le tribunal ne peut, s'il y a opposition de l'un des cohéritiers ou s'il y a parmi eux un mineur ou un interdit, imposer aux copartageants un partage par attribution des lots (1). Un amendement avait été proposé sur l'art. 975, lors de la discussion de la loi de 1841, pour permettre le partage par voie d'attribution, lorsque les droits des copartageants sont inégaux; cet amendement fut rejeté.

Ainsi les lots doivent toujours être égaux, et égaux non seulement par leur valeur, mais même par la nature des biens qu'ils comprennent au moins autant que faire se pourra. L'art. 832 du Code civil est formel à cet égard. L'inégalité des lots en nature se compense par une soulte (art. 833, C. civ.).

« Art. 980. Lorsque les lots auront été fixés et que les contestations sur leur formation, s'il y en a eu, auront été jugées, le poursuivant fera sommer les copartageants à l'effet de se trouver, à jour indiqué, en l'étude du notaire, pour assister à la clôture de son procès-verbal, en entendre la lecture et le signer avec lui, s'ils le peuvent et le veulent. »

Dès que les lots sont formés, chaque copartageant peut réclamer contre leur composition; mais il doit le faire avant le tirage (art. 853, C. civ.). Après le tirage, le cohéritier qui se plaindrait de l'infériorité de son lot ne serait écouté que dans l'hypothèse prévue par l'art. 889 du Code civil, c'est-à-dire s'il était lésé de plus du quart.

Si un cohéritier réclame avant le tirage, soit pour infériorité de valeur d'un ou de quelques-uns des lots, soit à cause de la nature différente des objets qui composent chaque lot, soit à cause d'un morcellement nuisible des héritages ou pour d'autres motifs, sa réclamation sera constatée et poursuivie dans la forme prescrite par les trois derniers alinéas de l'art. 977. Quand ces réclamations seront jugées, ou immédiatement après la fixation des lots, s'il n'y a pas de contestation, le poursuivant fera sommer les copartageants de venir chez le notaire pour assister à la clôture du procès-verbal, en entendre la lecture et le signer.

⇒ **1164.** § 5. *De l'homologation du partage et du tirage des lots au sort* (art. 981, 982, 985).

« Art. 981. Le notaire remettra l'expédition du procès-verbal de partage à la partie la plus diligente pour en poursuivre l'homologation par le tribunal; sur le rapport du juge-commissaire, le tribunal homologuera le partage, s'il y a lieu, les parties présentes ou appelées si toutes n'ont pas comparu à la clôture du procès-verbal, et sur les conclusions du procureur de la République, dans le cas où la qualité des parties requerra son ministère. »

Le partage terminé est soumis à l'homologation, à l'approbation du tribunal, qui consacre ainsi, par son autorité, ce partage qu'il avait ordonné.

L'expédition du procès-verbal de partage. C'est la copie de l'acte de partage lui-même, dont la minute reste entre les mains du notaire. Mais il faut se garder, comme je l'ai fait remarquer, de confondre cet acte de partage avec le procès-verbal dont il est question dans l'art. 977.

(1) Cass., 10 mars 1844 (Dall., *Rép.*, v° *Succession*, n° 1836).

Ou appelées, si toutes n'ont pas comparu. S'il y a des copartageants qui ne sont pas venus à la clôture du procès-verbal de partage, et qui, par conséquent, ne l'ont pas signé, le poursuivant appellera alors devant le tribunal saisi de l'homologation, non seulement ces parties, qui ont fait défaut devant le notaire, mais toutes les parties.

Sur les conclusions du procureur de la République si les qualités des parties requièrent son ministère. Par exemple, s'il y a des mineurs, des interdits ou des absents (art. 83, C. pr.).

« Art. 982. Le jugement d'homologation ordonnera le tirage des lots, soit devant le juge-commissaire, soit devant le notaire, lequel en fera la délivrance aussitôt après le tirage. »

« Art. 983. Soit le greffier, soit le notaire, seront tenus de délivrer les extraits en tout ou en partie, du procès-verbal de partage que les parties intéressées requerront. »

La délivrance. Cette délivrance se fera notamment pour les immeubles par la remise à chacun des copartageants des titres particuliers aux biens qui lui sont échus, conformément aux dispositions de l'art. 842 du Code civil.

On doit, suivant moi, entendre la disposition de l'art. 983 en ce sens que le notaire sur la minute de l'acte de partage resté entre ses mains, aussi bien que le greffier sur l'expédition de cet acte, annexée à la minute du jugement, pourront concurremment délivrer des extraits du procès-verbal de partage à la partie qui les requerra.

TITRE VIII

DU BÉNÉFICE D'INVENTAIRE (C. D.).

⟶ **1165.** * Le bénéfice d'inventaire est un mode d'acceptation des successions qui donne à l'héritier, moyennant certaines conditions, le droit de conserver son patrimoine distinct de celui de la succession, et de se soustraire au payement des charges de cette succession au delà de l'actif successoral.

Quelquefois la loi impose aux héritiers ce mode d'acceptation, par exemple, s'ils sont mineurs ou interdits (art. 461, 509, C. civ.), à moins que le conseil de famille ne trouve la répudiation de la succession plus avantageuse pour le mineur ou pour l'interdit. Car, si l'acceptation bénéficiaire n'entraîne pas la responsabilité de l'héritier au delà des forces de la succession, ce n'est qu'à l'égard des créanciers et des légataires du défunt. Mais l'acceptation bénéficiaire peut nuire à l'héritier qu'elle oblige à rapporter à ses cohéritiers les dons ou legs qu'il a reçus du défunt sans clause de préciput, même si ces dons et legs excèdent son émolument dans la succession.

L'héritier bénéficiaire, quoique propriétaire des biens de la succession, les administre cependant dans l'intérêt des créanciers et des légataires du défunt, auxquels il doit rendre compte de son administration (art. 803, C. civ.). Mais il les administre aussi pour lui ; car il profitera de ce qui restera, toutes charges déduites.

Le bénéfice d'inventaire donne lieu à diverses règles de procédure, qui ne sont pas toutes tracées par notre titre, quelque générale que paraisse sa rubrique. Ainsi l'acceptation sous bénéfice d'inventaire doit avoir lieu dans une certaine forme et dans certains délais qui vous ont été expliqués sur les art. 793 à 800, C. civ., et 174, C. pr. Quant aux règles relatives à la confection de l'inventaire, condition nécessaire de cette sorte d'acceptation, nous les avons vues récemment au titre IV de ce livre (art. 941 et suiv., C. pr.). C'est dans le cours de Code civil, sur les art. 803 et 804, que l'on vous a enseigné les règles relatives à l'administration de l'héritier bénéficiaire, administration gratuite, dont il peut toutefois se débarrasser, mais sans cesser d'être héritier bénéficiaire, en abandonnant tous les biens de la succession aux créanciers et légataires (art. 802, 1°, C. civ.).

Mais cet administrateur comptable n'a pas le droit d'aliéner. Cependant, si l'aliénation des meubles et des immeubles de la succession était complètement interdite, comment remplirait-on le but que se proposent toutes les parties, l'héritier, les créanciers et les légataires? Ce but n'est-il pas de payer les dettes, d'acquitter les legs? Ne faut-il pas, pour y parvenir, vendre les meubles et les immeubles dont le prix servira à acquitter les charges de la succession?

Notre titre a particulièrement pour objet de régler les formes de ces aliénations. La loi a exigé que les biens de la succession bénéficiaire fussent vendus avec les garanties des ventes publiques, afin de ne pas laisser les créanciers et légataires à la discrétion de l'héritier bénéficiaire, qui aurait pu, dans des ventes amiables, sacrifier leurs intérêts. Les art. 990 et 991 nous renvoient aux titres *De la Contribution* et *De l'Ordre* pour la distribution du prix provenant des meubles et des immeubles de la succession bénéficiaire, et l'art. 995 au titre *Des Redditions de compte* pour les formes du compte que l'héritier bénéficiaire doit aux créanciers et aux légataires du défunt. Enfin nous verrons dans l'art. 996 une règle particulière de procédure à l'égard des procès qui peuvent s'élever entre le patrimoine de l'héritier et celui de la succession.

La loi du 2 juin 1841 a modifié, par son art. 5, deux articles de ce titre, les art. 987 et 988, relatifs aux ventes d'immeubles, pour les mettre en harmonie avec des règles nouvelles établies par cette loi à l'égard des ventes judiciaires d'immeubles.

1166. « Art. 986. Si l'héritier veut, avant de prendre qualité, et conformément au Code civil, se faire autoriser à procéder à la vente d'effets mobiliers dépendant de la succession, il présentera, à cet effet, requête au président du tribunal de première instance dans le ressort duquel la succession est ouverte. — La vente en sera faite par un officier public, avec les affiches et publications ci-dessus prescrites pour la vente du mobilier. »

Il s'agit, dans cet article, d'une vente des meubles de la succession, faite non pas par un héritier bénéficiaire, mais par un habile à succéder qui n'a pas encore pris parti sur la question de savoir s'il acceptera ou répudiera la succession. Il est encore dans les délais pour faire inventaire et délibérer, et cependant il y aurait inconvénient à attendre l'issue de cette délibération pour vendre certains meubles susceptibles de dépérir ou dispendieux à conserver. L'habile à succéder peut demander au président du tribunal l'autorisation de faire procéder à cette vente, sans qu'on puisse en induire de sa part une prise de qualité. Cette vente ne sera considérée que comme une mesure conservatoire prise dans l'intérêt commun de tous les ayants droit, héritiers, légataires ou créanciers. On suivra pour cette vente les formes des ventes sur saisie-exécution (art. 945, C. pr.).

D'après les termes de l'art. 986, il semble que l'habile à succéder pourrait se faire autoriser à vendre les effets mobiliers dépendant de la succession, même s'ils n'étaient pas susceptibles de dépérir ni dispendieux à conserver; mais l'application de l'art. 987 du Code de procédure, comme le prouvent ces mots : *conformément au Code civil*, doit être renfermée dans les limites de l'art. 796, C. civ., qui n'accorde à l'habile à succéder le droit de se faire autoriser à vendre, sans prendre qualité, que les objets susceptibles de dépérir ou dispendieux à conserver.

1167. « Art. 987. S'il y a lieu à vendre des immeubles dépendant de la succession, l'héritier bénéficiaire présentera au président du tribunal de première instance du lieu de l'ouverture de la succession une requête dans laquelle ces immeubles sont désignés sommairement. Cette requête sera communiquée au ministère public; sur ses conclusions et le rapport du juge nommé à cet effet, il sera rendu jugement qui autorisera la vente et fixera la mise à prix, ou qui ordonnera préalablement que les immeubles seront vus et estimés par un expert nommé d'office. — Dans ce dernier cas, le rapport de l'expert sera entériné sur requête par le tribunal, et sur les conclusions du ministère public, le tribunal ordonnera la vente. »

Cet article suppose, à la différence du précédent, que l'habile à succéder a pris qualité, a accepté la succession sous bénéfice d'inventaire, et qu'il veut procéder à la vente des immeubles, pour en employer le prix à acquitter les charges de la succession. Comme l'héritier bénéficiaire administre pour les créanciers autant et souvent plus que pour lui, et que la vente dépasse les bornes de l'administration, la loi a tracé les formes qu'il devait suivre pour opérer cette vente.

Ces formes, énumérées dans les art. 987 et 988 et dans les articles auxquels renvoie l'art. 988; sont celles des ventes judiciaires, et particulièrement celles des ventes des immeubles appartenant à des mineurs.

Les art. 987 et 988 ; ont été modifiés par la loi de 1841. L'art. 987 trace nettement la marche que doit suivre l'héritier bénéficiaire pour obtenir le jugement qui ordonne la vente des immeubles de la succession.

Des modifications introduites dans notre article par la loi de 1841 consistent en ce que l'art. 987 indique spécialement au président à quel tribunal sera remise la requête de l'héritier bénéficiaire : c'est au président du tribunal de l'ouverture de la succession, et non à celui du tribunal de la situation de l'immeuble. Le mot *sommairement*, ajouté dans notre article, montre que la requête ne doit pas contenir une désignation détaillée et minutieuse de l'immeuble qu'il s'agit de vendre. Enfin, comme dans les deux titres précédents, on a autorisé le tribunal à ordonner la vente et à fixer la mise à prix sans expertise préalable, en appuyant son estimation sur les différentes bases énumérées dans l'art 955.

« Art. 988. Il sera procédé à la vente, dans chacun des cas ci-dessus prévus, suivant les formalités prescrites au titre *De la Vente des biens immeubles appartenant à des mineurs*. — Sont déclarés communs au présent titre les art. 701, 702, 705, 706, 707, 711, 712, 713, 733, 734, 735, 736, 737, 738, 739, 740, 741, 742, les deux derniers paragaphes de l'art. 964 et l'art. 965 du présent Code. — L'héritier bénéficiaire sera réputé héritier pur et simple, s'il a vendu des immeubles sans se conformer aux règles prescrites par le présent titre. »

Le législateur a renvoyé directement à divers articles des titres de la Saisie immobilière et des incidents de cette saisie, plutôt qu'à l'art. 964, qui rappelait lui-même ces articles. De plus, on s'est référé aux art. 708, 709 et 710, par le renvoi à l'art. 965. Comme j'ai analysé, sur le premier alinéa de l'art. 964, le sens de ce renvoi général, je pense qu'il est inutile d'y revenir ici (Voy. les art. 964 et 965, ainsi que leur explication).

Remarquons seulement que le deuxième alinéa de notre article comprend en outre un renvoi à un article qui n'était pas mentionné dans l'art. 964, premier alinéa, je veux parler de l'art. 702 (Voy. l'art. 702 et son explication).

Quelle conséquence entraînerait l'omission des formalités prescrites par la loi ? La vente serait valable; mais l'héritier bénéficiaire qui aurait vendu un immeuble de la succession sans les formes de justice, encourrait la déchéance du bénéfice d'inventaire (3e alinéa). L'orateur du conseil d'État disait expressément, dans l'exposé des motifs du Code de procédure : « On avait « demandé si, l'héritier bénéficiaire ayant vendu un immeuble sans autorisation « et sans formalité, la vente serait nulle. Bien que les tiers qui auraient traité avec « lui ne soient pas sans reproches, on a voulu respecter leurs droits; on a trouvé « une garantie suffisante pour les créanciers dans la déchéance du bénéfice « d'inventaire et dans la caution qu'ils ont déjà pu demander à l'héritier. »

Si l'héritier bénéficiaire est déchu du bénéfice d'inventaire lorsqu'il vend un immeuble de la succession sans les formes de justice, c'est qu'en sortant de la voie qui lui est tracée par la loi, en faisant un acte de disposition, il est censé avoir voulu accepter tacitement la succession en qualité d'héritier pur et simple. Mais, lorsque l'héritier a pris la voie tracée par les art. 987 et 988, et que, dans le cours de la procédure, lui ou son avoué ont omis involontairement une formalité prescrite par la loi, une telle omission n'entraînerait pas la déchéance du bénéfice d'inventaire.

En effet, la déchéance, prononcée par le troisième alinéa de notre article et fondée sur la présomption d'une volonté tacite d'accepter purement et simplement, ne peut frapper que celui qui a omis sciemment les formes prescrites à l'héritier bénéficiaire. Mais l'ommission involontaire d'une formalité, la faute de l'avoué, ne supposent de la part de l'héritier bénéficiaire aucune intention tacite d'accepter purement et simplement la succession.

⊇→ **1168.** « Art. 989. S'il y a lieu à faire procéder à la vente du mobilier et des rentes dépendant de la succession, la vente sera faite suivant les formalités prescrites pour la vente de ces sortes de biens, à peine contre l'héritier bénéficiaire d'être réputé héritier pur et simple. »

La succession peut comprendre deux sortes de meubles, des meubles corporels et des droits (ou meubles incorporels). Quant aux meubles corporels, la vente en sera faite dans les formes tracées pour la vente judiciaire des meubles, suivant les règles que nous avons vues au titre *De la Vente du mobilier* (art. 945 et suiv.).

Parmi les droits, la loi ne s'est occupée que des rentes. Les rentes sur l'État seront vendues par le ministère des agents de change (art. 76, C. com.), et, si elles sont au-dessus de 50 fr., l'héritier bénéficiaire ne pourra les faire vendre sans l'autorisation du tribunal (Voy. un avis du conseil d'État du 17 novembre 1807, appouvé le 11 janvier 1808). Quant aux rentes sur particuliers, elles seront vendues dans les formes prescrites pour la vente de ces sortes de biens, c'est-à-dire conformément aux dispositions des art. 643 et suivants du Code de procédure.

A l'égard des autres droits, par exemple des créances exigibles, leur disposition, la réception des deniers, le placement nouveau qu'en ferait l'héritier, la cession même, rentrent, en principe, dans l'administration : l'héritier bénéficiaire, qui disposerait d'une créance sans observer les formes de justice, n'encourrait donc pas, par ce seul fait, la déchéance du bénéfice d'inventaire.

Quant aux ventes des meubles corporels ou des ventes faites sans les formes judiciaires, elles entraîneraient déchéance du bénéfice d'inventaire; mais les ventes seraient valables par les motifs que j'ai donnés sur l'article précédent, pour la validité des ventes d'immeubles faites sans les formes prescrites par la loi.

1169. « Art. 990. Le prix de la vente du mobilier sera distribué par contribution entre les créanciers opposants, suivant les formalités indiquées au titre *De la distribution par contribution.* »

« Art. 991. Le prix de la vente des immeubles sera distribué suivant l'ordre des priviléges et hypothèques. »

Ces articles ne sont que la mise en œuvre des art. 806 et 808, C. civ.. Voy. pour les formes de la distribution du prix des meubles et des immeubles non grevés d'hypothèques, le titre *De la Contribution* (art. 656 et suiv.), et pour celles du prix des immeubles grevés d'hypothèques, le titre *De l'Ordre* (art. 749 et suiv.).

1170. « Art. 992. Le créancier ou autre partie intéressée qui voudra obliger l'héritier bénéficiaire à donner caution lui fera faire sommation à cet effet, par acte extrajudiciaire signifié à personne ou à domicile. »

Cet article et les deux suivants règlent la procédure à suivre pour obtenir de l'héritier bénéficiaire la caution qui peut lui être demandée aux termes de l'art. 807 du Code civil. Cette caution ne peut-être exigée que dans les limites fixées par cet art. 807, et pour les causes qu'il indique, c'est-à-dire pour la valeur du mobilier compris dans l'inventaire ou pour la portion du prix des immeubles qui resterait entre les mains de l'héritier bénéficiaire, après le payement des créances hypothécaires, ou faute de créances hypothécaires.

Ou autre partie intéressée; par exemple, les légataires.

« Art. 993. Dans les trois jours de cette sommation, outre un jour par trois myriamètres de distance entre le domicile de l'héritier et la commune où siège le tribunal, il sera tenu de présenter caution au greffe du tribunal de l'ouverture de la succession dans la forme prescrite pour les réceptions de caution. »

Un jour par cinq *myriamètres*... (art. 1033, C. pr.).

Les art. 517 et suiv., auxquels notre article renvoie, nous ont déjà montré les formes des réceptions de cautions. Voyez notamment les formes de l'art. 518, qui indique d'une manière précise comment la caution sera présentée au greffe (Voy. l'art. 518 et son explication).

« Art. 994. S'il s'élève des difficultés relativement à la réception de la caution, les créanciers provoquants seront représentés par l'avoué le plus ancien. »

L'avoué le plus ancien: c'est parmi les avoués de tous les créanciers figurant dans la demande d'une caution, celui qui se trouve le premier sur le tableau, par rang d'ancienneté.

« Art. 995. Seront observées, pour la reddition du compte du bénéfice d'inventaire, les formes prescrites au titre *Des Redditions de compte*. »

Ces difficultés sont jugées conformément aux dispositions de l'art. 521 du Code de procédure.

Voyez les art. 527 et suiv., et leur explication.

1171. « Art. 996. Les actions intentées par l'héritier bénéficiaire contre la succession seront intentées contre les autres héritiers ; et, s'il n'y en a pas ou qu'elles soient intentées par tous, elles le seront contre un curateur au bénéfice d'inventaire, nommé en la même forme que le curateur à la succession vacante. »

Puisque le bénéfice d'inventaire a pour effet d'empêcher la confusion du patrimoine de l'héritier et du patrimoine du défunt; puisque, par suite, l'héritier bénéficiaire conserve, à l'égard de la succession, la qualité de créancier et de débiteur qu'il avait à l'égard du défunt, il peut exister des contestations, des procès entre le patrimoine de l'héritier bénéficiaire et celui du défunt.

L'héritier qui administre ces deux patrimoines ne peut cependant plaider à la fois comme demandeur et comme défendeur. Il porte, d'ailleurs, plus d'intérêt à son affaire qu'à celle de la succession, qui concerne souvent les créanciers et les légataires du défunt plus que l'héritier. On pourrait donc craindre qu'il ne sacrifiât l'intérêt de la succession au sien propre.

S'il y a d'autres héritiers qui aient accepté purement et simplement, c'est contre eux que l'héritier bénéficiaire intentera son action : ils ont qualité et intérêt pour défendre la succession. Mais, lorsqu'il n'y a qu'un héritier unique, ayant accepté sous bénéfice d'inventaire, ou lorsque tous les héritiers sont bénéficiaires et veulent agir contre la succession, l'action de l'héritier ou des héritiers sera dirigée contre un curateur au bénéfice d'inventaire qui représentera la succession.

Ce curateur sera nommé dans la même forme que le curateur à la succession vacante, c'est-à-dire par le tribunal, sur la demande des parties intéressées et sur la réquisition du procureur de la République (art. 812, C. civ.) *

** Le jugement obtenu par l'héritier en l'absence du curateur, ne pourrait être opposé qu'aux créanciers qui y auraient été parties (1). **

(1) ** Req. Rej., 19 décembre 1839, S. 40, 1, 92. **

TITRE IX

DE LA RENONCIATION A LA COMMUNAUTÉ, DE LA VENTE DES IMMEUBLES DOTAUX ET DE LA RENONCIATION A LA SUCCESSION (C. D.).

⇒ **1172.** * Les renonciations à une communauté et à une succession, quoique réunies dans ce titre, n'ont pas pour base la même idée. Pour les successions, il n'y a pas chez nous d'héritier nécessaire ; nul n'est héritier qui ne veut. L'héritier légitime est investi par la loi, même à son insu, des droits et des biens de la succession ; mais il peut répudier cette succession et, par sa renonciation, il annihile l'investiture que la loi lui avait donnée. Dès ce moment, il est censé n'avoir jamais été héritier (art. 785, C. civ.).

La communauté est une sorte de société de biens entre un mari et une femme; elle résulte soit de leur contrat de mariage, soit, à défaut de contrat, des dispositions de la loi. Cette société offre ce caractère particulier que, lors de sa dissolution, la femme, c'est-à-dire l'un des associés, a le droit de prendre part au bénéfice de la société si elle a été fructueuse, ou peut, si la société n'a pas réussi, se soustraire aux dettes sociales en renonçant à la communauté. Les héritiers ou ayants cause de la femme ont le même droit d'option (art. 1453, C. civ.).

On peut s'étonner d'une pareille faveur au profit de l'un des associés. Elle a été accordée à la femme comme compensation des grands pouvoirs donnés au mari dans l'administration de la communauté. Le mari, en effet, administrant seul, on comprend que la loi permette à la femme de rejeter entièrement sur lui les conséquences d'une administration à laquelle elle n'a point participé (Voy. aussi l'art. 1454, C. civ.).

C'est au point de vue de la forme que notre titre a réuni sous une même rubrique la renonciation à la communauté et la renonciation à la succession. Ces renonciations, en effet, se font de la même manière, sur un registre tenu au greffe.

Sous l'empire du Code de procédure, ces explications auraient suffi pour commenter l'art. 997 qui compose ce titre, et qui ne s'appliquait alors qu'aux renonciations à la communauté et à la succession. Mais la loi du 2 juin 1841, art. 6, a modifié notre titre. Cette loi a ajouté à la rubrique ces mots : *de la Vente des immeubles dotaux*, et à l'art. 997 les deux derniers alinéas.

Quel rapport y a-t-il entre les renonciations à la communauté ou à la succession et la vente des immeubles dotaux sous le régime dotal? C'est, je crois, ce qu'il ne serait pas très facile d'établir. Quoi qu'il en soit, après avoir hésité sur la place qu'occuperaient ces deux alinéas, on les a mis à la suite de l'ancien art. 997 et sous le même numéro.

1173. « Art. 997. Les renonciations à communauté ou à succession seront faites au greffe du tribunal dans l'arrondissement duquel la dissolution de la communauté ou l'ouverture de la succession se sera opérée, sur le registre prescrit par l'art. 784 du Code civil, et en conformité de l'art. 1457 du même Code, sans qu'il soit besoin d'autre formalité. — Lorsqu'il y aura lieu de vendre des immeubles dotaux dans les cas prévus par l'art. 1558 du Code civil, la vente sera préalablement autorisée sur requête, par jugement rendu en audience publique. — Seront, au surplus, applicables les art. 955, 956 et suivants au titre *De la Vente des biens immeubles appartenant à des mineurs.* »

Le premier alinéa rappelle les formes, tracées par les art. 784 et 1457 du Code civil, pour renoncer à une succession ou à une communauté. La déclaration de renonciation est faite sur un registre tenu au greffe à cet effet.

Au greffe de quel tribunal la renonciation doit-elle être faite? La renonciation à une succession se fait au greffe du tribunal dans l'arrondissement duquel la succession s'est ouverte (art. 684, C. civ., 997, C. pr.) c'est-à-dire au tribunal du lieu où se trouvait le domicile du défunt (art. 110, C. civ.); la renonciation à la communauté s'inscrit au greffe du tribunal dans l'arrondissement duquel la communauté a été dissoute (art. 997, C. pr.), c'est-à-dire au greffe du tribunal dans l'arrondissement duquel le mari avait son domicile au moment de la dissolution (art. 1457, C. civ.).

** La renonciation à la succession peut être faite soit par le successible en personne, soit par son mandataire. Dans ce dernier cas, le greffier doit exiger une procuration expresse et écrite, mais aucune loi ne l'autorise à demander une procuration authentique.

Ces formalités de la renonciation à succession ne sont prescrites qu'autant qu'on veut se prévaloir de la renonciation vis-à-vis des créanciers et des légataires. Mais quand la renonciation forme un élément ou l'accessoire d'une convention arrêtée entre les héritiers, elle est susceptible d'être faite et acceptée dans toute espèce d'actes authentiques ou sous seing privé (1). On pourrait même en pareil cas admettre une renonciation tacite (2).

De même, les formes que nous venons d'exposer pour la renonciation à la communauté supposent qu'il s'agit d'invoquer cette renonciation contre les créanciers ; mais entre la femme (ou ses héritiers) et le mari (ou ses héritiers), cette renonciation peut avoir lieu par toute espèce de convention (3).

Il n'est pas inutile d'ajouter que, d'après l'art. 1463, la femme est présumée renonçante et n'a, dès lors, aucune déclaration à faire au greffe, en cas de dissolution de la communauté par suite de séparation de corps ou de séparation de biens, à moins qu'elle ne l'ait acceptée expressément ou tacitement dans les trois mois et quarante jours à partir de l'époque où le jugement qui a prononcé la séparation, a acquis l'autorité de la chose jugée. **

Le deuxième et le troisième alinéa de l'art. 997, ajoutés par l'art. 6 de la loi du 2 juin 1841, se réfèrent, comme cette loi tout entière, aux ventes judiciaires d'immeubles. Il s'agit spécialement ici des formes à suivre pour la vente des immeubles dotaux sous le régime dotal.

Sous ce régime, les immeubles constitués en dot sont inaliénables, même du consentement commun des deux époux (art. 1554, C. civ.), à moins que le contrat de mariage ne contienne une convention contraire (art. 1557, C. civ.).

(1) ** Poitiers, 28 juin 1839, S. 40, 2, 78. **

(2) ** Req. Rej., 3 août 1808, S. 8, 1, 490. **

(3) ** Req. Rej., 6 novembre 1827, S. 28, 1, 227. — Req. Rej., 4 mars 1856, S. 56, 1, 872. **

Cette règle souffre cependant quelques exceptions, et notamment dans les cas énumérés par l'art. 1558 du Code civil.

Dans ces diverses hypothèses exceptionnelles, la femme, qui voudra aliéner un immeuble dotal, adressera au tribunal une requête, afin d'être autorisée à procéder à la vente de cet immeuble pour celle des causes de l'art. 1558 qu'elle déterminera. Le tribunal, après examen, accordera ou refusera l'autorisation par un jugement rendu en audience publique, sur les conclusions du ministère public (art. 83, 6°). Si la vente est autorisée, il y sera procédé avec toutes les formes que nous avons dejà vues pour les ventes des biens immeubles appartenant à des mineurs. Cette assimilation apporte une dérogation à l'art. 1558 du Code civil, qui exigeait trois affiches préalables avant la vente, tandis que les art. 958 et 959, maintenant applicables à la vente des immeubles dotaux, n'indiquent qu'une apposition d'affiches, à moins qu'une plus grande publicité ne paraisse nécessaire (art. 961, C. pr.). *

** Lorsqu'un immeuble dotal indivis avec des tiers ou même entre les époux, n'est pas susceptible d'être commodément partagé, le tribunal peut autoriser les époux à concourir ou à procéder à la licitation volontaire de cet immeuble suivant les formes prescrites par l'art. 997. Bien que tous les copropriétaires soient d'accord pour procéder à la licitation, malgré cet accord, la femme a besoin de l'autorisation de la justice pour concourir à la licitation. Quant au cas où la licitation serait provoquée par voie d'action soit par les consorts de la femme, soit même par les époux, il est régi par les art. 815 et 818. **

TITRE X

DU CURATEUR A UNE SUCCESSION VACANTE (C. D.).

⇒ **1174.** « Art. 998. Lorsque, après l'expiration des délais pour faire inventaire et pour délibérer, il ne se présente personne qui réclame une succession, qu'il n'y a pas d'héritier connu, ou que les héritiers connus y ont renoncé, cette succession est réputée vacante, elle est pourvue d'un curateur, conformément à l'art. 812 du Code civil. »

* Cet article, qui reproduit littéralement, dans sa première phrase, l'art. 811 du Code civil, a pour objet de déterminer dans quel cas la succession est réputée vacante. Une controverse s'est élevée sur la portée des termes des art. 811 du Code civil et 998 du Code de procédure, et sur la question de savoir quand la succession est réputée vacante (1).

Voici, je crois, le véritable sens de ces articles. La loi suppose que, dans les trois mois et quarante jours qui suivent l'ouverture de la succession, il ne se présente personne pour la réclamer ; telle est l'idée qui sert de point de départ à la présomption de vacance de succession. Personne ne se présente, pas même l'État qui est appelé en dernier lieu (2). L'exposé des motifs de M. Treil-

(1) ** On trouvera un exposé de la question dans Aubry et Rau, 4ᵉ éd., VI, § 641, p. 725 et suiv. **

(2) Si l'État se présente, la succession ne peut être réputée vacante. Cass., 17 août 1840, *Journal du Palais*, t. II de 1840, p. 452. — Rennes, 7 juillet 1851, D. 52, 5, 518.

hard est formel à cet égard : « Mais il peut arriver qu'il ne se présente pour « recueillir une succession ni parent, ni enfants naturels, ni époux survivant, « ni même l'État. La succession est alors vacante. »

Toutefois ce fait que personne ne se présente ne suffirait pas pour que la succession fût vacante. Il y a, en effet, des ayants droit qui n'ont pas besoin de se présenter, parce qu'ils sont investis de la succession, même à leur insu; je veux parler des héritiers. Aussi la loi ajoute-t-elle, comme seconde condition de la présomption de vacance de succession, qu'il n'y a pas d'héritier connu, ou que les héritiers connus ont renoncé. Cette renonciation sera ordinairement la cause de la vacance de la succession. Elle n'est sans doute vacante que parce qu'elle est mauvaise. Et quelle est la conséquence de la vacance de la succession? C'est la nomination d'un curateur pour administrer les biens dans l'intérêt des créanciers.

Si la succession a un représentant, héritier ou successeur irrégulier, elle n'est pas vacante; il n'y a donc pas lieu à nommer un curateur pour l'administrer.

Remarquons bien les expressions de la loi : *Lorsqu'il ne se présente personne qui réclame une succession, qu'il n'y a pas d'héritier connu, ou que les héritiers connus y ont renoncé, cette succession est réputée vacante.* Il est possible qu'il y ait des héritiers qui, sans avoir renoncé, ne soient pas connus; dans ce cas la succession est réputée, mais n'est pas réellement vacante. La présomption de vacance cessera le jour où cet héritier, inconnu jusqu'alors, se présentera ou sera connu. Mais si, en effet, il n'y a personne qui veuille prendre la succession, s'il n'y a pas d'héritier, ou si tous les héritiers ont renoncé, la succession est réellement vacante.

Seulement on peut se tromper sur l'existence des héritiers ; et, quant à la procédure, les héritiers inconnus sont pour les créanciers comme s'ils n'étaient pas. Aussi, soit dans une succession réellement vacante, soit dans une succession réputée vacante, il n'y a personne qui représente ostensiblement la succession ; il y a lieu, par conséquent, à faire nommer un curateur à la succession vacante pour la représenter et l'administrer dans l'intérêt des ayants droit, soit des héritiers ou autres successeurs, s'il s'en présente plus tard, quand la succession était à tort réputée vacante, soit, dans tous les cas, dans l'intérêt des créanciers.

Ou que les héritiers connus y ont renoncé. La renonciation d'un héritier annule à son égard les effets de la saisie que la loi lui avait déférée ; et au même moment la loi investit de cette succession ou de cette part répudiée les cohéritiers du renonçant, ou les héritiers du degré subséquent, s'il n'avait pas de cohéritiers. Contre la saisine des héritiers du degré subséquent, après la renonciation des héritiers du degré qui précède, on objecterait vainement les dispositions de l'art. 790 du Code civil, qui permet au renonçant d'accepter encore la succession tant qu'elle n'a pas été acceptée par d'autres héritiers. Cet article ne fait, suivant moi, qu'accorder une faveur au renonçant.

Il semble bien résulter de ce qui précède que, tant qu'il y a des héritiers connus, à un degré quelconque, et qu'ils n'ont pas encore renoncé, la succession ne peut légalement être réputée vacante, et qu'il n'y pas lieu à lui nommer un curateur. *Il faut que les héritiers connus y aient renoncé* (art. 811, C. civ., et 998, C. pr.).

Cependant, dans l'opinion la plus accréditée, on décide que, quand les héritiers connus du premier degré ont renoncé, les créanciers peuvent faire nommer un curateur à la succession présumée vacante, sans avoir besoin d'interpeller les héritiers du degré subséquent sur la question de savoir s'ils acceptent ou non, quoique ces héritiers soient, d'ailleurs, connus des créanciers (1). Le motif de cette décision est tout entier contenu dans cette phrase d'un des partisans de l'opinion que j'indique : « On n'en finirait pas s'il fallait « attendre que tous les parents qui peuvent être appelés en différents ordres, « les uns après les autres, se fussent expliqués, ou s'il fallait agir contre les « uns et les autres successivement pour les forcer à s'expliquer. Que de frais « inutiles pour la succession ! »

Je ne méconnais pas les inconvénients qu'on signale dans le système que je soutiens, c'est-à-dire les lenteurs et les frais qu'il peut occasionner, quoique peut-être ces inconvénients soient exagérés. Mais ces considérations ne sauraient prévaloir contre le texte précis des art. 811 du Code civil, et 998 du Code de procédure.

1175. La succession vacante ou réputée telle devra être pourvue d'un curateur, qui sera nommé par le tribunal de première instance dans l'arrondissement duquel la succession est ouverte, sur la demande des personnes intéressées, ou sur la réquisition du procureur de la République (art. 812, C. civ.).

Celui qui veut faire nommer un curateur à la succession vacante présente une requête au tribunal, et, sur cette requête, le tribunal nomme le curateur. Toutefois, les autres parties intéressées à cette nomination auraient le droit d'intervenir; alors s'engagerait, en cas de contestation, une instance sur laquelle le tribunal statuerait dans les termes ordinaires.

« Art. 999. En cas de concurrence entre deux ou plusieurs curateurs, le premier nommé sera préféré, sans qu'il soit besoin de jugement. »

On suppose qu'une partie intéressée, ayant déjà fait nommer un curateur à la succession vacante, une autre partie intéressée en a fait nommer un second, soit par une autre chambre du même tribunal, soit par la même chambre qui n'était peut-être pas composée des mêmes juges, ou qui a cru qu'il s'agissait d'une autre succession vacante. Quoi qu'il en soit, la première nomination infirme d'avance toutes les autres.

« Art. 1000. Le curateur est tenu, avant tout, de faire constater l'état de la succession par un inventaire, si fait n'a été ; et de faire vendre les immeubles suivant les formalités prescrites aux titres *De l'Inventaire* et *De la Vente du mobilier.* »

Le premier soin du curateur doit être de faire dresser l'inventaire des meubles et l'état des immeubles; cet inventaire et cet état seront un jour la base du compte qu'il devra rendre de sa gestion.

Si fait n'a été. Il est possible, en effet, que les héritiers connus, dont la renonciation a laissé la succession vacante, n'aient renoncé qu'après avoir fait faire inventaire.

(1) Aix, 17 décembre 1807 (Dall., *Rép.*, v° *Succession*, n° 970).

Il fera ensuite vendre le mobilier dans les formes prescrites par les art. 945 et suiv. (C. pr.).

Peut-être, pour liquider la succession et payer les créanciers ou les légataires, est-il nécessaire de vendre les immeubles ou les rentes de la succession : on suivra les formes indiquées par l'art. 1001.

« Art. 1001. Il ne pourra être procédé à la vente des immeubles et rentes que suivant les formes qui ont été prescrites au titre *Du Bénéfice d'inventaire.* »

Voyez les art. 987, 988 et 989 et les articles auxquels ils renvoient.

L'art. 813 du Code civil vous fera connaître quels sont les pouvoirs donnés par la loi au curateur à une succession vacante.

Il y a cependant quelques différences entre l'administration de l'héritier bénéficiaire et celle du curateur à une succession vacante. Ainsi le curateur est tenu de faire vendre les meubles, et de verser à la Caisse des dépôts et consignations les deniers provenant de la vente des biens ou trouvés dans la succession (art. 813, C. civ. et ordonnance du 3 juillet 1816, art. 2, nº 13).

« Art. 1002. Les formalités prescrites pour l'héritier bénéficiaire s'appliqueront également au mode d'administration et au compte à rendre par le curateur à la succession vacante. »

L'héritier bénéficiaire qui administre sa propre chose est intéressé à l'administration, en ce sens que ce qui restera après le payement des dettes et des legs lui appartiendra. Mais, si les dettes et les legs absorbent l'actif de la succession, il administre gratuitement, sauf à lui à se débarrasser même de cette administration, en abandonnant tous les biens de la succession aux créanciers et aux légataires (art. 802, C. civ.). Le curateur à la succession vacante n'aura jamais droit à aucune portion de la succession, même si l'acquittement des charges n'absorbe pas tout l'actif; mais il reçoit un salaire.

Quant au compte de sa gestion, le curateur à la succession vacante le rendra comme l'héritier bénéficiaire (art. 995), c'est-à-dire suivant les formes prescrites aux art. 527 et suiv. Le curateur à la succession vacante rendra son compte soit aux créanciers, soit à tous ceux qui feraient cesser la vacance présumée de la succession, en la réclamant à titre de successeurs réguliers ou irréguliers. *

CINQUANTE-TROISIÈME LEÇON

LIVRE III

TITRE UNIQUE

DES ARBITRAGES.

☞ **1176.** Le principe général de cette matière, comme la plupart des principes fondamentaux de la compétence et de l'organisation judiciaire actuelle, était écrit dans une loi déjà citée, la loi du 24 août 1790; cette loi, ayant de poser les bases de l'organisation judiciaire nouvelle, consacrait, comme règle générale, la faculté pour les particuliers de soustraire aux juges publics la connaissance de leurs différends, pour les soumettre à des arbitres, c'est-à-dire à des particuliers ou à des juges de leur choix; les art. 1 et 2 du titre 1er de cette loi s'exprimaient ainsi :

« Art. 1er. L'arbitrage étant le moyen le plus raisonnable de terminer les contestations entre les citoyens, les législatures ne pourront faire aucune disposition qui tendrait à diminuer, soit la faveur, soit l'efficacité des compromis. »

« Art. 2. Toutes personnes, ayant le libre exercice de leurs droits et de leurs actions, pourront nommer un ou plusieurs arbitres pour prononcer sur leurs intérêts privés, dans tous les cas et en toutes matières, sans exception. »

Les articles suivants dans le même titre étaient purement relatifs à la procédure à suivre dans la matière du compromis, et ne donnaient à cet égard que des règles très insuffisantes.

On voit, par cette idée générale de l'arbitrage, que le nom d'arbitre est pris ainsi dans un sens propre, technique, et non pas dans ce sens détourné que lui a donné un texte déjà expliqué, l'art. 429 du présent Code. Vous avez vu que les tribunaux de commerce sont autorisés à nommer un ou plusieurs arbitres pour l'examen des pièces, registres, papiers des parties, afin de tâcher de les concilier, sinon faire leur rapport. Ce sont là des arbitres improprement dits, en ce sens que leur avis est facultatif pour le tribunal ; ces arbitres essayent une conciliation qui, en matière commerciale, n'a pas été tentée dès le début de l'instance, et, en cas de non succès, soumettent au tribunal un avis qui n'a rien d'obigatoire *. On les nomme aussi arbitres rapporteurs. * Au contraire, les arbitres véritables, dont il est ici question, sont choisis par les parties, pour décider de leur différend, comme les juges pourraient le faire eux-mêmes, pour trancher le procès par un jugement, qui tantôt sera en dernier ressort, tantôt sujet à appel. * On désigne ces arbitres sons le nom d'*arbitres juges*, par opposition aux arbitres rapporteurs. *

1177. Le droit de préférer à la juridiction normale, ordinaire, des tribunaux institués par la loi, la juridiction privée des arbitres, dérive tout entier du droit de s'obliger, ou du droit d'aliéner. On comprend aisément que, lorsqu'il s'agit d'un droit auquel il m'est permis de renoncer gratuitement, à plus forte raison m'est-il loisible, lorsque ce droit m'est disputé, d'en subordonner la conservation ou la perte à l'examen que devront faire des particuliers de mon choix. On comprend que, dans ce cas, pour éviter les frais, les lenteurs, les inconvénients même que la publicité peut me présenter, je puisse, quand je suis libre d'aliéner ce droit par ma volonté privée, accorder, à plus forte raison, le droit de l'examiner, de le débattre, à des arbitres tout à fait de mon choix. De là cette première idée, écrite dans l'art. 1003, que toutes personnes peuvent compromettre sur les droits dont elles ont la libre disposition, que la capacité pleine et entière d'aliéner est une condition essentielle de la capacité de compromettre. Compromettre, vous voyez l'étymologie de ce mot : *promettre ensemble*, convenir de se soumettre à la décision des arbitres choisis en commun. Le compromis ou la convention par laquelle les parties soumettent une cause à des arbitres, n'est donc, au fond, qu'une obligation, qu'une aliénation, qu'une libération conditionnelle ; chaque partie s'oblige d'avance à reconnaître pour bonne la décision rendue par les arbitres choisis, sauf les voies de recours que la loi admet contre cette décision (art. 1023, 1026, 1027).

Les art. 1003 et 1004 s'attachant à cette première idée, vous indiquent dans quelles limites se renferme le droit de compromettre. Seulement, l'art. 1003 trace des limites qui tiennent un peu plus spécialement à la capacité des parties, et l'art. 1004 trace des limites qui se rattachent un peu plus directement à la nature du compromis.

« **Art. 1003.** Toutes personnes peuvent compromettre sur les droits dont elles ont la libre disposition. »

La première conséquence, c'est que le compromis ne peut être consenti ni par le mineur ni pour lui ; par le mineur, frappé par le droit civil d'une entière incapacité, il n'y a rien de si simple ; ni même pour le mineur par son tuteur, on le comprend aisément, car le tuteur n'a, dans aucun cas, la libre disposition des droits et biens de son mineur. Ainsi, non seulement s'il s'agit d'un droit ou intérêt immobilier, mais même s'il s'agit d'un droit uniquement mobilier, le tuteur n'aura pas qualité pour compromettre, pour soustraire l'examen de la cause qui intéresse son pupille à la juridiction des tribunaux ordinaires. Le tuteur peut, il est vrai, d'après l'art. 464 du Code civil, acquiescer à une demande mobilière formée contre son mineur ; cet article, en lui défendant d'acquiescer aux demandes immobilières sans une autorisation, lui permet, *à contrario*, d'acquiescer seul à une demande toute mobilière. Mais le droit d'acquiescer ne renferme pas, n'entraîne pas le droit de compromettre ; l'acquiescement du tuteur donné en justice à une demande mobilière n'entraîne pas, pour le mineur, la perte immédiate de ce droit ; cet acquiescement n'enlève pas au tribunal le droit d'examiner la réalité des prétentions de l'adversaire ; enfin, il ne dispense pas d'entendre les conclusions du ministère public, nécessaires dans toutes les causes de mineurs aux termes de l'art. 83 ; il n'y a donc pas à argumenter de l'acquiescement au compromis (1).

De même, non seulement le tuteur ne peut pas, seul, sans autorisation, sans concours, consentir un compromis ; il ne le pourrait même pas en s'entourant des garanties que la loi a exigées pour les actes de la plus haute gravité. Ainsi, aux termes de l'art. 467 du Code civil, le tuteur peut transiger pour son pupille, en réunissant, bien entendu, toutes les sûretés, toutes les garanties énumérées par cet article : autorisation du conseil de famille, avis de trois jurisconsultes, homologation du tribunal, homologation subordonnée elle-même à l'accomplissement de certaines formalités. Mais le tuteur, même en suivant les règles tracées pour la transaction, ne pourrait pas compromettre. Une raison de texte se trouve d'abord écrite dans l'art. 1989 du Code civil : vous y voyez que le pouvoir de transiger, donné à un mandataire, ne lui confère pas le pouvoir de compromettre. Or, ce que l'art. 1989 dit

(1) Bourges, 18 décembre 1840 (Dall., *Rép.*, v° *Arbitrages*, n° 246).

du mandataire conventionnel, qu'il a principalement en vue, s'applique naturellement au mandataire, au représentant légal, au tuteur pour les droits de son pupille. Il y en a, d'ailleurs, une raison fort simple : quand on transige, on connaît au juste et d'avance à quels sacrifices on se soumet; au contraire, quand on compromet, quand on souscrit à un arbitrage, on s'oblige par avance à se soumettre à une décision encore inconnue, on s'impose d'avance des sacrifices, dont il est impossible de mesurer l'étendue. On comprend donc qu'il n'y ait pas à argumenter, en matière de compromis, de la faculté de transiger accordée au tuteur par l'art. 467.

La même décision doit s'appliquer à l'interdit (art. 509, C. civ.).

A l'égard du mineur émancipé, il y a quelques distinctions à faire :

En principe, le mineur émancipé, même assisté de son curateur, n'a pas plus que le tuteur du mineur non émancipé faculté de compromettre, faculté de souscrire un arbitrage. La raison en est toujours la même : c'est que le mineur émancipé, bien qu'investi de plus de liberté que le mineur en tutelle, ne peut cependant pas, même avec l'assistance dont la loi veut l'entourer, disposer gratuitement des droits qui lui appartiennent. Ainsi, en principe, l'incapacité de compromettre s'applique également à lui.

Nous ferons cependant exception à l'égard des contestations qui concernent ses revenus : les art. 481 et suivants du Code civil, déterminant sa capacité, lui laissent pour ses revenus une plénitude de liberté qui paraît entraîner, de sa part, faculté de compromettre sur ce point. Vainement on invoque l'art. 83 combiné avec l'art. 1004; d'après l'art. 83, le ministère public doit être entendu dans toutes les causes qui intéressent les mineurs émancipés ou non émancipés, et, d'après l'art. 1004, le compromis est impossible dans toutes les causes où il y a lieu aux conclusions du ministère public. Mais, malgré la généralité de l'art. 83, je ne pense pas que les conclusions du ministère public soient nécessaires dans les causes du mineur émancipé, lorsque ces causes sont purement relatives à la perception des revenus de ce mineur ayant qualité pour en disposer; on ne voit pas la nécessité de ces conclusions; on ne voit pas la nécessité d'appliquer au mineur émancipé les derniers mots de l'art. 1004. Mais, à part cette exception, l'incapacité de compromettre s'applique pleinement au mineur émancipé.

1178. La question peut encore se présenter à l'égard de deux incapables, savoir : la femme mariée et le prodigue.

A l'égard de la femme mariée, l'incapacité de compromettre sans l'autorisation du mari est, en général, la conséquence de l'incapacité de contracter ; cette incapacité, quoique fondée sur un principe différent de celle dont est frappé le mineur, n'en est pas moins fort analogue et presque identique dans ses effets, du moins dans le droit de compromettre. Cependant, comme la femme mariée, lorsqu'elle est séparée de biens, soit par contrat de mariage, soit par un jugement postérieur, peut, d'après l'art. 1449 du Code civil, disposer librement de son mobilier, on ne voit pas pourquoi elle n'aurait pas le droit de compromettre seule sur ce mobilier. Il est vrai que compromettre, c'est à quelques égards plaider; c'est plaider, non pas devant les tribunaux, mais au moins devant les arbitres; or, la femme mariée, quoique séparée de biens, ne peut jamais plaider sans autorisation; le principe s'applique même à la femme commerçante, quelque large que soit la capacité d'aliéner que la loi lui ait accordée.

Mais je crois qu'ici il faut appliquer l'art. 1449, et non pas l'art. 215 du Code civil. La femme mariée séparée de biens peut aliéner son mobilier; mais elle ne peut plaider, même sur son mobilier qu'elle est libre d'aliéner. Mais quel est ce motif d'incapacité de plaider? L'incapacité de la femme ne tient point à son inexpérience; elle tient tout entière à l'autorité maritale; on conçoit donc que, dans le cas même où la femme mariée est déclarée libre d'aliéner, on la déclare cependant incapable de plaider. Pourquoi? Pour qu'elle ne puisse pas, sans autorisation maritale, se jeter dans la publicité des débats judiciaires: c'est une raison de pure convenance, et non pas une raison d'incapacité proprement dite, qui interdit à la femme, même séparée de biens, même commerçante, tout accès près des tribunaux. Or, cette raison est inapplicable à l'arbitrage, aux contestations secrètes, privées, auxquelles le compromis la soumet; le droit de compromettre dérive uniquement du droit d'aliéner, et nous déciderons, sans être arrêtés par l'art. 215, que la femme mariée, ordinairement incapable de compromettre, parce qu'elle est ordinairement incapable d'aliéner, redevient cependant capable de compromettre dans les limites exceptionnelles où elle peut aliéner. Ainsi la femme commerçante pourra librement compromettre sur les affaires de son commerce. De même, la femme séparée de biens, non commerçante, pourra, en vertu de l'art. 1449, compromettre sur des droits purement mobiliers qu'elle est libre d'aliéner sans autorisation (1), ** et à la femme séparée de biens on devra assimiler la femme dotale pour ses paraphernaux**.

Quant au prodigue, soumis, en vertu de l'art. 513 du Code civil, à l'assistance d'un conseil judiciaire, nous dirons qu'il peut toujours compromettre pour les actes qu'il est libre de faire, pour les droits qu'il peut aliéner sans l'assistance de ce conseil. Ainsi, le prodigue peut très bien, sans assistance de son conseil, donner décharge, ou même faire remise de ses revenus; il pourra, sans assistance, compromettre sur ses revenus. Mais le prodigue ne peut pas, sans assistance de son conseil, aliéner, hypothéquer, consentir des droits plus importants; il ne pourra donc pas, sans assistance du même conseil, compromettre sur ces droits; mais, avec cette assistance, il le pourra sans difficulté. Vous savez que l'incapacité dont le prodigue est frappé ne doit se confondre ni avec celle du mineur en tutelle, ni même avec celle du mineur émancipé.

** Enfin le mandataire ordinaire, n'ayant pas la capacité de disposer, ne peut pas compromettre; ce droit ne lui appartiendrait qu'autant qu'il lui aurait été conféré par une convention expresse (2).**

(1) * L'opinion contraire est plus généralement admise, par application de l'art. 215, C. civ. Il me semble, en effet, que plaider devant arbitres, c'est toujours plaider, et même sans les garanties qu'offrent aux parties les tribunaux ordinaires. *

(2) ** Jugé que les administrateurs d'une société anonyme, étant des mandataires, ne peuvent pas compromettre, à moins qu'ils n'en aient reçu le pouvoir par une clause formelle des statuts ou par un acte spécial. Cass. Req., 27 juin 1881, S. 83, 1, 165. **

1179. Voilà, pour ce qui tient à l'incapacité des personnes, les premières exceptions, renfermées implicitement dans l'art. 1003, à la faculté générale de consentir un compromis. D'autres exceptions à cette faculté de compromettre sont énumérées dans l'art. 1004, et elles tiennent, partie à l'incapacité personnelle de disposer, partie à la nature de certains droits que la loi dérobe à la libre action, à l'empire ordinaire des conventions entre particuliers.

« Art. 1004. On ne peut compromettre sur les dons et legs d'aliments, logement et vêtements, sur les séparations d'entre mari et femme, divorce, questions d'état, ni sur aucune des contestations qui seraient sujettes à communication au ministère public. »

On ne peut compromettre sur les dons et legs d'aliments, logement et vêtements. Sous ce rapport, l'art. 1004 va plus loin que l'art. 1003; cette prohibition ne pouvait résulter du texte de l'art. 1003. Les dons, les legs d'aliments, logement et vêtements ne sont pas inaliénables; le légataire peut y renoncer, le légataire peut aliéner son droit, et cependant la loi lui défend de compromettre à cet égard. La raison en est fondée sur le caractère de nécessité que la loi répute toujours inhérent à cette nature de legs, caractère qui déjà, dans l'art. 561, a servi à expliquer la prohibition de saisir-arrêter contenue dans cet article.

La loi romaine avait déjà présenté cette même idée, mais en lui donnant plus de force. Ainsi, la loi 8 (Digeste, *De transactionibus*) défendait de transiger sans l'autorisation du préteur sur les dons et les legs de nature alimentaire. Transiger, nous l'avons déjà dit, c'est moins que compromettre : transiger, c'est consentir des sacrifices qui, en général, ne sont pas sans réciprocité, et dont on peut mesurer la portée avec certitude.

Le Code civil n'a pas reproduit cette prohibition, il ne défend pas d'aliéner en tout ou en partie, par un transaction, les droits alimentaires dont parle l'art. 1004. Mais en laissant la transaction dans le domaine commun, il n'y laisse pas le compromis; bien qu'il soit permis de transiger, il est défendu de compromettre sur cette nature de droits. C'est en ce sens que l'art. 1004 va plus loin que l'art. 1003; il soustrait à l'empire du compromis des droits, dont, à tout autre égard, le propriétaire aurait la libre et pleine disposition.

Sur les séparations d'entre mari et femme. Ceci s'applique, soit aux séparations de corps, soit même aux simples séparations de biens.

Pour les séparations de corps, il ne peut y avoir de doute. Ainsi, d'après les derniers mots de l'art. 1004, il est défendu de compromettre sur toutes les causes que la loi déclare communicables au ministère public; or, l'art. 879 veut que, dans toute demande en séparation de corps, le ministère public soit entendu. La combinaison de l'art. 879 avec les derniers mots de l'art. 1004 suffisait déjà pour frapper de nullité tout compromis sur une demande en séparation de corps.

Mais il faut appliquer la même prohibition aux demandes en séparation de biens; et cela, d'abord parce que la loi ne distingue pas, parce que ces mots: *les séparations d'entre mari et femme*, s'appliquent également à l'une et à l'autre séparation. Une autre raison, plus décisive, se tire du § 2 de l'art. 1443 du Code civil; toute séparation de biens volontaire est déclarée nulle par cet article; or, ce serait arriver, au moins par une voie indirecte, à cette séparation conventionnelle que l'art. 1443 interdit, que de pouvoir la faire résulter d'un jugement arbitral, d'un compromis, dont la source unique est le consentement des parties.

Questions d'état. De même pour les questions d'état; mais c'est là une mention assez inutile, quand on s'attache aux derniers mots de l'article. C'est toujours la même idée: toute cause qui est communicable au ministère public n'est pas susceptible de compromis; or, les instances relatives à ces questions d'état sont soumises à cette communication par le § 2 de l'art. 83.

Enfin, quant à ces mots: *Ni sur aucune des contestations qui seraient sujettes à communication au ministère public*, il y a là, vous le voyez, un renvoi général à tous les paragraphes de l'art. 83, contenant certaines matières non susceptibles de compromis, les unes à raison de la qualité des parties, les autres à raison de la nature de l'affaire qu'on voudrait soumettre au compromis.

Telles sont les exceptions que nos deux articles, en développant la règle de la loi de 1790, apportent à la faculté générale de compromettre.

** Le compromis étant un contrat, il faut en outre qu'il ait un objet et une cause conformes à la loi. C'est l'application du droit commun; aussi le législateur n'a-t-il pas pris la peine de s'en expliquer. On devrait en conséquence considérer comme nul tout compromis qui serait contraire à une loi d'ordre public. **

2→ **1180.** Quelle est la sanction de ces prohibitions? Quelle est la conséquence de ces exceptions? Le compromis, consenti dans les cas qui en sont exceptés par les art. 1003 et 1004, sera-t-il absolument nul? le jugement arbitral, rendu sur un tel compromis, sera-t-il non avenu? A cet égard, il paraît raisonnable de distinguer:

La nullité du compromis se fonde-t-elle sur la nature de l'affaire, sur le caractère même de la cause qu'on y a mal à propos soumise? alors il est certain que le compromis, et tout ce qui a suivi, sont également nuls, c'est-à-dire que chacune des parties intéressées peut invoquer et faire déclarer cette nullité.

Que si, au contraire, on prétend faire résulter l'exception du droit de compromettre, et par conséquent la nullité du compromis souscrit, non pas de la nature de l'affaire, du caractère de la cause, mais bien de l'incapacité de l'une des parties qui ont souscrit le compromis, alors la nullité n'est pas pleine, entière, absolue; alors elle est régie par le principe général de l'art. 1125 du Code civil, d'après lequel l'incapable seul est autorisé à attaquer, pour cause d'incapacité, les engagements qu'il a souscrits. Si, par exemple, il s'agit d'un compromis, souscrit par un mineur ou pour un mineur, nous permettrons bien à ce mineur, ou à ses représentants, d'attaquer le jugement arbitral rendu sur ce compromis; nous le permettrons, sauf la question générale sur la nécessité de la lésion, question de droit civil et non de procédure. Mais nous ne permettrons pas à la partie majeure, capable, maîtresse de ses droits qui a souscrit le compromis conjointement avec le mineur, de se faire de l'incapacité de son adversaire un moyen d'attaquer la convention souscrite par lui. Ce n'est là qu'une application d'un principe général qui vous est déjà connu, un principe que l'art. 1125 avait emprunté au texte des Institutes de Justinien.

Mais, dans ces deux cas, soit qu'il s'agisse d'une nullité pleine, complète, fondée sur la nature de la cause, par exemple dans une séparation de corps ou de biens, soit qu'il s'agisse d'une nullité personnelle, relative, fondée sur l'incapacité, par quelle voie devra-t-on attaquer le jugement arbitral rendu sur un tel compromis ?

Cette voie est indiquée par l'art. 1028, c'est l'opposition que doit faire la partie à l'ordonnance d'*exequatur* dont toute sentence arbitrale doit nécessairement être revêtue, opposition portée, aux termes de l'art. 1028, devant le tribunal dont le président a rendu l'ordonnance d'*exequatur* nécessaire à ce jugement (Voy. n° 1209).

1181. « Art. 1005. Le compromis pourra être fait par procès-verbal devant les arbitres choisis, ou par acte devant notaires, ou sous signature privée. »

La rédaction de cet article est de nature à laisser quelque équivoque sur la portée précise des termes qu'il a employés. Le compromis est une convention, ou plus exactement un contrat; or, d'après l'art. 1108 du Code civil, les conditions essentielles à un contrat sont : l'objet, la cause, le consentement, la capacité. Quant à la constatation du contrat par écrit, l'écriture ne se présente ordinairement que comme un moyen de preuve; ce n'est que dans des cas exceptionnels que l'écriture constitue une condition de l'existence même du contrat.

Dans quel sens faut-il donc entendre l'art. 1005? Veut-on dire que le compromis n'existera, qu'il n'y aura vraiment contrat, que quand on aura rédigé la convention des parties dans l'une des trois formes indiquées par l'art. 1005; ou bien les trois genres d'écriture, dont il est ici question, ne sont-ils, comme dans la plupart des conventions ordinaires, que des moyens de preuves, à défaut desquels on puisse recourir à tout autre moyen? Ainsi, en général, le consentement et le concours des circonstances exigées par l'art. 1108 du Code civil suffisent pour constituer le contrat, sauf ensuite à prouver l'existence du contrat par l'un des moyens de preuve énumérés dans l'art. 1316 du même Code, et détaillés dans les articles qui suivent.

Ou bien, au contraire, faut-il entendre que le compromis, pareil en cela à la donation, au contrat de mariage, à la constitution d'hypothèque, est un contrat solennel, qui n'aura pas d'existence si les parties ne l'ont rédigé dans l'une des formes d'écriture indiquées dans l'art. 1005?

Il me paraît bien difficile d'adopter ce dernier avis, de faire du compromis un contrat véritablement solennel, un contrat qui ne naisse et qui n'existe que par l'écriture. Je pencherais bien plutôt à entendre l'art. 1005 comme on entend l'art. 1582 du Code civil; on y dit que la vente peut être faite par acte authentique, ou sous seing privé, et chacun sait bien qu'ici, quand la loi dit : La vente peut être faite, cela veut dire que la vente peut être prouvée, soit par acte authentique, soit par acte sous seing privé. Mais cela ne veut pas dire qu'en l'absence de l'écriture, il n'y ait pas de vente, cela n'exclut pas le principe que la vente est consommée par le seul consentement des parties;

et tous les jours, en effet, on fait sans écriture des ventes parfaitement valables.

Cependant, chacune des deux opinions, prise exclusivement, serait peut-être en dehors de la véritable pensée de la loi; l'art. 1005 paraît avoir pour objet réel de consacrer, en matière de compromis, la règle posée, pour un cas assez analogue, par l'art. 2044 du Code civil, c'est-à-dire pour la transaction. La transaction, d'après cet article, doit être rédigée par écrit. Quel est le sens de ces mots? est-ce qu'à défaut d'écriture, il n'y aura pas de transaction? est-ce, par exemple, que l'aveu même des parties entre lesquelles la transaction a eu lieu ne pourra pas faire preuve contre elles, ne pourra pas établir la réalité de la transaction? Non, à défaut de rédaction écrite du contrat de transaction, il n'y aura pas, sans doute, nullité intrinsèque de ce contrat; la convention ne sera pas pour cela réputée non avenue, comme le serait par exemple, une donation par acte sous seing privé; mais, seulement, la partie, qui n'est pas en état de prouver la transaction par écrit, ni la prouver par la preuve testimoniale, quelque minime que soit la valeur de l'objet en litige. Mais si celui contre lequel la transaction est invoquée en reconnaît lui-même l'existence et les conditions, on ne voit aucune raison pour ne pas valider ce contrat, pour n'en pas assurer l'exécution.

De même si la partie qui invoque la transaction, sans la prouver par la représentation d'une écriture, vient déférer le serment à son adversaire qui la nie, on ne voit pas pourquoi cet adversaire ne serait pas obligé de prêter le serment ou de le référer. Le serment décisoire peut être déféré sur quelque espèce de contestation que ce soit (art. 1360 du Code civil).

Ce sont là, je crois, les principes qui doivent nous servir à expliquer l'article 1004. Le compromis, comme la transaction, tend, sinon à éteindre immédiatement, au moins à simplifier le procès, à en accélérer la décision, à la rendre moins coûteuse. Il est donc tout-à-fait dans l'esprit de la loi qu'une contestation ne puisse pas s'élever sur la réalité d'un compromis non rédigé par écrit, allégué par l'un et contesté par l'autre. Mais si la partie, contre laquelle l'existence d'un compromis est invoquée, reconnaît elle-même que ce compromis a été consenti, que tels arbitres ont été nommés par elle et qu'ils l'ont été pour telle affaire, je ne vois pas de raison pour déclarer le compromis nul (1).

1182. Sous un autre point de vue, et en l'examinant plus en détail, l'article 1005 présente encore quelque difficulté. Le compromis peut être fait, ou, pour parler plus exactement, peut être rédigé par procès-verbal devant les arbitres, par acte devant notaire, ou sous signature privée. Par acte devant notaire, il n'y a là aucune espèce de difficulté; cet acte sera soumis aux formalités générales, conventions notariées, formalités détaillées par la loi du 25 ventôse an XI. Mais la première forme et la troisième, indiquées par notre article, sont plus difficiles à bien séparer l'une de l'autre. *Par acte sous signature privée,* peu importera l'écriture du corps de cet acte, peu importera, en général, de quelle main est écrite une convention sous seing privé, lors au moins qu'elle est synallagmatique, mais il faudra pour la validité de cette

(1) Riom, 4 mai 1861, D. 61, 2, 129 et note. — Req. Rej. 9 juin 1868, D. 69, 1, 85 et note.

convention, qu'elle soit signée de l'une et de l'autre partie ; il faudra de plus qu'elle accomplisse la règle générale de l'art. 1325 du Code civil, c'est-à-dire qu'elle soit rédigée en autant d'originaux qu'il y aura de parties ayant un intérêt distinct. * S'il n'y avait pas autant d'originaux que de parties, l'acte serait nul ; mais cette nullité pourrait être couverte par l'exécution volontaire du compromis (1). * Voilà les conditions générales du compromis intervenu sous signature privée.

Mais que veut dire la troisième forme, le procès-verbal devant les arbitres choisis ; de quelle nature sera ce procès-verbal? sera-ce un acte authentique ? sera-ce un acte privé ? Evidemment, le procès-verbal, dressé par les arbitres du choix des parties, ne peut avoir rien d'authentique : les arbitres n'ont pas le caractère qui, d'après l'art. 1317 du Code civil, est la première condition de l'authenticité d'une convention. La qualité d'officier public dans le rédacteur de l'acte est la première condition de l'authenticité, et les arbitres sont des personnes privées à qui manque ce caractère. Le procès-verbal, rédigé par les arbitres choisis, ne peut donc être qu'un acte sous seing privé ; donc il est soumis à la nécessité de la signature des deux parties, et l'absence de cette signature ne serait pas couverte, comme dans un acte notarié, par la mention faite par le rédacteur que la partie a dit ne savoir ou ne pouvoir signer ; l'arbitre ne peut pas, par sa déclaration et sa signature, imprimer à l'acte qu'il rédige le caractère d'authenticité. D'ailleurs, en supposant même, ce qui est inadmissible, que la loi imposât aux arbitres une sorte de caractère public, nous nous trouverions encore dans un cercle vicieux ; car le premier point serait de savoir si le rédacteur de l'acte est véritablement un arbitre, et la partie qui n'aurait pas signé l'acte, la partie qui soutiendrait n'avoir pas pris part à la convention ne pourrait pas être liée par la déclaration d'un particulier qui lui est étranger. Il est donc incontestable à mes yeux que le procès-verbal devant les arbitres, dont parle d'abord l'art. 1005, n'est qu'un acte sous seing privé, impérieusement soumis à la signature des deux parties.

Si c'est un acte sous seing privé, ne faut-il pas aller plus loin, et dire que ce procès-verbal est soumis aux règles générales posées dans l'art. 1325 du Code civil pour la validité de tous les actes sous seing privé qui contiennent des conventions synallagmatiques ? autrement, que ce procès-verbal doit être rédigé en double, en triple, en quadruple original ? Tout cela paraît fort conséquent et fort bien d'accord avec la nature même de cet acte purement privé que vont rédiger les arbitres.

Mais, ce point accordé, on se trouve complètement confondre la première et la troisième forme indiquées par l'art. 1005. En effet, nous avons dit d'abord que, dans les actes privés, surtout dans les actes synallagmatiques, peu importait de quelle main le corps de l'acte était écrit ; la signature des parties, même sans aucun approuvé, est une condition suffisante pour la validité de cet acte : s'il en est ainsi, que le corps de l'acte ait été écrit par la main de l'une des parties, ou par la main d'un tiers, ou enfin par la main d'un des arbitres choisis, ce sera toujours un acte sous seing privé, soumis à la nécessité :

(1) Cass. Rej., 12 février 1812. — Cass., 15 février 1814 (Dall., *Rép.*, v° *Arbitrage*, n° 410).

1° des deux signatures; 2° de la rédaction en double original, d'après l'art. 1325 du Code civil. Dès lors, ce qui est dit dans l'art. 1005 est sans signification. C'est là que mènent les principes du droit civil, et notamment l'art. 1325 appliqué rigoureusement.

Quelques auteurs proposent, pour donner un sens à ces deux parties de l'art. 1005, pour ne pas réduire à rien cette rédaction du procès-verbal par la main des arbitres choisis, de dispenser le procès-verbal, non pas, bien entendu, de la signature des parties, mais au moins de la rédaction en double original prescrite par l'art. 1325. C'est, à la vérité, le seul moyen d'y donner un sens et un effet. On peut dire que la loi annonce assez clairement par cette disposition qu'elle n'entend pas soumettre la validité de ce procès-verbal à l'accomplissement des conditions exigées pour les actes privés proprement dits.

* Le compromis rédigé par les arbitres ne sera donc pas soumis à la nécessité d'être fait en double ou triple, mais à la condition que l'écrit unique restera entre les mains des arbitres ou de l'un d'eux (1). Autrement, s'il restait entre les mains de l'une des parties, il y aurait à craindre qu'elle ne le montrât ou ne le fît disparaître suivant son intérêt. *

1183. Quelles personnes peuvent être choisies pour arbitres? Du silence de la loi, faut-il conclure, ce qui paraît assez naturel, qu'aucune règle, qu'aucun obstacle ne restreint, à cet égard, la liberté des parties; en d'autres termes, que toutes personnes peuvent être choisies pour arbitres, qu'à cet égard nous n'avons pas à admettre des distinctions dont les unes ont été proposées, dont les autres ont même été admises autrefois, entre Français ou étrangers, capables ou incapables, mineurs ou majeurs, jouissant ou ne jouissant pas des droits civils? Ainsi, pourra-t-on prendre pour arbitre un mineur, une femme mariée, un étranger ou une personne qui, étant majeure et ayant la qualité de Français, sera frappée de la dégradation civique, aux termes des art. 34 et 42 du Code pénal?

A l'égard des étrangers, on ne voit aucun motif de doute sérieux et raisonnable. Le principe de l'arbitrage, le principe de l'autorité des arbitres dérive tout entier de la libre volonté des parties; dès lors on ne voit aucune raison pour que cette marque de confiance ne se fixe pas, ne se porte pas sur un étranger, aussi bien qu'elle le pourrait sur un Français.

A l'égard des mineurs et des autres incapables, la question pourrait sembler plus douteuse; on pourrait se demander, avec quelque doute, si un mineur, un interdit, peut être valablement constitué arbitre d'un différend. Pour un interdit, il est très probable que le fait n'aura jamais d'exemple; pour un mineur, il est clair que ce choix serait très possible. Serait-il également licite? A cet égard, l'art. 1990 du Code civil paraît décider affirmativement la question. En effet, cet article décide qu'on peut prendre pour mandataire un mineur, une femme mariée, un incapable, c'est-à-dire que tout ce qui sera fait par le mandataire incapable obligera le mandant aussi bien que si le mandataire eût été capable; c'est au mandant, qui a confié à l'incapable des pouvoirs dont celui-ci a imprudemment usé, à s'imputer la légèreté de son choix. Mais, du

(1) Grenoble, 16 avril 1842, D. 45, 4, 26 et 27.

reste, la responsabilité du mandataire incapable, envers le mandant qui l'a choisi, sera réglée d'après les principes relatifs aux contrats des mineurs ou des autres incapables. En un mot, le mandat donné à l'incapable est valable, d'après l'article 1990, en ce sens que les actes du mandataire incapable obligent pleinement le mandant; seulement, le mandant n'aura pas contre ce mandataire, qui n'a pas pu s'obliger, l'action en indemnité qu'il aurait contre un mandataire ordinaire, contre un mandataire capable de s'obliger (1).

En appliquant ces principes au compromis, nous dirons : Le compromis, dans les rapports de chacune des parties avec l'arbitre ou les arbitres choisis par elle, est un véritable mandat; c'est un mandat donné par deux ou plusieurs parties, à une ou plusieurs personnes, d'examiner et de décider le différend qui les divise. Donc la décision rendue par l'arbitre capable ou incapable sera obligatoire pour les parties qui ont choisi cet arbitre pour leur mandataire. Si la décision est mauvaise, est prise légèrement, c'est aux parties qui ont souscrit le compromis à s'imputer l'imprudence de leur choix.

Le tout, bien entendu, est subordonné à une question de fait, celle de savoir si le mineur pris pour arbitre était en âge de comprendre la mission dont il était chargé. C'est là une question de fait, qui n'a rien de particulier à ce cas, et très souvent, dans le droit, on est obligé de distinguer les actes qui sont nuls à raison de la seule incapacité civile, et ceux qui sont nuls à raison de l'incapacité naturelle, comme celle de l'enfant.

Ainsi, en vertu du principe général de l'art. 1990, il n'y aura pas dans le seul fait de la minorité, de l'incapacité civile de l'arbitre constitué, une cause de nullité du compromis.

Que décider, si l'on avait choisi pour arbitre une personne frappée de la dégradation civique, ou privée de l'exercice partiel des droits civils et civiques, aux termes des art. 34 et 42 du Code pénal? L'ancienne jurisprudence paraît avoir exclu du droit d'être nommées arbitres les personnes frappées de peines afflictives ou infamantes, et, dans le droit actuel, cette opinion paraîtrait encore trouver un appui dans les deux articles cités. Ainsi, d'après l'art. 34, on ne déclare pas formellement que la dégradation civique entraîne privation du droit d'être pris pour arbitre, mais on déclare que l'individu, frappé de dégradation civique, ne peut être choisi pour expert. Or une analogie sensible, pourrait-on dire, rapproche l'une de l'autre les fonctions d'expert et les fonctions d'arbitre, et comme l'art. 34 n'a rien de limitif, il paraîtrait naturel

(1) ** Les solutions contenues au texte, sur la question de savoir quelle est la capacité nécessaire pour remplir les fonctions d'arbitres, sont fort douteuses. Il semble que pour trancher cette difficulté, on doive rechercher quelle est la mission, quels sont les pouvoirs des arbitres. Or il est incontestable que les arbitres rendent des décisions qui ont autorité de chose jugée; les écrits qu'ils dressent pour constater ces décisions ou les mesures d'instruction auxquelles ils ont procédé, font foi jusqu'à inscription de faux. Il faut, en principe, l'exercice et la jouissance des droits civils et politiques pour pouvoir dresser des actes authentiques ou rendre des décisions, ayant autorité de chose jugée. Il semble, dès lors, qu'un texte serait nécessaire pour conférer aux mineurs, aux interdits, aux femmes, aux étrangers, le droit d'être arbitres, et que, dans le silence de la loi, on doive exiger de ceux qui remplissent cette mission, à la fois la capacité civile et la capacité politique. **

de continuer encore l'incapacité dont l'ancienne jurisprudence frappait ces condamnés relativement au droit d'être arbitres.

Cependant, quoique ce raisonnement soit tiré des anciens usages et d'une analogie avec l'incapacité d'être expert écrite dans l'art. 34, je ne crois pas que nous devions nous attacher à cette idée, et déclarer nul, à raison d'une incapacité prétendue de l'arbitre, le compromis dans lequel on aurait remis à un dégradé civiquement le jugement du différend qui peut séparer les deux parties. La raison m'en paraît assez simple : c'est qu'entre les fonctions d'expert et celles d'arbitre il peut y avoir quelque analogie, mais il n'y a certes pas identité; les points de contact d'un expert avec la justice sont bien plus fréquents, bien plus réels, bien plus étroits que ceux d'un arbitre avec les tribunaux. On comprend qu'un expert, presque toujours nommé par le tribunal ou à raison d'une décision de ce tribunal, qu'un expert, appelé dans tous les cas à prêter devant les juges serment de bien remplir sa mission, appelé à rédiger un rapport qui devra figurer dans les pièces de l'instruction, ne puisse être choisi parmi les personnes que la loi a frappées, à titre de punition, de la dégradation civique. Au contraire, l'arbitre ne tire son autorité, sa qualité, ni directement ni indirectement de la volonté du tribunal; son autorité tout entière réside dans la volonté des parties qui l'ont nommé; l'arbitre n'est pas appelé à prêter serment; l'arbitre n'est pas appelé à rédiger un rapport qui doive faire autorité pour le tribunal. En un mot, s'il a plu aux parties, maîtresses de leurs droits, de faire dépendre de la volonté d'un tiers la décision de leur différend, on ne voit pas pourquoi les incapacités pénales, dont ce tiers aurait été frappé, empêcheraient les parties de lui remettre librement et volontairement cette décision.

Il est vrai que la décision de l'arbitre ou des arbitres choisis devra, aux termes de l'art. 1020, être présentée au président du tribunal, à l'effet de recevoir son homologation; et, par là, se trouvera, entre le tribunal et l'arbitre choisi, ce point de contact qu'on répugne à établir entre la justice et le coupable qu'elle a frappé. Mais il faut bien remarquer que, dans les art. 1020 et 1021, ce que le président déclare exécutoire, ce n'est pas tant la volonté de l'arbitre que la volonté même des parties; la décision de l'arbitre ne tire encore une fois son autorité que de la commission que les parties lui ont donnée de décider leur différend. C'est donc en réalité la volonté des parties, dont l'arbitre n'est que l'exécuteur, que le président revêtira de la formule exécutoire.

Ainsi, je ne crois pas qu'on puisse argumenter de l'incapacité d'être expert, écrite dans l'art. 34, à l'incapacité d'être arbitre; je crois que, dans cette matière, la volonté des parties, lorsqu'elles sont toutes deux capables, est la loi unique à consulter, et que, par conséquent, nous n'aurons pas à reproduire maintenant les incapacités consacrées en cette matière par quelques monuments de l'ancienne jurisprudence.

* Un juge du tribunal compétent pour juger l'affaire peut être choisi pour arbitre; mais le tribunal tout entier ne peut accepter le rôle d'arbitre et dépouiller ainsi son caractère public (1).

Les arbitres peuvent-ils recevoir des honoraires? La question était fort dé-

(1) Paris, 2 février 1861, D. 62, 2, 47, et la note de la page 48.

battue à l'égard des arbitres forcés en matière de contestation entre associés de commerce. Mais cette juridiction a été supprimée par la loi du 17 juillet 1856.

Quant aux arbitres volontaires, les seuls dont nous ayons maintenant à nous occuper, je les considère comme des mandataires que rien n'empêche d'exercer un mandat salarié (1). Dans l'usage, ils fixent eux-mêmes leurs honoraires sauf réduction en cas d'excès (2). *

➾ **1184.** « Art. 1006. Le compromis désignera les objets en litige et les noms des arbitres à peine de nullité. »

A peine de nullité, non pas, selon moi, du contrat de compromis, mais à peine de nullité de l'écriture invoquée pour le prouver, c'est-à-dire que, si l'écrit constatant le compromis et les noms des arbitres avait omis de mentionner l'objet précis de l'arbitrage consenti, on y pourrait, je crois, suppléer, non pas par la preuve testimoniale, que l'art. 1005, comme l'art. 2044 du Code civil, veut absolument éviter dans ces matières, mais au moins par le serment, et surtout par l'aveu de la partie. Telle est au moins la conséquence de l'opinion qui ne fait pas des formes de l'art. 1005 des conditions essentielles à l'existence du compromis.

* L'art. 1006 semble par ses termes proscrire ce qu'on appelle, dans la pratique, la clause compromissoire. C'est la clause par laquelle les parties, en contractant, se soumettent, en cas de contestation, à la juridiction arbitrale. Mais l'objet du litige n'est pas fixé, puisque la contestation n'est pas née, et en général, les arbitres ne sont pas désignés. L'art. 332 du Code de commerce autorise une pareille clause en matière d'assurances maritimes (3); l'autoriser, en toute autre matière, c'est violer ouvertement l'art. 1006 du Code de procédure. La jurisprudence, après beaucoup d'hésitation, applique aujourd'hui rigoureusement l'art. 1006 et annule la clause compromissoire (4). *

** Lorsque la portée d'un compromis est contestée et que ses termes ne sont pas suffisamment clairs et précis, il appartient aux tribunaux de l'interpréter pour décider ensuite, d'après les faits et circonstances de la cause, que la sentence rendue par l'arbitre l'a été dans les limites des pouvoirs qui lui ont été conférés par le compromis (5). **

(1) Bordeaux, 14 janvier 1826 (Dall., *Rép.*, v° *Arbitrage*, n° 1350). Cass. Rej.; 21 juin 1848, D. 48, 1, 104.

(2) Cass. Rej., 18 janvier 1808 (Dall. *Rép.*, v° *Arbitrage*, n° 1357). — Orléans, 28 janvier 1852, D. 55, 2, 45. — *Contrà* : Rennes (Dall., *Rép.*, v° *Arbitrage*, n° 1025).

(3) Cass. Rej., 28 novembre 1860, D. 61, 1, 491.

(4) Limoges, 5 janvier 1839. — Nîmes, 16 mars 1842. — Paris, 9 janvier 1843. — Cass. Rej., 10 juillet 1843. — Douai, 30 août 1843. — Cass. Rej., 21 février 1844 (Dall., *Rép.*, v° *Arbitrage*, n° 454). — Cass., 2 décembre 1844, D. 45, 1, 40. — Agen, 17 décembre 1844, D. 45, 4, 27, n° 7. — Paris, 23 juillet 1852, D. 54, 2, 102. — Cass., 28 mai 1860, D. 60, 1, 243.** Cass. req., 15 juillet 1879, S. 79, 1, 364. — Cass. Req., 22 mars 1880, S. 81, 1, 10. — Amiens, 10 juin 1881, S. 82, 2, 212. — Amiens, 10 juin 1881, S. 82, 1, 213. Par exception, et en vertu de l'art. 332 du Code de commerce, la soumission des parties à des arbitres en matière d'assurances maritimes est valable, quoiqu'il n'y ait désignation ni des arbitres, ni de l'objet de la contestation. Voy. Cass., 27 novembre 1860. **

(5) ** Cass. Req., 28 février 1881, S. 82, 1, 223. **

1185. « Art. 1007. Le compromis sera valable, encore qu'il ne fixe pas de délai; et, en ce cas, la mission des arbitres ne durera que trois mois, du jour du compromis. »

Vous verrez la conséquence de cette règle dans le § 2 de l'art. 1012.

1186. L'art. 1008 présente plus d'importance.

« Art. 1008. Pendant le délai de l'arbitrage, les arbitres ne pourront être révoqués que du consentement unanime des parties. »

Le principe est fort simple, il ne fait que reproduire, sous une autre forme, la règle de l'art. 1134 du Code civil : la convention légalement formée fait la loi des parties. En se faisant du compromis l'idée dont j'ai tâché de vous bien pénétrer, que ce n'est qu'une forme d'aliéner, de s'obliger, de se libérer conditionnellement, on comprend aisément que, les consentements une fois intervenus, le contrat une fois formé, l'une des parties ne puisse plus, par sa volonté directe ou indirecte, porter atteinte à l'obligation qui les lie l'une envers l'autre. Nous verrons la conséquence de ce principe dans l'art 1012, à la fin du § 1er.

Mais, si l'une des parties ne peut pas, par sa seule volonté, soit expressément, soit d'une manière détournée, porter atteinte à l'existence du compromis, les deux parties peuvent bien, d'un accord commun, révoquer le compromis, soit pleinement, en soumettant leur cause aux tribunaux ordinaires, soit en partie, en abandonnant les arbitres choisis, pour leur substituer d'autres arbitres également de leur choix. C'est là l'application du § 2 de l'art. 1134 du Code civil.

Mais de combien de manières le consentement des parties peut-il révoquer le compromis et faire cesser le pouvoir des arbitres?

La révocation peut intervenir par une convention expresse, directe, dans laquelle les deux parties déclarent se désister du compromis consenti par elles. La révocation peut encore être manifestée, ce qui sera plus fréquent, d'une manière indirecte, détournée, c'est-à-dire par une transaction. Le même motif, le même esprit, qui a porté les parties à préférer la juridiction simple, rapide et économique des arbitres, à la juridiction lente et coûteuse des tribunaux ordinaires, pourra les porter souvent à trancher plus rapidement, plus directement encore leur différend, à terminer, par une transaction, les débats que déjà elles avaient consenti à porter devant les arbitres.

Dans ce cas, quel sera l'effet de cette transaction? Il sera évidemment de révoquer le compromis, d'enlever tout pouvoir aux arbitres, dans tous les cas où cette transaction interviendra avant le jugement arbitral. Le doute ne peut s'élever que sur le sort de la transaction intervenue postérieurement au jugement rendu par les arbitres nommés, et, dans ce cas, le doute se dissipe aisément, à la lecture de l'art. 2056 du Code civil, dont la disposition paraît tout à fait applicable à la question. La transaction intervenue entre les parties après le jugement arbitral sera-t-elle valable? ou bien, au contraire, la partie au profit de laquelle les arbitres avaient décidé fera-t-elle prévaloir sur cette transaction postérieure le jugement rendu en sa faveur? pourra-t-elle dire que le jugement arbitral, ayant terminé la contestation, la transaction postérieure à ce jugement manque absolument d'objet; que la transaction étant, d'après l'art. 2044 du Code civil, un moyen de terminer une contestation pendante, cette transaction manque d'objet, et, par conséquent, doit être nulle, si, à l'époque où elle intervient, le jugement est déjà rendu? Cette difficulté est tranchée par l'art. 2056, qui prévoit le cas de transaction intervenue après un jugement sur la contestation à propos de laquelle on a transigé. Dans ce cas, il faut distinguer:

Si le jugement intervenu sur la contestation était susceptible d'appel, la transaction est valable. Or, en général, et sauf le cas de renonciation expresse, le jugement arbitral peut être attaqué par l'appel; c'est ce qui résulte des art. 1010 et 1023 combinés; nous déciderons donc que l'existence d'un jugement arbitral, antérieur à la transaction, n'empêche pas la validité de cette transaction, quand le jugement arbitral n'était pas en dernier ressort, c'est-à-dire quand, une des parties ayant encore un moyen régulier de recours, on pouvait dire, à la rigueur, que la contestation n'était pas épuisée.

Que si, au contraire, le jugement arbitral, antérieur à la transaction, était en dernier ressort, alors, en principe, la transaction ne vaudra pas; elle vaudra seulement, d'après le § 1er de l'art. 2056, s'il est prouvé que, lors de la transaction, les deux parties avaient également connaissance du jugement déjà intervenu. C'est qu'alors, peu satisfaites de ce jugement, elles ont consenti à substituer à la volonté des arbitres une volonté différente, qu'elles sont bien libres d'y substituer, en supposant de leur part pleine capacité.

C'est ainsi que nous admettons la possibilité de l'application de l'art. 1008, même au cas où le pouvoir des arbitres serait épuisé par un jugement, soit en premier ressort, soit même en dernier ressort.

➾ **1187.** « Art. 1009. Les parties et les arbitres suivront, dans la procédure, les délais et les formes établis pour les tribunaux, si les parties n'en sont autrement convenues. »

Vous pouvez d'abord rapprocher de cet article l'art. 1019; ils ne servent point à s'expliquer l'un par l'autre, mais tous deux sont dictés par le même esprit. D'après l'art. 1009, les parties et les arbitres doivent, en général, se soumettre aux formes ordinaires, et de même, d'après l'art. 1019, les arbitres doivent, en général, décider d'après les règles du droit. Ainsi, soit dans la forme, d'après l'art. 1009, soit quand au fond, d'après l'art. 1019, les règles du Code civil, comme les règles du Code de procédure, régissent la procédure et le jugement en matière arbitrale. Puis les art. 1009 et 1019 font une exception commune à ce double principe, pour le cas d'un consentement formel donné en sens contraire par les parties.

Mais si la règle de l'art. 1009 est assez facile à saisir en principe, on ne peut l'appliquer en pratique qu'avec des exceptions assez nombreuses. Un court examen suffit, en effet, pour démontrer que l'application à la procédure arbitrale de toutes formalités tracées pour les tribunaux ordinaires est loin d'être aussi pleine, aussi complète qu'on serait tenté de le croire à la lecture de l'art. 1009.

Ainsi, les contestations ordinaires s'introduisent par un ajournement, et l'art. 61 en a déterminé l'ensemble et les formalités; mais en matière d'arbitrage, le compromis suffit pour déterminer les pouvoirs des arbitres, pour faire connaître aux deux parties l'objet précis de la contestation.

De même, une constitution d'avoué est nécessaire aux procédures devant les tribunaux ordinaires : il n'y a rien de pareil dans les procédures arbitrales.

Par suite, les art. 77 et suivants, réglant les formes des significations d'écritures de défense et de réponse qui précèdent entre les parties la plaidoirie verbale et la discussion publique de l'audience, ces articles ne paraissent s'appliquer que difficilement à la procédure arbitrale. Nous reviendrons sur ce point en examinant l'art. 1016.

Aussi peut-on dire que, dans une affaire soumise à des arbitres, nonobstant l'art. 1009, les délais et les formes du droit commun ne trouveront guère à s'appliquer, lorsqu'aucun incident ne viendra compliquer la marche de l'affaire.

Mais ce cas ne sera pas le plus fréquent; dans une procédure arbitrale, comme dans une procédure ordinaire, on sera souvent arrêté, par exemple, par ces incidents relatifs aux preuves, qui jouent un si grand rôle dans le Code de procédure : notamment la nécessité d'une enquête, d'une expertise, d'une vérification d'écritures, peut apparaître dans la procédure arbitrale, comme dans les procédures ordinaires. Alors revient l'application de l'article 1009; alors devront être suivis, autant que possible, les délais et les formes établis pour la procédure ordinaire.

Je dis qu'on devra les suivre autant que possible ; car là encore l'application littérale des formes ordinaires sera parfois empêchée par des règles spéciales à la procédure arbitrale, notamment dans l'un des points les plus importants des divers genres de preuves, dans la preuve testimoniale, dans les formes relatives aux enquêtes. Vous avez vu que, dans les matières ordinaires prises par opposition aux matières sommaires, les enquêtes se faisaient, non point à l'audience devant le tribunal ou la chambre tout entière, mais bien devant un juge-commissaire qui dressait procès-verbal des dépositions des témoins, procès-verbal écrit, sur le vu duquel le tribunal jugeait ensuite. La même formalité s'appliquera-t-elle aux procédures arbitrales? Les arbitres pourront-ils, en vertu de l'art. 1009, déléguer l'un d'entre eux pour entendre les témoins appelés par l'une des parties, dans le cas où ils auront rendu un interlocutoire autorisant l'enquête?

La négative résulte de l'art. 1011, qui vient modifier, à cet égard, la règle de l'art. 1009. Vous y verrez que les actes d'instruction devront être faits par tous les arbitres réunis, si le compromis ne les autorise pas à commettre spécialement l'un d'entre eux; c'est dans tous les arbitres réunis que les parties ont mis leur confiance; ils ne peuvent déléguer à l'un d'entre eux le droit de procéder seul à des actes d'instruction.

Il y aura donc, à l'application déjà un peu restreinte de la règle générale de l'art. 1009, quelques exceptions tenant à des articles spéciaux à la procédure arbitrale.

⇒ **1188.** « Art. 1010. Les parties pourront, lors et depuis le compromis, renoncer à l'appel. — Lorsque l'arbitrage sera sur appel ou sur requête civile, le jugement arbitral sera définitif et sans appel. »

Le § 1er n'est que l'application fort naturelle, dans la matière qui nous occupe, d'un principe que nous avons déjà trouvé écrit bien des fois. Ainsi, nous avons vu sous l'art. 7 que les parties pouvaient, devant le juge de paix, renoncer d'avance au droit d'appeler; nous avons trouvé cette même faculté écrite dans le § 2 de l'art. 639 du Code de commerce. En allant, à cet égard, plus loin que le texte du Code, nous avons établi (Voy. nº 672) que ces deux articles n'étaient pas des articles d'exception, mais n'étaient que la reproduction d'un principe plus général, celui que la loi de 1790, dans son titre IV, art. 6, accordait pour tous les cas, et même devant les tribunaux ordinaires. Nous avons établi, et ce point n'est pas l'objet d'un doute sérieux, que, malgré le silence du Code de procédure, les deux parties pouvaient renoncer d'avance au droit d'appeler des jugements à intervenir de la part des tribunaux d'arrondissement. Les art. 7 et 639 ne font que répéter, pour les tribunaux d'exception conservés dans les matières civiles, la règle générale que la loi de 1790, encore en pleine vigueur à cet égard, posait déjà pour les tribunaux ordinaires et réguliers. Or, cette renonciation, permise entre parties capables devant les tribunaux institués par la loi, l'est, à plus forte raison, devant la juridiction toute volontaire des arbitres. Cette renonciation à l'appel, autorisée par l'article 1010, s'accorde parfaitement avec le caractère de la juridiction arbitrale, avec le but des parties, quand elles préfèrent leurs juges privés aux juges réguliers et ordinaires, pour la connaissance de leur différend.

Mais de ce que les parties, d'après l'art. 1010, peuvent, soit à l'instant même où elles rédigent le compromis, soit pendant toute la durée de la procédure arbitrale, renoncer d'avance au droit d'appeler, il s'ensuit qu'en principe, et sauf cette renonciation, le droit d'appeler est ouvert contre les sentences arbitrales. Il est même à remarquer, à cet égard, que vous ne devez faire aucune distinction dans la valeur de la cause; quand même on aurait soumis à des arbitres des contestations d'une valeur inférieure, soit à 1,500 fr., soit même à 200 fr., l'appel en est recevable; on ne fait point à cet égard, pour les jugements arbitraux, les distinctions introduites pour les jugements ordinaires, soit à l'égard des juges de paix, soit à l'égard des tribunaux d'arrondissement. Cette proposition, méconnue par quelques-uns des commentateurs de ce titre, résulte trop expressément de l'art. 1023, pour qu'on puisse la révoquer en doute.

Lorsque l'arbitrage sera sur appel ou sur requête civile, le jugement arbitral sera définitif et sans appel.

Rien de plus simple que cette règle ; il serait contraire à la nature, à l'essence de l'arbitrage, d'en faire un moyen de prolonger, d'éterniser les contestations. Or, ce serait lui donner ce résultat, que de compromettre en cause d'appel, en se réservant formellement le droit d'appeler du jugement arbitral ; ce serait arriver, en résultat, à se créer trois degrés de juridiction : le jugement de première instance sur l'appel duquel on a compromis, le jugement à intervenir sur ce compromis, et l'appel qu'on se réserverait la faculté d'interjeter de ce jugement arbitral. Aussi l'art. 1010, § 2, doit s'appliquer dans toute la rigueur de son texte, c'est-à-dire que non seulement les parties n'ont pas le droit d'appeler, en principe, du jugement rendu sur le compromis consenti sur un appel, mais qu'elles ne pourraient pas même, par une clause expresse de ce compromis, se réserver le droit d'en appeler. Quand le compromis est consenti sur un appel ou sur une requête civile, le jugement arbitral est sans appel.

1189. — « Art. 1011. Les actes de l'instruction et les procès-verbaux du ministère des arbitres seront faits par tous les arbitres, si le compromis ne les autorise à commettre l'un d'eux. »

Cet article ne présente aucune difficulté; j'ai déjà dit quel était le motif de cette disposition : c'est que, les parties ayant choisi chacune leurs arbitres, la confiance n'est accordée, par toutes les parties réunies, qu'à tous les arbitres réunis ; ce serait trahir cette confiance que de commettre à un arbitre unique le droit de procéder à une opération quelconque, sauf la convention contraire. ** Les clauses du compromis portant que les arbitres jugeront comme amiables compositeurs et seront dispensés non seulement de se conformer aux règles du droit, mais encore de suivre les formes de la procédure, relève par cela même les arbitres de l'obligation d'observer la règle de l'art. 1011. Par suite, les arbitres peuvent valablement commettre l'un d'eux pour faire des actes d'instruction (1). **

1190. « Art. 1012. Le compromis finit : 1° par le décès, refus, déport ou empêchement d'un des arbitres, s'il n'y a clause qu'il sera passé outre, ou que le remplacement sera au choix des parties ou au choix de l'arbitre ou des arbitres restants ; 2° par l'expiration du délai stipulé, ou de celui de trois mois s'il n'en a pas été réglé; 3° par le partage, si les arbitres n'ont pas le pouvoir de prendre un tiers arbitre. »

Le *décès*, le *refus*, l'*empêchement*. Ces mots ne présentent nulle difficulté.

Quant au *déport*, ce mot a besoin d'être expliqué. On appelle refus d'un arbitre, le refus fait par l'arbitre nommé et qui n'a pas accepté; on appelle *déport* le refus fait après coup, par l'arbitre nommé qui a déjà accepté. Nous verrons jusqu'à quel point il est vrai de dire que le compromis finit par le déport.

Ces quatre causes de cessation du compromis s'accomplissent par le fait du décès, du refus, du déport ou de l'empêchement d'un seul arbitre. En effet, c'est dans l'ensemble même, dans la réunion des arbitres, que les parties ont placé leur confiance; une fois donc que le tribunal arbitral est devenu incomplet, le pouvoir de tous les arbitres doit expirer.

Cela est vrai, en principe, et sauf l'exception que la loi vous indique d'après une clause formelle du compromis. Cette clause peut être de deux sortes: l'on est peut-être convenu que l'empêchement de l'un des arbitres laisserait durer les pouvoirs des autres, ou bien que l'empêchement de l'un des arbitres donnerait lieu à son remplacement, soit par les arbitres restants, soit par les deux parties. Ce dernier cas peut cependant donner lieu à quelque difficulté.

Supposez, par exemple, que, trois arbitres ayant été nommés, ou soit convenu qu'en cas de mort de l'un d'eux; il y aura lieu non pas à la cassation du compromis, mais au remplacement de cet arbitre par le choix des deux arbitres restants, ou bien par le choix des parties. Si, le cas prévu se réalisant, les deux arbitres qui restent ou bien les deux parties tombent d'accord sur le remplaçant, il n'y aura pas de difficulté. Si, au contraire, cet accord n'existe pas, le compromis finira-t-il? ou bien devra-t-on, dans ce cas, appliquer la déci-

(1) ** Cass. civ., 27 janvier 1879, S. 79, 1, 344. **

sion de l'art. 1017, § 1er, c'est-à-dire confier au président du tribunal dans le ressort duquel le jugement devrait être rendu, le choix du remplaçant sur lequel les parties sont en désaccord?

L'art. 1017, § 1er, n'est pas expressément relatif à cette hypothèse. Il est relatif au cas de partage entre les deux arbitres nommés; il veut que, dans ce cas, si les parties ont autorisé à l'avance les arbitres divisés à choisir un tiers arbitre, et que les arbitres ne s'accordent pas sur le choix du départiteur, ce choix soit fait par le président du tribunal de première instance. Notre cas n'est pas celui-là; dans notre espèce, il n'y a pas partage, il y a mort du troisième arbitre, et refus des deux parties ou des arbitres qui restent, de s'accorder sur le choix réservé du remplaçant; cependant, je crois que, dans ce cas, comme dans le cas de partage, il faut recourir au président pour faire nommer le tiers arbitre. La raison qui me décide, en l'absence d'un texte formel, est celle-ci: c'est que si, par le seul fait du désaccord des parties sur le choix du remplaçant dont elles ont stipulé la nomination, il n'y avait pas possibilité de recourir au président, la clause insérée dans l'acte serait tout illusoire. En effet, quand les parties ont écrit dans l'acte, qu'en cas de mort de l'un des arbitres, le remplaçant serait nommé par elles, leur pensée a été que le compromis ne pût pas se terminer, que le compromis restât obligatoire, même après la mort de l'un des arbitres choisis. Or, cette clause serait illusoire et tout à fait inefficace, si l'une des parties pouvait, en refusant de s'entendre avec l'autre sur le choix du remplaçant, rendre tout remplacement impossible. Donc, pour donner à la clause un effet, pour ne pas la laisser à la discrétion de chaque partie, il faut absolument, en cas de désaccord, soit des parties, soit des arbitres nommés, appliquer la décision des derniers mots du § 1er de l'art. 1017 (1).

L'article parle du refus, du déport, de l'empêchement de l'un des arbitres; j'ai déjà expliqué le sens de ce mot *déport* et en quoi il diffère du refus. Mais, en rappprochant cette expression de l'art. 1014, une légère difficulté se présente: dans le § 1er, de l'art. 1012, on vous dit que le compromis finit par le déport de l'un des arbitres, et, dans l'art. 1014, on décide que les arbitres ne pourront se déporter si les opérations sont commencées. Comment concilier ces deux dispositions, l'une portant expiration du compromis par un déport qui est supposé possible, l'autre déclarant, au contraire, que, les opérations une fois commencées, le déport n'est plus possible?

La difficulté n'est qu'apparente; car on peut d'abord se déporter, aux termes de l'art. 1012, même après l'acceptation, et tant que les opérations n'ont pas été commencées, tant que l'instruction de l'affaire n'a pas été entamée. Ceci s'explique par une règle du mandat; d'après l'art. 2007 du Code civil, le mandataire, même après avoir accepté le mandat, peut encore y renoncer s'il n'a

(1) ** La cour de Bordeaux a déclaré valable le compromis par lequel les parties ont autorisé les arbitres par elles désignés à s'adjoindre un coarbitre de leur choix. Bordeaux, 31 mai 1880, S. 81, 2, 8. La cour s'est fondée sur un argument d'analogie, tiré de l'art. 1011, qui permet de convenir qu'en cas d'empêchement d'un des arbitres, les autres auront le droit de le remplacer; mais cet argument d'analogie est très contestable en présence de l'art. 1006, d'après lequel le compromis doit, à peine de nullité, indiquer les noms des arbitres. **

pas commencé et n'a pas dû commencer l'exécution de ce mandat. C'est d'abord ainsi qu'on peut entendre le § 1er de l'art. 1012.

Il y a, d'ailleurs, une explication plus simple et plus générale : certainement, d'après l'art. 1014, l'arbitre, qui a accepté et qui a commencé l'instruction, s'est chargé par là même d'un mandat dont il ne peut plus se libérer par un déport que ne motiverait aucun empêchement légitime. Mais cela n'est qu'une affaire de droit; en fait, quelle obligation l'arbitre a-t-il contractée ? l'obligation d'examiner l'affaire et de rendre une décision; c'est là une obligation de faire à laquelle on ne peut précisément et directement le contraindre. Si l'arbitre, qui a commencé l'instruction, a déclaré se déporter, sans en alléguer aucun empêchement légitime, cette déclaration mettra fin au compromis, nonobstant l'art. 1014; elle mettra fin au compromis, car vous ne pouvez, malgré lui, le contraindre à juger.

Ce déport y mettra toujours fin, parce qu'il décompose le tribunal arbitral. Mais si ce déport n'a lieu qu'après les opérations commencées, l'arbitre qui se déporte est un mandataire qui manque à son mandat, et qui, par là même, encourt des dommages-intérêts à l'égard des parties dont il diffère le jugement. Il n'y a donc, au fond, aucune opposition réelle entre les art. 1012 et 1014.

2° *Par l'expiration du délai stipulé ou de celui de trois mois s'il n'en a pas été réglé.* Cet alinéa n'est que la répétition de l'art. 1007.

Mais les parties peuvent, d'un commun accord, prolonger le délai du compromis. Faut-il que cette prolongation du délai soit constatée par écrit dans les formes du compromis (art. 1006)? Je crois que la prolongation du délai pourrait résulter du consentement même verbal ou tacite des parties, par exemple, si toutes deux, après les délais expirés, ont paru devant les arbitres, présenté des mémoires, etc. (1).

** Comme vous le voyez, la loi permet aux parties compromettantes de fixer à la mission des arbitres une durée plus longue que le délai légal; mais la loi veut que, même dans ces cas, cette durée soit limitée à un temps fixé. Dès lors les parties ne sauraient, en laissant incertain le point de départ du délai qu'elles ont stipulé dans le compromis, créer, en réalité, un délai indéterminé (2).

Le délai légal ou conventionnel dans lequel les arbitres doivent avoir terminé leurs opérations s'applique à l'ensemble de ces opérations, notamment à l'obligation de constituer en temps utile le tribunal arbitral. Les trois mois courent du jour du compromis, d'après les termes mêmes de la loi, et non du jour où le tribunal arbitral s'est constitué, de sorte que les pouvoirs des arbitres sont expirés, même avant la constitution du tribunal arbitral, si le compromis remonte à plus de trois mois (3). **

3° *Par le partage, si les arbitres n'ont pas le pouvoir de prendre un tiers arbitre.*

(1) Cass. Rej., 17 janvier 1826. — Bordeaux, 9 février 1827. — Cass. Rej., 12 mai 1828 (Dall., *Rép.*, v° *Arbitrage*, n° 741).

(2) ** Spécialement, elles ne sauraient, en laissant en blanc la date du compromis, valablement conférer aux arbitres la faculté de fixer, comme ils le jugeraient à propos, le point de départ du délai qui leur est imparti pour l'accomplissement de leur mission. Cass. civ., 11 juillet 1882, S. 82, 1, 461.**

(3) ** Cass. Req., 1er décembre, 1880, S. 83, 1, 27. **

Tout ce qui concerne le partage et les résultats fait l'objet de deux articles spéciaux, les art. 1017 et 1018, que nous expliquerons à leur tour.

1191. « Art. 1013. Le décès, lorsque tous les héritiers sont majeurs, ne mettra pas fin au compromis; le délai, pour instruire et juger, sera suspendu pendant celui pour faire inventaire et délibérer. »

Au premier aspect, on aurait pu penser que le décès d'une des parties mettait fin au compromis, car le compromis est un mandat; or, le mandat cesse soit par la mort du mandant, soit par la mort du mandataire (art. 2003, C. civ.). Mais le compromis n'est un mandat que dans les rapports de chaque partie avec les arbitres choisis par elle; au contraire, dans les rapports des parties l'une avec l'autre, le compromis est un pacte qui les oblige pleinement et qui n'est nullement subordonné à la vie de chacune d'elles. Le compromis est un contrat par lequel chaque partie s'engage envers l'autre à en passer, sur le point qui les divise, par la décision des arbitres que toutes deux ont choisis. Donc, le décès de l'une des parties ne peut être, pour ses héritiers, un moyen de se décharger des obligations naissant du compromis; donc, au moins en principe, le décès de l'une des parties ne met pas fin au compromis. L'article 1013 consacre ce principe, mais avec une exception qui forme, en réalité, la seule décision notable et importante de l'article.

Le décès, LORSQUE TOUS LES HÉRITIERS SONT MAJEURS, *ne mettra pas fin au compromis.* Arrêtons-nous sur ces mots; le principe est tellement clair, que nous n'avions guère besoin d'une consécration formelle; aussi, n'est-il écrit là que pour amener l'exception qui s'induit *à contrario* des expressions que je viens de lire. De ce que le décès d'une partie ne met pas fin au compromis, quand tous les héritiers sont majeurs, il suit *à contrario*, et de la manière la plus nette, que le décès d'une partie, laissant des héritiers ou un héritier en minorité, entraîne l'extinction du compromis. Arrêtons-nous un instant sur le mérite de cette décision, dont la certitude est d'ailleurs incontestable.

Pourquoi donc le compromis cesse-t-il lorsque l'une des parties qui l'ont souscrit vient à mourir, laissant pour héritier un mineur?

La raison qui se présente, c'est celle qui résulte des art. 1003 et 1004, c'est que le compromis ne peut exister qu'entre personnes capables d'aliéner; c'est qu'enfin toutes les causes des mineurs sont sujettes à communication au ministère public, et la juridiction arbitrale exclut cette communication. Cette raison, tirée des art. 1003 et 1004, nous explique bien comment un mineur ne peut consentir à un compromis; mais elle n'explique pas, selon moi, et rien n'explique à mes yeux, comment un mineur n'est pas lié par le compromis consenti par la personne dont on a pour lui accepté la succession. En effet, le compromis est un contrat par lequel les deux parties se sont engagées d'avance à en passer par la décision des arbitres désignés par elles; c'est un contrat renfermant, avons-nous dit, obligation, libération ou aliénation conditionnelles. Or, le compromis une fois souscrit, l'obligation une fois consentie entre les deux parties majeures et capables, comment la mort de l'une d'elles, comment la minorité de ses héritiers peuvent-elles porter atteinte à l'existence de ce compromis? La partie, qui l'avait souscrit, était obligée, bon gré mal gré, de se soumettre au compromis; son héritier, même mineur, n'est-il donc pas tenu de toutes ses obligations, au moins jusqu'à concurrence de la valeur de la succession, puisqu'on ne peut accepter pour un mineur que sous bénéfice d'inventaire ? J'avoue que je ne vois pas de réponse à cette objection.

Du reste, de la décision consacrée un peu légèrement, mais du moins fort clairement, dans l'art. 1013, il faut peut-être tirer des conséquences qu'il ne nous sera pas plus aisé de justifier en principe, mais qui, cependant, paraissent découler nécessairement de la rédaction de l'article.

Supposez, par exemple, que le compromis ait été consenti par une personne majeure et capable qui, avant le jugement arbitral intervenu, tombe en démence et est frappée d'un jugement d'interdiction. La même raison, qui fait cesser le compromis par la mort de l'une des parties, laissant un mineur pour héritier, nous portera à déclarer que le compromis doit cesser par l'interdiction dont se trouvera frappée, avant le jugement arbitral, l'une des parties qui l'ont consenti. Ce sera, bien entendu, la même raison de texte, la même raison de lettre ; quant à la raison logique, je n'en vois ni dans un cas ni dans l'autre.

Peut-être même, le texte à la main, sera-t-on encore entraîné plus loin ; peut-être décidera-t-on que, si l'une des parties, qui a consenti le compromis en état de capacité, vient à être ensuite frappée d'une incapacité autre que celle résultant de l'interdiction, le compromis doit également cesser. C'est ce qui arriverait, par exemple, dans le cas d'un prodigue qui recevrait, après le compromis, un conseil judiciaire.

Peut-être, enfin, décidera-t-on de même dans le cas de compromis consenti par une fille majeure qui se marierait.

Toutes ces décisions, je le répète, me paraissent très peu fondées en logique, et je concevrais que, malgré l'autorité du texte, comme elles n'y sont pas formellement écrites, on se refusât à les admettre. Mais la même raison, qui pourra faire refuser de les admettre, rendra toujours inexplicable la décision de l'art. 1013, en ce qui touche les héritiers mineurs. Quoi qu'il en soit, quant au mineur au moins, le texte est parfaitement clair (1).

1192. « Art. 1014. Les arbitres ne pourront se déporter, si leurs opérations sont commencées : ils ne pourront être récusés, si ce n'est pour cause survenue depuis le compromis. »

J'ai déjà expliqué le sens de ces mots : *ne pourront se déporter*.

Nous avons parlé en détail de la récusation des juges dans la juridiction ordinaire (art. 378 et suivants). Les causes de récusation qui peuvent servir à écarter un juge, aux termes de l'art. 378, peuvent-elles être également invoquées pour écarter un arbitre? Oui, sans aucune distinction, lorsque la cause

(1) * La disposition de l'art. 1013, qui fait cesser le compromis à cause de la minorité de l'un des héritiers d'une partie décédée, est une protection de plus pour les mineurs. Une procédure sans avoués, sans la surveillance du ministère public, sans les garanties de la justice ordinaire, pourrait porter préjudice aux mineurs. Ainsi peut, je crois, s'expliquer cette dérogation aux règles ordinaires ; mais son caractère exceptionnel doit la faire restreindre aux mineurs. Les autres incapables seraient soumis au droit commun. *

de récusation n'est survenue dans l'arbitre que postérieurement au compromis consenti (1).

Que si, au contraire, la cause de récusation existait déjà dans l'arbitre à l'instant où vous l'avez choisi, on comprend qu'en général, le choix volontaire que vous en avez fait doive vous rendre non recevable à le récuser ensuite.

Telle est, au fond, la pensée des derniers mots de l'art. 1014 : *Ils ne pourront être récusés si ce n'est pour cause survenue depuis le compromis.*

Cependant, il paraît raisonnable de modifier cette décision pour le cas où la cause de récusation, par exemple, la parenté ou l'alliance de l'arbitre avec l'adversaire qui l'a choisi, et sur la proposition duquel j'ai consenti à l'admettre, pour le cas où cette circonstance m'aurait été inconnue à l'instant où j'ai signé le compromis.

Ainsi, nous autoriserons la récusation pour toutes les causes indiquées par l'art. 378, lorsque ces causes seront postérieures au compromis consenti, ou même lorsqu'elles sont antérieures, si on les a ignorées lors de la signature du compromis. ** Remarquez que les causes de récusation des arbitres sont celles des juges ordinaires; il ne faut pas leur appliquer les causes de récusation des juges de paix ni celles des experts (2), car ces dernières dispositions sont exceptionnelles, tandis que celles qui concernent les juges ordinaires sont de droit commun. Les arbitres se rapprochent d'ailleurs davantage de ces juges. Dans la discussion du Tribunat, on avait proposé de renvoyer pour la récusation des arbitres, aux articles relatifs aux juges ordinaires, et si cette disposition n'a pas été consacrée, c'est parce qu'elle a été jugée inutile. **

Quant à la procédure de récusation, elle ne sera pas, elle ne pourra être, à l'égard des arbitres, absolument ce qu'elle est à l'égard des juges ordinaires. Ainsi, au lieu de signifier la récusation à l'arbitre récusé par l'intermédiaire d'un greffier, comme dans les art. 45 et 384, on la lui signifiera directement et en sa personne (3). Les motifs de respect et de convenance qui ont exigé ce détour à l'égard des juges proprement dits, sont entièrement inapplicables à l'égard des simples arbitres.

Enfin, dans la récusation des art. 378 et suivants, le jugement des faits de récusation, lorsqu'il donne lieu à un débat, appartient au tribunal dont le juge récusé est membre, aux termes des art. 385 et suivants. Au contraire, il est impossible de soumettre au tribunal arbitral, dont la mission est spéciale à l'affaire pour laquelle on l'a choisi, la légitimité des causes de récusation. Aussi, en cas de contestations sur la légitimité de ces causes, faudra-t-il les porter au tribunal dans le ressort duquel le jugement arbitral devait être rendu, au tribunal désigné par les art. 1020, 1021 et 1017 du présent titre (4).

⇒ **1193.** « Art. 1015. S'il est formé inscription de faux, même purement civile, ou s'il s'élève quelque incident criminel, les arbitres délaisseront les parties à se pourvoir, et les délais de l'arbitrage continueront à courir du jour du jugement de l'incident. »

(1) Voir la jurisprudence dans Dall., *Rep.*, v° *Arbitrage*, n° 645.
(2) ** Caen, 5 avril 1876, S. 79, 2, 21. **
(3) *Contrà :* Bourges, 3 décembre 1813 (Dall., *Rép.*, v° *Arbitrage*, n° 647).
(4) Cass., 1er juin 1812. — Paris, 17 mai 1813 (Dall, *Rép.*, v° *Arbitrage*, n° 666).

Cet article présente une analogie assez remarquable avec deux textes qui vous sont déjà connus, les art. 14, et 427 ; d'après l'art. 14, lorsque, devant un juge de paix, une pièce produite est arguée de faux, ou lorsque l'écriture en est déniée et méconnue, il y a lieu au renvoi de la cause au tribunal de première instance. De même, lorsqu'un incident de cette nature s'élève devant un tribunal de commerce, ce tribunal doit renvoyer non pas la cause, mais au moins l'incident devant le tribunal civil. J'ai indiqué les motifs de ce renvoi; ces motifs sont : que les juges de paix et les tribunaux de commerce n'ont qu'une juridiction d'exception, à laquelle n'appartiennent ni l'examen des inscriptions de faux ni l'examen des procédures en vérification d'écritures.

L'art. 1015 présente une analogie avec ces deux articles, mais il ne doit pas cependant se confondre avec l'un ou l'autre. Vous voyez que le renvoi n'est pas prescrit, par les termes de l'art. 1015, d'une manière aussi générale que dans les deux autres articles. Ainsi, supposez que, devant les arbitres, une pièce produite par l'une des parties soit contestée par l'autre; supposez qu'une écriture soit ou déniée formellement ou simplement méconnue dans le cours d'une procédure arbitrale, les arbitres devront-ils alors, comme le devrait un juge de paix ou un tribunal de commerce, renvoyer les parties à se pourvoir devant un tribunal civil, à l'effet de faire vérifier l'écriture ainsi contestée? Non; ils ne le devront pas, car l'art. 1015 ne parle pas des cas de dénégation ou de méconnaissance d'une écriture; ils ne le devront pas, parce que la compétence des arbitres, dans l'affaire que les parties ont consenti à leur soumettre, est bien plus large, bien plus complète que la compétence, toujours spéciale, toujours exceptionnelle, des juges de paix et des tribunaux de commerce. Les arbitres, institués pour le jugement du fond de la cause, ont, par là même, qualité pour connaître de tous les incidents que soulève l'examen de cette cause ; ils peuvent procéder à une enquête, ordonner une comparution des parties, recevoir un serment, et rien ne les empêche, par la même raison, de procéder à la vérification d'une écriture contestée. D'ailleurs l'art. 1009 les déclare capables, et les oblige même, en principe, de suivre à cet égard les formes de procédure établies pour les cas ordinaires.

Dans quels cas donc les arbitres devront-ils ordonner le renvoi? Ce sera seulement dans les cas d'une inscription de faux ou d'un incident qui serait de nature à devenir la matière d'une procédure criminelle. Il ne faut pas alors qu'au moyen d'un jugement arbitral, les parties dérobent l'incident criminel à la surveillance du procureur de la République, et par suite à l'action de la vindicte publique.

Le cas de l'inscription de faux est facile à comprendre. Quant à d'autres incidents criminels que pourrait soulever la procédure arbitrale, ce serait, par exemple, le cas où l'une des parties imputerait à l'autre, dans le cours de cette procédure, la suppression, la lacération d'une pièce importante pour elle, suppression ou lacération qui n'est pas un faux, mais qui peut donner lieu à une procédure criminelle.

➾ **1194.** « Art. 1016. Chacune des parties sera tenue de produire ses défenses et pièces, quinzaine au moins avant l'expiration du délai du compromis; et seront tenus les arbitres de juger sur ce qui aura été produit. — Le jugement sera signé par chacun des arbitres; et, dans le cas où il y aurait deux arbitres, si la minorité refuse de le signer, les autres arbitres en feraient mention, et le jugement aura le même effet que s'il avait été signé par chacun des arbitres. — Un jugement arbitral ne sera, dans aucun cas, sujet à l'opposition. »

Le principe de cet article est fort simple; mais il laisse en dehors des questions assez délicates sur la marche générale de la procédure arbitrale. Voyons d'abord ce que décide le texte.

On part de cette idée que les pièces, les documents, les moyens de défense écrite des parties étant remis dans les mains des arbitres, un délai de quinzaine est, en général, le minimum nécessaire pour que les arbitres puissent examiner ces pièces et en prendre connaissance; donc chaque partie est tenue, quinzaine au moins avant l'expiration des délais du compromis, de remettre ses défenses dans les mains des arbitres nommés.

Quelle est la sanction de cette obligation imposée à chaque partie? Cette sanction peut varier selon la nature des hypothèses que nous allons poser.

Ainsi, d'abord la quinzaine qui précède l'expiration du délai du compromis est commencée sans qu'aucune des parties ait produit; dans ce cas, les arbitres peuvent refuser de juger sans encourir aucuns dommages-intérêts.

En effet, si, par exemple, le délai du compromis est le délai légal, le délai ordinaire de trois mois, la dernière quinzaine de ces trois mois étant commencée sans qu'aucune pièce ait été produite, les arbitres peuvent dire, d'une part qu'ils ne sont obligés à juger que dans les trois mois, et qu'on ne peut contre leur volonté prolonger leur mission au delà de ce terme; d'autre part, que la loi présume, dans l'art. 1016, qu'un délai de quinze jours leur est absolument nécessaire pour prendre connaissance exacte des pièces, des documents à produire. Or, comme dans l'espèce ils ne peuvent juger, puisque aucune pièce n'a été produite, et que, pour juger sur des productions postérieures, il faudrait ou avoir moins de quinze jours pour l'examen de ces pièces, ou prolonger leur mission au delà des trois mois, les arbitres peuvent alléguer qu'il y a par le fait des parties empêchement légitime apporté à l'exercice de leur mission; ils peuvent dès ce moment refuser de juger.

Seconde hypothèse : il est possible que l'une des parties ait produit en temps utile, et non l'autre. Y a-t-il, dans ce cas, pour les arbitres, une raison légitime de se refuser à juger? peuvent-ils juger sur les pièces d'une seule des parties? Dans ce cas, les arbitres n'ont pas, comme dans le cas précédent, le droit de se déporter; par cela seul que l'une des parties a produit ses pièces et ses documents, les arbitres sont tenus de juger sur les documents produits. La raison en est fort simple, c'est que l'une des parties ayant rempli son obligation, autant qu'il était en elle, met les arbitres en état de juger; on ne peut pas permettre à l'adversaire de se jouer du compromis consenti. Or, ce serait lui ouvrir une voie pour faire tomber le compromis, ce serait rendre le compromis illusoire, que de permettre ou d'ordonner aux arbitres de se dispenser de juger par cela seul que l'une des parties n'aurait pas produit dans le délai.

Ainsi, le second point est également certain : c'est que, lorsqu'une seule partie a produit avant le commencement de la dernière quinzaine, les arbitres doivent juger; il n'y a pas pour eux moyen de se déporter.

Mais alors, et c'est là la troisième et dernière hypothèse, la production de la seconde partie étant faite dans les mains des arbitres, et postérieurement au commencement de la quinzaine, les arbitres doivent-ils, peuvent-ils en prendre connaissance? D'abord, le peuvent-ils? Il est certain qu'ils le peuvent, car l'art. 1016 ne dit pas que, la dernière quinzaine une fois commencée, la partie en retard sera déchue du droit de produire; l'art. 1016 ne prononce pas de déchéance, et nous ne devons pas y écrire une déchéance que nous n'y lisons pas. Mais les arbitres doivent-ils prendre connaissance des pièces produites seulement dans le cours de cette quinzaine? Il est clair que, s'ils le peuvent, on ne doit pas les y contraindre. La loi, en permettant de juger sur la production de l'une des parties, annonce assez clairement qu'elle répute, en général, le délai de quinzaine nécessaire pour prendre connaissance des pièces. Or, si l'une des parties n'a produit qu'après cette quinzaine commencée, et, par exemple, que dix jours avant l'expiration du délai, il y a, en faveur des arbitres, présomption légale qu'ils n'ont plus un temps suffisant pour examiner les pièces.

La position des arbitres sera donc celle-ci : d'abord, obligation de juger par cela seul qu'avant la dernière quinzaine commencée l'une des parties a produit. Ensuite, faculté, pour l'autre partie, qui n'a pas produit avant ce délai, de produire après le délai, sauf aux arbitres à avoir égard, si bon leur semble, à cette production remise en leurs mains, à la consulter ou à la négliger; car il n'y a pour eux obligation de juger sur les pièces de l'une et de l'autre partie, qu'autant que ces pièces leur ont été remises en temps utile, c'est-à-dire quinze jours au moins avant l'époque où ils devaient juger.

☞ **1195.** Il n'est question dans le paragraphe 1er de l'art. 1016 que de la production des défenses et documents des parties, c'est-à-dire de la remise faite, par chaque partie, aux mains des arbitres, des titres sur lesquels elle entend appuyer sa défense. Mais on ne parle, ni dans cet article, ni, à ce qu'il semble, dans aucun des articles de ce titre, de signification, de communication par l'une des parties à l'autre de ses moyens de défense et de ses titres. En faut-il conclure que l'instruction, devant les arbitres, se borne, de la part de chaque partie, à remettre dans leurs mains le développement écrit de ses moyens de défense, et qu'aucune des parties n'est tenue de signifier, de communiquer préalablement à l'autre les moyens sur lesquels elle entend appuyer soit sa demande, soit sa défense?

Si telle était la pensée du Code, ce serait certainement un vice fort grave dans la procédure arbitrale; car, si le demandeur n'est tenu que de remettre aux mains des arbitres les moyens de sa demande, s'il n'est pas obligé d'en donner communication ou signification au défendeur, on ne sait trop comment fera ce dernier pour bien développer les moyens de sa défense. Les moyens de la défense sont corrélatifs aux moyens d'attaque, ils seront nécessairement insuffisants ou incomplets, s'il faut que le défendeur produise sans connaître les moyens allégués par le demandeur. A cet égard, l'art. 1016 est absolument muet, car il n'indique que le rapport de chaque partie avec les arbitres, que la production à faire par la partie dans les mains des arbitres.

Mais l'art. 1009 ne nous donne-t-il pas un moyen de remplir cette lacune?

Cet article n'oblige-t-il pas chaque partie à communiquer préalablement à l'autre l'exposé de ses défenses qui devront être produites plus tard dans les mains des arbitres? En effet, cet article décide qu'à défaut de convention spéciale, les parties, comme les arbitres, seront tenues de remplir les formalités de la procédure ordinaire; or la première, la plus capitale des formalités de la procédure ordinaire, est l'obligation imposée au demandeur de présenter, dans l'assignation, l'exposé sommaire de ses moyens ; puis, la faculté pour le défendeur, dans la quinzaine de sa constitution, de signifier à l'adversaire une requête de défense; puis enfin la faculté accordée au demandeur de répondre dans la huitaine suivante. En d'autres termes, y aura-t-il lieu, devant les arbitres, sinon à ces significations par le ministère d'avoués, au moins à des significations, à des communications respectives des moyens de demande et de défense que prétend employer chaque partie? Cela paraît, en principe, non seulement conforme à la raison, mais aussi bien d'accord avec le texte de l'art. 1009. Les parties doivent suivre les formalités ordinaires ; or, c'est la première, la plus simple et la plus rationnelle des formalités ordinaires de la procédure.

La difficulté ne serait guère que dans les questions de délais. Dans quels délais et suivant quel ordre ces significations devront-elles avoir lieu? Dans la procédure ordinaire, c'est le défendeur qui, le premier, signifie au demandeur une requête contenant ses moyens. Pourquoi ? Parce que le défendeur a déjà l'assignation contenant, aux termes de l'art. 61, l'exposé sommaire des moyens du demandeur. Ici faudra-t-il considérer le compromis souscrit par les parties comme tenant lieu d'une assignation, et décider, en conséquence, que c'est au défendeur à prendre l'initiative? A la rigueur, on le pourrait. On pourrait aussi, par analogie, et attendu que le compromis indique l'objet de la demande, mais n'en indique pas les moyens, appliquer l'art. 402 et faire commencer ici les significations de la part du demandeur, en les faisant suivre d'une réplique de la part du défendeur. Au reste, dans la plupart des cas, le compromis aura déterminé ces formalités, quand les arbitres devront décider sur pièces et non pas sur plaidoiries.

Le reste de l'article est assez facile pour n'avoir pas besoin d'explication.

1196. « Art. 1017. En cas de partage, les arbitres autorisés à nommer un tiers seront tenus de le faire par la décision qui prononce le partage : s'ils ne peuvent en convenir, ils le déclareront sur le procès-verbal, et le tiers sera nommé par le président du tribunal qui doit ordonner l'exécution de la décision arbitrale.

« Il sera, à cet effet, présenté requête par la partie la plus diligente.

« Dans les deux cas, les arbitres divisés seront tenus de rédiger leur avis distinct et motivé, soit dans le même procès-verbal, soit dans des procès-verbaux séparés. »

Le partage, d'après l'art. 1012, est l'une des circonstances qui mettent fin au compromis. Il y a partage, dans les tribunaux proprement dits (art. 117 et 118), lorsque aucune des opinions ne réunit en sa faveur la majorité absolue des voix; et le partage sera d'autant plus facile, en matière de procédure arbitrale, que souvent chaque partie se sera bornée à choisir un arbitre, et que la parité du nombre multipliera les chances d'égalité. Dans ce cas, que décider? Dans quel cas y aura-t-il partage, et comment le videra-t-on?

Rappelons d'abord que l'art. 1009 impose aux arbitres, aussi bien qu'aux parties, l'obligation de suivre les formes ordinaires ; donc, s'il y a plus de deux arbitres et au moins cinq et qu'en conséquence, il soit possible d'arriver à une majorité sans déclarer le partage, on devra, avant de faire cette déclaration, épuiser tous les moyens d'obtenir cette majorité. Ces moyens, l'art. 117 vous les a déjà fait connaître ; ce sera, lorsque l'une des trois opinions manifestées parmi les arbitres sera, à l'égard des autres, en minorité relative, ce sera de procéder à une deuxième collecte de votes, après laquelle, si la division se prolonge encore, les arbitres les plus faibles en nombre seront obligés de se réunir à l'une des deux autres opinions.

Au reste, l'application de l'art. 117, dans les jugements arbitraux, comme dans les jugements des tribunaux ordinaires, supposera la réunion assez rare, en fait, de cinq arbitres ; c'est là l'hypothèse qu'il faudrait choisir pour supposer trois opinions. S'il y avait, par exemple, deux voix, pour un avis, deux voix pour un autre, et une cinquième pour un troisième avis, la voix isolée devrait se réunir, après une seconde collecte de votes, à l'un des deux autres avis. Si ce remède est insuffisant, les arbitres devront déclarer le partage, aux termes de l'art. 117.

Mais le plus souvent le partage aura lieu entre deux arbitres nommés par les parties ; et alors, si les parties dans le compromis n'ont pas à l'avance prévu ce partage, et autorisé, pour cette hypothèse, la nomination d'un départiteur, la déclaration de partage met absolument fin au compromis ; c'est comme si jamais les parties n'eussent souscrit de compromis, en ce sens que la cause devra être portée devant les tribunaux ordinaires. Mais ce cas sera assez rare, et on ne manquera guère, en nommant des arbitres, et surtout en nombre pair, de stipuler qu'en cas de partage, un tiers arbitre sera nommé par des arbitres divisés d'opinions. C'est sur ce cas que statue la première partie de l'art. 1017.

Les arbitres, primitivement nommés, doivent déclarer le partage sur un procès-verbal spécial ; ils doivent rédiger chacun, soit dans le même acte, soit dans des actes distincts, le résumé et les moyens invoqués par chacun avec son avis ; ils doivent enfin tâcher de s'entendre sur le choix du départiteur ; et, s'ils n'en peuvent convenir, ce choix appartiendra au président du tribunal du ressort. Tel est l'ensemble de l'art. 1017.

1197. « Art. 1018. Le tiers arbitre sera tenu de juger dans le mois du jour de son acceptation, à moins que ce délai n'ait été prolongé par l'acte de la nomination ; il ne pourra prononcer qu'après avoir conféré avec les arbitres divisés, qui seront sommés de se réunir à cet effet.

Si tous les arbitres ne se réunissent pas, le tiers arbitre prononcera seul ; et néanmoins il sera tenu de se conformer à l'un des avis des autres arbitres. »

L'art. 1018 continue la même hypothèse ; et, pour bien comprendre le sens de cet article, il faut nous reporter, par comparaison, à ce que nous avons dit sur l'art. 118. Nous avons dit, sur l'art. 118, qu'en cas de partage dans un tribunal, en cas d'adjonction d'un départiteur pris, selon le rang d'ancienneté, soit parmi les juges, soit parmi les avocats ou avoués de ce tribunal, on procédait par jugement nouveau ; c'est-à-dire que le tribunal partagé, s'étant adjoint le juge ou l'avocat départiteur, il y avait lieu à plaider de nouveau l'affaire, ou, en cas d'instruction par écrit, à en faire un deuxième rapport devant tout le tribunal réuni; et que, dans ce cas, chose remarquable, on procédait si bien par jugement nouveau, que les juges primitivement partagés étaient maîtres d'abandonner leur précédent avis, soit pour se ranger à l'opinion déjà combattue, soit pour adopter un avis, qui n'avait pas été primitivement proposé. En un mot, dans le cas de partage dans le sein d'un tribunal, le partage met à néant tout ce qui s'est fait, et le même tribunal garde toute l'indépendance, toute la liberté de son opinion, pour statuer sur la nouvelle instruction.

En est-il de même dans le cas qui nous occupe? Réglerons-nous les conséquences de l'adjonction du tiers arbitre aux deux arbitres d'abord divisés, comme nous réglons les conséquences de l'adjonction du départiteur au tribunal?

A cet égard, la rédaction de l'art. 1018 n'est pas aussi précise qu'on pourrait le désirer; elle ne trace pas d'une manière assez formelle quelle est la position exacte du tiers arbitre dont nous venons de parler. D'une part, dans les derniers mots de l'art. 1017, vous avez vu que les deux arbitres divisés devaient rédiger chacun un procès-verbal énonçant leur avis et les motifs de cet avis. La rédaction de ce procès-verbal, contenant l'avis de chacun d'eux, paraît mener à conclure que, d'abord, chacun d'eux est désormais obligé de conserver cet avis, et que, en second lieu, c'est seulement entre les avis qui les ont divisés que l'arbitre départiteur peut opter; en d'autres termes, que désormais le jugement à intervenir ne peut être que l'un ou l'autre des deux avis entre lesquels le tribunal arbitral s'est primitivement divisé. Telle est la conséquence, non pas forcée, mais du moins assez naturelle, qu'on est porté à tirer des derniers mots de l'art. 1017. Cette même conséquence s'appuie, d'une manière plus directe et plus précise, sur les derniers mots de l'art. 1018: « Si tous les arbitres ne se réunissent pas, le tiers arbitre prononcera seul; et néanmoins il sera tenu de se conformer à l'un des avis des autres arbitres. »

D'autre part, ces mots du § 1er de l'art. 1018: *il sera tenu de juger, il ne pourra prononcer*, semblent bien conférer à l'arbitre départiteur, et lui conférer exclusivement le pouvoir de statuer sur la cause. Il semble que, dès ce moment, la mission des arbitres primitivement partagés soit finie, et que la mission du départiteur consiste à prononcer seul entre les deux avis qui ont partagé les premiers arbitres.

Cependant les derniers mots de l'art. 1018, sur lesquels s'appuie notamment cette conséquence, ne sont pas tout à fait probants, car vous voyez bien ce que dit le second paragraphe de cet article: *Si tous les arbitres ne* SE RÉUNISSENT *pas, le tiers arbitre prononcera seul*. Or, dit-on, *à contrario*, si les arbitres d'abord divisés se réunissent, sur la sommation qui leur est faite, pour conférer avec le nouvel arbitre, ce dernier ne prononce pas seul; s'ils se réunissent, le jugement émanera de tous trois; tous trois devront délibérer et voter; et, si l'on veut que tous trois votent, c'est que, apparemment, tous trois peuvent énoncer un avis.

Et quant aux derniers mots du même paragraphe, d'après lesquels le tiers arbitre est obligé d'opter entre l'un des deux avis résumés dans les procès-verbaux, on pourrait les référer au cas dont s'occupent ce second paragraphe, c'est-à-dire au cas où les arbitres sommés ne se sont pas réunis pour conférer avec le troisième.

En résumant cette difficulté, qui est assez sérieuse, mettons d'abord de côté ce qui est clair, incontestable, pour laisser bien séparé ce qui peut être problématique.

Il est bien certain que les arbitres divisés, ayant rédigé chacun leur avis, conformément aux derniers mots de l'art. 1017, doivent être sommés de venir conférer avec le départiteur ; que s'ils n'obéissent point à cette sommation, s'ils ne se réunissent pas pour conférer avec le tiers arbitre, le jugement émanera du tiers arbitre tout seul, qui décidera la contestation, mais ne pourra la décider que de l'une des deux manières proposées par les arbitres entre lesquels a éclaté le partage. En un mot, la mission de juger exclusivement, mais en se renfermant dans l'un des deux avis déjà proposés, appartient au tiers arbitre, lorsque les arbitres divisés ne viennent pas conférer avec lui.

Le doute se concentre donc sur le cas où les deux arbitres sommés de se réunir se sont en effet réunis au troisième, et où, après la conférence qui a lieu entre les trois arbitres, un nouvel avis serait proposé, avis tout à fait étranger à celui des deux premiers arbitres. Dans ce cas, les arbitres déjà divisés pourraient-ils se ranger à une troisième opinion avec le départiteur, et rendre ainsi un jugement nouveau, qui serait ensuite unanime? C'est là que peut naître le doute, parce que les derniers mots de l'art. 1018 ne se rapportent point d'une manière catégorique à la totalité de l'article ; parce que ces derniers mots ne se lient, d'une manière bien évidente, qu'au cas prévu dans le second paragraphe, c'est-à-dire au cas où les arbitres sommés ne se sont pas réunis pour conférer avec le troisième.

Cependant, tout en reconnaissant que dans cette hypothèse la question peut être débattue, j'inclinerais à penser que, dans tous les cas, le tiers départiteur ne peut opter qu'entre l'une ou l'autre des deux opinions constatées dans le procès-verbal rédigé d'après l'art. 1017, § 3 ; que, dans tous les cas, ce procès-verbal rédigé par chaque arbitre fait désormais loi pour lui ; que les arbitres partagés ne peuvent plus désormais varier, et qu'ils sont appelés par l'art. 1018, non pas pour changer d'avis, mais chacun pour débattre, pour soutenir, pour développer les motifs du sien. Je m'appuierais surtout sur l'ensemble du § 1er de l'art. 1018, qui paraît conférer au tiers départiteur, d'une manière exclusive, le droit de juger et de prononcer. En effet, vous dit-il, « le tiers arbitre sera tenu de juger dans le mois, du jour de son acceptation, à moins que ce délai n'ait été prolongé par l'acte de la nomination : il ne pourra prononcer qu'après avoir conféré avec les arbitres divisés, qui seront sommés de se réunir à cet effet. » Donc, dans tous les cas, c'est-à-dire même en cas de réunion des arbitres d'abord divisés, ce ne sont pas les trois arbitres qui votent, qui jugent, qui prononcent : c'est le tiers arbitre tout seul qui, après en avoir conféré avec les deux autres, rend un jugement, rend une décision qui ne peut être que l'une des deux constatées dans le procès-verbal (1).

(1) * Cette opinion est bien rigoureuse. Sans doute, si les arbitres refusent de venir conférer avec le tiers arbitre, ce dernier devra s'en tenir à l'un des deux avis des arbitres. Mais s'ils viennent, si le tiers arbitre leur démontre que ni l'un ni l'autre de

* Il faut d'ailleurs décider que, si les deux premiers arbitres ont été partagés sur plusieurs chefs, sur plusieurs questions, le tiers arbitre ne sera pas obligé d'adopter ou toutes les solutions de l'un ou toutes les solutions de l'autre. Ainsi sur les six questions qui avaient partagé les deux premiers arbitres, il pourra adopter l'opinion du premier arbitre sur une ou quelques-unes des questions, et l'opinion du deuxième arbitre sur les autres (1).

Dans le mois... A peine de nullité; car, après ce délai, le tiers arbitre est sans pouvoir (2); *à moins que...* etc. *

1198. « Art. 1019. Les arbitres et tiers arbitres décideront d'après les règles du droit, à moins que le compromis ne leur donne pouvoir de prononcer comme amiables compositeurs. »

Ce que l'art. 1009 décide pour la procédure de l'arbitrage, l'art. 1019 le décide sur le fond. En principe, les arbitres sont forcés de suivre les formes ordinaires, si le compromis ne les en dispense pas; voilà l'art. 1009. De même, en principe, les arbitres sont forcés de décider le fond de la cause conformément aux règles du droit, si les parties ne les ont autorisés à le décider comme amiables compositeurs, c'est-à-dire ne les ont autorisés à consulter plutôt l'équité, la raison naturelle, l'avantage commun des deux parties, que les règles strictes et littérales du droit. C'est là une de ces hypothèses, si fréquentes en droit romain, heureusement assez rares dans le nôtre, dans lesquelles nous voyons l'équité mise en opposition avec le droit.

Nous avons vu, dans l'art. 1010, qu'en principe tout jugement arbitral était sujet à l'appel; que cependant les parties pouvaient d'avance renoncer au droit d'appeler. Quand cette renonciation est explicite et formelle, elle est certainement valable. Mais n'y a-t-il pas, dans la clause prévue dans les derniers mots de l'art. 1019, un abandon implicite du droit d'appel? Autoriser les arbitres à statuer, non pas d'après le droit, mais d'après l'équité, comme amiables compositeurs, n'est-ce pas s'interdire le droit d'appeler de leur sentence?

Ce point est contesté; je crois cependant qu'il faut adopter l'affirmative. On ne concevrait guère quelle pourrait être la mission du tribunal d'appel: on ne comprendrait guère qu'une cour d'appel pût être chargée, par l'appel d'un jugement arbitral, d'examiner si le jugement qu'on attaque est conforme à des règles de convenance, d'équité, essentiellement arbitraires, et qu'elle n'a pas

leurs avis primitifs n'est juste, s'ils pensent maintenant tous les trois qu'un troisième avis serait bien préférable, il me semble déraisonnable de ne pas permettre aux premiers arbitres de reconnaître leur erreur et de changer d'avis. D'ailleurs, le deuxième alinéa de l'art. 1018 n'ordonne au tiers arbitre de se conformer à l'avis de l'un des arbitres divisés, que s'il n'y a pas réunion entre eux. — Grenoble, 31 juillet 1830 (Dall., *Rép.*, v° *Arbitrage*, n° 849). — Montpellier, 19 mai 1845, D. 45, 4. 30. — Caen, 25 décembre 1846, D., 47, 4, 22. — Paris, 20 juin 1849, D. 51, 2, 162. — Paris, 21 avril 1855, D. 56, 2, 106. — *Contrà* : Grenoble, 12 août 1826 (Dall., *Rép.*, v° *Arbitrage*, n° 703.) *

(1) * Cass. Rej., 11 février 1824 et 17 novembre 1830. — Paris, 5 décembre 1831 (Dall., *Rép.*, v° *Arbitrage*, n°s 863, 1175 et 854). *

(2) * Nîmes, 30 janvier 1812 (Dall., *Rép.*, v° *Arbitrage*, n° 808). — Agen, 6 décembre 1844, D. 45, 2, 74. — *Contrà* : Rouen, 21 décembre 1808 (Dall. *Rép.*, v° *Arbitrage*, *eod.*). *

qualité, qu'elle n'a pas mission pour apprécier; les parties, en conférant aux arbitres la qualité d'amiables compositeurs, en leur permettant de décider contrairement à des lois formelles, se sont placées par là même dans l'impossibilité d'appeler de leur sentence, puisque cette mission qu'elles ont donnée à des arbitres est ici absolument inapplicable de la part d'une cour d'appel (1).

Au reste, sauf cette qualité d'amiables compositeurs, dont l'art. 1019 détermines les effets, ils doivent, dit la loi, appliquer les règles du droit; ils doivent les appliquer non seulement quant au fond, quant au principal de la cause, mais aussi quant aux conséquences, quant aux accessoires que doit entraîner leur jugement.

Ainsi, s'agit-il devant les arbitres des matières énumérées dans l'art. 135 du Code de procédure? Les arbitres pourront et devront faire ce que ferait alors un tribunal ordinaire, c'est-à-dire prononcer, s'il y a lieu, l'exécution provisoire de leur jugement, malgré l'appel. C'est une conséquence que l'art. 1024 vient confirmer en se joignant à l'art. 1019.

De même, les arbitres doivent appliquer les art. 130 et 131, relatifs soit à la condamnation aux dépens à l'égard de la partie qui succombe, soit à la compensation des dépens dans les cas prévus par l'art. 131.

Enfin vous verrez, au titre *Des Hypothèques*, que l'hypothèque générale ne peut être consentie par les parties, que l'hypothèque conventionnelle est nécessairement spéciale, c'est-à-dire ne peut s'appliquer qu'à des immeubles présents et déterminés; que, au contraire, l'hypothèque générale ne peut résulter que de la loi ou des jugements. Eh bien, dans l'art. 2123, vous lisez que les décisions arbitrales emportent hypothèque sur les biens du débiteur condamné, absolument comme les jugements des tribunaux proprement dits. Ainsi, quoique les parties ne puissent pas, par une convention spéciale, soumettre leurs biens futurs à une hypothèque générale, cependant cette hypothèque générale dérivera, comme hypothèque judiciaire, des jugements arbitraux rendus en vertu d'un compromis signé par les parties.

1199. La force du jugement arbitral se rattache tout entière au principe de l'art. 1134 du Code civil; c'est de la convention des parties capables de contracter, convention portant sur des matières susceptibles de faire l'objet d'un compromis, que dérive toute la puissance du jugement arbitral. Mais, par là même que cette autorité se rattache à une convention privée, il est sensible que le jugement arbitral n'a de force et d'effet que comme convention privée, c'est-à-dire qu'il n'emporte pas la puissance exécutoire qui n'est attachée par la loi qu'aux jugements proprement dits. De là, la disposition de l'art. 1020, qui n'est elle-même qu'une conséquence du principe général de l'art. 545. Si, pour les décisions émanées des tribunaux véritables,

(1) Agen, 8 décembre 1815. — Nancy, 26 décembre 1825. — Colmar, 28 août 1826. — Bourges, 24 mai 1837. — Bastia, 10 mars 1841. — Nîmes, 27 avril 1841 (Dall., *Rép.*, v° *Arbitrage*, n° 1028). — Paris, 25 août 1847, D. 49, 2, 60. — Caen, 6 mars 1849 D. 49, 2, 177. — *Contrà* : Metz, 22 juin 1818. — Toulouse, 5 mars 1825. — Bordeaux, 13 janvier 1827. — Rouen, 22 avril 1834 (Dall., *Rép.*, v° *Arbitrage*, n° 1827). — Bordeaux, 20 mai 1845, D. 49, 5, 16. — Toulouse 15 juillet 1848, D. 49, 2, 61.

la puissance exécutoire ne s'attache qu'à l'insertion de la formule; si, de plus, il est évident que les arbitres, qui sont des personnes privées, n'ont pas qualité pour revêtir leur décision de cette formule, il est clair que le recours à l'autorité judiciaire est indispensable pour arriver à l'exécution forcée des jugements arbitraux. Ainsi s'expliquent, au moins dans leur principe, les art. 1020 et 1021.

« Art. 1020. Le jugement arbitral sera rendu exécutoire par une ordonnance du président du tribunal de première instance dans le ressort duquel il a été rendu : à cet effet, la minute du jugement sera déposée dans les trois jours, par l'un des arbitres, au greffe du tribunal. S'il avait été compromis sur l'appel d'un jugement, la décision arbitrale sera déposée au greffe de la cour d'appel, et l'ordonnance rendue par le président de cette cour. — Les poursuites pour les frais du dépôt et les droits d'enregistrement ne pourront être faites que contre les parties. »

« Art. 1021. Les jugements arbitraux, même ceux préparatoires, ne pourront être exécutés qu'après l'ordonnance qui sera accordée, à cet effet, par le président du tribunal, au bas ou en marge de la minute, sans qu'il soit besoin d'en communiquer au ministère public; et sera ladite ordonnance expédiée en suite de l'expédition de la décision. — La connaissance de l'exécution du jugement appartient au tribunal qui a rendu l'ordonnance. »

Vous connaissez le principe; quant au mode d'exécution, il est fort simple: les arbitres, ou l'un d'eux, ou enfin l'une des parties (car les termes de l'article 1020 n'ont à cet égard rien de limitatif), déposent au greffe du tribunal dans le ressort duquel a été rendue la sentence, la minute du jugement auquel l'ordonnance d'exécution doit être apposée.

Cette ordonnance d'exécution doit être accordée, non point par le tribunal entier, mais par le président seul; elle doit l'être, en principe, par le président du tribunal civil, et non pas par le juge de paix ou par les juges de commerce, même dans les cas où il s'agit d'une contestation qui, de sa nature, rentre dans la compétence des tribunaux de paix ou de commerce. En effet, les juges de paix et les juges de commerce, encore bien qu'imprimant à leurs propres décisions la puissance exécutoire, ne sont néanmoins, comme nous l'avons dit bien des fois, que des juges d'exception; c'est donc seulement à leurs sentences, ce n'est jamais aux sentences arbitrales, même rendues dans des matières de leur compétence habituelle, qu'ils seront appelés à imprimer la force exécutoire par l'apposition de l'ordonnance (1).

Que si le compromis et la sentence arbitrale étaient intervenus sur un appel, alors, par la même raison, la sentence sera déposée au greffe de la cour d'appel, qui, à défaut de compromis, eût été compétente pour connaître de l'appel; et l'ordonnance, au lieu d'être délivrée par le président du tribunal civil, le sera par le premier président de la cour d'appel.

➾ **1200.** Mais on peut se demander, et l'article ne nous le dit pas, quelle est au juste la mission du président, soit du tribunal, soit de la cour d'appel, auquel est demandée l'ordonnance d'*exequatur*, aux termes de ces deux articles. Sa mission est-elle purement de forme? est-elle simplement machinale, si l'on peut parler ainsi? Ne doit-il, au contraire, accorder son or-

(1) Rennes, 4 juillet 1841. — Cass., 14 juin 1831 (Dall., *Rép.* v° *Arbitrage*, n° 1177).

donnance qu'en connaissance de cause, qu'après un examen complet ou partiel du mérite de la régularité de la sentence pour laquelle l'ordonnance est demandée?

A cet égard, il y a quelques distinctions à faire.

Il serait faux de dire que le président, appelé à délivrer l'ordonnance, n'ait rien à examiner; il serait faux de croire, à l'inverse, que l'obtention de l'ordonnance soit subordonnée à la justification du mérite, du bien-jugé de la sentence arbitrale. En d'autres termes, ce n'est pas de l'autorité du président du tribunal que dépend l'essence de la sentence arbitrale, ce point est bien constaté : bonne ou mauvaise, la sentence oblige les parties, parce que d'avance, et précisément à l'effet d'éviter tout débat judiciaire, les parties se sont soumises à la décision future des arbitres; donc, le président n'a nullement qualité pour examiner le fond de l'affaire sur laquelle on a compromis. Le président dépasserait son droit, manquerait à son devoir, s'il allait, par exemple, refuser l'ordonnance, attendu que, soit en fait, soit en droit, les arbitres lui paraissent avoir mal décidé la question.

Sous ce rapport, il est impossible d'hésiter, et jamais personne n'a élevé, quant à l'ordonnance d'*exequatur*, demandée pour une sentence arbitrale, la question que nous avons examinée, sous l'art. 546, relativement à la force exécutoire accordée en France aux jugements étrangers (Voy. n° 801). Aucun doute de même nature ne peut s'élever quant à la sentence arbitrale; bien que mal rendue, le président doit y apposer la formule exécutoire qui produit seule la puissance extérieure de la sentence.

Mais suit-il de là que son office soit tout à fait passif? suit-il que l'apposition de l'ordonnance et la signature du président ne soient qu'une simple formalité? Évidemment non; le président, sans entrer dans le bien-jugé de la sentence, n'en doit pas moins examiner s'il y a sentence arbitrale obligatoire; c'est-à-dire si les arbitres avaient mission de statuer; si un compromis régulier a été délivré; s'ils ont statué dans les termes ou hors des termes du compromis; si, en supposant même qu'ils se soient enfermés dans ses termes, la convention des parties, le compromis n'était pas nul, comme soumettant aux arbitres une question dont les art. 1003 et 1004 leur auraient refusé la connaissance, si les conditions imposées aux arbitres par la loi ont été observées; enfin, si, dans le dispositif de la même sentence arbitrale, se trouvent ordonnés, autorisés, des modes d'exécution réprouvés par la loi française; par exemple, si la contrainte par corps s'y trouve prononcée hors des cas autorisés par la loi, il est clair, dans ce cas, que l'ordonnance d'exécution devrait être refusée. C'est en ce sens que vous devez comprendre les fonctions du président (1).

Pourrait-il de même refuser cette ordonnance dans le cas où le compromis porterait sur des objets qui, d'après l'art. 1004, peuvent être décidés par des arbitres, mais où ce compromis aurait été consenti par des personnes incapables? Supposez, par exemple, que l'une des parties qui ont souscrit le compromis fût un mineur, une femme mariée, mais que, du reste, l'objet du

(1) Voy. Paris, 14 mai 1829 (Dall., *Rép.*, v° *Arbitrage*, n° 1187). — Paris, 24 juin 1851. D., 54, 5, 41.

compromis ne rentrât pas dans les cas énumérés par l'art. 1004 ; dans ce cas, le président pourrait-il, devrait-il, comme l'ont pensé quelques auteurs, refuser l'ordonnance d'*exequatur*, vu l'incapacité des parties ou de l'une d'elles ?

Ce que nous avons dit sur ce cas, en expliquant les art. 1003 et 1004 (n° 1180), tranche la question par la négative. Nous avons dit que, quand le vice du compromis tenait non pas à la nature de l'objet sur lequel il était intervenu, mais à l'incapacité des parties ou de l'une d'elles, il n'y avait là, aux termes de l'art. 1125 du Code civil, qu'une incapacité relative, de nature à être invoquée par la partie incapable, en tant qu'elle y avait intérêt, et seulement par cette partie. Or les incapacités relatives ne peuvent être appliquées d'office, ni par les tribunaux ordinaires, ni, à plus forte raison, par le président tout seul. Ce sera à l'incapable, si bon lui semble, à invoquer ensuite l'art. 1028, et à employer les voies indiquées par cet article, pour faire tomber le jugement arbitral intervenu en vertu d'un compromis vicieux.

Nous distinguerons donc, à cet égard, dans la mission du président, le cas où la nullité du compromis serait d'ordre public, à raison de la matière, et où, au contraire, elle serait d'un intérêt purement privé, à raison de l'incapacité de l'une des parties qui ont consenti le compromis.

1201 (art. 1020, § 3). *Les poursuites pour les frais du dépôt et les droits d'enregistrement ne pourront être faites que contre les parties.* En effet, quand un des arbitres, aux termes de l'art. 1020, vient déposer au greffe le jugement arbitral, il ne contracte par là même aucune espèce d'obligation relativement aux droits d'enregistrement dont la sentence peut être susceptible. Quant aux droits de l'administration contre les parties, vous les trouverez indiqués dans la loi du 22 frimaire an VII, art. 20, 47 et 48. Vous verrez que la sentence arbitrale doit être enregistrée, non pas précisément avant le dépôt au greffe, mais tout au moins avant la délivrance de l'ordonnance d'*exequatur* et surtout avant l'expédition du jugement par le greffier.

⇒ **1202.** *Les jugements arbitraux*, dit l'art. 1021, *même ceux préparatoires, ne pourront être exécutés qu'après l'ordonnance*, ne pourront être exécutés forcément, n'emporteront point exécution parée. Mais il est évident que, si la partie contre laquelle est intervenu le jugement arbitral, préparatoire ou même définitif, se prête volontairement à l'exécution de ce jugement, alors le jugement s'exécutera sans aucun recours à la justice, absolument comme s'exécute, sans débat et sans jugement, la convention sous seing privé intervenue entre deux parties. Ce sera uniquement quand, à l'appui de la sentence arbitrale, il s'agira d'invoquer l'assistance de la force publique contre la partie condamnée et récalcitrante, que l'ordonnance et l'apposition de l'*exequatur* deviendront nécessaires.

⇒ **1203.** *Et sera ladite ordonnance expédiée en suite de l'expédition de la décision.* Ainsi, une fois que le président aura apposé sur la minute de la sentence arbitrale son ordonnance d'*exequatur*, cette minute appartiendra en quelque sorte au tribunal dont le président y a apposé son ordonnance ;

elle doit, comme les actes émanés de ce tribunal lui-même, rester parmi ses archives sous la garde du greffier, et ce greffier délivrera aux parties requérantes expédition exécutoire ou grosse de ce jugement arbitral, absolument de la même manière qu'il délivre la grosse d'un jugement ordinaire.

Il est d'ailleurs bien entendu que, pour la rédaction de ce jugement, les art. 142 à 144 sont absolument inapplicables; il n'y a pas lieu de signifier des qualités, comme pour les jugements ordinaires. Le jugement arbitral, dans son entier, sauf l'ordonnance d'*exequatur*, est exclusivement l'œuvre des arbitres; l'expédition délivrée par le greffier sera donc uniquement la copie de la sentence arbitrale intitulée et terminée comme les jugements ordinaires.

⊖→ **1204.** (art. 1021 § 2). *La connaissance de l'exécution du jugement appartient au tribunal qui a rendu l'ordonnance.* Vous retrouverez ici la reproduction du principe que les questions d'exécution (les difficultés, par exemple, que peut soulever une saisie ou tout autre moyen d'exécution) sont exclusivement de la compétence des tribunaux ordinaires. Nous avons dit bien des fois que les juges de paix, les juges de commerce, qui sont des juges d'exception, n'ont pas qualité pour connaître des difficultés qui s'élèvent sur l'exécution de leurs jugements. Or, s'il en est ainsi des tribunaux proprement dits, des juges légalement institués, à plus forte raison doit-il en être ainsi de simples particuliers, d'arbitres qui n'ont reçu des parties qu'une compétence exceptionnelle, spéciale, qu'une attribution bornée au différend qu'ils ont mission de juger; donc les questions que l'exécution pourra soulever ne leur appartiendront pas. Mais à quel tribunal appartiendront-elles?

On aurait pu penser, par argument d'analogie tiré de l'art. 553, que les questions d'exécution appartiendraient au tribunal dans le ressort duquel cette exécution se poursuivrait. Vous avez vu, en effet, que, quand on exécutait la sentence d'un tribunal de commerce, et que, dans le cours de cette exécution, quelques difficultés, quelques débats venaient à surgir, la connaissance en appartenait, non pas au tribunal civil dans le ressort duquel le jugement avait été rendu, mais bien au tribunal civil dans le ressort duquel la sentence commerciale s'exécutait. Ici, il n'en est pas de même : c'est à un tribunal, éloigné peut-être du lieu de l'exécution, que la loi attribue la connaissance des difficultés de cette exécution.

Cette différence peut s'expliquer à la lecture de l'art. 1028, quand on voit que, dans des cas assez fréquents, le tribunal civil dans le ressort duquel la sentence arbitrale a été rendue n'est pas absolument étranger à la puissance, à la force, à l'effet de cette sentence; qu'il n'y a pas, en un mot, entre le jugement arbitral et le tribunal civil dans le ressort duquel il est intervenu, la même distinction, la même distance qui se rencontre entre le jugement du tribunal de commerce et le tribunal civil dans l'arrondissement duquel le tribunal de commerce a statué.

Ceci peut expliquer, mais non pas légitimer suffisamment la disposition du § 2 de l'art. 1021, qui présente l'inconvénient d'entraîner des renvois, des lenteurs et, par suite, des augmentations de frais. Il eût été plus simple, peut-être, nonobstant la raison de différence qu'on peut tirer, à toute rigueur, de l'art. 1028, d'appliquer la même règle que dans l'art. 553, et de dire que, le jugement arbitral n'émanant pas du tribunal civil dans le ressort duquel ont statué les arbitres, la connaissance des difficultés d'exécution appartiendrait au tribunal dans le ressort duquel on voudrait exécuter. Mais enfin la loi ne l'a pas dit, et son texte doit être appliqué.

1205. « Art. 1022. Les jugements arbitraux ne pourront, en aucun cas, être opposés à des tiers. »

C'est là un principe fort clair; mais la simplicité même de cet article en fait à mes yeux la difficulté; voici comment. Ce qu'on décide ici des jugements arbitraux, impuissants contre les tiers, aux termes de l'art. 1022, est-ce donc un droit spécial à cette nature de jugement? est-ce donc à dire, *à contrario*, que les jugements émanés des juges réguliers, des tribunaux ordinaires, aient effet non seulement entre les parties, mais même à l'égard des tiers? Non, certes; vous ne pouvez pas tirer de l'art. 1022 une pareille conséquence, qui serait démentie par l'art. 1351 du Code civil. C'est un principe élémentaire, en droit, que les jugements n'ont d'effet qu'entre les parties qui ont plaidé, et qu'ils ne peuvent ni porter préjudice, ni causer profit aux tiers qui n'y étaient pas parties ou représentés. Dès lors, que veut dire l'art. 1022, et que peut-on trouver de spécial dans cet article aux jugements arbitraux, et par conséquent, y trouver de vraiment utile?

Quelques auteurs ont expliqué l'art. 1022 en disant que les jugements arbitraux, aux termes de cet article, n'auraient jamais besoin d'être attaqués par les tiers de la même manière que doivent l'être, à les entendre, les jugements ordinaires; en d'autres termes, que la tierce opposition, voie de réforme ouverte par l'art. 475 contre les jugements de tribunaux ordinaires, à ceux qui n'y étaient pas parties, sera une voie inutile contre les jugements d'un tribunal arbitral.

Or, en expliquant la matière de la tierce opposition, nous avons vu qu'en général un tiers, auquel était opposé un jugement dans lequel il n'avait pas figuré, n'avait pas besoin de prendre contre les dispositions de ce jugement la voie difficile et périlleuse de la tierce opposition; qu'il pouvait se borner à répondre, avec l'art. 1351 : *Res inter alios judicata aliis neque nocere neque prodesse potest.*

Seulement nous avons trouvé des cas dans lesquels celui auquel on oppose un jugement dans lequel il n'a pas été partie ne peut se borner à répondre : *Res inter alios judicata aliis neque nocere neque prodesse potest.* Quels sont ces cas? Ce sont ceux où une personne voudrait non seulement décliner, en ce qui la touche, l'application d'un jugement dans lequel elle n'a pas figuré, mais où elle voudrait, sans avoir figuré dans ce jugement, l'empêcher de s'exécuter même entre les parties entre lesquelles il est intervenu, attendu que cette exécution lui porterait un préjudice, à elle tierce personne (Voy. n° 719).

Mais, dans ce sens, il n'y a pas lieu de distinguer entre les jugements ordinaires et les jugements arbitraux. Il est clair que, quand une sentence arbitrale a été rendue entre Pierre et Paul, portant condamnation contre ce dernier, je ne puis, sous prétexte que cette condamnation va me porter préjudice, dans les hypothèses que nous avons posées, m'opposer à son exécution sans employer la voie de la tierce opposition.

Seulement, s'il s'agit d'un jugement ordinaire, ma tierce opposition sera portée, soit devant le tribunal qui a rendu ce jugement, soit devant le tribunal saisi de l'action principale, aux termes de l'art. 475 et sous les distinctions qu'il indique. Que, s'il s'agit, au contraire, d'un jugement arbitral, ma tierce opposition principale ne pourra pas, ne devra pas être portée devant les arbitres, parce qu'il est évident que Pierre et Paul, en soumettant à des particuliers de leur choix la contestation qui les divisait, n'ont pas pu imposer à des tiers la même confiance envers ces particuliers; elle sera donc portée au tribunal auquel a été substitué le tribunal arbitral.

Voilà, en dernière analyse, la seule différence que présente, à mes yeux, mais d'une manière très indirecte, le texte de l'art. 1022 : c'est que les règles de compétence, en fait de tierce opposition, ne seront pas les mêmes, soit qu'il s'agisse d'une tierce opposition à un jugement ordinaire, ou, au contraire, d'une tierce opposition à un jugement arbitral (1).

⟶ **1206.** Il s'agit maintenant, dans le reste de ce titre (art. 1023 à 1028 inclusivement), des divers moyens de recours, des diverses voies de réformation ouvertes aux parties contre les jugements arbitraux. Ces voies sont au nombre de trois, qui ne sont pas, du reste, indistinctement et concurremment applicables : 1° l'appel; 2° la requête civile; 3° enfin, l'opposition. Nous aurons bientôt à définir ce dernier moyen.

En général, la plupart des jugements arbitraux peuvent être attaqués par l'une de ces trois voies sous les distinctions qui vont suivre.

L'appel est la plus simple, la première des trois voies de recours que le texte vous annonce contre les jugements arbitraux.

« Art. 1023. L'appel des jugements arbitraux sera porté, savoir : devant les tribunaux de première instance, pour les matières qui, s'il n'y eût point eu d'arbitrage, eussent été soit en premier, soit en dernier ressort, de la compétence des juges de paix, et devant les cours d'appels, pour les matières qui eussent été, soit en premier, soit en dernier ressort, de la compétence des tribunaux de première instance. »

(1) * Je crois, au contraire, que l'art. 1022 proscrit la tierce opposition contre les sentences arbitrales. Ainsi, *Primus*, mon adversaire dans un procès actuellement pendant, m'oppose l'exécution d'une décision antérieure. Si cette décision est le jugement d'un tribunal, jugement dans lequel je n'ai été ni partie ni représenté, je dois l'attaquer par la tierce opposition. Jusque-là, le tribunal, saisi de la cause actuelle, devra tenir compte de cette exécution en vertu d'un jugement régulier. Seulement, il pourra surseoir au jugement de l'instance actuelle jusqu'à ce que j'aie fait juger ma tierce opposition. Mais si l'exécution qui m'est opposée résulte d'une sentence arbitrale, décision privée, secrète, le tribunal, saisi de l'instance actuelle, n'en tiendra pas compte ; je n'aurai pas besoin de la faire tomber par la tierce opposition.

De l'art. 1022, il résulte encore que jamais un tiers ne pourra intervenir, sans le consentement des parties, dans un arbitrage, d'abord parce qu'il s'agit d'une convention privée qui lui est étrangère, et, que, d'ailleurs, l'exécution de la sentence à intervenir ne lui sera pas opposable. »

Nous avons déjà vu le principe de l'appel énoncé par le texte de l'art. 1010; on vous a dit que les parties pouvaient, lors du compromis ou pendant l'instruction, renoncer au droit d'appeler; ce n'est là que l'application au compromis d'un principe général à toute espèce de procédure. On peut donc renoncer à l'appel, et c'est dire assez que, sauf ce cas de renonciation, l'appel est le droit commun. L'appel sera ouvert aux parties quand elles n'y auront pas renoncé d'avance, et, de plus, quand le compromis ne sera pas lui-même intervenu, soit en cause d'appel, soit sur une requête civile; c'est ce qui résulte de l'art. 1010 dont le texte a été expliqué.

Je vous ai d'ailleurs annoncé une proposition assez remarquable, et dont la vérité résulte directement du texte de l'art. 1023, c'est que, sauf trois exceptions indiquées dans l'art. 1010 à la faculté d'appeler, cette faculté existe en matière de jugements arbitraux sans aucune distinction quant à la valeur de la demande. A cet égard, les distinctions, établies pour les tribunaux ordinaires, sont tout à fait inapplicables aux tribunaux arbitraux. Ainsi, quand la demande est inférieure à 100 fr., il y est statué en premier et dernier ressort à la fois par les juges de paix; de même, quand elle est supérieure à 200 fr., et jusqu'à 1,500 fr., il y est statué en premier et dernier ressort à la fois par les tribunaux d'arrondissement. Rien de pareil pour les jugements arbitraux; quand même la matière du compromis serait inférieure, soit à 100 fr., soit à 1,500 fr., la décision des arbitres serait toujours sujette à l'appel. C'est bien à tort qu'on a dit le contraire en présence de l'art. 1023.

Seulement ces distinctions de valeur seront utiles, non pas pour décider si la sentence arbitrale est ou n'est pas sujette à l'appel, mais pour déclarer devant quel tribunal l'appel de la sentence doit être porté par les parties.

Ainsi, si l'affaire rentrait, par sa quotité ou par sa nature, dans les attributions d'un juge de paix, la connaissance de l'appel appartiendra au tribunal civil d'arrondissement, et cela sans distinction, dit la loi, si elle était de nature à être jugée par les juges de paix, soit en premier ressort seulement, soit en premier et en dernier ressort, comme dans les cas d'une valeur inférieure à 100 fr.

Que si, au contraire, l'affaire était de nature à rentrer, soit en premier ressort seulement, soit en premier et dernier ressort à la fois, dans la compétence des tribunaux d'arrondissement, l'appel sera porté à la cour d'appel dans le ressort de laquelle est intervenue la sentence.

En deux mots, si la volonté des parties a substitué le tribunal arbitral au tribunal de paix, c'est le tribunal civil d'arrondissement qui devra connaître de l'appel. Si, au contraire, la volonté des parties a substitué le tribunal arbitral, non pas à la justice de paix, mais au tribunal civil, c'est alors la cour d'appel dans le ressort de laquelle on a statué, qui sera compétente pour l'appel.

Mais l'art. 1023 ne fait ici que poser un principe, tracer une règle de compétence à laquelle les parties peuvent déroger, comme à toutes les règles de compétence qui sont purement personnelles. Ainsi les parties pourraient très bien, malgré le texte de l'art. 1023, convenir, soit à l'avance, dans le compromis même, soit après coup, dans le cours de l'instruction, que l'appel sera porté, non pas devant les tribunaux indiqués par l'art. 1023, mais devant d'autres tribunaux du même ordre et du même degré; ce serait là déroger, par une convention formelle, aux règles de compétence *ratione personæ*, et ces dérogations sont licites.

De même, et c'est une clause fréquente dans l'usage, lorsque le compromis ne porte pas une renonciation à l'appel, on pourra convenir que l'appel de la sentence arbitrale sera porté, non pas devant un tribunal désigné par l'article 1023, ou devant un tribunal du même ordre, mais devant d'autres arbitres indiqués d'avance par le même compromis. On pourrait, en un mot, stipuler d'avance le jugement arbitral pour la cause d'appel aussi bien que pour la cause du premier ressort qui se débat maintenant. Seulement, le compromis devra, dans ce cas, désigner les arbitres nommés pour l'appel, comme ceux pour le premier ressort; cela résulte de l'art. 1006, d'après lequel tout compromis doit, à peine de nullité, désigner les noms des arbitres choisis.

« Art. 1024. Les règles sur l'exécution provisoire des jugements des tribunaux sont applicables aux jugements arbitraux. »

C'est ici un renvoi à l'art. 457, portant que, de droit commun, l'appel est suspensif de l'exécution de la sentence attaquée. C'est également un renvoi à l'art. 135 énumérant les divers cas dans lesquels l'art. 457 reçoit exception, indiquant les cas dans lesquels, malgré l'appel, la sentence de premier ressort peut ou doit continuer à s'exécuter. Vous trouvez encore, renfermée dans les termes généraux de l'art. 1024, une allusion au texte de l'art. 449: impossibilité d'exécuter, dans la huitaine de sa date, un jugement arbitral non exécutoire par provision. Les motifs de ces textes ont été indiqués dans leur lieu.

« Art. 1025. Si l'appel est rejeté, l'appelant sera condamné à la même amende que s'il s'agissait d'un jugement des tribunaux ordinaires. »

C'est-à-dire, tantôt à 5 fr., tantôt à 10 fr. d'amende, comme vous l'avez vu au titre *De l'Appel*, dans l'art. 471.

1207. « Art. 1026. La requête civile pourra être prise contre les jugements arbitraux, dans les délais, formes et cas ci-devant désignés pour les jugements des tribunaux ordinaires. — Elle sera portée devant le tribunal qui eût été compétent pour connaître de l'appel. »

La seconde voie de recours contre les jugements arbitraux est la requête civile, admise dans les cas spécifiés, et organisée de la manière indiquée dans les art. 480 et suivants, pour les jugements émanés des tribunaux ordinaires.

Nous avons vu, dès les premiers mots de l'art. 480, que la requête civile, voie de recours extraordinaire, n'était admise que dans les cas où l'appel ne l'avait pas été; en autres termes, qu'on ne pouvait employer la voie de la requête civile que contre les arrêts ou jugements en dernier ressort. La même règle est applicable ici; dans tous les cas où le jugement arbitral était susceptible d'appel, c'est-à-dire dans tous les cas autres que ceux prévus dans le texte de l'art. 1010, la requête civile est absolument inadmissible, non seulement dans les délais d'appel, tant que la voie ordinaire reste ouverte aux parties, mais même après l'expiration de ces délais, puisque la partie, qui a négligé d'employer la voie ordinaire n'est pas recevable ensuite à se pourvoir par la voie extraordinaire. C'est, au reste, ce qui est confirmé d'une manière indirecte, mais très positive, dans le § 2 de l'art. 1026: *elle sera portée devant le tribunal, qui eût été compétent pour connaître de l'appel*, expressions indiquant évidemment que, dans l'espèce sur laquelle raisonne la loi, il n'y a pas lieu à l'appel, sans quoi on ne parlerait pas du tribunal qui eût été compétent pour en connaître.

Du reste, vous sentez que, malgré l'assimilation établie par le § 1er entre la requête civile contre un jugement arbitral et la requête civile contre les arrêts ou jugements ordinaires, cette assimilation devra fléchir en plusieurs points, par la nécessité même des institutions. Ainsi la requête civile, en matière ordinaire, est portée devant le tribunal ou devant la cour de laquelle émane l'arrêt attaqué par cette voie. Rien de pareil en matière de jugement arbitral ; c'est aux termes du § 2, devant le tribunal ou devant la cour à la quelle eût appartenu l'appel, que sera portée la connaissance de la procédure en requête civile. Première différence notable.

Du reste, sur ce second paragraphe, remarquez qu'il faut se renfermer dans ses termes et ne pas lui donner une interprétation abusive. Ainsi un jugement arbitral a été rendu en dernier ressort parce que, par exemple, le compromis était intervenu en cause d'appel ; ce jugement présente, au dire de l'une des parties, l'un des vices énumérés dans l'art. 480, comme constituant des ouvertures de requête civile ; en conséquence, cette partie emploie cette voix et porte la requête civile aux termes de l'art. 1026, non pas devant les mêmes arbitres, mais devant le tribunal ou la cour déclarés compétents par ce paragraphe.

Sur cette demande en requête civile s'entame, avons-nous dit, la question du rescindant, c'est-à-dire une première procédure dont l'objet unique est de faire rétracter la sentence attaquée par cette voie, sans y substituer, quant à présent, aucune décision nouvelle sur le fond même de l'affaire. Eh bien ! supposons que la requête civile soit entérinée par la cour devant laquelle elle a été débattue ; alors le jugement arbitral est tombé ; mais il est tombé sans être remplacé, et, par conséquent, la question qui nous divisait n'est pas jugée.

Devant quels juges sera porté alors le fond de la question ? Sera-ce devant la cour même qui vient de rescinder le jugement arbitral ? Sera-ce, au contraire, devant les mêmes arbitres, dont le jugement vient d'être mis à néant ? Sera-ce, enfin, devant un troisième tribunal que nous devons chercher en dehors de ceux-là ?

Devant les mêmes arbitres ? Oui, ce serait appliquer la lettre de la loi d'après les termes de l'art. 502 ; car vous savez que, lorsque, après la rétractation résultant de la requête civile, on doit débattre le fond de la question qui se trouve maintenant tout à fait intact, la contestation, aux termes de l'art. 502 est portée devant les mêmes juges qui ont rendu le jugement attaqué, et maintenant rétracté. Ce serait donc, en principe, devant les mêmes arbitres que devrait être portée cette deuxième instance, cette question du fond, la question du rescisoire. Mais remarquez que le plus souvent cette marche serait inapplicable parce que, dans le cours de l'instance en requête civile, on aura vu expirer les délais conventionnels ou légaux dans lesquels se trouve renfermée l'étendue de la mission des arbitres (Voy. art. 1007). Dans ce cas, la mission des arbitres est finie, et il est impossible de les saisir de rechef, à moins d'un commun accord, de la question rescisoire.

Cette question sera-t-elle donc portée devant la cour même qui a statué sur le recindant ? Non, en principe, parce que ce serait là priver les parties d'un degré de juridiction ; le rescindant, une fois prononcé, la requête civile une fois entérinée, le fond de la contestation devra être porté, selon moi, soit aux arbitres qui avaient déjà jugé, si leurs pouvoirs durent encore, ce qui en fait n'arrivera presque jamais; soit, à défaut des arbitres, au tribunal qui eût été compétent pour connaître de l'affaire, s'il n'y a avait pas eu de compromis ; en un mot, au tribunal auquel la volonté des parties a substitué le tribunal arbitral dont la sentence est mise à néant, et dont l'existence est réputée non avenue (1).

Quant aux délais et aux formes, le § 1er de l'art. 1026 renvoie aux art. 480 et suivants ; il y renvoie également pour la détermination des ouvertures de requête civile, c'est-à-dire pour l'indication des cas dans lesquels la requête civile est permise contre le jugement arbitral. Mais, encore bien qu'en principe ces cas-là soient les mêmes en matière de jugements arbitraux qu'en matière de jugements ordinaires, les deux articles qui suivent annoncent plusieurs exceptions à cette règle de similitude contenue dans le § 1er de l'art. 1026. Voyons d'abord l'art. 1027.

1208. « Art. 1027. Ne pourront cependant être proposés pour ouverture : 1° l'inobservation des formes ordinaires, si les parties n'en étaient autrement convenues, ainsi qu'il est dit en l'art. 1009 ; 2° le moyen résultant de ce qu'il aura été prononcé sur choses non demandées, sauf à se pourvoir en nullité, suivant l'article ci-après. »

Parlons d'abord du § 2.

Ainsi, quoique, d'après le § 1 de l'art. 1026 les ouvertures ou cas de requête civile énumérées dans l'art. 480 et 481 soient également applicables en matière de jugements arbitraux, on ne pourra cependant, ajoute le § 2 de l'art. 1027, proposer pour ouverture le fait qu'il aurait été statué sur choses non demandées. C'est, vous le savez, aux termes du § 3 de l'art. 480, une des ouvertures ordinaires de requête civile. Et l'on sent, en effet, que pour le cas où le jugement arbitral aurait statué *ultra petita*, le vice de la décision est trop palpable pour qu'il soit nécessaire d'invoquer la procédure coûteuse et compliquée de la requête civile ; la loi l'interdit alors, et indique aux parties un moyen beaucoup plus simple, la voie de l'opposition, dont nous aurons à parler sur l'art. 1028. Ainsi, le § 2 de l'art. 1027, en tant qu'il fait exception à la règle générale de l'art. 1026, ne présente de difficulté ni dans son application ni dans ses motifs.

A l'égard du § 1, sa rédaction est singulièrement équivoque, et, par conséquent, son application assez douteuse.

(1) * Je ne saurais souscrire à cette décision. La loi en déterminant un tribunal pour juger le rescindant (§ 2 de l'art. 1026), a proscrit la compétence des arbitres. Et l'article 502, auquel aucune disposition ne déroge, doit faire porter le rescisoire au tribunal qui a jugé le rescindant. *

Vous avez vu, dans le texte de l'art 480, § 2, que l'inobservation des formes prescrites à peine de nullité était, en matière ordinaire, une ouverture de requête civile; vous avez vu également, dans le texte de l'art. 1009, que les arbitres étaient, en principe, assujettis, sauf convention contraire des parties, à l'observation des formes indiquées pour les tribunaux ordinaires. Arrive maintenant le texte de l'art. 1027 annonçant un exception générale à l'article 1026. Quelle est précisément cette exception relative à l'inobservation des formes ordinaires? La loi vous dit qu'on ne pourra proposer, pour ouverture de requête civile, *l'inobservation des formes ordinaires si les parties n'en étaient autrement convenues, ainsi qu'il est dit en l'art.* 1009. Quel est le sens de ces mots? Le voici, au dire de la plupart des auteurs : c'est que, encore bien qu'en général, aux termes de l'art. 1026, les moyens ordinaires de requête civile et, par conséquent, l'inobservation des formes doivent servir d'ouverture à une requête civile contre un jugement arbitral, cette ouverture n'est pas admise pour l'inobservation des formes quand les parties ont renoncé, comme l'art. 1009 le leur permet, à ce que ces formes fussent observées. En d'autres termes, le § 1 de l'art. 1027 est généralement présenté comme offrant l'acception qui suit : lorsque les parties auront, conformément aux derniers mots de l'art. 1009, autorisé les arbitres à s'écarter des formes ordinaires, l'inobservation de ces formes ne sera pas un moyen d'attaquer le jugement arbitral.

Mais je ferai remarquer d'abord que cette interprétation ne s'accorde nullement avec le texte, assez obscur d'ailleurs, de notre § 1. On ne vous dit pas qu'on ne pourra pas invoquer pour ouverture à requête civile l'inobservation des formes, si les parties en étaient autrement convenues, si les parties étaient convenues que les formes ne seraient pas observées; on vous dit : on ne pourra pas proposer pour ouverture de requête civile *l'inobservation des formes ordinaires si les parties n'en étaient autrement convenues*, négation dont le sens ne permet pas l'interprétation que je viens de citer.

Il y a une raison plus sérieuse que cette observation de rédaction : faire dire au § 1 qu'on ne pourra pas attaquer le jugement arbitral pour l'inobservation des formes, quand on sera convenu d'avance de ne point observer ces formes, c'est lui faire dire une chose vide de sens; il serait trop absurde que le législateur intervînt pour retirer aux parties le droit de se plaindre dans ce cas, quand elles ont déclaré, dans le compromis, que ces formes ne seraient pas obligatoires pour les arbitres.

Que veut donc dire le texte du § 1? Peut-être peut-on l'interpréter plus littéralement, en disant que le vice résultant, dans le jugement arbitral, de l'inobservation des formes, lorsque les parties n'en sont pas autrement convenues, lorsque les parties n'en auront pas dispensé les arbitres, que ce vice, quoique donnant matière à attaquer le jugement arbitral, ne permettra pas cependant de l'attaquer par la requête civile. En un mot, c'est comme si la loi vous disait : Quoique les ouvertures de requête civile, indiquées dans l'art. 480, s'appliquent en général aux jugements arbitraux, et, de même, quoique l'inobservation des formes ordinaires, si les parties n'en sont pas autrement convenues, si les parties ne sont pas convenues que ces formes seraient impunément violées, quoique cette inobservation vicie le jugement arbitral, cependant je ne permets point de faire valoir ce vice par la voie de la requête civile, sauf à indiquer tout à l'heure une autre voie pour la faire valoir et faire tomber le jugement. C'est ainsi que je préfère entendre le § 1, et de là deux conclusions :

1° Si les parties, conformément à l'art 1009, ont renoncé dans le compromis à l'observation des formes ordinaires, elles ne peuvent se plaindre de cette inobservation ni par la voie de la requête civile ni par aucune autre voie : cela résulte non pas de l'art. 1027; cela résulte du sens commun que la voix du législateur n'a pas besoin de sanctionner.

2° Si les parties n'en sont pas convenues, si les parties n'ont pas permis aux arbitres de s'écarter des formes ordinaires, il y a un vice dans le jugement arbitral quand les formes n'ont pas été suivies, mais ce vice ne peut être invoqué par la voie de la requête civile.

Et par quelle voie peut-il l'être? Il peut l'être par la voie de l'opposition à l'ordonnance d'*exequatur*, aux termes du § 1 de l'art. 1028; parce que, dans ce cas, on a jugé hors des termes du compromis, en violant des formes que les parties sont censées imposer aux arbitres par cela seul qu'elles ne les en dispensent pas.

En deux mots j'applique à le totalité de l'art. 1027, j'applique aux deux chefs indiqués dans cet article, les expressions qui le terminent, *sauf à se pourvoir en nullité, suivant l'article ci-après*. Cette interprétation de l'art. 1027 me paraît préférable; c'est la seule qui donne un sens à la loi.

⇒ **1209.** Nous passons au troisième moyen d'attaquer un jugement arbitral, l'opposition à l'ordonnance d'*exequatur* rendue par le président.

« Art. 1028. Il ne sera besoin de se pourvoir par appel ni requête civile dans les cas suivants : — 1° si le jugement a été rendu sans compromis, ou hors des termes du compromis; — 2° s'il l'a été sur compromis nul ou expiré ; — 3° s'il n'a été rendu que par quelques arbitres non autorisés à juger en l'absence des autres ; — 4° s'il l'a été par un tiers sans en avoir conféré avec les arbitres partagés ; — 5° enfin s'il a été prononcé sur choses non demandées. — Dans tous ces cas, les parties se pourvoiront, par opposition à l'ordonnance d'exécution, devant le tribunal qui l'aura rendue, et demanderont la nullité de l'acte qualifié jugement arbitral. — Il ne pourra y avoir recours en cassation que contre les jugements des tribunaux, rendus soit sur requête civile, soit sur appel d'un jugement arbitral. »

Qu'est-ce d'abord que cette opposition dont parle notre article ? Ne confondons pas le sens de ce mot, tout à fait technique dans la matière des arbitrages, avec le sens qu'il a d'ordinaire dans les matières de la procédure. L'opposition, dans le sens usuel et générique, est la voie ouverte à une partie pour attaquer un jugement intervenu contre elle, sans qu'elle ait été appelée, ou entendue. Les règles de cette opposition ordinaire et proprement dite ont été développées sous les art. 149 et suivants. Or, en matière de jugements arbitraux, cette nature d'opposition n'est jamais admise; elle est formellement proscrite par les derniers mots de l'art. 1016 : *Un jugement arbitral ne sera, dans aucun cas, sujet à opposition*. La raison en est fort simple : c'est que, quand vous avez souscrit le compromis, et que, en conséquence, vous avez été jugé, vous ne pouvez pas vous plaindre d'avoir été jugé sans avoir été entendu; si vous n'avez pas été entendu, si vos moyens n'ont pas été produits, c'est à vous que vous devez l'imputer, car votre signature, mise au bas du compromis, atteste de la manière la plus formelle que vous avez eu connaissance de l'instruction dont vous êtes, à tout prendre, l'auteur direct et principal.

Ainsi, c'est dans un sens différent que doit être entendue, c'est à des règles différentes que devra être soumise cette opposition toute spéciale dont parle le texte de l'art 1028.

Les cas énumérés dans notre article sont d'une assez grande simplicité.

1° ....

2° *Nul*... J'ai déjà indiqué la distinction à faire sur ce mot, en vertu de l'art. 1125 du code civil, c'est-à-dire le cas de nullité absolue pouvant être invoqué par toutes les parties, et le cas de nullité relative ne pouvant être invoqué que par l'incapable qui a succombé (n° 1180).

3° *S'il n'a été rendu que par quelques arbitres*... C'est, en effet, une contravention formelle au texte de l'art. 1011. 4°....... *Enfin, s'il a été prononcé sur choses non demandées*..... C'est le cas littéralement prévu par le § 2 de l'art. 1027.

Dans ces divers cas, ni l'appel ni la requête civile ne sont nécessaires; et probablement aussi ni l'appel ni la requête civile ne sont admissibles, puisque la loi vous ouvre une voie plus simple, plus expéditive et moins coûteuse.

Quelle est alors la forme à suivre? La loi le dit : *Dans tous ces cas, les parties se pourvoiront par opposition à l'ordonnance d'exécution, devant le tribunal qui l'aura rendue, et demanderont la nullité de l'acte qualifié jugement arbitral.*

Devant le tribunal qui l'aura rendue, ou plutôt devant le tribunal dont le président a rendu l'ordonnance; car c'est le président qui, aux termes de l'art. 1020, a dû, seul et sans concours, rendre l'ordonnance d'exécution.

Les parties se pourvoiront par opposition, opposition qui n'a rien de commun, je le répète, ni dans son principe ni dans ses formes, avec celle dont il est question dans les art. 149 et suivants. Aussi au lieu d'introduire cette opposition, soit par une déclaration sur un commandement, soit par un acte d'avoué à avoué, conformément aux art. 160, 161, 162, on devra l'introduire dans la forme générale prescrite pour l'introduction d'une instance, c'est-à-dire que la partie qui prétend invoquer l'un de ces cinq moyens, saisira le tribunal de son opposition à l'ordonnance par un exploit d'ajournement rédigé dans toutes les formes de l'art. 61, et contenant, par exemple, constitution d'avoué, constitution essentielle pour l'ouverture du débat devant le tribunal compétent.

Ainsi, la différence notable entre l'opposition ordinaire et cette opposition à l'ordonnance d'*exequatur* est dans la manière dont elle est introduite.

1210. La loi, dans l'art. 1028, ne tranche pas une question sur laquelle on doit regretter son silence; elle ne dit pas dans quel délai les parties ou l'une d'elles seront recevables à former cette opposition à l'ordonnance d'*exequatur*.

D'abord, il est clair, par les termes mêmes de la loi, que l'opposition est formée non point à l'effet d'empêcher l'ordonnance d'être accordée; l'opposition est donc recevable même après que le président a délivré l'ordonnance; la loi même le décide. Ainsi, premier point, la délivrance de l'ordonnance ne peut jamais constituer contre la partie une fin de non-recevoir à son opposition à cette ordonnance. L'opposition est donc dirigée non pas contre l'obtention de l'*exequatur* du président, mais contre les poursuites, contre l'exécution que l'on voudrait faire pratiquer en vertu de cet *exequatur*.

Mais cela ne nous dit pas jusqu'à quelle époque elle est recevable. La loi ne détermine pas le délai, et par conséquent, nous ne devons pas fixer le délai numérique, déterminer le délai préfixe à l'expiration duquel la faculté d'opposition sera périmée (1).

Cependant, bien que quelques différences séparent l'opposition proprement dite, inadmissible en cette matière, d'avec cette opposition spéciale dont il est ici question, peut-être les tribunaux pourraient-ils, dans des espèces pareilles, tirer des inductions puissantes des art. 158 et 159. L'art. 158 déclare que l'opposition à un jugement rendu sans constitution d'avoué est admise jusqu'à l'exécution du jugement; et l'art. 159 déclare, en même temps, dans quels cas le jugement sera réputé exécuté, à l'effet de rendre l'opposition non recevable. Je ne dis pas qu'on devra, mais certainement on pourrait, par argument de l'art. 159, dire à la partie qui prétend s'opposer à l'exécution de la sentence arbitrale, après avoir silencieusement toléré cette exécution, on pourrait lui dire que son silence, en présence des poursuites pratiquées contre elle, d'après un jugement qu'elle n'a pas pu ignorer, doit être, en cette matière, comme dans les matières de défaut proprement dit, réputé un consentement, un acquiescement tacite, et, par suite, une fin de non-recevoir contre l'opposition qu'elle soulève maintenant. Vous avez vu, en effet, que l'art. 159, bien qu'écrit par la loi dans les matières d'opposition, n'y est pas spécialement renfermé, et notamment l'art. 362, tirant argument de l'art. 159, applique la même décision comme fin de non-recevoir contre la procédure de désaveu. On pourrait donc certainement, en se conformant à l'esprit de la loi, voir dans les circonstances détaillées par l'art. 159 une fin de non-recevoir contre l'opposition à l'ordonnance d'*exequatur*.

On ne dit pas non plus si cette opposition, faite aux termes de l'article 1028, aura ou n'aura pas pour effet de suspendre, de paralyser jusqu'à la décision du tribunal les poursuites commencées et pratiquées en vertu de cette ordonnance. La loi est muette, en un mot, sur l'effet suspensif consacré, dans l'opposition proprement dite, par l'art. 155, et consacré, en matière d'appel, par l'art. 457. Je crois cependant qu'ici les principes généraux doivent être appliqués dans le silence de la loi, c'est-à-dire que cette voie d'opposition, voie très simple, très ordinaire, puisque la loi ici même lui donne le pas sur l'appel, que cette voie d'opposition, de réformation, doit jouir du privilège des voies ordinaires de recours, c'est-à-dire entraîner suspension de l'exécution pratiquée en vertu de l'ordonnance que l'on vient attaquer.

* Que déciderons-nous enfin, si les parties ont renoncé d'avance, dans le compromis, à la voie d'opposition contre l'ordonnance d'*exequatur*? Il me paraît difficile de valider une semblable renonciation. Autrement il n'y aurait

(1) Paris, 17 mai 1813 (Dall., *Rép.*, v° *Arbitrage*, n° 666).

souvent aucune garantie pour les parties. Ainsi le compromis nul ou expiré ne peut produire aucun effet. Ainsi encore, il doit être restreint dans les limites fixées par la convention. Or, si on validait la clause de renonciation à l'opposition contre l'ordonnance d'*exequatur*, toutes ces nullités disparaîtraient; et les parties se trouveraient liées plutôt par une apparence de compromis que par un compromis véritable (1). *

⇒ **1211.** *Il ne pourra y avoir recours en cassation que contre les jugements des tribunaux rendus soit sur requête civile, soit sur appel d'un jugement arbitral.*

La loi n'a pas voulu qu'une sentence arbitrale pût, par elle-même et directement, être l'objet d'un pourvoi en cassation. La raison générale en est très simple : c'est que, d'après l'art. 1023, toute sentence arbitrale est sujette à l'appel, et qu'on n'admet le pourvoi en cassation que contre les sentences rendues en dernier ressort.

Mais cette raison générale, bonne pour la plupart des cas, nous manquera tout à fait dans les cas exceptionnels où l'appel n'est pas admis contre les jugements arbitraux, c'est-à-dire dans les cas où conformément au droit que l'art. 1010 donne aux parties, elles auront à l'avance renoncé au droit d'appeler. Dans ces cas, les sentences arbitrales seront en dernier ressort, et dans ces cas, cependant, le pourvoi en cassation ne sera pas admissible, aux termes de l'art. 1028. Je ne saurais en donner d'autre raison que la volonté écrite du législateur, car on ne peut se dissimuler que cette volonté ne présente un inconvénient assez grave. Voici une espèce :

Un compromis a été consenti avec renonciation à l'appel; aux termes de l'art. 1010, cette renonciation est valable; cependant les arbitres n'en sont pas moins tenus, aux termes des art. 1009 et 1010, d'instruire et de juger conformément aux règles du droit. Supposez maintenant que, dans le jugement, ils aient violé une règle; aucun recours ne sera ouvert, parce que les parties y ont renoncé; et le pourvoi en cassation ne sera pas ouvert, parce que l'art. 1028, préoccupé peut-être de la décision de l'art. 1023, et supposant que, dans tous les cas, les jugements arbitraux étaient sujets à l'appel, a refusé d'une manière générale le pourvoi en cassation contre cette nature de jugements. Il résulte de là que les parties qui, usant de l'art. 1010, confèrent à leurs arbitres le droit de statuer sans appel, leur donnent également, non pas en droit, mais en fait, le droit de statuer comme amiables compositeurs, puisque dès lors aucune ressource, aucune voie de recours n'existe contre la sentence des arbitres, fût-elle ouvertement contraire au texte écrit de la loi (2).

(1) Rennes, 7 juillet 1818 (Dall., *Rép.*, v° *Arbitrage*, n° 1338). — Bastia, 22 mars 1831 (Dall., *eod.*, n° 305). — Pau, 3 juillet 1833 et 26 mars 1836 (Dall., *eod.*, n°s 715 et 234). — *Contrà* : Cass. Rej., 31 décembre 1816 (Dall., *eod.*, n° 817). — Besançon 18 mars 1828 (Dall., *eod.*, n° 1337). — Voy. aussi, dans le sens de la première opinion, plusieurs arrêts cités dans le *Rép.* de Dall., v° *Arbitrage*, n°s 1339 et 1340.

(2) * Je ne crois pas que la renonciation à l'appel comprenne la renonciation à l'opposition contre l'ordonnance d'*exequatur*; autrement on pourrait, en renonçant à l'appel, faire indirectement une renonciation à l'opposition, que j'ai considérée comme nulle au

CINQUANTE-QUATRIÈME LEÇON

DISPOSITIONS GÉNÉRALES.

1212. Les art. 1029 et 1030 se rattachent à un même ordre d'idées; ils ont pour but de proscrire un principe d'omnipotence consacré dans l'ancienne jurisprudence par l'autorité assez envahissante des parlements. Ce principe d'omnipotence, tenant beaucoup à la confusion entre l'autorité judiciaire et l'autorité législative, tendait à énerver la loi en adoucissant, en modifiant, ou même en effaçant tout à fait les pénalités qui s'y trouvaient écrites, tantôt au contraire, bien que plus rarement, à en aggraver la rigueur, en imposant des amendes, des déchéances, des nullités, là où la loi n'avait pas parlé. Cette confusion fâcheuse, autorisée par le défaut de netteté dans la distinction des autorités anciennes, ne pouvait pas survivre, dans la législation actuelle, à côté de la distinction claire et fondamentale qui sépare la puissance judiciaire, chargée uniquement d'appliquer les lois, d'avec la puissance législative, qui a mission et exclusivement mission de les écrire et de les promulguer. De là, les deux art. 1029 et 1030, se rattachant à un système commun, bien que statuant dans des hypothèses directement inverses.

« Art. 1029. Aucune des nullités, amendes et déchéances prononcées dans le présent Code n'est comminatoire. »

On appellerait *comminatoire*, si ce mot avait pour nous une application légale en présence de l'art. 1029, cette disposition où le législateur menacerait sans frapper, en laissant tacitement les tribunaux investis du droit de juger, du pouvoir d'appliquer ou de ne pas appliquer la règle.

Les tribunaux ne peuvent plus, sous prétexte d'équité, se relâcher de la rigueur de la loi, pour faire remise à une partie de la déchéance, de la nullité, de l'amende que sa négligence peut lui avoir fait encourir. En un mot, depuis qu'a prévalu le principe : *Optima lex quæ minimum judicis arbitris permittit*, que la meilleure loi est celle qui doit être appliquée littéralement, et

dernier alinéa du numéro précédent. — Colmar, 7 mars 1849, D. 50, 2, 52. — *Contrà :* dans le sens de Boitard, Grenoble, 10 juin 1844, D. 45, 2, 25. *

** D'un autre côté, la critique de Boitard contre la solution suivant laquelle les sentences arbitrales ne sont pas susceptibles du pourvoi en cassation lorsque les parties ont renoncé d'avance au droit d'appeler, ne paraît pas fondée. Cette solution n'est-elle pas, en effet, conforme au droit commun? N'est-ce pas celle que l'on donnerait aussi, si au lieu d'une sentence arbitrale, il s'agissait d'un jugement d'un tribunal d'arrondissement? Nous avons vu que la voie du recours en cassation suppose une décision en dernier ressort d'après la loi elle-même. Ainsi on ne peut pas attaquer par la voie de la cassation un jugement d'un tribunal d'arrondissement qui, d'après la loi, aurait été susceptible d'appel, même si les parties ont renoncé à cette voie de recours ordinaire soit avant, soit après le jugement. **

qui laisse le moins d'arbitraire au juge, il a été impossible de se soustraire à la peine encourue. Là où la nullité est écrite dans la loi, le juge, interprète des lois, doit la transcrire dans son jugement. C'est le principe général, qui ne reçoit d'exception que dans les cas, d'ailleurs assez rares, où le législateur a formellement parlé, et alors ce ne sont plus, à vrai dire, des exceptions à l'art. 1029, ce sont des hypothèses dans lesquelles le législateur, ne voulant point à l'avance prononcer une pénalité dont le caractère absolu pourrait entraîner des injustices ou des inconvénients de détail, croit devoir s'en remettre, sur l'application de ces pénalités, à la conscience ou à la sagesse du juge. Alors, quand la loi qui punit s'exprime en termes facultatifs, quand elle laisse la peine à la discrétion du juge, ce n'est pas une exception, à vrai dire, aux termes de l'art. 1029. Nous en avons vu une preuve dans les art. 71 et 263 : vous pouvez en voir un autre exemple dans les art. 1030 et 1031. Voilà un de ces cas, rares dans le Code, d'une pénalité facultative écrite par le législateur.

1213. « Art. 1030. Aucun exploit ou acte de procédure ne pourra être déclaré nul, si la nullité n'en est pas formellement déclarée par la loi. — Dans le cas, où la loi n'aurait pas prononcé la nullité, l'officier ministériel pourra, soit pour omission, soit pour contravention, être condamné à une amende qui ne sera pas moindre de cinq francs, et n'excédera pas cent francs. »

Le § 1 mérite seul quelques détails; ce paragraphe, et le principe qui y est écrit, ne sont pas nouveaux pour nous : déjà bien des fois, nous avons eu occasion de citer ce texte, tantôt pour l'appliquer à la lettre, tantôt pour vous avertir que des restrictions fréquentes devaient y être apportées. Parmi ces restrictions, il en est qui sont fort simples, parce qu'elles ressortent directement et spécialement des termes mêmes de la loi; mais il en est d'autres qui ne présentent pas ce caractère de simplicité.

La pensée de la loi est celle-ci : c'est que les nullités ne se suppléent pas; c'est que, par cela seul qu'une formalité a été prescrite, qu'une chose a été interdite, il ne s'ensuit pas forcément, et de plein droit, que la chose interdite soit nulle quand elle a été faite, ou bien que l'acte soit nul par omission de la formalité prescrite. En un mot, l'inobservation d'un texte, soit impératif, soit prohibitif, n'entraîne pas de droit la nullité de l'acte fait contre le prescrit de ce texte. C'est, en d'autres termes, l'abrogation d'une règle latine fameuse, posée par Dumoulin : *Negativa, præposita verbo* POTEST, *tollit potentiam juris et facti, et inducit necessitatem præcisam, designans actum impossibilem.*

L'expression négative, la négation, mise devant le verbe *pouvoir* empêche de faire l'acte prohibé par la loi et entraîne de plein droit la nullité de cet acte. Eh bien, cette règle est évidemment inapplicable en présence de l'art. 1030. Les termes mêmes prohibitifs de la loi ne suffisent pas pour prononcer la nullité de l'acte fait malgré ces termes, si la nullité n'est pas expressément prononcée.

Mais, d'abord, cette idée doit se restreindre au cas expressément déterminé par l'art. 1030, c'est-à-dire au cas d'exploits ou d'actes de procédure. Ainsi, ce serait une grave erreur d'aller, comme quelques-uns, généraliser la maxime, et transporter son empire, des matières de procédure, pour lesquelles elle est écrite, dans les matières de droit civil, auxquelles elle est étrangère. En effet, il arrive à chaque instant, dans le Code civil, que les expressions prohibitives de la loi, encore bien que la nullité ne soit pas formellement attachée à l'inobservation de la règle, entraînent la nullité de l'acte. Par exemple, dans les art. 343 et 346 relatifs à l'adoption, quand on dit que l'adoption ne peut être faite que par une personne de cinquante ans, qu'on ne peut adopter quand on a des enfants, et qu'on ne peut être adopté qu'après la majorité, la nullité résulte directement, personne n'en a douté, des expressions prohibitives de la loi. Cependant il n'en est pas toujours ainsi : dans le Code civil, dans l'art. 228, il y a un exemple d'une inobservation qui n'entraîne pas la nullité du mariage. Tout ce que je veux dire, c'est que l'art. 1030 ne doit pas être transporté du Code de procédure dans le Code civil.

En second lieu, même en ce qui touche la procédure, l'art. 1030 ne s'applique pas, et déjà nous l'avons noté, à tous les actes qui ne peuvent intervenir dans le cours d'une instance judiciaire ; par exemple, en examinant, dans le texte important de l'art. 141, quels sont les éléments constitutifs d'un jugement, nous avons dit que l'omission totale ou partielle de ces éléments entraînerait la nullité du jugement, encore bien que la nullité ne fût pas expressément prononcée. Pourquoi cela ? Parce que l'art. 1030 ne parle que des exploits ou des actes de procédure, et qu'un jugement n'est ni un exploit ni un acte de procédure proprement dit, et cela est confirmé par le second paragraphe de l'art. 1030.

En outre, même parmi les actes de procédure proprement dits, parmi les exploits, il en est beaucoup qui sont nuls, dans le silence même de la loi, non pas par une exception véritable au texte de l'art. 1030, mais par une interprétation littérale et sage des termes de cet article. En effet, cet article n'entend pas vous parler de toutes les espèces de nullités qui peuvent être invoquées pour faire tomber un exploit ; il entend parler des nullités de forme, des omissions dont s'est rendu coupable l'officier ministériel rédacteur de cet exploit. Si donc on demande la nullité d'un acte de procédure, non pas parce qu'on y a omis telle ou telle formalité, mais parce qu'il a été signifié par un huissier non commis dans les cas où la loi exige un huissier commis, ou parce que l'huissier a agi hors de son ressort : dans tous ces cas, on décide journellement la nullité de pareils exploits, encore que la loi ne l'ait pas formellement écrite. Pourquoi ? Parce que le § 2 indique assez que le § 1, en défendant de suppléer les nullités, entend parler des nullités extrinsèques, des nullités qui tiennent aux formalités matérielles de l'acte, et non point à la qualité de l'officier qui a porté et qui a signifié l'exploit en question.

Il faut même aller plus loin, et déjà ce pas a été fait, il faut remarquer, nonobstant l'art. 1030, une distinction incontestable entre les diverses formalités dont un exploit se compose. La question s'est présentée pour nous, car tout ceci n'est guère qu'un résumé, sur l'art. 1er du Code de procédure. Ainsi, vous avez vu que la citation devant le juge de paix devait contenir la date des jour, mois et an ; les noms, profession et domicile du demandeur ; les noms, demeure et immatricule de l'huissier ; les noms et demeure du défendeur ; l'énonciation sommaire de l'objet et des moyens de la demande, l'indication du juge de paix, du jour et de l'heure de la comparution. Du reste, rien, dans tout le livre Ier, rien n'attache la peine de nullité à l'inobservation des formalités. Que si, partant de ce fait, on allait dire que jamais une citation devant un juge de paix ne pourra être déclarée nulle, parce que jamais la loi n'a attaché la nullité à l'inobservation de ces formalités, on arriverait à décider qu'une citation est valable, quand elle n'indique ni l'époque où elle a été donnée, ni le nom de celui qui est cité, ni le juge devant qui on cite. Un tel résultat serait déraisonnable ; il est clair que la plupart des formalités indiquées dans l'art. 1er sont indispensables, sont essentielles à l'acte ; que, nonobstant l'art. 1030, il y aura lieu non pas à une réassignation, aux termes de l'art. 5, mais à la nullité.

Ainsi, pour bien appliquer l'art. 1030, pour le concilier avec ces décisions que la nécessité commande, il faudra bien distinguer, comme on l'a fait depuis longtemps, entre les formalités des actes, celles qui sont essentielles, nécessaires, celles sans lesquelles, dans le silence même de la loi, on ne peut pas comprendre l'existence et l'essence de l'acte, il faudra, dis-je, les distinguer de celles qui, utiles pour que l'acte produise son effet, sont cependant accidentelles, secondaires, et dont la nécessité dérive non pas de l'essence des actes, mais de la volonté de la loi. Un exemple vous fera sentir cette idée.

Dans l'art. 61, en vous détaillant les formalités des ajournements, la loi attache formellement à l'inobservation de ces règles la peine de nullité de l'ajournement ; supposez donc que dans un ajournement on ait omis d'indiquer non pas le nom, mais le prénom, ou bien le domicile, la profession du demandeur : l'exploit a été donné à la requête de Paul, mais on n'a pas fait connaître les prénoms de Paul ou sa profession ou son domicile. L'exploit sera-t-il nul? Oui, dans tous les cas, quand même cette omission n'élèverait aucun doute sur la qualité de Paul ; il serait nul, parce que l'art. 61 exige, à peine de nullité, l'indication des noms, ce qui comprend les prénoms, et l'indication des profession et domicile ; il sera nul, parce que la nullité est écrite, et que, d'après l'art. 1029, aucune nullité n'est comminatoire.

Supposez, au contraire, que cette omission de prénoms, de profession, de domicile, se rencontre, non pas dans un ajournement, dans une assignation devant un tribunal d'arrondissement, mais dans une citation devant un juge de paix ; alors la citation ne sera pas nulle, parce que, bien que l'art. 1er exige l'indication des noms, profession et domicile, il ne punit pas cette omission de la peine de nullité. Or, si le nom est indiqué, si le demandeur s'est fait connaître sans indiquer ses prénoms et son domicile, il a satisfait à ce qu'exige la nature, la substance même de l'acte ; on n'a rien de plus à lui demander.

Vous devez donc toujours distinguer, pour appliquer l'art. 1030, entre ces deux sortes d'omissions ; et la défense de suppléer les nullités ne devra jamais s'entendre que de ces formalités nombreuses, utiles, mais secondaires, que la loi exige souvent dans les actes, pour plus de sûreté et d'efficacité. Quand, au contraire, l'omission aura pour effet d'ôter à l'acte toute sa force, toute son utilité, il est clair que, malgré l'art. 1030, les tribunaux devront et pourront appliquer la nullité.

** Toutefois, d'après une jurisprudence aujourd'hui constante, l'erreur commise dans les indications essentielles d'un acte de procédure, par exemple, dans la date, n'a cependant pas pour effet d'en entraîner la nullité, lorsque la partie à laquelle il a été signifié, a trouvé, dans les autres énonciations qu'il contient, le moyen de rectifier cette erreur et n'en a éprouvé aucun préjudice ; l'irrégularité étant rectifiée par l'acte lui-même, à proprement parler, elle n'a pas été commise (1). **

1214. « Art. 1031. Les procédures ou les actes nuls ou frustratoires, et les actes qui auront donné lieu à une condamnation d'amende, seront à la charge des officiers ministériels qui les auront faits, lesquels, suivant l'exigence des cas, seront en outre passibles des dommages et intérêts de la partie, et pourront même être suspendus de leurs fonctions. »

Rien de plus simple ; ces actes annulés, aux termes de l'art. 1030, étant inutiles à la partie, elle n'en peut supporter les frais. La nullité de ces actes étant de plus, de la part du mandataire, une exécution, ou une faute dans l'exécution de son mandat, peut donner lieu contre lui à des dommages-intérêts.

Quant aux actes frustratoires, ces actes ne se confondent pas avec ceux que la loi déclare nuls ; ce sont des actes qui, valables en eux-mêmes, sont néanmoins sans intérêt, sans utilité dans l'instruction de la cause. Rien de plus simple encore que de les rejeter de la taxe, c'est-à-dire de ne pas permettre à l'officier ministériel, qui les a faits en pure perte, d'en répéter la dépense contre la partie à laquelle ces actes sont inutiles. Quant aux dommages-intérêts, * ils pourraient être encourus par l'officier ministériel, pour le préjudice résultant des retards causés par la procédure frustratoire. *

Quant aux actes qui ne sont pas déclarés nuls ou frustratoires, mais dans lesquels se rencontre une irrégularité frappée d'une amende, aux termes du § 2 de l'art. 1030, la loi déclare qu'ils seront à la charge de l'officier ministériel. Cette disposition est assez difficile à motiver : l'acte vicieux, irrégulier, mais cependant maintenu, parce que la loi n'en prononçait pas formellement la nullité, sert, profite à la partie pour le compte de laquelle il a été fait. Que l'irrégularité de l'acte soit punie par l'amende autorisée dans le § 2 de l'art. 1030, rien de plus simple ; mais puisqu'en définitive l'acte reste dans la procédure, puisqu'il a été utile à la partie, on ne voit pas pourquoi l'amende n'est pas une sanction suffisante pour punir l'irrégularité ou le vice commis dans l'acte. Pour les dommages-intérêts, il n'y a pas lieu à en accorder, puisque la partie n'a pas souffert de préjudice.

☞ **1215.** Les art. 1032 et 1033 demandent, surtout le deuxième, beaucoup d'attention.

« Art. 1032. Les communes et les établissements publics seront tenus, pour former une demande en justice, de se conformer aux lois administratives. »

Les lois ou règlements, auxquels renvoie implicitement cet article, sont notamment : les lois du 29 vendémiaire an V, art. 1 et 3 ; du 24 brumaire an V ; du 28 pluviôse an VIII. Vous y joindrez les arrêtés consulaires du 17 vendémiaire an X, et du 12 brumaire an XI, * et surtout la loi du 5 avril 1884. *

(1) * Cass. civ., 15 mars 1882, S. 82, 1, 270. **

Au reste, ces actes législatifs, les seuls que j'aie à citer, ne complètent pas d'une manière bien nette et bien précise la théorie des autorisations dont l'art. 1032 suppose la nécessité. Les règles, à cet égard, ont été établies non seulement par les textes officiels, par les actes législatifs que je viens de citer, mais aussi par la jurisprudence et par les arrêtés rendus au nom du conseil d'État. Voici le résumé des principes auxquels l'art. 1032 paraît faire allusion.

Les communes, les départements, les établissements publics, sont frappés par les lois actuelles d'une sorte d'incapacité assez analogue à celle dont les principes protègent les mineurs, les femmes mariées, etc. Il en résulte, en appliquant cette incapacité aux instances judiciaires dans lesquelles les communes ou les établissements publics peuvent se trouver engagés, il en résulte pour une commune qu'elle ne peut procéder en justice, en qualité de demanderesse, que par la personne de son maire ou d'un de ses adjoints qui la représente, et que ce maire ou cet adjoint ne peut former une demande au nom et dans l'intérêt de la commune qu'avec l'autorisation du conseil de préfecture, obtenue sur un avis préalable du conseil municipal.

Cette autorisation en conseil de préfecture est nécessaire aux communes, soit pour intenter une action réelle, soit pour intenter une action personnelle. En cas de refus, la commune peut se pourvoir devant le conseil d'État, à l'effet d'obtenir l'autorisation de plaider, refusée par le conseil de préfecture.

Que si, dans cette autorisation, la commune avait formé une demande, et que cette demande eût été, ce qui paraît difficile, admise, examinée, débattue devant les tribunaux, la nullité qui résulterait du défaut d'autorisation est actuellement considérée comme une nullité relative, c'est-à-dire qu'elle ne pourrait être invoquée que par l'incapable, que par la commune, et non pas par l'adversaire capable contre lequel elle aurait plaidé. On applique maintenant, après quelques doutes, à l'incapacité et au défaut d'autorisation des communes, les principes qui, d'après l'art. 1125 du Code civil, régissent l'incapacité des mineurs. ** Toutefois, ce qui vient d'être dit suppose le jugement rendu : ce jugement ne peut être attaqué pour cause d'incapacité de la commune qu'au nom de cette commune. Mais tant que le jugement n'est pas rendu, l'adversaire de la commune a le droit d'invoquer son incapacité pour refuser de plaider contre elle, tant que cette incapacité n'aura pas été couverte. **

Ce que nous disons ici des communes s'applique également aux établissements publics, hospices, fabriques, collèges, etc. ; ces établissements demandent, agissent, par l'intermédiaire, par le ministère de leurs administrateurs, qui ont besoin d'être autorisés, pour agir, par le conseil de préfecture, et en cas de refus, par le conseil d'État.

L'art. 1032 ne vous parle que de l'autorisation nécessaire pour former une demande, d'où l'on pourrait conclure que, quand la commune est attaquée et quand elle ne doit figurer dans le procès qu'en défendant, aucune autorisation ne lui est nécessaire. On pourrait d'ailleurs argumenter, à cet égard, non seulement du texte de l'art. 1032, mais de ce que cette distinction se trouve également admise en matière de tutelle. Le tuteur, dans le cas même où il ne peut pas plaider en demandant, sans autorisation, peut cependant plaider sans autorisation comme défendeur. Cependant, l'art. 1032 n'a pas l'intention d'innover, c'est un article de renvoi, d'allusion et non point un article d'organisation ; il se réfère purement aux lois administratives auxquelles il n'entend rien changer; et, comme les lois administratives exigent l'autorisation non seulement pour demander, mais encore pour défendre, il est incontestable que les expressions limitatives de l'art. 1032, qui ne parle que de demandes à former, doivent s'élargir, aux termes des lois administratives, d'après lesquelles l'autorisation est nécessaire dans les deux cas. Ainsi, soit en demandant, soit en défendant, la commune devra, pour procéder valablement, se munir d'une autorisation obtenue dans les formes indiquées (Voy. plus haut le n° 179).

Avant 1837, on distinguait, à l'égard de la partie qui voulait attaquer une commune, si l'action qu'elle intentait était réelle ou personnelle. En matière d'action réelle à diriger contre une commune, soit au pétitoire, soit au possessoire, le demandeur n'avait pas besoin de démarche préalable.

Que si, au contraire, il s'agissait d'une action personnelle à diriger contre une commune ou un établissement public, si c'était, par exemple, un prétendu créancier qui demandait contre la commune une condamnation au payement de sa créance, il devait obtenir au préalable l'assentiment du conseil de préfecture.

* Depuis la loi du 18 juillet 1837, cette distinction a disparu. Dans tous les cas, celui qui veut actionner une commune sera tenu de provoquer l'autorisation nécessaire à la commune pour se défendre.

Quant à la portée de cette autorisation, au refus d'autoriser, aux conséquences de ce refus, ce sont des détails qui nous entraîneraient trop loin et qui appartiennent au droit administratif.

→ **1216.** « Art. 1033 (ainsi modifié par la loi du 3 mai 1862). Le jour de la signification ni celui de l'échéance ne sont jamais comptés pour le délai général fixé pour les ajournements, les citations, sommations et autres actes faits à personne ou à domicile ; ce délai sera augmenté d'un jour à raison de cinq myriamètres de distance. Il en sera de même dans tous les cas prévus, en matière civile et commerciale, lorsqu'en vertu de lois, décrets ou ordonnances, il y a lieu d'augmenter un délai à raison des distances. — Les fractions de moins de quatre myriamètres ne seront pas comptées, les fractions de quatre myriamètres et au-dessus augmenteront le délai d'un jour entier. — Si le dernier jour des délais est un jour férié, le délai sera prorogé au lendemain. »

Cet article comprend deux parties distinctes dont nous allons nous occuper séparément. Il est question de la manière de calculer, d'appliquer les divers délais indiqués dans les textes que nous avons parcourus jusqu'ici; et cet article, soit dans sa première partie, relative à la manière de calculer les délais généraux, soit dans sa deuxième partie, relative à l'augmentation spéciale des délais à raison des distances, ne fait que reproduire des idées, des règles, qui nous sont déjà connues. Aussi, n'est-ce point à éclairer le principe, mais à en bien préciser, et aussi, pour certains cas, à en limiter l'application, que nous devons nous appliquer; cela demande d'assez longs détails.

D'abord dans la première partie de l'article, relativement au calcul du délai général, normal, ordinaire, abstraction faite de toute augmentation à raison des distances, de quel délai et de quels actes est-il question?

Pour appliquer cette première partie, il faut, même d'après les termes de la loi, supposer qu'une signification a été faite (signification soit d'une sommation, soit d'un exploit d'ajournement, soit de tout autre acte, et notamment d'un jugement), et que dans un certain délai, soit légal, soit judiciaire, à partir de cette signification, la personne à laquelle l'acte a été signifié doit ou comparaître, ou faire elle-même signifier quelque autre acte en réponse ou à la suite de celui-là. Il s'agit, en un mot, de savoir comment se calculera le délai dans lequel une partie doit faire un certain acte, à partir de la signification qui lui a été faite d'une sommation, d'un jugement, etc.

C'est en ce sens que vous devez expliquer la rédaction, un peu obscure, des premiers mots de notre article. Il ne s'agit pas précisément, comme semblerait le dire la loi, du délai général fixé pour faire une citation, un ajournement, une sommation, etc.; mais du délai général fixé pour faire un acte quelconque à partir d'une citation, d'un ajournement, d'une sommation, ou de tout autre acte fait à personne ou à domicile. Les premiers mots mêmes de l'article, d'après lesquels le jour de la signification ne doit jamais se compter dans le délai, ces mots établissent clairement qu'il s'agit de quelque chose à faire après une signification préalable notifiée à la partie contre laquelle on fait courir le délai.

Le principe général posé par cette première partie n'est que la reproduction de cet ancien adage, admis par l'ancienne jurisprudence : *Dies termini non computatur in termino.* Vous savez déjà quel en est le sens; c'est-à-dire qu'on ne compte dans le calcul d'un délai ni le jour à partir duquel court le délai, *dies a quo,* ni le jour auquel expire ce délai, *dies ad quem.*

La première idée est très naturelle; comme les délais se comptent de jour à jour et non pas d'heure à heure, il est évident qu'on ne peut pas compter contre moi, dans le nombre de jours qui m'est accordé pour faire quelque chose, la journée dans le cours de laquelle on m'a signifié l'acte en vertu duquel je suis astreint à faire cette chose. Ce n'est donc qu'à partir de l'expiration du jour où l'acte a été signifié que doivent commencer à compter les délais dans lesquels je dois agir.

Il est même à remarquer que cette règle, d'après laquelle le jour de la signification ne doit pas s'imputer dans les délais, est plus générale qu'on ne devrait le croire d'après les termes de l'art. 1033; cette règle, qui nous défend de compter le *dies a quo*, s'applique non seulement aux significations dont vous parle l'art. 1033, mais à toute espèce de signification ou de sommation. Mais elle n'est pas générale en ce sens qu'on n'exclut du délai le *dies ad quem*, que dans les cas prescrits par l'art. 1033.

Quant au *dies a quo*, c'est une règle de raison, une règle générale, qui empêche de le compter, non seulement dans les actes déterminés expressément par l'art. 1033, mais dans toute espèce d'actes de signification, dans toute espèce de catégorie de délais. Des exemples expliqueront cela tout à l'heure.

Au contraire, en ce qui touche le *dies ad quem*, le jour de l'échéance, l'art. 1033 est une véritable dérogation aux idées naturelles, aux idées qui se présentent tout d'abord. Quand on me dit, par exemple, que j'aurai quinzaine pour faire un acte à partir du moment où telle signification m'aura été faite le sens naturel de ces mots serait que je pourrai faire mon acte dans la quinzaine, à partir de l'expiration du jour de la signification, mais que, la quinzaine terminée, je ne pourrai plus le faire. Le sens naturel de ces mots serait que le *dies a quo*, le jour où l'on m'a signifié, ne compte pas dans la quinzaine, mais que le dernier jour de la quinzaine, le jour de l'échéance, est un jour fatal, après l'expiration duquel je n'ai plus le droit de faire l'acte. C'est précisément cette idée naturelle, simple, la première qui se présente, que repousse dans l'application le texte de l'art. 1033, pour le cas qu'il détermine. Mais précisément, comme le texte de l'art. 1033 relativement au *dies ad quem* est une véritable dérogation, nous devons renfermer l'application de cette règle aux actes déterminés par cet article.

Voilà le point de départ de la matière.

Quels sont donc les actes dont parle l'art. 1033, après lesquels commence un certain délai, dans lequel ne se calcule ni le *dies a quo*, ce qui est fort simple, ni le *dies ad quem*, ce qui l'est beaucoup moins? Ce sont, d'après l'art. 1033, les actes, de quelque nature qu'ils soient, qui ont été signifiés *à personne ou domicile*. Quels sont donc les actes exclus par ces derniers mots, et qui ne jouissent pas, au moins quant au second point, de la faveur de l'art. 1033? Ce sont les actes qu'on ne signifie ni à personne ni à domicile, par exemple ceux qu'on signifie entre avoués *.

** En d'autres termes encore, un délai est franc s'il a pour point de départ une signification à personne ou domicile ; dans tous les autres cas, il n'est pas franc. D'ailleurs les délais francs et les délais non francs ne diffèrent entre eux que par le *dies ad quem*, puisqu'on exclut toujours de tous les délais le *dies a quo*. Nous constaterons toutefois bientôt une autre différence : les délais francs, à l'exclusion des autres, s'augmentent à raison des distances. **

Maintenant passons aux exemples, et prenons d'abord ceux auxquels s'applique le texte de l'art. 1033. Par exemple, d'après l'art. 51, pour la citation en conciliation, le délai sera de trois jours au moins, dit la loi; c'est-à-dire que l'échéance du délai est le cinquième jour, y compris celui de la signification de la citation. La citation est remise le 1er, ce *dies a quo* ne compte pas ; le 2, le 3, le 4, sont les jours pendant lesquels on ne peut être contraint de comparaître ; ce sont là trois jours francs qui sont accordés, aux termes des art. 51 et 1033; la citation donnée le 1er ne pourra l'être que pour comparaître le 5, attendu que c'est un acte qui se signifie soit à personne, soit à domicile.

De même, à plus forte raison, pour les ajournements, pour les actes introductifs d'instance, le délai est encore un délai franc; car les ajournements se signifient soit à personne, soit à domicile.

De même, dans l'art. 193 relatif aux assignations en reconnaissance d'écritures. Qui dit assignation, dit, en général, un acte qui se notifie ou à la personne ou au domicile, et non point à l'avoué.

De même dans l'art. 260 : ici encore l'acte signifié à personne ou à domicile a la franchise du délai sous les deux rapports.

De même dans l'art. 416.

De même, enfin, dans une hypothèse bien fréquente, et sur laquelle la question a paru d'abord plus douteuse, celle de l'art. 443 ; la loi vous dit que le délai pour interjeter appel sera de deux mois : on s'est demandé si le dernier jour des deux mois serait le terme fatal après lequel l'appel ne pourrait plus être interjeté. On a douté, sans motifs bien sérieux, si l'art. 1033 s'appliquait au délai d'appel, et on a décidé, avec raison, je crois, qu'il s'y appliquait. Le délai de deux mois, donné pour interjeter appel, court de la signification du jugement de première instance, signification faite soit à la personne, soit à domicile; on rentre donc dans les termes de l'art. 1033, et l'appel pourrait être utilement interjeté dans toute la journée qui suit l'expiration des deux mois (1).

C'est là sans doute une bizarrerie, c'est une grande faveur dans la manière d'appliquer les délais. Ajoutez, pour l'expliquer, que la loi s'attache à cette idée, que, quand elle vous donne un délai pour faire un acte, par exemple celui de quinzaine, elle veut que ce délai vous appartienne tout entier. Or, si vous deviez, à peine de déchéance, comparaître, signifier, appeler dans le cours même du délai donné avant l'expiration de ce délai, vous n'auriez plus ce délai complet, intégral, entier, comme la loi a voulu que vous l'eussiez. Vous forcer, par exemple, de constituer avoué le quinzième jour au plus tard depuis l'ajournement, ce ne serait pas vous donner vraiment quinze jours entiers pour constituer votre avoué. C'est à cette idée que l'on s'attache, et c'est là tout à fait une disposition de faveur.

Mais précisément parce que, relativement au jour de l'échéance, relativement au *dies ad quem*, qui n'est pas fatal dans le délai, cette disposition est de faveur, il faut, comme nous l'avons dit, la restreindre aux cas déterminés par le texte de l'article 1033; et comme l'art. 1033 n'applique ce bénéfice qu'aux actes signifiés à personne ou à domicile, nous ne devons pas l'étendre aux actes qui, d'après la loi, doivent se signifier d'avoué à avoué. Ainsi quand les art. 76, 77 et 78 nous disent que, soit dans la quinzaine de la constitution, soit dans la huitaine qui suivra telle signification, il faudra que le défendeur signifie des défenses, et que le demandeur signifie une réplique, comme toutes ces significations, soit de constitution, soit de requête, se signifient entre avoués, nous n'appliquerons pas le texte de l'art. 1033; c'est-à-dire nous ne compterons pas dans le délai le *dies a quo*, parce que la raison se refuse à ce qu'on compte ce point de départ, mais nous y compterons le *dies ad quem*.

Dans des cas plus importants que ceux des art. 76, 77 et 78, dans lesquels la loi n'attache pas de déchéance formelle à l'inobservation des délais, la question prendra plus d'importance. Ainsi, dans l'art. 157, vous voyez que l'opposition à un jugement par défaut contre avoué peut être formée pendant la huitaine depuis la signification à l'avoué. Ici le point de départ du délai de huitaine, utile pour former opposition, est une signification qui n'est pas faite, comme dans l'art. 443, à personne ou à domicile, qui ne s'adresse point à la partie elle-même, mais qui s'adresse à son avoué; donc nous ne sommes plus dans les termes de l'art. 1033, donc l'opposition ne sera recevable qu'en dedans de la huitaine qui commence à courir de l'expiration du jour où la signification a été faite. Ainsi, tandis qu'on pourrait, d'une part, interjeter appel, aux

(1) Voy. les nombreux arrêts cités par Dall., *Rép.*, v° *Appel civil*, n° 873. — Cass., 14 août 1877, D. 77, 1, 475.

termes de l'art. 443, le lendemain de l'expiration des deux mois accordés par cet article, on ne pourrait pas, au contraire, former utilement opposition, en vertu de l'art. 157, le lendemain de l'expiration de la huitaine accordée par cet article. Il s'agit, dans un cas, de signification à personne ou à domicile; dans l'autre, de signification à avoué; dans le premier cas, le particulier auquel l'acte a été notifié aurait pu, dans son ignorance, hésiter sur le sens précis du délai : la loi interprète ses doutes à son avantage et lui donne tout le lendemain de l'expiration pour agir. Quant à l'avoué, il ne peut ignorer la lettre de la loi.

De même dans les art. 252 et 257.

De même dans l'art. 763, relatif au délai d'appel en matière d'ordre ; comme le point de départ des dix jours accordés pour interjeter appel est la signification du jugement fait à l'avoué, le délai n'est pas franc, c'est-à-dire que l'appel doit être interjeté le dixième jour au plus tard.

Voilà le fond de la distinction qui résulte des derniers mots de la première partie de l'art. 1033. Cependant, même en l'appliquant ainsi, comme il résulte de sa lettre, nous avons quelques exceptions, quelques distinctions à y faire.

Ainsi, il paraît que, dans certains cas, lors même que la signification a été faite à personne ou à domicile, il nous faudra, en vertu de dispositions formelles et spéciales de la loi, ne pas appliquer la franchise du délai, au moins relativement au *dies ad quem*, car, pour le *dies a quo* il n'y a jamais à distinguer. Par exemple, l'article 483 déclare que la requête civile devra être formée dans les deux mois à compter, en principe, de la signification à personne où à domicile. Puisque le point de départ est une signification à personne ou à domicile, il paraîtrait naturel d'appliquer l'art. 1033, d'autoriser la requête civile pendant tout le jour qui suivra l'expiration des deux mois. Mais il semble que l'art. 483, par ces expressions exclusives : *La requête civile sera signifiée avec assignation dans les deux mois*, s'oppose, par cette disposition spéciale, à l'application de la règle générale de l'art. 1033 (1).

De même, dans l'art. 731, le délai de dix jours accordé par l'appel en matière de saisie immobilière court quelquefois d'une signification à personne ou à domicile ; mais la loi dit que cet appel *sera considéré comme non avenu s'il est interjeté après les dix jours*, expressions inclusives qui paraissent faire exception, pour ce cas particulier, à la règle de l'art. 1033.

On pourrait encore à la rigueur joindre à ces exceptions, et on y ajoute souvent deux textes qui vous sont déjà connus : ce sont les art. 563 et 567, en matière de saisie-arrêt. On y déclare que, *dans la huitaine* qui suit l'exploit de saisie-arrêt, le saisissant devra dénoncer cette saisie au débiteur saisi, et que, dans un pareil délai de huitaine, il devra dénoncer au tiers saisi la demande en validité. Donc, évidemment, à raison de l'expression exclusive *dans*, le lendemain de cette huitaine on ne serait plus à temps pour notifier. C'est là une exception à l'art. 1033 si l'on veut, mais je ferai remarquer qu'à peine a-t-on besoin de la classer ainsi, parce que dans l'art. 1033 il est question du délai dans lequel une partie doit agir à compter d'une notification qui lui a été

(1) ** Cette solution est toutefois très contestable **

faite, et qui fait courir ce délai contre elle; or, telle n'est pas l'hypothèse de l'art. 563. Dans cet article, le délai de huitaine court contre le saisissant, non pas à compter d'un acte qui lui a été notifié, mais à compter d'un acte que lui même a notifié. L'hypothèse de l'art. 563 n'était donc pas dans les termes de l'art. 1033. Du reste, exception ou non, la décision pratique est bien constante : on n'a que huitaine et non pas le lendemain de la huitaine pour faire la signification exigée par l'art. 563.

1217. *Ce délai sera augmenté d'un jour à raison de cinq myriamètres de distance. Il en sera de même....*

* Le nouvel article 1033 (L. du 3 mai 1862) a établi, relativement à l'augmentation des délais à raison des distances, une uniformité qu'on regrettait de ne pas trouver dans la loi.

L'avant-dernier paragraphe de notre article tranche les difficultés qui s'élevaient sur la question de savoir si les fractions de moins de cinq myriamètres devaient ou non faire ajouter un jour. *

Quel est le délai qu'on augmente ainsi d'un jour par cinq myriamètres? C'est le délai dont il est question dans la première partie de l'article, c'est-à-dire le délai général accordé après les significations faites à personne ou à domicile, c'est-à-dire encore le délai franc. Ainsi, de même que nous avons exclu un assez grand nombre d'actes du bénéfice de la franchise du délai accordé par l'art. 1033, de même nous devrons les exclure du bénéfice de l'augmentation du délai accordé par cette seconde partie. En d'autres termes, le § 3 n'accorde l'augmentation de distance qu'aux actes auxquels la première partie accorde la franchise.

Ceci, au reste, est généralement sans intérêt pratique ; car les actes auquels le § 1er a refusé la franchise sont les actes signifiés entre avoués, et, par conséquent, dans le même lieu, et qui donnent matière à faire quelque chose, à faire un autre acte dans le même lieu, par conséquent sans aucune distance, sans aucun intervalle à apprécier.

Cependant il y a, à cet égard, quelques exceptions, une, entre autres, assez notable, admise par la jurisprudence : tel est le cas de l'art. 443. Nous avons dit qu'après quelques controverses, on avait appliqué au délai d'appel le bénéfice de la franchise du délai, qu'on avait appliqué aux deux mois, accordés pour interjeter appel, la règle d'interprétation établie par la première partie de l'art. 1033. La conséquence en serait que la seconde partie du même article, s'appliquant, d'après la loi, à tous les actes dont parle la première, doit également s'étendre au délai pour interjeter appel. En d'autres termes, que la partie condamnée aurait, pour notifier son acte d'appel, outre le délai de deux mois de l'art. 443, délai général et ordinaire, une augmentation d'un jour par cinq myriamètres de distance entre son domicile, où la signification du jugement a été faite, et le domicile de la partie adverse à laquelle elle doit notifier son acte d'appel.

Mais cette conséquence n'a pas été admise, et la jurisprudence, en appliquant au délai d'appel la franchise, d'après les premiers mots de l'art. 1033, a cependant jugé que ce délai de deux mois était un délai fixe qui ne devait pas s'augmenter d'un jour par cinq myriamètres, à raison des distances.

Cette décision peut s'appuyer, en effet, sur ce que la loi, en déterminant dans les art. 445 et 446 quelques cas spéciaux d'augmentation de délai à raison des distances, paraît avoir entendu que, hors ces cas, c'est-à-dire dans tous les cas où la partie serait domiciliée en France, aucune augmentation du délai n'aurait lieu. On semble, dans ces deux articles, en ne prolongeant les délais de distance que pour des cas particuliers, penser qu'en général le délai de deux mois suffira, sans augmentation aucune, pour interjeter appel, lorsque les parties de la cause seront domiciliées en France, à quelque distance que leurs deux domiciles soient l'un de l'autre et de la cour ou du tribunal auquel l'appel doit être porté. ** L'article 1033 porte dans sa dernière disposition que « *si le dernier jour des délais est un jour férié, le délai sera prorogé au lendemain.* » Au premier abord, on pourrait être porté à croire que cette règle, comme les autres dispositions de l'art. 1033, concerne seulement les délais francs. Mais elle a été ajoutée en 1862, et il a été formellement dit dans la discussion de la loi, qu'elle était tout à fait générale, qu'elle devait s'appliquer à tous les délais de procédure, sans aucune distinction. On aurait mieux fait ressortir ce caractère de généralité, en consacrant à notre disposition un article spécial ; mais ce procédé aurait obligé à changer le numérotage des articles suivants, et c'est pour éviter cette modification, qu'on s'est décidé à ajouter notre règle à la fin de l'art. 1033. **

⇒ **1218.** Les trois articles suivants, 1034, 1035 et 1036, n'ont besoin d'aucune explication.

Les art. 1034 et 1035 ont été cités plusieurs fois dans le cours de nos explications.

Quant à l'art. 1036, il suffit de le lire pour en comprendre le sens et l'application ; * il faut rapprocher de cet art. 1036, l'art. 23 de la loi du 17 mai 1819 (Voy. aussi le n° 531, *in fine*).

⇒ **1219.** « Art. 1037. Aucune signification ni exécution ne pourra être faite depuis le 1er octobre jusqu'au 31 mars, avant six heures du matin et après six heures du soir, et depuis le 1er avril jusqu'au 31 septembre, avant quatre heures du matin et après neuf heures du soir ; non plus que les jours de fête légale, si ce n'est en vertu de permission du juge, dans les cas où il y aurait péril en la demeure. »

La loi détermine, suivant la distinction des saisons, le partage de l'année en deux périodes.

Pourquoi ne peut-on, dans le temps de nuit, ni signifier ni exécuter ? Pour exécuter, c'est que ce serait une atteinte portée fort gratuitement au repos des citoyens. Pour signifier même, c'est qu'on aurait trop de difficulté à faire parvenir l'exploit aux mains de celui auquel il s'adresse, et trop de difficulté pour constater la personne à laquelle l'exploit a été remis.

L'exécution et la signification sont également prohibées dans les jours de fête légale. Les fêtes légales sont déterminées par des lois spéciales. Nous les avons énumérées ci-dessus (Voy. n° 159). Nous avons vu au même n° 159 quelle est la sanction de notre article.

Il va sans dire, du reste, que des fêtes d'une autre nature, qu'on célèbre dans l'usage, mais qui n'ont rien d'obligatoire, ne mettent aucun obstacle à la signification des actes dont parle l'article. Telles sont les fêtes locales des communes.

Il y a, dans les derniers mots, toute une exception : *Si ce n'est en vertu de permission du juge, dans le cas où il y aurait péril en la demeure.*

Déjà nous avons vu comment s'accordait cette permission : c'est sur une simple requête non communiquée et répondue d'une ordonnance par le président.

Notez, au reste, que les derniers mots de l'article, autorisant une signification spéciale en vertu d'une ordonnance, ne s'appliquent qu'à la deuxième des prohibitions de l'article, c'est-à-dire aux jours de fête légale. Le président peut bien autoriser à signifier, comme à exécuter, s'il y a péril en la demeure, un jour de fête légale; mais l'article ne l'autorise pas à permettre une signification ou une exécution dans les heures de nuit; l'exception ne s'applique qu'à la seconde partie de l'article.

Vous joindrez à cet article l'art. 781, qui fait une exception à la première partie de l'article, (Voy. n° 1048). Dans le même art. 781, vous trouvez, dans les §§ 3, 4 et 5, l'indication de certains lieux dans lesquels il est défendu de mettre une contrainte par corps à exécution. Rien de pareil pour les autres significations. Et déjà, en traitant des ajournements, nous avons dit qu'on avait rejeté, dans la discussion, la proposition qui avait été faite d'interdire la signification des ajournements dans certains lieux désignés d'avance, tels que les édifices consacrés au culte et autres pareils. Il est interdit par l'art. 781 de pratiquer dans ces lieux une contrainte par corps, au moins dans certains instants; aucune prohibition pareille ne s'applique à toute autre espèce de signification.

➾ **1220.** « Art. 1038. Les avoués qui ont occupé dans les causes où il est intervenu des jugements définitifs seront tenus d'occuper sur l'exécution de ces jugements, sans nouveaux pouvoirs, pourvu qu'elle ait lieu dans l'année de la prononciation des jugements. »

Lorsque le procès est terminé, lorsqu'un jugement définitif est intervenu, les pouvoirs du mandataire judiciaire paraissent expirés, car il est de règle que tout mandat finit par l'accomplissement de l'affaire pour laquelle il avait été donné. La conséquence en serait donc que, le procès une fois terminé par la condamnation de l'une des parties, l'avoué qu'elle avait constitué n'a plus qualité pour la représenter. Cependant, pour éviter des lenteurs et des frais, pour empêcher une partie d'entraver l'exécution, en ne constituant pas immédiatement avoué sur les difficultés qu'entraîne cette exécution, la loi constitue de droit, dans l'art. 1038, pour représenter la partie contre laquelle on exécute, le même avoué qu'elle avait constitué pour la représenter dans la cause à la suite de laquelle on exécute. Elle le constitue de droit, au moins lorsque l'exécution se poursuit dans l'année de la prononciation du jugement définitif.

Remarquez bien que ce n'est pas ici une simple présomption qui fait survivre la volonté du mandant au terme d'expiration ordinaire du mandat; ce n'est pas ici, dans l'art. 1038, une simple présomption de la volonté qui soit de nature à céder devant une preuve contraire. Supposez, par exemple, que la partie condamnée ait formellement signifié à l'autre partie qu'elle entend retirer toute espèce de pouvoir à l'avoué qui occupait pour elle, mais qu'elle n'ait pas constitué d'autre avoué; cette signification ne vaudrait pas, car, d'après l'art. 75, une fois qu'on a constitué un avoué, on ne peut pas le révoquer valablement sans en constituer un autre par le même acte. Vous pourrez donc, si bon vous semble, sortir de la règle de l'art. 1038, en substituant un nouvel avoué à celui que la loi continue à constituer pour vous; mais, si cette nouvelle nomination n'a pas lieu, votre volonté de le révoquer, si formelle qu'elle soit, ne peut pas prévaloir sur les art. 75 et 1038 combinés, ne peut pas faire ce que la loi ne veut pas, c'est-à-dire ne peut pas vous laisser sans avoué.

La loi vous parle du cas où l'exécution a lieu dans l'année; c'est seulement dans ce cas qu'elle déclare l'ancien avoué constitué de droit sans nouveaux pouvoirs. Que si l'assignation avait lieu après l'année, il est clair qu'il faudrait en constituer un autre.

Mais notez que cette limite d'une année ne s'applique qu'à l'exécution des jugements dont parle la première partie, qu'à l'exécution des jugements définitifs. Que si, au contraire, il s'agissait d'un jugement préparatoire ou interlocutoire, intervenu contre vous dans le cours d'une instance, votre avoué aurait qualité de droit pour occuper, encore que cette exécution ne fût poursuivie qu'après l'année. La loi ne parle que du jugement définitif, parce que cela semblait faire doute. Tant qu'il n'y a pas péremption, l'avoué a qualité pour occuper, après l'année comme avant, sur l'exécution du jugement non définitif.

☞ 1221. « Art. 1039. Toutes significations faites à des personnes publiques proposées pour les recevoir seront visées par elles sans frais sur l'original. — En cas de refus, l'original sera visé par le procureur de la République près le tribunal de première instance de leur domicile. Les refusants pourront être condamnés, sur les conclusions du ministère public, à une amende qui ne pourra être moindre de cinq francs. »

Ce n'est encore ici, comme dans la plupart des articles précédents, que la reproduction d'un principe général: vous avez vu dans les art. 68 à 70 la nécessité du visa du maire ou de l'adjoint, et, à leur défaut, du procureur de la République; vous avez vu, dans les premiers articles de la saisie-arrêt, la nécessité du visa par le fonctionnaire public dans les mains duquel est faite la saisie-arrêt; de même dans les art. 676, 677 et 715.

Pour éviter le conflit d'assertions contradictoires entre l'officier ministériel, déclarant sur son original qu'il a remis l'exploit à telle personne, et le fonctionnaire public, qui prétend n'avoir pas reçu cet exploit, la loi exige le visa, sur l'original de l'exploit, de la part de la personne ou de l'officier public auquel l'exploit est signifié. On procède ainsi, même quand on vient demander à un maire le visa parce qu'un voisin refuse de signer l'exploit. On procède ainsi non seulement quand le fonctionnaire agit comme fonctionnaire public, mais même quand il est appelé à viser l'exploit qui intéresse un particulier: tels sont les cas des art. 68, 676 et 677.** Le visa du fonctionnaire public, étant une formalité purement secondaire, son omission n'entraînera nullité que dans les cas où la loi l'aura dit, notamment dans les art. 70 et 715; c'est l'application pure et simple de la disposition générale de l'art. 1030 (1) **

⇒ **1222.** « Art. 1040. Tous actes et procès-verbaux du ministère du juge seront faits au lieu où siège le tribunal; le juge y sera toujours assisté du greffier, qui gardera les minutes et délivrera les expéditions; en cas d'urgence, le juge pourra répondre en sa demeure les requêtes qui lui seront présentées; le tout sauf l'exécution des dispositions portées au titre des *Référés.* »

Seront faits au lieu où siège le tribunal; ce qui n'est pas nécessairement dans l'auditoire du tribunal; mais seront faits, autant que possible, dans l'enceinte du palais. Ainsi, par exemple, les procès-verbaux d'enquêtes, les actes très fréquents du ministère du juge doivent se faire dans le lieu des séances du tribunal, mais non pas nécessairement dans le lieu habituel des audiences.

Il y a même des actes du juge qui se refusent à l'application de notre article: telles sont les descentes sur lieux. Il y a encore les débats, les ordonnances qui interviennent sur référés ; et c'est en vertu de la loi que le président peut très bien désigner chez lui un jour auquel il donnera une audience spéciale de référés.

De même, quand on dit que le greffier assistera le juge, cela doit s'entendre des actes qui seront déposés au greffe et dont il restera minute; mais il y a des actes dont il ne reste pas minute; telles sont les légalisations (2).

⇒ **1223.** « Art. 1041. Le présent Code sera exécuté à dater du 1er janvier 1807 : en conséquence, tous procès qui seront intentés depuis cette époque seront instruits conformément à ses dispositions. Toutes lois, coutumes, usages, règlements relatifs à la procédure civile, seront abrogés. »

Ainsi, l'abrogation ne porte pas seulement, comme dans les autres lois, sur les matières sur lesquelles a statué le présent Code : il ne fait aucune distinction : *Toutes lois, coutumes, usages et règlements relatifs à la procédure civile seront abrogés*, sans aucune distinction, sauf pourtant celle admise par des actes spéciaux, c'est-à-dire que les décrets, les règlements, les usages relatifs à des procédures intéressant l'État dans ses rapports avec des particuliers, restent en pleine vigueur. C'est que le Code de procédure a tout régi, en ce qui concerne la procédure ordinaire, les rapports des particuliers l'un avec l'autre, mais qu'au contraire il n'a rien réglé, et par conséquent qu'il a tout conservé, en ce qui touchait les lois antérieures, relatives à la procédure des affaires dans lesquelles l'État se trouve intéressé (Voy. notamment n° 151).

Le Code de procédure est devenu exécutoire à partir du 1er janvier 1807. Il a été voté et promulgué en différentes lois et par fractions. En consultant les inscriptions qui se trouvent en tête des différents livres de ce Code, vous verrez qu'il a été décrété dans l'intervalle du 14 avril 1806 au 29 du même

(1) ** La Cour de cassation a jugé que les communautés d'huissiers, ne constituant pas des établissements publics, dans le sens de l'art. 69, n° 3, la signification d'un arrêt d'admission, faite à une communauté d'huissiers, n'a pas besoin d'être revêtue du visa du syndic. — Cass. civ., 6 août 1878, S. 79, 1, 470. **

(2) Jugé que le juge peut régler les qualités (art. 143 et s.), sans l'assistance du greffier. — Cass. Rej., 2 mars 1858, D. 59, 1, 215.

mois, et que sa promulgation a eu lieu du 14 avril au 9 mai de la même année.

La mise à exécution n'a pas eu lieu au fur et à mesure de la promulgation de chaque titre, ce qui se conçoit dans les matières de procédure qui ne peuvent s'isoler l'une de l'autre dans l'application. Mais cette mise à exécution n'a pas même eu lieu immédiatement après la promulgation du Code : on l'a reculée jusqu'au 1er janvier 1807.

Du reste, la première disposition de l'article est assez remarquable; elle déclare que le Code de procédure, même après 1807, ne régira que les procès intentés postérieurement à cette époque ; que tous les procès intentés avant, fût-ce dans les derniers jours de 1806, seront régis par les règles antérieures; ces règles antérieures sont celles de l'ordonnance de 1667.

Au reste, ce n'est là qu'une disposition transitoire, consacrant, pour les procès antérieurs à 1807, le principe général de la non-rétroactivité, disposition transitoire de bien peu d'importance aujourd'hui, parce qu'un avis du conseil d'État, interprétant la disposition de l'art. 1041, en a rendu l'application très étroite. Cet avis, en date du 10 février 1807, explique que l'art. 1041 devra s'entendre en ce sens qu'on n'y comprendra ni les appels interjetés depuis le 1er janvier 1807, ni les saisies faites depuis, etc.; en un mot, lors même, par exemple, qu'une cause aurait été commencée, une procédure entamée antérieurement à 1807, l'appel interjeté depuis 1807 du jugement intervenu sur cette cause sera considéré comme une affaire nouvelle, comme une demande distincte, dont l'instruction sera régie par le Code de procédure. Il en est de même pour toutes les procédures qui tendent à mettre à exécution des jugements antérieurs à 1807. Cette interprétation est peut-être un peu restrictive des termes de l'art. 1041. Quoi qu'il en soit, elle est obligatoire et en pleine vigueur, et ôte, par conséquent, beaucoup d'intérêt à l'article.

➾ **1224.** « Art. 1042. Avant cette époque, il sera fait, tant pour la taxe des frais que pour la police et discipline des tribunaux, des règlements d'administration publique. — Dans trois ans au plus tard, les dispositions de ces règlements qui contiendraient des mesures législatives seront présentées au Corps législatif en forme de loi. »

La promesse faite par cet article ne s'est pas réalisée à la lettre ; c'est-à-dire que les règlements annoncés soit pour la taxe, soit pour la police et la discipline, n'ont pas eu lieu avant l'époque déterminée pour la mise à exécution du Code. Quoi qu'il en soit, ces règlements de taxe et de discipline existent aujourd'hui.

En ce qui concerne la taxe, ces règlements sont au nombre de trois, publiés le 16 février 1807. Le premier et le plus important de tous, connu dans la pratique sous le nom de *tarif*, est le décret qui règle les frais de taxe pour tout le ressort de la cour d'appel de Paris.

Le deuxième, de la même date, détermine la procédure à suivre pour arriver à la taxe. Dans le premier, on détermine le tarif qui doit être accordé à la partie gagnante, aux termes de l'art. 130 du Code de procédure, le montant des dépens à liquider pour appliquer l'art. 130. Le deuxième détermine dans quelle forme cette liquidation des dépens devra s'opérer. Le troisième, encore de la même date, rend les deux premiers communs au ressort des autres cours d'appel, en diminuant le montant du tarif alloué selon l'importance des localités (1).

Voilà les trois décrets annoncés par les premiers mots du premier paragraphe de l'article 1042 (Voy. n° 796).

En ce qui touche les derniers mots de la première partie de l'article pour la police et la discipline des tribunaux, ce n'est que par un règlement postérieur de plus d'une année que cette discipline a été réglée. C'est le règlement du 30 mars 1808. Au reste, ce dernier règlement doit se combiner avec des lois et décrets postérieurs d'une assez haute importance, dont j'ai parlé. Vous savez que, trois ans après la publication du Code de procédure, l'organisation judiciaire à laquelle s'adapte ce Code a été non pas bouleversée, mais gravement modifiée. La loi du 20 avril 1810, en constituant sous le nom de *Cours d'appel* des corps chargés à la fois de l'administration de deux justices criminelle et civile, a complété l'organisation judiciaire, qui alors avait pour base, soit la loi de 1790, soit la loi du 27 ventôse an VIII.

C'est donc à la loi de 1810 et à deux décrets des 6 juillet et 18 août de la même année que vous devez encore vous reporter pour appliquer les derniers mots de l'art. 1042.

Dans trois ans, au plus tard, les dispositions de ces règlements qui contiendraient des mesures législatives seront présentées au Corps législatif en forme de loi. — Aucune loi, que je sache, n'a été présentée en vertu de ce § 2 ; relativement à la taxe, il n'y en a pas ; relativement à la police et à la discipline, la loi du 20 avril 1810 n'y a pas trait directement, car c'est une loi d'organisation et non point de discipline pour les cours et tribunaux.

Il faut remarquer, au reste, que les expressions de ce § 2 sont assez vagues ; il ne dit pas que dans trois ans, au plus tard, les règlements annoncés seront convertis en loi, mais que dans trois ans, au plus tard, on convertira en loi les dispositions de ces règlements qui seraient législatives et non pas seulement réglementaires, distinction d'une application assez difficile ; il est assez délicat de distinguer en théorie ce qui est réglementaire de ce qui est législatif.

Quoi qu'il en soit, le § 2 est resté sans exécution, peut être parce qu'on n'a vu dans le tarif et dans le décret de 1808 que des dispositions réglementaires, et rien de législatif.

Ainsi, les questions de taxe, les questions de discipline, celles de police des tribunaux, sont encore sous l'application des décrets et ordonnances.

(1) ** Les émoluments des officiers ministériels varient suivant que la procédure est suivie devant : 1° les tribunaux de Paris, Bordeaux, Rouen, Marseille, Toulouse, Lille, Nantes ; 2° les tribunaux des villes où siège une cour d'appel ou ayant une population excédant 30 000 âmes ; 3° les tribunaux des autres villes. Pour les cours d'appel, il n'existe que deux tarifs : l'un concerne les cours de Paris, Lyon, Bordeaux, Toulouse ; le second s'applique dans les autres cours. **

FIN DU DEUXIÈME ET DERNIER VOLUME.

TABLE DES MATIÈRES

DU TOME SECOND

PARTIE I. — LIVRE III.

TITRE UNIQUE. De l'appel et de l'instruction sur l'appel........................ 1

LIVRE IV.

Des voies extraordinaires pour attaquer les jugements............. 88

TITRES I. De la tierce opposition.. 90

II. De la requête civile.. 109

III. De la prise à partie.. 137

Du pourvoi en cassation.. 146

LIVRE V.

De l'exécution des jugements.. 173

TITRES I. Des réceptions de cautions.. 173

II. De la liquidation des dommages-intérêts............................ 176

III. De la liquidation des fruits.. 179

IV. Des redditions de comptes.. 179

V. De la la liquidation des dépens et frais............................ 191

VI. Règles générales sur l'exécution forcée des jugements et actes...... 194

Généralités sur les saisies.. 218

VII. Des saisies-arrêts ou oppositions.. 223

VIII. Des saisies-exécutions.. 257

IX. De la saisie des fruits pendants par racines, ou de la saisie-brandon. 298

X. De la saisie des rentes constituées sur particuliers............... 303

XI. De la distribution par contribution.. 311

XII. De la saisie immobilière.. 344

XIII. Des incidents de saisie immobilière.. 418

XIV. De l'ordre.. 459

XV. De l'emprisonnement.. 501

XVI. Des référés.. 520

PARTIE II. — LIVRE I.

PROCÉDURES DIVERSES.

LIVRE I.

TITRES I. Des offres de payement et de la consignation........................ 530

TITRES II. Du droit des propriétaires sur les meubles, effets et fruits de leurs locataires et fermiers, ou de la saisie-gagerie et de la saisie-arrêt sur débiteurs forains 535
III. De la saisie-revendication 543
IV. De la surenchère sur aliénation volontaire 546
V. Des voies à prendre pour avoir expédition ou copie d'un acte, pour le le faire réformer 554
VI. De quelques dispositions relatives à l'envoi en possession des biens d'un absent 564
VII. Autorisation de la femme mariée 566
VIII. Des séparations de biens 570
IX. De la séparation de corps et du divorce 577
X. Des avis de parents 589
XI. De l'interdiction 592
XII. Du bénéfice de cession 596

LIVRE II.

PROCÉDURES RELATIVES A L'OUVERTURE D'UNE SUCCESSION.

TITRES I. De l'apposition des scellés après décès 600
II. Des oppositions aux scellés 610
III. De la levée du scellé 611
IV. De l'inventaire 616
V. De la vente du mobilier 619
VI. De la vente des biens immeubles appartenant à des mineurs 621
VII. Des partages et licitations 633
VIII. Du bénéfice d'inventaire 646
IX. De la renonciation à la communauté ; de la vente des immeubles dotaux et de la renonciation à la succession 652
X. Du curateur à une succession vacante 654

LIVRE III.

TITRE UNIQUE. Des arbitrages 657
Dispositions générales 705

FIN DE LA TABLE DES MATIÈRES DU TOME SECOND.

TABLE ET RÉSUMÉ

D'APRÈS L'ORDRE DES MATIÈRES

VINGT-NEUVIÈME LEÇON.

LIVRE III. — DES TRIBUNAUX APPEL.

TITRE UNIQUE. — DE L'APPEL ET DE L'INSTRUCTION SUR D'APPEL.

665. Les voies de recours contre les jugements se divisent : 1° en voies de rétractation et voies de réformation; 2° en voies ordin. comme l'opposit. et l'appel, et en voies extraordin. comme la tierce opposition, la requête civile et la cassation. L'appel est l'objet du livre III.

666. On entend, en général, par appel, le recours d'un juge inférieur à un juge supérieur pour faire réformer par ce dernier le jugement du premier. — Le système des appels a encore plus varié dans notre ancien droit que dans le droit romain. Son histoire présente beaucoup d'obscurité. Tant que le jugement de Dieu les combats judic. furent en usage, tout appel était impossible. Plus tard on introduisit, sous le nom d'appel, un système aussi barbare que celui des combats jud. qu'on abandonnait; souvent la partie condamnée était autorisée à défier à un combat véritable, non pas son adversaire, mais le juge accusé d'avoir calomnieusement jugé. Encore plus tard, notamment à partir de S. Louis, un véritable système d'appel s'introduisit : la sentence fut portée à un tribunal supér.; mais, vu la multipl. des juridic., une cause passait souvent par cinq ou six degrés. Enfin, l'Assemblée constituante, après des hésit. fondées principalem. sur la multiplicité des juridict., sur ce qu'il n'est pas prouvé que le dernier jugem. soit le meilleur, sur la crainte de donner trop de puissance à une jurid. supér., finit par décider qu'il pourrait y avoir deux degrés de juridict., jamais plus, et quelquefois un seul. Pour ne pas reconstituer de grands corps judiciaires, on décida que les trib. de district seraient juges réciproques des appels l'un de l'autre. Lorsqu'en l'an III, il n'y eut plus qu'un tribunal par départem., l'appel fut porté à l'un des trois départem. les plus voisins. Lors de la création du consulat, on institua des *Tribunaux d'appel*, appelés successiv. *Cours d'appel*, *Cours impériales*, *Cours royales*, *Cours impér.*, et aujourd'hui *Cours d'appel*. Les dispos. de ce tit. s'appliq. aussi aux tribun. d'arrondiss. statuant en appel sur les jug. des juges de paix.

667. Règle génér. : Toute dem. peut subir l'épreuve de deux degrés de juridiction. Par exception, il est des causes qui ne peuvent être soumises qu'à un seul degré ; cela tient quelquefois à la nature du la cause, comme s'il s'agit d'actions civ. relatives à la perception des impôts indir. ou des droits d'enreg., qui sont jugées en dernier ressort, quelle que soit leur valeur, par les tribunaux d'arrondissement. Voy. aussi art. 652, 703 et 730, C. pr. ; mais ordinairement cela tient au peu d'importance pécun. de l'affaire, dont la valeur serait absorbée par les frais des deux degrés. C'est ainsi que les trib. d'arrondiss. connaissent en premier et dernier ressort, et comme matières sommaires, des act. mobilières personn. ou réelles jusqu'à la valeur de 1,500 fr. de principal, et des act. immob. personn. ou réelles, jusqu'à 60 fr. de revenu déterminé en rentes ou par prix de bail. Pour une valeur sup. ou indéterminée, ils ne sont plus compét. qu'en prem. ressort.

668. S'il s'agit d'une somme ou de denrées appréciables par les mercuriales, on est fixé sur la valeur de l'act. mob.; mais, s'il s'agit d'objets mob. d'une valeur indéterminée, on peut soutenir que cette valeur peut être déterminée, soit par la déclaration commune des parties, soit par une expertise, sauf, dans ce dernier cas, l'appel non pas sur le fond, mais sur l'estimation. Quant aux immeubles, aucune estimation n'est possible ; le taux légal du revenu ne peut être déterminé que par rentes ou par bail. Ces observat. s'appliquent à tous les cas où il faut fixer la valeur du litige, soit pour décider si l'affaire est ou non sommaire, soit pour savoir si elle rentre ou non dans la compét. en premier ou en dernier ressort des juges de paix, ou dans celle des tribunaux d'arrondissement. — Il faut entendre les 1,500 fr. de principal ou les 60 fr. de revenu, *inclusivement*.

669. En matière civile, ce n'est pas le

montant de la condamn., mais le montant de la demande qui détermine la limite du prem. et du dernier ressort. Pour connaître le montant de la demande, il faut tenir compte, en moins ou en plus, des conclusion additionn. du demandeur, les déduire de la demande, ou les y réunir.

670. Pour fixer le taux du dernier ressort il ne faut compter dans le montant de la demande, ni les frais ni les intérêts, ou les fruits postérieurs à la dem. intentée. Mais la doctrine et la jurisprudence sont aujourd'hui d'accord pour comprendre dans le principal les intérêts, arrérages, et autres accessoires déjà échus au jour de la demande.

671. Lorsque plusieurs dem. ont été formées, par la même partie, dans la même inst., on prend leur valeur totale pour fixer le taux du dernier ress. Il en est autrement si les dem., réunies dans la même inst., ont été formées par deux demandeurs : alors chaque demande reste isolée relativ. à sa valeur. La même séparat. a lieu, si l'on poursuit, dans la même inst., deux défend., à moins qu'il ne s'agisse de déb. solidaires, ou que l'objet de la demande ne soit indivisible.

672. S'il y a une demande reconven., elle ne sera pas cumulée avec la dem. princip. pour le taux de l'appel. Mais si l'une des deux est supérieure à 1,500 fr., toutes deux seront sujettes à l'appel. — Toutefois, la demande en domm. intér. formée par le défendeur, et basée sur la dem. princip., ne sera pas comptée, quel qu'en soit le chiffre.

673. Quiconque a été partie au jugement de première inst., peut former l'appel. Le tuteur l'interjette pour le mineur ou l'interdit. — Ce droit appartient aussi aux ayants cause de la partie. — La renonciation à l'appel peut avoir lieu dès l'origine du procès, et pendant toute l'inst. Si le Code ne l'a permise en termes exprès que devant les juges de paix. les trib. de commerce et les arbitres, c'est qu'il ne s'est pas occupé de la compétence des trib. d'arrondiss. pour laquelle il s'est référé à la loi de 1790, qui permet cette renonciation.

TRENTIÈME LEÇON.

⟿ **674.** Division. § 1. *Du délai d'appel.* — Lorsque l'appel était une provoc. à un combat véritable, la partie devait adresser le défi au premier juge qui opinait contre elle. Après l'abol. du combat judic., l'appel put encore, pendant un certain temps, être interjeté sans délai. Plus tard, on se jeta dans un excès contraire; l'appel fut recevable pendant 30 ans. Sous l'ordonnance de 1667, le délai d'appel durait, en général, 10 ans; cependant la partie qui avait gagné pouvait, trois ans après la signific. du jug., sommer son adversaire d'appeler, et l'appel devait être interjeté dans les six mois suivants. Ces délais étaient doublés pour certains établissem. publ. Enfin l'Assemblée constit. et le C. de pr. fixèrent pour les jugem. contradict. un délai de trois mois, à partir de la signification à la partie; ce délai est aujourd'hui de deux mois.

675. Le délai court, pour les jugements contradictoires, à partir seulem. de la signif. à la partie, parce que le jug. simplement prononcé n'est pas réputé suffisam. connu de la partie condamnée. En général, pour pouvoir exécuter un jugem., il faut, au préalable, le signifier : 1° à l'avoué de la partie condamnée; 2° à cette partie elle-même, en mentionnant, dans cette seconde signification, la première. Cependant, par exception, pour le jugem. d'instruction, la signif. à avoué suffit. Au contraire, pour faire courir le délai de deux mois, la signification à la partie sans signification à l'avoué suffit; néanmoins, par exception, il est des cas où non seulement le délai de deux mois est réduit, soit à trente jours, soit à quinzaine ou huitaine, mais encore où, pour plus de célérité, le délai court sans signification à la partie, par le seul fait de la signification à avoué. Il est même des cas, comme celui de l'article 392, où le délai court à partir de la prononciation sans aucune signification.

676. Celui-là même qui a signifié le jugement peut en interjeter appel, s'il a fait des réserves à ce sujet. S'il n'a pas fait de réserves, il ne peut pas former un appel principal, mais seulement un appel incident, dans le cas où il serait relevé de son acquiesc. tacite au jugement par l'appel principal de son adversaire; mais si cet adversaire se tait, tout est terminé.

⟿ **677.** L'ancienne règle, assez raison., *Contumax non appellat*, relative aux jugem. par déf., est abrogée. Tant que l'opposition est ouverte, l'appel n'est pas possible, parce que l'opp. est une voie plus simple et plus respectueuse, mais, après qu'elle a cessé d'être ouverte, l'appel devient possible, et son délai commence à courir du jour où l'opposition n'est plus recev. Or, l'opposition n'est plus recevable pour les jugem. par défaut contre avoué, huitaine après la signification à l'avoué. Ici la signification à la partie semble n'être pas exigée pour faire courir le délai de l'appel. Quant au jug. par défaut contre partie, l'opposition n'est plus recevable après l'exécut. (n° 327), et pour cette exécut. la double signif. à l'avoué et à la partie est nécessaire. L'appel n'est pas recevable c. un jug. de défaut congé.

⟿ **678.** L'appelant est celui qui interjette appel; l'intimé celui contre qui il est interj. L'appel principal est celui qui est interjeté le premier, l'appel incident celui qui l'est le second. Encore bien qu'après deux mois la partie qui a signifié avec réserves soit non recevable à interjeter appel principal, néanmoins, qu'elle ait fait ou non des réserves, pourvu qu'elle n'ait pas conclu au maintien du jug., elle pourra interjeter appel incid. en tout état de cause, car elle ne peut pas être à la merci de son adversaire, qui interjetterait appel le dernier jour du délai et qui, du reste, en appelant, a repoussé la transaction qui lui était offerte.

679. Celui qui a signifié, sans réserves, un jugement contenant plusieurs chefs sans rapport l'un avec l'autre, peut interjeter appel incident sur le tout, quand même l'appel principal ne porterait que sur un des chefs, parce que l'appelant n'a pas accepté l'offre de transaction qui lui était faite, et que la loi ne fait pas de distinction.

→ **680** et s. Effets de l'inobservation des délais, et cas où ces délais sont prorogés ou suspendus. — La déchéance encourue pour n'avoir pas interjeté appel dans les délais de la loi ne peut pas être couverte par le silence de l'intimé; elle doit être prononcée d'office, maintenant comme sous la loi du 24 août 1790, dont on n'a pas voulu changer l'esprit. On ne peut pas argumenter contre cette décision de ce qui a lieu pour la prescription et la péremption, car il n'y a pas parité. La prescription n'est pas appliquée d'office, parce que c'est un moyen abandonné à la conscience de la partie. Quant à la péremption, la loi a pu se montrer facile, ne pas la faire encourir de droit, ne pas l'appliquer d'office, permettre qu'elle soit couverte, parce qu'elle n'éteint pas l'action. D'ailleurs, nulle part la déchéance de l'appel n'est qualifiée de péremption.

→ **681**. Les délais courront contre toutes parties, soit mineurs, soit interdits, soit personnes malades; sauf, en cas de faute, le recours contre qui de droit. Mais ils ne courent contre le mineur non émancipé que du jour où le jugement aura été signifié tant au tuteur qu'au subrogé tut. Ce dernier n'a pas qualité pour interjeter appel, mais seulement pour surveiller les intérêts du mineur.

682. Il y a prolongation des délais pour les personnes habitant hors de la France, ou absentes pour un service public (V. art. 445, 446).

683. Suspension des délais en cas de mort de la partie (V. art. 447). Le renvoi de cet art. à l'art. 61 ne peut s'expliquer que par la relat. de l'art. 61 avec l'art. 68, Il est même probable qu'il y a une erreur de chiffres, car la pensée du législateur a été que la signific. pourrait être faite au domicile du défunt, et que, si ce domicile était abandonné, la copie serait laissée à un voisin ou au maire, conformément à l'art. 68.

684. Si le jugement a été rendu sur une pièce fausse ou sur une pièce retenue par l'adversaire, les délais ne courront que du jour où le faux aura été reconnu par l'adversaire ou juridiquement constaté, où la pièce aura été recouvrée, pourvu que, dans ce dernier cas, il y ait preuve par écrit du jour du recouvrement. S'il s'agissait d'un arrêt, il y aurait lieu à requête civile.

685. L'appel d'un jugement non exécutoire par provision ne sera pas reçu dans la huitaine de sa prononciation, il doit être déclaré non recevable d'office, mais sans déchéance. S'il s'agit d'un jug. exéc. par provision, l'appel peut être immédiatem. interjeté, soit pour rendre l'adversaire plus circonspect à user de son droit, soit pour arriver plus tôt à l'arrêt qui réformera le jugem. et arrêtera les poursuites.

686. En principe tout jug. peut être exécuté tant qu'aucun appel n'est interjeté : mais comme, dans la huitaine de la prononc. d'un jug. non exéc. par prov., il est défendu d'appeler, l'exécution sera arrêtée pendant le même temps. — Tout jugem. d'un trib. de commerce, étant imméd. exécut. par prov., malgré l'appel, il peut en être interjeté appel le jour de sa prononciation.

→ **687**. La distinction des jug. en préparatoires et en interlocutoires est surtout utile relativ. à l'appel; on ne peut appeler des premiers qu'après le jugement définitif et conj. avec ce jug., tandis que les seconds peuvent être immédiatement attaqués par la voie suspensive de l'appel. Pour ne pas entraver le cours de la just., le droit romain ne permettait que rarement l'appel des jugements qui ne terminaient pas la contest. Dans notre ancienne jurisprud., les expressions jug. *préparatoires* et jug. *interlocutoires* n'étaient pas oppos. l'une à l'autre; elles paraissent avoir été souvent synonymes, et elles se confondaient dans l'expression collective : jug. *d'avant faire droit*; on examinait seulement si le jugement d'avant faire droit portait ou non un préjudice sérieux à la partie, et, en cas d'affirmative, l'appel était autorisé. Cette distinction était difficile en pratique, et la loi du 5 brumaire an II paraît avoir voulu, sous le nom de *préparatoires*, proscrire l'appel immédiat de tous les jug. d'avant faire droit. Le projet du Code pr. était rédigé dans ce sens, mais d'après plusieurs réclamations, on fit une distinction entre les jug. prépar. et les jug. interl., et on essaya de les définir.

688. Sont prépar. les jug. d'avant faire droit et d'instruction qui tendent à mettre la cause en état de recevoir une décision définitive, qu'ils ne préjugent pas. — Sont interloc. les jugem. d'avant faire droit et d'instruct. qui tendent aussi à mettre la cause en état, mais en préjugeant la décis. définit. — Ces deux caractères de jug. d'avant faire droit et de jug. d'instr. sont communs aux jug. prépar. et aux jug. interl., et le second les distingue d'autres jug. d'avant faire droit qui ne sont ni prépar. ni interl., qui ne sont pas d'instruc, ; tels sont les jug. qui accordent une provision, par ex., en fixant une pension alimentaire, jug. dont on peut appeler immédiatement, sauf l'exéc. provisoire, s'il y a lieu. — Quant aux caractères de différ., ce qui distingue le jugement prépar. du jugem. interloc., c'est que ce dernier préjuge le fond de la cause d'une manière conditionnelle. Il en est ainsi, par ex., du jug. qui ordonne la preuve test. au-dessus de 150 fr., parce que le tribunal reconnaît que la demande est dans une des exceptions de la loi, ou bien du jugem. qui dans une demande de séparation de corps, permet une enquête, parce que les faits articulés sont graves et pertinents. Dans ces deux cas, le trib. annonce implicit. que, si la preuve est faite, le défendeur sera condamné. De même du jugement qui déclare que le vendeur est dans le délai de 2 ans, et l'autorise à prouver par experts la lésion de plus des 7/12. Le tribunal annonce implicit. qu'il prononcera la rescision, si la lésion est prouvée. — Il n'y a aucun préjugé lorsque le tribunal ordonne la jonction de deux instances, une remise de cause, une communication de pièces.

689. L'interlocutoire ne lie pas le juge, c'est-à-dire qu'après avoir reconnu certains faits comme pertinents et concluants dans son jug. interlocutoire, le trib. peut leur donner un caractère différent et les écarter dans son jug. sur le fond.

690. L'appel d'un jugem. préparat. ne pouvant être interjeté que conjointem. avec l'appel du jug. définitif, il est tout simple que le délai d'appel ne coure qu'à partir de la signif. du jugement définitif, et que l'appel soit recev., bien que le jug. prépar. ait été exécuté sans réserves. Au contraire, l'appel d'un jugem. interloc. pouvant être interjeté immédiatem., il semble naturel, malgré l'opinion la plus reçue, de faire courir le délai d'appel, conformément à la règle gén., à partir de la signif. de ce jug. et alors la règle que l'exéc. sans réserves ne fait pas obstacle à l'appel du jug. prépar. sera inapplicable au jug. interloc. Cette interprétation paraît plus conforme à l'esprit et à la lettre de la loi. Il eût peut-être mieux valu, à cause des difficultés qui se rattachent, en théorie et en pratique, à la distinct. des jug. prépar. et des jug. interl., admettre en principe, et sauf de rares excep., que l'appel des jug. d'instruc. ne serait pas recevable avant le jugem. définitif.

➳ **691.** Autrefois la règle : *Contumax non appellat,* s'opposait à ce que la partie qui avait perdu par sa faute la voie de l'opposition, pût ensuite appeler. En 1790, cette règle fut confirmée pour les sentences des juges de paix. Il n'en est plus ainsi : tant que l'opposition est ouverte, la voie de l'appel est fermée, mais après que l'opposit. a cessé d'être recevable, l'appel est possible. Par exception on peut appeler du jugement, soit contradictoire, soit par défaut, d'un tribunal de commerce, le jour même de sa prononciation.

TRENTE ET UNIÈME LEÇON.

➳ **692.** § 2. *Quels jugements sont sujets à l'appel.* — Pour savoir si un jug. est ou n'est pas sujet à l'appel, il ne faut pas s'en tenir à la qualification de jugement en premier ou en dernier ressort, qu'il a pu recevoir, mais à la nature de l'affaire. La fausse qualification n'est pas un motif de cassation.

693. Il est utile que le juge qualifie son jugement, d'abord parce que la qualification étant ordin. exacte, elle indiquera aux parties ce qu'elles ont à faire ; ensuite parce que, s'il s'agit d'un jugem. qualifié en dernier ressort, l'appel, étant présumé non recevable, jusqu'à preuve contraire, n'aura pas d'effet suspensif, et l'exécution ne pourra être arrêtée que sur les défenses du juge d'appel. A l'inverse, le jug. non qualifié ou mal à propos qualifié en premier ressort étant présumé sujet à appel, l'exécution sera suspendue par l'appel, à moins d'obtenir du juge d'appel l'exécution provisoire.

694. L'incompét. du jug. de 1re inst. constitue un moyen d'appel et non un moyen de cassation, encore bien que la dem. fût de nature à être jugée en dernier ressort. Si le tribunal d'appel rejette ce moyen, il n'aura pas à s'occuper du fond puisque le premier juge a bien fait de prononcer en dernier ressort. Si, au contraire. l'incomp. est déclarée, le tribunal d'appel pourra, soit statuer sur l'incompétence et sur le fond par une même décision, soit renv. l'aff. aux juges compétents pour statuer en prem. et dernier ressort.

➳ **695.** § 3. *De l'acte d'appel et de ses effets.* L'acte d'appel, étant le début d'une nouvelle inst., sera interj. par une assign. à personne ou à domicile, à peine de nullité. Les formes de l'art. 61, pour les ajourn., seront observées. Cependant l'exposé des moyens d'appel n'est pas nécessaire dans cette assignat., comme l'exposé des moyens de la demande dans l'ajourn. La différence vient de ce que, en 1re instance, le défendeur ne connaît pas la demande ; au contraire, en appel, l'intimé connaît déjà l'affaire, il n'est exposé à aucune surprise, d'autant plus que l'appelant s'expliquera le premier, en signifiant ses griefs dans la huitaine de la constit. d'av. par l'intimé. Il sera toujours temps de développer les moyens d'appel, soit par écrit dans les matières ord., soit à l'aud. dans les mat. sommaires ou commerciales.

➳ **696** et s. *Effets de l'appel.* Le premier effet de l'appel est d'être dévolutif, c'est-à-dire de remettre en question devant les juges supérieurs les points attaqués par l'appel et dont la connaissance est dévolue au tribunal d'appel.

697. En second lieu, l'appel des jug. définitifs ou interloc. est suspensif à moins que l'exéc. prov. n'ait été autorisée. — Les actes d'exéc. faits malgré l'appel, bien ou mal fondé, peu importe, seront nuls, quand même le jug. serait confirmé, car la confirmat. ne peut avoir d'effet rétroactif. Pour qu'il en soit ainsi, il faut qu'il s'agisse d'un appel véritable, car il en est de l'appel comme de l'opposit. (n° 335). S'il est irrégulier ou interjeté après les délais, la nullité des actes d'exécut. ne sera pas prononcée.

698. L'appel cesse d'être suspensif, et l'exéc. provis. peut avoir lieu malgré l'appel : 1° dans le silence même du jug., quand la loi attache cet effet à la seule nature du jug. ; 2° quand les juges, sur l'intimation de la loi, ont prononcé l'exécution provis. (V. nos 290 et 621); 2° lorsqu'ils l'ont permise, ayant la faculté de la prononcer ou de ne pas la prononcer. C'est à ce dernier cas que s'applique la lettre du § 1er de l'art. 457.

699. Deux hypothèses peuvent se présenter ; les premiers juges peuvent avoir omis à tort de prononcer l'exécution provisoire. Ils peuvent au contraire, l'avoir ordonnée mal à propos. Prem. hyp. ; si en 1re inst., on a omis à tort de pron. l'exéc. provisoire, ou bien si le jugem. n'a pas été qualifié, ou a été fauss. qualifié en 1re ressort, au lieu de l'être en dernier ressort, l'intimé dont les poursuites sont suspend. par l'appel (de 696) pourra sur un simple acte, faire ord. l'exéc. prov. à l'audience de la cour d'appel et avant le jugement de l'appel.

700. Deux hyp. : à l'inverse, si en 1re instance l'exéc. prov. a été prononcée à tort ou bien si le jugem. a été faussement qualifié en dernier ressort, l'appelant pour arrêter l'exéc. provisoire qui a lieu nonobs. l'appel (n° 692) pourra obtenir des défenses à l'audience de la cour sur une assignat. donnée à bref délai, en vertu d'une ordonn. du présid. Hors les cas ci-dessus, l'exéc. ne pourra être arrêtée, à peine de nullité.

701. L'exéc. prov. des jugem. des trib. de commerce, avec ou sans caution, aura toujours lieu malgré l'appel, sans que la cour d'appel puisse, en aucun cas, la suspendre, à peine de nullité et de dommages-intérêts ; sauf à accorder la permission de citer à jour et heures fixes pour plaider immédiatement l'appel.

⇛ **702.** § 4. *De l'instruction sur l'appel.* — Tout appel, même du jug. rendu sur instr. par écrit, sera porté à l'aud. sauf à ordonner l'instr. par écrit, mais seulement après que l'instruc. ordonnée aura été reconnue insuffisante.

⇛ **703.** Dans la huit. de la constitut. d'avoué par l'intimé, l'appelant signifiera ses griefs contre le jugement (n° 393). L'intimé répondra dans la huitaine suiv. L'audience sera poursuivie sans autre procédure. De même qu'en 1re instance, on peut suivre l'aud. sans aucune signific. de défense et de réponse, de même, en appel, l'appelant peut suivre l'audience sans signifier ses griefs, que la 1re discussion fait prévoir. L'intimé a la même faculté pour la réponse.

⇛ **704.** En appel comme en première inst., les affaires sommaires seront jugées à l'audience sur simple acte, sans autre procéd. Les écritures qui seront faites n'entreront pas en taxe. Même décision pour les jug. de commerce.

705. On suivra la même marche pour les affaires civiles ordinaires, lorsque l'intimé n'aura pas constitué d'avoué d'appel, sauf à vérifier avec attention les conclus. de l'appelant, car il n'en est pas du défaut en appel comme du défaut en première instance : la présomption, loin d'être contre l'intimé, est en sa faveur parce qu'il a gagné en première instance.

⇛ **706.** Il ne sera formé en appel aucune nouvelle demande, parce qu'il ne peut dépendre d'une partie de priver son adversaire du bénéfice des deux degrés de juridiction ; mais on pourra présenter toute espèce de moyens nouveaux à l'appui de ses prétent. primitives, soit les moyens de fait qui n'avaient pas été soumis aux prem. juges, soit les moyens de droit que ces juges auraient pu suppléer d'office, soit même ceux qu'ils n'auraient pu suppléer d'office, comme la prescription.

707. Cependant, prem. exception, invoquée surtout par le défendeur orig. : on pourra former en appel une nouvelle dem., s'il s'agit de compensation, parce que, bien que la compensat. pût être la mat. d'une dem. séparée, elle est non seul. considérée comme dem., mais surtout comme défense ; ensuite parce qu'on aura l'avantage de trancher deux procès par la même décis. Cette décis. pourra prononcer non seulement la compensat., mais condamner au surplus, car la loi ne distingue pas si la dem. en compens. est inférieure, égale ou supérieure à la demande princip., il serait d'ailleurs difficile et dangereux de scinder la demande nouvelle. — Le défend., mais lui seul, pourra encore former toute autre dem. nouv. pourvu qu'elle ne soit que la défense à l'action principale.

708. Quant au demand. origin., appelant ou intimé, il ne peut former de nouvelles dem. ; mais, par except., il pourra demander tous les accessoires échus depuis le jugem. dont est appel, ainsi que les dom. intérêts. — Formes de procédure pour les conclusions nouvelles ou les restrictions aux conclusions des parties (V. art. 465).

709. En vertu de la règle qu'aucune nouv. dem. ne peut être formée en appel, l'intervention n'y sera pas reçue, si ce n'est de la part de ceux qui auraient droit de former tierce opposition, non au jug., mais à l'arrêt futur.

710. La péremption (nos 577 et suiv.) donne au jugement dont est appel force de chose jugée, en rendant l'appelant non recevable à renouveler son appel, non seulement quand le jugement lui a été signifié, et que les deux mois ont couru, mais même quand il a laissé périmer un appel qu'il avait interjeté sans attendre la signific. qui n'a pas été faite.

711. § 5. *Du jugement sur l'appel et de ses effets.* — S'il se forme plus de deux opinions, les juges plus faibles en nombre seront tenus de se réunir à l'une des deux opinions qui auront été émises par le plus grand nombre; toutefois, comme il semble naturel de sous-entendre ici ce qui a lieu en première instance, ils ne seront tenus de s'y réunir qu'après une seconde collecte de voix. Mais lorsque la réunion de la minorité relative à une des majorités relatives ne peut donner à aucune de celles-ci la majorité absolue, il y a lieu de déclarer le partage.

712. En cas de partage on appellera, pour le vider, un ou plusieurs juges qui n'auront pas connu de l'affaire en suivant l'ordre du tableau. On les appellera en nombre pair ou impair, de façon à produire ou à conserver l'imparité qui rend le partage plus difficile. L'affaire sera de nouveau plaidée ou rapportée. Si tous les juges ont connu de l'affaire, on appelle trois anciens jurisconsultes.

713. V. art. 470.

714. L'appelant qui se désiste n'aura à payer que les frais : mais, s'il persiste et qu'il succombe sur tous les chefs, il sera condamné à une amende de 5 fr. par la sentence d'un juge de paix, et de 10 fr. pour le jug. d'un trib. d'arrond. et de commerce. La consign. préal. de cette amende par l'av. de l'appelant est exigée sous peine de 50 fr. d'amende contre le greffier qui délivrerait un arrêt d'appel sans cette consig., sans que cependant la non-consign. soit un obstacle à la recevab. de l'appel, à la différence de ce qui a lieu pour la requête civile et le pourvoi en cassation.

715. Si le jugement est confirmé, l'exécution appartient au trib. dont est appel, à moins qu'il ne soit incompétent pour connaître de cette exéc., alors elle appartient au tribunal déclaré compétent.

716. Si le jugem. est infirmé, l'exécut. de l'arrêt, qui doit décider aussi le fond lorsqu'il s'agit d'un jugem. définitif, cette exéc. appartiendra à la cour d'appel ou au trib. qu'elle indiquera, trib. autre que celui dont le jug. est réformé, pour éviter toute partialité de la part des premiers juges, ou toute méfiance du côté des parties. — Cependant, si des tiers se trouvent intéressés dans les quest. d'exécut., le procès sera porté au tribunal naturellem. compét. — De même, la cour d'appel sera incompét. pour cette exécut. dans le cas où la loi attribue jurid., comme pour l'emprison., où la compétence appartient tantôt au tribun. qui a jugé, tantôt à celui du lieu de l'arrestation; pour l'expropriation forcée, où elle appartient au tribunal de la situation de l'immeuble : pour la reddit. des comptes (art. 528 et suiv.).

717. L'évocation est la translat. d'une affaire d'un tribun. à un autre. — Il n'y en a plus que dans les cas prévus par l'art. 573, notamment la C. d'appel saisie de l'appel d'un jug. interlocut. peut évoquer le fond, sous trois conditions : 1° que le fond soit disposé à recevoir une décision définitive; que la Cour statue sur le fond et l'interlocut. par le même arrêt; 3° que la C. infirme le jug. interlocutoire. Cela évite des lenteurs et des frais. Il en sera de même s'il s'agit d'infirmer un jugement définitif, soit pour vice de forme, soit pour toute autre cause ne tenant pas au fond, comme pour péremption, incompétence ou nullité.

TRENTE-DEUXIÈME LEÇON.

LIVRE IV. — DES VOIES EXTRAORDINAIRES POUR ATTAQUER LES JUGEMENTS.

718. Il y a quatre voies extraord. pour attaq. les jug. : la requête civile; le pourvoi en cass.; la prise à partie et la tierce opposition. Cependant on peut dire que la prise à partie n'est pas à proprement parler un moyen de faire réformer un jug.; c'est un procès nouveau entre le plaideur et son juge. De même la tierce opposition, bien qu'elle soit à quelques égards un moyen d'attaquer les jug., ne mérite pourtant que sous quelques rapports la qualificat. qu'on lui donne, car elle laisse subsister le jug. entre les parties, elle ne le modifie qu'à l'égard des tiers. Il en est autrement de la requête civile et du pourvoi en cass., qui font tomber entièrem. par la rétract. ou la cassat. le jug. ou l'arrêt attaqué.

TITRE Ier. — DE LA TIERCE OPPOSITION.

719. La tierce opposition est un moyen ouvert par la loi à une personne qui n'a pas figuré dans une inst. pour attaquer le jug. rendu à la suite de cette inst., en tant que ce jug., préjudicie à ces droits. Des difficultés s'élèvent sur la nature et le but de la tierce oppos. En effet, peut-on faire observer, comment un tiers sera-t-il lésé par un jug. auquel il est resté étranger, puisque, pour en décliner l'autorité, il lui suffit d'invoquer l'article 1351 C. civ., en disant qu'il n'a pas été partie au procès? alors à quoi bon la tierce oppos.? — Dans un premier syst., on dit que la tierce oppos. est toujours facult.; que l'on peut arriver au même résultat en se bornant à répondre qu'on n'a pas été partie au procès, sauf à l'adv. à prouver le contraire.

S'il en était ainsi, la tierce oppos. serait une procédure sans applic. : on éviterait de s'en servir, puisqu'en l'employant, on perdrait le bénéfice de la compétence du tribunal de son domicile, pour se soumettre à la compét. spéciale établie pour la tierce opp. ; ce serait ensuite changer le rôle de défendeur, où l'on a rien à prouver, contre le rôle opposé; et enfin ce serait s'exposer à une amende, si l'on succombe. — Dans un autre système ; la tierce opp. serait la mise à exéc. forcée de l'article 1351, de façon que, pour décliner l'autorité d'un jug., il ne suffirait pas de dire que l'on n'a pas été partie au procès, il faudrait le prouver en prenant la voie de la tierce opp. Si ce syst. était vrai, la tierce opp. ne serait plus une voie de recours, elle ne présenterait qu'une quest. d'interprét., celle de savoir si l'on a été ou non partie au procès, ce qui serait contraire à la rubrique du livre et à l'esprit du titre. Ensuite ce serait rejeter le fardeau de la preuve sur le défendeur en l'obligeant de prouver qu'il n'a pas été partie au procès, tandis que d'après les principes généraux, ce doit être au demandeur ou à celui qui invoque un jug. contre un tiers à prouver qu'il s'applique à ce tiers. Le défendeur serait encore privé de la compétence du tribunal de son domicile et exposé à une amende. — Ces deux systèmes sont trop exclusifs. D'une part, pour décliner l'autorité d'un jug., il n'est pas toujours nécessaire d'avoir recours à la tierce opp. ; mais, d'autre part, la tierce opp. peut produire des résultats plus avantageux que si l'on attendait d'être mis à même d'invoquer l'art. 1351. Ainsi, bien qu'en droit un jug. ne puisse être opposé à un tiers et lui nuire, cependant, en fait, l'exéc. de ce jug. peut lui porter un grave préjudice ; il aura donc intérêt à agir par la tierce opp. pour arrêter prompt. cette exéc. D'après cette interprét. la tierce opp. serait vraiment une voie de réform. ou de rétract., une oppos. qu'un tiers apporterait à l'exécution d'un jugement.

720. Ex. L'art. 873 indique un cas de tierce oppos., en matière de séparation de biens. La femme, en exécutant contre le mari, nuit aux créanciers de celui-ci, qui forment tierce oppos. De là cette théorie ; le tiers c. qui l'on veut exécuter un jug. le repousse par l'exception de chose jugée ; mais le tiers qui se plaint de ce que l'exécution entre les parties lui nuit, doit former tierce oppos. — C'est ainsi que j'agirai c. celui qui a triomphé dans une revendication soit de mon meuble c. mon dépositaire ou mon commandataire, soit de mon immeuble c. mon fermier.

➳ **721.** Pour pouvoir former tierce opp. contre un jug., il faut n'avoir figuré au procès, ni par soi-même ni par ceux qu'on représente ou par qui on est représenté.

➳ **722.** La tierce opp. principale, celle formée en dehors de toute inst., est portée par une assign. devant le trib. qui a rendu le jug. attaqué, parce que ce trib. est plus à portée de décider si on n'a pas été partie au procès et de réparer le préjudice éprouvé. — La tierce oppos. contre un arrêt confirmatif est portée à la cour d'appel. — Quant à la tierce oppos. incid., celle formée dans le cours d'un procès, elle est portée par une requête devant le tribunal saisi de l'action princip., à moins que ce tribunal ne soit inférieur à celui qui a rendu le jugem. ; alors la tierce oppos. est portée devant ce dernier tribunal, parce qu'un tribunal inférieur n'a pas qualité pour réform. le jug. d'un trib. supérieur. — La tierce opp. est donc tantôt une voie de rétractation, tantôt une voie de réformation (nº 660).

➳ **723.** La conciliation n'étant exigée que pour les dem. principales introduct. d'inst., la tierce oppos. incid. en sera dispensée, lors même qu'elle sera portée par action principale au tribunal qui a rendu le jug., parce que le trib. saisi de la dem. principale est inférieur au premier. — Quant à la tierce oppos. principale, on peut soutenir qu'elle doit être soumise à la concil. comme toute dem. princip.; mais, si on veut l'en dispenser, ce sera comme dem. requérant célérité, et non pas en l'assimilant à l'intervention, qui est une demande incid. puisqu'elle arrive dans le cours d'un procès, tandis que la tierce opp. principale intervient après la contestation.

➳ **724.** — Le trib. saisi de la dem. princ. peut selon les circonst. passer outre ou surseoir lorsqu'il est obligé de renvoyer la tierce opp. au trib. supérieur. S'il a passé outre et qu'il y ait contrariété entre les décis. des deux trib., il y aura lieu au pourvoi en cassation.

➳ **725.** Il est laissé à la prudence des juges de décider si la tierce oppos. sera suspensive de l'exéc. — Cependant, lorsqu'il s'agit d'un jug. passé en force de chose jugée ordonnant le délaiss. d'un héritage, afin d'éviter les tierces oppos. de complaisance, il n'est pas permis aux juges d'arrêter l'exéc. Mais il faut que le jug. soit passé en force de chose jugée, parce que, si la partie condamnée a la voie de l'opp. ou de l'appel, une tierce oppos. simulée n'est plus à craindre. Il faut ensuite qu'il s'agisse d'un immeuble qui ne peut disparaitre.

➳ **726.** La partie, dont la tierce oppos. sera rejetée, sera condamnée aux dommages intérêts, s'il y a lieu, et à une amende dont la loi fixe le minimum à 50 francs ; sans déterminer le maximum, et comme nos habitudes judic. répugnent à des amendes arbitr., ce chiffre sera à la fois le minimum et le maximum. Il en est de même pour le pourvoi en cassation.

TRENTE-TROISIÈME LEÇON.

TITRE II. — DE LA REQUÊTE CIVILE.

727. La requête civile est une voie extraord. ouverte, en certains cas, aux parties pour faire rétracter, en tout ou en partie, par le trib. même qui l'a rendue, une décision en dernier ressort, décis. contradictoire ou décision par défaut qui n'est plus suscep. d'opposition.

→ **728**. On a supprimé en 1790 l'usage de s'adresser à l'autorité royale pour obtenir la permission d'employer cette voie. Cette permission était donnée par des lettres appelées *lettres royaux*. Comme elles contenaient la transcript. de la requête par laquelle on les sollicitait, requête qui ne devait contenir aucun terme injurieux contre la sentence attaquée, on les appelait aussi *lettres en forme de requête civile*.

→ **729**. La req. civ. est admise contre les jug. contradict. en dernier ressort. Elle ne peut l'être contre les jug. en premier ress. passés en force de chose jugée lorsque la voie ordin. de l'appel a été négligée. Au contraire, bien que la voie ord. de l'oppos. ait été négligée, la requête civile est cependant admise contre les jugem. par défaut, mais toujours en dernier ressort. La différence vient de ce que les délais de l'oppos. sont moindres que ceux de l'appel.

730. Elle est aussi admise contre les jug. arbitraux (V. art. 1026). On peut soutenir qu'elle l'est égal. contre les jug. en dernier ressort des trib. de commerce, parce que ces trib. peuvent être compris dans l'expression générale des *trib. de* 1re *inst.* de l'art. 480. Au contraire, comme il est imposs. d'y comprendre les juges de paix, elle n'aura pas lieu contre leurs décisions en dernier ressort, d'ailleurs ordinair. de peu d'importance.

→ **731**. et s. Causes pour lesquelles la requête civile a lieu, art. 480, 481. — Elle a lieu : 1° si le jug. que l'on attaque a été déterminé par le dol personnel de l'advers. Le mot *personnel* a pour but d'exclure la simple lésion et le dol pratiqué par un tiers.

732. 2° Si les formes prescrites à peine de nullité ont été violées, pourvu que la null. n'ait pas été couverte. La violat. des formes peut aussi constituer une ouverture de cassat. (V. n° 770 pour la distinct. à établir.)

733. 3°, 4°. S'il a été accordé ce qui n'était pas demandé ; ou, à l'inverse, plus qu'il n'était demandé ; par ex., si l'on m'adjuge le prix au lieu de l'objet réclamé, ou bien, avec le capital, les intérêts qui n'étaient pas demandés. — 5° S'il a été omis de prononcer sur l'un des chefs de la demande.

734. 6° S'il y a contrariété d'un second jug. en dernier ressort avec un jugement précédent, soit en dernier ressort, soit passé en force de chose jugée, et qu'il s'agisse des mêmes parties, s'appuyant sur les mêmes moyens, devant les mêmes juges. Ce cas ne peut guère se présenter qu'autant que le second procès s'agite entre les héritiers des parties ou entre la partie qui a succombé et l'hérit. de l'autre ; ou bien si le trib. a repoussé l'autorité de son premier jugement ; mais d'après l'usage, on se pourvoit en cassat. pour violat. de l'art. 1351, C. civ. et on laisse de côté la requête civ., qui suppose que les juges ont été induits en erreur par méprise. Si la contrar. se présente entre deux jug. rendus par des trib. différents il y a lieu au pourvoi en cassation.

735. 7° Si dans le dispositif d'un jug. il y a des dispositions contraires, peu importe la contrar. des motifs, pourvu qu'ils ne se détruisent pas l'un l'autre ; autrem. le jug. ne serait pas motivé, et il y aurait lieu à cassation.

736. 8° Si, lorsqu'elle était exigée, la communic. au ministère public n'a pas eu lieu, et que le jug. ait été rendu contre celui pour qui elle était ordonnée, par exemple, pour un incap., à la différ. de l'ordonnance de 1667, qui permettait aussi à la partie capable d'employer la requête civile. Mais si, au lieu d'être requise dans l'intérêt d'une partie seule, la communic. était exigée dans un intérêt d'ordre public, la requête civile serait ouverte à chaque partie.

737. 9°, 10° Si un jugement a été déterminé par des pièces reconnues ou déclarées fausses, ou par le défaut de pièces décisives retenues par l'adversaire.

738. Enfin, la requête civile est ouverte au profit de l'État, des communes, des établiss. publics ou des mineurs interdits, 1° s'ils n'ont été défendus, par exemple, s'ils ont été condamnés par défaut et que l'oppos. ait été négligée, ou si le mineur n'a pas été représenté par son tuteur ; 2° s'ils n'ont pas été défendus valablement, par ex., lorsque les communes, les établiss. publics n'ont pas été autorisés dans la forme légale à plaider, si le plaideur n'a pas reçu l'autoris. du conseil de famille, lorsqu'elle était exigée. Autrefois on décidait général. qu'il y avait lieu à requête civile si les moyens de défense avaient été mal présentés ; il est probable qu'il doit encore en être ainsi, puisque les termes de la loi n'ont pas été changés.

→ **739**. On peut faire rétracter le jug. sur un seul chef.

→ **740**. Le délai de la req. civ. est en principe de deux mois à partir de la signif. du jug. à personne ou domicile. Elle sera formée dans ce délai, ordinairement par une assign. qui devra contenir la permission d'assigner, obtenue du président sur requête à lui présentée. Cette permission paraît assez inutile, et comme elle n'est pas prescrite à peine de null., son omission ne rendrait pas l'assign. nulle.

741. Le délai ne courra contre le mineur qu'après la signif. qui lui sera faite depuis sa major. — On soutient que, l'interdit étant assimilé au mineur, le délai ne courra contre lui qu'à partir de la signif. faite après que l'interdict. aura pris fin. On objecte que le législateur n'a pas pensé à cette assimil., et que, s'il n'a pas parlé ici de l'interdit, c'est que l'interdiction n'a pas de terme prévu comme la minorité et qu'elle peut ne finir que par la mort de l'interdit. Mais la première opinion semble préférable.

742. V. art. 482 à 489.

➳ **743**. Que la req. civ. soit principale ou incidente, elle doit toujours être portée devant le trib. qui a rendu le jug. attaqué et qui est présumé n'avoir pas été suffisam. éclairé, tandis que, s'il a agi en pleine connaiss. de cause, on aura recours au pourvoi en cassat. Le trib. saisi de la dem. principale peut y surseoir jusqu'à ce qu'il ait été statué sur la requête civile incidente.

744. La requête civile principale se forme nécess. par une assign. La req. civ. incid. se forme tantôt par une assign. tantôt par une requête d'av. à av., selon que le jug. attaqué n'émane pas, ou au contr. émane du trib. saisi de la dem. principale. — Si la req. civile est formée dans les six mois de la date du jug., l'assign. sera remise non point à la partie, mais, pour plus de célérité, au domic. de son avoué, qui est présumé, encore nanti des pièces. Mais c'est une assignation par exploit et non par acte d'avoué à avoué.

➳ **745**. Pour arrêter la témérité des plaideurs, aucune requête civile ne sera reçue si, avant de demander au président permiss. d'assigner, il n'a été consigné pour amende et dommages-intérêts, en cas de condamn., une certaine somme, dont la quittance sera en tête de la dem. ainsi que la consult. de trois anciens avocats, énonçant et approuvant les ouvertures (V. art. 494, 495).

➳ **746**. V. art. 496.

➳ **747**. La req. civile, comme en gén. les voies extraord., à la différ. des voies ordinaires, n'est pas suspensive de l'exéc.; aucunes défenses ne pourront être obtenues, et même, s'il s'agit du délaiss. d'un héritage, comme l'exéc. est très facile, et que l'immeuble ne peut disparaître, le demandeur ne pourra former la requête civile qu'en rapportant la preuve de l'exéc. du jug. au principal. — Cependant l'exéc. sera nécessair. suspendue, s'il s'agit d'un jug. contenant des dispos. contraires, parce que l'exécuter d'un côté serait le violer de l'autre. Peut-être pourrait-on dire qu'il en sera de même, si la contrar. existe entre deux jugements.

➳ **748**. Toute req. civ. sera communiquée au ministère public, sans que la non-communic. puisse donner lieu à une nouvelle requête civile.

➳ **749**. L'instruct. de la req. civ. est soumise aux règles gén. des procéd. ord. Ainsi, il y aura lieu à faire précéder les plaidoiries des écrit. de défense et de réponse, quand même le jug. aurait été rendu en matière sommaire ou dans une de ces affaires qui s'instruisent sans plaid., comme une affaire d'enreg. qui se juge sur simple mémoire, parce que les deux procès sont de nature différente. Il est défendu d'invoquer des ouvertures qui n'auraient pas été énoncées dans la consultation.

➳ **750**. V. art. 500, 494.

➳ **751**. La req. civile n'est pas, comme l'opposit., un moyen direct de rétractation; le jug. sur la req. civile, à la diff. du jug. sur l'oppos., ne statue pas sur le fond; il se borne à rétracter le jug. attaqué, et à mettre les parties au même point où elles étaient avant ce jug. On appelle *rescindant* l'action qui tend à obtenir cette rétract., et *rescisoire* la nouvelle instance sur le fond. — Si la requête civile est admise, les sommes consignées seront rendues, et les objets de la condamn. rétractée seront restitués.

752. En principe, dans le rescindant, on examine seul. si l'on est dans un des cas de req. civ., sans aborder le fond. Cepend., le rescind. peut être lié plus ou moins à la quest. du fond; par ex., s'il s'agit d'un jug. rendu sur pièces fausses ou sur pièces retenues par l'advers., il faudra entrer dans le fond, pour savoir si le jug. a été déterminé par la fausseté ou l'absence des pièces; mais, même en cas de rétract., le fond reste entier, sinon en fait, du moins en droit. — Il n'y a qu'un cas où le rescind. termine la contest., c'est celui de contrar. entre deux jug., le second étant rétracté, le premier obtient son effet. Il ne peut en être de même de la contrar. entre les dispos. du même jug.; tout le jug. est rétracté.

753. Ce jug. rétracté étant réputé n'avoir jamais existé, le fond sera porté devant le même trib. qui aura statué sur la req. civ. Il n'est pas nécess. que ce soient les mêmes juges comme dans l'ord. de 1667; mais on n'a pas recours à un trib. différent, comme le voulait une loi de 1791, pour éviter toute possib. de partialité.

➳ **754**. On n'est reçu à former une seconde req. civ. ni contre le jugem. qu'on a déjà attaqué par cette voie, bien qu'on ait négligé quelque ouvert., ni contre le rescind. qui, en rejetant la req. civile, contiendrait quelque ouvert. de req. civ., ni pour le même motif contre le rescisoire.

755. Mais le rescindant et le rescisoire peuvent être attaqués par le pourvoi en cassation. — Lorsqu'au lieu d'être rejetée, ce qui est le cas prévu par l'art. 503, la req. civile est admise, peut-être pourrait-on soutenir, aujourd'hui comme autrefois, que le défendeur, parce qu'il n'est pas compris dans la lettre de l'art., peut former req. civ. contre le rescind. qui admet la req. civ. et rétracte le jug, rendu en sa faveur. On peut répondre que cela est contraire à l'esprit de la loi. — Pour l'explicat. de l'art 504, Voy. le nº 770.

TITRE III. — DE LA PRISE A PARTIE.

756. La prise à partie est rangée parmi les voies extraordin. pour attaquer les jug., cependant elle peut se présenter sans qu'il y ait eu jugem. — Elle a lieu, d'ailleurs, entre une partie et un ou plusieurs des juges. — Peuvent être pris à partie les juges de toutes les juridictions.

757. Causes de prise à partie. V. article 405. — 2 cas de déni de justice. V. art. 506 et manière de le constater, article 507.

758. Quel est le trib. compétent pour juger les prises à partie. — V. art. 509. On ne pourrait prendre à partie la cour de cass. entière, car aucun trib. n'aurait le pouvoir de la juger.

759. La prise à partie doit être autorisée par le trib. qui la jugera. — L'autoris. est demandée dans la forme prescrite par l'art. 511,- et sous la sanction de l'art. 512. Si l'autorisation est accordée, le procès s'engage entre le plaideur et le juge, et le juge, devenu suspect pendant le procès, ne peut juger les causes de cette partie, cu de ses parents, à peine de nullité des jug. auxquels ce juge aurait pris part. — D'après l'art 515, C. pr., les juges qui ont autorisé la demande ne pouvaient statuer sur la prise à partie. — Modifié par l'art. 22 décret du décret du 30 mars 1808. — L'affaire est plaidée et instruite comme toute autre affaire.

760. Celui qui succombe dans la prise à partie encourt une amende et des domm. intér. (art. 516). Si le trib. accueille la demande, distinction ; si le juge est attaqué pour un acte, l'acte est annulé et le juge passible de domm.-intér. — Il en doit aussi pour déni de justice. Si un jugement est attaqué, le juge est condamné à des domm.-int. ; mais envers qui? Est-ce envers le gagnant, en annulant le jugem., ou envers le perdant, en maintenant le jugement? — Je crois que le jugem. est nul, et que le trib. qui statue sur la prise à partie peut prononcer cette nullité.

TRENTE-QUATRIÈME LEÇON.

DU POURVOI EN CASSATION.

761. Le pourvoi en cassat. est une voie extraord. ouverte, en certains cas, contre les jug. non susceptibles de rétract. ou de réformation. Le Code se réfère pour l'intit. et les attrib. de la cour de cass. aux lois et règlements antérieurs.

762. La cour de cass. a son origine dans la section de l'anc. conseil du roi appelée conseil des parties. Elle fut organisée en 1790, sous le nom de *Trib. de cass.* Depuis, d'assez nombreuses dispos. ont encore statué sur son organ., ses attrib., sa procéd. La procéd. est réglée par une ordonn. de 1826, et surtout, sauf quelques dérogations, par le règl. de 1738. La cour de cass. est un trib. unique, sédentaire, établi à Paris; il est composé de 49 membres, plus un procureur gén., six avocats gén., un gref., quatre com.-gref., et huit huissiers spéciaux. choisis par la cour.

763. Outre son attribut. principale : casser les jug. ou arrêts, la cour de cass. est appelée à statuer, en certains cas, sur les règl. de juges en mat. civ. ; à connaître des prises à partie contre un trib. tout entier (V. nº 758) ; enfin à statuer, en matière criminelle, sur les dem. en renvoi pour suspicion légitime ou sûreté publique.

764. et s. 1° Quelles pers. peuvent demander l'annul. des procéd. ou la cass. des jug.? 2º Contre quels jug. et contre les décisions de quelle autorité cette annul. peut-elle être demandée? 3° quels sont les moyens, les ouvertures de cassation? Peuvent se pourvoir tous ceux qui ont été parties dans un jug. par eux ou par d'autres. — Le proc. gén. près la cour de cass. le peut aussi, mais seul. dans l'intérêt de la loi et sur l'ordre exprès du gouvernem., contre les actes par lesquels les juges excèdent leurs pouvoirs (art. 80, L. de ventôse an VIII). Il le peut aussi, et sans ordre, contre les jug. en dernier ressort, pour violat. de la loi ou inobserv. de formes irritantes, ou excès de pouvoir, mais seul. dans l'intérêt de la loi et après l'expir. des délais de cass. accordés aux parties, entre lesquelles le jug. vaut transaction.

765. Le pourvoi peut être formé contre les arrêts ou jug. en dernier ressort, soit contradict., soit par défaut, lorsque l'opp. n'est plus recev. Il ne peut l'être contre les jug. en premier ressort passés en force de chose jugée parce que l'appel a été négligée.

766. Les autorités jud. dont les décis. sont sujettes à cass. sont, le plus ordin., les cours d'appels, les trib. d'arrond. jugeant, soit en prem. et en dernier ressort à la fois, soit en dernier ressort seul.; les trib. de com., statuant en prem. et dern. ressort. Le pourvoi n'a pas lieu contre les sentences des juges de paix à moins d'excès de pouvoir. Il n'a pas lieu contre les jug. arbitraux (art. 1028). Aucun recours n'est admis contre les arrêts de la cour de cass.

767. La cour de cass. ne forme pas un trois. degré de jurid.; sans être bornée à la simple vérification des formes de procéd., elle ne statue pas sur le fond, elle examine seul. si les ouvert. de cassat. sont fondées. Ces ouvert. se réduisent à 4 : 1° violat. de la loi ; 2° incompét. ou excès de pouvoir; 3° inobserv. des formes prescrites à peine de nullité; 4° contrar. de jugements. 1° La cour de cass. annule pour violation expresse de la loi, lorsqu'elle trouve, dans le dispositif d'un arrêt, sans s'inquiéter des considérants, une fausse applic. du texte de la loi aux faits du procès, faits dont elle n'a pas à apprécier la vérité et le mérite, à moins que la violat. de la loi ne consiste dans la reconnaiss. ou la méconnaiss. d'un fait; telle serait une déclar. de paternité ou la méconnaissance d'un fait attesté par un acte authentique.

768. 2° Il y a lieu à cass. pour incompét. ou excès de pouv. Bien que ces express. rentrent ordinair. l'une dans l'autre, elles peuvent aussi se rapporter à des cas distincts, soumis à des règles différ. — Ainsi il y aura incompét., lorsqu'un trib. aura jugé une aff. que la loi attribuait à un autre trib., et il y aura lieu à cass., pourvu que l'incompét. *ratione personæ* n'ait pas été couverte; pour cela, il faut qu'elle ait été invoquée et rejetée en prem. instance et en appel, ce qui donnera aussi lieu à l'ouvert. pour violat. de la loi. Quant à l'incompét. *ratione materiæ*, elle peut être invoquée en tout état de cause. — Il y aura excès de pouvoir, à part celui qui résulte de l'incompét., si un trib. sort des fonct. ord. de tout trib., comme s'il statue par forme réglementaire. Le gouv. pourra alors, par l'organe du ministère public, se pourvoir même contre un jug. de premier ressort.

769. 3° En gén., l'inobserv. des formal. prescrites à peine de null. donne seule lieu à la requête civ. Il en est ainsi toutes les fois que l'on peut croire qu'il y a erreur involont. des juges. Au contr., l'inobserv. est-elle volont., il y a lieu à cass., parce que la req. civ. serait illusoire. Il y a encore lieu à cass. contre les arrêts ou jug. qui ne contiennent pas de motifs, qui ne sont pas rendus publiq. ou qui ont été rendus par un nombre insuff. de juges, ou par des juges qui n'avaient pas assisté à toutes les audiences.

770. 4° Lorsque deux jug. successifs ont été rendus, dans la même cause, entre les mêmes parties, sur les mêmes moyens, par deux trib., il y a lieu au pourvoi contre le second. Il en est de même, bien que le second jug. ait été rendu par le même trib., si l'existence du prem. a été vainement invoq.; si elle n'a pas été invoquée et que l'erreur des juges soit involontaire, il y a lieu seulem. à la requête civile.

771. et s. Procédure. Le pourvoi s'introduit par un écrit en forme de requête, non communiqué à l'advers. et déposé, par l'avocat que le demand. a constitué, au greffe de la C. de cass. Le dépôt est constaté par un récépissé du greffier. Il doit être formé, en général, dans les deux mois de la signific. du jug. attaqué, sauf quelques prolongat. à raison d'absence forcée ou de distances. La requête de pourvoi doit contenir : les noms du demand. et du défend.; l'indic. précise du jug. attaqué; la désign. expresse de la loi violée; l'indic. des moyens de cass., sauf à les développer plus tard, si l'on veut, dans un mémoire; la quittance du receveur, constatant le dépôt d'une amende de 160 fr. pour les jug. contradict., et de moitié pour les jug. par défaut ou par forclus., plus des décimes en sus. Il faut y joindre l'expédition du jug. (ou de l'arrêt attaqué. L'inobservation de ces formal. entraîne le rejet du pourvoi.

772. L'acte de pourvoi, et, s'il y a lieu, le mémoire ampliatif étant déposés au greffe, la ch. des req. est saisie. Le présid. désigne parmi les conseillers un rapporteur auquel les pièces sont confiées. Dans le délai d'un ou deux mois, selon les cas, le dossier est remis au greffe pour être communiqué au ministère publ. Puis, l'affaire venant à son tour de rôle, on entend à l'aud. le rapporteur, l'avocat du demand. et le minist. pub. — Le défend. n'est jusqu'ici représenté par personne ; il n'a été besoin de lui rien notifier, parce qu'il s'agit seulement de savoir, par un examen préalable, si le pourvoi est ou n'est pas admissible. Si le pourvoi est rejeté, la ch. des requêtes motive son arrêt, condamne la demand. à l'amende, et tout est terminé. Si, au contr., les moyens de cass. paraissent sérieux, la ch. des req. sans motiver son arrêt, sans casser, admet seul. le pourvoi, pour les moyens être ensuite débattus devant la chambre civile.

773. Le demand. doit, dans le délai de deux mois à partir de l'arrêt d'admiss., mettre en cause son adversaire, en lui signif. à personne ou dom. l'acte de pourvoi et l'arrêt d'admiss., ce qui vaut assign. à compar. dans le mois à la ch. civile, pour y défendre l'arrêt attaqué. Dans le même délai, le déf. doit signifier au demandeur et faire déposer au greffe un mémoire signé de son avocat contre le pourvoi et l'arrêt d'admission. Le demandeur pourra y répondre, et les deux mémoires étant signifiés et déposés au greffe, l'affaire est en état; le président nomme un rapporteur, et on procède comme devant la chambre des requêtes (n° 773); seulement le défendeur fait entendre aussi son avocat.

774. Si, à l'expiration de la huit. depuis l'accompliss. du délai pour comparaître, le défendeur n'a pas signifié et déposé de mémoire, le demandeur peut prendre défaut et la chambre civile statuer. Si le pourvoi est rejeté, malgré le défaut du défendeur, le demandeur est condamné au double de l'amende consignée. Au contraire, s'il y a cass., le défend. aura un ou deux mois, selon le cas, à partir de la significat. de l'arrêt de défaut pour le faire rétracter.

⋙→ **775.** Lorsque la ch. civ. rejette le pourvoi, tout est terminé; elle condamne à l'amende, même quand il s'agit d'indigent dispensé de la consignation. — La chambre civile, si elle casse, ne substitue pas une nouvelle décision à celle qu'elle casse, elle remet seulement les parties au même état où elles étaient avant la décis. cassée. De là plusieurs conséquences.

776. L'exécution qui a été probablem. consommée, puisque le pourvoi n'est pas suspensif, tombe avec tous ses effets; les hypoth., les servit., les alién. consenties sont comme non avenues, les sommes payées doivent être restituées; le préjudice est réparé, au moins en droit, car en fait il est souvent irréparable, par exemple si celui qui a fait exécuter est devenu insolvable, si la radiation d'une hypothèque lui a fait perdre son rang, lorsque, dans l'intervalle de la radiation à la nouvelle inscript., d'autres hypothèques ont été inscrites.

777. L'affaire est renvoyée dev. un trib. de même ordre, trib. d'arrond. ou cour d'appel, le plus voisin de celui dont la décis. est cassée. Toutefois, s'il y a cass. pour contrar. de jug., je crois que le premier jug. doit être seul cassé et que l'autre subsiste. — De même il n'y a pas de renvoi si la cass. a lieu dans l'intérêt de la loi.

⋙→ **778.** *Quid*, si un conflit d'interprét. s'élève entre la cour de cass. et les trib. ou C. d'appel? Plusieurs systèmes se sont succédé sur ce point: la loi du 1er décembre 1790 et la constit. de 1791 voulaient que le tribun. de cass., sur un 3e pourvoi, demandât au Corps législat. une interprét. de la loi, pour l'appliquer non seul. à l'avenir, mais au procès actuel. La constit. de l'an III décida que le référé à la législature aurait lieu sur le 2e pourvoi. La loi du 27 ventôse an VII, changeant de syst., voulait que le tribunal de cass. décidât, les trois sections réunies, espérant que les autres trib. se rangeraient à l'autorité d'un arrêt si solennel. Cet espoir trompé, intervint la loi du 16 sept. 1807. Elle établit que, sur un deuxième pourvoi, la C. de cass. pourrait, ou décider ses trois sect. réunies et présidées par le ministre de la just. ou bien s'adresser au gouvern. pour en obtenir une interprét. arrêtée en conseil d'État. Si un troisième pourvoi était formé, l'interprét. était forcée. Un tel syst. était contr. au principe de l'inamov. des juges, puisque la présidence était donnée à un ministre amov. Ensuite, le conseil d'État, de qui, sous l'Empire, émanait la rédact. de la loi, avait perdu toute particip. à cette rédact. depuis la charte de 1814. Aussi intervint la L. 30 juil. 1828; elle décida que la C. de cass. saisie d'un deuxième pourvoi statuerait, ses trois sections réunies sous la présidence, non plus du minist. de la just., mais du premier présid., et que, s'il y avait un troisième refus de se ranger à l'opinion de la C. de cass., cette troisième déc. ferait droit aux parties; sauf à en donner imméd. avis au gouvern., pour que dans la première session législat., il présentât un projet de loi d'interprét. Ce système avait l'inconvén. de faire prévaloir en définitive sur l'opinion de la C. de cass., celle des C. d'appels, et cela contrair. à la suprématie judic. de la C. de cass. et au but de sa mission. Le remède de l'interprét. était suffisant, car le caract. de la loi interprét. n'était pas nettement déterminé. Elle devait régir seul. l'avenir et non le passé. Ensuite le même conflit, qui existait entre la C. de cass. et les C. d'appels, pouvait diviser les trois pouvoirs qui faisaient la loi. De plus, la présent. ou le vote de la loi interprét. avait rarement lieu dans le temps voulu. Enfin est intervenue la L. du 1er avril 1837. Lorsque, après une première cass., un second pourvoi est formé, dans la même affaire, et qu'une seconde cassation, fondée sur les mêmes moyens, est encore prononcée, le troisième tribunal auquel l'affaire est de nouveau renvoyée est tenu de se conformer, sur le point de droit, à l'interprét. de la C. de la cass.

TRENTE-CINQUIÈME LEÇON.

LIVRE V. — De l'exécution des jugements.

779. Division.

Titre Ier. — Des réceptions de cautions.

780. Le droit civil reconnaît des cautions légales, judiciaires et conventionnelles. — Les formes de ce titre les concernent toutes.

781. Le jug. fixe le délai de présentation de la caution. — Si une partie ne peut agir sans caution, elle a intérêt à la présenter sans délai, et il est inutile de lui en fixer un. La présentation a lieu: 1° par un acte de dépôt au greffe des titres constatant la solvabilité de la caution; 2° par une signific. contenant la désignation de la caution et la copie de l'acte de dépôt. V. aussi art. 440, C. pr. — La caution acceptée fait sa soumission par déclaration au greffe.

782. Le procès sur la réception de la caution s'agite uniquement entre celui qui l'offre et celui qui ne l'accepte pas. Ce procès se juge sommairement.

783. Si la caution est rejetée, il en peut être présenté une nouvelle. — Celui qui n'en présenterait que d'insuffisantes pourrait, après un certain délai, perdre les avantages qui lui étaient accordés moyennant caution.

TITRE II. — DE LA LIQUIDATION DES DOMMAGES-INTÉRÊTS.

784. Quand est-il dû des dommages-int.? V. les art. 1146 à 1153, 1226 et s., 1382, C. civ., 126, C. Pr. et 2, I C. Il s'agit dans les art. 523, 524 et 525 de domm.-int. à donner par état. — Celui qui y a droit fait signifier le chiffre de sa prétention à l'avoué de son adversaire. — Si le défend. conteste ce chiffre, il fera lui-même des offres de ce qu'il prétend devoir. — Le trib. statuera. — Chaque partie communiquera à l'autre les pièces justificatives de sa prétention.

TITRE III. — DE LA LIQUIDATION DES FRUITS.

785. Renvoi.

TITRE IV. — DES REDDITIONS DE COMPTES.

786. En général, on rend compte de l'administration du bien d'autrui. Quelquefois même un propriétaire rend compte de l'administ. de son bien, comme un héritier bénéfic., un saisi constitué gardien.

787. Division du titre. — L'ancienne jurispr. reconnaissait deux classes de comptables suivant qu'ils étaient ou non nommés par justice. — Notre Code en reconnaît trois : les comptables commis par justice, les tuteurs, tous autres. L'art. 527 indique pour eux une compétence distincte. — Quant à l'hérit. bénéfic., il sera assigné dev. le trib. de l'ouvert. de la succession.

788. Il faut distinguer, pour l'appel, les jug. qui ordonnent un compte de ceux qui statuent sur la reddition du compte. — Pour les 1ers, si le trib. rejette un compte, et que la cour confirme, le procès est terminé. — Si le trib. rejette la demande d'un compte et que la cour infirme, elle peut néanmoins renvoyer le jug. du compte au 1er trib. contrairem. à la règle de l'art. 472, Pr. — Si le trib. ordonne un compte et que la cour confirme, ou s'il s'agit du jug. sur le compte lui-même, on applique l'art. 472.

789. L'oyant compte est ordinair. le demand.; mais le rendant pourrait aussi saisir le trib. — S'il y a plusieurs oyants qui ont des intérêts différents, ils seront représentés par des avoués distincts. — La question de savoir si un compte est dû est jugée sommair. Le jug. qui ordonne un compte fixe un délai et nomme un juge comm. — Ce 1er jug. n'emporte pas hypoth. judic., à moins que le rendant ne se soit reconnu débiteur d'un reliquat. — Ce jug. réserve les dépens et est susceptible d'appel dans les limites de la loi du 11 avril 1838.

790. Pour les formes du compte, V. les art. 531, 532, 533, C. pr. — Le préambule ne peut excéder 6 rôles. — On appelle dépenses communes celles qui sont faites dans l'intérêt des deux parties. Pour les frais du jug., on se réfère aux principes généraux (art. 130, C. pr.).

791. Le rendant présente et affirme son compte (sous serment), les oyants présents ou appelés. — S'il ne le fait dans le délai fixé par le jug., il encourt la saisie et vente de ses biens (art. 534, 2e alinéa). S'il y a un reliquat, qui ne soulève point de débat, le juge comm. peut délivrer à l'oyant un exécutoire pour le payement de ce reliquat.

792. Pour la communication des pièces justificat. de compte, V. les art. 536 et 537, C. pr.

793. Les signific. d'écrit, à l'occasion du compte, ne peuvent passer en taxe. Les avoués présentent seulem. leurs débats et soutènements au juge-commiss., qui renvoie à l'audience. — Si les deux parties ne se présentent pas, ou ne s'accordent pas, le trib. statue sur un rapport et plaidoiries.

794. Le trib. fixe le reliquat, s'il y en a un. Il peut aussi rejeter le compte pour en faire présenter un autre.

795. Le trib. peut statuer même par défaut c. l'oyant. La procéd. alors est faite c. lui par exploit : le juge fait son rapport ; le rendant est entendu et le trib. statue. — Le rendant reliquataire peut alors garder les fonds sans intérêts jusqu'à ce qu'ils lui soient demandés ; mais il donne caution à moins qu'il ne soit tuteur. — Pour le tuteur, la dispense d'intérêt ne s'applique qu'au cas où l'oyant fait défaut, autrement on applique l'art. 474, C. civ.

796. Différence entre la revision et le redressement d'un compte. — La révision est prohibée, mais le redressement est admis. — L'action en redressem. est une action nouvelle, se prescrit par 30 ans, suit la marche d'une affaire ordin. et est portée dev. les juges qui ont statué sur le compte.

TITRE V. — DE LA LIQUIDATION DES DÉPENS ET FRAIS.

797. Lors de la rédaction du C. de pr., on discutait la question de savoir si on formulerait des tarifs, comme autrefois, contenant un émolument par chaque acte de procéd.; ou si on donnerait à l'avoué un honoraire unique sans s'inquiéter du nombre des actes. — Ce 2e syst. a été admis seulem. pour les aff. sommaires, et permet de liquider les frais de ces aff. dans le jug. même. Pour les aff. ordinaires, on a dressé des tarifs. V. notamment le décret du 16 février 1807 ; les frais alors sont taxés après le jugement.

TRENTE-SIXIÈME LEÇON.

LIVRE V. — DE L'EXÉCUTION DES JUGEMENTS.

TITRE VI. — RÈGLES GÉNÉRALES SUR L'EXÉCUTION FORCÉE DES JUGEMENTS ET ACTES.

798. Si l'adversaire refuse d'exécuter le jug. qui a terminé l'inst., il peut y être contraint par l'emploi de la force publique.

Règles générales sur l'exéc. forcée des jug. et actes.

→ **799**. Les jug. et actes, qui sont la loi des parties, ne pourront être mis à exéc. s'ils ne sont intitulés et terminés au nom du peuple français comme les lois, c'est-à-dire revêtus de la formule exécutoire. Les notaires et greffiers ont reçu mission de la loi pour apposer aux actes et jug. la formule exéc.

800. La formule exécut. n'est pas la seule condition pour arriver à l'exéc. forcée; outre celle du présent titre, il faut pour les jug. qu'il y ait eu signific. à l'avoué et signif. à la partie avec mention de la signification à l'av. S'il y a décès ou cessat. de fonct. de l'av., la signif. à la partie suffit, en y mentionnant le décès ou la cessat. de fonct. Les formal. entre la signif. et l'exéc. varient selon la nature des actes d'exéc. — Une nouv. signif. du jug. ou acte doit être faite à l'héritier, avec un délai de huit. avant l'exécution. Toutes les condit. étant réunies, le jug. ou l'acte emportera exéc. parée, c'est-à-dire toute prête, sans aucun recours à l'autor. jud.; sauf la suspens. par voies légales comme l'oppos. ou l'appel, comme l'arrêt de mise en accusat. pour le faux princ., et la décision du trib. qui peut suspendre l'exéc. en cas de faux incid. civil.

→ **801**. Les agents de la force pub. ne devant obéiss. qu'aux ordres du pouvoir exéc. national, la force exéc. manque aux actes et jug. étrangers. Quant aux jug., ils peuvent, en vertu de traités (V. la note p. 177) être exécutés sur un simple *exequatur;* ils peuvent de plus, même sans traités, être déclarés exéc. par les tribunaux français, qui ne peuvent pas rentrer dans l'examen du fond (divergence); autrement ce ne serait plus les jugements étrangers qu'on exécuterait, mais des jugements français. Cependant la mission de nos tribunaux ne se bornera pas simplement à reconnaître l'auth., ils devront aussi examiner la sincér. de la traduc. en langue française, voir si les lois étrangères d'exéc. peuvent être tolérées chez nous, etc. Quant aux actes passés à l'étranger, ils sont dénués de force exécut. en France. Seulement, comme preuves d'une créance, ils peuvent motiver une condamnat. par un trib. français.

→ **802**. En gén., l'arrêt d'un parlement n'avait force exéc. que dans le ressort de ce parlement, à moins d'un *pareatis* de la chancell. centrale ou de celle du parl. dans le ressort duquel on voulait exéc. Aujourd'hui, les jugements rendus et les actes passés en France sont exéc. dans toute la France, sans autre condit. que celle ci-dessus, et de plus, pour les actes, les légalis. dans certains cas. Ainsi, doivent être légalisés les actes : 1° des notaires de C. d'appel, lorsqu'il s'agit de les exéc. hors du ressort de la cour, qui est aussi celui de ces not.; 2° des not. d'arrondis., ayant le droit d'instrumenter seul. dans l'arrond.; 3° des not. de canton instrumen. tout seul. dans les cantons lorsqu'il s'agit d'exéc. les actes de ces deux dernières classes de notaires hors de leur département. Il ne faut pas confondre la légalis. avec l'anc. *pareatis;* elle n'ajoute pas, comme lui, à l'autorité des actes, elle en certifie seulement la signature, lorsqu'ils doivent être exéc. à une certaine dist. Ce qui le prouve, c'est qu'elle est donnée par le président du trib. de la résid. du notaire, et non par celui de l'exécut., et qu'elle n'est pas nécess. pour les deux dernières classes de not., bien que l'exéc. doive avoir lieu hors de leur ressort, mais dans leur département.

→ **803**. Si l'exéc. est poursuivie contre la partie adverse, elle l'arrêtera en prouvant qu'il y a opposition ou appel, dont l'effet est suspensif; cette preuve pourra résulter de la présentat. de l'original de la requête ou de l'assig. par laquelle l'opp. a été formée, ou de l'assig. par laquelle l'appel a été interjeté. — Mais si l'exéc. est à la charge d'un tiers, s'il s'agit, par exemple, de radiation d'hypoth., de mainlevée d'oppos. à un mariage ou de saisie-arrêt, etc., le tiers ne sera tenu d'exécuter que sur : 1° l'expédition du jug.; 2° le certificat de l'avoué du poursuivant contenant la date de la signif. du jug. à la partie condamnée; 3° l'attest., par le greffier, qu'il n'existe ni oppos. ni appel, sur le registre à ce destiné, et sur lequel l'avoué de l'opposant ou l'avoué qui a occupé en première instance pour l'appelant, doit déclarer l'existence de l'oppos. ou de l'appel, afin d'empêcher la délivrance de ce certificat négatif.

804. Ces formal. suffisent-elles pour que le tiers soit tenu d'exéc., ou bien faut-il, en outre, justifier de l'expir. des délais d'oppos. et d'appel? — Pour soutenir que cette justif. n'est pas néces., on dit : qu'elle n'est pas exigée expressément; que l'on peut exéc., contre la partie dans les délais, tant que l'oppos. ou l'appel ne sont pas déclarés; qu'il en doit être de même à l'égard du tiers. — Pour l'opinion contraire, qui paraît préférable, on dit qu'il n'y a pas identité entre l'exéc. contre la partie, qui a la possib. de l'arrêter, et l'exécut. contre le tiers qui ne peut savoir si l'oppos. ou l'appel sont actuell. formés; que le certificat de l'avoué du poursuiv. constatant la date de la signif. du jugement n'a de sens qu'en servant de point de départ aux délais et pour montrer qu'ils sont expirés; que la pensée du législ. est d'exiger cette justif., puisque dans l'art. 2157 du C. civ. il veut, pour la radiat. de l'hypothèque, que le jugement soit en dernier ressort ou passé en force de chose jugée.

805. Ces formalités sont-elles exigées

pour l'exécut. d'un jug. par défaut d'un trib. de commerce? On a longtemps jugé et appliqué la négative, sans hésitation. Mais un arrêt de la Cour de cass. chamb. réunies (13 janvier 1859) a fait changer cette pratique.

⋙→ **806.** On ne peut procéder à une saisie mobilière ou immobil. qu'en vertu d'un titre exéc. et pour une dette dont l'existence est certaine et le *quantum* déterminé. — Lorsqu'il s'agit de passer de la saisie à la vente, il ne suffit pas que le *quantum* soit déterminé, il faut de plus qu'il le soit en argent, pour que le débit. puisse arrêter les pours. en payant ou en consignant la somme déterminée; pour que la vente des meubles soit arrêtée lorsqu'elle aura atteint la somme due; pour que le débit. puisse obtenir un sursis à la saisie immob. en justifiant qu'une année du revenu net de ses immeubles suffit pour acquitter tout ce qu'il doit. — L'art. 551 déroge à l'art. 2213 du C. civ., qui autorisait les pours. de la saisie immob. jusqu'à l'adjud., bien que le *quantum* ne fût pas encore déterminé en argent.

807. Les difficultés sur l'exécut. des jug. des trib. de comm. sont portées au trib. civil. du lieu de l'exécut. Même solution par analogie pour les jug. des juges de paix et pour ceux des conseils de prud'hommes. (V. aussi art. 442.)

⋙→ **808.** En principe, c'est le trib. qui a rendu le jug. qui connaît des diffic. relatives à son exécut. (nos 664, 715, 716). — Si les diffic. sur l'exéc. des jug. ou actes requièrent célér., le tribunal du lieu y statuera provis., et renverra la connaissance du fond au trib. d'exéc. On pourra même employer, dans certains cas, la voie plus rapide du référé (V. art. 806).

⋙→ **809.** V. art. 555.

⋙→ **810.** Pour les modes ordinaires d'exéc., la seule remise du titre à l'huiss. lui vaut pouvoir pour exécuter; de sorte que le déb. ne peut exiger la représent. d'un pouvoir spécial; et que, d'autre part, c'est au créanc. à faire tomber, par le désaveu, la présomption établie en faveur de l'huiss. — Au contraire, pour la saisie immobil., il faut, outre la remise du titre, un pouvoir spécial; le déb. peut en exiger la représent., et, à son défaut, arrêter les actes d'exéc. ou les faire annuler. D'autre part, en cas de désaveu, la présompt. n'est plus en fav. de l'huissier; s'il ne représente pas un pouvoir spécial, il est réputé avoir agi sans mandat.

TRENTE-SEPTIÈME LEÇON.

DES SAISIES.

811. Les poursuites d'exécution supposent que celui qui les exerce est porteur d'un tit. exéc. — L'exécution n'est que l'applicat. de l'art. 2092, C. civ. — Quelquefois même la pers. du déb. répond de la dette.

812. 813. Les diverses saisies se divisent en deux classes : les unes constituent des modes d'exéc. forcée, comme la saisie-exéc., la saisie immob., l'emprisonn. Les autres ne sont que des mesures de précaution qui permett. de mettre l'objet saisi sous la main de justice, à titre de gage, mais non de le vendre; telles sont la saisie conserv., la s.-gag., la s.-foraine, la saisie-revendic. — Ces dernières se font sans tit. exécut. et, en conséquence, ne peuvent être précédées d'un commandem. C'est par erreur que l'art. 819, C. pr. suppose qu'un commandem. précédera la saisie-gag.; c'est d'une sommation qu'il s'agit. — Quant à la saisie-arrêt, elle est au début une mesure de précaut., mais elle a pour but d'arriv. à une exéc. forcée c. un tiers. Ainsi s'explique la place de la saisie-arrêt dans le C. de procédure.

TITRE VII. — DES SAISIES-ARRÊTS OU OPPOSITIONS.

814. Je puis, au moyen de la saisie-arr., défendre au débiteur de mon déb. de se libérer, afin de pouvoir exercer mon droit de gage sur les sommes dues à mon débit., ou sur le prix des obj. mob. à lui appart., et qui se trouvent chez un tiers. — La s.-arrêt ou opposit. est un acte d'huiss. par lequel un créanc. (*le saisissant*) met sous la main de just. les créances de son débit. (*le saisi*), en signifiant à un tiers (*le tiers saisi*), débit. de son débit., défense de s'acquitter dans les mains de ce dernier.

⋙→ **815.** Comme la saisie-arrêt n'est, dans son origine, qu'un acte conserv., qu'elle n'est pas une voie d'exéc. proprem. dite, qu'elle ne l'est que dans son résultat définitif, elle n'exige, à la différence des véritables voies d'exéc., ni titre exécutoire, ni titre auth., ni même, à la rigueur, un titre privé, puisque, à défaut de tout titre, on peut obtenir du président du tribunal du dom. du débit. ou du domicile du tiers saisi, sur req. non communiquée, permission de saisir-arrêter provisoir. — De même, il n'est pas nécessaire que la créance pour laquelle on agit soit liquidée en arg., il suffit que le président, dans la permis. qu'il a donnée, en fasse l'éval. provis. qui sera contenue dans l'exploit de saisie-arrêt. — A Paris, le présid. n'accorde le droit de saisir-arrêter que sous réserve de révoquer son ordonnance sur un référé du saisi. Cette ordonnance n'est pas susceptible de recours.

816. Cepend. il ne faut pas assimiler complètement la saisie-arrêt aux actes simplement conserv. Ainsi, bien que le créanc. conditionnel ou à terme puisse faire des actes conserv., pourvu qu'ils ne portent pas atteinte aux droits du déb., il ne pourra saisir-arrêter, parce qu'autrement ce serait violer la loi du contrat, en forçant indirectement le débit. à payer de suite ce qu'il ne doit pas encore ou ce qu'il ne devra peut-être jamais.

➳ **817.** D'après la jurispr., qui a généralisé la prohib. de quelques lois et décrets statuant sur des cas spéciaux, on ne peut saisir les sommes dues à l'État; afin de ne pas entraver le service publ. et parce que la solvab. de l'État ôte tout intérêt à la saisie-arrêt. — Par les mêmes motifs, on ne peut saisir les sommes déposées par les communes à la caisse d'amortissement. — Mais l'État, qui ne peut jouer le rôle de saisi, peut être tiers saisi. En princ., et sauf quelques excep., on peut saisir dans les mains des préposés de l'État les sommes qu'il doit à des particuliers. — On ne peut saisir-arrêter sur soi-même.

➳ **818.** En général, toute saisie doit être précédée d'un command. d'avoir à se libérer, et de la notif. du titre en vertu duquel on agit : il n'en est pas ainsi dans la s.-arrêt : le command. n'est pas exigé, puisqu'il ne s'agit pour le moment que d'un acte conserv. ; la notific. n'est pas nécess., puisqu'on peut saisir-arrêter sans titre. Il suffira que l'exploit de saisie-arrêt contienne l'énonciat. du tit., s'il en existe un, et le montant de la somme pour laquelle on saisit; c'est ce qu'on appelle *les causes de la saisie.* Pour le surplus, V. art. 559. — A part la sommat. de comparaître, qui sera donnée plus tard au tiers saisi, l'exploit de s.-arrêt doit être conforme aux règles générales de l'art. 61.

819. A la différ. des ajourn. ord., la saisie-arrêt entre les mains de personnes non demeurant en France sur le continent, ne pourra point être faite au dom. du proc. de la rép. ; elle devra être signifiée à pers. ou à domic., afin que l'on puisse constater le jour où la remise de l'exploit a placé le tiers saisi dans l'impossibilité de se libérer dans les mains du saisi.

➳ **820.** L'on peut saisir dans les mains des préposés à des caisses publ. une partie du traitem. des fonctionnaires pub. (V. les art. 561 et 569). Cette matière est réglée par un décret spécial du 18 août 1807 (V. aussi les lois du 9 juillet 1836 et du 8 juillet 1837).

➳ **821.** V. art. 562, dont le but est de prévenir les sais.-arrêts faites, sous des noms supposés, par quelqu'un qui voudrait nuire au créancier, ou même par son déb., le tiers saisi, pour gagner du temps.

822. V. art. 563, et, pour sa sanction, la première partie de l'art. 565. — V. art. 564, et, pour sa sanct., la deuxième partie de l'art. 565. — Dans le cas précédent, la dénonc. tardive ne couvre pas la null. de la s.-arrêt; ici, au contraire, le retard de la seconde dénonciat. n'annule pas la s.-arr., seulement le tiers saisi a pu payer valabl. le saisi, dans l'interv. de l'expiration des délais à la dénonciation.

823. Le tiers saisi ne peut payer valablement à son créancier, le saisi, même l'excédent des causes de la saisie, parce qu'il pourrait survenir de nouveaux saisissants qui partageant avec le premier au marc le franc (si toutefois ils n'ont pas de cause de préférence) ce que le tiers saisi n'aura pas payé, empêcheraient le premier saisissant d'être payé intégralement et lui donneraient le droit de demander la réparation de ce préjudice au tiers saisi. — Cependant à Paris on autorise, en référé, le tiers saisi à consigner le montant de la créance du saisissant à la Caisse des dépôts et consign., avec affectation spéciale à la créance de ce dernier. Le saisi touche le surplus.

824. Résumé. — A partir de l'assignation en validité, la s.-arrêt devient une voie d'exéc. proprement dite.

825. La demande en valid. est dispensée de la conciliation. Elle n'est pas portée, comme autrefois dans beaucoup de provinces, pour plus de célér. et d'écon., au tribun. du tiers saisi, mais comme toute demande personn., au trib. du véritab. défendeur, du saisi. — Si le saisi ne veut pas attendre cette demande, il peut former une dem. en mainlevée qui sera aussi portée à son trib. ; parce qu'au fond elle n'est qu'une défense à la s.-arrêt. — S'il y a élec. de domic., le trib. compétent est celui du domic. élu.

826. Pour que le tiers saisi soit tenu de vider ses mains dans celles du saisissant il faut que celui-ci établisse en gén., par deux instances success. : 1° qu'il est créancier du saisi; 2° au moyen de la demande en déclar., que le tiers saisi est débit. du saisi. A cet effet, la prem. instance terminée, il assignera le tiers saisi en déclar. de ce qu'il doit. — Cependant, si le saisiss. a un titre auth., comme la créance est présumée exister tant que son extinction n'est pas prouvée, il peut de prime abord assigner en déclaration.

827. L'assignat. en déclar. se donn. dans les formes ord. Elle n'a pas lieu contre les fonctionn. pub., qui délivrent seulement un certificat constatant ce qui est dû.

828. Le tiers saisi, qui est plutôt témoin que défend., est assigné en déclar. sans concil. préalable, parce qu'on ne se concilie pas avec un témoin; il est assigné, non pas devant le tribunal de son dom., mais à celui du dom. du saisi. — Cepend., si la déclar. est contestée, comme il devient alors partie, il peut demander son renvoi devant son juge, et, si la dette est commerciale, devant le trib. de commerce.

829. V. art. 571 à 574. Malgré l'art. 1328 du Code civ., dans la pratique, on admet le tiers saisi à prouver sa libération au moyen de simples quittances privées, non enregistrées, sauf la preuve de l'antidate.

830. S'il survient de nouv. s.-arrêts, le

tiers saisi les dénoncera à l'avoué du premier saisissant, par extrait contenant les noms et élect. de dom. des saisiss. et les causes des saisies, cela est exigé pour que le premier saisiss. puisse mettre en cause tous les autres et contester leurs prétentions, parce que, si elles sont admises, le montant de la saisie sera distribué entre tous au marc le franc, à moins de cause de préfér. Les nouv. saisissants pourront connaître les prétent. des prem. en consult. le dépôt fait au greffe. — V. art. 576.

831. Le tiers saisi qui ne fera pas sa déclar. ou les justif. exigées, sera déclaré débit. des causes de la saisie. Mais le trib. n'est pas forcé d'exercer cette rigueur qu'à défaut de déclar. et de justif., et non pas, dans tous les cas, par le seul fait de l'expir. des délais. Le tiers saisi aura la voie de l'oppos. contre ce jugement. — La sanction de l'art. 577 n'est pas applic. au tiers saisi qui a fait une fausse déclaration. Si la s.-arrêt porte sur des effets mob., le tiers saisi devra joindre à sa déclar. un état descriptif du mobilier.

➳ **832** et s. Effets de la s.-arrêt. — D'abord l'exploit seul de s.-arrêt n'attribue pas un droit exclusif au saisiss., il ne fait pas sortir la créance du patrimoine du tiers saisi dans l'imposs. de payer valabl. dans les mains du saisi. — Son second effet est d'empêcher toute compensation au profit du tiers saisi, art. 1298, C. civ. — Son troisième effet est d'empêcher à l'avenir toute cession de la créance, et même d'enlever toute sa puissance à une cession antérieure, si sa signification au tiers saisi est postér. à cet exploit; bien plus, ceux qui, après cet exploit, seront devenus créanciers du saisi, ne pourront concourir avec le premier saisiss., parce que le saisi était dépouillé, par la s.-arrêt, du droit de disposer directement ou indirectement de sa créance au préjud. du saisissant. A la rigueur, on pourrait même soutenir, en vertu de l'art. 1328 du C. civ., que les créances antér. doivent avoir date certaine; mais on ne va pas jusque-là dans la pratique, sauf la preuve de l'antidate.

833. S'il survient de nouv. s.-arrêts déclarées valables, tous les saisiss. viendront par contrib. sur le montant de la créance. — Le premier saisissant n'aura acquis un droit exclusif que lorsque, avant de nouv. saisies, un jug. en dernier ressort aura admis sa dem. en valid. Si le jug. de valid. a pu être et a été attaqué par l'oppos. ou l'appel, et qu'il ait été confirmé, on peut aussi soutenir que le premier saisiss. aura acquis un droit exclusif sur ceux qui sont survenus pendant l'oppos. ou l'appel, parce que, en réalité, la nouvelle sentence ne fait que confirmer la légitim. du transport jud. opéré par le premier jug., bien qu'à la rigueur on puisse dire que l'opposit. ou l'appel, remettant tout en quest., de nouveaux saisiss. ont pu survenir, mais l'opinion contr. est plus équit., et elle met un obst. à la mauvaise foi du saisi.

834. S'il s'agit de meubles, le tribunal, qui n'a pas le droit de les adjuger en nature en ordonnera la vente; et comme alors il n'y a pas de transport judic., le premier saisiss. ne pourra avoir de droit exclusif que contre ceux qui surviendront après que la collocat. du prix aura été arrêtée.

➳ **835** et s. Except. à la règle que tout créancier peut saisir-arrêter les sommes ou effets appartenant à son débiteur. Ainsi, sont insaisiss., dans l'intérêt du service publ. : pour la total., les traitem. des ecclésiast.; — pour partie, ceux des militaires; on peut les saisir pour 1/5; — aussi pour partie, ceux des autres fonct. publ., on peut les saisir pour 1/5 sur les premiers 1,000 fr. ou sommes inférieures, plus 1/4 sur les 5,000 francs suivants, plus enfin 1/3 sur tout l'excédent. Sont aussi insaiss., par un motif d'human., et en gén. pour la total., les pensions. — Cepend. on peut saisir le tiers des pensions des milit., en vertu d'une permiss. spéciale du ministre de la guerre pour les créances alimentaires de la famille du pensionnaire.

836. Sont encore insaisiss. : 1° les choses déclarées insaisissables par la loi, comme les objets mentionnés dans l'art. 592, le cautionnement des officiers ministériels tant que durent leurs fonctions, si ce n'est pour faits de charge, les rentes sur l'Etat et les revenus des majorats, les sommes en compte courant dans les banques autorisées (V. aussi art. 581, 2°, 3°, 4°.)

837. Par except. au 2° de l'art. 581, les provisions alimentaires pourront être saisies pour cause d'aliments. Ainsi, par exemple, la provision alimentaire accordée à la femme séparée de corps d'après la position sociale de celle-ci et la fortune de son mari, pourra être saisie pour les aliments qu'elle doit à ses ascendants, ou bien encore pour les dettes qu'elle aura contractées envers ses fournisseurs d'aliments.

838. Les sommes et les objets disponibles (il n'en est pas de même de la réserve) et les pensions aliment., déclarées insaisiss. par le testateur ou le donateur, qui était maître de ne procurer un avantage qu'à la personne et non à ses créanc., ces objets, qui ne peuvent être saisis par les créanciers antérieurs, peuvent l'être, par excep. aux 3° et 4° de l'art. 581, par les créanciers postér., au legs ou à la donat., en vertu d'une permiss. du juge et pour la portion qu'il déterminera, parce que ces créanciers ont pu être trompés par l'aisance apparente de leur débiteur.

TRENTE-HUITIÈME LEÇON.

839. Division générale de la matière des saisies.

TITRE VIII. — DES SAISIES-EXÉCUTIONS.

840. Division du titre. § 1 *Formal. qui accompag. la saisie.* — Deux formalités précèdent et accompagnent la saisie : le commandement et le procès-verbal de saisie. — Le commandement est accompagné de la notific. du titre; il est fait au moins un jour franc avant la saisie, mais il n'y a pas de maximum de délai, sauf les circonstances qui manifesteraient l'intention d'abandonner le commandement. — Il est fait au domicile élu, s'il y en a un.

841. Le command. contient une élection de domicile jusqu'à la fin de la poursuite. — Ce domicile élu attribue compétence. — Cette élec. de domic. est exigée à peine de nullité, car elle constitue une formalité substantielle du command. En effet, celui qui reçoit ce command. ne saurait où en demander mainlevée, où faire des offres, faute d'élect. de domicile.

842. Le débiteur peut faire des offres au domic. élu; il y peut signifier l'acte d'appel du jug. qui motive l'exécution, ou du jug. sur les difficultés que cette exécut. soulève. — Le débiteur peut payer l'huissier qui lui remet le command. — S'il y a payement, tout est terminé; sinon, on passe au procès-verbal de saisie.

843. L'huissier, pour saisir, se fait assister de deux recors, qui doivent le protéger c. les voies de fait, et témoigner c. lui s'il n'accomplit pas les formalités légales. — La loi défend la présence du saisissant, comme trop irritante, il ne peut même se faire représenter à la saisie. — Pour les formes de la saisie. V. art. 561 et 588, Pr.

844. *Quid*, si les portes sont fermées et que l'ouverture en soit refusée? (V. art. 587.)

845. L'huissier, entré de gré ou de force, déclare saisis et mentionne comme tels, sur le procès verb., les objets mobil. saisiss. qu'il trouve au lieu de la saisie. — Quelques-uns doivent être désignés d'une manière particulière (V. art. 588, 589, 590). — Des titres au porteur trouvés chez les débit. peuvent être l'objet d'une saisie-exécution : *secus* des titres de créances nominatives, qui ne peuvent être l'objet que s.-arrêt.

846. Le procès-verbal indique le jour de la saisie. — Il est fait sans déplacer, c.-à-d. sur le lieu même de la saisie.

847. S'il n'y a aucun objet à saisir, l'huissier dresse un procès-verbal de carence. — Le créanc. a souvent intérêt à le faire dresser, par ex. pour empêcher un jug. par défaut de tomber en péremption (art. 156 Pr.).

848. § 2. *Objets insaisissables.* — Par humanité, la loi déclare certaines choses insaissables (art. 592, 593, Pr.).

849. Les immeubles par destination sont insais. dans l'intérêt de l'agriculture. Mais ces mêmes objets, placés dans les lieux par le fermier peuvent-ils être saisis? Controverse. Mais le texte du n° 1 de l'art. 592 nous semble précis. Il faudrait un texte exprès pour soustraire toujours ces objets à la saisie-exécution.

850. Le coucher du saisi comprend le le lit et ses access., mais non les ornements du lit. Le coucher des enfants du saisi est également insaisiss. ainsi que les habits que porte le saisi au moment de la saisie; *secus* des bijoux. — L'équipement du militaire est insaisiss., même s'il ne l'a pas sur lui au moment de la saisie, sauf pour les causes énumérées dans l'article 593.

851. La loi n'a pas fixé (6° de l'art. 592) une somme limitative pour les outils des artisans, comme pour les livres ou les machines et instruments (3° et 4°); — les outils seront donc tous insaisiss. — Les privilèges de n°s 3° et 4° peuvent se cumuler si la profession du saisi exige des livres et des machines.

852. Peut-on saisir les objets qui constituent la propriété littéraire, artistique ou industrielle? — Pour la propriété littéraire, les exemplaires imprimés peuvent être saisis-exéc. chez l'éditeur. — Le manuscrit ne peut être chez l'éditeur l'objet d'une saisie exéc.; mais les créanciers se feront autoriser à éditer ou à vendre, par le ministère d'un notaire, le droit d'éditer. — Peut-on saisir chez l'auteur le manuscrit non encore publié? Non; même s'il émane d'un écrivain de profession. — La pensée non encore manifestée ne peut être publiée malgré l'auteur. — Mais s'il s'agit d'un livre déjà publié, le trib. pourra, suivant les circonst., autoriser les créanciers à réimprimer l'ouvrage. — Quant à la propriété artistique, l'œuvre d'art émanée d'un amateur ne peut être livrée, malgré lui, à la publicité; émanée d'un artiste et terminée, elle peut être saisie et vendue. — Quant à la propriété industrielle, le brevet peut être vendu, mais devant notaire; mais la marque de fabrique ne peut être saisie et aliénée; c'est le nom du fabricant.

853. Les n°s 7 et 8 de l'art. 582 contiennent des mesures d'humanité; on admet même qu'on peut, à défaut de menues denrées, accorder la somme d'argent nécessaire pour faire vivre pendant un mois le saisi et sa famille.

854. La loi dans l'art. 593 modifie l'art. précéd. en permettant à certains créanciers de saisir les objets ordinair. insaisissables.

855. La saisie des animaux et ustensiles peut arrêter l'exploitation du fonds; le juge de paix nommera un gérant, les parties intéressées entendues ou appelées.

TRENTE-NEUVIÈME LEÇON.

856. § 3. *Du gardien.* — Le gardien a pour mission d'empêcher l'enlèvement des objets saisis. — Par quelque personne que le gardien soit choisi aujourd'hui, il peut accepter ou refuser la garde, et le gardien est salarié. L'huissier ne le choisit qu'à défaut par le déb. d'en présenter un solvable. — Encore n'exige-t-on aucune justification de solvabilité.

857. L'art. 598 indique qui peut être gardien. Il introduit une innovation à l'égard du saisi, de son conjoint, de ses descendants, qui, sauf dans la coutume de Paris et en matière de saisie-gagerie seul., ne pouvaient autrefois être gardiens.

858. Des peines sont prononcées contre ceux qui s'opposent à l'établissem. du gardien (art. 209 et s., C. pr.), ou qui détournent les objets saisis (V. notamment l'art. 400 C. pén.). — Mais la loi est restée muette sur les soustractions des objets saisis opérées par le conjoint, les ascendants et les descendants du saisi à leur profit et à l'insu.

859. Les trib. décideront d'après les circonst. si le gardien peut exiger qu'on le mette en possess. des meubles confiés à sa garde. — Le gardien doit veiller à la conserv. des objets saisis ; il ne peut s'en servir, les louer ou les prêter, sous peine de perdre son salaire, et de domm.- intér. — Mais le saisi-gardien continue à se servir de sa chose, à en percevoir les fruits; il ne peut la prêter, il peut la louer, s'il la louait auparavant. C'est c. le saisissant que le gardien a une action pour son salaire (V. art. 34 du Tarif).

860. Le gardien peut demander sa décharge après deux mois ; l'art. 606 indique la procéd. à suivre. — Le récolement a pour objet de vérifier s'il y a détournem. de quelques-uns des objets saisis. — S'il y a déficit, domm.-int. c. le gardien; sinon, il est dégagé et peut demander son salaire. — Les héritiers du gardien ne continuent pas la garde, mais doivent prévenir le saisiss. pour qu'il consitue un autre gardien.

861. § 4. *Des incidents et des subséquentes saisies.* — Les incidents élevés par le saisi n'arrêtent pas les poursuites; il y est statué en référé. Mais les demandes en nullité de la saisie empêchent la vente jusqu'à ce qu'elles soient jugées.

862. Un tiers qui se prétend propriét. des objets saisis sur un autre peut demander que ces objets soient distraits de la saisie. — Mais comme on a abusé de ces revendic., les trib. exigent généralement la preuve de la propriété par actes ayant date certaine avant les poursuites. — L'art. 608 trace les formes et les règles de compét. relativem. à ces dem. en distraction.

863. Un tiers ne peut empêcher la saisie en prétend. qu'il est propriét. des meubles trouvés chez le saisi ; l'huissier ne s'arrête pas devant cette allégation, sauf au tiers à demander la distraction. Si le tiers prétend que le domic. où l'huiss. veut saisir est le sien et non celui du débit., l'huiss. met gardien aux portes, et fait statuer en référé sur la prétention.

864. Si le tiers ne proteste c. la saisie indûment faite de ses meubles qu'après la vente, il ne peut les réclamer c. les adjudicataires qui les ont achetés de bonne foi aux enchères (art. 227, C. civ.) Seulement il peut s'en faire attribuer le prix, s'il n'est pas encore distribué aux créanciers.

865. Si le prix a déjà été distribué aux créanciers, l'ancien propriét. n'a de recours que c. le saisi dont il a payé les dettes, mais il ne peut recourir ni c. l'huiss,. ni c. le saisiss., ni même contre les créanciers du saisi qui ont reçu leur paiement avec le prix des meubles indûment saisis, à moins qu'il n'y ait faute de ces personnes.

866. Lorsqu'une saisie-exécut. est faite, les autres créanciers du saisi peuvent s'oppos., non pas à la vente comme autrefois, mais seul. à la distrib du prix sans les appeler. A cet effet, les créanciers du saisi forment oppos. entre les mains des personnes énumérées dans l'art. 609.

867. Cette opposit. contient, dans le lieu de la saisie, une élection de domicile, qui attribue comp. au trib. de ce lieu. — L'oppos. est égalem. signif. au saisi.

868. Si la saisie est annulée pour vices de forme, sa nullité entraîne celle des opposit. ; si elle est régulière en la forme, quoique non fondée, sa nullité au fond laisse subsister les opposit. et l'un des opposants, porteur d'un titre exécut., continue les poursuites.

869. L'huissier qui, se présentant pour saisir, trouve une saisie déjà faite et un gardien étab., fera le récolement des objets saisis. Il peut saisir les effets omis, s'il y en a ; mais le premier saisissant reste poursuivant, et la deuxième saisie vaut oppos. Si l'huiss. ne trouve pas de gardien, il saisit et met un gardien ; mais s'il se manifeste une saisie précéd., la deuxième saisie ne vaudra égal. que comme oppos.

870. Si le saisiss. ne fait pas vendre dans le délai fixé, tout opposant, porteur d'un titre exécut., est subrogé de droit aux poursuites ; il fera procéder au récolement, puis à la vente. — Ces difficultés sont toujours portées au trib. civ. (442, C. pr.)

871. § 5. *De la vente.* — Le délai de huit jours fixé par l'art. 613 est un minimum de délai. — Les incidents peuv. le prolonger. — Le saisi est toujours appelé à la vente; les opposants la connaîtront par les affiches. — Pour le procès-verb. de récolem. qui précède la vente, V. art. 616.

872. La publicité à donner à la vente est réglée par les art. 617 à 621. — On constatera si le saisi est présent.

873. On arrête la vente dès qu'elle a produit le montant des causes de la saisie et des oppos., et les frais.

874. Conditions de l'adjudicat. V. art. 621.

875. Le droit de vendre appartient aux commissaires-priseurs seuls aux chefs-lieux de leur établissement ; ailleurs, ils concourent avec les notaires, les greffiers et les huissiers. Il leur est défendu d'acheter pour eux, et ils ne peuvent exiger que le salaire fixé par la loi.

QUARANTIÈME LEÇON.

TITRE IX. — DE LA SAISIE-BRANDON.

876. La saisie-brandon est la saisie des fruits qui tiennent encore au sol. — L'adjudicataire les achète pour les enlever; il se propose d'avoir des meubles, aussi cette saisie est-elle mobilière. Elle ne peut avoir lieu que dans les six semaines qui précèdent l'époque ordin. de la maturité.

877. Comme saisie mobil., elle est soumise à la plupart des règles de la saisie-exécut. — Elle consiste égal. pour la mise sous la main de justice, dans un commandem. et un procès-verb. de saisie.

878. Il n'y a point, en cette matière, de choses insaisiss.

879. L'art 226 détermine qui sera gardien.

880. On peut saisir sur le fermier, mais non sur le propriét. quand il a un fermier. — L'usufruitier peut s'opposer à une saisie faite du chef du nu propriét. — Mais le saisiss. peut nier le droit du prétendu fermier et du prétendu usufruitier.

881. La vente se fait sur les lieux mêmes; — on suit les formes de la saisie-exécution.

TITRE X. — DE LA SAISIE DES RENTES, ETC.

882. Ce titre ne s'applique qu'aux rentes perpétuelles ou viagères dues par les particuliers. — Les rentes perpét. sont toutes rachetables; *secus* des rentes viagères. — Les rentes aujourd'hui sont toutes mobil. et par suite soumises, quant à la saisie, à une procéd. unif. — Mais leur qualité de choses incorp. n'a pas permis de leur appliquer la saisie-exécution. — Pour la saisie des rentes, on a emprunté à la s.-arrêt les formes de la mise sous la main de justice, et à la saisie immobil. celles qui précèdent et accompagnent la vente. — Une loi du 24 mai 1842 a mis la saisie des rentes en harmonie avec les règles de la loi du 2 juin 1841.

883. Toutes les rentes, sauf celles que la loi déclare insaisiss. (art 581), sont soumises à notre titre. — Mais la loi est muette sur les actions et intérêts dans les sociétés commerc. La jurisprud. soumet celles qui sont nominat. à la s.-arrêt, et celles qui sont au porteur à la saisie-exécution.

884. L'art. 637 indique les formes de l'exploit de saisie. — Cet exploit doit énoncer le titre de la rente; mais il n'est pas toujours facile de le connaître, car il est souvent dans les mains du saisi. — Renvoi aux art. 570 à 576. V. à 636. L'exploit de saisie arrête les arrérages.

885. La saisie est portée à la connaiss. du saisi par une dénonciation dont les formes sont tracées par l'art. 641.

886. Les art. 642 et s. traitent les formes empruntées à la saisie immobil. — Ce sont ceux que la L. du 24 mai 1842 a surtout modifiés. — Renvoi à la saisie immob.

QUARANTE ET UNIÈME LEÇON.

TITRE XI. — DE LA DISTRIBUTION PAR CONTRIBUTION.

887. Toutes les saisies mobil. ont pour but la distribution du prix de vente entre les créanciers. S'il n'y a pas de quoi les payer intégral., on fait une distrib. proportionnelle ou *par contribution*. — Le prix d'un immeuble donne ordinairem. lieu a un *ordre* entre les créanciers hyphothéc.; mais s'il n'y a pas d'hypoth., ou s'il reste quelque chose après le payement des créanciers hypothéc., le prix ou le surplus du prix d'un immeuble peut aussi être distribué par contrib. — Les créanciers d'une contrib. sont présumés simples chirograph., sauf à eux à prouver un privilège. Il y a d'ailleurs des rangs parmi les privilégiés (V. art. 2100, 2101 et 2102, C. civ.)

888. Chaque créancier dans la contrib. veut avoir le plus possible, en défendant sa prétention ou en attaquant celles des autres. — Il y a d'abord les privilégiés, puis les chirograph. — Les créanciers hypothéc. peuvent se présenter à la contribution, quand elle précède l'ordre. Mais si plus tard ils reçoivent dans l'ordre la totalité de leurs créances, ils restitueront à la masse chirograph. ce qu'ils avaient pris dans la contribution; c'est l'applic. des art. 552 et s. C. de comm.

889. — Le montant d'une collocation peut être distribué dans le même règlement entre les créanciers du créancier colloqué.

890. Autrefois il y avait pour la contribution des usages différ. suiv. les trib. — Le Code de proc. a simplifié, en l'adoptant à peu près, la proc. suivie à Paris, procédure qui passait déjà pour la moins compliquée.

891. Division. — Avant tout, les créanciers tâcheront d'éviter les formes jud. en s'arrangeant à l'amiable dans le mois (V. l'art. 3, ordonn. du 3 juillet 1816).

892. Après le mois, la somme à distrib. est déposée à la Caisse des dépôts et consign., à la charge des oppos. et déduct. faite des frais. — Il y a lieu à contribution judiciaire, faute de contribution amiable, quelque restreint que soit le nombre des créanciers.

893. Le saisissant ou le plus diligent des créanciers fait nommer un juge-commissaire.

894. Le juge autorise le poursuiv. à sommer les créanciers oppos. de produire leurs pièces et former leurs demandes en colloc. — Les créanciers non oppos. ne sont pas sommés, mais ils peuvent se présenter et seront colloqués comme les autres.

895. Les créanciers doivent produire

dans le mois ; sinon le créanc. retardat. est forclos. — Mais le créancier pourrait sans danger faire sa demande dans le mois et ne produire ses pièces que plus tard. — Quant aux créanciers non opposants, qui n'ont pas été sommés, ils pourront se présenter jusqu'à la confection du règlement provisoire.

896. Le locateur a un privilège pour ses loyers (V. art. 2102, 1°, C. civ.). — Le locateur étant colloqué le 1er pour les meubles qui garniss. les lieux loués n'a pas d'intérêt à attendre la fin de la contrib. ; aussi l'art. 661 lui permet de se faire autoriser en référé par le juge-commiss. à toucher immédiat. le montant de sa créance.

897. L'ordonn. du jug.-commis. n'a qu'un caractère provisoire, n'est qu'une ordonn. de référé.

898. Le privilège du locateur passe même avant les frais de poursuites, c.-à-d. avant les frais de la contrib. : en effet, ils n'intéressent pas le créancier qui vient le 1er, mais les frais de saisie, de vente, primeront la créance du locateur comme frais de justice (art. 2101, 4°, C. civ.), car ils lui sont utiles.

899. Après la production des titres ou l'expirat. du mois, le jug.-commiss. dresse le réglement provisoire de la contrib. Les créanciers sont sommés d'en prendre communic. dans la quinz. et d'y contredire, s'il y a lieu. — S'il ne s'élève aucune réclam., le règlem. provis. devient définitif; le greff. délivre à chaque créan. colloqué un bordereau sur lequel il touche la part afférente à sa créance.

900. Chaque créanc. a intérêt à maintenir ou faire prévaloir sa prétention, et à faire écarter ou amoindrir celle de ses concurrents. — Les réclamations se forment par des dires sur le proc.-verbal de la contrib. — Le jug.-commiss. renvoie les parties à l'aud.

901. Si les créanc. privilégiés sont en dehors des contestations, si le jug., quel qu'il soit, ne doit pas changer leur position, ils peuvent obtenir un règlem. définitif partiel. — Mais on n'en dressera jamais un semblable à l'égard des créanciers sur la position desquels le jug. à intervenir pourrait exercer une influence.

902. L'art. 657 indique les parties qui figureront dans les contest.

903. L'aff. est instruite comme toute autre aff. civ.; seulem. le jug.-commiss. fait un rapport à l'audience.

904. Le délai de 10 j. pour interjeter appel (art. 600) ne sera pas augmenté des délais de distances.

905. Les frais sont supportés sans répétition par les créanciers qui succombent; ceux qui triomphent les emploient comme accessoires de leurs créances.

906. Après le jug., on rectifie s'il y a lieu le règlement provis., pour en faire le règlem. définitif ; et on délivre aux créanc. les bordereaux pour se faire payer.

907. L'art. 672 fixe le moment où cessera le cours des intérêts d'une créance à l'égard des autres créanciers; mais ils courent contre le débit. jusqu'au payement.

908. Quand il survient de nouvelles sommes à distrib. pend. la procéd. de contrib., le trib. peut sur la dem. des créanc., joindre les deux contrib. Mais ce n'est pas toujours possible; les créanc. exclus de la prem. contrib. pourraient avoir droit de se présenter à la deuxième.

QUARANTE-DEUXIÈME LEÇON.

De la saisie immobilière.

909. Dans cette matière le législat. doit concilier l'intérêt des créanciers, qui exige autant que possible l'économie du temps et des frais et l'intérêt du débit., qu'il ne faut pas dépouiller trop vite de sa propriété. — La lenteur et la multiplicité des formes nuisent même à la propriété foncière en écartant d'elle les capitaux.

910. Autref., dans le silence de l'ordonn., l'usage avait introduit partout des formal. ruineuses. — Exposé somm. de l'ancienne procéd. des *saisies réelles* d'après Pothier. — Une loi de messidor an II, introduisit des réformes, mais cette loi, dont l'effet fut prorogé successiv. par plusieurs autres, fut abrogée avant d'avoir été mise à exécution. — Une loi du 11 brumaire an VII simplifia trop les formes d'une saisie immobil. dégagée d'incidents et pas assez la procéd. des incidents. — Le Code de procéd. simplifia les incid., mais rétablit pour le saisi même un trop grand nombre de formal. ; et la loi du 2 juin 1841 vint enfin à cet égard, réformer le Code de procéd.

911. Le saisiss. doit se trouver dans les conditions exigées par les art. 545 et 551 C. pr. — La saisie est poursuivie contre le débiteur, et même si le saisiss. est un créanc. hypothéc., c. tout tiers détenteur. — V. aussi les art. 2205 et 2208 et l'art. 2212, C. civ.

912. Quels biens peuvent être saisis immobil. ? V. art. 2204 et 2118 C. civ. et 517 et s., C. civ. — On peut égalem. saisir les mines, les actions immobilisées de la Banque de France. — La saisie ne peut comprendre que des immeubles situés dans le même arrondissem., sauf le cas prévu par l'art. 2219, C. civ. — V. aussi la loi du 10 novembre 1808.

Titre XII. — De la saisie immobilière.

§ 1. *Formalités de la mise sous la main de la justice.*

913. Les formalités de la mise sous la main de justice sont au nombre de 4 : le commandem., le procès-verbal de saisie, la dénonciation au saisi de ce procès-verb., la transcription de la saisie.

914. Pour le command., V. l'art. 673. — L'élection de dom. exigée dans ce command. diffère de celle exigée dans le command. qui précède la saisie exécut. (art. 585), parce que la saisie immobil., à la diff. de l'autre, peut comprendre des biens situés dans diverses localités; de plus, l'élection de domic. ne dure pas ici, comme dans la saisie-exéc., jusqu'à la fin de la poursuite; enfin, le débit. ne peut, comme dans la saisie-exéc., faire au domic. élu les signific. d'offres réelles et d'appel. — L'adjoint ne peut viser l'orig. qu'à défaut du maire. — Il n'est pas remis de copie à ces personnes.

915. L'art. 674 détermine les délais à observer entre le command. et le procès-verb. de saisie. — Si la saisie est dirigée c. un tiers détent., on lui adresse une sommation et on fait un command., au débit. — La sommat. faite au tiers détenteur n'est pas soumise à la déchéance de l'art. 674.

916. Pour les formes du procès-verb. de saisie, V. les art. 675 et 676.

917. La 3e formalité était autref. la transcript., et la dénonciation au saisi la 4e; cet ordre a été interverti. Les délais de distance, pour la dénonc., ont été abrégés par la L. de 1841.

918. La transcript. du proc.-verb. de saisie et de la dénonc. (4e formal.) détermine à qui appartient la poursuite, immobilise les fruits, fait connaître la saisie aux tiers. — Elle doit être faite dans la quinz. de la dénonc. — V. pour cette transcript. les art. 679 et 680.

919. Ces formalités sont-elles prescrites à peine de nullité? (V. art. 715).

920. Effets de la saisie. — Le saisi qui habite ou exploite lui-même l'immeuble saisi, en reste en possess., si les créanciers ne réclament pas; mais il devient comptable de l'administ. et des fruits. — Les créanciers peuv. même, en référé, obtenir sa dépossession.

921. Le présid. peut autoris. les créanciers à faire couper et vendre des fruits; l'ordonn. déterminera le mode de vente.

922. Après la transcript., les fruits sont immobilisés, c.-à-d. que le prix en sera exclusiv. attribué aux créanciers hypothéc., à moins qu'une saisie-brandon n'ait précédé la transcript. de la saisie immobilière.

923. Quant aux coupes de bois, il est défendu au saisi de les faire sur les fonds saisis (V. art. 683).

924. De quel jour sont produites ces diverses modifications du droit de propriété du saisi? Du jour de la transcription.

925. Si le fonds saisi était loué ou affermé, on examine d'abord la date et la sincérité du bail. — S'il n'a pas date certaine av. le command., il peut être annulé suiv. les circonst.

926. Cette nullité peut être demandée par les créanciers hypothécaires et par le saisiss., même s'il n'est que créancier chirograph. — Quant aux baux qui auraient date certaine av. le command., ils peuv. aussi être annulés en cas de fraude; seulem. ils sont présumés sincères, tandis que ceux qui n'ont pas date certaine av. le command. sont présumés antidatés.

927. L'adjudicat. peut aussi demand. la nullité du bail (a. 684). — N'était-il pas suffisamm. protégé par l'art. 1743 C. civ.? Cet art. ne permet pas d'opposer à l'adjudicat. les baux qui n'ont pas date certaine av. l'adjudic., mais, de plus, il pourra, d'après l'art. 684, faire annuler le bail, qui aurait même date certaine, s'il ne l'a acquise qu'après le commandement.

928. Les fermages et loyers seront aussi immobilisés au profit des créanc. hypothéc. — Si le saisi les touche, il en devra compte, mais les créanciers peuv., par un simple acte d'opposit., les saisir-arrêter dans la main des locataires. Peut-on, aux créanciers qui demandent l'immobilisation des fruits, opposer des payements anticipés ou des transports? Distinction.

929. Le saisi reste propriét.; mais après la transcription de la saisie, il ne peut plus aliéner.

930. Le trib. ne pourrait valider l'aliénation. — Une telle aliénat. serait radicalement nulle, si la saisie est suivie d'une adjudication; mais si les poursuites cessent, l'aliénation est valable et inattaquable de la part du vendeur, de l'acheteur et du créancier.

931. Le saisi peut hypothéquer, même après la transcription; les créanc. chirograph. auraient seuls intérêt à contester ce droit, mais ils ne peuv. se prévaloir de la saisie à laquelle ils sont étrangers. — Le créanc. chirograph. saiss. seul peut-il se plaindre? La question est controversée.

932. Celui qui a acheté à l'amiable après la transcript. peut valider cette aliénation en consignant une somme suffisante pour désintéresser les créanciers inscrits et le saisissant.

933. Cette consignation n'a été considérée dans la discuss. que comme le prix de la renonc. à la saisie par le saisiss. et les créanciers inscrits; d'où il suit que l'acheteur est encore exposé, après la consign., aux poursuites des créanciers hypothéc. non inscrits, comme la femme et le pupille ou tout autre créancier hypothécaire pouvant encore s'inscrire. — L'acheteur est subrogé, il est vrai, dans les hypoth. des créanciers qu'il a désintéressés par la consign. de l'art. 687; mais si la femme ou le pupille sont préférables par le rang de leur hypoth. lég., il est exposé à payer deux fois.

934. Le créanc. saisiss., même chirograph., conserve exclusiv. la somme consignée pour lui par l'achet., soit vis-à-vis des créanciers hypothéc. inscrits postérieur., soit vis-à-vis des autres créanc. chirograph., cette somme étant le prix de sa renonc. à la poursuite.

935. Mais l'acquéreur peut critiquer l'existence ou le chiffre des créances que sa consign. doit acquitter, si ces créances dépassent son prix d'acquisition. — *Secus*, si elles ne le dépassent pas; c'est alors au saisi ou à ses créanciers chirograph. à élever ces contestations.

936. Il ne sera accordé aucun délai pour effectuer cette consignation.

937. Les prêteurs de deniers consignés ne viennent qu'après les créanciers inscrits lors de l'aliénation, en supposant qu'un concours puisse exister entre eux.

QUARANTE-TROISIÈME LEÇON.

§ 2. *Formalités pour parvenir à la vente.*

938. La 2e partie de la procéd. de saisie immob. comprend les formal. pour parvenir à la vente. Une 1re classe a pour but de fixer les condit. de l'adjudic. C'est d'abord le cahier des charges (V. l'art. 690).

939. La loi n'exige pas l'établissement de la propriété, car le saisiss. ne le connaît pas. — Aussi l'incertitude du droit de propriété arrête-t-elle souvent l'essor des enchères.

940. Les frais doiv. être fixés, taxés et connus av. l'adjudication.

941. Une 2e classe de formal. fait connaître les condit. de la vente aux intéressés. Elles consistent dans : 1° une sommation au saisi (art. 691).

942. 2° Une sommat. aux créanc. inscrits (art. 692), fort intéressés à connaître les condit. de l'adjud. qui purgera leurs hypothèq. — Parmi les créanciers inscrits peut se trouver le vendeur pour son privilége. Il recevra une sommat. avec avertissem. spécial qu'il perdra son droit de résolution (a. 717), s'il ne l'exerce avant l'adjudication. — Ces sommations sont faites aux domiciles élus dans les inscript., pour le vendeur au domicile réel à défaut de domicile élu.

943. Il sera fait une sommat. semblable aux femmes, mineurs, interdits; car l'adjudic. purgera leurs hypoth. légales (L., 21 mai 1858). Copie en sera remise au procureur de la Rép. qui sera tenu de faire inscrire l'hypothèque légale.

944. 3° Une mention de ces sommat. en marge de la transcript. de la saisie. — De ce moment la saisie ne peut plus être rayée que du consent. des créanc. inscrits ou en vertu de jug. rendus contre eux. — Mais les créanc. inscrits et le poursuiv. peuv., même après cette mention, donner mainlevée de la saisie sans le consent. des créanc. privil. ou hypothéc. non encore inscrits. — Le poursuiv. peut, av. cette mention, donner seul mainlevée de la saisie.

945. Il résulte de la compar. des art. 686 et 687 avec l'art. 693, que l'acheteur entre la transcrip. et la mention des sommat. peut valider son acquisition en ne désintéressant que le poursuiv., qui peut, à lui seul, donner mainlevée de la saisie.

946. La 3e partie de cette procéd. comprend les formal. ayant pour but la publicité de la vente afin d'attirer les enchérisseurs. Ce sont : 1° la lecture et publication du cahier des charges (V. articles 694 et 695). — Autrefois on faisait trois publications; une seule est exigée aujourd'hui. — On admet qu'elle peut être faite par extraits. Le jour de la public. il est statué sur les réclamat. faites par les intéressés sur la rédaction du cahier des charges.

947. Cette innovat., qui consiste à fixer ainsi le cahier des charges d'une manière incommutable longtemps av. l'adjudic., offre l'avantage d'éclairer sur les condit. de la vente ceux qui veulent enchér. Si le cahier des charges est changé, le poursuivant peut obtenir la modific. de sa mise à prix.

948. 2° Une insertion dans les journaux. V. art. 696, 697, 698, le décret du 8 mars 1848 et le décret du 17 février 1852.

949. 3° Des affiches, V. art. 699 et 700.

950. Toutes ces formalités sont prescrites à peine de nullité (art. 715).

QUARANTE-QUATRIÈME LEÇON.

§ 3. *De l'adjudication et de ses effets.*

951. On arrive enfin à l'adjudic. — Autrefois il y en avait une préparatoire qui a été supprimée. — Au jour fixé, on procède à l'adjudic.; mais elle doit être requise; sinon elle est censée abandonnée. Elle peut aussi être remise. V. art. 703 et 704.

952. Il n'est pas nécess. de lire le cahier des charges av. l'ouvert. des enchères. — Elles se font par des avoués qui doiv. s'assurer de la solvabil. des clients pour qui ils enchérissent; V. pour la forme des enchères les art. 705 et 706. — S'il y a plus d'enchériss. que d'avoués près le trib., comment procéder? Ce qu'il y a de plus raisonnable, c'est de permettre à un av. d'enchérir pour plusieurs clients, pourvu qu'ils soient présents à l'audience.

953. L'art. 10 de la L. du 2 juin 1841 permet d'adopter un autre système que celui des bougies, mais on ne les a pas encore remplacées.

954. La nullité d'une enchère ne fait pas revivre celles qui suivent. — La différ. d'une enchère à l'autre est facultative.

955. Ne peuv. enchérir : 1° les membres du trib. où se poursuit la vente, à moins qu'ils ne soient créanciers inscrits. — Cette prohibition n'atteint pas les membres du parquet.

956. 2° Le saisi, même s'il était solvable. — Cette prohib. ne s'étend pas au tiers détenteur. — Le conjoint du saisi peut se rendre adjudicataire.

957. 3° Les personnes notoirem. insolv.

958. 4° L'avoué poursuiv.; cette prohibit. est une applic. de l'art. 1596, C. civ.

959. L'adjudic. prononcée au profit de ces personnes est nulle.

960. L'avoué, dernier enchériss., déclare l'adjudicataire et fournit son acceptation dans les 3 jours, sinon il est réputé adjudicat. en son nom. Et quand même cet avoué serait le poursuiv., il deviendrait adjudic. à titre de peine. Dans les 24 h. de l'accept., le client déclaré peut à son tour faire une déclaration de command. — Après ce délai, elle serait considérée comme une revente et donnerait lieu à un 2e droit de mutation. — De plus, l'immeuble serait grevé de l'hypothèq. lég. de la femme ou du pupille du 1er adjudicat. — Les intéressés pourraient prouver que, même dans les 24 heures, la prétendue déclaration de command. est une revente.

961. Le jug. d'adjudicat. est un vrai jug. s'il statue sur des contest. incid.; sinon, il n'est qu'un procès-verb. des enchères. — L'injonct. faite au saisi de délaisser la possession sous peine d'y être contr. par corps fait plutôt allusion à une menace de dépossess. par force que d'emprisonn.

962. Condition de la délivr. du jug. d'adjud. (V. l'art. 713).

963. Les frais de poursuites seront privilégiés, s'ils ont été faits dans l'intérêt de la masse des créanciers.

964. A qui sera signifié le jug. d'adjudic.? (V. art. 716.) Le jug. d'adjudic. doit être transcrit au bureau des hypoth. (L., 23 mars 1855).

965. L'adjudication transmet à l'adjudicataire les droits qu'avait le saisi sur l'immeuble adjugé. — L'adjudic. évincé n'a de recours c. le poursuiv. que s'il est en faute. — Il a c. le saisi dont il paie les dettes une action de gestion d'affaires, et c. les créanciers une action en répétition de l'indû, à moins qu'ils n'aient supprimé leurs titres (art. 1377, C. civ.).

966. Le vend. non payé, outre son privilège, a un droit de résolution pend. 30 ans. La L. de 1841 a admis la restrict. du droit de résol. d'un précéd. vend., en cas de saisie de l'immeuble, afin qu'on pût se rendre adjudicat. sans craindre une résolution postérieure. Le vend. non payé de l'immeuble saisi doit donc former son droit de résolution av. l'adjudic.; à cet effet, il reçoit une sommation particul. (art. 692). L'action en résolut. non formée av. l'adjudic. est éteinte.

967. Aujourd'hui l'adjudic. purge toutes les hypothèques, même les hypoth. légales non inscrites des femmes et des mineurs.

968. C'est la transcription du jug. d'adjudic. qui arrête le droit de prendre inscription (L. du 23 mars 1855). Les femmes et les mineurs non inscrits perdent le droit de suite, mais conservent le droit de préférence (art. 772). Si un créanc. inscrit n'a pas reçu la sommation de l'art. 692, à cause de l'irrégularité de son inscript., il est en faute; son hypothèque est purgée. — Si c'est par la faute du conservateur, qui a omis son inscript., l'hypoth. est purgée; mais le créanc. a recours c. le conserv. — Si c'est par la faute du poursuiv., l'hypoth. n'est pas purgée, sauf le recours de l'adjudic. c. le poursuiv.

969. Il y a deux sortes de surenchères. — On s'occupe ici de celle qui suit les ventes judiciaires. — Elle a pour but de remédier à l'inconvén. d'une adjudic. à vil prix.

970. Tout le monde peut surenchérir, sauf les personnes indiquées dans l'art. 711. — La surench. se fait dans la huit. par le ministère d'un avoué.

971. Elle est au moins du 6e du prix principal.

972. Pour les formes et cond. de la surenchère, V. l'art. 709. — Il y a intérêt à en former plusieurs, pour le cas où la 1re serait nulle.

973. On dénonce la surench. aux avoués de l'adjudicat. du poursuiv., et au saisi, mais non à ceux de tous les créanc. inscrits, pour éviter les frais.

974. La dénonc. a lieu dans les 3 j. — Les créanc. inscrits et le saisi peuv. dénoncer la surench. formée par un autre pour en conserver l'effet.

975. Mais comment les créanciers inscrits sauront-ils qu'il y a une surench. qu'ils peuv. dénoncer., puisqu'on ne le leur signifie pas? Or ils sont souv. les plus intéressés au maintien de la surench. — On eût pu parer à cette objection en faisant faire au greffe mention de la dénonc. en marge de la surench. Si cette mention n'eût pas été faite dans les 3 j., les créanc. auraient su que leur droit de faire la dénonc. était ouvert. — La surench. qui n'est dénoncée par personne est nulle.

976. La dénonc. doit contenir sommation de venir à l'aud., qui suit l'expiration de la quinz., pour y procéder à des ench. nouv. — Mais ce délai offre de grandes difficultés par la comparaison de l'art. 709 avec les art. 696 et 699. — Il faut décider que ces deux derniers articles doivent être écartés ici, et appliquer ici par analogie le délai de huit. des art. 704 et 741.

977. Les formalités de l'art. 709 sont prescrites à peine de nullité.

978. Toute personne peut concourir aux nouvelles enchères; la nouvelle adjudicat. ne peut être suivie de surenchère. —

979. A défaut d'enchériss., le surenchériss. est déclaré adjudicat. — La surenchère ne fait pas revivre le droit de résolution du vendeur.

980. Pour la surench. du 10e, renvoi à l'art. 832 C. pr.

QUARANTE-CINQUIÈME LEÇON.

Titre XIII. — Des incidents de la saisie immobilière.

981. La loi prévoit 7 incidents distincts. — L'un de ces incid., la folle enchère, a cela de particulier qu'elle n'a lieu qu'après l'adjud. — Il peut y avoir d'autres incid. — Ceux dont la loi s'occupe sont :

982. 1° *La jonction de 2 saisies*, soit qu'elles portent sur des biens différents (art. 719), soit sur les mêmes biens, mais la 2e en comprenant plus que la 1re (art. 728).

983. Dans le cas de l'art. 719, la jonction peut être demandée par l'un des poursuiv., les créanc. inscrits et le saisi. — Le trib. ne peut l'ordonner d'office.

974. Pour le cas d'une 2e saisie des mêmes biens, plus d'autres biens, non compris dans la première, V. l'art. 720.

985. 2° *La subrogation* dans les poursuites. — Elle n'est permise que dans les cas prévus aux art. 721 et 722.

986. Qui peut demander cette subrog. ? 1re opinion : seulem. le créanc. qui a fait une 2e saisie. — 2e opinion : on admet la 1re opinion pour l'applic. de l'art. 721, mais on permet aux autres créanc. inscrits de demand. la subrog. quand elle s'appuie sur l'art. 822. — La 3e opinion permet aux créanc. inscrits de demand. la subrog., aussi bien dans le cas prévu par l'art. 721 que dans ceux de l'art. 722. — Enfin une 4e opin., qui paraît la meilleure, étend même aux créanc. chirog., porteurs d'un titre exécut., le droit de se faire subroger. — Le saisi n'est pas mis en cause.

987. Celui qui succombe dans la dem. en subrog. en supporte personnel. les frais. — Si la subrog. est admise, le subrogé rembourse au 1er saisi les frais des actes qu'il a fait valab. — L'avoué est tenu, sous sa responsab., de remettre les pièces au subrogé.

988. 3° *La radiation d'une saisie.* — Une saisie rayée ne peut plus produire d'effet. — Un autre saisiss. peut bien reprendre les poursuites ; mais il continue sa propre saisie qui avait été suspendue, mais non la saisie rayée qui est annulée.

989. Dans quel délai la 2e saisie qu'on reprend devra-t-elle être transcrite ? Il serait raisonnable de dire dans la quinz. de la radiation de la 1re saisie.

990. 4° *La demande en distraction de tout ou partie des objets saisis ;* elle suppose que la saisie comprend des biens n'appartenant pas au déb. — Si ce bien a été vendu, le vrai propriét. le revendiquera. — Mais si le bien n'est que saisi et non encore vendu, le propriét. demande qu'il soit distrait de la saisie.

991. La demande en distract. est dirigée c. le saisiss., le saisi et le créanc. premier inscrit comme représentant la masse. — Le vrai intéressé est celui sur qui les fonds manqueront ; mais on ne le connaîtra qu'après l'adjudic. qui fixera la somme à distrib. — Aussi les créanc. qui ne se trouvent pas suffisam. représentés par le premier inscrit peuv. interv. à leurs frais.

992. La dem. est formée par un acte d'av. à avoué c. le saisiss., par exploit c. le premier inscrit ; quant au saisi, V. l'art. 725, 2e alin.

993. Le demand. en distract. doit déposer au greffe les actes justific. de sa propriété, à moins que sa propriété ne soit pas fondée sur un titre écrit, par ex. sur la prescription.

994. Si la distract. ne porte que sur partie des objets sais., la saisie peut être continuée pour le surplus, à moins qu'il n'y ait intérêt à surseoir sur le tout. — En cas de distract., le poursuiv. peut modifier la mise à prix déjà proposée. — Si la dem. en distract. porte sur tous les objets saisis, le sursis est néces. ; et la saisie est anéantie si le revendiquant triomphe.

995. Il peut aussi être formé des dem. à fin de charges, usufruit, usage, servitudes. Mais, dans tous les cas, l'adjudication ne porte aucune atteinte à ces droits.

996. 5° *Les demandes en nullité.* Les nullités peuvent atteindre la procéd. antér. ou la procéd. postérieure à la publication du cahier des charges. — L'art. 728 traite des premières. — Elles atteignent le fond ou la forme. Les nullités du fond supposent que la saisie ne pouvait être pratiquée. — Celles de formes, qu'elle pouvait l'être, mais qu'elle l'a été irrégulièrement.

997. Mais même après la public. du cahier des charges le saisi peut faire juger que la créance du poursuiv. était nulle et éteinte.

998. Le saisi propose ses moyens de nullité, 3 j. au plus tard av. la public. — Les nullités peuv. être propos. les unes après les autres.

999. Quand une nullité est prononcée, on reprend la saisie à partir du dernier acte valable antérieur à l'acte annulé. — Les délais courent du jug. ou de l'arrêt qui a statué définitiv. sur la nullité. — Le jug. qui rejette des nullités donne acte de la lecture en public, si la procéd. est en état.

1000. Les nullités, postér. à la public., sont propos. au plus tard 3 j. av. l'adjudic. — Si la nullité est prononcée, on recommence la procéd. à partir du jug. de public. — Si la nullité est rejetée, on ouvre immédiat. les enchères.

1001. 6° *La revente sur folle enchère.* L'adjudicataire qui n'accomplit pas les condit. du cahier des charges a enchéri follement ; l'immeuble est revendu sur sa folle enchère. — Cette revente est un incident de la saisie en ce sens que l'adjudication n'avait mis fin à la saisie qu'à la condit. que l'adjudic. exécuterait ses engagements ; autrem. la poursuite reprend son cours.

1002. Les personnes qui étaient liées à la poursuite, saisi, poursuiv. ou créan. insc. peuv. provoquer la revente sur folle enchère. Le fol enchériss. peut aussi être poursuivi par les voies ordin. L'art. 750 (L. de 1858) indique une nouvelle cause de folle enchère, le défaut de transcript. du jug. d'adjudic.

1003. Analyse de l'art. 734. — Pour la publicité à donner à la nouv. vente et les délais qui la concernent, V. l'art. 735. — La folle enchère est signif. à l'adjudic. et au saisi. — Le fol enchériss. peut empêcher la revente en accompliss. ses oblig. ou en consign. le prix et les frais. — Pour les nullités de la folle enchère, V. l'art. 739.

1004. L'adjudication s. folle enchère peut-elle être suivie d'une surench.? — Sans doute, si la 1re adjudic. n'av. pas été suivie elle-même d'une surench. — Les créanc. avaient pu accepter le prix de la 1re adjud., sans accepter celui de la 2e qui est inférieur. — Mais si la 1re adjudic. avait été suivie d'une surench., il semble, d'ap. l'art. 710, 2e al., qu'on ne puisse faire suivre d'une surenchère l'adjudic. s. folle enchère. Je l'admettrais cepend. parce que l'adjudic. primit. est résolue avec la surench. qui l'a suivie ; il ne reste plus que l'adjudic. sur folle enchère.

1005. L'adjudication s. folle enchère résout tous les droits réels conférés à des tiers par le fol enchériss. — Mais les baux qu'il a faits de bonne foi sont valables dans les limites des art. 1429, 1430 et 1718, C. civ. — Si le prix de la revente s. folle enchère est inférieur aux prix de la 1re adjudicat., le fol enchériss. est tenu de la différence. — Si le nouveau prix est supérieur, il profitera aux créanciers, ou, s'ils sont désintéressés, au saisi ; mais, même dans ce dernier cas, le fol enchériss. n'est libéré de ses oblig. que pour le payement effectué par le nouvel adjudicataire.

1006. 7° *La conversion de la saisie en vente volontaire*. C'est une conversion entre le débiteur et ses créanciers, ayant pour but d'abréger les lenteurs de la saisie. — Elle n'est valable que si elle est faite dans le cours de la saisie.

1007. Autref. on admettait dans les contrats la *clause* de voie parée, prohibée par la L. de 1841 (art. 742, Pr.), de peur qu'elle ne devînt de style et ne fût pas librement consentie par le débit.

1008. Des majeurs, maîtres de leurs droits, ne peuv. vendre volontair. leurs immeubles aux enchères en justice pour ne pas faire perdre aux juges leur temps, au détriment des notaires.

1009. Mais pend. une saisie et après la transcript., le poursuiv. et le saisi av. la sommat. de l'art. 762, et de plus, après cette somm., les créanc. inscrits peuv. s'entendre pour demand. une adjudic. en justice ou dev. notaires. La convention convenue entre le poursuiv. et le saisi seuls n'est pas opposable aux créanc. inscrits, et l'adjudication qui la suivra ne purgera pas leurs hypothèques. Cette dem. peut être formée, jusqu'à l'adjudication. Si la saisie ne porte que sur une partie d'une exploitation, le débit. peut y faire comprendre le surplus.

1010. Analyse de l'art. 744.

1011. Analyse de l'art. 745.

1012. Le trib. peut d'ailleurs admettre ou rejeter la demande de conversion, en motivant sa décision. — Pour le contenu du jug., V. l'art. 746.

1013. L'art. 747 applique à cette procédure les règles de l'art. 342 Pr.

1014. Ordinair. le saisiss. reste chargé de la poursuite, sauf subrog. en cas de négligence. — V., pour les formes de la vente, 2e alin. de l'art. 743.

1015. L'immobilisation continuera à s'appliquer ; le saisi sera toujours privé du droit d'aliéner, — mais on peut convenir du contraire.

1016. L'adjudication sur conversion convenue par les créanc. inscrits après la sommat. de l'art. 692 purge les hypothèq. comme l'adjudic. sur saisie. — Elle n'éteint pas le droit de résolution d'un précéd. vend. non payé.

1017. La procéd. tracée par les articles 717, 730, 731, 732 et 741 s'applique à tous les incid. de saisie immobil. ; — mais on ne range dans les incidents que les contestations soulevées contre la saisie et l'adjudication, et par une personne liée à la poursuite, à moins que la loi n'ait classé expressém. d'autres contestations parmi les incidents.

1018. L'art. 718 indique la procéd. génér. des incid. — Les jug. sont rédigés dans la forme ordin.

1019. Les jug. d'incid. sont susceptibles d'appel lorsqu'ils décident véritabl. sur des contest. ; mais, s'il n'y a rien à apprécier, ils ne sont que des actes judiciaires non susceptibles d'appel. — Telle est la pensée de la distinction de l'art. 730.

1020. D'après l'esprit de la loi, la voie de l'opposition doit être refusée contre les jug. statuant par défaut sur des incidents.

1021. Délais de l'appel, art. 731. Formes de cet appel, art. 732. — Il est suspensif.

1022. Si l'incid. retarde l'adjud., il faut une nouvelle publicité.

QUARANTE-SIXIÈME LEÇON.

TITRE XIV. — DE L'ORDRE.

1023. L'ordre, ou distrib. du prix d'un immeuble entre les créanciers privil. ou hypoth., est le complément et le but de la saisie immobil. — L'ordre peut suivre aussi les autres ventes jud. ou volont. d'un immeuble hypothéqué. — La loi du 21 mai 1858, sur cette matière, a remplacé par des articles nouveaux les art. 549 à 579, C. Pr. — Dans les tribunaux où on le juge nécessaire, un décret du gouvernement désigne les juges-commissaires aux ordres.

1024. Dans la huitaine qui suit la transcription du jug. d'adjudic. (V. art. 750), l'ouverture de l'ordre est requise. — Cette transcription doit avoir été requise par l'adjudic. à peine de folle enchère. — L'ordre est porté au trib. de la situation de l'immeuble dont le prix est à distribuer. — Le jug. d'adjudic. est toujours signifié au saisi.

1025. Le juge-commiss. convoque les créanciers, pour tâcher de les amener à un ordre amiable. — Il faut le consentement de tous les créanciers, mais non du saisi ni de l'adjudicataire. — S'ils s'accordent, le juge-commiss. dresse procès-verbal de la convention et ordonne, en conséq., la radiation des inscript. et la délivrance des bordereaux. — Le ministère des avoués n'est pas obligatoire pour paraître à l'ordre amiable. — Le tuteur peut y représenter le mineur ou l'interdit, s'ils touchent l'intégralité de leurs créances, ou si les créances qui leur sont préférées ne peuvent être contestées. — Quant à la femme mariée, distinction.

1026. Les créanciers non comparants à l'ordre amiable encourent une amende de 25 fr. — A défaut d'ordre amiable, l'ordre judiciaire est ouvert. Les créanciers inscrits sont sommés de produire (V. les formes, art. 753). Les créanciers chirograph. peuvent intervenir à leurs frais. — Tout créancier doit produire dans les 40 j. de la sommation.

1027. Après les 40 j., les non-produisants sont déchus, non pas de leurs créances, mais du droit de figurer dans l'ordre. — Le juge dresse, dans les 20 j., l'état de collocation sur les pièces produites. — Les créanciers et le saisi sont sommés de contredire, s'il y a lieu, l'état de collocat., dans les 30 j. de cette nouvelle sommat., à peine de forclusion.

1028. La ventilation du prix peut être demandée par les créanciers ou ordonnée d'office par le juge-commiss.

1029. Faute de contredits, le juge-comm. clôt l'ordre dans les 15 jours qui suivent. — Le règlement provis. devient définitif. — Le juge-comm. ordonne la délivr. des bordereaux, la radiation des inscript., etc.

1030. Les contestations se forment par un dire motivé ; elles sont renvoyées à l'audience. — Le juge peut faire un règlement définitif partiel.

1031. L'art. 760 indique qui figurera dans les contredits. — L'art. 761 trace une procédure rapide. — Le minist. public sera toujours entendu. — Les jugements ne seront pas susceptib. d'opposit., mais ils seront sujets à appel dans les 10 j. (art. 762). — On s'attache pour le taux du dernier ressort au chiffre de la créance contestée. V. art. 763 et 764. — On intime sur l'appel celui qui a combattu les prétentions de l'appelant, le saisi s'il a figuré en première inst., et le dernier créancier colloque s'il est intéressé.

1032. Le juge réforme, s'il y a lieu, son règlement suiv. le jug. ou l'arrêt (V. le délai, art. 765). — Les intérêts qui ont couru pendant les contestations sont à la charge de ceux qui succombent.

1033. Qui supportera les frais ? Analyse de l'art. 766.

1034. L'ordonnance de clôture peut être attaquée par la voie de l'opposition devant le trib. — L'oppos. se fait au greffe (V. art. 967). — Quand l'ordonn. de clôture est devenue inattaquable, le greffier délivre un extrait de l'ordonn. sur lequel les inscript. des créances non colloquées sont rayées, il délivre les border. de colloc. — Chaque créancier payé consent la radiat. de son inscript.

1035. Ouverture des ordres autres que sur saisie immobil. — Ils ne s'ouvrent qu'après la purge. — Toutefois la purge des hypoth. légales des femmes et des min. n'est pas exigée à peine de nullité.

1036. L'ordre se fait à l'audience s'il y a moins de quatre créanciers inscrits, au moment de l'ouverture de l'ordre. — Formes de cet ordre (art. 773).

1037. L'acquéreur a un privil. pour le coût de l'extrait des inscript. et des dénonciations, mais non pour les frais de la purge des hypoth. légales.

1038. Du sous-ordre. — On y suit les règles de la contribution.

1039. En cas de retard ou négligence, l'avoué poursuiv. est déchu de la poursuite et remplacé même d'office par le juge-commiss. — Cet avoué n'est payé de ses frais qu'après la clôture de l'ordre.

1040. De la consignation du prix par l'adjudic. Analyse de l'art. 777.

1041. Procédure des contestations sur la consign. du prix. Analyse de l'art. 778.

1042. Si, dans le cours de l'ordre, et même après le règlement définitif, il y a folle enchère, le premier ordre est maintenu sur le prix de la revente sur folle enchère.

QUARANTE-SEPTIÈME LEÇON.

TITRE XV. — DE L'EMPRISONNEMENT.

1043. Le créancier peut parfois faire emprisonner le débiteur pour le forcer à payer.

1044. La L. du 22 juillet 1867 a supprimé la contrainte par corps en matière civile et commerciale et c. les étrangers. — Elle est maintenue au profit de l'État pour amendes, restitutions et dommages et intérêts ; et même pour les frais (L. du 19 décemb. 1871, qui abroge le § 3 de l'art. 3 de la L. de 1867). — Elle n'existe plus, en faveur des particuliers, que pour les réparations des crimes, délits ou contraventions.

1045. — Division. Formes de l'exécution de la contr. par corps : commandement, demande adressée au procureur de la République, réquisition du proc. de la République aux fonctionnaires chargés de l'exécution des mandements de justice.

1046. Il faut 5 jours francs entre le commandement et l'arrestation.

1047. La contr. par corps peut avoir lieu pour le payement des frais au profit de l'État.

1048. Il suffit dans le command. de la signific. d'un extrait du jugem.

1049. L'art. 771 restreint le droit d'arrestation : 1°... Cet alinéa est spécial ; il ne faut pas appliq. ici l'art. 1037 ; chaque jour comprendra donc le droit d'arrest. dans un espace de temps différent.

1050. 2°... On n'applique pas ici l'except. de l'art. 1037 : *si ce n'est en vertu de la permission du juge*. — 3°... Pour ne pas troubler les fidèles. — 4°... Pour ne pas troubler leurs opérations.

1051. Le débit., appelé en justice comme témoin, obtient un sauf-conduit qui empêche son arrest. pend. le temps néces. pour aller et revenir. — Le juge d'instruc. et les présid. du trib. d'arrond., de la C. d'appel ou de la cour d'assises peuv. seuls accorder le sauf-conduit, le ministère public entendu. — Cepend. le juge de paix peut en accorder un pour paraître dev. lui, comme juge de police ; et le trib. de comm., dans le cas des art. 472 et 473, C. de comm. Le sauf-conduit n'est valable que dans les limites fixées par le juge et par la loi.

1052, 1053. Condit. du procès-verb. d'emprisonn. V. art. 783, et art. 2, 3 et 5 L. du 22 juillet 1867.

1054. Pour le cas de rébellion, V. l'art. 785.

1055. Toute personne arrêtée peut se faire conduire en référé ; garantie c. les erreurs ou les irrégularités de forme. — Dans quelle prison le débit. doit-il être conduit ? V. art. 788.

1056. Condit. du procès-verb. d'écrou, V. art. 789. — L'huissier seul peut signer procès-verb.

1057. Le créanc. est tenu de fournir au débit. des aliments réglés par l'art. 29, L. 17 av. 1832, modifié par la L. du 22 juillet 1867 (art. 6). Ils doivent être consignés d'avance. — Si le créancier les retire, l'emprisonn. cesse. — Mais le créanc. incarcérateur n'a plus ce droit s'il survient des recommandat.

1058. On recommande celui qui est déjà en prison, même s'il y est comme prévenu ou condamné en matière pénale.

1059. L'art. 793 indique les formes de la recommand. Le débit. recomm. ne peut exiger qu'on le conduise en référé. — Quand il y a des recommandants, le créanc. incarcér. ne peut plus retirer seul les aliments consignés ; mais il peut demand. aux autres d'y contrib. ; la contrib. a lieu par portions égales.

1060. Les nullités du fond sont jugées par le trib. de l'exécut. (art. 472, C. pr.), et les nullités de forme par le trib. du lieu de la prison où le débit. est détenu. — Analyse de l'art. 795.

1061. La nullité de l'emprisonnement n'emporte pas celle des recommandations. — On n'applique pas l'art. 796 à la recom. que l'incarcérateur aurait faite lui-même.

1062. L'art. 797 ne comporte plus d'application depuis la loi du 22 juillet 1867.

1063. Comment concilier l'art. 798 avec l'art. 800 ? — 1re opinion : l'art. 798 doit être supprimé comme étant sans utilité. — 2e opin. : on applique l'art. 798 au débit. arrêté qui consigne les causes de l'emprisonn. et les frais av. l'écrou. — 3e opin. : l'art. 798 s'applique au débit. qui demande la nullité de l'emprisonn. et qui a intérêt à être libre avant le jug. — Le créanc. ne rend cette consignat. que si l'emprisonn. est annulé parce que la créance était nulle ou éteinte. — V. aussi l'art. 779.

1064. L'élargissement est la mise en liberté d'un débit. incarcéré régulièrem. Pour les causes de l'élargiss., V. l'art. 800 ; pour les formes, l'art. 801. — Où se fait la consignation du n° 2 de l'art. 800 ? V. art. 802. — L'élargiss. a encore lieu : 1° après un certain temps, art. 9, L. du 22 juillet 1867 ; 2° par un moyen d'extinction de la dette autre que le payement (V. art. 10, 12, 14 et 18 de la loi du 22 juillet 1867).

1065. L'art. 805 indique la procéd. des dem. en élargiss.

TITRE XVI. — DES RÉFÉRÉS.

1066. Si la procéd. des référés plus simple, plus sommaire, plus expéditive que celle même des matières somm. se trouve à la suite des voies d'exéc., au lieu de venir après les autres voies d'instruction, c'est d'abord parce que, le plus souvent, elle est employée pour trancher provisoirement et sans délai des difficultés d'exéc., ensuite parce qu'elle diffère des autres procéd., non seulement dans ses formes, mais dans ses résultats. Ainsi, tandis que le jugement qui vient à la suite des autres voies d'instruction termine la contest., au moins en premier ressort, au contraire le jug. du référé ne statue que par mesure provisoire, en laissant le fond intact.

➳ **1067**. Il existait autrefois dans quelques provinces, notamment en Normandie, sous le nom de *clameur de haro*, et à Paris, sous le nom de *référé*, une procéd. analogue à celle-ci. Le Code, procédant d'une manière générale, et non par énumération comme anciennement, décide que dans tous les cas d'urgence, qu'il s'agisse ou non d'exéc., il y aura lieu à référé pour obtenir une décision provisoire.

1068. Si les diff. d'exéc. requièrent seulement célér., le trib. y statuera provisoirement d'après les règles des matières somm., et renverra le fond au trib. d'exécution (art. 554). Mais s'il y a urgence, on pourra employer la proc. plus expéd. du référé, sauf au président, s'il ne croit pas à l'urgence, à renvoyer devant le trib. — De même pour les autres affaires, si elles requièrent seulement célérité, elles seront jugées au fond comm. mat. somm., sans concil., sur assign. à bref délai, sans écrit. Mais s'il y a urgence, on prendra la voie du référé.

1069. Ordinair. le référé est porté à une aud. spéciale tenue à cet effet par le présid. ou le juge qui le remplace. Il est introduit par une assignat. soumise, en gén., aux formal. ord. (art. 61 et s.), mais il n'est pas nécessaire qu'elle contienne constit. d'av., puisque les parties peuvent se présenter en personne. De même, dans l'usage, on assigne à un jour et non à huitaine. V. art. 808. — Le référé peut même être introduit sans assignat. par transport immédiat devant le président. Ainsi l'huiss. ou autre exécut. des mandements de justice doit conduire devant le président le débit. qui élève des difficultés sur l'exécution de la contrainte par corps. De même pour les difficultés qui s'élèvent sur une appos. de scellés ou une confect. d'inventaire, etc. Si l'urg. n'est pas justifiée, ou si l'affaire présente des difficultés, le président pourra, en toutes matières, renvoyer à l'audience pour y être statué même en état de référé. C'est ainsi qu'il peut y avoir des jug. de référé. Les décis. du président s'appellent ordonnances de référé.

➳ **1070.** V. art. 809. — Bien que l'oppos. ne soit pas recevable contre le référé, elle le sera contre le jug. d'appel rendu par défaut.

➳ **1071.** En princ., la partie qui a obtenu une ord. de référé doit la déposer au greffe, et sur la minute, le greffier lui délivrera une expédit. exécutoire. — Mais, en cas d'absolue nécessité, le juge peut autoriser l'exécution sur la minute sans dépôt. Cela a même lieu de droit, lorsque les difficultés s'élèvent à l'occasion d'appos. de scellés ou de confect. d'invent.; l'ord. de référé est alors transcrite sur les procès-verbaux du juge de paix, du notaire, de l'huissier.

QUARANTE-HUITIÈME LEÇON.

IIe PARTIE, LIVRE I.

TITRE Ier. — DES OFFRES DE PAYEMENT ET DE LA CONSIGNATION.

1072. Le débit. qui veut se libérer lorsque le créanc. réclame plus que le déb. ne croit devoir, ou lorsqu'il y a des saisies-arrêts, fera faire des offres réelles et consignera la chose offerte.

1073. Le proc.-verb. d'offres est fait par un huiss.; il peut l'être par un notaire. Que doit-on offrir? V. 1258, n° 3 C. civ., et 812, C. pr. — On indique en quelles pièces de monnaie l'offre a été faite.

1074. L'huiss. consigne sur le procès-verbal l'accept. ou le refus du créanc., qui signe l'accept., mais peu importe qu'il signe ou non, quand il refuse. — Les offres sont faites au dom. du créancier tant en abs. que présence.

1075. Un autre proc.-verb. constate le dépôt à la Caisse des dépôts et consign. ou chez un receveur.

1076. Le débit. demande ensuite au trib. de valider les offres; sinon, le créanc. provoque leur nullité. — Ces 2 dem. sont portées, si elles sont incid., au tribun. saisi de la dem. princip.; si elles sont princip., elles sont portées au trib. du défendeur.

1077. Le trib. qui valide les offres ordonne la consign., si elle n'est déjà faite. — On la fera souv. plus tôt, car les offres ne libèrent le déb. qu'après la consign. — Les intérêts cess. du jour de cette consign.

1078. La consign. est grevée des sais.-arrêts ou oppositions faites ou à faire.

TITRE II. — DE LA SAISIE-GAGERIE ET DE LA SAISIE FORAINE.

1079. Ces saisies sont des saisies de précaut. — La saisie-gagerie assure le payement de loyers, et empêche la disparit. des meubles qui garniss. les lieux. Elle n'est pas la conséquence nécess. de l'art. 2101-1°, C. civ.; mais elle en assure l'exécution.

1080. La saisie-gagerie remonte à notre ancien droit français.

1081 à 1083. Analyse de l'art. 819. — Le mot *Commandement* dans le 1er alinéa est inexact et doit être remplacé par la *Sommation*. — La loi admet la saisie des meub. et effets déplacés sans le consent. du locateur. — Il ne faut pas accorder le même droit sur les fruits au locateur d'une ferme.

1084. Quand il y a sous-location, le loc. princ. répond toujours du loyer à l'égard du prop. et le sous-locat. répond du loyer jusqu'à concur. de la sous-loc. V. l'art. 820.

1085. Renvoi aux formes de le saisie-exécution ou de la saisie-brandon.

1086. Origine historique de la saisie foraine. Elle peut être faite sans écrit, mais avec la permiss. du juge. — Aussi au mot *Commandement* de l'art. 822, faut-il encore substit. le mot *Sommation*. — Le créanc. porteur d'un titre exéc. peut avoir intérêt à faire la saisie foraine pour surprendre le débit. et l'empêcher de fuir.

1087. Le saisiss. peut être gardien des effets, s'ils sont dans ses mains, mais le saisi ne peut être gardien.

1088. Ce n'est qu'après le jug. que la vente pourra avoir lieu dans les saisies-gag. et foraine. — Le trib. compét. pour statuer sera celui du lieu où la saisie a été faite. Mais le saisi forain, en offrant caut., pourra se faire renvoyer au trib. de son dom.

TIT. III. — DE LA SAISIE-REVENDICATION.

1089. Cette saisie s'applique soit à la revendic. de propriété, soit à la revendic. de la possess. à titre de gage. Elle n'a pour objet que des meubles. Elle a souv. lieu chez un tiers, non obligé env. le saisiss.; aussi doit-elle être autoris. par le présid. du trib.

1090. Analyse des art. 827, 828 et 829.

1091. L'art. 830 ne peut se concilier avec l'art. 598 ; il indique entre la saisie-revendic. et la saisie-exéc. une différence qui n'existe pas.

1092. L'art. 831 indique le trib. compét. pour valid. la saisie-revendic.

TITRE IV. — DE LA SURENCHÈRE SUR ALIÉNATION VOLONTAIRE.

1093. Cette surenchère est plus facile que celle qui suit la saisie immobil. ; car elle n'est que d'un 10ᵉ. C'est la purge faite par l'acq. qui provoque cette surench. — Cette matière est l'une de celles que la loi du 2 juin 1841 a révisées.

1094. Analyse de l'art. 832. Renvoi aux art. 2018 à 2019, C. civ. pour la solvab. de la caution ; l'art. 2011, C. civ. peut même s'appliquer, mais il faut que le nantiss. soit en argent ou en rentes sur l'État.

1095. L'art. 833 développe le principe posé par l'art. 2190, C. civ. et permet la subrogation dans la pours. de surench. — Mais cette subrog. n'a d'effet que si la surenchère est valable.

1096. Les art. 834 et 835 relatifs à la faculté de faire inscrire des privil. et hyp. dans la quinz. de la transcript. ont été abrogés par la loi du 23 mars 1855.

1097. L'art. 836 énumère les énonciat. que doivent contenir les affiches et les annonces relat. à la vente. — Analyse de l'art. 837.

1098. V. dans l'art. 828 quels sont les art. de la saisie immob. applic. à la revente sur surench. du dixième. — Le même art. statue à l'égard des nullités et de l'appel des jug. dans la procéd. de surenchère. — Il prohibe l'opposit. contre des jug., et renvoie à l'art. 718 pour les effets de l'adjudic.

QUARANTE-NEUVIÈME LEÇON.

TITRE V. — DES VOIES A PRENDRE POUR AVOIR EXPÉDITION OU COPIE D'UN ACTE OU POUR LE FAIRE RÉFORMER.

1099. En général, les copies sont délivrées par l'officier public qui en a dressé minute ou par ses success. V. cependant l'art. 245, Pr. Quelquef. elles peuv. l'être par des officiers publics non déposit. de la minute. — Pour la force probante des différentes copies, V. l'art. 1335, C. civ.

1100. Les déposit. des minutes ne peuv. en refuser copie aux parties intéress. en nom direct, ou à leurs ayants cause. — Mais on ne peut leur demander copie des actes qu'ils ont délivrés en brevet. — Les greffiers doiv. même délivrer à toute personne copie des jugem. — La contestat. sur la délivrance est jugée sommair. et le jug. exéc. par provision.

1101. Les art. 841, 842, 843 indiq. la manière d'obtenir copie d'un acte non enregistré ou resté imparfait.

1102. En principe, il n'est délivré qu'une grosse. — Cependant en cas de perte, il est permis de s'en procurer une deuxième avec certaines formalités. — L'art. 844 trace la marche à suiv. pour obtenir cette deuxième grosse. — On peut tirer une ou plusieurs grosses sur une première grosse déposée ; *plusieurs*, par ex., pour plusieurs héritiers du créancier primitif. — Pour les deuxièmes grosses de jug., V. l'art. 854.

1103. Il est défendu aux notaires de donner à des tiers connaissance des actes dont ils sont déposit. — Cepend., les trib. peuvent ordonner, dans le cours d'une instance, qu'une copie sera délivrée à un tiers (compulsoire). — Au contr. les jug., les actes de l'état civil, l'état des inscrip. hypoth., ne sont pas destinés au secret. Toute personne peut, sans compulsoire, en requérir une copie ou un extrait. — Le compuls. n'est ordonné que c. un dépositaire public.

1104. Les art. 847 et 848 déterminent les formes de la procéd. à fin de compulsoire. Il est dressé un proc.-verbal de compuls. par le dépos. ou par un juge ou par un autre notaire. On peut aussi demander la collation d'une copie sur la minute. — Quand le juge dresse un procès-verbal de compuls. ou de collation, la minute est apportée au juge ; mais si le compuls. comprend une recherche dans l'étude du notaire, le juge doit s'y transporter. — Analyse des art. 851 et 852.

1105. La rectificat. d'un acte de l'état civ. est dem. par la personne intéressée ou par le ministère public (V. la note p. 517). — Les art. 855 à 858 règlent les formes de ces dem. en rectification.

TITRE VI. — DISPOSITIONS RELATIVES A L'ENVOI EN POSSESSION DES BIENS D'UN ABSENT.

1106. Les art. 859 et 860 indiquent la marche à suivre pour l'applic. des art. 112 et 120 du C. civ. — Les *parties intéressées* comprennent toute personne ayant intérêt à faire statuer sur l'administration des biens de l'absent.

TITRE VII. — AUTORISATION DE LA FEMME MARIÉE.

1107. Renvoi aux art. 215, 217, 221, 222, 224, C. civ. — Il n'y a de forme prescrite que pour l'autorisation donnée par la justice. — La loi n'en prescrit aucune au mari. — Le jug. qui statue sur la dem. de la femme (art. 862) est rendu en la chambre du conseil. — L'art. 861 déroge à l'art. 219 C. civ. ; aussi la femme qui dem. l'autoris. de passer un acte doit-elle faire constater par une sommation le refus du mari.

1108. Les art. 863 et 864 tracent la marche à suivre pour l'applic. de l'art. 222, C. civ. — La femme du mineur procède comme celle de l'interdit. — La femme dont le mari a été frappé d'une peine afflictive et infamante procède, pendant la durée de la peine, conformém. à l'art. 863.

CINQUANTIÈME LEÇON.

TITRE VIII. — DES SÉPARATIONS DE BIENS.

1109. Il ne s'agit ici que de la séparation de biens judiciaire. — La femme seule a le droit de la demander. — Les créanc. de la femme peuv. avoir intérêt, mais ils n'ont pas qualité pour la demander (art. 1446, C. civ.).

1110. Conditions préalables de cette dem. (art 865, Pr.). — Les art. 866, 867 et 868 indiq. les moyens de publicité exigés par la loi, afin de donner l'éveil aux créanc. du mari et de la communauté, de provoquer leur interv. et d'éclairer le trib. — V. l'art. 809. — Toute séparat. volont. est nulle, même s'il n'y a pas de créanc. — Analyse de l'art. 871.

1111. L'art. 872 indique les formes de la publicité que la loi veut donner au jug. de séparation. — L'art. 872 laisse subsister toutes les exigences de l'art.1444, C. civ. — Les formalités de l'art. 872 sont prescrites à peine de nullité.

1112. Les créanciers du mari, qui ne sont pas interv. dans l'inst., peuv., pend. un an, attaq. le jug. par la tierce opposit. — Cette diminut. du délai ordin. de la tierce opposit. (30 ans) doit être limitée à la séparation de biens. — Ainsi la tierce opposit. est recevable pend. 30 ans c. les jug. qui statuent sur d'autres points, et contre les chefs du jug. de séparation qui seraient relatifs à la liquidation des reprises de la femme.

1113. L'art. 874 indique à quel greffe la femme fera sa renonc., à la communauté. — Elle peut aussi l'accepter.

TITRE IX. — DE LA SÉPARATION DE CORPS ET DU DIVORCE.

1114. Ce titre a pour but de prescrire quelques mesures afin de prévenir la séparation de corps, et si elle est prononcée, de lui donner de la publicité. — Le présid. cherche à concilier les époux dans les formes prescrites par les art. 875, 876 et 877.

1115. Le présid. statue, même en l'absence du mari. — Il peut autoriser la femme à quitter le domicile conjugal pend. le procès et lui fixer un lieu de résid. — Le trib. fixe, s'il y a lieu, une provision.

1116. La séparat. volont. est nulle. — La cause est jugée dans les formes ordinaires. — Seulem. on appliq. l'art. 251, C. civ. et non l'art. 283 C. pr. — L'art. 880 règle la publicité à donner au jug. de séparat. de corps. Il ne prescrit pas, comme l'art. 877, la lecture du jug. à l'aud. du trib. de commerce (V. aussi art. 66, C. com.).

1116 *bis*. Le divorce a été rétabli par la loi du 27 juill. 1884. Pour la procédure du divorce, voir art. 234 à 275, C. civ. Toutefois, à la différence du C. civ., la loi actuelle n'admet pas le divorce par consentement mutuel.

TITRE X. — DES AVIS DES PARENTS.

1117. Quelques auteurs disting., sans utilité, les délibérat. et les avis du conseil de famille. — Ce titre établit, dans l'intérêt des mineurs et des interdits, quelques formalités omises dans le C. civ. — Ainsi l'art. 882 veut que le conseil de famille désigne un de ses membres pour notif. au tuteur nommé et non présent sa nomin. — Cette notific. fait courir le délai de l'art. 439, C. civ.; quand le cons. de fam. n'est pas unanime, le procès-verbal mentionne l'avis de chaque membre. — Qui peut attaquer la délib.? V. art. 883, 2e alin. — Pour le cas où le cons. de famille exclut ou destitue un tuteur, V. art. 447, 448 et 449, C. civ.

1118. Les art. 885, 886 et 887 règlent la forme des dem. en homolog. Tout membre du cons. de fam. a droit de s'opposer à l'homolog. et, s'il n'est pas appelé à l'instance d'homolog., il peut former oppos. au jug. qui l'admet.

1119. Le jug. d'homolog., s'il soulève une contest., est sujet à l'appel de la part de ceux qui ont été parties en 1re instance.

TITRE XI. — DE L'INTERDICTION.

1120. Ce titre reproduit ou complète les disp. du C. civ. sur l'interdiction. L'article 890 reproduit l'art. 493, C. civ. V. les art. 891 et 892. Celui qu'on veut faire interdire reçoit signific. de la requête et de l'avis du cons. de fam. — L'interdict. peut être rejetée, mais non prononcée sans interrogatoire. — Renvoi aux art. 496 à 499, C. civ. : Qui peut appeler du jug. d'interdict. et qui sera intimé? V. art. 894.

1121. On doit rendre public, comme le jug. d'interdict., celui qui nomme un conseil judiciaire. — L'art. 805 reproduit l'art. 505, C. civ. — Renvoi aux art. 502, 503, 504, 506 et 508, C. civ.

1122. L'interdict. est levée, s'il y a lieu, dans les formes de l'inst. en interdict. — L'interdit n'a pas besoin d'assig. d'adversaire. — Le jug. de mainlevée n'est pas publié.

TITRE XII. — DU BÉNÉFICE DE CESSION.

1123. Le débit. malheureux et de bonne foi a droit au bénéfice de cession, si ce n'est dans les cas exceptés par la loi (art. 1270, C. civ.).

1124. Le débit. qui veut faire cession dépose son bilan au greff. du trib. — Suiv. les uns, il form. sa dem. par requête; il vaut mieux décider qu'il la fera par exploit d'ajournem. — V. aussi l'art. 900.

1125. Condit. imposées au débiteur (art. 901). — Analyse des art. 902, 903, et 904. — Renvoi à l'art. 1270, C. civ. et 986 et s., C. pr.

CINQUANTE ET UNIÈME LEÇON.

IIe PARTIE. — LIVRE II.

PROCÉDURES RELATIVES A L'OUVERTURE D'UNE SUCCESSION.

1126. Ces procéd. ont pour objet la conservation des objets de la success., la constat. de leur valeur ainsi que la liquid.

et la distrib. de cette succession. Les scellés, dont la loi s'occupe à l'occasion des succ., s'apposent encore dans les cas prévus aux art. 455, 457, 458, 460 et s., 479 et s. C. com., 591 C. pr., 114, 270, C. civ., etc.

TITRE I. — DE L'APPOSITION DES SCELLÉS APRÈS DÉCÈS.

1127. Division. On n'appose des scellés que s'il y a lieu de craindre des détournements. L'art. 909 indique trois classes de personnes qui peuvent requérir l'appos. des scellés : 1° héritiers, légataires, même particuliers, donataires de biens à venir, etc. Pas d'appos. de scellés, s'il n'y a qu'un hérit. présent et majeur, et pas de testam. ni lorsqu'il y a un seul légat. universel saisi (art. 1006, C. civ.). — Mais elle peut avoir lieu s'il y a deux hérit. ou deux légat. univers. — En cas de dissolut. de *la communauté;* peu importe qu'elle s'ouvre du vivant des époux ou à la mort de l'un d'eux.

1128. Art. 909, 2°. Les créanc. même conditionn. peuv. faire apposer les scellés. — Les créanc. personnels d'un héritier le peuv. aussi au moins par applic. de l'article 1166 C. civ.

1129. 3°.... L'absent est ici le non-présent.

1130. Analyse de l'art. 910.

1131. D'après l'art. 911, certaines personnes publiq. peuv. faire ou ordonner l'appos. des scellés dans l'intérêt des incapables, des absents, ou dans un intérêt public. — Le n° 1 de cet article modifie le 2e alin. de l'art. 819, C. civ. — Il faut que le mineur soit sans tuteur, pour qu'il y ait lieu à app. des scellés. 2e *Absents* signifie encore ici non présents. — L'art. 1031 C. civ. donne aussi à l'exécuteur testament. le droit de faire apposer les scellés. — Les personn. publiques feront aussi apposer les scellés pour les militaires sous les drapeaux. V. encore l'arrêté du 17 nivôse an X et l'instruction ministér. du 8 mars 1823.

1132. Analyse des art. 907, 908, 912, 913. Pour le proc.-verb. d'apposition, V. l'article 914.

1133. L'art. 915 donne des garanties c. la crainte de violation des scellés. — Analyse des art. 916 à 920.

1134. Moyen de lever les obstacles qui s'opposent à la levée des scellés (articles 921 et 932).

1135. Analyse des art. 923 et 924. L'art. 925 indique les moyens de donner de la publicité à l'appos. des scellés.

TITRE II. — DES OPPOSITIONS AUX SCELLÉS.

1136. Toute personne prétendant avoir intérêt peut s'opp. à ce que les scellés soient levés hors de sa présence. — Cepend. les ayants droit à la success., s'il n'y avait que des opposit. mal fondées, pourraient en faire prononcer la mainlevée (V. les art. 926 et 927).

TITRE III. — DE LA LEVÉE DES SCELLÉS.

1137. La loi n'a pas fixé de maximum du délai pour la levée des scellés (V. cepend. l'art. 451, C. civ.); mais l'art. 928, Pr. fixe un minimum. — Ce délai de trois j. vient de l'ancienne jurispr. — Qui peut requérir cette levée? V. art. 930.

1138. L'art. 931 détermine les formes de la levée des scellés.

1139. Qui peut assister à la levée du scellé? V. art. 932 et 933. Les créanciers d'un créancier n'assistent pas aux scellés pour leur débit. V. l'art. 935.

1140. Formes de la levée des scellés, art. 936. Le juge de paix les lève au commenc. et les réappose à la fin de chaque vacation. A mesure qu'on lève les scellés, les objets sont décrits dans l'inventaire; mais si la cause de l'appos. des scellés cesse, on les lève sans dresser d'invent., sauf dans les cas de l'art. 451, C. civ. On peut faire distraire des scellés les papiers ou objets réclamés par des tiers (art. 937).

TITRE IV. — DE L'INVENTAIRE.

1141. L'inventaire constate les forces d'une succession ou d'une communauté, guide l'habile à succéder ou la femme dans le parti qu'elle doit prendre, sert de base au compte de l'hérit. bénéfic. ou de tout administrateur du bien d'autrui. V. les art. 909, 1er al., et 910. Quelquefois, la loi fixe un délai pour faire l'invent.; autrement les parties ont le droit de s'opposer à ce que la personne qui doit rendre compt. s'immisce dans l'administr. av. la confect. d'un inventaire.

1142. L'art 942 énumère les personnes qui seront appelées à l'inventaire.

1143. V. pour les formes de l'invent., l'art. 943. — Il est dressé par un notaire; mais la prisée est faite par les commissaires-priseurs seuls au chef-lieu de leur établissem., et ailleurs concurrem. avec les notaires, huiss. et greffiers de la justice de paix. Le notaire renvoie les parties à l'aud. pour les diffic. qui s'élèvent dev. lui.

TITRE V. — DE LA VENTE DU MOBILIER.

1144. Si les héritiers ne veul. partager leurs meubles en nature, ils sont vendus pour que le prix en soit partagé.

1145. Les art. 945 à 951 indiquent les formes de la vente et renvoient notamm. au tit. des Saisies-exécut.

TITRE VI. — DE LA VENTE DES IMMEUBLES DES MINEURS.

1146. L'art. 3 de la loi du 2 juin 1841 a modifié ce tit.; les modificat. ont le même but que celles de l'art. 1er, la célérité et la diminution des frais. — Renvoi à l'art. 457, C. civ. — Analyse de l'art. 953, C. pr. Le trib., s'il approuve la vente, la renvoie ou dev. un juge, ou dev. notaire. — Analyse de l'art. 954.

1147. D'après le nouvel article 955, le trib. peut, sans expertise, fixer la mise à prix et les condit. de la vente. — L'art. 955 indique quelles sont alors les bases de l'évaluat. S'il y a expertise, le trib. peut la confier à un expert unique. L'art. 956 permet aux experts de prêter leur serment dev. un juge de paix commis par le présid., défend aux experts d'entrer dans les détails descriptifs des biens à vendre et supprime l'expédit. du rapport d'expert.

1148. Que doit contenir le cahier des charges? V. art. 957. On supprime ici la lecture et public. du cahier des charges qui n'eût pu avoir lieu devant notaires.

1149. L'art. 958 énumère les moyens de publicité de la vente. On a supprimé l'adjudic. prépar. Pour les délais et les lieux dans lesquels doiv. être appos. les affiches, V. les art. 959 et 960. — Renvoi à l'art. 699; seul. on n'appose pas d'affiches à la porte du mineur ou de son tuteur.

1150. L'art. 962 règle la manière d'appeler à la vente le subrogé tuteur.

1151. Analyse de l'art. 963.

1152. Renvoi aux art. cités dans l'art. 635; seul. le 2e al. de l'art. 964 déroge à l'art. 705. Revoi à l'art. 711. — La prohibition d'acheter ne s'appliq. pas au sub. tuteur, mais elle s'appliq. au curateur du mineur émancipé et au conseil du prodigue. La folle enchère peut atteindre même l'adjudication devant notaires; mais elle sera toujours portée devant le tribunal.

1153. L'adjudication peut être suivie d'une surenchère du sixième qui n'exclut pas absolument celle de l'art. 2189, C. civ.; car l'adjud. ne purge pas les hypoth. — Mais l'adjudic. sur surench. ne peut être suivie d'une surench. nouv. — Les créanciers inscrits peuvent se plaindre, dans le cas d'une première surench. du sixième, de n'avoir pas connu cette surenchère, ni les première et deuxième enchères. — Mais cette object. n'a pas arrêté le législateur. — Les formalités de la purge subsistent toujours, mais sans avoir l'effet de provoquer une surenchère du dixième.

1154. Les formalités de ce tit. ne sont pas exigées à peine de nullité, sauf au mineur à demander plus tard la nullité de la vente, faute des formalités qui ont pour but de le protéger.

CINQUANTE-DEUXIÈME LEÇON.

TITRE VII. — DES PARTAGES ET LICITATIONS.

1155. Ce titre ne s'occupe que de la forme des partages, et de la licitat. comme incid. du partage.

1156. Le part. peut se faire à l'amiable au cas prévu par l'art. 985, ou en justice, aux cas prévus par les art. 966 et 984. — Si le partage était fait à l'amiable, quand il y a des héritiers mineurs ou interdits, il ne serait que provisionnel (art. 840, C. civ.). Si on avait eu l'intention d'en faire un définitif, on appliq. l'art. 1126, C. civ. — L'action en partage se porte au trib. de l'ouv. de la success.

1157. Division. La dem. en part. se forme par exploit d'huiss. — Le plus diligent est dem. ou poursuiv. L'art. 967 règle le cas de concours. — Si deux av. se présentent ensemble au gref., les trib. admettent à cet égard des usages différents.

1158. L'art. 968 est la mise en œuvre de l'art. 838, C. civ.

1159. Le même jug. commet un juge et nomme un notaire pour les opérations du part. (art. 969). L'art. 970 indique les différ. décisions que peut prendre le tribunal.

1160. Le tribunal qui ordonne une expertise peut ne nommer qu'un expert. — Renvoi au tit. *Des Rapports d'experts*. — Si les immeubles sont éloignés, il peut y avoir plus. expertises, et du rapprochement des rapports peut résulter la possibilité de partager. — S'il n'y a qu'une expertise, les experts composent les lots.

1161. La licitation (V. art. 1686, C. civ.) n'est souvent qu'un incid. du part. Le prix du bien licité entre dans la masse partageable. — Les formes de la licit. sont les mêmes que celles relatives aux ventes des biens de mineurs; seulement il peut y avoir entre les colicitants des contest. sur le cahier des charges, qui ont motivé l'article 972 et les quatre premiers alinéas de l'art. 973.

1162. Dans les partages de success., de commun., etc., il faut, avant de composer les lots, former la masse partag. — Un notaire est chargé de composer cette masse; s'il s'élève des difficultés, il renvoie les parties devant le juge commis. qui, lui-même, renvoie l'affaire à l'audience et y fait un rapport. L'art. 977 indique la manière dont procèdent soit le notaire, soit le juge-commissaire.

1163. Les art. 978 et 979 détermin., d'après les art. 829, 830, 831, 834, C. civ., comment et par qui les lots seront composés. Ils doivent être tirés au sort; ils doivent être égaux en valeur, et même, autant que possible, par la nature des biens qui les composent. — Si les héritiers doivent prendre des parts inégales, on fera encore des lots inégaux, calculés sur le dénominateur commun des fractions afférentes à chacun des ayants droit. — Les réclamations sur la formation des lots doiv. être faites av. le tirage, sauf l'applic. de l'art. 887, C. civ.

1164. Les art. 981, 982, 983 traitent des règles de l'homolog. et du jug. qui l'accorde.

TITRE VIII. — DU BÉNÉFICE D'INVENTAIRE.

1165. Le bénéf. d'invent. soustrait l'hérit. au payement des charges au delà de l'émol., mais l'oblige à rapporter. L'hér. bénéf. quoique propriét., est comptable. Notre tit., modifié par l'art. 5 de la loi du 2 juin 1841, a surtout pour but de régler les formes des aliénat. des biens dépend. de la success. bénéf.

1166. L'habile à succéder peut même, av. de prendre qualité, se faire autoriser à vendre des obj. mobil. dispendieux à conserver ou susceptibles de dépérir (art. 796, C. civ.).

1167. Les art. 987 et 988 indiq. les formes à suivre pour les ventes d'immeub. dépend. d'une success. bénéf. — Renvoi aux divers art. énoncés dans l'art. 988. Si l'hérit. bénéf. vend sans ces formes, il devient hérit. pur et simple; il n'en serait pas de même s'il omettait involont. une des formes prescrites.

1168. La vente des meubles corporels se fait dans les formes tracées par les art. 945 et s. Pour les rentes sur l'Etat, V. avis du cons. d'Etat du 17 nov. 1807. — Pour les autres droits, leur dispos. rentre dans l'administr., et ne fait pas encourir la déchéance du bénéfice d'invent.

1169. Renvoi aux art. 656 et suiv., et 649 et suiv.

1170. Analyse des art. 992 à 995.

1171. L'hérit. bénéf. qui plaide c. la success., dirige son action c. les autres hér., ou, s'il est seul, c. un curateur au bénéfice d'inv. (art. 996).

TITRE IX. — DE LA RENONCIATION A LA COMMUNAUTÉ, ETC.

1172. C'est au point de vue de la forme à suiv. que le même tit. réunit les renonc. à success. et celles à commun. La loi du 2 juin 1841 a ajouté à la rubrique de ce tit. ces mots : *De la vente des biens dotaux.*

1173. L'art. 991 indique les formes de ces renonc. Renvoi aux art. 784 et 1457 C. civ. Les 2e et 3e alin. de l'art. 997 indiq. comment on procède à la vente faite dans les cas prévus par l'art. 1558, C. civ.

TITRE X. — DU CURATEUR A UNE SUCCESSION VACANTE.

1174. L'art. 998 reproduit l'art. 811 C. civ. — Il n'y a lieu à nommer un curat. qu'à une success. vacante ou réputée telle, c'est-à-dire quand il n'y a personne qui représente ostensib. la success. — Il semble qu'il n'y a success. réputée vac. que si les hérit. connus à tous les degrés ont success. renoncé; mais on admet général., pour éviter les lenteurs et les frais, que le curateur peut être nommé après la renonc. du prem. degré.

1175. Renvoi à l'art. 812, C. civ. V. aussi l'art. 999, C. pr. Analyse des art. 1000, 1001 et 1002.

CINQUANTE-TROISIÈME LEÇON.

IIe PARTIE. LIVRE III. — TITRE UNIQUE. — DES ARBITRAGES.

1176. D'après la L. 24 août 1790, les parties pouvaient, dans tous les cas et en toutes mat., soumettre leurs contest. à des arbitres de leur choix, à de simples partic. Les arbitres rapporteurs de l'art. 429 sont choisis par le trib. de comm. pour examin. les comptes, pièces, etc., tâcher de concil. les parties, sinon faire leur rapport et donner un avis qui n'est point oblig. Ici, au contraire, les arbitres juges sont choisis par les parties pour décider leurs contest. en prem. ou en dernier ressort, selon les cas.

1177. Le compromis est la convent. par laquelle les parties soumettent leur diff. à des arb. — Pour compromettre, il faut avoir la cap. de s'obliger et d'aliéner, car on s'engage, sauf les voies de recours, à reconnaître pour bonne la décision à intervenir. Le compromis ne peut donc être consenti ni par le mineur ni par son tuteur, bien que ce dernier puisse acquiescer à une demande mobilière, parce qu'alors les droits du mineur sont protégés par l'interv. du tribunal et du minist. publ. Bien plus, le tuteur, qui, avec l'autorisat. du conseil de famille, l'avis de trois jurisconsultes et l'homologation du tribunal, peut transiger, parce qu'on sait à quelles conditions, ne peut compromettre, même avec toutes ces formal., parce qu'on ne connaît pas l'étendue des sacrifices qu'imposera le compromis. Quant au mineur émancipé, comme il ne peut, même avec l'assistance de son curateur, disposer gratuitem. de ses droits, il ne peut, en princ., compromettre. —Il en est autrem. sur les revenus. En effet, comme il en peut librem. disposer, il est difficile de soutenir que les contestations qui y sont relat. doivent être communiq. au minist. publ., et partant, qu'elles ne sont pas susceptibles de compromis, d'après l'art. 1004. — Le tuteur de l'interdit est aussi incapable que celui du mineur.

1178. La femme étant, en génér., incap. de contracter, est, en gén., incapable de comprom. — Cepend., si elle est commerçante ou séparée de biens, elle peut comprom. sur les objets de son comm. ou sur ses droits mobil. parce qu'elle est capable de les aliéner, sans qu'on puisse dire qu'elle ne peut plaider en aucun cas sans autorisat. puisque cette prohib. est fondée sur les inconvénients de la public., et que, dans les arbitrages, il n'y a pas de débats publics. Le prodigue peut toujours compromettre, et il n'a besoin de l'autorisation de son cons. jud. que pour les actes qu'il ne peut faire seul.

➳ **1179**. On ne peut comprom., sur les dons et legs d'aliments, logement et vêtem., à cause de leur caractère de nécess., bien qu'ils ne soient pas inalién., et que l'on puisse transiger à leur égard; — Sur les séparations de corps et de biens, parce que c'est une matière d'ordre public, sujette à communicat., et qu'il n'est pas permis aux partis d'arriver directement ou indirectement à une séparat. volont.; — Sur les questions d'Etat, qui, étant aussi d'ordre publ., doivent être communiq. au ministère publ.; — ni sur aucune des contest. qui, d'après l'art. 83, seraient sujettes à communic.

➳ **1180**. Si la nullité du comprom. tient à la nature de l'aff., elle peut être invoquée par les deux parties. Si au contraire, c'est à l'incap. de l'une des parties, cette partie seule peut l'alléguer. La nullité est provoquée par une opposition devant le tribunal dont le président a revêtu de l'*exequatur* le jugement arbitral.

→ **1181**. La loi, en exigeant que le compromis soit rédigé par procès-verbal devant les arbitres, ou par acte notarié ou sous seing privé, ne paraît pas vouloir en faire un acte solennel, mais seul. exclure la preuve test. à l'effet de le prouver, de sorte qu'il sera valable, quoique non rédigé par écrit, si son existence résulte de l'aveu ou du serment de l'une des parties.

1182. Peu importe par qui est écrit l'acte sous seing privé, pourvu qu'il soit fait en autant d'orig. qu'il y a de parties, et qu'il porte la signature de ces parties. — Quant au procès-verbal, comme les arbit. n'ont aucun caract. publ., ce n'est qu'un acte privé, soumis nécessairement à la sign. des parties, qui ne peut être suppléé par la déclar. qu'elles ne savent signer. On peut même dire qu'il est soumis à la plural. des originaux; mais alors cette forme, se confondant avec celle de l'acte privé, devient inutile; aussi, pour lui donner une utilité, des auteurs soutiennent que la pluralité des originaux n'est pas nécessaire. Mais alors il faut exiger que l'écrit unique reste dans les mains des arbitres ou de l'un d'eux.

→ **1183**. On discute très vivement sur le point de savoir quelle est la capacité nécessaire pour pouvoir remplir les fonctions d'arbitre. Faut-il exiger la capacité politique ou tout au moins la capacité civile? La question est importante pour les étrangers, les mineurs, les interdits, les femmes mariées, etc.

→ **1184**. Le compromis désignera les objets en litige et les noms des arb., à peine de nullité de l'écrit destiné à prouver le compromis dont l'existence peut résulter de l'aveu ou du serment.

→ **1185**. V. art. 1007, et Code de comm., art. 34.

→ **1186**. Le compromis, liant les parties, ne peut être révoqué que de leur consentement mutuel. Elles peuvent le révoquer pleinement, pour recourir aux juges ordinaires, ou bien substituer seulement d'autres arb. aux premiers. Leur volonté peut se manifester par une convention expresse ou indirect., par une transact., qui enlèvera tout pouvoir aux arb., si elle survient av. leur jugement; si elle n'intervient qu'après, elle sera valable si le jugement est en premier ressort, sinon elle ne sera pas val.; à moins que les parties n'aient eu connaissance de ce jugement, qu'elles ont voulu remplacer par la transaction.

→ **1187**. En principe et à moins de convention contraire, on doit se conformer pour le fond au droit civil, et pour la forme au C. proc. lorsque cela est possible. Ainsi, il n'y aura ni ajournement, le compromis en tient lieu; ni constitut. d'avoué, les art. 77 et suiv., relatifs aux formes des signif. des écritures paraissant d'une appl. difficile à l'arbitrage. Les détails et les formes du C. proc. ne s'appliquent guère qu'en cas d'incidents (enquêtes, expertise, vérif. d'écrit., etc.), et encore sauf les dispos. spéc. C'est ainsi que dans la procédure ordin. l'enquête se fait devant un juge-commiss. D'après l'art. 1011, les arb. ne pourront déléguer l'un d'eux pour entendre les témoins si le compromis ne les y autorise.

→ **1188**. — L'appel est ouvert dans tous les cas, et sans distinct. de valeur: mais, de même qu'on y peut renoncer dans un procès ordin., on le peut également lors et depuis le compromis. Quand le compromis est consenti sur appel ou sur req. civile, le jug. arb. est en dernier ressort, parce qu'on ne peut se créer trois degrés de juridiction.

→ **1189**. Comme les parties ont placé leur confiance dans la réunion des arbitres, ils doivent instruire l'affaire en commun, à moins qu'ils ne soient autorisés à commettre l'un d'eux.

→ **1190** et s. Manières dont finit le compromis. — Il finit, 1° V. art. 1012-1° — Il y a refus lorque l'arb. n'accepte pas sa nomin.; il y a déport lorsqu'après avoir accepté, il se retire avant le commenc. des opér. Si, malgré la prohib. de la loi, il se retire après les opér. commencées, comme il ne peut être contraint à juger, le compromis finira aussi, sauf les dommages-intérêts des parties. — Si les autres arbitres ou les parties ne s'accordent pas sur le remplacement, il y sera pourvu par le président du tribunal comme pour le partage (art. 1017), parce qu'autrement la cause de remplacement n'aurait pas de sanction; il dépendrait de la volonté de l'une des parties de mettre fin au compromis. 2° V. art. 1012-2°. Les parties peuv. proroger le délai du compromis, même par un accord verbal ou tacite. — 3° V. art. 1012-3°, et n° 405.

1191. La mort de l'une des parties, ne laissant que des héritiers majeurs, ne met point fin au compromis; elle suspend seulement le délai pour instruire pendant celui pour faire inventaire et délibérer. Cela est conforme au droit, car le compromis est un contrat qui lie les parties et leurs héritiers; il n'est un mandat que dans les rapports de chaque partie avec les arbitres qu'elle a choisis, et l'on ne peut l'assimiler au mandat ordinaire, qui cesse avec la mort du mandant. — Au contraire, si les héritiers sont mineurs, le compromis finit, sous prétexte qu'il ne peut exister qu'entre majeurs capables d'aliéner, et que les causes des mineurs sont sujettes à communicat. Ces raisons, bonnes pour empêcher le compr., ne devraient pas l'être pour le faire finir, et cette disposit. est tout à fait contraire aux princ. gén. d'après lesquels le mineur est tenu, au moins bénéfic., par les contrats de son auteur. Aussi, malgré l'analogie de posit., pourrait-on se refuser à appliquer au majeur qui tombe en démence après le compromis, au prodigue qui reçoit un conseil judic., à la fille majeure qui se marie, l'art. 1013, qui ne les mentionne pas expressément.

➳ **1192.** Tout ce qui est une cause de récusation contre un juge l'est aussi contre un arb., si la cause est survenue depuis le comprom. ou si, étant antér., elle était ignorée. — La récusat. sera signifiée direct. à l'arb. S'il s'élève des contest. à ce sujet, elles seront soumises au trib. dans le ressort duquel devaient juger les arb., qui n'ont mission que pour l'objet du compromis.

➳ **1193.** Lorsque devant un juge de paix une pièce est arguée de faux, une écrit. déniée ou méconnue, il y a lieu au renvoi de la cause dev. le trib. d'arrond. Si un de ces incidents s'élève devant un trib. de comm., l'incident seul est renvoyé. Ici, au contraire, lorsqu'une écrit. est déniée ou méconnue, les arbitres n'ont pas de renvoi à faire, parce que leur compétence est plus large que la compét. except. des juges de paix ou des trib. de commerce, ils procèdent eux-mêmes à la vérif. Ce n'est qu'en cas d'inscript. de faux ou de faux crim. que, pour ne pas paralyser la vindicte publ., ils sont tenus de surseoir jusqu'au jug. de l'incident.

➳ **1194.** La loi, présumant qu'un minimum de quinze jours est nécessaire aux arb. pour s'éclairer, oblige les parties à produire leurs pièces quinze jours au moins avant l'expiration du délai du compromis. — Si cette quinzaine est commencée et qu'aucune partie n'ait produit, les arbitres peuvent refuser de juger, sans être passibles de dommages-intérêts, parce qu'ils ne sont pas tenus de prolonger leurs fonct. au delà du compr. — Si une seule partie a produit en temps utile, ils jugeront sur cette production, parce qu'il ne peut dépendre de l'autre partie d'anéantir le comprom. Cependant, comme aucune déchéance n'est prononcée, les arb. pourront examiner la production tardive de l'autre partie.

1195. Les parties doivent se signif. leurs moyens d'attaque et de défense, en vertu de l'art. 1009, qui les soumet aux formes ord. On pourrait soutenir, à la rigueur, que le compromis tenant lieu d'assign., c'est au défend. à commencer à signifier sa défense, et au demand. à y répondre. A l'inverse, on peut dire que le comprom. n'indiquant que l'objet de la demande et non ses moyens, c'est au demand. à prendre l'initiat. Le plus souvent, le compr. règlera ces divers points. — V. art. 1016, §§ 2, 3.

1196. Si les arbitres sont assez nombreux pour avoir pu se diviser en plus. opin., sans maj. absolue, la minor. relative sera obligée, après une deuxième collecte de voix, de se réunir à une des majorités relatives, pourvu que de cette réunion puisse résulter la major. absolue; sinon il y aura lieu à déclarer le partage, comme lorsque chaque opin. a un nombre égal de voix (n°s 247 et 712). Le partage rendra le compr. non avenu, et la cause sera portée devant les juges ord. à moins que les parties ne soient convenues qu'il sera nommé un départiteur (V. art. 1017).

1197. Si les arb. divisés refusent de se réunir au départiteur, celui-ci prononcera seul, mais il devra adopter l'un des avis émis. Il semble même résulter des termes de l'art. 1018 que, si tous se réun., un nouvel avis ne pourra pas être adopté, car le départiteur paraît n'intervenir que pour entendre les explic. des arb., et ensuite prononcer seul. Ce serait là une dérog. peu raisonn. à ce qui a lieu devant les juges ordin., où l'affaire est de nouv. plaidée ou rapportée et où un avis nouv. peut être adopté.

1198. Les arb. pourront être autoris. à juger comme amiables compositeurs, d'après l'équité. Cette clause paraît enlever la faculté d'appeler, car les juges d'appel n'ont pas à s'occuper de quest. de convenance ou d'équité. Si cette clause n'existe pas, ils devront appliquer les règles du droit non seulement pour le fond, mais aussi pour les access. Ainsi, ils pourront ou devront ordonner l'exéc. provis.; condamner aux dépens ou les compenser; la sentence arbitrale emporte hypoth. judic. (art. 2123, C. civ).

1199. Les arb., n'étant que de simples partic., ne peuvent apposer la formule exéc. à leur décision : il faut s'adresser au président du trib. civil ou de la C. d'appel, et non au juge de paix ou au président du trib. de comm.

➳ **1200.** Bonne ou mauv., la sentence arbit. oblige les parties, et le président n'a pas mission de la réformer; il doit seul. examiner si le compromis est régul. et son objet licite, si les arbitres n'ont pas dépassé leurs pouvoirs, si les modes d'exéc. par eux ordonnés sont légaux. — Si le compromis avait été consenti par un incap., ce ne serait pas un motif pour refuser l'*exequatur* parce que l'incapable seul peut invoquer la nullité.

1201. Les frais de dépôt et d'enregist. ne pourront être poursuivis que contre les parties. La sentence doit être enregistrée avant la délivrance de l'*exequatur*, et surtout avant l'expé. du jug. par le greffier.

➳ **1202.** Si la partie condamnée exécute volont. le jug. arb., préparat. ou définitif, le recours à la just. est inut.; ce n'est qu'en cas de refus que l'*exequatur* est nécessaire pour requérir la force publiq.

→ **1203.** La minute du jug. arbit., sur laquelle est apposée l'ordon. d'*exequatur*, restera déposée au greffe, et le greffier en délivrera aux parties requér. une grosse ou expéd. exécut. Il n'y a aucune signif. de qualités, le juge arb. est entièr. l'œuvre des arbitres.

→ **1204.** De même que les juges de paix et les trib. de comm. ne connaissent pas de l'exéc. de leurs jugements, de même les arb. ne peuvent connaître de l'exécut. de leurs sent. : le trib. qui en connaîtra ne sera pas, comme pour les trib. de comm., celui de l'exécution, ce qui eût évité des lenteurs et des frais, mais le trib. dont le président a donné l'*exequatur*, sous prétexte que ce trib. n'est pas étranger à la sentence arb., puisque, dans certains cas, on peut, en vertu de l'art. 1028, se pourvoir devant lui.

→ **1205.** Un jug. arb. ne peut être opposé à un tiers; mais, si le tiers a intérêt à le faire tomber, à empêcher l'exécution même entre les parties, il pourra l'attaquer par la tierce opposition, comme il attaquerait un jug. ord., qui, ne pouvant non plus lui être opposé, lui porterait cepend. préjud.; la seule différ., c'est que les arb. ne sont pas compét. pour la tierce oppos. même princ., ce sont les juges auxquels ils ont été substitués.

→ **1206.** et s. Il y a trois voies de recours contre les jug. arb. : l'appel, la req. civ. et l'opp. — Si les parties n'ont pas renoncé à l'app., et si le compr. n'est pas interv. sur opp. ou sur req. civ., les part. pourr. appeler, quelle que soit la valeur du litige; les distinct. de val. ne servent ici qu'à déterminer la compétence du juge d'appel. Ainsi, lorsque les arb. auront été substitués au juge de paix, le trib. d'appel sera le trib. d'arrondiss. : si c'est ce dernier que les arbitres ont remplacé, ce sera la cour d'appel; mais on peut convenir de porter l'appel devant d'autres trib. de même ordre ou même devant d'autres arb. désignés dans le comp. (V. art. 1024 et 1025).

→ **1207.** La requête civile aura lieu, en général, dans les mêmes cas et de la même manière que contre les jugements ordin. Il faudra donc d'abord, comme pour les jugements ord., qu'il s'agisse d'un jugement arbit. en dernier ressort. Cette assimilation ne peut cependant être exacte en tout point; elle n'existe qu'autant que le permet la différ. des institut. Ainsi, la req. civ. ord. est portée dev. les juges de qui émane le jugement : ici, au contraire, elle sera portée devant le trib. qui eût été compétent pour l'appel. — Le trib. qui aura prononcé sur le rescindant, c'est-à-dire qui aura admis la req. civ., ne connaîtra pas du rescisoire, au fond. Comme les parties ne peuvent être privées d'un degré de jurid., le rescis. sera porté soit devant les arb. si les délais du compromis ne sont pas expirés, soit devant le tribunal auquel ont été subst. les arb. dont la décision est réputée non avenue. — Exceptions à l'assimilation ci-dessus.

1208. Ainsi, à la différ. des jug. ord., il n'y aura pas lieu à req. civile lorsqu'il aura été prononcé sur choses non demandées; on emploiera la forme plus simple de l'opposition. — Général., on entend le § 1er de l'art. 1027 en ce sens que, lorsque les parties ont autorisé les arbitres à s'écarter des formes ordin., l'inobserv. de ces formes ne constitue pas une ouv. de req. civ. Mais cela était inutile à dire : il est évident que les parties n'ont pas à se plaindre, puisque les arb. n'ont fait que suivre leur volonté. Un sens plus littéral et plus raisonnable consiste à dire que les parties n'ont aucun moyen d'attaque contre le jug. arb. lorsqu'elles ont renoncé à l'observ. des form. ord., et qu'au contraire, si elles n'y ont pas renoncé, elles pourront l'attaquer, non pas par la req. civ., comme pour les jugements ordin., mais par l'opposit.

→ **1209.** L'oppos., en mat. arb., diffère par la nature et par les règles qui la régissent de l'oppos. aux jug. par défaut, qui ne peut jamais être employée contre un jugement arb., parce que la partie qui n'a pas présenté ses moyens ne peut l'imputer qu'à elle, puisqu'elle a eu nécessair. connaiss. du compromis qu'elle a signé. V. art. 1028, pour les cas et la forme de cette oppos. Dans ces cas, l'appel et la req. civile ne seront pas nécess. ; il paraît même dans l'esprit de la loi qu'ils sont inadmiss., puisqu'elle ouvre une voie plus simple, plus expéditive et économique. Au lieu d'être introduite par une déclar. sur un command. ou par acte d'avoué à avoué, comme l'oppos. ord., elle le sera par un ajourn. dans les form. ord., avec constit. d'avoué, etc.

1210. L'oppos. pour empêcher l'exéc. est recevable même après la délivr. de l'*exequatur* ; et, dans le sens de la loi, il paraît assez naturel de décider qu'elle sera recev. jusqu'à l'exéc., comme dans l'art. 158, et que, lorsque le jug. sera réputé exécuté dans les cas de l'art. 159, elle cessera d'être recevable. — Dans le silence de la loi, on peut dire que cette opp. sera, comme l'oppos. ordinaire et l'appel, suspensive de l'exécution. — Les parties ne pourraient renoncer d'avance à cette voie d'opposition à l'ordonn. d'*exequatur*.

→ **1211.** Le pourvoi en cassation pourra avoir lieu contre les jug. des trib. rendus soit sur une requête civile, soit sur appel, mais jamais directement contre les jugements arb., parce qu'ils sont, en général, sujets à l'appel, et que le pourvoi n'est admis que contre le jug. en dernier ressort. Cette raison manque tout à fait lorsque, dans les cas de l'art. 1010, le jug. arb. n'est pas sujet à l'appel, mais la loi est générale.

CINQUANTE-QUATRIÈME LEÇON.

DISPOSITIONS GÉNÉRALES.

1212. Les art. 1029, 1030 ont pour but de prévenir le retour de l'arbitraire et de l'omnipotence des parlements. — Aucune des null., amendes et déchéances prononcées par le Code n'est comminatoire. — Mais, dans quelques cas, à cause du danger des règles absolues, certaines pénalités sont facultatives ou peuvent varier dans des limites déterminées, comme dans les art. 71, 263, 1030-1031.

1213. A l'inverse, aucune nullité ne peut être suppléée; c'est-à-dire qu'un exploit ou qu'un acte de procéd. n'est pas nul de droit par la seule inobserv. de la loi; il faut que la null. ait été express. prononcée. — Cette idée est inapplic. en mat. civ., où ordinair. la seule inobserv. de la loi entraîne la null., comme dans les art. 343-346, C. civ.; par except., il en est quelquefois autrem., comme dans l'art. 228. — Même en matière de procédure, cette idée ne s'applique qu'aux véritables exploits et actes de procéd., de sorte qu'un jugement serait nul, bien que la nullité ne soit pas express. prononcée, s'il ne contenait pas les éléments constitutifs. — De plus, l'art. 1030 ne peut parler que des nullités qui tiennent aux formalités extrinsèques, matér., aux omissions de rédact., de sorte qu'un exploit serait nul, bien que la null. ne soit pas express. pron., si l'huiss. avait fait la signif. un jour de fête légale, ou hors de son ressort ou sans être commis, alors qu'il devait l'être, parce qu'il n'a pas qualité pour signifier l'acte. — Il faut encore distinguer entre les formalités secondaires, dont l'omission n'entraîne nullité qu'autant qu'elle est prononcée, et les formalités substantielles dont l'omiss. entraîne null. même sans être pron. Ainsi, à l'égard des citations n° 603, il n'y a de nullité que pour l'omission des formalités essent., parce que la nullité n'est pas expressément pron. comme pour les ajournements (V. art. 1030, 2e partie).

1214. V. art. 1031.

➳ **1215**. Les communes et les établiss. pub. seront tenus, pour ester en just., soit en demandant, soit en défendant, de se munir des autoris. admin. exigées. — Ainsi une commune doit être représentée par son maire ou l'un de ses adjoints, muni de l'autorisat. du conseil de préfect. obtenue sur un avis préal. du conseil municipal auquel est ordinairement jointe la consult. de trois jurisc. Si l'autor. est refusée, la comm. peut se pourvoir dev. le cons. d'État. Si la commune a agi sans autor., la null. étant relat., ne peut être invoquée que par elle. — Les mêmes règles s'appliquent aux établiss. publ., représentés par leurs administrateurs. — Depuis la loi de 1837, un demand. ordin. doit, avant d'intenter une action réelle ou personnelle contre une commune ou un établiss. publ., demander l'assentiment du conseil de préfecture.

➳ **1216** et s. Calcul des délais dans le cas où il y a lieu de les augmenter. Pour calculer le délai dans lequel on doit faire quelque chose, à partir de la signific. d'une citat., d'un ajourn., d'une sommat., ou de tout autre acte signifié à personne ou dom., on ne compte ni le jour de la signific. ni celui de l'échéance. — Comme les délais se comptent de jour à jour et non pas d'heure à h., il est tout naturel de n'y pas comprendre le jour de la signif. Aussi cette règle s'applique-t-elle à tous les délais. — Au contr., comme l'exclusion du jour de l'échéance est une dérogat. aux idées natur., car il semble tout simple qu'un acte soit fait dans le délai et non pas le lendemain de son expiration, il faut restreindre cette exclus. aux actes de l'article 1033, c'est-à-dire à ceux signifiés à personne ou dom., et ne pas l'appliquer à ceux qui ne sont signifiés qu'entre avoués. Ainsi, le jour de l'échéance ne sera pas compris dans le délai, par exemple, de l'ajourn., de l'appel, de l'oppos. à un jug. par défaut contre partie, parce que la significat. est faite à personne ou domic. Cette faveur est fondée sur cette idée, que l'on doit jouir du délai tout entier. A l'inverse, le jour de l'échéance sera compris dans le délai des actes signifiés entre av., comme, par exemple dans le cas de l'art. 763, etc., comme dans le cas d'oppos. à jug. par défaut contre av., qui doit être formée dans la huitaine de la signification du jug. à l'av. De sorte que, tandis qu'on pourrait appeler le lendemain de l'expir. des deux mois de l'appel, on ne pourrait plus former oppos. le lendemain de la huit. — Il peut aussi arriver que le jour de l'échéance soit fatal, même pour des actes signifiés à personne ou domicile, lorsque la loi dit qu'un acte devra avoir lieu dans un délai de... Ainsi, la req. civile doit être formée *dans les deux mois* de la signif., ce qui paraît exclure la faculté de la former le lendemain de l'échéance. De même dans le cas de l'art. 751; de même dans les art. 564 et suiv., la signif. doit être faite dans le délai.

1217. Le délai sera augmenté d'un jour à raison de cinq myriamètres de distance entre le lieu de la signific. et celui où l'on doit comparaître ou faire une signif. en réponse à la prem. Pour les fractions, V. le nouvel art. 1033 (L. du 3 mai 1862). — Cette augmentation n'a lieu, en général, que pour les actes jouissant de la franchise du délai; il y a quelques except. Ainsi, bien que l'appel ait cette franchise, la jurispr. a décidé que l'augment. n'aurait pas lieu, parce que la loi, en ne prolong. le délai que pour des cas partic., art. 445-446, semble ne pas vouloir l'augmenter pour les cas ordinaires.

⋙→ **1218**. V. art. 1034 à 1036.

⋙→ **1219**. V. art. 1037. L'except. de la fin de l'article ne s'applique qu'aux jours de fêtes légales, et non aux heures de nuit. V. aussi l'art. 781, dont la prohib. ne s'applique qu'à l'exercice de la contrainte par corps; de sorte qu'une signif. peut être faite là où la contr. par corps ne peut être exercée.

⋙→ **1220**. V. art. 1038, dont le but est d'éviter des lenteurs et des frais. — La contestation sur les difficultés d'exécution sera poursuivie contre l'av. primitivement constitué, même lorsque la partie lui aura retiré ses pouvoirs, si elle n'a pas signifié à son adversaire une nouvelle constit. — L'art. 1038 ne s'applique qu'aux jugements définitifs, et un jugement préparatoire ou interloc. peut être exécuté, sans nouvelle constit., même après un an, tant que la pérempt. n'est pas accomplie.

⋙→ **1221**. V. art. 1039, dont le but est d'éviter le conflit d'assertions contradict. entre l'officier minis, et le fonctionn. — Il résulte des art. 70 et 715 que le défaut de visa entraîne, dans tous les cas, null. de la signification.

⋙→ **1222**. V. art. 1040, qui ne peut s'appliquer à certains actes, comme les descentes de lieux. — L'assist. du greffier n'est nécessaire que pour les actes dont il doit rester minute; elle est inutile pour les légalisations.

⋙→ **1223**. Tout ce qui, dans l'anc. jurispr., régissait la procéd. ordinaire, est abrogé; le C. de proc. est seul applic.; il n'y a plus que les rapports de l'État avec les particul. qui soient encore régis par les anc. lois; c'est ainsi que l'État n'est pas tenu de const. avoué, etc., etc. — En vertu du princ. de la non-rétroact., les procès intentés avant le 1er janv. 1807, époque de la mise à exéc. du C. de proc., doivent continuer à être instruits, conform. à l'ordonn. de 1667 : dispos. fort peu importante, parce qu'un avis du cons. d'État a décidé que les appels et les actes d'exéc. postérieurs au 1er janvier 1807 seraient régis par le C. de procédure.

⋙→ **1224**. V. art. 1042. La taxe est réglée par le tarif, composé de trois décrets, qui, au lieu d'être antér. au mois de janvier 1807, comme cela a été annoncé, lui sont post. — La police et la discipline des tribunaux ont été réglées par un règl. du 30 mars 1808, combiné avec la loi organique du 20 avril 1810 et deux décrets de la même année. Aucune loi n'a été présentée en vertu du § 2 de l'art. 1042.

FIN DE LA TABLE DU TOME SECOND.

TABLE ALPHABÉTIQUE

DES MATIÈRES CONTENUES DANS LES DEUX VOLUMES.

Absence. Dispositions relatives à l'envoi en possession des biens d'un absent, II, 564.

Actes de l'état civil. Des voies à prendre pour les faire rectifier, II, 562.

Actions. Définition, I, 104. — Division en personnelles, réelles et mixtes, I, 105 et suiv. — Origine de cette division, *ibid.* — V. *Compétence.*

Actions possessoires. Définition et caractère de ces actions, I, 676 et suiv. — A quels objets s'appliquent-elles? 684 et suiv. — A quelles conditions sont-elles soumises? 690 et suiv. — La possession annale est-elle nécessaire pour exercer la réintégrande? 700 et suiv. — Procédure de ces actions, 705 et suiv.

A[illegible]tions sur saisie immobilière. Quand a-t-elle lieu? II. 390 et suiv. — Du mode des enchères, 392. — Qui peut enchérir? 394 et suiv. — Déclaration du nom de l'adjudicataire, 398. — Déclaration de command, 399. — Du jugement d'adjudication, 401 et suiv. — Effets de ce jugement, 403 et suiv.

Affaire en état. Quand une affaire est-elle réputée en état? I, 506 et suiv.

Ajournements. Leurs formes, I, 147 et suiv. — De la remise des exploits, 165 et suiv. — Qui peut les recevoir pour les personnes publiques? 173 et suiv. — Pour les personnes morales? 181 et suiv. — Pour ceux qui n'ont pas de domicile connu ou qui sont domiciliés hors du continent? 183 et suiv. — Délais des ajournements, 189 et suivants.

Appel. Historique de la matière, II, 1 et suiv. — Quels jugements sont susceptibles d'appel? et 4 suiv., — Du délai d'appel, 20 et suiv. — De l'acte d'appel et de ses effets, 57 et suiv. — Procédure d'appel, 65 et suiv. — Du jugement sur l'appel et de ses effets, 78 et suiv. — Du droit d'évocation, 85 et suiv. — Du taux de la compétence en dernier ressort en matière d'ordre et de contribution 480.

Arbitrages. Caractère de l'arbitrage, II, 657. — Qui peut compromettre? 658 et suiv. — Sur quelles contestations peut-on compromettre? 662. — De la clause compromissoire, 670. — Le compromis fait par un incapable ou sur des matières prohibées est-il nul? 663. — Formes du compromis, 664 et suiv. Comment finit-il? 677 et suiv. — Qui peut être arbitre? 667 et suiv. — Les arbitres peuvent-ils être révoqués? 671. — Procédure devant les arbitres, 672 et suiv. — Du partage entre les arbitres, 686. — Du tiers arbitre, comment il procède, 687. — Des amiables compositeurs, 690. De l'ordonnance d'*exequatur*, 690. — Compétence pour les difficultés d'exécution de la sentence arbitrale, 693. — Des voies de recours contre les sentences arbitrales, 694 et suiv. Honoraires des arbitres, 669.

Arbitres. V. *Arbitrages.*

Audiences. Leur publicité et leur police, I, 216 et suiv.

Avis de parents. Formalités édictées par le Code de procédure sur cette matière dans l'intérêt des mineurs et des interdits, II, 589 et suiv.

Avocats. Leurs fonctions et leur organisation, I, 46. — Peuvent seuls plaider devant les tribunaux d'arrondissement et les cours d'appel, 217.

Avocats a la Cour de cassation et au conseil d'Etat. Sont des officiers ministériels, I, 47.

Avoués. Leur origine, I, 42. — Leurs fonctions, *ibid.* — Conditions d'aptitude, 43 — Ont-ils le droit de plaider? 217.

Bailliages. Leur origine, leur compétence, I, 7. — Grands bailliages établis en 1788, 10.

Bénéfice d'inventaire. Caractère du bénéfice d'inventaire, II, 646. — Formes de la vente des meubles de la succession, 647. — Des immeubles, 649. — L'héritier peut être forcé à donner caution pour le prix, 650.

Bénéfice de cession. Définition, II, 596. — Quelles personnes en sont exclues? 596 — Procédure, 597.

Brandon. V. *Saisie-brandon.*

Caution. Définition et division, II, 173. — Présentation de la caution, 174 et suiv. — Procédure des réceptions de caution, 175.

Code de procédure. Comment il a été fait et discuté, I, 39. — Sa division, 40. — A quel moment est-il devenu obligatoire? II, 720.

Command (Déclaration de). V. *Adjudication sur saisie immobilière.*

Commandement. Définition, II, 197. — V. *Saisie-exécution, Saisie-immobilière.*

Commissaires-priseurs. Leurs fonctions et leur organisation, I, 45. — V. *Vente de meubles.*

Committimus. Ce que c'était, I, 10. — Leur suppression, I, 13.

Communauté. Du délai pour faire inventaire et délibérer sur l'acceptation de la communauté ou sur la renonciation, I, 400 et s. — Renonciation à la communauté, II, 652.

Communes. Doivent être autorisées pour plaider, II, — Formes de l'autorisation. — V. *Ajournement, Communication au ministère public.*

Communication au ministère public. — Quelles affaires y sont soumises, I, 201 et suiv. — Forme et résultat de cette communication, 215 et suiv. Sanction du défaut de communication, I, 214, II, 119.

Comparution des parties, I, 254 et 467.

Compétence. C'est l'un des buts de la science de la procédure, I, 3. — Elle est de deux sortes, *ratione personæ* ou *ratione materiæ*, 47 et suiv. et 378 et suiv. — Elle varie suivant la nature des actions, 111 et suiv. *En matière personnelle*, 112 et suiv. — *Réelle*, 113. — *Mixte*, 114 et suiv. — *En matière de société*, 124. — *De succession*, 105. — *De faillite*, 128. — *De garantie*, 108. — *D'élection de domicile*, 129. — Pour les demandes de frais par les officiers ministériels, 130 et suiv.

Compromettre, Compromis. V. *Arbitrage.*

Compte. Définition, II, 179. — Compétence en matière de comptes, 180. — Formalités de la reddition de comptes, 182 et suiv. — Du jugement qui apure le compte de ses effets, 188 et suiv. — Un compte peut être redressé, mais non révisé, 190.

Compulsoire. Définition. — Quand peut-il être ordonné? — Sa procédure, II, 560.

Conciliation (Préliminaire de). Origine, I, 59. — A quelles demandes s'applique-t-il? 60 et s. — Quelles demandes en sont dispensées? 68 et suiv. — Devant quel juge de paix doit-il être porté? 79 et suiv. — Règles de la citation en conciliation 86 et suiv. — Mission du juge de paix dans la tentative de conciliation, 91 et suiv. — Le procès-verbal de conciliation est-il un acte authentique? 95 et suiv. — Quelles conventions peut-il contenir? 95. — Du serment déféré en conciliation, 97. — Sanction de la non-comparution en conciliation, 99. — Effets de la citation, 100 et suiv. — La tentative de conciliation est-elle d'ordre public? 77 et suiv.

Connexité. V. *Exceptions.*

Conseil de famille. V. *Avis de parents.*

Conseil des parties ou grand conseil. — Son origine, ses attributions, I, 8.

Conseiller. V. *Magistrat.*

Consignation. V. *Offres.*

Constitution d'avoué. Elle est nécessaire dans les affaires qui s'instruisent devant les tribunaux d'arrondissement, I, 152, 194 et suiv. — L'Etat doit-il constituer avoué? I, 153. — Formes de la constitution, I, 195. — L'avoué occupe sans nouveau pouvoir sur la requête civile, si elle est formée dans les six mois, II, 128; — sur l'exécution des jugements lorsqu'elle a lieu dans l'année, II, 718.

Constitution de nouvel avoué. V. *Reprise d'instance.*

CONTRAINTE PAR CORPS. Historique, I, 260 et suiv. — Sommaire des principes généraux du droit sur cette matière, 269. — Supprimée en matière civile et commerciale, et contre les étrangers par la loi du 22 juillet 1867. V. *Emprisonnement*.

CONTRE-ENQUÊTE. Elle est demandée et suivie comme l'enquête, I, 494. — V. *Enquête*.

CONTRIBUTION (Distribution par). Définition, II, 311. — Son caractère et son but, 312 et suiv. — De la contribution amiable, 316. — De la contribution judiciaire et de ses formes, 316 et suiv. — De la forclusion, 319. — Du règlement provisoire, 325. — Des difficultés que ce règlement soulève, 326 et suiv. — Du règlement définitif, 330. — Des intérêts des sommes admises en distribution, 330.

CONVERSION (Demande de). V. *Incidents de saisie immobilière*.

COPIES. Des diverses sortes de copies, grosses, expéditions, copies, II, 554. — Voies ouvertes aux parties pour se faire délivrer une copie, 555. — Qui peut demander une copie? 555. — Des copies d'actes non enregistrés ou imparfaits, 556. — Des secondes grosses, 557. — Un tiers peut-il obtenir une copie? 559. — De la procédure à fin de compulsoire, 560. — De la rectification des actes de l'état civil 562.

COUR DE CASSATION. Son origine, I, 36. — Sa mission, I, 37; II, 147. — Sa compétence et son organisation, I, 37, II, 147. — Qui peut se pourvoir en casssation? II, 148. — Contre quels jugements? II, 149. — Moyens de cassation, II, 152 et s. — Procédure devant cette cour, II, 158 et suiv. — Conséquences de l'arrêt de cassation, II. 165 et suiv. — Qu'arrivera-t-il en cas de conflit entre la Cour de cassation et les cours d'appel? II, 168 et suiv.

COURS D'APPEL. Leur création, I, 22. — Leur organisation, 23. — Leur compétence, 25; II, 3 et s. — V. *Appel*.

DÉFENSE (Arrêt de). La cour d'appel a droit, dans deux cas, de faire défense d'exécuter un jugement du tribunal de première instance, exécutoire et régulier en la forme, II, 63 et s.

DÉFENSES (significations d'écriture). Elles sont signifiées par l'avoué du défendeur, I, 197. — Leur forme, leur but, précautions de la loi pour prévenir le retour des abus qu'elles entraînaient autrefois, 198 et suiv.

DÉLAIS. Dans quels cas les tribunaux peuvent-ils accorder des délais de grâce pour l'exécution de leurs jugements? I, 262 et suiv. — Quelles personnes ne peuvent en obtenir? I, 265, et suiv. — Peut-il en être accordé, quand le créancier est porteur d'un titre exécutoire? I, 259 et s. — A quel moment peuvent-ils être accordés? I, 260. — Calculs des délais dans les ajournements et sommations, II, 652 et suiv.

DÉLAIS ET DISTANCES. Comment doivent ils être calculés? II, 716.

DÉLIBÉRÉS (Définition et division des), I, 221, 236.

DEMANDES INCIDENTES. Leur caractère, I, 554 et suiv.; II, 68 et suiv.; — Leur procédure, I, 556 et suiv.

DEMANDES PROVISOIRES. Dans quels cas ont-elles lieu? I, 293. — Procédure qui les concerne, *ibid.*

DEMANDES RECONVENTIONNELLES, I, 554; II, 70 et s. — V. *Demandes incidentes*.

DÉPENS. V. *Frais*.

DÉSAVEU. Caractère du désaveu, I, 573 et suiv. — Procédure, I, 578 et suiv. — Effet du jugement sur le désaveu, I, 584 et suiv.

DESCENTES SUR LIEUX. Dans quels cas elles peuvent être ordonnées, I, 533. — Procédure, 535.

DÉSISTEMENT (Caractère du), I, 629 et suiv. — Sa procédure et ses effets, I, 633.

DIVORCE, procédure, II, 580 et suiv.

DOMMAGES-INTÉRÊTS. De quelle manière les tribunaux peuvent-ils en accorder? I, 272. — Leur liquidation, II, 176.

DROITS FÉODAUX. Leur abolition, I, 13.

ÉCRITURES. Quelles écritures peuvent être signifiées dans l'instruction des affaires ordinaires, devant les tribunaux d'arrondissement? I, 197 et suiv. — *Quid* en matière sommaire? I, 639 et suiv.

EMPRISONNEMENT. Historique de la matière, I, 267 et s. — V. *Contrainte par corps*. — Des formes de l'arrestation, II, 488 et suiv. — Le débiteur ne peut être arrêté dans certains lieux et dans certains temps, 503 et suiv. — Du sauf-conduit, 505. — Du procès-verbal d'emprisonnement, 507. — Le débiteur peut se faire conduire en référé, 508. — De l'écrou, 509. — Les aliments, 510. — De la recommandation, 511. — Des demandes en nullité, 512 et suiv. — De l'élargissement, 515 et suiv.

ENQUÊTES. Historique, I, 484. — Les enquêtes *in futurum* sont-elles encore admises? 485 et suiv. — Procédure pour obtenir une enquête, 487 et suiv. — Quand le tribunal peut-il l'ordonner? 490 et s. — Comment se fait l'enquête? 490 et s. — Examen du système de l'enquête secrète, 510 et suiv. — Dans quels délais doit-elle être commencée et terminée? 496 et suiv. 514 et suiv. — Des incapacités et des reproches, 518 et suiv. — L'enquête nulle sera-t-elle recommencée? 530. — Des enquêtes sommaires, 643 et suiv.

Enregistrement. Origine, I, 164.

Épices. Leur suppression, I, 11, 12.

Établissements publics. Doivent être autorisés pour plaider, II, 709. — Formes de l'autorisation, 710. — V. *Ajournement, Communication au ministère public.*

Évocation (Droit d'). V. *Appel.*

Exceptions. Définition, I, 369. Leur origine, 368 et suiv.
—*De la caution des étrangers*, I, 373, et suiv.
— *De la communication des pièces*, 438 et suiv.
— *Dilatoires*, I, 394. — De l'héritier et de la femme commune, 395 et suiv. — De garantie, 403 et suiv.
— *De nullité*, I, 389 et suiv.
— *De renvois*, I, 378 et suiv. — Pour incompétence, 379 et suiv. — Distinction entre les incompétences *ratione personæ* et *ratione materiæ*, *ibid* et suiv. — Pour litispendance, 382. — Pour connexité, 384.

Exécution des jugements. Elle ne peut avoir lieu avant la signification, I, 323 et suiv. — Formalités pour exécuter à l'égard des tiers, II, 206 et suiv. — Compétence pour les difficultés d'exécution, I, 753, II, 213 et suiv. — V. *Exécution forcée*

Exécution forcée des jugements et actes. Règles générales sur la matière, II, 194 et suiv. — V. *Saisie-exécution, Saisie-brandon, Saisie des rentes, Saisie immobilière, Emprisonnement.*

Exécution provisoire. Définition, I, 295. — Dans quel cas peut-elle être ordonnée? I, 295 et suiv. — *Quid*, si elle a été ordonnée à tort ou non accordée quand elle devait l'être? II, 63, 64.

Expéditions. V. *Copies.*

Expertises, Experts. Historique, I, 536. — Les experts doivent être choisis ou nommés en nombre impair, 537. — Nomination et choix des experts, 539. — Leur récusation, 541. — Comment ils procèdent, 544 et suivants.

Faux incident civil. Définition, I, 459 et suiv. Contre quels actes peut-on s'inscrire en faux? 463. — De l'inscription même et du jugement qui l'ordonne, 465. — De la procédure pour être admis à la preuve du faux, 467 et suiv. — Comment se prouve le faux, 475. — Des effets du jugement qui statue sur le faux, 476 et suiv. — Qui peut relever les traces du faux criminel? 481. — De la transaction sur le faux incident, 483.

Femme mariée. De l'autorisation qui lui est nécessaire, II, 666. — Formes de l'autorisation, 666 et suiv. V. *Communication au ministère public, Hypothèque légale.*

Fêtes légales, I, 157. — On ne peut signifier d'exploits ni exécuter les jours de fêtes légales, *ibid.* et II, 717.

Folle enchère. Ce que c'est, II, 437. — De la folle enchère sur saisie immobilière, 438 et suiv. — L'adjudication sur les nouvelles enchères peut-elle être suivie de surenchère? 441. — Des effets de la folle enchère qui suit l'adjudication sur saisie, 448 et s.

Formule exécutoire. Son utilité, II, 195.

Frais et dépens. Définition, I, 275, 276. — Ils sont à la charge de celui qui perd le procès I, 276. — Leur compensation, 280 et suiv. — Leur distraction, 280. — Leur liquidation, II, 191 et suiv. — Exécutoire de dépens, I, 291. — Dans quels cas restent-ils à la charge des officiers ministériels ou des mandataires des clients? I, 284; II, 709.

Fruits (Restitution de). Dans quels cas ont-elles lieu? I, 273. — Comment se calculent-elles? I, 274. — Leur liquidation, II, 179.

Garantie. V. *Exceptions dilatoires.*

Greffiers. Définition, I, 41. — Leurs fonctions, *ibid.* — Conditions de leur nomination, *ibid.* — Ils assistent, en général, les juges dans l'exercice de leurs fonctions, II, 720. — Des commis-greffiers, I, 42.

Grosses. V. *Copie.*

Huissiers. Leur organisation et leurs fonctions, I, 45. — Conditions d'aptitude, 69. — Mentions qui les concernent dans les ajournements, 155. — Droit de transport des huissiers, 158. — Ne peuvent instrumenter pour eux-mêmes, ni pour leurs parents et alliés jusqu'au degré de cousin issus de germain 163. — Peines qu'ils peuvent encourir, 186 et suiv., 164 et suiv. — V. *Exploits, significations*, etc.

HYPOTHÈQUES. Elles sont purgées par l'adjudication sur saisie immobilière, II, 379, 408. — Elles peuvent être consenties par le saisi, même après la transcription de la saisie, II, 366.

HYPOTHÈQUES LÉGALES de la femme et du mineur. — Sont-elles purgées par l'adjudication sur saisie immobilière? II, et suiv., 408 et suiv.

INCIDENTS, I, 553. — V. *Demandes incidentes* et *Intervention.*

INCIDENTS DE LA SAISIE IMMOBILIÈRE, II, 418. — Jonction de deux saisies, 419. — Subrogation, 421 et suiv. — Radiation d'une saisie, 421 et suiv. — Demande en distraction, 426 et suiv. — Demandes en nullité, 432. — Revente sur folle enchère. V. *Folle enchère.* — Conversion de la saisie en vente volontaire, 445 et suiv. — Procédure de ces incidents, 454 et suiv. — Les jugements sur les incidents sont-ils susceptibles d'appel? 456. — D'opposition? 457.

INSTRUCTION PAR ÉCRIT. Son origine, I, 221. — Quand y a-t-il lieu à instruction par écrit? 223. — De sa procédure, 224 et suiv.

INTERDICTIONS. Formes de la demande, II, 592. — Instruction, *ibid.* — De l'appel du jugement, 593. — Publicité à donner au jugement, 593-595.

INTERROGATOIRE SUR LES FAITS ET ARTICLES, I, 548 et suiv.

INTERVENTION. Caractère et définition de l'intervention, I, 558 et suiv. — Procédure qui la concerne, 561 et suiv.

INVENTAIRE. Définition, II, 616. — Qui peut le requérir? 617. — Qui a le droit d'y assister? 618. — Ses formes, 617-618.

JUGE. V. *Magistrat.*

JUGE DE PAIX. V. *Justice de paix.*

JUGEMENTS. Définition des jugements *définitifs* et *d'avant faire droit*, *contradictoires* et *par défaut*, etc., I, 231 et suiv. — Distinction des jugements préparatoires et interlocutoires, II, 41 et suiv. — Formation des jugements, calcul et confusion des voix, partages, I, 236 et suiv.; II, 78 et suiv. — Leur rédaction, I, 306 et suiv. — Force et effets des jugements rendus par les tribunaux étrangers, II, 801 et suiv. — V. *Arbitrage, Arbitre, Exécution, Justice de paix, Pareatis, Tribunaux de commerce.*

JUGEMENTS PAR DÉFAUT. Définition, I, 329 — Défaut du demandeur ou *défaut-congé.* I, 340. — En matière commerciale, 742, et suiv. — Défaut du défendeur, contre partie ou contre avoué, 435 et suiv.; en matière commerciale, 742 et suiv. — Défaut profit-joint, 336. — Y a-t-il plusieurs sortes de défauts du défendeur en matière commerciale, 746. — Devant les justices de paix, 674 et suiv. — Quand peut-on et doit-on les exécuter? 343 et suiv. 346 et suiv. — Ils doivent être signifiés par huissier commis, 743. — V. *Opposition.*

JURIDICTIONS ECCLÉSIASTIQUES, I, 10.

JURIDICTION ordinaire et extraordinaire. Ce que c'est, I, 14, et 26. — Quels tribunaux composent l'une et l'autre? 26.

JUSTICES DE PAIX. Leur création, I, 27. — Compétence des juges de paix, 27, 651 et suiv. — Les parties peuvent-elles augmenter cette compétence? 662 et suiv. — Nomination des juges de paix, 27. — Des citations devant les justices de paix, 647 et suiv. — Des audiences et de la comparution des parties, 668 et suiv. — Des jugements par défaut devant les justices de paix, 674 et suiv. — V. *Conciliation, Actions possessoires.*

JUSTICES ROYALES. V. les mots *Bailliages, Sénéchaussées, Présidiaux, Parlements, Conseil des parties.*

JUSTICES SEIGNEURIALES. Division en haute, moyenne et basse justice, I, 4. — Leur déclin à partir de Philippe-Auguste, 6.

LICITATION. V. *Partage.*

LITISPENDANCE, V. *Exception, Règlement de juges.*

MAGISTRATS. Conditions pour être juges dans un tribunal d'arrondissement, I, 20. — Pour être conseiller dans une cour d'appel, 26. — Pour être juge dans un tribunal de commerce, 28. — Le juge, dans l'exercice de ses fonctions, doit être assisté du greffier, II, 739. — V. *Prise à partie.*

MINISTÈRE PUBLIC. Son origine, I, 39. — Son organisation devant les tribunaux civils 39. — Ses fonctions, 40. — V. *Communication.*

NOTAIRES. V. *Copies, Expéditions, Grosse, Vente d'immeubles.*

NULLITÉS. Exceptions de nullités. V. *Exceptions.* — Le juge ne peut se refuser à appliquer la loi qui les prononce, II, 705 et suiv. — Elles ne peuvent être supplées par le juge, *ibid.* — Les actes nuls sont à la charge des officiers ministériels qui les ont faits, 709 et suiv. — V. *Enquête*, *Saisie immobilière.*

OFFICIERS MINISTÉRIELS. Où peuvent-ils poursuivre le paiement de leurs frais? I, 130 et suiv. — *Avoués*, *commissaires-priseurs*, *Gardes de commerce*, *Greffiers*, *Huissiers*, *Notaires*.

OFFRES RÉELLES. Ce que c'est, II, 530. — Du procès-verbal d'offres, 531. — De la chose offerte, *ibid.* — De la demande en validité et du jugement, 533.

OPPOSITION. Voie ordinaire de recours contre les jugements par défaut, I, 351. — Délai de l'opposition, 352 et suiv. — En matière commerciale, 744 et suiv. — Formes de l'opposition, 362 et suiv. — Opposition sur opposition ne vaut, 366.

OPPOSITION au payement d'une créance. V. *Saisie-arrêt*, *Saisie immobilière.*

OPPOSITION à une distribution des deniers. V. *Contribution.*

OPPOSITION aux scellés. V. *Scellés.*

OPPOSITION à l'ordonnance d'*exequatur* d'une sentence arbitrale, II, 701 et suiv.

ORDRE. Définition, II, 459. — Quand peut-il être provoqué? 461-462 et suiv. — Du règlement amiable, 463 et suiv. — Procédure d'ordre, 469 et suiv. — De la déchéance faute de produire, 772 et suiv. — De la ventilation, 475. — Du règlement provisoire et des contestations qu'il soulève, 476 et suiv. — Du taux de la compétence en dernier ressort en matière d'ordre, 482. — Des bordereaux de collocation, 986. — Pour quels frais l'acquéreur est-il privilégié? 492. — Du sous-ordre, 493. — De la consignation du prix par l'adjudicataire sur saisie, 498. — De la survie du droit de préférence au droit de suite, pour les hypothèques légales, 488, 489. — Des règlements à l'audience quand il y a moins de quatre créanciers inscrits, 490 et suiv.

ORGANISATION JUDICIAIRE. Ancienne organisation judiciaire, I, 4 et suiv. — Organisation actuelle, 12 et suiv.

PAREATIS. Ce que c'était, II, 204 et suiv. — Leur suppression, *ibid.*

PARLEMENTS. Leur composition, I, 5. — Leur origine, 6.

PARTAGES ET LICITATIONS. Définition, II, 633. — Du partage amiable, 633. — De la demande de partage judiciaire, 634. — Du jugement qui l'ordonne, 636. — Des expertises, 637. — De la licitation, 637. — Formation de la masse et composition des lots, 640 et suiv. — Homologation du partage, 645.

PÉREMPTION. Origine et caractère de la péremption, I, 618 et suiv. — Quand a-t-elle lieu? 620 et suiv. — Procédure, 627. — Ses effets, 625 et suiv. — De la péremption en appel, II. 76.

PLAIDER, PLAIDOIRIE. Qui peut plaider? — V. *Avocats*, *Avoués.*

POURVOI EN CASSATION. V. *Cour de cassation.*

PRÉSIDIAUX. Leur origine, leur compétence, I, 8.

PRÉVOTS, PRÉVOTÉ. Leurs attributions, I, 8.

PRISE A PARTIE. But et définition, II, 137. Quand a-t-elle lieu? 138 et suiv. — Compétence, 141. — Procédure, 142. — Effets du jugement qui l'admet, 144.

PROCÉDURE. Différents buts qu'elle se propose, I, 3.

PROPRIÉTAIRE (Privilège du) pour ses loyers, II, 323 et suiv. De ses droits, en général, pour le payement des loyers, 530, — V. *Saisie-gagerie.*

PROPRIÉTÉ (Droit de). Des modifications qu'y apporte la saisie-exécution, II, 282. — La saisie immobilière, 352 et suiv.

PROPRIÉTÉ ARTISTIQUE, INDUSTRIELLE, LITTÉRAIRE. Est-elle susceptible de saisie? II, 240 et suiv.

PRUD'HOMMES (Conseils de), I, 33.

RÉCEPTION DE CAUTIONS. V. *Caution.*

RÉCOLEMENT. V. *Saisie-exécution.*

RECONVENTION. V. *Demandes reconventionnelles.*

RÉCUSATION. Historique de la matière, I, 602. — Causes de récusation, 603. — Quand doit-elle être proposée? 609. — Procédure, 612 et suiv.

RÉFÉRÉS. Leur caractère et leur but, II, 520. — Quand y a-t-il lieu à référé? 522. — En quoi cette procédure diffère-t-elle de la procédure ordinaire? 524. — Comment s'instruisent-ils? 525 et suiv. — Des ordonnances de référé, 527.

RÉFORMATION (Voies de) contre les jugements. — Ce que c'est, II, 1. — V. *Appel*, *Tierce opposition.*

RÈGLEMENTS DE JUGES. — Dans quels cas y a-t-il lieu au règlement de juges? I, 587 et suiv. — Procédure, 592.

RENTES. V. *Saisies de rentes.*

RENVOI POUR PARENTÉ OU ALLIANCE. Dans quel cas a-t-il lieu? I, 594 et suiv. — Procédure, 598 et suiv.

REPRISE D'INSTANCE et constitution de nouvel avoué. Définition, I, 563. — Dans quel cas y a-t-il lieu à reprise d'instance et à constitution de nouvel avoué? 564 et suiv. — La reprise d'instance est volontaire ou forcée? 571. — Procédure des reprises d'instance, 572.

REQUÊTE CIVILE. Étymologie du mot, II, 109. — Son but, 110. — Contre quels jugements est-elle admise? 110 et suiv. — Elle est une voie de rétractation, 125. — Cas d'ouverture de requête civile, 110 et suiv. — Dans quel délai doit-elle être formée? 122 et suiv. — Devant quel tribunal? 125. — Procédure, 126 et suiv. — Distinction entre le rescindant et le rescisoire, 132 et suiv. — Après la requête civile toute voie de recours est-elle fermée? 136.

RESCINDANT. V. *Requête civile.*

RESCISOIRE. V. *Requête civile.*

RÉSOLUTION (Droit de) des vendeurs. La durée de l'action en résolution est restreinte en cas de saisie d'immeuble, II, 378, 405 et suiv.

RÉTRACTATION (Voies de) contre les jugem. Ce que c'est, II, 1. — V. *Opposition, Requête civile, Tierce opposition.*

REVENDICATION (Demandes en) dans le cours d'une saisie-exécution, II, 288 et suiv. — Dans le cours d'une saisie immobilière, 426 et suiv. V. *Saisie-revendication.*

SAISIES. Caractères et division des saisies en général, II, 219 et suiv.

SAISIE-ARRÊT. Définition, II, 213. — Son caractère, 224 et suiv. — Ses formes, 228 et suiv., et 230 et suiv. — Compétence en cette matière, 236. — De l'assignation du tiers saisi en validité, 234 et suiv. — De la déclaration du tiers saisi, 238 et suiv. — Quels sont les effets de la saisie-arrêt sur les traitements et pensions de l'État, 250 et suiv. — Des choses insaisissables, 252 et suiv.

SAISIE-BRANDON. Étymologie, II, 236. — Son but, *ibid.* — Quand peut-elle être faite? 300. — Formalités, 300 et suiv.

SAISIE-EXÉCUTION. Définition, II, 219, 257. — Du commandement qui la précède, 257 et suiv. — Du procès-verbal de saisie, 262 et suiv. — Des objets insaisissables, 267 et suiv. — Du gardien, 278 et suiv. — Des incidents de cette saisie, 285 et suiv. — Du procès-verbal de récolement, 293. — De la publicité à donner à la vente, 295. — De la vente, 296. — Qui peut y procéder? 297.

SAISIE-GAGERIE. Son origine, II, 536. — Ses formes, 537 et suiv. — Pour quelles créances s'exerce-t-elle? 536 et s. — Sur quels objets? 539. — Il faut qu'elle soit validée par un jugement pour qu'elle puisse être suivie de la vente des objets saisis, 542.

SAISIE IMMOBILIÈRE. Exposition historique, II, 331 et suiv. — Par qui et contre qui la saisie immobilière peut-elle être poursuivie? 337. — Quels biens cette saisie peut-elle atteindre? 341. — Du commandement, 344 et s. — Du procès-verbal de saisie, 348. — De la dénonciation au saisi, 349. — De la transcription, *ibid.* — Des effets de la saisie, 352 et suiv. — Du cahier des charges, 375. — Des formalités qui ont pour but de faire connaître la vente aux intéressés, 377 et suiv. — Lecture et publication du cahier des charges, 384. — Insertions aux journaux et affiches, 386 et suiv. — V. *Adjudication, Incidents de saisie immobilière.*

SAISIE DES RENTES. Quelle rentes peuvent être saisies? II, 303. — Historique, 305. — Formes de cette saisie, 306 et suiv. — Renvoi à la saisie immobilière, 309, 310.

SAISIE-REVENDICATION. Son caractère et son but, II, 543. — Ses formes, 544, 545.

SCELLÉS. Définition, II, 600. — Qui peut requérir l'apposition des scellés? 601 et suiv. — Comment se fait-elle? 605 et suiv. — Des oppositions aux scellés, 610. — De la levée des scellés, 611 et s.

SÉNÉCHAUSSÉES. Leur origine, leur compétence, I, 8.

SÉPARATIONS DE BIENS. Quand a-t-elle lieu? II, 570. — Formes de la demande, 571. — De la publicité à donner au jugement de séparation, 574. — Sanction de ces formalités, 575.

SÉPARATION DE CORPS. Mesures à l'effet de la prévenir, II, 577. — Ses formes, *ibid.* — Publicité à donner au jugement, 589.

SERMENT. Sommaire des principes généraux du droit sur cette matière, I, 256. — Procédure pour l'obtenir et le prêter, 256 et suiv.

Significations. A quelles heures peuvent-elles être faites? II, 717. — Les significations faites aux personnes publiques sont visées sur l'original, 719. — V. *Ajournement, Jugement.*

Sommaires (Matières ou affaires). Leur caractère, I, 634. — Quelles affaires sont sommaires? 635 et suiv. — Procédure, 639 et suiv. — Les avoués ont-ils le droit de plaider les affaires sommaires? 218. — Des enquêtes sommaires, 643 et s.

Subrogation dans les poursuites de saisie-exécution, II, 294. — Dans les poursuites de saisie immobilière, 421 et suiv. — Dans la poursuite de surenchère, 551.

Succession. Principes généraux, I. 396. Délai pour délibérer sur son acceptation, 397 et suiv. — Procédures diverses auxquelles elle donne lieu, II, 599. — Succession vacante, II, 654 et suiv.

Surenchère. Définition, II, 411. — De la surenchère sur saisie immobilière, 411 et suiv. V. *Folle enchère.* — De la surenchère sur aliénation volontaire, 546. — Sa forme, 547. — De la subrogation dans la poursuite de surenchère, 550. — Des formalités de la revente sur surenchère, 551. — De l'adjudication qui la suit, 552 et s. — De la surenchère dans les ventes de biens de mineurs, 630.

Tierce opposition. Sa nature et son but, II, 90 et suiv. — Qui peut former tierce opposition? *ibid.* et 99. — A quel tribunal doit-elle être portée? 101. — Elle est tantôt une voie de rétractation, tantôt une voie de réformation, *ibid.*

Tiers arbitre. V. *Arbitrage.*

Transcription de la saisie immobilière. V. *Saisie immobilière.*

Tribunaux d'arrondissement. Leur origine, I, 16. — Remplacés par les tribunaux de département, 17. — Rétablis en l'an VIII, 17. — Leur organisation, 18. — Leur compétence, 20.

Tribunaux de commerce. Leur origine, I, 28. — Leur organisation et leur compétence, 28, 33. — De l'assignation devant ces tribunaux 722 et suiv. — Comparution des parties, 732 et suiv. — Des exceptions de procédure devant ces tribunaux, 733 et suiv. — Renvoi devant les arbitres et experts, 739. — Rédaction des jugements, 741. — Des jugements par défaut en matière commerciale, 742 et suiv. — De l'exécution provisoire, attachée aux jugements de ces tribunaux, 749. — Ils ne connaissent pas de l'exécution de leurs jugements, 752 et suiv.; II, 216.

Tribunaux de département. Leur établissement et leur durée, I, 17.

Vénalité des charges, I, 11. — Sa suppression, 11.

Vente de meubles provenant d'une succession. Formes, II, 619. — V. *Bénéfice d'inventaire.*

Vente d'immeubles des mineurs. Quand et comment peut-elle être ordonnée? II, 621. — Formes qui précèdent et accompagnent la vente, 622 et suiv. — Qui peut acheter? 629. — De la surenchère dans ces sortes de ventes, 630. — V. *Bénéfice d'inventaire.*

Vérification des écritures. Elle est principale ou incidente, I, 443 et suiv. — Procédure pour la faire ordonner, 446 et suiv. — De l'instruction qui y est relative, des pièces de comparaison, 452 et suiv. — Du jugement qui statue sur la vérification et de ses effets, 458.

Visa. Relatif aux exploits, I, 169, 178; II, 719. — V. *Signification.* — Leur suppression pour l'exécution des jugements, II, 204 et suiv.

Voie parée (Clause de). Elle est prohibée, II, 446.

FIN DE LA TABLE ALPHABÉTIQUE DES MATIÈRES.

9684 83 — Corbeil. Typ. et Stér. Crété.